高等学校工程力学基础教材

结 构 力 学

（上 册）

主　编　刘金春
副主编　陈秋波　康洪振
主　审　杜　青

中国建材工业出版社

图书在版编目（CIP）数据

结构力学/刘金春等编著. —北京：中国建材工业出版社，2003.8
高等工业院校基础教材
ISBN 7-80159-484-3

Ⅰ.结...　Ⅱ.刘...　Ⅲ.结构力学-高等学校-教材　Ⅳ.0342

中国版本图书馆CIP数据核字（2003）第056050号

内容摘要

本教材是根据国家教委批准试行的《高等工业学校结构力学教学基本要求》和当前课程教学实践及结构工程学科关于教材系列的规划而编写的，可作为工业与民用建筑、土建结构、桥梁与隧道、水工结构、地下建筑、铁道及公路工程等专业的结构力学教材，也可供土建类其他各专业及有关工程技术人员参考使用。

本书分上、下两册出版，上册内容包括：绪论、平面体系的几何组成分析、静定结构的内力分析、静定结构的影响线、静定结构的位移计算、力法解超静定结构等。下册内容包括：位移法、渐近法、矩阵位移法、超静定结构的影响线、结构的极限荷载、结构的弹性稳定、结构动力学等。其中，冠以“*”号的内容可供选学。不同的专业可根据专业的需要各自取舍。每章后附有较丰富的习题及部分习题答案。

本书在编写时，力求取材适当，理论联系实际，说理透彻、既方便教师教，也方便学生自学。

结构力学（上、下册）
主编　刘金春　副主编　陈秋波　康洪振　主审　杜青

出版发行：中国建材工业出版社
地　　址：北京市西城区车公庄大街6号
邮　　编：100044
经　　销：全国各地新华书店
印　　刷：北京鑫正大印刷有限公司
开　　本：787mm×1092mm　1/16
印　　张：42.25
字　　数：1010千字
版　　次：2003年8月第1版
印　　次：2005年8月第2次
定　　价：63.80元（全二册）

网上书店：www.ecool100.com
本书如出现印装质量问题，由我社发行部负责调换。联系电话：（010）88386906

前　言

本书是根据国家教委批准试行的《高等工业学校结构力学教学基本要求》和当前课程教学实践及结构工程学科关于教材系列的规划而编写的，可作为工业与民用建筑、土建结构、桥梁与隧道、水工结构、地下建筑、铁道及公路工程等专业的结构力学教材，也可供土建类其他各专业及有关工程技术人员参考使用。

本书分上、下两册出版，上册内容包括：绪论、平面体系的几何组成分析、静定结构的内力分析、静定结构的影响线、静定结构的位移计算、力法解超静定结构等。下册内容包括：位移法、渐近法、矩阵位移法、超静定结构的影响线、结构的极限荷载、结构的弹性稳定、结构动力学等。其中，冠以“*”号的内容可供选学。不同的专业可根据专业的需要各自取舍。每章后面均附有较丰富的习题和部分习题答案，以活跃思维，启发思考，有助于精解多练，提高对问题本质的认识。

本书在编写过程中，吸取了现有教材的优点并反映当代结构力学的研究成果，力图阐述原理严谨，概念清晰，使教材内容体现科学性、系统性和先进性，以适应我国国情和教学上不同层次的要求，因材施教。

本书从“大土木”的专业要求出发，精选内容，抓住关键，突出重点，特别注意了教材内容的更新和吸收各校教学改革的阶段性成果，以适应21世纪土木工程人才的培育要求。是面向新世纪、适应新专业的全新教材。

本书由刘金春、陈秋波、康洪振、李万龙、胡庆泉、李雷、李瑞、张芳编写，刘金春修改定稿。

在本书的编写和出版过程中，得到了窦远明教授、魏连雨教授、阎西康教授的大力支持，他们对编写大纲及书稿提出了许多宝贵意见；杜青教授主审全书。在此，编者向他们深表感谢。

本书在编写过程中，吸收、引用了部分国内优秀结构力学教材的观点、例题和习题。编者在此谨向这些文献的作者们致以衷心的感谢。

限于编者的水平和经验，加之时间仓促，书中难免存在缺点和错误，诚恳地希望读者提出批评和指正。

编　者

2003 年 6 月

目　　录

第1章

绪　　论

§1-1　结构力学的研究对象和基本任务

由建筑材料按照合理方式组成，并能承受一定荷载作用的物体或体系，称为建筑结构（简称结构）。换句话说，结构是建筑物中由承重构件（梁、柱等）组成的体系，是建筑物的骨架，用以承受作用在建筑物上的各种荷载。结构一般是由多个构件联结而成，如桁架、框架等；最简单的结构则是单个构件，如梁、柱等。公路和铁路工程中的桥梁、涵洞、隧道、挡土墙，以及房屋、堤坝、水塔等用以担负预定任务、支承荷载的建筑物，都可称为结构。

结构力学以结构为研究对象，其基本任务是：研究结构的组成规律和合理形式以及结构在荷载、温度变化等因素作用下的内力、变形和稳定的计算原理和计算方法。

理论力学主要研究物体机械运动的基本规律和力学一般原理。材料力学主要研究单个杆件的强度、刚度和稳定性。结构力学则以理论力学和材料力学的知识为基础，主要研究杆件结构的强度、刚度和稳定性，从而为钢、木结构和钢筋混凝土结构等后续专业课程及以后的结构设计提供一般的计算原理与分析方法。因此，结构力学是介于基础课与专业技术课之间的专业基础课，或者叫做技术基础课。具体说来，结构力学包括以下几方面的任务：

(1) 计算由荷载（包括静力及动力荷载）、温度变化等因素在结构各部分所产生的内力，为结构的强度计算提供依据，以保证结构满足安全和经济的要求。

(2) 计算由上述各因素所引起的变形和位移，为结构的刚度计算提供依据，以保证结构在使用过程中不致发生不能允许的过大变形。

(3) 分析确定结构丧失稳定性的最小临界荷载，使结构物所承受的最大荷载小于该临界荷载值，以保证结构能处于稳定的平衡状态而正常工作。

(4) 研究结构的组成规律，以保证在荷载作用下结构各部分不致发生相对运动。探讨结构的合理形式，以便能有效地利用材料，充分发挥其性能。

以上几个方面均将涉及内力和位移的计算问题。因此，研究杆件结构在各种外因作用下内力和位移的计算原理及方法便成为本课程的主要内容。本书对静定和超静定结构的分析方法作了比较深入的阐述，以便读者能深刻地理解基本概念，掌握计算方法。

结构分析是结构设计中非常关键的一个重要环节。因而学好结构力学，掌握杆件结构的计算原理与方法，是学好工程结构课的重要条件，同时也是作为一个结构工程师所必须具备的基础知识。因而读者在学习本门课程时，务必要充分重视和加倍努力，树立信心，以顽强的毅力克服学习中可能遇到的各种困难。

结构力学的特点是：不但理论概念性比较强，而且方法技巧性要求高。理论概念需要通过练习来加深理解，方法技巧则需要通过多做来熟练掌握。因此，在学习本门课程的过程中，不但要注意搞清基本概念，而且更为重要的是，要认真做好练习题和多做练习题，要强化对解题和运算能力的基本训练，培养分析问题和解决问题的能力，从而达到弄懂概念，熟练掌握理论和方法技巧的目的。

历来的结构分析都要涉及到大量的数学计算。在计算手段不发达的年代，为了避免求解联立线性方程组这一繁琐的数学计算，工程师和学者们常在物理概念十分明了的经典方法之外，引入各种力学概念和公式，以寻找其他的解决途径。电子计算机的出现，对结构力学产生了巨大的影响。过去由于缺乏现代化的计算手段，结构分析都是靠“手算”。现在情况不同了，过去无法解决的许多大型结构的计算问题，现在已经成为“电算”中的常规问题了。“电算”提高了结构力学解决问题的能力，同时结构分析进入了一个崭新的历史阶段。因此，一些与“电算”关系密切的内容，例如能量原理、矩阵分析、有限元法、程序设计等等，已经在结构力学中取得了愈来愈重要的地位。在人类已经掌握先进计算技术的今天，历史赋予力学研究者的主要任务，不再是计算手段，而是要开拓新领域，研究新问题，探求新的机理。因此，结构力学也和其他学科一样，发展进程日益加速。这就要求学生在校学习期间，注意培养自学和独立思考能力，以便在毕业走上工作岗位后，能通过自学不断地吸收新知识，研究新问题，充分发挥自己的才能。以往认为在校所学知识能够用一辈子的旧观念，已经被时代抛弃了。

结构力学原本是作为验算结构设计方案的工具而起作用的，计算对象是某一已被选定的结构。随着科学技术的发展，结构力学所要解决的问题，也在不断地充实和更新。例如，自从优化设计方法创立起来，结构计算和结构设计方案的优选融合于一个整体，浑然难分。又如，历来的结构力学所要解决的问题，通常是已知结构本身的几何与物理参数，以及结构所受的外部作用，待求的是结构的反应。然而现在提出了相反的问题，这就是：根据外因和结构反应，寻求结构自身的几何与物理性质。除此之外，还有其他许多新的问题。当前正面临着科学技术迅速发展的历史新阶段，因此，要求人们用发展的观点来学习结构力学。

§1-2 结构的计算简图及其分类

一、结构的计算简图

在结构设计中，需要对实际结构进行力学分析，计算结构在荷载或其他因素作用下的内力和变形。但实际结构的组成、受力和变形情况往往很复杂，影响力学分析的因素很多，要完全按实际结构进行计算，通常很困难，甚至不可能。同时，在工程上要求计算过分精确，也是不必要的。因此，必须把实际结构抽象和简化为能反映实际受力情况而又便于计算的图形。这种简化的图形就是计算时用来代替实际结构的力学模型，一般简称为计算简图。

计算简图是对结构进行力学分析的依据。计算简图的选择，直接影响计算的工作量和精确度。如果计算简图不能准确地反映结构的实际受力情况，或选择错误，就会使计算结果产生差错，甚至造成工程事故。所以，必须缜密地选择计算简图。

计算简图的选择应遵循下列两条原则：

(1) 正确地反映结构的实际受力情况，使计算结果接近实际情况。

（2）略去次要因素，便于分析和计算。

计算简图的选择，受到许多因素的影响。其主要因素有：

（1）结构的重要性：对重要的结构应采用比较精确的计算简图，以提高计算的可靠性。反之，可用较粗略的计算简图。

（2）设计阶段：在初步设计阶段可使用较粗略的计算简图；在技术设计阶段再使用比较精确的计算简图。

（3）计算问题的性质：通常对于结构的静力计算，可使用比较复杂的计算简图；对于结构的动力和稳定计算，由于计算比较复杂，要采用比较简单的计算简图。

（4）计算工具：使用的计算工具越先进，采用的计算简图就可以更精确些。若用计算尺计算，则计算简图应力求简单；应用电子计算机计算时，则可采用较为精确的计算简图。

由于选取结构计算简图，不但需要有比较丰富的专业知识，而且还要具有一定的结构设计实践经验，因此这里不准备作深入详细地讨论，而只就一般性的问题，初步作一些介绍。

在杆件结构中，根据杆件轴线和荷载作用线在空间所处的位置，可划分为平面结构和空间结构。当结构所有杆件的轴线和荷载作用线都处在同一平面内时，称它为平面结构；否则，就称为空间结构。严格说来，实际的结构都是空间结构。然而，对于绝大多数的空间结构来说，它的主要承重结构和力的传递路线，大多是由若干平面组合形成的。由于平面力系的计算要比空间力系简单得多，所以通常总是尽可能地把它简化为平面结构来计算。

对于杆件结构来说，选取结构计算简图所要涉及的内容，主要有五个方面，①结构各部分联系的简化；②支座的简化；③结点的简化；④杆件的简化；⑤荷载的简化。为了具体说明结构计算简图选取的方法，下面举两个例子。

第一个例子如图 1-1a 所示，这是一座比较典型的砖木结构民用房屋，现在单就顶盖结构的简化方法说明如下。

（1）结构各部分联系的简化

首先我们看到，这个房屋顶盖是一空间结构，它的主要承重结构是由以下三个部分组成的：①平面的三角形屋（桁）架；②檩条；③铺设在檩条上的屋面板等。屋面的重量（荷载）通过屋面板传给檩条；檩条两端搁置在桁架的上弦杆上面，它把荷载传给桁架；再由桁架把荷载传到两边柱子或砖墙顶部的垫块上面。由此可见，该房屋顶盖结构虽是一个空间结构，但它的主要承重结构及力的传递路线，是由桁架、檩条和屋面板等三个竖直平面组成的。因此，可以把它分解为三个平面结构来处理，其中平面桁架的构造如图 1-1b 所示。

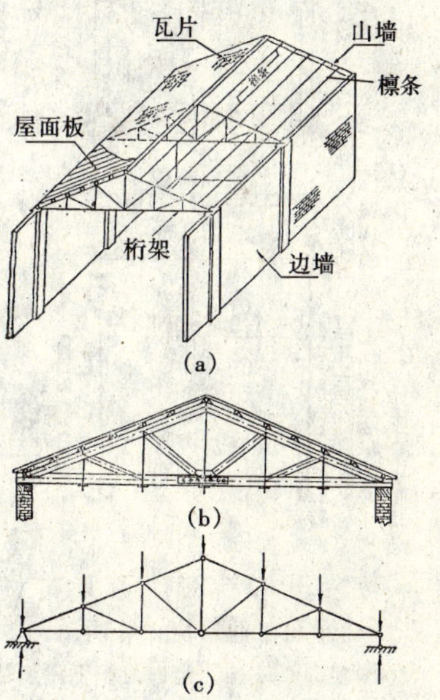

图 1-1　砖木结构民用房屋计算简图

(a) 砖木民用房屋结构；(b) 顶盖结构；(c) 竖向荷载下顶盖结构计算简图

（2）支座的简化

事实上，在屋面板与檩条之间、檩条与桁架上弦杆之间及桁架与支承垫块之间等各个相互接触的地方，都占有一定的接触面积，而且在这些面积上的压力也并不是均匀分布的。为了简化计算，通常可以假定每个接触面上的压力是均匀分布的，并且可由作用于该面积形心上的合力来代替。例如图 1-1b 中，桁架两端垫块上的反力可分别用一个竖向合力来表示。

(3) 结点的简化

在结构中的每个连接点上，各杆轴线相交的几何中心称为结点。由图 1-1b 可以看到，桁架的上、下两弦是分别由两根杆件组成的。其中，上弦的两根杆件在顶端相连，而下弦的两根杆件，则在跨度中点用铁板和螺栓对头拼接起来。在每个结点上的各根杆件，并不是用铰相连的，但在计算时可把所有结点近似地当作铰来处理。

(4) 杆件的简化

桁架中的每根杆件可用其轴线来代替，并且把上、下弦杆在每个结点上都看作不是连续的。

(5) 荷载的简化

屋面板上的重量可以认为是均匀分布，并按梁的计算理论可求出屋面板的反力，这样就得到每根檩条承受的荷载，再求出檩条两端的反力，便得到桁架所承受的荷载。在桁架各结点之间由檩条传来的压力，也可把它简化到其邻近的有关结点上去。

经过上述简化以后，就可得到屋（桁）架的计算简图及其所承受的荷载，如图 1-1c 所示。实践证明，按照这样的计算简图进行计算，不仅计算起来不太复杂，而且计算结果能够反映桁架的主要工作特性，因而是可靠的，其计算精度一般能满足实际需要。

第二个例子是比较典型的钢筋混凝土的单层工业厂房，图 1-2a 所示是它的横剖面图。现就该厂房的主要承重结构的简化方法说明如下。

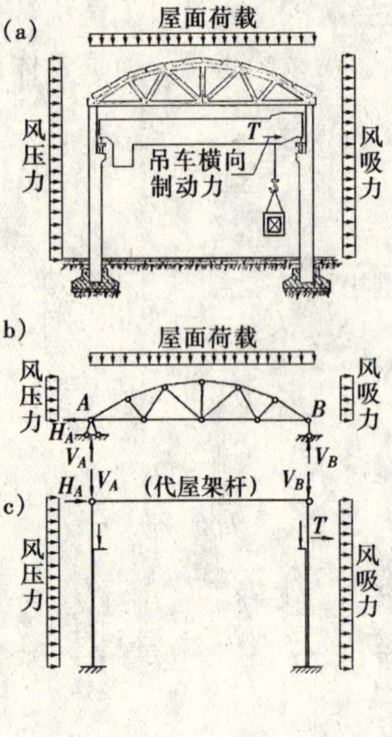

图 1-2 钢筋混凝土单层工业厂房计算简图

(a) 横剖面；(b) 竖向荷载下屋架结构计算简图；(c) 变截面柱（排架）计算简图

(1) 结构各部分联系的简化

从整体上看，该厂房也是一个空间结构，它的主要承重结构包括四个部分，即大型屋面板、预应力钢筋混凝土折线形屋架、阶形变截面柱和杯形基础等。其中，大型屋面板的两端搁置（焊牢）在屋架的上弦杆上面，屋面荷载通过大型屋面板传给屋架；屋架两端分别与两边柱子的顶端相连（焊牢或用螺栓连接），柱子下端则插入基础杯口内且被固定。这样，大型屋面板及其所承受的荷载形成沿厂房纵向的（水平或竖直）平面，而屋架、柱子、基础和它们所承受的荷载则形成横向平面。因此，该厂房的主要承重结构，可把它分解为沿纵向（水平或竖直）和沿横向的平面结构来处理。在横向平面结构中，由于屋架实际上起着双重作用：一方面，它把大型屋面板传来的荷载，传递到两边柱子的顶端结点上去；另一方面，它又把两边柱子的顶端连接起来，从而使两边柱子能协同工作，把柱子顶端和柱子上所承受的荷载传到基础上去。因此，为了计算方便，常把这两部分分开计算，其计算简图如图 1-2b、c 所示。

(2) 支座的简化

由于柱子下端插入基础杯口内，周围缝隙用细石混凝土填实，因而被嵌固在基础上，可作为固定支座处理。

(3) 结点的简化

由于折线形屋架上弦杆所受的压力一般都比较大，因而用的截面也比较大。这对于钢筋混凝土材料来说，上弦杆通常是浇制成一个整体的，不但抗弯刚度大，而且结点刚性也很强。在这种情况下，上弦杆各个杆段的端部，就不能再把它们当作是铰结的，而应当把它们看成是相互刚性连接或者是连续的。然而对于其他一些杆件，一般说来仍比较细长，抗弯刚度较小，由变形引起的弯曲应力不大，故腹杆和下弦杆各个杆段的两端均可把它们当作为铰结来处理。

（4）杆件的简化

如同上例所说，屋架中的每根杆件均可用其轴线来代替。考虑到上弦杆的抗弯刚度比较大，结点连接刚性比较强，故应把它看作为连成一体的折线形杆（梁），然而腹杆和下弦杆的各个杆段，则仍把它们看作为两端铰结的两力杆。

（5）荷载的简化

每榀屋架所承受的荷载，应当包括从该榀屋架的左侧轴距中线到右侧轴距中线范围内的全部屋面荷载和屋盖自重。为了计算方便，屋盖自重可以作为均匀分布荷载处理。

根据以上几点简化，得出的结构计算简图如图 1-2b、c 所示。

上面所举的两个例子，都是可以分解为平面结构的空间结构。但是应当注意，并不是所有的空间结构都是可以分解为平面结构来计算的。例如，在大会议厅和体育场馆建筑中采用较多的屋顶空间网架结构、输电线路上的铁塔、电视塔、悬吊屋顶、起重机塔架等各种结构，它们或者根本不是由平面结构组成的；或者虽是由平面结构组成，但它的工作状况主要是空间性质的，故对这样的一类结构，必须按空间结构的特点进行计算。

最后，应当指出，一个结构的计算简图并非是永远不变的。一方面，它将随着人们认识的发展和计算技术的进步，可以不断放宽对简化的要求，从而使计算简图更趋近于结构的实际工作情况。如何选取合适的计算简图，是结构设计中十分重要而又比较复杂的问题，不仅要掌握选取的原则，而且要有较多的实践经验。除学习本课程外，还有待于今后学习建筑结构等专业课和在工作实践中进一步解决这个问题。对于新的结构型式往往还需要通过反复试验和实践才能确定。不过，对于常用的结构型式，前人已积累了许多宝贵的经验，我们可以采用这些已为实践验证的常用的计算简图。

二、结构的分类

如上所述，结构力学研究的并不是实际的结构物，而是代表实际结构的计算简图。在本书中，用“结构”一词，作为“结构计算简图”的简称，而不再加以说明，因此，所谓结构的分类，实际上就是计算简图的分类。

在实际工程中，结构的类型很多，按照不同的特征可以有不同的分类，常见的结构形式主要有以下六种：

（1）杆件结构

众所周知，杆件的几何特征是长条形的，横截面高、宽两个方向的尺寸要比杆长小得多。杆件结构是由杆件按照一定的方式连接起来组合而成的体系，故也称为杆件体系。

例如高层房屋的钢筋混凝土框架或钢框架，南京长江大桥等大跨度钢桁架桥，以及各地崛起的钢或钢筋混凝土电视塔（图 1-3）。

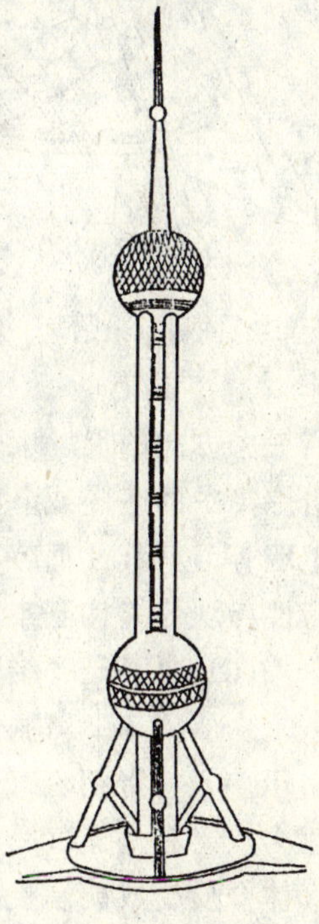

图 1-3　上海东方明珠电视塔（总高 450m）

（2）悬吊结构

悬吊结构的几何特征与杆件结构相类似，但悬吊结构主要由仅能承受拉力的细长线材如钢索、铁索或其他缆索等柔性构件组成。这种结构的优点是节省材料，自重很轻，可以做成很大的跨度，缺点是刚度比较小。因此，它适用于大跨度的轻型屋盖，大跨度的公路桥，跨越大山谷或大河流的轻便人行索桥，以及用做山间交通运输的架空索道等。例如，我国西南地区建造在各大河流上的许多悬索桥，最近几年来全国各地修建的斜拉桥（图 1-4），以及北京、上海等各大城市建成的一些大型体育场馆建筑的顶盖（图 1-5）等，它们都是悬吊结构。

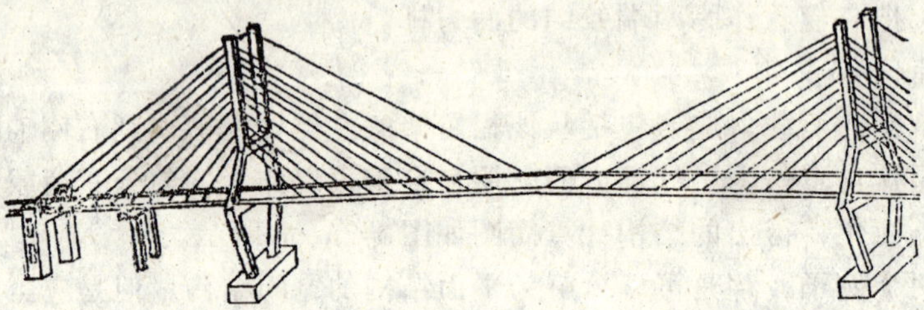

图 1-4　上海南浦大桥（主跨 423m）

（3）平板结构

平板结构的几何特征是平面形的，厚度要比长、宽两个方向的尺寸小得多。由于大多数平板的厚度都比较小，故也叫做薄板结构。如一般工业与民用建筑中现浇或预制装配整体式的钢筋混凝土楼板是薄板结构。当平板的厚度比较大时，则称为厚板结构。

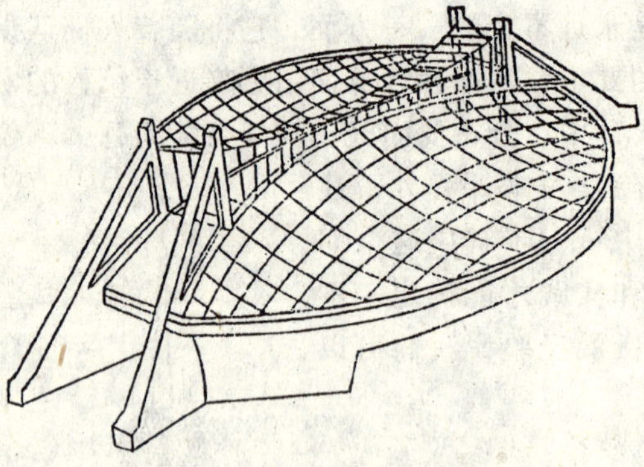

图 1-5　北京排球馆

（4）壳体结构

壳体结构的几何特征是曲面形的，其厚度也比长、宽两个方向的尺寸要小得多。由于大多数壳体的厚度比较小，故也叫做薄壳结构。当壳体的厚度比较大时，则称为厚壳结构。

（5）块体结构

块体结构的几何特征是呈块状的，长、宽、高三个方向的尺寸大体相近，且内部大多为实体，故也叫做实体结构。如大型发电机和钢铁冶炼高炉的底座或基础，都是块体结构。此外，如重力式堤坝和港口码头边坡等处修筑的挡土墙等，就其几何特征看，有时也形似杆件，比较长，但其横截面的尺寸相当大，它的受力特性与块体结构基本相同，所以也把它作为块体结构。

（6）薄膜充气结构

众所周知，薄膜是只能承受拉力的面片材料。如果薄膜两侧受到的气体压力不同，即产生压差，它将朝着气体密度小的方向鼓出，而呈现出充气状态，直到它的位置和形状都稳定时为止。凡是充气受压的薄膜都能承受一定的外力，人们利用这种规律，可使薄膜和加压的气体介质变成能承受荷载的结构物件。用这样的方法做成的结构，就称为薄膜充气结构或简称为充气结构。

按几何特征区分，若外形是敞开式的，如风筝、扬帆和降落伞等，称为敞开式充气结构。如果外形是封闭的，则称为封闭式充气结构。封闭式充气结构又有两种形式，一种是用单层薄膜做成的气承式充气结构，除了为人货出入和供气换气而开些孔洞外，整体是由充气薄膜与地面形成的封闭空间体。另一种是用双层薄膜做成的气垫式充气结构，除了为调节内部压力而开些小孔外，全部是由充气气垫形成的密封空间体。例如，日本东京市内的体育竞技馆，其顶盖是一气承式充气结构，四边长各为180m，顶高60m，可同时容纳5万人。其他如各种气球和气垫船艇等，也都是气垫式充气结构。

人类利用充气加压稳定薄膜的原理，已有几千年的历史，但它被运用到建筑技术中，却还只有30多年的时间。据目前所知，充气建筑是最为轻巧的一种建筑物，例如重量仅1～2kg/m^{2}的大面积覆盖材料，覆盖跨度却可达到100m。所以最近20多年来，国外充气建筑的发展速度非常迅速。例如，1963～1974年在美国纽约和1970年在日本大阪举行的世界博览会上，都大量地采用了各种形式的充气建筑。在其他场所，如展览馆、会议厅、剧场、餐厅、仓库、暖房等的顶盖，又如高空探测气球、充气帐篷、充气扶梯、充气桥梁、气垫船艇等，也都相当普遍地采用充气技术。最近几年来，国内也已开始从事这方面的试验研究和实际应用。

§1-3　支座的形式与分类

把结构与基础联系起来的装置叫做支座。支座的作用是把结构固定于基础上；同时，结构所受的荷载通过支座传于基础和地基。支座对结构的反作用力称为支座反力。平面支座的支座构造形式很多，按约束效用区分，平面结构的支座主要有以下六种类型：

(1) 可动铰支座

可动铰支座也称辊轴支座（图1-6）。它的特征是允许被支承的结构既可以绕铰中心（圆柱中心轴）转动，也可以沿着支承面移动。支座反力只有作用点及作用线均为已知的一个力，如图1-6b所示的竖向反力（V）。另一种构造较为简单的辊轴支座，如图1-6c所示，它的约束效用与上述支座是相同的，因而也只能产生一个竖向反力。以上两种形式的支座，在大型钢桥中应用比较普遍。在中、小型结构中，大都采用比较简便的垫块式支座（图1-6d），这种形式的支座与结构的接触面积，虽比以上两种情形要大一些，但与整个结构相比仍然是很小的，故在计算时可将其简化为点支座。由于结构可绕该支座转动，并在水平方向沿垫块接触面滑移，所以也只能产生一个垂直于垫块接触面的竖向反力。

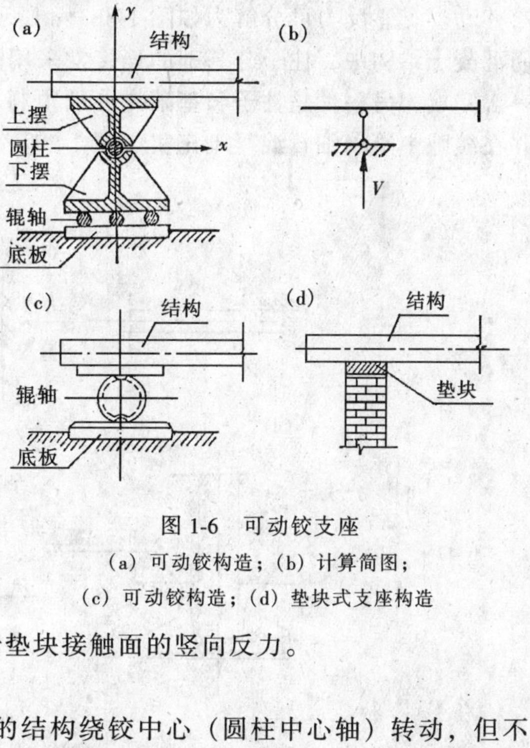

图1-6　可动铰支座

(a) 可动铰构造；(b) 计算简图；(c) 可动铰构造；(d) 垫块式支座构造

(2) 固定铰支座

固定铰支座（图1-7）的特征是允许被支承的结构绕铰中心（圆柱中心轴）转动，但不允许沿支承面移动。支座反力可分解为如图1-7b所示的水平反力 H 和竖向反力 V。在垫块式支座中，若用螺栓把结构锚在支座上（图1-7c），则结构除可绕支座转动外，也不能有任何移动，所以这种支座也能产生两个反力。在钢筋混凝土结构中，如果地基土壤较为松软，在柱子与基础的连接处，常采用交叉布筋的方法做成固定铰支座，如图1-7d所示。在这种情况下，由于柱子下端不能移动而只可转动，故亦只能产生两个反力（图 1-7e）。

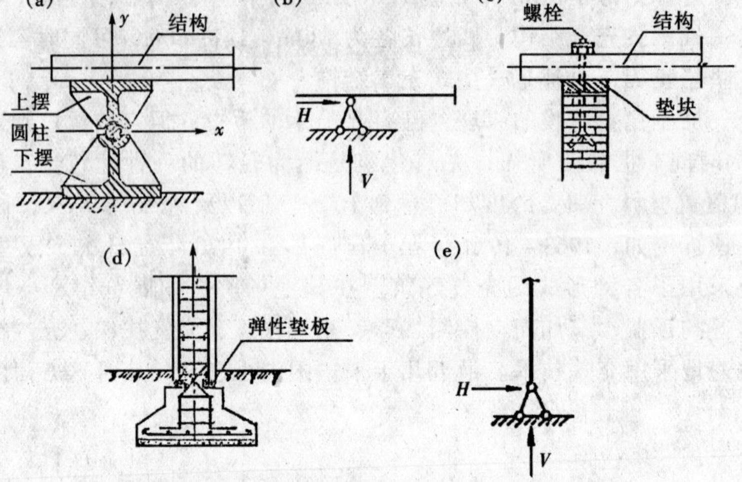

图 1-7　固定铰支座

(a) 固定铰构造；(b) 计算简图；(c) 固定铰构造；(d) 固定铰构造；(e) 计算简图

（3）固定支座

固定支座（图 1-8）的特征是结构与支座联结处既不允许转动，也不允许发生水平和竖向移动。支座反力可分解为如图 1-8b、c 所示的水平反力 H、竖向反力 V 和反力矩 M。在钢筋混凝土结构中，柱子与基础的连接常采用固定支座，习惯的做法有两种：一种是现场浇捣一次完成，另一种是柱子和基础先分别预制，然后装配，将预制柱插入基础预留的杯口内，并在缝隙中灌以细石混凝土充实（图 1-8d）。其计算简图如图 1-8e、f 所示。

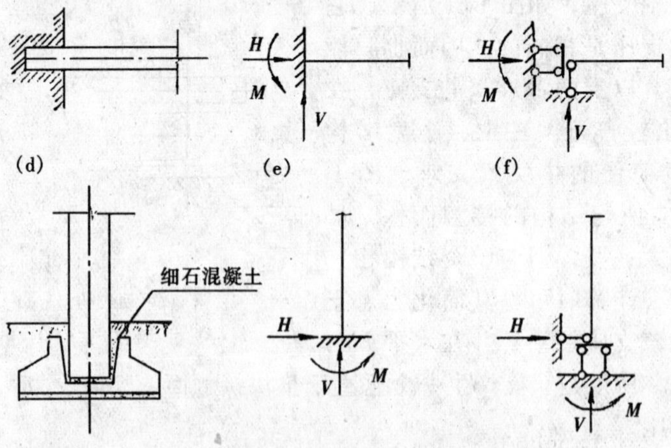

图 1-8　固定支座

(a) 固定支座构造；(b)、(c) 计算简图；

(d) 预制柱杯口基础；(e)、(f) 计算简图

(4) 定向支座

定向支座也称滑移支座（图 1-9)。它的特征是允许被支承的结构沿支承面移动，但不允许有垂直支承面的移动和绕支承端的转动。支座反力可分解为如图 1-9b 所示的竖向反力 V 和反力矩 M。

(5) 伸缩弹性支座

这类支座在承受（拉力或压力）荷载的同时，它本身将产生一定的（拉伸或压缩）弹性变形，例如图 1-10a 所示的桥梁结构，它是由纵梁、横梁、主梁和桥墩等组成的，桥面板上的荷载通过纵梁依次传递给横梁、主梁和桥墩。对于纵梁来说，其以下部分是支座，这种支座在承受荷载的同时，它本身将产生一定的竖向位移，而且各支承点的反力与其位移是相关的。因此，在计算纵梁的内力时，可将各个支承点简化为具有一定刚度的伸缩弹性支座，如图 1-10b 所示。

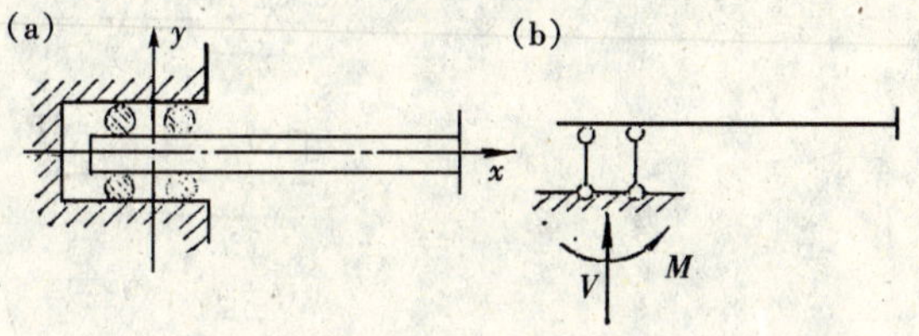

图 1-9　定向支座

(a) 定向支座构造；(b) 定向支座计算简图

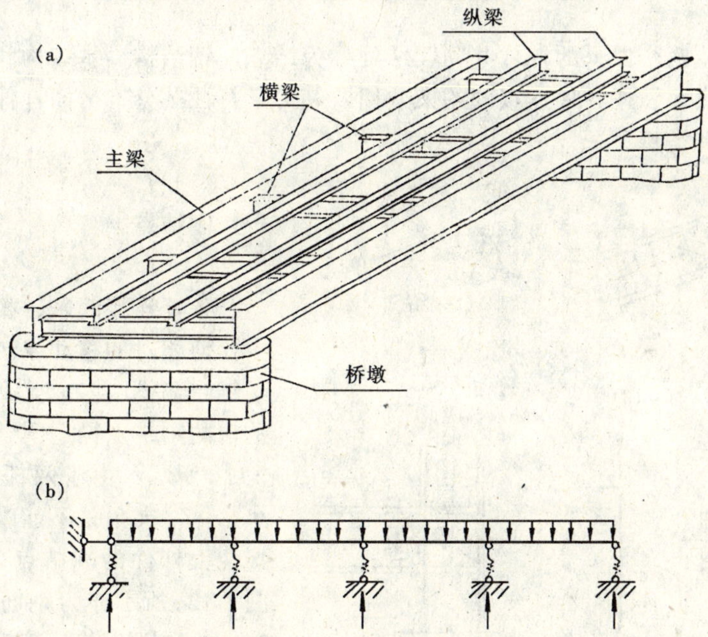

图 1-10　伸缩弹性支座

(a) 桥梁结构；(b) 纵梁计算简图

(6) 旋转弹性支座

这类支座在承受力矩荷载的同时，它本身将产生一定的转角弹性变形。例如图 1-11a 所示的梁，当荷载作用在伸臂部分时，截面 B 在承受力矩荷载（$M = Pa$）的同时，由于左边梁的变形，还将发生一个转角位移。这就是说，左边梁对于右边伸臂部分所起的作用，实际上就等同于一个旋转弹性支座。因此，可以把它简化为旋转弹性支座，如图 1-11b 或图1-11c 所示。另外，在某些高耸建筑中，例如图 1-11d 所示的烟囱，当遇到地基土壤比较松软的情况时，为了考虑地基不均匀变形的影响，有时也需要把基础简化成为旋转弹性支座，如图 1-11e 或图 1-11f 所示。这种弹性支座具有三个反力分量。

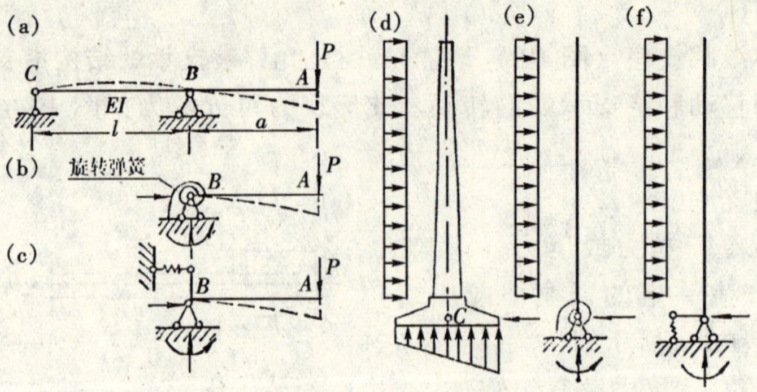

图 1-11　旋转弹性支座

(a) 伸臂梁；(b)、(c) 旋转弹性支座计算简图；

(d) 高耸的烟囱；(e)、(f) 旋转弹性支座计算简图

§1-4　结点的形式与分类

结构中两个或两个以上的杆件共同联结处称为结点。钢结构、木结构和钢筋混凝土结构的结点构造方式很多，按各种连接的约束效用及其力学特性区分，平面杆件结构的结点一般可划分为以下几种类型：

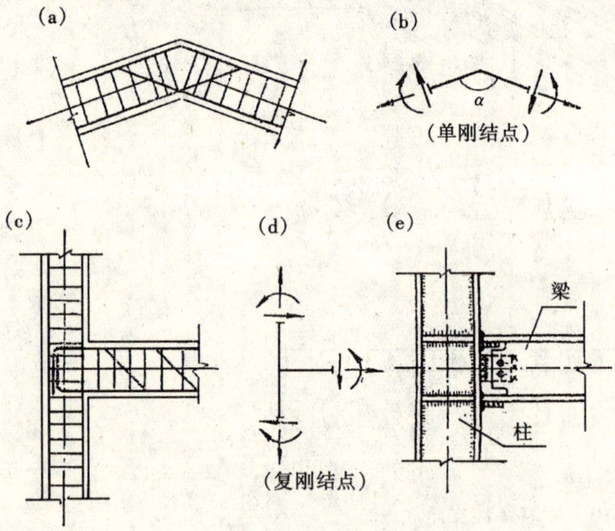

图 1-12　刚结点

(a) 钢筋混凝土刚结点构造；(b) 计算简图；

(c) 钢筋混凝土梁柱结点做法；(d) 计算简图；

(e) 钢结构梁柱结点做法

一、刚结点

各杆连接起来，相互之间不可能发生任何相对的移动或转动的结点，称为刚结点。图 1-12a 所示为一钢筋混凝土结构的刚结点构造图，其计算简图如图 1-12b 所示。由于两杆牢固地连接成一个整体，夹角是不能改变的。这种仅连接两根杆件的刚结点，称为单刚结点。图 1-12c 所示亦为钢筋混凝土结构的刚结点构造图，其计算简图如图 1-12d 所示。这种连接两根以上杆件的刚结点，称为复刚结点。图 1-12e 所示为钢结构的刚结点构造图，柱子和横梁用电焊和螺钉牢固地连接起来，各杆之间也不能发生任何相对的移动或转动，其计算简图亦可取如图 1-12d 所示。

二、铰结点

铰结点的特征是各杆可以绕结点自由转动。理想的铰结点，在实际结构中是很难实现

的，只有木屋架的结点比较接近。图 1-13a、b 分别表示一个木屋架的结点和它的计算简图。但当结构的几何构造及外部荷载符合一定条件时，结点刚性对结构受力状态的影响属于次要因素，这时为了简化和反映结构受力特点，也将结构的结点看作铰结点。如图 1-13c 表示钢桁架的一个结点，虽然各杆件是用铆钉铆在联结板上牢固地连在一起，但为了简化和反映结点荷载下桁架受力特点，在计算图中也取做铰结点如图 1-13d 所示。

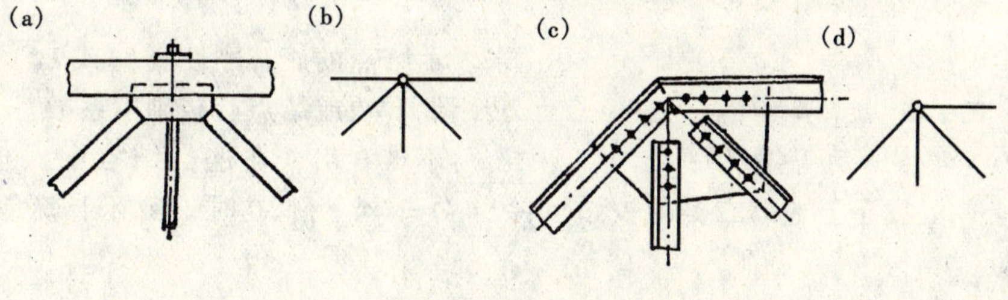

图 1-13　铰结点

(a) 木屋架结点构造；(b) 计算简图；(c) 钢桁架结点构造；(d) 计算简图

三、组合结点

若干杆件汇交于同一结点，其中某些杆件的联结应视为刚结，而另一些杆件间简化为铰结符合实际时，便形成了组合结点。图 1-14 为一加劲梁的计算简图，梁两端放置于支座上（支座未画出）。当横向荷载作用于实际工程中的加劲梁时，横梁以受弯为主，其他杆件主要承受轴力。为了表现这种受力特点，结点 C 即取为一组合结点。

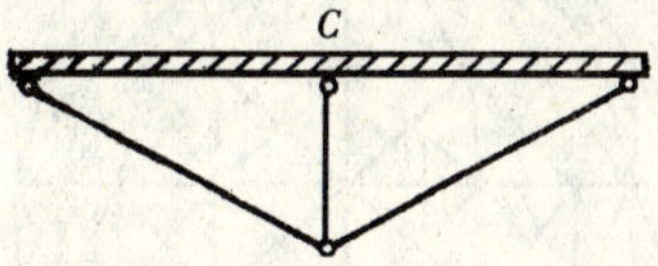

图 1-14　组合结点

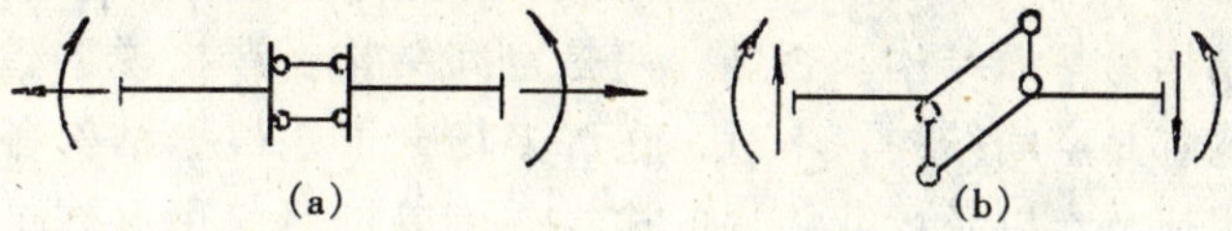

图 1-15　定向结点

(a) 剪移定向结点；(b) 轴移定向结点

四、定向结点

两杆连接起来，相互之间不能发生相对转动而只能沿某一方向发生相对平移的结点，称为定向结点。图 1-15a 所示为允许剪切平移的定向结点，可简称为剪移定向结点。图 1-15b 所示为允许轴向平移的定向结点，可简称为轴移定向结点。此类结点的实例虽然少见，但在结构计算中却经常用到。

五、旋转弹性结点

前面介绍刚结点时，曾假定结构在变形前后，结点上各杆之间的夹角是保持不变的。然而，这对于装配式或装配整体式刚架的结点来说，由于钢筋焊接、锚固及接缝处混凝土不密实等因素的影响，却往往很难做到这一点。因此，在杆端弯矩作用下，结点上各杆之间的夹角多少会产生一些相对转角变形。这种在杆端力矩作用下，各杆之间可能产生相对转角弹性

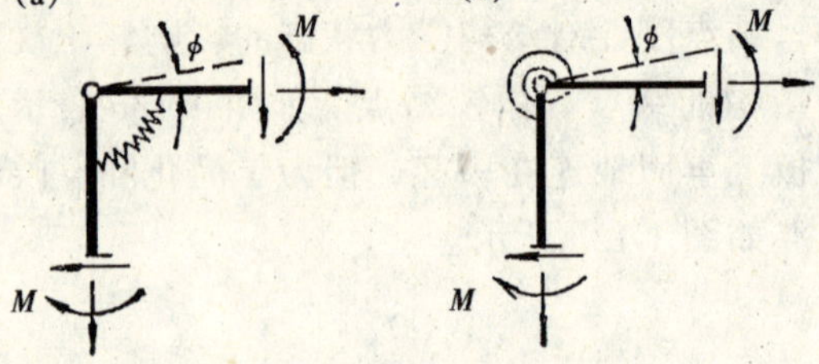

图 1-16　旋转弹性结点

(a)、(b) 两杆联结的旋转弹性结点

变形的结点，就称为旋转弹性结点。图 1-16 所示为具有两根杆件的旋转弹性结点，在杆端力矩 M 作用下，两杆之间产生相对转角弹性变形 ϕ。在工程计算中，通常用 M 和 ϕ 的比值，即

$$k_\phi = \frac{M}{\phi}$$

来表示结点的旋转刚性（k_ϕ 或 k_M）称为结点旋转刚性常数或结点旋转刚度系数。

不难看出，在这类结点中，当 $k_\phi = 0$ 时，$M = 0$ 实际上就是属于上述第二类的铰结点：当 $k_\phi = \infty$，$\phi = 0$ 时，实际上就是属于上述第一类的刚结点。

§1-5　杆件结构的形式与分类

在实际工程中，杆件结构的类型很多，按照不同的特征可以有不同的分类，现略述如下。

一、按空间观点分类

按照空间观点，结构可以分为平面结构和空间结构两类。如果组成结构的所有杆件的轴线都位于某一平面内，并且荷载也作用于此同一平面内，则此结构为平面结构。否则，便是空间结构。严格说来，实际结构都是空间结构，不过，在许多场合下，根据结构各部分的组成特点以及荷载传递的途径，可以按照实用上许可的近似程度，把它们分解为若干个独立的平面结构，以简化计算。但是，并不是任何空间结构都可以分解为平面结构的，例如，图 1-17 所示的网状圆顶屋架，具有明显的空间特征，就必须作为空间结构来研究。

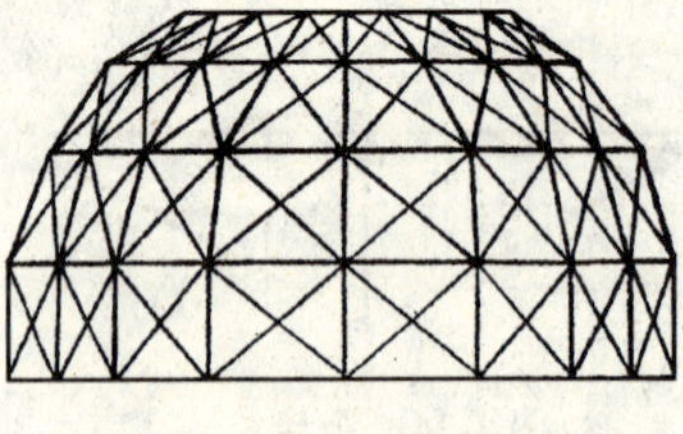

图 1-17　网状圆顶屋架

二、按结构形式分类

(1) 梁

梁是一种受弯杆件，其轴线通常为直线。有单跨静定梁，也有多跨静定梁（图 1-18a、b）。有单跨超静定梁，也有多跨超静定梁（图 1-18c、d）；多跨超静定梁，又称为连续梁。

(2) 刚架

由梁和柱等直杆全部或部分采用刚性连接组合而成的结构，称为刚架（或框架）。刚架的形式很多，有单跨单层的（图 1-19a），有多跨单层的（图 1-19b），有单跨多层的（图 1-19c），也有多跨多层的（图 1-19d）等。在实用上，静定的刚架很少，大多数的刚架是超静定的。在刚架杆件中，通常有弯矩、剪力和轴向力等三种内力。除了工业厂房中支承吊车梁的柱子其轴向力较大外，一般说来，刚架的杆件主要承受弯曲。

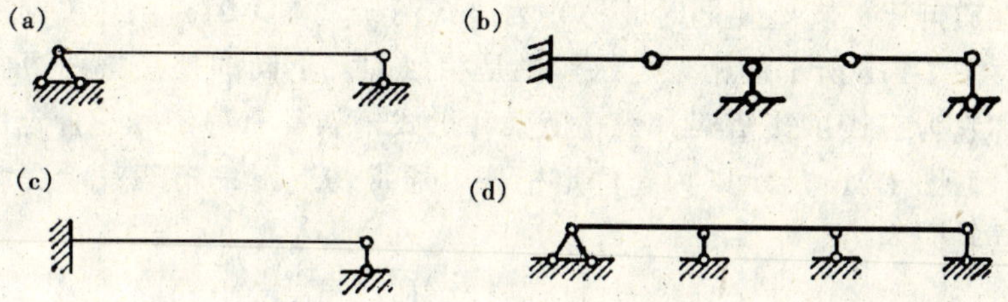

图 1-18　梁结构计算简图

(a) 单跨静定梁；(b) 多跨静定梁；(c) 单跨超静定梁；(d) 多跨超静定梁

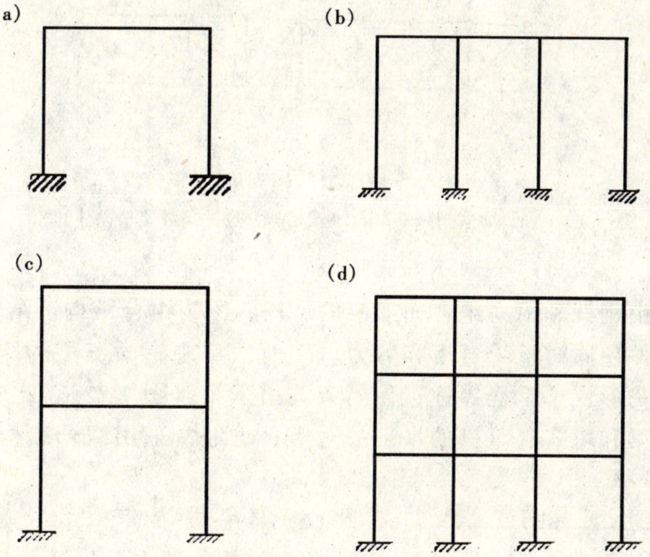

图 1-19　刚架

(a) 单跨单层刚架；(b) 多跨单层刚架；

(c) 单跨多层刚架；(d) 多跨多层刚架

(3) 拱

拱的轴线通常为曲线，它的特点是：在竖向荷载作用下能产生水平反力，也称为推力，从而可以大大减小拱截面内的弯矩。在工程中常用的有三铰拱、两铰拱和无铰拱（图 1-20a、b、c），其中三铰拱是静定拱，而后两者则是超静定拱。在一般情况下，拱截面内有弯矩，剪力和轴向力等三种内力，其轴向力是主要内力。

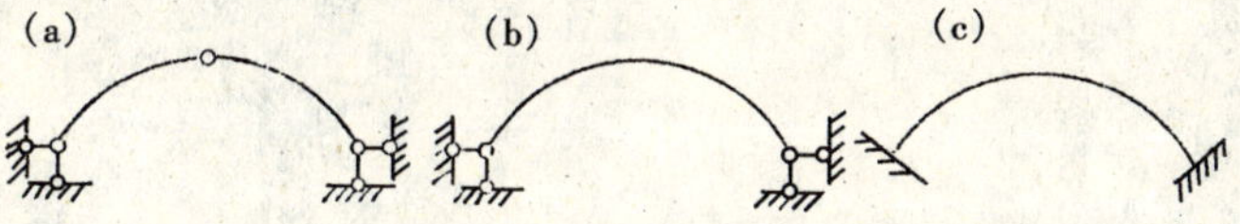

图 1-20　拱

(a) 三铰拱；(b) 两铰拱；(c) 无铰拱

(4) 桁架

仅在两端与铰结点相连的直杆，称为链杆。全部由链杆和铰结点组成的结构，称为桁架。当其支座性质与梁的支座相同时，称它为梁式桁架（图 1-21a）；与拱的支座相同时，称它为拱式桁架。图 1-21b 所示的桁架与三铰拱是相似的，不同的仅是把两边曲杆分别改换成桁架，所以常称它为三铰拱式桁架。梁式桁架和拱式桁架都有静定和超静定的两类。上述桁架都是静定的，而图 1-21c 所示则为超静定桁架。通常情况下，桁架只承受结点荷载，其上每根杆件只承受轴向内力。

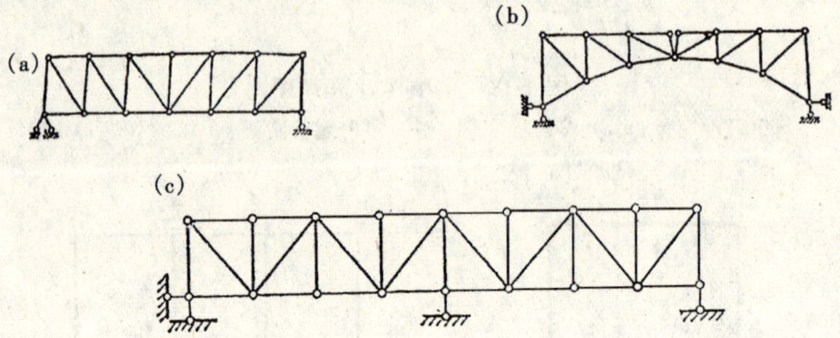

图 1-21　桁架

(a) 梁式桁架；(b) 拱式桁架；(c) 超静定桁架

（5）组合结构

由梁和桁架或由刚架和桁架组合而形成的结构，称为组合结构。结构中有些杆件只承受轴力，而另一些杆件还同时承受弯矩和剪力。工业厂房中，吊车梁的跨度较大（12m 以上）时，常采用组合结构形式，工程界称它为桁架式吊车梁（图 1-22）。此外，起重量较大的桥式起重机的行车大梁和塔式起重机的水平吊臂等，也经常采用组合结构。常见的组合结构，多数是超静定的。

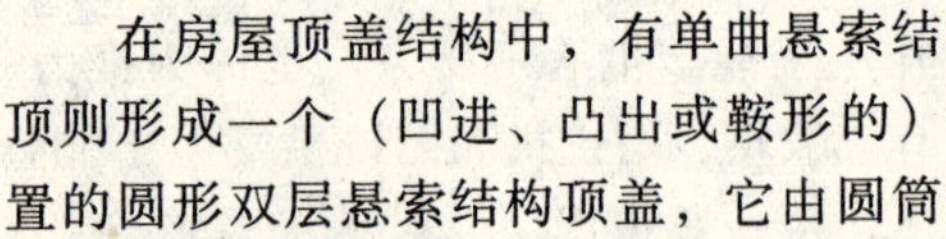

图 1-22　组合结构

（6）悬吊结构

此类结构的特点是，通常以仅能承受拉力的柔性缆索作为主要受力构件。在桥梁工程中，常用的悬吊结构有，柔式（无加劲梁或加劲桁架的）悬索桥（图 1-23a），劲式（有加劲梁或加劲桁架的）悬索桥（图 1-23b），以及缆索倾斜设置的斜拉桥（图 1-23c、d）等。

在房屋顶盖结构中，有单曲悬索结构，其屋顶形成一个柱面，也有双曲悬索结构，其屋顶则形成一个（凹进、凸出或鞍形的）曲面。图 1-24 所示为北京工人体育馆钢索沿径向设置的圆形双层悬索结构顶盖，它由圆筒形钢制内环，钢筋混凝土外环以及张拉于内外环之间的双层钢索所组成，上、下两层钢索是错开布置的，整个屋盖的形状就像一只水平放置的自行车轮子。

三、按计算方法分类

按照所用计算方法的特点，结构又可分为静定结构和超静定结构。若一结构在承受任何荷载时，所有支座反力和任一截面上的内力都可由静力平衡条件求得，且其值是确定的，则此结构称为静定结构。反之，若一结构的所有支座反力和内力不能仅由静力平衡条件来确定，还必须考虑变形的几何条件才能求得，则此结构称为超静定结构。例如，图 1-25a 是一个静定梁，而图 1-25b 则是一个超静定梁结构。

应该注意：这里所指的静定的意义只限于对结构的反力和内力而言，并不涉及其他量值。在静定结构中的其他量值；例如应力和变形即不能单由静力平衡条件确定，它们还必须附加其他条件或假设（例如平截面假设）才能确定。

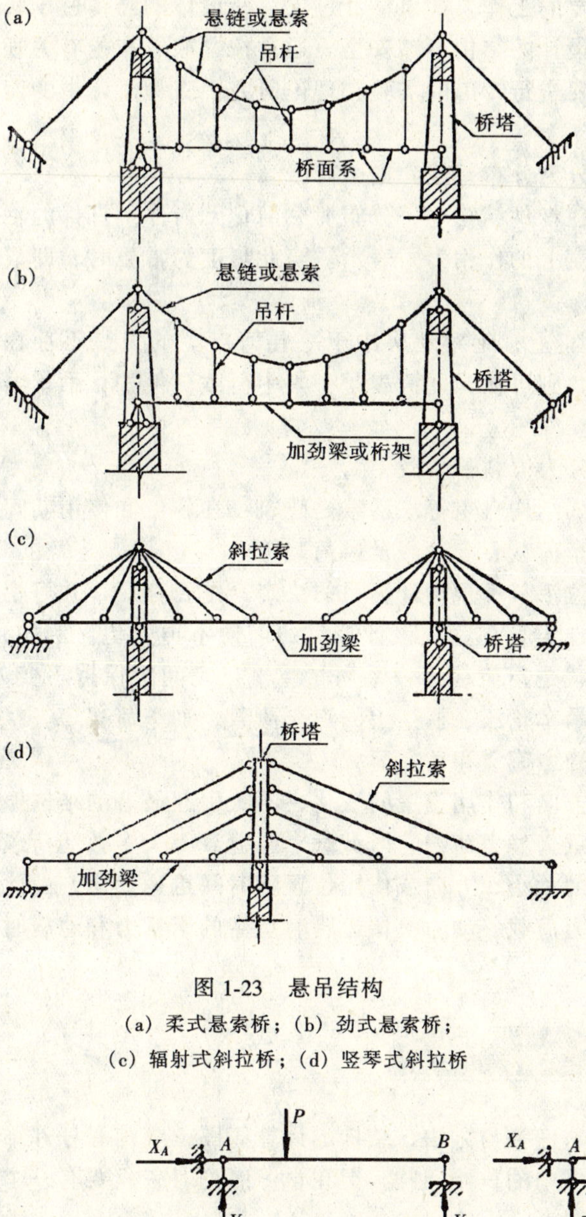

图 1-23 悬吊结构

（a）柔式悬索桥；（b）劲式悬索桥；

（c）辐射式斜拉桥；（d）竖琴式斜拉桥

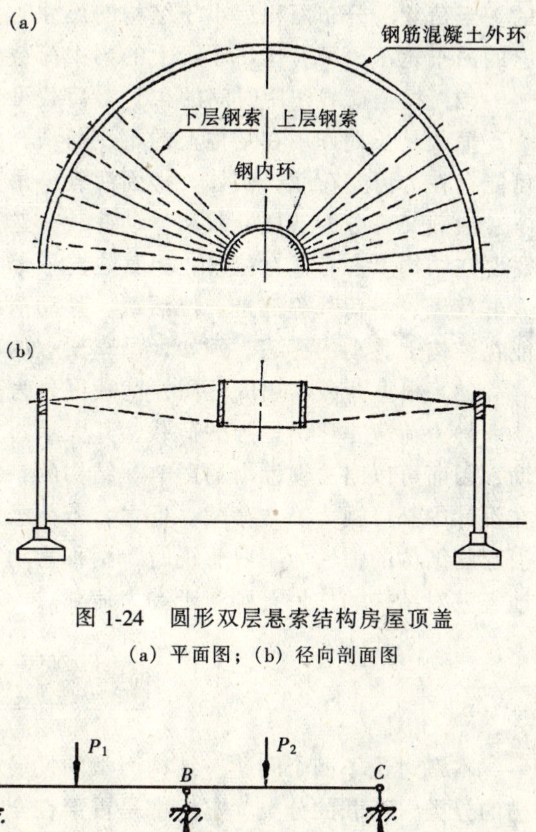

图 1-24 圆形双层悬索结构房屋顶盖

（a）平面图；（b）径向剖面图

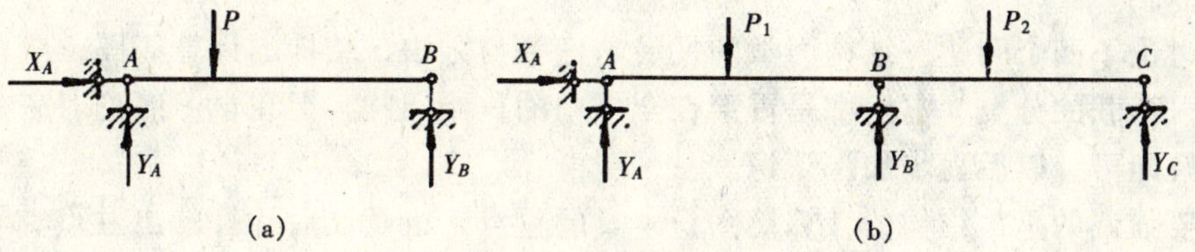

图 1-25 杆件结构

（a）静定结构；（b）超静定结构

§1-6 荷载的性质与分类

荷载是作用在结构上的外力，例如，结构自重、水压力、土压力、风压力以及人群重量等等。此外，还有其他因素可以使结构产生内力和变形，如温度变化、基础沉降、材料收缩等。从广义上说，这些因素也可看做荷载。

合理地确定荷载，是结构设计中非常重要的工作。如果估计过大，所设计的结构过于笨重，会造成浪费；如将荷载估计过小，则所设计的结构不够安全。通常按国家颁布的有关规范来确定荷载；对于特殊的结构，必要时还要进行专门的实验和理论研究。工程实际中的荷载，根据其不同的特征，主要有下列分类：

(1) 根据荷载分布的具体情况，荷载可分为分布荷载和集中荷载

分布荷载是连续分布在结构上的荷载。在杆件结构中，分布荷载简化到所作用杆件的轴线处，用荷载的线分布集度（沿杆轴单位长度上的作用力）表示。当此集度为常数时，即成为均布荷载。

集中荷载是有一着力点的个别的力，事实上，绝对地集中于一几何点上的力是不存在的。当荷载的分布面积远小于结构的尺寸时，则可认为此荷载是一集中荷载。例如，吊车梁上的吊车轮压，可看作吊车梁上的集中荷载。

(2) 根据荷载作用时间的久暂，荷载可分为恒载和活载

恒载是长期作用在结构上的不变荷载，如结构自重等。活载是建筑物在施工和使用期间可能存在的可变荷载，例如，楼面活载、吊车荷载、雪荷载及风荷载等。

活载又可分为选位活载和移动荷载。选位活载可根据计算目的决定其是否存在，并可视需要在结构上占有任意位置；但其位置一经选定，在完成该计算目的前便不再变化。例如，人群及风、雪荷载等都是选位活载。移动荷载是指荷载为一系列相互平行且间距保持不变，能在结构上移动的荷载。例如，吊车梁上的吊车轮压、桥梁上的汽车荷载、列车荷载等。

(3) 根据荷载作用的性质，荷载可分为静力荷载和动力荷载

静力荷载是逐渐增加的荷载，其大小、方向和作用位置的变化，不致引起显著的结构振动，因而可以略去惯性力的影响。结构的自重为静力荷载，风荷载、雪荷载等大多数活荷载在设计中都可视为静力荷载。反之，若荷载的大小、方向或作用位置随时间迅速变化，由此引起的结构的惯性力不容忽视时，则称为动力荷载。动力机械运转时产生的干扰力和地震时地震波对结构的作用等则属于动力荷载。

本 章 小 结

本章讨论了四个问题：结构力学的发展、任务与方法，结构的计算简图，结构和杆件结构的分类，荷载的分类。它们都是贯穿在全书中的重要问题，但在学习绪论时，只要有一个基本的了解即可，以后逐步加深认识。

特别要强调的是，结构的计算简图是本章的重点，也是以后计算的出发点。学习时应对其选择原则、简化要点（特别是其中的结点和支座简化要点）等给予特别的注意，为今后结构的受力和变形分析打下基础。

第 2 章

平面体系的几何组成分析

杆件体系是由若干杆件及地基用链杆、铰或刚结点连接而成的。本章主要任务是对平面杆系的几何组成进行分析，研究结构的组成规律，以解决怎样组成的杆系才能承受荷载这个基本问题。同时，由于结构的组成方式与它的受力性能有内在联系，因此，很多结构可根据几何组成分析来选择恰当的计算方法和改善结构的受力性能。

§2-1 概 述

结构通常是由若干杆件相互联结而组成的体系，是构造物的骨架，结构受荷载作用时，截面上产生应力，材料因而产生应变。由于材料的应变，结构就会产生变形，这种变形一般是很微小的，不影响结构的正常使用。因此，在几何组成分析中不考虑这种由于材料的应变所产生的变形。

图 2-1a 所示由两根杆件与地基组成的铰结三角形，受到任意荷载作用时，若不考虑材料的变形，则其几何形状与位置均能保持不变，我们称这样的体系为几何不变体系；而图 2-1b所示铰结四边形，即使不考虑材料的变形，在很小的荷载作用下，也会发生机械运动而不能保持原有的几何形状和位置，这样的体系称为几何可变体系。一般工程结构都必须是几何不变体系，而不能采用几何可变体系，否则将不能承受任意荷载而维持平衡。因此，在设计结构和选取其计算简图时，首先必须判别它是否几何不变，从而决定能否采用。这一工作就称为体系的几何组成分析或几何构造分析。其次，通过几何组成分析，也可以了解体系中各个部分的相互关系，从而改善和提高结构的受力性能，以及可以有条不紊地计算结构的内力。

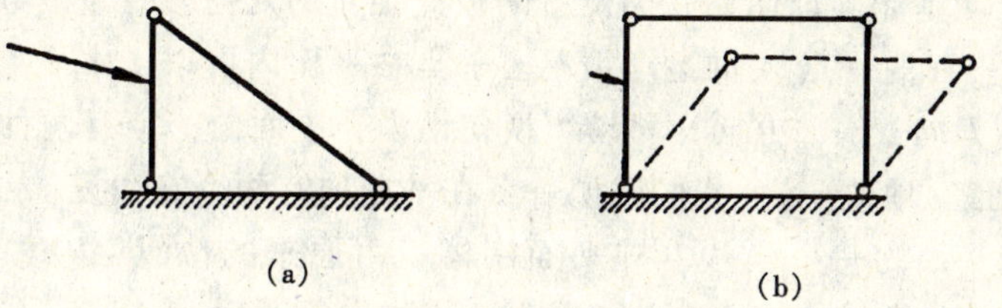

图 2-1 几何不变与几何可变

(a) 几何不变体系；(b) 几何可变体系

本章只讨论平面体系的几何组成分析，由于不考虑材料的变形，因此可以把一根杆件或已知是几何不变的部分看作是一个刚体，在平面体系中又把刚体称作刚片。同样，支承结构的地基也可看作是一个刚片。

组成几何不变体系的条件，应当包括以下两个方面：

（1）具有必要的约束数量；

（2）约束布置方式要合理。

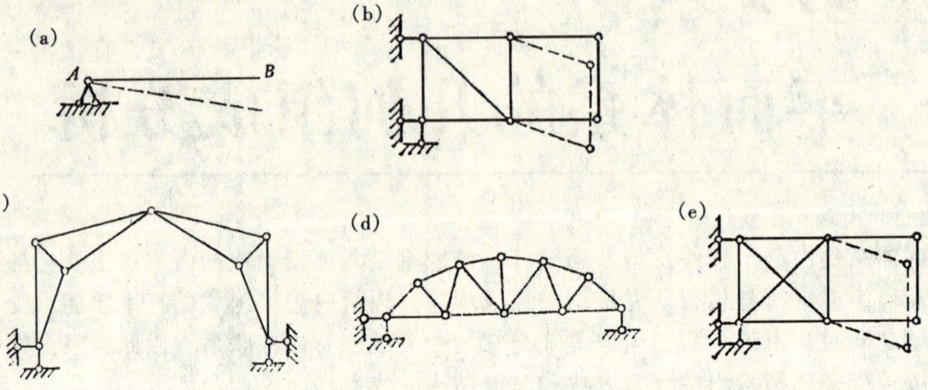

图 2-2　几何不变与几何可变

（a）、（b）缺少必要约束的可变体系；（c）、（d）几何不变体系；（e）约束布置不恰当的可变体系

例如图 2-2a、b 所示的体系，由于它们都缺少必要的约束数量，都是可变体系；图 2-2c、d 所示的体系，由于它们具备了必要的约束数量，并且约束的布置方式也是合理的，所以是不变体系；图 2-2e 所示的体系，虽然具备了必要的约束数量，但它的约束布置方式是不恰当的，因而也是可变体系。

由此可见，体系是否几何不变，能否作为结构，必须从以上两个方面做具体的分析。

§2-2　几何组成分析的几个概念

一、自由度

对体系进行几何组成分析时，判断一个体系是否几何不变涉及到体系运动的自由度。所谓一个体系的自由度，即是体系在所受限制的许可条件下，能自由变动的、独立的运动方式。换句话说，也就是能确定体系几何位置的彼此独立的几何参变量的数目。

图 2-3 所示为平面内一点 A 的运动情况。一点在平面内可以沿水平方向（x 轴方向）移动，又可以沿竖直方向（y 轴方向）移动。换句话说，平面内一点有两种独立运动方式（两个坐标 x、y 可以独立地改变），我们就说一点在平面内有两个自由度。

图 2-4 所示为平面内一个刚片（即平面刚体）由原来的位置 AB 改变到后来的位置 $A'B'$。这个刚片可以有 x 轴方向的移动（Δx），y 轴方向的移动（Δy），还可以有转动（$\Delta\theta$）。因为一个刚片在平面内有三种独立的运动方式（三个坐标 x、y、θ 可以独立地改变），我们说一个刚片在平面内有三个自由度。一般说来，如果一个体系有 n 个独立的运动方式，我们就说这个体系有 n 个自由度。

普通机械中使用的机构有一个自由度，即只有一种运动方式。一般工程结构都是几何不变体系，其自由度为零。凡是自由度大于零的体系都是几何可变体系。

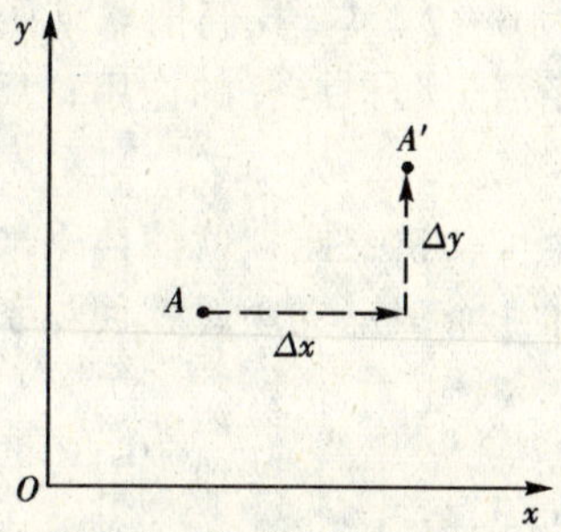

图 2-3　点在平面内的运动

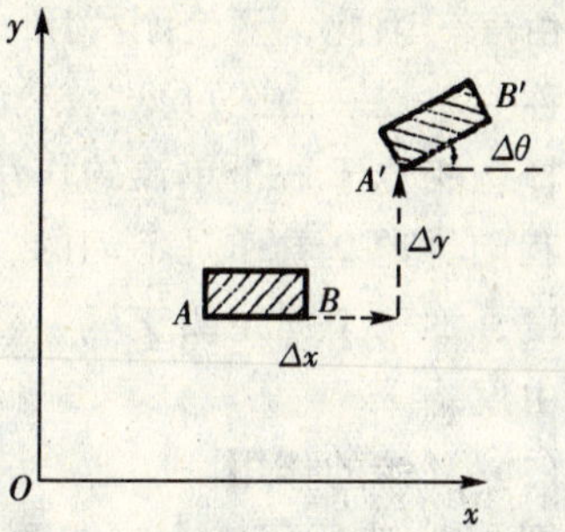

图 2-4　刚片在平面内的运动

二、约束

在刚片间加入某些装置，它们的自由度将减少。减少自由度的装置称为联系或约束。减少一个自由度的装置，就称为一个联系或一个约束；减少 n 个自由度的装置，就称为 n 个联系或 n 个约束。约束可分为外部约束和内部约束两种：外部约束是指体系与基础之间的联系，也就是支座；而内部约束则是指体系内部各杆之间或结点之间的联系，如铰结点、刚结点和链杆等。

现在我们来分析不同的约束装置对自由度的影响。

(1) 链杆的作用

图 2-5a 表示用一根链杆 BC 联结的两个刚片Ⅰ和Ⅱ。在未联结以前，这两个刚片在平面内共有六个自由度。在用链杆 BC 联结以后，对刚片Ⅰ而言，其位置需用刚片上 A 点的坐标 x、y 和 AB 连线的倾角 φ 来确定。因此，它有三个自由度。但是，对刚片Ⅱ而言，因与刚片Ⅰ已用链杆 BC 联结，故它只能沿以 B 为圆心，BC 为半径的圆弧运动和绕 C 点转动，再用两个独立参变数 α 和 β 即可确定它的位置，所以减少了一个自由度。因此，两个刚片用一根链杆联结后还剩下 4 个运动独立几何参数（x、y、φ、α 和 β），自由度总数为 $6-1=5$。由此可见，两个刚片用一根链杆联结后，就减少一个自由度。因为减少一个自由度的装置称为一个联系，故一根链杆相当于一个联系。

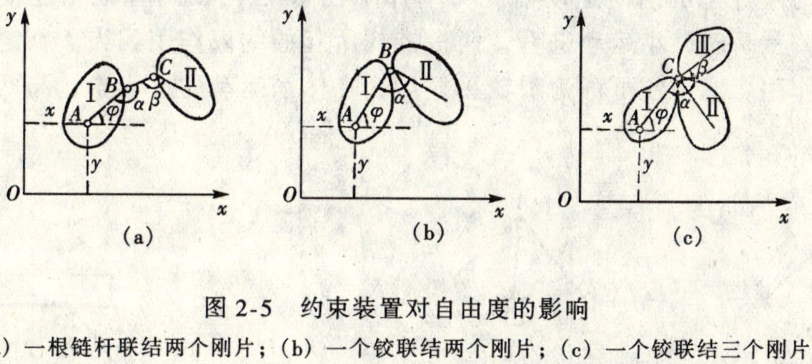

图 2-5　约束装置对自由度的影响

（a）一根链杆联结两个刚片；（b）一个铰联结两个刚片；（c）一个铰联结三个刚片

(2) 单铰的作用

图 2-5b 表示用一个铰 B 联结的两个刚片Ⅰ和Ⅱ。在未联结以前，两个刚片在平面内共有六个自由度。在用铰 B 联结以后，刚片Ⅰ仍有三个自由度（x、y 和 φ），而刚片Ⅱ则只能绕铰 B 作相对转动，即再用一个独立参变数（夹角 α）就可确定它的位置，所以减少了两

个自由度。因此，两个刚片用一个铰联结后的自由度总数为 $6-2=4$。我们把联结两个刚片的铰称为单铰。由此可见，一个单铰相当于两个联系，也相当于两根链杆的作用；反之，两根链杆也相当于一个单铰的作用。

我们将地基看作是不动的，这样，如果在体系上加一个可动铰支座，就使体系减少一个自由度；加一个固定铰支座，就使体系减少两个自由度；加一个固定支座，就使体系减少三个自由度。

(3) 复铰的作用

图 2-5c 表示用一个铰 C 联结的三个刚片Ⅰ、Ⅱ和Ⅲ。在未联结以前，三个刚片在平面内共有 9 个自由度。在用铰 C 联结以后，刚片Ⅰ仍有 3 个自由度（x、y 和 φ），而刚片Ⅱ和刚片Ⅲ则都只能绕铰 C 作相对转动，即再用两个独立参变数（夹角 α 和 β）就可确定它们的位置。因此，减少了 4 个自由度。我们把联结两个以上刚片的铰称为复铰。由上述可见，一个联结三个刚片的复铰相当于两个单铰的作用。一般情况下，如果 n 个刚片用一个复铰联结，则这个复铰相当于 $n-1$ 个单铰的作用。

(4) 单刚结点和复刚结点

互不相连的两个刚片，在其平面内，若用刚结点把它们连接起来，如图 2-6a 所示，则两者便被连成一体而变为一个刚片，故自由度由 6 个减少为 3 个，即丧失 3 个自由度。该刚结点仅连接两个刚片，可称它为单刚结点。由此可知，一个单刚结点相当于 3 个约束。

互不相连的三个刚片，在其平面内，若同样用刚结点把它们连接起来，如图 2-6b 所示，则三者也被连成一体而变为一个刚片，故自由度由 9 个减少为 3 个，即丧失 6 个自由度。该刚结点相当于 2 个单刚结点（或 6 个约束），故称它为复刚结点。

由此类推，连接 n 个刚片的复刚结点，它就相当于 $n-1$ 个单刚结点或 $3(n-1)$ 个约束。

(5) 瞬铰

如图 2-7 所示刚片Ⅰ在平面内本来有三个自由度，如果用两根不共线的链杆①和②把它与基础相连接，则此体系仍有一个自由度。现在对它的运动特点加以分析。由于链杆的约束作用，A 点的微小位移应与链杆①垂直，C 点的微小位移应与链杆②垂直。以 O 表示两根链杆轴线的交点。显然，刚片Ⅰ可以发生以 O 为中心的微小转动，O 点称为瞬时转动中心，简称瞬心。这时刚片Ⅰ的瞬时运动情况与刚片Ⅰ在 O 点用铰与基础相连接时的运动情况完全相同。因此，从瞬时微小运动来看，两根链杆所起的约束作用相当于在链杆交点处的一个铰所起的约束作用。这个铰可称为瞬铰。显然，在体系运动的过程中，与两根链杆相应的瞬铰位置也跟着在改变。

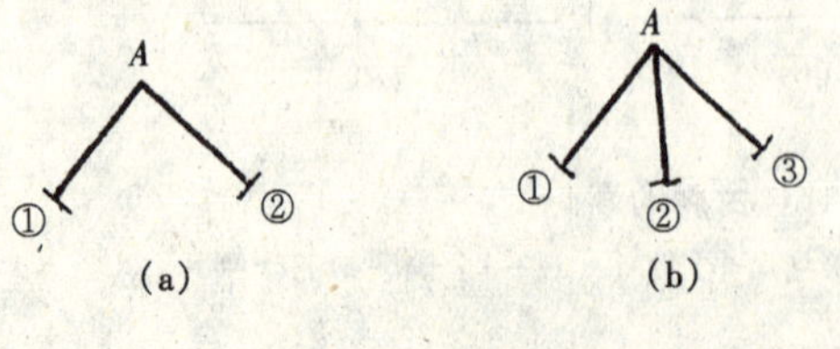

图 2-6 刚结点

(a) 连接两刚片的刚结点；

(b) 连接三刚片的刚结点

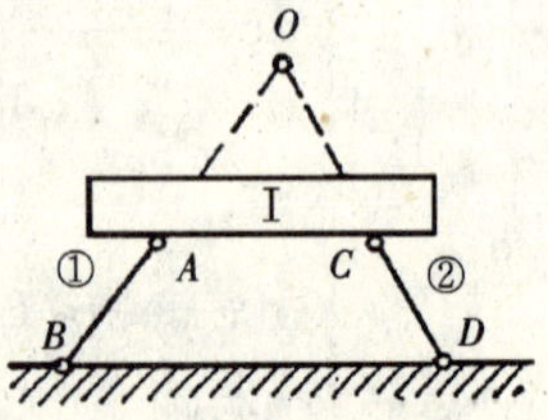

图 2-7 两根链杆轴线的交点组成的瞬铰

三、体系自由度的计算公式

我们已经研究了不同装置对体系自由度的影响，下面给出计算体系自由度的公式。

一个平面体系，通常都是由若干刚片彼此用铰相联并用支座链杆与基础相联而组成。设其刚片数（地基不计入）为 m，单刚结点数为 s，单铰数为 h，支座链杆数为 r，则其自由度 W 的计算公式如下：

$$W = 3m - 3s - 2h - r \tag{2-1}$$

必须注意，式中 s、h 分别是单刚结点数目和单铰数目，如遇复刚结点或复铰，应分别把它们折算成单刚结点数或单铰数代入公式计算。在折算成单铰时，应正确识别该复铰所联结的刚片数。如图 2-8a、b、c 所示几种情形，其相应的单铰数分别应为 3、2、1。

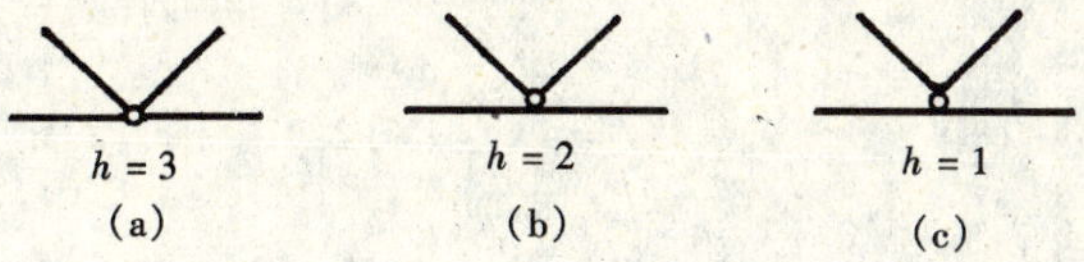

图 2-8　复铰

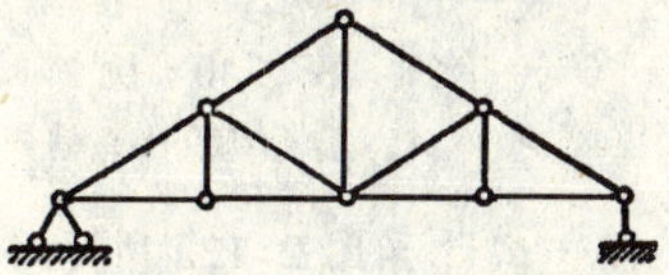

图 2-9　计算桁架的自由度

例如图 2-9 所示桁架，共有 13 根杆件，若将每根杆件均看成一个刚片，则联结这些刚片的单铰数一共为 18，支座链杆数为 3，由式（2-1）可算得其自由度为

$$W = 3 \times 13 - 2 \times 18 - 3 = 0$$

在平面体系中，完全由两端用铰联结的杆件所组成的体系，称为铰结链杆体系。上述图 2-9 所示的桁架即为一例。这类体系的自由度，除可用公式（2-1）计算外，还可采用较为简便的公式进行计算。设以 j 表示结点数，b 表示杆件数，r 表示支座链杆数。若先按每个结点都为自由时考虑，则共有 $2j$ 个自由度。但联结结点的每一根杆件都起一个联系的作用，现共有（$b + r$）根杆件，故体系的自由度为

$$W = 2j - b - r \tag{2-2}$$

例如图 2-9 所示的桁架，按式（2-2）计算其自由度为

$$W = 2 \times 8 - 13 - 3 = 0$$

与前面计算结果相同。

例 2-1　试计算图 2-10a 所示体系的自由度。

解　如图 2-10b 所示，体系的刚片数 $m = 7$，单刚结点数 $s = 0$，7 个刚片之间全部都是铰结相连，除结点 E 为复铰外，其余结点 D、F、G 和 H 都是单铰，$h = 7$，3 个固定铰支座，$r = 6$。因此，由式（2-1）可得

$$W = 3 \times 7 - 3 \times 0 - 2 \times 7 - 6 = 1$$

表明此体系具有一个自由度。

例 2-2　试计算图 2-11 所示体系的自由度。

解　在该体系中，如何划分刚片似有难处。较简单的做法就是：把各个结点之间所有的直杆或曲杆都分别看作刚片，这样 $m = 9$。结点 G、H 和 E 都是混合结点。对于此类结点，计算单刚结点数时，可把铰结杆当作不存在，而在计算单铰结点数时，则把刚结各杆看作一个刚片。因此，结点 G 和 H 都是属于单刚结点，而复刚结点 D 和 E 各相当于 2 个单刚结点，

故 $s=6$。结点 E、F、G 和 H 都是属于单铰结点，$h=4$。三个固定支座各相当于 3 根支杆约束。所以，由式（2-1）可得

$$W=3\times9-3\times6-2\times4-9=-8$$

表明此体系具有 8 个多余约束。

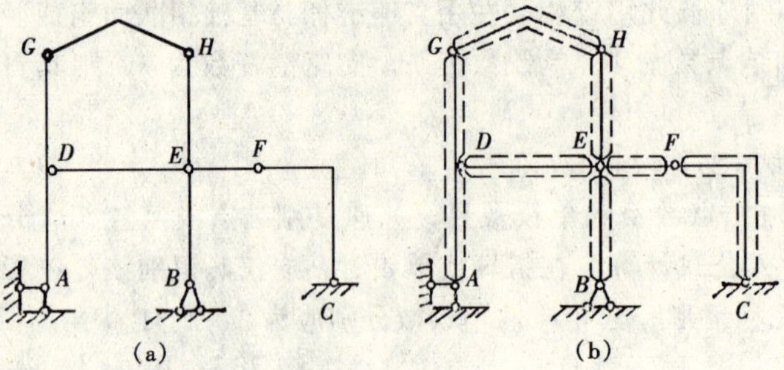

图 2-10　例 2-1 图

(a) 原结构；(b) 划分成刚片

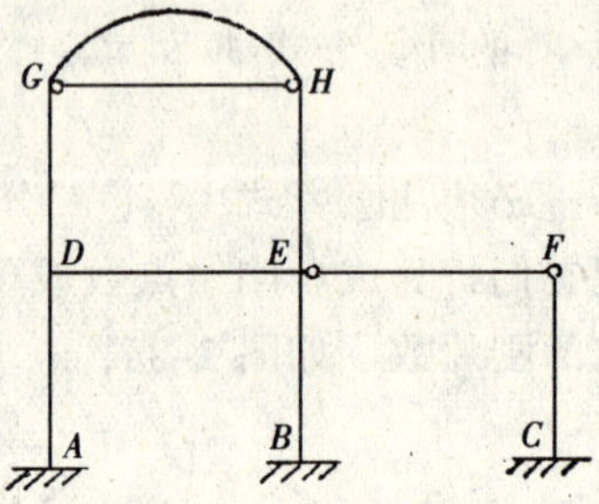

图 2-11　例 2-2 图

例 2-3　试计算图 2-12a 所示体系的自由度。

解　在该体系中，D、E 两处除应算作结点外，同时还要考虑它们都是固定铰支座。因此，体系的结点总数 $j=5$，链杆总数 $b=4$，支座链杆总数 $r=6$，故由式（2-2）可得

$$W=2\times5-4-6=0$$

表明此体系的自由度等于零。

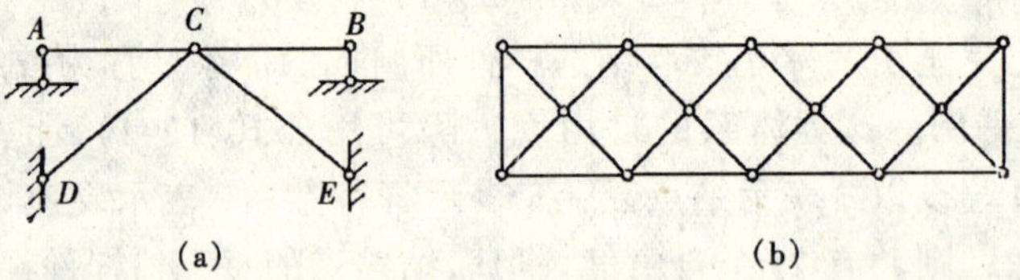

图 2-12　铰结链杆体系

(a) 例 2-3 图；(b) 例 2-4 图

例 2-4　试计算图 2-12b 所示体系的自由度。

解　由图可知：$j=14$，$b=26$，$r=0$，故由式（2-2）可得

$$W=2\times14-26-0=2$$

此计算自由度的过程没有计及体系的支承（$r=0$），$W=0$ 并不表明此体系具有两种运动形式。

这里需要注意的是：在计算铰结链杆体系的结点数时，凡是链杆的端点都应当算作结点。例如图 2-12a 所示的体系中，A、B、C、D、E 等都应当算作结点。另外，在计算体系的约束数时，链杆和支杆应当区别开来，因为链杆是内部约束，而支杆则是外部约束，两者不宜混淆。

按照式（2-1）或式（2-2）计算的结果，有如下三种情况：

（1）若 $W>0$，则表明体系缺少足够的联系，还可以运动，体系是几何可变的。

（2）若 $W=0$，则表明体系具有保证几何不变所需的最少联系数。

（3）若 $W<0$，则表明体系具有多余联系。

因此，一个几何不变体系必须满足其自由度 $W\leqslant 0$ 的条件。

有时，我们不考虑支座链杆，而只检查体系本身的几何不变性。由于几何不变体系本身作为一个刚片在平面内有 3 个自由度，因此，体系本身为几何不变时须满足其自由度 $W\leqslant 3$ 的条件。

§2-3　几何不变体系的简单组成规则

一个几何不变的平面体系，必定满足其自由度 $W\leqslant 0$（或只就体系本身而言 $W\leqslant 3$）的条件；但只满足上述条件，还不能肯定体系就是几何不变的。因为尽管整个体系总的联系数目足够或者还有多余，但若安排得不恰当，使得体系的一部分具有多余联系而另一部分联系又不足的话，则体系仍然是几何可变的。例如图 2-2d、f 所示的两个体系，虽然都有 $W=0$，但前者为几何不变体系，后者却为几何可变体系。

由上可知，按公式算得 $W\leqslant 0$（或只就体系本身而言 $W\leqslant 3$），只是几何不变体系的必要条件，还不是充分条件。因此，还须进一步研究几何不变体系的组成规则。平面体系中，组成几何不变体系的基本规则主要有以下三种：

一、三刚片的组成规则

图 2-13a 所示的三个刚片Ⅰ、Ⅱ、Ⅲ由 B、A、C 三个单铰两两相联。假定刚片Ⅰ不动，我们来研究各刚片之间相对运动的可能性。由于刚片Ⅱ与刚片Ⅰ用铰 B 相联，故刚片Ⅱ只能绕铰 B 转动，其上 A 点的运动轨迹是以 B 为圆心，以 AB 为半径的圆弧；而刚片Ⅲ与刚片Ⅰ用铰 C 相联，刚片Ⅲ只能绕 C 点转动，其上 A 点的运动轨迹是以 C 为圆心、以 AC 为半径的圆弧。而实际上刚片Ⅱ、Ⅲ是用铰 A 相联结的，A 点既是刚片Ⅱ上的点，也是刚片Ⅲ上的点，它不可能同时沿两个方向不同的圆弧运动，只能在两个圆弧的交点处固定不动。于是各刚片间不可能发生任何相对运动。故该体系是几何不变的，且无多余联系。

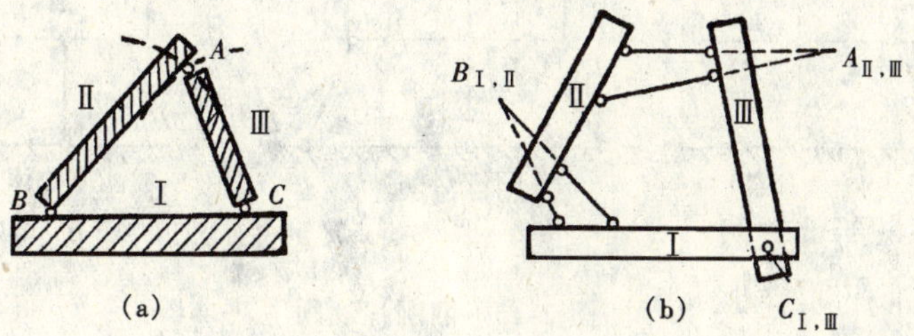

图 2-13　三刚片规则
(a) 三个刚片用三个单铰两两相联；(b) 三个刚片用三个虚铰两两相联

因为两根链杆的作用相当于一个单铰，故可将任一单铰换为两根链杆所构成的虚铰如图 2-13b 所示。只要三个铰（包括实铰和虚铰）不在同一直线上，这样组成的体系也是几何不变的。

结论：三个刚片用三个不在一直线上的三个单铰两两相联，所组成的体系是几何不变体系，且无多余联系。

这种由三个不共线的铰相互联结而成的三角形不变体系的规律称为铰结三角形几何不变

规律。它是无多余联系几何不变体系组成的基本规律。

二、两刚片的组成规则

图 2-14 所示体系，显然也是按“三刚片规则”组成的。但如果把三个刚片中的两个作为刚片，另一个看作是链杆，则此体系即为两个刚片用一个铰和一根轴线不通过这个铰中心的链杆相联而组成。它当然是几何不变体系，因为它与“三刚片规则”实际上也是一回事。同样，有时用“两刚片规则”分析，则更为简便。

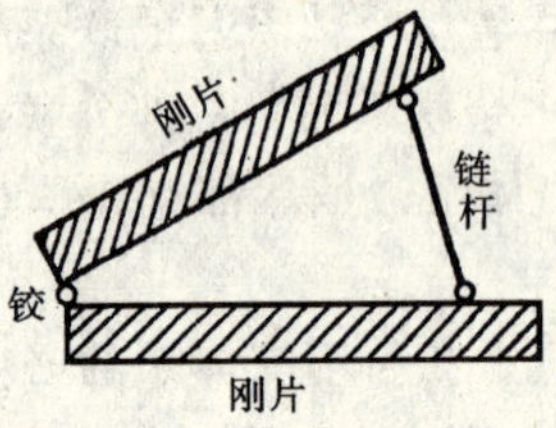

图 2-14　两个刚片用铰和链杆相联

此外，两刚片还有用三根链杆相联的情形，为了分析此种情形，我们先讨论两刚片间用两链杆相联时的运动情况。

图 2-15a 表示用两根不平行的链杆相联结的两个刚片Ⅰ和Ⅱ。设刚片Ⅱ固定不动（基础），则刚片Ⅰ即不能作任何方向的移动，但还能作转动。当刚片Ⅰ运动时，其上的 A 点将沿与链杆 AB 垂直的方向运动，而 C 点将沿与链杆 CD 垂直的方向运动。由 A、C 两点的上述运动方向看，这时刚片Ⅰ的运动方式将是绕 AB 与 CD 两杆延长线的交点（瞬铰）O 而转动。此种情形好像把刚片Ⅰ和Ⅱ用铰在 O 点相联结。欲使刚片Ⅰ和Ⅱ不能发生相对转动，需要增加一根链杆如图 2-15b 所示。这样，刚片Ⅰ绕 O 点转动时，E 点将沿与 OE 连线垂直的方向运动。但是，从链杆 EF 来看，E 点的运动方向必须与链杆 EF 垂直。由于链杆 EF 的延长线不通过 O 点，所以 E 点的这种运动不可能发生。此时，三根链杆具有 O、P、R 等 3 个交点，刚片Ⅰ要运动，则它必须同时绕 3 个交点运动，然而这是不可能的。因此，这样组成的体系是几何不变体系。

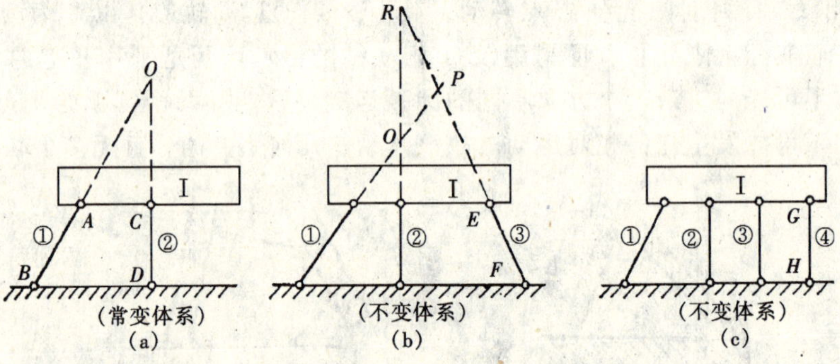

图 2-15　两刚片规则

(a) 两刚片用两链杆相联；(b) 两刚片用三链杆相联；(c) 两刚片用四链杆相联

如果在刚片Ⅰ和Ⅱ之间，再增加一根链杆 GH 如图 2-15c 所示，显然体系仍是几何不变的。但从保证几何不变性来看，GH 杆是多余的。这种可以去掉而不影响体系几何不变性的约束称为多余联系。

结论：两个刚片用一个铰和一根轴线不通过这个铰中心的链杆相联结，则所组成的体系是几何不变体系，且没有多余联系。

两个刚片利用不交于一点也不互相平行的三根链杆相联结，则所组成的体系是几何不变体系，并且没有多余联系。

例如对于图 2-16a 所示刚架，分析时可把地基看作是一个刚片，刚架中间的 T 字形部分

BCE 本身是一整体，故可作为刚片。左边部分 *AB* 虽然是折线形的，但本身是一个刚片而且只用两个铰 *A*、*B* 与其他部分相联，因此它的作用与一根链杆相同，即相当于 *A*、*B* 两铰连线上的一根链杆，如图中虚线所示；同理 *CD* 部分也相当于一根链杆。这样，此刚架即为两个刚片Ⅰ、Ⅱ用 *AB*、*CD*、*EF* 三根不全平行也不交于一点的链杆相联（图 2-16b），故为几何不变体系。

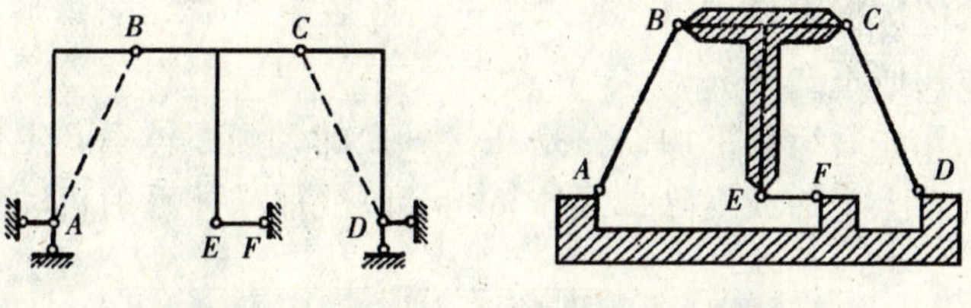

(a)　　(b)

图 2-16　刚架的组成分析

(a) 刚架简图；(b) 划分刚片

在几何组成分析中讨论的链杆为两端有铰的刚性直杆或曲杆。一根链杆相当于一个约束。只以两个铰与外界相联的刚片称为等效链杆（图 2-17）。等效链杆的作用与链杆相同。图 2-16 中 *AB*、*CD* 两个刚片称为等效链杆。

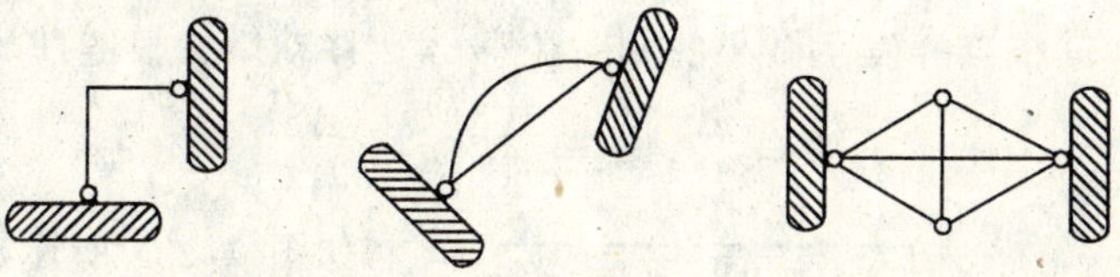

(a)　　(b)　　(c)

图 2-17　等效链杆

(a) 折杆等效；(b) 曲杆等效；(c) 几何不变体系等效

三、二元体的组成规则

图 2-18 所示体系，是按上述“三刚片规则”组成的，但如果我们把三刚片中的一个作为刚片，而把另外两个看作是链杆，则此体系又可以认为是这样的组成：在一个刚片上，增加两根链杆，此两杆不在一直线上，两杆的另一端又用铰相联。我们把这种两根不在一直线上的链杆联结一个新结点的构造称为二元体。显然，在一个刚片上增添一个二元体仍为几何不变体系，因为这与前述的“三刚片规则”实际上是一回事。但在分析某些结构特别是桁架时，用“二元体规则”更为方便。

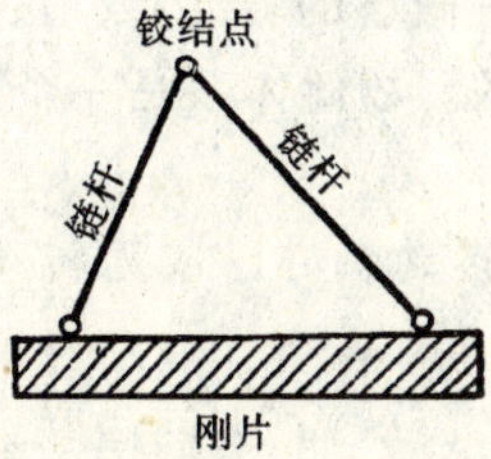

图 2-18　二元体组成规则

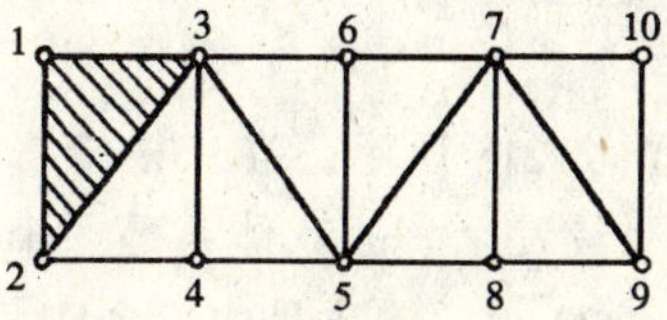

图 2-19　桁架的组成分析

例如分析图 2-19 所示桁架时，我们可任选一铰结三角形例如 123 为基础，增加一个二元体得结点 4，这时得几何不变体系 1234；以其为基础，再增加一个二元体得结点 5，…如此依次增加二元体而最后组成该桁架，故知它是一个几何不变体系。

我们也可以反过来，用拆除二元体的方法来分析。因为从一个体系拆除一个二元体后，所剩下的部分若为几何不变的，则原来的体系必定也是几何不变的。现在从结点 10 开始拆除一个二元体，然后依次拆除结点 9、8、7、…，最后剩下铰结三角形 123，它是几何不变的，故知原体系亦为几何不变的。

当然，若去掉二元体后所剩下的部分是几何可变的，则原体系必定也是几何可变的。

结论：在一个体系上增加或拆除二元体，不会改变原来体系的机动性质。

§2-4 瞬变体系的概念

在上一节讨论体系的组成时，曾提出了一些限制的条件，如联结两个刚片的三根链杆不能全交于一点也不能全都平行，联结三个刚片的三个铰不能在同一直线上等。现在我们来研究当体系的几何组成不满足这些限制条件时，体系将如何变化。

图 2-20 所示两个刚片Ⅰ及Ⅱ用三根互相平行的链杆相联结。在此情况下，因刚片Ⅰ及Ⅱ的相对转动瞬心在无穷远处，故两刚片的相对转动即成为相对移动。在两刚片发生微小的相对移动后，相应地三根链杆发生微小的相对位移 Δ。移动后三根链杆的转角分别为：

$$\alpha_1=\frac{\Delta}{l_1},\ \alpha_2=\frac{\Delta}{l_2},\ \alpha_3=\frac{\Delta}{l_3}$$

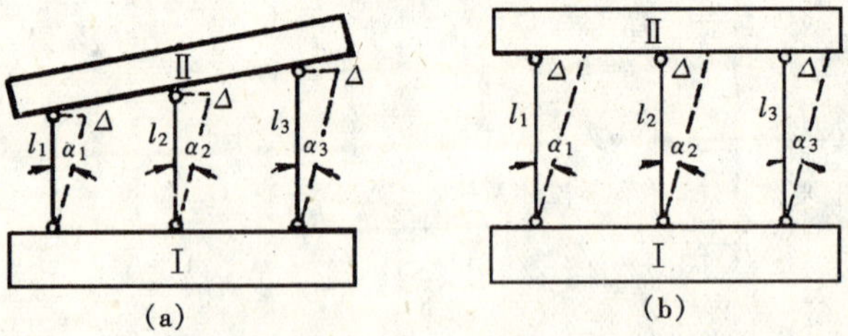

图 2-20 两刚片用三根互相平行的链杆相联结

(a) 瞬变体系；(b) 可变体系

如图 2-20a 所示，当三根链杆不等长，即 $l_1\neq l_2\neq l_3$ 时，则 $\alpha_1\neq\alpha_2\neq\alpha_3$。这就是说，在两刚片发生微小的相对位移后，三根链杆就不再互相平行，并且不交于一点，故体系就成为几何不变体系。我们把这种发生微小的位移以后即成为几何不变体系的几何可变体系叫做瞬变体系。

如图 2-20b 所示，当三根链杆等长，即 $l_1=l_2=l_3$ 时，则 $\alpha_1=\alpha_2=\alpha_3$。这就是说，在两刚片发生相对位移后，三根链杆仍旧互相平行，故位移将继续发生。这样的体系是几何可变体系。

图 2-21 所示两个刚片用三根相交于一点的链杆相联结，此交点即为两刚片的相对转动瞬心，故两个刚片可绕此瞬心作相对转动。

如图 2-21a 所示，当三根链杆相交成一虚铰 O 时，则发生一微小的转动后，三根链杆就不再全交于一点，转动瞬心不再存在，体系即成为几何不变的。故此体系是一个瞬变体系。

如图 2-21b 所示，当三根链杆相交成一实铰 O 时，则相对转动瞬心已成为转动中心，转动将继续发生。故此体系是一个几何可变体系。

图 2-22 所示体系是由三个刚片用在同一直线上的三个单铰 A、B、C 两两相联组成的。当刚片Ⅰ、Ⅱ分别绕铰 A、B 转动时，在 C 点处两圆弧有一公切线，故此刻铰 C 可沿此公

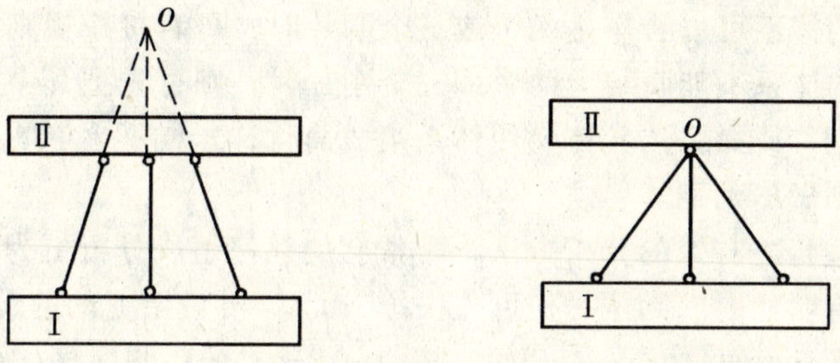

图 2-21　两刚片用三根交于一点的链杆相联结
（a）三根链杆交成虚铰；（b）三根链杆交成实铰

切线方向移动。C 点一旦发生微小的竖向移动后，三个铰就不再位于同一直线上，运动也就不再继续发生。

瞬变体系是“瞬时可变”，随后即转化为几何不变，我们来分析图 2-23a 所示体系的内力的变化情况。取结点 C 为隔离体（图 2-23b），由

$$\Sigma X = 0,\ N_1 = N_2 = N$$

再由　　　$$\Sigma Y = 0,\ 2N\sin\theta - P = 0$$

得　　　$$N = \frac{P}{2\sin\theta}$$

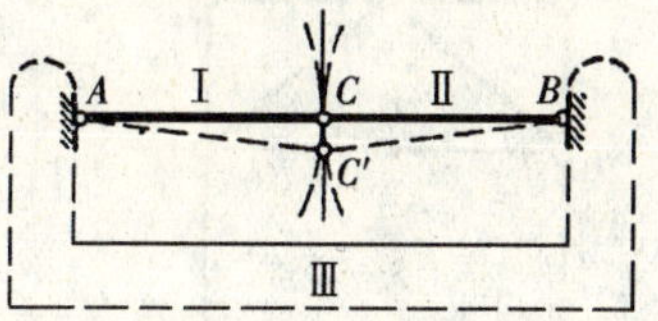

图 2-22　联结三刚片的三铰共线

当 $\theta = 0$ 时，便是瞬变体系。有上式可知：当 θ 减小时，N 便增大，但只要 $\theta \neq 0$，在荷载 P 给定时，内力 N 就有确定的解答。而当 $\theta = 0$ 时，若 $P = 0$，则 $N = \dfrac{0}{0}$ 为不定值；若 $P \neq 0$，则 $N = \infty$。这表明，瞬变体系即使在很小的荷载作用下，也会产生很大的内力，从而可能导致体系的破坏。因此工程结构中不能采用瞬变体系，而且对于接近于瞬变的体系也应避免。

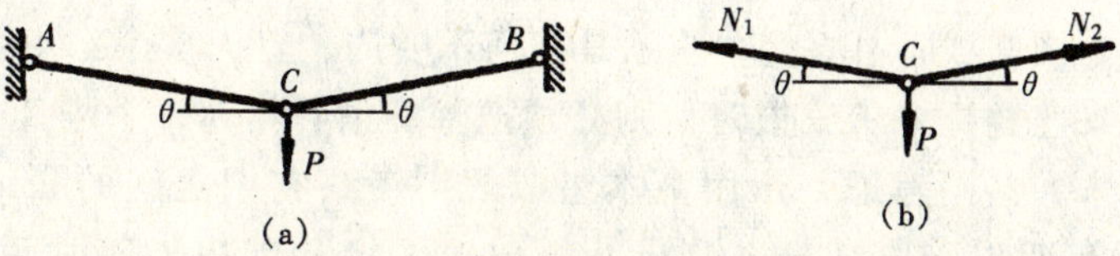

图 2-23　铰结链杆体系的内力
（a）三刚片体系；（b）结点 C 隔离体

§2-5　平面体系几何组成分析方法

作体系的几何组成分析，就是用上节所述基本规则来检验体系是否几何不变。在进行分析时，一般先考察体系的计算自由度。如果 $W > 0$，已表明体系是几何可变的，当然不再需要进行几何组成分析。如果 $W \leqslant 0$，只表示体系可能是几何不变的，尚需进一步作组成分析。对于较简单的体系，常可略去计算自由度以检查约束数目是否足够的工作，而直接进行几何组成分析。

对体系进行几何组成分析一般步骤为：

(1) 如果给定的体系可以看作是两个或三个刚片时，可直接按规则加以判别。

(2) 如果给定的体系不能归结为两个或三个刚片时，则可先把其中能直接观察出的某些几何不变部分当作刚片或撤去二元体，使体系组成简化，这样不会影响原体系的几何构造性质，然后再根据规则做出判别。

适当地运用一些行之有效的分析方法，常常会使几何组成分析更为准确方便。

(1) 当体系中有明显的二元体时，可先去掉二元体 再对余下的部分进行几何组成分析。如图 2-24a 所示体系，我们自结点 *A* 开始，按 *A*→*B*→*C*→*D* 的次序，依次撤掉汇交于各结点的二元体，余下的部分（图 2-24b）便容易分析了。

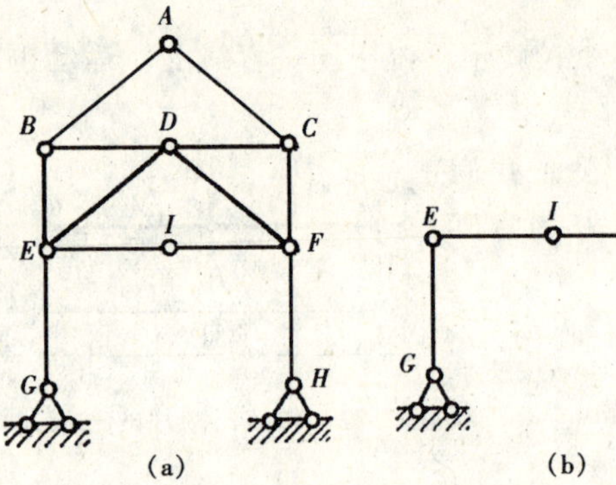

图 2-24 二原体的应用

(a) 铰结链杆体系；(b) 撤去二元体

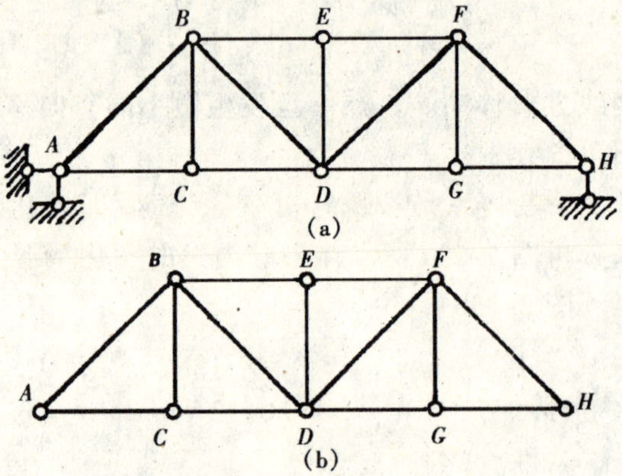

图 2-25 几何组成分析

(a) 简支体系；(b) 除去基础和支杆

(2) 当体系的基础以上部分与基础间以三根支座链杆按两刚片规则相联结时，可以先撤去这些支杆，只对上部体系进行几何组成分析，所得结果即代表整个体系的几何性质。如图 2-25a 所示的体系便可以除去基础和三根支杆，只判别图 2-25b 所示部分即可。而对此部分来说，自结点 *A*（或结点 *H*）开始，按照上段所述方法，依次去掉二元体，最后便只剩下一根杆件。由此可知，图 2-25a 中原整个体系是几何不变的，且无多余约束。

(3) 当体系的支座链杆多于三根时，则必须把基础也看作为一个刚片，将它与体系上部的其他刚片联合起来，共同考虑，运用基本组成规则考察它们之间的联结情况。如图 2-26 所示体系的下部共有四根支座链杆，分析其组成时，将基础视做刚片后，再结合 *ACE* 和 *EDB* 折杆有三个刚片，因它们之间的三个联结铰不在一直线上，由三刚片规则可知体系为几何不变的，且无多余约束。

(4) 凡是只以两个铰与外界相联的刚片，不论其形状如何，从几何组成分析的角度看，都可看作为通过铰中心的等效链杆。例如：在图 2-26 所示体系中，基础连同其上面的两个刚片 *ACE* 及 *EDB* 共同组成一几何不变且无多余约束的刚片。*HFGI* 部分也易知为一本身无多余约束的刚片。如上所述，在将 *IKD* 折杆看作链杆 *ID*（如图 2-26 中虚线所示）后，上述两刚片间，便有不平行且不全交于一点的 *CF*、*EG* 及 *ID* 共三根链杆，按照两刚片规则，它们组成一几何不变且无多余约束的体系。

例 2-5 试对图 2-27 所示体系作几何组成分析。

解 因体系有七根支座链杆，故必须将基础看作一刚片。在其上依次增添二元体 *JHK*、*JGH* 和 *HIK*，此刚片的范围便扩大到 *G*、*H*、*I* 结点。而后，通过铰 *A* 和链杆 *HC* 又可将刚片范围进一步扩大到 ABC 杆。最后，再用铰 C 和 E 处链杆便把 CDE 杆也纳入上述大刚片之中了。这时，在结点 G 与 B，I 与 D 间各还有一根链杆相联，可见 GB 和 ID 两链杆是多余约束。由此可得结论：图 2-27 所示为一具有两个多余约束的几何不变体系。

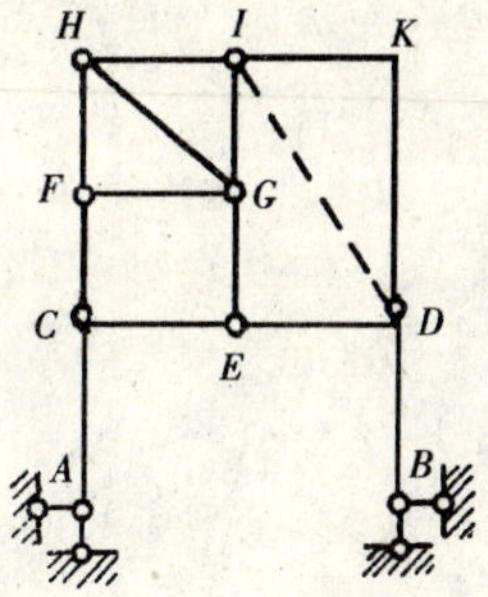

图 2-26　几何组成分析

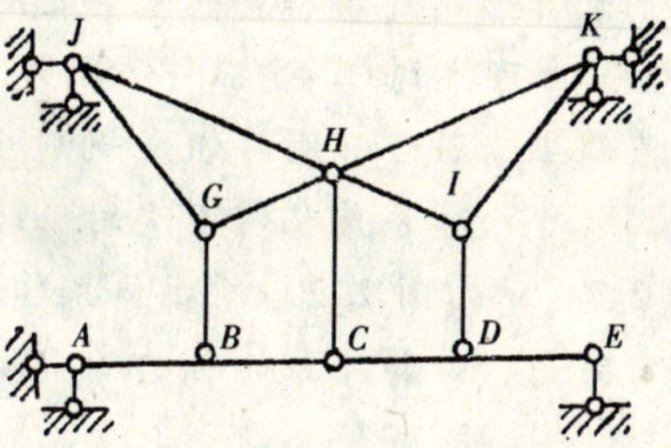

图 2-27　例 2-5 图

例 2-6　试对图 2-28a 所示体系作几何组成分析。

解　首先，计算体系的自由度。在该体系中，杆件 AN、PO、BK、DK 等都不是链杆，因而不是链杆系，而只能作为一般体系。由图可知：$m=21$，$s=0$，$h=28$，$r=7$。故由式(2-1)可得

$$W=3\times21-3\times0-2\times28-7=0$$

表明体系具有几何不变的必要条件。

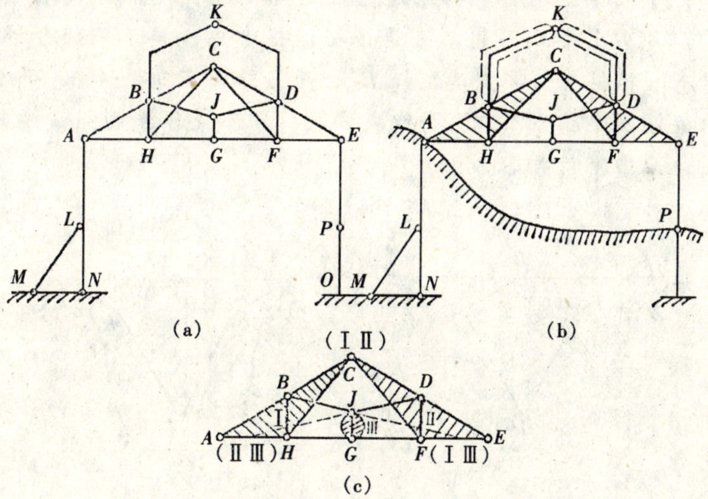

图 2-28　例 2-6 图

(a) 体系的组成；(b) 刚片分析；(c) 局部合成分析

其次，分析体系的几何组成。

该体系较为复杂，分析其几何组成可按下列顺序进行：

第一，划出扩大刚片和局部合成的刚片。LMN 部分符合三刚片规则组成法则，杆件 OP 则嵌固在基础上，故该两部分都可作为基础的扩大部分，同时，$ABCH$ 和 $CDEF$ 可分别看作为局部合成刚片，

第二，分析体系中各个部分之间的相互关系。该体系的顶部 BK 和 DK 为二元体，是附

属部分，可将其撤去。同时还可看到，*ACE* 部分用一铰 *A* 及一根轴线不通过该铰中心的链杆 *PE* 与基础相联。显而易见，如果 *ACE* 部分内部几何不变，则它同基础组成的体系也是几何不变的。因此，问题最终归结到要分析 *ACE* 内部的几何组成。

如图 2-28c 所示，局部合成刚片 *ABCH* 和 *CDEF* 与其他部分相联各有三个连接点，可分别把它们看作为刚片Ⅰ和Ⅱ，两者之间用实铰（ⅠⅡ）相联。另外，通过链杆 *BJ*、*HG* 或链杆 *DJ*、*FG*，可找到杆 *GJ* 应作为刚片Ⅲ，相应的虚铰（ⅠⅢ）和（ⅡⅢ），如图所示。三铰不在一直线上，符合三刚片组成规则，故 *ACE* 部分内部几何不变。其他各部分前面都已分析过，因而整个体系是几何不变的。

例 2-7 试对图 2-29a 所示体系作几何组成分析。

解 首先，计算体系的自由度。此体系是铰结链杆体系，由图可知：$j=6$，$b=8$，$r=4$。故由式（2-2）可得

$$W=2\times 6-8-4=0$$

表明体系具有几何不变所必需的最少的联系数目（必要条件）。

其次，分析体系的几何组成。

根据自由度的计算结果，此体系没有多余约束，然而它与地基相联却有四根支杆，因此，分析它的几何组成时，必须连同基础一起考虑。不能用两刚片规则分析，此外也没有二元体可去。使用三刚片规则来分析。

划出局部合成刚片，如图 2-29b 所示。假设局部不变体系 *ADE* 为刚片Ⅰ，然后再从同它有关的联系中，去寻找其他刚片。据此通过铰 *A* 和铰 *B*，就很自然地会把局部不变体系 *BDF* 和基础分别当作刚片Ⅱ和刚片Ⅲ。可是根据这样考虑，接下来的分析就有困难了：连接刚片Ⅱ和Ⅲ的只有一根链杆（即支座链杆 *B*），而另外又有三根链杆（即链杆 *CE* 和 *CF* 及支座链杆 *C*）却都未能用上。显然，这种组成方式，与不变体系的组成规则是对不上号的，说明分析路子不对，应当重新考虑。

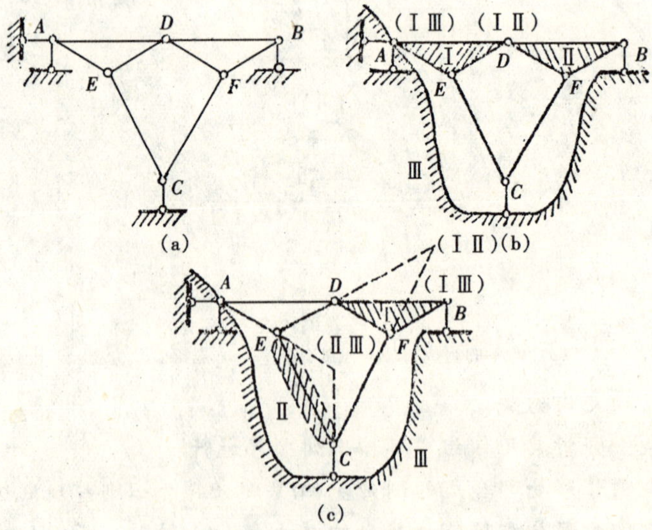

图 2-29 例 2-7 图

(a) 体系的组成；(b) 局部合成刚片；(c) 几何组成分析

在上述分析中，最初是假设 ADE 为刚片，结果行不通。既然如此，就不要再把 ADE 当作刚片，而将其看作三根链杆。这样改变之后，可先假设局部不变体系 BDF 为刚片Ⅰ，如图 2-29c 所示。由于结点 A 是固定铰支座，故可将其看作为基础上的点。与刚片Ⅰ相联系的共有四根链杆，其中链杆 DE 和 FC 与杆件 EC 相连，而链杆 DA 和支座链杆 B 则与基础相联。因此，这样就自然地把杆件 EC 和基础分别看作为刚片Ⅱ和Ⅲ。最后还可发现，在刚片Ⅱ和刚片Ⅲ之间也有两根链杆（即支座链杆 C 和链杆 AE）相联。这样，三个刚片两两之间，各有两根链杆相联，相应的三个虚铰（ⅠⅡ）、（ⅡⅢ）和（ⅠⅢ），其位置如图 2-29c 所示。三个铰不在一直线上，符合三刚片组成规则，故为几何不变体系。

最后需要指出，我们所遇到的多数工程结构及其计算简图，其几何构造性质按上述平面体系的组成规则即可进行分析。但是也有一些体系，用简单组成规则尚无法进行分析，此时便需用其他一些方法例如零荷载法（见§5-8）等来进行分析。

§2-6　三刚片体系中虚铰在无穷远处的情况

由前已知，三刚片用三个单铰（包括虚铰）两两相联时，若三铰不在一直线上则体系为几何不变，若三铰共线则为瞬变。分析中，常遇到虚铰在无穷远处的情况，此时如何判定体系是几何不变呢？现讨论如下。

（1）一铰无穷远

如图 2-30a 所示，虚铰 O_{12}在无穷远处，而另二铰 O_{13}和 O_{23}不在无穷远处。此时，若组成无穷远虚铰之两平行链杆与另二铰连线不平行，则体系几何不变；若平行则瞬变（图 2-30b）；在特殊情况下，如图 2-30c，O_{13}和 O_{23}为实铰，其连线和杆 1、2 平行且等长，则体系为几何可变。

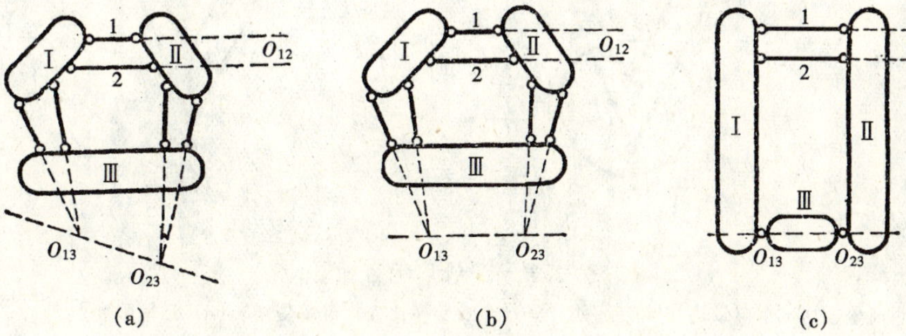

图 2-30　一铰无穷远
(a) 几何不变；(b) 几何瞬变；(c) 几何可变

（2）二铰无穷远

如图 2-31a，铰 O_{12}不在无穷远处，铰 O_{13}和 O_{23}均在无穷远处。此时，若组成二无穷远虚铰之两对平行链杆互不平行，则体系几何不变；若此两对平行链杆又相互平行（即四杆皆平行）则为瞬变（图 2-31b）；若如图 2-31c 所示，此四杆均平行且等长，则体系几何可变。

以上（1）、（2）两种情况，几何关系都比较简单，故上述各条结论读者可自行证明，兹不赘述。

（3）三铰均无穷远

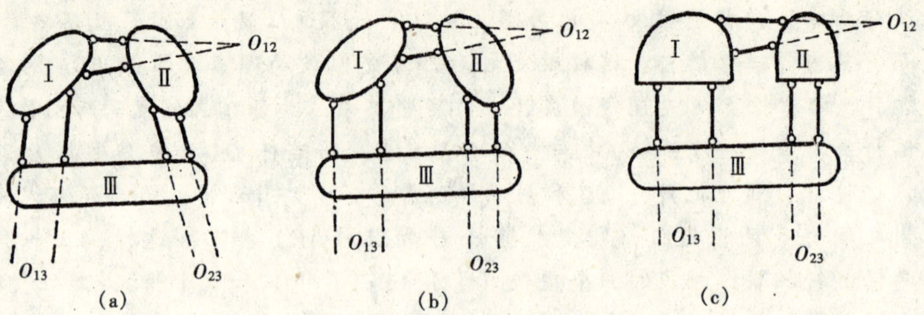

图 2-31　二铰无穷远

(a) 几何不变；(b) 几何瞬变；(c) 几何可变

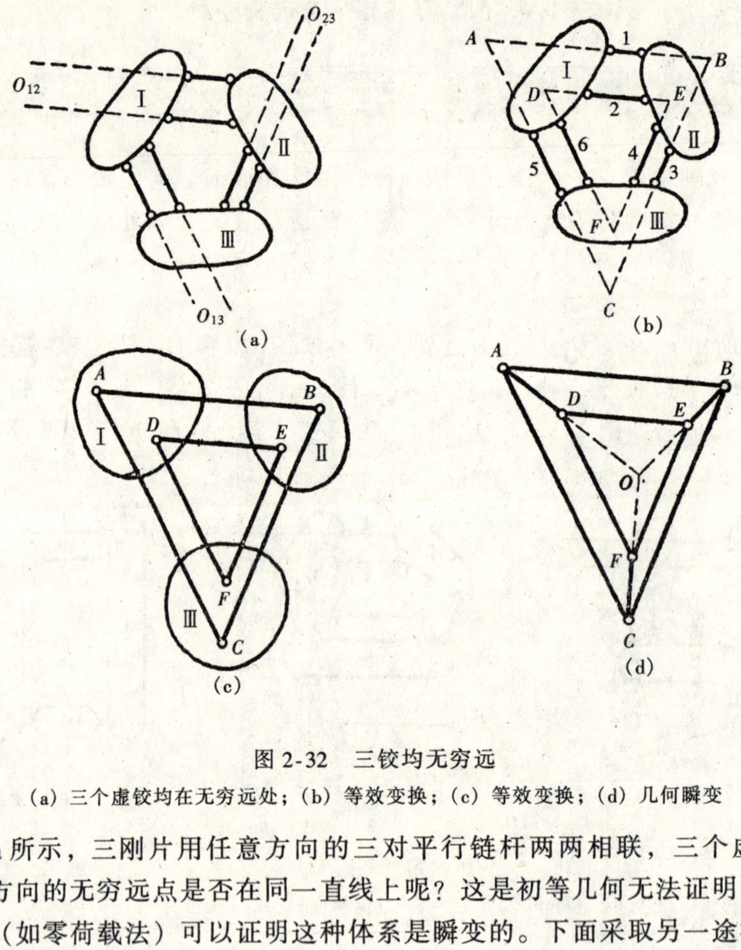

图 2-32　三铰均无穷远

(a) 三个虚铰均在无穷远处；(b) 等效变换；(c) 等效变换；(d) 几何瞬变

如图 2-32a 所示，三刚片用任意方向的三对平行链杆两两相联，三个虚铰均在无穷远处。三个不同方向的无穷远点是否在同一直线上呢？这是初等几何无法证明的。事实上，用其他一些方法（如零荷载法）可以证明这种体系是瞬变的。下面采取另一途径，即将体系化为两刚片相联的形式来说明其瞬变性。

我们知道，三刚片用三对链杆两两相联的体系是否几何不变，仅取决于三个虚铰是否不共一线，而与链杆的长度、刚片的大小形状无关。因此，只要保持三个虚铰的位置不变，我们可以改变链杆长度及刚片大小，而不会改变体系是否几何不变的性质。据此，我们将各链杆延长而得到交点 *A*、*B*、*C* 和 *D*、*E*、*F*（图 2-32b），然后将刚片范围画大一些并以杆 *AB* 代替杆 1，以杆 *DE* 代替杆 2，…便得到图 2-32c 所示体系。此时刚片Ⅰ、Ⅱ、Ⅲ均只在两点与其他部分铰联，故均相当于链杆，因此又可画成图 2-32d 的形式。对此体系进行分析时，

则可将铰结三角形 ABC 和 DEF 分别作为刚片，将 AD、BE、CF 看作链杆，这样就将原体系化为两刚片用三链杆相联的体系。当 $AB /\!/ DE$，$BC /\!/ EF$ 和 $CA /\!/ FD$ 时，容易证明 AD、BE、CF 三杆的延长线交于同一点 O，因而体系是瞬变的。由此可知，三刚片用三对平行链杆两两相联因而三虚铰均在无穷远处时，体系是瞬变的。在特殊情况下，如图 2-33a 那样三对平行链杆又各自等长，则体系是几何可变的，因为此时刚片间的相对平动在一定范围内可以继续进行下去（注意，这是指每对链杆都是从每一刚片的同侧方向联结的情况，而不象图 2-33b 有从异侧方向联结的情况，后者仍将是瞬变的）。

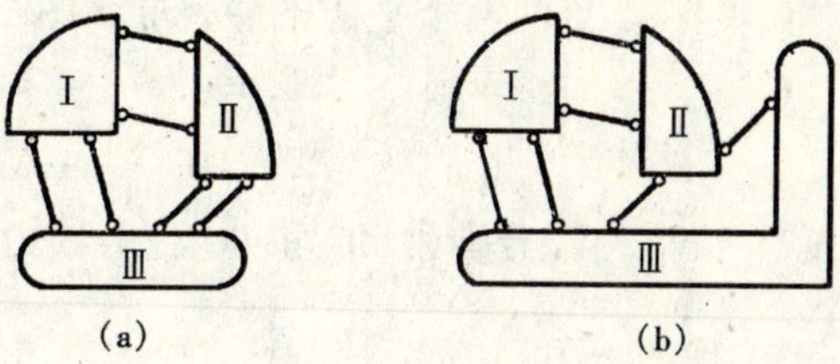

图 2-33　三对平行链杆各自等长
(a) 几何可变；(b) 几何瞬变

§2-7　平面体系在静力学解答方面的特性

前面几节我们从运动的观点分析了各种平面体系如几何可变、几何不变及几何瞬变体系等的几何构造特点，从而用以判别它们是否可以作为结构。本节讨论体系在静力学解答方面的特性，以便在结构计算时，选择相应的计算方法。

一、几何可变体系的静力特性

图 2-34 所示一几何可变体系。在所示荷载作用下，用静力学方法求解，显然不可能。因为根据结点 3 的平衡条件，杆 2-3 的内力为零；而根据结点 2 的平衡条件，杆 2-3 的内力为 P，所得结果是矛盾的。这是因为未知力个数少于静力平衡方程的个数，结构的内力和反力一般不能维持平衡。由于在所示荷载作用下的体系不能维持平衡，而是一个可以改变形状能运动的机构。因此，几何可变体系没有静力学的解答。

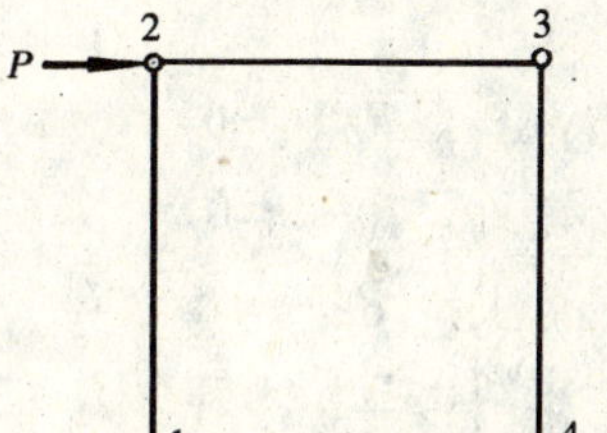

图 2-34　几何可变体系

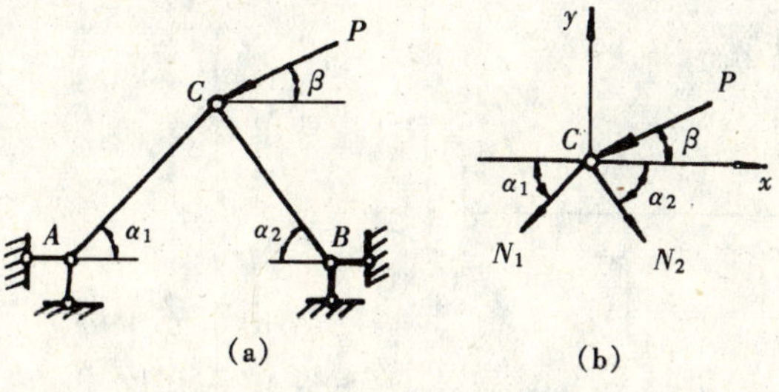

图 2-35　几何不变体系
(a) 无多余联系的几何不变体系；(b) 结点 C 的隔离体

二、无多余联系的几何不变体系的静力特性

图 2-35a 所示为从基础出发，用不共线的两根链杆联结以结点 C 的无多联系的几何不变体系。设在 C 点作用以集中力 P，其作用线与水平线夹角为 β。

根据 C 点的两个平衡条件，参看图 2-35b 可写出

$$\Sigma X=0 \qquad -N_1\cos\alpha_1+N_2\cos\alpha_2-P\cos\beta=0 \tag{a}$$

$$\Sigma Y=0 \qquad -N_1\sin\alpha_1-N_2\sin\alpha_2-P\sin=0 \tag{b}$$

式中 N_1、N_2 分别为 AC 和 BC 杆的轴力。解此联立方程组

$$N_1=\frac{D_1}{D} \qquad N_2=\frac{D_2}{D} \tag{c}$$

其中：

$$D=\begin{vmatrix}\cos\alpha_1 & -\cos\alpha_2\\ \sin\alpha_1 & \sin\alpha_2\end{vmatrix} \tag{d}$$

$$D_1=\begin{vmatrix}-P\cos\beta & -\cos\alpha_2\\ -p\sin\beta_1 & \sin\alpha_2\end{vmatrix} \qquad D_2=\begin{vmatrix}\cos\alpha_1 & -P\cos\beta\\ \sin\alpha_1 & -P\sin\beta\end{vmatrix} \tag{e}$$

展开式（d）右端的行列式，得

$$D=\cos\alpha_1\sin\alpha_2+\cos\alpha_2\sin\alpha_1=\sin(\alpha_1+\alpha_2)$$

由于两链杆不共线，即

$$\alpha_1+\alpha_2\neq n\pi \qquad (n=0,\ \pm1)$$

由此可知 $D\neq0$，故方程（c）有惟一解。处于平衡状态的任一平面物体，在平面一般力系作用下，未知约束力可由静力平衡方程完全确定，而且解答是惟一的。所以，这种无多余约束的几何不变体系，我们称它为静定结构。而静定结构的这一静力特性，就称作为静定结构的解答惟一性定理。因此，静定结构的静力特性是：静力平衡方程的个数与未知约束力的个数相等，体系的全部反力和内力，都可由静力平衡条件确定，而且解答是惟一的。当荷载为零时，体系的反力和内力也等于零。

三、有多余联系的几何不变体系的静力特性

图 2-36 所示的梁有四根支杆与基础相连，它是具有一个多余约束的不变体系。在平面一般力系作用下，它共有四个未知约束反力 H_A、V_A、V_B 和 R_C。但仍只能建立三个独立的静力平衡方程：

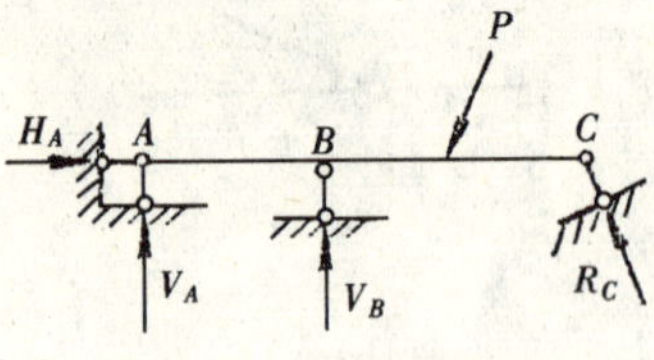

图 2-36 有多余联系的几何不变体系

$$\Sigma X(H_A,\ V_A,\ V_B,\ R_C)=0$$
$$\Sigma Y(H_A,\ V_A,\ V_B,\ R_C)=0$$
$$\Sigma M(H_A,\ V_A,\ V_B,\ R_C)=0$$

由于三个静力平衡方程只能求解出三个未知反力，只有当超出的未知反力先给出确定的任意值，然后才能从三个静力平衡方程中，求解出其余的三个未知反力。而这种先给出的任意值可以有无限多，因而未知反力的解也可以有无数组。所以实际上，单靠静力平衡方程，这些未知反力是不能确定的。从这个意义上说，体系的反力和内力是静不定的，或者叫做超静定的。因此，我们把这种有多余约束的不变体系，称为超静定结构。所以，超静定结构的静力特性是：静力平衡方程的个数少于未知约束力的个数，体系的反力和内力，单靠静力平衡条件是不能完全确定的；对应于每一种任意的已知荷载，体系能满足平衡条件的反力和内力可以有无数组解，因而解答不是惟一的。故当荷载为零时，体

系也可以有非零的反力和内力。这种没有荷载，而体系可以有非零反力和内力的情况，称作为初内力或自内力状态。

体系可以产生和存在初内力或自内力，这是超静定结构极为重要的一个静力特性。

四、瞬变体系的受力特性

瞬变体系的受力特性在§2-4中做过简要介绍，最后用另一个简单实例来说明瞬变体系的受力特征。图2-37所示体系是一个上部构件用三个链杆与基础联结。链杆1、2的延长线相交于 O 点，链杆3距 O 点的距离为 r。现在有任意一个荷载 P 作用在此体系上，设 P 与 O 点的距离为 d。试求支杆3所受的力。

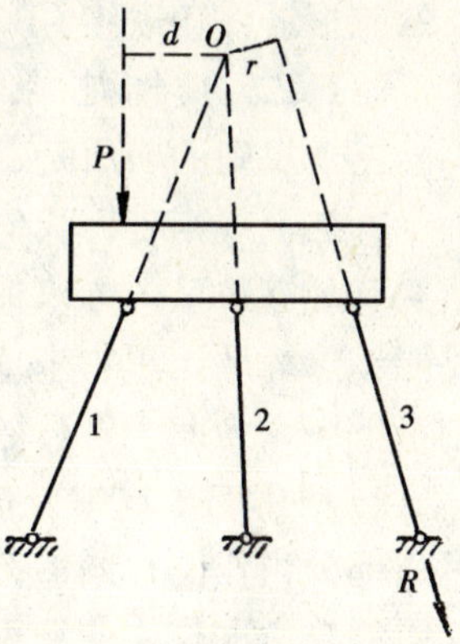

图 2-37　三个链杆联结刚片与基础

切断支杆1、2、3，令与支杆3相应的轴力为 R，以 O 为矩心，力矩方程为

$$Rr - Pd = 0$$

解得

$$R = \frac{Pd}{r}$$

现在讨论上面所求得的结果。

(1) 当 $r \neq 0$，即三连杆1、2、3不相交于一点，根据两刚片组成规则，此体系是几何不变的，并且没有多余联系。此时不管 P 的位置如何（即 d 可为任何值），R 皆有确定值。在这种情况下上述体系是静定的。

(2) 当 $r = 0$，但 P 不通过 O 点，即 $d \neq 0$，此时体系将变为瞬变体系，支反力 R 将变为无限大。所以在一般的荷载作用下，瞬变体系的内力是无限大。一般讲来，瞬变体系不能当作结构来承担荷载。

(3) 当 $r = 0$，P 亦通过 O 点，即 $d = 0$，此时体系是瞬变的，而力 P 却处于特殊的位置，这时的支反力 R 为不定值，即

$$R = \frac{0}{0}\ （不定）$$

所以瞬变体系在特殊的荷载作用下，其内力为不定值。因此，瞬变体系没有静力学的解答。

本　章　小　结

本章内容的重点是如何运用平面几何不变体系的三个基本组成规则，对各类平面杆件体系进行几何组成分析，判断体系是否几何不变。从而决定其能否用做结构；研究几何不变、无多余约束体系的组成规则，以便帮助我们正确选择静力分析方法和程序，这一点以后各章经常要引用。学习这部分内容时，要充分理解基本规则，灵活运用基本规则，则必须对各种类型的体系多加练习后才能掌握。

现将本章内容小结如下：

1. 平面结构按其几何组成是否健全，可以分为两类：

(1) 几何不变体系，指不计材料的应变，其形状和位置均不能改变的结构。

(2) 几何可变体系，指不计材料的应变，其形状和位置可以改变的结构。

注意“可变”二字的含义，是指由于体系几何组成的不健全，致使体系成为可以自由运动的机构，从而改变了原有体系的形状和位置。土建结构中必须采用几何不变体系。

2. 平面几何不变无多余约束体系的组成规则有三个：

(1) 三刚片规则，三刚片用不在一直线上的三个铰两两相联。

(2) 二刚片规则，二刚片用一个铰和一根不通过此铰的链杆或三个全不平行也不交于一点的三根链杆相联结。

(3) 二元体规则，在一个体系上增加一个二元体或拆除一个二元体，不改其几何不变性。

三个规则的实质是三角形规则，即三角形的三个边长一定，其几何图形是惟一确定的。

这三个规则告诉我们，若需体系成为几何不变，则要满足两个条件：第一，刚片间的联系要有足够数量的约束保证；第二，约束的布置要恰当。了解这三个规则并不难，重要的是要能够熟练地运用它来依次地分析各种复杂的杆件体系，这是本章的重点。初学者的困难是难于下手，为此，进行一定量的练习是必要的。

3. 应用三个规则分析体系时，要把体系中的一部分当作刚片（或扩大了的组合刚片）；另一部分当作刚片间的约束（包括联结刚片的铰或链杆等）。一要注意分清被约束的对象和起限制自由度作用的约束，它们的数目和布置是否满足组成规则的要求。另一方面，要注意被约束对象或约束的代换关系、瞬铰的概念等等，不要被形式的变化所迷惑。需要说明一点，对少数复杂的体系，三个基本规则不能完全适用。

4. 刚片与约束间的关系是相对的而并非绝对的。例如只具有两端铰的各种形状刚片(除两端铰外，刚片中间无其他约束)，在分析时可作为链杆，而链杆有时也可当作刚片看待，根据组成分析时的需要而定。虚铰与实铰、等效链杆与实际链杆所起的约束作用是等效的。尽管对同一体系可能有多种分析途径，但所得结论应该是一致的。

5. 静定和超静定结构，都是几何不变体系。它是本课程的主要分析对象。

(1) 就几何组成特征来看，静定结构是具有必要约束的几何不变体系；而超静定结构是具有多余约束的几何不变体系。

(2) 就静力分析特征来看，对于静定结构，仅凭静力平衡条件即可确定其全部反力和内力；而对于超静定结构，仅依靠静力平衡条件尚不能确定其全部反力和内力，还须由其他补充方程才能求解。

(3) 掌握结构的几何组成和静力特征之间的关系：

几何不变，无多余约束　静定结构；

几何不变，有多余约束　超静定结构；

几何可变（包括瞬变）不能用做结构。

习　题

2-1～2-41　试对图示体系作几何组成分析（若为几何不变体系，需指出有无多余约束）。

题 2-1 图

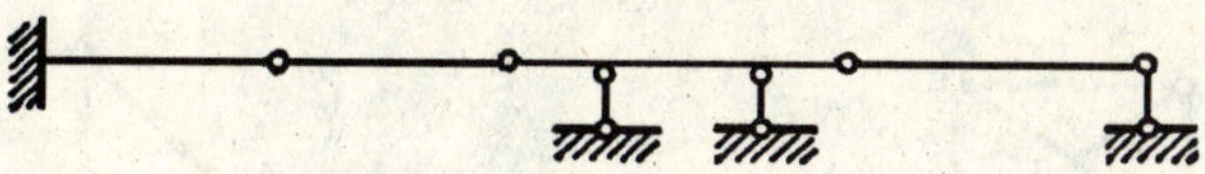

题 2-2 图

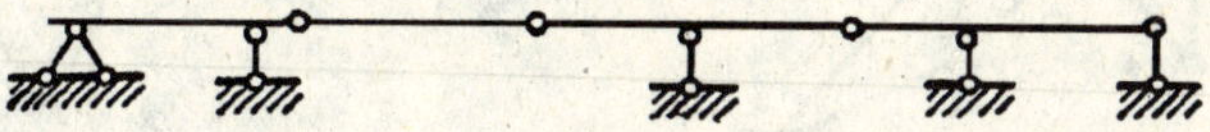

题 2-3 图

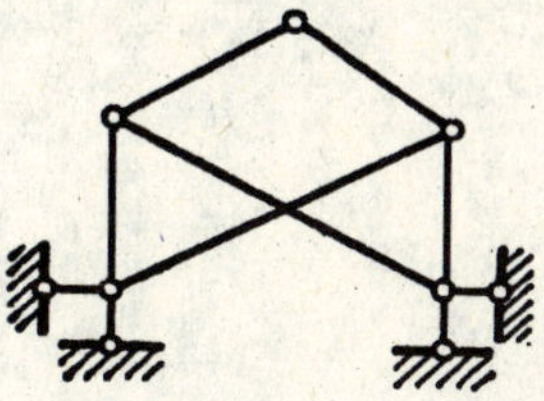

题 2-4 图

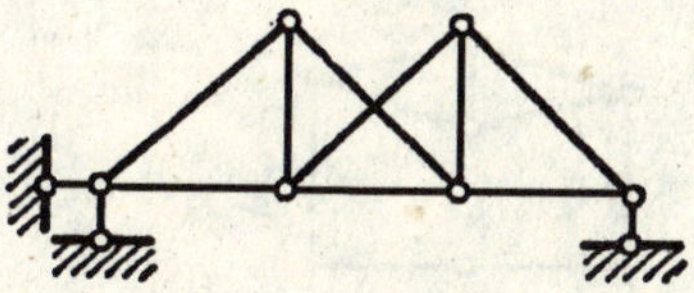

题 2-5 图

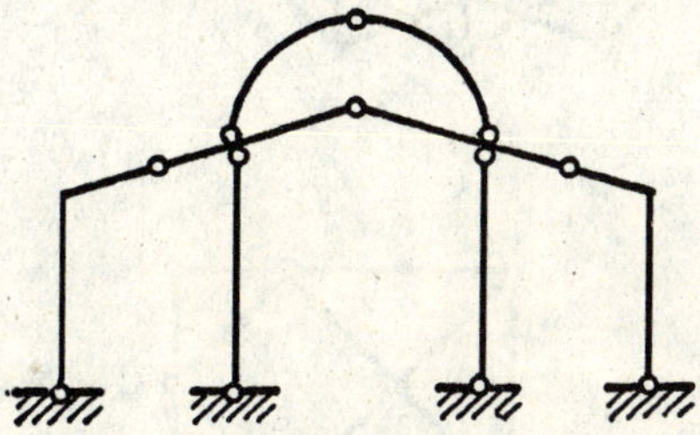

题 2-6 图

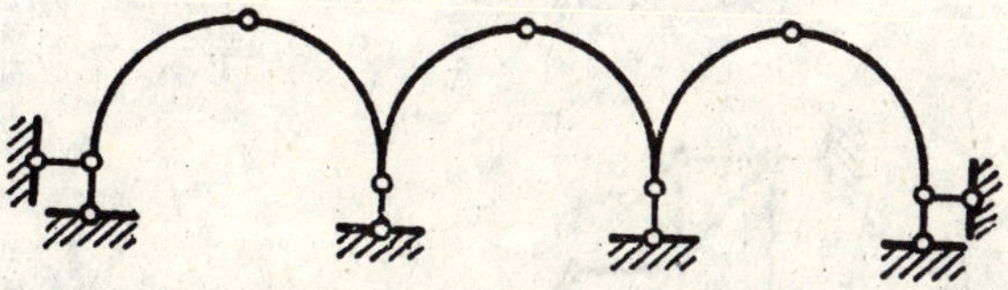

题 2-7 图

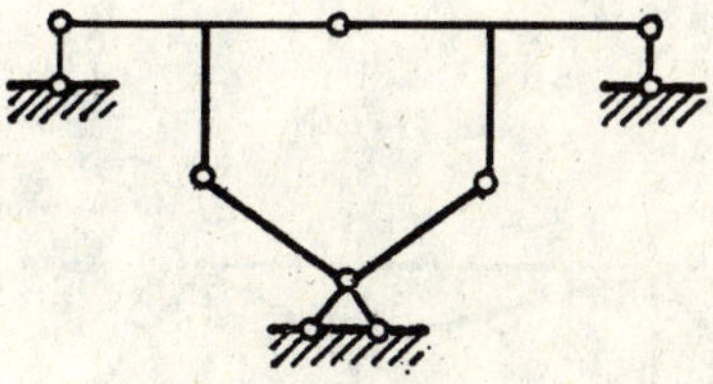

题 2-8 图

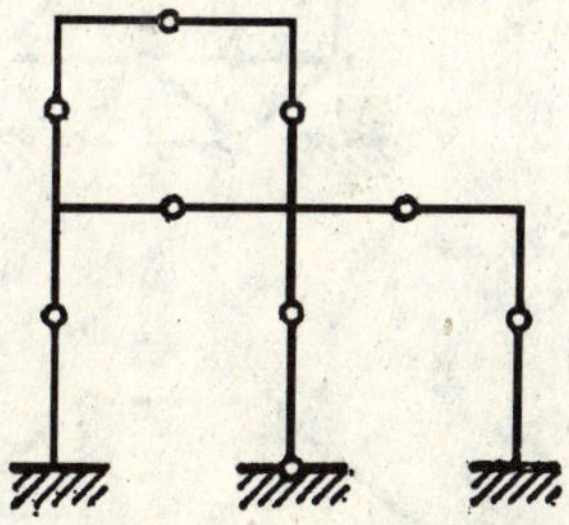

题 2-9 图

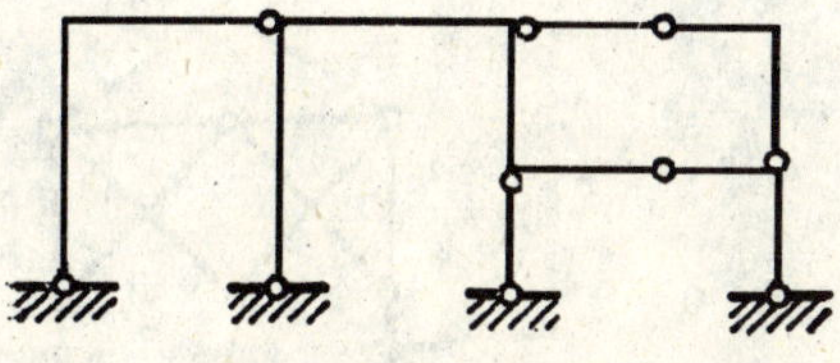

题 2-10 图

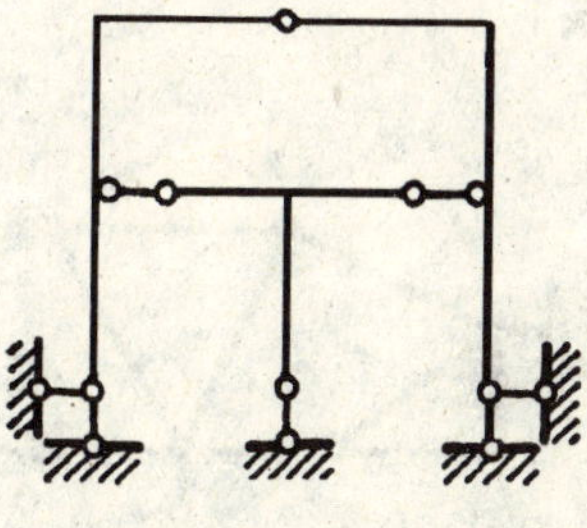

题 2-11 图

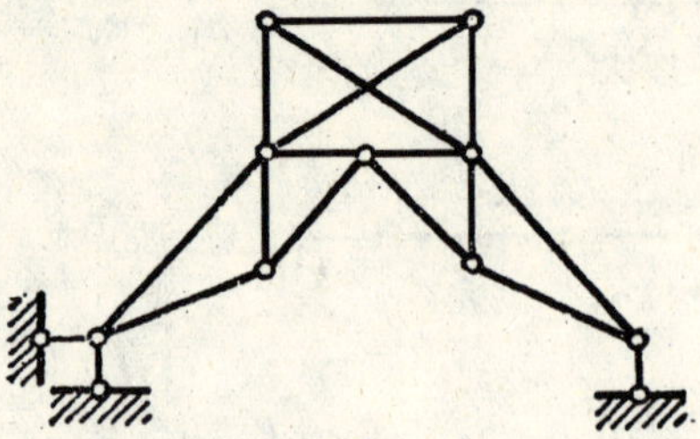

题 2-12 图

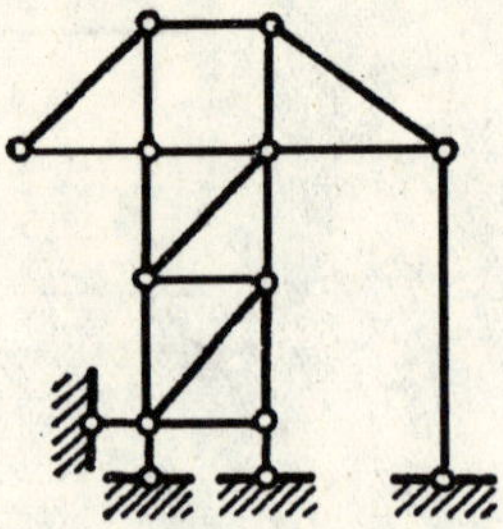

题 2-13 图

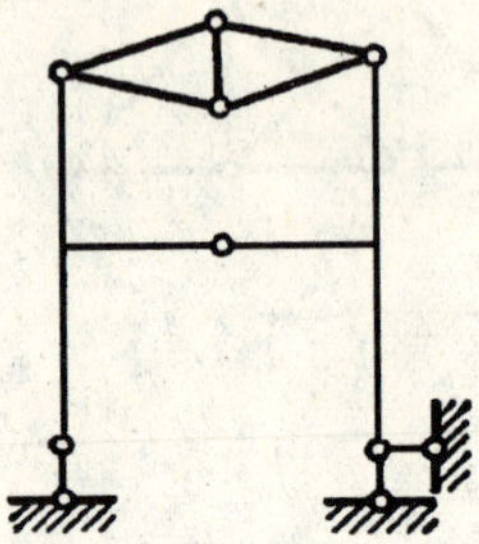

题 2-14 图

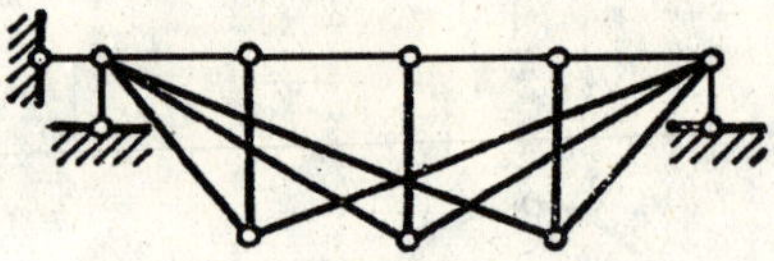

题 2-15 图

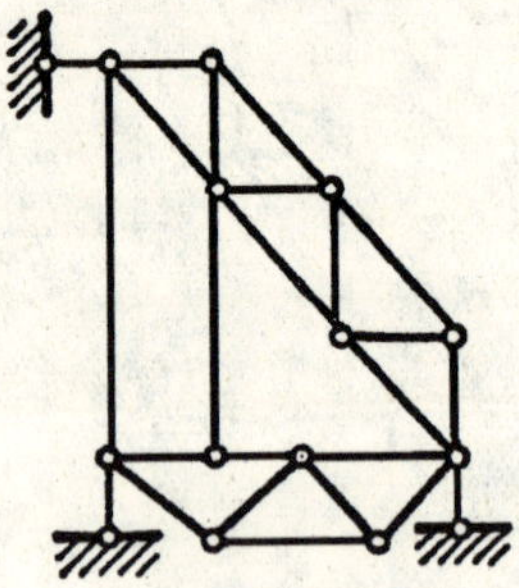

题 2-16 图

题 2-17 图

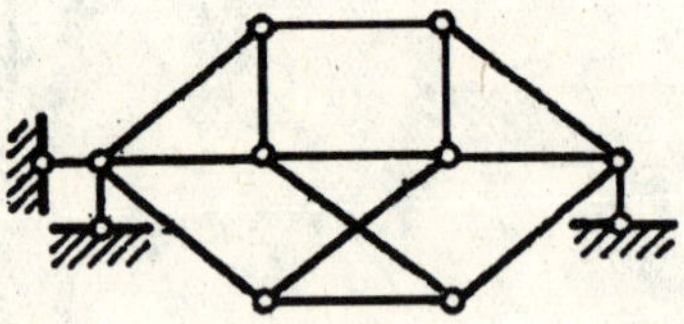

题 2-18 图

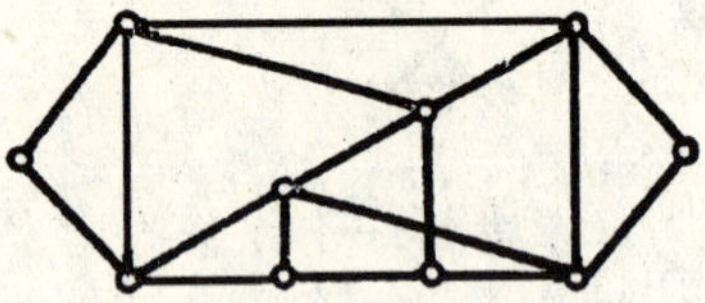

题 2-19 图

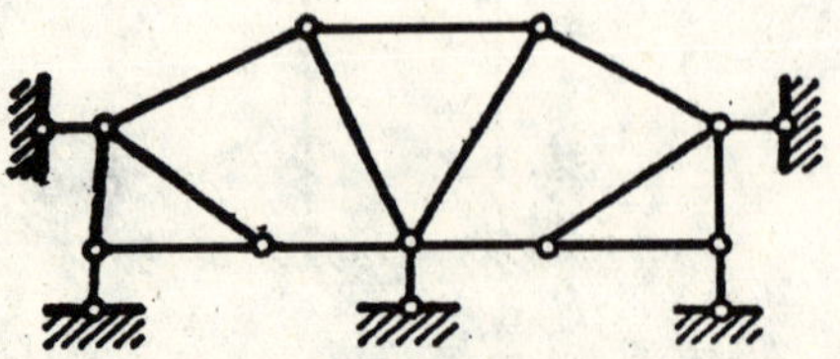

题 2-20 图

题 2-21 图

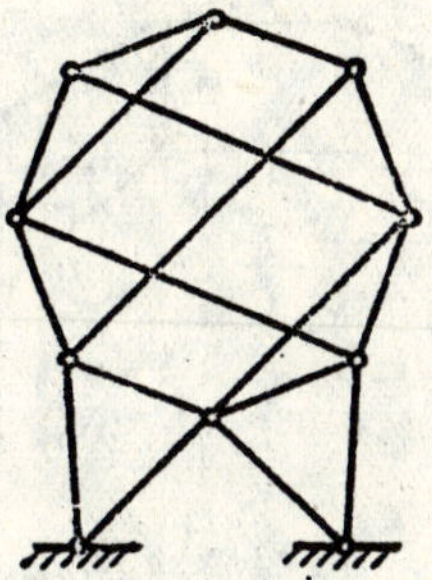

题 2-22 图

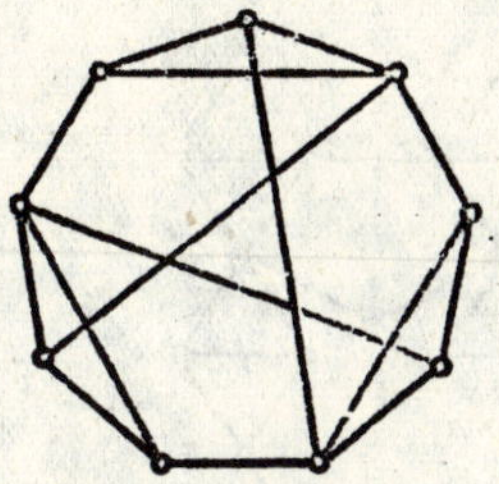

题 2-23 图

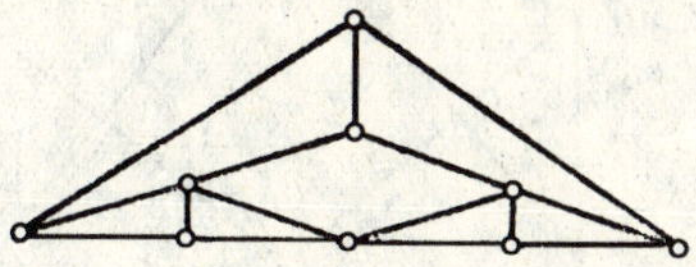

题 2-24 图

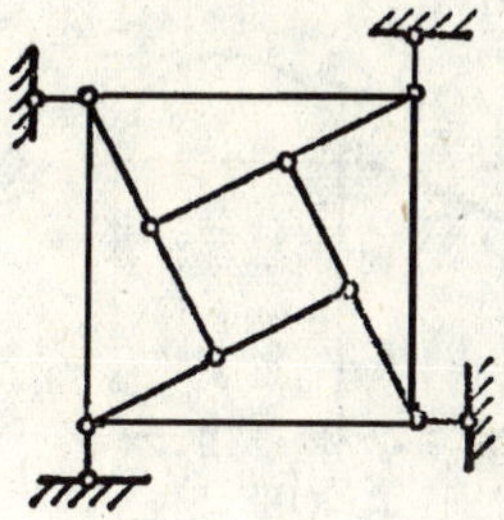

题 2-25 图

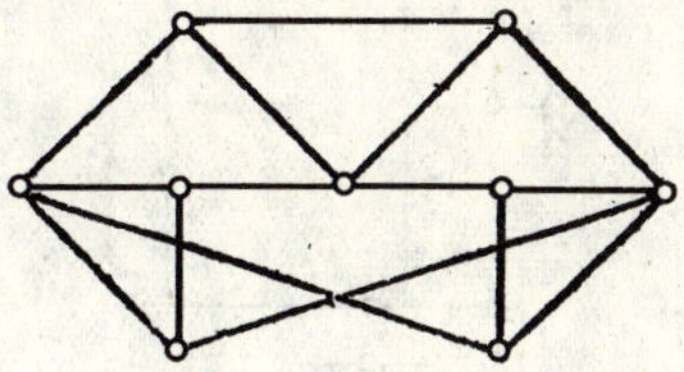

题 2-26 图

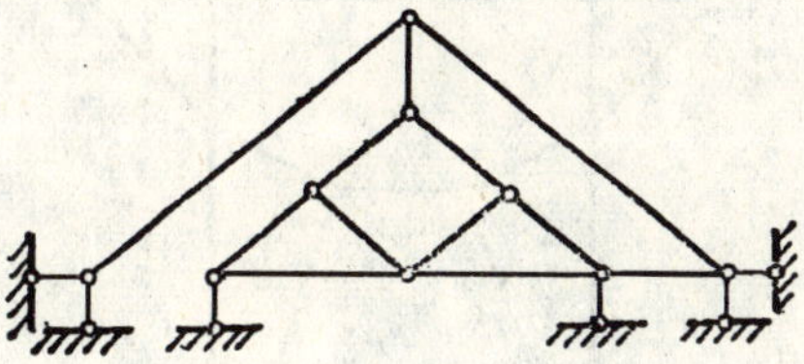

题 2-27 图

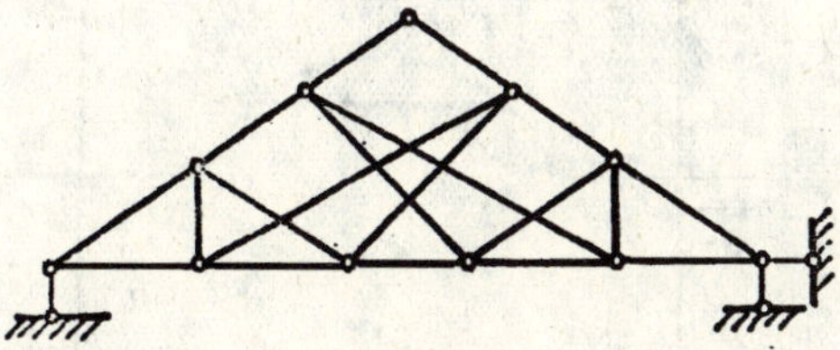

题 2-28 图

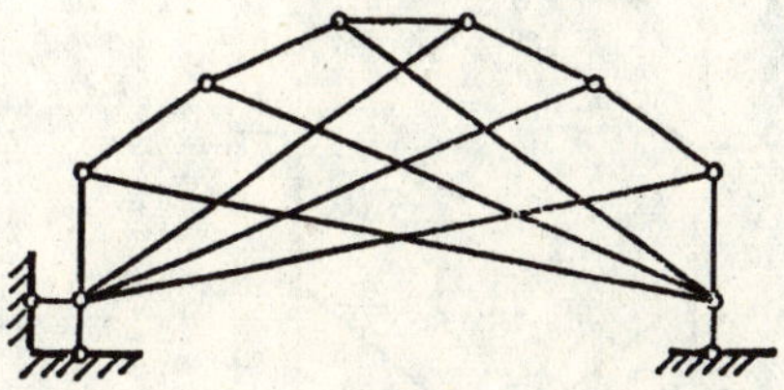

题 2-29 图

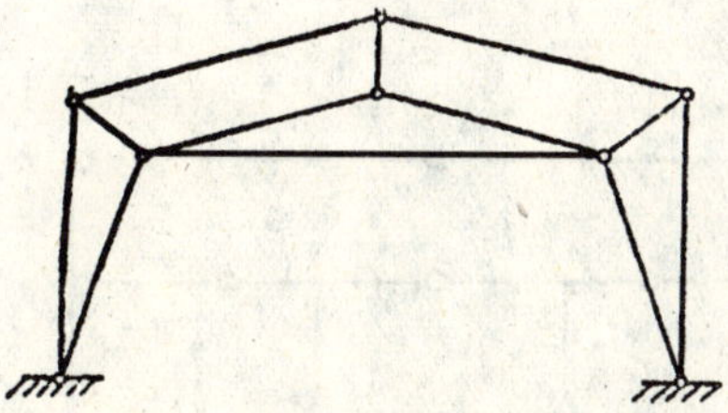

题 2-30 图

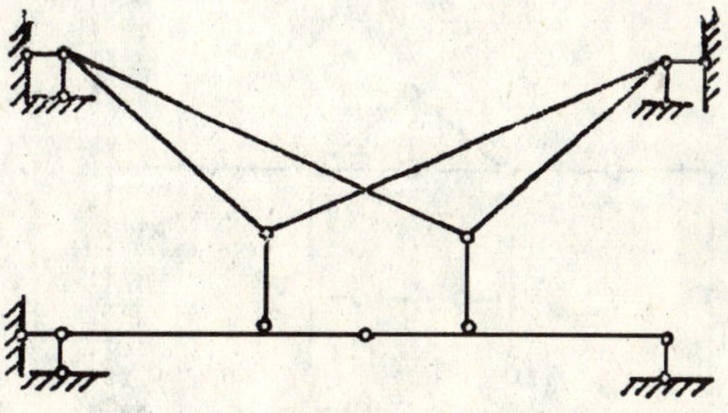

题 2-31 图

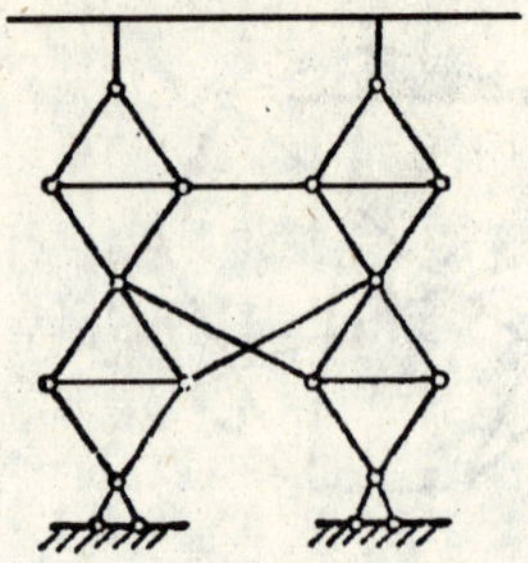

题 2-32 图

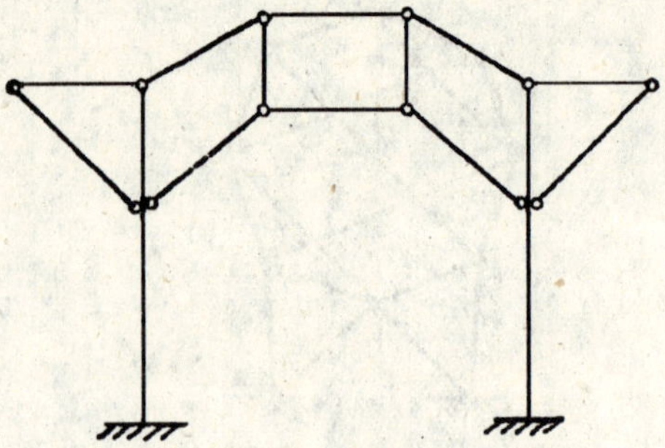

题 2-33 图

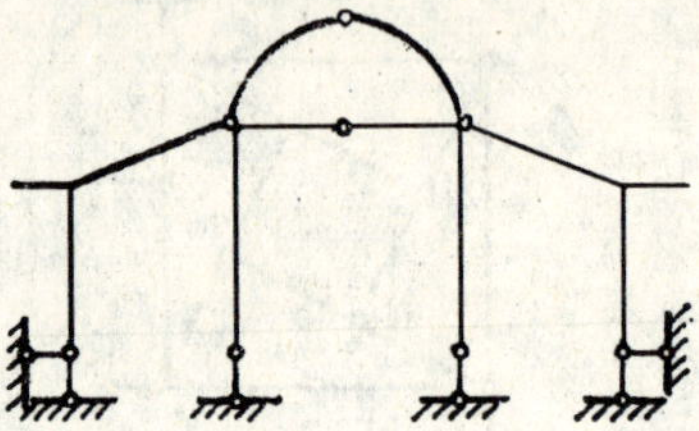

题 2-34 图

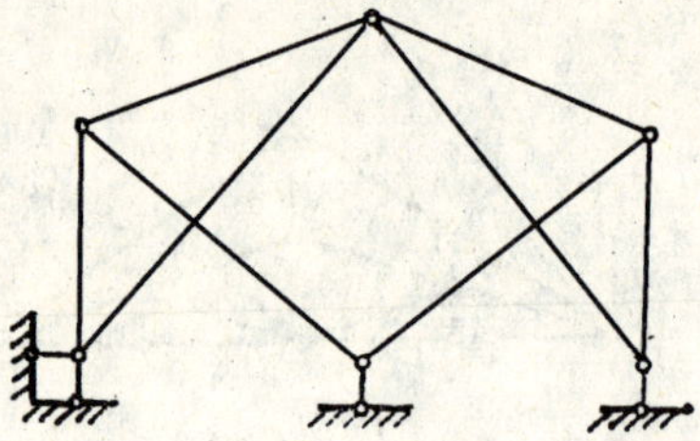

题 2-35 图

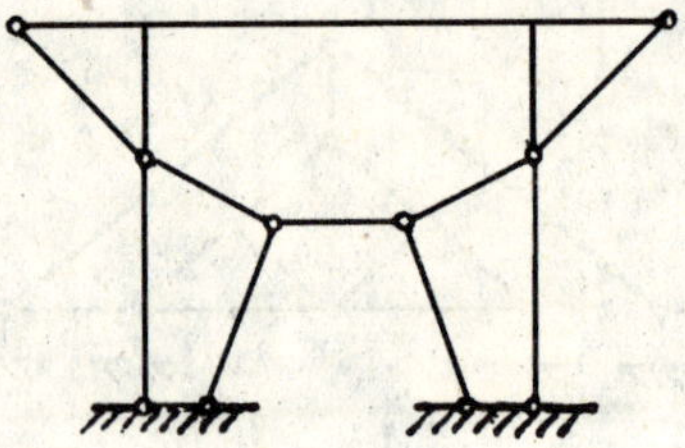

题 2-36 图

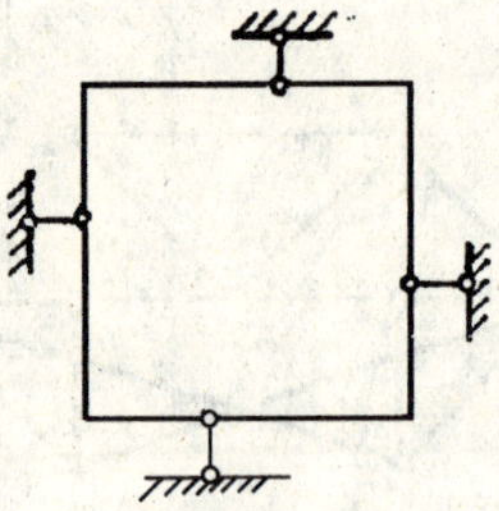

题 2-37 图

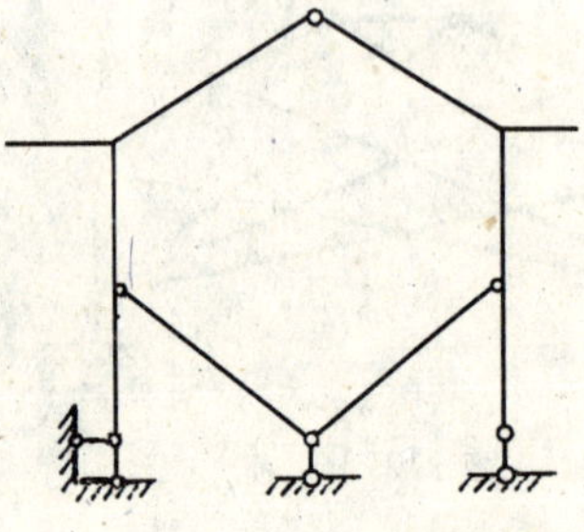

题 2-38 图

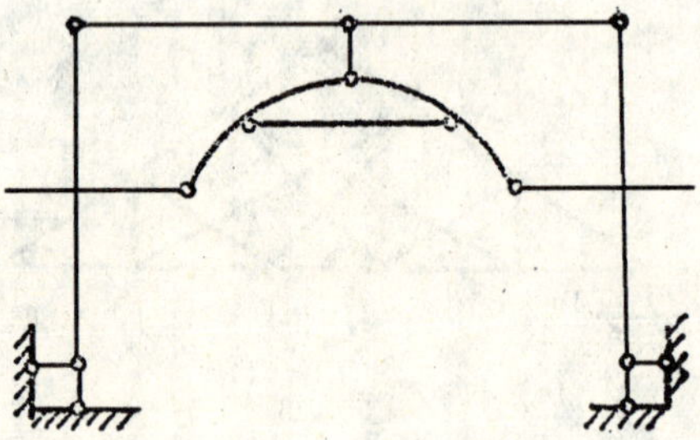

题 2-39 图

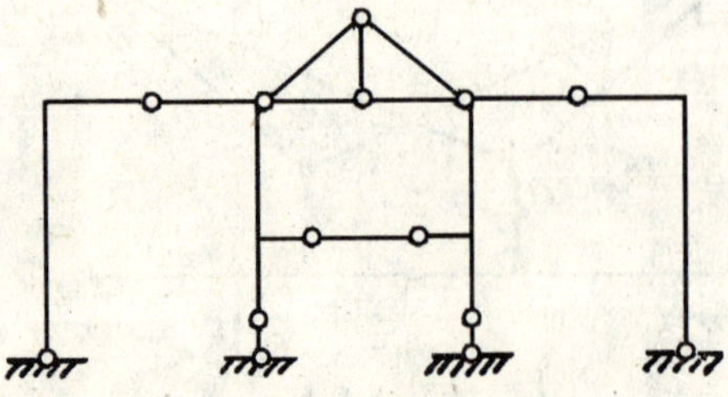

题 2-40 图

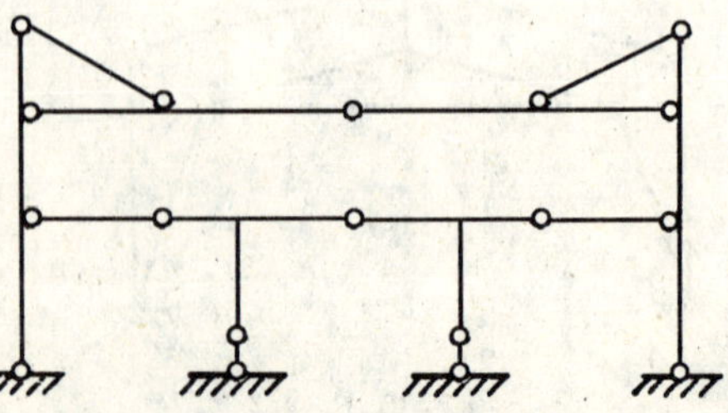

题 2-41 图

部分习题答案

题 2-1～题 2-8，2-10，2-13，2-14，2-15，2-16，2-17，2-19 为几何不变体系。

题 2-9，2-11，2-12，2-18，2-20，2-21 为几何瞬变体系。

题 2-25，2-35，2-37，2-38 等为几何不变体系。

题 2-27，2-30，2-33，2-39，2-40 等为几何瞬变体系。

题 2-22 和题 2-31 为几何不变体系，且各有一个多余的约束。

题 2-36 为几何瞬变体系，具有两个多余的约束。

第3章
静定梁、静定平面刚架受力分析

在实际工程中，静定结构得到广泛的应用。此外，静定结构的分析又是超静定结构分析的基础。因此，要求读者熟练地掌握静定结构的分析方法，了解各种静定结构的力学性能。

从本章开始讨论静定结构的受力分析问题，其中包括支座反力和内力的计算、内力图的绘制、受力性能的分析等内容。

要注意结构力学与材料力学之间的关系。在材料力学中已经讨论了单个杆件的计算问题，在结构力学中则要进一步讨论整个结构的计算问题。因此，在结构力学中经常采用的一个方法就是分解法——把结构分解成杆件或单元，把结构的计算问题分解为杆件或单元的计算问题，正确选取隔离体，建立平衡方程。要熟练而准确地掌握学习结构力学的这个基本方法。

要注意了解静力分析与几何组成（构造）分析的内在联系，对静力分析要有一个规律性的认识。静定结构的形式有多种多样，静力分析的具体步骤也是千差万别，这里是有规律的。如果我们注意静力分析与构造分析之间的联系，就可以找到这个规律。所谓构造分析，就是研究一个结构如何用单元组合起来，研究“如何搭”的问题。所谓静力分析，就是研究如何把静定结构的内力计算问题分解为单元的内力计算问题，研究“如何拆”的问题。组合与分解，搭与拆，是一对相反的过程。因此，在静力分析中如果截取单元的次序与结构组成时添加单元的次序正好相反，则静力分析的工作就可以顺利进行。总之，从构造分析入手，反其道而行之，这就是对静定结构进行静力分析应当遵循的规律。

§3-1 单跨静定梁的受力分析

单跨静定梁是工程中常见的一种结构形式，应用很广，是组成各种结构的基本构件之一，其内力分析是各种结构内力分析的基础，要熟练地掌握其内力的分析方法。

1. 单跨静定梁的型式

单跨静定梁有三种型式：(a) 简支梁、(b) 悬臂梁、(c) 伸劈梁，分别如图3-1a、b、c所示。

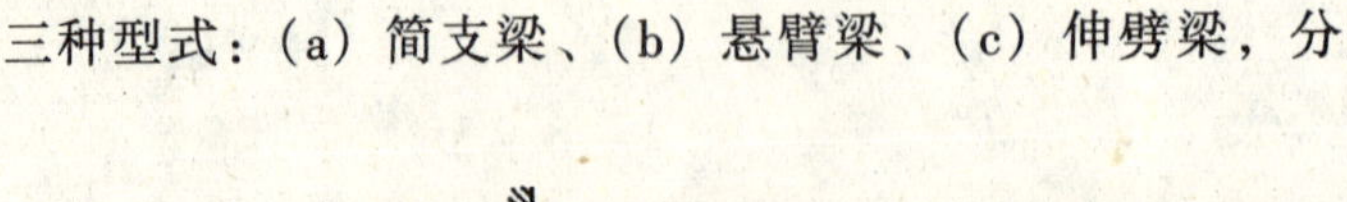

图3-1 单跨静定梁

(a) 简支梁；(b) 悬臂梁；(c) 伸劈梁

2. 梁内任一截面上的内力

如图 3-2a 所示的梁，其任一截面上一般有三个内力分量，即轴力 N，剪力 Q 和弯矩 M（图 3-2b）。

计算梁截面内力的基本方法是截面法。所谓截面法，即用一假想截面沿所求内力截面切开，取截面任一侧部分作为隔离体。隔离体在外力（即荷载和支座反力）和约束力（即截面上的内力）的作用下，处于平衡状态，利用静力平衡方程即可求出三个内力分量。

由截面法可以得出截面内力的计算法则如下：

梁内某截面的轴力 N 在数值上等于该截面任一侧所有外力沿梁轴切线方向所作投影的代数和。轴力通常以拉力为正，压力为负。

梁内某截面的剪力 Q 在数值上等于该截面任一侧所有外力沿梁轴法线方向所作投影的代数和。剪力以使该截面所在的隔离体有顺时针转动趋势的为正，反之为负。

梁内某截面的弯矩 M 在数值上等于该截面任一侧所有外力对该截面形心的力矩的代数和。弯矩以使梁的下侧纤维受拉为正，上侧受拉为负。

在作内力图时，通常规定弯矩图画在杆件受拉纤维的一侧，而不标注正负号，剪力图和轴力图要标注正负号。

截取隔离体受力图计算截面内力时要注意以下两点：

（1）在梁中切出某一部分为隔离体时，一定要将此部分与外界的联系全部截断，并以相应的约束力和切割面内力代替。在隔离体图上未知的力先按正方向标出，已知力则按实际方向标出，这样未知力计算后得到的正负号就是符合通常规定的正负号。

（2）为了计算的简便，可选择截面以左或以右部分为隔离体。特别注意有集中力作用的截面，在该截面的左、右侧，剪力有突变。有集中力偶作用的截面，其左、右侧弯矩有突变。因此，这种情况下应分别计算截面左、右侧的内力值。

以上所述内力分量 N、Q、M 的计算法则，不仅适用于梁，也适用于其他结构。

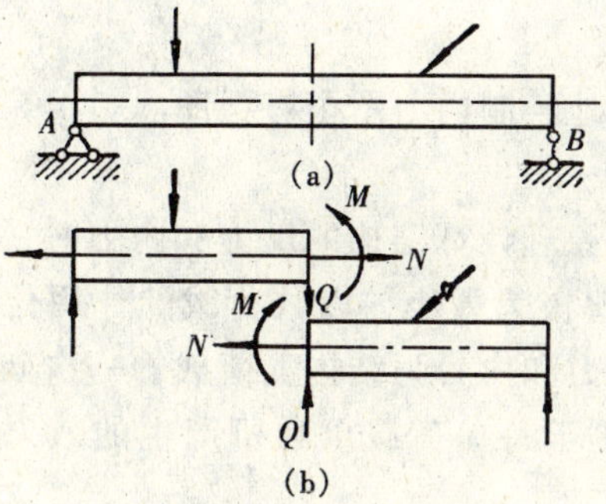

图 3-2　梁的内力分量

(a) 单跨静定梁；(b) 内力分量

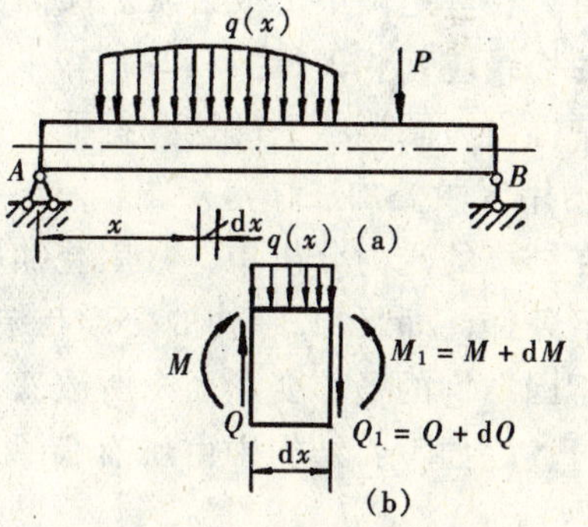

图 3-3　梁的计算

(a) 荷载作用的简支梁；(b) 微段受力图

3. 荷载与内力之间的微分关系

图 3-3a 所示的简支梁，取 x 轴与梁轴重合，以向右为正。荷载垂直于杆轴并以向下为正。从梁内取出微段 dx 为隔离体，微段上的内力和荷载集度如图 3-3b 所示。它在一部分荷载 $q(x)$（荷载集度在 dx 微段上可视为常值）以及设去的左右部分对它的作用力 Q、Q_1 和力矩 M、M_1 作用下处于平衡状态。可以看到

$$Q_1 = Q + dQ \qquad 及 \qquad M_1 = M + dM$$

在图 3-3b 所示的微段上，由平衡方程 $\Sigma y=0$ 得

$$Q-(Q+\mathrm{d}Q)-q(x)\,\mathrm{d}x=0$$

所以

$$\frac{\mathrm{d}Q}{\mathrm{d}x}=-q(x) \tag{3-1}$$

以微段右边截面形心为力矩中心，力矩平衡方程为

$$\Sigma M=0,\qquad M-(M+\mathrm{d}M)+Q\mathrm{d}x-q(x)\,\mathrm{d}x\frac{\mathrm{d}x}{2}=0$$

略去高阶微量得

$$\frac{\mathrm{d}M}{\mathrm{d}x}=Q \tag{3-2}$$

由式（3-1）和式（3-2）还可得

$$\frac{\mathrm{d}^2M}{\mathrm{d}x^2}=q(x) \tag{3-3}$$

式（3-1）~式（3-3）就是 M、Q、$q(x)$ 三者之间的微分关系。这些式子的几何意义是：剪力图上某点处的切线斜率等于该点处的荷载集度，但符号相反；弯矩图上某点处的切线斜率等于该点处的剪力；弯矩图上某点处的二阶导数等于该点处的荷载集度，但符号相反。据此，可推出荷载与内力图形状之间的一些对应关系：

（1）梁上无荷载［$q(x)=0$］的区段，Q 图为一水平直线，弯矩图为一斜直线。

（2）梁上有均布荷载［$q(x)$ 为常数］区段，Q 图为斜直线，弯矩图为一抛物线。抛物线凸出的方向与 $q(x)$ 指向相同，Q 为零处，弯矩图有极值。

（3）集中力作用点的两侧，剪力有突变，其差值等于该集中力的值。在集中力作用点处弯矩图是连续的，但因两侧斜率不同，故在弯矩图上形成尖点。尖角的指向与集中力的指向相同。

（4）集中力偶作用处，剪力无变化，但在集中力偶两侧弯矩有突变，其差值即为该力偶矩的值，在弯矩图中形成台阶。又因集中力偶作用面两侧的剪力值相同，所以作用面两侧弯矩图的切线应互相平行。

掌握内力图形状上的这些特征，对于正确和迅速地绘制内力图很有帮助。

4. 用区段叠加法作弯矩图

在结构的受力分析中，常用叠加原理。应用叠加原理计算结构的反力和内力时，必须满足以下条件，即（1）结构的变形与结构本身尺寸相比极为微小，以致荷载的作用位置和方向等不因结构的微小变形而有所改变；（2）结构的反力和内力为结构上荷载的一次函数。该原理可述之如下：结构中由所有荷载所产生的效果等于每一荷载单独所产生的效果之代数和。

当结构受到多个荷载作用时，应用叠加原理，避免了列弯矩方程式，可使作弯矩图的过程得到简化。先分别绘出各个荷载单独作用时的弯矩图，然后将各图形相应的纵标值叠加起来，即可得到原有荷载共同作用下的弯矩图，这就是作弯矩图的叠加法。

图 3-4a 所示为结构中任意截取的一段直杆 JK，杆长为 l，其上有均布荷载 q 作用，J、K 两端的弯矩、剪力、轴力分别为 M_j、Q_j、N_j 和 M_k、Q_k、N_k。若端弯矩 M_J 和 M_K 是已知值，则杆段 JK 可以看作图 3-4b 所示简支梁，杆端剪力 Q_j、Q_k 由支座反力平衡。在小变形条件下，杆段轴力对直杆的弯矩无影响，N_j、N_k 不产生弯矩，故省略不画。分别绘出简支梁在两端力矩 M_j 和 M_k 作用下以及在均布荷载 q 作用下的弯矩图（图 3-4c、d），然后将两

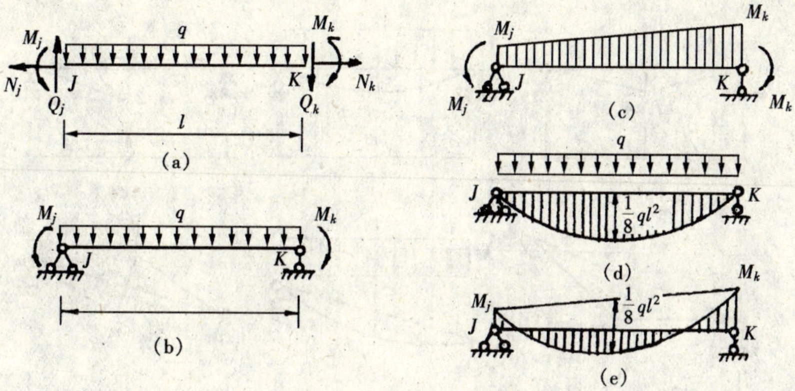

图 3-4　任意直杆段弯矩图的叠加作法

(a) 任意段直杆；(b) 等效简支梁；(c) 两端力矩 M_j 和 M_k 作用下弯矩图；

(d) 均布荷载 q 作用下的弯矩图；(e) 叠加后的最后弯矩图

图叠加起来，即得到该简支梁的最后弯矩图（图 3-4e），这也是 JK 杆段的弯矩图。同样，当杆段上有集中力或其他形式的荷载作用时，叠加做图的方法与之类似，如图 3-5 所示。

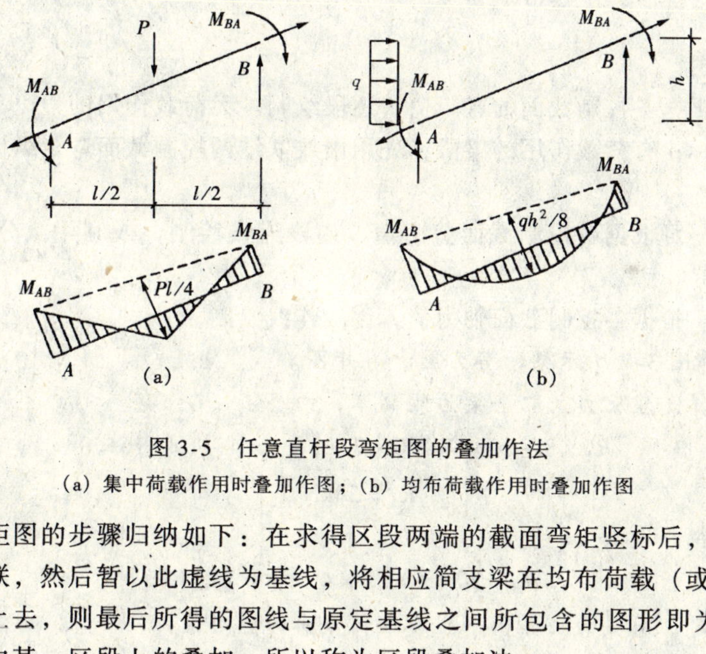

图 3-5　任意直杆段弯矩图的叠加作法

(a) 集中荷载作用时叠加作图；(b) 均布荷载作用时叠加作图

这种绘制弯矩图的步骤归纳如下：在求得区段两端的截面弯矩竖标后，可先将两个竖标的顶点以虚线相联，然后暂以此虚线为基线，将相应简支梁在均布荷载（或集中荷载）作用下的弯矩图叠加上去，则最后所得的图线与原定基线之间所包含的图形即为实际的弯矩图。由于它是在结构内某一区段上的叠加，所以称为区段叠加法。

值得指出，这种作弯矩图的叠加方法，不仅作图方便，而且对以后利用图乘法计算结构的位移，也提供了便于计算的叠加方法。

区段叠加法是以简支梁的弯矩图进行叠加的，因此，要记住简支梁在常见荷载作用下的弯矩图，如图 3-6 所示。

5. 单跨静定梁的内力图

绘制单跨静定梁内力图的一般步骤为：

(1) 求支座反力（悬臂梁可以例外）。

(2) 将梁分段，计算各分段截面即控制截面的内力。控制截面通常选择在外力不连续

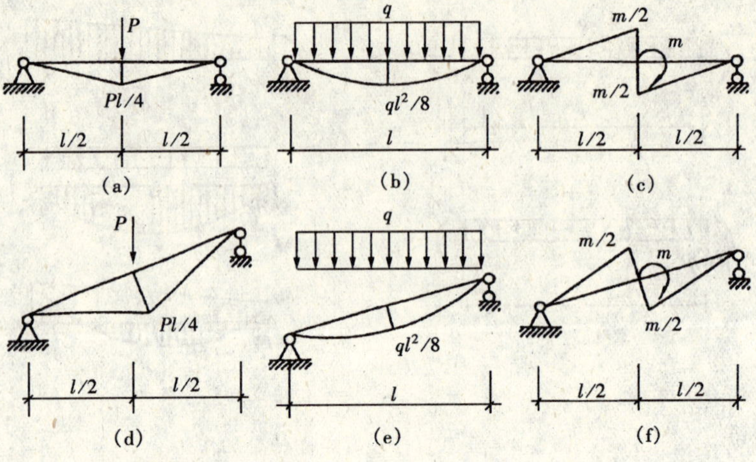

图 3-6　简支梁的弯矩图

(a)、(d) 集中荷载作用时弯矩图；(b)、(e) 均布荷载作用时弯矩图；

(c)、(f) 集中力偶作用时弯矩图

点，分布荷载的起止点及集中力或集中力偶作用点，支座反力作用点等处，以方便内力计算。

(3) 绘内力图

①弯矩图　根据各控制截面的弯矩值，逐段绘制。无荷载作用的梁段，用直线联结两控制截面弯矩的纵标；有荷载作用的梁段，先用虚线联结两控制截面弯矩纵标，再叠加相应简支的弯矩图。

②绘剪力图　可根据各控制截面剪力值，遂段连线绘制，或利用微分关系，直接由 M 图分段绘制 Q 图。

③绘轴力图　根据各控制截面轴力值，逐段连线绘制。

例 3-1　试作图 3-7 所示梁的剪力图和弯矩图。

解　首先计算支座反力。取全梁为隔离体，由 $\Sigma M_B = 0$，有

$$R_A \times 8 - 20 \times 9 - 30 \times 7 - 5 \times 4 \times 4 - 10 + 16 = 0$$

得

$$R_A = 58\text{kN}\uparrow$$

再由 $\Sigma Y = 0$，可得

$$R_B = 20 + 30 + 5 \times 4 - 58 = 12\text{kN}\uparrow$$

绘制剪力图时，用截面法算出下列各控制截面的剪力值：

$$Q_{C右} = -20\text{kN}$$

$$Q_{A右} = -20 + 58 = +38\text{kN}$$

$$Q_{D右} = -20 + 58 - 30 = +8\text{kN}$$

$$Q_E = Q_{D右} = +8\text{kN}$$

$$Q_F = -12\text{kN}$$

$$Q_{B右} = 0$$

然后即可绘出剪力图如图 3-7b 所示。

绘制弯矩图时，用截面法算出下列各控制截面的弯矩值：

$$M_C = 0$$

$$M_A = -20 \times 1 = -20\text{kN}\cdot\text{m}$$

$$M_D = -20 \times 2 + 58 \times 1 = +18\text{kN}\cdot\text{m}$$

$$M_E = -20 \times 3 + 58 \times 2 - 30 \times 1 = +26\text{kN}\cdot\text{m}$$

$$M_F = 12 \times 2 - 16 + 10 = +18\text{kN}\cdot\text{m}$$

$$M_{G左} = 12 \times 1 - 16 + 10 = +6\text{kN}\cdot\text{m}$$

$$M_{G右} = 12 \times 1 - 16 = -4\text{kN}\cdot\text{m}$$

$$M_{B左} = -16\text{kN}\cdot\text{m}$$

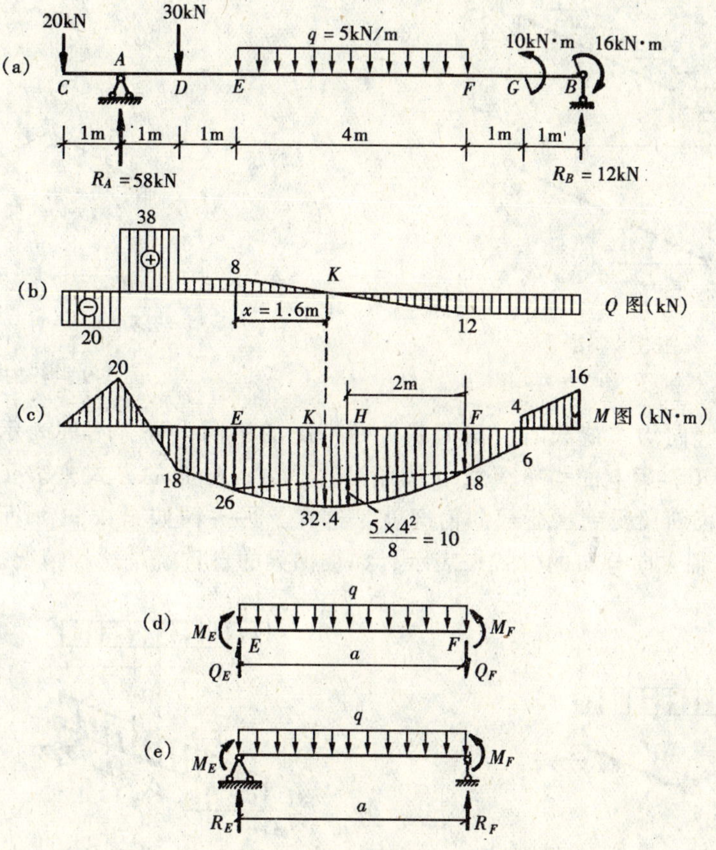

图 3-7　例 3-1 图

(a) 单跨梁及荷载；(b) 剪力图；(c) 弯矩图；

(d)、(e) *EF* 段弯矩图的叠加

便可绘出弯矩图（图 3-7c）。其中 *EF* 段梁的弯矩图可用叠加法绘出，现说明如下：取出 *EF* 段梁为隔离体（图 3-7d)，不难看出它与一个跨度等于此段梁长度并承受同样荷载 q 及端弯矩 M_E、M_F 作用的相应简支梁（图 3-7e）的受力情况是相同的。因为若在二者中分别用平衡条件求 Q_E、Q_F 和 R_E、R_F，便可得知 $Q_E = R_E$，$Q_F = -R_F$，即它们所受外力完全相同，因而二者亦具有相同的内力图。于是，在绘 *EF* 段梁的弯矩图时，就可以先将其两端弯矩 M_E、M_F 求出并连以直线（图中虚线），然后以此直线为基线再叠加相应简支梁在荷载 q 作用下的弯矩图。此段梁中点 H 处的弯矩为

$$M_H = \frac{M_E + M_F}{2} + \frac{qa^2}{8} = \frac{26 + 18}{2} + \frac{5 \times 4^2}{8} = 22 + 10 = 32\text{kN·m}$$

值得指出，这种绘制某段梁弯矩图的叠加法，对任何直杆区段都是适用的。

最后，为了求出最大弯矩值 $M_{\max}$，应确定剪力为零处即截面 K 的位置。由 $Q_K = Q_E - qx = 8 - 5x = 0$，可得 $x = 1.6\text{m}$。故

$$M_{\max} = M_E + Q_E x - \frac{qx^2}{2} = 26 + 8 \times 1.6 - \frac{5 \times 1.6^2}{2} = 32.4\text{kN·m}$$

在建筑工程中，常遇到杆轴为倾斜的斜梁，例如楼梯梁（图 3-8）以及刚架中的斜杆（图 3-9）等。

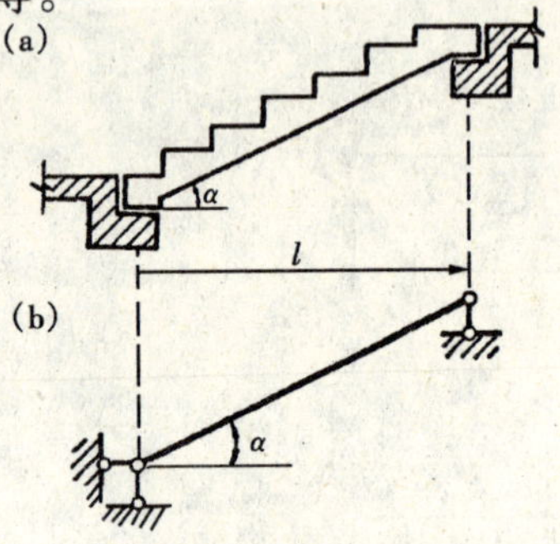

图 3-8 斜梁

（a）楼梯梁；（b）计算简图

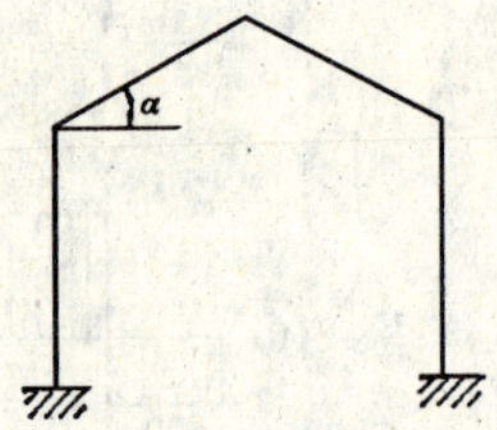

图 3-9 斜杆的刚架

当斜梁承受竖向均布荷载时，按荷载分布情况的不同，可有两种表示方式。一种如图 3-10 所示，作用于斜梁上的均布荷载 q 按照沿水平方向分布的方式来表示，如楼梯梁受到人群荷载以及屋面斜梁受到雪荷载的情况就是这样。另一种如图 3-11 所示，斜梁上的均布荷载 q' 按照沿杆轴方向分布的方式来表示，如楼梯梁的自重就是这种情况。

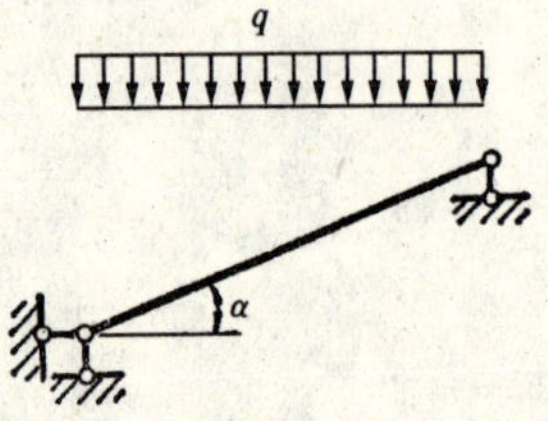

图 3-10　均布荷载沿水平方向分布的斜梁

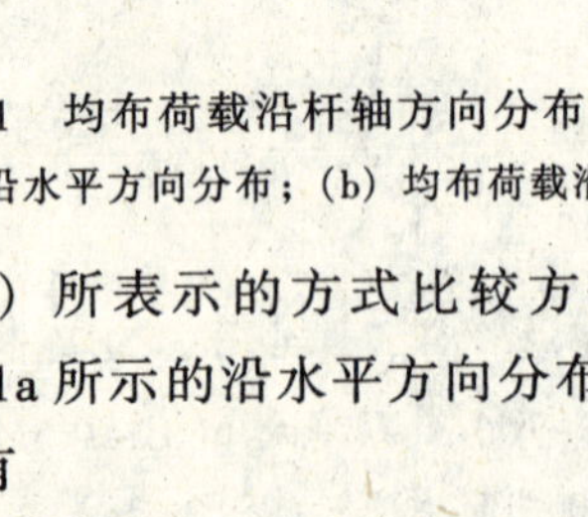

图 3-11　均布荷载沿杆轴方向分布的斜梁

（a）均布荷载沿水平方向分布；（b）均布荷载沿杆轴方向分布

由于按水平距离计算时，以前者（图 3-10）所表示的方式比较方便，故通常将后者（图 3-11b）也改为前者的分布方式，而以图 3-11a 所示的沿水平方向分布的荷载 q_0 来代替。由于图 3-11 所示的两个微段荷载应为等值，故有

$$q_0 \mathrm{d}x = q' \mathrm{d}s$$

由此可得

$$q_0 = \frac{q'}{\dfrac{\mathrm{d}x}{\mathrm{d}s}} = \frac{q'}{\cos\alpha}$$

例3-2　作图3-12a所示简支斜梁AB承受沿水平方向分布的均布荷载q作用时的内力图。并与相应水平简支梁的内力图加以比较。

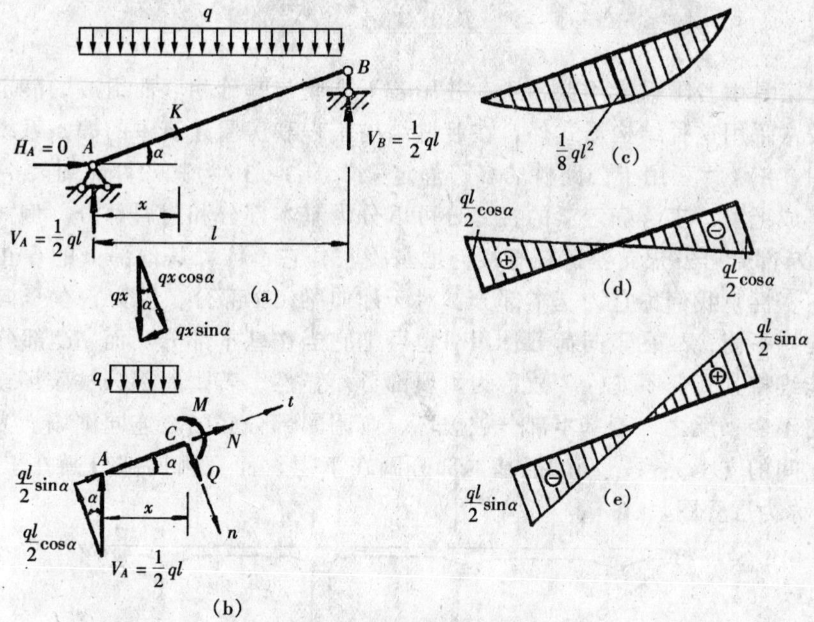

图3-12 斜梁的计算

(a) 斜梁；(b) AC段隔离体受力图；(c) M图；(d) Q图；(e) N图

解　(1) 求支座反力

取AB梁为隔离体，利用平衡条件可得

$$H_A = 0 \qquad V_A = V_B = \frac{1}{2}ql$$

(2) 作内力图

为求任一截面K的内力，取如图3-12b所示的隔离体。由$\Sigma M_k = 0$，可得

$$M = V_A x - \frac{1}{2}qx^2 = \frac{ql}{2}x - \frac{q}{2}x^2$$

很明显，M图为一抛物线，如图3-12c所示，其跨中弯矩为$\frac{1}{8}ql^2$。

由$\Sigma n = 0$，可得

$$Q = V_A\cos\alpha - qx\cos\alpha = \left(\frac{ql}{2} - qx\right)\cos\alpha$$

由$\Sigma t = 0$，可得

$$N = -V_A\sin\alpha + qx\sin\alpha = -\left(\frac{ql}{2} - qx\right)\sin\alpha$$

绘出斜梁Q、N图，如图3-12d、e所示。

对比简支水平梁和斜梁，当两者水平跨度相同并承受相同的竖向荷载时，其反力和内力存在如下关系：

反力　$V_A = V_A^0 \quad V_B = V_B^0 \quad H_A = H_A^0$

内力
$$\left.\begin{aligned} M &= M^0 \\ Q &= Q^0\cos\alpha \\ N &= -Q^0\sin\alpha \end{aligned}\right\}$$

式中 V_A^0、V_B^0、H_A^0 以及 M^0、Q^0、N^0 表示简支水平梁的支座反力和内力。

§3-2 多跨静定梁的受力分析

多跨静定梁是由若干根梁用铰相联，并用若干支座与基础相联而组成的静定结构。除了在桥梁方面较常采用这种结构形式外，在渡槽结构工程和房屋建筑中的檩条系统有时也采用这种形式。图 3-13a 为一用于公路桥的多跨静定梁，图 3-13b 为其计算简图。

从几何组成上看，多跨静定梁的各部分可以分为基本部分和附属部分。例如上述多跨静定梁，其中 *AB* 部分有三根支座链杆直接与地基相联，它不依赖其他部分的存在而能独立地维持其几何不变性，我们称它为基本部分。对于外伸梁 *CD* 部分，因为它在竖向荷载作用下仍能独立的维持平衡，故在竖向荷载作用时也可把它当作基本部分。而 *BC* 部分则必须依靠基本部分才能维持其几何不变性，故称为附属部分。显然，若附属部分被破坏或撤除，基本部分仍为几何不变；反之，若基本部分被破坏，则附属部分必随之连同倒塌。为了更清晰地表示各部分之间的支承关系，可以把基本部分画在下层，而把附属部分画在上层，如图 3-13c 所示，这称为层叠图。

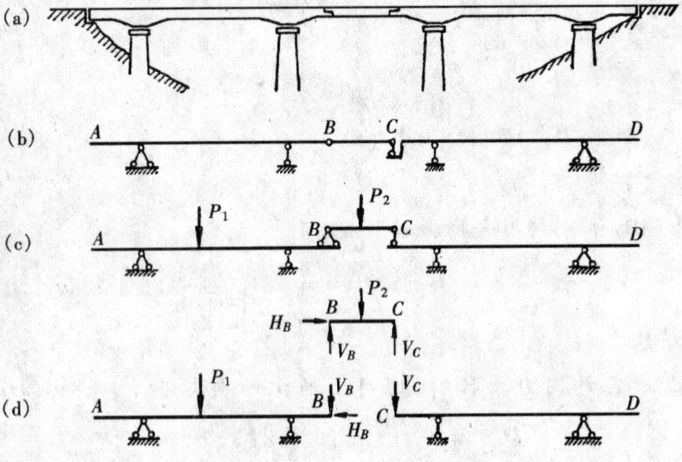

图 3-13 多跨静定梁

(a) 公路桥；(b) 计算简图；(c) 层叠图；(d) *BC* 段隔离体

从受力分析来看，由于基本部分直接与地基组成为几何不变体系，因此它能独立承受荷载而维持平衡。当荷载作用于基本部分上时，由平衡条件可知，将只有基本部分受力，附属部分不受力。当荷载作用于附属部分上时，则不仅附属部分受力，而且由于它是支承在基本部分上的，其反力将通过铰结处传给基本部分，因而使基本部分也受力。由上述基本部分与附属部分之间的传力关系可知，我们计算多跨静定梁时，将多跨静定梁拆成若干单跨梁，分别计算。计算的顺序应该是先附属部分，后基本部分。这样才可顺利地求出各铰结处的约束力和各支座反力，而避免求解联立方程。当每取一部分为隔离体进行分析时（图 3-13d），都和单跨梁的情况无异，故其反力计算与内力图的绘制均当无困难。

多跨静定梁的组成方式是多样的，现在介绍两种常见的结构型式。

图 3-14a 表示一种常见的多跨静定梁计算简图。除左边第一跨为基本部分外，其余各跨

均分别为其左边部分的附属部分，其中 ABC 段是基本部分，它由三个互不相交的连杆与基础相联结。CDE 段是附属部分，它由铰 C 和 D 处的连杆与几何不变部分及基础相联结。同样 EF 段也是附属部分。为清楚起见，可把图 3-14a 的计算简图转化为图 3-14b 的分层作用的计算简图。其中 C、E 两处的单铰可分别用两个相交的连杆代替其作用。分析时，应从最上层的附属部分开始，依次计算各附属部分，最后才计算基本部分。

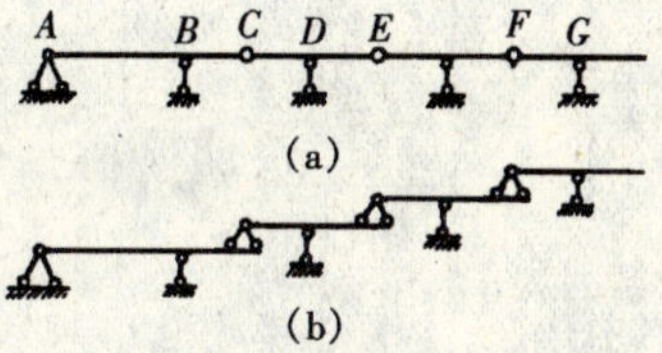

图 3-14 多跨静定梁的基本形式

（a）多跨静定梁；（b）层叠图

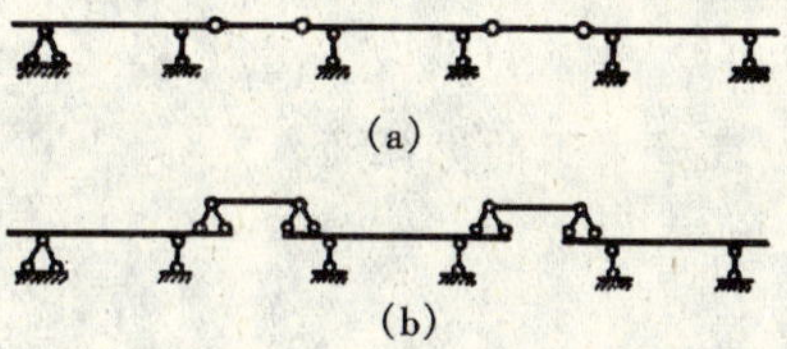

图 3-15 多跨静定梁的基本形式

（a）多跨静定梁；（b）层叠图

图 3-15a 代表另一种常见的多跨静定梁的计算简图。伸臂梁与支承在伸臂上的悬跨交互排列。其中除最左边一跨伸臂梁外，其余各伸臂梁虽只有两根支座链杆与地基相联，但两根支座链杆都是竖向的，在竖向荷载作用下仍能独立维持平衡，故在竖向荷载作用下各伸臂梁均可作为基本部分；各悬跨则为附属部分。为清楚起见，在竖向荷载作用下，图 3-15a 的计算简图可用图 3-15b 的分层作用的计算简图来代替。分析时应先计算各悬跨，再计算各伸臂梁。

必须指出，当结构的组成是由基本部分出发，逐次联结附属部分而组成整体结构时，我们应该采取相反的途径进行这种结构的内力分析。不仅对多跨静定梁，以后学习的静定平面架、刚桁架等结构也是如此。

例 3-3　图 3-16a 所示多跨静定梁，全长承受均布荷载 q，各跨长度均为 l。今欲使梁上最大正、负弯矩的绝对值相等，试确定铰 D、E 的位置。

解　先分析附属部分，后分析基本部分（图 3-16b），可知截面 C 的弯矩绝对值为

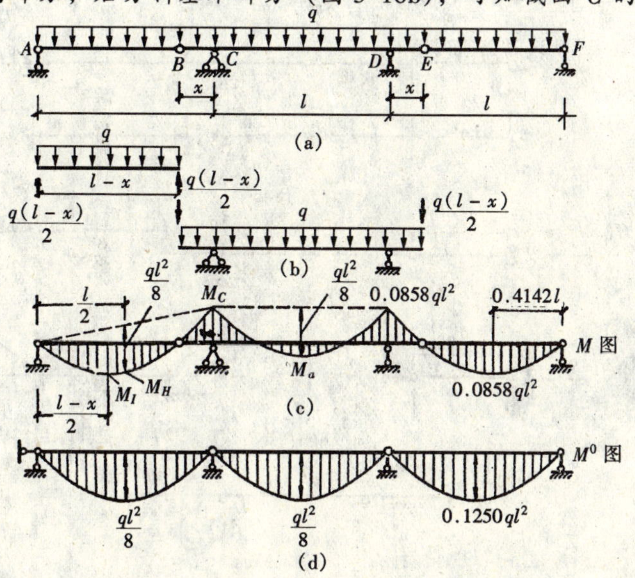

图 3-16　例 3-3 图

（a）多跨梁及荷载；（b）基本部分与附属部分的传力关系；

（c）最后弯矩图；（d）连续简梁的弯矩图

$$M_C = \frac{q\ (l-x)}{2}x + \frac{qx^2}{2} = \frac{qlx}{2}$$

由叠加法和对称性可绘出弯矩图的形状如图 3-16c 所示。显然，全梁的最大负弯矩即发生在截面 C、D 处。现在来分析全梁的最大正弯矩发生在何处。CD 段梁的最大正弯矩发生在其跨中截面，其值为

$$M_C = \frac{ql^2}{8} - M_C$$

而 AC 段梁中点的弯矩为

$$M_H = \frac{ql^2}{8} - \frac{M_C}{2}$$

可见 $M_H > M_C$。而在 AC 段梁中，最大正弯矩还不是 M_H，而是 AB 段中点处的 M_I，亦即 $M_I > M_H$。因而 $M_I > M_C$。因此，全梁的最大正弯矩即为 M_I，其值为

$$M_I = \frac{q\ (l-x)^2}{8}$$

按题意要求，应使 $M_I = M_C$，从而得

$$\frac{q\ (l-x)^2}{8} = \frac{qlx}{2}$$

整理后有 $$x^2 - 6lx + l^2 = 0$$

由此解得 $$x = (3-2\sqrt{2})\ l = 0.1716l$$

（另有一根为 $x = (3+2\sqrt{2})\ l$。因与题意不合，故不取）并可求得

$$M_I = M_C = \frac{qlx}{2} = \frac{3-2\sqrt{2}}{2}ql^2 = 0.0858ql^2$$

及 $$M_C = \frac{ql^2}{8} - M_C = 0.0392ql^2$$

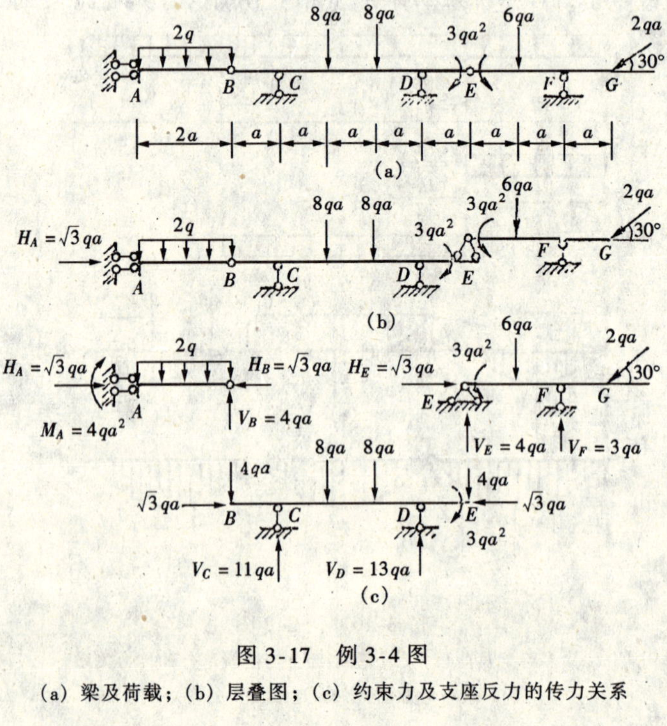

图 3-17 例 3-4 图

(a) 梁及荷载；(b) 层叠图；(c) 约束力及支座反力的传力关系

若将此多跨静定梁的弯矩 M 图与相应多跨简支梁的弯矩 M^0（图 3-16d）比较，可知前者的最大弯矩值要比后者的小 31.3%。这是由于在多跨静定梁中布置了伸臂梁的缘故，它一方面减小了附属部分的跨度，一方面又使得伸臂上的荷载对基本部分产生负弯矩，从而部分地抵消了跨中荷载所产生的正弯矩。因此，多跨静定梁比相应多跨简支梁在材料用量上较省，但构造上要复杂一些。

例 3-4　试求作图 3-17a 所示多跨静定梁在图示荷载作用下的 M 图、Q 图和 N 图。

解　（1）作层叠图

层叠图如图 3-17b 所示，其中 $ABCDE$ 为基本部分，EFG 为附属部分。

（2）求铰 B、E 处的约束力及各支座反力

由附属部分 EFG 的平衡条件，可得铰 E 处的约束力 $H_E=\sqrt{3}\,qa$，$V_E=4qa$，支座反力 $V_F=3qa$。各约束力及支座反力的实际方向如图 3-17c 所示。

由基本部分 $ABCDE$ 或图 3-17a 的平衡条件 $\Sigma X=0$，可得支座 A 处的水平反力 $H_A=\sqrt{3}\,qa$，于是根据图 3-17c 所示的隔离体 AB 及 $BCDE$ 部分的平衡条件，可得铰 B 处的约束力 $H_B=\sqrt{3}\,qa$，$V_B=4qa$，支座反力矩 $M_A=4qa^2$ 及支座反力 $V_C=11qa$，$V_D=13qa$，这些约束力及支座反力的实际方向如图 3-17c 所示。

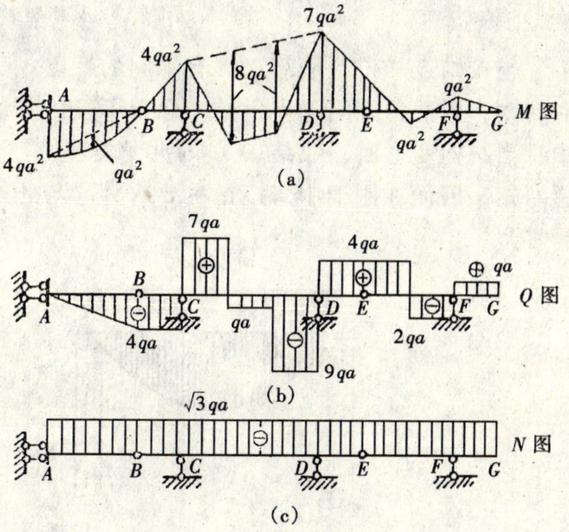

图 3-18　例 3-4 梁的内力图

(a) 弯矩图；(b) 剪力图；(c) 轴力图

（3）作 M 图、Q 图、N 图

求得铰 B、E 处的约束力及各支座反力后，就可按照上节所述作单跨梁内力图的方法，逐段做出全梁的 M 图、Q 图和 N 图，分别如图 3-18a、b 和 c 所示。

（4）内力图的校核

本例所得各内力图的特征均与实际荷载情况符合，并且梁中任一局部均满足静力平衡条件，表明内力图是正确的。

§ 3-3　静定平面刚架的受力分析

一、刚架的特点

刚架是由若干梁和柱等直杆通过结点组成的结构。刚架中的结点可以全部是刚结点，也可以存在部分铰结点。当各杆的轴线和外力作用线在同一平面内时，称为平面刚架；不在同一平面内时，称为空间刚架。刚架和桁架都是由直杆组成的结构，两者的区别是：桁架中的结点全部都是铰结点，刚架中的结点全部或部分是刚结点。图 3-19a 是一个几何可变的铰结体系，为了使它成为几何不变体系，一种办法是增设斜杆，使它成为桁架结构（图 3-19b），另一种办法是把原来的铰结点 B 和 C 改为刚结点，使它成为刚架结构（图 3-19c）。由此看

出；刚架中由于具有刚结点，因而不用斜杆也可组成几何不变体系，使结构内部具有较大的空间，便于使用。

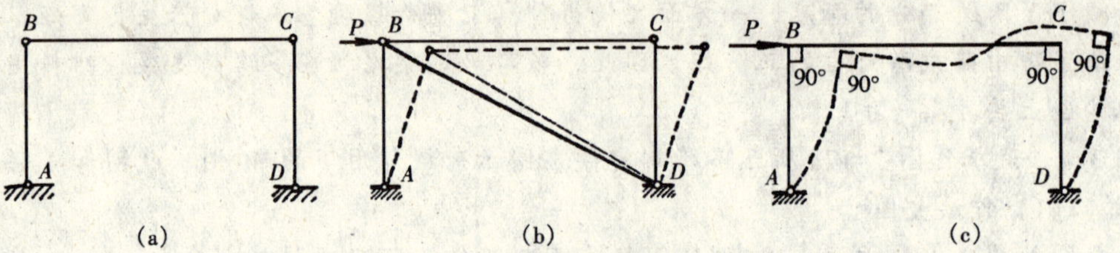

图 3-19　平面杆件体系

(a) 几何可变的铰结体系；(b) 桁架结构及其变形；(c) 刚架结构及其变形

与铰结点相比，刚结点具有不同的特点。从变形角度来看，在刚结点处各杆不能发生相对转动，因而各杆间的夹角始终保持不变，如图 3-19c 中虚线所示（与此对照，在图 3-19b 中，当结构变形时，铰结点 C 的夹角则随之变化）从受力角度来看，刚结点可以承受和传递弯矩，因而在刚架中弯矩是主要内力（与此对照，在结点荷载作用下，桁架中各杆的弯矩为零）。

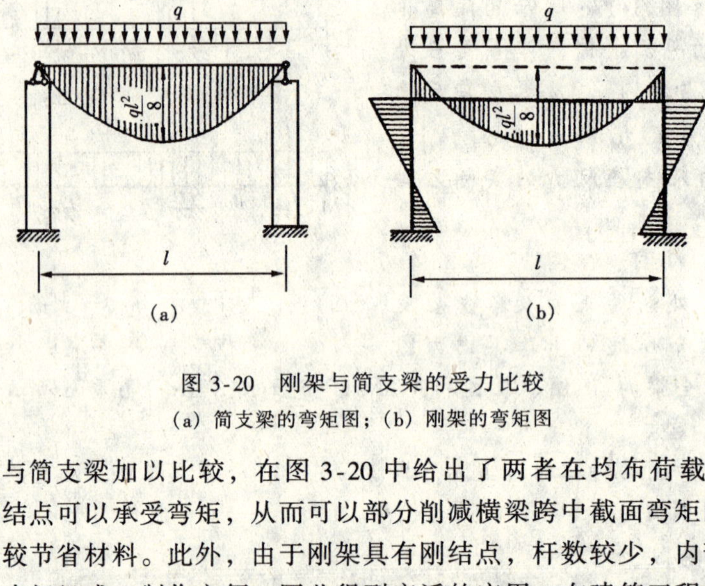

图 3-20　刚架与简支梁的受力比较

(a) 简支梁的弯矩图；(b) 刚架的弯矩图

为了将刚架与简支梁加以比较，在图 3-20 中给出了两者在均布荷载作用下的弯矩图，在刚架中由于刚结点可以承受弯矩，从而可以部分削减横梁跨中截面弯矩的峰值，使弯矩分布较均匀，故比较节省材料。此外，由于刚架具有刚结点，杆数较少，内部空间大，便于利用，且多数是由直杆组成，制作方便，因此得到广泛的应用。在建筑工程中，常用刚架作为主要承重骨架，通过它将荷载传到基础和地基上去。

二、刚架的受力分析

1. 刚架的支座反力

在静定刚架的受力分析中，一般需先求支座反力，支座反力计算的正确是内力计算准确的保证。通常由刚架整体或某些部分的平衡条件求出各支座反力，并校核正确无误后再计算内力。

现结合图 3-21a 的三铰刚架，说明支座反力的求法。

截取支座 A 和 B，以刚架整体为隔离体如图 3-21b 所示，在荷载作用下有四个支座反力

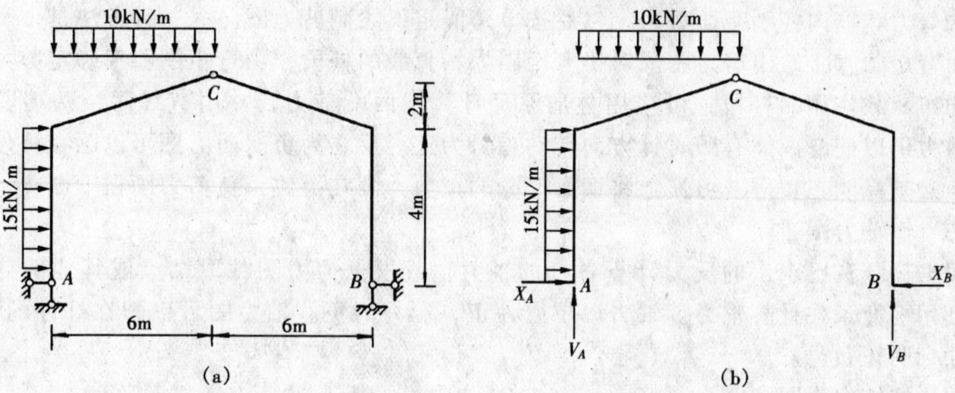

图 3-21　图 3-21　三铰刚架支座反力计算

(a) 三铰刚架及荷载；(b) 取刚架整体为隔离体

X_A、X_B、V_A、V_B，可列出三个平衡方程。

$\Sigma X=0$，　　$X_A - X_B + 15\times 4 = 0$　　(a)

$\Sigma M_A=0$，　　$V_B\times 12 - 10\times 6\times 3 - 15\times 4\times 2 = 0$　　(b)

$\Sigma M_B=0$　　$-V_A\times 12 - 15\times 4\times 2 + 10\times 6\times 9 = 0$　　(c)

由式（b）、（c）分别解出 $V_A = 35\text{kN}$，$V_B = 25\text{kN}$，利用顶铰处 C 弯矩为零的条件，取铰 C 以右部分为隔离体，列平衡方程如下：

$\Sigma M_C=0$，　　$X_B\times(4+2) - V_B\times 6 = 0$

解出

$$X_B = 25\text{kN}$$

由式（a）

$$X_A = X_B - 15\times 4 = -35\text{kN}$$

校核：以整体为研究对象

$$\Sigma Y = V_A + V_B - 10\times 6 = 35 + 25 - 60 = 0$$

计算无误。

2. 刚架的杆端内力及内力图的绘制

刚架的内力有弯矩、剪力、轴力，其任一截面的内力可利用截面法求得。一般在求出支座反力后，将刚架拆成单个杆件，用截面法计算各杆杆端截面的内力值，然后利用荷载、剪力、弯矩之间的微分关系和叠加法逐杆绘出内力图，最后将各杆内力图组合在一起就是刚架的内力图。

刚架内力图的绘制要点

(1) 作弯矩图

逐杆或逐段计算出两端截面（即控制截面）的弯矩值，将弯矩纵标画在受拉一侧，如杆段内无荷载作用，则用直线联结这两个纵标；如杆段内有荷载作用，应采用叠加法作弯矩图。弯矩图纵标规定画在杆件受拉一侧，不必标正负号。这里不用正负号而用纵坐标的位置来标明弯矩的性质（标明受拉纤维在哪一侧）。

(2) 作剪力图

可采用两种方法逐杆或逐段进行绘制。一种方法是，先根据荷载和求出的反力，逐杆计算杆端剪力和杆内控制截面剪力，然后按单跨静定梁绘制剪力图。另一种方法是，利用微分关系由弯矩图直接绘出剪力图。对于弯矩图为斜直线的杆段，由弯矩图斜率确定剪力值；对于有均布荷载作用的杆段，可应用叠加原理计算出两端剪力，并用直线联结两端剪力的纵标。剪力仍以使隔离体有顺时针方向转动趋势为正，反之为负。剪力图可以画在杆件的任一侧，但必须标明正负号。习惯上将横梁部分的正剪力画在上侧，负剪力画在下侧。

(3) 作轴力图

根据荷载和已求出的反力计算各杆的轴力，或根据剪力图截取结点或其他部分为隔离体，利用平衡条件计算轴力。轴力以拉力为正，压力为负。轴力图可以画在杆件的任一侧，但必须标明正负号。

(4) 校核内力图

截取隔离体作平衡校核。确认所绘 M、Q、N 图正确的充分必要条件是，截取刚架的任何一部分为隔离体，平衡条件都能得到满足。

为清楚表示各杆端截面内力，在内力符号右下方引入两个脚标，第一个脚标表示某杆内力所属截面，第二个脚标表示该截面所属杆件的另一端。如 M_{AB} 既指 AB 杆 A 端的弯矩，Q_{AB} 表示 AB 杆 A 端的剪力等等。

下面结合图 3-22a 所示刚架结构说明其计算方法和步骤。

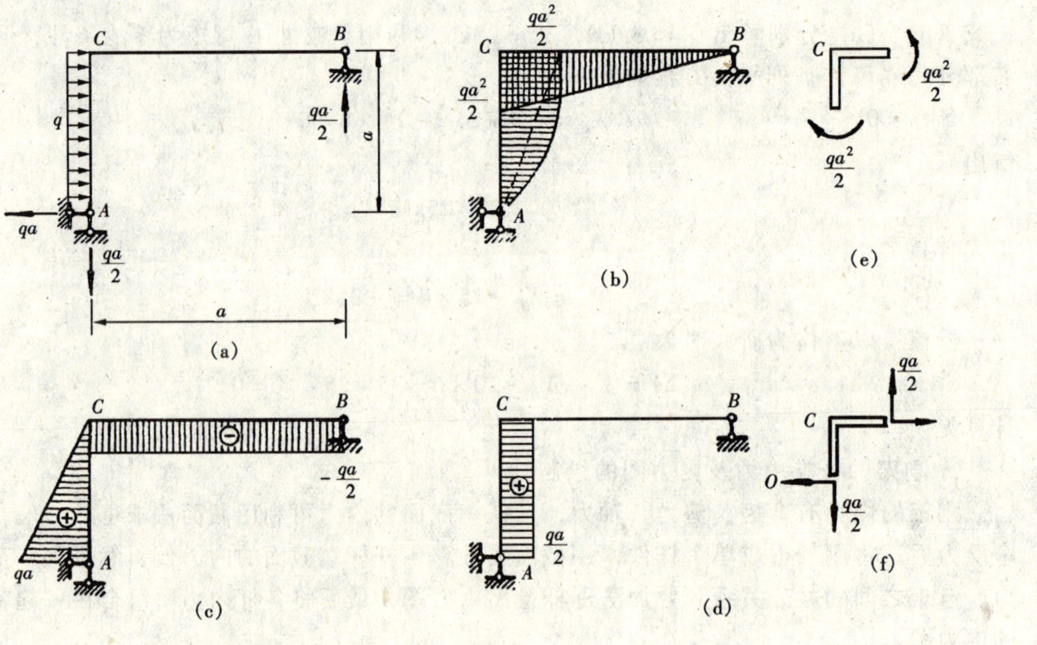

图 3-22 绘制刚架内力图

(a) 刚架和荷载；(b) M 图；(c) Q 图；(d) N 图；

(e) 结点 C 各杆杆端的弯矩；(f) 结点 C 各杆杆端的剪力和轴力

(1) 求支座反力

$$\Sigma X = 0 \qquad X_A = qa \leftarrow$$

$$\Sigma M_A = 0 \qquad Y_B = \frac{qa}{2} \uparrow$$

$$\Sigma Y = 0 \qquad Y_A = \frac{qa}{2}\downarrow$$

(2) 作 M 图

先根据截面法，求得各杆杆端弯矩如下：

$$M_{AC} = 0, \quad M_{CA} = \frac{qa^2}{2}\ (\text{右边受拉})$$

$$M_{BC} = 0, \quad M_{CB} = \frac{qa^2}{2}\ (\text{下边受拉})$$

然后分别作各杆 M 图。

CB 杆上没有荷载作用，将杆端弯矩连以直线即为弯矩图。

AC 杆上有荷载作用，将杆端弯矩连以直线后再叠加简支梁的弯矩图，即为此杆的弯矩图。M 图 3-22b 如所示 .

(3) 作 Q 图

先求各杆杆端剪力：

$$Q_{AC} = qa$$

$$Q_{CA} = 0$$

$$Q_{BC} = Q_{CB} = -\frac{qa}{2}$$

利用杆端剪力即可做出剪力图，如图 3-22c 所示。剪力图中须注明正负号。BC 杆上无荷载作用，故剪力为常数。AC 杆上有均布荷载，剪力图为斜直线。

(4) 作 N 图

先求各杆杆端轴力：

$$N_{AC} = N_{CA} = \frac{qa}{2}$$

$$N_{BC} = N_{CB} = 0$$

N 图如图 3-22d 所示，须注明正负号。由于各杆上都无切向荷载，故各杆轴力都是常数。

(5) 校核

图 3-22e 所示为结点 C 各杆杆端的弯矩，满足力矩平衡条件：

$$\Sigma M = \frac{qa^2}{2} - \frac{qa^2}{2} = 0$$

图 2-22f 所示为结点 C 各杆杆端的剪力和轴力，满足两个投影方程：

$$\Sigma X = 0$$

$$\Sigma Y = \frac{qa}{2} - \frac{qa}{2} = 0$$

例 3-5 作图 3-23 所示刚架结构的 M、N、Q 图。

解 (1) 求支座反力

结构为一简支刚架，考虑刚架的整体平衡，由

$\Sigma X = 0$ 得 $\quad -X_A + 20\times 4 = 0 \quad X_A = 80\text{kN}$

$\Sigma M_A = 0$ 得 $\quad V_B\times 6 + 100 - 50\times 3 - 20\times 4\times 2 = 0 \quad V_B = 35\text{kN}$

$\Sigma M_B = 0$ 得 $\quad -V_A\times 6 - 20\times 4\times 2 + 50\times 3 + 100 = 0 \quad V_A = 15\text{kN}$

由 $\Sigma Y = 15 + 35 - 50 = 0$，支座反力计算无误。

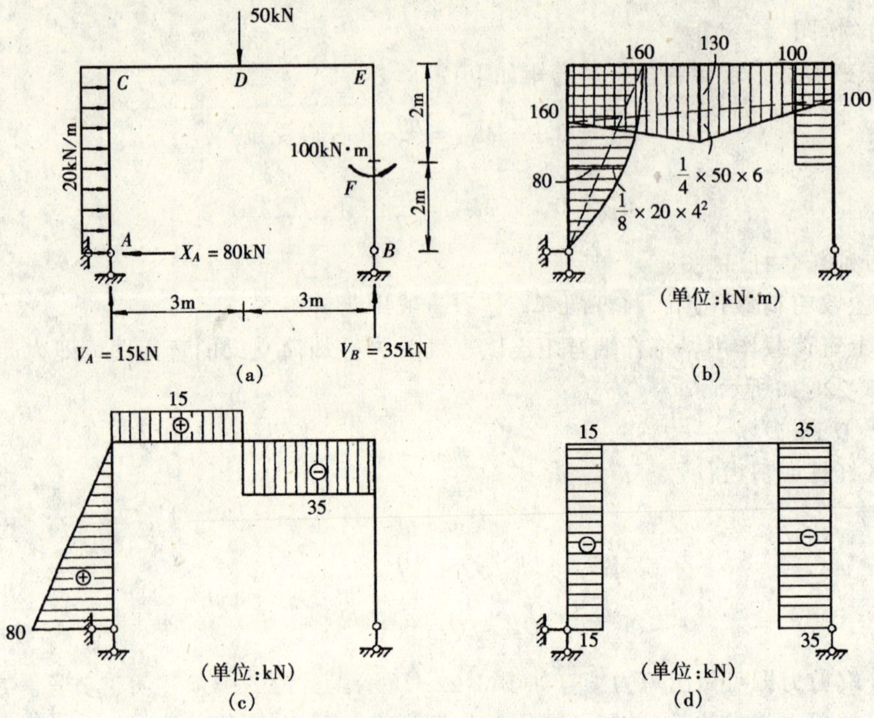

图 3-23 例 3-5 图

(a) 简支刚架及荷载；(b) M 图；(c) Q 图；(d) N 图

(2) 绘制弯矩图

逐杆考虑，先计算各杆杆段截面弯矩，然后绘制弯矩图。

$$M_{AC} = 0$$

$$M_{CA} = 80 \times 4 - 20 \times 4 \times 2 = 160\text{kN·m}\ (\text{右侧受拉})$$

因该杆有荷载作用，将杆端弯矩连以虚线后再叠加相应简支梁在均布荷载作用下的弯矩图，由微分关系知 M 图为二次抛物线。

CE 杆：该杆作用一集中荷载，*CD* 段和 *DE* 段为无荷载区，用截面法求出控制截面的弯矩后，由微分关系作 M 图，M 图为一斜直线。

$$M_{CD} = 80 \times 4 - 20 \times 4 \times 2 = 160\text{kN·m}\ (\text{下侧受拉})$$

$$M_{ED} = 100\text{kN·m}\ (\text{下侧受拉})$$

$$M_{DE} = 100 + 35 \times 3 = 205\text{kN·m}\ (\text{下侧受拉})$$

也可以用叠加法来作该杆的弯矩图。即联结杆端弯矩 M_{CE}、M_{EC}的纵坐标后，再叠加相应简支梁在集中力作用下的弯矩图。

EB 杆：由截面法得知 *BF* 段弯矩等于零，$M_{BF} = M_{FB} = 0$，*FE* 段弯矩为常数。

$$M_{FE} = M_{EF} = 100\text{kN·m}\ (\text{左侧受拉})$$

将各杆弯矩图组合起来即得图 3-23b 所示刚架的弯矩图。

(3) 绘制剪力图

AC 杆：

$$Q_{AC} = 80\text{kN}$$

$$Q_{CA} = 80 - 20 \times 4 = 0$$

CE 杆：杆上作用集中荷载，*D* 处剪力有突变，应分两段求。

CD 段：

$$Q_{CD} = Q_{DC} = 15\text{kN}$$

DE 段：

$$Q_{DE} = Q_{ED} = 15 - 50 = -35\text{kN}$$

EB 杆：由截面法知该杆各截面剪力为零，利用微分关系绘出刚架剪力图如图 3-23c 所示。

(4) 绘制轴力图

AC 杆：

$$N_{AC} = N_{CA} = -15\text{kN}$$

CE 杆：

$$N_{CE} = N_{EC} = 80 - 20 \times 4 = 0$$

EB 杆：

$$N_{EB} = N_{BE} = -35\text{kN}$$

绘出刚架轴力图如图 3-23d 所示。

(5) 校核内力图

内力图做出后应进行校核。从刚架中截取任一部分或刚结点都应满足静力平衡条件。

如分别取刚结点 *C* 和 *E* 为隔离体，见图 3-24a。

由图可见，作用在两个结点上的力都满足 $\Sigma X = 0$，$\Sigma Y = 0$；并分别满足 $\Sigma M_C = 0$，$\Sigma M_E = 0$ 的静力平衡条件。

如取 *CE* 梁为隔离体，如图 3-24b 所示，作用在 *CE* 梁上的外力及内力应满足

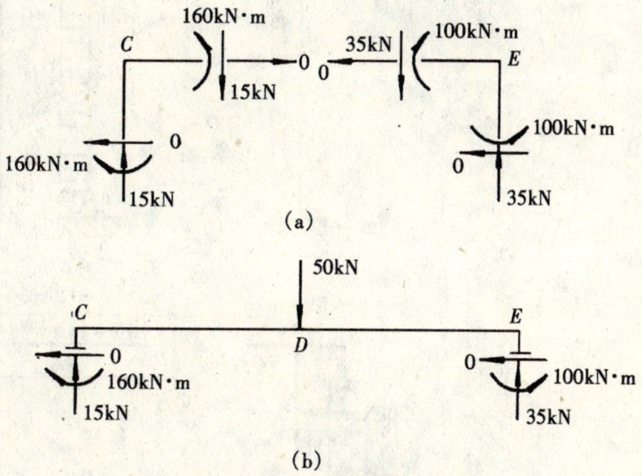

图 3-24　隔离体

(a) 结点 *C*、*E* 隔离体；(b) *CE* 梁隔离体

$$\Sigma Y = 15 + 35 - 50 = 0$$

$$\Sigma M_C = 160 + 50 \times 3 - 35 \times 6 - 100 = 0$$

可见作用在 *CE* 上的力满足平衡条件。

在绘制静定刚架的内力图时，通常先求出支座反力，然后逐杆考虑，利用截面法分别求出各杆的杆端弯矩、剪力和轴力，即可绘出刚架的内力图。

但是，有时常先求出各杆的杆端弯矩（例如，以后用位移法或渐近法计算超静定刚架时），然后利用各杆的杆端弯矩做出弯矩图。这时，由于支座反力及其他有关的力尚未求出，故不便利用截面法求各杆的杆端剪力和轴力。此时，由于刚架的弯矩图已经绘出，各杆的杆端弯矩为已知，故可依次截取杆件为隔离体，利用截取杆件的平衡条件（力矩方程），求出各杆的杆端剪力。然后应用剪力与荷载集度之间的微分关系，绘出刚架的剪力图。在求各杆

的杆端轴力时，可依次截取结点为隔离体，由于刚架的剪力图已绘出，各杆的杆端剪力为已知，故利用截取结点的平衡条件（投影方程），即可求出各杆的杆端轴力。有了各杆的杆端轴力，即可绘出刚架的轴力图。

下面以图 3-25a 所示刚架（荷载作用下的弯矩图如图 3-25b 所示）为例，来说明在不求反力的情况下如何绘制其剪力图和轴力图。

（1）作弯矩图

计算从略，做出弯矩图如图 3-25b 所示。

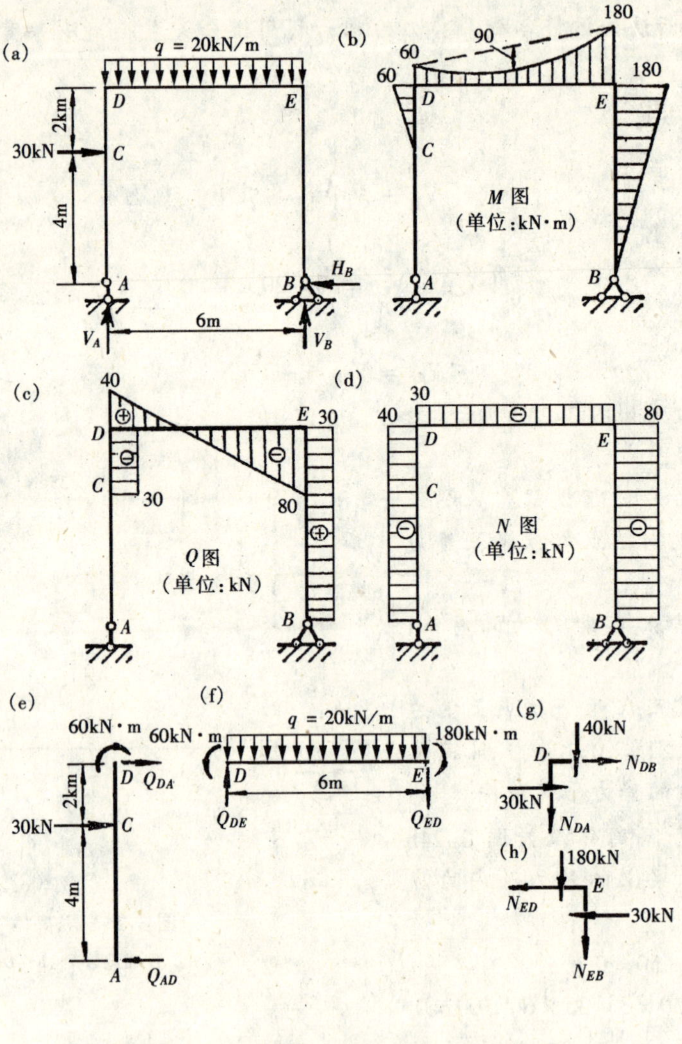

图 3-25　利用弯矩图绘制剪力图和轴力图

（a）刚架及荷载；（b）最后弯矩图；（c）剪力图；（d）轴力图；

（e），（f）*AD*、*DE* 杆段隔离体；（g）、（h）*D*、*E* 结点隔离体

（2）作剪力图

当根据弯矩图作剪力图时，应截取杆件为隔离体。例如，截取 *AD* 杆为隔离体如图 3-25e 所示。为清晰起见，杆端轴力未画出。

由　$\Sigma M_D = 0$，　$Q_{AB} \times 6 - 30 \times 2 + 60 = 0$，　$Q_{AD} = 0$

由　$\Sigma M_A = 0$，　$Q_{DA} \times 6 + 30 \times 4 + 60 = 0$，　$Q_{DA} = -30\text{kN}$

再截取 DE 杆为隔离体如图3-25f所示。

由　$\Sigma M_E=0$，　$Q_{DE}\times 6-60-20\times 6\times 3+180=0$，　$Q_{DE}=40\text{kN}$

由　$\Sigma M_D=0$，　$Q_{ED}\times 6+180+20\times 6\times 3-60=0$，　$Q_{ED}=-80\text{kN}$

同理，如截取 BE 杆为隔离体，则可求得

$$Q_{BE}=30\text{kN},\quad Q_{EB}=30\text{kN}$$

应用剪力与荷载集度之间的微分关系，做出剪力图如图3-25c所示。

(3) 作轴力图

当根据剪力图作轴力图时，应截取结点为隔离体。例如，截取结点 D 为隔离体如图3-25g所示。为清晰起见，杆端弯矩未画出。

由 $\Sigma X=0$，　　$N_{DE}=-30\text{kN}$（压力）

由 $\Sigma Y=0$，　　$N_{DA}=-40\text{kN}$（压力）

再截取结点 E 为隔离体如图32-5h所示。

由 $\Sigma X=0$，　　$N_{ED}=-30\text{kN}$（压力）

由 $\Sigma Y=0$，　　$N_{EB}=-80\text{kN}$（压力）

作出轴力图如图3-15d所示。

三、三铰刚架及复合刚架

对于构造较复杂的多层、多跨及复合静定刚架的内力计算，需要进行几何组成分析，分清基本部分和附属部分，先计算附属部分的约束力，并等值反向作用于基本部分上，进一步计算基本部分的支座反力，然后分段计算各杆的内力，并绘出内力图。

例3-6　试求图3-26所示三铰刚架的支座反力，并绘制 M、Q 和 N 图。

解　(1) 计算支座反力

本例为三铰刚架，为了确定四个支座反力 V_A、H_A、V_B、H_B，需要建立四个平衡方程求解，除三个整体平衡方程外，还可利用铰 C 不能抵抗弯矩的特性，由 $\Sigma M_C=0$ 建立一个补充方程。

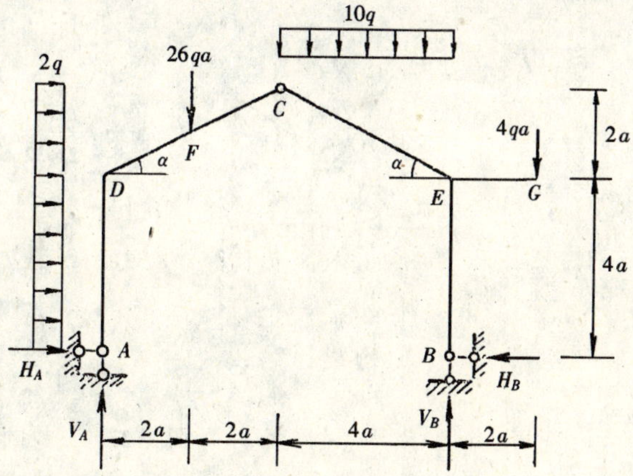

图3-26　三铰刚架

设刚架的支座反力 V_A、H_A、V_B、H_B 的方向如图3-26所示，则由整体平衡条件 $\Sigma M_B=0$，得

$$V_A\times 8a+2q\times 6a\times 3a+4qa\times 2a-26qa\times 6a-10q\times 4a\times 2a=0$$

$$V_A=24qa$$

由整体平衡条件 $\Sigma Y=0$，得

$$V_A+V_B-26qa-4qa-10q\times 4a=0$$

$$V_B=46qa$$

取图3-27a所示隔离体，由隔离体的平衡条件 $\Sigma X_C=0$，得

$$H_A \times 6a + 2q \times 6a \times 3a + 26qa \times 2a - 24qa \times 4a = 0$$

$$H_A = 1.33qa$$

由整体平衡条件 $\Sigma X = 0$，得

$$1.33qa - H_B + 2q \times 6a = 0$$

$$H_B = 1.33qa$$

所得结果均为正号，表示四个支座反力的实际方向都与假设的方向相同。

(2) 计算各杆端截面内力

将刚架分成 AD、BE、EG、CE、CF 和 DF 六个直线段，分别求出各杆端的内力，其中 A、B 和 G 各端的内力为已知，其余各杆端的内力均可由各杆件隔离体的平衡条件确定。现将 AD、DF 和 CF 各杆的杆端截面内力计算如下。

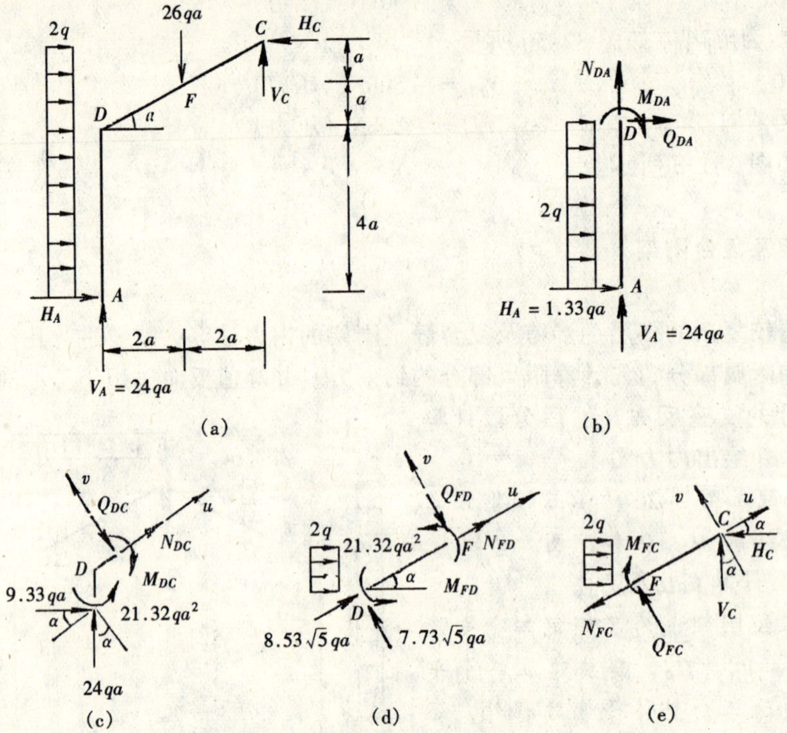

图 3-27　三铰刚架受力分析

(a) ADC 隔离体；(b) AD 隔离体；(c) 结点 D 隔离体；

(d) DF 隔离体；(e) FC 隔离体

由图 3-27b 所示隔离体的平衡条件，可得

$\Sigma X = 0$

$$Q_{DA} + 2q \times 4a + 1.33qa = 0$$

$$Q_{DA} = -9.33qa$$

$\Sigma Y = 0$

$$N_{DA} + 24qa = 0$$

$$N_{DA} = -24qa$$

$\Sigma M_D = 0$

$$M_{DA} - 1.33qa \times 4a - 2q \times 4a \times 2a = 0$$

$$M_{DA} = 21.32qa \text{（外侧受拉）}$$

由图3-27c所示结点 D 的平衡条件，并考虑到

$$\sin\alpha = \frac{\sqrt{5}}{5}，\cos\alpha = \frac{2\sqrt{5}}{5}$$

可得

$\Sigma u = 0$

$$N_{DC} + 24qa\sin\alpha + 9.33qa\cos\alpha = 0$$

$$N_{DC} = -8.53\sqrt{5}qa$$

$\Sigma \nu = 0$

$$-Q_{DC} + 24qa\cos\alpha - 9.33qa\sin\alpha = 0$$

$$Q_{DC} = 7.73\sqrt{5}qa$$

$\Sigma M = 0$

$$M_{DC} = 21.32qa^2$$

由图3-27d所示隔离体的平衡条件，可得

$\Sigma u = 0$

$$N_{FD} + 8.53\sqrt{5}qa + 2q \times a \times \cos\alpha = 0$$

$$N_{FD} = -9.33\sqrt{5}qa$$

$\Sigma \nu = 0$

$$-Q_{FD} + 7.73\sqrt{5}qa - 2q \times a \times \sin\alpha = 0$$

$$Q_{FD} = 7.73\sqrt{5}qa$$

$\Sigma M_F = 0$

$$M_{FD} + 21.32qa^2 + 2q \times a \times \frac{a}{2} - 7.73\sqrt{5}qa \times a\sqrt{5} = 0$$

$$M_{FD} = 16.34qa^2$$

由图3-27a所示隔离体的平衡条件，可得

$\Sigma X = 0$

$$2q \times 6a + H_A - H_C = 0$$

$$H_C = 12qa + 1.33qa = 13.33qa$$

$\Sigma Y = 0$

$$V_C + V_A - 26qa = 0$$

$$V_C = 26qa - 24qa = 2qa$$

于是，由图3-27e所示隔离体的平衡条件，可得

$$Q_{CF} = -H_C\sin\alpha - V_C\cos\alpha = -3.47\sqrt{5}qa$$

$$N_{CF} = -H_C\cos\alpha + V_C\sin\alpha = -4.93\sqrt{5}qa$$

$\Sigma u = 0$

$$N_{CF}-N_{FC}+2q\times a\times\cos\alpha=0$$

$$N_{FC}=-4.13\sqrt{5}qa$$

$\Sigma\nu=0$

$$Q_{FC}+Q_{CF}-2q\times a\times\sin\alpha=0$$

$$Q_{FC}=-3.07\sqrt{5}qa$$

同理，可得 *CE*、*EG*、*EB* 各杆的杆端内力，不再赘述。

(3) 绘制内力图

根据上面所求得的各杆端截面的内力，并根据作用于各杆的荷载情况，可做出此三铰刚架的 *M*、*Q* 和 *N* 图，分别如图 3-28a、b、c 所示。

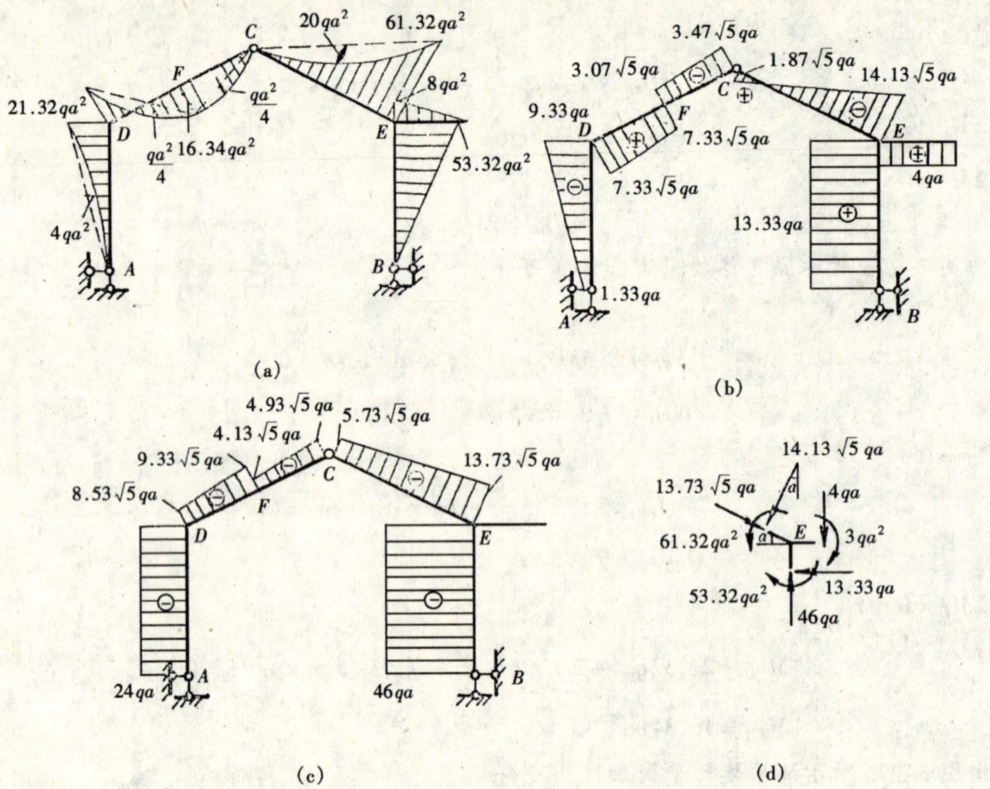

图 3-28　内力图及其校核

(a) *M* 图；(b) *Q* 图；(c) *N* 图；(d) 校核结点 *E*

(4) 校核内力图

各内力图的特征均与荷载情况相符。

校核结点 *E*（图 3-28d）的两个投影平衡条件和弯矩平衡条件如下

$$\Sigma X=13.73\sqrt{5}qa\cos\alpha-14.13\sqrt{5}qa\sin\alpha-13.33qa$$

$$=13.73\sqrt{5}qa\times\frac{2\sqrt{5}}{5}-14.13\sqrt{5}qa\times\frac{\sqrt{5}}{5}-13.33qa=0$$

$$\Sigma Y=46qa-4qa-13.73\sqrt{5}qa\sin\alpha-14.13\sqrt{5}qa\cos\alpha$$

$$=46qa-4qa-13.73\sqrt{5}qa\times\frac{\sqrt{5}}{5}-14.13\sqrt{5}qa\times\frac{\sqrt{5}}{5}=0$$

$$\Sigma M=8qa^2+53.32qa^2-61.32qa^2=0$$

例 3-7　试求作图 3-29 所示刚架的 M 图。

解　这是一个复合静定刚架，它由两个简支刚架（图 3-30a、c）和一个三铰刚架（图 3-30b）组合而成。其中三铰刚架为基本部分，两个简支刚架为附属部分。计算这类刚架的内力时，应先计算附属部分，将附属部分的有关约束反力反向作用于基本部分，再计算基本部分的支座反力和内力。

(1) 计算支座反力

按简支刚架支座反力的计算方法，可求得附属部分的支座反力，如图 3-30a、c 所示。将 H 及 I 点的支座反力反向作用于基本部分，根据三铰刚架支座反力的计算方法，可求得基本部分的支座反力，如图 3-30b 所示。

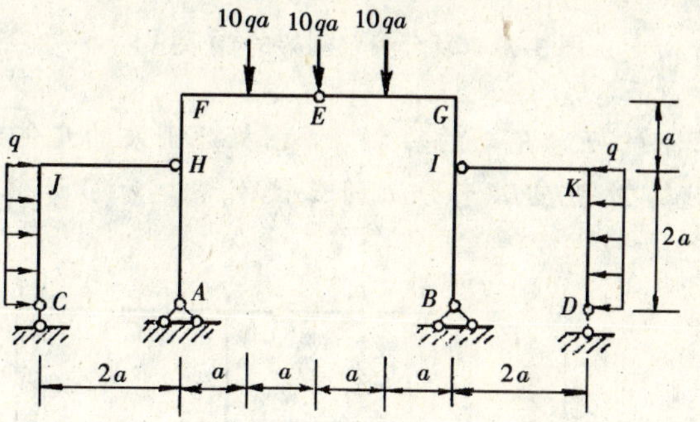

图 3-29　复合静定刚架

(2) 计算各杆端截面内力并绘制内力图

各支座反力求出后，就可采用前面所介绍的相同的方法计算各杆端截面的弯矩，并

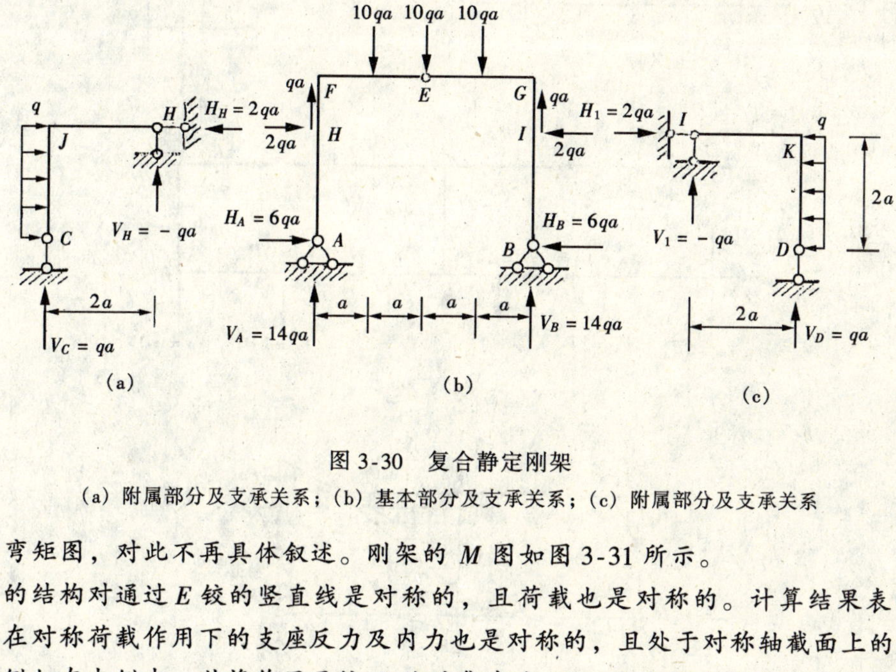

图 3-30　复合静定刚架

(a) 附属部分及支承关系；(b) 基本部分及支承关系；(c) 附属部分及支承关系

据此绘制弯矩图，对此不再具体叙述。刚架的 M 图如图 3-31 所示。

本例的结构对通过 E 铰的竖直线是对称的，且荷载也是对称的。计算结果表明，这种对称结构在对称荷载作用下的支座反力及内力也是对称的，且处于对称轴截面上的反对称内力为零（例如在本例中，若将作用于铰 E 处的集中力 $10qa$ 分成两个各为 $5qa$ 的集中力，分别作用于铰 E 的左、右截面上，则处于对称轴截面 E 上的反对称剪力为零）。同理，对称结构在反对称荷载作用下的支座反力及内力是反对称的，且处于对称轴截面上的对称内力为零。

例 3-8　试求作图 3-32a 所示刚架的 M 图。

解　这是一个复合静定刚架，其几何组成特点是：在几何不变部分 $CDEIJK$ 的左边和右

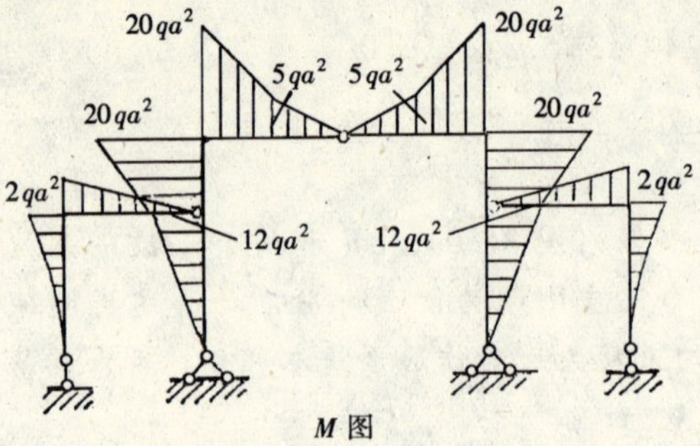

M 图

图 3-31 复合静定刚架的 *M* 图

边分别用三个不在一条直线上的铰连刚片 *IHF*、*CAF*、和 *KLG*、*EBG*，形成一个内部几何不变的整体，然后由三根不相交于一点的支座链杆与基础相连。

(1) 计算支座反力

由刚架的整体平衡条件，可得各支座反力为

$$H_A = 18P, \quad V_A = 6P, \quad V_B = 6P$$

各支座反力的实际方向如图 3-32a 所示。

(2) 计算各杆端截面的弯矩

为了计算各杆端截面的弯矩，必须先求出铰 *C*、*I*、*E*、*K* 处的约束力。根据此刚架的几何组成特点，可知 *IFC* 及 *KGE* 部分实际上是分别附属在 *CDEIJK* 部分上的三铰刚架，为了计算 *C*、*I* 处的约束力，可将铰 *C*、*I* 切开，取图

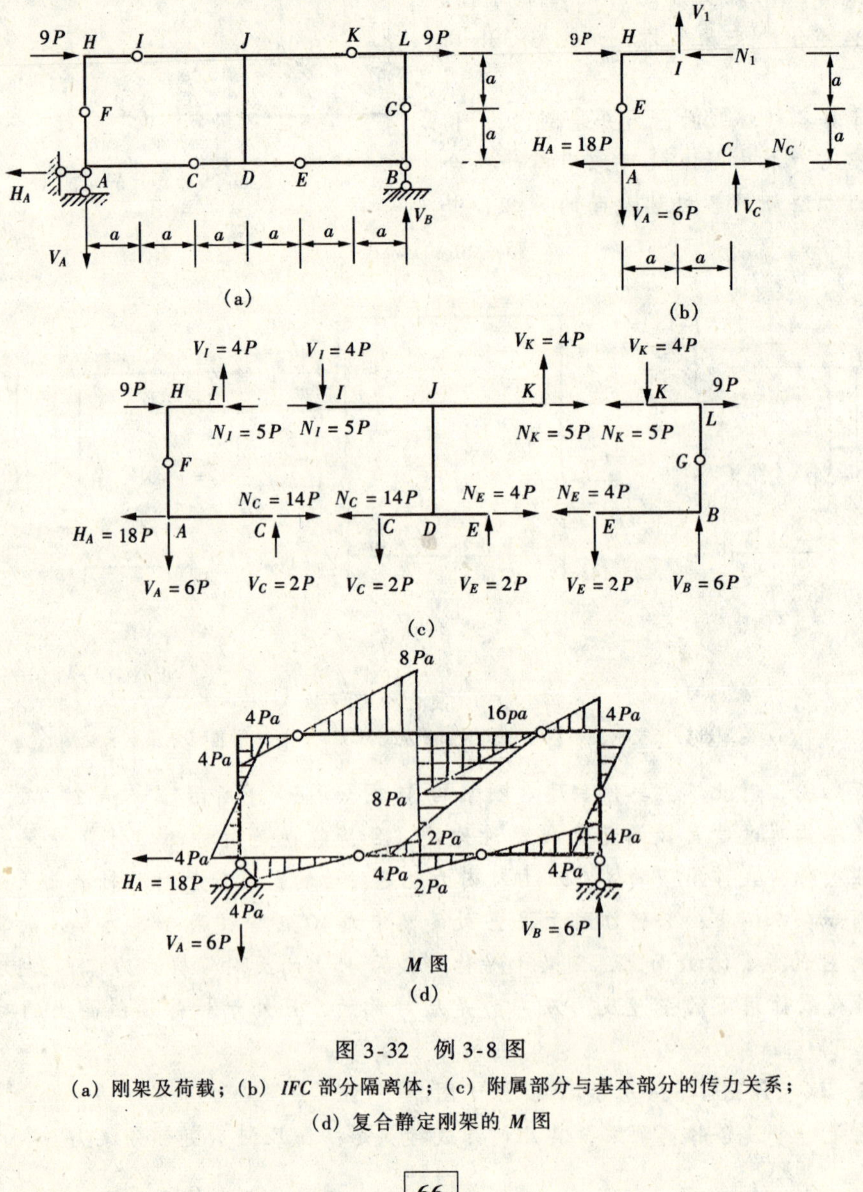

图 3-32 例 3-8 图

(a) 刚架及荷载；(b) *IFC* 部分隔离体；(c) 附属部分与基本部分的传力关系；

(d) 复合静定刚架的 *M* 图

3-32b所示的隔离体，在此隔离体上，铰 C、I 处的四个约束力 V_C、N_C、V_I、N_I 相当于三铰刚架的四个支座反力，根据三铰刚架支座反力的计算方法，不难算出这四个约束力。因为铰 C、I 不在同一竖直线上，所以求解 V_C、N_C 或 V_I、N_I 时，可采用建立求解联立方程的办法。

由图 3-32b 的整体平衡条件 $\Sigma M_I=0$，得

$$2N_C+V_C-30P=0 \tag{a}$$

在图 3-32b 中，将铰 F 切开，取 FAC 为隔离体，由 $\Sigma M_F=0$，得

$$N_C+2V_C-18P=0 \tag{b}$$

联立求解 (a)、(b) 式，得

$$Pc=2P,\ N_C=14P$$

于是，由图 3-32b 的整体平衡条件 $\Sigma X=0$，$\Sigma Y=0$，可得

$$V_I=4P,\ N_I=5P$$

V_C、N_C、V_I、N_I 的实际方向如图 3-32b 所示。

同理，可求出铰 E、K 处的约束力，这里不再赘述。

上述附属部分的约束力求出后，将它们反向作用于基本部分 $CDEIJK$，如图 3-32c 所示，据此就可作出刚架的弯矩图，如图 3-32d 所示。

图 3-32a 所示结构的受力情况，可分解为图 3-33a、b 两部分叠加。在图 3-33b 中，作用在各杆件轴线方向的荷载，各大小相等，方向相反，在不考虑杆件轴向变形的情况下，这些荷载在结构中只产生轴向力，不会引起弯矩和剪力，因此，原结构的弯矩图只要考虑图 3-33a 的荷载。由于图 3-33a 所示的结构对通过结点 J、D 的竖直轴是对称的，而荷载对该轴是反对称的，故所得的弯矩图 3-32d 对该轴是反对称的。同理，剪力图也是反对称的，但轴力图却不是反对称的。

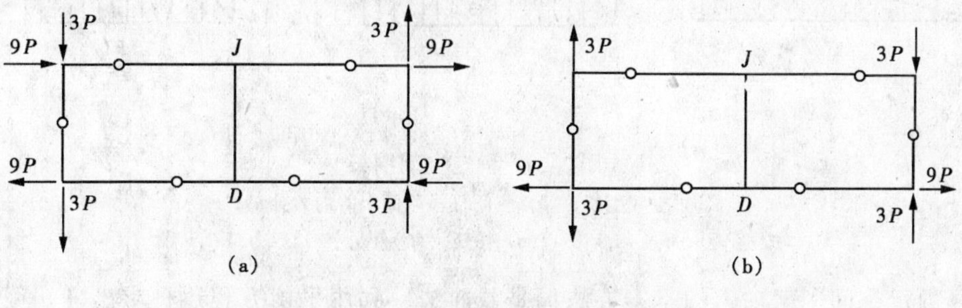

图 3-33　对称结构

(a) 对称结构反对称荷载；(b) 对称结构对称荷载

§ 3-4　静定空间刚架的计算

上面讨论的平面刚架，各杆轴线及外力作用线都在同一平面内。当刚架各杆轴线和外力不在同一平面内时，且刚架的反力和内力可全部由静力平衡条件确定的刚架称为静定空间刚架。图 3-34a 为一静定空间刚架。

空间刚架任一杆件横截面上一般有六个内力分量（见图 3-34b），下面就六个内力分量的正负号及作内力图的规定作一说明，为清楚起见，力偶都按右手螺旋法则用双箭头矢量来表示。

N 为轴力，沿杆轴线方向，以拉力为正，压力为负。

M_t 为扭矩，绕杆件轴线旋转的力偶矩，扭矩矢量与截面外法线指向一致为正。

M_y、M_z 为弯矩，分别绕截面两个主轴旋转的力偶矩，弯矩图画在受拉纤维一侧，不用注明正负号。

Q_x、Q_y 为剪力，分别沿横截面的两个形心主轴方向。剪力图也不用注明正负号，但需先规定杆轴线的正方向（如 BA 杆可规定由 B 向 A 为正方向），并规定外法线与此正方向一致的截面为正面，外法线与杆轴正方向相反的截面称为反面（如图 3-34b 中的 K 截面为正面），剪力图即画在正面上剪力所指向的一侧，同时注明杆轴线的正方向。

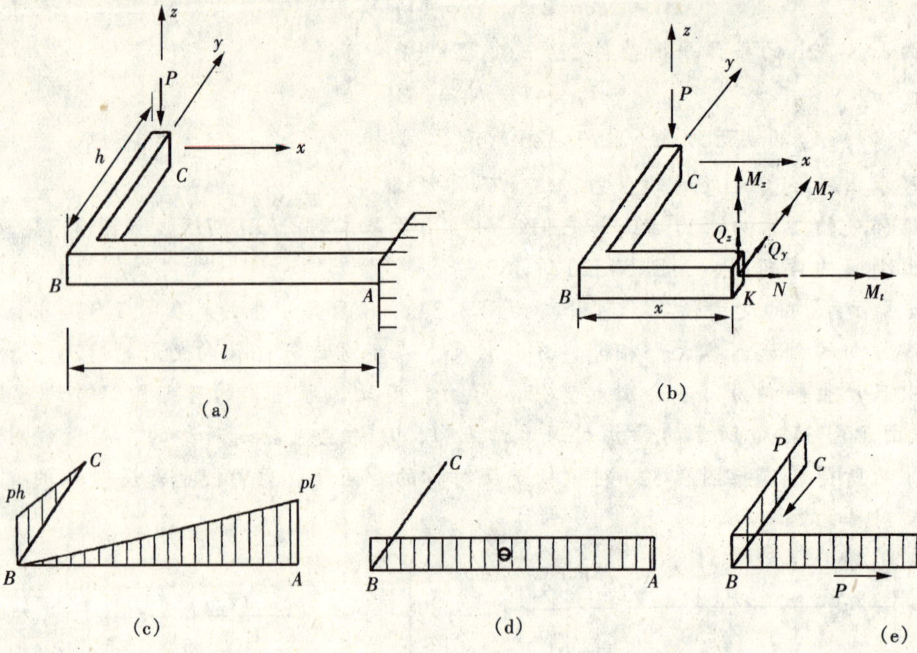

图 3-34　静定空间刚架

(a) 空间刚架；(b) 空间杆横截面上的内力分量；

(c) 弯矩（M_y、M_x）图；(d) 扭矩（M_t）图；(e) 剪力（Q_z）图

计算静定空间刚架内力的基本方法仍是截面法，利用平衡方程逐杆求出杆端截面的六个内力分量，然后做出内力图。

以 AB 杆为例，取距 B 端为 x 的任一截面 K，以左部分刚架为隔离体（图 3-34b），K 截面上的六个内力分量均按正向假定。由平衡方程得：

$$\left.\begin{array}{l}\Sigma X=0,\ N=0\\ \Sigma Y=0,\ Q_y=0\\ \Sigma Z=0,\ Q_z=P\text{（正面上剪力向上）}\\ \Sigma M_x=0,\ M_t=ph\\ \Sigma M_y=0,\ M_y=Px\text{（上侧受拉）}\\ \Sigma M_z=0,\ M_z=0\end{array}\right\}\quad(0\leqslant x\leqslant l)$$

根据同样方法求出 BC 杆的内力，然后可绘制刚架的内力图，如图 3-34c、d、e 所示。在 Q 图中，杆旁箭头表示杆轴线的正方向。

本章小结

本章讨论了静定梁和静定平面刚架的支座反力、内力计算及内力图的绘制。这些内容均为结构力学课程的基础知识，必须牢固掌握并能熟练应用。简单静定梁（指简支梁和伸臂梁）的内力分析虽在材料力学课程中学习过，但现在的要求是熟练、简捷地绘出内力图。因此，学习时应强调多做练习，提高熟练程度。对于多跨静定梁的内力分析，在分清基本部分和附属部分的受力关系后，不难根据简单静定梁的内力图做出多跨静定梁的内力图。本章的另一个重点是静定平面刚架的内力分析，尤其是应用叠加法作刚架的弯矩图，读者必须掌握其方法。现将本章主要内容归纳如下：

1. 静定结构的内力分析需要解决两个核心问题：一是从需要出发选择好一个隔离体，二是在选好的隔离体中，用最简单的平衡条件求出内力。截面内力有弯矩、剪力、轴力，要注意内力符号的规定，结构力学中的弯矩图，对梁和刚架来说不必注明正负号，只要将其画在纤维受拉的一侧。而剪力和轴力的正负号规定与材料力学中相一致。

(1) 计算截面内力的基本方法是截面法。重点要求：能正确地截取隔离体、完善地画出隔离体受力图。受力图上必须画上隔离体所受的全部力，力的方向、数值和符号必须表示清楚。未知力用正方向的符号表示，已知力用实际方向的数值表示。只有正确清楚的受力图，才能写出明确无误的平衡方程。在此基础上，也应能熟练地列出截面法算式，直接计算截面内力。

(2) 绘制弯矩图的基本方法是分段叠加法。以控制截面将杆件划分为若干段。无载段的弯矩图即相邻控制截面弯矩纵坐标之间所连直线；有载段，以相邻控制截面弯矩纵坐标所连虚直线为基线，叠加以该段长度为跨度的简支梁在跨间荷载作用下的弯矩图，得最后弯矩图。剪力图和轴力图则将相邻控制截面内力纵坐标连以直线即得。

2. 多跨静定梁内力图的绘制比较简单，只要分清附属部分与基本部分的传力关系后，把各部分的内力图连在一起即可。当有间接荷载作用时，假定把纵梁作为简支梁看待，按简支梁的传力路线加于主梁上，再进行分析。

3. 静定刚架内力图绘制的一般步骤为：支座反力求出后应用截面法并由隔离体的平衡条件，逐杆求出杆端内力；根据每一杆端内力及杆上荷载作用情况，参照内力图的特征可画出相应的内力图。内力图的纵坐标垂直于杆轴线。弯矩图画在杆件受拉纤维一侧，不注正负号；剪力图和轴力图的纵坐标可画在杆件任一边，必须注明正负号。特别强调的是，直杆弯矩图的叠加法十分重要，要求读者务必熟练掌握。

4. 求三铰刚架支座反力时，必须利用中间铰处的补充方程；对于构造较复杂的多层或多跨静定刚架，首先需进行几何组成分析，分清基本部分和附属部分，然后按照先附属、后基本的原则计算支座反力。然后再分段，逐杆计算各杆内力，绘内力图。将各杆内力图组合即为整个刚架的内力图。

5. 内力图的校核，首先要查看内力图与相应的作用荷载是否符合内力图的特征，其次要考虑平衡条件是否得到满足。对于静定刚架的弯矩图来说，首先要看刚结点相邻截面的弯矩是否满足力矩平衡条件。

习　题

3-1～3-6　求作多跨静定梁的 M、Q 图。

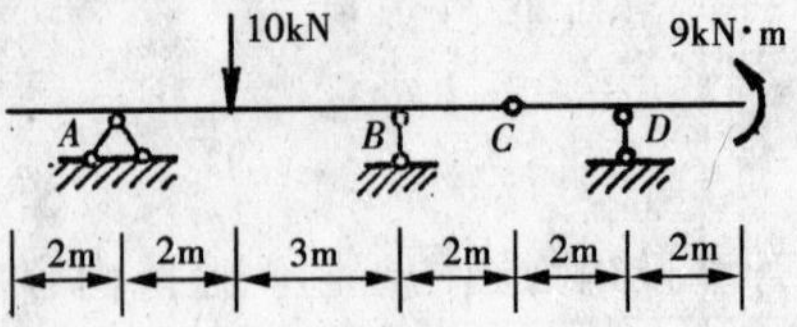

题 3-1 图

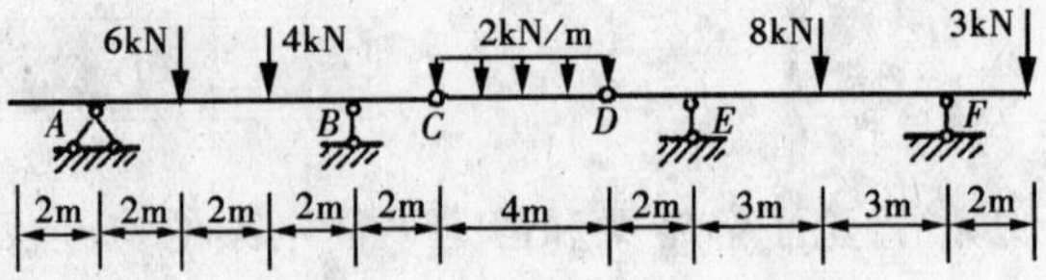

题 3-2 图

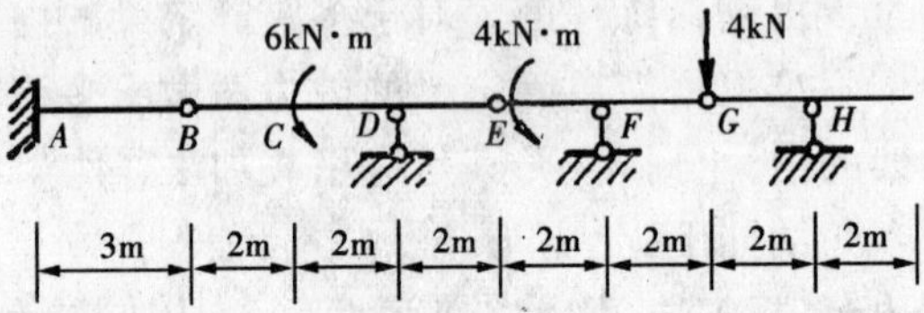

题 3-3 图

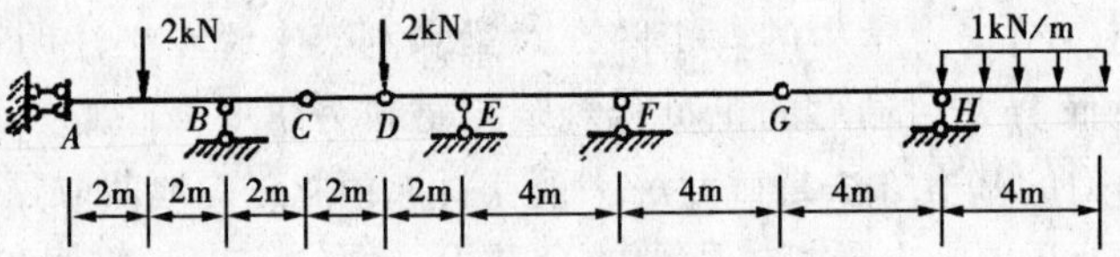

题 3-4 图

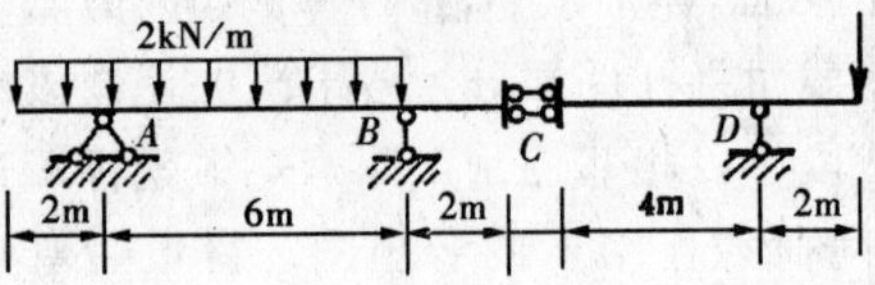

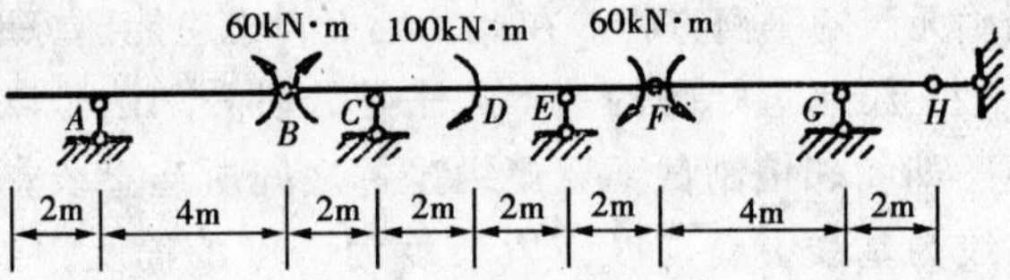

题 3-5 图

题 3-6 图

3-7 要求所有支座弯矩和跨度中点的弯矩的绝对值都相等，试确定铰 C、D、G、H 的位置 a 及伸臂长度 b（设跨长 l 为已知）。

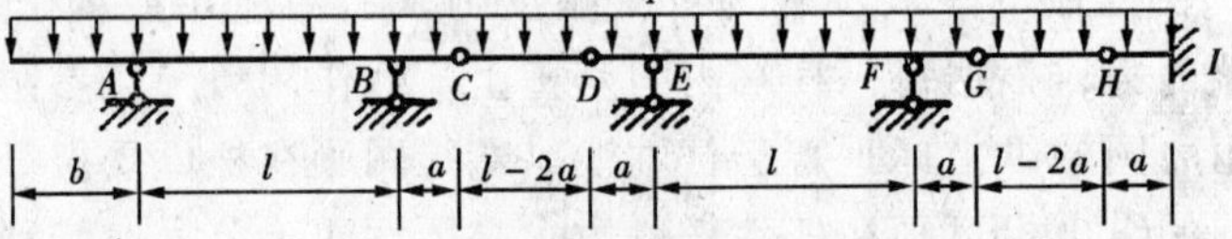

题 3-7 图

3-8 求作 M、Q 图

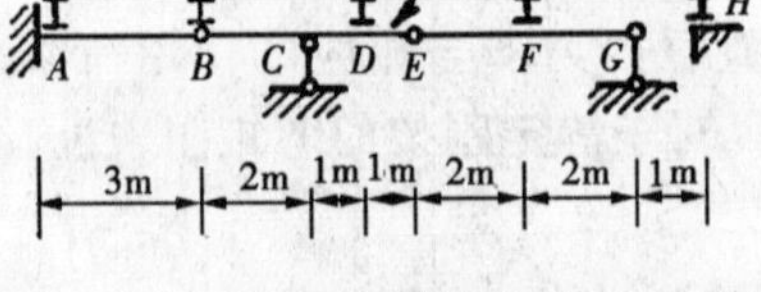

题 3-8 图

3-9 试分析图 a、b、c、d、e、f、g、h 各弯矩图错误的原因，并做出正确的弯矩图。

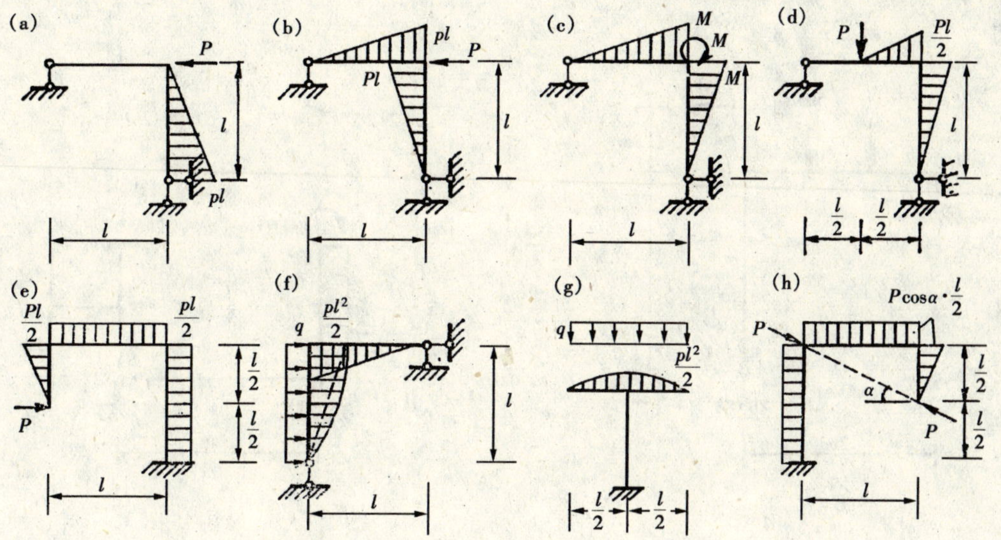

题 3-9 图

3-10～3-19　求作 M、Q、N 图。

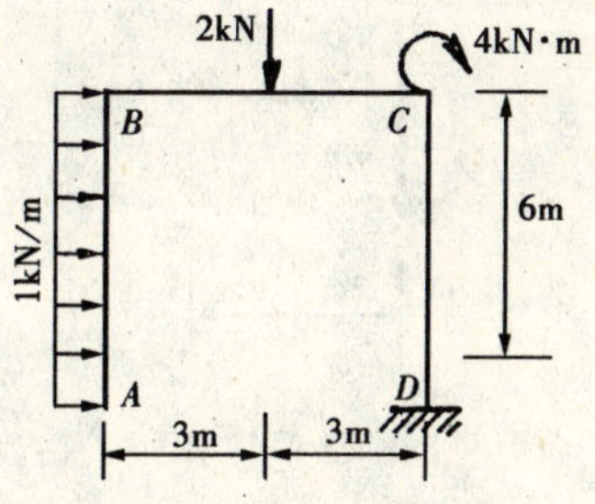

题 3-10 图

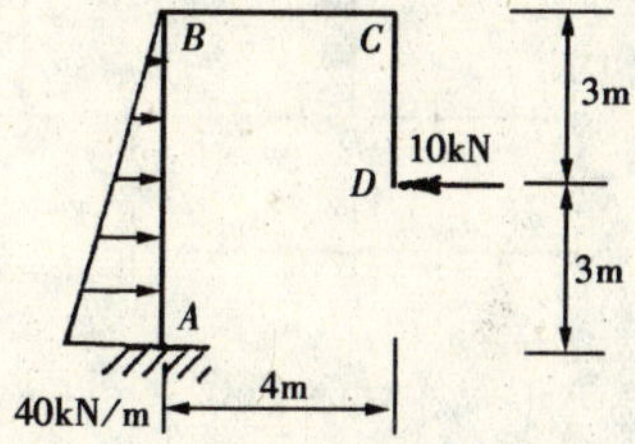

题 3-11 图

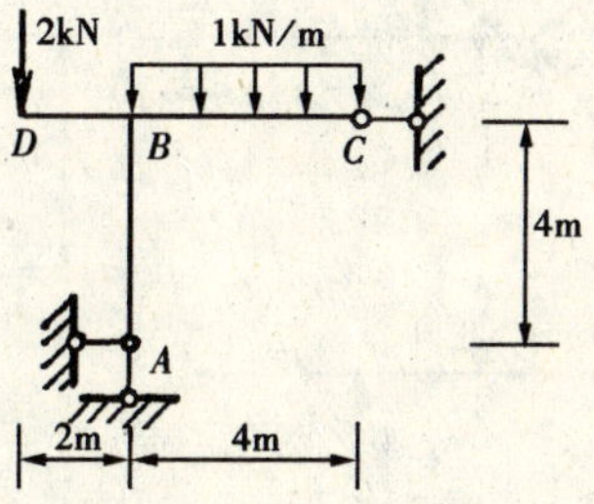

题 3-12 图

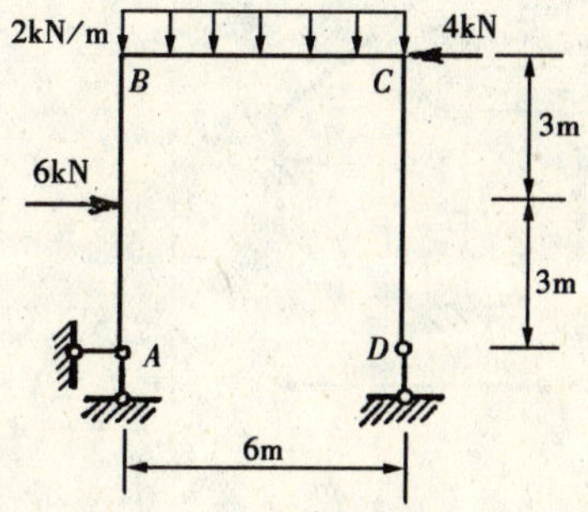

题 3-13 图

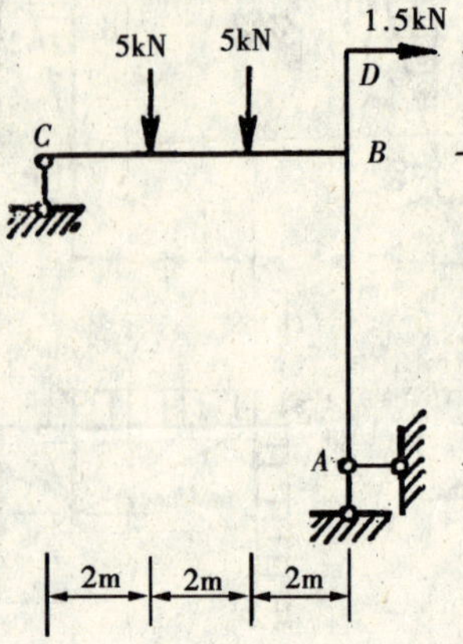

题 3-14 图

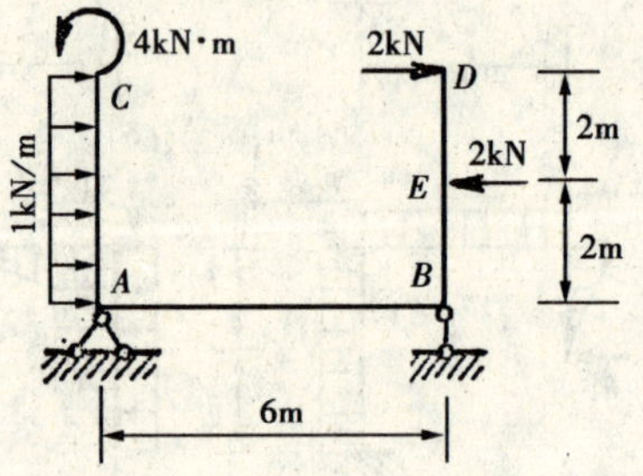

题 3-15 图

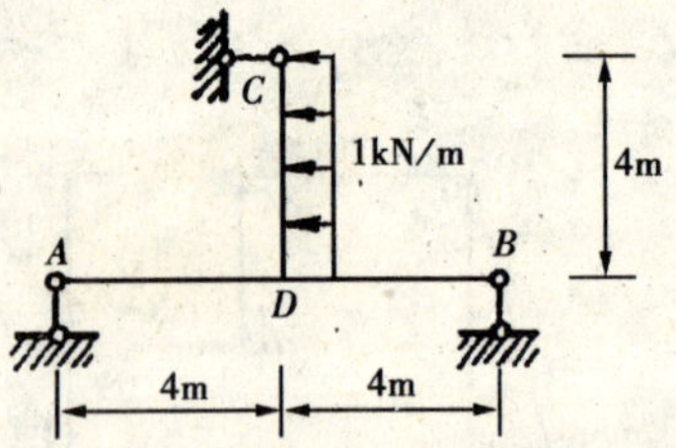

题 3-16 图

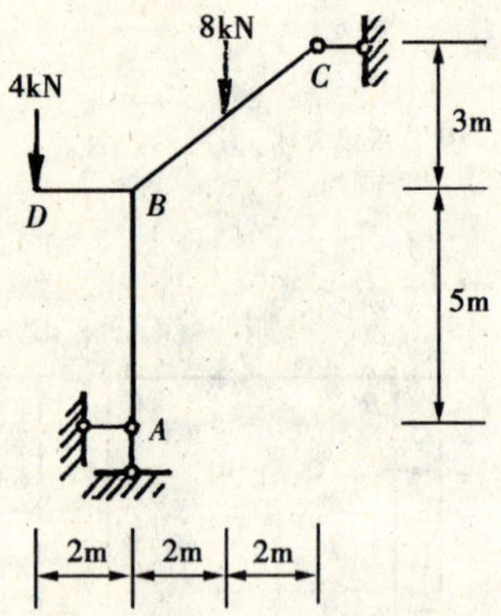

题 3-17 图

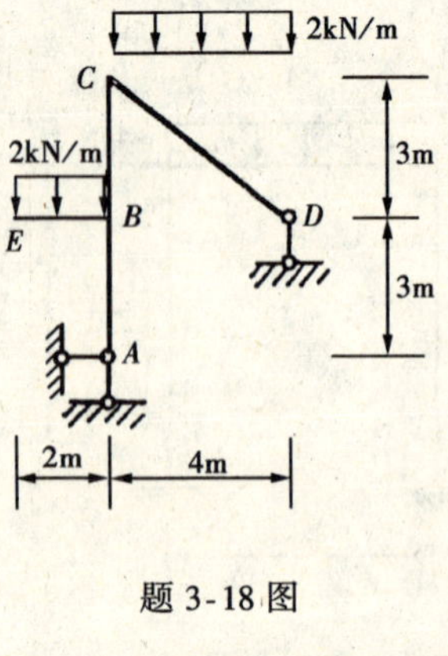

题 3-18 图

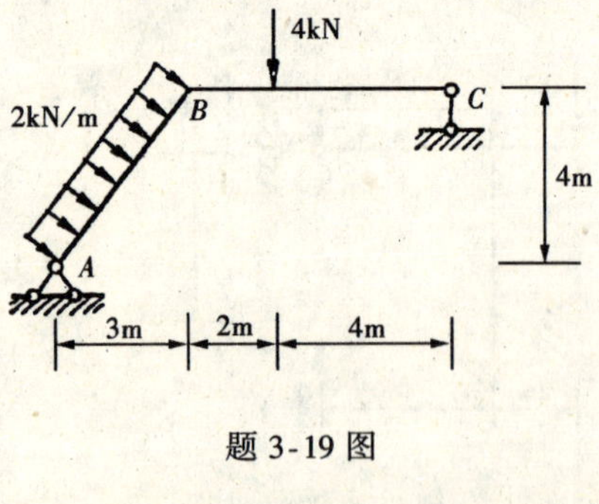

题 3-19 图

3-20～3-21 求作 *M* 图。

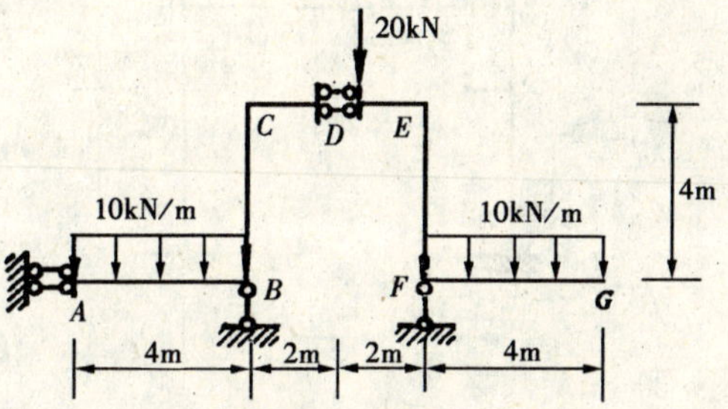

题 3-20 图

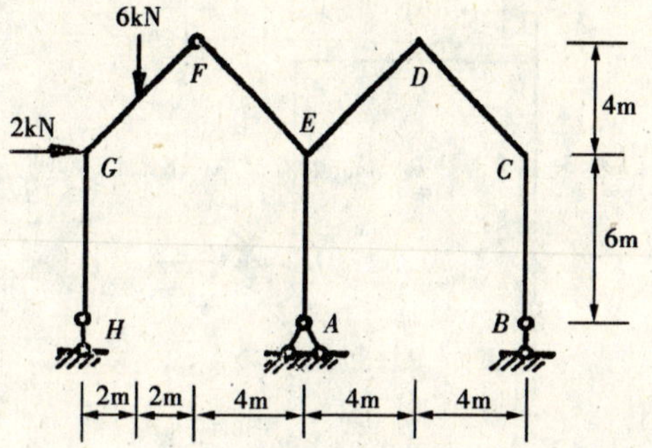

题 3-21 图

3-22～3-28　求作 M、Q、N 图。

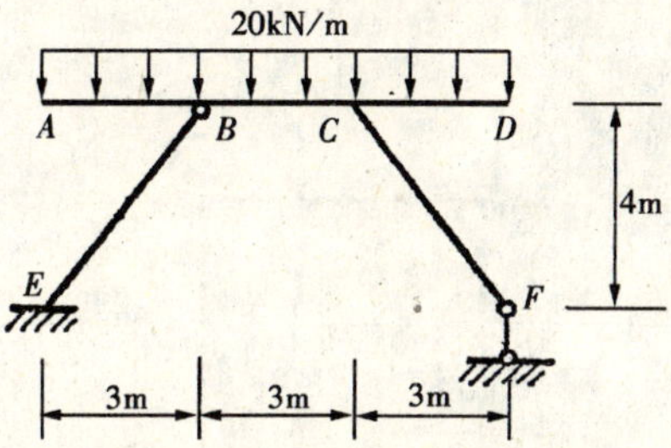

题 3-22 图

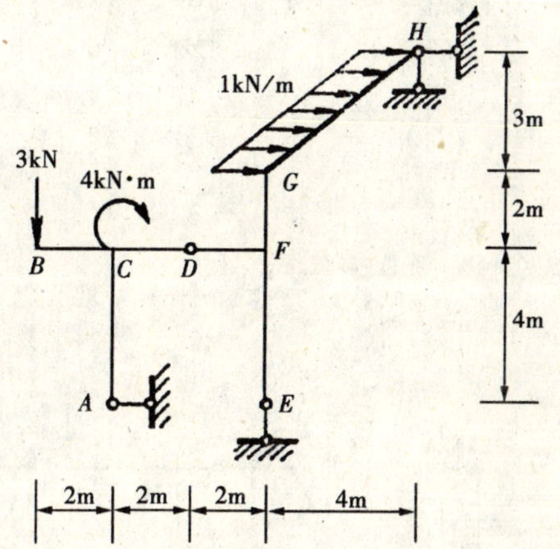

题 3-23 图

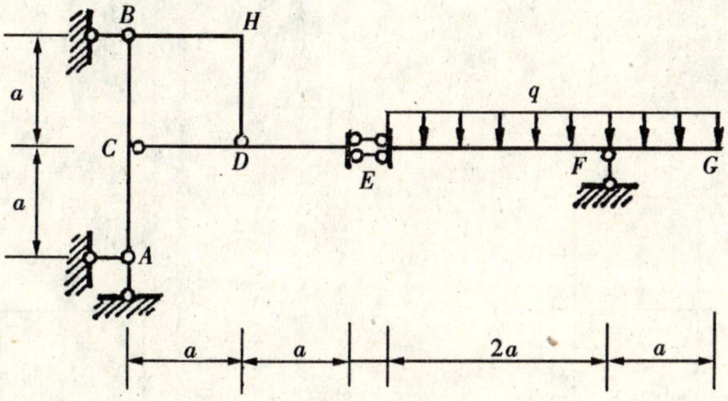

题 3-24 图

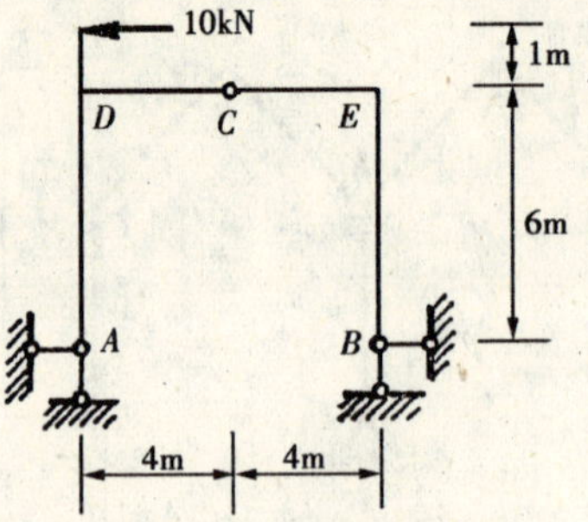

题 3-25 图

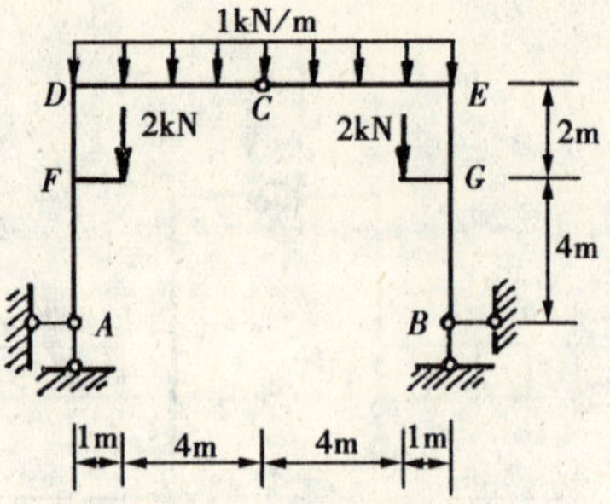

题 3-26 图

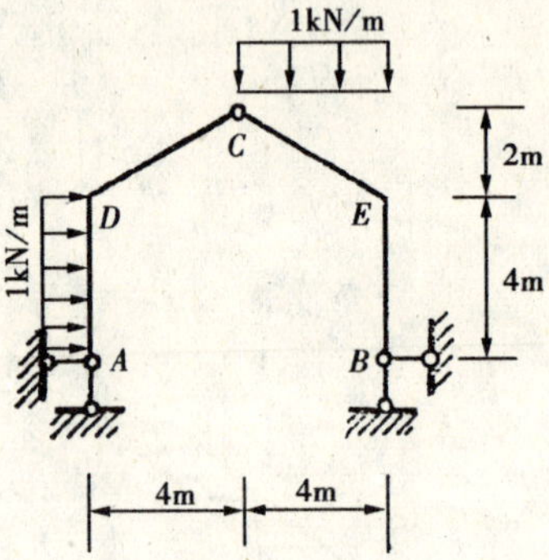

题 3-27 图

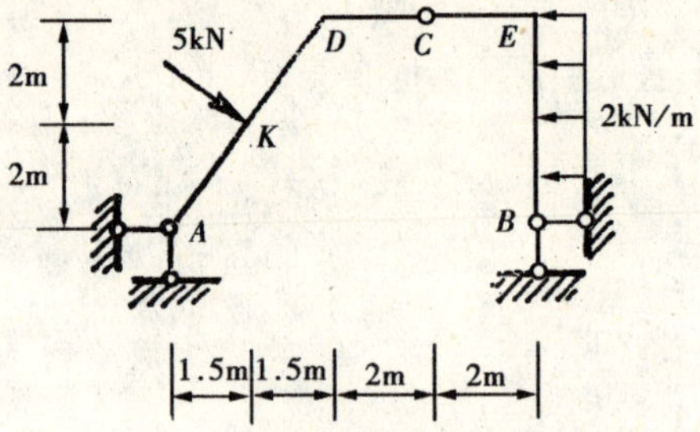

题 3-28 图

3-29～3-48 求作 M 图。

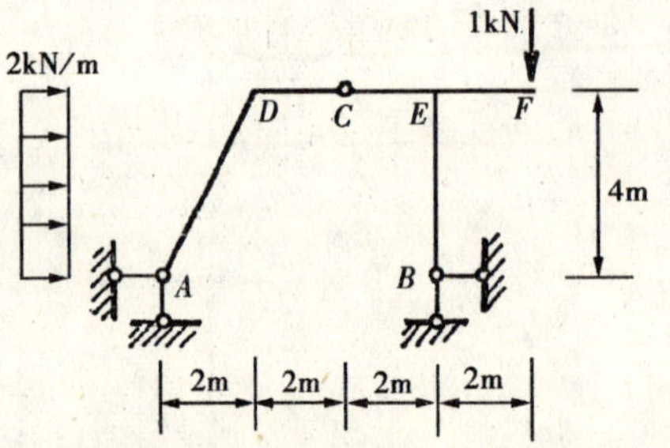

题 3-29 图

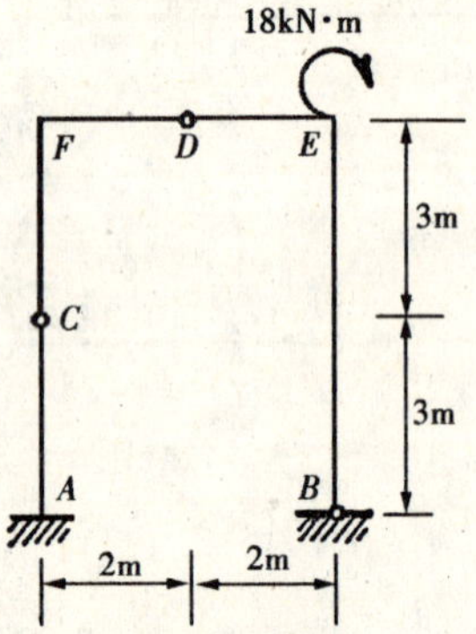

题 3-30 图

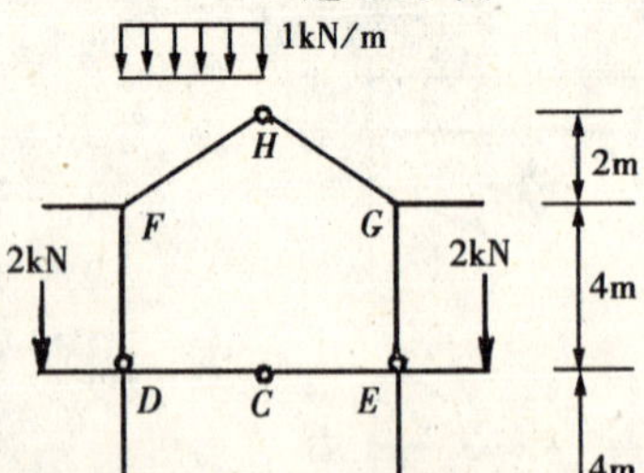

题 3-31 图

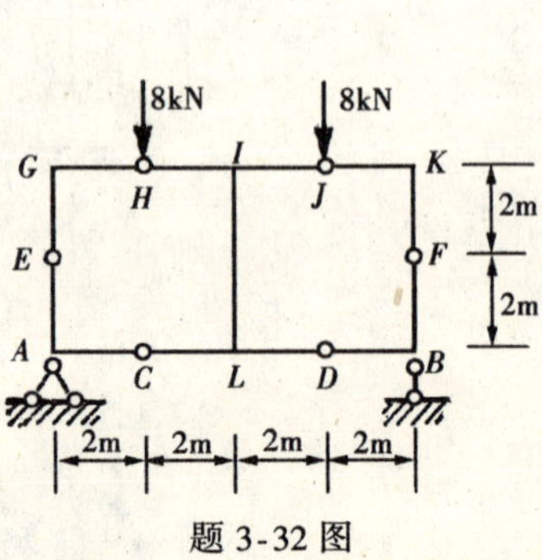

题 3-32 图

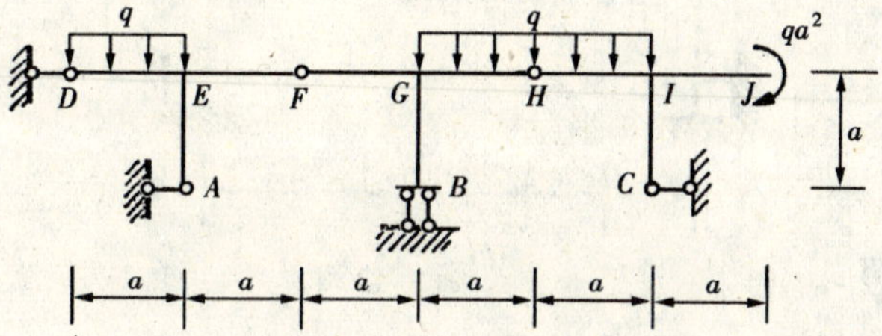

题 3-33 图

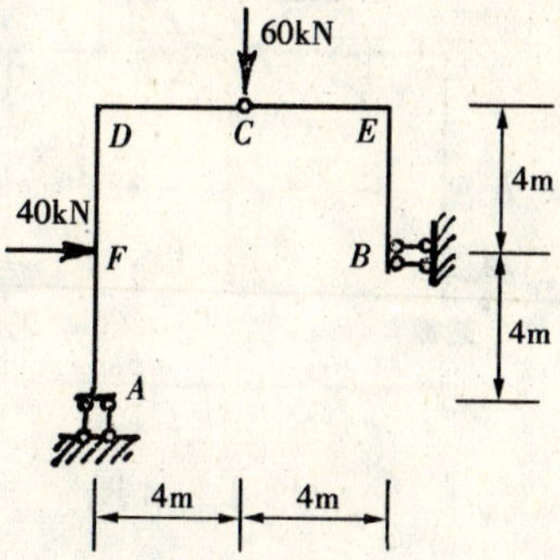

题 3-34 图

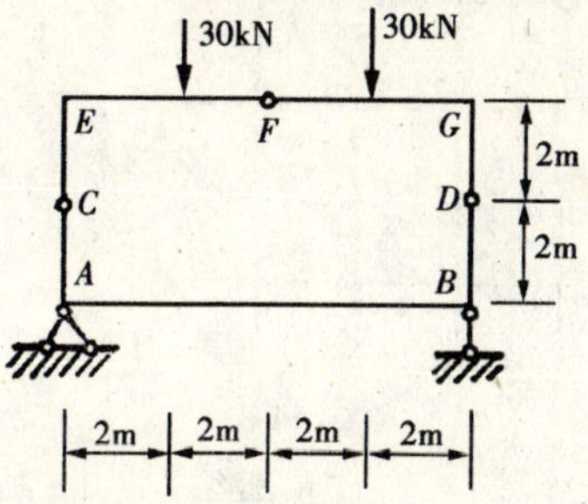

题 3-35 图

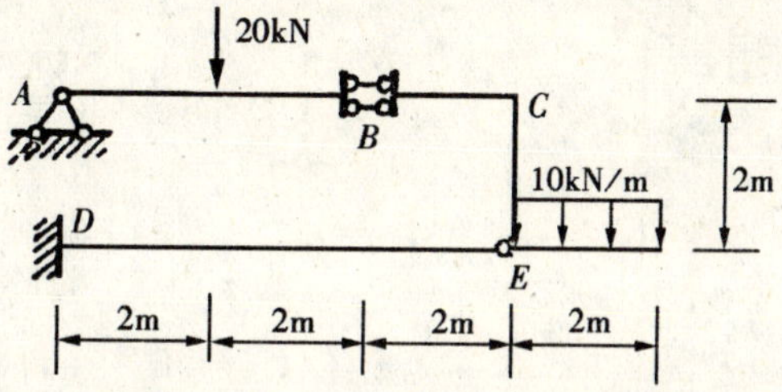

题 3-36 图

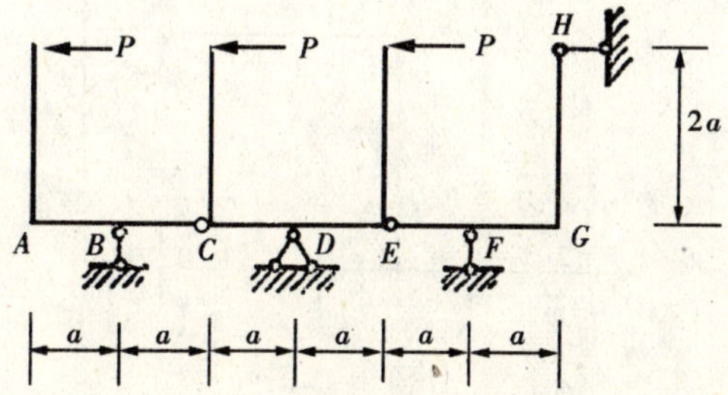

题 3-37 图

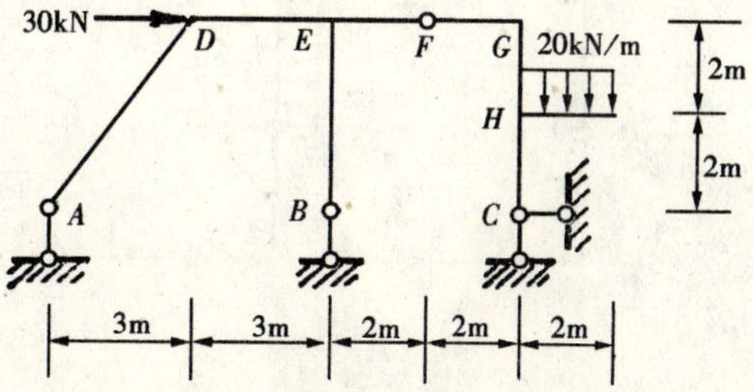

题 3-38 图

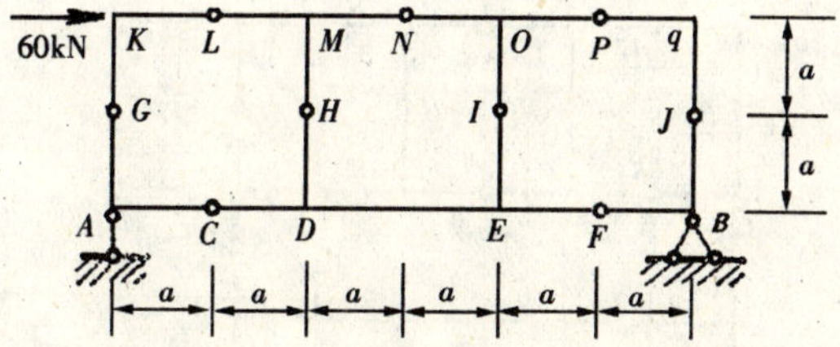

题 3-39 图

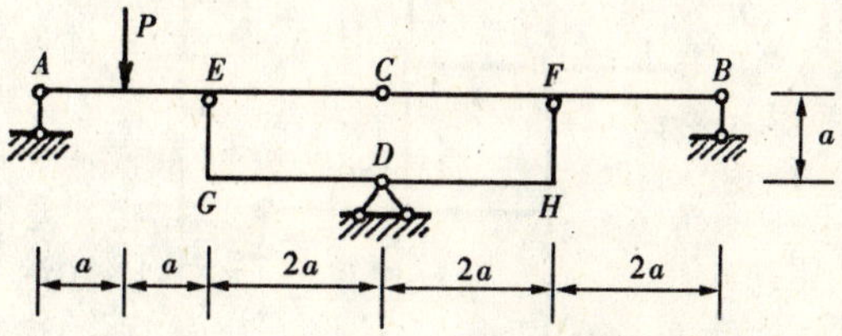

题 3-40 图

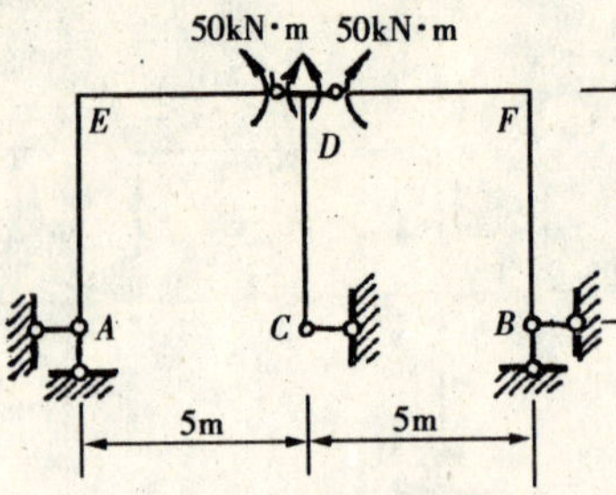

题 3-41 图

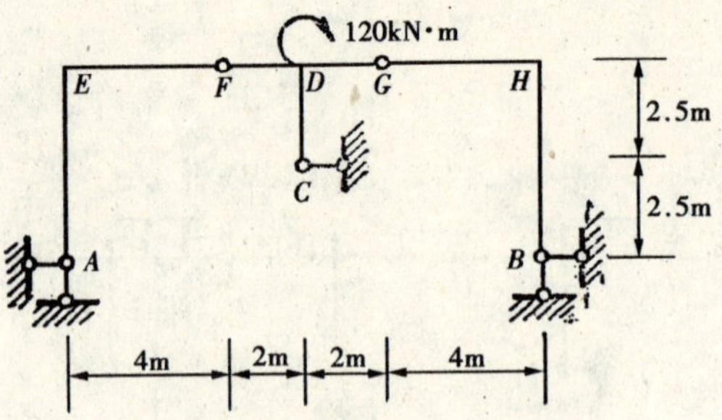

题 3-42 图

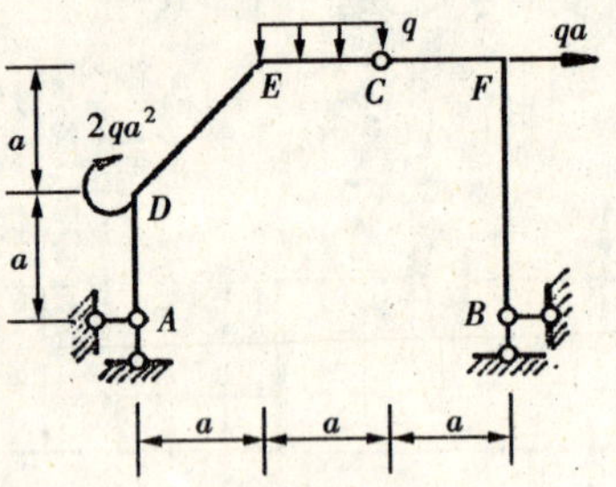

题 3-43 图

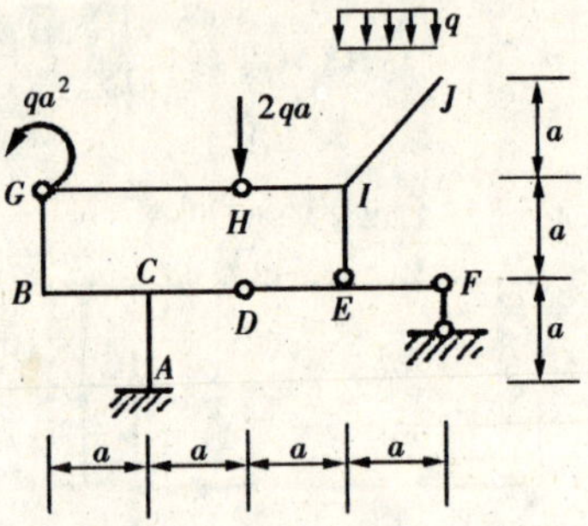

题 3-44 图

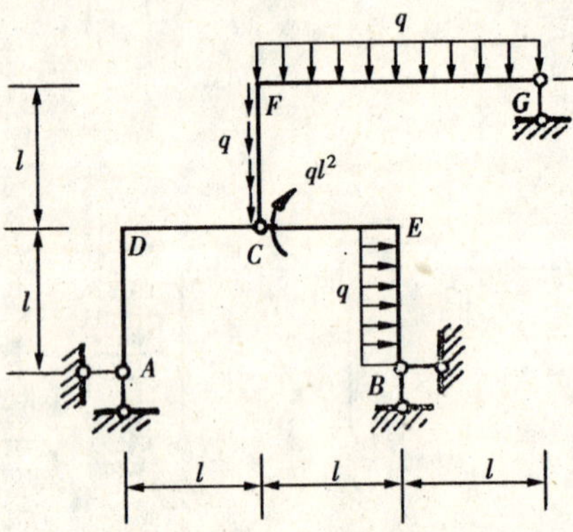

题 3-45 图

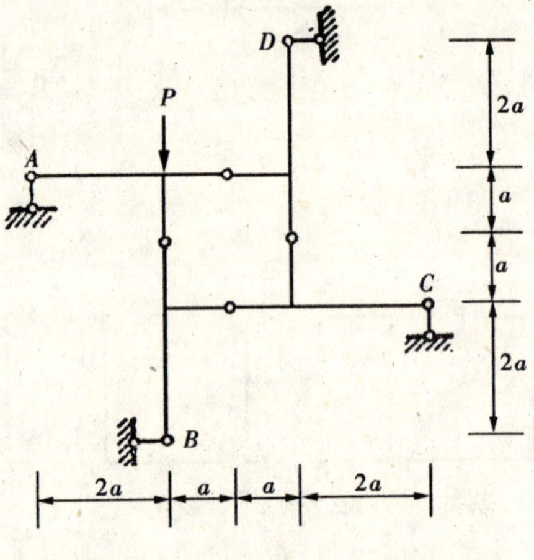

*题 3-46 图

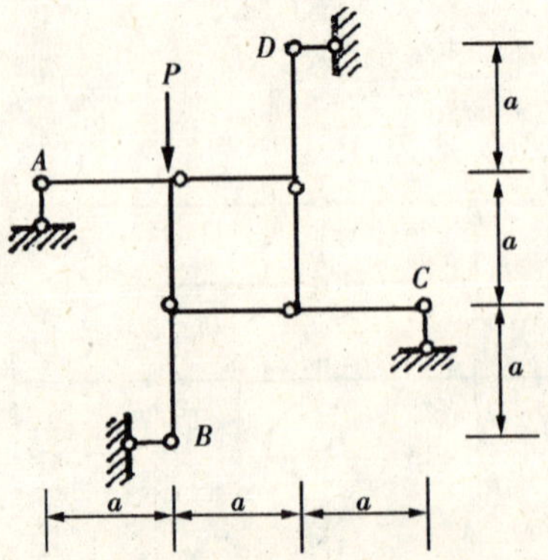

*题 3-47 图

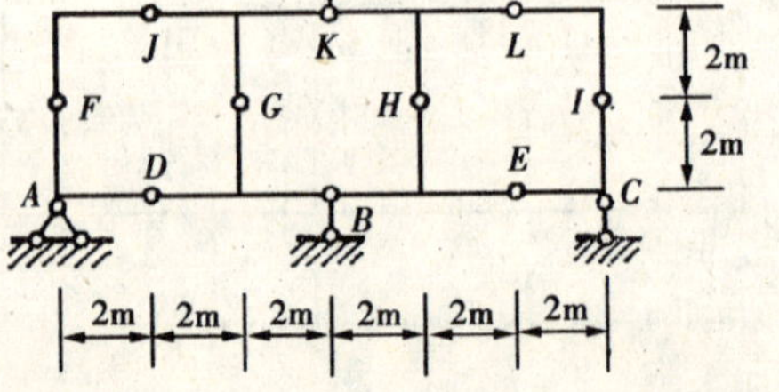

*题 3-48 图

*3-49 ~ *3-50 求作弯矩图及扭矩图。

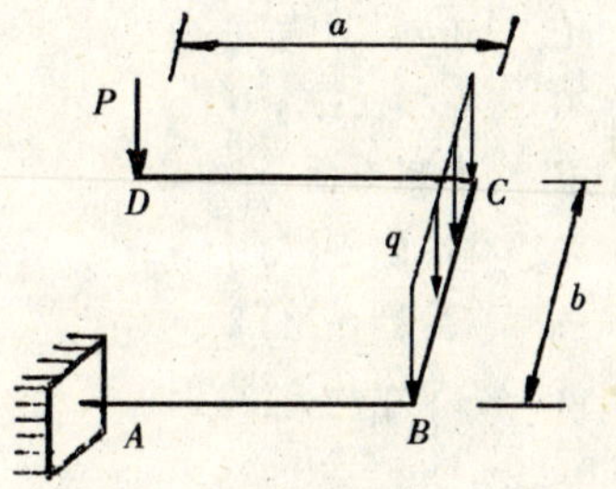

*题 3-49 图

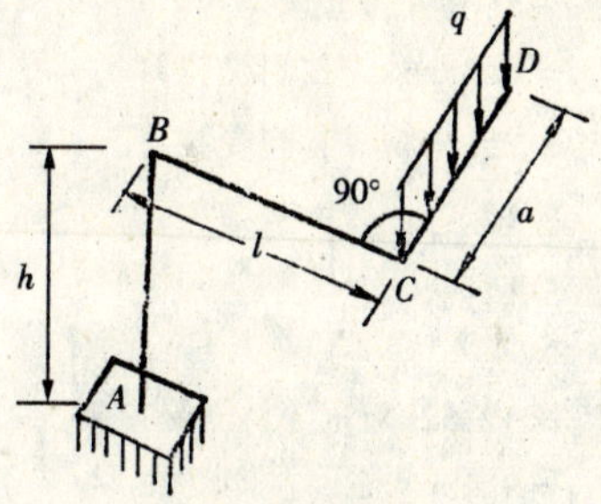

*题 3-50 图

部分习题答案

3-1 $M_{BC}=9\text{kN·m}$（上侧受拉）

$Q_{BC}=4.5\text{kN}$

3-2 $M_{BC}=8\text{kN·m}$（上侧受拉）

$Q_{BC}=4\text{kN}$

3-3 $M_{DE}=4\text{kN·m}$（下侧受拉）

$M_{AB}=7.5\text{kN·m}$（上侧受拉）

$Q_{BA}=2.5\text{kN}$

$Q_{FE}=-2\text{kN}$

3-4 $M_{AB}=4\text{kN·m}$（下侧受拉）

$M_{EF}=4\text{kN·m}$（上侧受拉）

$Q_{DE}=-2\text{kN}$

$Q_{HG}=-4\text{kN}$

3-5 $M_{CD}=20\text{kN·m}$（上侧受拉）

$Q_{CD}=0$

3-8 $M_{CB}=5kN\cdot m$（上侧受拉）

$M_{FG}=3\text{kN·m}$（下侧受拉）

$Q_{CD}=3.5\text{kN}$

$Q_{BA}=0.5\text{kN}$

3-10 $M_{CD}=16\text{kN·m}$（左侧受拉）

$Q_{DC}=6\text{kN}$

$N_{DC}=2\text{kN}$（压力）

3-11 $M_{AB}=210\text{kN·m}$（左侧受拉）

$Q_{AB}=110\text{kN}$

3-12 $M_{BA}=4\text{kN·m}$（左侧受拉）

$Q_{BC}=4\text{kN}$

$N_{BA}=2\text{kN}$（压力）

3-13 $M_{BC}=6\text{kN·m}$（上侧受拉）

$Q_{BC}=7\text{kN}$

$N_{BC}=4\text{kN}$（压力）

3-14 $M_{BC}=12\text{kN·m}$（上侧受拉）

$Q_{BC}=-7\text{kN}$

$N_{BA}=7\text{kN}$（压力）

3-15 $M_{AC}=4\text{kN·m}$（左侧受拉）

$M_{BD}=4\text{kN·m}$（左侧受拉）

$Q_{AC}=4\text{kN}$

$N_{AB}=0$

3-16 $M_{DC}=8\text{kN·m}$（左侧受拉）

$Q_{DC}=0$

$N_{DC}=0$

3-17 $M_{BC}=13\text{kN·m}$（上侧受拉）

$Q_{BC}=5.8\text{kN}$

$N_{BC}=5.6\text{kN}$（压力）

3-18 $M_{CD}=4\text{kN·m}$（上侧受拉）

$Q_{CD}=4\text{kN}$

$N_{CD}=3\text{kN}$（拉力）

3-19 $M_{BC}=22\text{kN·m}$（下侧受拉）

$Q_{BA}=-0.6\text{kN}$

$N_{BA}=0.8\text{kN}$（拉力）

3-20 $M_{ED}=80\text{kN·m}$（上侧受拉）

$M_{BC}=40\text{kN·m}$（左侧受拉）

3-21 $M_{ED}=16\text{kN·m}$（内侧受拉）

3-22 $M_{EB}=405\text{kN·m}$（左侧受拉）

$M_{CF}=135\text{kN·m}$（左侧受拉）

$Q_{EB}=81\text{kN}$

$N_{CF}=36\text{kN}$（压力）

3-23 $M_{GH}=2\text{kN·m}$（左侧受拉）

$M_{FD}=6\text{kN·m}$（上侧受拉）

$Q_{GF}=2\text{kN}$

$N_{GH} = 1.08\text{kN}$（拉力）

3-24 $M_{HB} = 1.5qa^2$（上侧受力）

$M_{CA} = 0.75qa^2$（右侧受拉）

3-25 $M_{DC} = 35\text{kN·m}$（上侧受拉）

$Q_{DC} = \frac{35}{4}\text{kN}$

$N_{DC} = \frac{35}{6}\text{kN}$

3-26 $M_{DC} = 12.52\text{kN·m}$（上侧受拉）

$M_{FA} = 9.68\text{kN·m}$（左侧受拉）

3-27 $M_{DA} = 2.64\text{kN·m}$（右侧受拉）

$M_{EC} = 5.36\text{kN·m}$（上侧受拉）

$Q_{DA} = -1.34\text{kN}$

$Q_{EG} = -4.16\text{kN}$

3-28 $M_{KD} = 5.75\text{kN·m}$（内侧受拉）

$M_{EC} = 1\text{kN·m}$（下侧受拉）

$Q_{EC} = 0.5\text{kN}$

$Q_{K右} = -2.7\text{kN}$

3-29 $M_{DA} = 6\text{kN·m}$（右侧受拉）

$H_B = 1\text{kN}$（←）

3-30 $M_{EB} = 12\text{kN·m}$（左侧受拉）

3-31 $M_{EC} = 0$

$M_{DA} = 4\text{kN·m}$（右侧受拉）

$M_{FB} = 1.5\text{kN·m}$（上侧受拉）

3-32 $M_{GH} = 8\text{kN·m}$（上侧受拉）

$M_{1H} = 8\text{kN·m}$（上侧受拉）

3-33 $M_{IC} = 1.5qa^2$（左侧受拉）

$M_{GH} = 1.5qa^2$（上侧受拉）

$M_{BG} = 0.5qa^2$（左侧受拉）

$M_{EF} = qa^2$（下侧受拉）

3-34 $M_{EB} = 0$

$M_{AF} = 80\text{kN·m}$（外侧受拉）

3-35 $M_{GD} = 60\text{kN·m}$（外侧受拉）

$M_{BA} = 60\text{kN·m}$（上侧受拉）

3-36 $M_{DE} = 120\text{kN·m}$（上侧受拉）

$M_{BA} = 40\text{kN·m}$（下侧受拉）

3-37 $M_{BA} = 2Pa$（上侧受拉）

$M_{ED} = 2Pa$（下侧受拉）

3-38 $M_{GF} = 160\text{kN·m}$（上侧受拉）

$M_{BG} = 100\text{kN·m}$（右侧受拉）

3-39 $M_{KL} = M_{mn} = 10a$（下侧受拉）

$M_{mH} = 20a$（右侧受拉）

$M_{DE} = 10a$（下侧受拉）

3-40 $M_{EC} = Pa/4$（下侧受拉）

$M_{GE} = Pa/2$（左侧受拉）

3-41 $M_{FB} = 50\text{kN·m}$（左侧受拉）

$M_{DC} = 0$

3-42 $M_{EA} = 60\text{kN·m}$（右侧受拉）

$M_{DC} = 60\text{kN·m}$（左侧受拉）

$M_{DG} = 30\text{kN·m}$（下侧受拉）

3-43 $M_{DA} = \frac{qa^2}{12}$（右侧受拉）

$M_{EC} = \frac{4}{3}qa^2$（下侧受拉）

$M_{FB} = \frac{11}{6}qa^2$（右侧受拉）

3-44 $M_{IE} = qa^2$（右侧受拉）

$M_{BG} = qa^2$（右侧受拉）

$M_{CB} = 1.5qa^2$（上侧受拉）

$M_{AC} = 0.25qa^2$（右侧受拉）

3-45 $M_{FG} = 2ql^2$（下侧受拉）

$M_{EC} = 1.25ql^2$（上侧受拉）

$M_{DA} = 1.25ql^2$（右侧受拉）

***3-46** $H_B = P/12$（←）

$V_A = 7P/12$（↑）

$H_D = P/12$（→）

$V_C = 5P/12$（↑）

***3-47** $H_B = P/3$（→）

$H_D = P/3$（←）

$V_A = P$（↑）

$V_C = 0$

***3-49** AB 杆扭矩 $T_{AB} = Pb + \frac{qb^2}{2}$

BC 杆扭矩 $T_{BC} = Pa$

***3-50** BC 杆扭矩 $T_{BC} = qa^2/2$

AB 杆扭矩 $T_{AB} = 0$

第 4 章
三铰拱的受力分析

§4-1 概　　述

在实际工程结构中，除由直杆组成的结构外，还有用曲杆组成的结构，如圆形隧道，圆形涵管，圆形沉箱，各类拱形结构及水塔，剧场、体育场馆等的看台中的圆弧梁等等。静定曲杆结构的内力计算，是分析各种超静定曲杆结构的基础。

拱式结构是一种重要的结构型式，在房屋建筑、桥梁工程以及水工建筑等结构工程中都常采用。

为了说明拱式结构的受力特点，可将拱式结构与梁式结构作一对比。所谓拱式结构是指杆轴通常为曲线，而且在竖向荷载作用下支座将产生水平反力的结构。这种水平反力又称为水平推力（简称推力）。拱式结构与梁式结构的区别，不仅在于外型不同，更重要的还在于水平推力的是否存在。例如图 4-1a 所示的结构，其杆轴虽为曲线，但在竖向荷载作用下支座并不产生水平推力，它的弯矩与相应简支梁的相同，故称为曲梁；但如图 4-1b 所示的结构，由于其两端都有水平支座链杆，在竖向荷载作用下支座将产生水平推力，故属于拱式结构。由此可知，推力的存在是拱式结构区别于梁式结构的一个重要标志，因此通常又把拱式结构称为推力结构。

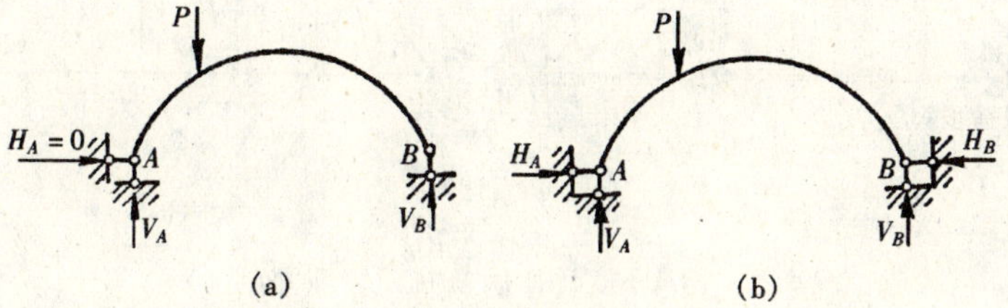

图 4-1　拱式结构与梁式结构

(a) 梁式结构；(b) 拱式结构

三铰拱的基本特点是在竖向荷载作用下，除产生竖向反力外，还产生水平推力。推力对拱的内力产生重要的影响，由于存在水平推力，故三铰拱各截面上的弯矩值，小于与三铰拱相同跨度、相同荷载作用下的简支梁各对应截面上的弯矩值，因此，拱与相应简支梁比较，它的优点是用料比梁节省而自重较轻，故能跨越较大的空间。此外，由于拱主要是承受轴向压力，故建造时可以充分利用抗拉性能弱而抗压性能强的材料，如砖、石、混凝土等。但是，拱的缺点是构造比较复杂，施工费用较大。同时，由于推力的存在，拱需要有较为坚固的基础或支承结构（如墙、柱、墩、台等）。

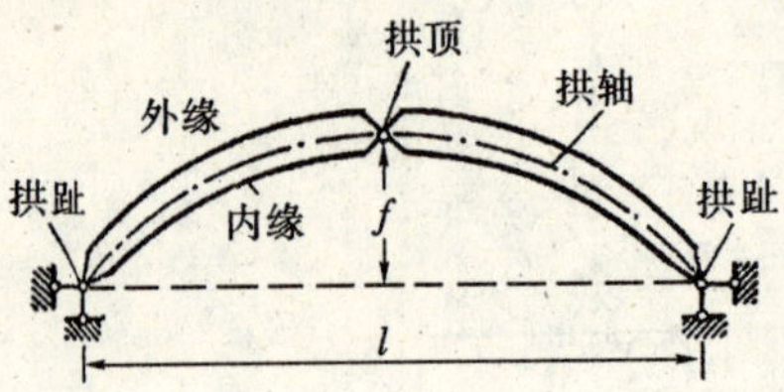

图 4-2　三铰拱各部位名称

拱式结构（图 4-2）的外曲线称为外缘，内曲线称为内缘。拱轴中间最高的一点称为拱顶。三铰拱的拱顶通常是布置中间铰的地方。拱的两端与支座联结处称为拱趾。两个拱趾的水平距离 l 称为拱的跨度。由拱顶到拱趾连线的竖直间的距离 f 称为拱的高度或矢高。拱高与跨度之比 $\frac{f}{l}$ 称为高跨比。在以后的讨论中可以看到，拱的主要性能与高跨比有关。在工程结构中，这个比值变化范围较大，约在 1～1/10 之间。

图 4-3 表示拱式结构的几种型式，其中图 4-3a、b 分别称为无铰拱和两铰拱，它们是超静定的；图 4-3c 称为三铰拱，它是静定的。

在实际工程中，超静定拱应用较多，但房屋的屋盖有时也采用静定的三铰拱。为了消除推力对支承结构（例如墙、柱、墩、台等）的影响，有时在三铰拱支座间可联以水平拉杆并将一固定铰支座改为可动铰支座，如图 4-3d 所示。拉杆内所产生的拉力代替了支座的推力，使支座在竖向荷载下只产生竖向反力。这种结构的内部受力情况与一般的拱并无区别，故称为带拉杆的拱。为了获得较大的净空，拉杆有时做成如图 4-3e 所示的折线形式。

两个拱铰在同一水平线上的三铰拱称为平拱，如图 4-3c 所示，两个拱铰不在同一水平线上的三铰拱称为斜拱，如图 4-3f 所示。

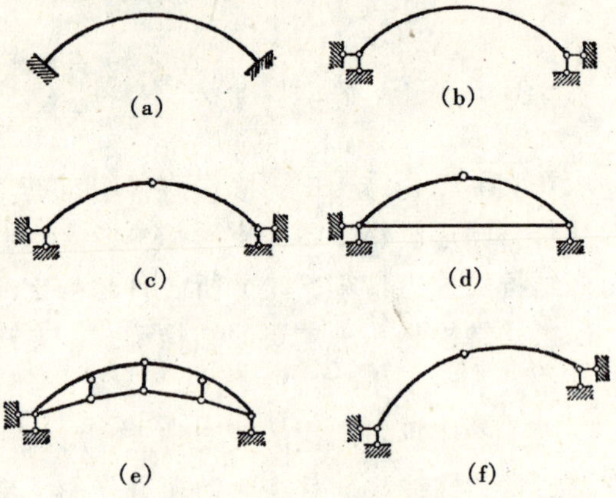

图 4-3　拱式结构的型式

(a) 无铰拱；(b) 两铰拱；(c) 三铰拱；
(d) 拉杆的三铰拱；(e) 折线形拉杆的三铰拱；
(f) 三铰斜拱

图 4-4a 为具有拉杆的装配式钢筋混凝土三铰拱。图 4-4b 为其计算简图。

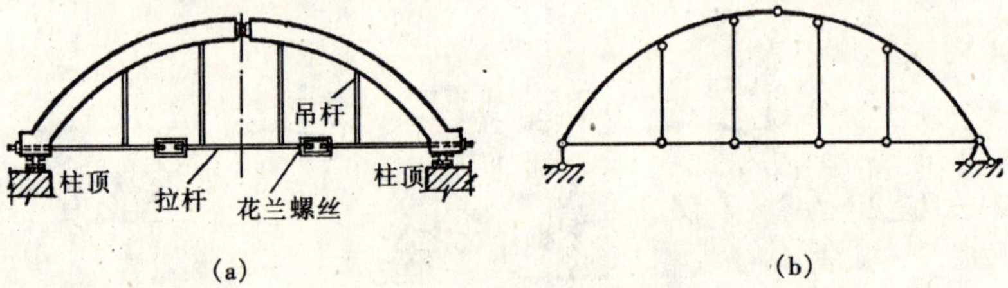

图 4-4　拉杆拱及其计算简图

(a) 拉杆拱各部件示意；(b) 计算简图

§ 4-2　三铰拱的受力分析

现在讨论在竖向荷载作用下三铰拱的支座反力和内力的计算方法，并将拱和梁加以比较，用以说明拱的受力特性。

一、支座反力的计算

图 4-5 所示为受竖向荷载作用下的三铰拱，支座 A、B 处的竖向反力分别以 V_A、V_B 表

示，水平反力分别以 H_A、H_B 表示。

由拱的整体平衡条件 $\Sigma M_B = 0$，得

$$V_A = \frac{\sum_{i=1}^{n} P_i b_i}{l} \tag{4-1}$$

由拱的整体平衡条件 $\Sigma M_A = 0$，得

$$V_B = \frac{\sum_{i=1}^{n} P_i a_i}{l} \tag{4-2}$$

图 4-5b 所示为与三铰拱同跨度并承受同荷载的相应简支梁，支座 A、B 处的竖向反力 V_A^0、V_B^0 分别为

$$V_A^0 = \frac{\sum_{i=1}^{n} P_i b_i}{l} \tag{4-3}$$

$$V_B^0 = \frac{\sum_{i=1}^{n} P_i a_i}{l} \tag{4-4}$$

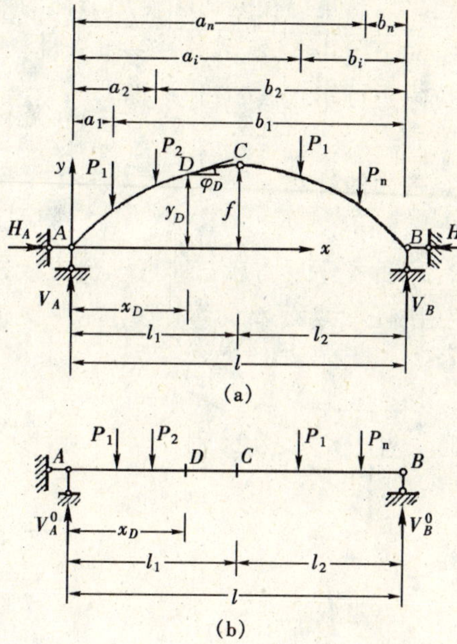

图 4-5　三铰拱的支座反力计算

(a) 三铰拱及其荷载；(b) 相应简支梁

比较式 (4-1)、式 (4-3) 及式 (4-2)、式 (4-4)，得

$$V_A = V_A^0 = \frac{\sum_{i=1}^{n} P_i b_i}{l} \tag{4-5}$$

$$V_B = V_B^0 = \frac{\sum_{i=1}^{n} P_i a_i}{l} \tag{4-6}$$

由拱的整体平衡条件 $\Sigma X = 0$，得

$$H_A = H_B = H$$

取顶铰以左的部分为隔离体，由平衡条件 $\Sigma M_C = 0$，得

$$V_A l_1 - P_1(l_1 - a_1) - P_2(l_1 - a_2) - Hf = 0$$

$$H = \frac{V_A l_1 - P_1(l_1 - a_1) - P_2(l_1 - a_2)}{f}$$

上式中的分子就是相应简支梁截面 C 的弯矩 M_C^0，于是可得

$$H = \frac{M_C^0}{f} \tag{4-7}$$

上述各式表明，在竖向荷载作用下。三铰拱的支座反力有如下特点：

(1) 支座反力与拱轴线形状无关，而与三个铰的位置有关；

(2) 竖向支座反力 V_A 和 V_B 与拱高无关；

(3) 当荷载和跨度固定时，拱的水平反力 H 与拱高 f 成反比，即拱高 f 越大，水平反力 H 越小；反之，拱高 f 越小，水平反力 H 越大。

考虑特殊情况，如果拱高 f 趋近于零，则水平反力 H 趋近于无限大，此时拱的三个铰将在同一直线上，构成几何瞬变体系。由此可见，在设计拱时，应根据实际情况适当选择高

跨比，以满足结构受力和使用方面的要求。

对于图 4-3d 所示的弓弦拱来说，拉（系）杆的内力相当于拱的水平反力 H，所以系杆的拉力仍可用式（4-7）计算。

二、内力的计算

求得支座反力后，即可求出三铰拱任一截面的弯矩、剪力和轴力。如欲求图 4-5a 所示三铰拱任意截面 D 的弯矩 M_D，剪力 Q_D、轴力 N_D，可取图 4-6a 所示的隔离体，由隔离体的平衡条件即可得到 M_D、Q_D、N_D 的计算公式。

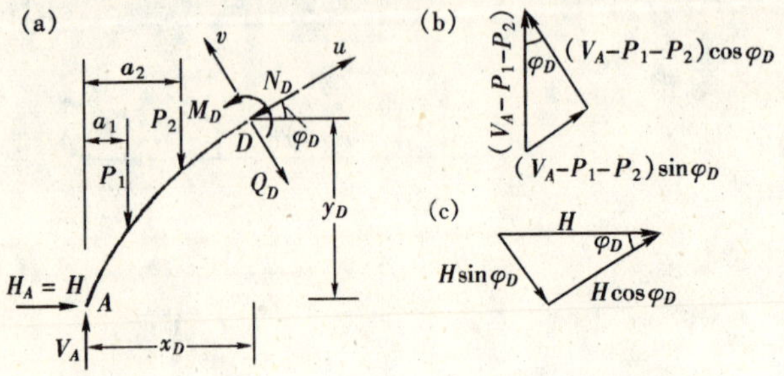

图 4-6　三铰拱的内力计算

（a）AD 段隔离体；（b）竖向力的投影；（c）水平力的投影

（1）弯矩 M_D

在拱中，通常规定使拱内侧纤维受拉的弯矩为正，由图 4-6a 的平衡条件 $\Sigma M_D = 0$，可得

$$M_D = [V_A x_D - P_1(x_D - a_1) - P_2(x_D - a_2)] - Hy_D$$

而 $V_A = V_A^0$，可见上式等号右边方括号内的数值是相应简支梁（图 4-5b）截面 D 的弯矩 M_D^0，故上式可表示为

$$M_D = M_D^0 - Hy_D \tag{4-8}$$

（2）剪力 Q_D

任一截面 D 的剪力 Q_D 等于该截面一侧所有各力在该截面处拱轴的法线上投影的代数和。通常规定：如果该截面的剪力 Q_D 使截面两侧的隔离体有顺时针转动趋势时为正，反之为负。设截面 D 的切线与水平线之间的夹角为 φ_D，并参照图 4-6b、c，则由图 4-6a 的投影平衡条件 $\Sigma v = 0$，可得

$$Q_D = (V_A - P_1 - P_2)\cos\varphi_D - H\sin\varphi_D$$

而 $V_A = V_A^0$，可见上式等号右边第一项括号内的数值为相应简支梁（图 4-5b）截面 D 的剪力 Q_D^0，故上式可表示为

$$Q_D = Q_D^0\cos\varphi_D - H\sin\varphi_D \tag{4-9}$$

式中 φ_D 为截面 D 处拱轴切线的倾角，在图 4-5a 所示坐标系中，φ_D 在左半拱为正，而在右半拱为负。

（3）轴力 N_D

任一截面 D 的轴力 N_D 等于该截面一侧所有各力在该截面处拱轴的切线上投影的代数和。因拱轴常受压，故轴力通常以使拱截面受压时为正，反之为负。参照图 4-6b、c，由图 4-6a 的投影平衡条件 $\Sigma u = 0$，可得

$$N_D = (V_A - P_1 - P_2)\sin\varphi_D + H\cos\varphi_D$$

考虑到上式中的 $V_A = V_A^0$，故上式可表示为：

$$N_D = Q_D^0\sin\varphi_D + H\cos\varphi_D \tag{4-10}$$

式中 φ_D 正负号与前面规定相同。图 4-6a 中所示的 φ_D 即为正号。

式（4-8）、式（4-9）和式（4-10）是三铰平拱在竖向荷载作用下任意截面 D 的弯矩、剪力和轴力的计算公式。

由上述分析可知，在竖向荷载作用下，梁不产生水平反力，而拱则产生水平反力。由式（4-8）可知，由于水平推力的存在，拱截面上的弯矩远比相应简支梁上对应截面的弯矩为小。但式（4-10）则表明，在拱内产生相应简支梁中所不存在的轴力。由于弯矩在截面上产生不均匀的正应力，而轴力则引起均匀的正应力，所以就应力而言，拱截面上的应力分布比梁截面上的应力分布要均匀些，拱就可以节省材料。同时，由于拱内主要产生轴向压力，所以拱可采用抗压性能良好而抗拉性能较差的材料来建造。

三、斜拱的支座反力和内力计算

图 4-7 所示斜拱受竖向荷载作用，同样可根据全拱的整体平衡条件及半拱的平衡条件 $\Sigma M_C = 0$，建立四个关于求解支座反力的方程，解此方程组即可求出四个支座反力。但有时为了避免求解联立方程，也可先将 A 和 B 处的支座反力分别沿竖直方向和起拱线方向分解为两个互相斜交的分力 V'_A、H'_A 和 V'_B、H'_B（图 4-7），根据上述平衡条件可求得

$$V'_A = V^0_A,\quad V'_B = V^0_B,\quad H'_A = H'_B = H' = \frac{M^0_C}{f'}$$

其中 V^0_A、V^0_B 及 M^0_C 的意义与前相同，f' 为铰 C 至起拱线的垂直距离（图 4-7）。然后再将 H' 沿水平方向和竖直方向分解，从而可求出斜拱支座的水平反力和竖向反力为

$$H = H_A = H_B = H'\cos\theta = \frac{M^0_C}{f} \qquad (4\text{-}11)$$

$$V_A = V^0_A + H\text{tg}\theta \qquad (4\text{-}12)$$

$$V_B = V^0_B - H\text{tg}\theta \qquad (4\text{-}13)$$

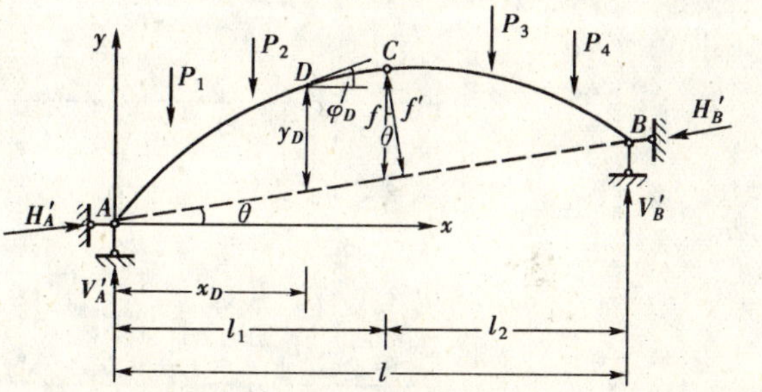

图 4-7　斜拱的支座反力和内力计算

上式中的 θ 是起拱线与水平线之间的夹角，f 为铰 C 至起拱线的竖向距离，分别如图 4-7 所示。

反力求出后，可按前述相同的方法得到任意截面 D 的内力计算公式为

$$\left.\begin{aligned} M_D &= M^0_D - Hy_D \\ Q_D &= Q^0_D\cos\varphi_D - H\sin\varphi_D\left(1 - \frac{\text{tg}\theta}{\text{tg}\varphi_D}\right) \\ N_D &= Q^0_D\sin\varphi_D + H\cos\varphi_D(1 + \text{tg}\theta\,\text{tg}\varphi_D) \end{aligned}\right\} \qquad (4\text{-}14)$$

上面三式中各符号的意义与前相同。

例 4-1　试求图 4-8a 所示三铰拱的支座反力，并绘制弯矩图、剪力图和轴力图。已知拱轴为一抛物线，设坐标原点在支座 A 处，拱轴方程为

$$y = \frac{4f}{l^2}x(l - x)$$

解 (1) 计算支座反力

由式(4-5)、式(4-6),可得

$$V_A = \frac{4 \times 8 \times 12}{16} + \frac{16 \times 4}{16} = 28\text{kN}$$

$$V_B = \frac{4 \times 8 \times 4}{16} + \frac{16 \times 12}{16} = 20\text{kN}$$

由式(4-7),可得

$$H = \frac{M_C^0}{f} = \frac{28 \times 8 - 4 \times 8 \times 4}{4} = 24\text{kN}$$

(2) 计算内力

任意截面的内力可根据式(4-8)~式(4-10)计算。为了便于绘制拱的内力图,一般可将拱轴沿水平方向分成若干等分,求出各分点截面的内力后,就可绘制内力图。本例沿 x 轴分成八等分,算出各分点截面的弯矩、剪力和轴力的数值。现以 $x = 4\text{m}$ 的截面 2 及 $x = 12\text{m}$ 的截面 6(图 4-8a)为例来具体说明计算方法。

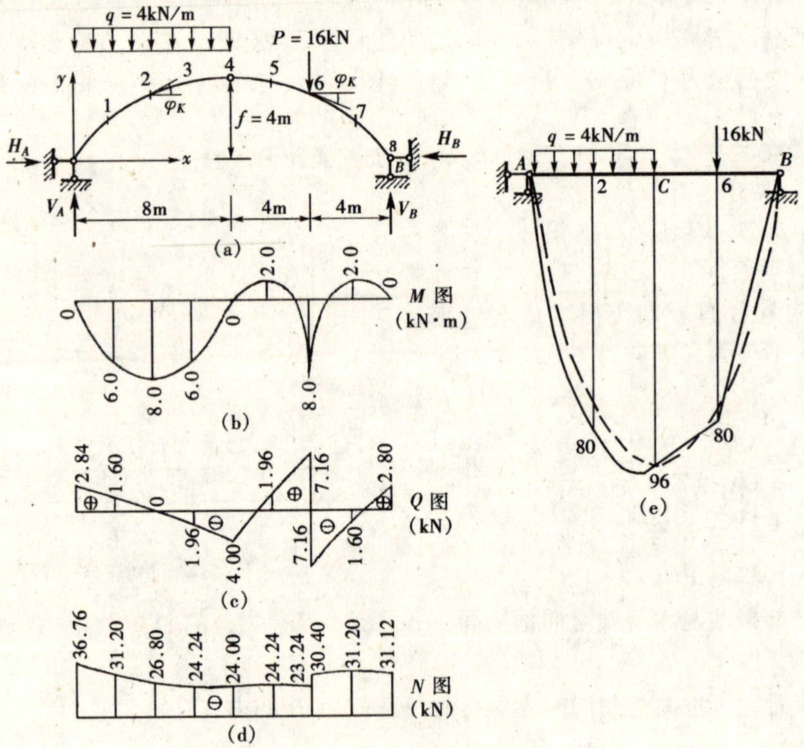

图 4-8 三铰拱的内力图

(a) 三铰拱及其荷载;(b) M 图;(c) Q 图;(d) N 图;(e) 拱与梁内力图的比较

先计算截面 2 的内力,由拱轴方程,可得

$$y_2 = \frac{4f}{l^2}x(l - x) = \frac{4 \times 4}{16^2} \times 4(16 - 4) = 3\text{m}$$

$$\text{tg}\varphi_2 = \frac{\text{d}y}{\text{d}x} = \frac{4f}{l^2}(l - 2x) = \frac{4 \times 4}{16^2}(16 - 2 \times 4) = 0.5$$

于是有

$$\varphi_2 = 26°34',\quad \sin\varphi_2 = 0.447,\quad \cos\varphi_2 = 0.894$$

由式（4-8）、式（4-9）、式（4-10）可得截面 2 的弯矩、剪力、轴力分别为

$$M_2 = M_2^0 - Hy_2 = (28\times 4 - 4\times 4\times 2) - 24\times 3 = 8\text{kN}\cdot\text{m}$$

$$Q_2 = Q_2^0\cos\varphi_2 - H\sin\varphi_2 = (28 - 4\times 4)\times 0.894 - 24\times 0.447 = 0$$

$$N_2 = Q_2^0\sin\varphi_2 + H\cos\varphi_2 = (28 - 4\times 4)\times 0.447 + 24\times 0.894 = 26.8\text{kN}$$

再求截面 6 的内力。由拱轴方程，可得

$$y_6 = \frac{4f}{l^2}x(l-x) = \frac{4\times 4}{16^2}\times 12(16-12) = 3\text{m}$$

$$\text{tg}\varphi_6 = \frac{\mathrm{d}y}{\mathrm{d}x} = \frac{4f}{l^2}(l-2x) = \frac{4\times 4}{16^2}(16 - 2\times 12) = -0.5$$

于是有

$$\varphi_6 = -26°34',\quad \sin\varphi_6 = -0.447,\quad \cos\varphi_6 = 0.894$$

由式（4-8）可得截面 6 的弯矩为

$$M_6 = M_6^0 - Hy_6 = 20\times 4 - 24\times 3 = 8\text{kN}\cdot\text{m}$$

因为在截面 6 处有集中荷载 $P = 16\text{kN}$ 作用，所以应分别算出集中荷载作用处的左、右截面的剪力和轴力。根据式（4-9）、式（4-10）可分别得

$$Q_{6左} = Q_{6左}^0\cos\varphi_6 - H\sin\varphi_6 = -4\times 0.894 - 24(-0.447) = 7.15\text{kN}$$

$$N_{6左} = Q_{6左}^0\sin\varphi_6 + H\cos\varphi_6 = (-4)(-0.447) + 24(0.894) = 23.24\text{kN}$$

$$Q_{6右} = Q_{6右}^0\cos\varphi_6 - H\sin\varphi_6 = -20\times 0.894 - 24(-0.447) = -7.15\text{kN}$$

$$N_{6右} = Q_{6右}^0\sin\varphi_6 + H\cos\varphi_6 = (-20)(-0.447) + 24\times 0.894 = 30.4\text{kN}$$

其他截面的内力可按相同的方法计算，具体计算时，为清楚起见，可列表进行，详见表 4-1。根据表 4-1 中的数值，可绘出内力图，绘制内力图时，可将内力图直接画在拱轴上，也可将内力纵标值垂直于拱的水平基线量出，按后一方法绘出的 M、Q、N 图分别如图 4-8b、c、d 所示。

表 4-1　三铰拱的内力计算

截面	x (m)	y (m)	$\text{tg}\varphi$	φ	$\sin\varphi$	$\cos\varphi$	Q^0 (kN)	M (kN·m)			Q (kN)			N (kN)		
								M^0	$-Hy$	M	$Q^0\cos\varphi$	$-H\sin\varphi$	Q	$Q^0\sin\varphi$	$H\cos\varphi$	N
0	0	0	1	45°	0.707	0.707	28	0	0	0	19.80	−16.96	2.84	19.80	16.96	36.76
1	2	1.75	0.75	36°52′	0.600	0.800	20	48	−42	6.0	16.00	−14.40	1.60	12.00	19.2	31.20
2	4	3.00	0.50	26°34′	0.447	0.894	12	80	−72	8.0	10.72	−10.72	0	5.36	21.44	26.80
3	6	3.75	0.25	14°2′	0.243	0.970	4	96	−90	6.0	3.88	−5.84	−1.96	0.96	23.28	24.24
4	8	4.00	0	0	0	1	−4	96	−96	0	−4.00	0	−4.00	0	24.00	24.00
5	10	3.75	−0.25	−14°2′	−0.243	−0.970	−4	88	−90	−2.0	3.88	5.84	1.96	0.96	23.28	24.24
6 左	12	3.00	−0.50	−26°34′	−0.447	0.894	−4	80	−72	8.0	−3.56	10.72	7.16	1.80	21.44	23.24
6 右							−20				−17.88		−7.16	8.96		30.40
7	14	1.75	−0.75	−36°52′	−0.600	0.800	−20	40	−42	−2.0	−16.00	14.40	−1.60	12.00	19.20	31.20
8	16	0	−1	−45°	−0.707	0.707	−20	0	0	0	−14.16	16.96	2.80	14.16	16.96	31.12

为了将拱与梁进行比较，在图 4-8e 中用实线画出了同跨度、同荷载的简支梁的弯矩图

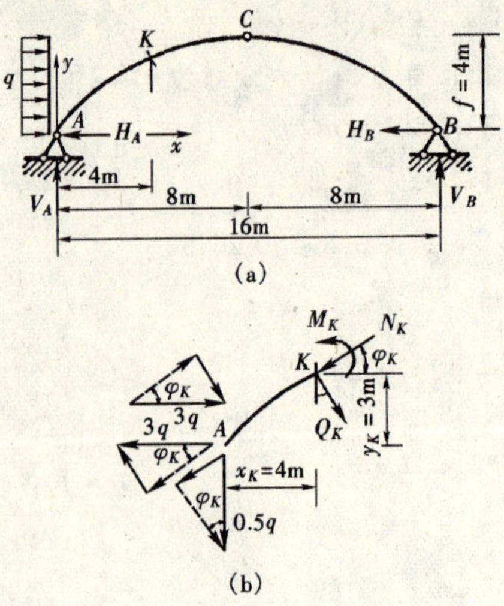

图 4-9　三铰拱的内力计算

(a) 三铰拱及其荷载；(b) *AK* 段隔离体

（M^0 图），图中还用虚线画出了三铰拱的 Hy 曲线。虚实两条曲线的纵坐标差值（M^0-Hy）即为三铰拱的弯矩值，因此两条曲线之间所围的狭窄图形即代表三铰拱的弯矩图。由此看出，三铰拱与相应的简支梁相比，弯矩要小得很多（简支梁的最大弯矩为 98kN·m，而三铰拱的最大弯矩则下降为 8kN·m）。还可看出，三铰拱弯矩的下降完全是由于推力的存在造成的。因此，在竖向荷载作用下产生推力，是拱式结构的基本特点。

例 4-2　试求图 4-9 所示三铰拱上截面 K 的内力 M_K、Q_K 及 N_K 设坐标原点选在左支座，其拱轴方程为 $y=\dfrac{4f}{l^2}x(l-x)$。

解　在本例中，荷载为水平方向，故以上根据竖向荷载推导的公式不再适用，求反力和内力时，应直接利用平衡方程进行计算。

（1）计算支座反力

设支座反力方向如图 4-9a 所示。考虑整体平衡，由

$$\Sigma M_B=0,\quad V_A\times16+4q\times2=0,\quad V_A=-0.5q(\downarrow)$$

$$\Sigma M_A=0,\quad -V_B\times16+4q\times2=0,\quad V_B=0.5q(\uparrow)$$

$$\Sigma X=0,\quad -H_A-H_B+4q=0,\quad H_A+H_B=4q$$

取三铰拱的右半部（即顶铰 C 以右部分）为隔离体，利用 $M_C=0$ 的条件，对 C 点取矩，则有

$$M_C=-V_B\times8+H_B\times4=0,\qquad H_B=\frac{8}{4}\times0.5q=q(\leftarrow)$$

$$H_A=4q-H_B=3q(\leftarrow)$$

（2）计算截面 K 的内力

因 $x_K=4$m，由拱轴方程

$$y_K=\frac{4f}{l^2}(l-x_K)x_K=\frac{4\times4}{16^2}(16-4)\times4=3\text{m}$$

$$\text{tg}\varphi_K=\left.\frac{\mathrm{d}y}{\mathrm{d}x}\right|_K=\frac{4f}{l^2}(l-2x_K)=\frac{4\times4}{16^2}(16-2\times4)=0.5$$

查三角函数表得：

$$\varphi_K=26°34',\ \cos\varphi_K=0.894,\ \sin\varphi_K=0.447$$

取截面 K 以左部分为隔离体，如图 4-9b 所示，可求得：

$$M_K=-0.5q\times4+3q\times3-3q\times1.5=2.5q(\text{数值 2.5 的单位为 m}^2)$$

$$Q_K=-0.5q\cos\varphi_K+3q\sin\varphi_K-3q\sin\varphi_K=-0.5q\times0.894$$

$$=-0.447q(\text{数值}-0.447\text{ 的单位为 m})$$

$$N_K = -0.5q\sin\varphi_K - 3q\cos\varphi_K + 3q\cos\varphi_K = -0.5q \times 0.447$$
$$= -0.224q(\text{数值} -0.224 \text{的单位为 m})$$

§4-3　三铰拱的图解法

一、三铰拱的反力图解法

选定某一适当的比例尺，从最简单的情况开始求三铰拱的反力。

图 4-10a 左半拱作用一荷载 P，试用图解法求支座反力 R_A 和 R_B。右半拱无荷载作用，相当于二力构件，反力 R_B 必通过铰 B 和 C。延长 BC 与 P 的作用线交于 K 点。反力 R_A、R_B 和荷载 P 三力平衡必交于 K 点，因此 R_A 必须通过 A 和 K，这样就解决了反力 R_A 和 R_B 的方向和作用线。为了求反力大小，在图 4-10b 中画力多边形，用力的比例尺（例如 1cm 相当于 nkN）画 P 的大小并平行于 P 的作用线。然后画 R_A 和 R_B 分别平行于 R_A 和 R_B 的作用线。由于力系是平衡的，所以力多边形中的箭头首尾相连，即 P 的始点和 R_B 的终点重合。用力的比例尺在力多边形中量出 R_A 和 R_B 的大小。

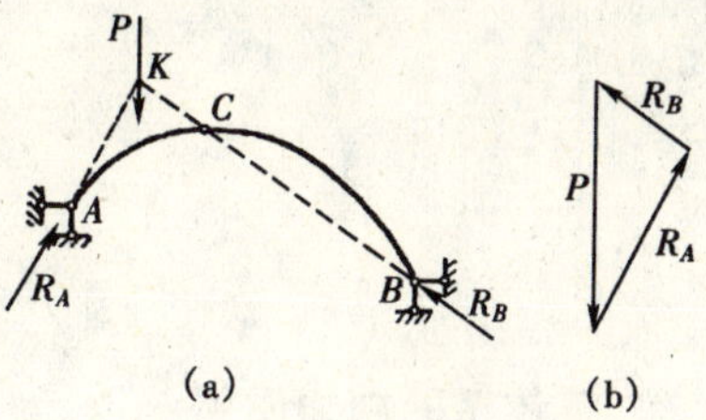

图 4-10　图解法求支座反力

(a) 图解法求支座反力 R_A 和 R_B；(b) 力多边形

当左半拱作用荷载 P_1，右半拱作用荷载 P_2，如图 4-11a所示情况，可以按照上述求支座反力的办法利用叠加原理分别解决。求 P_1 产生的支座反力时，假设 P_2 不存在；反过来，求 P_2 产生的反力时，假设 P_1 不存在，然后将两次所得的反力叠加即得最后结果。在力多边形中（图 4-11b）P_1 产生的反力的大小为 R'_A 和 R'_B，二者交于 a 点，P_2 产生的反力的大小为 R''_A 和 R''_B，二者交于 b 点。通过 a 点作直线平行于 R''_A，通过 b 点作直线平行于 R'_B，这两条直线交于 O 点，如是则得最后反力的大小分别为 R_A 及 R_B，如图 4-11b 所示。反力 R_A 的作用线通过铰 A，反力 R_B 的作用线通过铰 B，如图 4-11a 所示。

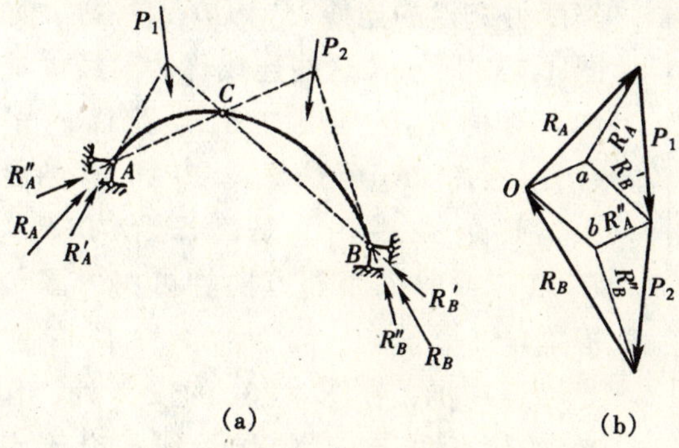

图 4-11　图解法求支座反力

(a) 图解法求支座反力 R_A 和 R_B；(b) 力多边形

进一步研究，如果左半拱作用 P_1、P_2，右半拱作用 P_3、P_4，如图 4-12a 所示的情况时，我们可以借助于索多边形和力多边形求合力的办法，先将左右两半拱上作用的荷载分别求出合力（注意，荷载的等效变换只能在几何不变部分上进行，决不能将中间铰左右两边的荷载合成为一个合力），然后利用上述的办法求出最后的反力。

在图 4-12b 中作力多边形 P_1-P_2，其合力的大小为 P_a，以 O_1 为极点作射线。在图 4-12a 中作相应的索多边形，合力 P_a 必通过 a、b 的交点 K_1。按照同样的办法，求得 P_3、P_4 的合力大小 P_b 及其作用点 K_2。这样求反力时 P_a 代替 P_1 和 P_2 在左半拱的作用，P_b 可代替 P_3 和 P_4 在右半拱的作用。然后分别求出 P_a 所产生的反力 R'_A 和 R'_B，求出 P_b 产生的反力

R''_A 和 R''_B。最后将 R'_A 和 R''_A 合成为 R_A，将 R'_B 和 R''_B 合成为 R_B，他们的大小、方向和作用线分别示于图 4-12a、b 中。

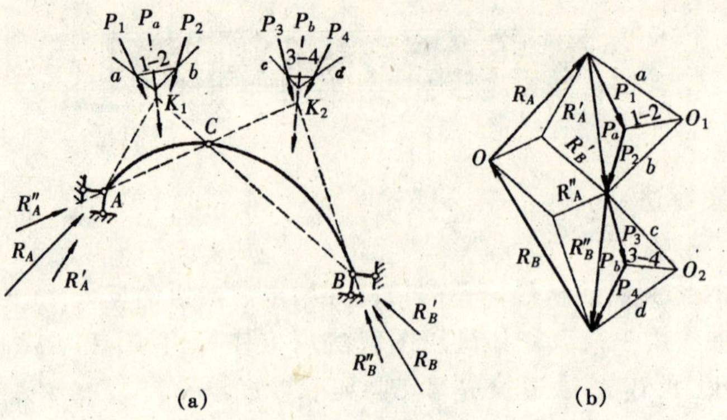

图 4-12 图解法求支座反力

(a) 图解法求支座反力 R_A 和 R_B；(b) 力多边形

二、三铰拱的内力图解法

三铰拱的支座反力求得后，则可以进一步求拱中任意截面的内力。

第一步，选定某一适当的比例尺，作平面一般平衡力系 P_1、P_2、…、R_B、R_A 的闭合力多边形（图 4-13b），力多边形中 R_B 与 R_A 的交点 O 称为极点。在作极点 O 与相邻两力交点的连线 R_{12}、R_{23}、…等，如图 4-13b 所示，这些连线称为射线。显然，射线 R_{12} 就是反力 R_A 与荷载 P_1 的合力，射线 R_{23} 就是 R_A、P_1 和 P_2 的合力，其余类推。于是，各合力 R_{12}、R_{23}、…等的大小和方向均可由力多边形确定。

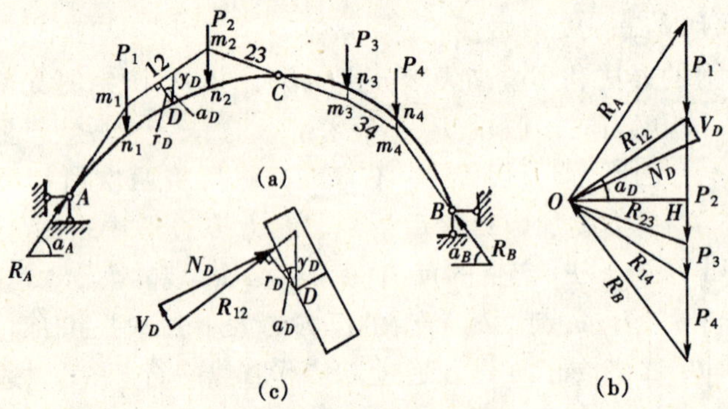

图 4-13 三铰拱的内力图解法

(a) 三铰拱、荷载及索多边形；(b) 闭合力多边形；(c) D 截面示意图

第二步，在图 4-13a 的铰 A 处，作 R_A 的延长线与 P_1 的作用线相交于点 m_1，再通过点 m_1 作平行于力多边形中射线 R_{12} 的直线 12，且与 P_2 的作用线相交于点 m_2，再通过点 m_2 作平行于力多边形中射线 R_{23} 的直线 23，且与 P_3 的作用线相交，以此类推，可以得到图 4-13a 所示的多边形 R_A，12，23，34，R_B，此多边形称为索多边形，其中每一条边称为索线。

索多边形中的每一条索线具有如下的物理意义：索线 R_A 表示三铰拱在区段 An_1（图 4-13a）中任一截面左边（或右边）外力的合力作用线（此合力的大小和方向可由力多边形中的 R_A 确定）。索线 12 表示三铰拱在区段 n_1n_2 中任一截面左边（或右边）所有外力的合力作用线（此合力的大小和方向可由力多边形中的射线 R_{12} 确定）。依此类推，可知索线 R_A，12，23，34，R_B 分别表示在 An_1，n_1n_2，n_2n_3，n_3n_4，n_4B 各区段中任一截面左边（或右边）所有外力的合力作用线，而这些合力的大小和方向均可在力多边形中确定。

由于索多边形中的各条索线代表各相应区段内外力的合力作用线，故索多边形又称为合力多边形。又因为拱内轴力一般都是压力，故也称为压力多边形或压力线。

根据压力线的物理概念可知，压力线由 A 铰开始，必须依此通过铰 C 和铰 B，否则，将得出外力在铰上引起弯矩的错误结果，这点可作为检验作图的准确性。

第三步，根据力多边形和压力线确定拱内任意截面的内力。

(1) 任意截面 D 的弯矩

根据压力线的物理概念，可知任意截面 D 的弯矩 M_D 为

$$M_D = R_{12} r_D \tag{4-15}$$

上式中的 R_{12} 为 D 截面左边（或右边）所有外力的合力，其大小即力多边形中射线 R_{12} 的长度，可用做力多边形时的比例尺量出。r_D 为 D 截面的形心至索线 12 的垂直距离，如图 4-13a、c 所示，其大小可用做三铰拱计算简图时的比例尺量出。根据合力 R_{12} 的方向和作用线位置，可知 M_D 使 D 截面的下侧纤维受拉。

在竖向荷载作用下，式（4-15）还可进一步简化。由图 4-13a、b 可知

$$R_{12} = \frac{H}{\cos\alpha_D}, \qquad r_D = y_D\cos\alpha_D$$

上式中的 H 为三铰拱的水平推力（图 4-13b），α_D 为射线 R_{12} 与水平线之间的夹角，y_D 为 D 截面的形心至索线 12 的竖向距离（图 4-13a、c）。将上面两式代入式（4-15），得

$$M_D = Hy_D \tag{4-16}$$

上式适用于任一截面，若写成一般的形式，则为

$$M = Hy \tag{4-17}$$

因为三铰拱在竖向荷载作用下，推力 H 为一常数，则弯矩 M 与 y 成正比。当压力多边形在拱轴线下边时为外侧受拉，反之为内侧受拉。式（4-17）表明：在竖向荷载作用下，三铰拱的拱轴与压力线之间的竖距 y，即代表三铰拱在一定比例尺下的弯矩图。y 愈小，则弯矩 M 也愈小，当 y 为零时，即压力多边形与拱轴线重合时则弯矩 M 处处为零。

(2) 任意截面 D 的剪力和轴力

将射线 R_{12} 分别沿拱轴 D 点的切线和法线方向分解（图 4-13b、c），就可得到 D 截面的轴力 N_D 和剪力 Q_D，它们的大小可在力多边形上用做力多边形时的比例尺量出，根据 R_{12} 的方向可知，N_D 为压力，Q_D 为正剪力。

最后指出，当拱承受分布荷载作用时，其压力线将为曲线。

压力线在砖石和混凝土拱的设计中是很重要的概念。由于这些材料的抗拉强度低，通常要求各个截面不出现拉应力。因此，压力线不应超出截面的核心。如拱的截面为矩形，因矩形截面的截面核心高度为截面高度的三分之一，故压力线不应超出截面对称轴上三等分的中段范围。

§4-4 三铰拱的合理拱轴

拱在荷载作用下，各截面上一般将产生三个内力分量，即弯矩、剪力和轴力。若能使所有截面上的弯矩为零（剪力也为零），则截面上将只有轴向压力。显然，当拱的压力多边形恰与拱的轴线重合时，各截面形心到合力作用线的距离为零，就会出现这种情况。此时，各截面都处于均匀受压的状态，因而材料能得到充分的利用，相应的拱截面尺寸是最小的。从理论上说，

设计成这样的拱是最经济的。在固定荷载作用下使拱处于无弯矩状态的轴线称为合理拱轴。

用图解法确定三铰拱的合理拱轴时，只需知道三个铰的位置和荷载的情况，即可求出其压力多边形。显然，如以此压力多边形为三铰拱的拱轴，则这一拱轴就是合理拱轴。对于竖向荷载作用下的三铰拱，用数解法来定出拱的合理拱轴的轴线方程，比用图解法方便，可求出如下：

根据式（4-8）

$$M_D = M_D^0 - Hy_D$$

当拱轴为合理拱轴时，按定义有

$$M = M^0 - Hy = 0$$

由此得

$$y = \frac{M^0}{H} \tag{4-18}$$

上式即为竖向荷载作用下三铰拱合理拱轴的一般表达式。该式表明，在竖向荷载作用下，三铰拱合理拱轴的纵坐标 y 与相应简支梁弯矩图的纵坐标 M^0 成正比。在已知的竖向荷载作用下，将相应简支梁的弯矩方程除以常数 H，便可得到合理拱轴方程。但应注意，某一合理拱轴只是相对于某一确定的固定荷载而言的，当荷载的布置改变时，合理拱轴方程亦就相应地改变。另外，三铰拱在某已知竖向荷载作用下，若两个拱脚的位置已定，而顶铰的位置未定时，则水平推力 H 为不定值，因此就有无限多个相似图形可作为合理拱轴，只有在三个铰的位置确定的情况下，水平推力 H 才是一个确定的常数，这时就有惟一的合理拱轴形式。

下面讨论几种常见的合理拱轴线。

1. 满跨竖向均布荷载作用下三铰拱的合理拱轴线

在图 4-14a 所示的三铰拱上作用均布竖向荷载 q，跨度为 l，拱高为 f，在图示坐标系中确定其合理拱轴线方程。

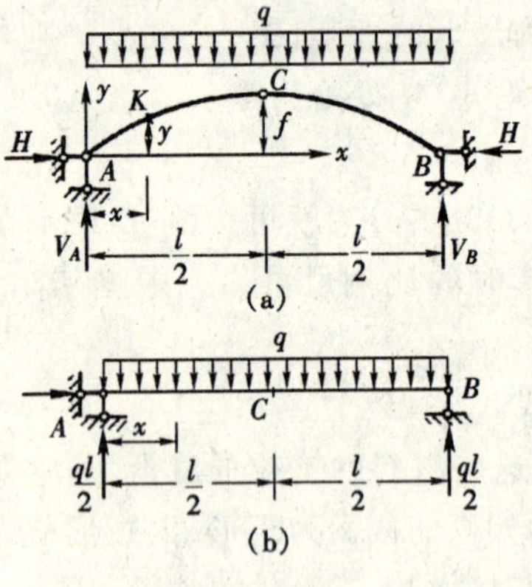

图 4-14　三铰拱的合理拱轴线
（a）承受满跨竖向均布荷载；
（b）相应简支梁

首先求出支座反力：

$$V_A = V_A^0 = \frac{1}{2}ql \qquad V_B = V_B^0 = \frac{1}{2}ql$$

$$H = \frac{M_C^0}{f} = \frac{1}{f}\frac{ql^2}{8} = \frac{ql^2}{8f}$$

写出 K 截面的弯矩方程：

$$M = M_K^0 - Hy$$

即

$$M = V_A^0 x - \frac{1}{2}qx^2 - Hy = \frac{1}{2}qlx - \frac{1}{2}qx^2 - \frac{ql^2}{8f}y$$

令上述弯矩为零，即

$$M = \frac{1}{2}qlx - \frac{1}{2}qx^2 - \frac{ql^2}{8f}y = 0$$

解得

$$y = \frac{4f}{l^2}x(l - x)$$

该式表明，竖向均布荷裁作用下三铰拱的合理拱轴线，为一抛物线。

从图解法的观点来看，这时的压力多边形变为压力曲线，正因为如此，所以房屋建筑中拱的轴线常用抛物线。

在合理拱轴的抛物线方程中，拱高 f 没有确定。具有不同高跨比的一组抛物线都是合理拱轴线。

2. 三铰拱在垂直于拱轴线的均布荷载（如均匀水压力）q 作用下的合理拱轴线

图 4-15a 所示三铰拱受垂直于拱轴线的均布荷载 q 作用，由于不是竖向荷载，故其合理拱轴不能按式（4-18）确定，而应根据合理拱轴线的定义由平衡条件导出。设拱轴为合理拱轴线，则拱处于无弯矩状态，各横截面上的弯矩和剪力均为零，取图 4-15b 所示微段 ds 为隔离体，在隔离体的横截面上只有轴力 N 和 $N+\mathrm{d}N$ 作用。由微段隔离体的弯矩平衡条件 $\Sigma M_O=0$，得

$$NR=(N+\mathrm{d}N)R$$

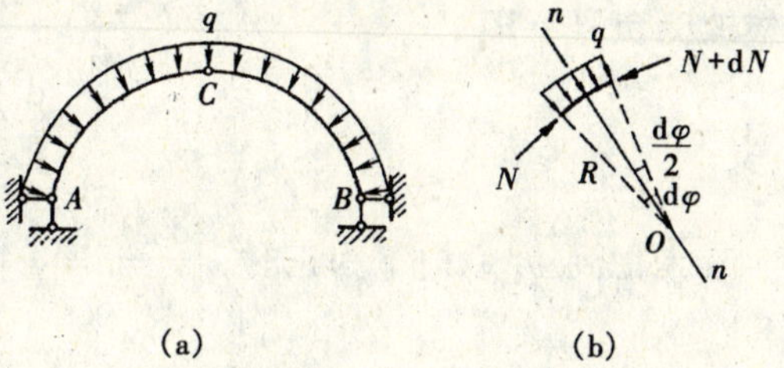

图 4-15　三铰拱的合理拱轴线
(a) 承受均匀水压力；(b) 微段隔离体

上式中的 R 为微段的曲率半径。由于 R 不等于零，故由上式可知 $\mathrm{d}N=0$，这表明拱内的轴力 N 为一常数。

由隔离体（图 4-15b）的投影平衡条件 $\Sigma n=0$ 得

$$N\sin\frac{\mathrm{d}\varphi}{2}+(N+\mathrm{d}N)\sin\frac{\mathrm{d}\varphi}{2}-qR\mathrm{d}\varphi=0$$

因为 dφ 值极小，故

$$\sin\frac{\mathrm{d}\varphi}{2}=\frac{\mathrm{d}\varphi}{2}$$

若再略去高阶微量，则上式成为

$$N\frac{\mathrm{d}\varphi}{2}+N\frac{\mathrm{d}\varphi}{2}-qR\mathrm{d}\varphi=0$$

即

$$N=qR$$

由于上式中的 N 及 q 均为常数，故曲率半径

$$R=\frac{N}{q}=\text{常数} \tag{4-19}$$

上式表明三铰拱在垂直于拱轴线的均布荷载作用下的合理拱轴为圆弧线，而轴力等于常数。因此，水管、高压隧洞和拱坝常采用圆形截面。

3. 三铰拱在满跨填料重量作用下的合理拱轴线

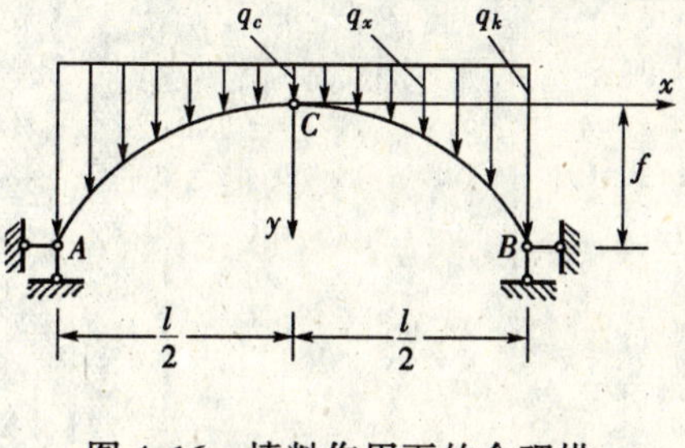

图 4-16　填料作用下的合理拱

图 4-16 所示三铰拱承受表面为一水平面的填料重量作用，试求其合理拱轴。已知填料荷载集度为

$$q_x=q_C+\gamma y$$

其中 q_C 为拱顶处的荷载集度，γ 为填料的容重，y 为拱轴的纵坐标，当 $y=f$ 时，得拱脚处的荷载集度

$$q_K=q_C+\gamma f$$

在这种情况下，由于竖向分布荷载集度 q_x 随拱轴坐标 y 而变，而 y 尚为未知，故三铰拱相应简支梁的弯矩方程 M^0 亦无法确定，因而不能直接由式（4-18）求出合理拱轴方程，还要对该式进行变换。

将式（4-18）对 x 微分两次，得

$$\frac{d^2y}{dx^2}=\frac{1}{H}\frac{d^2M^0}{dx^2}$$

因为式（4-18）是根据 y 轴为向上时导出的，而在图 4-16 中，y 轴是向下的，故上式右边应改为负号，即

$$\frac{d^2y}{dx^2}=\frac{1}{H}\frac{d^2M^0}{dx^2}$$

考虑到 q_x 以向下为正时，$\frac{d^2M^0}{dx^2}=q_x$ 于是得

$$\frac{d^2y}{dx^2}=\frac{q_x}{H} \tag{4-20}$$

上式就是三铰拱在竖向荷载作用下的合理拱轴的微分方程。将 $q_x=q_C+\gamma y$ 代入上式，得

$$\frac{d^2y}{dx^2}-\frac{\gamma}{H}y=\frac{q_C}{H} \tag{4-21}$$

式（4-21）是一个二阶常系数非齐次线性微分方程，它的一般解可用双曲线函数表示为：

$$y=A\mathrm{ch}\sqrt{\frac{\gamma}{H}}x+B\mathrm{sh}\sqrt{\frac{\gamma}{H}}x-\frac{q_C}{\gamma}$$

上式中的两个常数 A、B 可由边界条件确定如下：

在 $x=0$ 处，$y=0$，得 $A=\frac{q_C}{\gamma}$

在 $x=0$ 处，$\frac{dy}{dx}=0$，得 $B=0$

因此，合理拱轴方程为

$$y=\frac{q_C}{\gamma}\left(\mathrm{ch}\sqrt{\frac{\gamma}{H}}x-1\right) \tag{4-22}$$

式（4-22）表明：三铰拱在满跨填料重量作用下的合理拱轴是一悬链线。上式中的推力 H，可根据 $x=\pm\frac{l}{2}$时，$y=f$ 的条件确定。但为了便于实际应用，避免直接计算推力 H，可将式（4-22）改写成另一种形式。为此，引入比值

$$m=\frac{q_K}{q_C}=\frac{q_C+\gamma f}{q_C}\qquad (m>1)$$

即

$$\frac{q_C}{\gamma}=\frac{f}{m-1}$$

再引入无量纲自变量

$$\xi=\frac{x}{l},$$

并令

$$K=\sqrt{\frac{\gamma}{H}}\times\frac{1}{2}$$

则合理拱轴方程（4-22）可写成

$$y = \frac{f}{m-1}(\mathrm{ch}K\xi - 1) \tag{4-23}$$

这一方程代表的曲线称为列格氏悬链线。式中的 K 值可由比值 m 确定。因为 $\xi=1$（即 $x=0.5$）时，$y=f$，于是由式（4-23）可得

$$\mathrm{ch}K = m$$

即

$$\frac{e^K + e^{-K}}{2} = m$$

或

$$(e^K)2 - 2me^K + 1 = 0 \tag{4-24}$$

解方程（4-24），得

$$e^K = m \pm \sqrt{m^2 - 1}$$

由此得

$$K = \ln(m + \sqrt{m^2 - 1}) \tag{4-25}$$

$$K = \ln(m - \sqrt{m^2 - 1}) \tag{4-26}$$

因为 $K>0$，而 $m - \sqrt{m^2 - 1} < 1$ 故只有式（4-25）成立。

只要已知拱脚与拱顶处的荷载集度比值 $m = \frac{q_K}{q_C}$，即可由式（4-25）求出 K 值，再根据式（4-23）就可确定合理拱轴方程。

在工程实际中，同一结构往往要受到各种不同荷载的作用，而对应不同的荷载就有不同的合理轴线。因此，根据某一固定荷载所确定的合理轴线并不能保证拱在各种荷载作用下都处于无弯矩状态。在设计中应当尽可能地使拱的受力状态接近无弯矩状态。通常是以主要荷载作用下的合理轴线作为拱的轴线。这样，在一般荷载作用下拱仍会产生不大的弯矩。

本 章 小 结

本章的主要内容是：(1) 在数解法中，要着重掌握如何选取隔离体以及应用平衡条件计算三铰拱的支座反力和内力。(2) 在图解法中，应重点掌握三铰拱压力线的绘制方法，理解压力线的物理意义及如何应用压力线求三铰拱任一截面的内力。(3) 掌握合理拱轴的基本概念及如何求出几种特定荷载下的合理拱轴线。

1. 刚架与三铰拱具有相同的组成特点，是按三刚片规则组成的静定结构，其内力和所有的反力都可由静力平衡方程求出。

2. 三铰拱与梁（直梁或曲梁）在受力特征上有着本质的区别。在竖向荷载作用下，梁只产生竖向支座反力，而拱除产生竖向支座反力外，还将产生水平支座反力，竖向反力的大小与相应简支梁的竖向反力相同，而水平推力则与三铰的位置及荷载有关。因此基础要比梁做得坚实些。正是由于水平反力的存在，使拱的各个截面上的弯矩与相应简支梁相比较减小很多。从而可使拱跨越更大的空间。拱所承受的内力以轴向压力为主，因此可用抗压性能好的建筑材料修筑拱结构。

3. 注意三铰拱的反力计算公式（4-5）~式（4-7）和内力计算公式（4-8）~式（4-10），仅适用于在竖向荷载作用下且拱的起拱线位于同一水平线的情况。若不符合上述适用条件时，三铰拱的反力和内力计算不能套用这些公式，必须按平衡条件直接求解。

4. 三铰拱的压力线，代表着拱上的合力作用线位置，合力的大小可由力多边形中相应射线量出。因此，利用压力线和力多边形，可确定三铰拱各截面中的弯矩、剪力和轴力。只有当竖向荷载作用时，才能由压力线和拱轴之间的竖向距离来代表某一比例尺的拱的弯矩图。学习三铰拱的内力图解法时，应着重理解压力线的物理概念，掌握压力线的绘制方法及根据压力线求任一截面内力的方法。

5. 理解合理拱轴的物理意义及数解方法。在三铰拱的三铰位置被确定的情况下，一定的作用荷载只对应着一个合理拱轴。三铰拱在满跨竖向均布荷载作用下，其对应的合理拱轴为二次抛物线；在沿拱轴形状增加的填料荷载作用下，其对应的合理拱轴是悬链线；在径向均布荷载作用下的合理拱轴为圆弧线等。

习　题

4-1　试用数解法求图示半圆弧三铰拱的支座反力，并求截面 K 的内力。

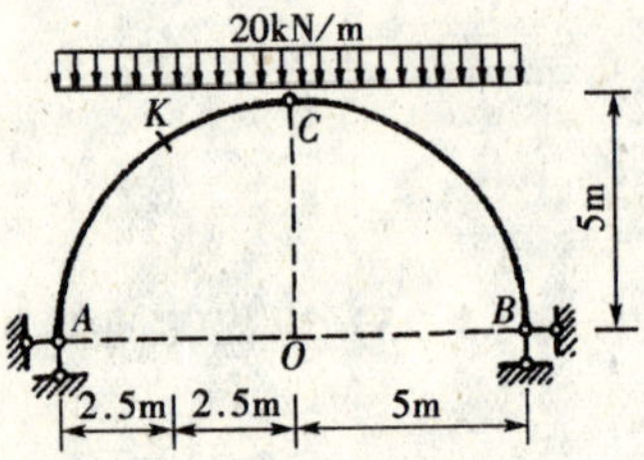

题 4-1 图

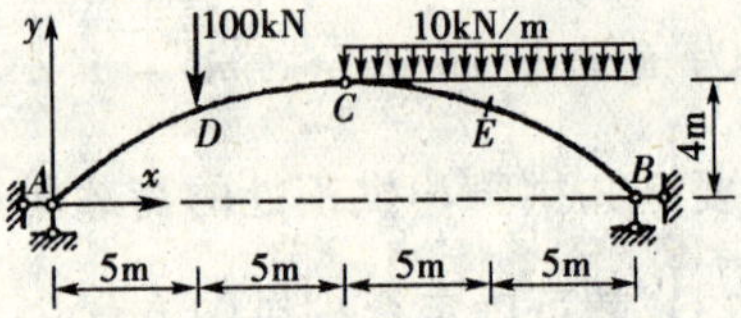

题 4-2 图

4-2　试用数解法求图示抛物线三铰拱的支座反力，并求截面 D 和 E 的内力。

4-3　试求图示抛物线三铰拱中各链杆和截面 K 的内力。

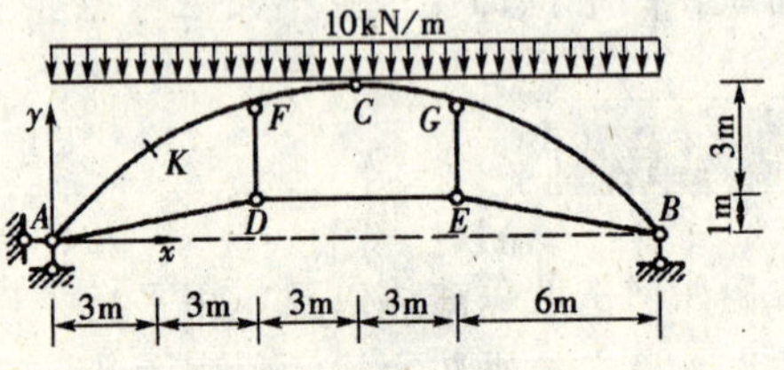

题 4-3 图

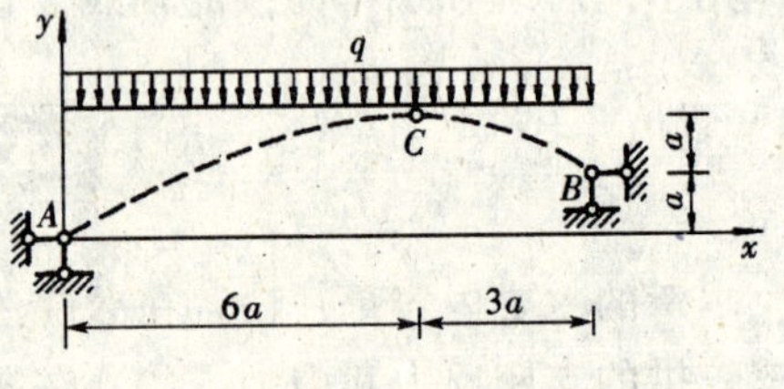

题 4-4 图

4-4　图中虚线表示一三铰拱，在均布荷载作用下，试求其合理轴线方程。

4-5　试求图示抛物线三铰拱中截面 K 的内力。

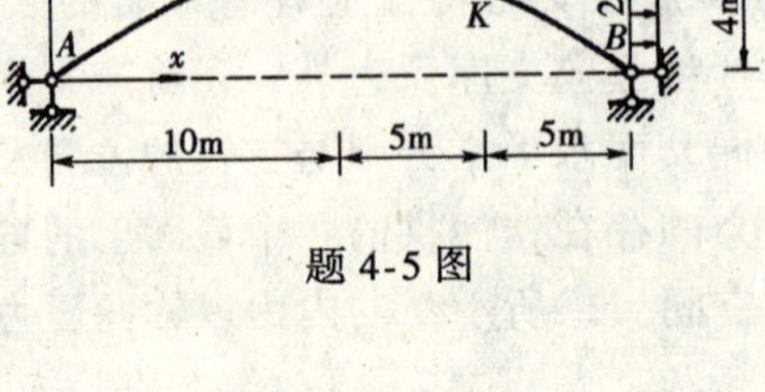

题 4-5 图

部分习题答案

4-1　$M_K=-29\text{kN}\cdot\text{m}$（外侧受拉），$Q_K=18.3\text{kN}$，$N_K=68.3\text{kN}$（压力）

4-2　$M_D=125\text{kN}\cdot\text{m}$（内侧受拉），$Q_D^L=46.425\text{kN}$，$Q_D^R=-46.425\text{kN}$

4-3　$N_{DE}=135\text{kN}$，$N_{FD}=N_{GB}=22.5\text{kN}$，$M_K-7.5\text{kN}\cdot\text{m}$（外侧受拉），$Q_K=2.152\text{kN}$，$N_K=158.199\text{kN}$（压力）

4-4　$y=\frac{x}{27}\left(21-\frac{2x}{a}\right)$

4-5　$V_{Ay}=10.5\text{kN}$（↓），$H_{Bx}=73.75\text{kN}$（←），$M_K^L=-66.25\text{kN}\cdot\text{m}$（外侧受拉），$M_K^R=-56.25\text{kN}\cdot\text{m}$（外侧受拉），$Q_K=-10.213\text{kN}$，$N_K=2.739\text{kN}$（压力）

第 5 章

静定平面桁架的受力分析

§5-1 桁架的特点及其组成

1. 桁架的特点和组成

梁和刚架承受荷载后，主要产生弯曲内力，截面上的应力分布是不均匀的（图 5-1a、b），因而材料的性能不能充分发挥。三铰拱由于有推力，弯矩小而轴力大，截面上的应力分布比较均匀。桁架是由杆件组成的格构体系，当荷载只作用在结点上时，各杆只有轴力，由材料力学可知，在轴向受拉或受压的杆件中，由于任一截面 $m-n$ 上的应力为均匀分布（图 5-1c、d、e）并能同时达到极限应力，故材料的效用可得到充分的发挥。因此，桁架是大跨结构常用的一种形式。

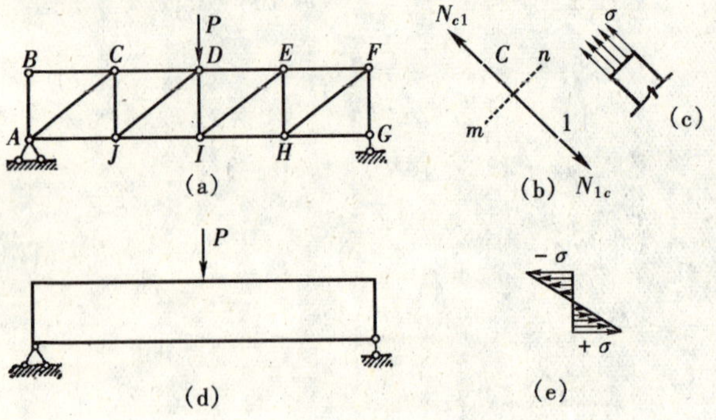

图 5-1 梁和桁架应力比较

(a)、(b)、(c) 桁架及截面应力；(d)、(e) 梁及截面应力

桁架在工程实际中有广泛的应用。图 5-2 是一轻型钢组合屋架，图 5-3 为北京体育馆结构，图 5-4 为武汉长江大桥所采用的桁架型式，图 5-5 为广州电视塔，高 200m，塔身为八边形桁架结构，还有常见的起重机塔架、输电塔架等都是桁架结构。

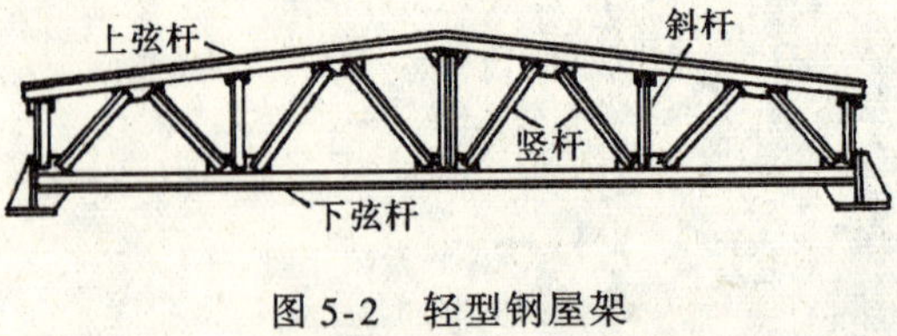

图 5-2 轻型钢屋架

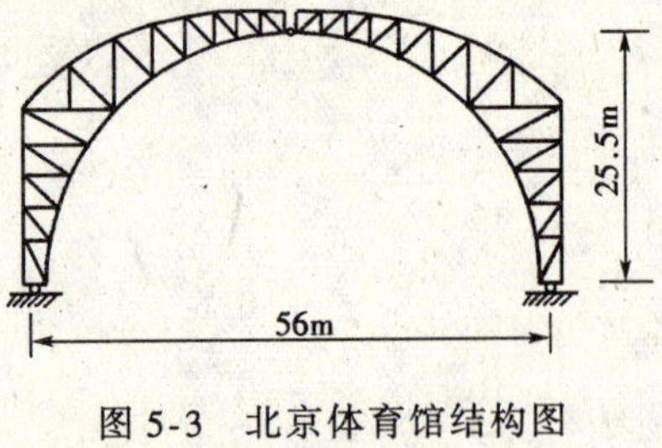

图 5-3 北京体育馆结构图

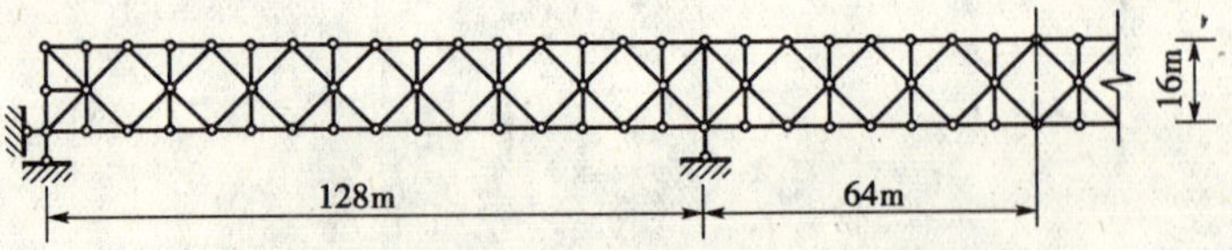

图 5-4 武汉长江大桥所采用的桁架简图

实际上桁架的受力情况比较复杂，因此在分析桁架时必须选取既能反映这种结构的本质而又便于计算的计算简图。通常对实际桁架的计算简图采用下列假定：

(1) 各杆在两端用绝对光滑而无摩擦的铰（理想铰）相互联结。

(2) 各杆的轴线都是绝对平直而且在同一平面之内并通过铰的几何中心。

(3) 荷载和支座反力都作用在结点上并位于桁架的平面内。

符合上述假定的桁架称为理想平面桁架。

实际的桁架常不能完全符合上述理想情况。例如，在钢屋架中各杆是用焊接或铆接联结的，在钢筋混凝土屋架中各杆是浇注在一起的，有些杆件在结点处还可能连续不断，这就使结点具有一定的刚性，各杆之间的角度几乎不可能变动。在木屋架中各杆是用榫接或螺栓联结的，各杆在结点处虽能有些相对转动，但结点构造也不完全符合理想铰的情况。此外，各杆轴不可能绝对平直，在结点处各杆的轴线不一定全交于一点。再次，杆件的自重以及作用到杆件上的风荷载等，都不是作用在结点上的荷载。综上所述，实际结构与理想平面桁架之间尚存在着一些差别：(1) 结点的刚性；(2) 各杆轴线不可能绝对平直，在结点处也不可能准确交于一点；(3) 非结点荷载（例如杆件自重，风荷载等）；(4) 结构的空间作用，等等。通常把按理想平面桁架算得的应力称为主应力，而把上述一些因素所产生的附加应力称为次应力。理论计算和实际测量结果表明，在一般情况下次应力的影响是不大的，可以忽略不计。对于必须考虑次应力的情况，读者可参阅有关专著，本书不作讨论。

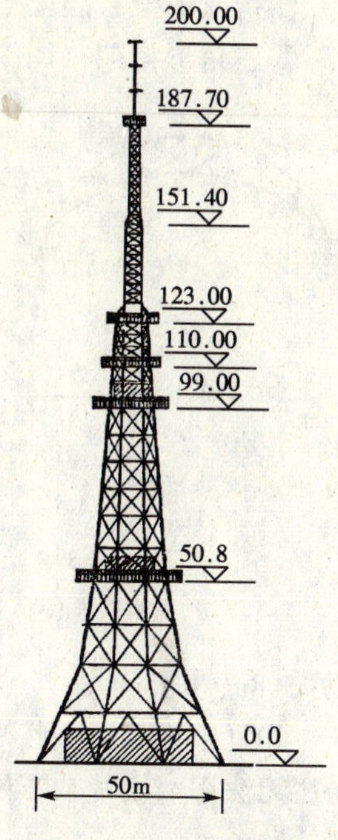

图 5-5　广州电视塔，高 200m

桁架中的杆件，根据其所在位置的不同，可分为弦杆和腹杆两类。弦杆又分为上弦杆和下弦杆。腹杆又分为斜杆和竖杆。弦杆上相邻两结点间的区间称为节间，其间距 d 称为节间长度。两支座间的水平距离 l 称为跨度。支座连线至桁架最高点的距离 H 称为桁高(图 5-6)。

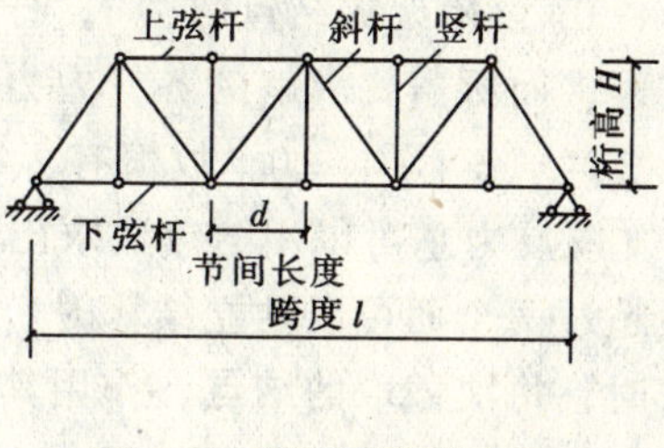

图 5-6　桁架各部分名称

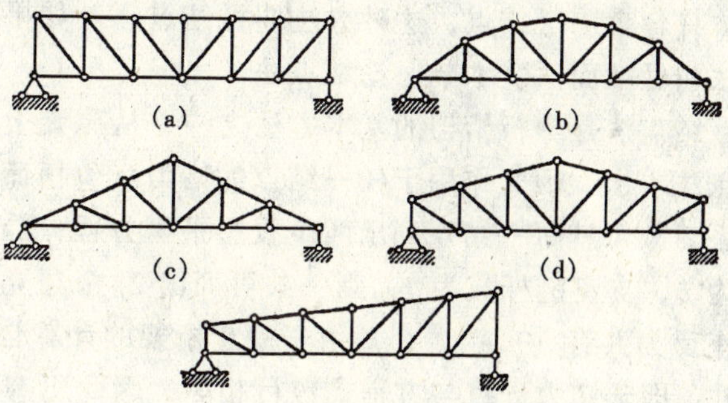

图 5-7　平面桁架

(a) 平行弦桁架；(b) 折弦桁架；(c) 三角形桁架；(d)、(e) 梯形桁架

2. 桁架的分类

根据不同的特征，平面桁架可作如下的分类

(1) 按照桁架的外形结点连线的形状分类

①平行弦桁架（图 5-7a）。

②折弦桁架：当上弦结点位于一抛物线上时，则称为抛物线弦桁架（图 5-7b）。

③三角形桁架（图 5-7c）。

④梯形桁架（图 5-7d、e）。

(2) 按照竖向荷载所引起的支座反力的方向分类

①无推力桁架或梁式桁架（图 5-7）。

②有推力桁架或拱式桁架(图 5-8a、b)。

(3) 按照桁架的几何组成分类

①简单桁架。由基本铰结三角形或基础开始，依次增加二元体所组成的桁架（图 5-7）。

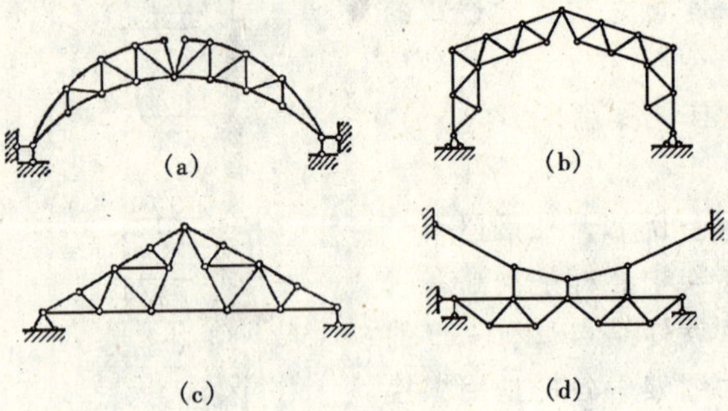

图 5-8　平面桁架

(a)、(b) 拱式桁架；(c) 联合桁架；(e) 复杂桁架

②联合桁架。由几个简单桁架，按照几何不变体系的基本组成规则所联成的桁架（图 5-8a、b、c）。

③复杂桁架。不按上述两种方式所组成的其他桁架（图 5-8d）。复杂桁架的几何不变性往往无法用两刚片或三刚片组成规则判别分析，需用其他的（如零荷载法等）方法予以判别。

以上所述的简单桁架和联合桁架都是几何不变且无多余联系的体系，所以都是静定桁架。

§5-2　结　点　法

为了求得桁架各杆的轴力，我们可以截取桁架中的一部分作为隔离体，考虑隔离体的平衡。建立平衡方程，由平衡方程解出所求杆的轴力，这种方法叫做数解法。如果所截取的隔离体只包含一个结点，这种方法叫做结点法。如果截取的隔离体包含两个以上的结点，这种方法叫做截面法。本节讨论结点法。

结点法是分析桁架的基本方法之一，从原则上讲，任何静定桁架的内力和反力都可以用结点法求出。因为作用于任一结点的诸力（包括荷载、反力及杆件内力）均组成一平面汇交力系，故可就每一结点列出两个投影平衡方程：$\Sigma X=0, \Sigma Y=0$。设桁架的结点数为 j，杆件数为 b，支座链杆数为 r，则一共可列出 $2j$ 个独立的平衡方程，而所需要求解的各杆内力和支座反力共有 $(b+r)$ 个。由于静定桁架的计算自由度 $W=2j-(b+r)=0$，故恒有 $b+r=2j$，即未知力数目与方程式数目相等，因此所有的内力和支座反力总可以用结点法求出。

但是在实际计算中，只有当所截取的结点上的未知力不超过两个而可以独立结算时，应用结点法才是方便的。为了避免解算联立方程，采用结点法时，每次截取的结点，作用其上的未知力应不多于两个。

在实际计算中，可从未知力不超过两个的结点开始依次进行计算。显然由简单桁架的组成方式可以保证我们能按照这一要求进行。因为简单桁架是从一个基本铰结三角形（或基础）开始依次增加二元体所组成的，其最后一个结点只包含两根杆件。例如，对于图 5-7 所示的桁架，可先由整体平衡条件求出支座反力，然后再从端结点开始，按照桁架组成的顺序，依次回溯过去，即可顺利地利用结点平衡方程依次求出所有杆的内力。

在建立平衡方程和计算杆件的内力时，经常要将杆件的内力分解为水平分力和竖向分力。为了计算方便，可以利用杆件长度和其在水平及竖向的投影长度之比来求内力和它的分力的数值之比。设以 N 表示杆的内力，V 和 H 分别表示其竖向分力和水平分力，并以下标标明其所属杆件。在图 5-9a 中，杆 AB 的内力 N_{AB}，水平分力 H_{AB}，竖向分力 V_{AB}，可组成一个三角形。在图 5-9b 中，杆 AB 的长度 l 及它的水平投影长度 l_x，竖向投影长度 l_y 也组成一个三角形。因为杆 AB 的内力 N_{AB} 的方向和该杆的方向总是一致的，此两三角形各边互相平行，故两者相似，于是有下列比例关系：

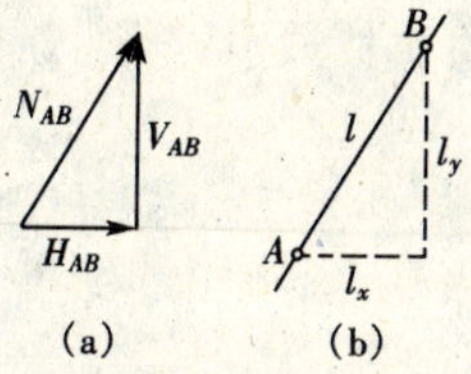

图 5-9　轴力及其投影与杆长及其投影的关系
（a）轴力及其投影；（b）杆长及其投影

$$\frac{N_{AB}}{l}=\frac{H_{AB}}{l_x}=\frac{V_{AB}}{l_y}$$

利用这个比例关系，可以简便地由 N_{AB} 推算出 H_{AB} 和 V_{AB}，或者由 H_{AB} 推算出 N_{AB} 和 V_{AB}，也可由 V_{AB} 推算出 N_{AB} 和 H_{AB}，而不需使用三角函数。

下面结合图 5-10a 所示的桁架来说明结点法的计算方法和步骤。

经分析图 5-10a 所示桁架的组成和特点可知，此桁架和荷载都是对称的，则相应各杆的内力和支座反力也必然是对称的，故计算半个桁架的内力即可。

（1）计算支座反力

$$V_A=V_B=\frac{1}{2}\times(20+3\times 20)$$
$$=40\text{kN}(\uparrow),\ H_1=0$$

（2）计算各杆内力

反力求出后，可截取结点解算各杆的内力。最初遇到的只包含两个未知力的结点有 1、8 两个结点，现在计算左半桁架，从结点 1 开始，然后依次分析其邻近结点。

在计算时，通常先假定杆件的未知内力为拉力（力的方向背离作用的截面）。若计算结果为正，即表示内力是拉力；若为负，则表示内力是压力（力的方向指向作用的截面）。这样所得的正负结果与我们通常以正号表示拉力，以负号表示压力的规定相符。具体计算如下。

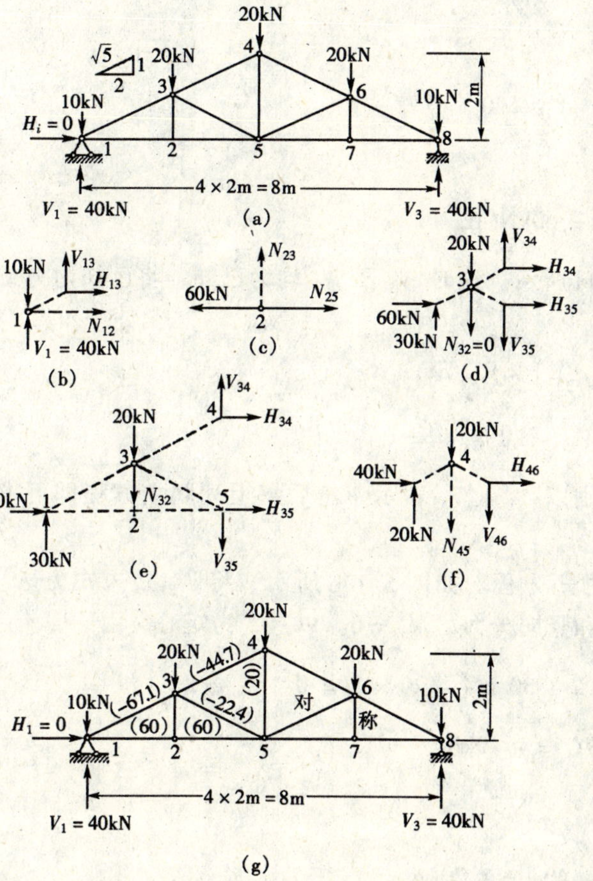

图 5-10　结点法求各杆轴力
（a）桁架及荷载；（b）、（c）、（d）、（e）、（f）隔离体；（g）各杆轴力

结点 1　取结点 1 为隔离体如图 5-10b 所示，由平衡方程 $\Sigma Y = 0$，得

$$V_{13} + 40 - 10 = 0, V_{13} = -30\text{kN}$$

由比例关系，得

$$H_{13} = \frac{2}{1} \times V_{13} = 2 \times (-30) = -60\text{kN}$$

$$N_{13} = \frac{\sqrt{5}}{1} \times V_{13} = \sqrt{5} \times (-30) = -67.1\text{kN}(\text{压力})$$

由平衡方程 $\Sigma X = 0$，得

$$N_{12} + H_{13} = 0$$

$$N_{12} = -H_{13} = -(-60) = 60\text{kN}\ (\text{拉力})$$

结点 2　取结点 2 为隔离体如图 5-10c 所示。图中将前面以求出的 N_{12}按实际方向画出，不再标正负号，只标数值。由平衡方程

$\Sigma Y = 0$，得

$$N_{23} = 0$$

$\Sigma X = 0$，得

$$N_{25} = 60\text{kN}(\text{拉力})$$

结点 3　取结点 3 为隔离体如图 5-10d 所示。这时 N_{31}及 N_{32}均为已知，将已知内力或其分力均按实际方向画出。由平衡方程

$\Sigma X = 0$　　$H_{34} + H_{35} + 60 = 0$

$\Sigma Y = 0$　　$V_{34} - V_{35} - 20 + 30 = 0$

利用比例关系，在上式中将 H_{34}、H_{35}分别以 V_{34}、V_{35}表示，然后解上列联立方程即可求出 V_{34}及 V_{35}。

为了避免解联立方程，也可以改用力矩方程。如图 5-10e 所示，将 N_{31}及未知力 N_{34}和 N_{35}分别在 1、4、5 三点分解为水平分力和竖向分力，$N_{32}=0$。以点 5 为矩心，由

$$\Sigma M_5 = H_{34} \times 2 + 30 \times 4 - 20 \times 2 = 0$$

得　　$H_{34} = -40\text{kN}$

利用比例关系，得

$$V_{34} = \frac{1}{2} \times (-40) = -20\text{kN}$$

$$N_{34} = \frac{\sqrt{5}}{2} \times (-40) = -44.7\text{kN}(\text{压力})$$

再用平衡方程，由

$\Sigma X = 0$，　　$H_{35} + 60 - 40 = 0$

得
$$H_{35} = -20\text{kN}$$
利用比例关系，得
$$V_{35} = \frac{1}{2} \times (-20) = -10\text{kN}$$
$$N_{35} = \frac{\sqrt{5}}{2} \times (-20) = -22.4\text{kN}(\text{压力})$$

结点4　取结点4为隔离体如图5-10f所示。先用水平投影方程，由

$\Sigma X = 0$，　　$H_{46} + 40 = 0$，　　$H_{46} = -40\text{kN}$

利用比例关系，得
$$V_{46} = \frac{1}{2} \times (-40) = -20\text{kN}$$
$$N_{46} = \frac{\sqrt{5}}{2}(-40) = -44.7\text{kN}(\text{压力})$$

再用竖向平衡方程，由

$\Sigma Y = 0$，　　$20 + 20 - 20 - N_{45} = 0$

得
$$N_{45} = +20\text{kN}(\text{拉力})$$

所有各杆内力计算结果标在图5-10g中。当计算比较熟练时，可以不必绘出各结点的隔离体图，而直接在桁架图中进行计算，并依次将所求得的内力及其分力标注在相应杆件上。

(3) 校核

由于桁架和荷载都是对称的，故各杆的内力也是对称的。在计算结果中，N_{34}和N_{46}完全相同，满足对称条件。同样N_{56}与N_{53}相同，则不难验证结点5也满足平衡方程，$\Sigma Y = 0$，故知计算结果无误。

值得指出，在桁架中常有一些特殊形状的结点，掌握了这些特殊结点的平衡规律，可给计算带来很大的方便。现列举几种特殊结点如下：

(1) L形结点　或称两杆结点（图5-11a），当结点上无荷载时两杆内力皆为零。凡内力为零的杆件称为零杆。

(2) T形结点　这是三杆汇交的结点而其中两杆在一直线上（图5-11b），当结点上无荷载时，第三杆（又称单杆）必为零杆，而共线的两杆内力相等且符号相同(即同为拉力或同为压力)。

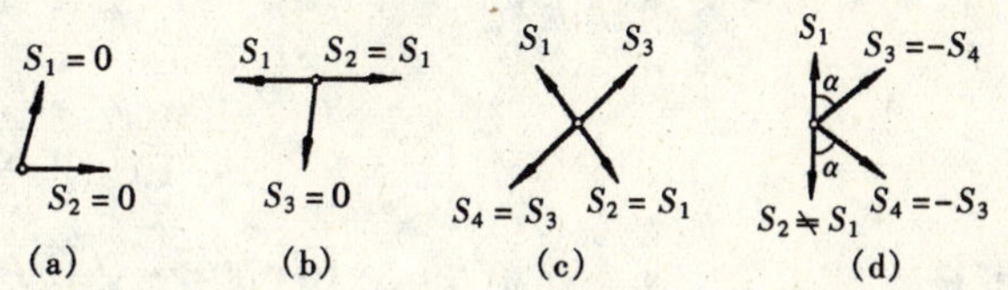

图5-11　特殊结点

(a) L形结点；(b) T形结点；(c) X形结点；(d) K形结点

(3) X形结点　这是四杆结点且两两共线（图5-11c），当结点上无荷载时，则共线两杆内力相等且符号相同。

(4) K形结点　这也是四杆结点，其中两杆共线，而另外两杆在此直线同侧且交角相等(图5-11d)。结点上如无荷载，则非共线两杆内力大小相等而符号相反(一杆为拉力则另一杆为压力)。

上述各条结论，均可根据适当的投影平衡方程得出，读者可自行证明。

应用以上结论，不难判断出图 5-12a 及图 5-12b 中虚线所示各杆皆为零杆，于是剩下的计算工作便大为简化。

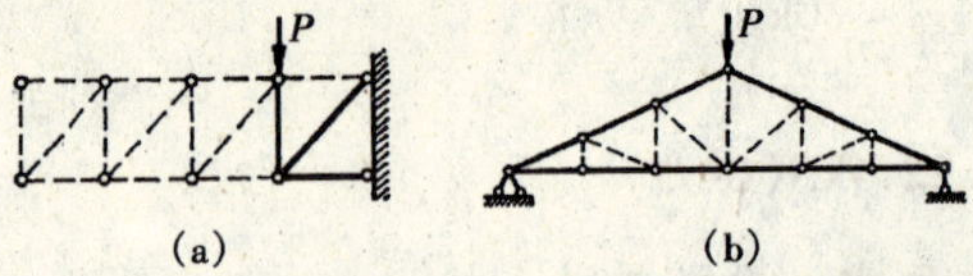

图 5-12 零杆的应用

(a)、(b) 虚线所示各杆皆为零杆

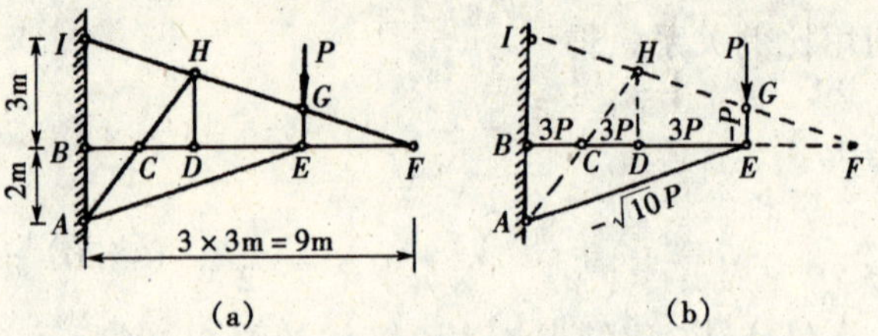

图 5-13 例 5-1 图

(a) 原桁架；(b) 虚线所示各杆皆为零杆

例 5-1 试用结点法计算图 5-13a 所示桁架的内力。

解 1. 判断零杆

结点 F 为两杆汇交结点，且无荷载作用。由结点平衡特殊情况结论 (1)，可知 $N_{GF} = N_{EF} = 0$

结点 G 为三杆汇交结点，且有荷载作用。由结点平衡特殊情况结论 (4)，可知

$$N_{HG} = N_{GF} = 0, N_{GE} = -P(\text{压力})$$

结点 D 为三杆汇交结点，且无荷载作用。由结点平衡特殊情况结论 (2)，可知 $N_{CD} = N_{DE}$

$$N_{HD} = 0$$

如果不考虑零杆 HD，分析结点 H，同理可得

$$N_{IH} = N_{HG} = 0, N_{HC} = 0$$

结点 C 为四杆汇交结点，且无荷载作用。由结点平衡特殊情况结论 (3)，可知

$$N_{BC} = N_{CD}, N_{HC} = H_{CA} = 0$$

将零杆用虚线画出，见图 5-13b。

2. 计算其余杆内力

结点 E $$V_{AE} = N_{GE} = -P$$

利用比例关系

$$\frac{N_{AE}}{2\sqrt{10}} = \frac{H_{AE}}{6} = \frac{V_{AE}}{2}$$

可得 $$N_{AE} = \sqrt{10}V_{AE} = -\sqrt{10}P, \ H_{AE} = 3V_{AE} = -3P$$

因此 $$N_{BC} = N_{CD} = N_{DE} = -H_{AE} = 3P$$

§5-3 截 面 法

除结点法外，另一种分析桁架的常用方法是截面法。这种方法是作一适当的截面，将桁架分为两部分，然后取其中任一部分为隔离体，考虑其平衡条件，根据所建立的平衡方程求出未知的杆件内力。在一般情况下，作用于隔离体上的诸力构成一平面一般力系。只要隔离体上的未知力数目不超过三个，则可利用平面一般力系的三个平衡方程，直接把这一截面上

的全部未知力求出。因此，截面法最适用于联合桁架的计算以及简单桁架中少数杆件的计算。按照所选平衡方程的不同，截面法又可分为力矩法和投影法，现分述如下：

1. 力矩法

如图5-14a所示桁架，设要求截面Ⅰ-Ⅰ所截三杆的内力。现取此截面以左部分为隔离体（图5-14b）来计算。在建立平衡方程时最好使每一方程中只包含一个未知力，为此当应用力矩方程时，可以选取适当的矩心来避免解联立方程。例如求下弦杆3-5的内力N_{35}时，可取杆2-4与杆2-5的交点2为矩心，则有

$$\Sigma M_2 = R_1 d - P_1 \times 0 - N_{35} h_1 = 0$$

故得

$$N_{35} = \frac{R_1 d - P_1 \times 0}{h_1}$$

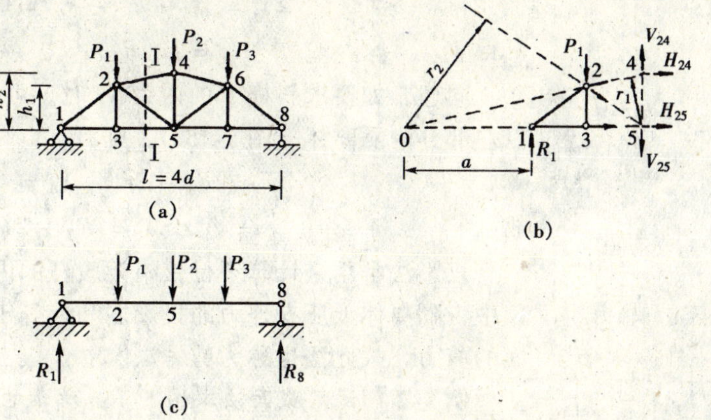

图5-14 截面法求桁架内力

(a) 桁架及荷载；(b) 隔离体；(c) 相应简支梁

式中分母h_1为N_{35}对矩心2的力臂；分子为隔离体上所有外力对矩心2的力矩代数和，它恰等于相应简交梁（图5-14c）上点2的弯矩M_2，因此上式又可写为

$$N_{35} = \frac{M_2}{h_1}$$

因为M_2是正的，所以N_{35}为拉力。同样，求上弦杆2-4的内力N_{24}时，可取杆2-5与杆3-5的交点5为矩心。不过，这时须算出N_{24}的力臂r_1，这是不很方便的。为了便于计算，我们可根据力的可传性原理，将N_{24}移到点4处分解为水平和竖向两个分力，这时竖向分力V_{24}通过矩心5，而水平分力H_{24}的力臂即为h_2，于是有

$$\Sigma M_5 = R_1 2d - P_1 d + H_{24} h_2 = 0$$

故得

$$H_{24} = -\frac{R_1 \times 2d - P_1 \times d}{h_2}$$

即求得分力H_{24}，便可按比例关系求得N_{24}。上式亦可写为

$$H_{24} = -\frac{M_5}{h_2}$$

式中M_5为隔离体上所有外力（对整个桁架而言）对结点5的力矩代数和，它恰等于与此桁架同跨度同荷载的简支梁（图5-14c）相应点的弯矩。因为M_5是正的，所以N_{24}为压力。

根据同样的方法可以证明：在竖向荷载作用下，梁式桁架的上弦杆都受压力，下弦杆都

受拉力。最后，为了求出斜杆 2-5 的内力 N_{25}，可取杆 2-4 与杆 3-5 的交点 O 为矩心，并将 N_{25} 在 5 点分解为水平分力 H_{25} 和竖向分力 V_{25}，由 $\Sigma M_O = 0$，有

$$\Sigma M_O = -R_1 a + P_1(a+d) + V_{25}(a+2d) = 0$$

故得

$$V_{25} = \frac{P_1(a+d) - R_1 a}{a+2d}$$

据此则不难求得 N_{25}。至于斜杆 2-5 为受拉或受压，须看上式右边分子为正或负才能确定。

2. 投影法

如图 5-15a 所示桁架，欲求竖杆 a 的内力 N_a 时，可作截面Ⅰ-Ⅰ并取其以左部分为隔离体（图 5-15b），因上下弦杆平行，显然应用力的投影方程进行计算较为简单。由

$$\Sigma Y = R_A + P + N_a = 0$$

可得

$$N_a = -(R_A - P)$$

同理，如要求斜杆 b 的内力 N_b 时，可作截面Ⅱ-Ⅱ并取其以左部分为隔离体（图 5-15c），则有

$$\Sigma Y = R_A - 2P - Y_b = 0$$

故

$$Y_b = N_b \sin\alpha = R_A - 2P$$

投影法常用来计算平行弦桁架腹杆的内力。由于在梁式桁架中，隔离体上所有外力的投影之和恰等于相应简支梁上该截面的剪力，故此法也称为剪力法。

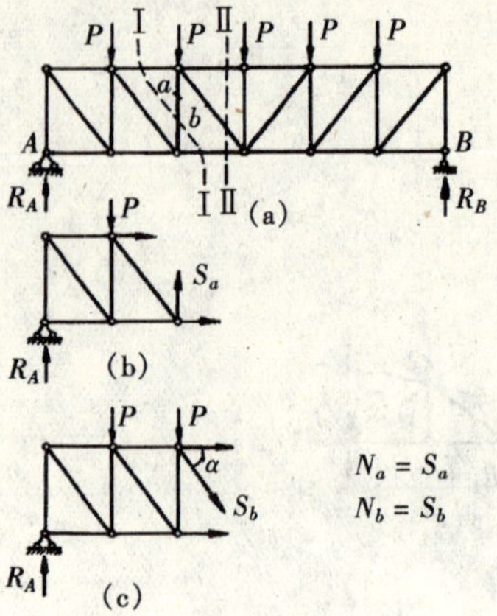

图 5-15　求指定杆轴力
(a) 桁架及荷载；
(b) 隔离体；
(c) 隔离体

例 5-2　试用截面法求图 5-16a 所示的桁架中杆 a、b 和 c 的内力。

解　(1) 求支座反力

由于结构及荷载均为对称，故

$$V_A = V_B = 60\text{kN}, H_A = 0$$

(2) 求各指定杆的内力

通过所求内力的三根杆作截面Ⅰ-Ⅰ，将桁架分为两部分，并取截面以左部分为隔离体（图 4-16b）而考虑其平衡条件。

求上弦杆 a 的内力时，可取杆 b 和杆 c 的交点 4 为矩心，由

$$\Sigma M_4 = 60 \times 7.5 + N_a \times 3 = 0$$

得

$$N_a = -150\text{kN}(\text{压力})$$

求下弦杆 c 的内力时，可取杆 a 和杆 b 的交点 1 为矩心，并将 N_c 在结点 2 分解为两个分力 V_c 和 H_c（图 4-16b）由

$$\Sigma M_1 = 60 \times 2.5 - H_c \times 2.5 = 0$$

得

$$H_c = 60\text{kN}$$

利用比例关系，得

$$N_c = \frac{2.51}{2.5} \times 60 = 60.24\text{kN}(\text{拉力})$$

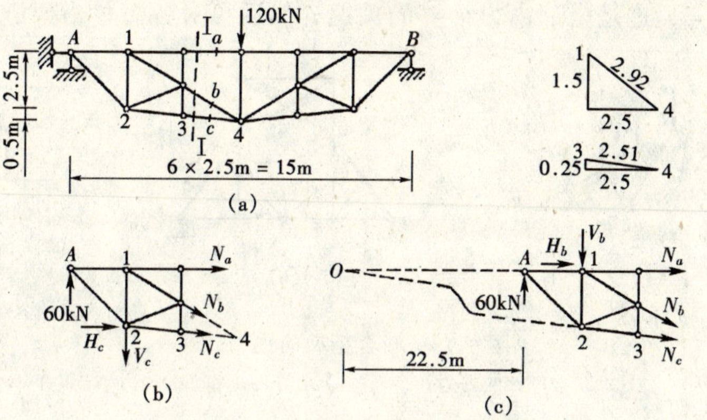

图 5-16　截面法求指定杆轴力

(a) 桁架及荷载；(b)、(c) 隔离体

最后，求腹杆 b 的内力时，可取杆 a 和杆 c 的轴线延长线的交点 O 为矩心，并将 N_b 在结点 1 分解为两个分力 V_b 和 H_b（图 4-16c），由

$$\Sigma M_o = -60 \times 22.5 + V_b \times 25 = 0$$

即

$$V_b = 54\text{kN}$$

利用比例关系，得

$$N_b = \frac{2.92}{1.5} \times 54 = 105.12\text{kN(拉力)}$$

如前所述，用截面法求桁架内力时，应尽量使所截断的杆件不超过三根，这样全部未知力均可直接求出。有时所作截面虽截断三根以上的杆件，但只要在被截断各杆中，除一根外，其余各杆均汇交于一点或均平行，则该杆内力仍可由力矩法或投影法首先求得。如图 5-17 所示情况，仍可能用独立的方程求解未知轴力。在图 5-17a 中，为求 N_2，第一步可选截面Ⅰ-Ⅰ的右部为隔离体，其中三杆的交点在 D，则可用力矩平衡方程 $\Sigma M_D = 0$ 求出上弦杆轴力 N_1，第二步由截面Ⅱ-Ⅱ的 $\Sigma M_C = 0$ 可得 N_2。

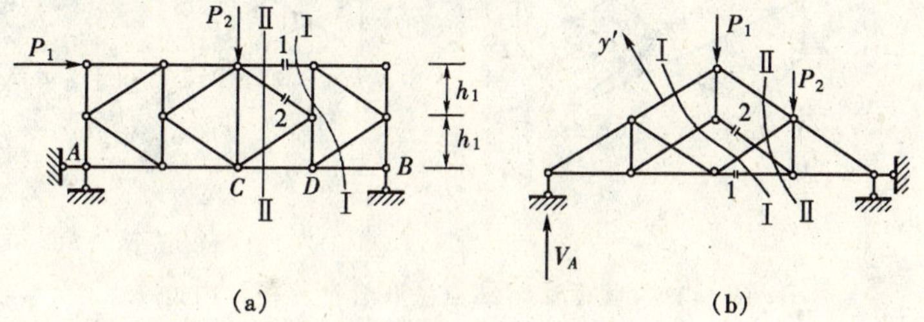

图 5-17　截面法求桁架内力

(a) 求轴力 N_2；(b) 求轴力 N_2

而在图 5-17b 中，为求 2 杆轴力 N_2，先引截面Ⅰ-Ⅰ，其中三根斜杆平行，故可选其垂直方向的投影方程 $\Sigma Y' = 0$，求得下弦杆轴力 N_1，然后在截面Ⅱ-Ⅱ上即可求出轴力 N_2。

在联合桁架的内力计算中，通常首先运用截面法求出联合杆件的内力，然后在应用适当的方法分别计算简单桁架各杆的内力。例如图 5-18a 所示桁架，首先由截面Ⅰ-Ⅰ求出联合

杆件 *DE* 的内力 N_{DE}，这是全部内力计算的关键，然后再对各简单桁架进行分析便无困难。

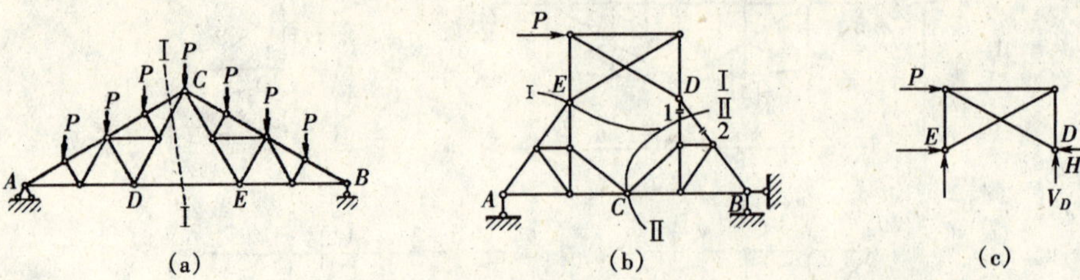

图 5-18 联合桁架的内力计算

(a) 求联合杆件的内力；(b)、(c) 求杆件 1 和 2 的轴力 N_1 和 N_2

图 5-18b 所示桁架的内部组成属三刚片体系，若要求杆件 1 和 2 的轴力 N_1 和 N_2，则可取截面Ⅰ-Ⅰ以上部分为隔离体和截面Ⅱ-Ⅱ以右部分为隔离体，建立平衡方程联立求解而得。也可根据图 5-18c 所式的隔离体，首先求出铰 *D* 处作用力的竖向分力 V_D，然后取隔离体 *CBD* 求出 *D* 处水平分力 H_D。接下来就可继续计算三个简单桁架的内力。

§5-4 结点法与截面法的联合运用

结点法和截面法是计算桁架内力的两种常用方法。对于简单桁架来说，无论用哪一种方法计算都很方便。但是对于某些桁架，单独使用结点法或截面法，有时并不简捷。实际上，它们作为桁架分析的基本方法是不能割裂的。无论在简单桁架上求解指定的某些轴力，或是计算复杂桁架，都必须不拘先后地联合应用。例如，图 5-19a 所示联合桁架，它是由两个简单桁架 *AEHF* 和 *BDGC* 用三根链杆 *AC*、*DE*、*FB* 相联而组成。利用平衡条件算出支座反力后，不论从哪个结点开始计算都有三根杆件的内力是未知的。这样如仍用结点法进行计算，就需要解多元联立方程。为了简化计算，可联合使用截面法与结点法，即截断杆 *AC*、杆 *DE* 及杆 *FB*，截出隔离体如图 5-19b 所示。利用平衡条件可以先求出三根杆件的轴力 N_{CA}、N_{DE}和 N_{BF}，然后再用结点法求出其他杆的内力。

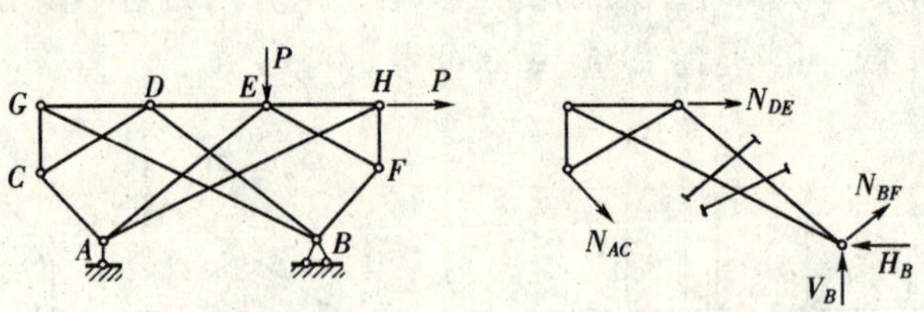

图 5-19 截面法与结点法联合计算桁架内力

(a) 桁架及荷载；(b) 隔离体

又如对一些简单桁架，在某种情况下（如只需计算少数指定杆件的内力）也宜于联合使用截面法与结点法。再注意：选择合适的隔离体；选用合适的平衡方程，即巧取力矩点或投影轴，并注意方程的先后顺序，力求使每个方程中只含一个未知力，使计算工作简捷有效。

例 5-3 试求图 5-20a 所示桁架中 *a* 及杆 *b* 的内力。

解 通过几何组成分析可知这是一个简单桁架。用结点法可以算出全部杆件的内力。但

现在只求杆 a 及杆 b 的内力，所以联合使用截面法和结点法较为简便。

(1) 求支座反力

由 $\Sigma M_B = V_A \times 24 - 60 \times 8 = 0$ 得　　$V_A = 20\text{kN}$（↑）

由 $\Sigma M_A = -V_B \times 24 + 60 \times 16 = 0$ 得　$V_B = 40\text{kN}$（↑）

(2) 求杆 a 和杆 b 的内力

以截面Ⅰ-Ⅰ截取桁架左半部为隔离体如图 5-20b 所示。此时隔离体上共有四个未知力，而平衡方程只有三个，故不能解算。为此，可取结点 E 为隔离体如图 5-20c 所示，找出 N_a 和 N_c 的关系。由投影方程

$$\Sigma X = H_a + H_c = 0$$

得

$$H_a = -H_c \text{ 或 } V_a = -V_c$$

再由截面Ⅰ-Ⅰ用投影方程

$$\Sigma Y = 20 - V_c + V_a = 0, \text{即 } 20 + 2V_a = 0$$

得

$$V_a = -10\text{kN}$$

利用比例关系，得

$$H_a = \frac{4}{3} \times (-10) = -13.3\text{kN}$$

$$N_a = \frac{5}{3} \times (-10) = -16.7\text{kN}(\text{压力})$$

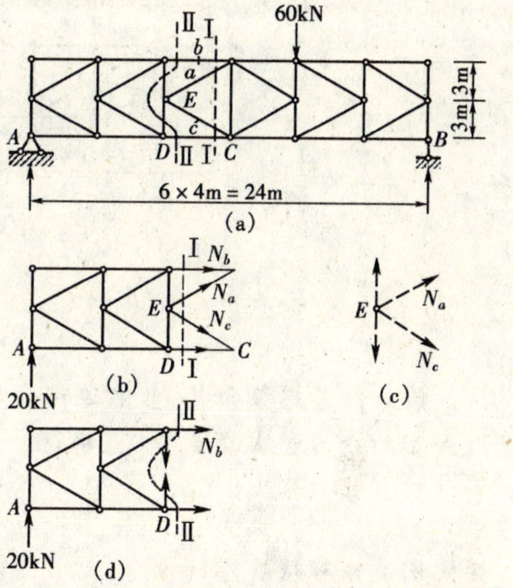

图 5-20　例 5-3 图

(a) 桁架及荷载；(b)、(c)、(d) 隔离体

最后，由　　　$\Sigma M_C = V_A \times 12 - H_a \times 6 + N_b \times 6 = 0$

得

$$N_b = \frac{13.3 \times 6 - 20 \times 12}{6} = -26.7\text{kN}(\text{压力})$$

顺便指出，在这样的桁架中，求 N_b 时，也可用截面Ⅱ-Ⅱ截取桁架左半部为隔离体，如图 5-20d 所示。由于除了杆 b 以外，其余三杆都通过 D 点，故可用力矩方程，由

$$\Sigma M_D = 20 \times 8 + N_b \times 6 = 0$$

得

$$N_b = -26.7\text{kN}(\text{压力})$$

显然，用后一种方法较为简单。

例 5-4　试求图 5-21a 所示桁架中杆 KH 的内力。

解　此桁架可看成是由两个桁架用 CD、FK、FG 三杆联成为一整体的。于是，先作截面Ⅰ-Ⅰ将联合杆截断，由 $\Sigma M_E = 0$ 求得 S_{FG}；再取结点 G 为隔离体以求得 S_{GH}；然后作截面Ⅱ-Ⅱ，利用 $\Sigma M_E = 0$ 即可求得 S_{KH}。现按上述步骤计算如下：

根据整体平衡可求得支座反力为

$$R_A = R_B = \frac{5 \times 36}{2} = 90\text{kN}\uparrow$$

考虑截面Ⅰ-Ⅰ右边部分的平衡，由 $\Sigma M_E=0$，求得

$$S_{FG}=\frac{90\times5+36\times5}{6}=+105\text{kN}$$

取结点 G 为隔离体，由 $\Sigma X=0$，可得

$$X_{GH}=S_{FG}=+105\text{kN}$$

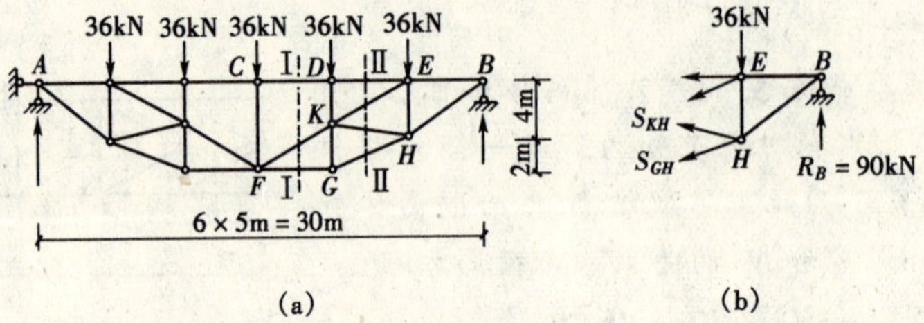

图 5-21　例 5-4 图

(a) 桁架及荷载；(b) 隔离体

最后，考虑截面Ⅱ-Ⅱ右边部分的平衡（图 5-21b），并将 S_{KH} 及 S_{GH} 在 H 点分解为水平分力和竖向分力。由 $\Sigma M_E=0$，求得

$$X_{KH}=\frac{90\times5-105\times4}{4}=+7.5\text{kN}$$

按比例关系可得

$$S_{KH}=X_{KH}\frac{\sqrt{5^2+1^2}}{5}=+7.7\text{kN}$$

例 5-5　试求图 5-22a 所示复杂桁架中的轴力 N_a 和 N_b。

解　由内部结点的平衡条件可知，位于同一斜线上的腹杆内力相同。本例可通过若干联立方程求解，但更宜用假设一个参数为计算对象的方法来代替联立方程。今设腹杆 DG 的拉力 N_1 为参数，寻找其他杆轴力与它的关系。由结点 D 得

$$N_{DE}=-\frac{1}{\sqrt{5}}N_1$$

由各外围结点 G、H、C、E、…等可连续推得各腹杆内力均为 N_1，但正、负号交替，如图 5-22a 中所示。

取隔离体 EAF 如图 5-22b，在平衡方程

$$\Sigma M_F=0$$

中将只含未知力 N_1：

$$\frac{1}{\sqrt{5}}N_1\times2d+N_1\times\frac{2}{\sqrt{5}}(2d+d)+V_A\times2d=0$$

可求出

$$N_1=-2V_A\times\frac{\sqrt{5}}{8}=-\frac{\sqrt{5}}{10}P(\text{压})$$

然后易于求解其他内力，由图 5-22b 的 $\Sigma M_E=0$ 得

$$N_b=\frac{6}{\sqrt{5}}N_1=-\frac{3}{5}P(\text{压})$$

由图5-22c隔离体的 $\Sigma X=0$ 得

$$N_a=-N_b-P=-\frac{2}{5}P(\text{压})$$

上述例题中的不同解法仅为展示灵活选用隔离体、选用平衡方程时可能采用的具体方法。诸者还可以提出自己的解题途径，通过多种解体方法的练习，适当地选择隔离体，提高运用平衡概念与各式结构的能力。

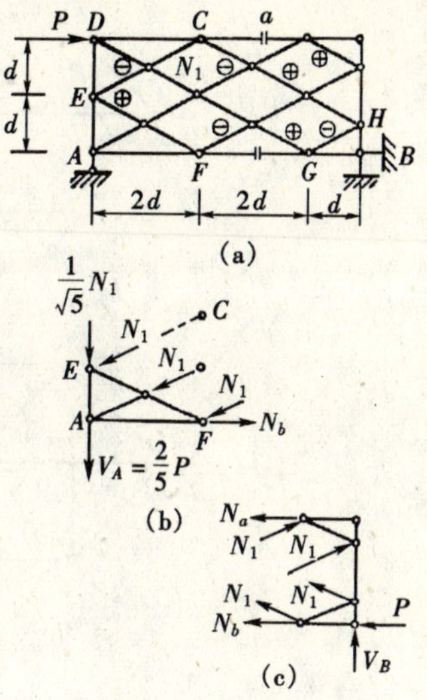

图5-22　例5-5图

(a) 桁架及荷载；

(b)、(c) 隔离体

各类静定桁架中常见对称桁架，即桁架的几何构造、杆件的截面尺寸、材料性质和支座等均对称于一根中央轴线。如同其他静定结构一样，对称桁架在正对称荷载作用下，对称位置上的支座反力和杆件内力是对称的，即数值相等、正负号一致；而在反对称荷载作用下，反力和内力呈反对称分布，即数值相等，但正负号相反。

在桁架的计算中，利用结构的对称性，往往可使计算工作简化。如图5-23a所示桁架，每个结点未知力的个数都不少于三个，用结点法求解有困难，用截面法计算也需要解联立方程组。分析该结构，只有左右支座不对称，但在竖向荷载作用时，水平支座反力为零，因此可将其看作对称结构来计算。将作用于桁架上的荷载 P 视为对称与反对称两组荷载的叠加，如图5-23b、c所示。对称荷载作用时，CD 杆和 CG 杆的轴力大小相等，且符号相同，即 $N_{CD}=N_{CG}$。由结点 C 的竖向平衡条件 $\Sigma Y=0$，可得 $N_{CD}+N_{CG}=0$，因此 $N_{CD}=N_{CG}=0$。再由结点 D 和结点 G 平衡的特殊情况结论，可知 $N_{AD}=N_{DE}=0$，$N_{BG}=N_{GF}=0$。反对称荷载作用时，EF 杆是与对称轴正交的对称杆件。该杆的轴力无论为正值还是负值都不能满足内力的反对称性质，因此只能有 $N_{EF}=0$。这样在结点 E 和结点 F 上，便各有两个未知力了。总之，在利用对称性判别零杆之后，此题不难解出。

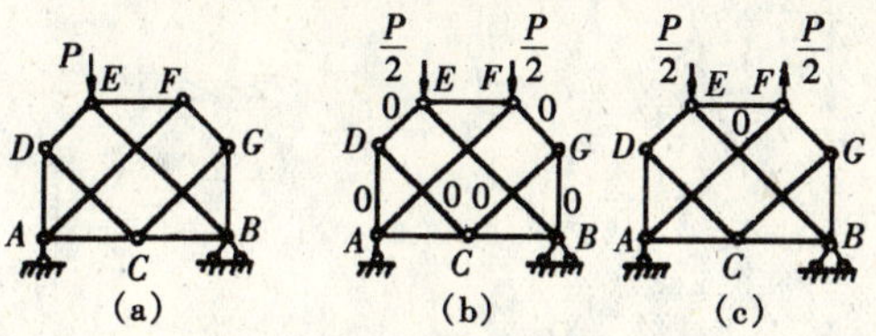

图5-23　对称桁架的计算

(a) 对称桁架一般荷载；(b) 对称桁架对称荷载；

(c) 对称桁架反对称荷载

例5-6　图5-24所示复杂桁架受竖向荷载作用，试求 N_a 和 N_b。

解　仅受竖向荷载时，支座 B 处无水平反力，故此桁架为对称结构。今将非对称荷载分解成正对称荷载组（图5-24b）和反对称荷载组（图5-24c），分别求解各杆内力，然后对同一杆件的内力进行叠加。

(1) 正对称荷载下。先由整体平衡条件求出支座反力

位于对称轴上的结点 C 处无荷载，由该结点的平衡条件 $\Sigma Y=0$ 可得两斜杆（对称）内力必为零；截面Ⅰ-Ⅰ上仅有三个未知力，由右部隔离体的 $\Sigma M_K=0$ 求得（正对称荷载下的）$N'_b=0$；由 $\Sigma Y=0$ 求得 $N'_{BD}=-\frac{\sqrt{2}}{2}P$。再由结点 D 的平衡条件可得 $N'_a=-P$（压）。

(2) 反对称荷载下。亦先求出支座反力

中央竖杆为零杆，下弦杆 FG 为一对称杆，内力必为零。由结点 G 判定二零杆后，截面

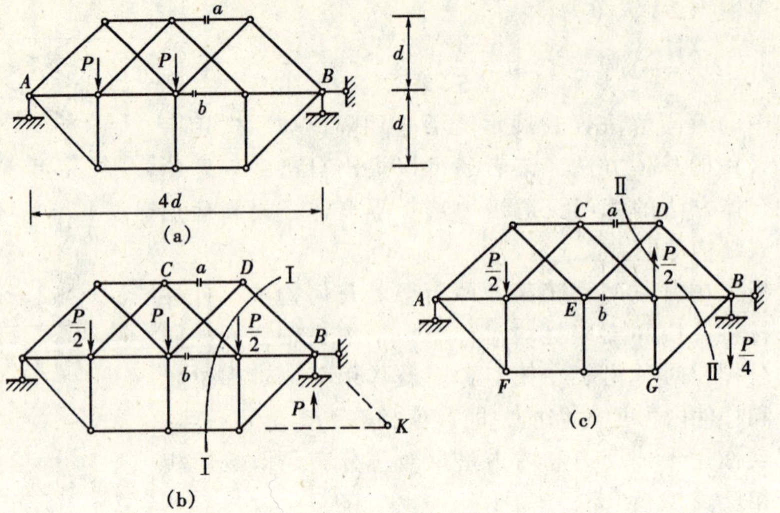

图 5-24 例 5-6 图

(a) 桁架及荷载；(b) 对称桁架对称荷载；(c) 对称桁架反对称荷载

Ⅱ-Ⅱ上仅有三个未知力，取右部隔离体，由 $\Sigma M_E = 0$ 求得（反对称荷载下）$N''_a = +\frac{1}{2}P$(拉)；并由 $\Sigma Y = 0$ 得 $N''_{DE} = -\frac{\sqrt{2}}{4}P$。根据结点 E 处各杆内力既为左、右反对称，又须满足平衡条件 $\Sigma X = 0$，可知

$$2N''_b = -2N''_{DE} \times \frac{\sqrt{2}}{2}$$

所以

$$N''_b = \frac{P}{4}(\text{拉})$$

(3) 最后，由叠加原理可得

$$N_a = N''_a + N'_b = -P + \frac{1}{2}P = -\frac{1}{2}P(\text{压})$$

$$N_b = N'_b + N''_b = 0 + \frac{1}{4}P = \frac{1}{4}P(\text{拉})$$

§5-5 桁架内力图解法

为了避免繁杂的计算，在分析桁架内力时，也常应用图解法。图解法的实质是结点法，即用图解法来代替结点法的计算过程。

图解法的基本原理，是根据平面汇交力系的平衡条件，逐个截取结点为对象，作相应的封闭的力多边形，以确定各杆的内力。下面以图 5-25a 所示的简单桁架为例来说明用图解法求桁架内力的方法和步骤。

首先用数解法或图解法求出支座反力。

由只有两个未知力的结点 A 开始，其隔离体如图 5-25b 所示。作用于结点 A 的力有已知的反力 V_A 及两个未知力 N_{AD} 和 N_{AC}，这三个力平衡，根据平面汇交力系的平衡条件为其力多边形必须闭合的原理，以一定的比例尺做出 A 结点的力多边形 $ab1$（图 5-25b），则线段 b-1及 1-a 即分别代表 N_{AD} 及 N_{AC}，其方向在力多边形中应首尾相联，如图所示。由图可知，

N_{AD}的方向指向结点，故为压力；N_{AC}的方向背离结点，故为拉力。

其次，取结点 D 为隔离体，作用于此结点的荷载 P 及力 N_{AD}为已知，未知力只有 N_{DE}及 N_{DC}，于是可做出结点 D 的力多边形 $bc21$（图 5-25c），从而确定 N_{DE}及 N_{DC}，两者都是压力。

再取结点 C 为隔离体（图 5-25d），同样可求得 N_{CE}及 N_{CF}。其余各杆的内力可由对称性得出。

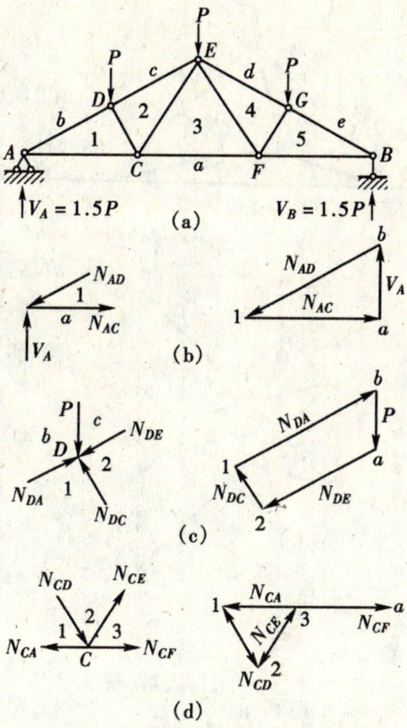

图 5-25　图解法求桁架内力
(a) 桁架及荷载；
(b) 结点 A 隔离体及力多边形；
(c) 结点 D 隔离体及力多边形；
(d) 结点 C 隔离体及力多边形

在上述过程中，对于每个结点都要画一个力多边形。因每根杆件联系着两个结点，故其内力都要画两次，即先在一个结点的力多边形中求得该杆的内力，然后再将其反向在另一个结点的力多边形中作为一条边而重新画上。这样既费事又易积累误差。为了减少重复工作，使每根杆的内力在图解过程中只画一次，我们可设法将各结点的力多边形画在一起，合并成为一个图形。但是，由于各杆的内力对其两端的结点有两个不同的指向，在合并后它们对结点的指向就容易混淆，因此，我们最好能设法在力多边形中不必绘出其指向而能判别其内力的性质。为此，可采用力的区域字母标记法或鲍氏符号法来达到这一目的。规定如下：

（1）在桁架图中，外力（荷载，反力）的作用线和各杆的轴线将桁架平面划分为若干区域，对每个区域各给一个字母或数字作为记号。如图 5-25a 中，各区域用字母 a，b，c，d，e 和数字 1，2，3，4，5 等标出。

（2）每个力都用其作用线两侧的区域记号表示，并规定按绕结点或桁架顺时针方向所遇到的区域记号的次序读力。例如，在结点 A，如图 5-25b 反力 V_A 读作 a-b，杆 AD 作用于结点 A 的力 V_{AD}则读作 b-1，而杆 AC 作用于结点 A 的力 N_{AC}则读作 1-a。

（3）在力多边形中，由前一字母（或数字）到后一字母（或数字）的方向即表示该力的指向。如该力指向结点，则为压力；背离结点，则为拉力。例如，b-1 指向结点故为压力；1-a 背离结点故为拉力。

按上述规定，结合图 5-26 所示桁架，说明图解法的步骤如下：

（1）按一定的比例尺将桁架的几何图形画出，并用数解法求出其支座反力。图 5-26a 所示。

（2）将内力和外力的区域分别以数字或字母标出。如图 5-26a 所示。

（3）按一定的比例尺画出已知外力（荷载和反力）的力多边形。如图 5-26b 中的 $abcdea$。

（4）顺序考虑每个结点，画出相应的力多边形图于同一图中。

首先考虑结点 A，在图 5-26b 中，ea 已画出，自 a 作直线与杆 AF 平行，自 e 作直线与杆 AD 平行，二直线的交点为 f，这样就形成了该结点的闭合力多边形 $eafe$。在力多边形中，不必画出各力的指向，各力由前一字到后一字的方向即表示该力的指向。例如，af 指向结

点 A 故为压力，fe 离开结点 A 故为拉力。

其次考虑结点 F，fa 及 ab 已画出，自 b 作直线与杆 FC 平行，自 f 作直线与杆 FD 平行，二直线交点即为 g 点，bg 指向结点 F 故为压力，gf 也指向结点 F 亦为压力。

值得指出的是，由于采用上述区域字母标记法表示力时，对每个结点都采取同样的顺时针次序，故前面对于结点 A 的力 af 对于结点 F 就变为 fa，二者均为指向结点，故所表示的内力性质都为压力。这表明不论从哪个结点来判断内力的性质，结果都是一样的。

我们若按结点 A、F、D、C、E、G 的顺序进行，则待到取结点 G 时，发现各结点位置都已确定，而 dj 应与杆 GB 平行，依此可校核作图的准确性。

由上述作图方法可以看出，每一个力对应内力图上一条线，每一个区域对应一个点，每一个结点对应一个闭合的力多边形。每取一个结点，要作两条直线平行于轴力未知的两个杆，其交点就是两个未知轴力所夹的区域。所以要确定两个未知轴力，就是要确定与之对应的两个杆所夹区域在图上的位置。各区域在图上的位置全部定出后，内力图即告完成。因此，作内力图时，实际上不必从每个结点的平衡考虑，只需在图中定出代表各内力区域的数字（或字母）的位置。为此，可以按照下述一种机械方法进行，即由一个结点上的两个相隔（被所求区域隔开）区域数字（或字母）的已知位置，分别作与杆件相平行的直线，其交点即为两杆所夹区域的位置。例如，从结点 A 来看，由 e、a 两点分别作与杆 AD 和 AF 相平行的直线即可定出点 f；再从结点 F 来看，由 b、f 两点分别作与杆 FC 和 FD 相平行的直线即可定出点 g。同理可定出所有点的位置。

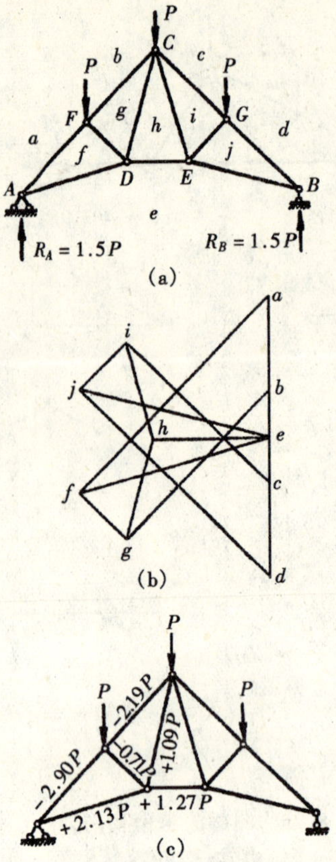

图 5-26　图解法求内力

(a) 桁架、荷载及编号；

(b) 桁架内力图；

(c) 各杆内力

上述图解法是先后由麦克斯韦（Maxwell）及克利莫那（Cremona）所创，故如图 5-26b 所示的力多边形图亦称麦氏图或克氏图，通常称为桁架内力图。

(5) 为清楚起见，最后可将各杆内力大小自桁架内力图中量出并判明其拉压性质，写于桁架图中（图 5-26c）。

图解法对于杆数较多而形状又不规则的简单桁架最为适宜，它避免了繁杂的计算。对于联合桁架，应用图解法时，在某些结点上会遇到两个以上的未知力。此时，可配合以数解法将联合杆件的内力求出（例如图 5-18a 所示联合桁架可用截面法先将 DE 杆内力求出），然后再用图解法进行即无困难。

§ 5-6　几种桁架受力性能的比较

上面我们讨论了静定平面桁内力的分析方法——数解法和图解法。从中可以看出，桁架的外形对于杆件内力的分布有很大的影响。在设计时，根据这些影响选择适当形式的桁架是很重要的。

为了更好地理解各种形式的桁架的受力性能，下面就工程实际中常用的两类桁架，梁式桁架（平行弦桁架、三角形桁架和抛物线形桁架）和拱式桁架的受力情况作一比较。

一、梁式桁架

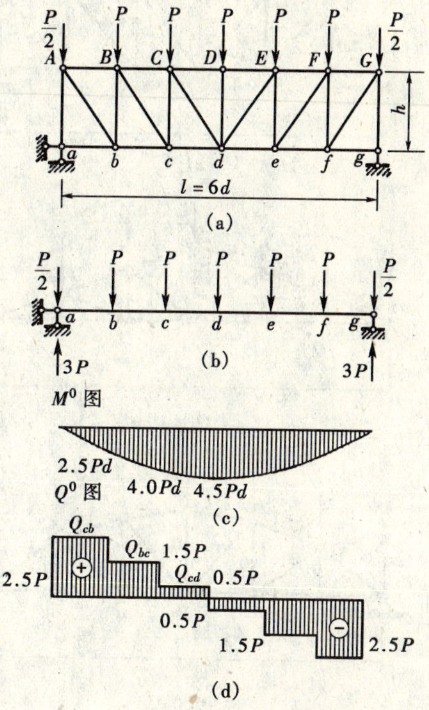

图 5-27　桁架的内力分布
(a) 平行弦桁架及荷载；
(b) 相应简支梁；
(c) M^0 图；(d) Q^0 图

首先讨论平行弦桁架（图 5-27a）当上弦承受均布荷载时（图中已将均布荷载化为结点荷载）各杆内力的分布规律。

（1）弦杆轴力

弦杆是组成桁架外围的杆件，包括上弦杆和下弦杆。计算弦杆时，应用力矩平衡方程，矩心取在各桁架结点。力臂等于桁架高度 h。设与桁架同跨度、同荷载的简支梁（图 5-27b）相应于各结点处的截面弯矩为 M^0，则弦杆轴力可表示为

$$N = \pm \frac{M^0}{h} \tag{5-1}$$

上弦受压，式中取负号；下弦受拉，式中取正号。在均布竖向荷载作用下，M^0 图如图5-27c所示，因为平行弦桁架各弦杆的内力与相应结点处 M^0 值是成比例的，所以中间弦杆的轴力大，两端弦杆的轴力小。

（2）腹杆内力

桁架内部的杆件称为腹杆，包括竖杆和斜杆。由竖向投影方程得知，斜杆的竖向分力和斜杆的轴力分别等于简支梁相应节间的剪力 Q^0，即

$$Y = \pm Q^0 \tag{5-2}$$

这里斜杆受拉，竖杆受压。在均布竖向荷载作用下，Q^0 图如图 5-27d 所示。可见腹杆内力中间杆件小、两端杆件大。

图 5-28a 给出了平行弦桁架各杆内力的数值，假设节间长度 d 与桁架高度 h 相等，并将结点荷载取为 $P=1$。

以上分析表明，平行弦梁式桁架与梁之间有许多类似之点。桁架弦杆主要承受的弯矩，相当于工字梁中翼缘的作用。腹杆主要承受梁的剪力，相当于工字梁中腹板的作用。但不同的是桁架中每一杆件的应力沿截面为均匀分布，且上下弦杆间力臂较大，因而能有效地承受较大的荷载。桁架在外形上象一根大梁，实际上是由许多链杆所组成，整体承受弯矩和剪力，局部只受轴力。这就是平行弦梁式桁架的受力特点。平行弦梁式桁架也可以叫做格构式梁。

对于非平行弦桁架，弦杆轴力仍可表示为

$$N = \pm \frac{M^0}{r}$$

其中 r 表示由矩心到弦杆的力臂，与式（5-1）相比 r 并非常数。

在三角形桁架中（图 5-28b），弦杆所对应的力臂由中间往两端按直线规律变化。力臂 r

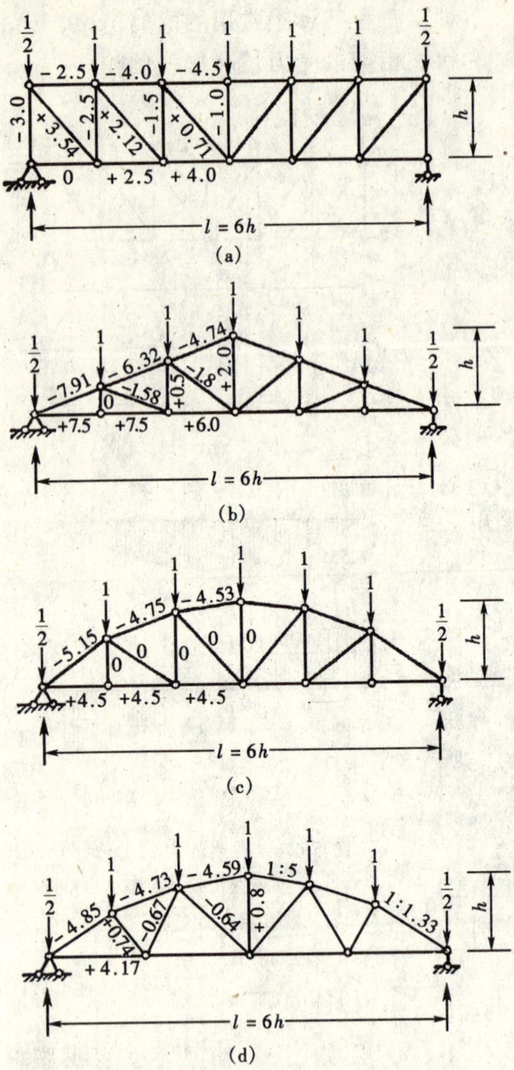

图 5-28　桁架各杆内力分布

(a) 平行弦桁架各杆内力；(b) 三角形桁架各杆内力；(c) 抛物线形桁架各杆内力；(d) 折线形桁架各杆内力

向两端减小比 M^0 要快，$\frac{M^0}{r}$往两端渐增，所以愈向两端弦杆内力愈大。至于腹杆，由截面法可看出，斜杆受压，竖杆受拉。从图 5-28b 中可以看出，愈近中间，腹杆内力愈大。

在抛物线形桁架中（图 5-28c），竖杆的长度和均布竖向荷载作用下对应的弯矩 M^0 都按抛物线规律变化，两者的增减速度相同。我们知道，下弦杆的内力和上弦杆的水平分力各等于其矩心处相对应的弯矩 M^0 除以该处的竖杆长度，因而下弦杆的内力和各上弦杆的水平分力都大小相等，从而上弦杆的内力也近乎相等。至于腹杆，由截面法可知，斜杆的内力为零，竖杆的内力等于零（当上弦结点承受荷载时）或等于结点所承受的荷载（当下弦结点承受荷载时）。

由上面的分析可以得出如下的结论：

(1) 平行弦桁架（图 5-28a）的内力分布不均匀，弦杆的内力向跨度中间增加，因而弦杆截面是变化的，如用同样的截面，虽然浪费材料，制作复杂，但构造上也有它的优点，如结点构造划一，腹杆标准化等。平行弦多用于轻型桁架，这样便于采用截面一致的弦杆，而不致有很大的浪费。厂房中的吊车梁（12m 以上）、闸门等常用这种桁架。

(2) 三角形桁架（图 5-28b）的内力分布也不均匀。弦杆的内力近支座处最大，且端结点夹角很小，构造复杂，但两面斜坡的外形符合屋顶构造的需要，适于双坡排水，所以三角形桁架只在屋架中采用，适用于跨度小、坡度大的屋架。木屋架常采用这种形式，斜杆受压，用木料制作；竖杆受拉，用钢材制作。在钢筋混凝土屋架中，变化腹杆的布置，使压杆短而拉杆长。压杆采用钢筋混凝土，拉杆采用钢材，充分发挥各自的长处。

(3) 抛物线形桁架（图 5-28c）弦杆的内力分布均匀，从受力角度来看是比较合理的桁架形式，但是构造和施工复杂。在大跨度的屋架（18m、30m）和桥梁（100m、150m）中，节约材料的意义较大，故常采用抛物线形桁架。

(4) 折线形桁架（图 5-28d）是目前钢筋混凝土屋架中采用得较多的一种形式。它是三角形桁架与抛物线形桁架的一种中间形式。由于上弦改成折线，端节间上弦杆的坡度比三角形桁架加大，因而使力臂 r 向两端减小得慢一些，减小了弦杆，特别是端弦杆的内力；又克服了抛物线形桁架上弦转折太多的缺点，施工制作方便，所以在中等跨度（18m、24m）的厂房屋架中，采用得较多。

二、拱式桁架

拱式桁架兼有桁架和拱的优点，可用于跨度较大的房屋、桥梁结构。实际工程结构中，静定的拱式桁架较少采用，下面仅通过三个静定体系在竖向荷载作用下的受力分析，说明拱式桁架的某些特点。图 5-29a、b、c 所示均为对称结构，跨度 $l=6d$，图 5-29a 是三铰拱式桁架，图 5-29b 是链拱下承桁架，图 5-29c 是链拱上承桁架（其几何组成属复杂体系）。后两者中的梁式桁架部分是柔性链拱的加劲构造，它将荷载传递给链拱，拱链结点都落在二次抛物线上。

今设竖向均布荷载化为各结点荷载 $P=1$，作用位置如图 5-29 所示。三个结构在计算方面的共同之处是：

（1）按静定三铰拱式结构计算水平推力 $H=\frac{M_C^0}{f}$，且均等于 2.25。这里 H 对于图 5-29b、c 是拱链轴力的水平分力，由拱链各结点的水平投影平衡条件可知，每根链杆的倾角虽然不等，但其水平分力相等，M_C^0 是桁架的相应简支梁跨中 C 点处的弯矩值；矢高 f 是（链）拱顶点至支座连线（在图 5-29c 中是投影点 A'、B' 的连线）的距离。这一推力计算对于图5-29c，是将两端链杆轴力分别在点 A'、B' 处分解成水平分量 H 和竖直分量 Y_A、Y_B 并令

$$V_A + Y_A = V_A^0$$

$$V_B + Y_B = V_B^0$$

为组合竖向反力，然后按简支梁计算出 M_C^0 而实现的。

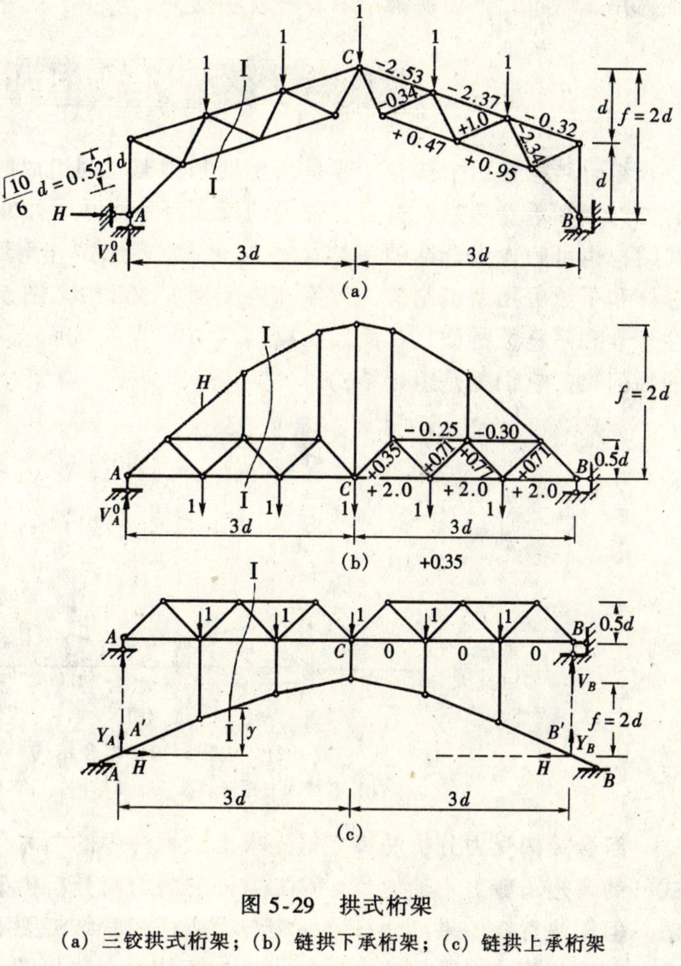

图 5-29　拱式桁架

（a）三铰拱式桁架；（b）链拱下承桁架；（c）链拱上承桁架

（2）拱链各杆压力可由 H 推求，竖向吊杆内力可由拱链各结点推求。

（3）三个拱式结构的桁架部分；弦杆内力可用截面法力矩平衡方程求解，并均可写成

$$N_x = \pm \frac{1}{h}\left[M_i^0 - Hy_i \right] \tag{5-3}$$

其中 h 是桁架平行弦的间距，yi 在图 5-29a、b 中是力矩点 i 至水平分力 H 的竖直距离，在

图 5-29c 中是对应于力矩点的链杆水平分力 H 至底线 $A'B'$ 之距离。至于桁架的斜腹杆内力，均可用投影平衡方程求得。

三个拱式结构在内力分布方面（图 5-29 中注有桁架杆件内力值）的差别如下：

（1）图 5-29a 的三铰拱式桁架中绝大部分杆件受压力，共同起着实体拱的作用，且重要的受压杆位于抛物线（压力线）附近；内力的分布当然与结构几何尺寸，特别是高跨比 $\frac{f}{l}$ 的大小有关。

（2）图 5-29b 中的桁架下弦承受着相等的拉力，承担了推力 H 的大部分，支座则无水平反力；腹杆均承受拉力，传递竖向荷载。

（3）图 5-29c 中桁架弦杆的内力，由式（5-3）可证明为零，故桁架各斜杆内力亦为零，表示它们此时未参与拱的工作，荷载由竖杆传递到二次抛物线拱链，使其成为合理拱轴。若荷载并非均布，则加劲桁架中各杆就将受力。

§5-7 组合结构的内力计算

组合结构是由桁架和梁或是由桁架和刚架共同组成的结构。即组合结构是由只承受轴力的二力杆和承受弯矩、剪力、轴力的梁式杆所组成。用承受拉力的悬索和加劲梁构成的悬吊式结构也可归入组合结构一类。图 5-30a 为下撑式五角形屋架，其上弦为钢筋混凝土斜梁，竖杆和下弦可用型钢制成，计算简图于图 5-30b 中。图 5-30c 为一悬吊式桥梁计算简图，柔性悬索和吊杆为链杆，桥面加劲梁则具有相当的截面抗弯刚度。图 5-31 所示为施工时采用的临门架，它们都是组合结构。

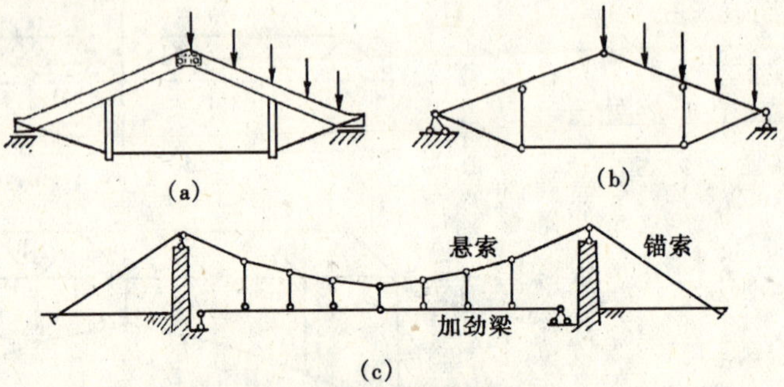

图 5-30 组合结构

(a)、(b) 下撑式五角形屋架及计算简图；(c) 悬吊式桥梁计算简图

组合结构受力分析的特点是先求出二力杆中的内力，并将其作用于梁式杆上，再计算梁式杆的弯矩、剪力、轴力。计算二力杆的内力与分析桁架的内力一样，可以用结点法及截面法。但需注意，如果二力杆的一端与梁式杆相联结，则不能不加分辨地引用前面所讲述的关于结点平衡特殊情况的结论来判定二力杆的内力。如图 5-31 中的 E 结点，由于 CE 不是二力杆，因此不能认为 ED 杆的内力就是 P。

组合结构由于在梁式杆上装置了若干个二力杆，故可使梁式杆的支点间距减小或产生负弯矩，使梁式杆的弯矩减小，改善了受弯杆件的工作状态，从而达到节约材料及增加刚度的目的。梁式杆及二力杆还可用不同材料，如梁式杆用钢筋混凝土，二力杆用钢材制作。当跨度大时，加劲梁还可改用加劲桁架。

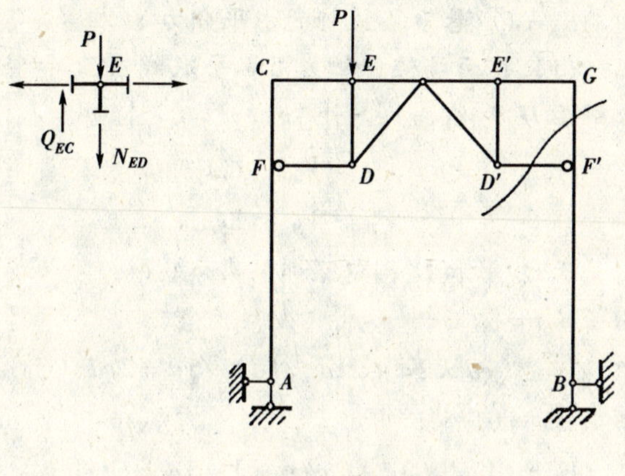

图 5-31　组合结构受力特点

例 5-7　试计算静定组合结构（图 5-32a）中二力杆的轴力并绘出梁式杆的弯矩图。

解

（1）支座反力

$$H_A = 0, V_A = V_B = 60\text{kN}$$

（2）计算二力杆轴力

因 $H_A = 0$，故可利用结构及受力情况的对称性质，只计算左半结构的内力。取Ⅰ-Ⅰ截面以左部分为隔离体，如图 5-32b 所示，以铰 c 为矩心建立力矩平衡方程，得

$$\Sigma M_c = N_{DE} \times 1.2 - 60 \times 6 + 10 \times 6 \times 3 = 0$$

$$N_{DE} = 150\text{kN}(拉力)$$

以结点 D 为隔离体，由 $\Sigma X = 0$，$\Sigma Y = 0$ 分别解得 $H_{AD} = 150\text{kN}$，$N_{FD} = -60\text{kN}$，再利用比例关系，得

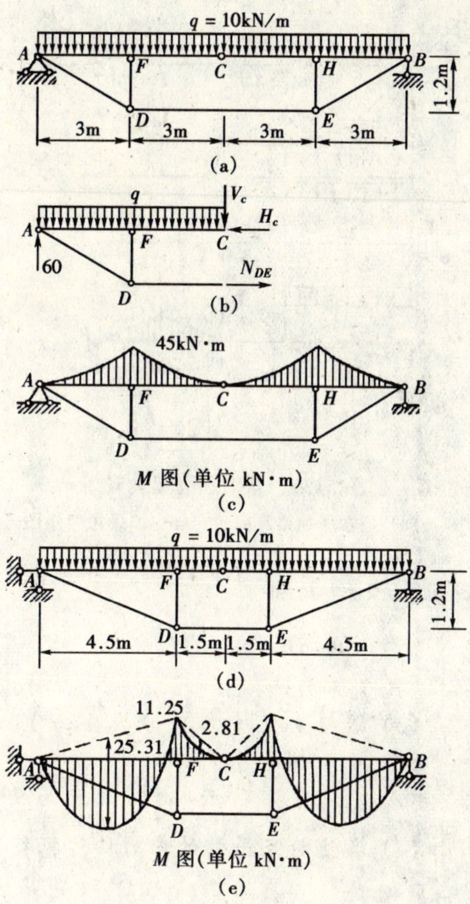

图 5-32　组合结构的内力计算

（a）组合结构及荷载；（b）*ADFC* 隔离体；（c）*M* 图；（d）*FD*、*HE* 杆移动位置；（e）*M* 图

$$N_{AD} = \frac{\sqrt{3^2 + 1.2^2}}{3} H_{AD} = 161.55\text{kN}(拉力)$$

由于对称性，可知

$$N_{HE} = N_{FD} = -60\text{kN}(压力)$$

$$N_{EB} = N_{AD} = 161.55\text{kN}(拉力)$$

（3）绘梁式杆的弯矩图

将 N_{AD}、N_{FD}、N_{HE}、N_{BE} 杆的轴力作用于梁式杆上，并绘出 M 图如图 5-32c 所示。从弯矩图看到本例的梁式杆只承受负弯矩且沿杆长分布不均匀。如果将二力杆 *FD*、*HE* 的位置移动到图 5-32d 所示，弯矩图即改变成图 5-32e 中的形状，这样，梁式杆上的弯矩分布便比较均匀。

例 5-8　试求图 5-33a 所示悬索加劲梁中各杆内力。

解　本结构并非对称，链杆 3 位于水平，链杆 2、4 的倾斜度 $\text{tg}\alpha_1 = \dfrac{1}{5}$，链杆 1、5 的倾斜

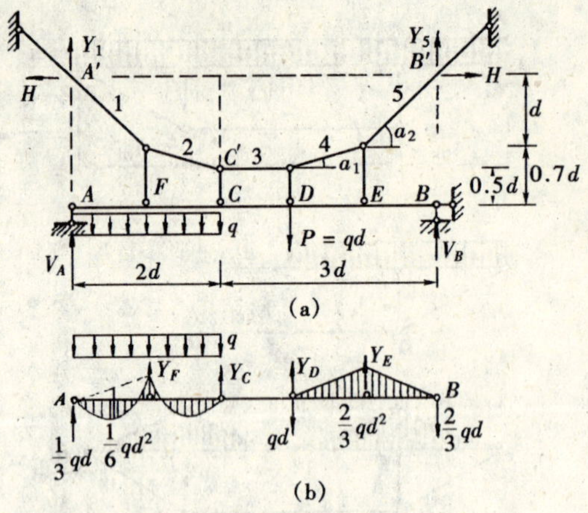

图 5-33 悬索加劲梁的计算

(a) 悬索加劲梁及荷载；(b) 加劲梁弯矩图

度 $\text{tg}\alpha_2 = 1$。悬索各链杆的水平分力 H 相等。

(1) 将两端链杆拉力沿水平底线 $A'B'$ 和竖向分解为 H 和 Y_1、Y_5，并令

$$V_A^0 = V_A + Y_1,$$

$$V_B^0 = V_B + Y_5$$

引截面过 A' 和 B'，取下部隔离体，

由 $\Sigma M_{B'} = 0$，得

$$V_A^0 = (qd \times 2d + 2qd \times 4d)/5d = 2qd\ (\uparrow)$$

由 $\Sigma M_{A'} = 0$，得

$$V_B^0 = (qd \times 3d + 2qd \times d)/5d = qd\ (\uparrow)$$

(2) 引截面过铰 C 和链杆 3，由左部隔离体平衡条件 $\Sigma M_C = 0$:

$$Hf = V_A^0 \times 2d - 2qd^2$$

因 $f = 1.2d$，故得

$$H = \frac{5}{3}qd$$

(3) 链杆 1、5 的竖向分力 $Y_1 = Y_5 = H\text{tg}\alpha_2 = \frac{5}{3}qd$，故

$$V_A = V_A^0 - Y_1 = \frac{1}{3}qd(\uparrow), V_B = V_B^0 - Y_5 = -\frac{2}{3}qd(\downarrow)$$

(4) 各链杆及吊杆的内力均可根据 H 由结点平衡条件推求，如

$$N_1 = \frac{5}{3}\sqrt{2}qd$$

$$N_2 = H/\cos\alpha_1 = \frac{\sqrt{26}}{3}qd$$

$$Y_F = Y_E = H(\text{tg}\alpha_2 - \text{tg}\alpha_1) = \frac{4}{3}qd$$

$$Y_C = Y_D = H\text{tg}\alpha_1 = \frac{1}{3}qd$$

并可校核整体平衡条件满足

$$\Sigma Y = 0$$

(5) 根据上面求得的诸力，可做出加劲梁 ACB 的弯矩图，如图 5-33b 所示。

若本题底线 $A'B'$ 不是水平，则可将两端链杆拉力沿 $A'B'$ 斜向和竖向分解为 H' 和 Y'，按同法计算。

§5-8 零荷载法分析体系的几何组成性质

从第二章体系的几何组成分析中已知，体系的自由度 $W > 0$ 和 $W < 0$ 的情况比较容易判断其几何不变性，但 $W = 0$ 的体系仅有保持几何不变所必须的最少约束数，是否几何不变，

需用简单组成规则进一步分析。我们所遇到的多数工程结构，其几何构造性质用简单组成规则即可进行分析。但是也有一些结构，用简单组成规则是无法分析的，此时可采用其他一些方法来进行分析，其中较方便的一种是零荷载法。

零荷载法是以静定结构内力解答的惟一性为根据建立的。$W=0$ 的体系，若是几何不变的，则其内力是静定的，当荷载为零时，显然所有反力和内力均为零能满足平衡条件。而对于静定结构这就是惟一的解答，此外再无其他任何非零的解答存在（例如图 5-34a 所示体系）。反之，$W=0$ 的体系，若是几何可变的或瞬变时，则必有多余联系存在，因而其内力是超静定的，在零荷载下内力将为不定值，也就是除了零内力外，还有其他非零的任意解答也能满足平衡条件（如图 5-34b 和 c 所示）。因此，对于 $W=0$ 的体系，平衡方程的解答是否惟一，是该体系是否几何不变的标志。

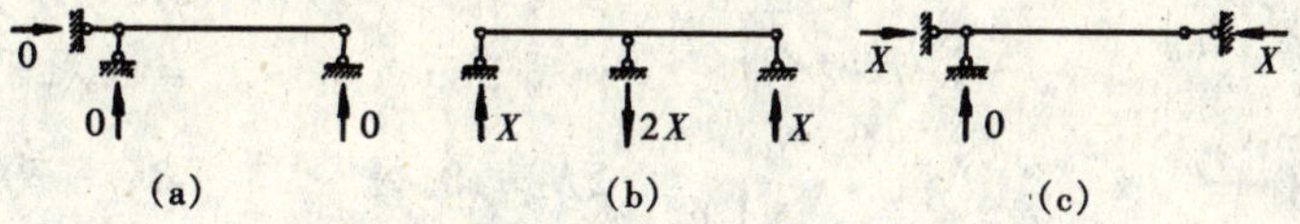

图 5-34　零荷载法

(a) 有惟一的解；(b)、(c) 有非零的任意解

检查平衡方程解答的惟一性时，可以任取一种特殊荷载来进行。最简单的荷载是零荷载，因此，零荷载法的作法可说明如下：对于 $W=0$ 的体系，如果是几何不变的，则在荷载为零的情况下，它的全部内力都为零；反之，如果是几何可变的，则在荷载为零的情况下，它的某些内力可不为零。

把几何组成分析问题转化为静力计算问题，这是零荷载法的特点。它为研究复杂体系的几何组成性质提供了一个新的有效的途径。

例 5-9　用零荷载检验图 5-35 所示桁架的几何不变性。

解　此体系为 $W=0$，因此可采用零荷载法。

在零载下，可以直接判断支座反力为零，又 N_{GE}、N_{GF}、N_{HA}、N_{HI}都为零。余下的部分见图 5-35b。其中在每个结点，有三个或三个以上的杆件相交，用结点法不能简便地求出内力。为此可预设 AB 杆的轴力 $N_{AB}=X$，X 称为初参数。然后根据初参数 X 再求其他杆内力，就可直接应用结点法，而不需解联立方程。

下面按照 B、C、D、E、F 的次序应用结点法：

由结点 B 和 C，得出　$$N_{BC}=N_{CD}=X$$

由结点 D，得　$$N_{DE}=-\frac{\sqrt{2}}{2}X$$

由结点 E，得　$$N_{EF}=-\frac{X}{2}$$

由结点 F，得　$$N_{AF}=-\frac{\sqrt{2}}{2}X$$

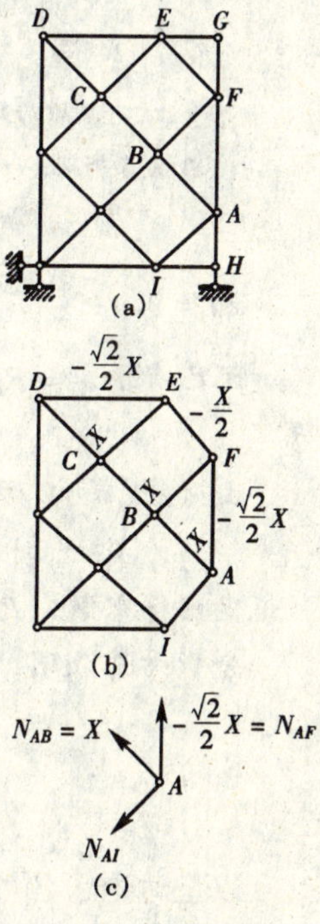

图 5-35　零荷载法检验桁架的几何不变性

(a) 复杂桁架；(b) 零载下桁架杆内力；(c) 结点 A 的隔离体

经过这一圈之后，最后回到结点 A。结点 A 的隔离体图如图 5-35c 所示。这里只有两个待定值，即 X 和 N_{AI}，因此可利用结点的平衡方程求出 X。实际上，沿 AB 杆方向可列出投影平衡方程如下：

$$X - \frac{1}{2}X = 0$$

由此可知，初参数 X 应为零。由此进一步得出各杆轴力全部为零，即不可能存在任何非零内力，因此体系是几何不变的。

上面采用的方法称作初参数法或通路法。

在分析复杂桁架的几何不变性或者在给定荷载下计算复杂桁架的内力时，通路法是一种有效的方法。

例 5-10 用零荷载法检验图 5-36a 所示桁架的几何不变性。

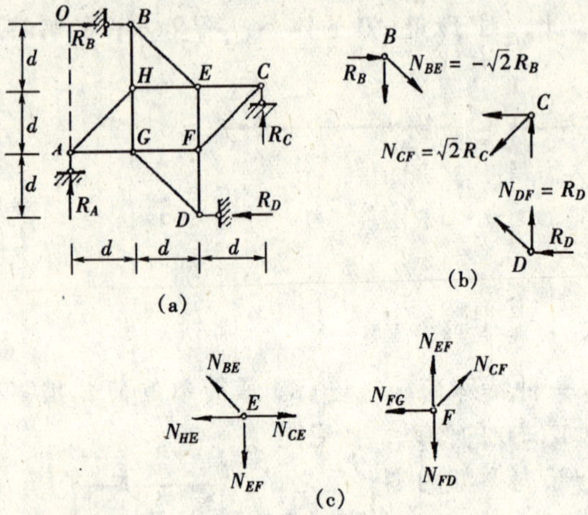

图 5-36 零荷载法检验桁架的几何不变性

(a) 复杂桁架；(b) 结点 B、C、D 隔离体；(c) 结点 E、F 的隔离体

解 此体系为铰结链杆体系，自由度为

$$W = 2 \times 8 - 12 - 4 = 0$$

当荷载为零时，设以反力 R_C、R_D 为未知数，如图 5-36a 所示，当满足平衡条件时，由

$$\Sigma X = 0, 得 \qquad R_B = R_D$$

$$由 \Sigma M_0 = 0, 得 \qquad R_D = R_C \tag{a}$$

由支座结点 B、C、D 的投影平衡方程可求得有关各杆轴力与反力的关系式，如图 5-36b 所示。再由结点 E 的平衡条件求竖杆 EF 的轴力（图 5-36c）：

$$\Sigma Y = 0, N_{EF} = N_{BE} \times \frac{\sqrt{2}}{2} = -R_B$$

由结点 F 的平衡条件求竖杆 FD 的轴力：

$$\Sigma Y = 0, \qquad N_{FD} = N_{EF} + \frac{\sqrt{2}}{2}N_{CF} = -R_D + R_C$$

因已有 $N_{FD} = R_D$（见图 5-36b），故有

$$2R_D = R_C \tag{b}$$

由（a）、（b）两式得

$$2R_D = R_D$$

显然得零解：$R_D = 0$；$R_C = 0$

分析结果表明，体系的反力和内力均满足解答惟一性定理，故为几何不变体系。

§5-9 静定结构的特性

以上讨论了各类静定结构的计算，总结这些结构的一般性质，容易得出如下结论：几何不变且无多余联系是静定结构的几何组成特性。满足平衡条件的反力和内力解答的惟一性是静定结构的基本静力特性。也就是说，静定结构没有多余的联系，它的全部反力和内力只用静力平衡条件就可以完全确定，并且解答是惟一的。

下面讨论静定结构由基本静力特性派生出来的一些特性。

（1）在非荷载因素（如温度变化、支座移动、制造误差和材料收缩等）作用下，静定结构只产生位移，不引起内力。

如图 5-37a 所示简支梁，当支座 A 下沉 Δ 时，梁没有变形，仅仅绕支座 B 发生刚体转动，既没有反力也没有内力产生。可以想像将支座 A 的链杆去掉，让 AB 梁绕 B 点自由转动，直到 A 点到达 A' 点时再把链杆安上，在此过程中梁不会有内力产生。因此，梁的反力和内力为零是满足平衡条件的惟一正确解答。

如图 5-37b 所示静定桁架，当温度上升（或下降）时，桁架各杆可以自由伸长（或缩短），因而只发生位移，而不会产生内力。

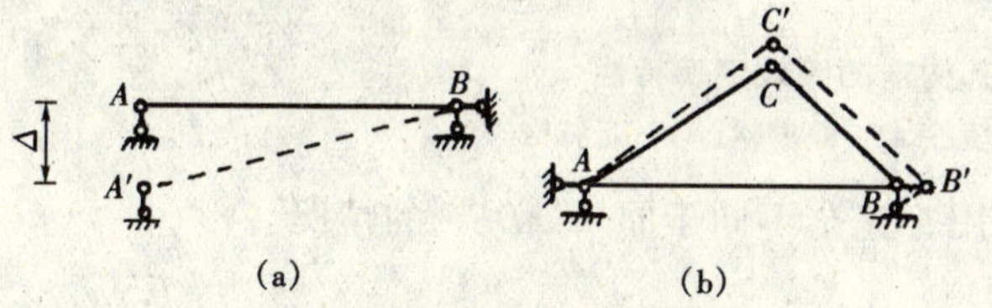

图 5-37　静定结构的特性

(a) 简支梁支座移动；(b) 桁架杆伸缩

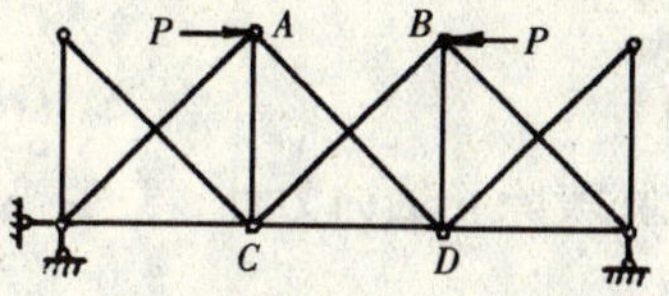

图 5-38　静定桁架受平衡力系作用

(2) 当构成平衡力系的一组荷载作用于静定结构的某一几何不变部分时，结构其余部分不会因此产生内力。

如图 5-38 所示静定桁架，其中 $ABCD$ 部分为桁架的一个几何不变部分，受有平衡力系的作用。只有 $ABCD$ 范围内的杆件产生内力，而桁架的其余部分的内力为零，支座反力也为零。这种内力状态能够满足结构整体和局部的平衡条件，因此，是惟一正确的解答。

(3) 作用于静定结构某一几何不变部分上的荷载作等效变换时，其影响范围仅限于这一部分。即只有此部分的内力发生变化，而结构其余部分内力和支座反力保持不变。

如图 5-39a 所示多跨静定梁，附属部分上的一段梁 AB 是几何不变部分，在 AB 的中点 C 作用一集中荷载 P。将荷载作等效变换如图 5-39b 所示。除 AB 段内力重新分布外，多跨梁其余部分的内力和支座反力均保持不变。为说明静定结构的这一特性，取图 5-39c 所示的平衡力系作用于 AB 部分，由前述特性 (2) 可知，结构其余部分的内力为零。将图 5-39c 与图 5-39b相叠加就得到图 5-39a，由此可见，对于计算结构其余部分的内力和支座反力，图 5-39a 和图 5-39b 中的荷载完全是等效的。

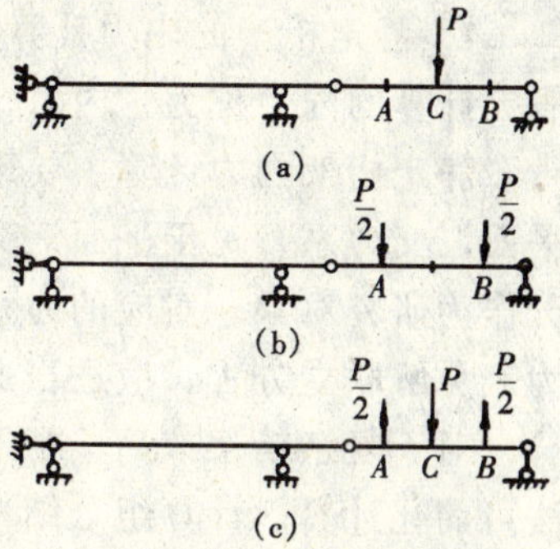

图 5-39　静定结构的等效变换特性

(a) 多跨静定梁及荷载；(b) 荷载作等效变换；(c) 平衡力系作用

(4) 静定结构内作局部构造上的等效变换时，其余部分的约束反力及内力保持不变

局部构造的等效变换是指局部几何组成的改变，但不改变该部分与其他部分联系处的约束性质；若结构原来的荷载及其作用位置也保持不变，则其他部分的约束力与内力不变，改变的仅是该局部的内力。例如图 5-40a 所示桁架在荷载 P_1、P_2 作用下处于平衡状态，取出其中几何不变的 $ADEF$ 部分，将其变换为具有刚性结点 E 的竖柱 AEF（隔离体如图 5-40b）。由于 AEF 为几何不变部分，它与其他部分的联系与原结构情况相同，如图 5-40c 所示，原有荷载情况也保持不变，显然按新结构（图 5-40c）求出的包括 N_{FC}、N_{DC} 及 H_A、V_A 在内的其他约束力与原结构（图 5-40a）中的相等，而等效变换后的构件 AEF 中，AE、ED、EF

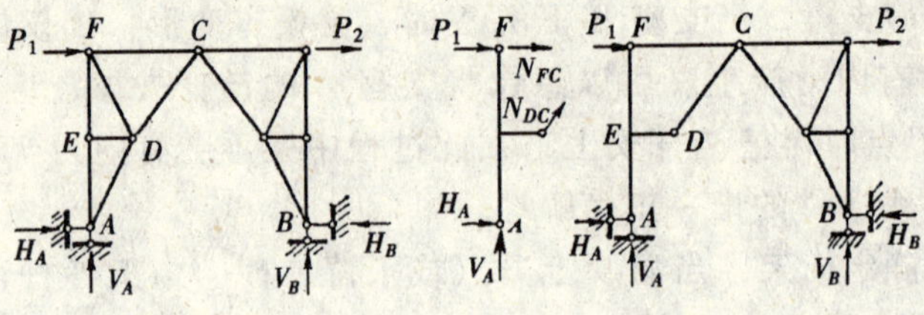

图 5-40　局部构造的等效变换特性

(a) 原结构；(b) 竖柱 *AEF* 隔离体；(c) 新结构

三杆段除受轴向力外，还受弯矩、剪力作用，完全不同于原来 *ADEF* 的情况。

本 章 小 结

本章讨论了静定平面桁架及组合结构的内力计算。桁架属于链杆体系，各杆都是两端铰结的二力杆，只承受轴向拉力或压力。因此各杆截面上只产生均匀的法向应力，受力状态比较合理，是理想的结构形式之一。结构自重比较轻，因而可以跨越较大的跨度。分析静定平面桁架的内力时，宜先从分析结构的几何组成入手，这样便于选择恰当的计算方法；然后要注意选好隔离体及其平衡条件。现将本章内容归纳如下：

1. 静定桁架的内力计算是在假定桁架符合基本假设的前提下进行的。我们将符合桁架假定计算的内力称为主内力，与桁架假定不同而产生的附加内力称为次内力。

静定桁架内力计算主要采用结点法与截面法。结点法的研究对象为结点，对应的力系为平面汇交力系，对于平面汇交力系只能列出两个独立的平衡方程。截面法是以桁架的某一部分作为研究对象，对应的力系为平面任意力系，对于平面任意力系有 3 个独立的平衡方程。为避免解联立方程，应适当选择投影轴或矩心，尽量使每个平衡方程只包含一个未知力。

对于复杂桁架或简单桁架与联合桁架中的某些特殊情况，灵活地联合运用结点法和截面法可简化计算。计算组合结构的内力时，应按与几何组成相反的顺序进行计算，先求出轴力杆的内力，再计算梁式杆的内力。计算时要注意分清轴力杆及梁式杆。轴力杆只承受轴力，梁式杆除承受轴力之外，还有弯矩和剪力。

2. 在分析桁架内力时，也常应用图解法。图解法的实质是结点法，即用图解法来代替结点法的计算过程。图解法的基本原理，是根据平面汇交力系的平衡条件，逐个截取结点为对象，作相应的封闭的力多边形，以确定各杆的内力。

3. 利用对称桁架的对称性质，往往可使计算得到简化。对称桁架在对称荷载作用下，对称杆件的轴力是对称的，即大小相等拉压一致；在反对称荷载作用下，对称杆件的轴力是反对称的，即大小相等拉压相反。对某些桁架尚可进一步利用这一结论来判别零杆。若对称桁架上作用有一般荷载，为了利用对称性，可将一般荷载事先分解成对称荷载组和反对称荷载组，分别计算，然后将结果叠加。

习　题

5-1　试指出桁架中的零杆。

5-2～5-11　用数解法求指定各杆轴力。

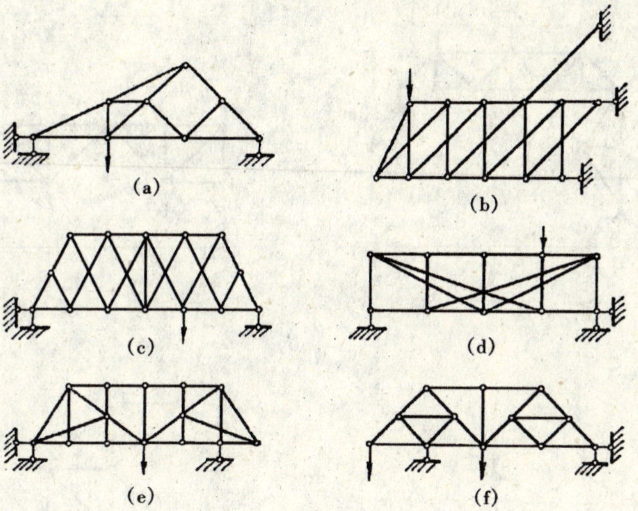

题 5-1 图

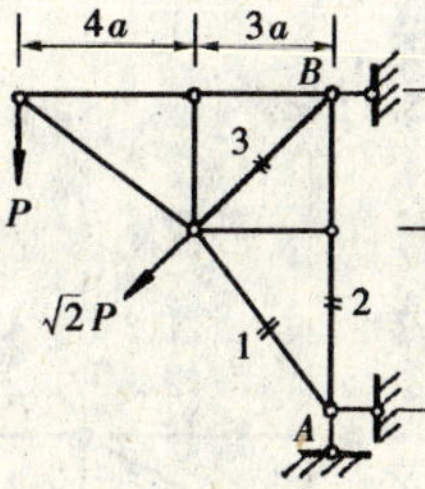

题 5-2 图

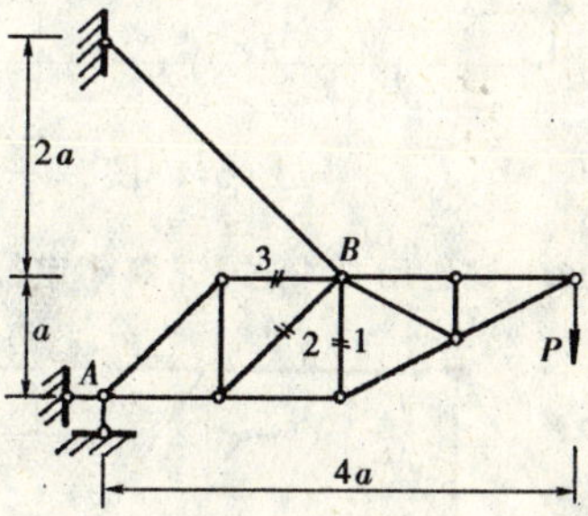

题 5-3 图

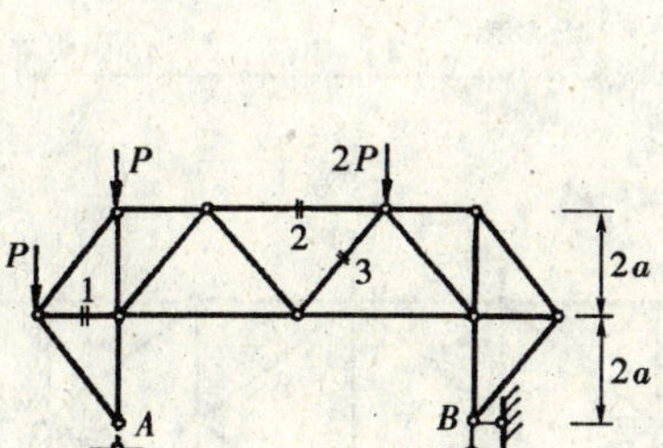

题 5-4 图

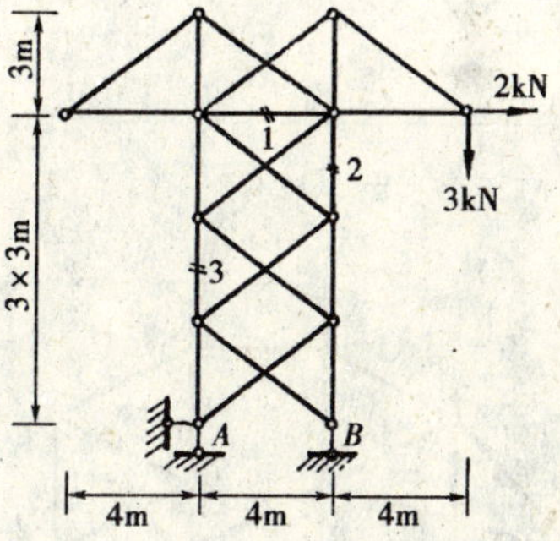

题 5-5 图

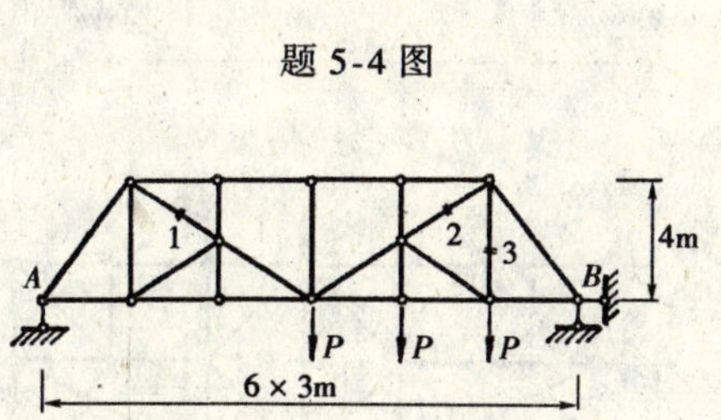

题 5-6 图

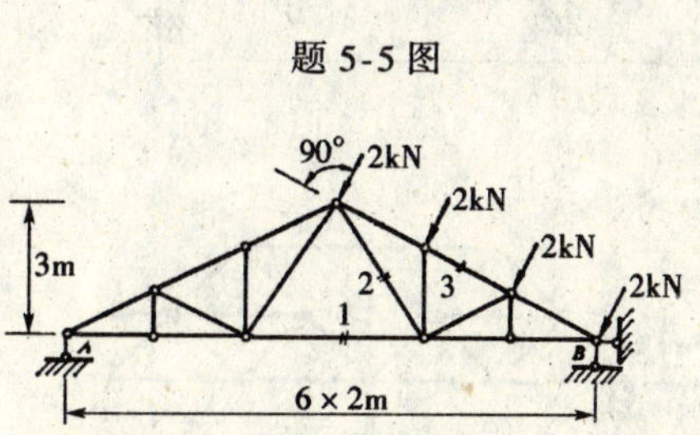

题 5-7 图

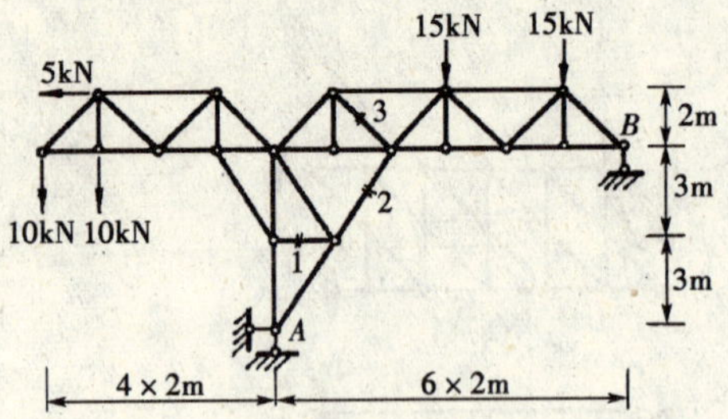

题 5-8 图

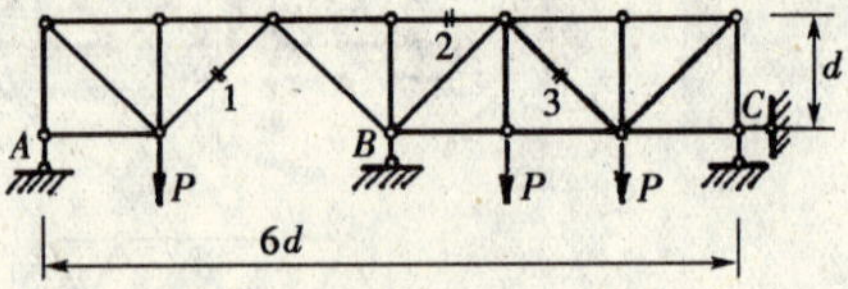

题 5-9 图

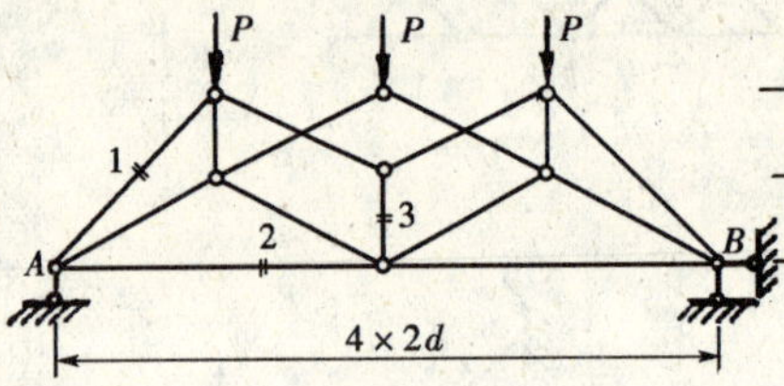

题 5-10 图

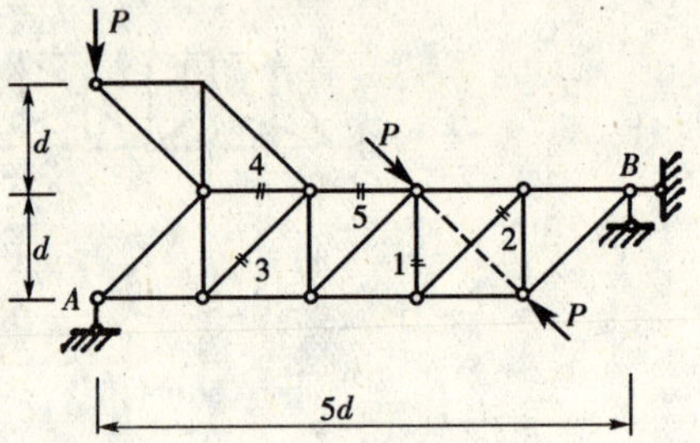

题 5-11 图

5-12 ~ 5-18 试选用两种途径求解指定杆轴力。

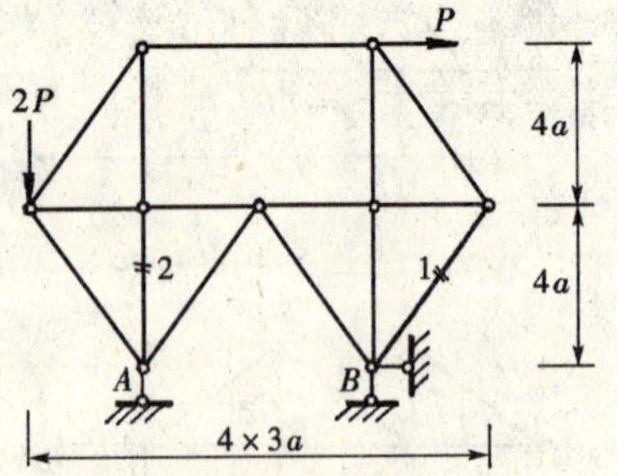

题 5-12 图

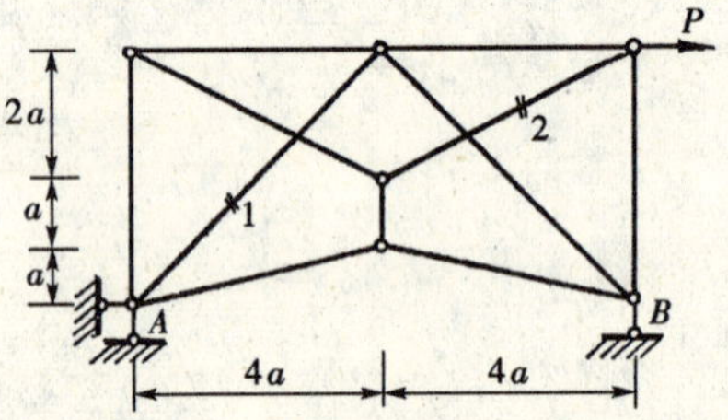

题 5-13 图

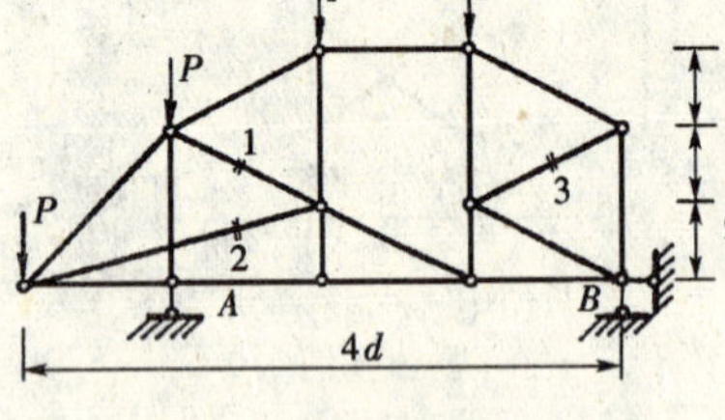

题 5-14 图

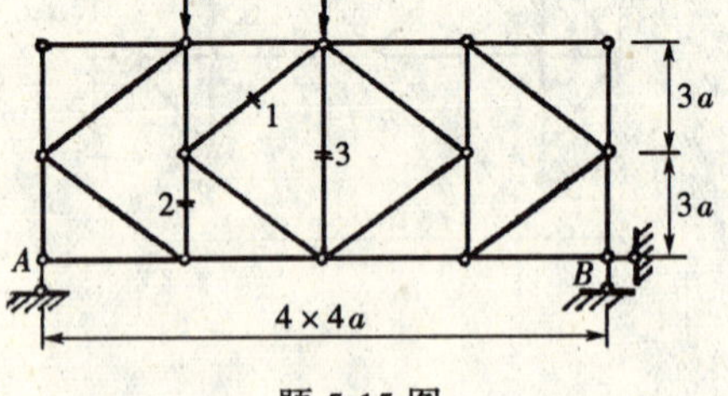

题 5-15 图

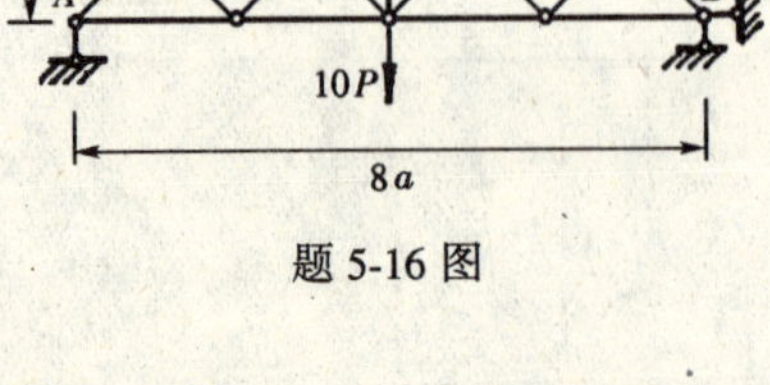

题 5-16 图

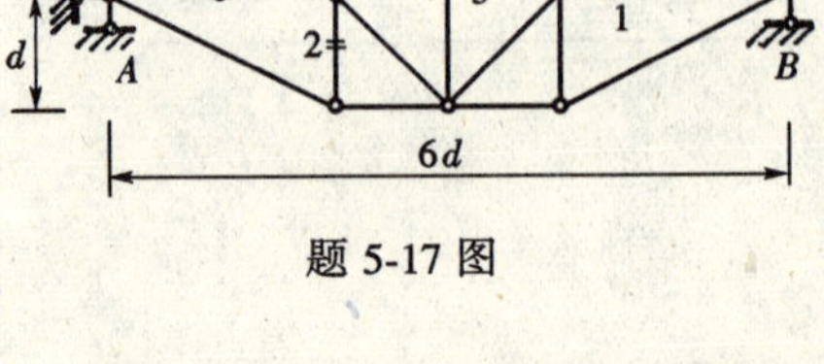

题 5-17 图

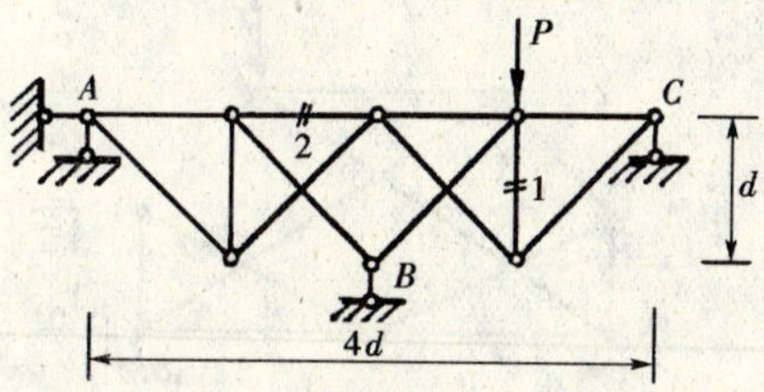

题 5-18 图

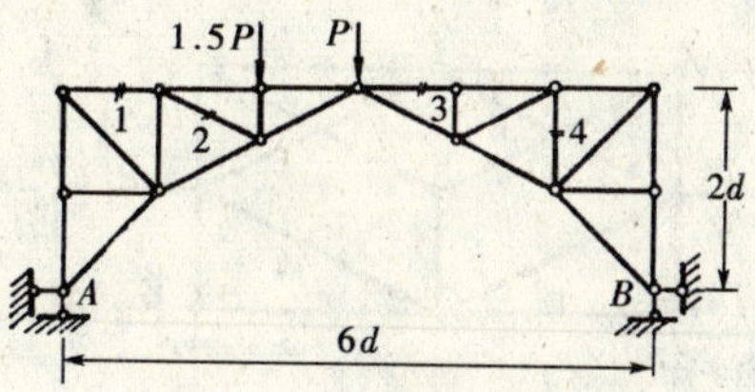

题 5-19 图

5-19 ~ 5-25　试求三铰拱式体系中支座反力及指定杆轴力。

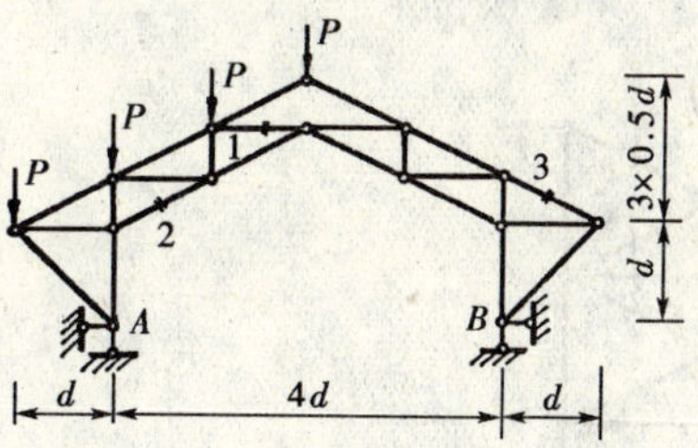

题 5-20 图

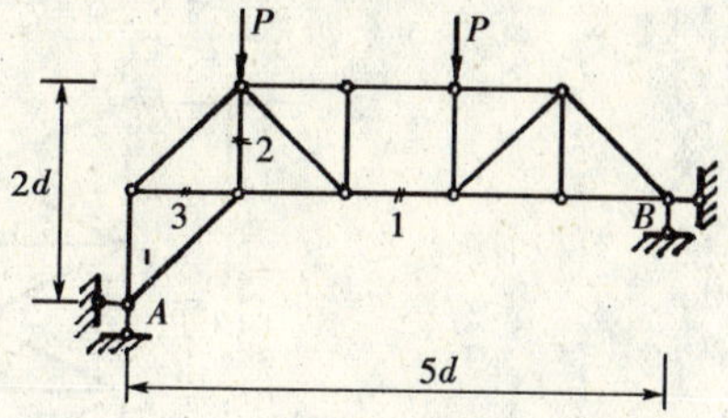

题 5-21 图

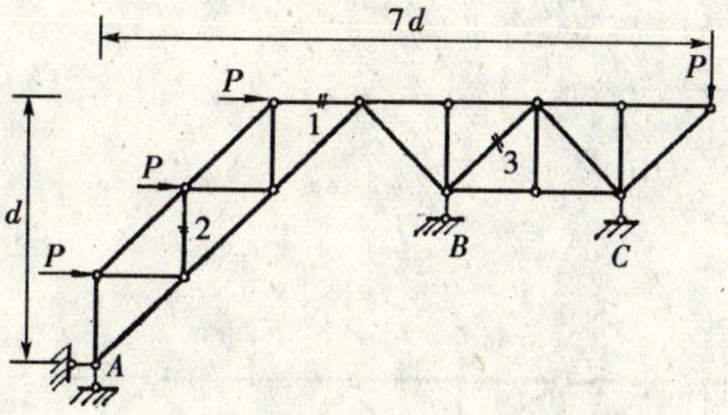

题 5-22 图

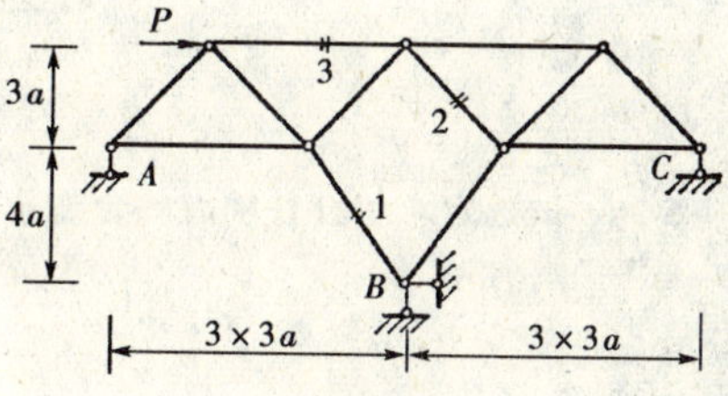

题 5-23 图

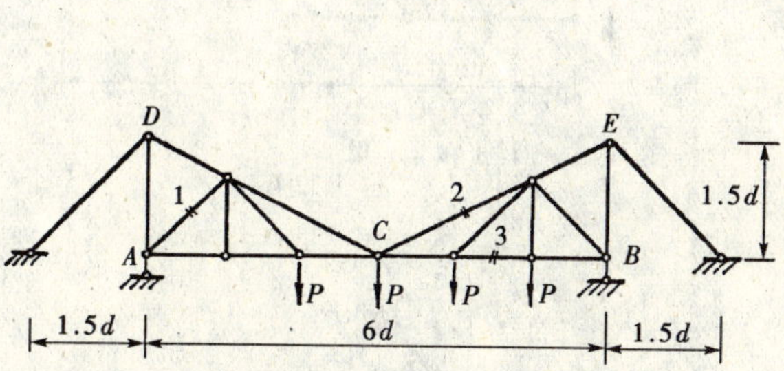

题 5-24 图

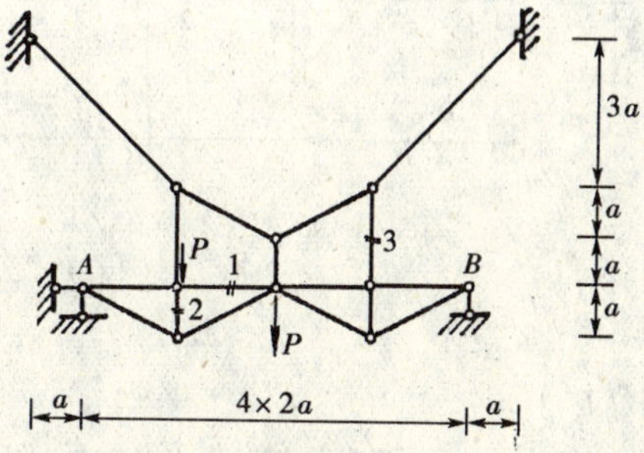

题 5-25 图

5-26 ~ 5-30　利用结构的对称性，求解指定杆轴力。

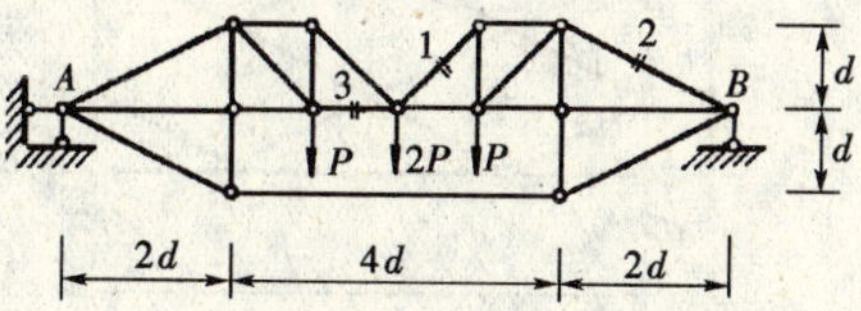

题 5-26 图

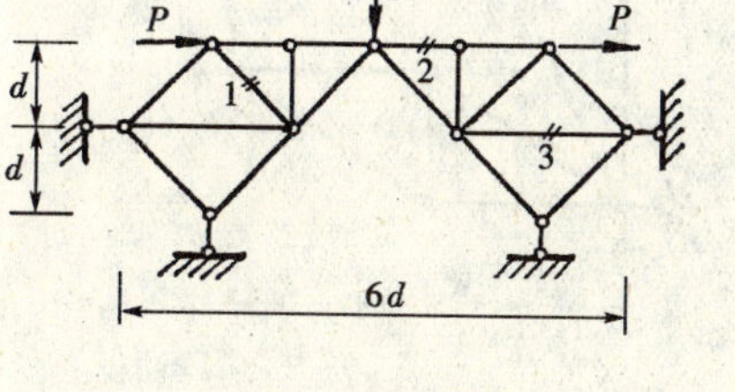

题 5-27 图

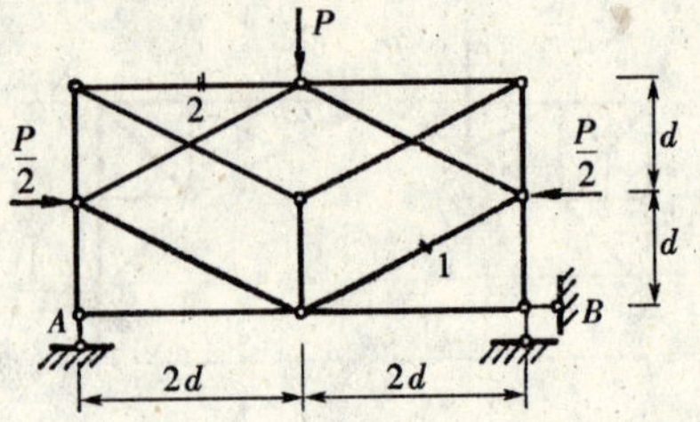

题 5-28 图

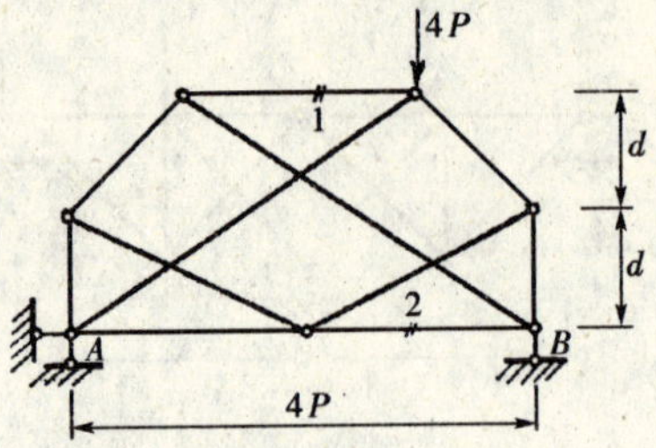

题 5-29 图

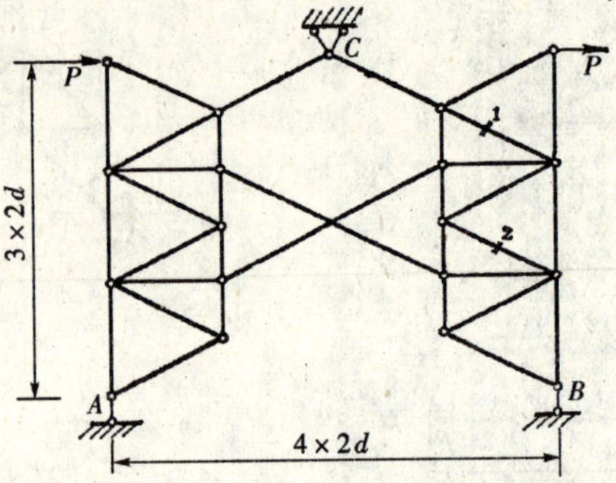

题 5-30 图

5-31～5-36 试选定求解杆件轴力的合适步骤。

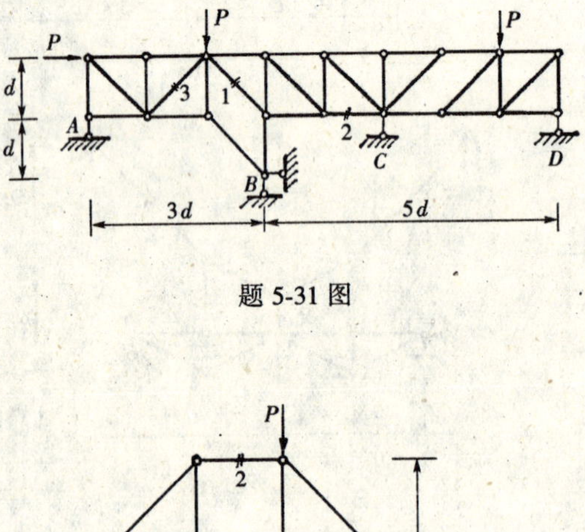

题 5-31 图

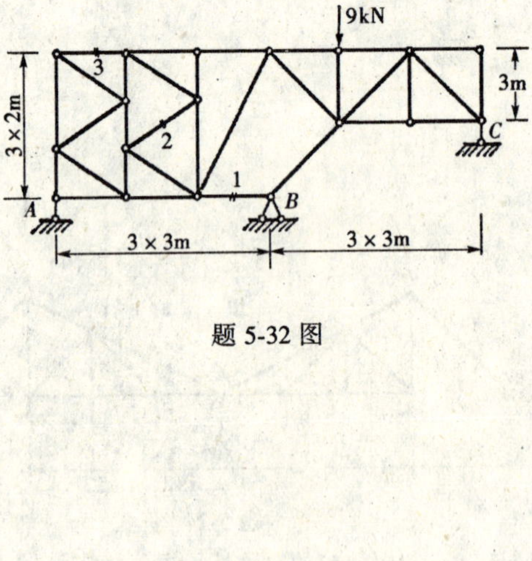

题 5-32 图

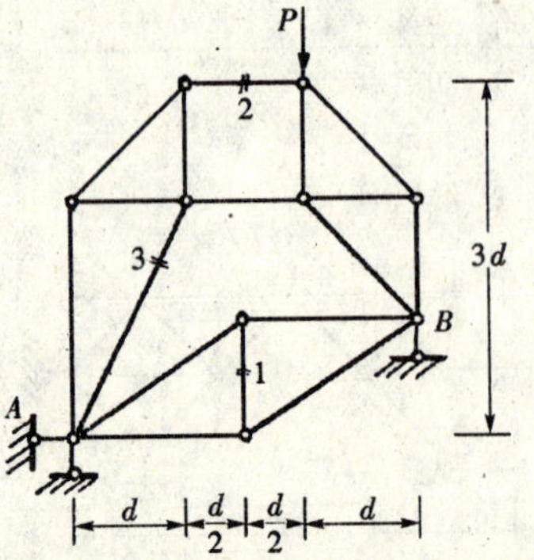

题 5-33 图

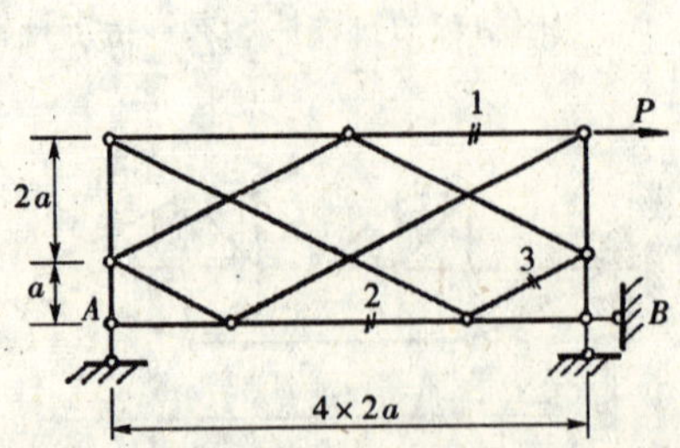

题 5-34 图

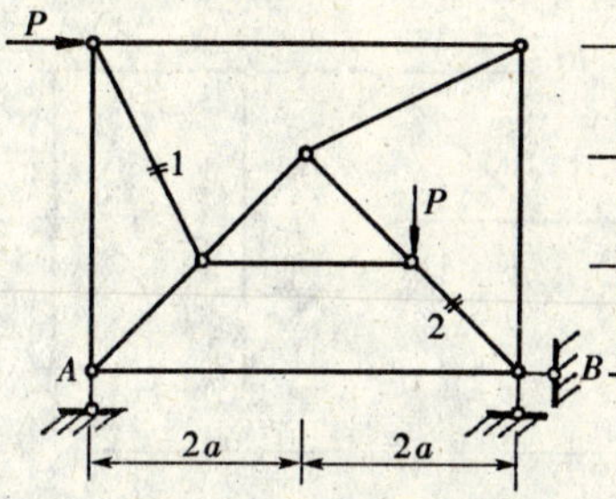

题 5-35 图

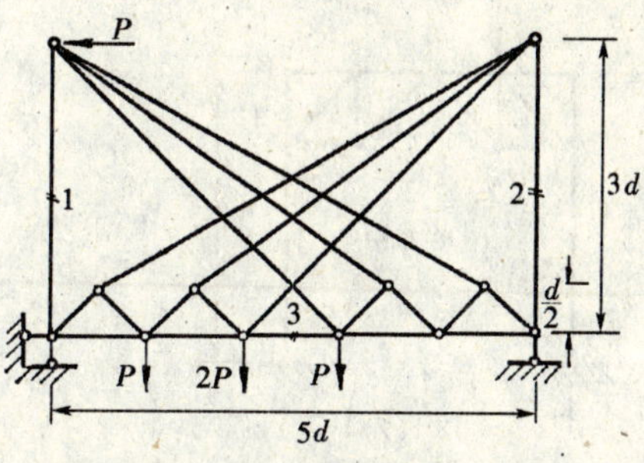

题 5-36 图

5-37　分别指出桁架各弦杆、各腹杆中受拉、受压的最大值发生在何处。

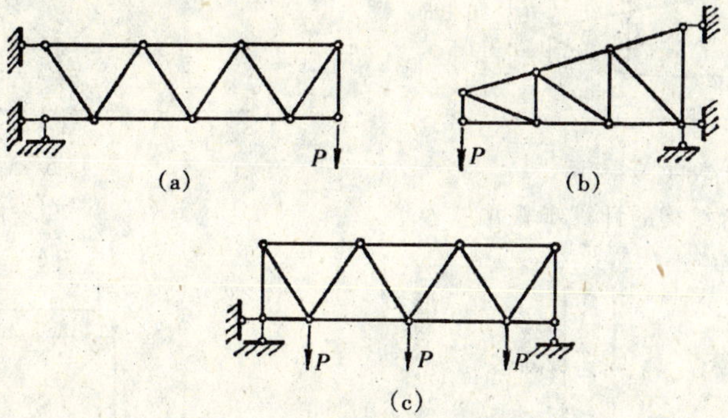

题 5-37 图

5-38 ~ 5-45　求解组合结构中链杆轴力和受弯杆弯矩图。

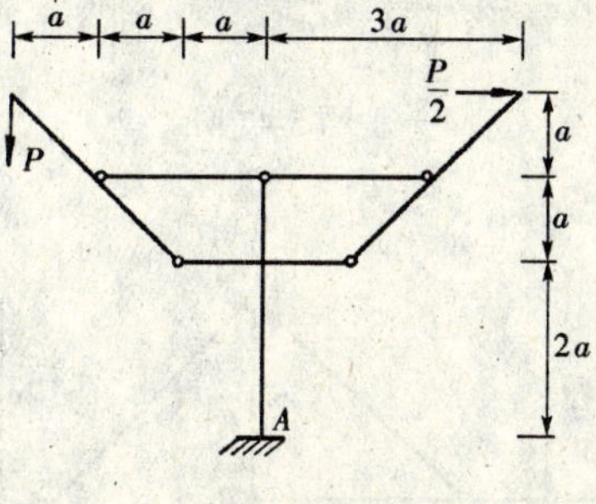

题 5-38 图

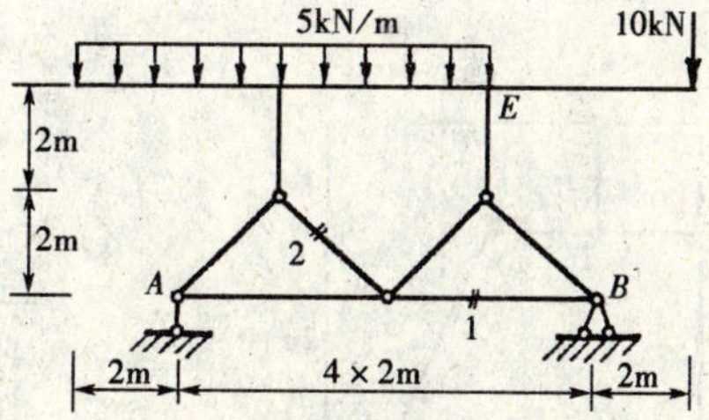

题 5-39 图

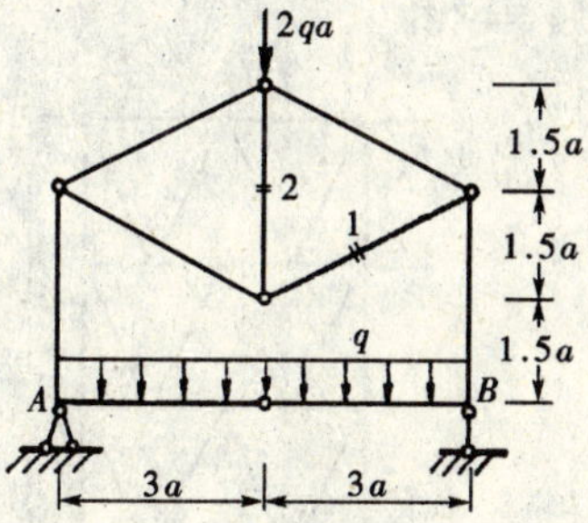

题 5-40 图

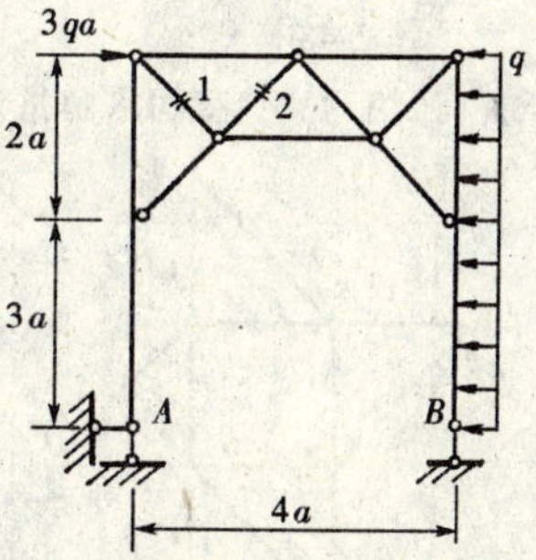

题 5-41 图

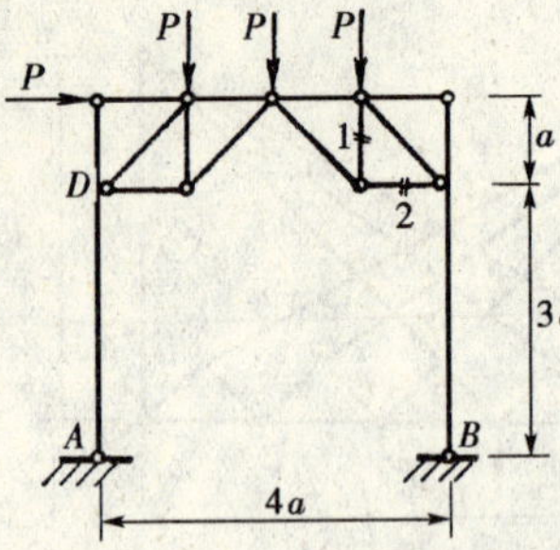

题 5-42 图

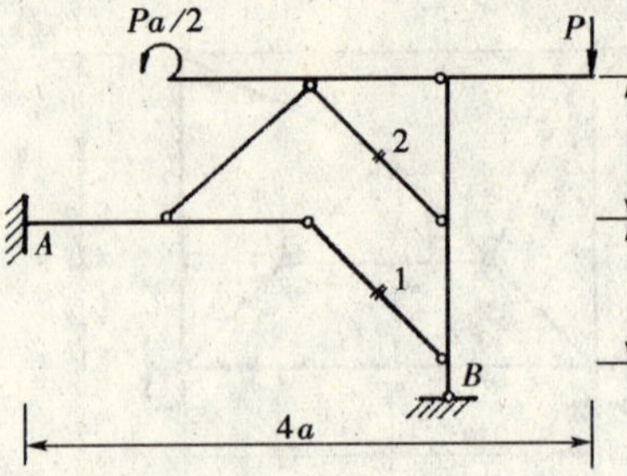

题 5-43 图

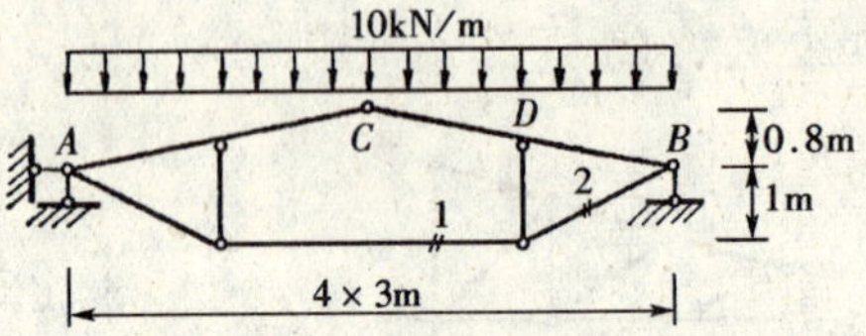

题 5-44 图

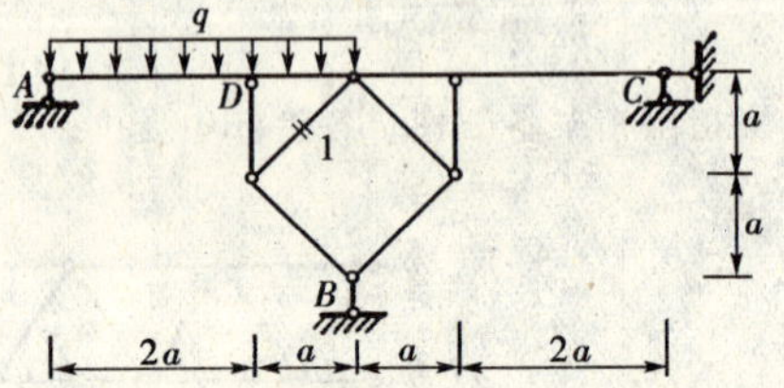

题 5-45 图

5-46 ~ 5-49　试确定各组合结构的计算步骤并求 N_1。

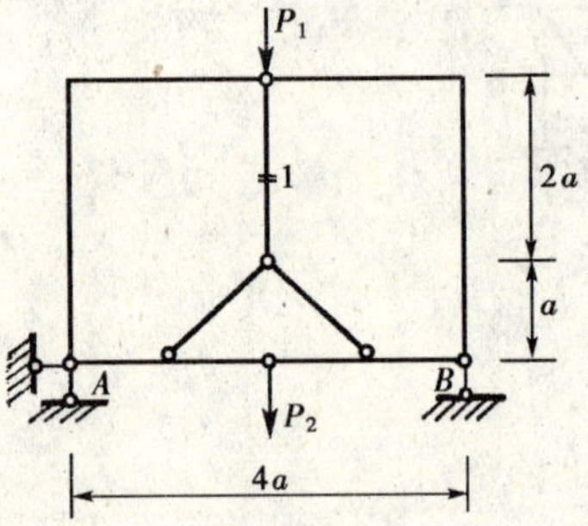

题 5-46 图

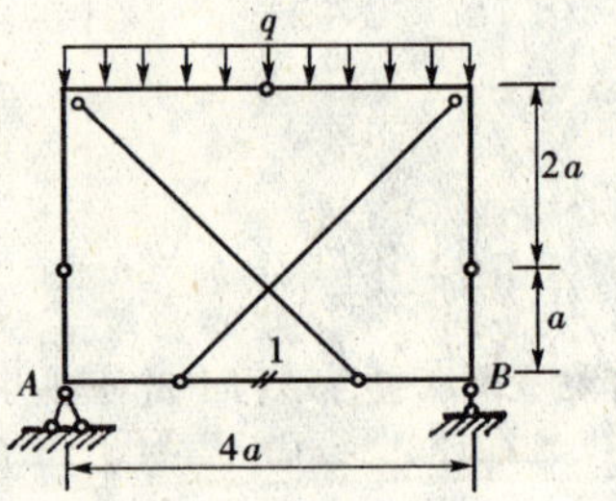

题 5-47 图

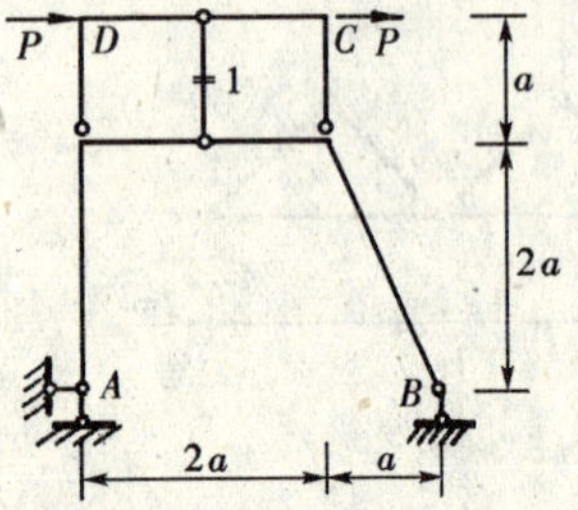

题 5-48 图

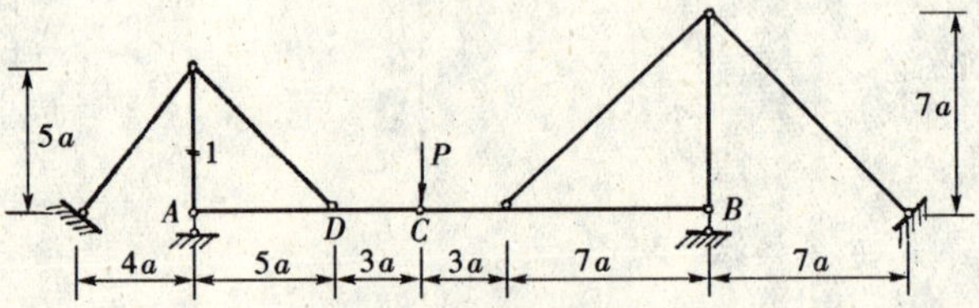

题 5-49 图

5-50 ~ 5-53　试用约束代替法求解指定杆的未知力。

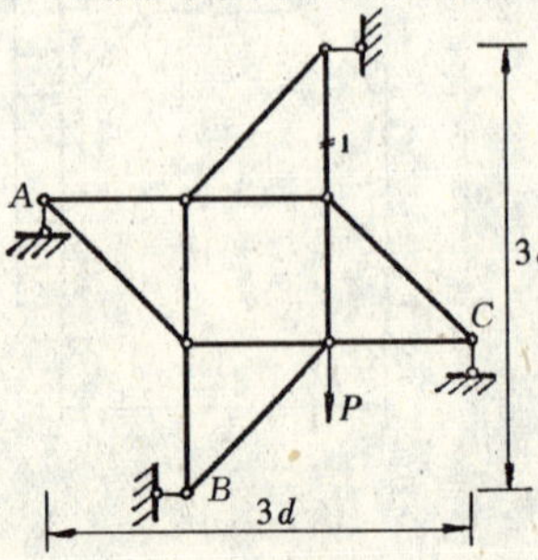

题 5-50 图

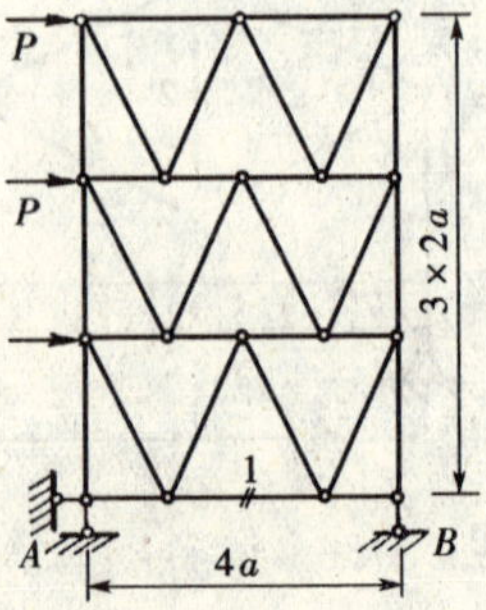

题 5-51 图

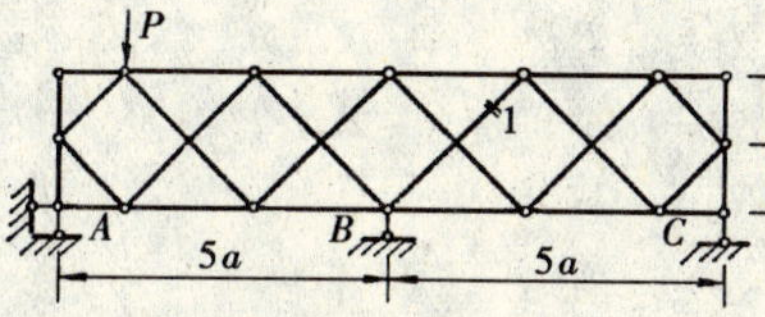

题 5-52 图

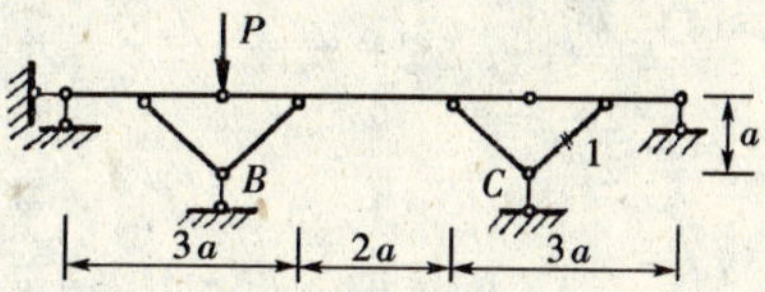

题 5-53 图

5-54 ~ 5-58　试用零荷载法判断体系的几何可变性。

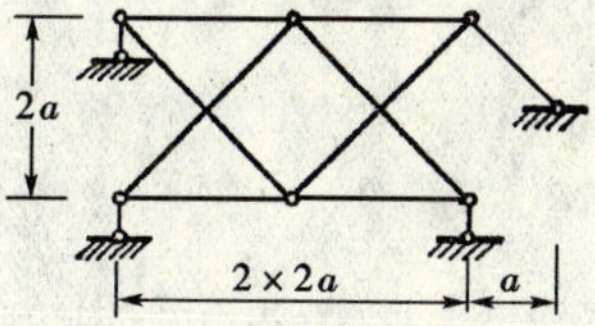

题 5-54 图

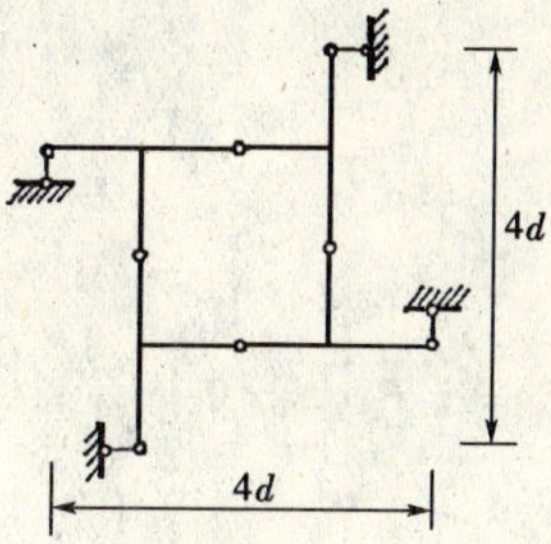

题 5-55 图

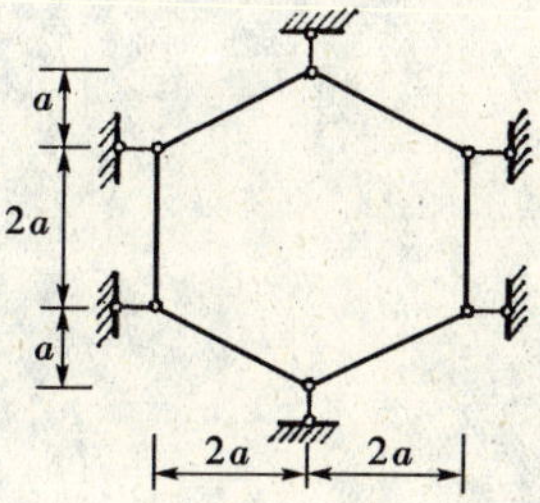

题 5-56 图

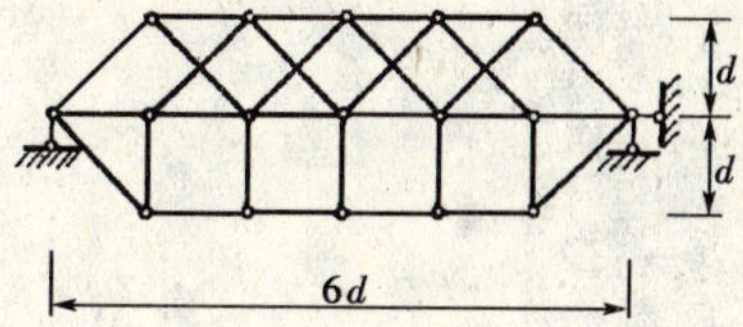

题 5-57 图

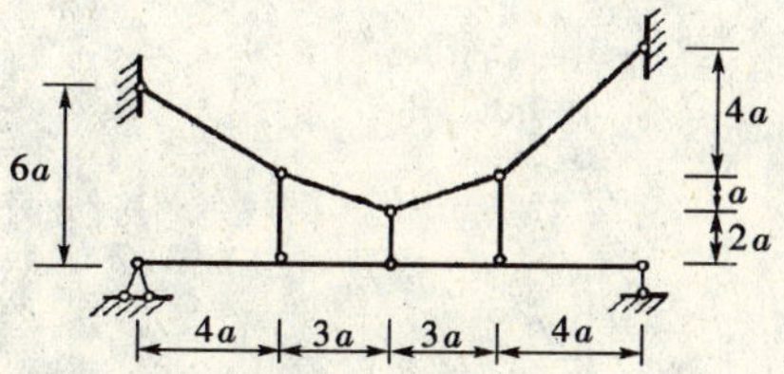

题 5-58 图

部分习题答案

5-2　$N_3 = \frac{2}{3}\sqrt{2}P$

5-3　$N_2 = \frac{\sqrt{2}}{3}P$

5-4　$Y_3 = -\frac{15}{16}P$

5-5　$N_1 = -4\text{kN}$

5-6　$X_2 = \frac{3}{4}P$

5-7　$Y_2 = 2\sqrt{5}\text{kN}$

5-8　$N_1 = -50\text{kN}$

5-9　$N_2 = \frac{1}{2}P$

5-10　$N_2 = P$

5-11　$N_5 = 0$

5-12　$N_2 = -\frac{7}{3}P$

5-13 $N_2 = \frac{\sqrt{5}}{8}P$

5-14 $X_2 = -\frac{28}{27}P$

5-15 $N_3 = -\frac{1}{2}P$

5-16 $N_1 = \frac{1}{2}P$

5-17 $N_3 = P$

5-18 $R_B = P$

5-19 $N_3 = \frac{1}{2}P$

5-20 $N_1 = \frac{3}{4}P$

5-21 $N_1 = 3P$

5-22 $R_B = \frac{5}{2}P$，$N_2 = 0$

5-23 $Y_1 = -\frac{1}{2}P$，$Y_2 = \frac{5}{18}P$

5-24 $V_A = \frac{13}{3}P$，$N_2 = \frac{\sqrt{5}}{3}P$

5-25 $V_A = \frac{1}{4}P$，$N_1 = -\frac{1}{2}P$

5-26 $N_3 = -8P$

5-27 $N_1 = \frac{\sqrt{2}}{4}P$

5-28 $X_1 = \frac{1}{2}P$

5-29 $N_2 = \frac{9}{5}P$

5-30 $X_2 = \frac{1}{2}P$

5-31 $N_2 = \frac{1}{4}P$

5-32 $N_1 = 18\text{kN}$，$Y_2 = -2\text{kN}$

5-33 $N_2 = -2P$

5-34 $N_2 = -\frac{1}{2}P$

5-35 $Y_1 = -\frac{2}{3}P$

5-36 $N_2 = -P$，$N_3 = P$

5-38 $N_A = Pa$（右）

5-39 $N_2 = \frac{10}{4}\sqrt{2}\text{kN}$，$N_E = 50\text{kN}\cdot\text{m}$

5-40 $N_2 = -\frac{1}{4}qa$，$M_B = 4.5qa^2$

5-41 $Y_1 = -\frac{45}{8}qa$

5-42 $N_1 = 1.5P$，$M_D = 0$

5-43 $M_A = \frac{1}{2}Pa$（下），$N_1 = -\frac{\sqrt{2}}{6}P$

5-44 $M_D = 5\text{kN}\cdot\text{m}$（上）

5-45 $V_B = 4.5qa$，$M_D = 2qa^2$

5-46 $N_1 = 2P_2$

5-47 $N_1 = 2qa$

5-48 $N_1 = 6P$，$M_D = 2Pa$

5-50 $N_1 = \frac{P}{3}$

5-51 $N_1 = P$

5-52 $R_C = 0.6P$

5-53 $R_B = \frac{5}{3}P$，$R_C = -\frac{1}{3}P$

第6章

影响线及其应用

§6-1　移动荷载和影响线的概念

前面各章讨论了结构在静止荷载作用下的计算。这类荷载的大小、方向以及作用点在结构上的位置是固定不变的，因此结构的反力、各截面的内力和位移也是不变的。但在工程中，有些结构除了承受上述荷载外，还受到移动荷载的作用，例如桥梁上行驶的汽车（图6-1a）、火车，吊车梁上行驶的吊车桥架（图6-2a）等等，它们的作用点在结构上是移动的，都是移动荷载。

随着荷载作用点位置的变化，将引起结构的反力、内力和位移等量值的变化。在设计结构时，需要知道在移动荷载的作用下，结构产生的某些量值的最大值（称为最大量值）以及出现最大量值的荷载位置（称为最不利荷载位置）以作为设计的依据。本章的主要内容是研究结构的反力和内力随荷载移动而变化的规律及变化范围，进而确定使结构某个内力或支座反力达到最大值的荷载位置。在这里不考虑荷载移动对结构产生的动力作用，因此仍属于静力计算问题。

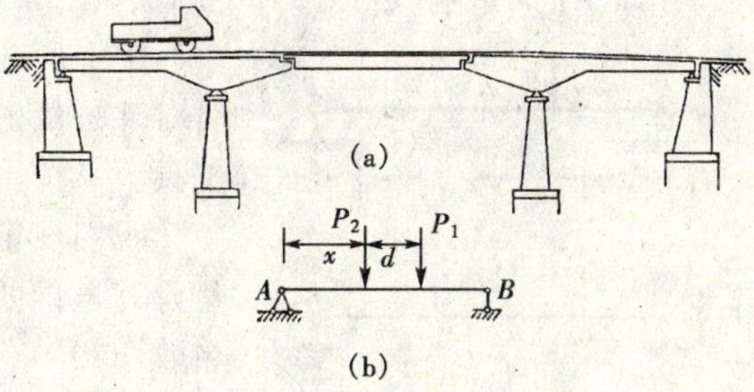

图6-1　桥梁的汽车荷载

(a) 桥梁上行驶的汽车；(b) 悬跨计算简图

移动荷载的类型是多种多样的，而且在结构上的作用位置是变化的，如果利用以前学过的方法来解决移动荷载作用问题，计算工作将是很烦琐的。我们没有必要逐个地加以讨论，而只需从中抽出共同性的东西进行典型分析。典型的移动荷载就是单位移动荷载 $P=1$，它是从各种移动荷载中抽出来的最简单、最基本的元素。只要把单位移动荷载作用下的内力变化规律分析清楚了，根据叠加原理，就可以顺利地解决各种移动荷载作用下的内力计算问题以及最不利荷载位置的确定问题。

表示单位移动荷载作用下结构的某一指定量值变化规律的图形称为该量值的影响线。现以荷载 $P=1$ 在简支梁上移动时（图6-3a）对支座反力 R_A 的影响为例，说明影响线的概念。要知道单位荷载在梁上移动时 R_A 的变化情况，可把 $P=1$ 依次作用于梁上各个位置，并逐一算出相应的 R_A 值，然后用图形表示出 R_A 的变化规律。图6-3c中对应于 A、C、D、E、B 各点的竖标，即表示 $P=1$ 分别作用于各点处时所产生的 R_A 值。图中 R_A 的右上标表示 $P=1$ 所在的位置，例如 R_A^C 表示 $P=1$ 作用于 C 点时（图6-3b）R_A 的大小，余类推。将所有

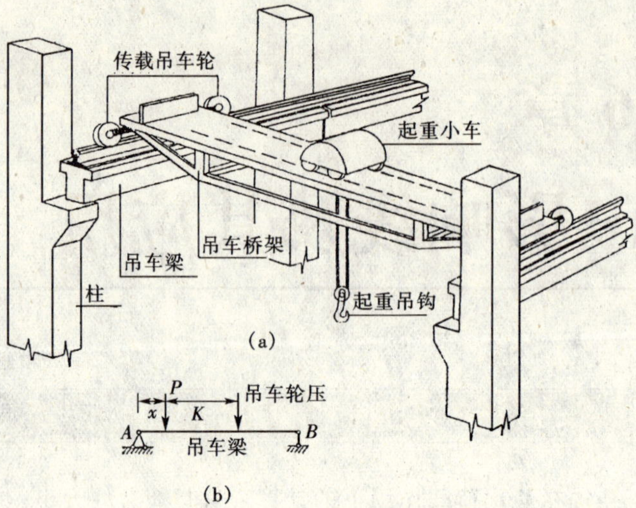

图 6-2 吊车荷载

(a) 工业厂房的吊车；(b) 吊车梁简图

各竖标顶点连接起来，就得出表示 R_A 变化的图形。在本例中，这些竖标顶点恰好在一直线上，亦即 R_A 的影响线恰好是一直线（图 6-3c）。

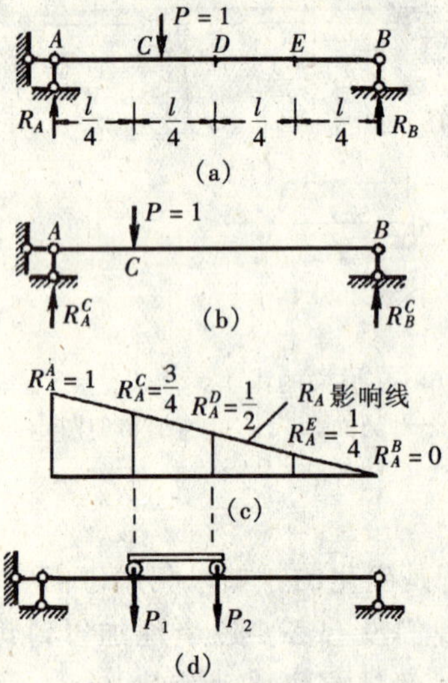

图 6-3 影响线的概念

(a) $P=1$ 在简支梁上移动；

(b) $P=1$ 作用于 C 点；

(c) R_A 的影响；(d) 吊车荷载

综上所述，影响线表示单位集中荷载在结构上各个位置时对某一量值所产生的影响，它是研究移动荷载作用的基本工具。

我们规定，在作任何影响线时，单位集中荷载 $P=1$ 都是没有量纲的。这样一来像图6-3c反力影响线的纵标就是无名数。

有了影响线就可以直接看出单位集中力作用在什么地方可以使得结构量值为最大。例如，从图 6-3c 可看出 $P=1$ 作用在 A 点时，R_A 有最大值。

有了影响线，在位置固定的实际荷载作用下，我们根据叠加原理可以很方便地求得结构量值的数值。例如图 6-3a 所示的简支梁在图 6-3d 所示的实际荷载作用下，R_A 的数值是

$$R_A = P_1 R_A^C + P_2 R_A^D$$

有了影响线，在实际的移动荷载作用下，我们有时可以根据影响线的形状直接判断出荷载移到什么位置时结构量值是最大的。例如，利用图 6-3c 的影响线可以看出图 6-3d 所示的荷载越向左移，R_A 的值越大，当移动荷载中的 P_1 移到 A 点时，R_A 的值最大。这个最大值的具体数字不难根据叠加原理计算出来。但是在有些情况下，只凭观察影响线的形状难以判断移动荷载的最不利位置，这时就需要结合一些其他方法来确定最不利位置和最大量值。下面先讨论影响线的绘制方法，然后再讨论影响线的应用。

§6-2　用静力法作单跨静定梁的影响线

静定结构的内力或支座反力影响线有两种作法，即静力法与机动法。本节通过求简支梁、伸臂梁的内力、支座反力影响线说明静力法的作法。

静力法的一般作法是：先以荷载的作用位置 x 为变量，然后利用平衡条件确定反力或某截面的内力，这样即得到所求量值与 x 的关系式——该量值的影响线方程，最后再根据影响线方程绘出影响线。

1. 简支梁的影响线

简支梁是工程中用的最多的静定梁（吊车梁大多数采用简支梁）其上各量值的影响线绘制方法，通常不按上节所述对各个荷载位置逐一计算的方法，而采用各量值的影响线方程来绘制其影响线。

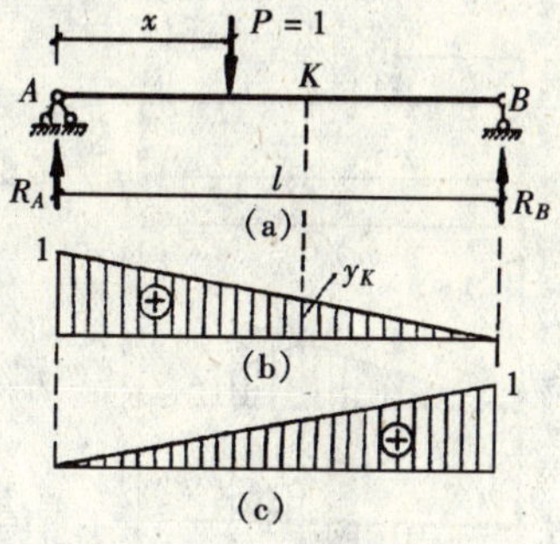

图 6-4　简支梁的影响线

(a) 简支梁；(b) R_A 影响线；(c) R_B 影响线

(1) 反力影响线　设要绘制图 6-4a 所示简支梁反力 R_A 的影响线。为此，可取 A 为原点，以坐标 x 表示荷载 $P=1$ 的位置。当 $P=1$ 在梁上任意位置即 $0 \leqslant x \leqslant l$ 时，由力矩平衡条件，$\Sigma M_B=0$，并设反力方向以向上为正，

则有
$$R_A l - P(l-x) = 0$$

得
$$R_A = P\frac{l-x}{l} = \frac{l-x}{l} \qquad (0 \leqslant x \leqslant l)$$

上式即为反力 R_A 随荷载 $P=1$ 位置移动而变化的规律，这就是 R_A 的影响线方程。由于它是 x 的一次函数，故知 R_A 的影响线是一段直线。只需定出两点：

当 $x=0$，　　$R_A=1$

当 $x=l$，　　$R_A=0$

便可绘出 R_A 的影响线如图 6-4b 所示。

根据影响线的定义，R_A 影响线中的任一竖标即代表当荷载 $P=1$ 作用于该处时反力 R_A 的大小，例如图中的 y_K 即代表 $P=1$ 作用在 K 点时反力 R_A 的大小。

为了绘制反力 R_B 的影响线，可取对左支座的力矩方程，即 $\Sigma M_A = 0$，得

$$R_B l - px = 0$$

由此得 R_B 的影响线方程为

$$R_B = \frac{x}{l} \qquad (0 \leqslant x \leqslant l)$$

它也是 x 的一次函数，故 R_B 的影响线也是一段直线，只需定出两点：

当 $x=0$，　　$R_B=0$

当 $x=l$，　　$R_B=1$

便可绘出 R_B 的影响线，如图 6-4c 所示。

在作影响线时，规定将正号影响线的竖标绘在基线的上方，负号影响线竖标绘在下方，并标明正负号。计算可知，反力影响线的竖标为无量纲的无名数。

(2) 弯矩影响线　设要绘制某指定截面 C（图 6-5a）的弯矩影响线。仍取 A 为原点，以 x 表示荷载 $P=1$ 的位置。当 $P=1$ 在截面 C 以左的梁段 AC 上移动时，即令 $x \leqslant a$，为计

算简便，可取截面 C 以右部分为隔离体，并以使梁下边纤维受拉的弯矩为正，由 CB 段的平衡条件 $\Sigma M_C = 0$，得

$$M_C = R_B b = \frac{x}{l} b \qquad (0 \leqslant x \leqslant a)$$

由此可知，M_C 影响线在截面 C 以左部分为一直线。

当 $x = 0$，　　$M_C = 0$

当 $x = a$，　　$M_C = \frac{ab}{l}$

于是可绘出当 $P = 1$ 在截面 C 以左的梁段上移动时 M_C 的影响线（图 6-5b）。

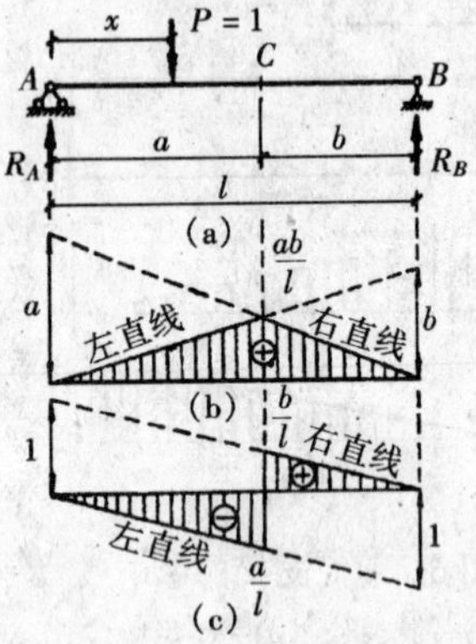

图 6-5　简支梁的影响线
(a) 简支梁；(b) M_C 影响线；
(c) Q_C 影响线

当 $P = 1$ 在截面 C 以右的梁段 CB 上移动时，即 $x \geqslant a$，上面求得的影响线方程则不再适用。此时可取截面 C 以左部分为隔离体，由 AC 段的平衡条件 $\Sigma M_C = 0$，得

$$M_C = R_A a = \frac{l - x}{l} a \qquad (a \leqslant x \leqslant l)$$

可见 M_C 的影响线在截面 C 以右的部分也为一直线。

当 $x = a$，　　$M_C = \frac{ab}{l}$

当 $x = l$，　　$M_C = 0$

于是可绘出当 $P = 1$ 在截面 C 以右的梁段上移动时 M_C 的影响线，如图 6-5b 所示。可见 M_C 的影响线由上述两段直线组成，呈一三角形，二直线的交点即三角形的顶点恰位于截面 C 处，其竖标为 $\frac{ab}{l}$。通常又称截面 C 以左的直线为左直线，截面 C 以右的直线为右直线。

由上述弯矩 M_C 的影响线方程还可看出，其左直线可由反力 R_B 的影响线乘以常数 b 并取其 AC 段而得到，右直线则可由反力 R_A 的影响线乘以常数 a 并取其 CB 段而得到。其具体的绘制方法是：在左、右两支座处分别取竖标 a、b（图 6-5b），将它们的顶点各与右、左两支座处的零点用直线相连，则这两根直线的交点与左右零点相连的部分就是 M_C 的影响线。这种利用某一已知量值的影响线来作其他影响线的方法，常会带来较大的方便，以后还会经常用到。计算可知，弯矩影响线的竖标量纲为［长度］。

(3) 剪力影响线　设要绘制截面 C 的剪力影响线。当 $P = 1$ 在 AC 段移动时（$0 \leqslant x < a$），取截面 C 以右部分为隔离体，并以绕隔离体顺时针转动趋势的剪力为正，反之为负。由 CB 段的平衡条件 $\Sigma Y = 0$，得

$$Q_C = -R_B$$

这表明，将 R_B 的影响线反号并取其 AC 段，即得 Q_C 影响线的左直线（图 6-5c）

同理，当 $P = 1$ 在 CB 段移动时（$a < x \leqslant l$），取截面 C 以左部分为隔离体，可得

$$Q_C = R_A$$

因此，可直接利用 R_A 的影响线并取其 CB 段，即得 Q_C 影响线的右直线（图 6-5c）。由上可知，Q_C 的影响线由两段相互平行的直线组成，其竖标在 C 点处有一突变，也就是当 $P = 1$ 自 C 点的左侧移到其右侧时，截面 C 的剪力值将发生突变，突变值即等于 1。而当 $P = 1$ 恰作用于 C 点时，Q_C 值是不确定的。计算可知，剪力影响线的竖标为无量纲的无名数。

应该指出，影响线与内力图是截然不同的，初学者容易把它们混淆起来。现将弯矩影响线和弯矩图作一比较，以资辨别清楚。图 6-6a 表示简支梁的弯矩 M_C 影响线，图 6-6b 表示荷载 P 作用于 C 点时的弯矩图。两图形式相似，但各图的竖标代表的含义却截然不同。例如 D 点的竖标在 M_C 影响线（图 6-6a）中是代表 $P=1$ 作用在 D 时 M_C 的大小（以 M_C^D 表示，右上标表示 $P=1$ 所在位置），而弯矩图（图 6-6b）中在 D 点的竖标则是代表固定的实际荷载下截面 D 的弯矩值（M_D）。其本质区别见表 6-1。

表 6-1　内力影响线和内力图的区别

弯矩的影响线	弯矩图
(1) 荷载数值为 1；	(1) 荷载是实际荷载；
(2) 荷载是移动的，其位置用变量 x 表示；	(2) 荷载位置是固定的；
(3) 所求弯矩的截面的位置是指定的；	(3) 所求弯矩的截面的位置是变化的，用变量表示之；
(4) 某点的纵距代表 $P=1$ 移到此点时，在指定截面处产生的弯矩；	(4) 某点的纵距代表实际荷载在固定位置作用时，在纵距所在的截面处产生的弯矩；
(5) 正的纵距画在基线上面并标明正负号；	(5) 正的纵距画在杆件的受拉一边，即基线下面，不须注明正负号；
(6) 纵距的量纲是［长度］	(6) 纵距的量纲是［力］·［长度］

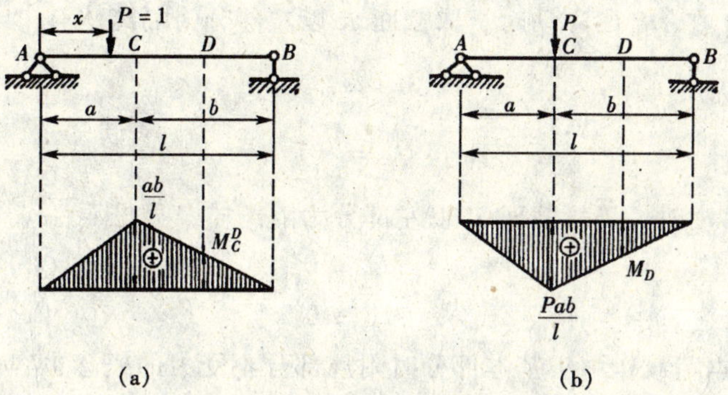

图 6-6　影响线与内力图的区别

(a) M_C 影响线；(b) 弯矩图 M

2. 伸臂梁的影响线

(1) 反力影响线　如图 6-7a 所示伸臂梁，仍取 A 为原点，x 以向右为正。由平衡条件可求得两支座反力为

$$\left.\begin{aligned} R_A &= \frac{l-x}{l} \\ R_B &= \frac{x}{l} \end{aligned}\right\}$$

$$(-l_1 \leqslant x \leqslant l+l_2)$$

注意到当 $P=1$ 位于 A 点以左时，x 为负值，故以上两方程在梁的全长范围内都是适用的。由于上面两式与简支梁的反力影响线方程完全相同，因此只需将简支梁的反力影响线向两个伸臂部分延长，即得伸臂梁的反力影响线，如图 6-7b、c 所示。

(2) 跨内部分截面内力影响线　为求两支座间的任一指定截面 C 的弯矩和剪力影响线，

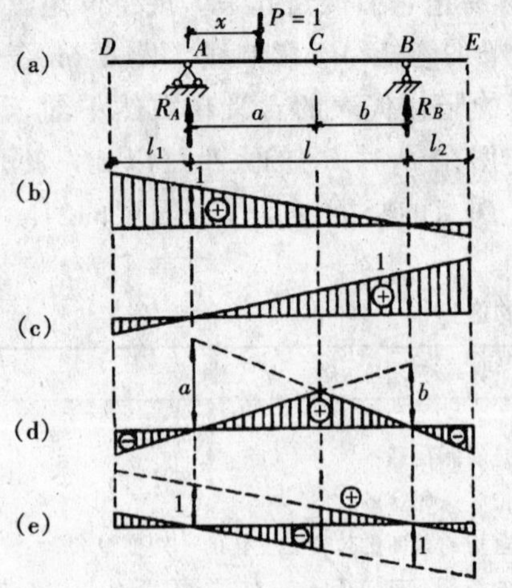

图 6-7 伸臂梁的影响线

a) 伸臂梁；(b) R_A 影响线；(c) R_B 影响线；(d) M_C 影响线；(e) Q_C 影响线

可将它们表示为反力 R_A 和 R_B 的函数如下：当 $P=1$ 在 DC 段移动时，取截面 C 以右部分为隔离体，有

$$M_C = R_B b$$

$$Q_C = -R_B$$

当 $P=1$ 在 CE 段移动时，取截面 C 以左部分为隔离体，有

$$M_C = R_A a$$

$$Q_C = R_A$$

据此可绘出 M_C 和 Q_C 的影响线如图 6-7d、e 所示。可以看出，只需将简支梁相应截面的弯矩和剪力影响线的左、右直线分别向左、右两伸臂部分延长，即可得伸臂梁的 M_C 和 Q_C 影响线。

(3) 伸臂部分截面内力影响线　在伸臂部分上任一指定截面 K（图 6-8a）的弯矩和剪力影响线时，为计算方便，改取 K 为原点，并规定 x 以向左为正。当 $P=1$ 在 DK 段移动时，取截面 K 以左部分为隔离体有

$$M_K = -x$$

$$Q_K = -1$$

当 $P=1$ 在 KE 段移动时，仍取截面 K 以左部分为隔离体，显见

$$M_K = 0$$

$$Q_K = 0$$

这一结果实际上根据荷载作用于基本部分时附属部分不受力的概念也容易得出。由上可绘出 M_K 和 Q_K 的影响线分别如图 6-8b、c 所示。

对于支座处截面的剪力影响线，需分别就支座左、右两侧的截面进行讨论，因为这两侧的截面是分别属于伸臂部分和跨内部分的。例如支座 A 左侧截面的剪力 $Q_{A左}$ 的影响线，可由 Q_K 的影响线使截面 K 趋于截面 A 左而得到，如图 6-8d 所示；而支座 A 右侧截面的剪力 $Q_{A右}$ 的影响线，则应由 Q_C 的影响线（参见图 6-7c）使截面 C 趋于截面 A 右而得到，如图 6-8e 所示。

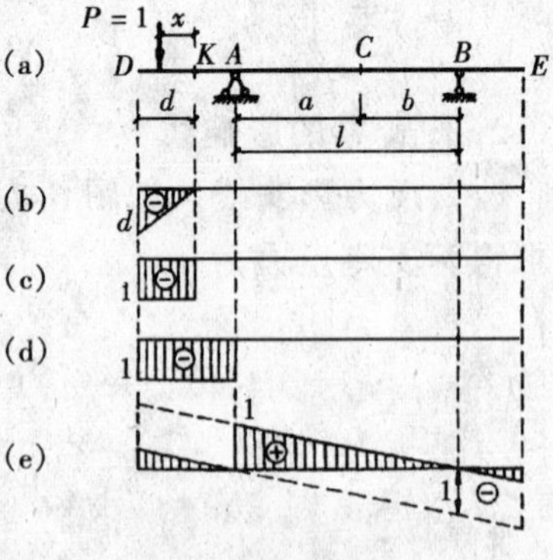

图 6-8 伸臂梁影响线

(a) 伸臂梁；(b) M_K 影响线；(c) Q_K 影响线；(d) $Q_{A左}$ 影响线；(e) $Q_{A右}$ 影响线

以上就简支梁和伸臂梁为例，说明了用静力法绘制影响线的具体作法。可以看出，求某一反力或内力的影响线，所用的方法与在固定荷载作用下求该反力或内力是完全相同的，即都是取隔离体由平衡条件来求该反力或内力。不同之处仅在于作影响线时，作用的荷载是一个移动的单位荷载，因而所求得的该反力或内力是荷载位置 x 的函数，即影响线方程。尤其是当荷载作用在结构的不同部分上时，所求量值的影响线方程可

能是不同的，此时应将它们分段写出，并在作图时特别注意各个方程的适用范围。

最后需指出，对于静定结构，其反力和内力的影响线方程都是荷载位置参数 x 的一次函数，故静定结构的反力和内力影响线都是由直线所组成。而静定结构的位移，以及超静定结构的各种量值的影响线则一般为曲线。

例 6-1 试作静定梁 ABD（图 6-9a）的反力 V_B 及内力 M_C 和 Q_C 的影响线。

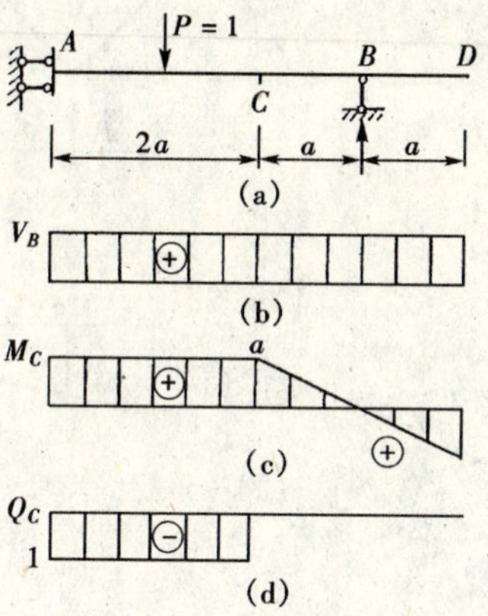

图 6-9 例 6-1 图

(a) 静定梁；(b) V_B 影响线；(c) M_C 影响线；(d) Q_C 影响线

解 (1) 作 V_B 的影响线，由整体平衡条件 $\Sigma Y = 0$，得

$$V_B = 1$$

即 $P=1$ 在任何位置时 V_B 是常量。V_B 影响线如图 6-9b 所示。

(2) 作 M_C 的影响线，当 $P=1$ 在 C 之左时，由 CBD 段的平衡条件 $\Sigma M_C = 0$，得

$$M_C = V_B a = a$$

当 $P=1$ 在支点 B 时，$M_C=0$。于是可定出 CB 段的影响线，并向外延伸（也可建立该段的方程）。M_C 影响线如图 6-9c 所示。

(3) 作 Q_C 的影响线，当 $P=1$ 在 C 之左时，由 CBD 段的平衡条件 $\Sigma Y_C = 0$，得

$$Q_C = -1$$

当 $P=1$ 在 C 之右时，由 AC 段的平衡条件 $\Sigma Y_C = 0$，得

$$Q_C = 0$$

由此可绘出 Q_C 的影响线，如图 6-9d 所示。

例 6-2 试作静定梁（图 6-10a）的撑杆轴力 N_{AC} 和梁上 E 截面左侧剪力 Q_{EZ}、梁上 E 截面右侧剪力 Q_{EY} 和 D 截面弯矩 M_D 的影响线。

解 (1) 作反力 V_A，V_B 的影响线，支点 A 处反力仅有 V_A；今以右端 F 为坐标原点，由 $\Sigma M_F = 0, \Sigma M_A = 0$，可得

$$V_A = \frac{x}{4d}, \qquad V_B = 1 - \frac{x}{4d}$$

(2) 作 N_{AC} 的影响线，由结点 A 可知 N_{AC} 的竖向分力为

$$Y_{AC} = -\frac{1}{2} V_A$$

其影响线如图 6-10b 所示。据此即可得到 N_{AC} 影响线。

(3) 作 $Q_{E左}$ 的影响线，

$$Q_{EZ} = \begin{cases} \frac{1}{2} V_A - 1 (P = 1 \text{ 在 } E \text{ 支左}) \\ \frac{1}{2} V_A (P = 1 \text{ 在 } E \text{ 支右}) \end{cases}$$

按上式分别确定 C、E 及 F 处的纵标，即得 Q_{EZ} 影响线如图 6-10c 所示。

(4) 作 $Q_{E右}$ 的影响线，

$$Q_{EY} = \begin{cases} -V_B (P = 1 \text{ 在 } E \text{ 支左}) \\ V_A (P = 1 \text{ 在 } E \text{ 支右}) \end{cases}$$

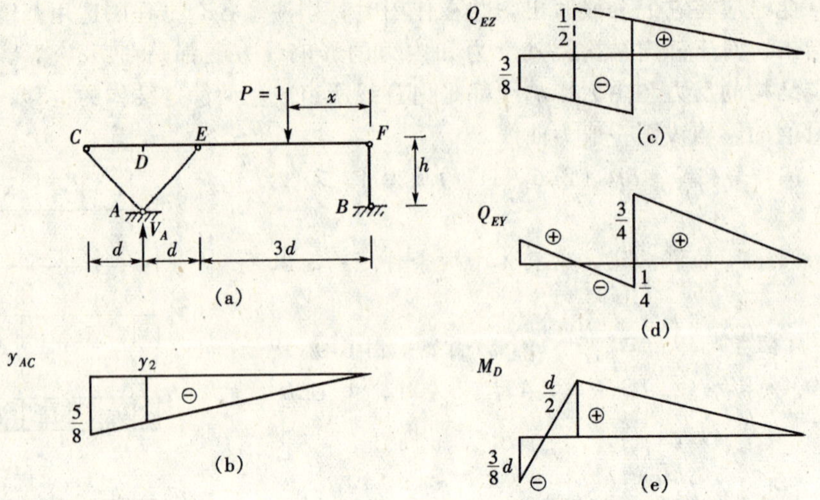

图 6-10　例 6-2 图

(a) 静定梁；(b) Y_{AC}影响线；(c) $Q_{E左}$影响线；(d) $Q_{E右}$影响线；(e) M_D 影响线

其影响线如图 6-10d 所示。

(5) 作 M_D 的影响线，引截面过 D 时也截割了斜撑杆，由 $\Sigma M_D = 0$，得

$$M_D = \begin{cases} V_B \times 4d + \dfrac{V_A}{2} \times d = 4d - \dfrac{7}{8}x(x \geqslant 4d,\text{左直线}) \\ \dfrac{V_A}{2} \times d = \dfrac{x}{8}(x \leqslant 4d,\text{右直线}) \end{cases}$$

其影响线如图 6-10e 所示。

§6-3　间接荷载作用下的影响线

在上一节介绍影响线的作法时，我们讨论的是荷载直接作用在梁上的情况；而实际上不少结构，经常受到间接荷载（也称结点荷载）的作用。例如桥梁或房屋建筑中的某些主梁，则是通过一些次梁（纵梁和横梁）将荷载传递到主梁上的。图 6-11 所示为一桥梁结构的简图。荷载直接加于纵梁。纵梁是简支梁，两端支在横梁上。横梁则由主梁支承；荷载通过纵梁下面的横梁传到主梁。不论纵梁承受何种荷载，主梁只在 A、C、D、E、B 等有横梁处（即结点处）承受集中力，因此主梁承受的是结点荷载。

我们现在就讨论这种结点荷载作用下主梁某些量值影响线的作法。

设以主梁上任一截面 F 的弯矩 M_F 影响线为例。首先，考虑荷载 $P = 1$ 移动到各结点处时的情况。显然此时与荷载直接作用在主梁上的情况完全相同。因此，可先做出直接荷载作用下主梁 M_F 的影响线（图 6-11c），而在此影响线中，对于间接荷载来说，在各结点处的竖标都是正确的。

其次，考虑荷载 $P = 1$ 在任意两相邻结点 C、D 之间的纵梁上移动时的情况。此时，主梁 AB 在 C、D 两点所承受的结点荷载分别为$\dfrac{d-x}{d}$和$\dfrac{x}{d}$（图 6-11b）。根据上节所述并利用叠

加原理可知，在这两个结点荷载共同作用下，M_F 的影响线竖标

$$M_F = \frac{d-x}{d}y_C + \frac{x}{d}y_D$$

式中 y_C 和 y_D 分别为直接荷载作用下 M_F 影响线在 C，D 两点的竖标（图 6-11c）。这是 x 的一次式。因此，M_F 影响线在 C，D 之间为一直线。由

当 $x=0$，　　$y=y_C$

当 $x=d$，　　$y=y_D$

将 y_C 和 y_D 的顶点用一条直线相连，从比例关系可知，图 6-11c 中 $P=1$ 下方的竖标 y 就等于上式所示 M_F 的影响线竖标。因此，在结点荷载作用下，M_F 的影响线即如图 6-11c 中的实线所示。

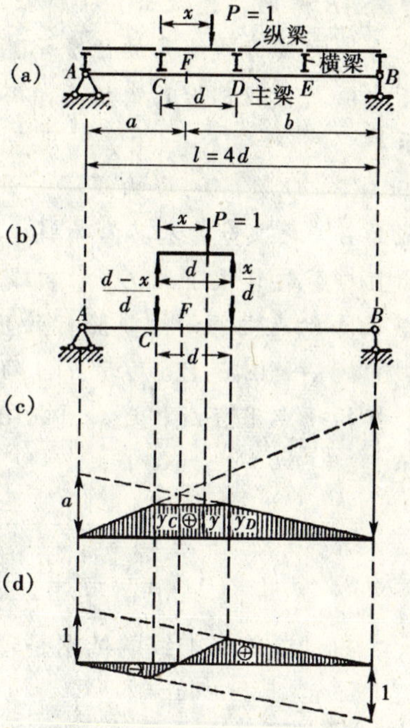

图 6-11　间接荷载作用下的影响线

(a)纵梁、横梁的布置；(b)结点荷载的传递过程；(c) M_F 影响线；(d) Q_F 影响线

以上的讨论同样也适用于主梁其他量值的影响线。这样，我们可以将结点荷载作用下某一量值影响线的作法归纳如下：

1. 先做出直接荷载作用下该量值的影响线；

2. 由于影响线在任意两个相邻结点之间为一直线，因此，将所有相邻两个结点之间影响线竖标的顶点分别都用直线相连，即得该量值在结点荷载作用下的影响线。

依照上述作法，可得主梁上截面 F 的剪力 Q_F 影响线如图 6-11d 中的实线所示。可以看出，实际上，不论截面 F 位于 C、D 两点之间任何一处，Q_F 影响线都一样。此外，不难得知，主梁的反力 R_A 和 R_B 的影响线和直接荷载作用时相同（如图 6-4 所示）。

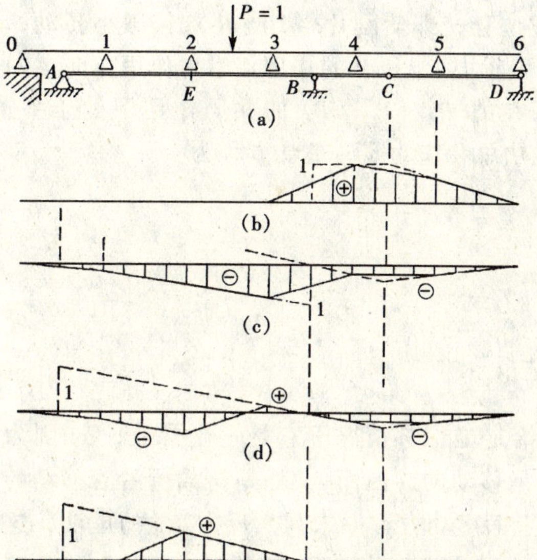

图 6-12　例 6-2 图

(a) 间接荷载作用下的梁；(b) $Q_{B右}$影响线；(c) $Q_{B左}$影响线；(d) $Q_{E右}$影响线；(e) $Q_{E左}$影响线

例 6-3　试作图 6-12a 所示静定梁截面 B 和 E 的剪力影响线。

解　主梁 $ABCD$ 为多跨静定梁，又承受间接荷载作用。

(1) Q_{BY}影响线　截面 BY 位于伸臂部分，其在直接荷载作用下的剪力影响线已如图 6-12b虚线所示，BC 和 CD 段均为直线，今再按间接荷载情况进行修正，即在每一纵梁的范围内，将所有相邻两个结点之间影响线竖标的顶点分别都用直线相连，注意结点 3 以左各处均为零，故在 34、45 两节间连成直线即可。Q_{BY}影响线如图 6-12b 所示。

(2) Q_{BZ}影响线　截面 BZ 位于主梁基本

部分 AB 跨内，先做出直接荷载下的 Q_{BZ} 影响线（图 6-12c 中），AB、BC 和 CD 段均为直线，今再按间接荷载情况进行修正，即在每一纵梁的范围内，将所有相邻两个结点之间影响线竖标的顶点分别都用直线相连，即在 01、34、45 三个节间连成直线，Q_{BZ} 影响线如图 6-12c 所示。

(3) Q_{EY}、Q_{EZ} 影响线　由于主梁截面 E 处有横梁传来的集中力，故须分为截面 $E_{左}$ 和截面 $E_{右}$ 两项剪力求其影响线，但二者所依据的直接荷载下的 Q_E 影响线却是相同的。先做出直接荷载作用下的 Q_E 影响线（图 6-12d、e 中）。当确定 E 的右侧截面影响线 Q_{EY} 时，将 23 两个结点之间影响线竖标的顶点用直线相连，再将 01、45 两个节间连成直线，即得 Q_{EY} 影响线，如图 6-12d 所示。当确定 E 的左侧截面影响线 Q_{EZ} 时，将 12 两个结点之间影响线竖标的顶点用直线相连，再将 01、45 两个节间连成直线，即得 Q_{EZ} 影响线，如图 6-12e 所示。

§6-4　用机动法作静定梁的影响线

机动法作影响线的依据是理论力学中讲过的虚位移原理，即刚体体系在力系作用下处于平衡的必要和充分的条件是：体系在任何微小的虚位移中，力系所作的虚功总和为零。下面先以图 6-13a 所示简支梁的反力 R_A 的影响线为例，来说明机动法作影响线的原理和步骤。

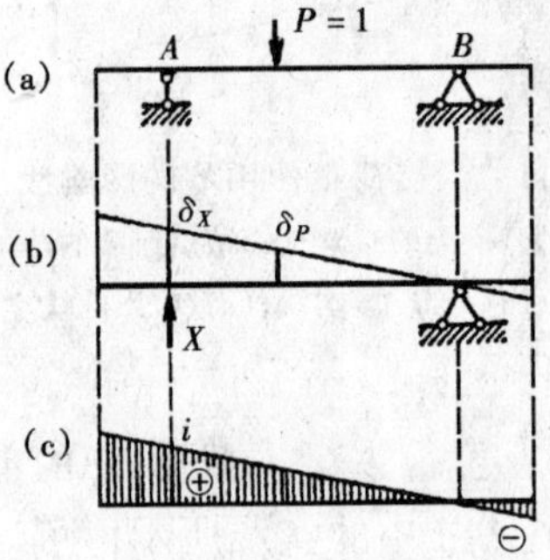

图 6-13　虚功原理作影响线
(a) 梁；(b) 与 X 相应的虚位移；(c) R_A 影响线

为了求反力 R_A，首先去掉与它相应的联系即 A 处的支座链杆，同时代替以正向的反力 R_A（图 6-13b）。此时原结构变成具有一个自由度的几何可变体系。然后给此体系沿 R_A 的正向以微小虚位移，即使刚片 AB 绕 B 点作微小转动，并以 δ_A 和 δ_P 分别表示力 R_A 和 P 的作用点沿力作用方向上的虚位移。由于体系在力 R_A、P 和 R_B 的共同作用下处于平衡，故它们所作的虚功总和应为零，虚功方程为

$$R_A\delta_A + P\delta_P = 0$$

因 $P=1$，故得

$$R_A = -\frac{\delta_P}{\delta_A}$$

式中 δ_A 为力 R_A 的作用点沿其方向的位移，在给定虚位移情况下它是一个常数；δ_P 则为荷载 $P=1$ 的作用点沿其方向的位移，由于 $P=1$ 是移动的，因而 δ_P 就是荷载所沿着移动的各点的竖向虚位移图，是荷载位置 x 的函数。在上面虚功方程中未列入反力 R_B 的虚功，这是因为与反力 R_B 相应的虚位移等于零。可见 R_A 的影响线与位移图 δ_P 是成正比的，将位移图 δ_P 的竖标除以常数 δ_A 并反号，就得到 R_A 的影响线。为了方便起见，可令 $\delta_A=1$，则上式成为 $R_A=-\delta_P$，也就是此时的虚位移图 δ_P 便代表 R_A 的影响线（图 6-13c），只不过符号相反。但注意到 δ_P 是以与力 P 方向一致为正，即以向下为正，因而可知：当 δ_P 向下时，R_A 为负；当 δ_P 向上时，R_A 为正。这就恰与在影响线中正值的竖标绘在基线的上方相一致。

由上可知，欲作某一反力或内力 X 的影响线，只需将与 X 相应的联系去掉，并使所得体系沿 X 的正方向发生单位位移，则由此得到的荷载作用点的竖向位移图即代表 X 的影响线。这种作影响线的方法便称为机动法。

用机动法绘制影响线的优点，在于不经具体计算就能迅速简捷地做出影响线形状，对静定梁来说，还能确定出影响线的控制纵标，这对设计工作提供了方便，另外尚能对用静力法做出的影响线进行校核。

下面再以图 6-14a 所示简支梁截面 C 的弯矩和剪力影响线为例，来进一步说明机动法的应用。作截面 C 的弯矩 M_C 的影响线时，首先拆除与 M_C 相应的约束，即将截面 C 处改为铰结，并加一对力偶 M_C 代替原有联系的作用。然后使 AC、BC 两刚片沿 M_C 的正方向发生虚位移（图 6-14b），使 AC 段刚片有逆时针向转角 α，BC 段刚片有顺时针向转角 β，并写出虚功方程：

$$M_C(\alpha+\beta)+P\delta_P=0$$

$$M_C=-\frac{\delta_P}{\alpha+\beta}$$

式中 $\alpha+\beta$ 是 AC 与 BC 两刚片的相对转角。若令 $\alpha+\beta=1$，则

$$M_C=-\delta_P$$

所得竖向虚位移图即表示 M_C 的影响线（图 6-14c）

这里需要指出，所谓令 $\alpha+\beta=1$，并不是说在给体系以虚位移时要使相对转角 $\alpha+\beta$ 等于 1 弧度。虚位移 $\alpha+\beta$ 应是微小值，从而在图 6-14b 中可认为 $AA_1=\alpha\ (\alpha+\beta)$，然后需将此虚位移图的竖标除以 $\alpha+\beta$ 以求得 M_C 的影响线，这样便有

$$\frac{AA_1}{\alpha+\beta}=\frac{\alpha(\alpha+\beta)}{\alpha+\beta}=\alpha\cdot 1=\alpha$$

可见在图 6-14c 中令 $\alpha+\beta=1$ 的意图，实际上只是相当于把图 6-14b 的微小虚位移图的竖标除以 $\alpha+\beta$，或者说乘以比例系数 $\frac{1}{\alpha+\beta}$，使虚位移图能更简捷地转化为影响线（在前面图 6-13c 中令 $\delta_A=1$ 也是同样的道理）。

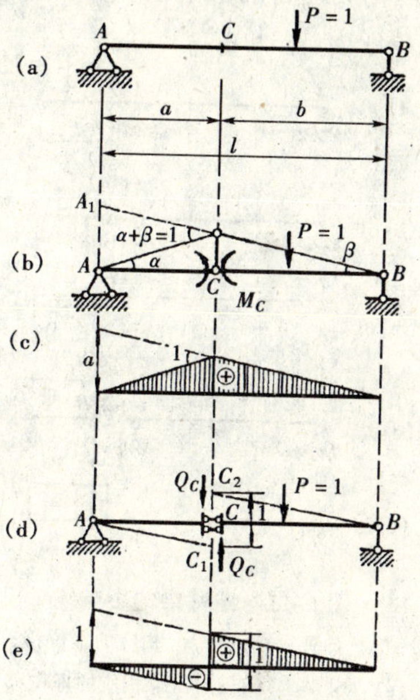

图 6-14　机动法作简支梁的影响线

(a) 简支梁；(b) M_C 相应的虚位移；(c) M_C 影响线；(d) Q_C 相应的虚位移；(e) Q_C 影响线

若作剪力 Q_C 的影响线，则应去掉与 Q_C 相应的联系，即将截面 C 处改为用两根水平链杆相联（这样，此处便不能抵抗剪力但仍能承受弯矩和轴力），同时加上一对正向剪力 Q_C 代替原有联系的作用（图 6-14d）。然后使此体系沿 Q_C 正向发生虚位移，由于 AC 和 BC 两刚片间有两根平行链杆相联，故知两刚片间只能作相对的平行移动，在梁的虚位移图中，AC_1 和 BC_2 应为两条平行的直线，CC_1+CC_2 是截面 C 左、右两侧的相对剪切位移。由虚位移原理有

$$Q_C(CC_1+CC_2)+P\delta_P=0$$

得

$$Q_C=-\frac{\delta_P}{CC_1+CC_2}$$

若令 $CC_1+CC_2=1$，则

$$Q_C=-\delta_P$$

所得虚位移图即表示 Q_C 的影响线（图 6-14e）。注意到 AC 与 CB 两刚片间是用两根平行链杆相联，亦即 Q_C 影响线的左右两直线是互相平行的。

下面再用机动法做出图 6-15a 中伸臂部分的截面 D 的弯矩、剪力影响线。当分别撤除了与 M_D 和 Q_D 相应的约束后，可以看到，仅是在截面 D 以右的伸臂梁段形成了机构，截面 D 以左则是几何不变部分（图 6-15b、d）。在沿 M_D 和 Q_D 的正向分别给予虚位移时，虚位移图仅发生在截面 D 的右侧部分。因此，截面 D 的相对转角 β 和相对剪切位移 DD_1，也就是该截面的绝对转角和绝对剪切位移。分别当 $\beta=1$ 和 $DD_1=1$ 时，再改变虚位移图的正负号就转化成各自的影响线，如图 6-15c、e 所示。

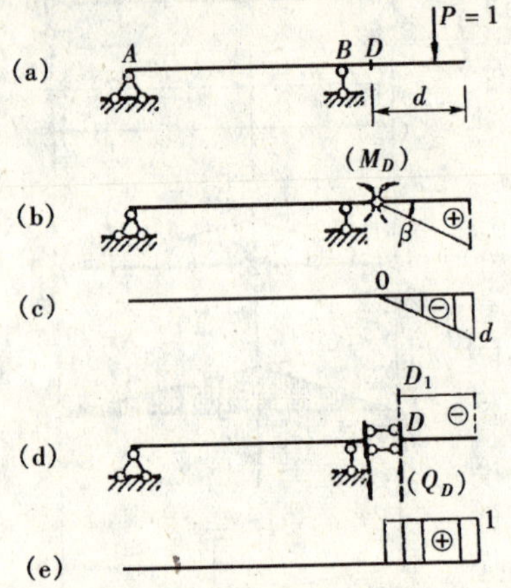

图 6-15　伸臂梁的影响线

（a）伸臂梁；（b）M_D 相应的虚位移；（c）M_D 影响线；（d）Q_D 相应的虚位移；（e）Q_D 影响线

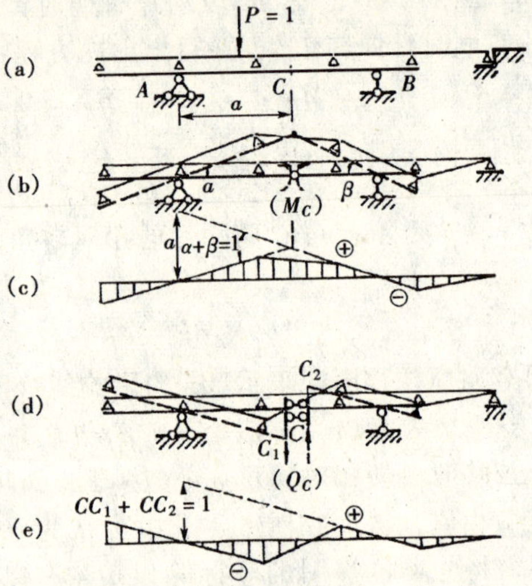

图 6-16　机动法作间接荷载作用下的影响线

（a）间接荷载作用下的梁；（b）M_C 相应的虚位移；（c）M_C 影响线；（d）Q_C 相应的虚位移；（e）Q_C 影响线

综上所述，用机动法作静定梁影响线的步骤可归纳如下：

（1）在原结构上撤除与所求反力或内力相应的约束，形成一个机构；

（2）沿着所求约束力的正向给予虚位移、形成虚位移图（与单位荷载 $P=1$ 方向一致的虚位移 δ_P 为正号，反之为负号）；

（3）令该约束处的相对线（角）位移等于 1，并更改虚位移图的正负号，即得所求的影响线；

（4）确定影响线的控制纵标，其余各处纵标均可按直线比例关系求出。

下面再用机动法绘制间接荷载作用下的影响线。

用机动法作间接荷载下影响线的特点，虚位移图 δ_P 应取纵梁所发生的位移图，而不是主梁的位移图。这是因为单位荷载 $P=1$ 是沿纵梁移动的，而与它相应的虚位移 δ_P 是指荷载 $P=1$ 作用点的竖向位移，故虚位移图也应按纵梁的位移图而做出。注意到这个特点后，就能顺利地由机动法做出间接荷载下的静定梁影响线。

例如需要绘制图 6-16a 主梁截面 C 的 M_C 和 Q_C 影响线。仍按照直接荷载作用下的作图步骤，首先在原体系上撤去与 M_C 和 Q_C 相应的约束，并沿 M_C、Q_C 的正方向先做出主梁的虚位移图。由于每一纵梁均假定为简支梁，因此在位移过程中，所有纵梁节间的位移变化，也一定为一根直线，只需在主梁的虚位移图上，用直线连接各横梁结点，即得纵梁的虚位移图（如图 6-16b、d 的实线所示，虚线代表主梁的虚位移图）。其次令虚位移图中截面 C 的相对角位移 $\alpha+\beta=1$ 和相对线位移 $CC_1+CC_2=1$，再改变虚位移图的正负号，即得 M_C 和 Q_C 的影响线，如图 6-16c、e 所示。

由上述分析可知，不论用机动法或静力法作间接荷载下的静定梁影响线，纵梁部分均应是影响线的直线段。

下面再用机动法绘制多跨静定梁的影响线。

多跨静定梁包含有基本部分和附属部分，用机动法作它的各项影响线也将是很方便的，前述作图步骤仍可适用。只需注意到这样的特点：在撤去所求反力或内力相应的约束后，若在基本部分形成机构，则除基本部分引起虚位移外，还将影响它的附属部分；若在附属部分形成机构，则虚位移图仅涉及附属部分。

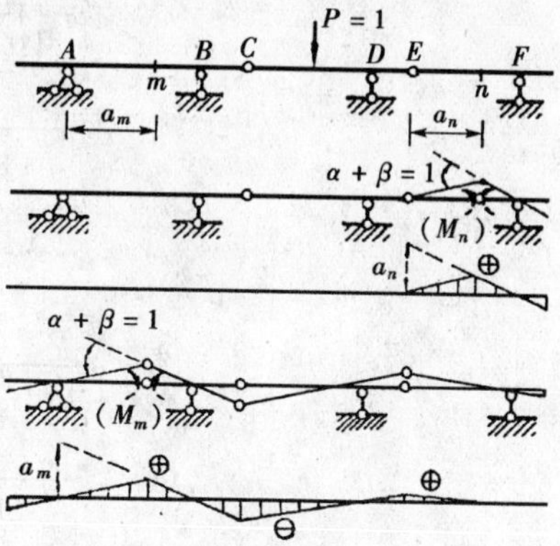

图 6-17　机动法作多跨静定梁的影响线

(a) 多跨静定梁；(b) M_n 相应的虚位移；(c) M_n 影响线；(d) M_m 相应的虚位移；(e) M_m 影响线

在图 6-17a 所示的多跨静定梁中，截面 n 位于第二个附属梁 EF 跨内，在作 M_n 影响线时，撤去相应约束后所形成的机构仅涉及 EF 梁本身，铰 E 以左是它的基本部分，保持几何不变，所以仅在附属的 EF 梁段内产生虚位移图（图 6-17b）。按前述单跨梁的作图方法，定出 E 端的控制纵标 a_n 并改变符号后，即得 M_n 影响线如图 6-17c 所示。而截面 m 位于基本部分内，在作 M_m 影响线时，撤去相应约束后，基本部分形成了机构，沿 M_m 方向给予虚位移后，其右端 C 处发生了竖向位移，从而使梁 CDE 绕支点 D 发生了转动（注意到支座 D 的竖向虚位移为零），继而又使梁 EF 绕支点 F 发生转动，因此全梁都将产生虚位移，如图 6-17d 所示。M_m 影响线的控制纵标也应在截面 m 所在的双伸臂梁上确定（图 6-17e），其余纵标均可按比例关系而定；并标注符号以梁轴基线上方为正，下方为负。

用机动法作多跨静定梁的影响线时，读者可结合第三章所述基本部分与附属部分之间的组成关系与传力路径加以考虑，还可用静力法对影响线纵标及符号加以验证。

如果多跨静定梁承受间接荷载作用，作某量值的影响线时，其作图步骤与单跨静定梁的情况相同，即先用机动法做出直接荷载下的影响线，然后取各结点处的影响线纵标，在每一纵梁节间内连以直线，即得在间接荷载下多跨静定梁的影响线。

例 6-4　用机动法作图 6-18a 所示多跨静定梁的 M_K、Q_K、Q_B、Q_{CZ}、Q_E、V_F 及 M_G 的影响线。

解　各项影响线的绘制步骤为：首先在原体系中撤除与所求反力或内力影响线相应的约束而形成机构；然后沿该约束力正方向给予单位虚位移以形成虚位移图；最后确定控制纵标并更改虚位移图的正负号，即得各所求影响线，如图 6-18b、c、d、e、f、g、h 所示（图中未另作基线再绘影响线）。

分析例 6-3 时要注意如下特点：

(1) 所求量值影响线若位于基本部分，除基本部分本身受到影响外，相邻附属部分也受到影响（如图 6-18b、c、g，图 6-18h 则属例外情况，因撤去截面 G 的弯矩约束后，铰 G 以左部分仍为几何不变体，不发生虚位移）；

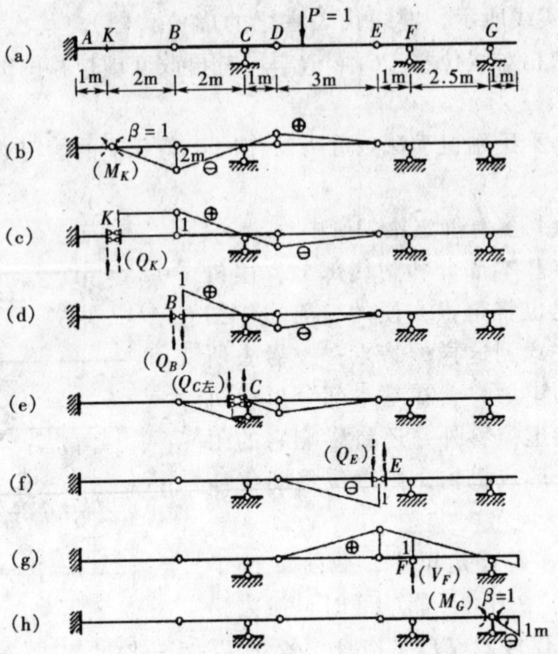

图 6-18　机动法作多跨静定梁的影响线

(a) 多跨静定梁；(b) M_K 影响线；(c) Q_K 影响线；(d) Q_B 影响线；(e) $Q_{C左}$ 影响线；(f) Q_E 影响线；(g) V_F 影响线；(h) M_G 影响线

(2) 所求量值影响线若位于附属部分，则影响范围仅涉及该附属部分（如图 6-18f）。这里需注意，图 6-18d 和图 6-18e 所示的 Q_B、Q_{CZ} 影响线，所在截面属于 BD 梁，但相邻的 DE 梁对 BD 梁来说，附属程度要更高些，所以在该段梁范围内也有影响；

(3) 绘制 Q_B、Q_E 影响线时，所在截面为铰，当撤去与剪力相应的约束后（即拿走一根竖向链杆），还剩一根水平链杆，说明该截面尚能传递轴力。实际上，铰所在截面的剪力影响线与该端的反力影响线是一致的。

§ 6-5　三铰拱的影响线

绘制三铰拱的影响线时，移动的单位荷载是竖向的，故 § 4-2 中所导出的三铰拱在竖向荷载下反力和内力的计算公式也适用。

1. 三铰拱的支座反力影响线

设有三铰拱如图 6-19a 所示，在竖向荷载作用下的反力公式为：

$$\left.\begin{aligned} V_A &= V_A^0 \\ V_B &= V_B^0 \\ H &= \frac{M_C^0}{f} \end{aligned}\right\} \tag{6-1}$$

式中 V_A^0、V_B^0 为在同样竖向荷载作用下简支梁的支座反力，M_C^0 为简支梁截面 C 的弯矩。由上式可知，三铰拱竖向反力的影响线与相应简支梁的反力影响线完全相同；而推力 H 的影响线的形状与简支梁弯矩 M_C^0 的影响线形状相似，可由相应简支梁截面 C 的弯矩 M_C^0 的影响线除以拱高 f 而得到，如图 6-19b 所示。

2. 三铰拱的弯矩影响线

至于任一截面 K 的弯矩计算公式为

$$M_K = M_K^0 - Hy_K \tag{6-2}$$

当荷载 $P=1$ 移动时，三铰拱截面 K 的弯矩 M_K，简支梁截面 K 的弯矩 M_K^0，三铰拱的推力 H 都随着变化，它们都是荷载位置参数 x 的函数。但是三铰拱截面 K 的纵坐标 y_K 则是常数，不随 x 变化，因此，式（6-2）可写成

$$M_K(x) = M_K^0(x) - H(x)y_K$$

$$(M_K\text{ 影响线}) = (M_K^0\text{ 影响线}) - (H\text{ 影响线}) \times (\text{常数 } y_k)$$

由上式知：弯矩 M_K 的影响线可由两根影响线叠加而求得，一为相应简支梁上对应截面 K 的弯矩 M_K^0 的影响线；另一为推力 H 的影响线乘以常数 y_K。M_K 影响线的叠加步骤如下：首先作简支梁弯 M_K^0 矩影响线，其次在同一基线上作推力 H 影响线并乘以常数 y_K，最后，把两个图形重叠的部分抵消，余下的部分便是 M_K 影响线，如图 6-19c 所示。其中由 M_K^0 余下的图形部分取正号，由 Hy_K 余下的图形部分取负号。为了应用方便，可将其改绘在一根水平基线上，如图 6-19d 所示。

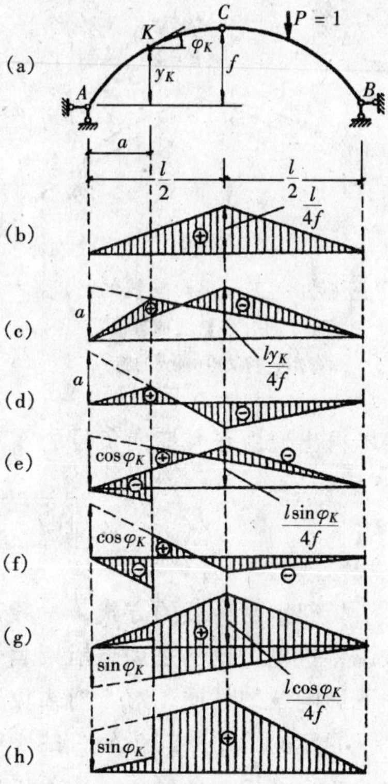

图 6-19　三铰拱的影响线

(a) 三铰拱；(b) H 影响线；(c)、(d) M_K 影响线；(e)、(f) Q_K 影响线；(g)、(h) N_K 影响线

3. 三铰拱的剪力影响线

三铰拱的剪力计算公式为

$$Q_K = Q_K^0\cos\varphi_K - H\sin\varphi_k \tag{6-3}$$

当荷载 $P=1$ 移动时，Q_K、Q_K^0、H 都随荷载位置参数 x 而变化，$\cos\varphi_K$ 与 $\sin\varphi_K$ 则为常数，因此

$$(Q_K\text{ 影响线}) = (Q_K^0\text{ 影响线})\cos\varphi_K - (H\text{ 影响线})\sin\varphi_K$$

可见剪力 Q_K 的影响线也可由两根影响线叠加而成：一为相应简支梁 Q_K^0 的影响线乘以常数 $\cos\varphi_K$；另一为推力 H 的影响线乘以常数 $\sin\varphi_K$。将二者分别绘出并叠加便得到 Q_K 的影响线如图 6-19e 所示。将其基线摊平则如图 6-19f。

4. 三铰拱的轴力影响线

三铰拱的轴力计算公式为

$$N_K = Q_K^0\sin\varphi_K + H\cos\varphi_K \tag{6-4}$$

$$(N_K\text{ 影响线}) = (Q_K^0\text{ 影响线})\sin\varphi_K + (H\text{ 影响线})\cos\varphi_K$$

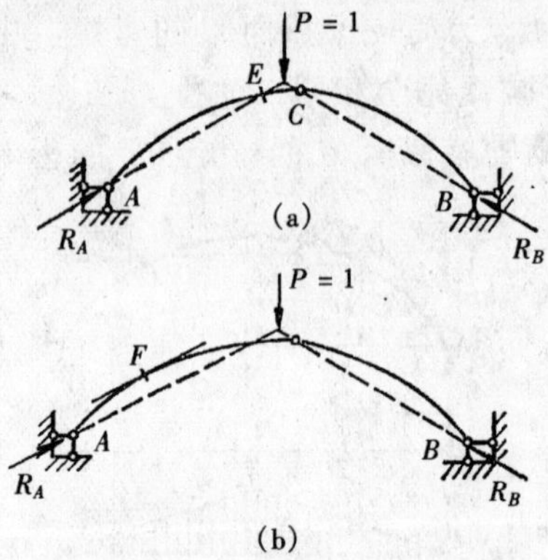

图 6-20　三铰拱影响线的特点
(a)、(b) 图解法原理说明
弯矩、剪力影响线的特点

可见轴力 N_K 的影响线也可由 Q_K^0 和 H 两根影响线按照上述步骤绘得如图 6-19g、h。

在拱轴左段 AC 上的任一截面的弯矩影响线，总会有一个零点出现在 AC 段内，这可通过平衡力系的图解原理来说明。如图 6-20a 所示，单个荷载 $P=1$ 移动在 AC 段内时，总有一个作用位置使任意截面 E 的弯矩为零，该位置即为两端反力作用线 BC 与 AE 的交点。而当 $P=1$ 移动到右半拱 BC 段时，左端反力 R_A 作用线为AC 连线方向，故拱轴左段 AC 上的任一截面的弯矩再也不可能等于零。

对于左段拱上某截面 F 的剪力来说，只有当单位荷载的作用位置（图 6-20b）使 R_A 的方向平行于截面 F 处的拱轴切线时，才可能得 $Q_F=0$。故当切线倾角 φ_F 小于 AC 连线的倾角时，即靠近拱顶 C 的区段内各截面，其剪力影响线不再出现由正号变向负号的零点。

§6-6　桁架内力影响线

桁架承受荷载的方式，一般是由纵梁传递给横梁，而横梁则搁置于桁架的铰结点上。就是说，这里讨论的是理想桁架承受间接荷载的情况。因此，前节中关于静定梁在间接荷载作用下影响线的性质，对于桁架也是适用的。

静定的单跨梁式桁架，由于它的支座反力和同跨的梁相同，故两者的反力影响线也就完全一致，这里不多赘述。本节仅讨论如何用静力法绘制桁架杆件内力的影响线。

用静力法作桁架内力影响线时，首先要由静力平衡条件列出所求杆件的内力影响线方程，据此再做出相应的影响线。桁架内力影响线方程的建立，要根据具体情况，参照第五章关于桁架内力的计算方法进行，即有结点法和截面法(包括力矩法及投影法)。不过，此时的作用荷载是一个移动的单位荷载，且须考虑 $P=1$ 在桁架的不同部分移动时，影响线方程的适用范围。象在桁架内力分析时一样，有时对某些斜杆不易直接建立平衡方程求解，为简便起见，可将它的水平分力或竖向分力当作未知数，建立相应的影响线方程，再按比例关系求得该杆轴力的影响线纵标。

下面以图 6-21a 所示简支单伸臂的平行弦桁架为例，说明桁架杆件内力影响线的一般绘制方法。

1. 力矩法

设荷载 $P=1$ 在上弦移动（称为上承）。若求上弦杆 89 的轴力 N_{89}的影响线，可引截面Ⅰ-Ⅰ，以结点 3 为矩心，应用力矩法写出影响线方程。

当 $P=1$ 在被截节间以左，即在结点 6 和结点 8 之间移动时，可取截面Ⅰ-Ⅰ以右部分为隔离体，设 N_{89}为拉力，由平衡条件 $\Sigma M_3=0$，得

$$N_{89}\times h+V_B\times 3d=0$$

于是

$$N_{89}=-\frac{3d}{n}V_B$$

可知在结点 6-8 范围内的 N_{89}影响线，是由 V_B 影响线乘以常数 $\left(-\frac{3d}{h}\right)$ 而得到，这一段就是 N_{89} 影响线的左直线（图 6-21c）。

当 $P=1$ 在被截节间以右，即在结点 9 和结点 12 之间移动时，可取截面Ⅰ-Ⅰ以左部分为隔离体，也由 $\Sigma M_3=0$，得

$$N_{89}=-\frac{2d}{h}V_A$$

可知在结点 9-12 范围内的 N_{89} 影响线，是由 V_A 影响线乘以常数 $\left(-\frac{2d}{h}\right)$ 后而得到，这段就是 N_{89} 影响线的右直线（图 6-21c）。

从几何关系上可以证明，左、右直线的交点对应在矩心 3 的位置下面。按前节所述的间接荷载下影响线的性质可知，在被截节间 89 内，影响线为一直线段，所以直线连接结点 8 与 9 的纵标即得。不过，在目前情况下，这段直线恰与左直线重合。N_{89} 影响线如图 6-21c 所示。

实际上，上述左、右直线的方程可用一个统一的式子表达如下

$$N_{89}=-\frac{M_3^0}{h}$$

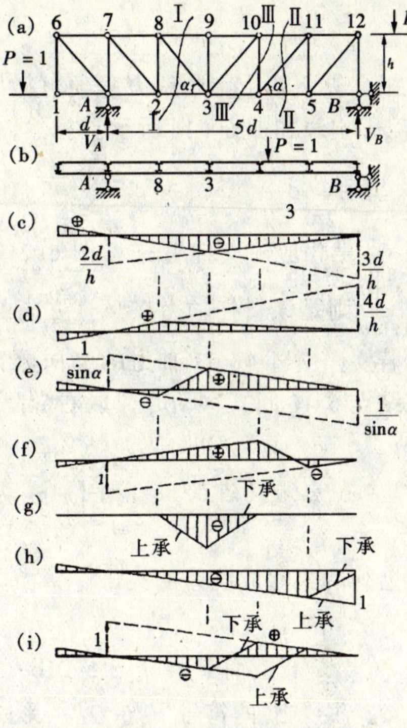

图 6-21　桁架的影响线

(a) 简支单伸臂平行弦桁架；(b) 间接荷载下的梁；(c) N_{89} 影响线；(d) N_{23} 影响线；(e) N_{38} 影响线；(f) $Y_{4,11}$ 影响线；(g) N_{39} 影响线；(h) $N_{B,12}$ 影响线；(i) $N_{4,10}$ 影响线

式中 M_3^0 是相应的单伸臂梁（图 6-21b）上对应于矩心 3 处的截面弯矩影响线，将其除以杆件 89 对矩心的力臂 h 并改变其正负号后，即可绘出 N_{89} 影响线。上式中负号反映了当 M_3^0 为正弯矩时（$P=1$ 在简支跨内），上弦杆轴力 N_{89} 为压力。

若求下弦杆 23 的轴力 N_{23} 的影响线，仍引截面 I-I，但矩心为结点 8（见图 6-21a），同理，可用统一的式子来表达该杆轴力影响线的左、右直线方程

$$N_{23}=\frac{M_8^0}{h}$$

式中 M_8^0 是相应单伸臂梁上对应于矩心 8 处的截面弯矩影响线，分母 h 为杆件 23 对矩心的力臂，正号表示 M_8^0 当为正（负）弯矩时，下弦杆轴力 N_{23} 为拉（压）力。N_{23} 影响线如图 6-21d 所示。

2. 投影法

某些杆件的内力影响线适合用投影法去求解。例如图 6-21a 中的斜杆 38，求其轴力影响线方程时，可引截面Ⅰ-Ⅰ，当荷载 $P=1$ 在左边（结点 6-8 间）移动时，取右半部为隔离体，由投影方程，得 $\Sigma Y-0$，得

$$N_{38}\sin\alpha+V_B=0$$

$$N_{38}=-\frac{V_B}{\sin\alpha}$$

当 $P=1$ 在右边（结点 9-12 间）移动时，取左半部为隔离体，由 $\Sigma Y=0$ 得

$$-N_{38}\sin\alpha+V_A=0$$

于是
$$N_{38} = \frac{V_A}{\sin\alpha}$$

根据以上两个影响线方程便可做出左、右直线，并在结点 8 与 9 的纵标间连以直线，即得 N_{38}影响线如图 6-21e 所示。显然，以上左、右两直线的方程可用一个统一的式子来表示

$$N_{38} = \frac{Q_{98}^0}{\sin\alpha}$$

式中 Q_{98}^0是相应简支伸臂梁（图 6-21b）上对应于被截节间 9-8 内任一截面的剪力影响线，系数$\frac{1}{\sin\alpha}$则是该斜杆轴力在竖直方向的投影关系。N_{38}与 Q_{98}^0两者的影响线符号是相同的。

若要作斜杆 4，11 轴力的竖向分力 $Y_{4,11}$的影响线，可引截面Ⅱ-Ⅱ，当荷载 $P=1$ 在左边（结点 6-10 间）移动时，取右部隔离体，由投影方程 $\Sigma Y=0$，得

$$Y_{4,11} = V_B$$

当 $P=1$ 在右边（结点 11-12 间）移动时，由左半部隔离体的 $\Sigma Y=0$，得

$$Y_{4,11} = -V_A$$

可将上列两式写成统一的式子

$$Y_{4,11} = -Q_{10,11}^0$$

其中 $Q_{10,11}^0$是相应简支梁（图 6-21b）上对应于被截节间 10－11 内任一截面的剪力影响线，不过 $Y_{4,11}$影响线的符号应与 $Q_{10,11}^0$影响线的相反，如图 6-21f 所示。

3. 结点法

桁架中个别杆件的内力影响线，适合用结点法求解。例如要作竖杆 39 的轴力 N_{39}的影响线，可取结点 9 为隔离体来建立平衡方程。当荷载 $P=1$ 沿上弦移动时，由于结点 9 位于承载弦上，故应分别按 $P=1$ 在该结点和不在该结点两种情况来建立投影平衡方程。

当 $P=1$ 作用于结点 9 时，由该结点的 $\Sigma Y=0$ 得

$$N_{39} = -1$$

当 $P=1$ 作用于其他结点（包括在结点 8 以左和结点 10 以右各节间移动）时，由结点 9 的 $\Sigma Y=0$ 得

$$N_{39} = 0$$

于是按桁架影响线在各节间均为直线的原则，即可绘出荷载在上弦移动时的 N_{39}影响线，如图 6-21g 所示。

若欲求荷载 $P=1$ 在下弦移动（称为下承）时的 N_{39}影响线，可仍取结点 9 为隔离体，此时不论 $P=1$ 移动在下弦的任何位置，由结点 9 的 $\Sigma Y=0$ 知

$$N_{39} = 0$$

就是说，下承时的 N_{39}影响线应与基线重合，纵标处处为零，如图 6-21g 所示。

再如求作右端竖杆的 $N_{B,12}$影响线时，可取结点 B 为隔离体，若是上弦承载，由 $\Sigma Y=0$ 得

$$N_{B,12} = -V_B$$

表示上弦承载时 $N_{B,12}$的影响线与 V_B 影响线只是符号相反。若是下弦承载，当 $P=1$ 在结点 5 以左移动时，由结点 B 的 $\Sigma Y=0$ 可知，影响线方程与上式（上承时）相同；当 $P=1$ 作用于结点 B 时，则由该结点的 $\Sigma Y=0$ 得

$$N_{B,12} + V_B - 1 = 0$$

即
$$N_{B,12}=1-V_B$$
由于 V_B 影响线在 B 处的纵标等于1，由上式得 $N_{B,12}=0$，即 $N_{B,12}$影响线在 B 处的纵标等于零；在 $5B$ 节间应为一直线。图 6-21h 中示出了 $N_{B,12}$影响线在下承时与上承时的差别。

图 6-21i 所示竖杆 4，10 的轴力 $N_{4,10}$影响线，可由投影法做出。由于所引截面Ⅲ-Ⅲ所截的上弦节间与下弦节间的水平位置不相同，虽然有相同的影响线方程，但当上弦承载时，影响线的修正节间（被截节间）应是 10-11，而当下弦承载时，影响线的修正节间则是 3-4，两者相差一个修正节间。

例 6-5　试作图 6-22a 中杆件内力 N_{FG}、N_{CD}、N_{FD}、N_{FC}的影响线。

解　(1) N_{FG}影响线

作截面Ⅰ-Ⅰ，当 $P=1$ 在其左侧各结点上时，可取截面右侧部分析架为隔离体，以结点 D（即 FD 和 CD 两杆的交点）为矩心，并设 N_{FG}为拉力，这样，由 $\Sigma M_D=0$ 得
$$-R_B\times 2d-N_{FG}\times r_1=0$$
故
$$N_{FG}=-\frac{2d}{r_1}R_B \qquad (压力) \tag{a}$$
当 $P=1$ 在截面Ⅰ-Ⅰ右侧各结点上时，可取截面左侧部分析架为隔离体，仍以结点 D 为矩心，设 N_{FG}为拉力，这样，由 $\Sigma M_D=0$ 得
$$R_A\times 2d+N_{FG}\times r_1=0$$
故
$$N_{FG}=-\frac{2d}{r_1}R_A \qquad (压力) \tag{b}$$

根据式 (a)、式 (b) 两式可知，将 R_B 影响线竖标乘以因子 $-\frac{2d}{r_1}$之后，取其 A、C 两个结点之间的部分；同样，将 R_A 影响线竖标也乘以同一因子 $-\frac{2d}{r_1}$之后，取其 D、B 两个结点之间的部分，而后再将 C，D 两个相邻结点的竖标顶点用直线相连，综合这三部分即得 N_{FG}影响线，如图 6-22b 所示。

又式 (a)、(b) 两式全可写成
$$N_{FG}=-\frac{M_D}{r_1}$$
也就是，N_{FG}影响线即等于相应简支梁结点 D 处弯矩 M_D 的影响线乘以因子 $-\frac{1}{r_1}$。

(2) N_{CD}影响线

按照与以上类似的分析方法，可以求得
$$N_{CD}=+\frac{M_F}{h_1}$$
因此，将 M_F 影响线乘以因子$\frac{1}{h_1}$即得 N_{CD}影响线，如图 6-22c 所示。

(3) N_{FD}影响线

仍用截面Ⅰ-Ⅰ，当 $P=1$ 在其左侧各结点上时，取其右侧部分析架为隔离体，以 FG 和 CD 两杆杆轴延长线的交点 O（图 6-22a）为矩心，设 N_{FD}为拉力。由 $\Sigma M_O=0$ 得

$$-R_B\times\ (l+a)\ -N_{FD}\times r_2=0$$

故

$$N_{FD}=-\frac{l+a}{r_2}R_B\ (\text{压力})$$

当 $P=1$ 在截面右侧各结点上时，取左侧部分桁架为隔离体，仍以 O 为矩心，并设 N_{FD}为拉力，由 $\Sigma M_O=0$ 得

$$-R_A\times a+N_{FD}\times r_2=0$$

故

$$N_{FD}=+\frac{a}{r_2}R_A$$

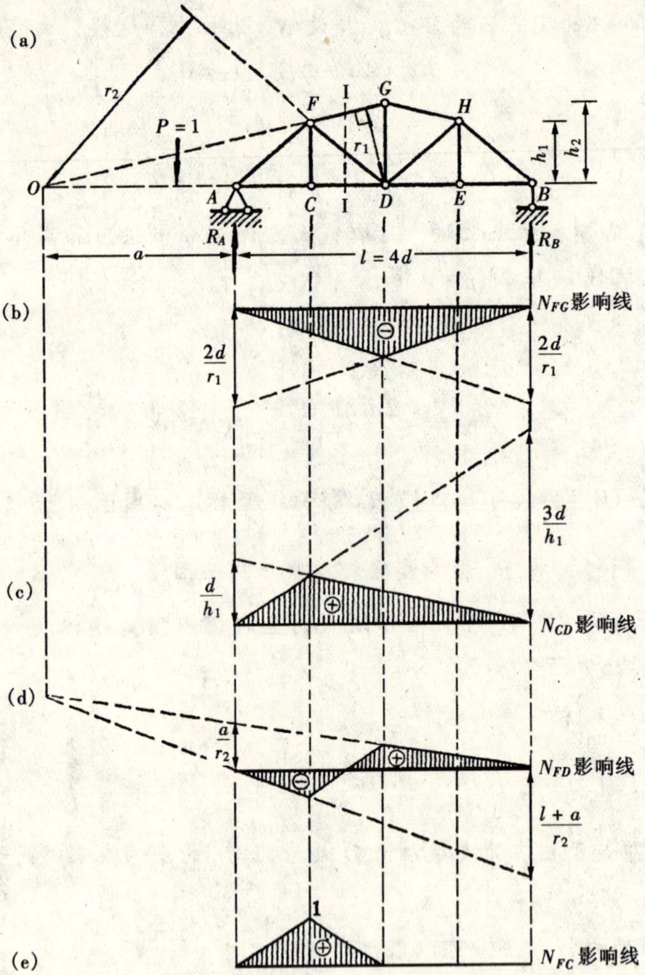

图 6-22　桁架的影响线

(a) 桁架；(b) N_{FG}影响线；(c) N_{CD}影响线；(d) N_{FD}影响线；(e) N_{FC}影响线

仿照上述作法，得 N_{FD}影响线如图 6-22d 所示。由几何关系可以证明，分别乘以因子 $-\frac{l+a}{r_2}$ 和 $\frac{a}{r_2}$ 之后的 R_B 影响线和 R_A 影响线，两者延长线的交点恰在矩心 O 的下方。

4. N_{FC}影响线

取结点 C 为隔离体，当 $P=1$ 在结点 A、D、E 或 B 上时，由 $\Sigma Y=0$ 得

$$N_{FC}=0$$

当 $P=1$ 恰在结点 C 上时，由 $\Sigma Y=0$ 得

$$N_{FC}=1$$

由此得 N_{FC}影响线如图 6-22e 所示。

例 6-6　试作图 6-23a 所示三铰拱式桁架中杆件 1 2、1′2、2 C 的轴力影响线。

解　(1) 先作水平推力的影响线　因 $H=\dfrac{M_C^0}{f}$，其中 $f=1.5d$，故 H 影响线如图 6-23b 所示，其右直线方程为 $H=\dfrac{3dV_A^0}{1.5d}=2V_A^0$。

(2) 下弦杆轴力 N_{12}　引截面Ⅰ-Ⅰ，由力矩平衡方程可得

$$X_{12}=\frac{M_{1'}}{d}=\frac{1}{d}\left[M_{1'}^0-H\times 2d\right]$$

即由 $M_{1'}^0$和 H 两项影响线分别乘以常数后，在被截节间两侧分别叠加，得 X_{12}影响线如图 6-23c 所示。

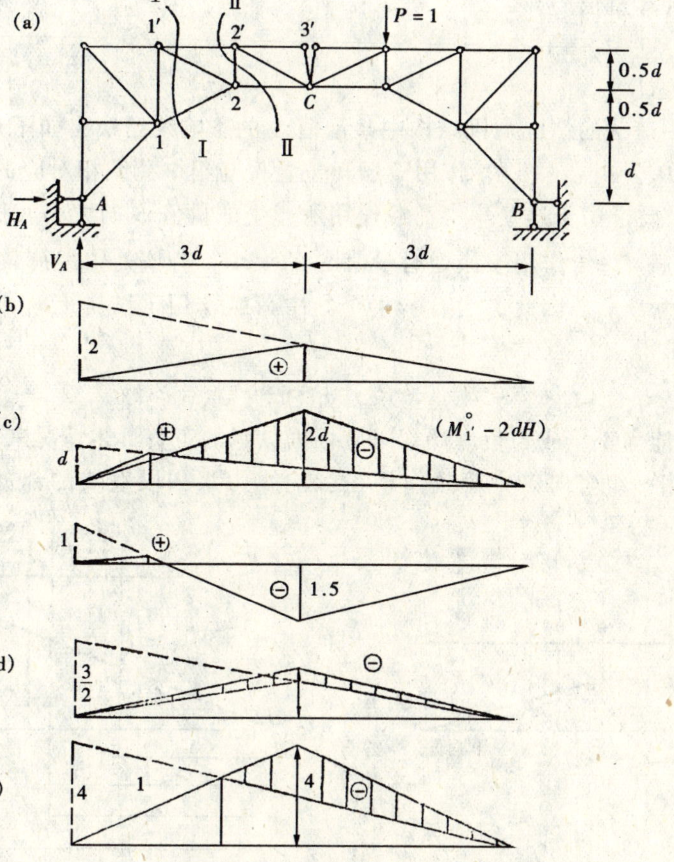

图 6-23　拱式桁架影响线

(a) 三铰拱式桁架；(b) H 影响线；(c) X_{12}影响线；

(d) $Y_{1/2}$影响线；(e) N_{2C}影响线

(3) 斜杆轴力 $N_{1'2}$引截面Ⅰ-Ⅰ，由力矩平衡方程可得

$$Y_{1'2}=\frac{M_{3'}}{2d}=\frac{1}{2d}\left[M_{3'}^{0}-H\times 2d\right]$$

两项影响线叠加时其顶点均在跨中，$Y_{1'2}$影响线如图 6-23d 所示。

(4) 下弦杆轴力 N_{2C} 引截面Ⅱ-Ⅱ，由力矩平衡方程可知

$$N_{2C}=\frac{M_{2'}}{0.5d}=\frac{2}{d}\left[M_{2'}^{0}-H\times 2d\right]$$

两项影响线的左直线（结点 2′以左）叠加为零，N_{2C}影响线如图 6-23e 所示。

§6-7 影响线的应用

前面讨论了影响线的绘制方法。绘制影响线的目的是解决移动荷载作用下的结构计算问题。概括起来，一是当荷载位置已知时，利用它来确定实际移动荷载对于结构某一量值的影响。二是要确定在移动荷载组作用下结构上某量值的最不利荷载作用位置，据此求出该量值的最大值，作为设计的依据。现分别讨论如下：

一、应用影响线计算量值

（一）集中荷载

首先讨论集中荷载的情况。设结构中某量值 S 的影响线已绘出如图 6-24a 所示。现有若干竖向集中荷载 P_1、P_2、…、P_n 作用于已知位置，与集中荷载相对应的影响线纵标分别为 y_1、y_2、…、y_n，要求由于这些集中荷载作用所产生的量值 S 的大小。我们知道，影响线上的竖标 y_1 代表荷载 $P=1$ 作用于该处时量值 S 的大小，若该处作用荷载不是 1 而是 P_1，则产生的量值 S 应为 P_1y_1。因此，当有若干个集中荷载作用于结构上时，所产生的总的量值 S 可用叠加原理求得

$$S=P_1y_1+P_2y_2+\cdots+P_ny_n=\Sigma P_iy_i \tag{6-1}$$

式中的纵标 y_i 可能为正，或为负，计算时应根据纵标的正负具体情况来求各项的代数和。

值得指出，当一组竖向集中荷载作用在影响线为某一段直线的部分时，如图 6-24b 所

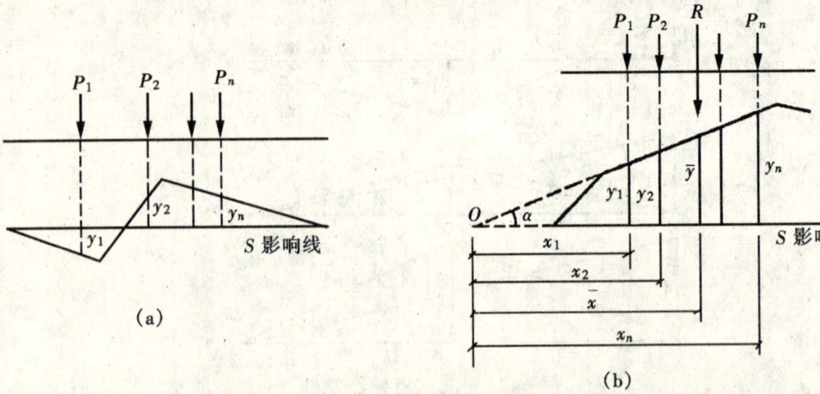

图 6-24 应用影响线计算量值

(a) 集中荷载下计算量值 S；(b) 一组集中荷载下计算量值 S

示，为简化计算，可用它们的合力来代替这组集中荷载的作用，而不改变所求量值的数值。这一结论可证明如下：

将影响线上此段直线延长使之与基线相交于 O 点，其倾角为 α，该直线段上各影响线纵标 y_i 可用 $x_i\,\mathrm{tg}\alpha$ 表达，则图中直线段上的荷载组作用下产生的量值为

$$S = P_1x_1\mathrm{tg}\alpha + P_2x_2\mathrm{tg}\alpha + \cdots + P_nx_n\mathrm{tg}\alpha = \mathrm{tg}\alpha\Sigma p_ix_i \tag{6-2}$$

式中 ΣP_ix_i 为直线段上各力对 O 点的力矩之和，根据合力矩定理（即各个力对某一点的力矩之和等于其合力对同一点之矩），它等于合力 R 对 O 点的力矩

$$\Sigma p_ix_i = R\bar{x}$$

故有

$$S = \mathrm{tg}\alpha\Sigma P_ix_i = \mathrm{tg}\alpha R\bar{x} = R\bar{y} \tag{6-3}$$

式中 $\bar{y}$ 是合力 R 所对应的影响线纵标，而 R 的作用位置须预先按荷载组具体情况求出。这样就证明了上述的结论。

如果影响线由若干直线段所组成，且每一直线段上均作用有荷载，此时可分别按上式计算量值，然后相加得全部荷载所产生的总量值。若在某直线段上求荷载合力位置 $\bar{x}$ 不方便时，则可用式（6-2）计算。

（二）分布荷载

设有长度为一定的分布荷载 q_x，其变化规律为已知，今作用在结构的某一位置上（图 6-25a）；结构的某个量值 S_K 的影响线亦为已知（图 6-25b）。在计算量值 S_K 时，可将分布荷载沿其长度分成许多微段，则每一微段 $\mathrm{d}x$ 上的荷载 q_xd_x 都可看作一个集中荷载（图 6-25a 中的阴影线部分），故在影响线的 AB 区段内，分布荷载所产生的量值 S_K 可由下列式子表达

$$S_K = \int_A^B q_xy_x\mathrm{d}x \tag{6-4}$$

若 q_x 是均布荷载 q（图 6-26），则可将常数 q 提到积分号外面，其量值 S_K 计算公式为

$$S_K = q\int_A^B y_x\mathrm{d}x = q\cdot\omega \tag{6-5}$$

式中 ω 代表均布荷载作用范围 AB 段内的影响线面积，如图 6-26b 中的阴影部分。若在均布荷载作用范围内的影响线既有正区、又有负区，则 ω 应取正负面积的代数和。

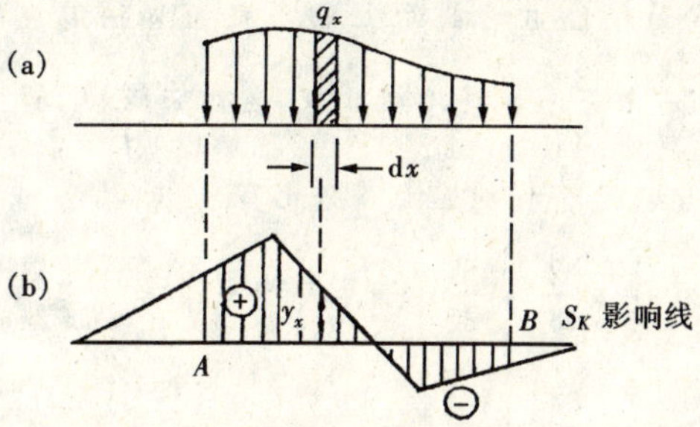

图 6-25　分布荷载下计算量值
（a）分布荷载；（b）S 影响线

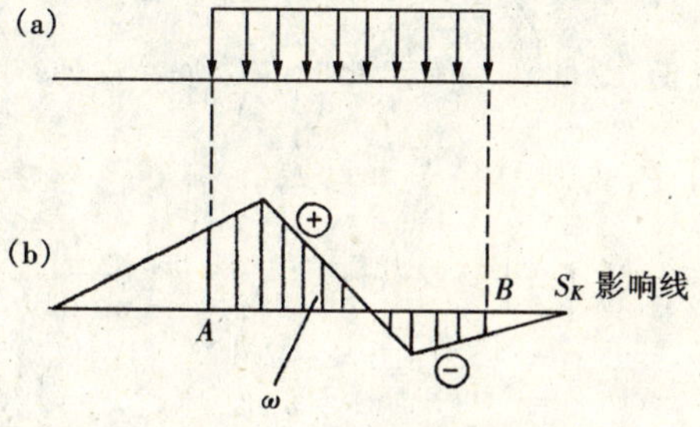

图 6-26　均布荷载下计算量值
（a）均布荷载；（b）S 影响线

综上所述，若要计算集中荷载组和分布荷载同时作用下的某一量值，则可用叠加方法

$$S_K = \Sigma P_iy_i + \Sigma\int q_xy_x\mathrm{d}x \tag{6-6}$$

若集中荷载组用各自直线段内的合力表示，当分布荷载集度 q_x 为常数 q 时，则上式成为

$$S_K = \Sigma R\,\overline{y} + \Sigma q\omega \tag{6-7}$$

例 6-7 试利用影响线求单伸臂梁（图 6-27a）在图示荷载作用下的 M_C、Q_C 之值。

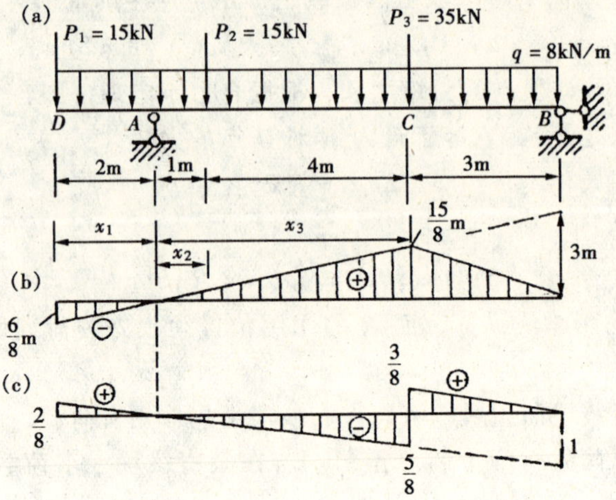

图 6-27 利用影响线求量值

(a) 伸臂梁及荷载；(b) M_C 影响线；(c) Q_C 影响线

解 (1) 求 M_C

先做出 M_C 的影响线并求得其左直线的斜率为 $\mathrm{tg}\alpha = 3/8$，如图 6-27b 所示。设坐标原点为 A 点，x 以向右为正、向左为负；以 ω_1 表示梁 DA 段的影响线面积（负号），ω_2 表示梁 AB 段的影响线面积（正号）。按叠加原理可求得

$$\begin{aligned} M_C &= (P_1x_1 + P_2x_2 + P_3x_3)\ \mathrm{tg}\alpha + q\ (\omega_1 + \omega_2) \\ &= [15\times(-2) + 15\times1 + 35\times5]\times\frac{3}{8} + 8\times\left(\frac{-2}{2}\times\frac{6}{8} + \frac{8}{2}\times\frac{15}{8}\right) \\ &= 60 + 54 = 114\mathrm{kN\cdot m} \end{aligned}$$

(2) 求 Q_C

做出 Q_C 影响线并求出有关的纵标值，如图 6-27c 所示。由于在截面 C 上恰好作用有集中荷载 P_3，则在计算 Q_C 影响量时，应分别考虑该截面稍偏右的截面上 $Q_{C右}$ 之值和稍偏左的截面上 $Q_{C左}$ 之值，此时 P_3 所对应的纵标应分别为 $-\frac{5}{8}$ 和 $\frac{3}{8}$（若具体做出 $Q_{C右}$ 影响线，则将看到 P_3 与纵标 $-\frac{5}{8}$ 相对应，在 $Q_{C左}$ 影响线中，P_3 将与纵标 $\frac{3}{8}$ 相对应），据此有

$$\begin{aligned} Q_{C右} &= \left[35\times\left(\frac{-5}{8}\right) + 15\times\left(\frac{-1}{8}\right) + 15\times\frac{2}{8}\right] + 8\times\left(\frac{2}{2}\times\frac{2}{8} - \frac{5}{2}\times\frac{5}{8} + \frac{3}{2}\times\frac{3}{8}\right) \\ &= -20 - 6 = -26\mathrm{kN} \end{aligned}$$

$$\begin{aligned} Q_{C左} &= \left[35\times\frac{3}{8} + 15\times\left(\frac{-1}{8}\right) + 15\times\frac{2}{8}\right] + (-6) \\ &= 15 - 6 = +9\mathrm{kN} \end{aligned}$$

二、确定最不利荷载位置

前已指出，在移动荷载作用下结构上的各种量值均将随荷载的位置而变化，而设计时必

须求出各种量值的最大值（包括最大正值和最大负值，最大负值也称最小值），以作为设计的依据。为此，必须先确定使某一量值发生最大（或最小）值的荷载位置，即最不利荷载位置。只要所求量值的最不利荷载位置一经确定，则其最大（最小）值便可按上述方法算出。现在讨论如何利用影响线来确定最不利荷载位置。

当荷载的情况比较简单时，最不利荷载位置凭直观即可确定。例如只有一个集中荷载 P 时，显然将 P 置于 S 影响线的最大竖标处即产生 S_{max}；而将 P 置于最小竖标处即产生 S_{min} 值（图 6-28a）。

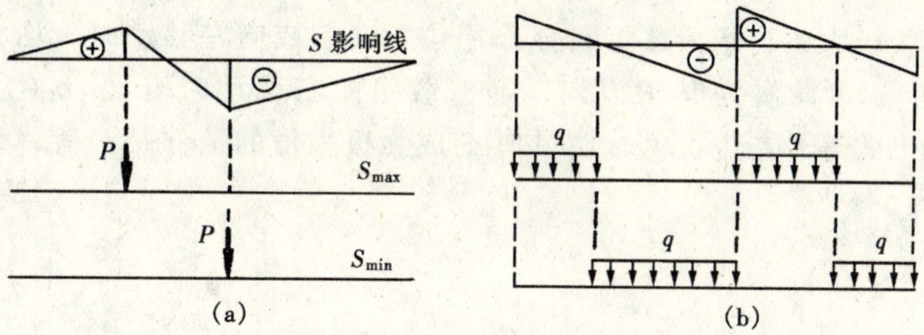

图 6-28　确定最不利荷载位置

（a）一个集中荷载；（b）任意均布活载

对于可以任意断续布置的均布荷载，也称可动均布荷载，如人群、货物等，均可视作可移动的、长度任意的均布活载。利用影响线来确定这类荷载的最不利布局是很方便的。图 6-28b 表示结构上某量值 S 的影响线，有正号区和负号区，且呈正负间隔形式，设计中需要求出 S 量值的最大正、负值。由式（6-5）即 $S = q \cdot \omega$ 易知，将荷载布满对应于影响线所有正面积的部分，则产 $S_{max} = q\Sigma\omega_{(+)}$（图 6-28b）；反之，将荷载布满对应于影响线所有负面积的部分，则产生 $S_{min} = q\Sigma\omega_{(-)}$（图 6-28b）。$\Sigma\omega_{(+)}$代表影响线正号面积之和，$\Sigma\omega_{(-)}$代表影响线负号面积之和。

对于行列荷载，即一系列间距不变的移动集中荷载（也包括均布荷载），如吊车荷载、汽车车队、“中—活载”等等，要确定最不利荷载位置就不能仅凭观察了。下面分别就几种情况来探讨确定最不利荷载位置的方法。

1. 当影响线为多边形时最不利荷载位置的确定

当有一列移动荷载组作用在结构上时，要确定某个量值 S 的最不利荷载位置，根据最不利荷载位置的定义可知，当荷载移动到该位置时，所求量值 S 为最大，因而荷载由该位置不论向左或向右移动到邻近位置时，都将使 S 的值减小。因此，可以从荷载组的移动使量值 S 的增量 ΔS 为负值这个特征出发，来研究最不利荷载位置。

设结构上某量值 S 的影响线如图 6-29a 所示为一折线形，各段直线的倾角分别为 α_1、α_2、…、α_n。取坐标轴 x 向右为正，y 向上为正，倾角 α 以逆时针方向为正。现有一组集中荷载处在 6-29b 所示位置，所产生的量值以 S_1 表示。若每一段直线范围内各荷载的合力分别为 R_1、R_2、…、R_n，则量值 S_1 为

$$S_1 = P_1 y_1 + P_2 y_2 + \cdots + P_n y_n$$

当整个荷载组向右（或向左）移动一微小距离 Δx 时，相应的量值 S_2 为

$$S_2 = R_1 (y_1 + \Delta y_1) + R_2 (y_2 + \Delta y_2) + \cdots + R_n (y_n + \Delta y_n)$$

故 S 的增量为

$$\begin{aligned}\Delta S = S_2 - S_1 &= R_1\Delta y_1 + R_2\Delta y_2 + \cdots + R_n\Delta y_n \\ &= R_1\Delta x\text{tg}\alpha_1 + R_2\Delta x\text{tg}\alpha_2 + \cdots + R_n\Delta x\text{tg}\alpha_n \\ &= \sum_{i=1}^{n} R_i\Delta x\text{tg}\alpha_i\end{aligned}$$

因荷载组各荷载之间的距离保持不变，故移动量 Δx 为常数，可提到总和号外，将上式写成变化率的形式

$$\frac{\Delta S}{\Delta x} = \sum_{i=1}^{n} R_i\text{tg}\alpha_i$$

如果所求量值 S 为极大值，则荷载组自该作用位置向右或向左移动时，均将使 $\Delta S < 0$。图6-29a 所示横坐标 x 以向右为其正方向，即荷载组向右移动时有 $\Delta x > 0$，向左移动时有 $\Delta x < 0$。因此，由上式等号左边可见，使量值 S 成为极大值的条件是：荷载组的移动必须使 $\frac{\Delta S}{\Delta x}$ 改变符号。

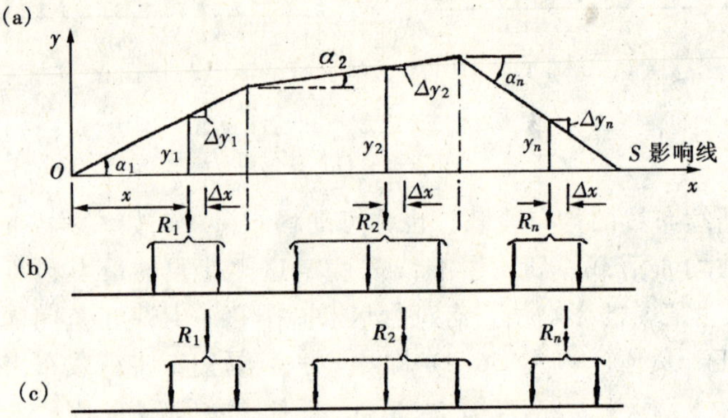

图 6-29 确定最不利荷载位置

(a) S 影响线；(b) 荷载；(c) 荷载

下面分几步来讨论使 S 达到极值的荷载位置。

(1) $\frac{\Delta S}{\Delta x}$ 变号的必要条件

分析上式中等号右边，可知 $\text{tg}\alpha_i$ 是影响线各直线段的斜率，它们是已知的常量，故当荷载组向右或向左移动微小距离时，欲使 $\Sigma R_i\text{tg}\alpha_i$ 变号，只有改变各段上的合力 R_i 的大小，亦即使 $\frac{\Delta S}{\Delta x}$ 改变符号的必要条件是：必有一个集中荷载正好位于影响线的某一个顶点处。因为当令荷载组右移 Δx 时，这个荷载应作为顶点右边直线段上的荷载而计入右段合力中；左移 Δx 时，则应作为顶点左边的荷载而计入左段合力中。但并非任何一个集中荷载位于影响线某顶点时都能使 $\Sigma R_i\text{tg}\alpha_i$ 变号，只有那种既通过影响线的顶点又能使 $\Sigma R_i\text{tg}\alpha_i$ 改变符号的这个顶点集中荷载才会使量值 S 发生极值，我们就称这一荷载为临界荷载，与此相应的荷载组的作用位置称为临界位置。

(2) 临界位置的判别式

临界位置的确定需通过试算，即把移动荷载组中某个集中荷载放在影响线顶点的左、右去试算，看

$$\frac{\Delta S}{\Delta x} = \Sigma R_i\text{tg}\alpha_i$$

是否变号。

前已说明，使量值 S 达到极大值的条件是 $\Delta S<0$ 或 $\frac{\Delta S}{\Delta x}$ 变号。据此，可导出临界位置的判别式如下

$$\left.\begin{array}{l}\text{向左移}\ (\Delta x<0),\ \Sigma R_i\text{tg}\alpha_i>0\\ \text{向右移}\ (\Delta x>0),\ \Sigma R_i\text{tg}\alpha_i<0\end{array}\right\}\tag{6-8}$$

上式表明当荷载组向左、右移动时，$\Sigma R_i\text{tg}\alpha_i$ 由正变为负，在这个临界位置上才可能取得量值 S 的极大值。

若经试算结果为

$$\left.\begin{array}{l}\text{向左移}\ (\Delta x<0),\ \Sigma R_i\text{tg}\alpha_i<0\\ \text{向右移}\ (\Delta x>0),\ \Sigma R_i\text{tg}\alpha_i>0\end{array}\right\}\tag{6-9}$$

即表明当荷载组向左、右移动时，$\Sigma R_i\text{tg}\alpha_i$ 由负变为正，在这个临界位置上才可能取得量值 S 的极小值。

总之，当某一荷载经过影响线顶点左右移动时，$\Sigma R_i\text{tg}\alpha_i$ 必须变号，才能求出量指 S 的极值。如果在试算过程中，$\Sigma R_i\text{tg}\alpha_i$ 不变号，则应调换一个荷载放在顶点再行试算，直至满足上述的判别式为止（所谓变号，包括 $\Sigma R_i\text{tg}\alpha_i$ 由正、负变为零或由零变为正、负）。

（3）最不利荷载位置

在一般情况下，满足上述判别式的临界位置可能不止一个，此时要分别算出与各临界位置相应的 S 极值，从中再挑选一个最大值（或最小值）；产生最大值（或最小值）的临界位置，便是最不利荷载位置，据此可算得 $S_{\max}$ 或 $S_{\min}$ 作为设计的依据。

最不利荷载位置的确定，有时要在较多的临界位置中选取，为减少试算的次数，一般采用的方法是将荷载组中数值较大且较为密集的这部分荷载放置在影响线纵标最大处的附近，同时应注意在影响线的同号部分尽量多排列些荷载，这样有可能得到最大（或最小）的量值，以便能较快确定出最不利荷载位置。

最后尚需指出：临界位置判别式（6-8）、（6-9），实际上与高等数学中在导数为零或变号处函数可能有极值的道理是一样的。当量值 S 的影响线由直线段组成时，在集中荷载作用下，由 $S=\Sigma P_iy_i$ 可知，S 为 x 的一次函数（因为纵标 y_i 与 x 成线性关系），故 S 的极值一般不发生在 $\frac{\mathrm{d}S}{\mathrm{d}x}=0$ 的情况下，而发生在 $\frac{\Delta S}{\Delta x}$ 变号的情况下。如图 6-30a 所示。故在此情况下应根据

$$\frac{\Delta S}{\Delta x}=\Sigma R_i\text{tg}\alpha_i$$

是否变号来确定临界荷载位置，从而计算 $S_{\max}$ 或 $S_{\min}$。若只有移动均布荷载的情况，由 $W=q\omega$ 可知，S 为 x 的二次函数（ω 是 x 的两次函数）。在此情况下可按一般求极值的方法，由

$$\frac{\mathrm{d}S}{\mathrm{d}x}=\Sigma R_i\text{tg}\alpha_i=0$$

的条件确定 S 的极值。如图 6-30b 所示。

例 6-8　试求图 6-31a 所示简支梁在“中一荷载”作用下截面 K 的最大弯矩。

解　先做出 M_K 影响线如图 6-31b 所示，各段直线的斜率为

$$\text{tg}\alpha_1=\frac{7}{9},\ \text{tg}\alpha_2=\frac{1}{9},\ \text{tg}\alpha_3=-\frac{2}{9}$$

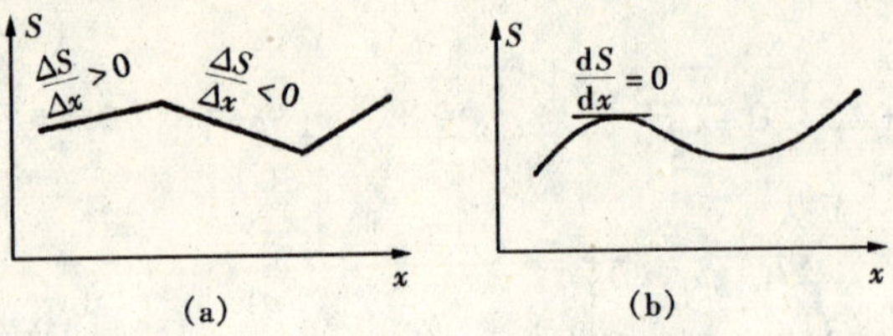

图 6-30 荷载临界位置的特点

(a)集中荷载作用下 S 的极值;(b)均布荷载作用下 S 的极值

根据判别式(6-8),通过试算来确定临界荷载位置。

(1) 列车向左开行的情况

将轮 3 置于 D 点试算(图 6-31c)。"中—荷载"的标准荷载排列参见图 6-31,此时在影响线范围内的均布荷载为 9.2t/m,占有长度为 7.5m,可用其合力代替;注意当轮 3 置于 D 点处时轮 1 恰位于 C 点出。

$$\text{向左移:}\ \Sigma R_i \mathrm{tg}\alpha_i = 22\times\frac{7}{9}+22\times2\times\frac{1}{9}+(22\times2+9.2\times7.5)\times\left(-\frac{2}{9}\right)=-\frac{28}{9}<0$$

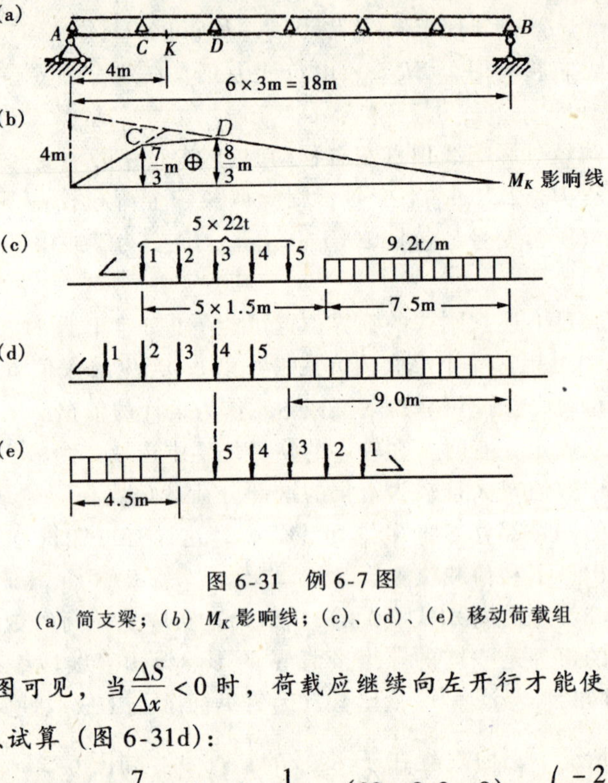

图 6-31 例 6-7 图

(a) 简支梁;(b) M_K 影响线;(c)、(d)、(e) 移动荷载组

对照图 6-30a 的 S-x 图可见,当 $\frac{\Delta S}{\Delta x}<0$ 时,荷载应继续向左开行才能使 S 值增大。

将轮 4 置于 D 点试算(图 6-31d):

$$\text{向左移:}\ \Sigma R_i \mathrm{tg}\alpha_i = 22\times2\times\frac{7}{9}+22\times2\times\frac{1}{9}+(22+9.2\times9)\times\left(\frac{-2}{9}\right)=\frac{142.4}{9}>0$$

$$\text{向右移:}\ \Sigma R_i \mathrm{tg}\alpha_i = 22\times\frac{7}{9}+22\times2\times\frac{1}{9}+(22\times2+9.2\times9)\times\left(\frac{-2}{9}\right)=-\frac{55.6}{9}<0$$

表明判别式变号,即轮 4 位于 D 点时为临界位置。相应的 M_K 值为

$$\begin{aligned}M_K &= \Sigma P_i y_i + q\omega \\ &= 22\times\frac{7}{6}+22\times3\times\frac{1}{2}\left(\frac{7}{3}+\frac{8}{3}\right)+22\times\left(\frac{8}{3}-\frac{2}{9}\times1.5\right) \\ &\quad +9.2\times\left[\frac{1}{2}\times9\times\left(\frac{2}{9}\times9\right)\right]=324.80\mathrm{t\cdot m}\end{aligned}$$

继续试算可证明,列车再向左开行时并无其他临界位置。

(2) 列车调头向右开行的情况

将轮 5 置于 D 点试算(图 6-31e):

向左移：$\Sigma R_i \text{tg}\alpha_i = 9.2 \times 3 \times \frac{7}{9} + (9.2 \times 1.5 + 22) \times \frac{1}{9} + 22 \times 4 \times \left(\frac{-2}{9}\right) = \frac{53}{9} > 0$

向右移：$\Sigma R_i \text{tg}\alpha_i = 9.2 \times 3 \times \frac{7}{9} + 9.2 \times 1.5 \times \frac{1}{9} + 22 \times 5 \times \left(\frac{-2}{9}\right) = \frac{-13}{9} < 0$

表明判别式变号，故知这也是一个临界位置，相应的 M_K 值为

$$M_K = 9.2 \times \left(\frac{1}{2} \times 3 \times \frac{7}{3}\right) + 9.2 \times \left(\frac{1}{2} \times 1.5 \times \frac{7+7.5}{3}\right) + 22 \times 5 \times \left(\frac{2}{9} \times 9\right) = 285.55\text{t·m}$$

继续试算可证明，当列车向右开行时仅此一个临界位置。

(3) 比较以上两种情况下 M_K 的极值，可知图 6-31d 的荷载位置为最不利位置，并得到截面 K 在“中—活载”作用下的最大弯矩为 $M_{K\max} = 324.80\text{t·m}$

2. 当影响线为三角形时最不利荷载位置的确定

在静定结构的影响线中，常见仅有左、右两条直线所组成的三角形影响线，对于这种情形，临界位置判别式可进一步简化为便于应用的形式。

设 P_K 为临界荷载，位于三角形影响线的顶点处（图 6-32），在左直线范围内的荷载合力以 R_a 表示；在右直线范围内的荷载合力以 R_b 表示。根据判别式（6-8），当荷载组向左、右各移动一个微小距离 Δx 时，$\Sigma R_i \text{tg}\alpha_i$ 值应由正变为负，即

$$\begin{cases} (R_a + P_K)\ \text{tg}\alpha + R_b \text{tg}\beta > 0 \\ R_a \text{tg}\alpha + (P_K + R_b)\ \text{tg}\beta < 0 \end{cases}$$

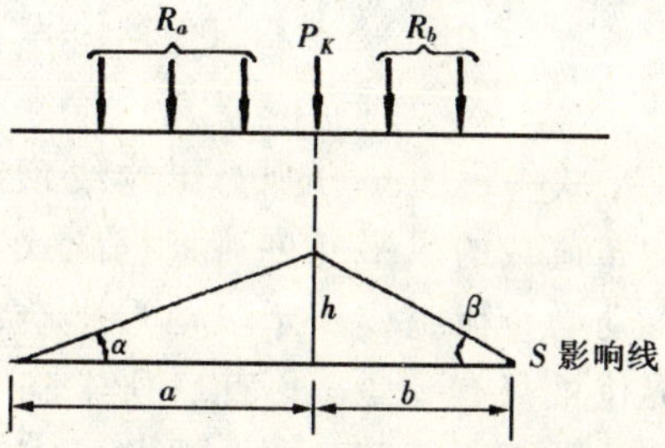

图 6-32　三角形影响线确定最不利荷载位置

将影响线左、右两直线的斜率

$$\text{tg}\alpha = \frac{h}{a}, \ \text{tg}\beta = -\frac{h}{b}$$

代入上式后得

$$\left.\begin{aligned} &\text{向左移：} \frac{R_a + P_K}{a} > \frac{R_b}{b} \\ &\text{向右移：} \frac{R_a}{a} < \frac{P_K + R_b}{b} \end{aligned}\right\} \qquad (6\text{-}10)$$

上式即为三角形影响线的临界荷载位置的判别式。对于这两个不等式可以这样来理解：如果把选定的 P_K 算入影响线的左段，就能使左段上的“平均荷载”大于右段，而将它算入右段时，就能使右段上的“平均荷载”大于左段，这个举足轻重的荷载 P_K 即为临界荷载。此外，象折线形影响线那样，可能产生的临界位置都须考虑，包括车辆的调头开行情况。

最后必须指出：移动荷载组的临界位置判别式（6-8）、（6-9），（6-10），并不适用于直角三角形的影响线，例如，简支梁左、右支座的反力影响线等。在这种情况下可直观估计几种可能产生最大量值的荷载位置，经试算确定出最不利荷载位置。

3. 只有移动均布荷载作用于三角形影响线时的最不利荷载位置

履带车或轮距很密的车辆，可以当作移动均布荷载。此外，如集中荷载的个数较多，间距较小，数值较接近时，也可当作均布荷载看待。当一定长度的移动均布荷载跨越三角形影响线顶点时（图 6-33），临界位置可直接由

$$\frac{\mathrm{d}S}{\mathrm{d}x} = \Sigma R_i \text{tg}\alpha_i = 0$$

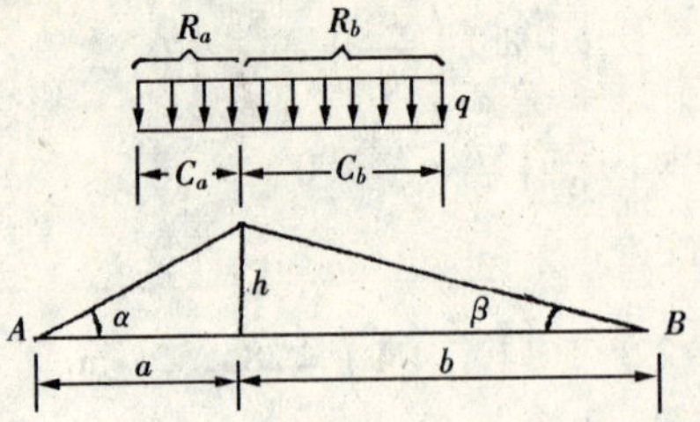

图 6-33　三角形影响线确定最不利荷载位置

的极值条件确定，故有

$$R_a\left(\frac{h}{a}\right)-R_b\left(\frac{h}{b}\right)=0$$

即

$$\frac{R_a}{a}=\frac{R_b}{b} \tag{6-11}$$

上式即为长度固定的一段移动均布荷载作用于三角形影响线时的临界位置判别式，它表明影响线顶点左、右两段上的“平均荷载”值应相等。

由于荷载集度 q 是常数，故式（6-11）可写成

$$\frac{c_a}{a}=\frac{c_b}{b}$$

或

$$\frac{c_a}{c_b}=\frac{a}{b} \tag{6-11a}$$

式中 c_a、c_b 分别为影响线顶点左、右均布荷载的水平长度。根据此式可知，在移动均布荷载作用于三角形影响线时，临界位置只有一个。因此，所求临界位置也就是最不利荷载位置，据此可求得量值的极值。

例 6-9　试求图 6-34 所示简支梁在图示吊车荷载作用下 B 支座的最大反力。其中

$$P_1=P_2=478.5\text{kN}$$

$$P_3=P_4=324.5\text{kN}$$

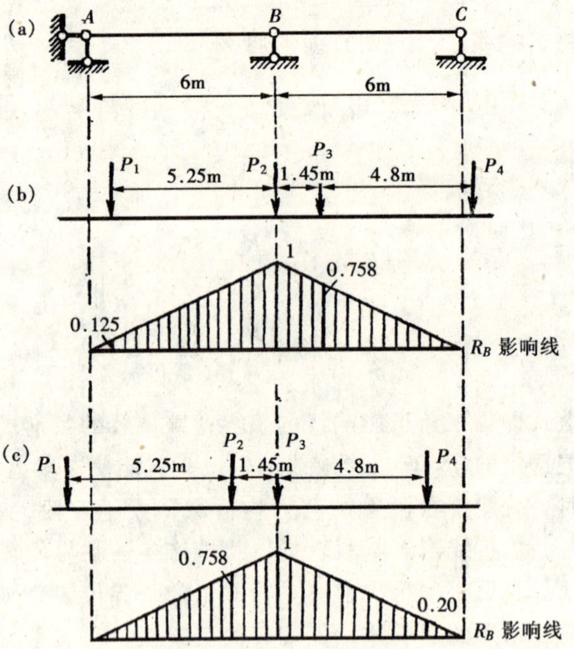

图 6-34　例 6-8 图

(a) 简支梁；(b)、(c) 荷载位置及 R_B 影响线

解　先做出 R_B 影响线，然后根据式（6-10）来判别临界荷载。在图示 4 个集中荷载作用下，究竟哪些荷载将是临界荷载呢？由 $S=\Sigma P_iy_i$ 可以看出，欲使 S 值为最大，则须 ΣP_iy_i 中的各项 P_iy_i 具有较大的值。这就要求在影响线顶点附近有较大的和较密集的集中荷载。由此可知，临界荷载必然是 P_2 或 P_3。现分别按判别式（6-10）进行验算。

首先，考虑 P_2 在 B 点的情况（图 6-34b），有

$$\frac{2\times478.5}{6}>\frac{324.5}{6}$$

$$\frac{478.5}{6} < \frac{478.5 + 324.5}{6}$$

故 P_2 为一临界荷载。

其次，考虑 P_3 在 B 点的情况（图 6-34c），有

$$\frac{478.5 + 324.5}{6} > \frac{324.5}{6}$$

$$\frac{478.5}{6} < \frac{2 \times 324.5}{6}$$

故 P_3 也是一个临界荷载。

以上情况说明荷载有两个临界位置。究竟哪一个为最不利荷载位置呢？在难以直观确定的情况下，应按 $S = \Sigma P_i y_i$ 计算，再作比较。这时，应先分别算出各荷载位置时相应的影响线竖标。

当 P_2 在 B 点时，

$$\begin{aligned} R_B &= 478.5 \times (0.125 + 1) + 324.5 \times 0.758 \\ &= 784.3\text{kN} \end{aligned}$$

当 P_3 在 B 点时，

$$\begin{aligned} R_B &= 478.5 \times 0.758 + 324.5 \times (1 + 0.2) \\ &= 752.1\text{kN} \end{aligned}$$

比较两者可知，当 P_2 在 B 点时为最不利荷载位置；此时有 $R_{B(\max)} = 784.3\text{kN}$。

例 6-10　图 6-35 所示为一梁 AB，跨度为 40m，承受汽车车队荷载，求截面 C 的最大弯矩。

解　M_C 的影响线如图 6-35b 所示。

先设汽车车队向左行，将轴重 $130K_n$ 置于 C 点，用式（6-10）验算：

$$\frac{70}{15} < \frac{130 + 200}{25}$$

$$\frac{70 + 130}{15} > \frac{200}{25}$$

由此可知，所示位置是临界位置，相应的 M_C 值为

$$M_C = 70 \times 6.88 + 130 \times 9.38 + 50 \times 7.50 + 100 \times 6.00 + 50 \times 0.38 = 2694\text{kN} \cdot \text{m}$$

其次，假设汽车车队向右行，仍将 $130K_n$ 荷载置于 C 点，如图 6-35c 所示。用式（6-10）验算：

$$\frac{150}{15} < \frac{130 + 220}{25}$$

$$\frac{150 + 130}{15} > \frac{220}{25}$$

此位置也是临界位置，相应的 M_C 值为

$$M_C = 100 \times 3.75 + 50 \times 6.25 + 130 \times 9.38 + 70 \times 7.88 + 100 \times 2.25 + 50 \times 0.75$$
$$= 2720\text{kN}\cdot\text{m}$$

比较上列计算，可知图 6-35c 所示的荷载位置为最不利位置。M_C 的最大值为 2720kN·m。

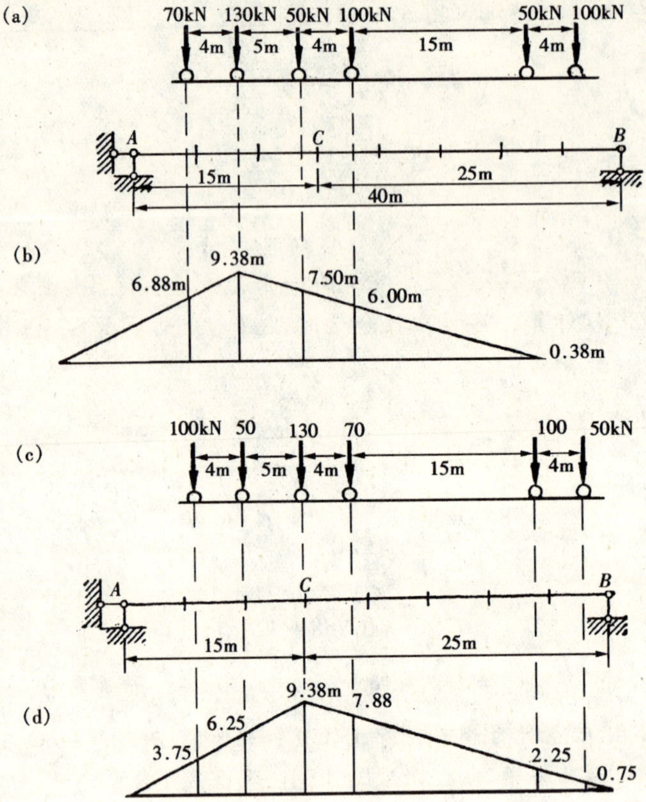

图 6-35 例 6-9 图

(a) 简支梁承受汽车车队荷载；(b) M_C 影响线；

(c) 简支梁承受汽车车队荷载；(d) M_C 影响线

§6-8 公路、铁路的标准荷载制及换算荷载

一、公路、铁路的标准荷载制

公路和铁路桥梁上行驶的汽车、履带车、火车及其他车辆等类型繁多，载运情况复杂，设计结构时不可能对每种情况都进行计算，而是以一种统一的标准荷载来进行设计。现分别介绍公路、铁路的标准荷载制。

(1) 公路的标准荷载

设计公路桥涵使用的标准荷载，分为计算荷载和验算荷载两种。计算荷载以汽车车队的移动荷载组表示，分为四个等级：汽车-10 级、汽车-15 级、汽车-20 级和汽车-超 20 级。车队的纵向排列顺序如图 6-36 所示。汽车的轴距是固定的，都是 4m；各辆汽车之间的距离可

任意改变，但不得小于图示的规定尺寸。每个车队中主车的数目不限，但重车只有一辆。主车的前、后轴总重即等级中的数值。例如汽车-10 级车队中的主车前、后轴总重为 100kN，一辆重车为 150kN（前轴重 50kN，后轴重 100kN）。设计时还必须考虑车队行驶方向的问题，既可以由右端、也可以由左端进入桥梁。验算荷载的具体形式和使用方法可查阅公路工程的设计规范及技术标准。

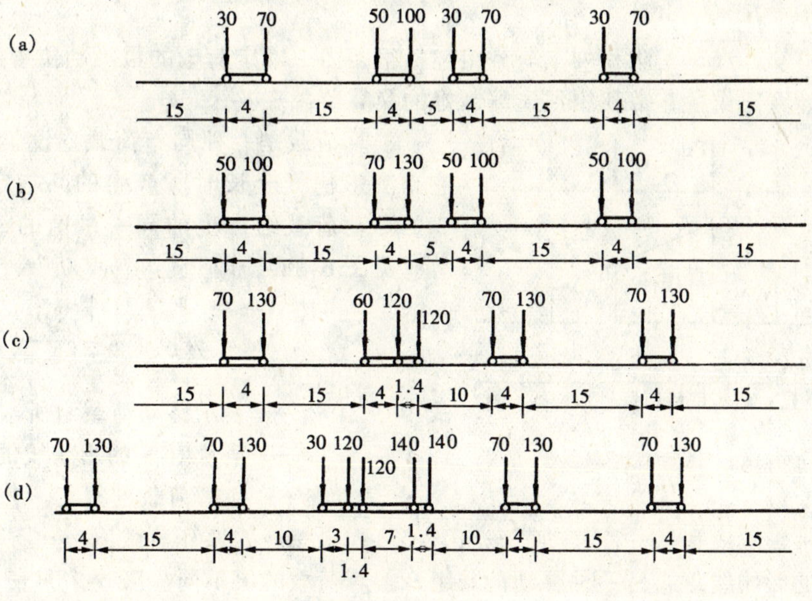

图 6-36　汽车车队移动荷载（重量单位：kN；长度单位：m）

(a) 汽车—10 级；(b) 汽车—15 级；(c) 汽车—20 级；(d) 汽车—超 20 级

（2）铁路的标准荷载

设计铁路桥涵使用的标准荷载，称为中华人民共和国铁路标准活载，简称“中—活载”。它包括普通活载和特种活载两种，如图 6-37 所示。普通活载（图 6-37a）中前面五个集中力表示一台机车的五个轴重，轴距为 1.5m。中部一段 30m 长的均布荷载表示机车及煤水车的平均重量。后面任意长的均布荷载，表示列车车辆的平均重量。

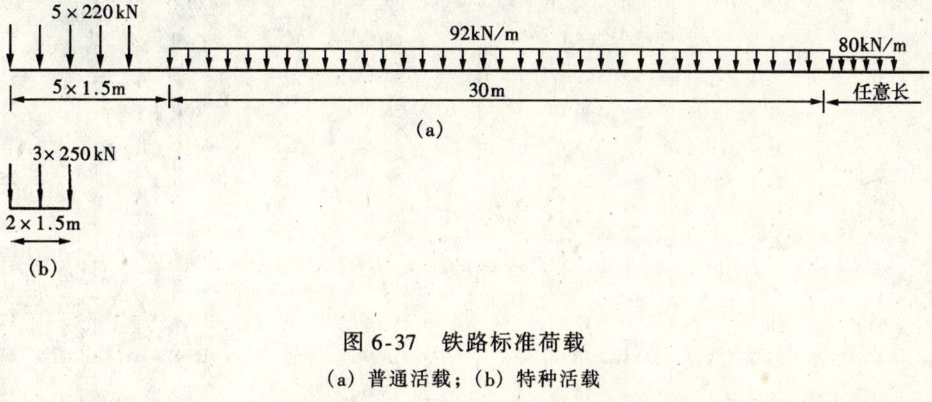

图 6-37　铁路标准荷载

(a) 普通活载；(b) 特种活载

图 6-37 所示是一个车道（一线两轨）上的一列火车荷载，如桥梁上铺设的是单线铁路，且有两片主梁时，则每片主梁承受图示荷载的一半。使用“中—活载”时，可由图中任意截取一段荷载，但不得变更间距。特种活载（图 6-37b）代表个别重型车辆的轴重。设计时，

应看普通活载与特种活载哪一个产生较大的内力，就采用哪一个作为设计标准。不过，特种活载虽轴重较大但轴数较少，故其仅对短跨梁（约 7m 以下）控制设计。还应考虑列车可由左端也可由右端进入桥梁。

二、换算荷载

由上述可知，汽车车队和列车荷载组包括很多力，确定荷载的最不利位置经常是很费事的。为减轻计算工作量，常利用预先编制好的换算荷载表。

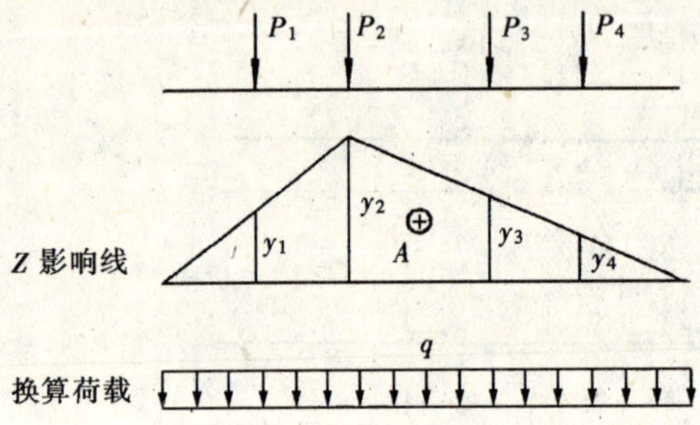

图 6-38 换算荷载

换算荷载是一种均布荷载（设集度为 K），当它布满影响线全长时所产生的某指定量值，与原来的移动荷载组产生的同一量值的最大值 S_{max} 相等（见图 6-38），即

$$K\omega = \Sigma P_i y_i, \quad K = \frac{\Sigma P_i y_i}{\omega}$$

式中 $\Sigma P_i y_i$——表示移动荷载组所求出的结果；

ω——某量值 S 的影响线的面积；

K——换算荷载的集度。

对每一种影响线和每一种移动荷载组，都可找出相应的换算荷载值。

对不同的影响线，或另一种移动荷载组，换算荷载的值不同。表 6-2 和表 6-3 分别是汽车-15 级和“中—活载”的三角形影响线的部分换算荷载表，详细的表和使用方法可查阅有关工程技术标准。有了换算荷载，设计中就可用以代替移动荷载组，由式（6-5）可迅速地求出某量的最大值。

表 6-2 汽车-15 级的换算荷载（kN/m，每车列）（标准荷载）

跨径或荷载长度（m）	影响线顶点位置				
	端部	0.125 处	0.25 处	0.375 处	跨中
2	130.0	130.0	130.0	130.0	130.0
4	65.0	65.0	65.0	65.0	65.0
6	51.1	48.9	45.9	43.3	43.3
8	41.3	40.0	38.3	36.0	32.5
10	34.4	33.6	32.5	31.0	28.8
13	29.5	27.5	26.4	25.5	25.9
16	26.0	24.7	23.0	23.5	23.0
20	23.7	22.0	21.7	22.1	20.7
26	20.2	19.3	19.1	19.3	18.5
30	18.7	17.6	17.4	17.6	17.0
35	17.7	16.0	15.9	15.8	15.3
40	16.7	15.2	15.0	14.5	14.2
45	15.6	14.5	14.3	13.9	13.4
50	14.9	13.7	13.6	13.3	12.9
60	13.9	12.8	12.3	12.2	12.2

表 6-3　“中-活载”的换算荷载（kN/m，每线）

荷载长度 (m)	影响线顶点位置				
	支　点	0.125 处	0.25 处	0.375 处	跨　中
2	312.5	285.7	250.0	250.0	250.0
4	234.4	214.3	187.5	175.0	187.5
6	187.5	178.6	166.7	161.1	166.7
8	172.2	157.1	151.3	148.5	151.3
10	159.8	146.2	143.6	140.0	141.3
20	129.4	120.3	117.4	114.2	110.2
30	117.8	110.3	106.6	102.4	99.2
40	111.6	104.8	100.8	97.4	96.1
60	103.6	97.8	94.2	92.8	91.9
80	98.6	93.3	90.6	89.3	88.2
100	95.4	90.2	88.1	86.9	85.5
200	88.1	84.2	82.8	81.8	81.4

例 6-11　利用换算表计算图 6-39a 所示的简支梁 AB 在“汽-15 级”荷载作用下截面 C 的弯矩、剪力及截面 D 的弯矩最大值及最小值。

解　做出两截面的弯矩、剪力影响线（图 6-39b、c、d）后，按每项影响线的形状查表 6-2。

(1) $M_{C\max}$：

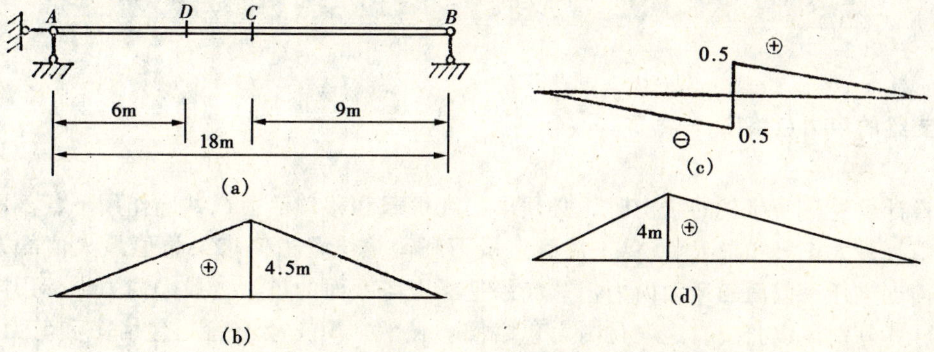

图 6-39　例 6-10 图

(a) 简支梁；(b) M_C 影响线；(c) Q_C 影响线；(d) M_D 影响线

M_C 影响线的 $\alpha=\dfrac{1}{2}$，而 $l=18\text{m}$，须在 16m 与 20m 之间直线内插而求 K 值。

当 $\alpha=\dfrac{1}{2}$ 时，$l_1=16\text{m}$ 时，$K_1=23.0$

$$l_2=20\text{m 时，}K_2=20.7$$

按直线内插求得 $l=18\text{m}$ 时的 K 值为

$$K=20.7+\frac{20-18}{20-16}(23.0-20.7)=20.7+1.15=21.85\text{kN/m}$$

影响线面积

$$\omega = \frac{1}{2} \times 18 \times 4.5 = 40.50\text{m}^2$$

故

$$M_{C\max} = K\omega = 21.85 \times 40.50 = 884.93\text{kN·m}$$

(2) $Q_{C\max}$ ($Q_{C\min}$)

Q_C 影响线正、负号区段反对称，$\alpha = 0$（端部）而 $l = 9\text{m}$，故

$$K = \frac{1}{2} (41.3 + 34.4) = 37.85\text{kN/m}$$

$$\omega = \pm \frac{1}{2} \times 0.5 \times 9 = \pm 2.25\text{m}$$

得

$$Q_{C\max} = -Q_{C\min} = 37.85 \times 2.25 = 85.16\text{kN}$$

(3) $M_{D\max}$

M_D 影响线的 $\alpha = \frac{1}{3} = 0.333$ 和 $l = 18\text{m}$，均须内插，今先内插 α 项、后内插 l 项，将数据列于下表：

l \ α	K (1/4)	K (0.333)	K (3/8)
16	23.0	→ 23.33 ←	23.5
(18)		(22.65)	
20	21.7	→ 21.97 ←	22.1

据此求得

$$M_{D\max} = K\omega = 22.65 \times \left(\frac{1}{2} \times 4 \times 18\right) = 815.4\text{kN·m}$$

§6-9 简支梁的内力包络图和绝对最大弯矩

一、简支梁的内力包络图

在设计承受移动荷载的结构时，必须求出在恒载和移动活荷载共同作用下各截面上内力的最大值（最大正值和最大负值）。用确定最不利荷载位置进而求某量值最大值的方法，可以求出简支梁任一截面的最大内力值。如果把梁上各截面的最大、最小内力纵标用同一比例尺画出，并分别连成曲线，这就是内力包络图。显然，简支梁有弯矩包络图和剪力包络图。包络图表示各截面内力变化的极限值，是结构设计中的重要工具，在吊车梁、楼盖的连续梁和桥梁的设计中应用很多。本节只介绍简支梁的内力包络图。

考虑到移动活荷载作用于结构时的动力效应，须将按前述方法求得的活荷载内力加以适当提高，例如铁路、公路桥涵结构中使用冲击系数 $(1+\mu_0)$，工业厂房吊车梁中使用动力系数 μ_0。具体规定详见有关设计规范。

铁路、公路的标准制车辆荷载已编制了换算荷载 K，故对于这类活载所产生的最大内力值可直接利用换算荷载计算。设简支梁上承受的恒载为均布集度 q，标准制车辆荷载活载用换算荷载 K，绘出某项内力 S 的影响线，算出其总面积 $\Sigma\omega$，以及其正、负面积 $\omega_{(+)}$ 和 $\omega_{(-)}$，利用下列公式就可求得在该恒载、活载的共同作用下梁支 S 的最大值和最小值：

$$\left.\begin{aligned} S_{\max} = S_q + S_{K\max} = q\Sigma\omega + (1+\mu_0)\cdot\beta\cdot K\cdot\omega_{(+)} \\ S_{\min} = S_q + S_{K\min} = q\Sigma\omega + (1+\mu_0)\cdot\beta\cdot K\cdot\omega_{(-)} \end{aligned}\right\} \quad (6\text{-}12)$$

式中β称为荷载的横向分配系数，与主梁片数及车道数有关，详见专业设计规范。对于常见的由两片主梁组成的单线铁路桥，对每一片主梁用

$$\beta=\frac{1}{2}$$

工业厂房的吊车梁，由吊车荷载产生的某项内力S的最大值$\Sigma P_i y_i$必须经过试算，找出最不利荷载位置后才能确定。该情况下的内力最大值和最小值为

$$\left.\begin{aligned}S_{max}=S_q+S_{pmax}=q\cdot\Sigma\omega+\mu\cdot\Sigma P_i y_{i(+)}\\S_{min}=S_q+S_{pmin}=q\cdot\Sigma\omega+\mu\cdot\Sigma P_i y_{i(-)}\end{aligned}\right\}\tag{6-13}$$

式中P_i为作用在吊车梁上的吊车轮压。

下面以吊车梁的内力包络图为例，说明简支梁内力包络图的做法。

图6-40b所示一吊车梁，跨度12m，承受两台桥式吊车的作用，吊车轮压见图6-40a。不计吊车梁自重，绘制吊车梁的弯矩包络图时，一般将梁分成若干等分（通常分为十等分），对每一等分点所在截面利用影响线求出其最大弯矩（计算过程略，图6-40c、d、e、f、g依次绘出了这些等分点截面上的弯矩影响线及其相应的最不利荷载位置，由于对称，只计算左半部分），用竖标标出，连成曲线，就得到该梁的弯矩包络图。上述吊车梁在图示荷载作用下的弯矩包络图如图6-41h所示。同理，可求出各截面的最大剪力（计算过程略，各等分点截面上的剪力影响线及其相应的最不利荷载位置如图6-41b、c、d、e、f、g），做出上述吊车梁的剪力包络图如图6-41h所示。由于每一截面都将产生相应的最大剪力和最小剪力，故剪力包络图有两根曲线。由本例可知，简支梁的内力包络图与荷载情况有关，吊车的台数、规格不同，同一吊车梁的内力包络图也将不同。

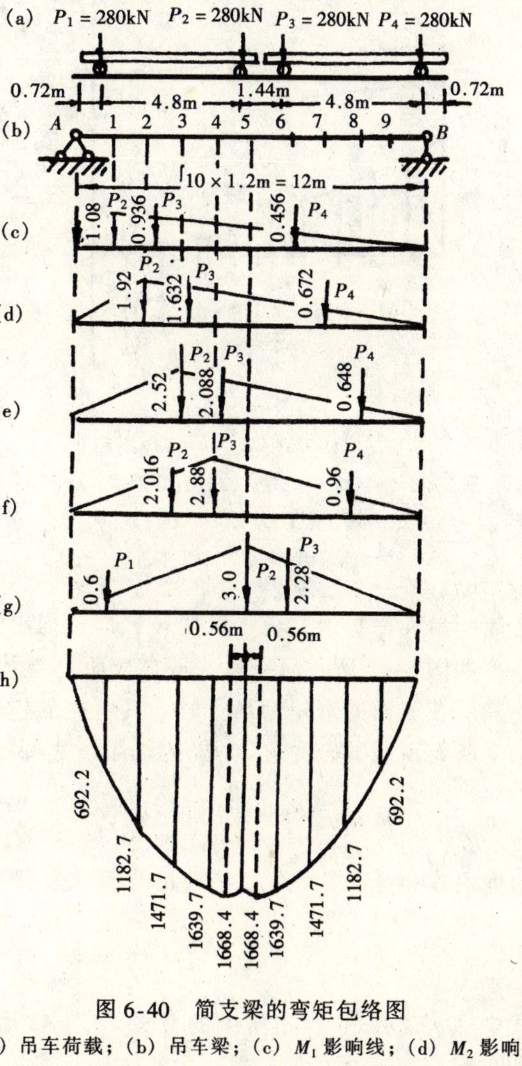

图6-40 简支梁的弯矩包络图

(a) 吊车荷载；(b) 吊车梁；(c) M_1影响线；(d) M_2影响线；(e) M_3影响线；(f) M_4影响线；(g) M_5（M_C）影响线；(h) 弯矩包络图（kN·m）

二、简支梁的绝对最大弯矩

在简支梁的弯矩包络图中可以看到，各截面的所有最大弯矩中，必然有一个最大的，这个最大的弯矩值，我们称它为简支梁的绝对最大弯矩。它代表在确定的移动荷载作用下梁内可能出现的弯矩最大值。绝对最大弯矩与两个可变的条件有关，即截面位置的变化和荷载位置的变化。也就是说，欲求绝对最大弯矩，不仅要知道产生绝对最大弯矩的截面所在，而且要知道相应于此截面的

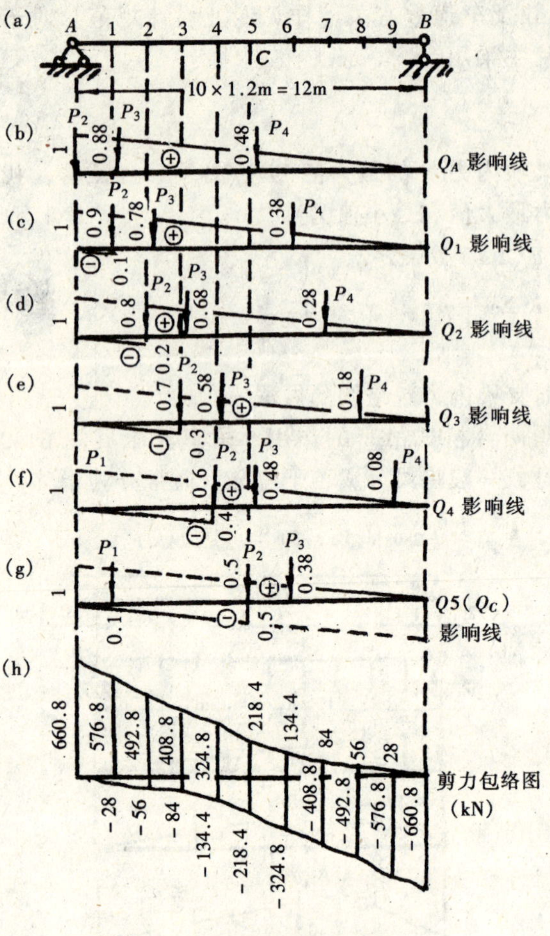

图 6-41 简支梁的剪力包络图

(a) 吊车梁；(b) Q_A 影响线；(c) Q_1 影响线；(d) Q_2 影响线；(e) Q_3 影响线；(f) Q_4 影响线；(g) Q_5（Q_C）影响线；(h) 剪力包络图（kN）

最不利荷载位置。如果按照前述求最不利荷载位置的方法，必须先确定绝对最大弯矩所在的截面。实际上，由于梁上截面有无限多个，所以无法把梁上各个截面的最大弯矩都求出来一一加以比较。因此，必须寻求其他可行的途径。

我们知道，简支梁的绝对最大弯矩与任一截面的最大弯矩是既有区别又有联系的。求某一截面的最大弯矩时，该截面的位置是已知的，而梁的绝对最大弯矩，其截面位置却是待求的。由最不利荷载位置的确定一节可知，对任一已知截面 C 而言，它的最大弯矩发生在某一临界荷载 P_K 位于其影响线的顶点时，即当截面 C 发生最大弯矩时，临界荷载 P_K 必定是位于截面 C 上。换言之，任一截面的最大弯矩必将发生于某一临界荷载 P_K 之下。这一结论自然也适合于绝对最大弯矩，只不过此时，截面位置和临界荷载 P_K 都是待求的。要把临界荷载和截面位置同时求出是不方便的。如果我们能够事先确定绝对最大弯矩的临界荷载 P_K，然后再考察此一临界荷载位于何处时将使其下截面的弯矩达到最大值，则此最大值就是绝对最大弯矩。为此，可采用试算的办法，可先任选一个集中荷载作为对象，研究它在什么位置时会使荷载作用点截面产生最大弯矩；按相同的方法，求得发生在其他集中荷载作用点截面的最大弯矩值，再加以比较，即可得出绝对最大弯矩。

如图 6-42 所示简支梁，现在来研究当其中某一荷载 P_K 可能成为临界荷载时，亦即可能使其所在截面的弯矩为最大时，其所在的位置如何。设 x 表示 P_K 至支座 A 的距离，a 表示梁上所有荷载的合力 R 与 P_K 的作用线之间的距离，由 $\Sigma M_B=0$，得

$$R_A=\frac{R}{l}\ (l-x-a)$$

由此可求得 P_K 作用点所在截面的弯矩为

$$M_x=R_Ax-M_K=\frac{R}{l}\ (l-x-a)\ x-M_K$$

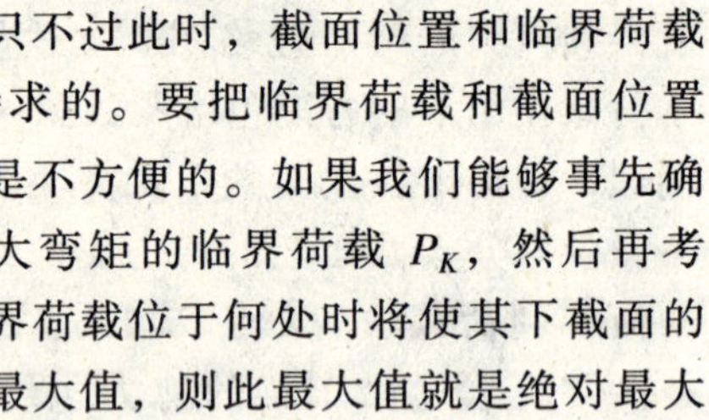

图 6-42 简支梁的绝对最大弯矩

式中 M_K 表示 P_K 以左梁上的荷载对 P_K 作用点的力矩之和，它是与 x 无关的常数。为求 M_K 的极值，根据极值条件

$$\frac{dM_x}{dx}=\frac{R}{l}\ (l-2x-a)\ =0$$

得

$$x=\frac{l}{2}-\frac{a}{2}$$

这表明，当 P_K 与合力 R 对称于梁的中点时，P_K 之下截面的弯矩达到最大值，其值为

$$M_{\max}=\frac{R}{l}\left(\frac{l}{2}-\frac{a}{2}\right)^2-M_K$$

按上述方法依次算出各个集中荷载所在截面的最大弯矩，加以比较，其中最大的一个就是所求的绝对最大弯矩。不过，在实际计算中，绝对最大弯矩的临界荷载通常容易估计，而可不必多加比较。这是因为绝对最大弯矩通常总是发生在梁的中点附近，故可设想，使梁的中点发生最大弯矩的临界荷载也就是发生绝对最大弯矩的临界荷载。经验证明，这种设想在通常情况下都是与实际相符的。

由此可知，计算绝对最大弯矩可按如下步骤进行：首先按最不利荷载位置的确定方法判定使梁跨度中点发生最大弯矩的临界荷载 P_K，然后移动荷载组，使 P_K 与梁上全部荷载的合力 R 对称于梁的中点，再算出此时 P_K 所在截面的弯矩，即得绝对最大弯矩。

例 6-12　试求图 6-43a 所示吊车梁的绝对最大弯矩。$P_1=P_2=P_3=P_4=280\text{kN}$。

解　首先求出使跨中截面 C 发生最大弯矩的临界荷载。为此，绘出 M_C 影响线如图 6-43b 所示。按判别式（6-10）可知，P_1、P_2、P_3 和 P_4 都是截面 C 的临界荷载，但不难看出，P_1、P_4 不可能是使截面 C 产生最大弯矩的临界荷载，而只有 P_2 或 P_3 在 C 点时才能使截面 C 产生最大弯矩 $M_{C\max}$。当 P_2 在截面 C 时（图 6-43a），求出 M_C 影响线相应的竖标（图 6-43b）

$$M_{C\max}=280\times\ (0.6+3+2.28)\ =1646.4\text{kN·m}$$

同理，可求得 P_3 在截面 C 时产生的最大弯矩值，由对称性可知它也等于 1646.4kN·m。

因此，P_2 和 P_3 就是产生绝对最大弯矩的临界荷载。现以 P_2 为例求绝对最大弯矩，为此，使 P_2 与梁上全部荷载的合力 R 对称于梁的中点。应注意 P_2 可位于截面 C 的左边与梁上合力 R 对称于梁中点（这时梁上的荷载有四个），P_2 也可位于 C 的右边与 R 对称于梁中点（这时梁上的荷载只有三个）。

先考察梁上有四个荷载的情况（图 6-43c），梁上全部荷载的合力为

$$R=280\times4=1120\text{kN}$$

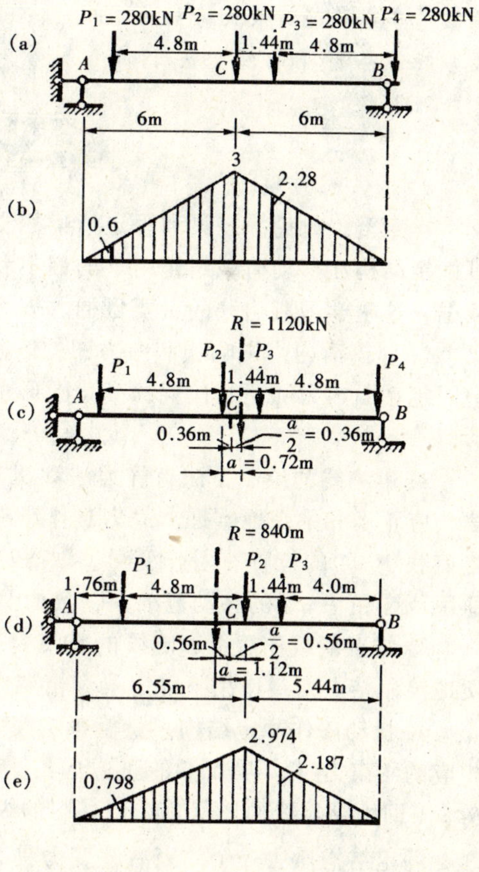

图 6-43　例 6-11 图
(a) 吊车梁及吊车荷载；(b) M_C 影响线；(c) 四个吊车荷载；(d) 三个吊车荷载；(e) M_D 影响线

合力作用线就在 P_2 与 P_3 的中间，它与 P_2 的距离为

$$a=\frac{1.44}{2}=0.72\text{m}$$

此时 P_2 作用点所在截面的弯矩为

$$M=\frac{R}{l}\left(\frac{l-a}{2}\right)^2-M_K=\frac{1120}{4\times 12}\ (12-0.72)^2-280\times 4.8=1624\text{kN}\cdot\text{m}$$

此弯矩值比 $M_{C\max}$ 小，显然它不是绝对最大弯矩。

其次，考察梁上只有三个荷载的情况（图 6-43d）。这时梁上荷载的合力为

$$R=280\times 3=840\text{kN}$$

合力作用点至 P_2 的距离为

$$a=\frac{280\times 4.8-280\times 1.44}{3\times 280}=1.12\text{m}$$

因 P_2 在截面 C 的右侧，故计算 M_K 时，应取 P_3 对 P_2 作用点的力矩，可求得 P_2 作用点所在截面的弯矩为

$$M_{\max}=\frac{3\times 280}{4\times 12}\ (12-1.12)^2-280\times 1.44=\frac{7}{4}\times 1183.8-403.2=1668.5\text{kN}\cdot\text{m}$$

如果我们利用影响线竖标进行计算（见图 6-43e 所示 M_D 影响线），也可得相同结果，即

$$M_{\max}=280\times\ (0.798+2.974+2.187)\ =280\times 5.959=1668.5\text{kN}\cdot\text{m}$$

故该吊车梁的绝对最大弯矩为 1668.5kN·m，由于对称，可知 P_3 为临界荷载时产生的绝对最大弯矩值也是 1668.5kN·m。

本章小结

本章重点讨论静定梁和静定桁架的支座反力和内力影响线的作法及其应用，利用影响线可确定结构在移动荷载组作用下的最不利荷载位置及相应的最大量值，以作为设计时的主要依据，这是学习影响线的主要目的。现将本章主要内容小结如下：

1. 应搞清内力影响线和内力图的区别。内力影响线是单位集中荷载 $P=1$ 移动时，结构上固定截面内力随荷载位置的变化图形；内力图是荷载位置固定时，内力沿各截面的变化图形。

2. 影响线的绘制方法有静力法和机动法。静力法是绘制静定结构影响线的最基本的方法，应正确和熟练地掌握。静力法作影响线的方法，是取隔离体建立平衡方程式来求，但应将荷载 $P=1$ 的位置 x 看作变量。取隔离体时，应注意 $P=1$ 的移动范围，并注意影响线的适用范围和 $P=1$ 的移动范围是一致的。静定结构内力影响线都是由直线组成。

3. 结点荷载作用下影响线的特点是，在相邻结点之间为直线；利用这个特点，可以方便地绘制结点荷载作用下静定梁和桁架内力的影响线。

4. 机动法作静定结构某量值影响线时，先在结构中撤去与该量值 X 相应的约束，代以相应的约束力 X，再沿 X 的正方向给虚位移，得到的与 $P=1$ 作用点及方向对应的位移图 $\delta_P=1$ 即为影响线的形状。在位移图的纵坐标中，令 $\delta_P=1$，即得到影响线的纵坐标值。

静定结构撤去一个约束后就变为具有一个自由度的机构体系，机构体系位移图的特点是直线，也说明了静定结构影响线是直线组成。

5. 影响线的应用是本章的一个重点。影响线的应用有两个方面：一为计算影响量值，一为确定荷载的最不利位置。在影响线概念的基础上，利用叠加原理，就可求出一组集中荷

载或均布荷载作用时的影响量值。确定荷载的最不利位置时应先根据荷载和影响线图形的特点判定荷载的临界位置和临界荷载，计算相应的影响量值；与最大影响量值对应的才是荷载的最不利位置。

6. 简支梁的绝对最大弯矩，是指在移动荷载组作用下梁的各截面最大弯矩中的最大者。它的计算并不直接应用影响线进行，而是借助于梁中点截面发生最大弯矩时的临界荷载 P_K（这是要通过影响线来确定的），使梁上荷载的合力 R 与 P_K 对称地分居于梁中点的两侧，则 P_K 所在截面必将产生绝对最大弯矩。简支梁的内力包络图包括弯矩和剪力两种包络图，它们都是考虑了恒载和移动活载共同作用下，经荷载组合后每一截面可能发生的最大内力和最小内力，并将这些最大值、最小值纵标分别用曲线连接而成。

7. 公路、铁路的标准荷载制及换算荷载为道桥专业选用的内容。

习　题

6-1～6-6　选定坐标原点，写出所求未知力的影响线方程，并绘出影响线。（方括号内是该指定所求内容）

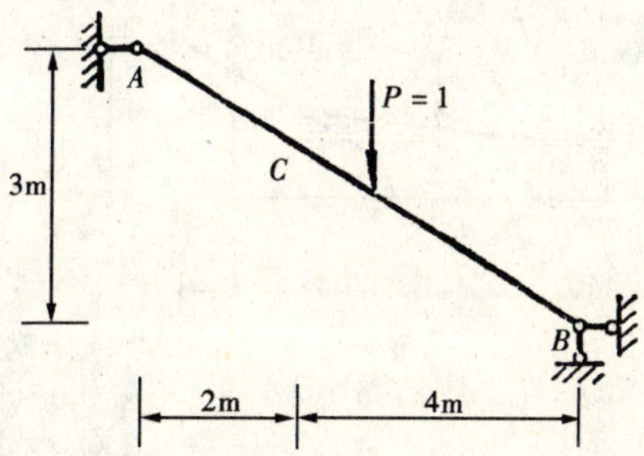

题 6-1　图 [H_A，M_C，Q_C]

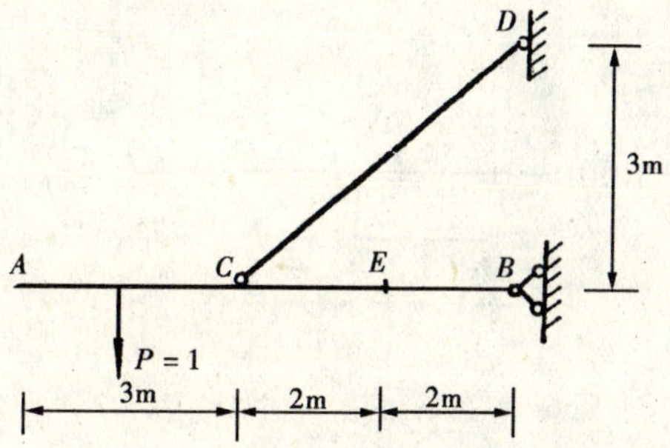

题 6-2　图 [N_{CD}，M_E，M_C，$Q_{C右}$]

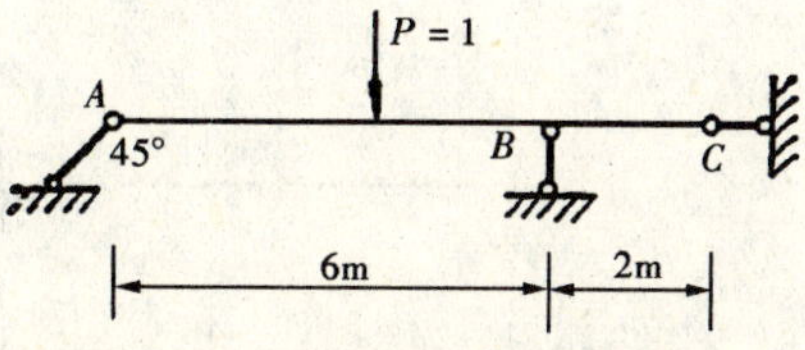

题 6-3　图 [$Q_{B左}$，$Q_{B右}$，M_B，N_{BC}]

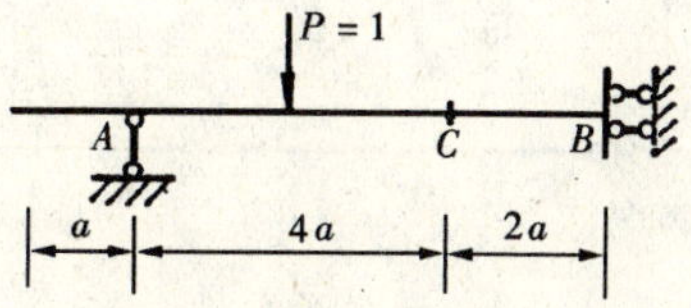

题 6-4　图 [$Q_{A左}$，$Q_{A右}$，Q_C，M_C]

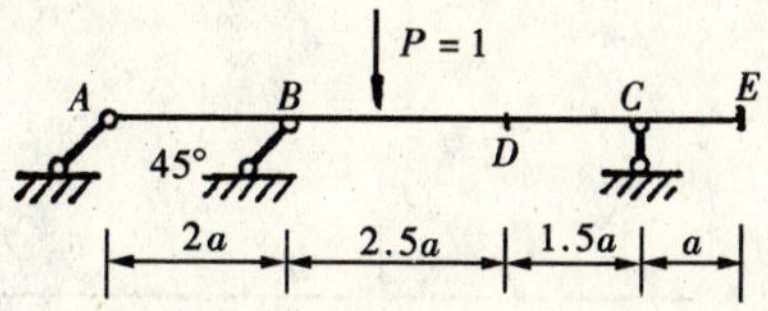

题 6-5　图 [V_A，Q_C，$Q_{B右}$，M_C]

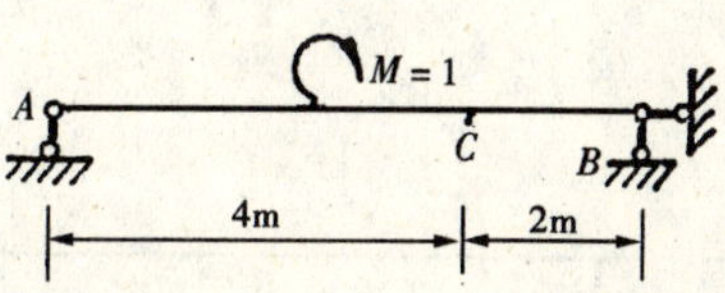

题 6-6　图 [$M = 1$ 是单位移动力矩，M_C，Q_C]

6-7～6-11　荷载沿上层梁 AE 移动，求作指定内力的影响线。

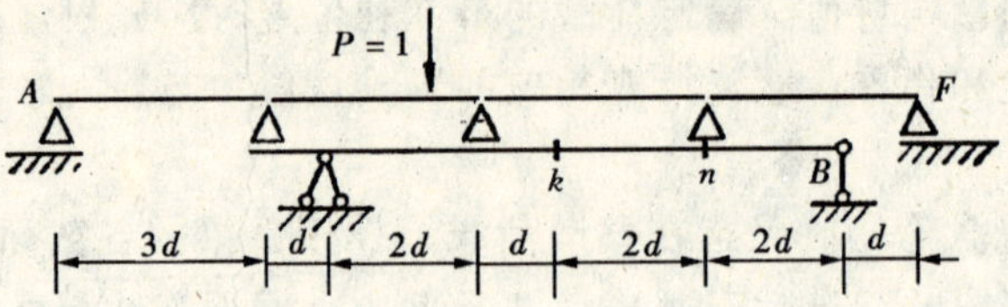

题 6-7 图 [Q_K，M_K，$Q_{n左}$]

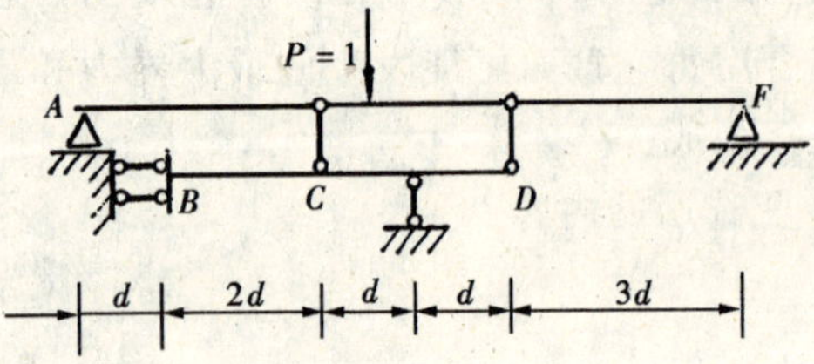

题 6-8 图 [M_C，$Q_{C右}$]

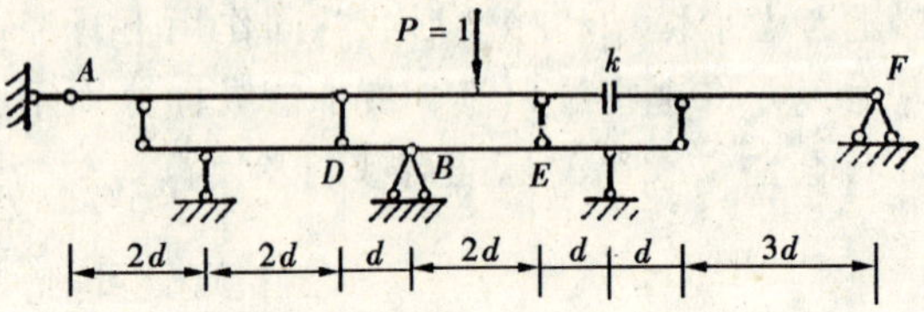

题 6-9 图 [M_D，Q_B，M_E]

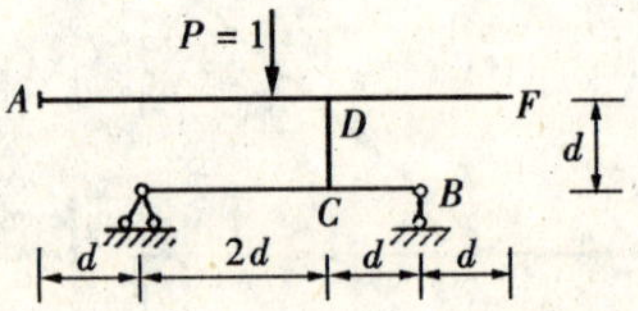

题 6-10 图 [M_{DC}，Q_{CB}，M_{CB}]

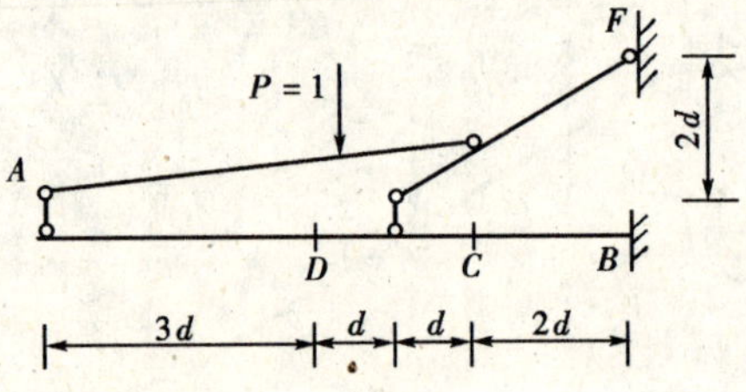

题 6-11 图 [M_D，Q_C，M_C]

6-12 ~ 6-16 用机动法做出指定未知力的影响线。

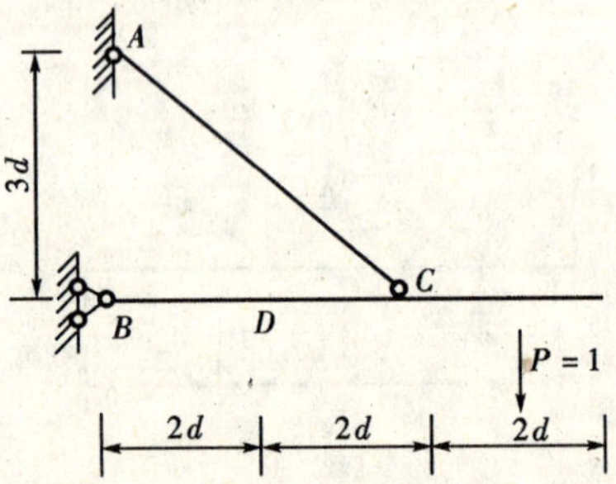

题 6-12 图 [M_D，Q_D，N_{AC}]

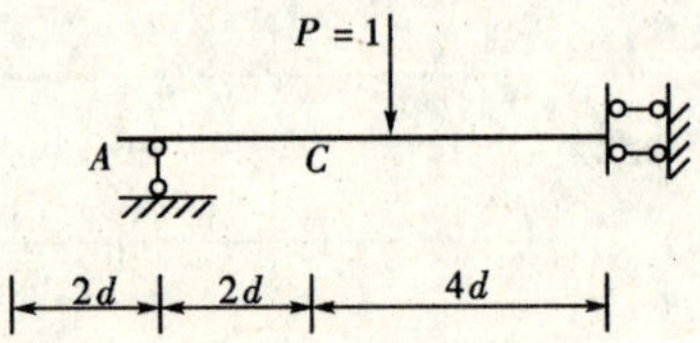

题 6-13 图 [Q_C，M_C，$Q_{A右}$]

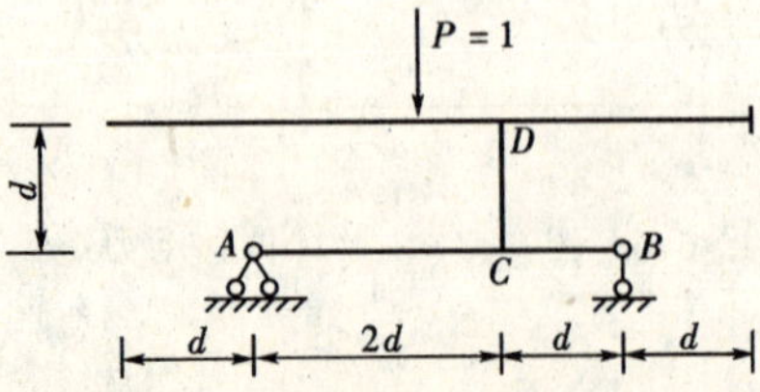

题 6-14 图 [V_B，Q_{CA}，M_{DC}]

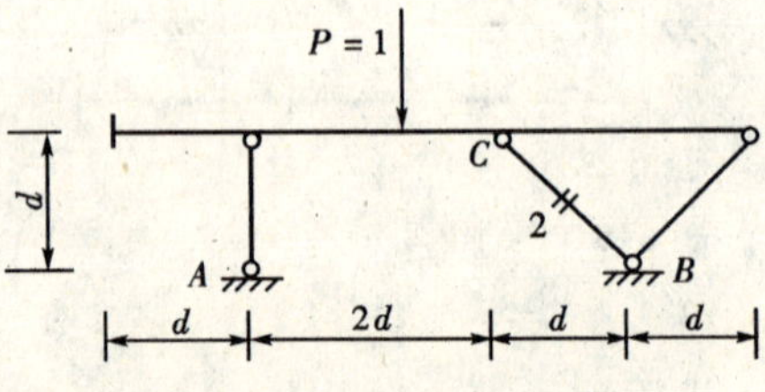

题 6-15 图 [N_2，M_C]

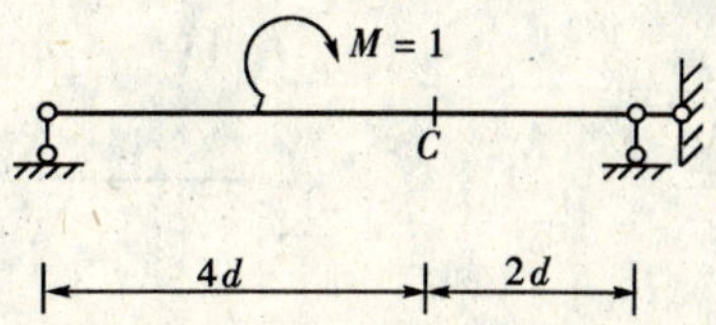

题 6-16　图［单位力矩移动时 M_C，Q_C］

6-17 ~ 6-20　求作多跨静定梁的各项影响线。

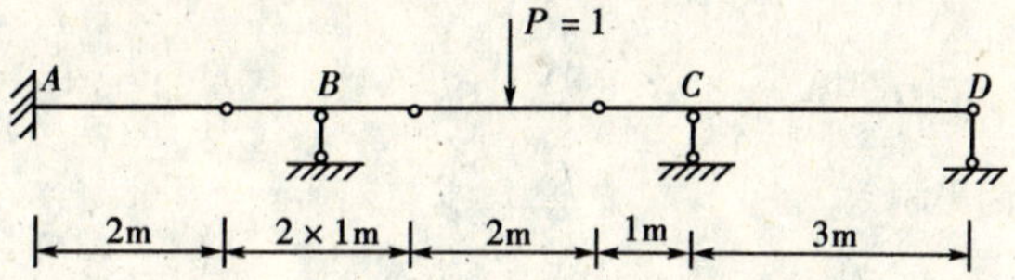

题 6-17　图［V_B，V_A，$Q_{C右}$，M_B］

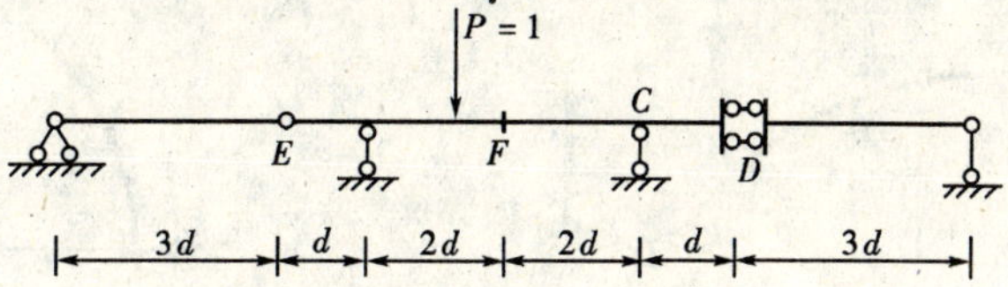

题 6-18　图［V_E，Q_F，M_C，$Q_{C右}$］

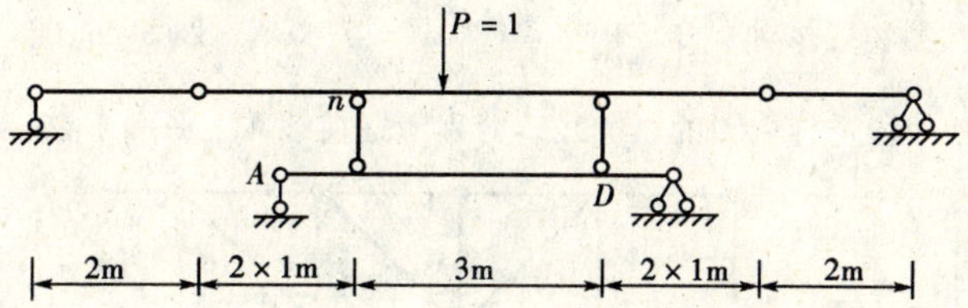

题 6-19　图［V_A，M_D，$Q_{D左}$，$D_{n右}$］

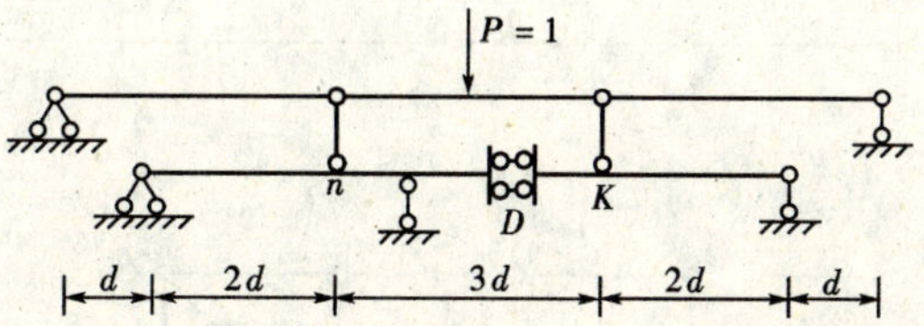

题 6-20　图［$Q_{n右}$，M_D］

6-21 ~ 6-24　试绘制静定刚架的影响线。

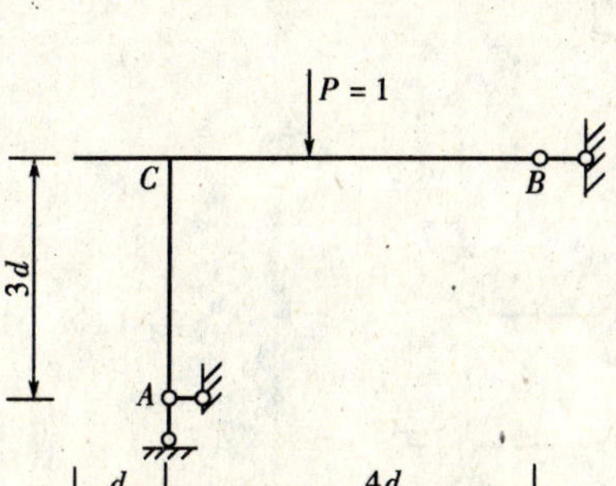

题 6-21　图［H_B，M_{CA}，M_{CB}］

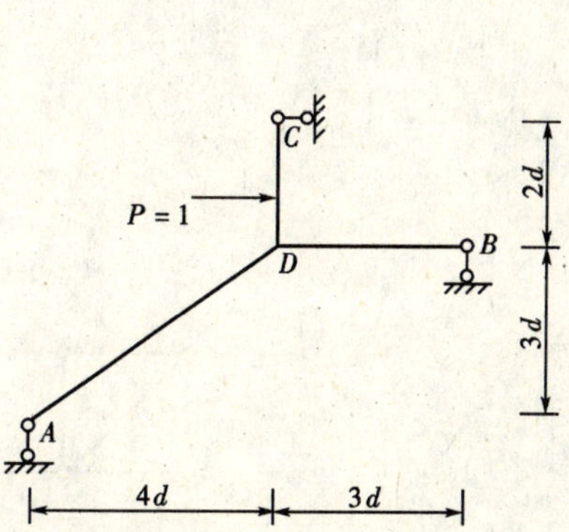

题 6-22　图［Q_{DB}，M_{DC}］

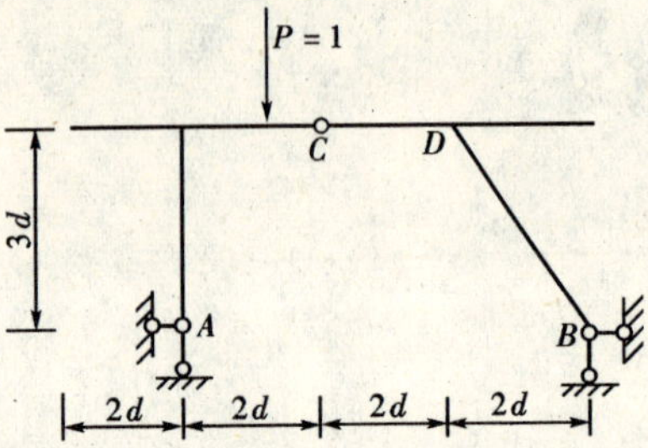

题 6-23　图［H_A，M_{DC}，Q_{DC}］

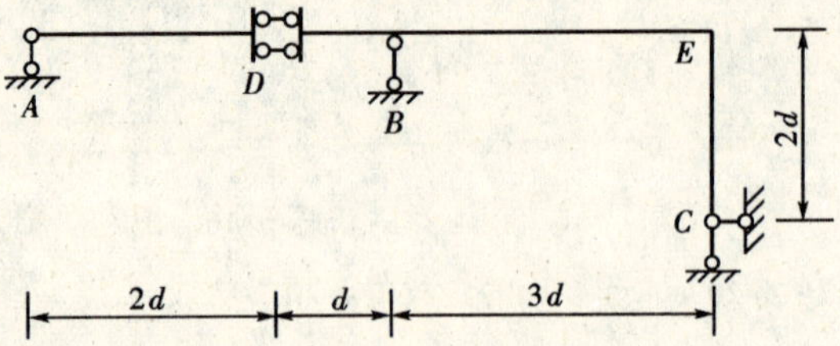

题 6-24　图［V_B，M_B，$Q_{B右}$］

6-25 ~ 6-26　试绘制静定拱的影响线。

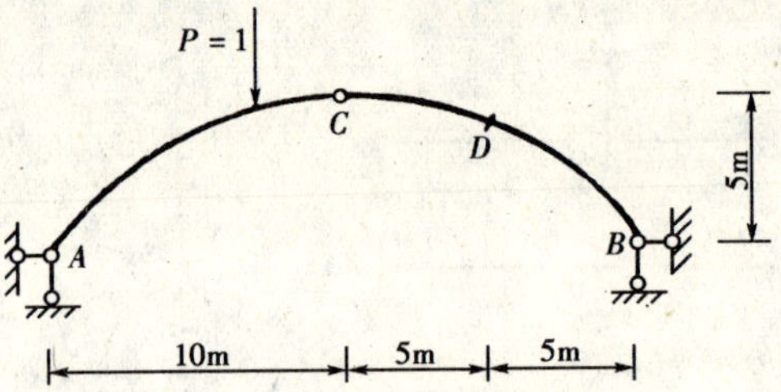

题 6-25　图［二次抛物线拱轴：H，M_D］

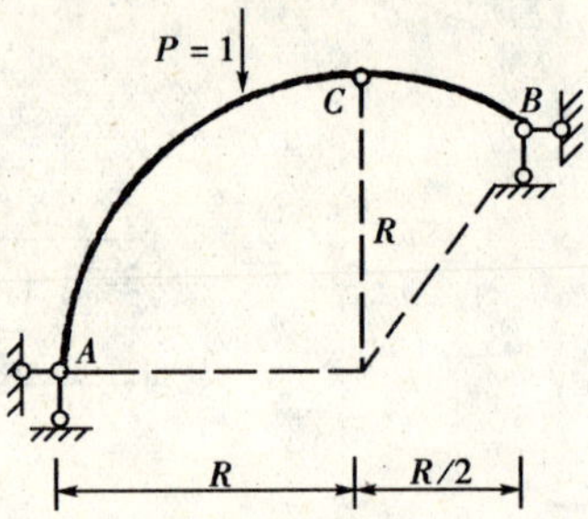

题 6-26　图［圆弧拱轴 H，Q_C］

6-27 ~ 6-30　求作静定桁架中指定杆内力的影响线，分别考虑荷载在上弦和下弦移动。

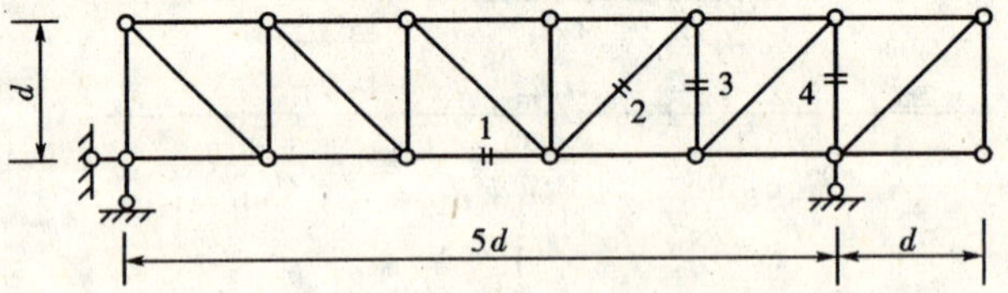

题 6-27 图

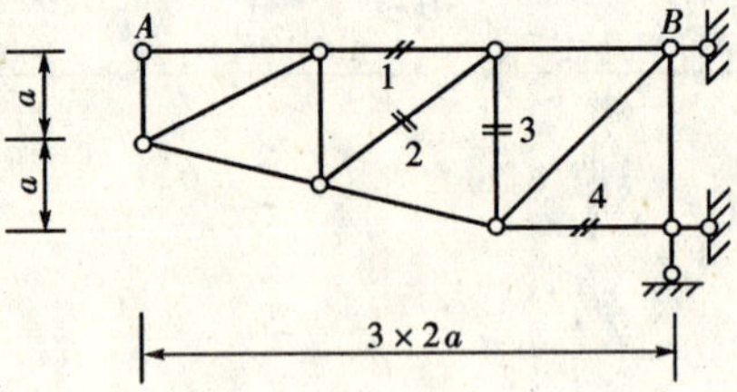

题 6-28 图

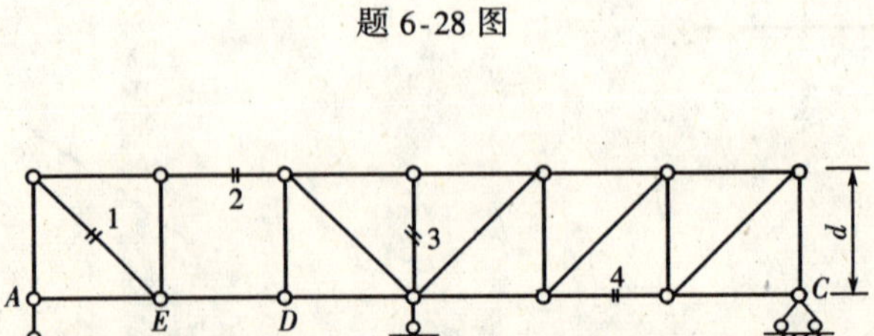

题 6-29 图

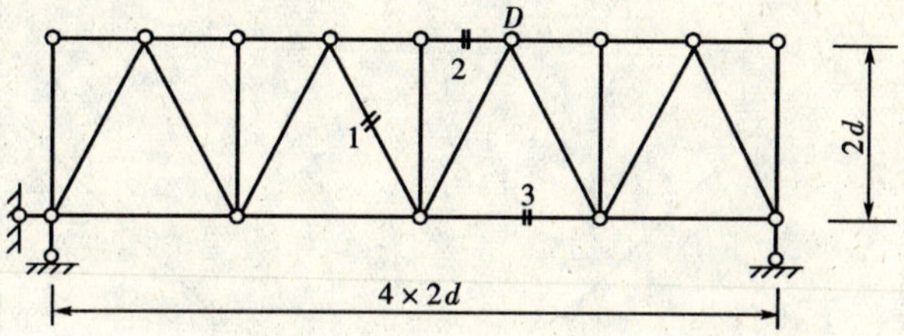

题 6-30 图

6-31～6-33　试绘制桁架中指定杆内力影响线。荷载在下弦。

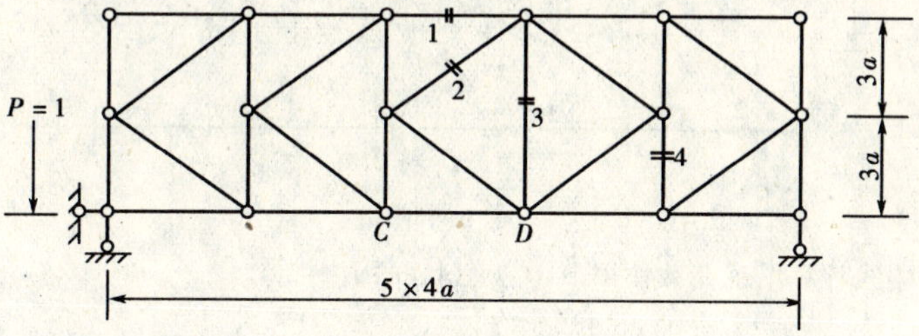

题 6-31 图

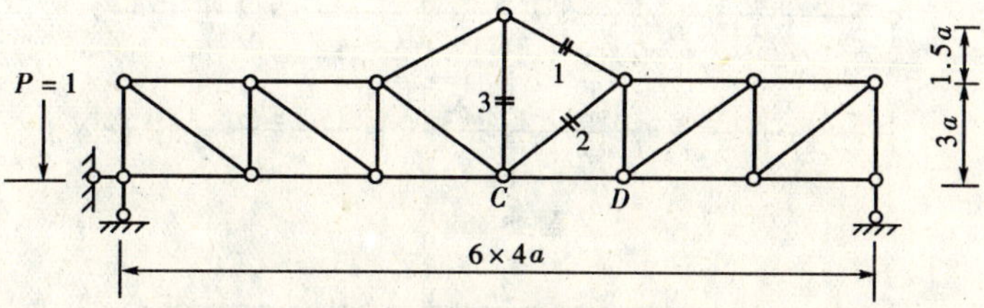

题 6-32 图

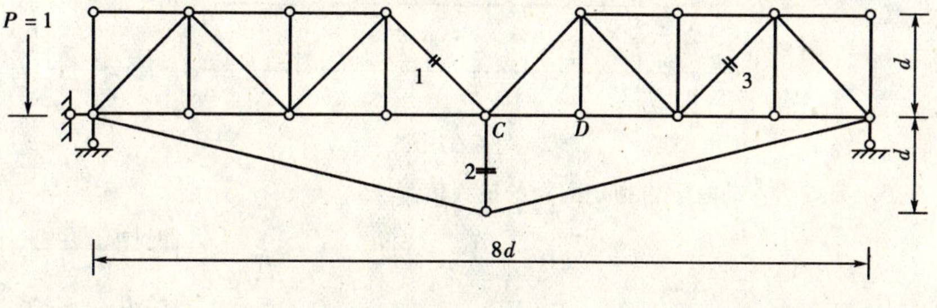

题 6-33 图

6-34～6-35　试绘制静定组合结构中内力 N_1、N_2、M_{DC}的影响线。

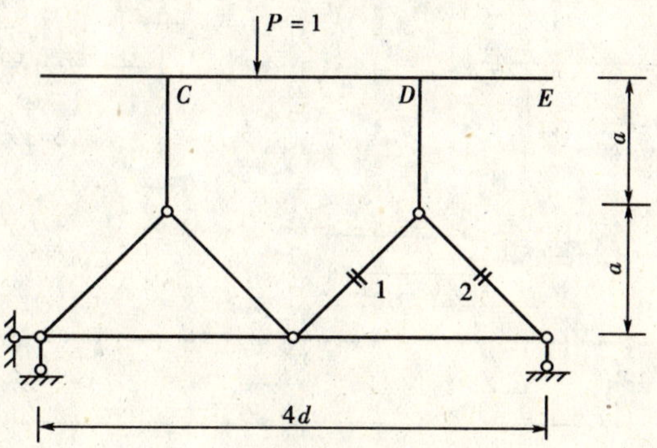

题 6-34 图

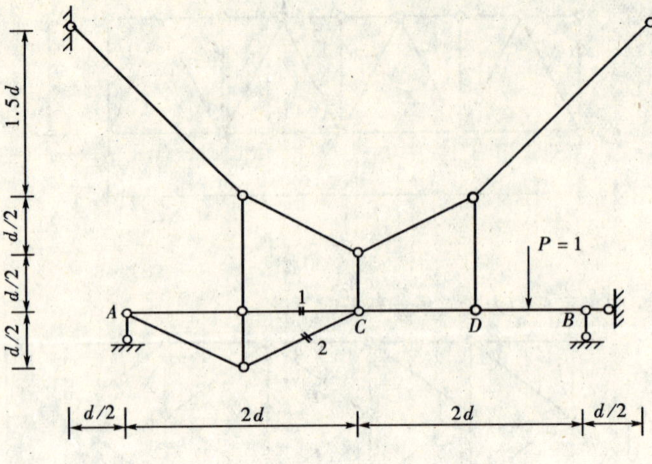

题 6-35 图

6-36 ~ 6-37 应用影响线计算图示荷载作用下 $Q_{D右}$、M_B 的值。

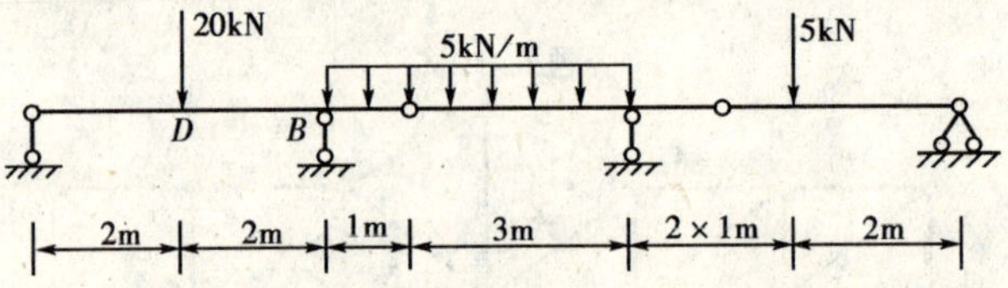

题 6-36 图

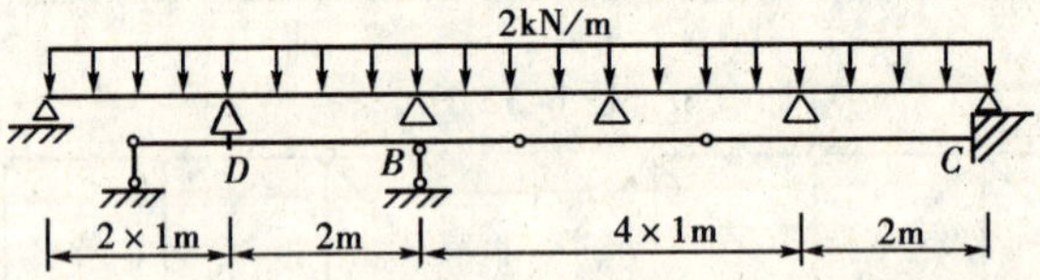

题 6-37 图

6-38 ~ 6-40 在图示荷载组移动时，求指定内力的最大值。

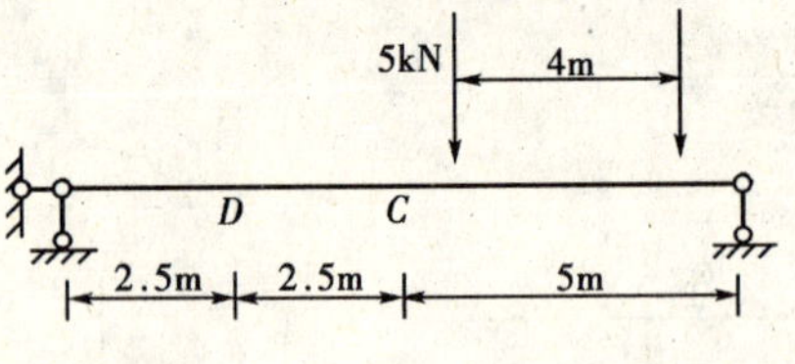

题 6-38　图［M_C，Q_C，M_D］

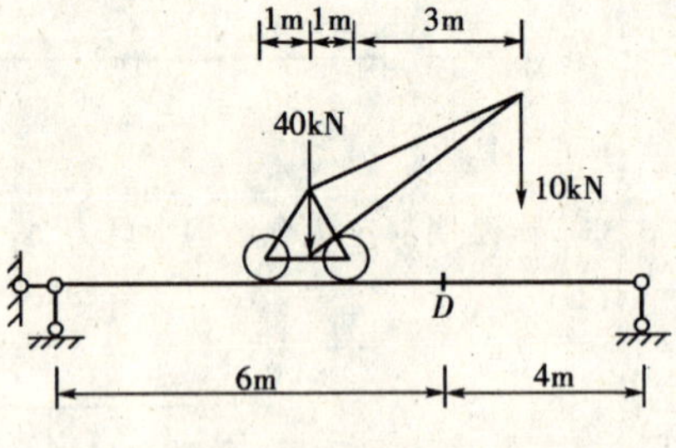

题 6-39　图［M_D，Q_D］

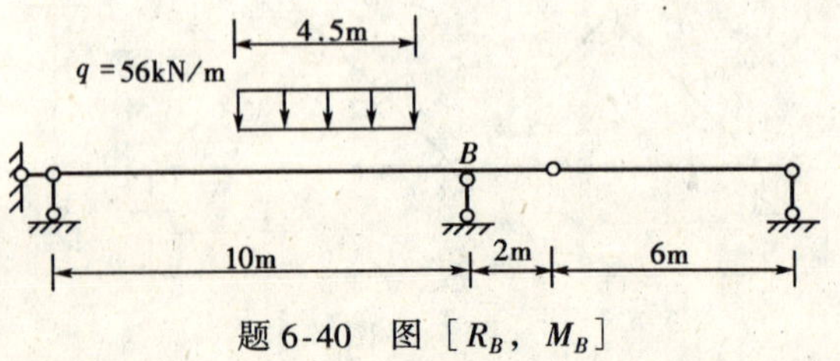

题 6-40　图［R_B，M_B］

6-41～6-42　吊车梁上两台吊车的轮压及轮距如图示，求指定未知力的最大值。

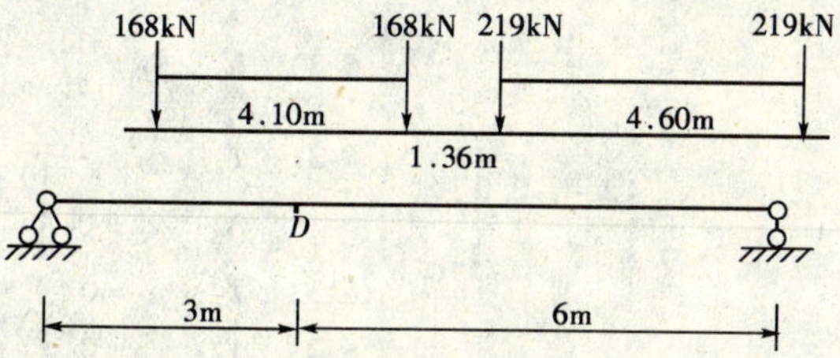

题 6-41　图 [M_D，Q_D]

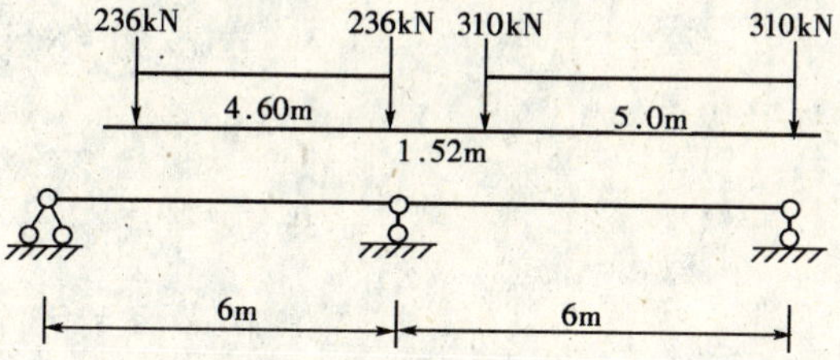

题 6-42　图 [R_B]

6-43　求简支梁在"汽-15 级"活载作用下的 M_C、Q_C 或 M_D、Q_D 的最大值

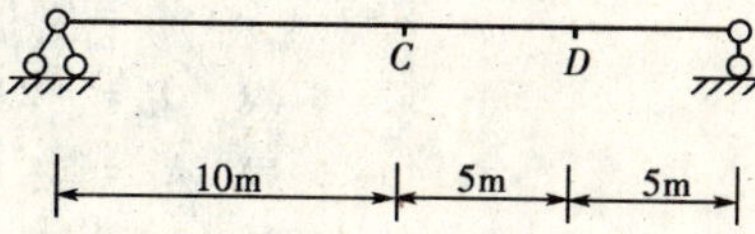

题 6-43 图

6-44　求简支桁架在通过"中—活载"时（下承）N_a、N_b 的最大值。

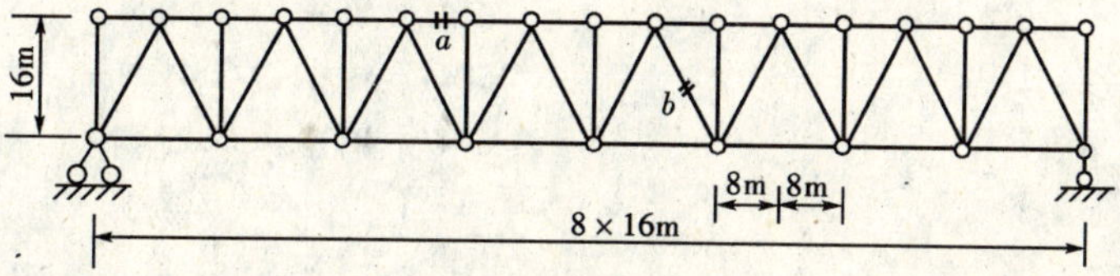

题 6-44 图

6-45　利用换算荷载表核对题 6-39、题 6-40 中的第一项内力计算值；对于该两题中的第二项内力计算值求其相应荷载种类的换算荷载 K 值，与表值核对。

6-46　求出题 6-37 吊车梁的绝对最大弯矩，并与 $M_{\frac{l}{2}\max}$ 比较。

6-47　求出题 6-39 简支梁的绝对最大弯矩。

6-48　对于题 6-37 吊车梁按全长四等分、恒载 $q = 10\text{kN/m}$，绘出弯矩包络图。

6-49　对于题 6-39 简支梁按全长八等分、恒载 $q = 12\text{kN/m}$，绘出弯矩包络图（活载弯矩的计算利用换算荷载表）。

部分习题答案

6-1　Q_C：$y_C^Z = \dfrac{-2}{3\sqrt{5}}$

6-2　$Q_{B右}$：$y_B^Y = 1$

6-3　N_{BC}：$y_A = -1$，$y_C = \dfrac{1}{3}$

6-4　M_C：$y_B = 4\text{m}$

6-5　V_A：$y_A = 3$

M_D：$y_E = -1\text{m}$

6-6 M_C：$y_A=-\frac{2}{3}$

6-7 Q_k：$y_B=\frac{2}{21}$

6-8 M_C：$y_B=\frac{d}{3}$

$Q_{C右}$：$y_D=0$，$y_B=-\frac{1}{3}$

6-9 Q_B：$y_k^Z=\frac{2}{9}$，$y_k^Y=-\frac{4}{9}$

6-10 Q_{CB}：$y_A=\frac{1}{3}$，$y_B=-1$

6-11 M_C：$y_D=-\frac{12}{5}d$

6-12 N_{AC}方向$\delta=1$时体系瞬心在 B

6-15 N_2：$y_B=-\frac{\sqrt{2}}{2}$

6-18 Q_F：$y_D^Y=\frac{3}{4}$

6-19 $Q_{D左}$：$y_k=\frac{7}{12}$

6-20 M_D：$y_D=\frac{4}{3}d$，$y_C=\frac{2}{3}d$

6-21 M_{CA}（右正）：$y_B=-4d$

6-22 Q_{DB}：$y_D=\frac{2}{7}$

6-23 M_{DC}：$y_C=-\frac{2}{3}d$

6-24 V_B：$y_D^Z=0$

6-25 M_D：$y_C=-\frac{5}{4}\text{m}$

6-26 H：$y_C=\frac{3+\sqrt{3}}{6}$

6-27 N_3上承：$y_B=0$

6-28 N_3上承：$y_A=-\frac{1}{3}$

6-29 N_4：$y_E=\frac{1}{3}$

6-30 N_3：$y_D=\frac{11}{16}$

6-31 Y_2：$y_D=-\frac{2}{10}$

N_3：$y_C=0$

6-32 Y_2：$y_C=0$

6-33 Y_1：$y_C=0$

Y_3：$y_D=\frac{1}{4}$

6-34 M_{DC}：$y_E=-\frac{3}{2}a$

Y_1：$y_E=-\frac{1}{2}$

6-35 V_A：$y_C=-\frac{1}{6}$，

N_1：$y_C=\frac{1}{3}$

Y_2：$y_C=-\frac{1}{6}$

6-38 $M_C=27.5\text{kN·m}$

$M_D=15.62\text{kN·m}$

6-39 $Q_D=-29\text{kN}$

6-40 $R_B=264.6\text{kN}$

6-41 $M_D=723.88\text{kN·m}$

6-42 $R_B=537.88\text{kN}$

6-43 $M_C=1035\text{kN·m}$

6-44 $N_C=-10138\text{kN}$

6-46 $M_{\max}=773.41\text{kN·m}$

6-47 $M_{\max}=1060.76\text{kN·m}$

第7章

弹性体系的位移计算

§7-1 概　　述

一、结构的位移

本章将讨论一般静定结构的位移计算问题。任何结构都是由可变形的材料组成的，在荷载、温度变化、支座位移等因素作用下会产生变形和位移。所谓的变形是指结构原有形状的改变，位移则是指某处位置的移动。位移包括线位移和角位移两种，线位移是指结构上各点产生的移动，角位移是指杆件横截面产生的转角。

例如图7-1a所示刚架在荷载作用下发生如虚线所示的变形，使截面 A 的形心 A 点移到了 A' 点，线段 AA' 称为 A 点的线位移，记为 ΔA，它也可以用水平线位移 ΔA_x 和竖向线位移 ΔA_y 两个分量来表示（图7-1b）。同时，截面 A 还转动了一个角度，称为截面 A 的角位移，用 φ_A 表示。又如图7-2所示刚架，在荷载作用下发生虚线所示变形，截面 A 的角位移为 φ_A（顺时针方向）、截面 B 的角位移为 φ_B（逆时针方向），这两个截面的方向相反的角位移之和，就构成截面 A、B 的相对角位移，即 $\varphi_{AB}=\varphi_A+\varphi_B$。同样，$C$、$D$ 两点的水平线位移分别为 ΔC（向右）和 ΔD（向左），这两个指向相反的水平位移之和就称为 C、D 两点的水平相对线位移，即 $\Delta CD=\Delta C+\Delta D$。以上各种位移，无论是线位移还是角位移，无论是相对线位移还是相对角位移，统称为广义位移。

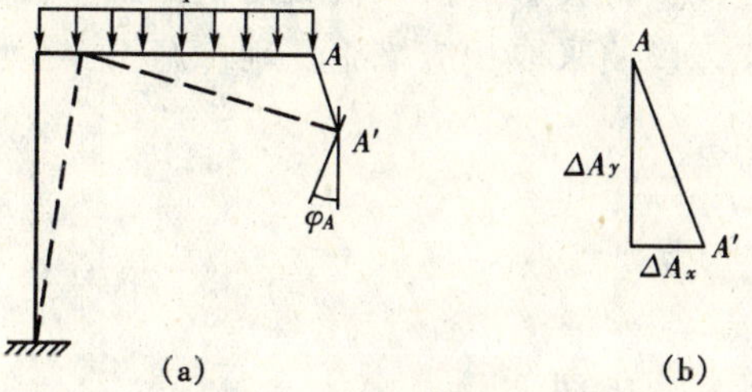

图7-1　刚架的位移

(a) 刚架荷载作用下的位移；(b) 线位移分量

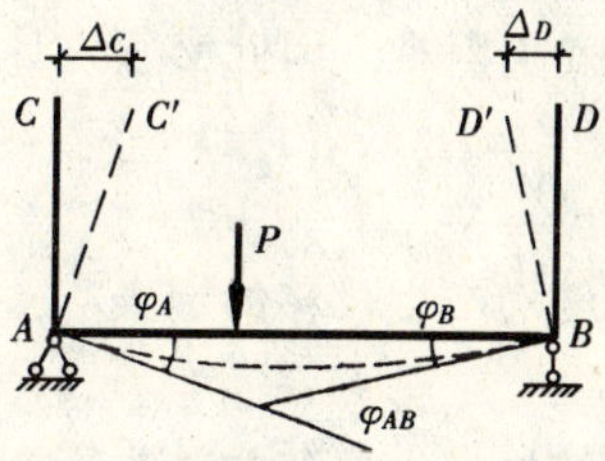

图7-2　结构的广义位移

二、位移计算的目的

在前面有关章节中，我们讨论了静定结构在荷载作用下的反力和内力的计算，其目的是进行强度条件的校核。但是，在结构设计中，除要考虑结构满足强度要求外，还必须要求结构具有足够的刚度，即保证结构在使用过程中不致产生过大的变形，以符合工程中使用的要求。而结构刚度的大小是以其变形或位移来量度的，因此，为验算结构的刚度，需要计算结构的位移。

在工程实践中，规定结构必须满足一定刚度要求的例子是很多的。例如吊车梁允许的最大挠度通常规定为跨度的 1/6000；民用建筑中屋盖和楼盖梁的最大挠度一般不能超过其跨长的 1/200 - 1/400；桥梁建筑中钢板梁的最大挠度一般不得超过其跨长的 1/700；钢桁梁不得超过跨度的 1/900。

其次，以后我们将会看到，在弹性范围内计算超静定结构的反力和内力时，单用静力平衡条件不能惟一地确定它们，还必须考虑位移条件。因此，位移计算是超静定结构计算的基础，是解算超静定结构必不可少的一个组成部分。在结构的动力及稳定等计算中，也要涉及结构的位移计算。

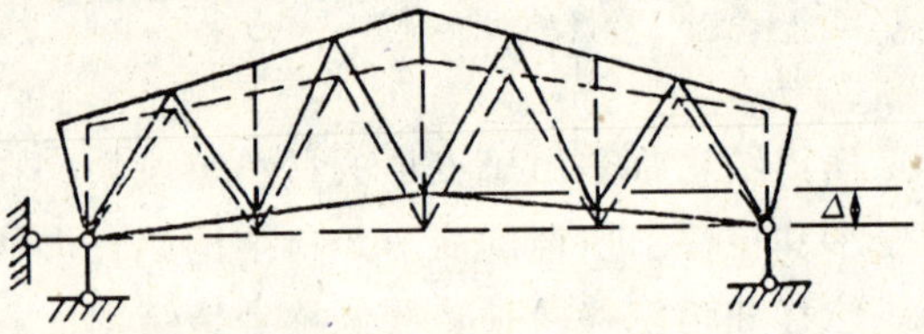

图 7-3　建筑起拱

此外，在结构的施工、制作、架设、养护等过程中，也往往需要预先知道结构的变形情况，以便采取一定的施工措施。

在跨度较大的结构中，有时为了避免产生显著的下垂现象，可预先将结构做成与其挠度反向的弯曲，这种做法在工程上称为建筑起拱（也有称预拱），或简称为起拱。例如图 7-3 所示桁架，若将桁架做成如图 7-3 实线所示的起拱，则桁架承受荷载后，其下弦就可能保持原设计的水平（虚线）位置。在钢桁架中，当跨度超过 35m 时，常做起拱。

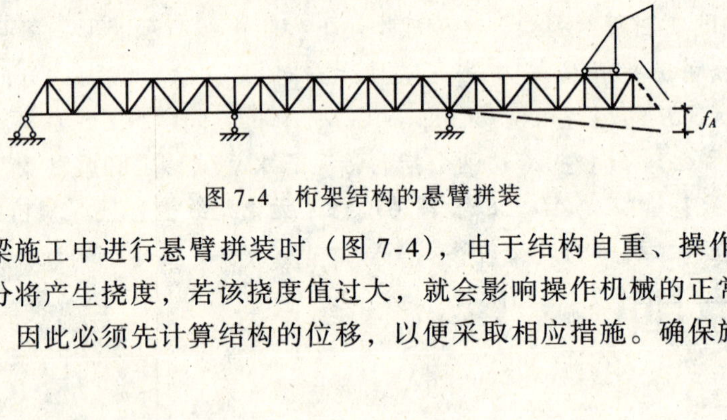

图 7-4　桁架结构的悬臂拼装

在钢桁架桥梁施工中进行悬臂拼装时（图 7-4），由于结构自重、操作机械等临时荷载的作用，悬臂部分将产生挠度，若该挠度值过大，就会影响操作机械的正常工作，也会使拼装就位发生困难。因此必须先计算结构的位移，以便采取相应措施。确保施工安全和拼装就位。

三、使结构产生位移的因素

使结构产生位移的外界因素，主要有以下几个方面

（1）荷载——结构在荷载作用下产生内力，由此材料发生应变，从而使结构产生位移。

（2）温度变化——材料有热胀冷缩的物理性质，当结构受到温度变化的影响时，就会产生位移。

（3）支座位移——当地基发生沉降时，结构的支座会产生移动及转动，由此使结构产生位移。

其他如材料的干缩及结构构件尺寸的制造误差也会使结构产生位移。

四、计算位移的假定

在计算结构的位移时，为了使计算简化，我们常采用如下的假定：

(1) 结构的材料服从虎克定律，即应力与应变成线性关系。

(2) 结构的变形很小，以致不影响荷载的作用，即在结构变形后的平衡方程式中，可以忽略结构的变形，而仍然应用结构变形前的原有几何尺寸；同时，由于变形微小，变形与位移成线性关系。

(3) 结构各处的联结是无摩擦的。

对于实际的大多数工程结构，按照上述假定的计算结果是具有足够的精确度。满足上述条件的理想化的结构体系，就称为线性弹性体系或线性变形体系，以下将简称为弹性体系。显然，弹性体系也是位移与荷载成比例的体系，故在计算位移时就可以应用叠加原理，而且当荷载全部撤出后，位移也将全部消失，即体系恢复到变形前的位置。

对于位移与荷载不呈线性关系的体系，称为非线性变形体系。其中，若材料的物理性质是非线性的，称为物理非线性体系；而当体系的变形过大以至需要按变形后的几何位置来进行计算时（例如柔索的计算），则称为几何非线性变形体系。

线性变形体系和非线性变形体系，统称为变形体系。本章只讨论线性变形体系的位移计算。

§7-2　线性变形体系的实功及变形位能

本节主要介绍线性变形体系的外力实功、变形位能及实功原理，并说明应用实功原理计算特定情况下的结构位移。实功原理在结构分析的能量方法中是十分重要的内容，本节中介绍的有关内容，在结构的稳定及动力计算中都要用到。

一、外力实功

设有一静力荷载 P 作用于某一线性变形体系（图 7-5a），静力荷载由零逐渐增加到 P（若 P 为荷载组，为简单起见以后只讨论比例加载的情形），对于弹性体系来说，位移与外力成正比关系，所以荷载作用点沿荷载作用方向的位移也是由零按比例逐渐增加到 Δ 值，体系的变形如图 7-5a 中的虚线所示。为计算力 P 经过位移 Δ 所作的功，我们来分析作功过程中的某一瞬时。在这一瞬时，设荷载由 P_y 增至 $P_y+\mathrm{d}P$，与荷载相应的位移由 y 增至 $y+\mathrm{d}y$。在小变形的弹性范围内，则有

$$y = kP_y \tag{a}$$

式中 k 为比例常数，其值取决于材料的性质、截面几何尺寸、支座的约束情况、荷载以及所求位移的位置等。

此时，如忽略外力增量 $\mathrm{d}P$ 在产生位移增量 $\mathrm{d}y$ 过程中所做的功（是二阶微量），则外力 P_y 所做的微功为

$$\mathrm{d}T = P_y\mathrm{d}y \tag{b}$$

若根据式 (a) 做出体系的作用力与其相应位移的关系图（图 7-5b），则外力功的增量 $\mathrm{d}T$ 由

图 7-5b 中用斜影线标志的面积来表示。

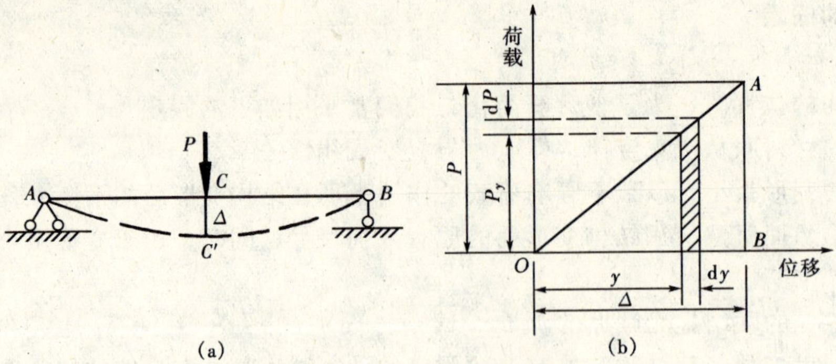

图 7-5　结构承受静力荷载

(a) 静力荷载作用的梁；(b) 荷载-位移关系图

根据线性变形体系的特性，$P_y = P$ 时，$y = \Delta$，代入式（a）可得 $k = \dfrac{\Delta}{P}$。将

$$P_y = \frac{y}{k} = \frac{Py}{\Delta}$$

代入式（b），并在 $y = 0 - \Delta$ 范围内进行积分，则得荷载 P 所作的总功

$$T = \int \mathrm{d}T = \int_0^{\Delta} \frac{P}{\Delta} y \mathrm{d}y = \frac{1}{2} P\Delta \tag{7-1a}$$

上式表示图 7-5b 中三角形 OAB 的面积。T 是荷载 P 从零逐渐增加到最后值的过程中在自身所引起的位移 Δ 上所做的功，称为实功。它与常力所做的功在概念上是不同的。

由式（7-1a）计算外力实功时，力与位移必须相对应。当外力 P 与其作用点的位移方向不一致时，Δ 应取外力作用点的位移在该力方向的分量。如图 7-6a 所示，外力 P 是倾斜的，其作用点的位移是竖向的，此时 Δ 应该用这个竖向位移在该力方向上的分量。如果作用于体系的外力是集中力矩，则与其相应的位移应是这个力矩所在截面的转角 θ，如图 7-6b 所示力矩 M 所做的实功为

$$T = \frac{1}{2} M\theta \tag{7-1b}$$

上式中的 θ 以弧度表示。

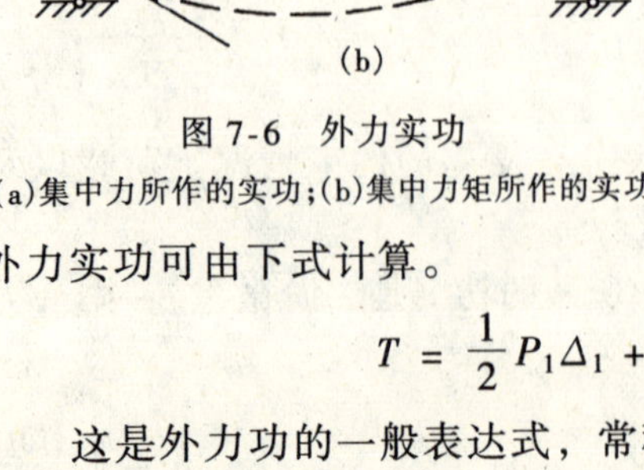

图 7-6　外力实功

(a)集中力所作的实功；(b)集中力矩所作的实功

式（7-1a）和式（7-1b）在形式上是相同的，为了概括和方便起见，可采用广义力和广义位移的概念，凡是作功的力统称为广义力，相应的位移统称为广义位移。如广义力是集中力，则相应的广义位移为线位移；如广义力为力矩，则相应的广义位移为角位移。广义力与广义位移的乘积，其量纲为功的量纲。

当体系上有若干个外力共同作用时（图 7-7），总的外力实功可由下式计算。

$$T = \frac{1}{2} P_1\Delta_1 + \frac{1}{2} P_2\Delta_2 + \cdots + \frac{1}{2} P_n\Delta_n = \frac{1}{2}\sum_{i=1}^{n} P_i\Delta_i \tag{7-2}$$

这是外力功的一般表达式，常称为克拉贝隆原理。它表示线性变形体系的外力实功等于外力（静力荷载）的最后数值与其相应位移最后值乘积的一半。上式中的 Δ_i 表示所有外力

共同作用时，i 点在 P_i 方向的位移，即 Δ_i 不仅包括由于 P_i 本身所产生的位移，而且包括体系上其他外力对该点所产生的位移。

在式（7-2）中，因为外力功只取决于外力和位移的最后值，故总功与外力的施加次序无关；因 Δ_i 与 P_i 有关，故该式表明外力实功是外力的非线性函数，计算外力实功不能应用叠加原理。

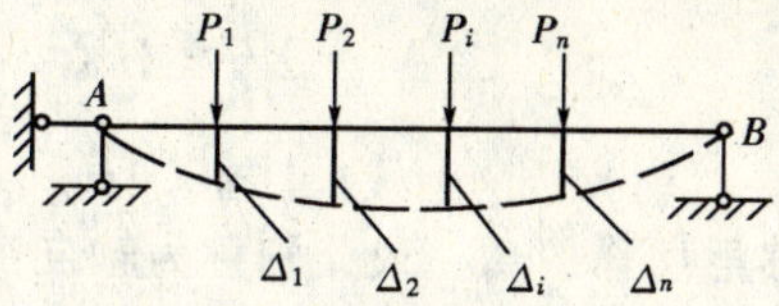

图 7-7　外力所作实功的一般形式

二、变形位能

外力在线性变形体系的加载过程中，将产生相应的变形和内力。此时，外力所做的实功，通过体系的变形转化为一种能量储存在体系的内部；在卸载过程中，这种能量则又通过消除体系的变形释放出来，使体系恢复到原来的状态。图 7-8 所示一简支梁，用砝码代表静力荷载。假定我们从零开始逐渐把砝码加上去，那么在逐渐加载的过程中，梁产生变形，砝码因而作功（图 7-8a、b）。这个功以某种形式的能量储存在梁内。当砝码逐渐取去时，梁的变形逐渐消失，留在梁上的砝码又被抬高，这是由于原来储存在梁内的能量所致。当荷载完全卸去时，梁也恢复到原来的状态（图 7-8，c）。这种因弹性变形而积储或释放的能量，称为弹性体系的变形位能（或简称变形能）或势能，通常用 U 表示。

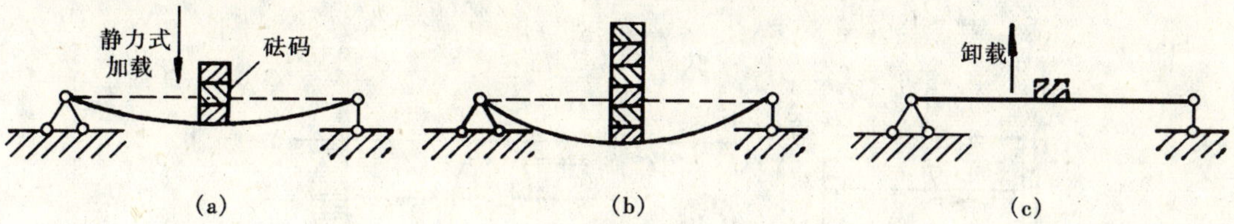

图 7-8　简支梁的加载和卸载

(a)、(b) 简支梁的加载；(c) 简支梁的卸载

受静力荷载作用的线性变形体系，在变形过程中没有动能的变化，如果再忽略材料在变形过程中微小的热能损耗，那么根据能量守恒定律，外力在体系变形过程中所做的实功 T，全部转化为体系的弹性变形位能 U，即

$$T = U \tag{7-3}$$

图 7-9a 所示线性变形体系，在任意静力荷载作用下，将产生轴力 N、弯矩 M 和剪力 Q，同时，体系产生相应的变形。与静力荷载相同，这些内力和变形都是由零逐渐增加到最终值的。为了研究体系的变形位能，在图 7-9a 中取微段 $\mathrm{d}s$（图 7-9b），在微段的左侧和右侧截面上，分别作用着由零逐渐增加到最终值的内力 N、M、Q 和 $N+\mathrm{d}N$、$M+\mathrm{d}M$、$Q+\mathrm{d}Q$（这些力对所取微段而言是外力，而对整个结构而言却是内力，鉴于习惯，并为了与整个结构上的外力相区别，这里仍称这些力为内力）。与此同时，微段 $\mathrm{d}s$ 将产生由零逐渐增加到最终值的轴向变形 $\mathrm{d}u$（图 7-9c）、弯曲变形 $\mathrm{d}\theta$（图 7-9d）、剪切变形 $\mathrm{d}v=\gamma\mathrm{d}s$（图 7-9e）。

微段 $\mathrm{d}s$ 在变形过程中所储存的变形能是以内力在变形位移上所作的实功来量度的。若略去内力增量 $\mathrm{d}N$、$\mathrm{d}M$、$\mathrm{d}Q$ 在其各自的微量变形上所作的功（为二阶微量），则微段的变形能 $\mathrm{d}U$ 为

$$dU = dU_N + dU_M + dU_Q = \frac{1}{2}Ndu + \frac{1}{2}Md\theta + \frac{1}{2}Qdv \tag{7-4a}$$

上式中的 dU_N、dU_M、dU_Q 分别表示微段上的轴力 N、弯矩 M、剪力 Q 在各自的变形位移上所作的功，或分别称为轴向变形能、弯曲变形能、剪切变形能。

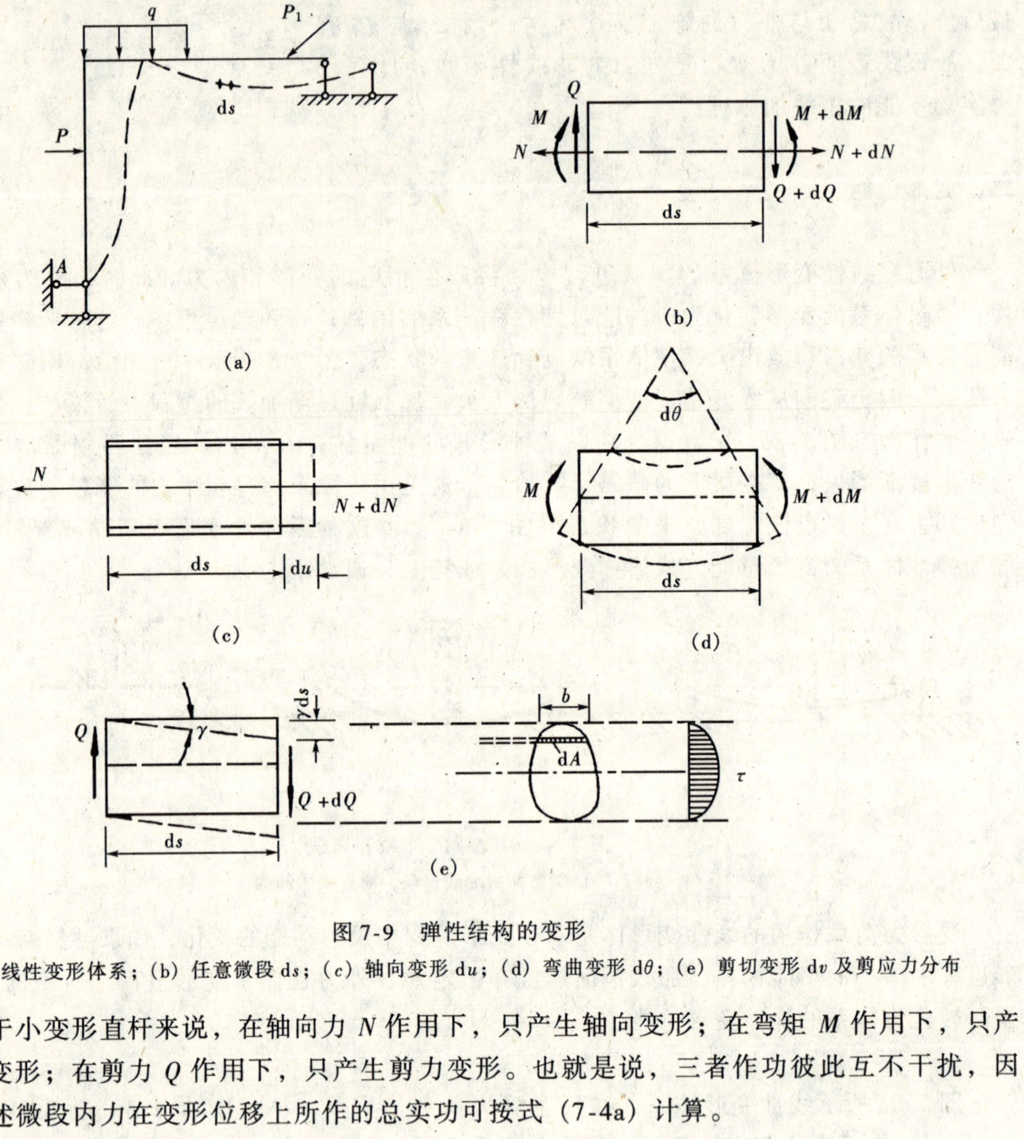

图 7-9 弹性结构的变形

(a) 线性变形体系；(b) 任意微段 ds；(c) 轴向变形 du；(d) 弯曲变形 dθ；(e) 剪切变形 dv 及剪应力分布

对于小变形直杆来说，在轴向力 N 作用下，只产生轴向变形；在弯矩 M 作用下，只产生弯曲变形；在剪力 Q 作用下，只产生剪力变形。也就是说，三者作功彼此互不干扰，因此，上述微段内力在变形位移上所作的总实功可按式（7-4a）计算。

下面分别具体计算 dU_N、dU_M 和 dU_Q

（1）轴向变形能 dU_N

由材料力学可知线性变形材料的轴向变形 du 为

$$du = \frac{Nds}{EA}$$

上式中的 E 为材料的弹性模量，A 为杆件的横截面面积，EA 为横截面的轴向刚度。于是 dU_N 为

$$dU_N = \frac{1}{2}Ndu = \frac{N^2ds}{2EA} \tag{a}$$

(2) 弯曲变形能 $\mathrm{d}U_M$

由材料力学可知线性变形材料的弯曲变形 $\mathrm{d}\theta$ 为

$$\mathrm{d}\theta = \frac{M\mathrm{d}s}{2EI}$$

上式中的 I 为杆件横截面的惯性矩，EI 为横截面的弯曲刚度，于是 $\mathrm{d}U_M$ 为

$$\mathrm{d}U_M = \frac{1}{2}M\mathrm{d}\theta = \frac{M^2\mathrm{d}s}{2EI} \tag{b}$$

(3) 剪切变形能 $\mathrm{d}U_Q$

由于剪力 Q 引起的剪应力 τ 沿截面高度的分布是不均匀的（图 7-9e），因此截面上各纤维层的剪切变形也不相等，所以在计算剪切变形能时，应先按纤维层考虑，然后沿截面高度进行积分。由材料力学可知沿截面高度某纤维层上的剪应力 τ 和剪应变 γ 为

$$\tau = \frac{QS}{Ib},\quad \gamma = \frac{\tau}{G}$$

上式中的 S 为所考虑的纤维层以上（或以下）的横截面面积对中性轴的静矩，b 为同一纤维层的截面宽度（图 7-9e），G 为材料的剪切弹性模量。设以 $\mathrm{d}A$ 表示所考虑的纤维层的截面面积，则该面积上剪应力的合力为 $\tau\mathrm{d}A$。于是，当面积 $\mathrm{d}A$ 发生剪切位移 $\gamma\mathrm{d}s$ 后，此纤维层上的剪力 $\tau\mathrm{d}A$ 所做的实功为

$$\frac{1}{2}\tau\mathrm{d}A \times \gamma\mathrm{d}s$$

将剪应力 $\tau = \frac{QS}{Ib}$ 及剪应变 $\gamma = \frac{\tau}{G}$ 代入上式，并对整个横截面进行积分，便可得微段的剪切变形能 $\mathrm{d}U_Q$ 为

$$\mathrm{d}U_Q = \frac{1}{2}\int_A \frac{\mathrm{d}s}{G}\left(\frac{QS}{Ib}\right)^2\mathrm{d}A = \frac{Q^2\mathrm{d}s}{2GI^2}\int_A\left(\frac{S}{b}\right)^2\mathrm{d}A = \frac{kQ^2\mathrm{d}s}{2GA} \tag{c}$$

上式中的 k 为

$$k = \frac{A}{I^2}\int_A\left(\frac{S}{b}\right)^2\mathrm{d}A \tag{7-5}$$

式（c）亦可写为

$$\mathrm{d}U_Q = \frac{1}{2}Q\left(\frac{kQ}{GA}\right)\mathrm{d}s = \frac{1}{2}Q\gamma\mathrm{d}s$$

上式表明，系数 k 实际上是在计算平均剪应变 γ 时，由于考虑到剪应力在截面上分布不均匀而引用的一个修正系数。系数 k 是一无量纲数，其值仅与横截面的形式有关。

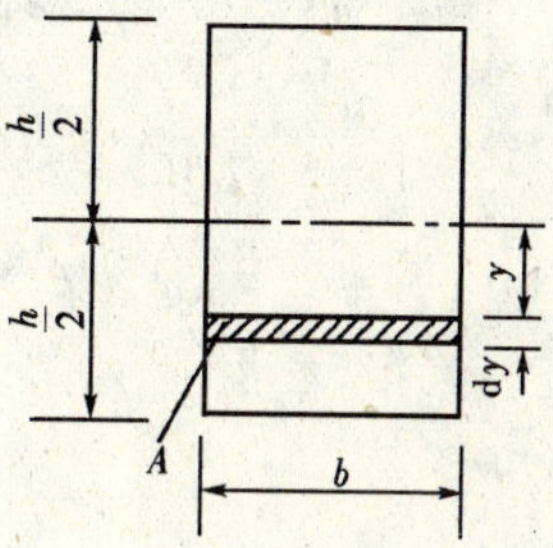

图 7-10　任意矩形截面

现以矩形截面为例，说明 k 的求法（图 7-10）。

$$\mathrm{d}A = b\mathrm{d}y,\ A = bh$$

$$I = \frac{bh^3}{12},\quad S = \frac{b}{2}\left(\frac{h^2}{4} - y^2\right)$$

代入式（7-5）并积分后，可得

$$k = \frac{36}{h^5}\int_{-\frac{A}{2}}^{\frac{A}{2}}\left(\frac{h^2}{4} - y^2\right)^2\mathrm{d}y = \frac{72}{h^5}\int_0^{\frac{h}{2}}\left(\frac{h^2}{4} - y^2\right)^2\mathrm{d}y = 1.2$$

同理，对圆形截面，可得 $k = \frac{32}{27}$。薄壁圆环截面 $k = 2$，对工字形截面，可近似地取 $k =$

$\frac{A}{A_f}$，其中 A 为整个横截面面积，A_f 为腹板部分的面积。

将式（a）、（b）、（c）代入式（7-4a），可得微段的变形能 dU 为

$$\mathrm{d}U=\frac{N^2\mathrm{d}s}{2EA}+\frac{M^2\mathrm{d}s}{2EI}+\frac{kQ^2\mathrm{d}s}{2GA} \tag{7-4b}$$

将上式沿杆段进行积分，即得一根杆段的变形位能。若结构由若干杆段组成，则整个结构的变形位能为各杆段变形位能的总和。因此，整个结构的变形位能为

$$U=\Sigma\int\frac{N^2\mathrm{d}s}{2EA}+\Sigma\int\frac{M^2\mathrm{d}s}{2EI}+\Sigma\int\frac{kQ^2\mathrm{d}s}{2GA} \tag{7-6}$$

上式表明，变形位能（内力实功）是内力的二次函数，因此计算变形位能不能应用叠加原理。

三、外力实功与变形位能的关系

将式（7-2）和式（7-6）代入上式（7-3），得

$$\frac{1}{2}\sum_{i=1}^{n}P_i\Delta_i=\Sigma\int\frac{N^2\mathrm{d}s}{2EA}+\Sigma\int\frac{M^2\mathrm{d}s}{2EI}+\Sigma\int\frac{kQ^2\mathrm{d}s}{2GA} \tag{7-7}$$

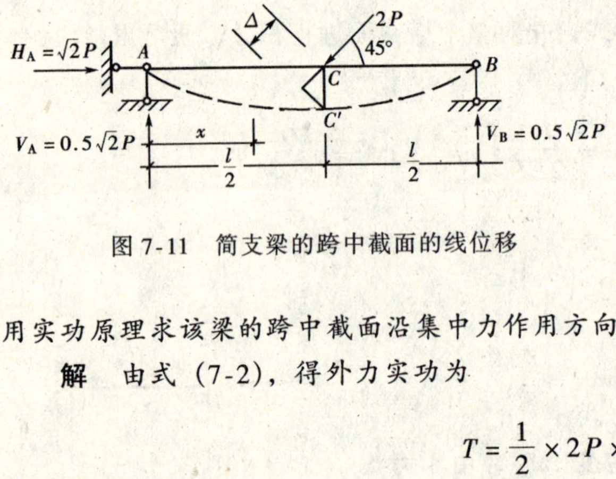

图 7-11 简支梁的跨中截面的线位移

上式表示为线性变形体系的外力实功与变形位能的关系，即外力实功等于内力实功，或称为弹性体系的实功原理。

例 7-1 图 7-11 所示等截面简支梁的跨中作用集中力 $2P$，已知梁的横截面为矩形，截面高度为 h，宽度为 b，材料的弹性模量为 E，剪切弹性模量 $G=0.4E$，试用实功原理求该梁的跨中截面沿集中力作用方向的线位移 Δ。

解 由式（7-2），得外力实功为

$$T=\frac{1}{2}\times2P\times\Delta=P\Delta$$

设坐标 x 的起点在支座 A 处，则梁的内力方程为

在 AC 段：

$$M=0.5\sqrt{2}Px,\quad Q=0.5\sqrt{2}P,\quad N=-\sqrt{2}P$$

在 CB 段：

$$M=0.5\sqrt{2}Px-\sqrt{2}P\left(x-\frac{l}{2}\right)=-0.5\sqrt{2}Px+0.5\sqrt{2}Pl$$

$$Q=-0.5\sqrt{2}P,\quad N=0$$

将上述各内力方程代入式（7-6），得变形位能为

$$U=\int_0^{\frac{l}{2}}\frac{(0.5\sqrt{2}Px)^2}{2EI}\mathrm{d}x+\int_{\frac{l}{2}}^{l}\frac{(-0.5\sqrt{2}Px+0.5\sqrt{2}Pl)^2}{2EI}\mathrm{d}x$$

$$+\int_0^{\frac{l}{2}} \frac{(-\sqrt{2}P)^2}{2EA}dx + \int_0^{\frac{l}{2}} \frac{k(0.5\sqrt{2}P)^2}{2GA}dx + \int_{\frac{l}{2}}^{l} \frac{k(-0.5\sqrt{2}P)^2}{2GA}dx$$

$$= \frac{P^2l^3}{48EI} + \frac{P^2l}{2EA} + \frac{kP^2l}{4GA}$$

于是，由式（7-7），可得

$$P\Delta = \frac{P^2l^3}{48EI} + \frac{P^2l}{2EA} + \frac{kP^2l}{4GA}$$

即

$$\Delta = \frac{Pl^3}{48EI} + \frac{Pl}{2EA} + \frac{kPl}{4GA}$$

将 $A=bh$，$I=\frac{bh^3}{12}$，$k=1.2$，$G=0.4E$ 代入上式，可得

$$\Delta = \frac{Pl^3}{48EI}\left[1+2\left(\frac{h}{l}\right)^2+3\left(\frac{h}{l}\right)^2\right]$$

上式等号右边括号内的第一项代表弯曲变形对位移的影响，第二项表示轴向变形对位移的影响，第三项表示剪切变形对位移的影响。

当 $\frac{h}{l}=\frac{1}{10}$时，上式为

$$\Delta = \frac{Pl^3}{48EI}\ (1+0.02+0.03)$$

可见，当杆件比较细长时，轴向变形和剪切变形对位移的影响比弯曲变形对位移的影响小得多。因此，对细长的受弯杆件，通常可忽略轴向变形和剪切变形对位移的影响。因为外力实功只与荷载作用点沿荷载作用方向的位移有关，所以应用实功原理式（7-7）只能求出荷载作用点沿荷载作用方向的位移，这是应用实功原理计算结构位移的局限性。下面将在实功原理的基础上介绍变形体系的虚功原理，然后由虚功原理建立计算结构位移的普遍方法。

§7-3　虚　功　原　理

为了能普遍地解决结构上任何一点沿任何方向的位移计算问题，在实功原理的基础上，我们进一步来讨论变形体系的虚功原理。

一、虚功和虚功原理

如图 7-12 所示简支梁，设在第一组荷载 P_1 作用下达到平衡时，P_1 作用点沿 P_1 方向上产生的位移为 Δ_{11}。这里 Δ_{11}用了两个脚标：第一个脚标 1 表示位移发生的地点和方向，即此位移是 P_1 作用点沿 P_1 方向上的位移；第二个脚标 1 表示引起位移的原因，即此位移是由于 P_1 作用而引起的。荷载 P_1 在位移 Δ_{11}上所作的外力实功用 T_{11}表示，其值可根据式（7-2）得

$$T_{11} = \frac{1}{2}P_1\Delta_{11}$$

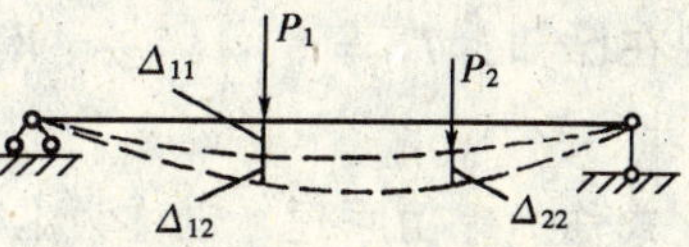

图 7-12　虚功和虚功原理

同时，由第一组荷载 P_1 所引起的第一组内力亦将在相应的变形上作内力实功，用 W_{11}表示。根据实功原理，有

$$T_{11}=W_{11}$$

现在，设想在第一组外力 P_1 作用于结构达到平衡状态以后，又有第二组荷载 P_2 加入，使结构又发生如图所示新的变形，梁达到新的平衡，在 P_2 的作用点沿 P_2 方向上产生的位移为 Δ_{22}（两个脚标的含义同上），P_2 在位移 Δ_{22}上所作的外力实功为

$$T_{22}=\frac{1}{2}P_2\Delta_{22}$$

同样，P_2 所引起的第二组内力亦将在它们本身所引起的相应的变形上作内力实功，用 W_{22} 表示，并由实功原理，得

$$T_{22}=W_{22}$$

此外，在 P_2 的施力过程中，P_1 是已经作用在结构上而保持不变的常力，而由于 P_2 的作用，P_1 的作用点沿 P_1 方向上又增加了新的位移 Δ_{12}，因而此时 P_1 又加作了功，其值为

$$T_{12}=P_1\Delta_{12}$$

很明显，Δ_{12}虽然是 P_1 作用点沿 P_1 方向上的位移，但引起这个位移的原因却不是 P_1 而是 P_2，因此 T_{12}不是 P_1 在本身引起的位移上所作的功，而是在其他原因引起的位移上所作的功，我们把这种功叫做外力虚功。

在上述作功的过程中，存在两种情况：一种是力在其自身引起的位移上所作的功，即实功，如 T_{11}、T_{22}等；另一种是在其他原因所引起的与力本身无关的位移上所作的功，即虚功，如 T_{12}。这里，要特别强调虚功与实功的区别：

(1) 所谓虚功并非不存在的意思，只是强调作功的力与产生位移的原因无关这一特点。与作功的力无关的位移，也并不限于由荷载作用所产生的位移，其他如温度的改变、支座的移动以及满足结构约束条件的为了分析问题而假想的位移等，都使力作虚功。通常，体系这种与作功力系无关而又为约束条件所容许的任何微小位移，称为虚位移。

(2) 作实功时，力的大小在位移过程中是变化的，力与位移都是由零逐渐增大到最后数值的，并且由力自身所引起的相应位移总是与力的作用方向相一致，故总是正值，计算式中有系数 1/2。

(3) 作虚功时，力的大小在位移过程中并不改变，而始终保持为常量，故计算式中没有系数 1/2。当其他因素所引起的位移与力的方向一致时虚功为正，反之为负。

同样地，在 P_2 的加载过程中，原有的第一组内力亦将在第二组内力所引起的相应变形上作功，称为内力虚功，用 W_{12}表示。

这样，结构在两组外力先后作用下，外力所作的总功为

$$T_{11}+T_{12}+T_{22}$$

而两组内力所作的总功（即总的变形位能）为

$$W_{11}+W_{12}+W_{22}$$

根据能量守恒定律，外力所作的总功全部转变为体系的变形位能，故有

$$T_{11}+T_{12}+T_{22}=W_{11}+W_{12}+W_{22}$$

现在已知：$T_{11}=W_{11}$，$T_{22}=W_{22}$，因此可得

$$T_{12}=W_{12} \tag{7-8}$$

此式称为虚功原理，也称为虚功方程。它表明：第一组外力在第二组外力所引起的位移上所作的外力虚功，等于第一组内力在第二组内力所引起的变形上所作的内力虚功。

两组力 P_1 和 P_2 是彼此独立无关的，为了清楚起见，我们在处理上可以把两组力分别作用于结构上而形成两个独立的平衡状态，如图7-13所示。我们把 P_1 作用下的平衡状态叫做第一状态，而把 P_2 作用下的平衡状态叫做第二状态。这样，虚功原理可以叙述为：第一状态的外力和内力在第二状态相应的位移和变形上所作的虚功相等。

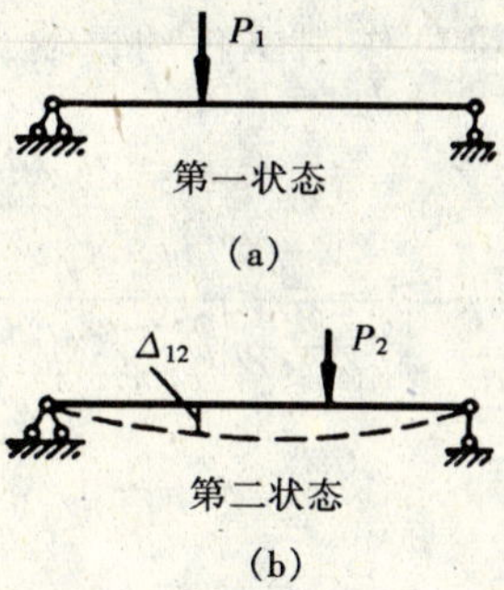

图7-13　变形体结构的虚功原理
(a) 第一状态；(b) 第二状态

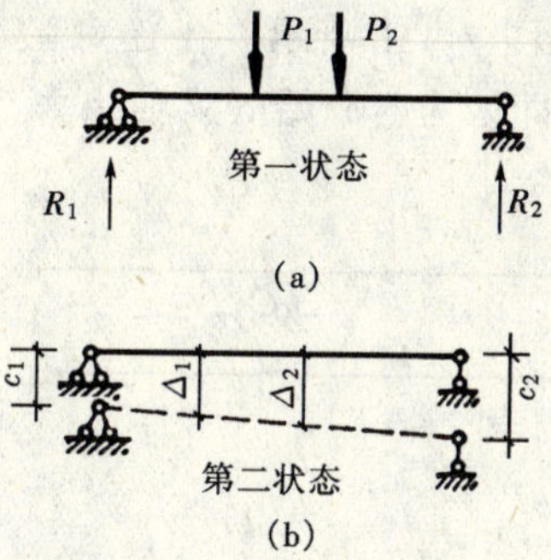

图7-14　刚体结构的虚功原理
(a) 第一状态；(b) 第二状态

这里，作功的外力和内力都是属于第一状态的，而相应的位移和变形都是属于第二状态的。因此，我们又可以把第一状态称为力状态，第二状态称为位移状态。由于两个状态是彼此独立无关的，所以结构无论处于两个什么样的状态，只要力状态是平衡的，位移状态的位移是微小的，并且为结构的约束条件和变形连续条件（即变形后仍为连续体，既不出现裂缝也不出现搭接现象）所容许，则虚功原理都是适用的。

根据以上分析，可归纳出以下三点：

(1) 刚体结构的虚功原理，只是变形体虚功原理的一个特例。例如图7-14所示的梁在基础下沉时，结构将发生刚体位移。当图7-14a的平衡力系在图7-14b的刚体位移上作虚功时，由于在第二状态中梁（刚体结构）本身不产生任何变形，因而内力虚功 W_{12} 为0，此时式（7-8）成为

$$T_{12}=0 \tag{7-9}$$

它表明，如果力系在刚体位移的过程中保持平衡，则外力所作的虚功总和为零。

(2) 在虚功原理中，没有涉及材料的物理性质，因此，变形体系虚功原理式（7-8），适用于线性弹性、非线性弹性、弹塑性及塑性等变形体系。

(3) 在虚功原理中，作功的力系和位移可以彼此独立无关，而且两者之一可以是虚设的。它与实功不同：实功中的位移是由作功的力系本身所引起的，即对于一个给定的平衡力系，只有一种相应的变形状态；而虚功中的位移则是由其他因素而引起的，即对应于某一个给定的平衡力系，可以选取多种变形状态，或者对应于某一个给定的变形状态，可以选取多种的平衡力系。因此，虚功原理的应用范围更为普遍。

二、虚功原理的应用形式

1. 刚体的虚功原理

(1) 虚功原理求未知力，虚位移原理

应用虚功原理时，当力状态为实际状态，位移状态为虚设状态时，此时的虚功原理称为

虚位移原理。

图 7-15a 所示为一根伸臂梁，端点 C 作用着荷载 P，在外力系（包括荷载和反力）作用下，该梁处于平衡状态，这个力状态为实际状态，现用虚位移原理求支座反力 R_A。为此，必须撤除与该反力相应的支座链杆，使原来的静定结构成为具有一个自由度的机构而作为位移状态，如图 7-15b 所示。在任意微小的位移过程中，则梁可作刚体转动，端点的虚位移 Δ_A 和 Δ_C，即认为与原始的梁轴相垂直。

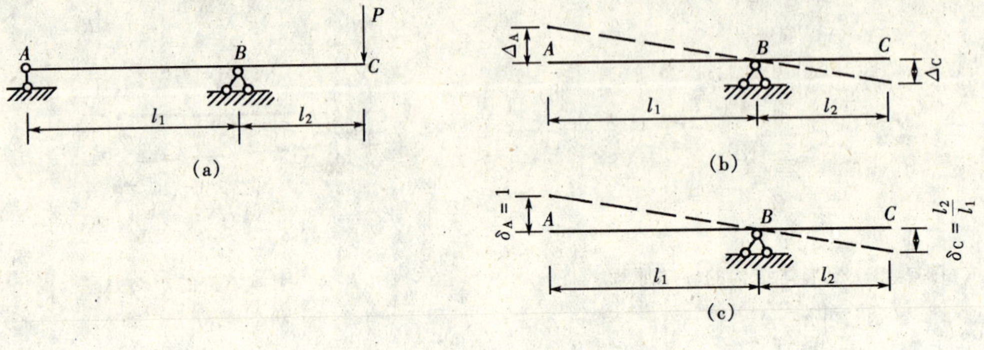

图 7-15　虚功原理求未知力

(a) 平衡力系；(b) 虚位移状态；(c) 虚位移状态的简化 $\delta_A=1$

图 7-15a 所示的实际力状态在图 7-15b 所示虚设位移状态上作虚功，由虚功方程式(7-9)，得

$$R_A\times\Delta_A+R_B\times 0+P\times\Delta_C=0 \tag{a}$$

式中的正号虚功表示力与相应的虚位移方向一致，若方向相反时则得负号虚功。

由图 7-15b 给出的几何关系，可得

$$\frac{\Delta_A}{l_1}=\frac{\Delta_C}{l_2}$$

或

$$\Delta_C=\frac{l_2}{l_1}\Delta_A$$

将上式代入式（a）后，有

$$\left(R_A+P\frac{l_2}{l_1}\right)\Delta_A=0$$

或

$$R_Al_1+Pl_2=0 \tag{b}$$

由此可求出支座反力

$$R_A=-P\frac{l_2}{l_1}$$

式中负号表示 R_A 的实际方向与假设方向相反。

为了计算上的方便，也可设与待求反力 R_A 相应的虚位移为单位位移 $\Delta_A=1$（图 7-15c），于是由几何关系得 C 点的虚位移为

$$\delta_C=\frac{l_2}{l_1}$$

应用相同的方法，这时的虚功方程为

$$R_A \times 1 + P \times \frac{l_2}{l_1} = 0 \tag{c}$$

由此所得 R_A 的结果与前述相同，即

$$R_A = -P\frac{l_2}{l_1}$$

在上述的求解过程中，因在位移状态中引用了单位位移，故称这种方法为单位位移法。

从这个简单的例子中看出，虚功方程式（b）实质上是实际受力状态的力矩平衡方程（$\Sigma M_B = 0$）。应用虚位移原理，我们即可将一个关于力的平衡问题转化为一个分析虚位移状态中几何关系的问题。在前一章用机动法绘制影响线的内容中，我们曾应用了这一原理。

例 7-2　图 7-16 为一静定梁，AB 梁为基本部分，BC 梁为附属部分。在图示荷载作用下，试用虚位移原理和单位位移法求支座 C 处反力 R_C 和截面 A 处的弯矩 M_A、剪力 Q_A。

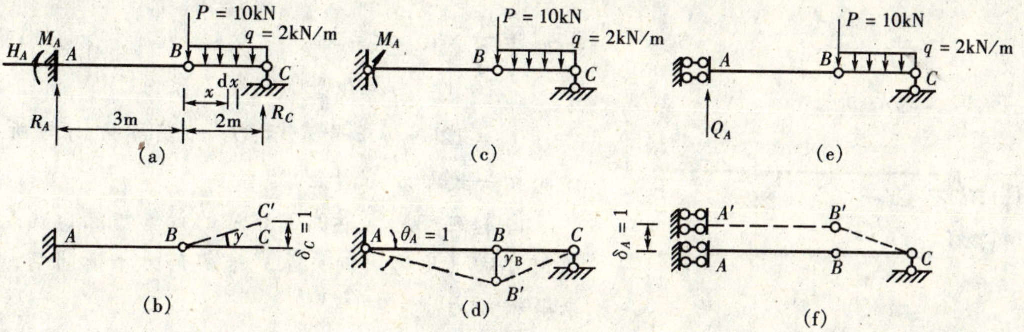

图 7-16　例 7-2 图

(a) 实际力状态；(b) 虚位移状态；(c) 实际力状态；(d) 虚位移状态；(e) 实际力状态；(f) 虚位移状态

解　(1) 求 R_C

求解反力 R_C 时，首先去除原结构的 C 支杆，使之成为具有一个自由度的机构；然后使机构沿反力 R_C 的方向产生单位线位移 $\delta_C = 1$，形成虚设位移状态（虚位移）如图 7-16b 所示。

图 7-16a 为实际力状态，使其在图 7-16b 所示的虚设位移状态上作功，由式(7-9)，得

$$W_{刚} = M_A \times 0 + H_A \times 0 + R_A \times 0 + 10 \times 0 + R_C \times \delta_C - \int_0^2 q\mathrm{d}xy = 0$$

式中
$$\delta_C = 1; \int_0^2 q\mathrm{d}xy = q\int_0^2 y\mathrm{d}x = q\omega_{ABCC'} = 2 \times \frac{1}{2} \times 2 \times \delta_C = 2$$

这里 $\omega_{\Delta BCC'}$ 为虚位移图中三角形 BCC' 的面积。

代回上式后即得

$R_C = 2\text{kN}$（正号表示 R_C 的实际方向与所设 δ_C 的方向相一致，即方向向上）

(2) 求 M_A

首先把截面 A 的转动约束去除，即在该截面处加铰并加上相应的弯矩 M_A 代替原有约束的作用（图 7-16c），然后沿弯矩 M_A 的方向转动单位角位移 $\theta_A = 1$，形成虚设位移状态如图 7-16d 所示。

图 7-16c 为实际力状态，使其在图 7-16d 的虚设位移上作功，由式（7-9），得

$$W_{刚} = M_A \times \theta_A + P \times y_B + q\omega\Delta_{BB'C} = 0$$

式中
$$\theta_A = 1，\ y_B = 3\theta_A = 3，\ \omega_{\Delta BB'C} = \frac{1}{2}y_B \times 2 = y_B$$

代回上式后得

$M_A=-36\text{kN}\cdot\text{m}$（负号表示弯矩的实际方向与所设 θ_A 的方向相反，即 M_A 为逆时针向转动，使截面 A 的上纤维受拉）

(3) 求 Q_A

首先把截面 A 的剪切位移约束去除，即将该截面处改装为用两根水平链杆相联（这样的约束装置不能抵抗剪力，但仍能承受弯矩和轴力），并加上相应的剪力 Q_A 代替原有的约束作用（图 7-16e）；然后沿剪力 Q_A 的方向使机构产生单位线位移 $\delta_A=1$，形成虚设位移状态如图 7-16f 所示。

图 7-16e 为实际力状态，使其在图 7-16f 所示的虚设位移状态上作功，由式（7-9），得

$$Q_A\times\delta_A-P\times\delta_A-q\times\omega_{\Delta CBB'}=0$$

式中

$$\delta_A=1，\ \omega_{\Delta CBB'}=\frac{1}{2}\times\delta_A\times2=\delta_A$$

代回上式后可得

$Q_A=12\text{kN}$（正号表示 Q_A 的实际方向与所设 δ_A 方向相一致即方向向上）

由本例可见，单位位移法的计算特点，就是采用几何方法（几何比例关系）来解静力平衡问题，从而求解未知力。

2. 应用虚功原理求位移，虚力原理

应用虚功原理求某一体系的未知位移时，以体系的实际的位移状态作为虚功原理的位移状态，再根据所要求的未知位移适当的选择虚力状态，此时的虚功原理称为虚力原理。同样，这里的位移状态和力状态也互不相关。

图 7-17a 所示为一伸臂梁，已知支座 A 向下沉降了 Δ_A，梁如虚线所示，这是给定的实际位移状态。现用虚力原理求伸臂端 C 的位移 Δ_C。

这是一个几何问题，可以由几何比例关系求出位移 Δ_C；然而，我们还可由虚力原理来求解。因此，需另设力状态如图 7-17b 所示，即在所求位移的地点和方向上，作用与位移相应的荷载 P，作为虚设状态。这一虚力状态由于图 7-17a 所示的位移而作虚功，应用虚功方程式（7-9），有

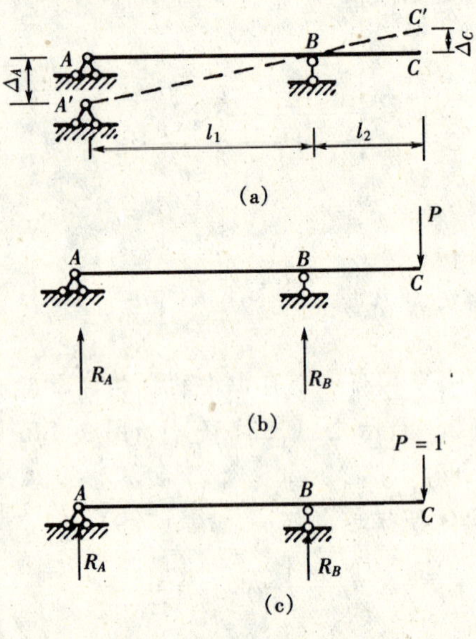

图 7-17 虚功原理求位移

(a) 实际位移状态；(b) 虚设力状态；(c) 虚设的力系

$$-P\times\Delta_C+R_B\times0-R_A\times\Delta_A=0 \tag{d}$$

由图 7-17b 的平衡条件 $\Sigma M_B=0$，可得

$$R_A=-\frac{l_2}{l_1}P$$

将 R_A 代入式（d）后，得

$$-P\times\Delta_C-\left(-\frac{l_2}{l_1}P\right)\Delta_A=0 \tag{e}$$

或
$$\frac{\Delta_C}{l_2}=\frac{\Delta_A}{l_1} \tag{f}$$
由此求得
$$\Delta_C=\frac{l_2}{l_1}\Delta_A$$
上式代表了已知位移 Δ_A 与未知位移 Δ_C 两者之间的几何关系，实质上应用虚力原理将一个实际的几何问题，转变为虚力状态的平衡问题。

为了便于计算，可以命虚设的力 $P=1$（图 7-17c），这种求位移的方法即称为"单位荷载法"。本章就是讨论用这种方法来求结构的位移。

例 7-3　图 7-18a 所示为一静定体系，已知支座 A 向右水平移动 Δ_A，体系的实际位移状态如图中虚线所示。试用虚力原理和单位荷载法，求 B 点垂直于 BD 杆方向的线位移 Δ_B。

解　这是一个几何问题，由几何方法即可求出 Δ_B。但是，我们也可采用虚力原理和单位荷载法，由静力平衡方法求解 Δ_B。为此，需要虚设力状态如图 7-18b 所示，图中单位荷载 $P=1$ 作用于 B 点且沿 Δ_B 的方向。

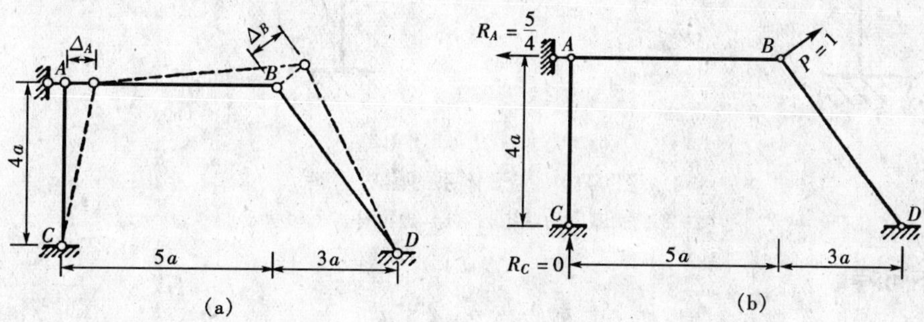

图 7-18　单位荷载法求结构的位移

(a) 实际位移状态；(b) 虚设的力状态

首先求图 7-18b 的支座反力 R_A。取结点 A 为隔离体并由 $\Sigma Y=0$，得
$$N_{AC}=0，同时可知\ R_C=0$$
再由整体平衡条件 $\Sigma M_D=0$，即
$$1\times 5a-R_A\times 4a=0，得\ R_A=\frac{5}{4}$$
其次使图 7-18b 中的虚设力状态，在图 7-18a 中的实际位移状态上作功，由式(7-9)，得
$$1\times\Delta_B-R_A\times\Delta_A=0$$
将 $R_A=\frac{5}{4}$ 代入上式后
$$\Delta_B=\frac{5}{4}\Delta_A$$
这样就求得了已知位移 Δ_A 和未知位移 Δ_B 两者之间的几何关系，上式所示结果即为几何方程。可见，单位荷载法的特点，是采用静力平衡方法来解几何问题，从而求解位移状态中的未知位移。

2. 变形杆件体系的虚功原理

为便于今后应用，下面推倒平面杆件结构的虚功方程。图 7-19 表示同一结构所受外因不同的两种状态：图 7-19a 表示结构在荷载 P_1、P_2 作用下处于平衡的状态，设称之为状态

Ⅰ（变形后的图形未画出）。此时，结构中的杆件上任一截面的内力为轴力 N、剪力 Q 和弯矩 M。图 7-19b 表示结构受其他因素影响而产生微小虚位移时的变形状态，称之为状态Ⅱ。若以 Δ 表示为沿力 P 方向的虚位移，c 为沿约束反力 R 方向的虚位移（图 7-19b 中仅支座 B 处有水平位移，故图 7-19a 中只画出与其相应的水平约束反力 R，其他约束反力则未画出）。而以 $\mathrm{d}u$、$\gamma \mathrm{d}s$ 和 $\mathrm{d}\theta$ 分别表示任意微段 $\mathrm{d}s$ 上与轴力 N、剪力 Q 和弯矩 M 相应的变形（图中未画出）。现在设想处于状态Ⅰ的结构再发生状态Ⅱ所示的虚位移，则状态Ⅰ的外力和内力由于状态Ⅱ的虚位移都将作功。其中外力虚功为

$$T_{12} = P_1\Delta_1 + P_2\Delta_2 + Rc$$

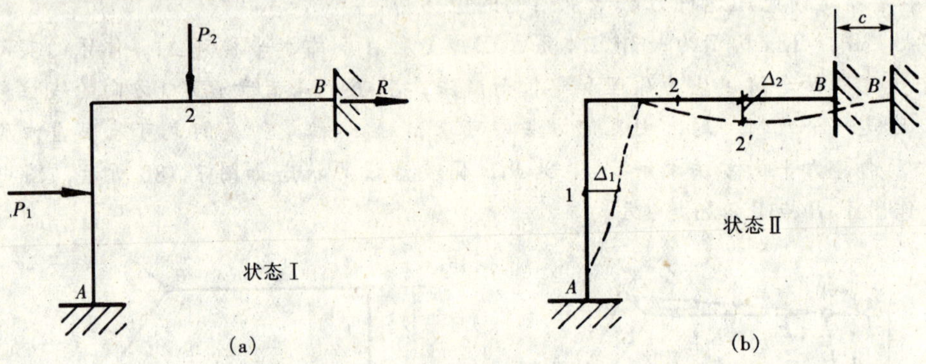

图 7-19　变形体系的虚功原理

(a) 平衡力系（力状态）；(b) 虚位移（位移状态）

一般情况下可写成

$$T_{12} = \Sigma P\Delta + \Sigma Rc \tag{7-10}$$

内力所作的虚功为

$$W_{12} = \Sigma\int M\mathrm{d}\theta + \Sigma\int Q\gamma\mathrm{d}s + \Sigma\int N\mathrm{d}u \tag{7-11}$$

将式（7-10）和式（7-11）代入式（7-8），则得平面杆件结构的虚功方程

$$\Sigma P\Delta + \Sigma Rc = \Sigma\int M\mathrm{d}\theta + \Sigma\int Qr\mathrm{d}s + \Sigma N\mathrm{d}u \tag{7-12}$$

式(7-12)是用来计算结构位移的基本方程。方程中每一项都是广义力与广义位移的乘积，其中力系是平衡力系，位移是满足约束条件的虚位移。因此，当力系是平衡力系时，虚功方程就是虚位移必须满足的几何条件，即以功的形式表示的几何方程，故可用来计算结构位移。

§7-4　静定结构在荷载作用下的位移计算

现在讨论结构在荷载作用下的位移计算。这里我们仅限于研究线弹性结构，即结构的位移与荷载是成正比的，因而计算位移时荷载的影响可以叠加，而且当荷载全部撤除后位移也完全消失。这样的结构，位移应是微小的，应力与应变的关系须符合虎克定律。

设图 7-20a 所示平面杆系结构由于荷载作用后引起了如虚线所示的变形，现在要求任一指定点 C 沿任一指定方向 $K\text{-}K'$ 上的分位移 Δ_{KP}。

我们来讨论如何利用虚功原理来求解这一问题。要应用虚功原理，就需要有两个状态：力状态和位移状态。现在要求的位移是由给定的荷载引起的，故应以此作为结构的位移状

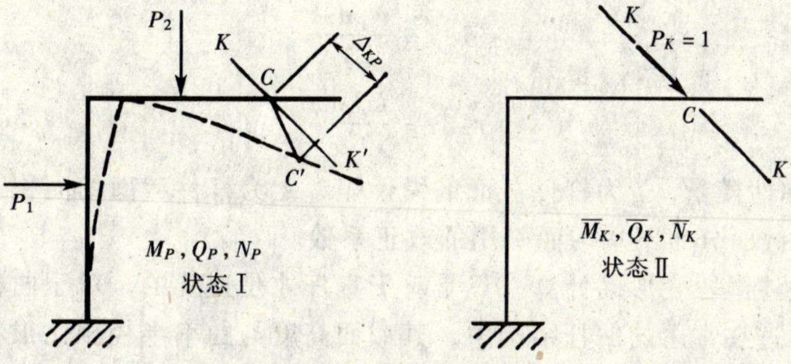

图 7-20　荷载作用下的结构位移

(a) 实际状态；(b) 虚拟状态

态，并称为实际状态。此外，还需要建立一个力状态。由于力状态与位移状态是彼此独立无关的，因此力状态完全可以根据计算的需要来假设。为了使力状态中的外力能在位移状态中的所求位移 Δ_{KP}上作虚功，我们就在 C 点沿 K-K' 方向加一个集中荷载 P_K，其箭头指向，可随意假设，并为了计算方便，令 $P_K=1$，如图 7-20b 所示，以此作为结构的力状态。这个力状态并不是实际原有的，而是虚设的，故称为虚拟状态。

现在来计算虚拟状态的外力和内力在实际状态相应的位移和变形上所作的虚功。外力虚功包括荷载和支座反力所作的虚功。设实际状态中由荷载产生的轴力、弯矩、剪力分别用 N_P、M_P、Q_P 表示，实际状态中任一微段 ds 由内力 N_P、M_P、Q_P 产生的相应位移分别用 du_P、$d\theta_P$、$\gamma_P ds$ 表示；虚拟状态中由虚拟单位力 $P_K=1$ 产生的轴力、弯矩、剪力分别用 $\overline{N}_K$、$\overline{M}_K$、$\overline{Q}_K$ 表示，支座反力为 $\overline{R}$，则由变形体系的虚功方程(7-12)并注意到 $P_K=1$，可得

$$1\cdot\Delta_{KP}+\Sigma\overline{R}c=\Sigma\int\overline{M}_K d\theta_P+\Sigma\int\overline{N}_K du_P+\Sigma\int\overline{Q}_K\gamma_P ds$$

由此可得

$$\Delta_{KP}=\Sigma\int\overline{M}_K d\theta_P+\Sigma\int\overline{N}_K du_P+\Sigma\int\overline{Q}_K\gamma_P ds-\Sigma\overline{R}c \tag{7-13}$$

这便是平面杆系结构位移计算的一般公式。既可以同时考虑荷载、温度改变和支座移动等因素的影响，又可以同时考虑弯矩、轴向和剪切变形的影响；既可以计算绝对位移又可以计算相对位移；既适用于静定的平面结构也适用于超静定的平面结构。若计算结果为正，表示单位荷载所作虚功为正，故所求位移的实际指向与所假设的单位荷载 $P_K=1$ 的指向相同，为负则相反。

由上可以看出，利用虚功原理来求结构的位移，关键就在于虚设恰当的力状态，而方法的巧妙之处在于虚拟状态中只在所求位移地点沿所求位移方向加一个单位荷载，以使单位荷载 $P_K=1$ 所作的虚功在数值上恰好就等于所要求的位移 Δ_{KP}。这种计算位移的方法称为单位荷载法。

对于图 7-20 所示承受荷载作用的情况，此时由于没有支座移动，故式（7-13）中的 $\Sigma\overline{R}c$ 一项为零，因而位移计算公式为

$$\Delta_{KP}=\Sigma\int\overline{M}_K d\theta_P+\Sigma\int\overline{N}_K du_P+\Sigma\int\overline{Q}_K\gamma_P ds \tag{7-14}$$

由材料力学可知

$$d\theta_P=\frac{M_P ds}{EI} \tag{a}$$

$$du_P = \frac{N_P ds}{EA} \tag{b}$$

$$\gamma_P ds = \frac{kQ_P ds}{GA} \tag{c}$$

式中 E 为材料的弹性模量，I 为杆件截面的惯性矩，A 为杆件截面的面积，G 为剪切弹性模量；k 为剪应力沿截面分布不均匀而引用的改正系数。

应该指出，上述微段变形的计算，只是对于直杆才是正确的，对于曲杆则还需考虑曲率对形变的影响，不过在常用的曲杆结构中，其截面高度与曲率半径相比很小，曲率的影响不大，可以略去不计。

将式（a）、式（b）、式（c）代入式（7-14）得

$$\Delta_{KP} = \Sigma\int \frac{\overline{M}_K M_P}{EI} ds + \Sigma\int \frac{\overline{N}_K N_P}{EA} ds + \Sigma\int \frac{k\,\overline{Q}_K Q_P}{GA} ds \tag{7-15}$$

这就是平面杆系结构在荷载作用下的位移计算公式。式（7-15）右边三项分别代表结构的弯曲变形、轴向变形和剪切变形对所求位移的影响。

式（7-15）中的 Δ_{KP} 代表广义位移，与 Δ_{KP} 相应的单位荷载 $P=1$ 代表单位广义力。应用式（7-15）计算结构位移时，需要建立一个虚拟状态，在虚拟状态中，所施加的单位广义力必须与所求的广义位移相对应。

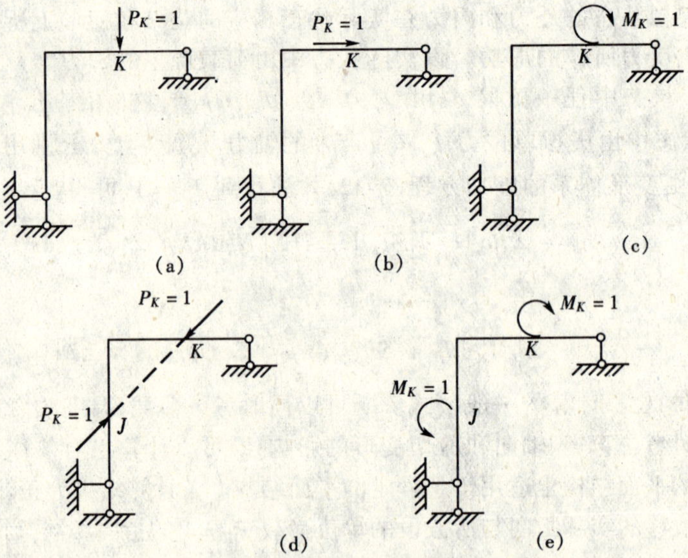

图 7-21 虚拟状态中的广义力

（a）竖向位移；（b）水平位移；（c）角位移；（d）相对线位移；（e）相对角位移

以图 7-21a 所示刚架为例，如欲求 K 点的竖向位移及水平位移分量，则必须在虚拟状态中，分别于 K 点施加一个竖向及水平单位力 $P_K=1$，分别如图 7-21a、b 所示。如欲求 K 截面的角位移，则必须在虚拟状态中，于 K 截面施加一个单位集中力矩（图 7-21c）。如欲求 J、K 两点之间沿 JK 方向的相对线位移，则必须在虚拟状态中，于 J、K 两点且沿该两点连线方向施加一对方向相反的单位集中力（图 7-21d）。如欲求 J、K 两个截面的相对角位移，则必须在虚拟状态中，于 J、K 两个截面上施加一对方向相反的单位集中力矩（图 7-21e）。如欲求其他截面的位移，均可依此类推。

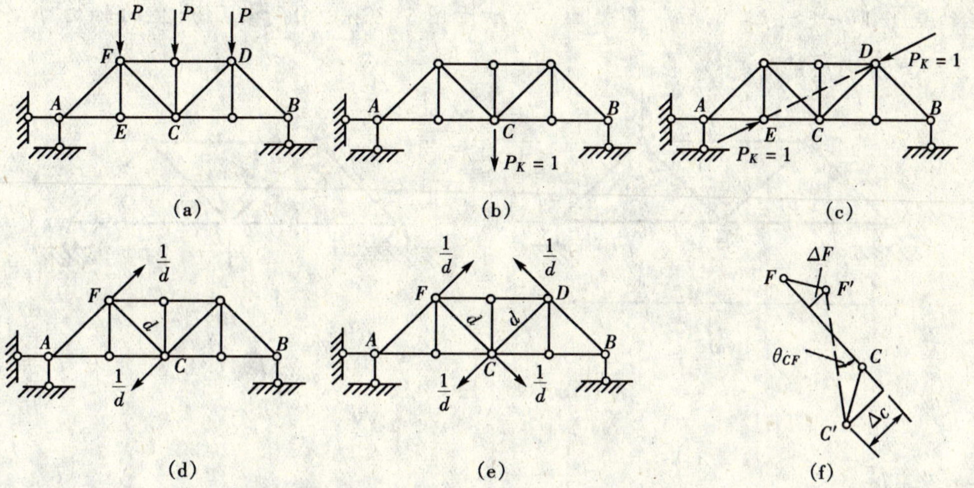

图 7-22　虚拟状态中的广义力

(a) 桁架；(b) 竖向线位移；(c) 相对线位移；(d) 某杆的转角；(e) 相对转角；(f) 杆件 CF 的转角

求桁架结点的线位移时，建立虚拟状态的方法与上述方法相同，以图 7-22a 所示桁架为例，求结点 C 的竖向线位移及结点 D、E 沿 DE 方向的相对线位移时，其相应的虚拟状态分别如图 7-22b、c 所示。当求桁架某杆 CF 的转角时，因桁架杆件只受轴力，故在虚拟状态中，必须用单位力偶来代替单位力矩，即在该杆两端施加一对大小等于杆长的倒数、垂直于杆件且指向相反的集中力，如图 7-22d 所示。因为当杆件 CF 从原始位置位移至 $C'F'$ 后（图 7-22f），F' 点垂直于杆件方向的位移为 Δ_F，C' 点垂直于杆件方向的位移为 Δ_C。于是，在小位移情况下，杆件 CF 的转角 θ_{CF} 为

$$\theta_{CF}=\frac{\Delta_C+\Delta_F}{d}$$

因此，虚拟状态中的荷载所作的虚功为

$$\frac{1}{d}\Delta_F+\frac{1}{d}\Delta_C=\theta_{CF}$$

这表明，按图 7-22d 所示虚拟状态求出的位移就是 CF 杆的角位移。求杆件 CD 和 CF 的相对转角时，其虚拟状态如图 7-22e 所示。

在实际计算中，根据结构的不同类型，对荷载作用下的位移计算公式的一般表达式（7-15），尚可作进一步的简化。现就各类杆件结构的位移计算实用公式分别讨论如下：

一、桁架的位移计算

关于桁架，曾假定各杆为直杆且由理想光滑的铰相联结，荷载作用于结点。因此理想桁架的每一杆件只有轴力作用，没有弯矩和剪力。且同一杆件的轴力 $\overline{N}_K$、N_P 及轴向刚度 EA 沿杆长 l 均为常数，故桁架的位移公式可由式（7-15）改写成

$$\Delta_{KP}=\Sigma\int\frac{\overline{N}_K N_P\mathrm{d}s}{EA}=\Sigma\frac{\overline{N}_K N_P l}{EA}\tag{7-16}$$

例 7-4　试计算图 7-23a 所示桁架结点 C 的竖向位移。设各杆的 EA 都相同。

解　由于桁架及其荷载均为对称，故只需计算一半桁架的内力。

在结点 C 加一竖向单位力，其轴力 $\overline{N}_K$ 示于图 7-23b。由荷载所产生的轴力 N_P 示于图 7-23a 中。由式（7-16）可得

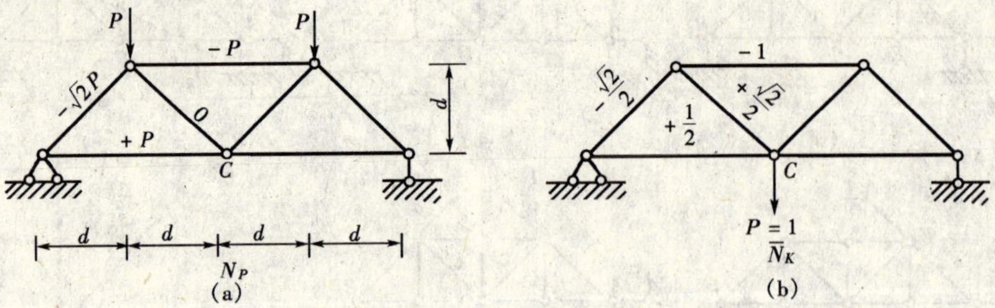

图 7-23　例 7-4 图

(a) 实际状态；(b) 虚拟状态

$$\Delta_{CV} = \frac{1}{EA}\Sigma \overline{N}_K N_P l$$

$$= \frac{1}{EA}\left[2\times(-\sqrt{2}P)\times\left(-\frac{\sqrt{2}}{2}\right)\times\sqrt{2}d + 2\times P\times\frac{1}{2}\times 2d + (-P)\times(-1)\times 2d\right]$$

$$= \frac{2Pd}{EA}(2+\sqrt{2}) = 6.83\frac{Pd}{EA}\downarrow$$

计算结果为正值，表示结点 C 的位移与虚拟力的方向相同，即向下。

二、梁及刚架的位移计算

关于梁和刚架的位移计算，我们拟通过例题来进行计算分析。

例 7-5　试求图 7-24a 所示悬臂梁端点 A 的竖向线位移 Δ_{AV}。梁的右半跨作用有均布荷载 q，变形曲线如图中虚线所示，EI 为常数。

解　(1) 首先列出实际状态和虚设状态的内力方程

实际状态和虚设状态分别如图 7-24a、b 所示，设坐标原点在悬臂端 A，以向右为正。目前实际状态的内力方程需分段列出，内力的正负号规则参见第三章。

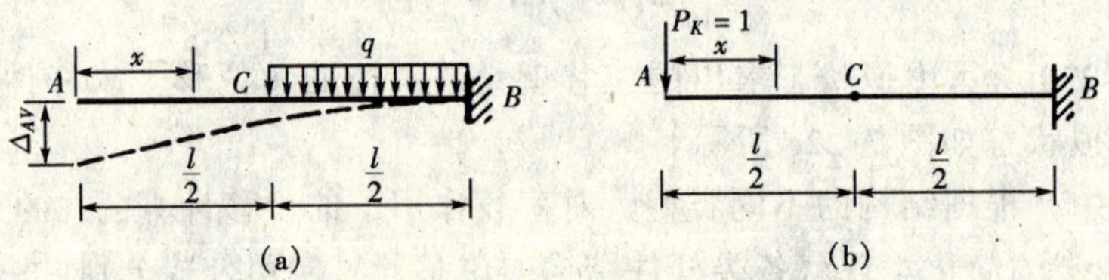

图 7-24　求悬臂梁端点的竖向线位移

(a) 实际状态；(b) 虚设状态

实际状态

AC 段 $\left(0\leqslant x\leqslant\frac{l}{2}\right)$	CB 段 $\left(\frac{l}{2}\leqslant x\leqslant l\right)$
$N_P = 0$	$N_P = 0$
$M_P = 0$	$M_P = -\frac{q}{2}\left(x-\frac{l}{2}\right)^2$
$Q_P = 0$	$Q_P = -q\left(x-\frac{l}{2}\right)$

虚设状态

AC 段$\left(0\leqslant x\leqslant\dfrac{l}{2}\right)$　　CB 段$\left(\dfrac{l}{2}\leqslant x\leqslant l\right)$

$\overline{N}_K=0$　　$\overline{N}_K=0$

$\overline{M}_K=-x$　　$\overline{M}_K=-x$

$\overline{Q}_K=-1$　　$\overline{Q}_K=-1$

(2) 其次将两个状态的内力方程代入式 (7-15)，进行分段积分求 Δ_{AV}

AC 段$\left(0\leqslant x\leqslant\dfrac{l}{2}\right)$：

由于实际状态下 AC 段的内力 N_P、M_P、Q_P 均等于零，故相应的积分值也应等于零。

CB 段$\left(\dfrac{l}{2}\leqslant x\leqslant l\right)$：

两个状态中的轴力项均等于零，故由式 (7-15) 得

$$\Delta_{AV}=\int_{\frac{l}{2}}^{l}\frac{\overline{M}_K M_P\,\mathrm{d}x}{EI}+\int_{\frac{l}{2}}^{l}\frac{k\overline{Q}_K Q_P\,\mathrm{d}x}{GA}$$

由于本例分析的结构为单根杆件的梁，故这里省略总和号 Σ，对于直杆可取 $\mathrm{d}s=\mathrm{d}x$。下面进行分项计算：

由于弯曲变形引起的位移 Δ_M

$$\Delta_M=\int_{\frac{l}{2}}^{l}\frac{\overline{M}_K M_P\,\mathrm{d}x}{EI}=\int_{\frac{l}{2}}^{l}-x\left[-\frac{q}{2}\left(x-\frac{l}{2}\right)^2\right]\frac{\mathrm{d}x}{EI}$$

$$=\frac{q}{2EI}\int_{\frac{l}{2}}^{l}\left(x^3-lx^2+\frac{l^2}{4}x\right)\mathrm{d}x=\frac{q}{2EI}\cdot\frac{7l^4}{192}=\frac{7ql^4}{384EI}(\downarrow)$$

由于剪切变形引起的位移 $\Delta_Q\left(\text{设为矩形截面}, k=\dfrac{6}{5}\right)$

$$\Delta_Q=\int_{\frac{l}{2}}^{l}\frac{k\overline{Q}_K Q_P\,\mathrm{d}x}{GA}=\int_{\frac{l}{2}}^{l}\frac{6}{5}(-1)\left[-q\left(x-\frac{l}{2}\right)\right]\frac{\mathrm{d}x}{GA}=\frac{6q}{5GA}\int_{\frac{l}{2}}^{l}\left(x-\frac{l}{2}\right)\mathrm{d}x=\frac{3ql^2}{20GA}\downarrow$$

总位移

$$\Delta_{AV}=\Delta_M+\Delta_Q=\frac{7ql^4}{384EI}+\frac{3ql^2}{20GA}\ (\downarrow)$$

(3) 讨论

现在计算剪切变形和弯曲变形对位移影响的比值

$$\frac{\Delta_Q}{\Delta_M}=\frac{\dfrac{3ql^2}{20GA}}{\dfrac{7ql^4}{384EI}}=8.23\frac{EI}{GAl^2}$$

设材料的泊松比 $\mu=\dfrac{1}{3}$，则由材料力学公式$\dfrac{E}{G}=2\ (1+\mu)\ =\dfrac{8}{3}$。设矩形截面的宽度为 b、高度为 h，则有 $A=bh$，$I=\dfrac{bh^3}{12}$，代入上式后得

$$\frac{\Delta_Q}{\Delta_M}=8.23\frac{EI}{GAl^2}=8.23\times\frac{8}{3}\times\frac{1}{12}\left(\frac{h}{l}\right)^2=1.83\left(\frac{h}{l}\right)^2$$

由此可见，剪切变形引起的位移与弯曲变形引起的位移比值，将随 $\dfrac{h}{l}$ 的平方而变化；当

梁愈细长时，这个比值就愈小，也就是说剪力对位移影响的比重也愈小。例如当$\frac{h}{l}=\frac{1}{10}$时，上例中$\frac{\Delta_Q}{\Delta_M}=1.83\%$；当$\frac{h}{l}=\frac{1}{5}$时，则$\frac{\Delta_Q}{\Delta_M}=7.32\%$。一般来说，当$\frac{h}{l}<\frac{1}{5}$时，可以忽略剪切变形对位移的影响；若超出此范围，应按深梁来考虑，此时杆系结构的位移计算公式（7-15）就不再适用。

例 7-6 试求图 7-25a 所示刚架端点 A 的竖向线位移 Δ_{AV}。设各杆的弯曲刚度为 EI，截面面积为 A。

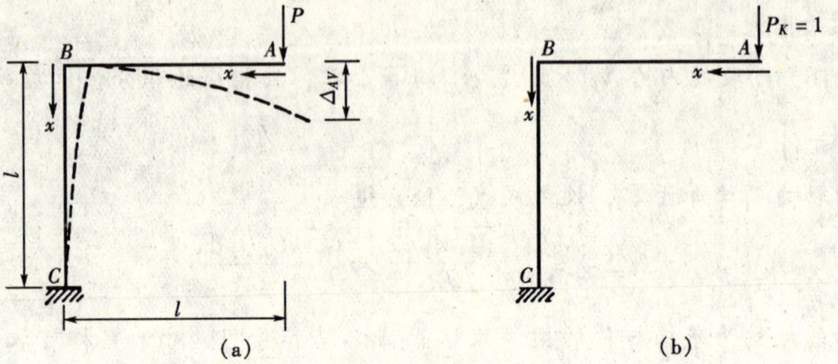

图 7-25 求刚架端点的竖向线位移

(a) 实际状态；(b) 虚设状态

解 (1) 首先列出实际状态和虚设状态的内力方程

在 A 点加一竖向单位荷载 $P_K=1$ 以形成虚设状态（图 7-25b），并在两个状态中采用流动坐标分别列出各杆内力方程。例如列 AB 杆内力方程时，坐标原点可设在 A 点，而列 BC 杆内力方程时，坐标原点又可设在 B 点。关于刚架内力的正负号规则，剪力和轴力的规定与梁相同；弯矩假定刚架的内侧受拉时为正，反之则为负。只需两个状态的弯矩正负号假定一致，即不影响位移计算的最终结果。

两个状态的内力方程如下

实际状态

AB 段 $M_P=-Px$，$N_P=0$，$Q_P=P$

BC 段 $M_P=-Pl$，$N_P=-P$，$Q_P=0$

虚设状态

AB 段 $\overline{M}_K=-x$，$\overline{N}_K=0$，$\overline{Q}_K=1$

BC 段 $\overline{M}_K=-l$，$\overline{N}_K=-1$，$\overline{Q}_K=0$

(2) 其次将 AB、BC 段的内力方程代入位移公式（7-15）并分别对各项积分由于弯曲变形引起的位移 Δ_M

$$\Delta_M=\Sigma\int\frac{\overline{M}_K M_P\mathrm{d}x}{EI}=\int_0^l(-x)(-Px)\frac{\mathrm{d}x}{EI}+\int_0^l(-l)(-Pl)\frac{\mathrm{d}x}{EI}=\frac{Pl^3}{3EI}+\frac{Pl^3}{EI}=\frac{4Pl^3}{3EI}$$

由于轴向变形引起的位移 Δ_N

$$\Delta_N=\Sigma\int\frac{\overline{N}_K N_P\mathrm{d}x}{EA}=0+\int_0^l(-1)(-P)\frac{\mathrm{d}x}{EA}=\frac{Pl}{EA}$$

由于剪切变形引起的位移 Δ_Q

$$\Delta_Q=\Sigma\int\frac{k\overline{Q}_K Q_P\mathrm{d}x}{EA}=\int_0^l k(1)(P)\frac{\mathrm{d}x}{GA}+0=\frac{kPl}{GA}$$

总位移　$\Delta_{AV}=\Delta_M+\Delta_N+\Delta_Q=\dfrac{4Pl^3}{3EI}\left[1+\dfrac{3}{4}\dfrac{I}{Al^2}+\dfrac{3}{4}\dfrac{kEI}{GAl^2}\right]$

(3) 讨论

刚架各杆有相同的矩形截面 $b\times h$，则有

$$\frac{I}{A}=\frac{h^2}{12},\ k=\frac{6}{5}$$

又设材料的泊松比为

$$\mu=\frac{1}{3}$$

则由公式

$$\frac{E}{G}=2\ (1+\mu)\ =\frac{8}{3}$$

代入总位移式子得

$$\Delta_{AV}=\frac{4Pl^3}{3EI}\left[1+\frac{1}{16}\left(\frac{h}{l}\right)^3+\frac{1}{5}\left(\frac{h}{l}\right)^2\right]$$

若设 $\dfrac{h}{l}=\dfrac{1}{10}$，则上式为

$$\Delta_{AV}=\frac{4Pl^3}{3EI}\left[1+\frac{1}{1600}+\frac{1}{500}\right]$$

式中方括号内的第一项，为弯矩对位移影响的比重，第二、三项分别为轴力和剪力的相对比重，即

$$\frac{\Delta_N}{\Delta_M}=\frac{1}{1600}=0.0625\%,\ \frac{\Delta_Q}{\Delta_M}=\frac{1}{500}=0.2\%。$$

通过上面的分析、计算可知，梁和刚架在一般荷载作用下，轴向变形对位移的影响是非常小的，通常可忽略不计。当杆件的截面高度 h 与杆长 l 之比 h/l 较小时，无论是梁还是刚架，由于剪切变形对位移的影响非常的小，通常也可忽略不计。

通过对梁及刚架的位移计算可知，弯曲变形对位移的影响是主要的，因此梁及刚架常被称作受弯结构。它们的位移计算公式，一般忽略轴向变形和剪切变形，仅考虑弯曲变形一项，即

$$\Delta_{KP}=\Sigma\int\frac{\overline{M}_K M_P\mathrm{d}s}{EI}\tag{7-17}$$

三、拱式结构的计算

现举例说明曲梁和拱式结构的位移计算。

例 7-7　图 7-26a 所示为一等截面圆弧形曲梁 AB，截面为矩形，圆弧 AB 的圆心角为 α，半径为 R。设沿水平线作用均布竖向荷载 q，求 B 点的竖向位移，并比较剪切变形和轴向变形对位移的影响。

解　(1) 在 B 点加单位竖向荷载 $P=1$，得虚拟状态如图 7-26b 所示。

(2) 分别求在实际荷载和虚设单位荷载作用下的内力。取 B 点为坐标原点，任一点 C 的坐标为 x、y，圆心角为 θ 任意截面 x 的内力为：

实际荷载

$M_P=-\dfrac{1}{2}qx^2$

$N_P=-qx\sin\theta$

$Q_P=qx\cos\theta$

虚设荷载

$\overline{M}=-x$

$\overline{N}=-\sin\theta$

$\overline{Q}=\cos\theta$

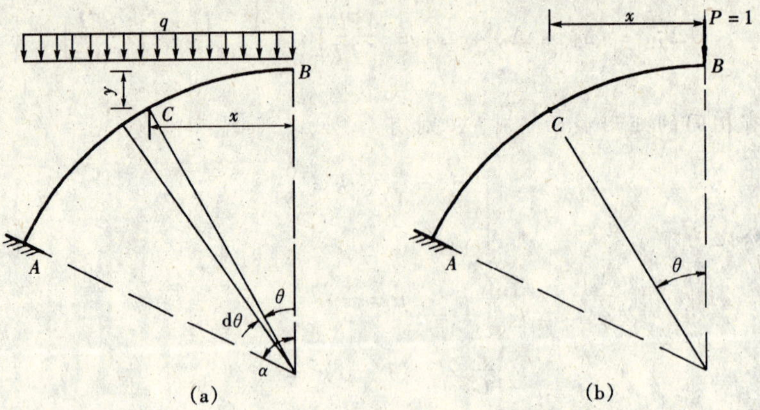

图 7-26　求圆弧形曲杆的位移

(a) 结构及荷载；(b) 单位荷载

(3) 计算 Δ。位移公式为（忽略了曲率的影响）（有关“曲率对曲杆位移的影响”详见龙驭球，包世华编.《结构力学》一书中 § 10-3 的内容）

$$\Delta = \Sigma\int \frac{\overline{M}M_P}{EI}\mathrm{d}s + \Sigma\int \frac{\overline{N}N_P}{EA}\mathrm{d}s + \Sigma\int \frac{k\overline{Q}Q_P}{GA}\mathrm{d}s$$

为比较，分别计算 M、N、Q 引起的位移，并用 Δ_M、Δ_N、Δ_Q 表示：

$$\Delta_M = \int_B^A \frac{\overline{M}M_P}{EI}\mathrm{d}s = \frac{q}{2EI}\int_B^A x^3\mathrm{d}s$$

$$\Delta_N = \int_B^A \frac{\overline{N}N_P}{EA}\mathrm{d}s = \frac{q}{EA}\int_B^A x\sin^2\theta\mathrm{d}s$$

$$\Delta_Q = \int_B^A k\frac{\overline{Q}Q_P}{GA}\mathrm{d}s = \frac{kq}{GA}\int_B^A x\cos^2\theta\mathrm{d}s$$

为统一变量，取 θ 为变量，则

$$x = R\sin\theta,\ y = R\ (1-\cos\theta),\ \mathrm{d}s = R\mathrm{d}\theta$$

代入上式，可得

$$\Delta_M = \frac{qR^4}{2EI}\int_0^\alpha \sin^3\theta\mathrm{d}\theta$$

$$\Delta_N = \frac{qR^2}{EA}\int_0^\alpha \sin^3\theta\mathrm{d}\theta$$

$$\Delta_Q = \frac{kqR^2}{GA}\int_0^\alpha \cos^2\theta\sin\theta\mathrm{d}\theta$$

由于

$$\int_0^\alpha \sin^3\theta\mathrm{d}\theta = \int_0^\alpha (1-\cos^2\theta)\sin\theta\mathrm{d}\theta = \frac{2}{3} - \cos\alpha + \frac{1}{3}\cos^3\alpha$$

$$\int_0^\alpha \cos^2\theta\sin\theta\mathrm{d}\theta = \frac{1}{3}(1-\cos^3\alpha)$$

所以

$$\Delta_M = \frac{qR^4}{2EI}\left(\frac{2}{3} - \cos\alpha + \frac{1}{3}\cos^3\alpha\right)$$

$$\Delta_N = \frac{qR^2}{EA}\left(\frac{2}{3} - \cos\alpha + \frac{1}{3}\cos^3\alpha\right)$$

$$\Delta_Q = \frac{kqR^2}{GA} \cdot \frac{1}{3}\ (1 - \cos^3\alpha)$$

如果 $\alpha = 90°$，则

$$\Delta_M = \frac{qR^4}{3EI}$$

$$\Delta_N = \frac{2qR^2}{3EA}$$

$$\Delta_Q = \frac{kqR^2}{3GA}$$

(4) 比较各项内力因素对位移的影响

为了进行比较，求出 $\frac{\Delta_N}{\Delta_M}$ 和 $\frac{\Delta_Q}{\Delta_M}$ 这两个比值。

若 $\alpha = 90°$，$\frac{h}{R} = \frac{1}{10}$，$\frac{E}{G} = \frac{8}{3}$，矩形截面为，$\frac{I}{A} = \frac{h^2}{12}$（$h$ 为截面高度），$k = 1.2$，则

$$\frac{\Delta_N}{\Delta_M} = \frac{2I}{R^2 A} = \frac{1}{6}\left(\frac{h}{R}\right)^2 = \frac{1}{600}$$

$$\frac{\Delta_Q}{\Delta_M} = \frac{kEI}{R^2 GA} = \frac{kE}{12G}\left(\frac{h}{R}\right)^2 = \frac{1}{375}$$

以上计算结果表明，轴力和剪力对圆弧形曲梁的位移影响是甚小的，可以忽略不计。在实际工程中，由于截面高度 h 远小于 R，因而位移计算只需考虑弯矩一项的影响。对一般的拱形结构，通常只考虑弯曲变形的影响就足够精确。仅当拱轴线与压力线比较接近或计算扁平拱（如 $f < l/5$）中的水平位移时，才需同时考虑弯曲变形和轴向变形的影响。

$$\Delta_{KP} = \Sigma\int \frac{\overline{M}_K M_P}{EI}\mathrm{d}s + \Sigma\int \frac{\overline{N}_K N_P}{EA}\mathrm{d}s \tag{7-18}$$

四、组合结构

对于组合结构中同时受弯并有轴力作用的杆件，可以只考虑弯曲变形的影响，而对于只受轴力的杆件，则应考虑其轴向变形的作用，这样式（7-15）即简化为

$$\Delta_{KP} = \Sigma\int \frac{\overline{M}_K M_P \mathrm{d}s}{EI} + \Sigma \frac{\overline{N}_K N_P l}{EA} \tag{7-19}$$

必须注意：上式等号右方第一项是对受弯杆件而言，第二项是对仅受轴力的杆件而言。

§7-5　图　乘　法

在上一节讨论梁和刚架在载荷作用下的位移计算时，要计算以下的积分

$$\int \frac{\overline{M}_K M_P}{EI}\mathrm{d}s = \int \frac{\overline{M}_K(x) M_P(x)}{EI}\mathrm{d}x$$

当杆件的数目较多，荷载较复杂的情况下，上述积分的计算工作是比较麻烦的。但是，在一定条件下，上述积分就可用下述的图形相乘法来代替积分运算，从而可以简化计算。

实际工程中，梁和刚架的杆件多是直杆而且为等截面，即对于杆长而言截面抗弯刚度 EI 为一常数，故 EI 可提到积分号外面，上式可写成

$$\int \frac{\overline{M}_K(x)M_P(x)}{EI}\mathrm{d}x = \frac{1}{EI}\int_A^B \overline{M}_K(x)M_P(x)\mathrm{d}x \tag{a}$$

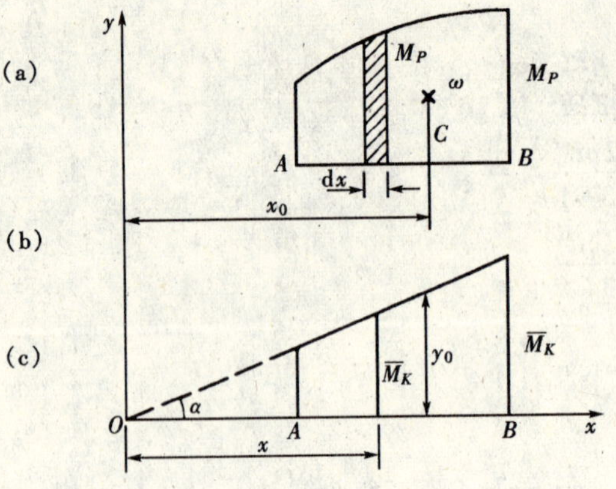

图 7-27　图乘法

而在计算梁和刚架的位移时，通常情况下，由单位荷载 $P=1$ 引起的弯矩 $\overline{M}_K$（x）表达式为变量 x 的一次函数，亦即 $\overline{M}_K$（x）图形多是由直线段所组成。我们考察这种情况下式（a）的积分。图 7-27 表示 AB 段杆的两个弯矩图，有荷载引起的弯矩图 M_P（x）为任意曲线，以 $\overline{M}_K$（x）图的直线延长线与基线（x 轴）的交点为原点，向上的方向为 y 轴建立坐标系如图所示。$\overline{M}_K$（x）倾角为 α，则 $\overline{M}_K$（x）图坐标为 x 的任一点的纵坐标为

$$\overline{M}_K(x) = x\mathrm{tg}\alpha \tag{b}$$

代入积分式（a），$\mathrm{tg}\alpha$ 是常数，可提到积分号外，因此得

$$\frac{1}{EI}\int_A^B \overline{M}_K(x)M_P(x)\mathrm{d}x = \frac{1}{EI}\int_A^B x\mathrm{tg}\alpha M_P(x)\mathrm{d}x = \frac{\mathrm{tg}\alpha}{EI}\int_A^B xM_P(x)\mathrm{d}x = \frac{\mathrm{tg}\alpha}{EI}\int_A^B x\mathrm{d}\omega \tag{c}$$

式中 $\mathrm{d}\omega = M_P$（x）$\mathrm{d}x$ 表示 M_P（x）图中的微面积，$x\mathrm{d}\omega$ 是这个微分面积对 y 轴的面积矩；积分式 $\int_A^B x\mathrm{d}\omega$ 则表示 AB 杆上所有微分面积对 y 轴面积矩的和。由面积矩定理，它等于 M_P（x）图形的整个面积 ω 对 y 轴的面积矩。以 x_0 表示 M_P（x）图的形心 C 到 y 轴的距离，则

$$\int_A^B x\mathrm{d}\omega = \omega x_0 \tag{d}$$

将式（d）代入（c）即得

$$\frac{1}{EI}\int_A^B \overline{M}_K(x)M_P(x)\mathrm{d}x = \frac{\omega x_0 \mathrm{tg}\alpha}{EI}$$

而 $x_0\mathrm{tg}\alpha = y_0$，为 $\overline{M}_K$（x）图中与 $\overline{M}_P$（x）图的形心相对应的竖标，于是式（a）可写成

$$\int \frac{\overline{M}_K(x)M_P(x)}{EI}\mathrm{d}x = \frac{\omega y_0}{EI}$$

由此可知，计算由弯矩引起的位移时，可用荷载弯矩图 M_P（x）的面积 ω 乘以其形心下相对应的单位弯矩图 $\overline{M}_K$（x）中的竖标 y_0，再除以杆的弯曲刚度 EI 即得。其正负号规定如下：若两个弯矩图在基线的同一侧时，乘积 ωy_0 为正，否则为负。

上述求位移的方法，就称为图形相乘法，简称为图乘法。用图乘法计算位移时，必须遵循两个条件：（1）杆件应是等截面直杆，EI 为常数。（2）两个弯矩图中至少有一个是直线形，而 y_0 则必须取自直线图形。

如果结构上所有的杆段均满足图乘法的条件，则位移计算公式（7-17）可改写为

$$\Delta_{KP} = \Sigma\int \frac{\overline{M}_K M_P}{EI}\mathrm{d}s = \Sigma\frac{\omega y_0}{EI} \tag{7-20}$$

在应用图乘法时，需要知道某一图形的面积 ω 以及与该图形面积的形心位置相对应的另一图形的竖标 y_0。对于简单的图形，确定 ω 和 y_0 是不困难的，在图形比较复杂的情况下，往往不易直接确定，这时采用分段、叠加的方法较简便。即将图形分成几个易于确定面积或形心位置的部分，分别用图乘法计算，其代数和即为两图相乘的值。

应用图乘法时，如果一个图形是曲线，一个图形是直线，则纵坐标 y_0 应在直线图形中量取。如果两个图形都是直线，则纵坐标 y_0 可以取自其中任一图形。

图 7-28 给出了位移计算中几种常见图形的面积和形心的位置。在应用图示抛物线图形的公式时，必须注意在顶点处的切线应与基线平行，即在顶点处 $Q=0$。

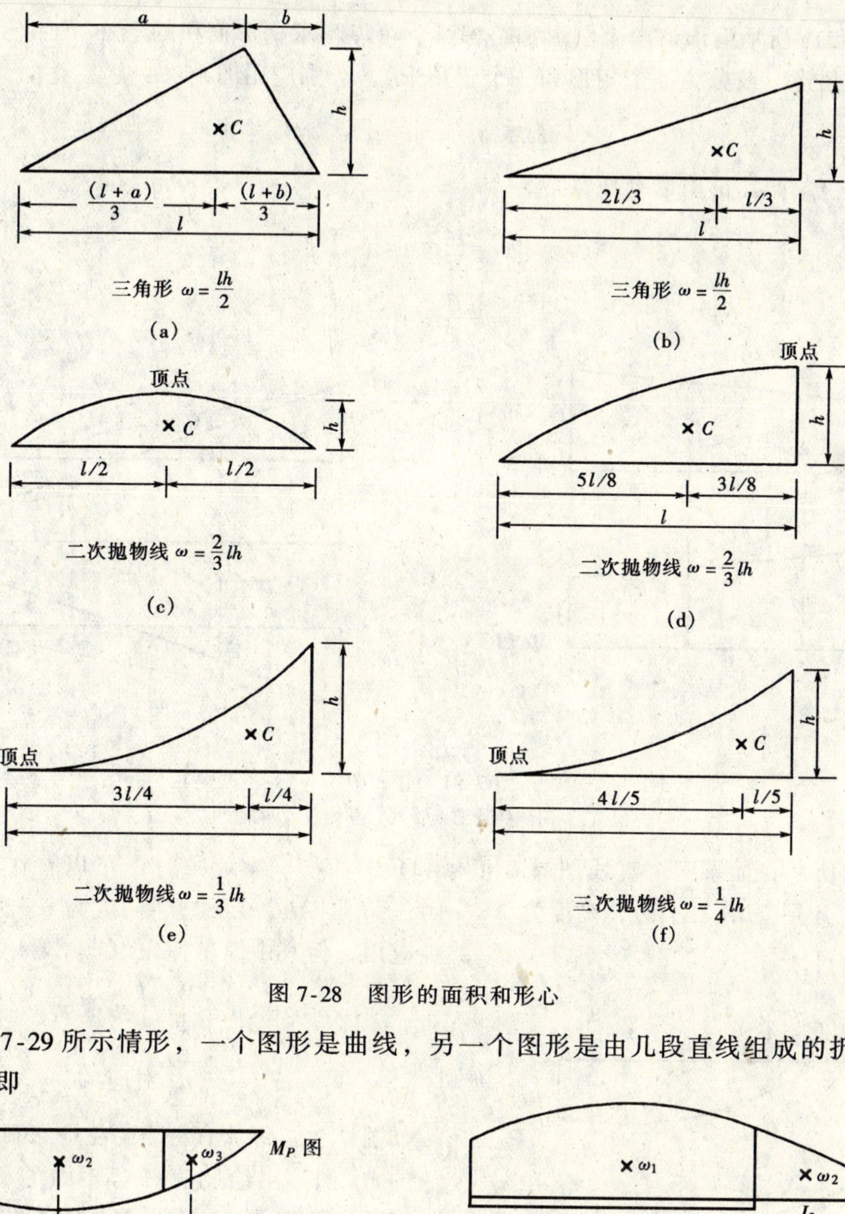

(a) 三角形 $\omega=\frac{lh}{2}$　(b) 三角形 $\omega=\frac{lh}{2}$

(c) 二次抛物线 $\omega=\frac{2}{3}lh$　(d) 二次抛物线 $\omega=\frac{2}{3}lh$

(e) 二次抛物线 $\omega=\frac{1}{3}lh$　(f) 三次抛物线 $\omega=\frac{1}{4}lh$

图 7-28　图形的面积和形心

对于图 7-29 所示情形，一个图形是曲线，另一个图形是由几段直线组成的折线，则应分段计算，即

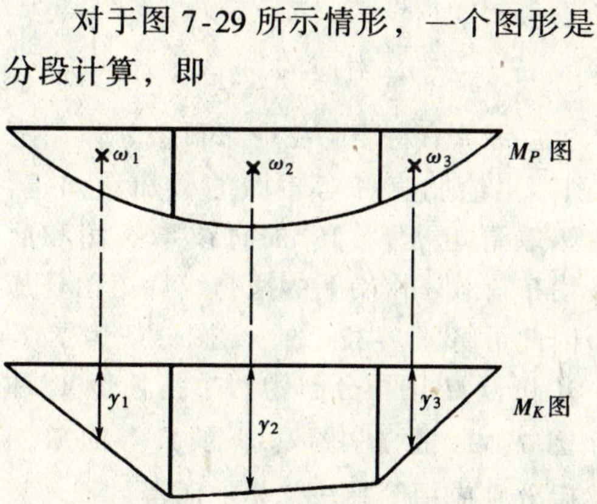

图 7-29　折线分段图乘

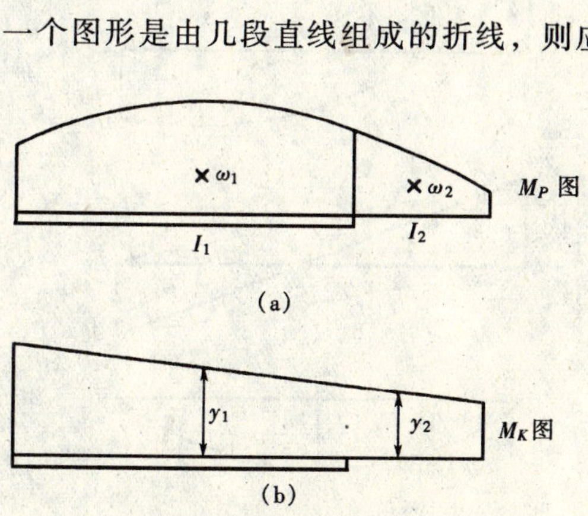

图 7-30　变截面分段图乘

$$\int \overline{M}_K M_P \mathrm{d}s = \omega_1 y_1 + \omega_2 y_2 + \omega_3 y_3$$

如图 7-30 所示情形，杆件各段有不同的 EI，则应在 EI 变化处分段，分段进行图乘，即

$$\Sigma \int \frac{\overline{M}_K M_P}{EI} \mathrm{d}s = \frac{\omega_1 y_1}{EI_1} + \frac{\omega_2 y_2}{EI_2}$$

如图 7-31a 所示情形，两个图形都是梯形，可以不求梯形面积的形心，而把一个梯形分解为两个三角形（或分为一个矩形和一个三角形），分别应用图乘法，然后叠加，即

$$\int \overline{M}_K M_P \mathrm{d}s = \omega_1 y_1 + \omega_2 y_2 \tag{e}$$

其中纵坐标 y_1 和 y_2 可用下时计算

$$\left.\begin{aligned} y_1 &= \frac{2}{3}c + \frac{1}{3}d \\ y_2 &= \frac{1}{3}c + \frac{2}{3}d \end{aligned}\right\}$$

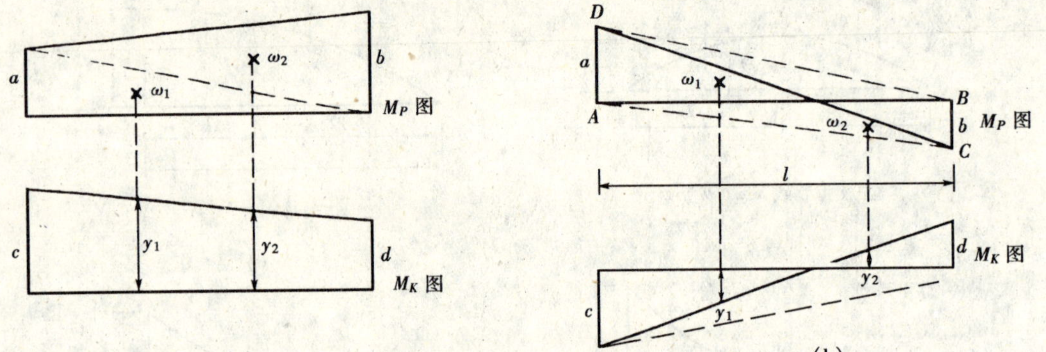

图 7-31　叠加图乘

(a) 同侧叠加图乘；(b) 异侧叠加图乘

如图 7-31b 所示，如果两个直线图具有正号和负号部分，M_P（x）图可以看作是两个三角形：一个三角形 ADB 在上边，高度为 a；一个三角形 ABC 在下边，高度为 b。式（e）仍可应用，但其中纵坐标 y_1 和 y_2 要用下式计算：

$$\left.\begin{aligned} y_1 &= -\frac{2}{3}c + \frac{1}{3}d\left(\text{对应的 } \omega_1 = \frac{al}{2}\right) \\ y_2 &= \frac{1}{3}c - \frac{2}{3}d\left(\text{对应的 } \omega_2 = \frac{bl}{2}\right) \end{aligned}\right\}$$

如图 7-32a 所示直杆 AB 在均布荷载 q 作用下的 M_P 图，由绘制直杆弯矩图的叠加法知道，它是由两端弯矩 M_A、M_B 的直线弯矩图和简支梁在均布荷载 q 作用下的抛物线弯矩图叠加而成。因此可将图 7-32a 的 M_P 图分解为图 7-32b 的 M' 图（M' 图再分解为两个三角形 A_1 和 A_2）和图 7-32c 的 M^0 图（即 A_3）等简单图形，然后分别应用图乘法，相加而得。

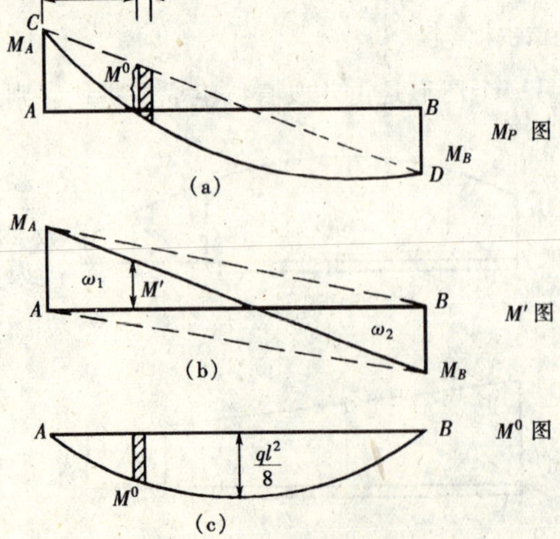

图 7-32　M_P 图叠加图乘

注意：弯矩图的叠加，是纵坐标的叠加。

因此，在同一横坐标 x 处，在图 7-32a 中以 CD 连线为基线叠加 M^0 图的纵坐标与图 7-32c 中以水平线为基线做出的 M^0 图的纵坐标是相等的，因此图 7-32a 和图 7-32c 中微段 dx 的微小面积（图中带阴影的面积）彼此相同，因而两图的面积及形心的横坐标也是相同的。

例 7-8 图 7-33a 所示变截面杆 AB 段的弯曲刚度为 $4EI$，BC 段的弯曲刚度为 EI，试求 C 点的竖向位移 Δ_{CV}。

解 (1) 作实际状态的 M_P 图，如图 7-33b 所示。

(2) 建立虚拟状态，并作 $\overline{M}_K$ 图，如图 7-33c 所示。

(3) 进行图形相乘，求 C 点竖向位移 Δ_{CV}。

因为 AB、BC 段的 EI 不相同，故 AB、BC 段应分别进行图乘。图乘时，可将 AB 段的 M_P 图分解成一个梯形和一个二次标准抛物线。BC 段 M_P 图在 C 点的切线与基线不平行（因 C 点有集中力），故 BC 段的 M_P 图不是标准的二次抛物线，它的面积和形心位置不能用图（7-28）中的数据确定，为了便于图乘，可将此段的 M_P 图分解成一个三角形和一个二次标准抛物线。

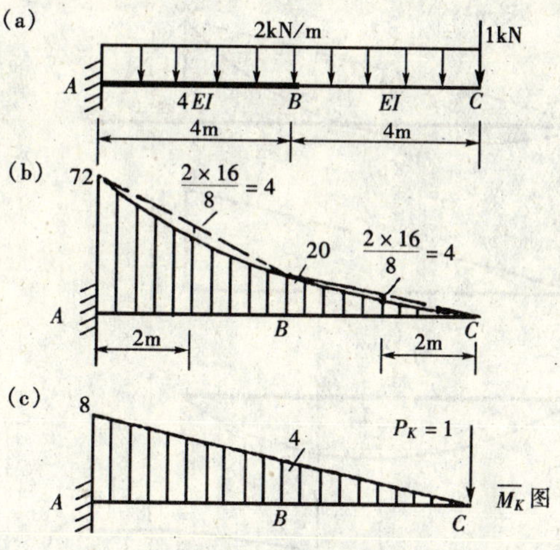

图 7-33 求悬臂梁端点位移

(a) 悬臂梁及荷载；(b) M_P 图（kN·m）；(c) $\overline{M}_K$ 图（m）

将分解后的 M_P 图分别与 $\overline{M}_K$ 图进行图乘后再相加，其结果为

$$\Delta_{CV}=\Sigma\frac{\omega y_C}{EI}=\frac{1}{EI}\left[\left(\frac{1}{2}\times4\times20\right)\left(\frac{2}{3}\times4\right)-\left(\frac{2}{3}\times4\times4\right)\left(\frac{1}{2}\times4\right)\right]$$
$$+\frac{1}{4EI}\left[\frac{4}{6}\ (2\times72\times8+2\times20\times4+72\times4+20\times8)\right.$$
$$\left.-\left(\frac{2}{3}\times4\times4\right)\left(\frac{8+4}{2}\right)\right]=\frac{1088}{3EI}\ (\downarrow)$$

所得结果为正，表示 Δ_{CV} 的实际方向向下。

例 7-9 试求图 7-34a 所示伸臂梁端点 C 的角位移 θ_C。设梁为 14 号工字钢，$EI=1424Kn.m^2$。

解 分别作 M_P 图和 $\overline{M}_K$ 图（图 7-34b、e）。因 $\overline{M}_K$ 图由两个直线段组成，故应分为 AB 和 BC 段分别图乘。又 M_P 图在 AB 段为曲线图形，将此分解为一个负号三角形和一个正号二次标准抛物线（图 7-34c、d）。分解后的 M_P 图面积及其形心所对应于 $\overline{M}_K$ 图中的纵标如下

$$\omega_1=\frac{1}{2}\times60\times2=60\text{kN}\cdot\text{m}^2,\ y_1=1\ (\text{与 }\omega_1\text{ 同侧})$$

$$\omega_2=\frac{1}{2}\times60\times8=240\text{kN}\cdot\text{m}^2,\ y_2=\frac{2}{3}\ (\text{与 }\omega_2\text{ 同侧})$$

$$\omega_3=\frac{2}{3}\times40\times8=213.33\text{kN}\cdot\text{m}^2,\ y_3=\frac{1}{2}\ (\text{与 }\omega_3\text{ 异侧})$$

由图乘公式得

$$\theta_C=\Sigma\frac{\omega y_C}{EI}=\frac{1}{EI}\ (\omega_1y_1+\omega_2y_2-\omega_3y_3)\ =\frac{1}{1424}\left(60\times1+240\times\frac{2}{3}-213.33\times\frac{1}{2}\right)$$

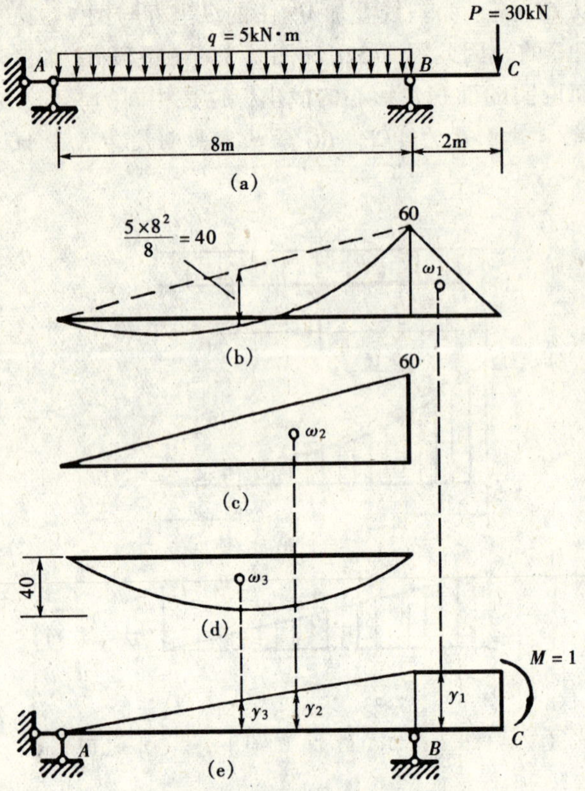

图 7-34 求伸臂梁端点角位移
(a)伸臂梁及荷载;(b)M_P 图(kN·m);
(c)、(d)曲线图形的分解;(e)$\overline{M}_K$ 图

=0.0796(弧度)(↓)

结果为正值，表明实际角位移的方向与假设单位力偶的方向一致，即沿顺时针方向转动。

例 7-10 试求图 7-35a 所示阶形柱端点 A 的水平线位移 Δ_{AH} 和角位移 θ_A。

解 首先作 M_P 图（图 7-35b）及相应的 $\overline{M}_K$ 图（图 7-35c、d）。M_P 图虽为二次标准抛物线，但是由于整个柱子的弯曲刚度 EI 不相等，这样就不能在整个图形范围内进行图乘，必须按 EI 相同的柱段分别图乘后再行叠加。

(1) 求 Δ_{AH}

将 M_P 图分解为 AB 柱段和 BC 柱段。AB 柱段的 M_P 图，仍为二次标准抛物线，顶点在 A，面积为 ω_1；BC 柱段的 M_P 图，可分解为一个正的梯形面积 ω_2 和一个负的二次标准抛物线面积 ω_3。前已论述，图乘时以斜直线为基线的抛物线和以平直线为基线的抛物线是等效的。

下面分别对分解后的图形进行图乘

$$\frac{\omega_1 y_1}{EI}=\frac{1}{EI}\left(\frac{1}{3}\times11.25\times3\right)\times\left(\frac{3}{4}\times3\right)=\frac{25.31}{EI}$$

$$\frac{\omega_2 y_2}{3EI}=\frac{6}{3EI\times6}\ (2\times11.25\times3+2\times101.25\times9+11.25\times9+101.25\times3)\ =\frac{2295}{3EI}$$

$$\frac{\omega_3 y_3}{3EI}=-\frac{1}{3EI}\left(\frac{2}{3}\times11.25\times6\right)\times\left(\frac{3+9}{2}\right)=-\frac{270}{3EI}$$

叠加图乘结果，得

$$\Delta_{AH}=\sum\frac{\omega y_C}{EI}=\frac{\omega_1 y_1}{EI}+\frac{\omega_1 y_2}{3EI}+\frac{\omega_3 y_3}{3EI}=\frac{25.31}{EI}+\frac{1}{3EI}\ (2295-270)\ =\frac{700.31}{EI}\ (\rightarrow)$$

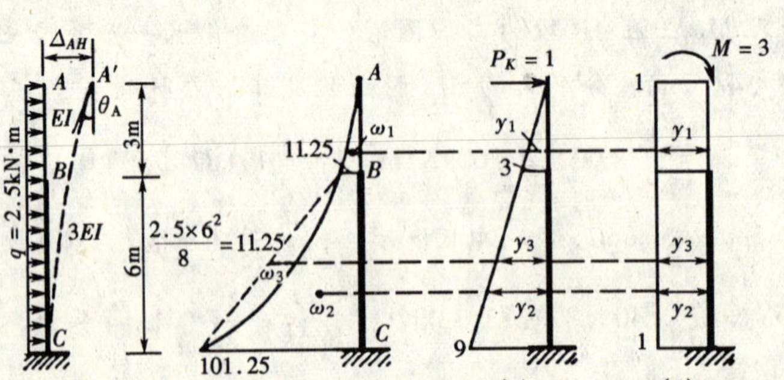

图 7-35 求阶形柱端点位移
(a)阶形柱及荷载;(b)M_P 图;(c)求水平位移 $\overline{M}_K$ 图;(d)求角位移 $\overline{M}_K$ 图

(2) 求 θ_A

M_P 图仍分解为三个图形 ω_1、ω_2、ω_3，分别与图 7-35d 相应的纵标 y_1、y_2、y_3 进行图乘

$$\frac{\omega_1 y_1}{EI}=\frac{1}{EI}\left(\frac{1}{3}\times 11.25\times 3\right)\times 1=\frac{11.25}{EI}$$

$$\frac{\omega_2 y_2}{3EI}=\frac{6}{3EI\times 6}\ (2\times 11.25\times 1+2\times 101.25\times 1+11.25\times 1+101.25\times 1)\ =\frac{337.5}{3EI}$$

$$\frac{\omega_3 y_3}{3EI}=-\frac{1}{3EI}\left(\frac{2}{3}\times 11.25\times 6\right)\times 1=-\frac{45}{3EI}$$

叠加图乘结果，得

$$\theta_A=\Sigma\frac{\omega y_C}{EI}=\frac{\omega_1 y_1}{EI}+\frac{\omega_2 y_2}{3EI}+\frac{\omega_3 y_3}{3EI}=\frac{11.25}{EI}+\frac{1}{3EI}\ (337.5-45)\ =\frac{108.75}{EI}\ (\downarrow)$$

例 7-11　试用图乘法计算图 7-36 (a) 所示简支刚架跨中截面 C 的竖向位移 Δ_{CV}、B 结点的角位移 θ_B 和 D、E 两点间的相对水平位移 Δ_{D-E}。设各杆 EI 为常数。

解　(1) 计算 C 点的竖向位移 Δ_{CV}

做出 M_P 图和在 C 点作用单位力 $P=1$ 时的 $\overline{M}_{K1}$ 图，如图 7-36b、c 所示。由于 $\overline{M}_{K1}$ 图是折线，故需分段进行图乘，然后叠加。因两个弯矩图均为对称，故只需取一半进行计算再乘以 2 即可。图乘得 C 点的竖向位移。

$$\Delta_{CV}=\frac{1}{EI}\times 2\left[\left(\frac{2}{3}\times\frac{l}{2}\times\frac{ql^2}{8}\right)\times\left(\frac{5}{8}\times\frac{l}{4}\right)\right]=\frac{5ql^4}{384EI}\ (\downarrow)$$

(2) 计算 B 结点角位移 θ_B

在 B 结点处加单位力偶，单位弯矩图如图 7-36d 所示，将 M_P 与 $\overline{M}_{K2}$ 图相乘得

$$\theta_B=-\frac{1}{EI}\left(\frac{2}{3}\times l\times\frac{1}{8}ql^2\right)\times\frac{1}{2}=-\frac{ql^3}{24EI}\ (\uparrow)$$

式中最初所用的负号是因为相乘的两个图形在基线的异侧，最后结果中的负号表示 θ_B 实际转动方向与所加单位力偶的方向相反，即为逆时针方向转动。

(3) 为计算 D、E 两点间的相对水平位移，需在 D、E 点上沿两点连线方向加一对指向

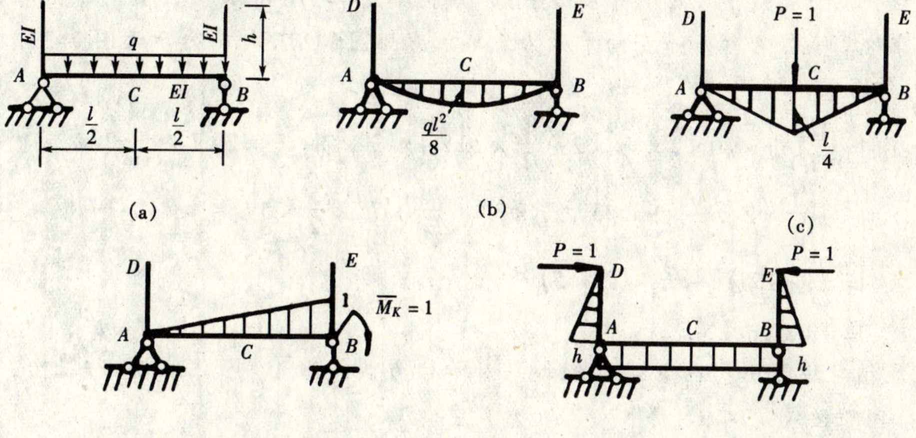

图 7-36　求简支刚架的位移

(a) 刚架及荷载；(b) M_P 图；(c) $\overline{M}_{K1}$ 图；(d) $\overline{M}_{K2}$ 图；(e) $\overline{M}_{K3}$ 图

相反的单位力作为虚力状态，做出 $\overline{M}_{K3}$图，如图 7-36e 所示。将 M_P 图与 $\overline{M}_{K3}$图相乘得

$$\Delta_{D-E}=\frac{1}{EI}\left(\frac{2}{3}\times\frac{ql^2}{8}\times l\right)h=\frac{qhl^3}{12EI}\quad(\rightarrow\leftarrow)$$

计算结果为正号，表示 D、E 两点相对移动方向与所设的一对单位力的指向相同，即 D、E 两点相互靠近。

例 7-12 试求图 7-37a 所示组合结构 D 端的竖向位移 Δ_{DV}和铰 C 处两侧截面的相对转角 θ_C。已知 $E=2.1\times10^4\text{kN/cm}^2$；$I=3200\text{cm}^4$；$A$（为 BE 杆）$=16\text{cm}^2$。

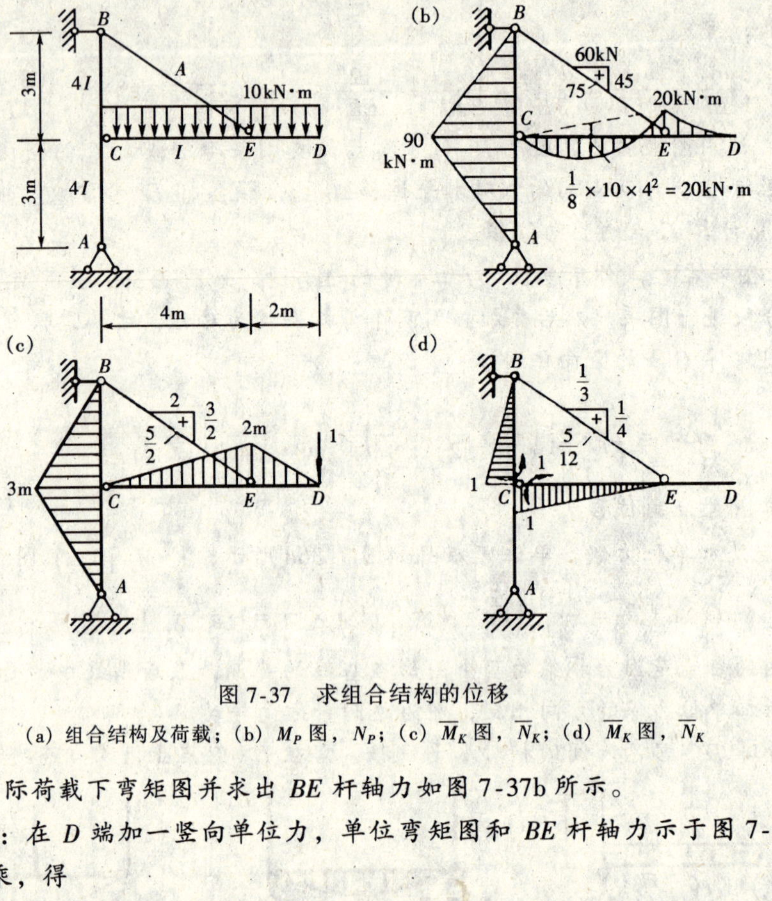

图 7-37　求组合结构的位移

(a) 组合结构及荷载；(b) M_P 图，N_P；(c) $\overline{M}_K$ 图，$\overline{N}_K$；(d) $\overline{M}_K$ 图，$\overline{N}_K$

解　做出实际荷载下弯矩图并求出 BE 杆轴力如图 7-37b 所示。

(1) 求 Δ_{DV}：在 D 端加一竖向单位力，单位弯矩图和 BE 杆轴力示于图 7-37，c。按式 (7-19) 并作图乘，得

$$\begin{aligned}\Delta_{DV}&=\frac{1}{EI}\Big[\frac{1}{3}\times20\times2\times\frac{3}{4}\times2+\frac{1}{2}\times20\times4\times\frac{2}{3}\times2-\frac{2}{3}\times20\times4\times\frac{1}{2}\times2\\&\quad+\frac{1}{4}\times2\times\frac{1}{2}\times90\times3\times\frac{2}{3}\times3\Big]+\frac{1}{EA}\times75\times\frac{5}{2}\times5\\&=\frac{1}{EI}(155)+\frac{1}{EA}(937.5)\\&=0.0259\text{m}\downarrow\end{aligned}$$

(2) 求相对转角 θ_C：在 C 铰两侧加一对单位力偶，作 $\overline{M}_K$ 图并求 BE 杆轴力，如图 7-37d 所示。同理按式 (7-19) 得

$$\begin{aligned}\theta_C&=\frac{1}{EI}\Big[-\frac{1}{2}\times20\times4\times\frac{1}{3}+\frac{2}{3}\times20\times4\times\frac{1}{2}+\frac{1}{4}\times\frac{1}{2}\times90\times3\times\frac{2}{3}\Big]\\&\quad+\frac{1}{EA}\times75\times\frac{5}{12}\times5\end{aligned}$$

$$= \frac{1}{EI}(35.83) + \frac{1}{EA}(156.25)$$
$$= 0.0058\text{rad}\ (\curvearrowright\nearrow)$$

§7-6　静定结构由于温度变化及制造误差引起的位移计算

前已指出，对于静定结构，除荷载外，其他任何外因如温度变化、初应变、支座位移等，均不引起内力。但是当静定结构具有初应变或温度发生变化时，将会使结构产生变形和位移，下面利用虚功原理来计算这种位移。

一、由制造误差所引起的位移

在工程实践中，有时结构的某些杆件由于制作的误差或使用的要求，其长度可能比应有的长度有所伸长或缩短，即结构中某些杆件具有初应变，致使结构产生变形和位移。如图 7-38a 所示的桁架，杆件 AD 和 CD 的长度由于某种原因（如制造上的误差）比应有的长度分别伸长了 2cm 和缩短了 0.5cm，桁架的各个部分就会发生位置的改变。

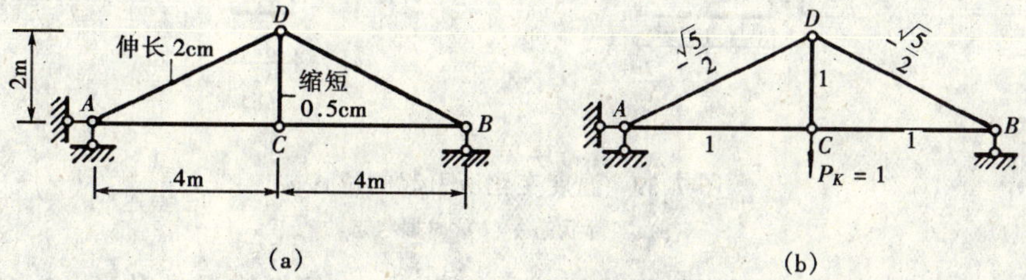

图 7-38　制造误差所引起的位移

(a) 实际状态；(b) 虚拟状态

现在计算结点 C 的竖向位移 Δ_{CV}。显然，根据各杆的几何关系，利用做图的方法即可进行计算，但比较繁杂；而应用前述的单位荷载法则简便得多。这时可取结构的实际状态（图 7-38a）作为位移状态，取结构的初应变作为虚位移，在要计算位移的结点 C 处沿所求位移方向加单位力 $P = 1$ 的状态，作为虚拟状态，如图 7-38b 所示。设虚拟状态中各杆的内力为 $\overline{N}$，根据虚功方程式（7-12），并注意到 $\overline{M} = 0$，$\overline{Q} = 0$，此外，$P = 1$ 以及初应变情况下并无支座位移，故得

$$\Delta_{CV} = \Sigma\int \overline{N}\mathrm{d}u$$

对于桁架来说，在单位荷载 $P = 1$ 作用下，各杆内力 $\overline{N}$ 为常值，故上式变成

$$\Delta_{CV} = \Sigma\int \overline{N}\mathrm{d}u = \Sigma\overline{N}\int \mathrm{d}u = \Sigma\overline{N}\lambda \qquad (7\text{-}21)$$

这就是计算桁架由于某些杆件的初应变 λ（取伸长为正，缩短为负）所引起的位移的一般公式。其中 Σ 表示对所有具有初应变的各杆求和。

由单位荷载 $P = 1$ 所引起的各杆轴力可用结点法或截面法求得，在图 7-38b 中，分别写在各杆侧面。已知 AD 和 CD 两杆伸长量分别为 $\lambda_{AD} = 2\text{cm}$ 和 $\lambda_{CD} = -0.5\text{cm}$，其余各杆的初应变为零，故由公式（7-21）可求得 C 点的竖向位移为

$$\Delta_{CV} = \Sigma\overline{N}\lambda = -\frac{\sqrt{5}}{2}\times 2 + 1\times(-0.5) = -2.74\text{cm}(\uparrow)$$

所得结果为负值，表明实际位移方向与假设的单位荷载方向相反，即方向向上。

二、温度变化所引起的位移

前已指出，对于静定结构受外界温度变化影响时，由于材料热胀冷缩，因而会使结构产生变形和位移。

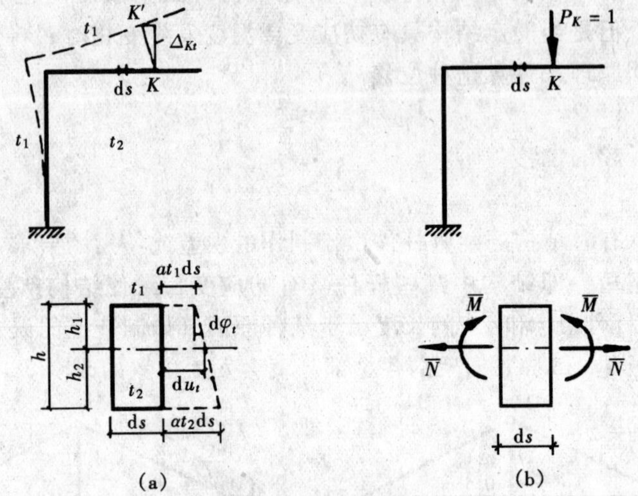

图 7-39　温度变化所引起的位移

(a) 实际状态；(b) 虚拟状态

如图 7-39a 所示的结构外侧纤维温度升高 t_1（℃），内侧纤维温度升高 t_2（℃），此即为实际状态。现要求由此引起的任一点沿任一方向的位移，例如 K 点的竖向位移 Δ_{Kt}。这里 Δ 的第二个脚标表示位移由温度“t”所引起。为了求 Δ_{Kt}，在 K 点并沿所求位移方向上作用单位荷载 $P_K=1$，建立的虚拟状态如图 7-39b 所示。此时位移计算的一般公式（7-12）成为

$$\Delta_{Kt}=\Sigma\int\overline{N}du_t+\Sigma\int\overline{M}d\varphi_t+\Sigma\overline{Q}\gamma_t ds \tag{a}$$

现在来研究实际状态中任一微段 ds 由于温度变化所产生的变形。微段上、下边缘纤维的伸长分别为 $\alpha t_1 ds$ 和 $\alpha t_2 ds$，这里 α 是材料的线膨胀系数。为简化计算，可假设温度沿截面高度成直线变化，这样在温度变化时截面仍保持为平面。若杆件截面的形心轴不位于截面高度的几何中点(即 $h_1\neq h_2$)，则由图 7-39a 的直线比例关系，可求得杆轴(形心轴)处温度为

$$t_0=t_1+(t_2-t_1)\frac{h_1}{h_2}=\frac{h_2}{h}t_1+\frac{h_1}{h}t_2 \tag{b}$$

若杆件的截面对称于形心轴，即 $h_1=h_2=\frac{h}{2}$，则杆轴处的温度为

$$t_0=\frac{t_1+t_2}{2} \tag{c}$$

由图 7-39b 可求出温度变化时微段变形为：

微段上杆轴线处的伸长

$$du_t=\alpha t_0 ds \tag{d}$$

微段两端截面的相对转角

$$d\varphi_t=\frac{\alpha t_2 ds-\alpha t_1 ds}{h}=\frac{\alpha\ (t_2-t_1)\ ds}{h}=\frac{\alpha\Delta t ds}{h} \tag{e}$$

式中 $\Delta t=t_2-t_1$，为两侧温度变化之差。此外，对于杆件结构，温度变化并不引起剪切变形，即 $\gamma_t=0$。将以上微段的温度变形即式（d）、（e）代入式（a）可得

$$\Delta_{Kt}=\Sigma(\pm)\int\overline{N}\alpha t_0 ds+\Sigma(\pm)\int\overline{M}\frac{\alpha\Delta t}{h}ds \tag{7-22}$$

这就是计算结构由于温度改变所引起的位移的一般公式。在应用该公式时，右边两项的正负号按如下规定来选取：若虚拟状态的变形与由于温度改变所引起的变形方向一致，则取正号；反之则取负号。

一般沿某一杆长方向的温度变化是相同的，另外，若各杆又均为等截面时，则上式的 t_0、Δt 和 h 等均为常数，可提到积分号外，上式可写为

$$\begin{aligned}\Delta_{Kt}&=\Sigma(\pm)\alpha t_0\int\overline{N}ds+\Sigma(\pm)\alpha\frac{\Delta t}{h}\int\overline{M}ds\\&=\Sigma(\pm)\alpha t_0\omega_{\overline{N}}+\Sigma(\pm)\alpha\frac{\Delta t}{h}\omega_{\overline{M}}\end{aligned} \tag{7-23}$$

式中，$\omega_{\overline{N}}=\int\overline{N}ds$，为杆件的 $\overline{N}$ 图面积；$\omega_{\overline{M}}=\int\overline{M}ds$，为杆件的 $\overline{M}$ 图面积。

对于梁和刚架，在计算温度变化所引起的位移时，一般不能略去轴向变形的影响。应按式（7-22）或式（7-23）进行计算，这点与荷载作用下的情况是有区别的。

例 7-13　图 7-40a 所示的桁架，下弦杆 AE、BE 的长度由于某种原因（如制作误差）比应有的长度各伸长了 $\lambda_{AE}=\lambda_{BE}=1\text{cm}$，桁架变形后的位置如图中虚线所示。试求因部分杆件制作不准而引起的 E 点的竖向位移。

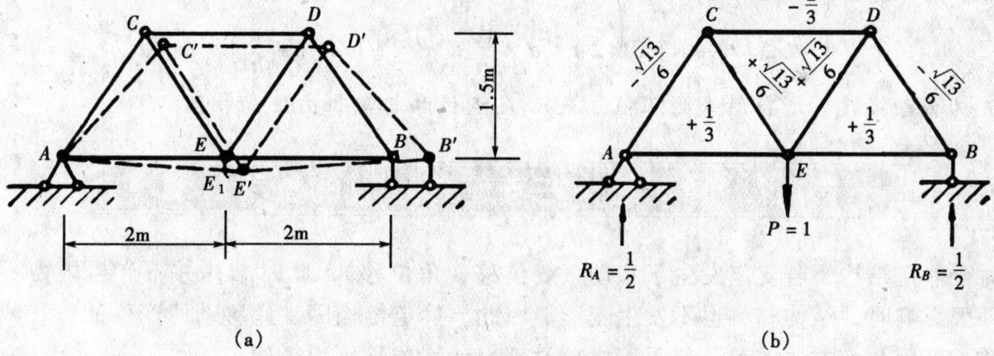

图 7-40　例 7-13 图

（a）实际状态；（b）虚拟状态

解　为求 E 点的竖向位移 Δ_{EV}，在 E 点沿竖直方向加单位荷载 $P=1$ 作为虚拟状态，图 7-40b 所示，由单位荷载 $P=1$ 所引起的各杆轴力用结点法或截面法求得，在图 7-40b 中分别写在各杆侧面。由于桁架中只有 AE 和 BE 两杆产生伸长量，分别为 $\lambda_{AE}=1\text{cm}$ 和 $\lambda_{BE}=1\text{cm}$，其余各杆的初应变为零，故由公式（7-21）可求得 E 点的竖向位移为

$$\Delta_{EV}=\Sigma\overline{N}\lambda=\left(+\frac{1}{3}\right)\times1+\left(\frac{1}{3}\right)\times1=0.67\text{cm}\ (\downarrow)$$

所得结果为正值，表明实际位移方向与假设的单位荷载方向相同，即方向向下。如图 7-40a 虚线所示。

例 7-14 试求图 7-41a 所示刚架 C 点的水平位移。已知刚架各杆外侧温度无变化，内侧温度上升 10℃，刚架各杆的截面相同且与形心轴对称，线膨胀系数为 α。

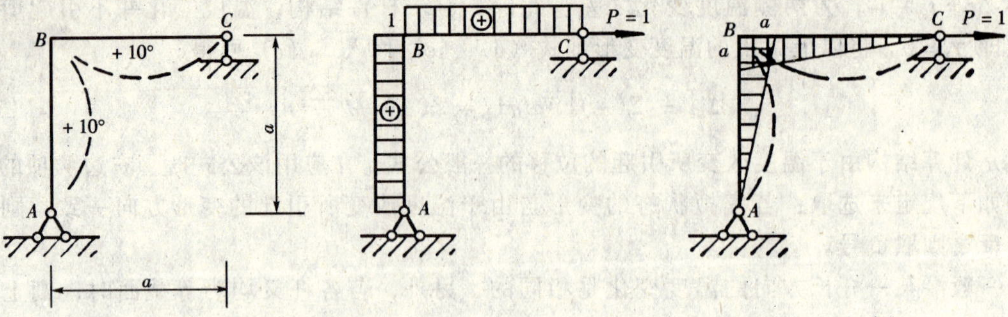

图 7-41 例 7-14 图

(a) 刚架及温度变化；(b) $\overline{N}$ 图；(c) $\overline{M}$ 图

解 在 C 点沿水平向加单位力 $P=1$，做出相应的 $\overline{N}$、$\overline{M}$ 图如图 7-41b、c 所示。有

$$t_0=\frac{1}{2}(t_1+t_2)=\frac{1}{2}(0^\circ+10^\circ)=5℃$$

$$\Delta t=10^\circ-0^\circ=10℃$$

$$\omega_{\overline{N}}=2\times(1\times a)=2a$$

$$\omega_{\overline{M}}=2\times\left(\frac{1}{2}a\times a\right)=a^2$$

杆件由于温度改变而发生的弯曲变形与由于 $\overline{M}$ 所产生的弯曲变形方向相同（如图中虚弧线所示），故应用（7-23）计算时应取正号。将上述各值代入后即可求得 C 点的水平位移

$$\Delta_C=+\alpha\times5\times2a+\alpha\times\frac{10}{h}\times a^2=10\alpha a\left(1+\frac{a}{h}\right)$$

式中 h 为截面高度。所得结果为正值，表示 C 点位移与单位力方向相同。

§7-7 静定结构在支座移动时的位移计算

对于静定结构，若支座发生了移动（线位移、角位移），此时结构并不产生内力，在无其他外因影响时，结构材料也不发生变形。因此，静定结构因支座移动所产生的位移纯属刚体位移，可用几何方法求解，但采用虚功原理来计算位移更为简便。

如图 7-42a 所示静定结构，其支座产生了水平线位移 c_1、竖向线位移 c_2，和角位移 c_3，现欲求任一点 K 沿任意方向的位移 Δ_{KC}。这里 Δ 的第二个脚标表示位移由支座移动“c”所引起。实际状态和虚设状态分别如图 7-42a、b 所示，应用刚体虚功方程式（7-12），得位移计算的一般公式为

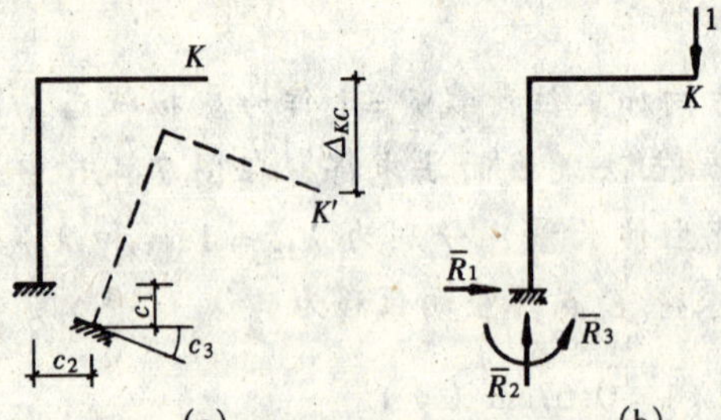

图 7-42 支座移动时的位移计算

(a) 实际状态；(b) 虚拟状态

$$\Delta_{KC}=-\Sigma\overline{R}c \tag{7-24}$$

这就是静定结构在支座移动时的位移计算公式。式中 $\overline{R}$ 为虚拟状态（图 7-42b）中的各个支座反力，它于实际状态中的支座位移 c 相对应；$\Sigma\overline{R}c$ 为反力

虚功的总和，当 $\overline{R}$ 与实际支座位移 c 方向一致时其乘积取正，相反时为负。此外，上式右边总和号 Σ 前面还有一负号，系原来移项时所得，与反力虚功的正负值无关，不可漏掉。

例 7-15　图 7-43a 所示三铰刚架右边支座的竖向位移为 $\Delta_{By}=6\text{cm}$（向下），水平位移为 $\Delta_{Bx}=4\text{cm}$（向右），已知 $l=12\text{m}$，$h=8\text{m}$，试求由此引起的 A 端转角 φ_A。

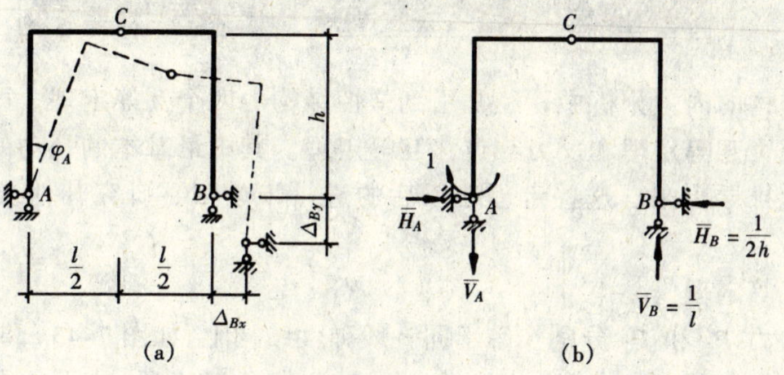

图 7-43　例 7-15 图

（a）实际状态；（b）虚拟状态

解　虚拟状态如图 7-43b 所示，考虑刚架的整体平衡，由 $\Sigma M_A=0$ 可求得 $\overline{V}_B=\dfrac{1}{l}$（↑），再考虑半刚架的平衡，由 $\Sigma M_C=0$ 可求得 $\overline{H}_B=\dfrac{1}{2h}$（←）。由式（7-24）得

$$\varphi_A=-\Sigma\overline{R}c=-\left[-\left(\frac{1}{l}\Delta_{By}\right)-\left(\frac{1}{2h}\Delta_{Bx}\right)\right]=\frac{6}{1200}+\frac{4}{2\times800}=0.0075\text{rad}\ (\text{顺时针})$$

例 7-16　图 7-44a 所示桁架的支座 B 向下移动 $\Delta_{BV}=c$，试求 BD 杆件的角位移 φ_{BD}。

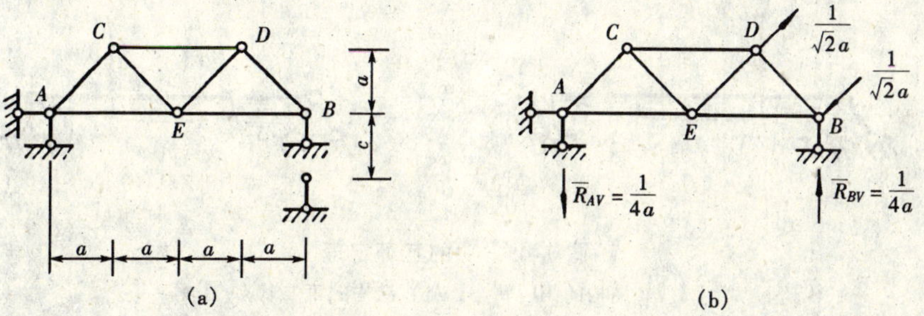

图 7-44　例 7-16 图

（a）桁架及支座位移；（b）虚拟状态及支座反力

解　虚拟状态及虚拟状态中各支座反力的大小及方向如图 7-44b 所示。于是由式(7-24)可得

$$\varphi_{BD}=-\Sigma\overline{R}c=-\left[\frac{1}{4a}\ (-c)\right]=\frac{c}{4a}\ (\text{顺时针方向})$$

若结构上同时承受荷载、初应变、温度改变和支座移动的共同作用，根据弹性结构的特性，将式（7-15）、式（7-22）、式（7-24）叠加，即可得弹性结构在上述因素共同作用下的位移计算的一般公式

$$\Delta_{KP}=\Sigma\int\frac{\overline{N}_K N_P\text{d}s}{EA}+\Sigma\int\frac{\overline{M}_K M_P\text{d}s}{EI}+\Sigma\int\frac{k\overline{Q}_K Q_P\text{d}s}{GA}$$

$$+\Sigma\int\overline{N}_K\alpha t_0\mathrm{d}s+\Sigma\int\frac{\overline{M}_K\alpha\Delta t\mathrm{d}s}{h}-\Sigma\overline{R}c \tag{7-25}$$

上式不仅适用于静定结构，也适用于超静定结构。

§7-8　线弹性结构的互等定理

在超静定结构的内力分析中，经常用到弹性结构的四个互等定理，即功的互等定理、位移互等定理、反力互等定理和反力与位移互等定理。其中最基本的是功的互等定理，其他三个定理都可由此推导出来。这些定理在以后的进一步学习、研究其他线性结构时也经常引用。

（1）功的互等定理

设有两组外力 P_1 和 P_2 分别作用于同一线弹性结构上，如图 7-45a 和 b 所示，分别称为结构的第一状态和第二状态。在第一状态中，由 P_1 引起的某微段 ds 上的内力以 M_1、N_1、Q_1 表示，相应的变形用 $d\theta_1$、du_1、dv_1 表示；在第二状态中，由 P_2 引起的某微段 ds 上的内力以 M_2、N_2、Q_2 表示，相应的变形用 $d\theta_2$、du_2、dv_2 表示。我们来计算第一状态的外力和内力在第二状态相应的位移和变形上所作的虚功 T_{12}和 W_{12}，并根据虚功原理 $T_{12}=W_{12}$则有

$$P_1\Delta_{12}=\Sigma\int\frac{M_1M_2\mathrm{d}s}{EI}+\Sigma\int\frac{N_1N_2\mathrm{d}s}{EA}+\Sigma\int\frac{kQ_1Q_2\mathrm{d}s}{GA} \tag{a}$$

这里，位移 Δ_{12}的两个脚标的含义与前相同：第一个脚标“1”表示位移的地点和方向，即该位移是 P_1 作用点沿 P_1 方向上的位移；第二个脚标“2”表示产生位移的原因，即该位移是由于 P_2 所引起的。

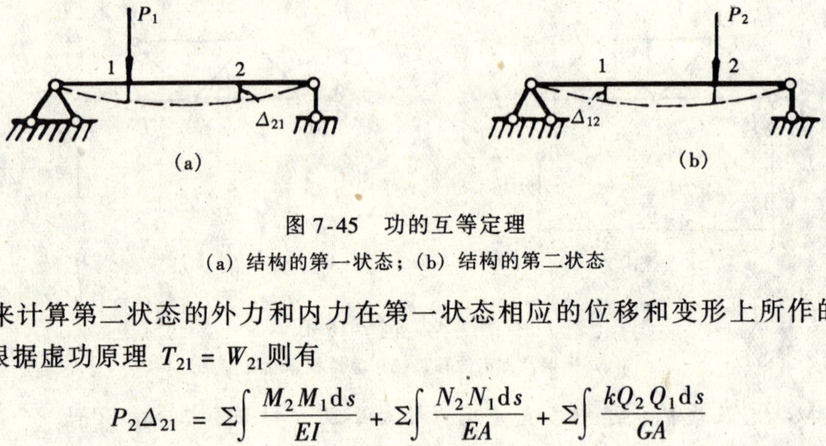

图 7-45　功的互等定理

(a) 结构的第一状态；(b) 结构的第二状态

我们再来计算第二状态的外力和内力在第一状态相应的位移和变形上所作的虚功：T_{21}和 W_{21}，并根据虚功原理 $T_{21}=W_{21}$则有

$$P_2\Delta_{21}=\Sigma\int\frac{M_2M_1\mathrm{d}s}{EI}+\Sigma\int\frac{N_2N_1\mathrm{d}s}{EA}+\Sigma\int\frac{kQ_2Q_1\mathrm{d}s}{GA} \tag{b}$$

上面（a）、（b）两式的右边是相等的，因此左边也应相等，即

$$W_{12}=W_{21} \tag{7-26}$$

于是得

$$P_1\Delta_{12}=P_2\Delta_{21}$$

或

$$T_{12}=T_{21} \tag{7-27}$$

这表明：第一状态的外力或内力在第二状态的位移或变形上所作的虚功，等于第二状态的外力或内力在第一状态的位移或变形上所作的虚功。称为线性弹性体系的虚功互等定理，简称

为功的互等定理。

例 7-17　试用功的互等定理求图 7-46a 所示线弹性悬臂梁 B 点的竖向位移 Δ_{BV}。

解　设图 7-46a 为第一状态。为了求 B 点的竖向位移 Δ_{BV}，在 B 点沿竖直方向施加单位力 $P=1$，并做出相应的 M_P 图(图 7-46b)，设该状态为第二状态。于是由功互等定理 $T_{12}=T_{21}$

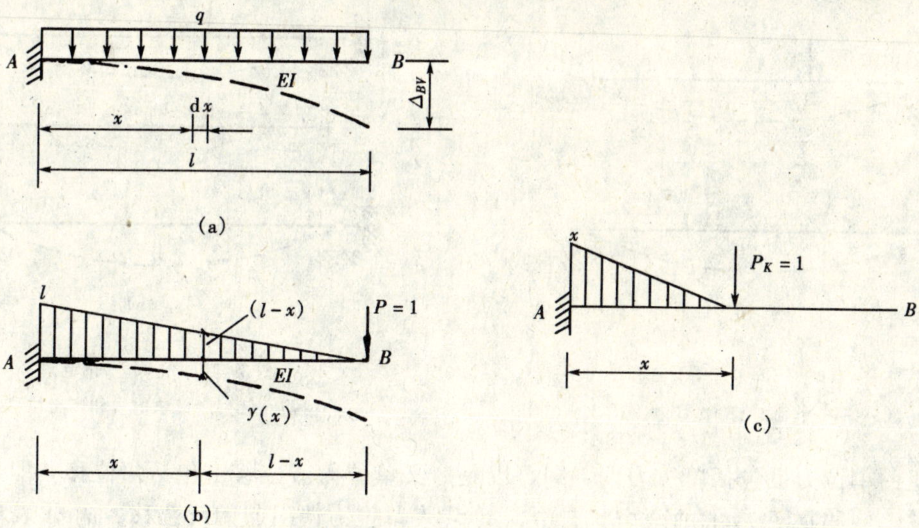

图 7-46　例 7-17 图

(a) 第一状态；(b) 第二状态及 M_P 图；(c) 虚拟状态及 $\overline{M}_K$ 图

$$1\times\Delta_{BV}=\int_0^l q\mathrm{d}x\cdot y(x)=\int_0^l qy(x)\mathrm{d}x$$

所以

$$\Delta_{BV}=\int_0^l qy(x)\mathrm{d}x \tag{c}$$

上式中的 $y(x)$ 为第二状态中的单位力 $P=1$ 引起的梁的挠曲线方程（图 7-46b），为了求 $y(x)$，可建立图 7-46c 所示的虚拟状态，并做出相应的 $\overline{M}_K$ 图。将 M_P 图及 $\overline{M}_K$ 图进行图形相乘，可得挠曲线方程 $y(x)$ 为

$$y(x)=\frac{1}{EI}\left(\frac{x}{6}\left(2lx+(l-x)x\right)\right)=\frac{3lx^2-x^3}{6EI} \tag{d}$$

将式（d）代入式（c），可得

$$\Delta_{BV}=q\int_0^l\frac{1}{6EI}(3lx^2-x^3)\mathrm{d}x=\frac{ql^4}{8EI}(\downarrow)$$

所得结果为正，表示 Δ_{BV}的实际方向与图 7-46b 中所设的竖向单位力 $P=1$ 的方向相同。

（2）位移互等定理

位移互等定理是功的互等定理的一种特殊情况。如图 7-47 所示，假设两个状态中的荷载都是单位力，即 $P_1=1$、$P_2=1$，与其相应的位移分别为 δ_{12}、δ_{21}，则由功的互等定理即式（7-27）有

$$1\times\delta_{12}=1\times\delta_{21}$$

即
$$\delta_{12}=\delta_{21} \tag{7-28}$$

这就是位移互等定理。它表明：第二个单位力所引起的第一个单位力作用点沿其方向的位移，等于第一个单位力所引起的第二个单位力作用点沿其方向的位移。

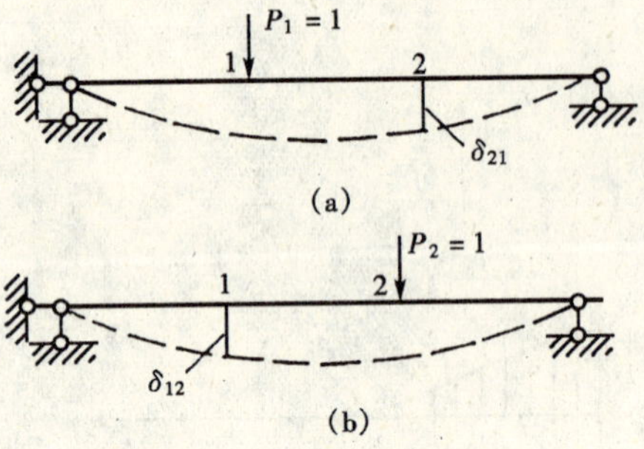

图 7-47　位移互等定理

(a) 第一状态；(b) 第二状态

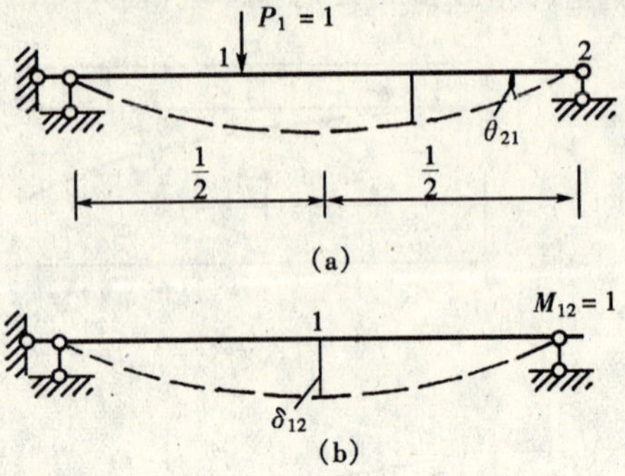

图 7-48　位移互等定理

(a)、(b) 广义单位力和广义位移

这里的单位力也包括单位力偶，即可以是广义单位力。位移也包括角位移，即是相应的广义位移。例如在图 7-48 的两个状态中，δ_{12}代表单位力偶引起的线位移，θ_{21}代表单位荷载引起的角位移，应用图乘法，可求得这两个位移分别为

$$\delta_{12}=\frac{M_2 l^2}{16EI},\quad \theta_{21}=\frac{P_1 l^2}{16EI}$$

当 $M_2=1$、$P=1$ 时，就有

$$\delta_{12}=\theta_{21}=\frac{l^2}{16EI}$$

现在 $P_1=1$、$M_2=1$（注意，这里的 1 都是不带单位的，即都是无量纲量），故有 $\delta_{12}=\theta_{21}$。可见，虽然 θ_{21}代表单位力引起的角位移，δ_{12}代表单位力偶引起的线位移，含义不同，但此时两者在数值上是相等的，量纲也相同，这样就验证了线位移与角位移之间也同样存在位移互等关系。

建议读者自行举出两个角位移等其他例子来说明位移互等定理。位移互等定理将在力法解超静定结构内力及结构动力计算等章节中得到广泛应用。

(3) 反力互等定理

这个定理也是功的互等定理的一个特殊情况。它用来说明在超静定结构中假设两个支座分别产生单位位移时，两个状态中反力的互等关系。所以反力互等定理不能应用于静定结构，只适用于超静定结构。

图 7-49a 表示支座 1 发生单位位移 $\Delta_1=1$ 的状态，此时使支座 2 产生的反力为 r_{21}；图 7-49b 表示支座 2 发生单位位移 $\Delta_2=1$ 的状态，此时使支座 1 产生的反力为 r_{12}。根据功的互等定理，有

$$r_{21}\cdot\Delta_2=r_{12}\cdot\Delta_1$$

现在 $\Delta_1=\Delta_2$，故得

$$r_{12}=r_{21} \tag{7-29}$$

这就是反力互等定理。它表明：在同一个线性弹性体系中，支座 1 发生单位位移时所引起的

支座 2 的反力，等于支座 2 发生单位位移时所引起的支座 1 的反力。

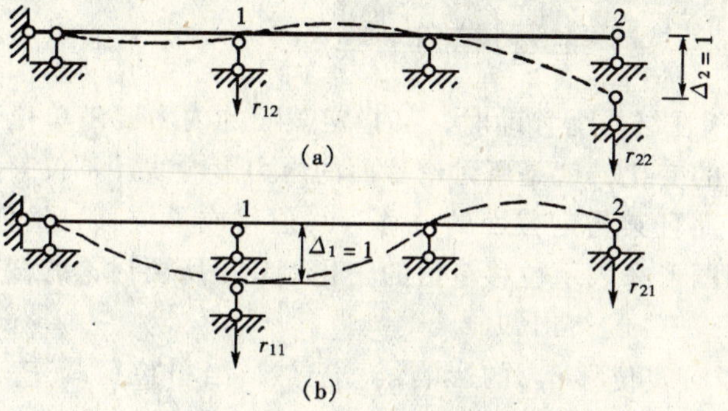

图 7-49　反力互等定理

(a)、(b) 单位位移引起的竖向反力

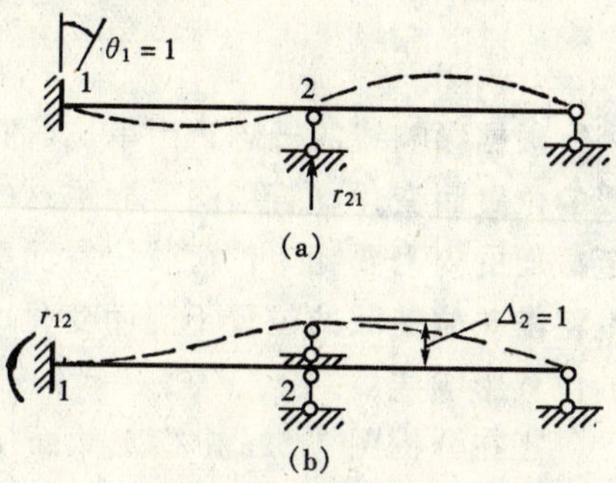

图 7-50　反力互等定理

(a)、(b) 单位位移引起的反力、反力矩

这一定理对结构上任何两个支座都适用，定理中的位移和反力均是广义位移和广义力，即反力互等定理不仅适用于两个反力之间的互等，也适用于两个反力矩之间的互等以及反力与反力矩之间的互等。但应注意反力与位移在作功的关系上应相对应，即力对应于线位移，力偶对应于角位移。例如在图 7-50 的两个状态中，由功的互等定理可知，$r_{12}=r_{21}$，它们虽然一为单位位移引起的反力偶 r_{12}，一为单位转角引起的反力 r_{21}，含义不同，但此时在数值上是相等的，量纲也相同。

反力互等定理将在位移法中解超静定结构内力时得到应用。

(4) 反力位移互等定理

这个定理同位移互等定理、反力互等定理一样，是功的互等定理的又一特殊情况，它说明一个状态中的反力与另一个状态中的位移具有的互等关系。

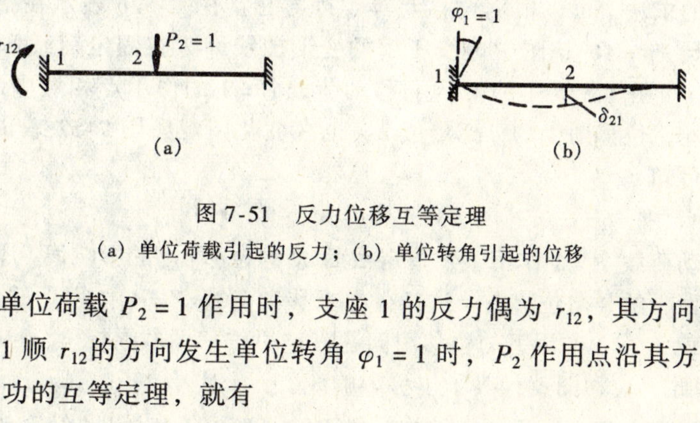

图 7-51　反力位移互等定理

(a) 单位荷载引起的反力；(b) 单位转角引起的位移

图 7-51a 表示单位荷载 $P_2=1$ 作用时，支座 1 的反力偶为 r_{12}，其方向设如图所示。图 7-51b 表示当支座 1 顺 r_{12}的方向发生单位转角 $\varphi_1=1$ 时，P_2 作用点沿其方向的位移为 δ_{21}。对这两个状态应用功的互等定理，就有

$$r_{12}\varphi_1+P_2\delta_{21}=0$$

现在 $\varphi_1=1$，$P_2=1$，故有

$$r_{12}=-\delta_{21} \tag{7-30}$$

这就是反力位移互等定理。它表明：由于单位荷载引起结构某支座处的反力 r_{12}，等于由该支座发生单位位移时，引起与单位荷载作用处相应的位移 δ_{21}，但两者的符号应相反。

式 (7-30) 中出现相反的符号表明：顺着 $\varphi_1=1$ 方向的 r_{12}和顺着 $P_2=1$ 方向的 δ_{21}，两者必有其一在作功时力和相应的位移指向是相反的。例如图 7-51a 中反力偶 r_{12}的实际指向是逆时针方向的，与其相应转角 $\varphi_1=1$ 的指向相反。

§7-9 位移影响线

根据影响线的概念，当单位荷载 $P=1$ 在结构上移动时，某指定截面的内力要随单位荷载的位置而变化，若用图形表示这一内力的变化，就是所讨论截面的内力影响线。不仅某指定截面的内力要随单位荷载位置而变化，而且某指定截面的位移（线位移或角位移）量值，也将随单位荷载的位置不同而变化，若用图形来表示位移量值的变化，就是所要讨论的截面的位移影响线。

现在分析图 7-52a 中指定截面 K 的竖向线位移 δ_{KM} 的影响线。显然，当单位荷载 $P=1$ 在梁上移动时，竖向位移 δ_{KM} 的量值将随荷载位置 x 的不同而变化。

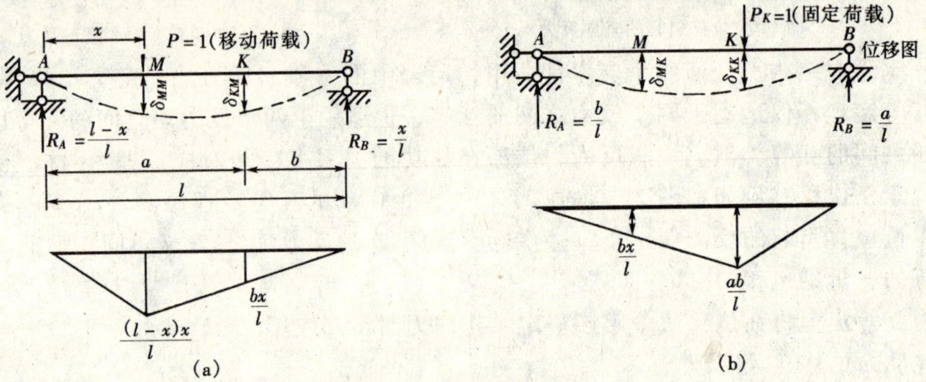

图 7-52 位移影响线

(a) 移动荷载作用及 M_P 图；(b) 固定荷载作用及 $\overline{M}_K$ 图

位移影响线的求法，可以根据位移互等定理导出。图 7-52b 表示在指定截面 K 处作用一个单位固定荷载 $P_K=1$，该图中虚线所示的变形曲线即为在固定荷载作用下梁的位移图，M 点的位移为 δ_{MK}。图 7-52b 中的 M 点与移动荷载 $P=1$ 的作用点相对应，可把它理解为一个移动的点。因此，位移图中的纵标量值 δ_{MK} 也在变化。观察图 7-52a、b 所示的两个图形，由位移互等定理可知

$$\delta_{MK}=\delta_{KM}$$

上式表明：在移动荷载 $P=1$ 作用下某指定截面 K 的位移 δ_{KM} 的影响线，等于由固定荷载 $P_K=1$ 作用于 K 截面时的竖向位移图。这样，在求移动荷载 $P=1$ 作用下的位移影响线，就转化成求在固定荷载 $P_K=1$ 作用下的位移图问题。这里位移图的纵标 δ_{MK} 和位移影响线的纵标 δ_{KM} 处处相等，因此，位移图就代表了位移影响线。

位移图纵标 δ_{MK} 的求法，可先分别做出由 $P=1$ 产生的 M_p 图（图 7-52a）和由 $P_K=1$ 产生的 $\overline{M}_K$ 图（图 7-52b），然后由图乘法求出

$$\delta_{MK}=\int\frac{\overline{M}_K M_P \mathrm{d}s}{EI}$$

式中 M_P 是 x 的函数，可见 δ_{MK} 也是 x 的函数。给 x 以不同的数值，即可算得相应的位移图纵标 δ_{MK}，据此联以曲线即为梁的位移图。这个位移图就代表了指定截面的位移影响线。

例 7-17 试求图 7-53a 所示简支梁 B 截面的角位移影响线。设 $EI=$ 常数。

解 首先做出移动荷载 $P=1$ 作用下的 M_P 图（7-53a）和在 B 截面作用固定集中力偶 $M=1$ 时的 $\overline{M}_K$ 图（图 7-53b）。然后由图乘法求得

$$\theta_B = \int \frac{\overline{M}_K M_P \mathrm{d}s}{EI} = \frac{1}{EI}\cdot\frac{1}{2}\cdot\frac{(l-x)x}{l}\cdot l\cdot\frac{(l+x)}{3l}$$

$$= \frac{x(l^2-x^2)}{6EIl}$$

给出上式中的 x 以不同的值，即得 θ_B 影响线的相应纵标为

$$x=\frac{l}{4},\ \theta_B=\frac{5l^2}{128EI}$$

$$x=\frac{l}{2},\ \theta_B=\frac{8l^2}{128EI}$$

$$x=\frac{3l}{4},\ \theta_B=\frac{7l^2}{128EI}$$

将各纵标值连以曲线，即得 θ_B 的影响线，如图 7-53c 所示。

对于简支梁等一类简单结构，其位移图不难用单位荷载法由图乘求得，但对于较复杂的结构，则以弹性荷载法来求位移图较为简便。请参考其他有关资料。

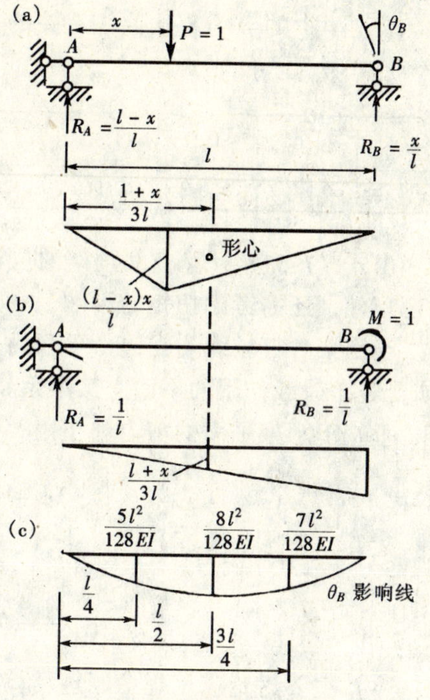

图 7-53　例 7-17 图

(a)简支梁及 M_P 图；(b)$\overline{M}_K$ 图；(c)θ_B 的影响线

§7-10　空间刚架在荷载作用下的位移计算

受任意荷载作用的空间刚架，其杆件横截面上一般有六个内力（见图 3-34），即轴向力 $N_{xP}=N_P$，分别绕截面形心主轴的两个弯矩 M_{yP}、M_{zP}，分别沿截面形心主轴的两个剪力 Q_{yP}、Q_{zP}，及扭矩 M_{tP}；与这些内力分量对应，杆件微段 ds 也有六个位移分量，即轴向位移 $\mathrm{d}u_P$，分别绕截面形心主轴的两个转角 $\mathrm{d}\theta_{yP}$、$\mathrm{d}\theta_{zP}$，分别沿截面形心主轴的两个剪切位移 $\mathrm{d}v_{yP}$、$\mathrm{d}v_{zP}$和扭转角 $\mathrm{d}\theta_{xP}$。

设空间刚架在虚拟状态单位力作用下杆件横截面上的六个内力分量为 $\overline{N}_K$、$\overline{M}_{yK}$、$\overline{M}_{zK}$、$\overline{Q}_{yK}$、$\overline{Q}_{zK}$和 $\overline{M}_{tK}$，则由变形体系的虚功原理，可得空间刚架在荷载作用下的位移计算公式为

$$\Delta_{KP} = \Sigma\int\frac{\overline{M}_{yK}M_{yP}\mathrm{d}s}{EI_y} + \Sigma\int\frac{\overline{M}_{zK}M_{zP}\mathrm{d}s}{EI_z} + \Sigma\int\frac{\overline{N}_K N_P\mathrm{d}s}{EA}$$

$$+ \Sigma\int k_y\frac{\overline{Q}_{yK}Q_{yP}\mathrm{d}s}{GA} + \Sigma\int k_z\frac{\overline{Q}_{zK}Q_{yP}\mathrm{d}s}{GA} + \Sigma\int\frac{\overline{M}_{tK}M_{tP}\mathrm{d}s}{GI_t} \tag{7-31}$$

上式中的 I_y、I_z 分别为杆件横截面对截面形心主轴 y、z 的惯性矩；GI_t 是截面的抗扭刚度，I_t 是截面的抗扭惯性矩，几种常用截面的抗扭惯性矩 I_t 见表 7-1。

表 7-1　几种常用截面的抗扭惯性矩

截　面　形　式	抗扭惯性矩 I_t	截　面　形　式	抗扭惯性矩 I_t
圆形（半径为 R）	$\frac{\pi}{2}R^4$	矩形（长边为 a，短边为 b）	βab^3
薄壁圆管（壁厚为 t）	$2\pi R^3 t$	狭长矩形（$a \gg b$）	$\frac{1}{3}(a-0.63b)b^3 \approx \frac{1}{3}ab^3$
正方形（边长为 a）	$0.141a^4$	狭长矩形组合截面	$\frac{1}{3}\Sigma a_i b_i^3$

表 7-1 中的 β 为与比值 $\frac{a}{b}$ 有关的系数，可按表 7-2 确定。

表 7-2　确定矩形截面抗扭惯性矩 I_t 的值

$\frac{a}{b}$	1.0	1.2	1.5	2.0	2.5	3.0	4.0	5.0	10.0	很大
β	0.141	0.166	0.196	0.229	0.249	0.263	0.281	0.291	0.312	0.333

由式（7-31）计算空间刚架的位移时，通常可略去轴向变形和剪切变形的影响。即除考虑弯矩外，还需考虑扭矩的影响。

当刚架各杆轴线均在同一平面内且外力均垂直于此平面时，即平面刚架承受垂直荷载时（如受竖向荷载作用的平面交叉梁系），截面上只有三种内力：绕位于刚架平面内的主轴的弯矩，垂直于刚架平面的剪力和扭矩。在这种情况下，若略去剪力影响，则位移计算公式为

$$\Delta_K = \int \frac{\overline{M}_K M_P \mathrm{d}s}{EI} + \Sigma\int \frac{\overline{M}_t M_{tP} \mathrm{d}s}{GI_t} \tag{7-32}$$

本章小结

本章主要讨论应用虚功原理计算静定结构的位移。位移计算是以虚功原理作为理论依据的，这部分内容在结构分析中十分重要，现将主要内容归纳如下：

1. 结构在荷载作用、温度改变、支座移动等外部因素影响下都会产生位移。结构的位移计算，是工程实践和结构分析中所必须掌握的重要内容。学习位移计算的目的是：(1) 核算结构的刚度。使得位移不致超出规范所允许的限值范围，以保证结构的正常使用。(2) 解决结构在施工过程中的位移计算问题。现代施工技术对力学提出了更高的要求，其中包括需要对结构进行位移计算。(3) 为超静定结构内力分析作准备。关于位移的类型除可分为线位移，角位移外，还有相对线位移、相对角位移之分，读者应理解它们的意义。

2. 虚功原理包括刚体虚功原理和变形体虚功原理，前者是后者的一个特殊情况。应用这两类虚功原理时，都要有两个互不相关的状态，即力状态和位移状态；其中一个状态是实际的，另一状态根据需要可以虚设，但要注意，两个状态必须发生在同一体系上。当力状态是实际的、位移状态是虚设时，虚功原理就称为虚位移原理，刚体的虚位移原理曾在理论力学课程中学习过；当位移状态是实际的、力状态是虚设时，虚功原理就称为虚力原理，变形体的虚力原理即为本章位移计算的理论依据。不论刚体或变形体，虚位移原理可用以求解力状态中的未知力，虚力原理可用以求解位移状态中的未知位移。为了简化计算，虚位移原理可与单位位移法配合应用，虚力原理可与单位荷载法配合应用。

3. 平面杆件结构位移计算的一般公式。

$$\Delta_{KP} = \Sigma\int \overline{M}_K \mathrm{d}\theta_P + \Sigma\int \overline{N}_K \mathrm{d}u_P + \Sigma\int \overline{Q}_K \gamma_P \mathrm{d}s - \Sigma \overline{R}c \tag{7-13}$$

该式既可以同时考虑荷载、温度改变和支座移动等因素的影响，又可以同时考虑弯矩、轴向和剪切变形的影响；既可以计算绝对位移又可以计算相对位移；既适用于静定的平面结构也适用于超静定的平面结构。若计算结果为正，表示单位荷载所作虚功为正，故所求位移的实际指向与所假设的单位荷载 $P_K = 1$ 的指向相同，为负则相反。

4. 平面杆系结构在荷载作用下的位移计算公式

$$\Delta_{KP} = \Sigma\int \frac{\overline{M}_K M_P}{EI} ds + \Sigma\int \frac{\overline{N}_K N_P}{EA} ds + \Sigma\int \frac{k\overline{Q}_K Q_P}{GA} ds \tag{7-15}$$

式（7-15）右边三项分别代表结构的弯曲变形、轴向变形和剪切变形对所求位移的影响。

在实际计算中，根据结构的不同类型，对荷载作用下的位移计算公式的一般表达式可作进一步的简化。

（1）桁架的位移计算

$$\Delta_{KP} = \Sigma\int \frac{\overline{N}_K N_P ds}{EA} = \Sigma \frac{\overline{N}_K N_P l}{EA} \tag{7-16}$$

（2）梁及刚架的位移计算

一般忽略轴向变形和剪切变形，仅考虑弯曲变形一项，即

$$\Delta_{KP} = \Sigma\int \frac{\overline{M}_K M_P ds}{EI} \tag{7-17}$$

（3）拱式结构的位移计算

对一般的拱形结构，通常也只要考虑弯曲变形的影响就已足够精确。仅当拱轴线与压力线比较接近或计算扁平拱$\left(\text{如 } r < \frac{l}{5}\right)$中的水平位移时，才需同时考虑弯曲变形和轴向变形的影响。

$$\Delta_{KP} = \Sigma\int \frac{\overline{M}_K M_P}{EI} ds + \Sigma\int \frac{\overline{N}_K N_P}{EA} ds \tag{7-18}$$

（4）组合结构的位移计算

$$\Delta_{KP} = \Sigma\int \frac{\overline{M}_K M_P ds}{EI} + \Sigma \frac{\overline{N}_K N_P l}{EA} \tag{7-19}$$

必须注意：上式等号右方第一项是对受弯杆件而言，第二项是对仅受轴力的杆件而言。

5. 应用图乘法计算位移可以避免积分运算，从而使计算方法得到了简化。但要注意图乘法的适用条件：（1）杆段的 EI 为常数。（2）必须是直杆。（3）两个弯矩图中至少有一个为直线图形，并应注意

$$\Delta_{KP} = \Sigma\int \frac{\overline{M}_K M_P}{EI} ds = \Sigma \frac{\omega y_0}{EI} \tag{7-20}$$

式中的 y_0 必须取自直线变化的弯矩图。对不符合上述条件的情况，只能仍按积分法进行位移计算。如果图乘时遇到复杂图形，应该对图形进行分解。图形分解是应用图乘法计算位移的关键所在，读者应掌握这部分内容并能运用自如。

6. 结构由于温度改变所引起的位移的一般公式

$$\Delta_{Kt} = \Sigma(\pm)\int \overline{N}\alpha t_0 ds + \Sigma(\pm)\int \overline{M}\frac{\alpha\Delta t}{h} ds \tag{7-22}$$

在应用该公式时，右边两项的正负号按如下规定来选取：若虚拟状态的变形与由于温度改变所引起的变形方向一致，则取正号；反之则取负号。

7. 支座移动在静定结构引起的位移属于刚体位移，计算公式为

$$\Delta_{KC} = -\Sigma\overline{R}c \tag{7-24}$$

式中 $\overline{R}$ 为虚拟状态中的各个支座反力，它与实际状态中的支座位移 c 相对应；$\Sigma\overline{R}c$ 为反力虚功的总和。

8. 线性弹性结构的四个互等定理，以功的互等定理为基本定理，其余三个互等定理均

是由功的互等定理派生出来的特殊情况。功的互等定理由变形体的虚功原理导出，该定理是结构力学中的基本定理之一，应用颇广。位移互等定理可应用于静定结构，也可应用于超静定结构；而反力互等定理和反力位移互等定理在超静定结构中才有用。

9. 位移影响线和内力影响线的概念是一致的，都是分析结构在单位移动荷载作用下某个指定量值的变化规律；其区别仅为前者是求指定位移的变化规律，后者是求指定内力的变化规律。位移影响线可通过位移互等定理求出，此时可把求单位移动荷载作用下的位移影响线转化为求单位固定荷载作用下的位移图，使问题得到简化。

习　题

7-1　求 C 点竖向位移 Δ_{CV}，已知各杆 EA 相同。

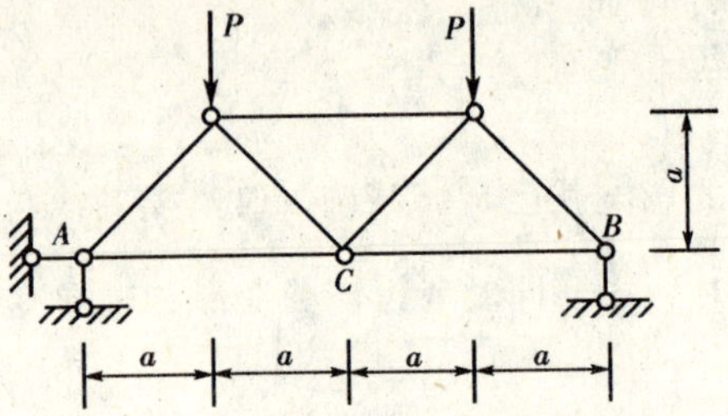

题 7-1 图

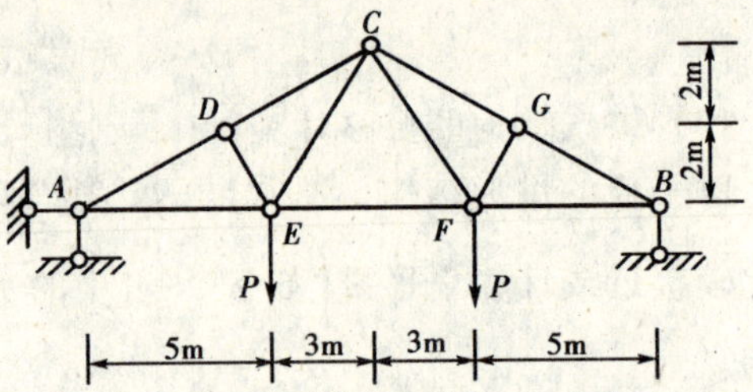

题 7-2 图

7-2　已知各杆截面相同，横截面面积 $A = 30\text{cm}^2$，$E = 20.6 \times 10^6\text{N/cm}^2$，$P = 98.1\text{kN}$。求 C 点竖向位移 Δ_{CV}。

7-3　试求 D 点竖向位移 Δ_{DV} 和 BC 杆的角位移 θ_{BC}。已知材料的弹性模量 $E = 21000\text{kN/cm}^2$，各杆的横截面面积 A 分别注于杆旁的括号中，单位为 cm^2。

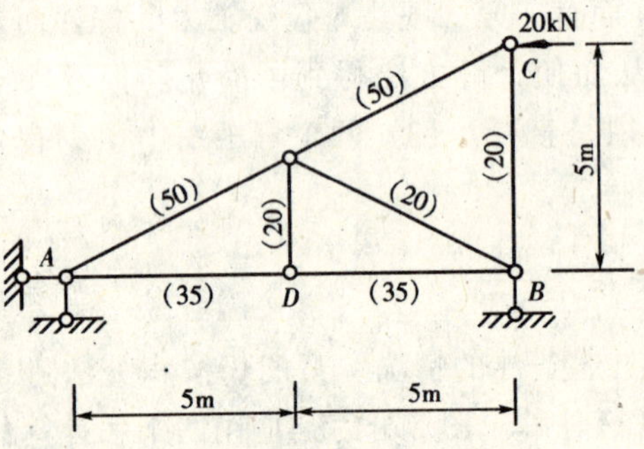

题 7-3 图

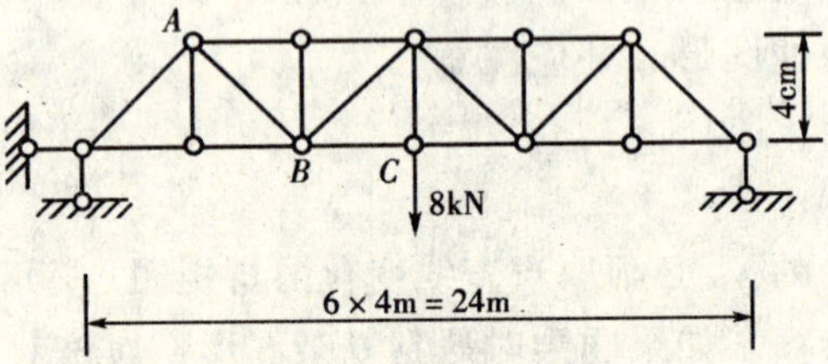

题 7-4 图

7-4　已知各杆的 EA 为常数，求 AB、BC 两杆之间的相对转角 $\Delta\angle ABC$。

7-5　试用积分法求 B 点竖向位移 Δ_{BV}，忽略剪切变形影响。

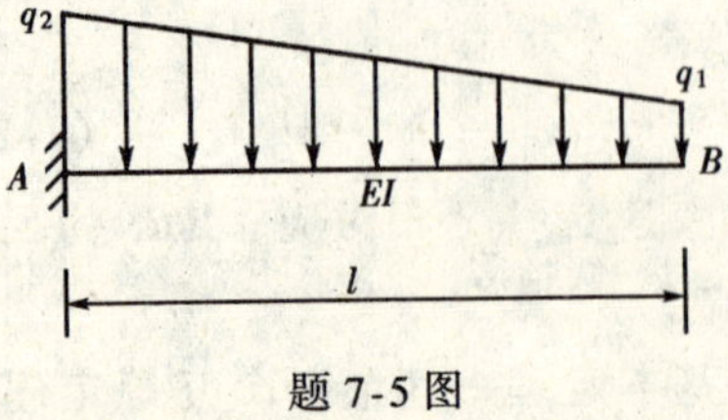

题 7-5 图

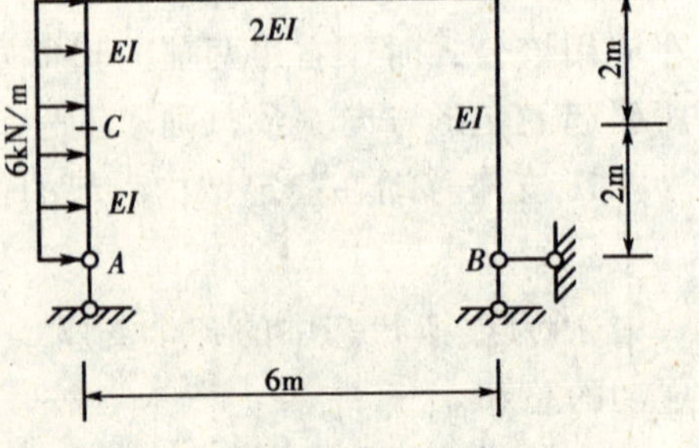

题 7-6 图

7-6　试用积分法求 C 点水平位移 Δ_{CH}，忽略轴向变形和剪切变形影响。

7-7　试求等截面圆弧形曲杆 B 截面的转角 θ_B。

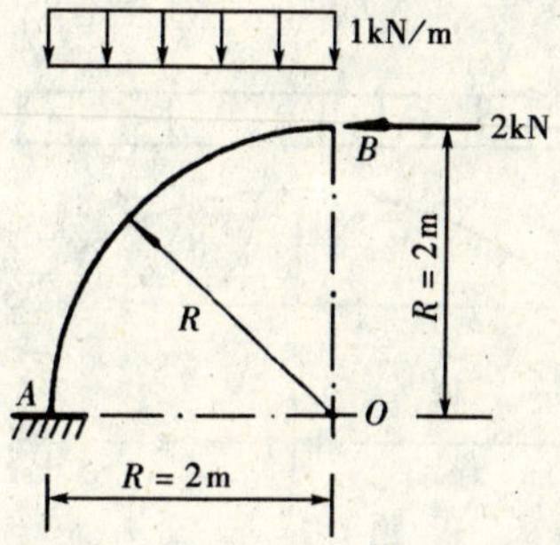

题 7-7 图

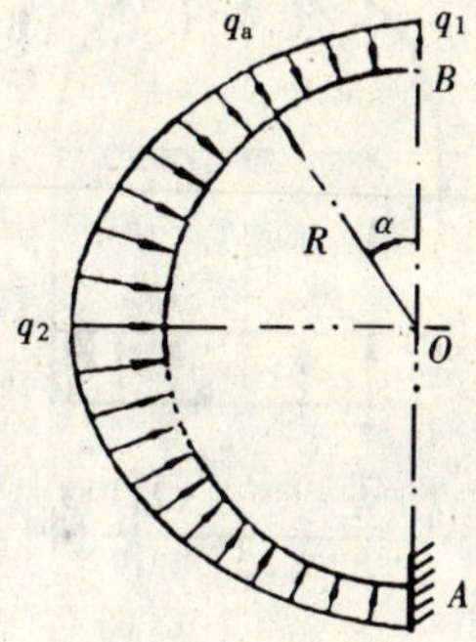

题 7-8 图

7-8　求图示等截面圆弧形曲杆 B 点的竖向位移 Δ_{BV}，已知径向分布荷载

$$q_\alpha = q_1\ [1 + (m-1)\sin\alpha],\ m = q_2/q_1,$$

忽略轴向变形和剪切变形的影响。

7-9　求等截面圆弧形曲杆 B 截面的转角 θ_B 及水平位移 Δ_{BH}，只考虑弯曲变形的影响。

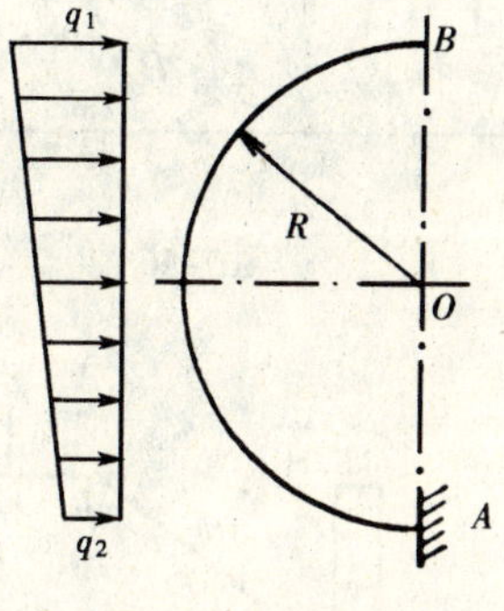

题 7-9 图

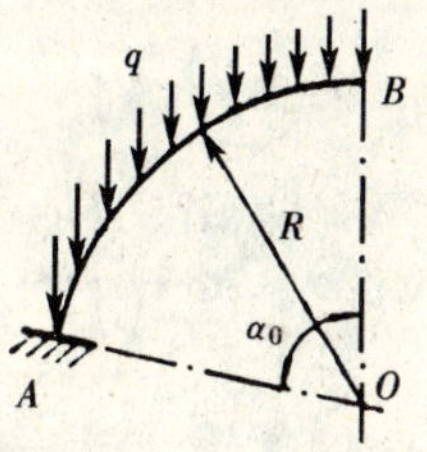

题 7-10 图

7-10　求等截面圆弧形曲杆在图示沿杆轴分布的均布荷载作用下的 B 截面转角 θ_B，只考虑弯曲变形的影响。

7-11　求等截面半圆形曲梁 B 点的水平位移 Δ_{BH}，忽略轴向变形及剪切变形的影响。

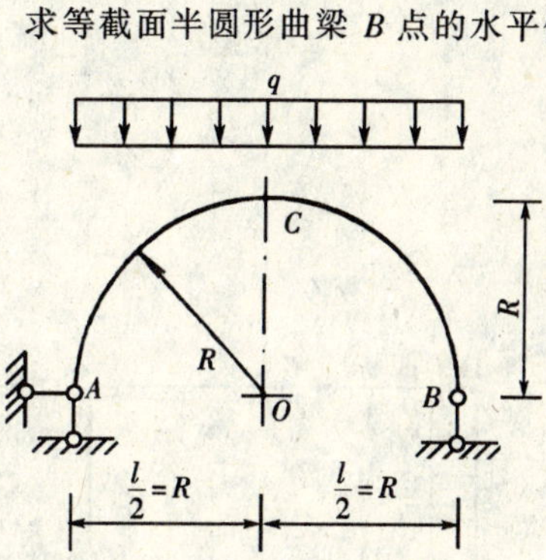

题 7-11 图

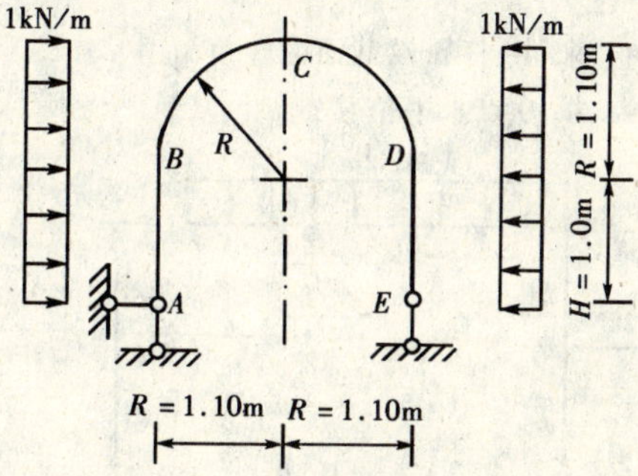

题 7-12 图

7-12　求 E 点的水平位移 Δ_{EH}，已知各杆 EI = 常数。

7-13　求 C、C 截面的相对水平位移 $\Delta_{(CC)H}$，已知 $EI_2 = 1.94EI_1$。

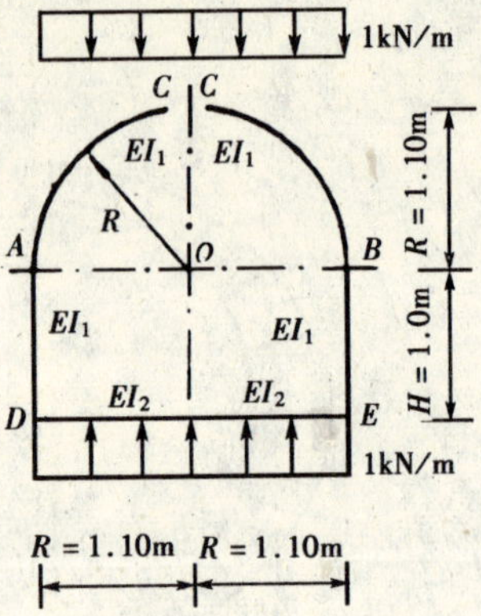

题 7-13 图

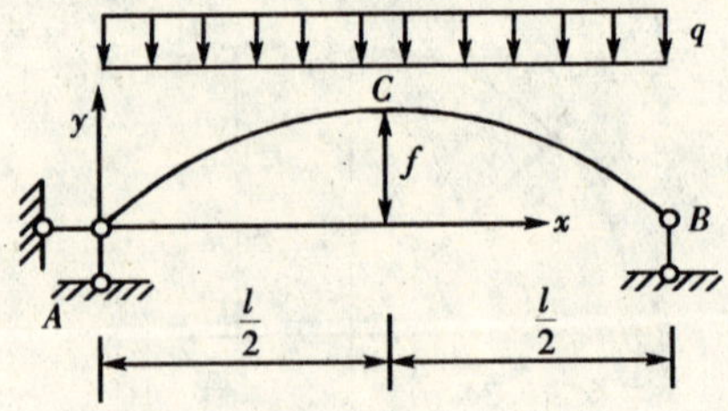

题 7-14 图

7-14 已知拱轴方程为 $y=\dfrac{4f}{l^2}x\ (l-x)$，$EI$ = 常数，忽略轴向变形及剪切变形的影响，并近似地取 $ds=dx$，求 B 点水平位移 Δ_{BH}。

7-15 求 C 点竖向位移 Δ_{CV}，已知 EI = 常数。

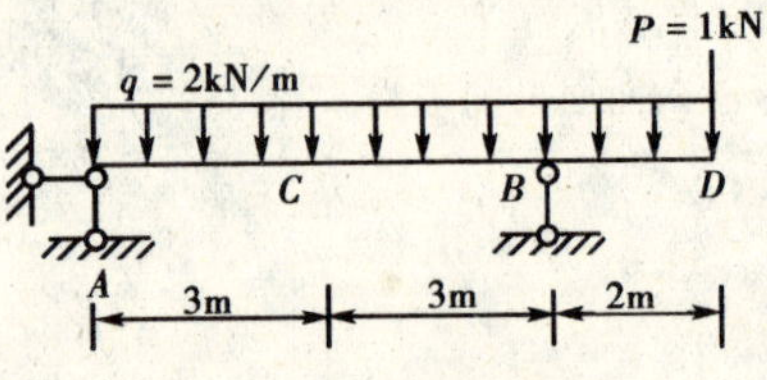

题 7-15 图

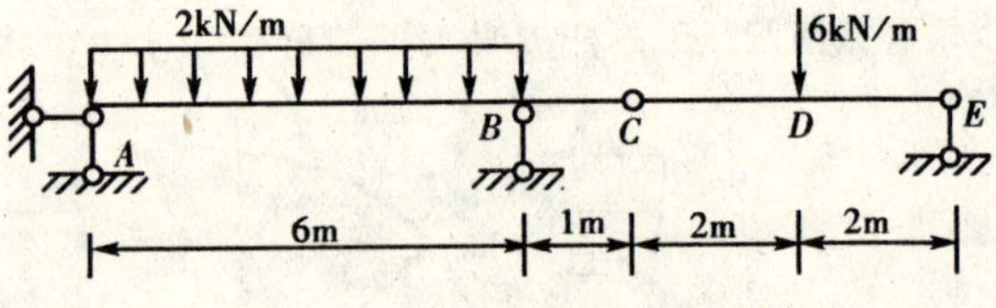

题 7-16 图

7-16 求 D 点竖向位移 Δ_{DV}，各杆 EI = 常数。

7-17 求 C 点水平位移 Δ_{CH}，各杆 EI = 常数。

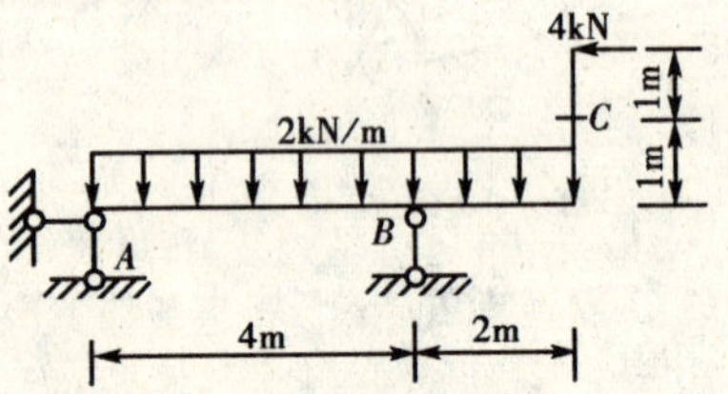

题 7-17 图

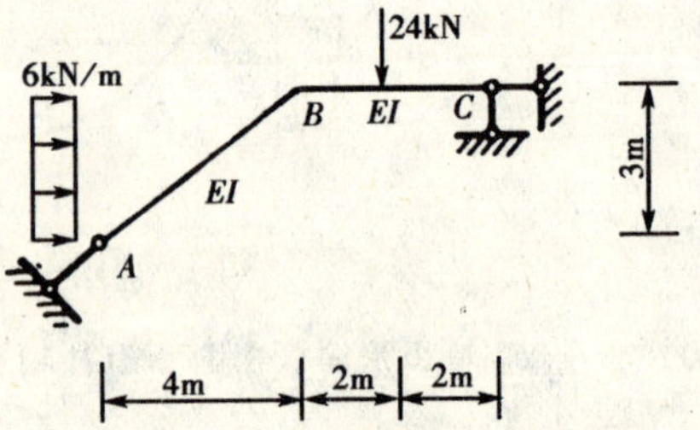

题 7-18 图

7-18 求 AB 杆 A 端截面的转角 θ_A

7-19 求 D 点水平位移 Δ_{DH}

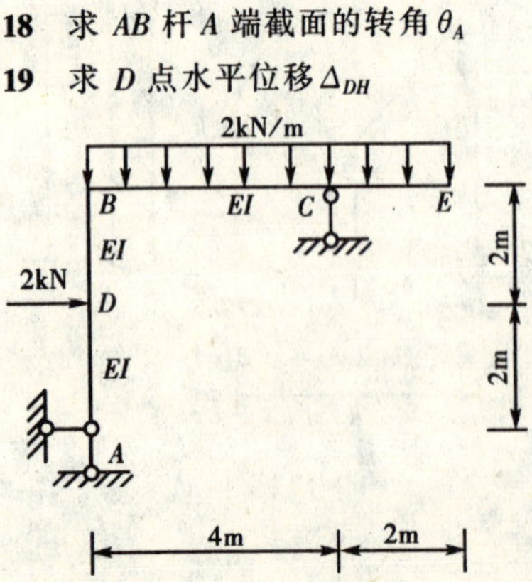

题 7-19 图

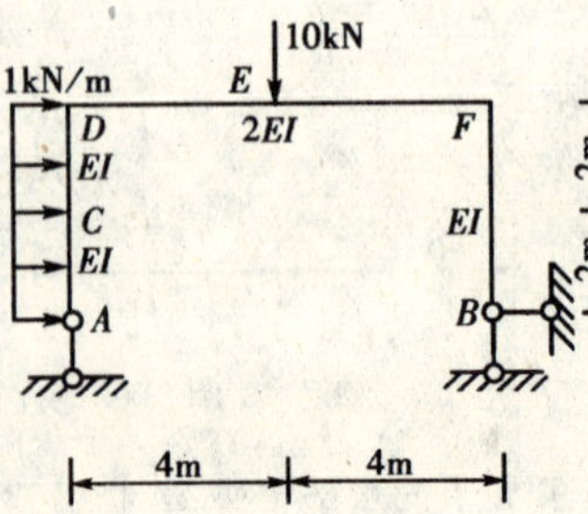

题 7-20 图

7-20～7-21　求 C 点水平位移 Δ_{CH}

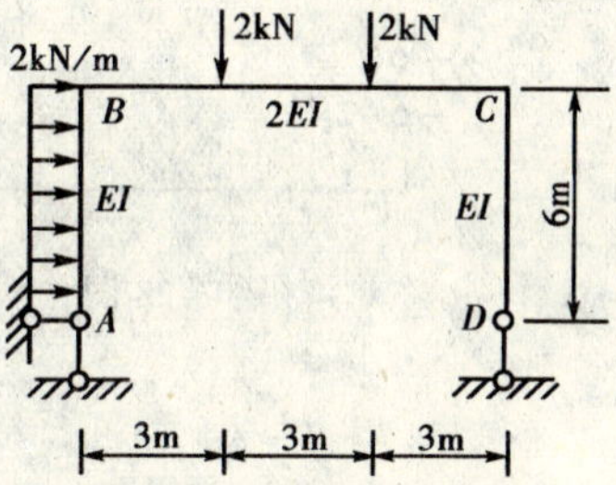

题 7-21 图

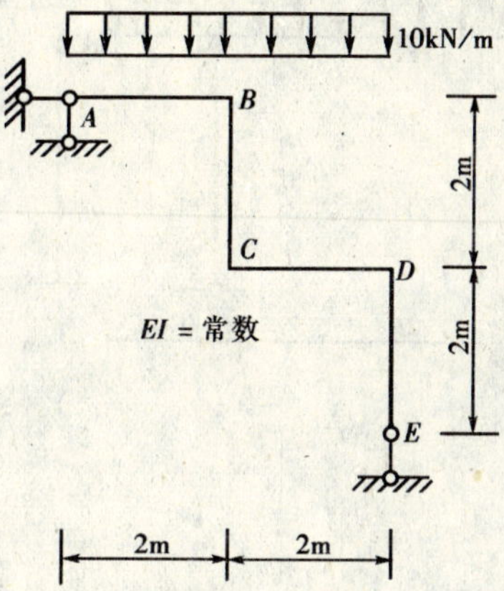

题 7-22 图

7-22　求 E 点水平位移 Δ_{EH}

7-23～7-24　求 C 点水平位移 Δ_{CH}，已知各杆 EI = 常数。

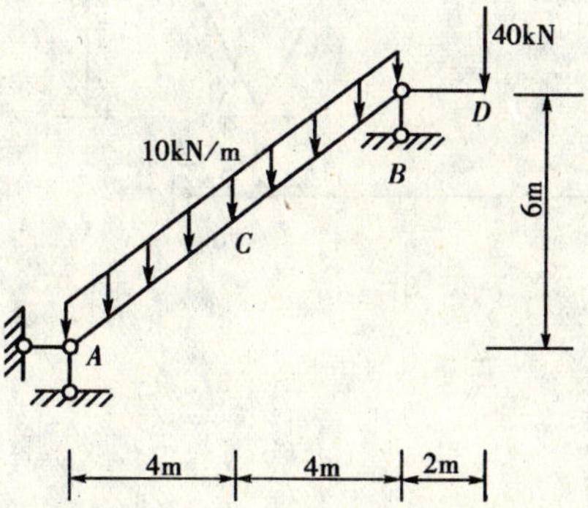

题 7-23 图

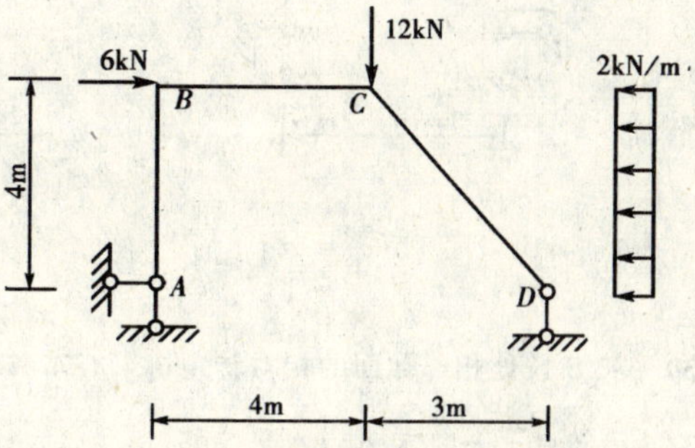

题 7-24 图

7-25　求 B 点水平位移 Δ_{BH}

7-26　求 B 点及 D 点的竖向位移 Δ_{BV} 及 Δ_{DV}

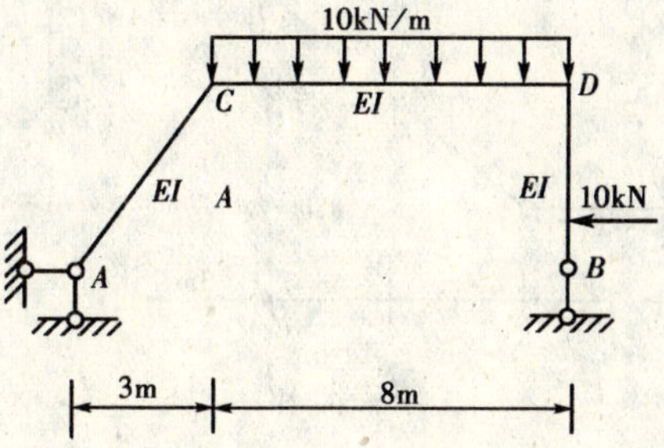

题 7-25 图

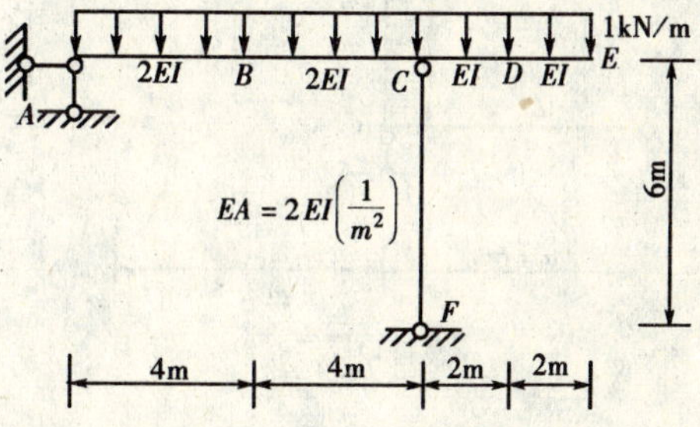

题 7-26 图

7-27　求 A 点竖向位移 A_{AV}。

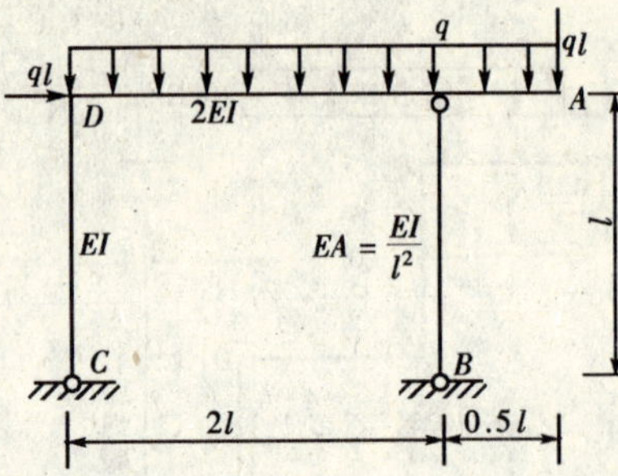

题 7-27 图

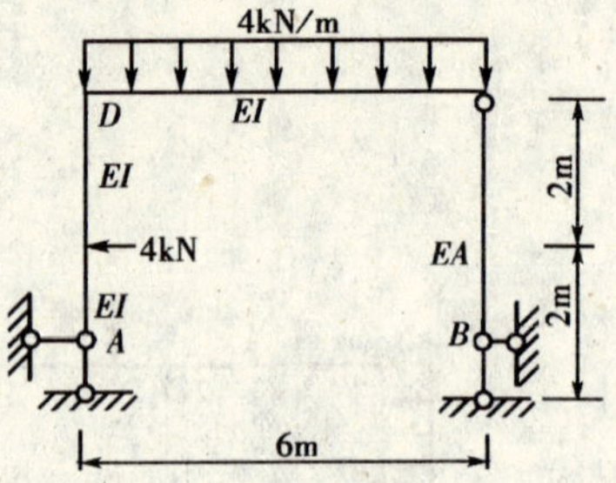

题 7-28 图

7-28 已知 $EA=2EI\left(\frac{1}{m^2}\right)$，求结点 C 的转角 θ_C。

7-29 EI 和 EA 均为已知，试求 BC 杆的转角 θ_{BC}。

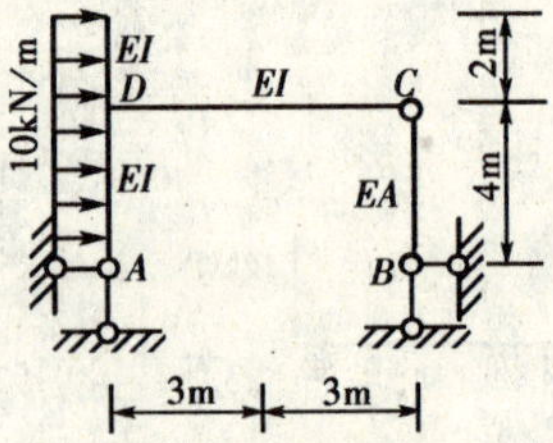

题 7-29 图

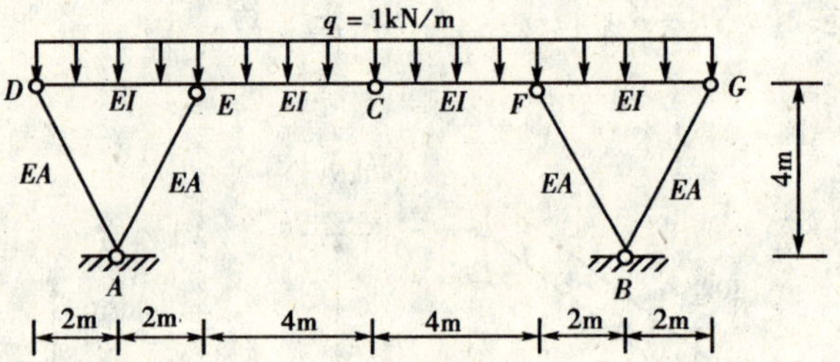

题 7-30 图

7-30 求 C 铰处相邻截面的相对转角 θ_{CC}，EA 和 EI 各为常数。

7-31 已知 $A=\frac{I}{a^2}$，求 A 点水平位移 Δ_{AH}。

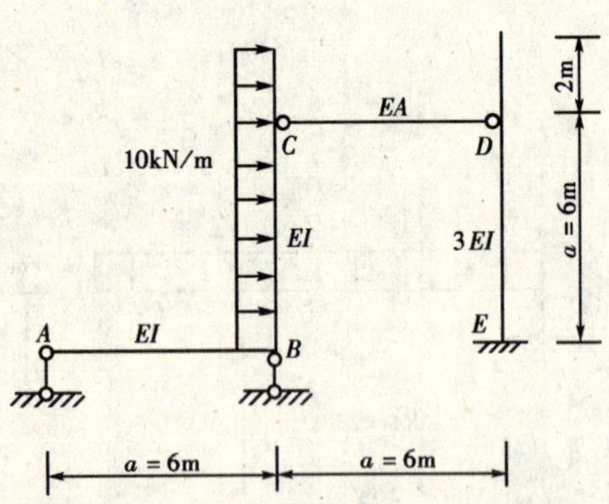

题 7-31 图

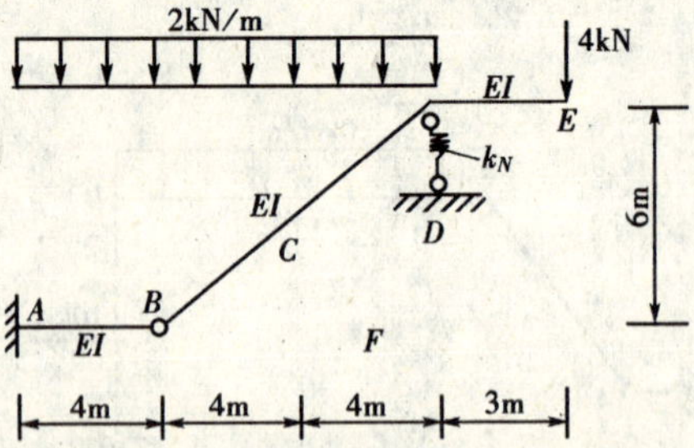

题 7-32 图

7-32 设 EI 和弹性支座 D 的轴向刚度系数 k_N 为已知，试求 C 点的竖向位移 Δ_{CV} 及 E 截面的转角 θ_E。

7-33 设 $EI_1=\infty$，k_N、EA 及 EI 均为已知，试求 D 点的竖向位移 Δ_{DV}。

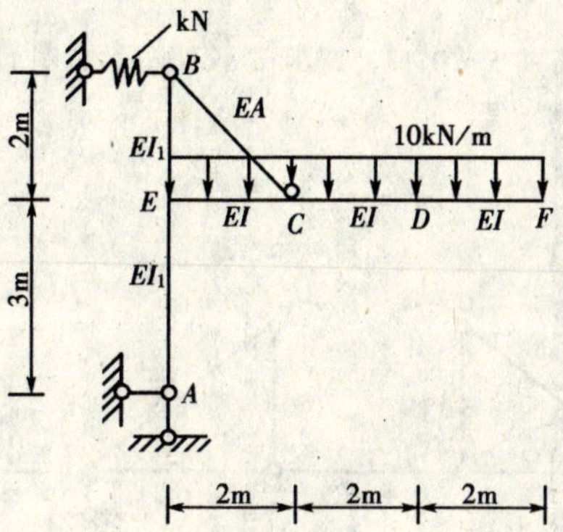

题 7-33 图

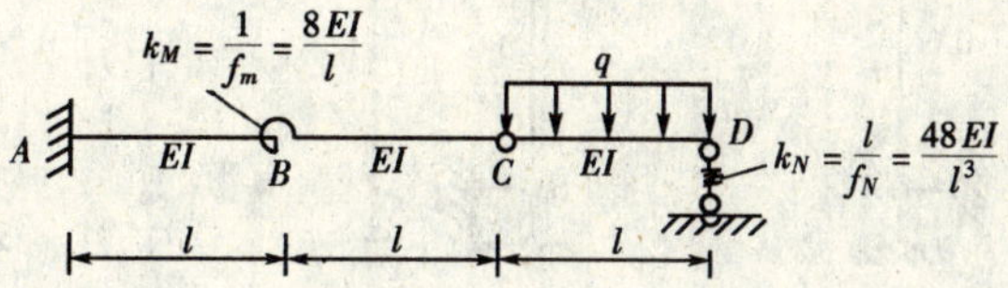

题 7-34 图

7-34　已知 $k_N = \frac{1}{f_N} = \frac{48EI}{l^3}$，$k_N = \frac{1}{f_M} = \frac{8EI}{l}$，求 C 铰处相邻截面的相对转角 θ_{CC}。

7-35　已知 $f_M = \frac{l}{15EI}$，$f_N = \frac{l^3}{5EI}$，求 C 点竖向位移 Δ_{CV}。

7-36　求 D 点竖向位移 Δ_{DV}

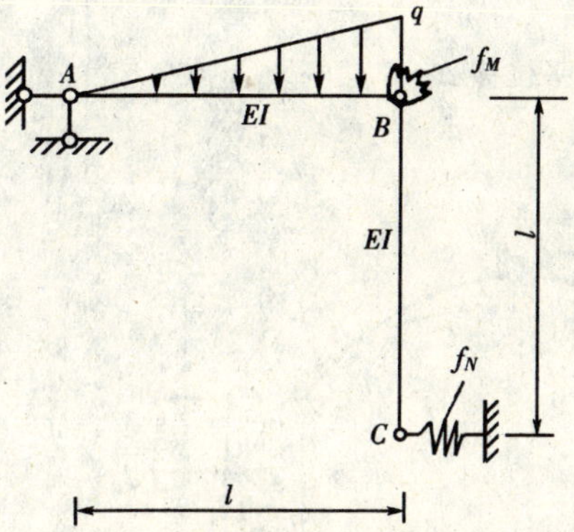

题 7-35 图

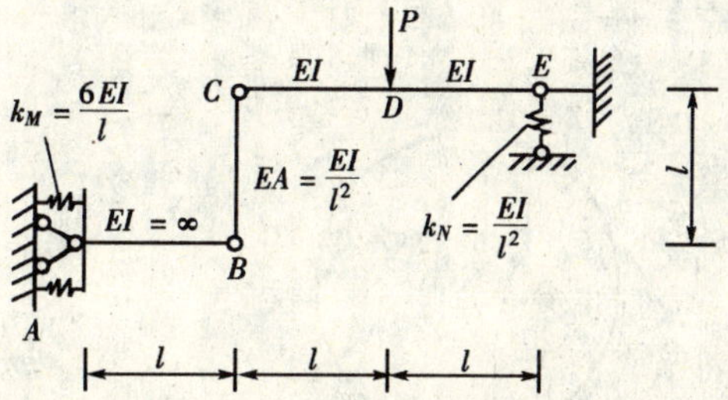

题 7-36 图

7-37　已知各杆横截面均为矩形，截面高度 $h = l/20$，材料线膨胀系数为 α，试求 D 截面的竖向位移 Δ_{DV}，水平位移 Δ_{DH} 及角位移 θ_D。

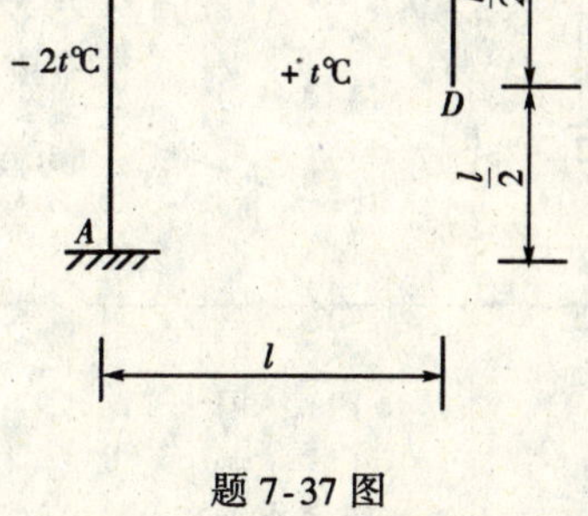

题 7-37 图

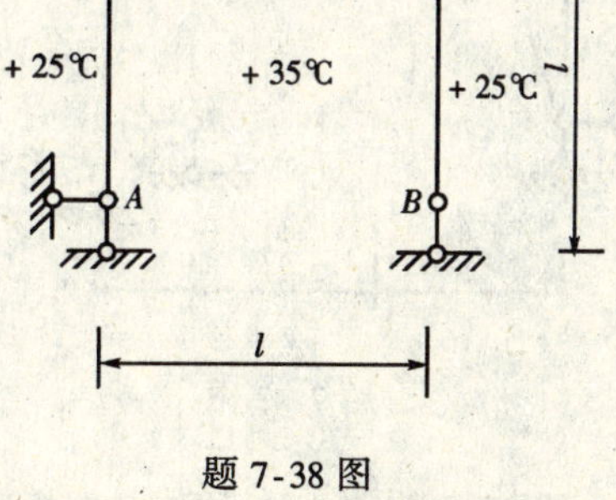

题 7-38 图

7-38　已知材料的线膨胀系数为 α，各杆横截面尺寸相同，截面形状为矩形，截面高度 $h = l/10$，求 B 点

水平位移 Δ_{BH}。

7-39 已知材料的线膨胀系数为 α，各杆的横截面为矩形，截面高度 $h=0.1l$，试求 C 铰处左、右截面的相对转角 θ_{CC}。

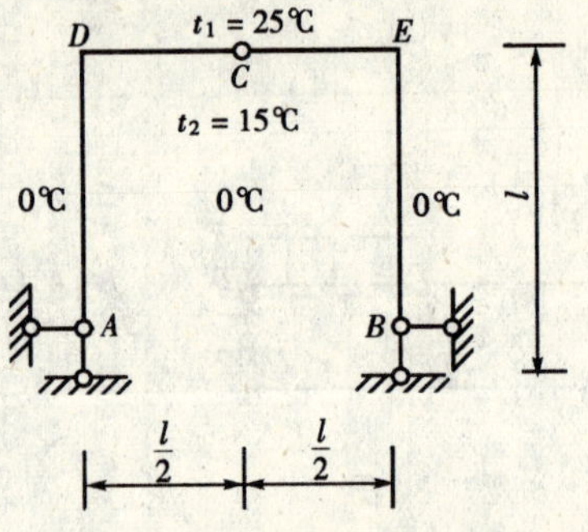

题 7-39 图

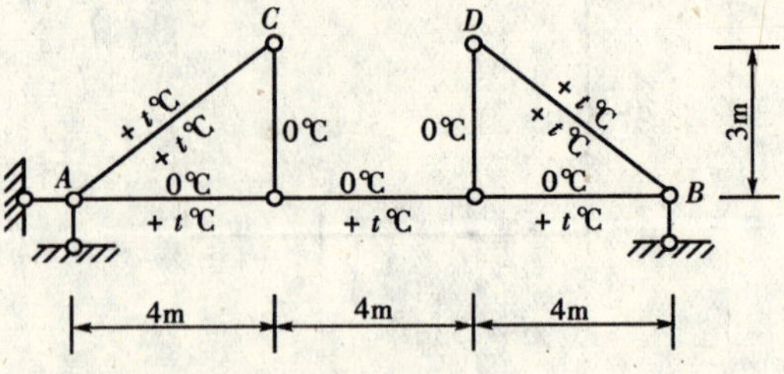

题 7-40 图

7-40 杆件 AB 下侧温度升高 t℃，上侧温度不变。杆件 AC 及 BD 的温度各均匀升高 t℃，其余杆件温度不变。已知材料的线膨胀系数为 α，AB 杆横截面为矩形，截面高度 $h=0.5$m。试求 C、D 两点之间的相对水平位移 $\Delta_{(CD)H}$。

7-41 已知半径 $R=3$m 的等截面圆弧形曲杆，矩形截面高度 $h=30$cm，线膨胀系数为 α，求 CC 截面的相对转角 θ_{CC}。

7-42 求 CC 截面的相对转角 θ_{CC}，相对竖向位移 $\Delta_{(CC)V}$，相对水平位移 $\Delta_{(CC)H}$。

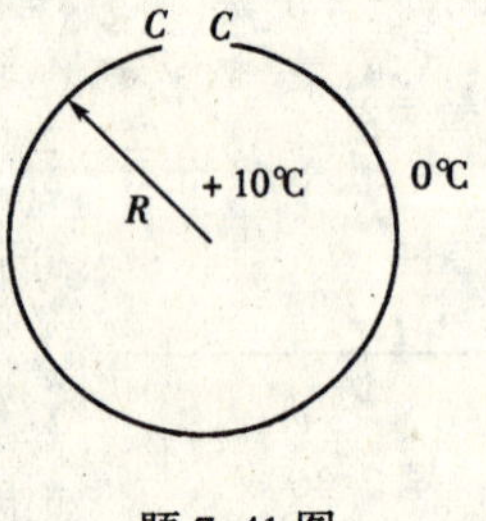

题 7-41 图

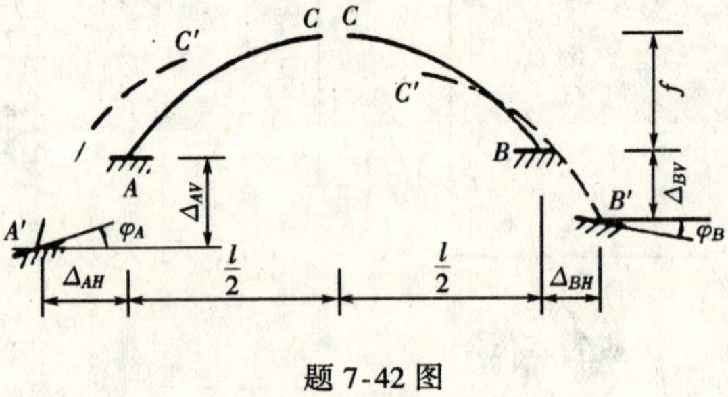

题 7-42 图

7-43～7-44 求 C 铰处左、右截面的相对转角 θ_{CC}。

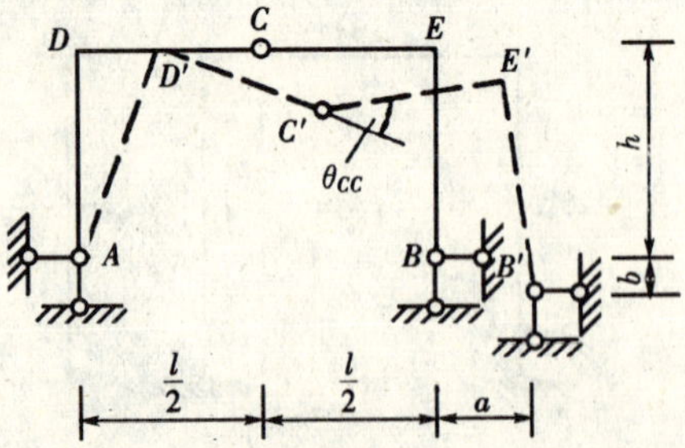

题 7-43 图

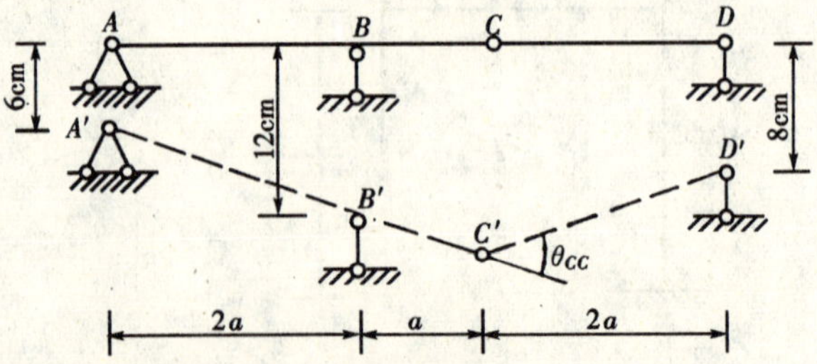

题 7-44 图

7-45 图示跨度为 48m 的下承式铁路桁架桥，下弦各杆制造时比设计尺寸各缩短了 0.5cm，试求结点 C 的竖向位移 Δ_{CV}。

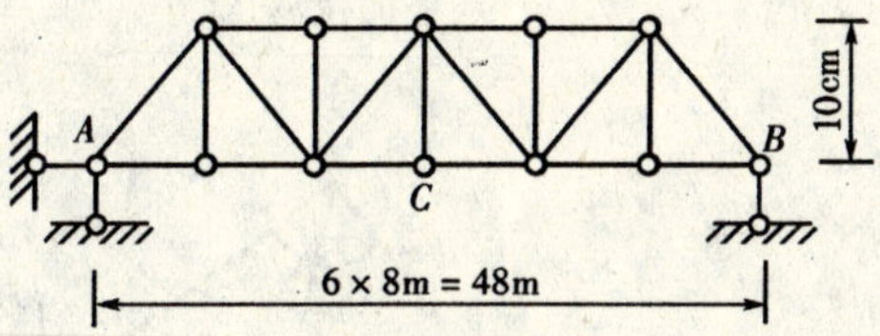

题 7-45 图

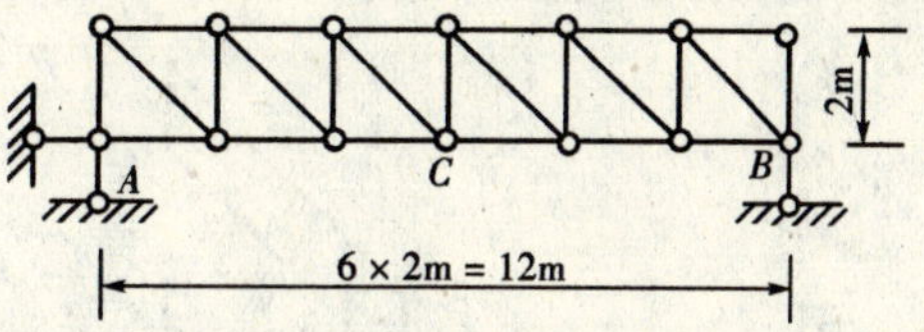

题 7-46 图

7-46　欲在图示桁架下弦结点 C 设置向上的上拱度 3cm，问上弦六根杆件如何制造才能达到此要求？（要求这六根杆件制造的长度相同，其他杆件按设计的精确尺寸制造）

7-47　图示静定梁中，由于制造误差 AB 和 BC 两段均成半径为 $R=400\text{m}$ 的圆弧形。装配时 AB 段向上凸出放置，BC 段向下凸出放置，如图中虚线所示，试求 BC 段中点 D 的竖向位移 Δ_{DV}。

7-48　BC 杆有图示的温度改变，D 支座有竖向沉陷 v_D，BC 杆横截面为矩形，截面高为 h，线膨胀系数为 α，求 B 点的竖向位移 Δ_{BV}。

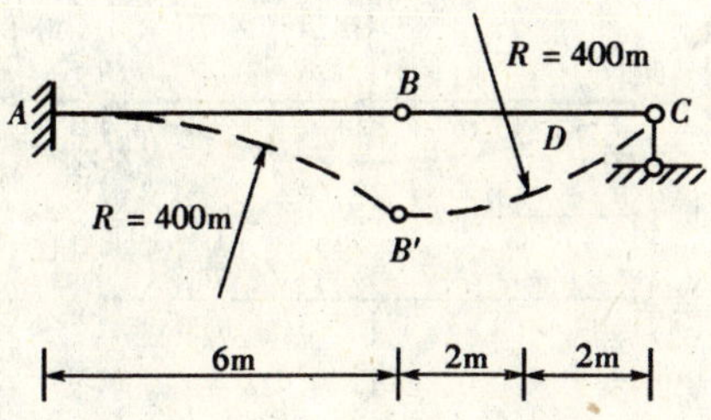

题 7-47 图

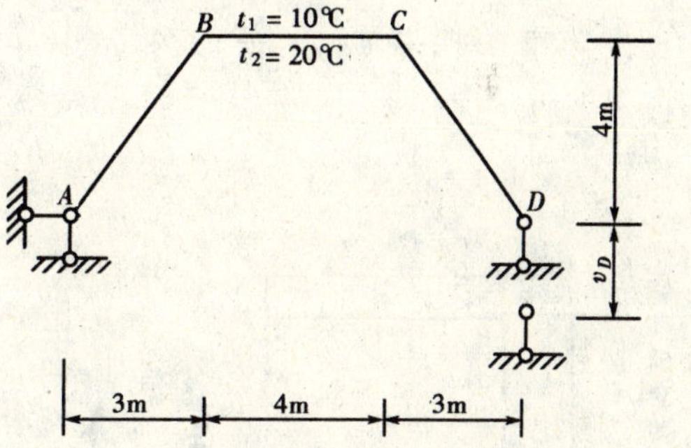

题 7-48 图

7-49　AB 杆温度升高 t℃，BC 杆由于制造误差缩短 δ，试求 $\angle ABC$ 的改变量 $\Delta\angle ABC$，AB 杆的线膨胀系数为 α。

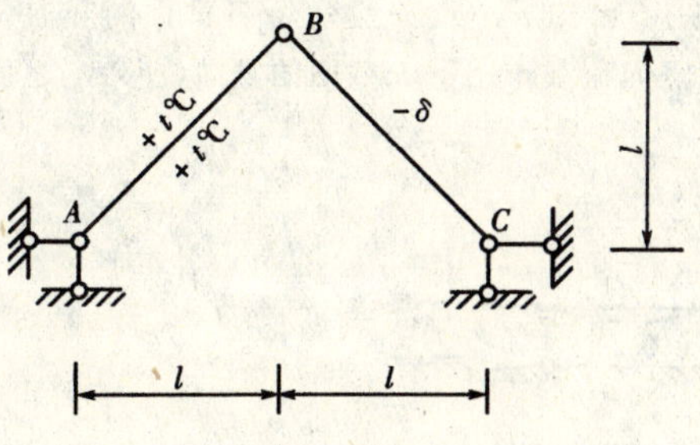

题 7-49 图

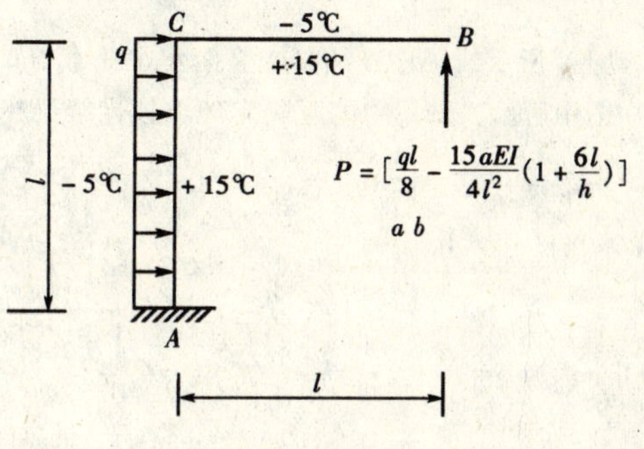

题 7-50 图

7-50　已知各杆 $EI=$ 常数，杆件横截面为矩形，截面高为 h，线膨胀系数为 α，求 B 点的竖向位移 Δ_{BV}。

***7-51**　图为一水平面的刚架，$\angle ABC=90°$，承受竖向均布荷载 $q=20\text{N/cm}$，$a=60\text{cm}$，$b=40\text{cm}$，各杆均

为直径 $d=3\text{cm}$ 的圆钢，$E=2.1\times10^7\text{N/cm}^2$，$G=0.8\times10^7\text{N/cm}^2$，求 C 点竖向位移 Δ_{CV}。

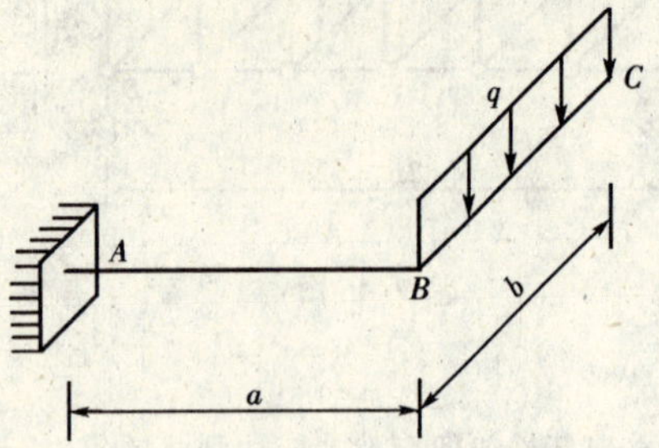

题 7-51 图

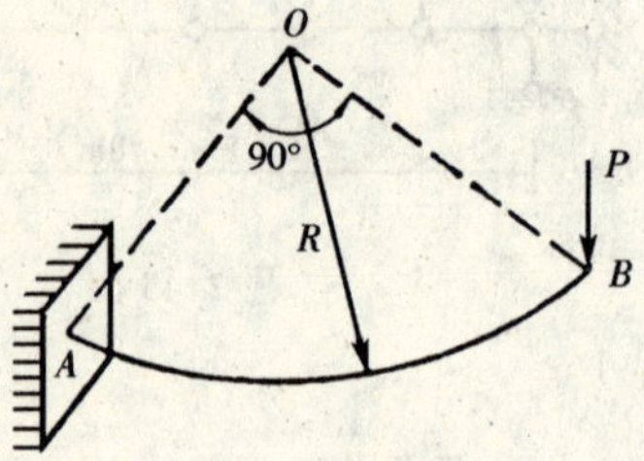

题 7-52 图

*7-52 图示水平面内的曲杆为$\frac{1}{4}$圆周，B 点受竖向荷载作用，杆件的抗弯刚度 EI 及抗扭刚度 GJ 均为常数，求 B 点竖向位移 Δ_{BV}。

7-53 试用功的互等定理求 C 点的竖向位移 Δ_{CV}

7-54 已知图 a 所示梁的挠曲线 $y(x)=\frac{Px}{48EI}(3l^2-4x^2)$，$\left(0\leqslant x\leqslant\frac{l}{2}\right)$。试用功的互等定理证明图 b 所示梁的跨中挠度 $y_C=\frac{5ql^4}{384EI}$。

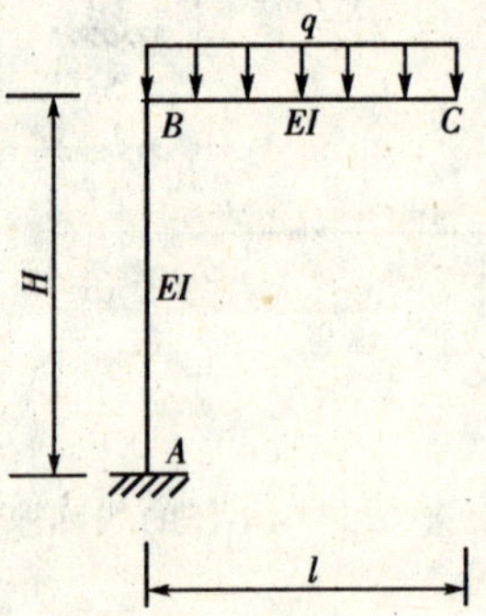

题 7-53 图

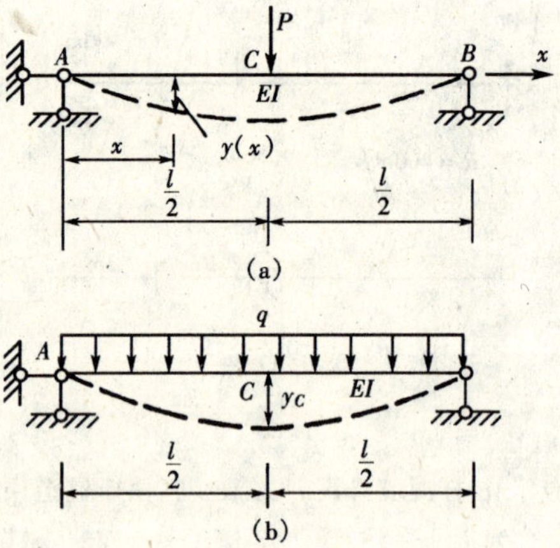

题 7-54 图

7-55 图 a 所示线弹性连续梁受竖向集中荷载 $P=500\text{kN}$ 作用，已知 a、b、c、d、e 各截面的竖向位移如图中所示，试用功的互等定理求该连续梁在图 b 所示竖向荷载作用下 b 截面的竖向位移 Δ_{bV}之值。

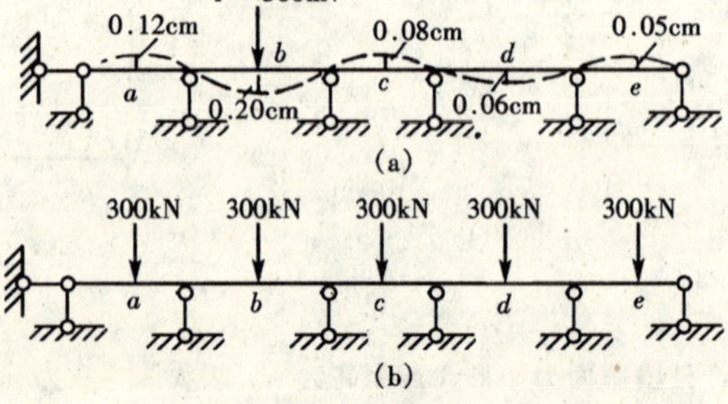

题 7-55 图

*7-56　已知弹性支座 B 的轴向刚度系数为 k_N，试求 AB 杆 A 端的转角影响线方程 $\theta_A(x)$。

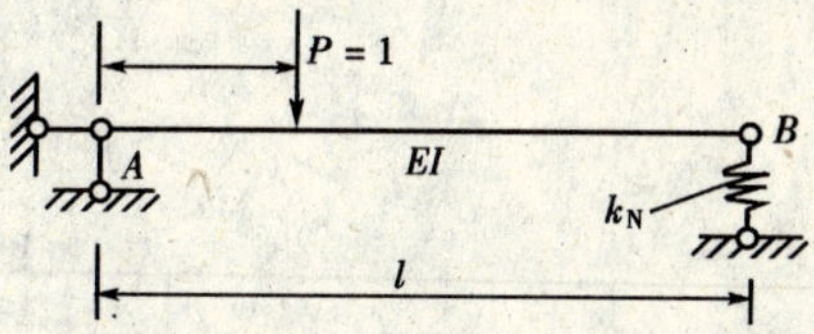

题 7-56 图

*7-57　试求等截面（EI = 常数）悬臂梁截面 C 的转角影响线方程 $\theta_C(x)$ 及 B 点的竖向位移影响线方程 $\delta_{BV}(x)$。

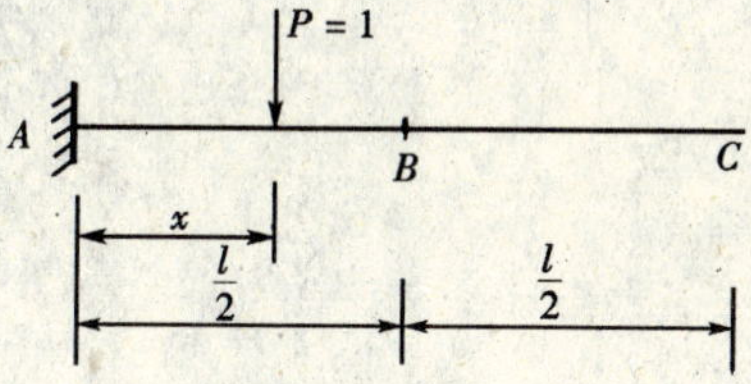

题 7-57 图

部分习题答案

7-1　$\Delta_{CV} = \dfrac{6.83Pa}{EA}$（↓）

7-2　$\Delta_{CV} = 1.15\text{cm}$（↓）

7-3　$\Delta_{DV} = 0.0133\text{cm}$（↓），$\theta_{BC} = 6.5 \times 10^{-5}\text{rad}$（↶）

7-4　$\Delta\angle ABC = \dfrac{12 - 4\sqrt{2}}{EA}$（↷↶）

7-5　$\Delta_{BV} = \dfrac{11q_1l^4}{120EI} + \dfrac{q_2l^4}{30EI}$（↓）

7-6　$\Delta_{CH} = \dfrac{1252}{EI}$（→）

7-7　$\theta_B = \dfrac{1.42}{EI}$（↷）

7-8　$\Delta_{EV} = \dfrac{q_1R^4}{EI}\left[2 + \dfrac{3\pi}{8}(m-1)\right]$（↓）

7-9　$\theta_B = \dfrac{\pi R^3}{24EI}(13q_1 + 5q_2)$（↷）

$\Delta_{BH} = \dfrac{\pi R^4}{96}(85q_1 + 35q_2)$（→）

7-10　$\theta_B = \dfrac{qR^3}{EI}[2\sin\alpha_0 - \alpha_0(1 + \cos\alpha_0)]$（↷）

7-11　$\Delta_{BH} = \dfrac{ql^4}{24EI}$（→）

7-12　$\Delta_{EH} = \dfrac{9.720}{EI}$（←）

7-13　$\Delta_{(CC)H} = \dfrac{3.078}{EI_1}$（→←）

7-14　$\Delta_{BH} = \dfrac{qfl^3}{15EI}$（→）

7-15　$\Delta_{CV} = \dfrac{81}{4EI}$（↓）

7-16　$\Delta_{DV} = \dfrac{5}{2EI}$（↓）

7-17 $\Delta_{CH}=\dfrac{82}{3EI}$ (←)

7-18 $\theta_A=\dfrac{57}{EI}$ (↷)

7-19 $\Delta_{DH}=\dfrac{112}{3EI}$ (→)

7-20 $\Delta_{CH}=\dfrac{126}{EI}$ (→)

7-21 $\Delta_{CH}=\dfrac{918}{EI}$ (→)

7-22 $\Delta_{EH}=\dfrac{520}{3EI}$ (→)

7-23 $\Delta_{CH}=\dfrac{325}{EI}$ (→)

7-24 $\Delta_{CH}=\dfrac{144}{7EI}$ (←)

7-25 $\Delta_{BH}=\dfrac{2225}{EI}$ (→)

7-26 $\Delta_{BV}=\dfrac{72.5}{3EI}$ (↓)，$\Delta_{DV}=\dfrac{541}{12EI}$ (↓)

7-27 $\Delta_{AV}=\dfrac{4.103ql^4}{EI}$ (↓)

7-28 $\theta_C=\dfrac{212}{9EI}$ (↷)

7-29 $\theta_{BC}=\dfrac{20}{EA}+\dfrac{600}{EI}$ (↷)

7-30 $\theta_{CC}=\dfrac{37.33}{EI}+\dfrac{22.36}{EA}$ (↷↶)

7-31 $\Delta_{AH}=\dfrac{23460}{EI}$ (→)

7-32 $\Delta_{CV}=\dfrac{524}{3EI}+\dfrac{6.75}{k_N}$ (↓)，$\theta_E=\dfrac{62}{EI}-\dfrac{27}{16k_N}$ (↷)

7-33 $\Delta_{DV}=\dfrac{720\sqrt{2}}{EA}+\dfrac{640}{3EI}+\dfrac{28.8}{k_N}$ (↓)

7-34 $\theta_{CC}=\dfrac{77ql^3}{32EI}$ (↷↶)

7-35 $\Delta_{CV}=\dfrac{ql^4}{3EI}$ (↓)

7-36 $\Delta_{DV}=\dfrac{17Pl^3}{24EI}$ (↓)

7-37 $\Delta_{DV}=\dfrac{359\alpha tl}{4}$ (↑)，$\Delta_{DH}=37\alpha tl$ (→)，$\theta_D=150\alpha t$ (↷)

7-38 $\Delta_{BH}=230\alpha l$ (→)

7-39 $\theta_{CC}=80\alpha$ (↷↶)

7-40 $\Delta_{(CD)H}=54.5\alpha t$ (→←)

7-41 $\theta_{CC}=200\pi\alpha$ (↶↷)

7-42 $\theta_{CC}=\varphi_A+\varphi_B$ (↶↷)，$\Delta_{(CC)V}=\Delta_{Av}-\Delta_{Bv}+\dfrac{l}{2}(\varphi_B-\varphi_A)$ (↑↓)

$\Delta_{(CC)H}=\Delta_{AH}+\Delta_{BH}+f(\varphi_A+\varphi_B)$ (←→)

7-43 $\theta_{CC}=\dfrac{a}{h}$ (↷↶)

7-44 $\theta_{CC}=\dfrac{13}{2a}$ (↷↶)

7-45 $\Delta_{CV}=2\text{cm}$ (↑)

7-46　上弦各杆伸长 $\lambda = \frac{1}{2}\text{cm}$

7-47　$\Delta_{DV} = 2.75\text{cm}$（↓）

7-48　$\Delta_{BV} = 0.3V_D + 60\frac{\alpha}{h}$

7-49　$\Delta\angle ABC = -\alpha t + \frac{\delta}{l\sqrt{2}}$（↷↶）

7-50　$\Delta_{BV} = 0$

***7-51**　$\Delta_{CV} = \frac{qb}{EI}\left(\frac{b^3}{8} + \frac{a^3}{3}\right) + \frac{qb^3 a}{2GJ} = 1.37\text{cm}$（↓）

***7-52**　$\Delta_{BV} = PR^3\left(\frac{\pi}{4EI} + \frac{3\pi - 8}{4GJ}\right)$（↓）

7-53　$\Delta_{CV} = \frac{ql^4}{8EI} + \frac{ql^3 H}{2EI}$（↓）

7-54　$\Delta_{bV} = 0.006\text{cm}$（↓）

***7-55**　$\theta_A(x) = \frac{x(l-x)(2l-x)}{6EIl} + \frac{x}{l^2 k_N}$（↷）

***7-56**　$\theta_C(x) = \frac{x^2}{2EI}$

$\delta_{BV}(x) = \frac{x^2}{6EI}\left(\frac{3l}{2} - x\right)$，$0 \leqslant x \leqslant \frac{l}{2}$

$\delta_{BV}(x) = \frac{l^2}{24EI}\left(3x - \frac{l}{2}\right)$，$\frac{l}{2} \leqslant x \leqslant l$

第8章

力　法

§8-1　超静定结构的组成和超静定次数的确定

一、超静定结构的组成

在以上各章中，我们讨论了静定结构的内力和位移的计算。静定结构的支座反力和各截面的内力，都可以用静力平衡条件惟一地确定，故称之为静定。在工程实际中还有另一类结构，它们的反力和内力只凭静力平衡条件是不能确定或不能全部确定，而必须同时考虑变形协调条件和物理条件，这类结构就叫做超静定结构。例如图 8-1a 所示的连续梁，其反力仅凭静力平衡条件是无法完全确定的，其内力也就不能求得。又如图 8-1c 所示的桁架，虽然它的反力和部分杆件的内力可以由静力平衡条件求出，但不能确定全部杆件的内力，所以这两个结构都是超静定结构。

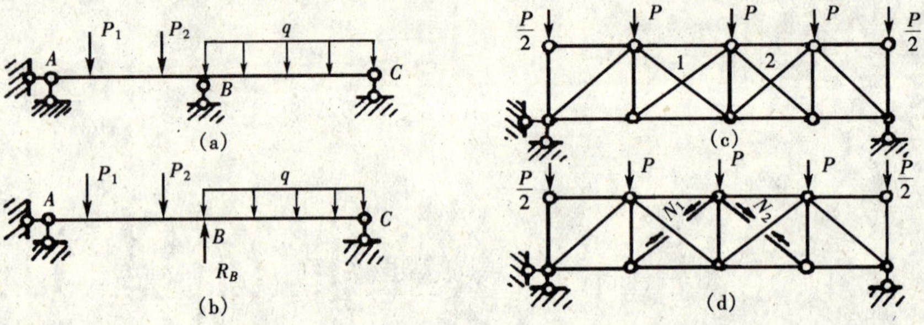

图 8-1　超静定结构

(a) 超静定梁；(b) 外部超静定；(c) 超静定桁架；(d) 内部超静定

超静定结构就其几何构造来说，与静定结构一样，必须是几何不变的。对于静定结构，若去掉任一联系，则将变成几何可变体系。例如图 8-2a 所示的简支梁，若去掉支座 B 处的支杆，就变成了图 8-2b 所示的几何可变体系。但超静定结构若去掉其某一个或某几个多余联系后，仍然可以是一个几何不变体系。例如图 8-1a 所示的连续梁，若去掉支座处的支座链杆，就得到图 8-1b 所示的梁，它是几何不变的。又如图 8-1c 所示的桁架，若截断其中不在同一节间

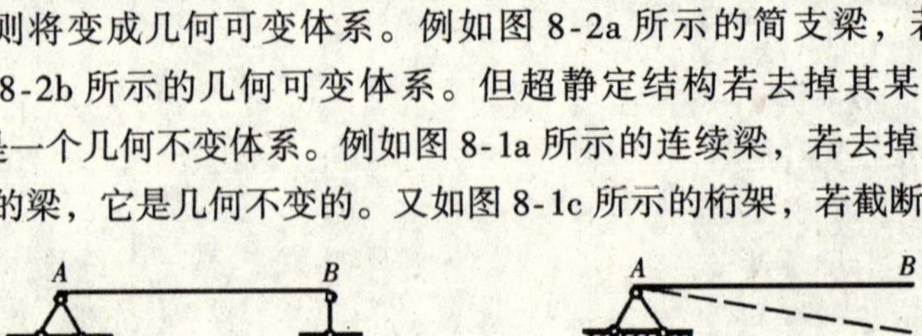

图 8-2　简支梁

(a) 简支梁；(b) 几何可变体系

的两根腹杆 1、2 得到图 8-1d 所示的桁架，它也是几何不变的。由此可以看出，超静定结构可以看作是在静定结构的基础上增加若干多余联系而构成，多余联系可以是外部支承，也可以在结构内部。所谓“多余联系”并不是说这些联系对结构的组成不重要，而是指相对于静定结构而言，这些联系是多余的。多余联系中产生的力称为多余约束力或称多余未知力。图 8-1b 中支座 B 处的反力 R_B 以及图 8-1d 中的腹杆 1、2 内力 N_1、N_2 都是多余未知力。

总之，静定结构是没有多余联系的几何不变体系，而超静定结构则是有多余联系的几何不变体系。静定结构可以利用静定平衡条件求解反力和内力，而超静定结构仅凭静力平衡条件不能求解全部的反力和内力。这就是超静定结构有别于静定结构的基本特征。

实际工程中，大多数的结构是超静定结构，常见的超静定结构的类型有：

(1) 超静定梁　单跨超静定梁（图 8-3a、b）和多跨超静定梁（连续梁）（图 8-3c）等。

图 8-3　超静定梁

(a)、(b) 单跨超静定梁；(c) 多跨超静定梁

(2) 超静定刚架　超静定刚架有单跨单层（图 8-4a）、多跨单层（图 8-4b）、单跨多层（图 8-4c）、多跨多层（图 8-4d）等形式。

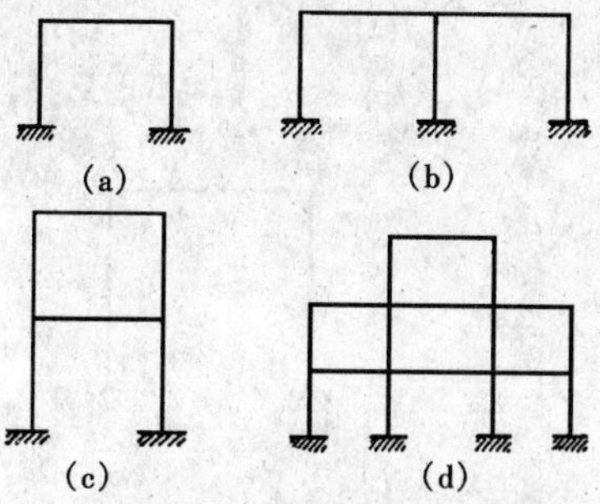

图 8-4　超静定刚架

(a) 单跨单层刚架；(b) 多跨单层刚架；

(c) 多跨单层刚架；(d) 多跨多层刚架

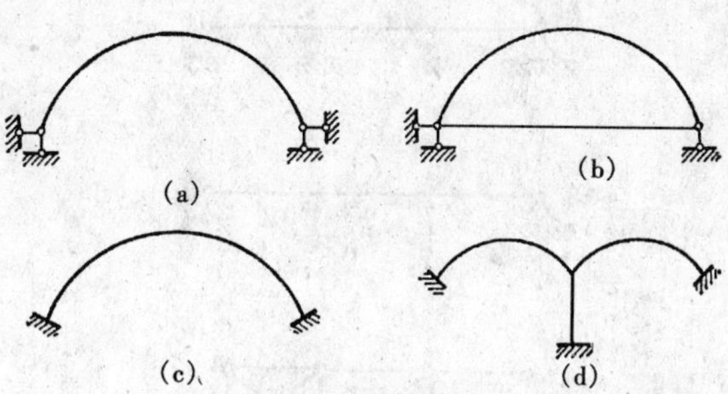

图 8-5　超静定拱

(a) 两铰拱；(b) 带拉杆的拱；

(c) 无铰拱；(d) 连续拱

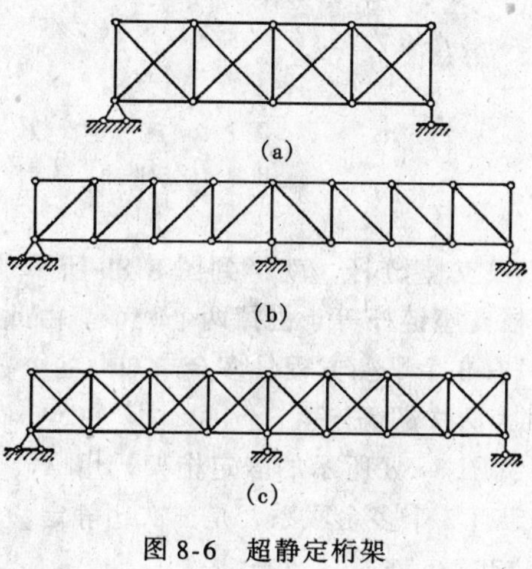

图 8-6　超静定桁架

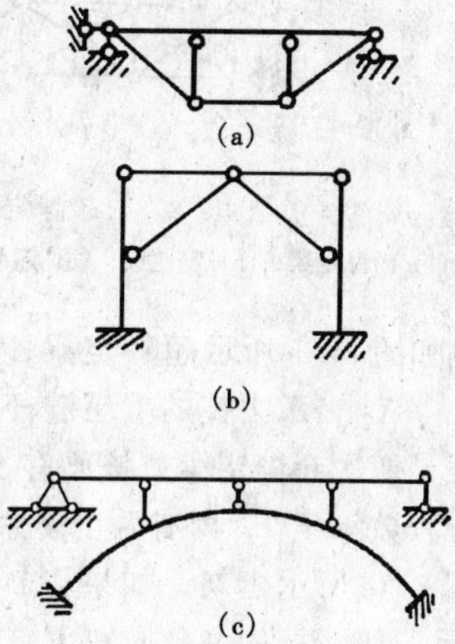

图 8-7　超静定组合结构

(3) 超静定拱　超静定拱有两铰拱（图 8-5a）、带拉杆的拱（属于两铰拱类型，拉杆承受拱的水平支座反力，图 8-5b）、无铰拱（图 8-5c）和连续拱（图 8-5d）等形式。

(4) 超静定桁架　从构成超静定桁架的约束方面来看，有内部超静定桁架（图 8-6a）、外部超静定桁架（图 8-6b）、内部和外部都是超静定的桁架（图 8-6c）等形式。

(5) 超静定组合结构　即可以是梁和桁架结构的组合（图 8-7a），也可以是刚架和桁架结构的组合（图 8-7b），还可以是梁、桁架和拱式结构的组合（图 8-7c）等等。

二、超静定次数的确定

从几何组成的角度看，超静定结构具有多余联系，因此具有多余未知力。通常把多余联系的数目称为结构的超静定次数。如果从原结构中去掉 n 个联系，结构成为静定的，则原结构即为 n 次超静定。

从静力分析的角度看，超静定次数等于根据平衡方程计算结构的未知力时所缺少的方程个数，因此超静定次数 = 多余联系的个数 = 多余未知力个数 = 未知力个数 - 平衡方程个数。

显然超静定结构可以看作是在静定结构的基础上增加若干多余约束而构成的，因此确定结构的超静定次数最直接的方法就是在原结构上去除多余约束，使超静定结构变成一个静定的结构。从超静定结构上去除多余联系的方法很多，归纳起来去掉多余联系的方式有以下几种：

1. 去掉一根支座链杆或切断一根内部链杆等于去掉一个联系

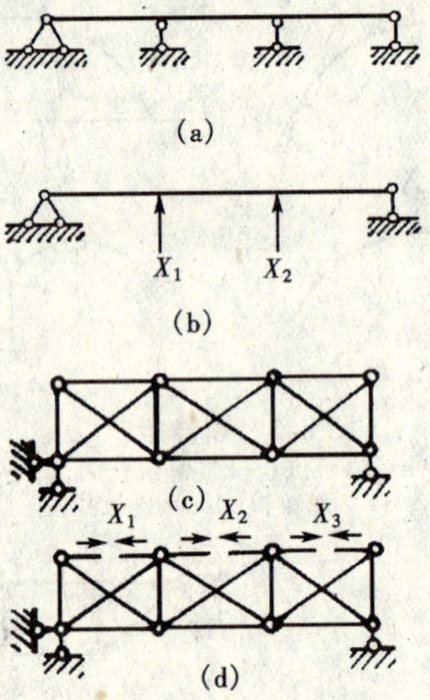

图 8-8　超静定次数

(a) 超静定梁；(b) 静定梁；(c) 超静定桁架；(d) 静定桁架

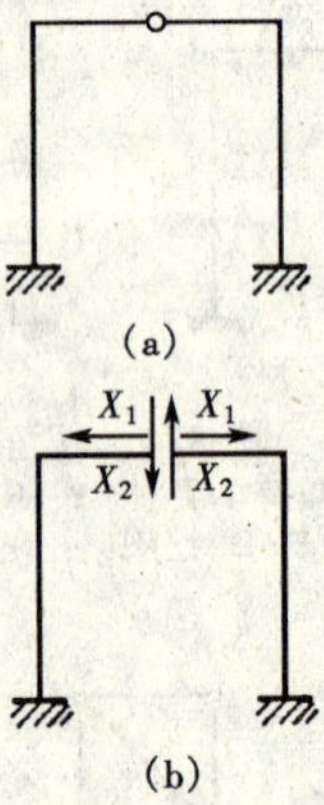

图 8-9　超静定次数

(a) 超静定刚架；(b) 静定刚架

例如图 8-8a 所示超静定梁，如果去掉中间两根支座链杆，就得到图 8-8b 所示的静定梁，X_1、X_2 表示去掉的支座链杆的反力。去掉两根支座链杆等于去掉两个联系。由此可知，这根梁是两次超静定梁。该梁有 5 个支座反力，只有 3 个平衡方程，多余未知力的个数减去平衡方程数等于 2，即有两个多余联系，所以该梁为两次超静定。

图 8-8c 所示桁架，如果切断 3 根上弦杆，得到图 8-8d 所示的静定桁架，用 X_1、X_2 和 X_3 表示所切断杆的多余未知力。由此可知，此桁架有 3 个多余联系，是三次超静定。

2. 去掉一个铰支座或去掉一个简单铰等于去掉两个联系

图 8-9a 所示的超静定刚架，如拆开横梁中间的单铰，就得到图 8-9b 所示的静定刚架，其中 X_1 表示铰结处两侧截面水平方向的相对约束力；X_2 表示铰结处两侧截面竖直方向的相对约束力。由此可知，共去掉了两个联系，所以图 8-9a 所示超静定刚架为二次超静定结构。

3. 去掉一个固定支座或切断一根梁式杆等于去掉三个联系

图 8-10a 所示的超静定刚架，如果把两根横梁都切断，就得到图 8-10b 所示的静定刚架。切断上横梁（在切开截面上有轴力、剪力和弯矩）等于去掉三个联系，切断下横梁（在切开截面上只有轴力）等于去掉一个联系，因此该刚架有 4 个多余联系，是四次超静定。

4. 将刚性联结改为单铰联结等于去掉一个联系

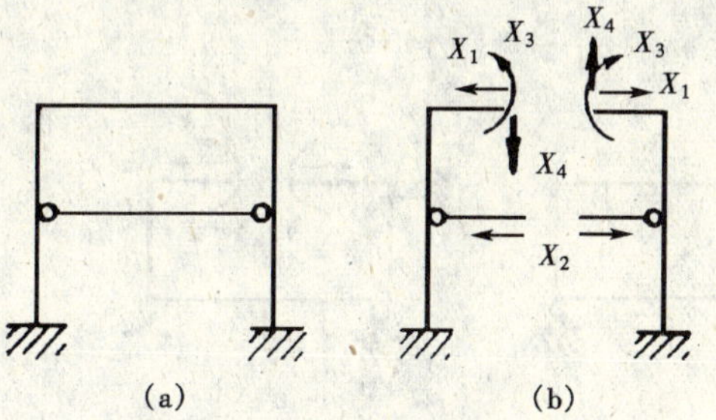

图 8-10 超静定次数

（a）超静定刚架；（b）静定刚架

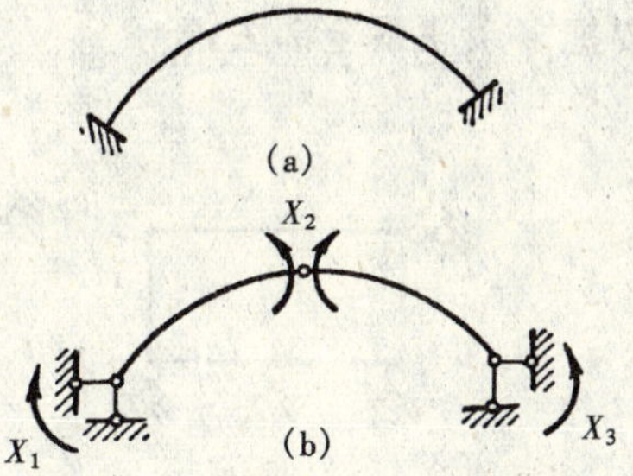

图 8-11 超静定次数

（a）超静定拱；（b）静定三铰拱

图 8-11a 所示的无铰拱，如果在其轴线上加入一个单铰，再将其固定支座改成固定铰支座，共去除了三个转动约束，就得到图 8-11b 所示的静定三铰拱。由此可知，此无铰拱是三次超静定。

5. 框格结构超静定次数的确定方法

多层多跨的刚架结构就是具有较多框格的结构，对于这类结构按框格的数目来确定超静定的次数是较方便的。一个封闭无铰的框架其超静定次数等于 3，如图 8-12a、b 所示，故当一个结构有 n 个封闭无铰框格时，其超静定次数就等于 $3n$。例如，图 8-12c 所示结构的超静定次数等于 $3 \times 8 = 24$。当结构的局部结点存在铰结时，设单铰数目为 h，则结构的超静定次数等于 $3n - h$。如图 8-12d 所示结构的超静定次数为 $3 \times 8 - 5 = 19$。

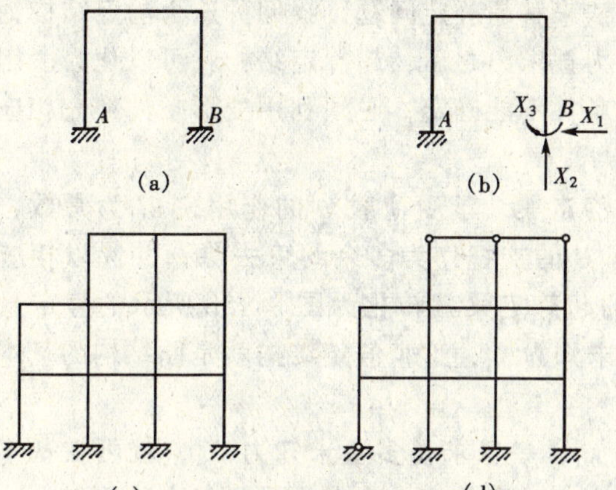

图 8-12 超静定次数

（a）封闭无铰的框架；

（b）静定结构；（c）、（d）超静定结构

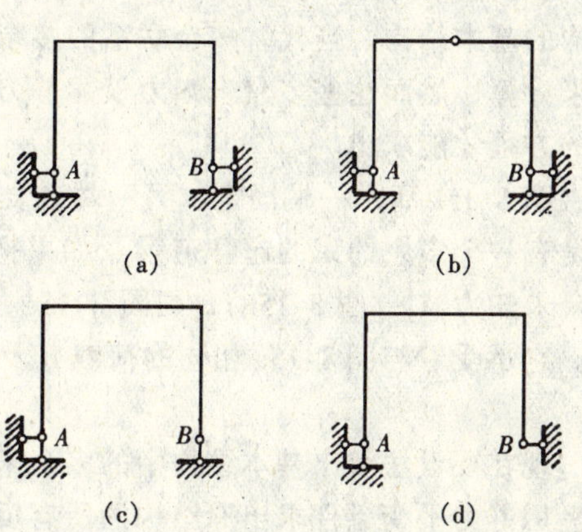

图 8-13 去掉多余联系的多种形式

（a）超静定结构；（b）三铰刚架；

（c）简支刚架；（d）瞬变体系

应用上述几种方法，可以确定任何结构的超静定次数。应特别注意的是：

1. 不要把原结构拆成一个几何可变体

对于某一个超静定结构，去掉多余联系的方式可能有很多种，因而所得到的静定结构也就可能有多种形式，但它们必须是几何不变体系。因此，结构中有些联系是绝对不能去掉的。例如图 8-13a 所示的刚架，具有一个多余联系。若将横梁某处改为铰结，即相当去掉一个联系，得图 8-13b 所示的静定结构。若去掉支座 B 处的水平支杆，则得图 8-13c 所示的静定结构。但是，若去掉支座 B 或支座 A 处的竖向支杆，即成瞬变体系（图 8-13d），显然这是不允许的。由此可知，此刚架支座处的竖向支杆不能作为多余联系。

2. 要把多余联系全部去掉

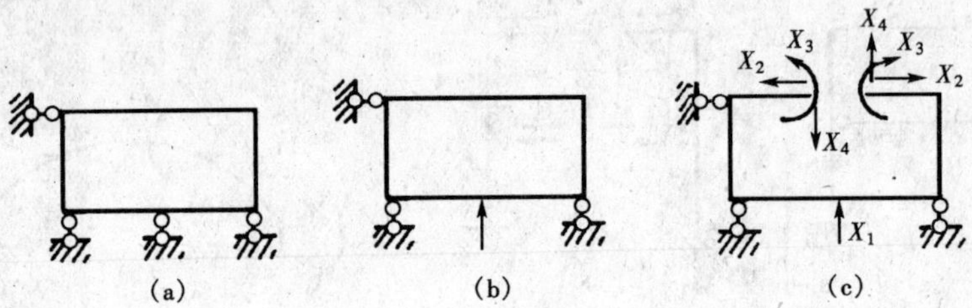

图 8-14　去掉全部多余联系

(a) 原结构；(b) 内部超静定；(c) 静定结构

如图 8-14a 中的结构，如果只去掉一根竖向支座链杆（图 8-14b），则其中的闭合框格仍然具有三个多余联系，必须把闭合框格切开，变成如图 8-14c 所示的静定结构。原结构总共有四个多余联系，是四次超静定结构。

§8-2　力法原理和力法方程

一、力法基本原理

力法是计算超静定结构最基本的方法。用力法解题时首先要把超静定结构的多余联系去掉，使其变为静定结构，用静定问题的已知方法来解超静定问题，我们称这个静定结构为原结构的基本结构。当代替多余联系的多余未知力被求出之后，超静定结构就可以化为静定结构来计算，然而这些多余未知力仅靠静力平衡条件不能确定，必须利用变形条件补充相应数量的方程才能求出。

图 8-15a 所示一端固定，另一端铰支的超静定梁，承受荷载 q 的作用，EI 为常数，该梁是有一个多余约束的超静定梁。如果把支座 B 的支杆作为多余约束去除，并代以相应的多余未知力 X_1（图 8-15b），则图 8-15a 所示的超静定梁就转化为图 8-15b 所示的静定悬臂梁。它承受着与图 8-15a 相同的荷载 q 及多余未知力 X_1，这个静定结构就是原结构的基本结构。

现在要设法解出基本结构中的多余未知力 X_1，一旦求得多余未知力 X_1，就可在基本结构上用静力平衡条件求出原结构的所有反力和内力，因此多余未知力是最基本的未知力，又可称为基本未知力。但是目前这个基本未知力 X_1 不能在基本结构上用静力平衡条件求出，而必须根据基本结构的受力和变形与原结构相同的原则来确定。

对比原结构与基本结构的变形情况可知，原结构在支座 B 处由于有多余约束（竖向支杆）而不可能有竖向位移；而基本结构中因该约束已被去除，若调整不好 X_1 的大小和方向，梁的 B 端就有发生竖向位移的可能。为了使基本结构与原结构的受力与变形情况完全相符，就应该使基本结构在荷载 q 和多余未知力 X_1 的共同作用下在 B 点产生的竖向总位移 Δ_1 等于零，即

$$\Delta_1 = 0 \tag{a}$$

这就是我们用来确定多余未知力 X_1 所考虑的变形协调条件。

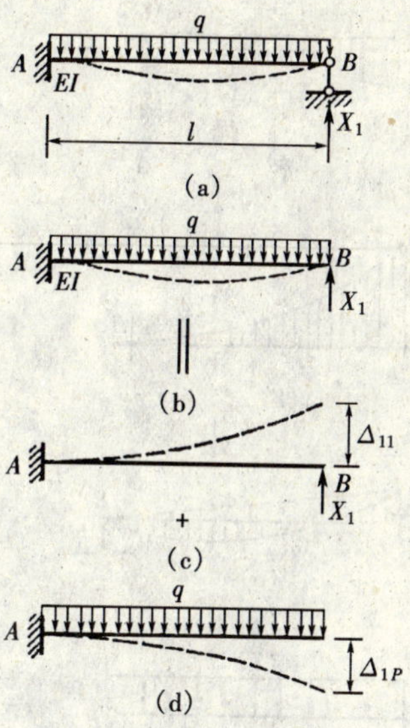

图 8-15　力法原理

(a) 超静定梁；(b) 力法基本结构；(c) X_1 单独作用的位移；(d) 荷载 q 单独作用的位移

设以 Δ_{11}和 Δ_{1P}分别表示基本未知力 X_1 和荷载 q 单独作用在基本结构时，B 点沿 X_1 方向的位移（图 8-15c、d），并都以沿所假设的 X_1 的指向为正。Δ 两个脚标的含意是：第一个脚标表示产生位移的地点和方向；第二个脚标表示产生位移的原因。例如 Δ_{11}是在 X_1 作用点沿 X_1 方向由 X_1 所产生的位移；Δ_{1P}是在 X_1 作用点沿 X_1 方向由外荷载 q 所产生的位移。为了求 B 点总的竖向位移，对于线性变形体系可应用叠加原理。图 8-15b 所示的基本结构 B 端的竖向位移等于图 8-15c 和图 8-15d 两种情况的叠加。于是根据原结构的变形条件，可得

$$\Delta_1 = \Delta_{11} + \Delta_{1P} = 0$$

设以 δ_{11}表示 $X_1 = 1$ 时，基本结构沿 X_1 方向所产生的位移，则 X_1 单独作用下沿 X_1 方向的位移为 $\Delta_{11} = \delta_{11} X_1$，于是上述变形条件可写为

$$\delta_{11} X_1 + \Delta_{1P} = 0 \tag{8-1}$$

该式即为一次超静定结构的力法方程。式中 δ_{11}恒为正值，Δ_{1P}可以是正值、负值或者零，当与所假定的 X_1 的指向相同时为正，本例中 Δ_{1P}为负值。由于 δ_{11}和 Δ_{1P}均为静定基本结构在已知外力作用下所产生的位移，因此可以用求静定结构位移的方法求得。为计算 δ_{11}和 Δ_{1P}可分别绘出基本结构在 $X_1 = 1$ 单独作用下的弯矩图 $\overline{M}_1$ 图，如图 8-16a 所示，以及在荷载 q 单独作用下的弯矩图 M_P 图，如图 8-16b 所示。位移 δ_{11}和 Δ_{1P}可利用图乘法来计算，即位移 δ_{11}可用 $\overline{M}_1$ 图“自乘”（$\overline{M}_1$ 图乘 $\overline{M}_1$ 图）来计算，位移 Δ_{1P}可用 $\overline{M}_1$ 图乘 M_P 图来计算。于是

$$\delta_{11} = \Sigma\int \frac{\overline{M}_1^2 \mathrm{d}s}{EI} = \frac{1}{EI} \times \frac{l^2}{2} \times \frac{2}{3} l = \frac{l^3}{3EI}$$

$$\Delta_{1P} = \Sigma\int \frac{\overline{M}_1 M_P \mathrm{d}s}{EI} = -\frac{1}{EI} \cdot \left(\frac{1}{3} \cdot \frac{ql^2}{2} \cdot l \cdot \frac{3}{4} l\right) = -\frac{ql^4}{8EI}$$

将 δ_{11}及 Δ_{1P}代入式（8-1），得

$$\frac{l^3}{3EI} X_1 - \frac{ql^4}{8EI} = 0$$

解方程得

$$X_1 = \frac{3}{8} ql$$

求得的多余未知力 X_1 为正值，说明 X_1 的实际方向与基本结构中所假设的方向相同。

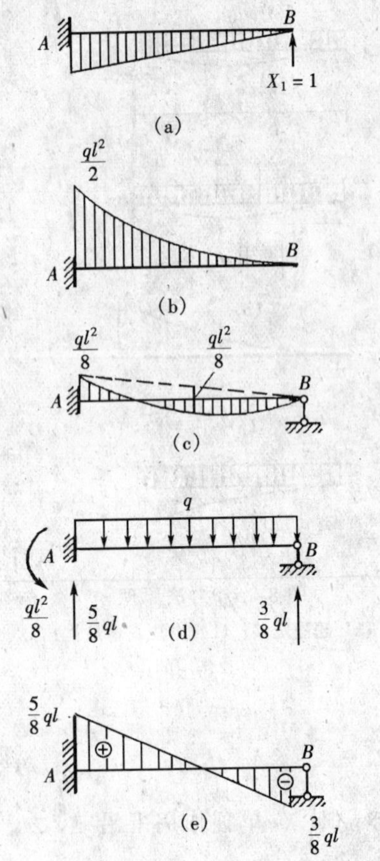

图 8-16　力法原理

(a) $\overline{M}_1$图；(b) M_P 图；(c) M 图；(d) 支座反力；(e) Q 图

多余未知力 X_1 求出后，就可用静力平衡条件确定原来结构的支座反力（图 8-16d），并做出内力图（图 8-16c、e）。在绘制超静定结构的最后弯矩图 M 时，可利用已经绘出的 $\overline{M}_1$ 和 M_P 图按叠加原理绘出，即

$$M = X_1\overline{M}_1 + M_P \tag{8-2}$$

应用上式绘制弯矩图时，可将 $\overline{M}_1$ 图的纵标乘以 X_1 倍，再与 M_P 图的相应纵标叠加（在梁端叠加），即可绘出如图 8-16c 所示的 M 图。

由上述讨论可知，力法的基本特点就是以多余未知力作为基本未知量，根据基本结构在去除的多余约束处与原结构变形相同的原则，建立关于多余力的力法方程，解方程即可求出多余未知力，此后就是解算静定结构的问题（利用叠加原理求内力并绘制内力图）。

二、力法典型方程

通过以上讨论的一次超静定的情形，我们已经初步了解了力法的基本概念和解题步骤，下面对多次超静定的情形作进一步说明。

图 8-17a 所示二次超静定的刚架。若去掉铰支座 B 处的两个多余联系，即得图 8-17b 所示的基本结构。以多余力 X_1 和 X_2 代替所去掉的联系的作用。按照力法原理，基本结构在给定的荷载和多余力 X_1、X_2 共同作用下，其内力和变形应该等于原结构的内力和变形。由于原结构在铰支座 B 处不可能有线位移，所以在荷载和多余力共同作用下，基本结构在 B 点处沿多余力 X_1 和 X_2 方向的位移（或称为基本结构上与 X_1 和 X_2 相应的位移）都应为零，据此可以写成

$$\left.\begin{aligned}\Delta_1 &= 0\\ \Delta_2 &= 0\end{aligned}\right\} \tag{b}$$

式（b）就是确定多余力 X_1 和 X_2 的位移条件。Δ_1 是基本结构在 B 点沿 X_1 方向的竖向位移，Δ_2 是基本结构在 B 点沿 X_2 方向的水平位移。

现在我们把变形条件式（b）写成展开形式。为此分别计算基本结构在每种力单独作用下沿 X_1、X_2 方向的位移：

1. 单位力 $X_1 = 1$ 单独作用时，相应位移为 δ_{11}、δ_{21}（图 8-17c）；多余未知力 X_1 单独作用时，相应位移为 $\delta_{11}X_1$、$\delta_{21}X_1$；

2. 单位力 $X_2 = 1$ 单独作用时，相应位移为 δ_{12}、δ_{22}（图 8-17d）；多余未知力 X_2 单独作用时，相应位移为 $\delta_{12}X_2$、$\delta_{22}X_2$；

3. 荷载单独作用时，相应位移为 Δ_{1P}、Δ_{2P}（图 8-17e），于是，根据叠加原理可得

$$\Delta_1 = \delta_{11}X_1 + \delta_{12}X_2 + \Delta_{1P}$$

$$\Delta_2 = \delta_{21}X_1 + \delta_{22}X_2 + \Delta_{2P}$$

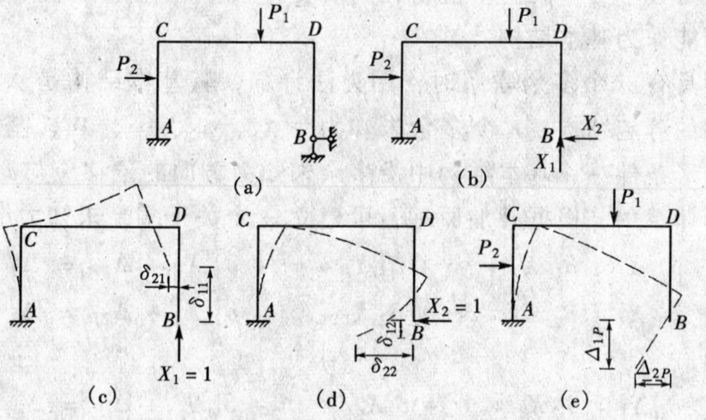

图 8-17　力法典型方程

(a) 两次超静定结构；(b) 基本结构；(c) $X_1=1$ 作用；(d) $X_2=1$ 作用；(e) 荷载作用

因此变形条件式（b）为

$$\left.\begin{aligned}\delta_{11}X_1+\delta_{12}X_2+\Delta_{1P}=0\\ \delta_{21}X_1+\delta_{22}X_2+\Delta_{2P}=0\end{aligned}\right\}\tag{8-3}$$

该式即为两次超静定结构的力法基本方程。式中的系数 δ_{ij}和自由项Δ_{ip}均为静定结构在已知外力作用下的位移，所以计算这些系数和自由项时并无困难。由此看出，建立基本方程时，我们只碰到静定结构的位移计算问题，而解基本方程时却得出原结构的多余未知力，这就是从已知领域向未知领域的过渡，而静定的基本结构起到了很好的桥梁作用。

由基本方程式（8-3）求得多余未知力 X_1 和 X_2 后，也可以应用叠加原理求内力，如任意截面的弯矩 M 可用以下叠加公式计算：

$$M=\overline{M}_1X_1+\overline{M}_2X_2+M_P\tag{8-4}$$

同一结构可以按不同的方式选取基本结构和基本未知量。如图 8-17a 所示结构，也可用图 8-18a 或图 8-18b 所示的静定结构作为基本结构。这时，与所撤的多余约束相应的多余未知力也不同。力法方程在形式上仍与式（8-3）相同，但因 X_1、X_2 的含义不同，变形条件的含义也不同。如图 8-18a 中，X_2 为支座 A 的反力矩，$\Delta_2=0$ 为原结构支座 A 的转角等于零。而在图 8-18b 中，X_2 为梁中点 E 左右两截面的内力矩，所以 $\Delta_2=0$ 为原结构在点 E 左右两截面的相对转角等于零。解题时，选取合适的基本结构，可以使计算得到简化。应该指出的是：不论选用哪种基本结构，力法方程的形式是不变的，但是，方程中的系数和自由项

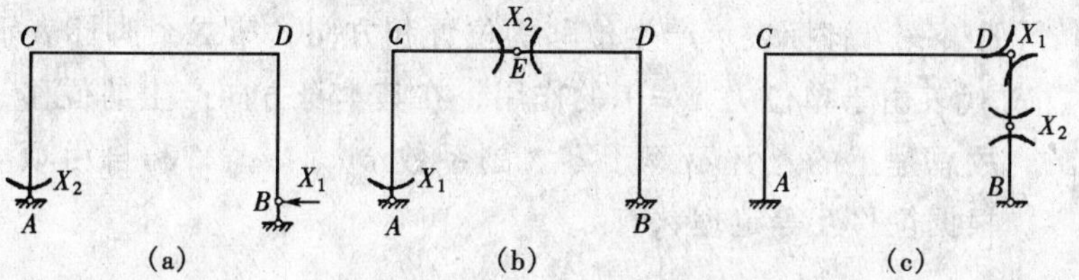

图 8-18　基本结构的多种选择

(a) 简支刚架；(b) 三铰刚架；(c) 不可作为基本结构

的物理意义、数值的大小可不同。不能将几何瞬变体系作为基本结构。如图 8-18c 所示的体系是瞬变体系，不能作为基本结构。

当超静定结构具有 n 个多余联系时，用力法计算，其基本结构是从原结构中去掉 n 个多余联系后所得到的静定结构，n 个多余未知力为 X_1、X_2、…、X_n，基本方程是在 n 个多余联系处的 n 个变形条件——基本结构中沿多余未知力方向的位移应与原结构中相应的位移相等。在线性变形体系中，根据叠加原理，可建立 n 个关于多余未知力的力法方程：

$$\left.\begin{array}{l}\delta_{11}X_1+\delta_{12}X_2+\cdots+\delta_{1i}X_i+\cdots+\delta_{1n}X_n+\Delta_{1P}=\Delta_1\\ \delta_{21}X_1+\delta_{22}X_2+\cdots+\delta_{2i}X_i+\cdots+\delta_{2n}X_n+\Delta_{2P}=\Delta_2\\ \quad\vdots\qquad\quad\vdots\qquad\qquad\vdots\qquad\qquad\vdots\qquad\quad\vdots\qquad\vdots\\ \delta_{i1}X_1+\delta_{i2}X_2+\cdots+\delta_{ii}X_i+\cdots+\delta_{in}X_n+\Delta_{iP}=\Delta_i\\ \quad\vdots\qquad\quad\vdots\qquad\qquad\vdots\qquad\qquad\vdots\qquad\quad\vdots\qquad\vdots\\ \delta_{n1}X_1+\delta_{n2}X_2+\cdots+\delta_{ni}X_i+\cdots+\delta_{nn}X_n+\Delta_{nP}=\Delta_n\end{array}\right\}\tag{8-5}$$

当多余未知力作用处的位移都等于零，即 $\Delta_i=0$（$i=1$、2、…、n）时，则上式即变为

$$\left.\begin{array}{l}\delta_{11}X_1+\delta_{12}X_2+\cdots+\delta_{1i}X_i+\cdots+\delta_{1n}X_n+\Delta_{1P}=0\\ \delta_{21}X_1+\delta_{22}X_2+\cdots+\delta_{2i}X_i+\cdots+\delta_{2n}X_n+\Delta_{2P}=0\\ \quad\vdots\qquad\quad\vdots\qquad\qquad\vdots\qquad\qquad\vdots\qquad\quad\vdots\\ \delta_{i1}X_1+\delta_{i2}X_2+\cdots+\delta_{ii}X_i+\cdots+\delta_{in}X_n+\Delta_{iP}=0\\ \quad\vdots\qquad\quad\vdots\qquad\qquad\vdots\qquad\qquad\vdots\qquad\quad\vdots\\ \delta_{n1}X_1+\delta_{n2}X_2+\cdots+\delta_{ni}X_i+\cdots+\delta_{nn}X_n+\Delta_{nP}=0\end{array}\right\}\tag{8-6}$$

也可表达为

$$\sum_{i=1}^{n}\delta_{ij}X_j+\Delta_{iP}=0\quad(j=1,2,\cdots,n)$$

式（8-5）和式（8-6）就是力法方程的一般形式，它按一定的规律排列，常称为力法典型方程。式中：

δ_{ii}表示在多余未知力 X_i 的作用点并沿其作用方向，由于单位力 $X_i=1$ 单独作用时产生的位移，称为主系数。

δ_{ij}（$i\neq j$）表示在多余未知力 X_i 的作用点并沿其作用方向，由于单位力 $X_j=1$ 单独作用时所产生的位移，称为副系数。

系数 δ_{ii}和 δ_{ij}常统称为柔度系数。

Δ_{iP}表示在多余未知力 X_i 的作用点并沿其作用方向，由于荷载单独作用时所产生的位移，称为自由项。

位移 δ_{ij}和 Δ_{iP}的第一个脚标表示产生位移的位置和方向，第二个脚标表示产生位移的原因。由于主系数 δ_{ii}代表由于单位力 $X_i=1$ 的作用，在其本身方向产生的位移，它总是与该单位力的方向一致，故总是正的，且不等于零。副系数 δ_{ij}（$i\neq j$）和自由项 Δ_{iP}则可能为正值、负值或者零。根据位移互等定理，有

$$\delta_{ij}=\delta_{ji}$$

它表明，力法方程中位于主对角线两侧对称位置的两个副系数是相等的。

式（8-6）也可用矩阵形式表示为

$$\begin{bmatrix} \delta_{11} & \delta_{12} & \cdots & \delta_{1n} \\ \delta_{21} & \delta_{22} & \cdots & \delta_{2n} \\ \vdots & \vdots & \vdots & \vdots \\ \delta_{n1} & \delta_{n2} & \cdots & \delta_{nn} \end{bmatrix} \begin{Bmatrix} X_1 \\ X_2 \\ \vdots \\ X_n \end{Bmatrix} + \begin{Bmatrix} \Delta_{1P} \\ \Delta_{2P} \\ \vdots \\ \Delta_{nP} \end{Bmatrix} = \begin{Bmatrix} 0 \\ 0 \\ \vdots \\ 0 \end{Bmatrix} \tag{8-7}$$

式中由柔度系数 δ_{ij}组成的矩阵称为柔度矩阵。柔度矩阵是一个对称矩阵，因此力法方程也称为柔度方程，力法也称为柔度法。

典型方程中所有系数与自由项，都是由于各个荷载因素单独作用在基本结构上所引起的位移，若 $\overline{M}_i$、$\overline{N}_i$、$\overline{Q}_i$ 和 $\overline{M}_j$、$\overline{N}_j$、$\overline{Q}_j$ 分别表示当 $X_i=1$ 和 $X_j=1$ 单独作用时，产生在基本结构中的内力，M_P、N_P、Q_P 则表示由于已知荷载作用在基本结构上产生的内力。结构位移计算的一般公式为

$$\left.\begin{aligned} \delta_{ii} &= \Sigma\int\frac{\overline{M}_i^2\mathrm{d}s}{EI}+\Sigma\int\frac{\overline{N}_i^2\mathrm{d}s}{EA}+\Sigma\int\frac{k\overline{Q}_i^2\mathrm{d}s}{GA} \\ \delta_{ij} &= \Sigma\int\frac{\overline{M}_i\overline{M}_j\mathrm{d}s}{EI}+\Sigma\int\frac{\overline{N}_i\overline{N}_j\mathrm{d}s}{EA}+\Sigma\int\frac{k\overline{Q}_i\overline{Q}_j\mathrm{d}s}{GA} \\ \Delta_{iP} &= \Sigma\int\frac{\overline{M}_iM_P\mathrm{d}s}{EI}+\Sigma\int\frac{\overline{N}_iN_P\mathrm{d}s}{EA}+\Sigma\int\frac{k\overline{Q}_iQ_P\mathrm{d}s}{GA} \end{aligned}\right\} \tag{8-8}$$

在具体计算结构位移时，可根据不同的结构类型作相应的简化。

将求得的系数与自由项代入力法典型方程（8-5），解力法方程组求出多余未知力 X_i（$i=1$、2、⋯、n）后，根据叠加原理就可以求出任一截面的内力为

$$\left.\begin{aligned} M &= \sum_{i=1}^{n}\overline{M}_iX_i + M_P \\ Q &= \sum_{i=1}^{n}\overline{Q}_iX_i + Q_P \\ N &= \sum_{i=1}^{n}\overline{N}_iX_i + N_P \end{aligned}\right\} \tag{8-9}$$

在应用式（8-9）求超静定结构内力时，也可先用第一式画弯矩图，然后利用静力平衡条件计算 Q 和 N，并画出 Q 和 N 图。

§8-3　荷载作用下超静定结构的内力计算

根据以上所述，用力法计算超静定结构的步骤可归纳如下：

（1）去掉结构的多余联系得静定的基本结构，并以多余力代替相应的多余联系的作用。在选取基本结构的形式时，以使计算尽可能简单为原则。

（2）根据基本结构在多余力和荷载共同作用下，多余联系处的位移应与原结构相应的位移相同的条件，建立力法方程。

（3）做出基本结构的单位内力图和荷载内力图（或写出内力表达式），按照求位移的方法计算方程中的系数和自由项。

（4）将计算所得的系数和自由项代入力法方程，求解各多余力。

（5）求出多余力后，按分析静定结构的方法，绘出原结构的内力图，即最后内力图。最后内力图也可以利用已做出的基本结构的单位内力图和荷载内力图按公式（8-9）求得。

本节举例说明外荷载作用下如何应用力法计算超静定结构。

1. 超静定梁和超静定刚架在荷载作用下的计算

梁和刚架主要由受弯杆件所组成，由第七章的位移计算公式已经知道，对受弯杆件来说，轴力和剪力对位移的影响通常要比弯矩小得多。因此计算梁和刚架的位移时，一般可略去轴力和剪力项，只考虑弯矩一项的影响，即计算系数与自由项的公式（8-8）可简化为

$$\left.\begin{aligned}\delta_{ii} &= \Sigma\int\frac{\overline{M}_i^2\mathrm{d}s}{EI}\\ \delta_{ij} &= \Sigma\int\frac{\overline{M}_i\overline{M}_j\mathrm{d}s}{EI}\\ \Delta_{ip} &= \Sigma\int\frac{\overline{M}_iM_P\mathrm{d}s}{EI}\end{aligned}\right\}\tag{8-10}$$

计算这些位移，一般可用图乘法，当不符合图乘条件时，可用积分法。在高层刚架的柱中轴力的影响比较大，当杆件短而粗时剪力的影响比较大，当遇到这种情况时要作特殊处理。

例 8-1 图 8-19a 所示连续梁各跨 EI 为常数，试绘制其弯矩图。

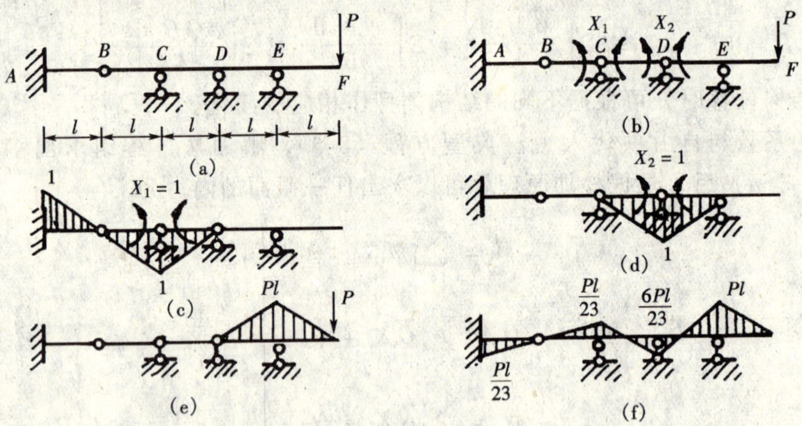

图 8-19 例 8-1 图

(a) 连续梁；(b) 基本结构；(c) $\overline{M}_1$图；(d) $\overline{M}_2$图；(e) M_P 图；(f) M 图

解 (1) 确定超静定次数，选择基本结构

此梁具有两个多余约束，是二次超静定，在选取此连续梁基本结构的各个方案中，以图 8-19b 所示的连续简支梁作为基本结构最便于计算，即在支座 C 和 D 处分别将梁的两个转动约束切断，改成铰结，用 X_1、X_2 分别表示截面 C 和 D 的未知弯矩。

(2) 根据原结构的已知变形条件建立力法典型方程

原结构受力变形时，在结点 C 或结点 D 都是连续的，左、右两个截面不可能发生任何相对转角，故得力法典型方程

$$\left.\begin{aligned}\delta_{11}X_1 + \delta_{12}X_2 + \Delta_{1P} = 0\\ \delta_{21}X_1 + \delta_{22}X_2 + \Delta_{2P} = 0\end{aligned}\right\}$$

(3) 求系数和自由项

分别绘出基本结构上各单位未知力 $X_i = 1$ 引起的单位弯矩图 $\overline{M}_i$ 和荷载弯矩图，如图 8-19c、d、e 所示。运用图乘法求得各系数及自由项为

$$\delta_{11} = \frac{3}{EI}\left(\frac{1}{2}\cdot l\cdot 1\cdot\frac{2}{3}\right) = \frac{l}{EI}$$

$$\delta_{22} = \frac{2}{EI}\left(\frac{1}{2} \cdot 1 \cdot l \cdot \frac{2}{3}\right) = \frac{2l}{3EI}$$

$$\delta_{12} = \delta_{21} = \frac{1}{EI}\left(\frac{1}{2} \cdot 1 \cdot l \cdot \frac{1}{3}\right) = \frac{l}{6EI}$$

$$\Delta_{1P} = 0$$

$$\Delta_{2P} = -\frac{1}{EI}\left(\frac{1}{2}Pl \cdot l \cdot \frac{1}{3}\right) = -\frac{Pl^2}{6EI}$$

由以上计算可见，取简支梁为基本结构可使 $\overline{M}_i$、M_P 图的分布范围限于局部，位移计算就较为简单。如果连续梁跨数更多时，这一优点更为明显，并将使不相邻的未知力之间的副系数都等于零，每个力法方程至多包含三个多余未知弯矩。

(4) 求出多余未知力

将以上所得各位移值代入力法典型方程即有

$$\left.\begin{aligned} X_1 + \frac{1}{6}X_2 = 0 \\ \frac{1}{6}X_1 + \frac{2}{3}X_2 - \frac{Pl}{6} = 0 \end{aligned}\right\}$$

解方程组得

$$X_1 = -\frac{1}{23}Pl, X_2 = \frac{6}{23}Pl$$

负号表示 X_1 的方向与所设相反，截面 C 应为上边缘受拉。

(5) 绘制弯矩图

按叠加公式 (8-9) 计算各杆端弯矩值，并在各杆段内用叠加法绘出弯矩图，如图 8-19f 所示。

例 8-2　试作图 8-20a 所示梁的弯矩图。设 B 端弹簧支座的弹簧刚度为 k，EI 为常数。

解　此梁是一次超静定，去掉支座 B 的弹簧联系代以多余力 X_1，得图 8-20b 所示的基本结构。

由于 B 处为弹簧支座，在荷载作用下弹簧将被压缩，即 B 处向下移动 $\Delta = -\frac{1}{k}X_1$（负号表示移动方向与多余力 X_1 的方向相反），据此建立如下力法方程：

$$\delta_{11}X_1 + \Delta_{1P} = -\frac{1}{k}X_1$$

或改写成

$$\left(\delta_{11} + \frac{1}{k}\right)X_1 + \Delta_{1P} = 0$$

做出基本结构的单位弯矩图和荷载弯矩图，利用图乘法可求得系数和自由项

$$\delta_{11} = \frac{l^3}{3EI}，\Delta_{1P} = -\frac{Pa^2(3l-a)}{6EI}$$

将以上各值代入力法方程解得

$$X_1 = \frac{Pa^2(3l-a)}{2l^3 + \frac{6EI}{k}} = \frac{Pa^3\left(1 + \frac{3}{2}\frac{b}{a}\right)}{l^3\left(1 + \frac{3EI}{kl^3}\right)}$$

由上式可以看出，由于 B 端为弹簧支座，多余力 X_1 的值不仅与弹簧刚度 k 值有关，而

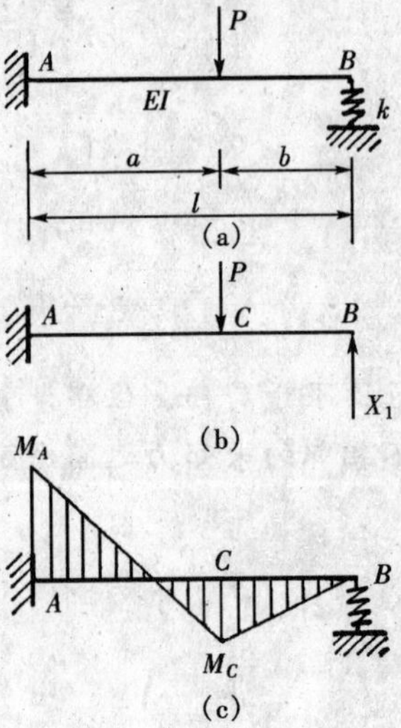

图 8-20 例 8-2 图
(a) 带弹簧支座的梁;
(b) 基本结构; (c) M 图

且与梁 AB 的弯曲刚度 EI 有关。当 $k=\infty$，相当 B 端为刚性支承情形，此时，

$$X'_1=\frac{Pa^2\ (3l-a)}{2l^3}=\frac{Pa^3\left(1+\frac{3}{2}\frac{b}{a}\right)}{l^3}$$

当 $k=0$，相当 B 端为完全柔性支承（即自由端）情形，此时，

$$X''_1=0$$

故实际上 B 端多余力（即 B 支座处竖向反力）在 X'_1 和 X''_1 之间。

求得 X_1 后，根据 $M=X_1\overline{M}_1+M_P$ 做出最后弯矩图如图 8-20c 所示。

$$M_A=\frac{Pa}{l^2}\frac{\frac{3EI}{kl}+\frac{ab}{2}+b^2}{1+\frac{3EI}{kl}},\quad M_C=\frac{Pa^3b\left(1+\frac{3}{2}\frac{b}{a}\right)}{l^3\left(1+\frac{3EI}{kl^3}\right)}$$

例 8-3 试作图 8-21a 所示刚架的弯矩图，设各杆的 EI 为常数。

解 (1) 确定超静定次数，选择基本结构

此刚架为三次超静定结构，去除结点 B 处的转动约束、水平位移约束和竖向位移约束，并代以相应的未知力 X_1（AB 杆的 B 端剪力、BC 杆的 B 端轴力）、X_2（AB 杆的 B 端轴力、BC 杆的 B 端负向剪力）和 X_3（BA、BC 杆的 B 端弯矩），得图 8-21b 所示基本结构。

(2) 根据原结构的已知变形条件建立力法典型方程

原结构结点 B 是刚结点，所联结的杆件的杆端不可能产生任何相对位移，因此相对竖向位移 $\Delta_1=0$、相对水平位移 $\Delta_2=0$、相对角位移 $\Delta_3=0$。据此，建立力法典型方程如下：

$$\left.\begin{aligned}\delta_{11}X_1+\delta_{12}X_2+\delta_{13}X_3+\Delta_{1P}=0\\ \delta_{21}X_1+\delta_{22}X_2+\delta_{23}X_3+\Delta_{2P}=0\\ \delta_{31}X_1+\delta_{32}X_2+\delta_{33}X_3+\Delta_{3P}=0\end{aligned}\right\}$$

(3) 绘出单位弯矩图和荷载弯矩图，并求系数和自由项

基本结构的单位弯矩图 $\overline{M}_1$、$\overline{M}_2$ 和 $\overline{M}_3$ 以及荷载弯矩图 M_P，分别如图 8-21c、d、e、f 所示。利用图乘法求得各系数和自由项如下：

$$\delta_{11}=\frac{1}{EI}\cdot\frac{1}{2}\cdot l\cdot l\cdot\frac{2}{3}l=\frac{l^3}{3EI}$$

$$\delta_{22}=\frac{l^3}{3EI}$$

$$\delta_{33}=\frac{1}{EI}\cdot 1\cdot l\cdot 1\times 2=\frac{2l}{EI}$$

$$\delta_{12}=\delta_{21}=0$$

$$\delta_{13}=\delta_{31}=-\frac{1}{EI}\cdot\frac{1}{2}\cdot l\cdot l\cdot 1=-\frac{l^2}{2EI}$$

$$\delta_{23} = \delta_{32} = -\frac{l^2}{2EI}$$

$$\Delta_{1P} = \frac{1}{EI}\cdot\frac{1}{2}\cdot\frac{1}{2}Pl\cdot\frac{1}{2}l\cdot\frac{5}{6}l = \frac{5Pl^3}{48EI}$$

$$\Delta_{2P} = 0$$

$$\Delta_{3P} = -\frac{1}{EI}\cdot\frac{1}{2}\cdot\frac{1}{2}Pl\cdot\frac{1}{2}l\cdot 1 = -\frac{Pl^2}{8EI}$$

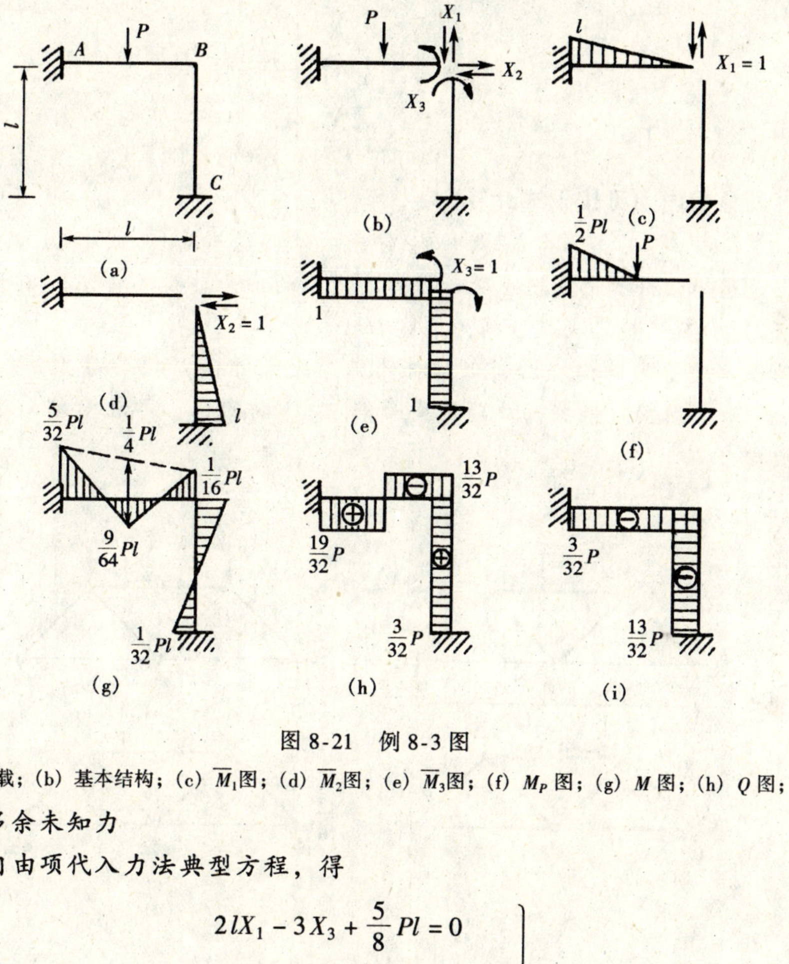

图 8-21 例 8-3 图

(a) 刚架及荷载；(b) 基本结构；(c) $\overline{M}_1$图；(d) $\overline{M}_2$图；(e) $\overline{M}_3$图；(f) M_P 图；(g) M 图；(h) Q 图；(i) N 图

(4) 求解多余未知力

将系数与自由项代入力法典型方程，得

$$\left.\begin{aligned} &2lX_1 - 3X_3 + \frac{5}{8}Pl = 0 \\ &2lX_2 - 3X_3 = 0 \\ &lX_1 + lX_2 - 4X_3 + \frac{1}{4}Pl = 0 \end{aligned}\right\}$$

解此方程组得

$$X_1 = -\frac{13}{32}P,\ X_2 = -\frac{3}{32}P,\ X_3 = -\frac{1}{16}Pl$$

(5) 绘制最后弯矩图

求出多余未知力后，应用叠加公式 (8-9) 绘制弯矩图，如图 8-21g 所示。也可利用静力平衡条件做出剪力图和轴力图，如图 8-21h、i 所示。

从以上例子可以看出，在荷载作用下，多余力和内力的大小都只与各杆弯曲刚度的相对值有关而与其绝对值无关。对于由同一材料构成的结构（即梁、柱的 E 值相同），材料的弹性模量 E 对多余力和内力的大小也无影响。

2. 超静定桁架的计算

超静定桁架在桥梁建筑中使用较多，一般工业厂房的支撑系统有时也做成超静定桁架。用力法计算超静定桁架，在只承受结点荷载时，由于在桁架的杆件中只产生轴力，故力法方程中的系数和自由项的计算公式（8-8）为

$$\left.\begin{aligned}\delta_{ii} &= \Sigma\frac{\overline{N}_i^2 l}{EA}\\ \delta_{ij} &= \Sigma\frac{\overline{N}_i\overline{N}_j l}{EA}\\ \Delta_{iP} &= \Sigma\frac{\overline{N}_i N_P l}{EA}\end{aligned}\right\}\tag{8-11}$$

桁架各杆的最后内力可按下式计算

$$N = X_1\overline{N}_1 + X_2\overline{N}_2 + \cdots + X_n\overline{N}_n + N_P \tag{8-12}$$

例 8-4　试用力法计算图 8-22a 所示超静定桁架的内力。设各杆 EA 相同。

解：　（1）确定超静定次数，列力法方程

该桁架为一次超静定结构。切断上弦杆的轴向约束并代以相应的多余未知力 X_1，得到图 8-22b 所示的基本结构。根据切口两侧截面沿 X_1 方向的位移即相对轴向线位移应为零的条件，建立典型方程

$$\delta_{11}X_1 + \Delta_{1P} = 0$$

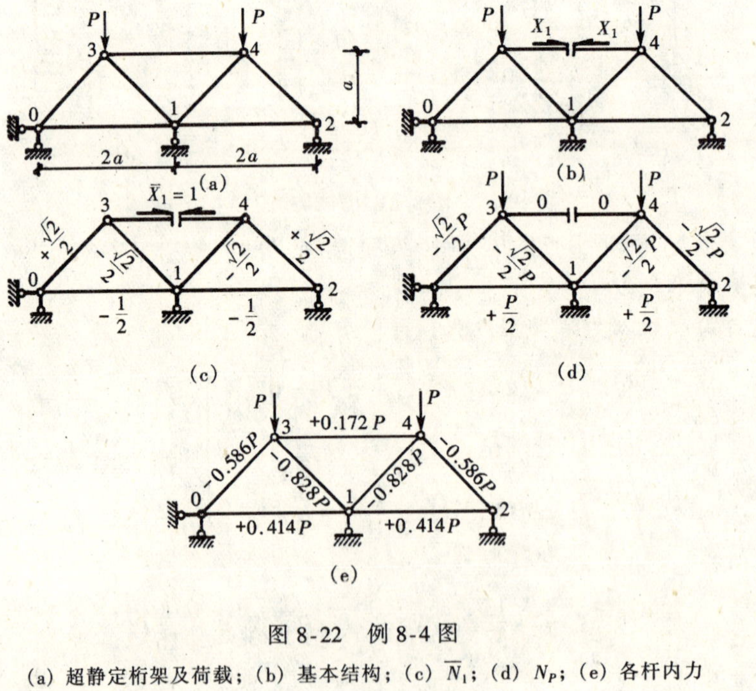

图 8-22　例 8-4 图

(a) 超静定桁架及荷载；(b) 基本结构；(c) $\overline{N}_1$；(d) N_P；(e) 各杆内力

（2）系数和自由项的计算

分别求出基本结构在单位多余未知力 $X_1 = 1$ 和荷载作用下各杆的内力 $\overline{N}_1$ 和 N_P，如图 8-22c、d 所示。系数和自由项按式（8-11）计算，列于表 8-1 中。

表 8-1 系数和自由项的计算

杆件	l	$\overline{N}_1$	N_P	$\overline{N}_1^2 l$	$\overline{N}_1 N_P l$
0—1	$2a$	$-\frac{1}{2}$	$+\frac{P}{2}$	$\frac{1}{2}a$	$-\frac{1}{2}Pa$
1—2	$2a$	$-\frac{1}{2}$	$+\frac{P}{2}$	$\frac{1}{2}a$	$-\frac{1}{2}Pa$
0—3	$\sqrt{2}a$	$+\frac{\sqrt{2}}{2}$	$-\frac{\sqrt{2}}{2}P$	$\frac{\sqrt{2}}{2}a$	$-\frac{\sqrt{2}}{2}Pa$
2—4	$\sqrt{2}a$	$+\frac{\sqrt{2}}{2}$	$-\frac{\sqrt{2}}{2}P$	$\frac{\sqrt{2}}{2}a$	$-\frac{\sqrt{2}}{2}Pa$
1—3	$\sqrt{2}a$	$-\frac{\sqrt{2}}{2}$	$-\frac{\sqrt{2}}{2}P$	$\frac{\sqrt{2}}{2}a$	$+\frac{\sqrt{2}}{2}Pa$
1—4	$\sqrt{2}a$	$-\frac{\sqrt{2}}{2}$	$-\frac{\sqrt{2}}{2}P$	$\frac{\sqrt{2}}{2}a$	$+\frac{\sqrt{2}}{2}Pa$
3—4	$2a$	$+1$	0	$2a$	0
			Σ	$(3+2\sqrt{2})a$	$-Pa$

由表中数据可得

$$\delta_{11} = \frac{1}{EA}(3+2\sqrt{2})a$$

$$\Delta_{1P} = -\frac{1}{EA}Pa$$

(3) 求解多余未知力

将以上各项位移值代入力法方程中，解得

$$X_1 = -\frac{\Delta_{1P}}{\delta_{11}} = \frac{P}{3+2\sqrt{2}} \quad (拉力)$$

(4) 求各杆最后内力

各杆内力可按叠加法求得

$$N = \overline{N}_1 X_1 + N_P$$

其计算列于表 8-2 中，并将结果标明在图 8-22e 中相应各杆上。

表 8-2 各杆轴力计算

杆件	$\frac{P}{3+2\sqrt{2}}\overline{N}_1$	N_P	N	杆件	$\frac{P}{3+2\sqrt{2}}\overline{N}_1$	N_P	N
0—1，1—2	$-0.086P$	$+0.500P$	$+0.414P$	1—3，1—4	$-0.121P$	$-0.707P$	$-0.828P$
0—3，2—4	$+0.121P$	$-0.707P$	$-0.586P$	3—4	$+0.172P$	0	$+0.172P$

3. 超静定组合结构的计算

在工程实际中，为了节约材料和制造方便，有时采用超静定组合结构。这类结构的一部分杆件主要承受弯矩（如梁和刚架的杆件），而另一部分杆件则与桁架链杆作用相同，只承受轴力。用力法计算超静定结构内力时，对于受弯杆件的计算，可以象梁和刚架杆件那样分析；对于只承受轴力的杆件，就象桁架杆件那样分析，故对于组合结构系数和自由项的计算公式为

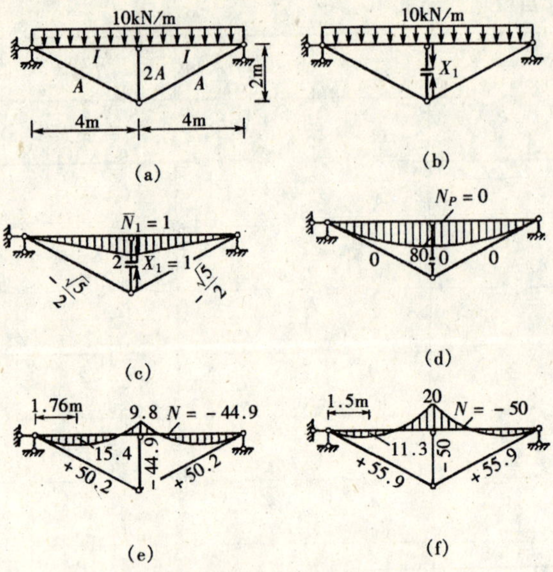

图 8-23　例 8-5 图

(a) 组合结构及荷载；(b) 基本结构；

(c) $\overline{M}_1$，$\overline{N}_1$；(d) M_P，N_P；(e)，(f) M，N

$$\left.\begin{aligned}\delta_{ii} &= \Sigma\int\frac{\overline{M}_i^2\mathrm{d}s}{EI}+\Sigma\frac{\overline{N}_i^2 l}{EA}\\ \delta_{ij} &= \Sigma\int\frac{\overline{M}_i\overline{M}_j\mathrm{d}s}{EI}+\Sigma\frac{\overline{N}_i\overline{N}_j l}{EA}\\ \Delta_{iP} &= \Sigma\int\frac{\overline{M}_i M_P\mathrm{d}s}{EI}+\Sigma\frac{\overline{N}_i N_P l}{EA}\end{aligned}\right\} \quad (8\text{-}13)$$

各杆内力按叠加公式计算

$$\left.\begin{aligned}M &= \overline{M}_1X_1+\overline{M}_2X_2+\cdots+\overline{M}_nX_n+M_P\\ N &= \overline{N}_1X_1+\overline{N}_2X_2+\cdots+\overline{N}_nX_n+N_P\end{aligned}\right\} \quad (8\text{-}14)$$

例 8-5　试计算图 8-23a 所示超静定组合结构的内力。已知：横梁 $I=1\times10^{-4}\mathrm{m}^4$，链杆 $A=1\times10^{-3}\mathrm{m}^2$，$E=$常数。

解　(1) 确定超静定次数，列力法方程

这是一次超静定组合结构，切断竖向链杆的轴向约束并代以多余未知力 X_1，可得图 8-23b 所示的基本体系。基本体系在荷载和 X_1 共同作用下，在竖向链杆切口处两侧截面的相对轴向位移为零，故力法方程为

$$\delta_{11}X_1+\Delta_{1P}=0$$

(2) 计算系数和自由项

绘制基本结构在荷载作用下梁的 M_P 图和各杆的轴力 N_P 及在单位力 $X_1=1$ 作用下的 $\overline{M}_1$ 图和轴力 $\overline{N}_1$，如图 8-23c、d 所示。由位移计算公式可求得：

$$\begin{aligned}\delta_{11} &= \Sigma\int\frac{\overline{M}_1^2\mathrm{d}s}{EI}+\Sigma\frac{\overline{N}_1^2 l}{EA}\\ &= \frac{1}{E\times1\times10^{-4}}\left(2\times\frac{4\times2}{2}\times\frac{2\times2}{3}\right)+\frac{1}{E\times1\times10^{-3}}\left[\frac{1^2\times2}{2}+2\times\left(-\frac{\sqrt5}{2}\right)^2\times2\sqrt5\right]\\ &= \frac{1}{E}\ (1.067\times10^5+0.122\times10^5)\\ &= \frac{1}{E}\ (1.189\times10^5)\end{aligned}$$

$$\begin{aligned}\Delta_{1P} &= \Sigma\int\frac{\overline{M}_1M_P\mathrm{d}s}{EI}+\Sigma\frac{\overline{N}_1N_Pl}{EA}\\ &= \frac{1}{E\times1\times10^{-4}}\left(2\times\frac{2\times4\times80}{3}\times\frac{5\times2}{8}\right)+0\\ &= \frac{1}{E}\ (5.333\times10^6)\end{aligned}$$

(3) 计算多余未知力

$$X_1=-\frac{\Delta_{1P}}{\delta_{11}}=-\frac{5.333\times10^6}{1.189\times10^5}=-44.9\mathrm{kN}$$

(4) 计算内力

由叠加公式

$$M = \overline{M}_1 X_1 + M_P$$

$$N = \overline{N}_1 X_1 + N_P$$

可绘出梁的弯矩图和各杆轴力，如图 8-23e 所示。

(5) 讨论

由图 8-23e 所示 M 图可以看出，由于横梁中点有下部链杆支承作用，横梁的最大弯矩值 15.4kN·m 比在同样荷载作用而没有下部链杆支承的简支梁的最大弯矩值 80kN·m 减少 80.75%。

如果改变链杆截面 A 的大小，组合结构的内力将随之改变。当 A 减小时，梁的正弯矩值将增大而负弯矩值将减小。当 $A \to 0$ 时，梁的弯矩图将为简支梁的弯矩图（同图 8-23d）。反之，当 A 增大时，梁的正弯矩值将减小而负弯矩值将增大。当 $A \to \infty$ 时，梁的中点相当于有一刚性支杆，其弯矩图将与两跨连续梁的弯矩图相同，如图 8-23f 所示。

4. 超静定排架的计算

单层厂房往往采用排架结构，它是由屋架（或屋面大梁）、柱和基础共同组成。图 8-24a 所示为装配式单层厂房的横剖面结构示意图。当对排架进行受力分析时，通常可把柱与基础简化为刚结，屋架与柱顶一般处理成铰结。在屋面荷载作用下，屋架按桁架计算。当柱承受荷载作用时（例如风荷载、屋架传来的偏心荷载、吊车荷载、地震荷载等），屋架则起着与柱的联系作用。当屋架沿水平向的轴向刚度比较大时，为简化计算，一般常把屋架视作刚性为无穷大的链杆处理。其计算简图如图 8-24b 所示，由于柱上搁置吊车梁的需要，因此柱子多做成阶形柱。

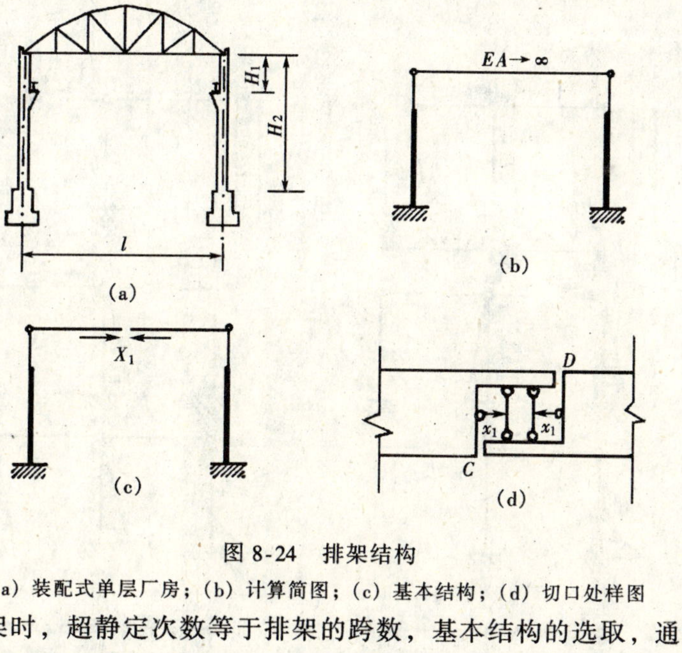

图 8-24　排架结构

(a) 装配式单层厂房；(b) 计算简图；(c) 基本结构；(d) 切口处样图

用力法计算排架时，超静定次数等于排架的跨数，基本结构的选取，通常把链杆作为多余联系而切断其轴向约束，代以一对大小相等、方向相反的广义力作为多余未知力，如图 8-24c 所示，利用切口两侧截面相对线位移（或柱顶间的相对线位移）为零的条件，建立力法典型方程。因链杆的刚度 $EA \to \infty$，故用力法计算排架时，其系数和自由项的计算只考虑柱子弯矩对变形的影响。因此，系数和自由项的表达式仍为式 (8-10)。

需要指出，通常说的切断一根杆件，是指在切口处把与轴力、剪力、弯矩相应的三个约束全部切断。这里说的切断杆件中的轴向约束，即只切断与轴力相应的那一个约束，另外两个约束仍然保留。图 8-24d 所示为杆 CD 在切口处详细情形。下面举例说明超静定排架的计算。

例 8-6 图 8-25a 所示排架结构的左柱承受水平均布荷载 q 作用，试分析排架的内力。

解 (1) 确定超静定次数，选择基本结构

横梁 AB、BC 是两端铰结的杆件，只承受轴力，视为刚性链杆。此排架是两次超静定结构。切断链杆 AB 和 BC 的轴向约束，得基本结构如图 8-25b 所示，多余未知力为 AB 杆的轴力 X_1 和 BC 杆的轴力 X_2。

(2) 根据原来结构的位移条件，建立力法典型方程

由链杆切口处截面，沿轴向相对线位移等于零的条件，可建立力法典型方程为

$$\left.\begin{aligned}\delta_{11}X_1+\delta_{12}X_2+\Delta_{1P}=0\\ \delta_{21}X_1+\delta_{22}X_2+\Delta_{2P}=0\end{aligned}\right\}$$

(3) 计算系数和自由项

做出基本结构的单位弯矩图 $\overline{M}_1$、$\overline{M}_2$ 和荷载弯矩图 M_P，分别如图 8-25c、d、e 所示。各系数和自由项的计算如下：

$$\delta_{11}=\delta_{22}=\frac{1}{EI}\left[\left(\frac{1}{2}\times9\times9\right)\times\frac{2}{3}\times9+\frac{1}{2}\left(\frac{1}{2}\times9\times9\right)\times\frac{2}{3}\times9\right]=\frac{729}{2EI}$$

$$\delta_{12}==\delta_{21}=-\frac{1}{2EI}\left(\frac{1}{2}\times9\times9\right)\times\frac{2}{3}\times9=-\frac{243}{2EI}$$

$$\Delta_{1P}=\frac{1}{EI}\left(\frac{1}{3}\times\frac{81}{2}q\times9\right)\times\frac{3}{4}\times9=\frac{6561}{8EI}q$$

$$\Delta_{2P}=0$$

(4) 计算多余未知力

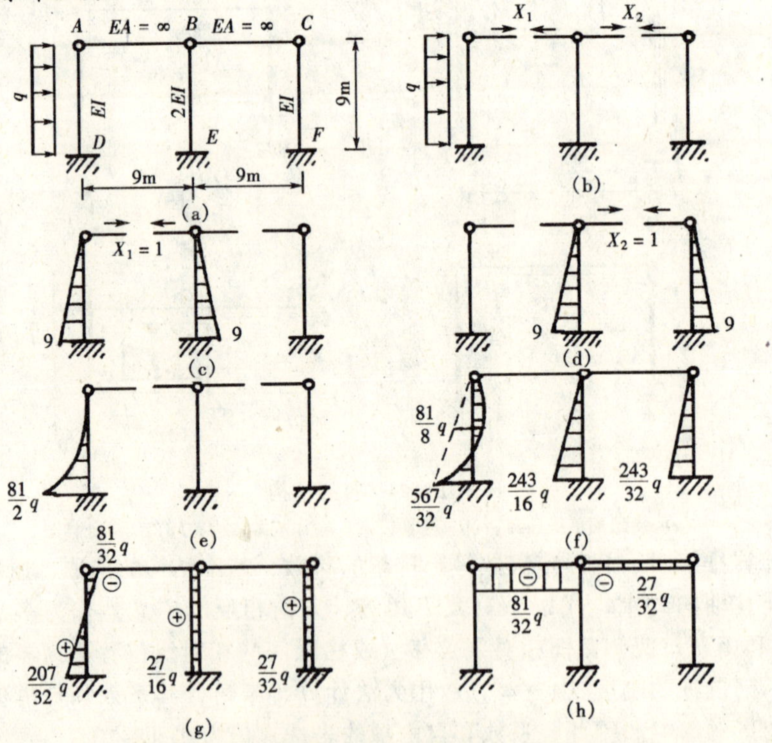

图 8-25 例 8-6 图

(a) 排架及荷载；(b) 基本结构；(c) $\overline{M}_1$图；(d) $\overline{M}_2$图；
(e) M_P 图；(f) M 图；(g) Q 图；(h) N 图

将以上各系数和自由项的值代入力法方程并整理后得

$$\left.\begin{aligned}&3X_1-X_2+\frac{27}{4}q=0\\&X_1-3X_2=0\end{aligned}\right\}$$

解方程组得

$$X_1=-\frac{81}{32}q,\ X_2=-\frac{27}{32}q$$

(5) 绘制最后内力图

利用叠加公式 $M=\overline{M}_1X_1+\overline{M}_2X_2+M_P$ 绘制 M 图，如图 8-25f 所示。利用求得的 X_1、X_2，并与荷载一起作用于基本结构，由平衡条件做出剪力图和轴力图，分别如图 8-25g、h 所示。

5. 具有弹性支座结构的计算

通常支承在细长柔性墩柱上的连续梁，梁与墩柱是刚性联结的，如图 8-26a 所示。但由于细长柔性墩柱的弯曲刚度比横梁的小得多，所以在实际计算中常把细长墩柱与梁的接触处当作铰结来处理（图 8-26b）。这样，每一个墩柱相当一个只受轴力的二力杆，梁为受弯杆件，这种连续梁可视为一组合结构。用抗移弹簧替代各细长墩柱（柔度系数为 $f_i=\dfrac{h_i}{EA_i}$）后，其计算简图如图 8-26c 所示。

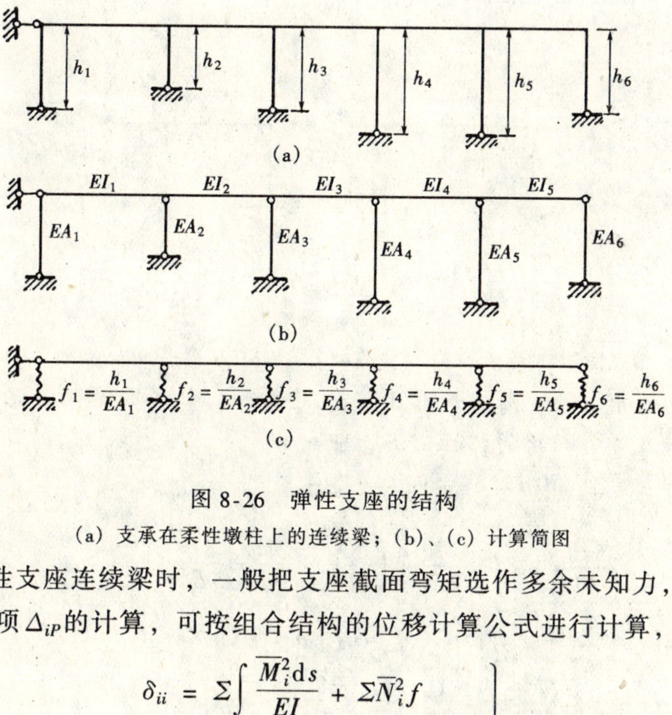

图 8-26　弹性支座的结构

(a) 支承在柔性墩柱上的连续梁；(b)、(c) 计算简图

用力法计算弹性支座连续梁时，一般把支座截面弯矩选作多余未知力，力法方程中各项系数 δ_{ii}、δ_{ij}及自由项 Δ_{iP}的计算，可按组合结构的位移计算公式进行计算，即

$$\left.\begin{aligned}\delta_{ii}&=\Sigma\int\frac{\overline{M}_i^2\mathrm{d}s}{EI}+\Sigma\overline{N}_i^2f\\\delta_{ij}&=\Sigma\int\frac{\overline{M}_i\overline{M}_j\mathrm{d}s}{EI}+\Sigma\overline{N}_i\overline{N}_jf\\\Delta_{iP}&=\Sigma\int\frac{\overline{M}_iM_P\mathrm{d}s}{EI}+\Sigma\overline{N}_iN_Pf\end{aligned}\right\}\tag{8-15}$$

式中的第一项为弯曲变形对位移的影响，第二项为弹性支座的本身变形对位移的影响。$\overline{N}_i$、$\overline{N}_j$ 和 N_P 分别为基本结构在各单位力和荷载作用下，产生在各弹性支座中的轴力，f 为

各支座柔度系数。

下面举一个简单例子来说明这类问题的解题方法。

例 8-7 图 8-27a 所示刚架的支座 A 处为弹簧铰，其柔度系数

$$f_M = \frac{l}{2EI}$$

支座 B 处线弹簧的柔度系数

$$f_N = \frac{2l^3}{EI}$$

各杆 EI = 常数，试绘出刚架弯矩图。

解 此刚架具有弹性约束，A 处约束力数目仍与固定端相同，B 处有 1 个约束，共有 4 个约束，刚架为 1 次超静定。今去除支座 A 处的转动约束，以 $M_A = X_1$ 为基本未知力，基本结构（图 8-27b）在荷载及多余未知力共同作用下，A 处截面相对转角应为零，即力法方程为

$$\delta_{11} X_1 + \Delta_{1P} = 0$$

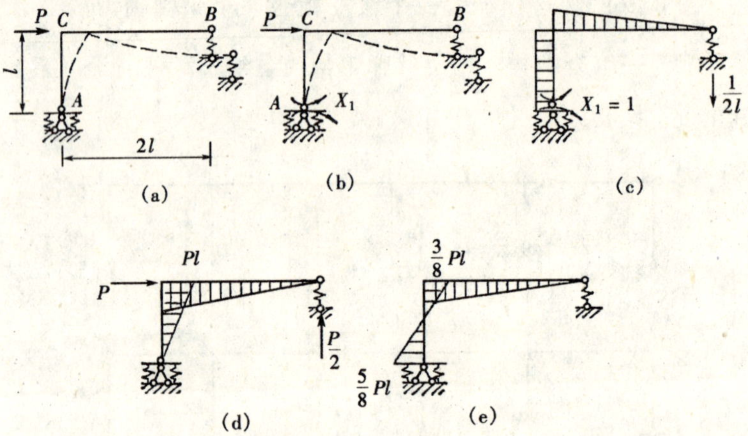

图 8-27 例 8-7 图

(a) 带弹簧支座的刚架；(b) 力法基本结构；(c) $\overline{M}_1$图；(d) M_P 图；(e) M 图

绘出基本结构的 $\overline{M}_1$、M_P 图，如图 8-27c、d 所示。计算位移时，除杆件 AC、CB 的变形影响外，还应计及弹簧约束的弹性变形，即

$$\begin{aligned}\delta_{11} &= \Sigma\int\frac{\overline{M}_1^2\mathrm{d}s}{EI} + \overline{M}_A^2 \times f_M + \overline{N}_B^2 \times f_N \\ &= \frac{5l}{3EI} + 1\times1\times\frac{l}{2EI} + \left(\frac{1}{2l}\right)^2\times\frac{2l^3}{EI} = \frac{8l}{3EI}\end{aligned}$$

$$\begin{aligned}\Delta_{1P} &= \Sigma\int\frac{\overline{M}_1 M_P\mathrm{d}s}{EI} + \overline{M}_A M_{AP} f_M + \overline{N}_B N_{BP} f_N \\ &= -\frac{7Pl^2}{6EI} + 0 - \frac{1}{2l}\times\frac{P}{2}\times\frac{2l^3}{EI} = -\frac{5Pl^2}{3EI}\end{aligned}$$

将系数和自由项代入力法方程，解得

$$X_1 = \frac{5}{8}Pl$$

由此求得支座 B 处的反力

$$R_B = \frac{P}{2} - \frac{1}{2l}\times\frac{5}{8}Pl = \frac{3}{16}P\ (\uparrow)$$

就可绘出刚架弯矩图，如图 8-27e 所示。

§8-4 对称结构的计算

用力法计算超静定结构时，力法方程是多余未知力的线性代数方程组。求解时需要计算方程的系数和自由项，结构的超静次数愈高，则计算工作量就愈大。在计算过程中应用一些技巧可以使计算工作得到简化。在前面已经说过，力法方程的系数可分为两类：一类叫做主系数 δ_{ii}（$i=1$、2、…、n），它们总是正值，且不等于零。另一类叫做副系数 δ_{ij}（$i\neq j$），可以是正的，也可以是负的，在某些条件下，也可正好等于零。

简化计算的主要目标是：使力法方程中尽可能多的副系数等于零。这样不仅简化了系数的计算工作，也简化了联立方程求解的工作，一个极端的情形就是方程中全部副系数都等于零。此时力法方程组便简化为 n 个独立方程

$$\left.\begin{aligned}\delta_{11}X_1+\Delta_{1P}=0\\ \delta_{22}X_2+\Delta_{2P}=0\\ \vdots\qquad\\ \delta_{nn}X_n+\Delta_{nP}=0\end{aligned}\right\}\qquad(8\text{-}16)$$

使副系数等于零的主要措施是选择合理的基本结构和基本未知量。

1. 结构和荷载的对称性

在实际工程中，很多结构是对称的。图 8-28 所示的刚架和涵管即为对称结构。结构的对称，是指对结构中某一轴的对称。所以，对称结构必须有对称轴。结构的对称性，包含以下两个方面：

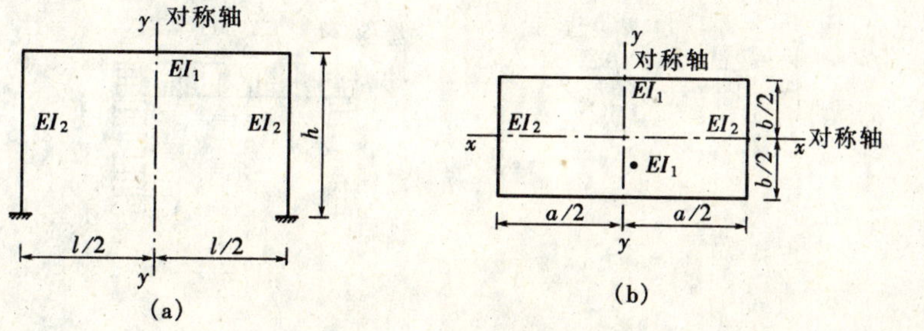

图 8-28 对称结构

(a) 有一个对称轴的对称结构；(b) 有两个对称轴的对称结构

(1) 结构的几何形状、尺寸和支承情况对某一轴对称，

(2) 杆件截面尺寸和材料弹性模量（从而杆件截面刚度 EI、EA、GA）也对此轴对称。因此，对称结构绕对称轴对折后，对称轴两边的结构图形完全重合。

图 8-28a 所示单跨刚架，有一根竖向对称轴 $y-y$；图 8-28b 所示涵管则有两根对称轴 $x-x$、$y-y$。

如图 8-29a 所示的任何荷载都可以分解为两部分：一部分是图 8-29b 所示的对称荷载，另一部分是图 8-29c 所示的反对称荷载。

对称荷载——绕对称轴对折后，对称轴两边的荷载彼此重合（作用点相对应、数值相等、方向相同），如图 8-29b 所示。

反对称荷载——绕对称轴对折后，对称轴两边的荷载正好相反（作用点相对应、数值相

等、方向相反)，如图 8-29c 所示。

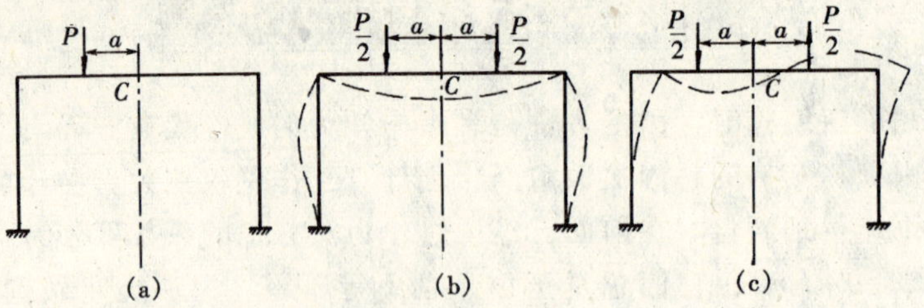

图 8-29　对称荷载与反对称荷载

(a) 任一荷载；(b) 对称荷载；(c) 反对称荷载

2. 选取对称的基本结构

图 8-29a 所示的单跨对称刚架，是三次超静定结构，其上作用有任意荷载。利用结构的对称性，并选取对称的基本结构，可以使计算得到简化。为此，在该刚架的对称轴处将横梁切开，这样得到图 8-30a 所示对称的基本结构，这时多余未知力包括三对力：一对弯矩 X_1、一对轴力 X_2 和一对剪力 X_3。其中 X_1、X_2 是对称力，X_3 是反对称力。

基本结构在多余未知力 X_1、X_2、X_3 和荷载的共同作用下，切口两侧截面沿 X_1、X_2、X_3 三个方向的相对位移等于零，即

$$\left.\begin{aligned}\delta_{11}X_1+\delta_{12}X_2+\delta_{13}X_3+\Delta_{1P}=0\\ \delta_{21}X_1+\delta_{22}X_2+\delta_{23}X_3+\Delta_{2P}=0\\ \delta_{31}X_1+\delta_{32}X_2+\delta_{33}X_3+\Delta_{3P}=0\end{aligned}\right\}$$

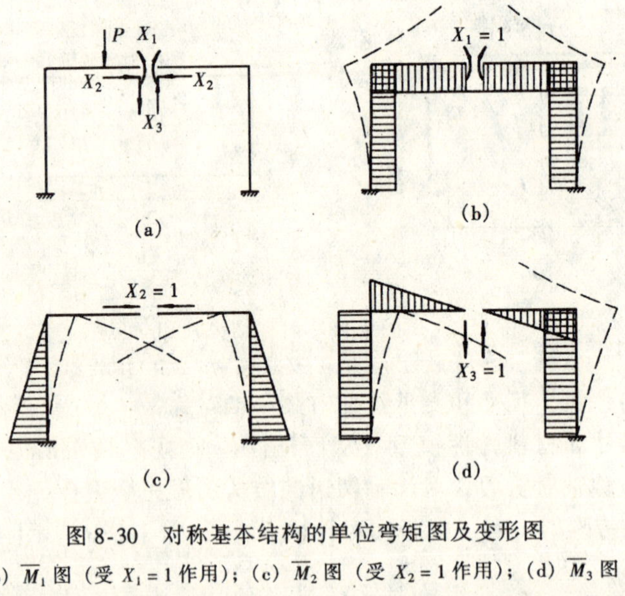

图 8-30　对称基本结构的单位弯矩图及变形图

基本结构；(b) $\overline{M}_1$ 图（受 $X_1=1$ 作用）；(c) $\overline{M}_2$ 图（受 $X_2=1$ 作用）；(d) $\overline{M}_3$ 图（受 $X_3=1$ 作用）

图 8-30b、c、d 所示为各单位未知力作用时的单位弯矩图和变形图。显然对称未知力 X_1 和 X_2 所产生的弯矩图 $\overline{M}_1$、$\overline{M}_2$ 和变形图是对称的，反对称未知力 X_3 所产生的弯矩图 $\overline{M}_3$ 和变形图是反对称的。因此有

$$\delta_{13}=\delta_{31}=\Sigma\int\frac{\overline{M}_1\overline{M}_3\mathrm{d}s}{EI}=0$$

$$\delta_{23} = \delta_{32} = \Sigma\int \frac{\overline{M}_2\overline{M}_3 ds}{EI} = 0$$

这样，力法方程就简化为

$$\left.\begin{aligned} \delta_{11}X_1 + \delta_{12}X_2 + \Delta_{1P} = 0 \\ \delta_{21}X_1 + \delta_{22}X_2 + \Delta_{2P} = 0 \\ \delta_{33}X_3 + \Delta_{3P} = 0 \end{aligned}\right\} \tag{8-17}$$

可以看出，方程已分为两组：一组只包括对称未知力 X_1、X_2，另一组只包括反对称未知力 X_3。

用力法计算对称的超静定结构时，如果选取对称的基本结构，将多余未知力分为对称的和反对称的两组，则力法方程必然分成包含对称的未知力和反对称的未知力的两组方程。而原来的高阶方程组将化为两个低阶方程组，从而使计算得到简化。

如将作用在结构上的任意荷载也分解成对称荷载（图 8-29b）和反对称荷载（图 8-29c）两种情况，则计算有时可以简化。下面我们就这两种情况作进一步讨论。

(1) 对称荷载　以图 8-31a 所示的荷载为例。这时基本结构的荷载弯矩图 M_P 是对称的，如图 8-31a 所示。由于 $\overline{M}_3$ 是反对称的，因此

$$\Delta_{3P} = \Sigma\int \frac{\overline{M}_3 M_P ds}{EI} = 0$$

代入力法方程式（8-17）的第三式，可知反对称未知力 $X_3 = 0$。至于对称未知力 X_1 和 X_2（图 8-31b 所示），则需要根据式（8-17）的前两式进行计算。

一般地说，对称结构在对称荷载作用下，如果所选取的多余未知力都是对称的和反对称的，则反对称未知力必等于零，只需计算对称未知力。

(2) 反对称荷载　以图 8-31c 所示的荷载为例。这时基本结构的荷载弯矩图 Mp 是反对称的，如图 8-31c 所示。由于 X_1 和 X_2 是对称的，因此

$$\Delta_{1P} = \Sigma\int \frac{\overline{M}_1 M_P ds}{EI} = 0$$

$$\Delta_{2P} = \Sigma\int \frac{\overline{M}_2 M_P ds}{EI} = 0$$

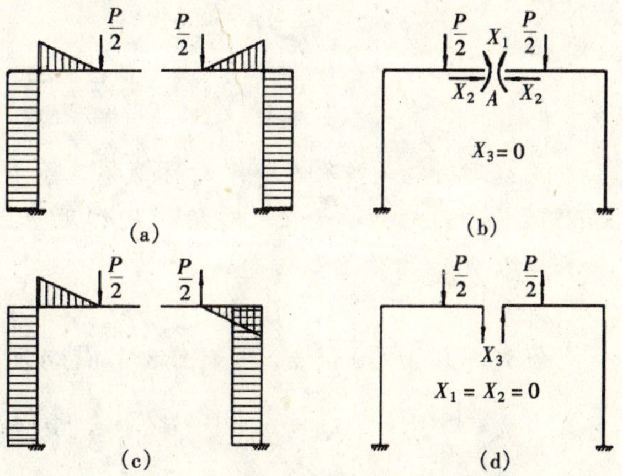

图 8-31　对称基本结构受对称与反对称荷载作用

(a) M_p 图（受对称与反对称荷载作用）；(b) 未知力只有 X_1、X_2；(c) M_p 图（受对称与反对称荷载作用）；(d) 未知力只有 X_3

代入力法方程式（8-17）前两式，可知对称未知力 $X_1 = X_2 = 0$。至于反对称未知力 X_3（图 8-31d 所示），则需要根据式（8-17）的第三式进行计算。

对称结构在反对称荷载作用下，如果所选取的多余未知力都是对称的和反对称的，则对称的未知力必等于零，只需计算反对称未知力。

最后，讨论非对称荷载的情形，这里有两种作法。

第一种作法，把荷载分解为对称荷载和反对称荷载两部分，对两部分荷载分别进行计算，然后把两种结果叠加起来。

第二种作法，荷载不进行分解，直接利用原非对称荷载进行计算。

上述两种作法的选择，可根据具体情况而定。

例 8-8 试分析图 8-32a 所示刚架，并绘制弯矩图。各杆 EI 为常数。

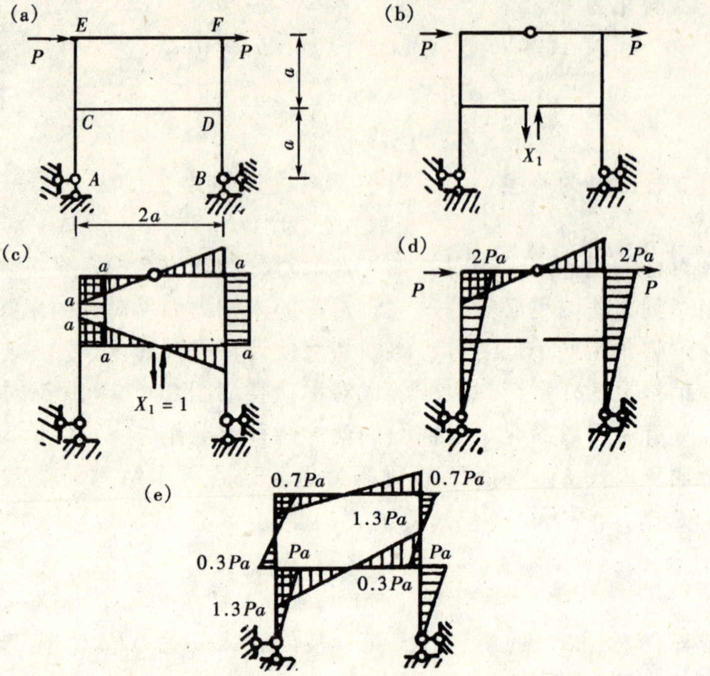

图 8-32 例 8-8 图

(a) 刚架及荷载；(b) 基本结构；(c) $\overline{M}_1$图；(d) M_P 图；(e) M 图

解 此刚架是四次超静定对称刚架，承受反对称荷载作用，取对称形式的基本结构如图 8-32 所示。因对称结构在反对称荷载作用下，对称多余未知力为零，图中只画出反对称多余未知力 X_1。力法方程为

$$\delta_{11}X_1+\Delta_{1P}=0$$

分别绘出 $\overline{M}_1$ 图和 M_P 图如图 8-32c、d 所示。系数和自由项计算如下：

$$\delta_{11}=\frac{1}{EI}\left(\frac{1}{2}\cdot a\cdot a\cdot\frac{2}{3}\cdot a\cdot 4\right)+\frac{1}{EI}\ (a\cdot a\cdot a\cdot 2)\ =\frac{10a^3}{3EI}$$

$$\Delta_{1P}=\frac{2}{EI}\left[\left(\frac{1}{2}\cdot 2Pa\cdot a\cdot\frac{2}{3}\cdot a\right)+\frac{1}{2}\ (2Pa+Pa)\ \cdot a\cdot a\right]=\frac{13Pa^3}{3EI}$$

将以上两式代入力法方程，解得

$$X_1=-\frac{\Delta_{1P}}{\delta_{11}}=-\frac{13}{10}P$$

最后按式 (8-9) 做出弯矩图，如图 8-32e 所示。

例 8-9 试作图 8-33a 所示刚架的弯矩图。各杆 $EI=$ 常数。

解 此刚架是两次超静定对称刚架，承受一般荷载作用。取对称形式的基本结构如图 8-33b 所示。由于 X_1 是对称多余未知力，X_2 是反对称多余未知力，所示力法方程为两个独立的方程。

$$\left.\begin{aligned}\delta_{11}X_1+\Delta_{1P}=0\\ \delta_{22}X_2+\Delta_{2P}=0\end{aligned}\right\}$$

分别绘出$\overline{M_1}$、$\overline{M_2}$和 M_P 图，如图 8-33c、d、e 所示。系数和自由项计算如下：

$$\delta_{11}=\frac{1}{EI}\times\frac{1}{2}\times 2a\times 2a\times\frac{2}{3}\times 2a\times 2=\frac{16a^3}{3EI}$$

$$\delta_{22}=\frac{1}{EI}\left(\frac{1}{2}\times a\times a\times\frac{2}{3}\times a+2a\times a\times a\right)\times 2=\frac{14a^3}{3EI}$$

$$\Delta_{1P}=\frac{1}{EI}\times\frac{1}{2}\times Pa\times a\times\frac{5}{6}\times 2a=\frac{5Pa^3}{6EI}$$

$$\Delta_{2P}=-\frac{1}{EI}\times\frac{1}{2}\times Pa\times a\times a=-\frac{Pa^3}{2EI}$$

将以上各值代入力法方程，解得

$$X_1=-\frac{5}{32}P,\ X_2=\frac{3}{28}P$$

再按式（8-9）绘出最后弯矩图，如图 8-33f 所示。

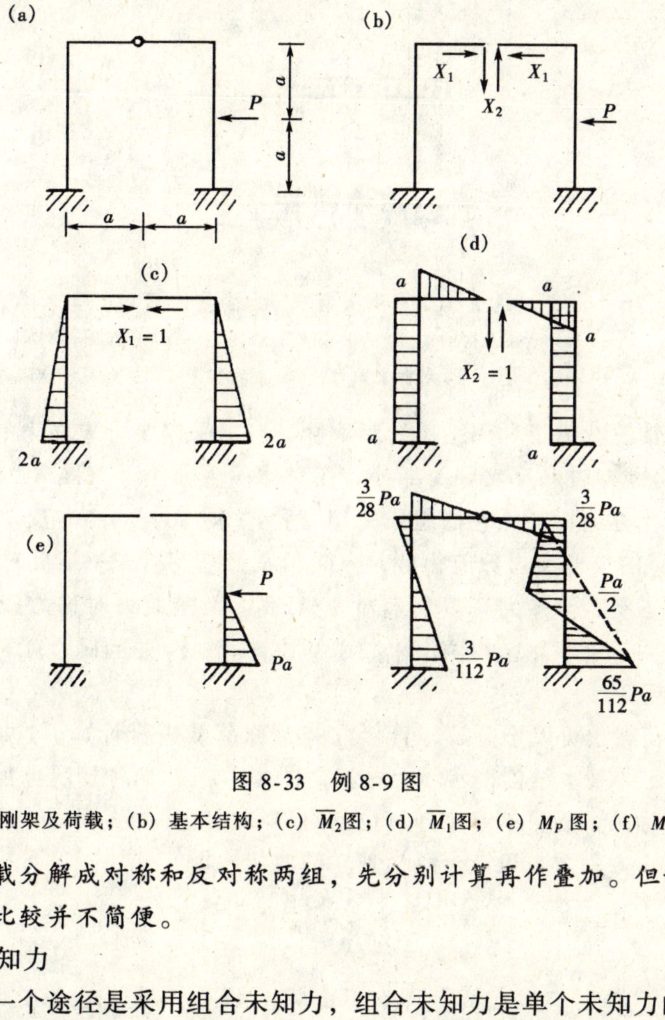

图 8-33　例 8-9 图

(a) 刚架及荷载；(b) 基本结构；(c) $\overline{M}_2$图；(d) $\overline{M}_1$图；(e) M_P 图；(f) M 图

此题也可将荷载分解成对称和反对称两组，先分别计算再作叠加。但读者可以发现，这样做同上述解法相比较并不简便。

3. 选用组合未知力

简化计算的另一个途径是采用组合未知力，组合未知力是单个未知力的线性组合。例如图 8-34a 所示超静定刚架，各杆 EI 相同，为了利用对称性，我们对称地撤掉左右两边的支杆，得到图 8-34b 所示的对称基本结构，则相应的单位弯矩图如图 8-34c、d 所示。显然多余未知力对结构的对称轴来说，既不是对称的，也不是反对称的。因此，如果选取 Y_1 和 Y_2 作为多余未知力则实际上仍然没有利用对称性。

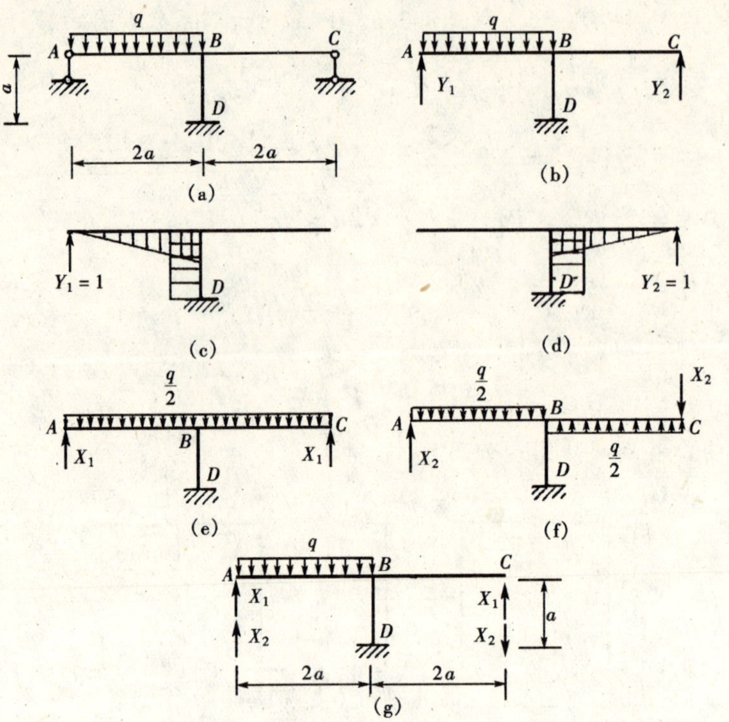

图 8-34　采用组合未知力简化计算

(a) 刚架及荷载；(b) 基本结构；(c) $Y_1=1$ 单独作用；

(d) $Y_2=1$ 单独作用；(e) 对称未知力；(f) 反对称未知力；(g) 组合未知力

对于这种特殊情况，为了利用结构的对称性，可以采用组合未知力的方法。为此，将图 8-34a 中的荷载先分成对称和反对称两部分。在对称荷载作用下（图 4-34e），A 点和 C 点的支座反力数值相等，方向相同，它们组成一组对称的未知力 X_1。在反对称荷载作用下（图 4-34f），A 点和 C 点的支座反力数值相等，方向相反，它们组成一组反对称的未知力 X_2。由此看出，由于采用了组合未知力，多余未知力 X_1 和 X_2 才成为对称力或反对称力。经过以上未知力分组后，关于求解原结构两个单独未知力 Y_1 和 Y_2 的问题，就转变为求解两组未知力 X_1 和 X_2 的问题了。

图 8-34a 中的荷载也可以不分解，直接取非对称荷载进行计算。这时为了利用对称性，应选用图 8-34g 所示的基本结构，实际上这就是图 8-34e、f 两种情况叠加的结果。这个基本结构不仅结构是对称的，而且基本未知量也是对称和反对称的，因而才有可能利用对称性来简化计算，力法基本方程才有可能分解为独立的两组，即

$$\left.\begin{aligned}\Delta_1=\delta_{11}X_1+\Delta_{1P}=0\\\Delta_2=\delta_{22}X_2+\Delta_{2P}=0\end{aligned}\right\}\tag{a}$$

这里 Δ_1 是与未知力 X_1 相应的位移，即 A、C 两点沿 X_1 方向的位移之和；Δ_2 是与未知力 X_2 相应的位移，即 A、C 两点沿 X_2 方向的位移之差（亦即 A、C 两点的相对竖向位移）。因为原结构上 A 点和 C 点均无竖向位移，故两者竖向位移之和与差显然应该为零。

解方程式 (a) 即可得未知力 X_1 和 X_2 后，经线性组合即得原结构 A、C 两支座的反力，即为

$$\left.\begin{aligned}Y_1 = X_1 + X_2\\ Y_2 = X_1 - X_2\end{aligned}\right\} \qquad \text{(b)}$$

例 8-10　绘出图 8-35a 所示刚架的弯矩图。各杆 EI 相同。

解　(1) 分解荷载

此刚架具有两个对称轴，一为竖向轴 $y-y$，一为水平轴 $x-x$。集中荷载及支座 A、B 的反力对 $y-y$ 轴是对称的，对 $x-x$ 轴并不对称，因此可将荷载与反力分解为对称和反对称的两组，如图 8-35b、c 所示。

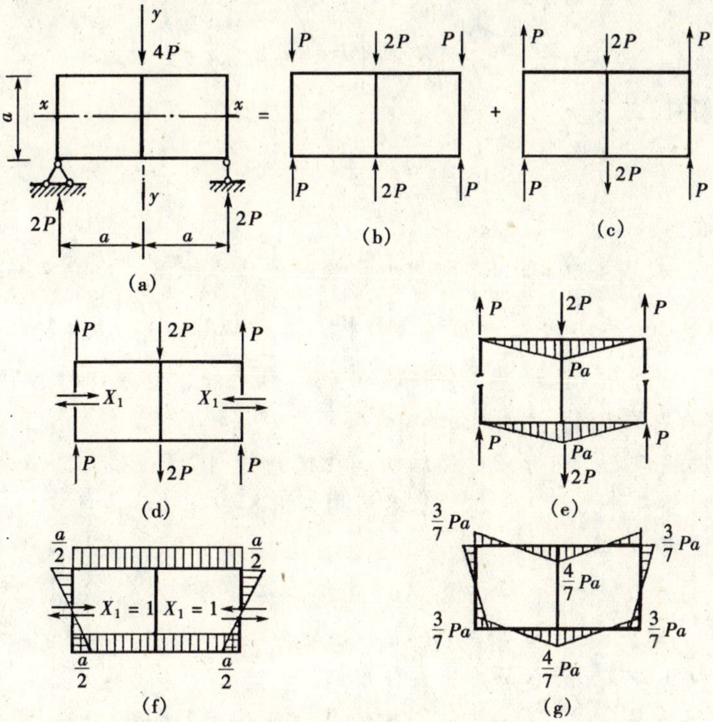

图 8-35　例 8-10 图

(a) 对称刚架及荷载；(b) 对称荷载作用；(c) 反对称荷载作用；

(d) 基本结构；(e) M_P 图；(f) $\overline{M}_1$图；(g) 最后 M 图

在图 8-35b 所示结构中，每个竖柱各受自相平衡的一对沿杆轴方向的压力，如果计算时忽略轴向变形对位移的影响，则横梁内无内力，竖杆只受轴力作用，两旁竖杆的轴力为 $-P$，中间竖杆的轴力为 $-2P$。由此可知，图 8-35b 所示结构的弯矩图纵矩等于零。

(2) 确定超静定次数，选取基本结构，建立力法典型方程

下面着重讨论图 8-35c 的计算问题，这个刚架有两个封闭框格，为六次超静定。考虑到荷载对竖向轴是对称的，对水平轴是反对称的，可取基本结构和基本未知力，如图 8-35d 所示。因为荷载对水平轴为反对称，切口处的对称未知力（弯矩和轴力）应为零，结构只产生反对称的未知力（剪力）。又因为荷载对竖向轴对称，故两边竖杆内剪力应保持对称，也就是说，对竖向对称轴应是大小相等，指向相反，这样就组合成一组未知力 X_1。最后，这个六次超静定的刚架化简为只求一个未知力 X_1，相应的力法典型方程为

$$\delta_{11} X_1 + \Delta_{1P} = 0$$

这里力法方程代表的变形条件为：左柱切口处相对线位移与右柱切口处相对线位移之和等于零。因为左右柱切口处要满足变形协调条件，即相对线位移均为零，当然它们的相对线位移之和也为零，这就是建立力法方程的依据。

(3) 求系数与自由项，并求多余未知力

为了求 δ_{11}和 Δ_{1P}，首先作荷载弯矩图（图 8-35e）和单位弯矩图（图 8-35f)。利用图乘法计算位移如下：

$$\delta_{11}=\frac{1}{EI}\left[4\left(\frac{1}{2}\times\frac{a}{2}\times\frac{a}{2}\right)\times\frac{a}{3}+2\left(\frac{a}{2}\times 2a\right)\times\frac{a}{2}\right]=\frac{7a^3}{6EI}$$

$$\Delta_{1P}=-\frac{1}{EI}\left(4\times\frac{1}{2}\times Pa\times a\right)\times\frac{a}{2}=-\frac{Pa^3}{EI}$$

代入力法方程，解得

$$X_1=-\frac{\Delta_{1P}}{\delta_{11}}=\frac{6}{7}P$$

(4) 绘制弯矩图

利用公式 $M=\overline{M}_1X_1+M_P$ 求出各杆内力，绘制最后弯矩图，如图 8-35g 所示。

例 8-11 图 8-36a 所示为超静定组合结构，已知 $EA=\frac{EI}{h^2}$，$h=3m$，在图示荷载作用下，试用力法计算其内力（包括受弯杆件的 M 图，轴力杆、受弯杆的 N 图)。

解 (1) 选取基本结构，建立力法典型方程

此结构是两次超静定，同时是对称结构。现把杆件 AC 和 BC 作为多余约束而切断，并将其轴力分解为组合未知力 X_1 和 X_2，基本结构如图 8-36b 所示。

列力法典型方程

$$\Delta_1=\delta_{11}X_1+\delta_{12}X_2+\Delta_{1P}=0$$
$$\Delta_2=\delta_{21}X_1+\delta_{22}X_2+\Delta_{2P}=0$$

(2) 求系数和自由项，并求解力法典型方程

由图 8-36c、d 可见，受弯杆的 $\overline{M}_1$ 图和轴力杆的 $\overline{N}_1=1$ 是对称的，受弯杆的 $\overline{M}_2$ 图和轴力杆 $\overline{N}_2=1$ 为反对称的，故 $\delta_{12}=\delta_{21}=0$，其余各系数和自由项计算如下

$$\begin{aligned}\delta_{11}&=\Sigma\frac{\overline{N}_1^2}{EA}l+\Sigma\int\frac{\overline{M}_1^2}{EI}\mathrm{d}s\\&=\frac{2(1)^2}{EA}\times 3\sqrt{5}+\frac{2}{EI}\left(\frac{6}{3}\times\frac{6\sqrt{5}}{5}\times\frac{6\sqrt{5}}{5}\right)=\frac{150}{EI}\end{aligned}$$

$$\begin{aligned}\delta_{22}&=\Sigma\frac{\overline{N}_2^2}{EA}l+\Sigma\int\frac{\overline{M}_2^2}{EI}\mathrm{d}s\\&=\frac{(1)^2}{EA}\times 3\sqrt{5}+\frac{(-1)^2}{EA}\times 3\sqrt{5}+\frac{2}{EI}\left(\frac{6}{3}\times\frac{6\sqrt{5}}{5}\times\frac{6\sqrt{5}}{5}\right)\\&\quad+\frac{1}{EI}\left(\frac{3}{6}\times\frac{12\sqrt{5}}{5}\times\frac{12\sqrt{5}}{5}\right)=\frac{179}{EI}\end{aligned}$$

$$\begin{aligned}\Delta_{1P}&=\Sigma\frac{\overline{N}_1N_P}{EA}l+\Sigma\int\frac{\overline{M}_1M_P}{EI}\mathrm{d}s\\&=0-\frac{2}{EI}\left(\frac{6}{3}\times\frac{6\sqrt{5}}{5}\times 180\right)-\frac{1}{EI}\left(\frac{2}{3}\times 6\times 90\times\frac{1}{2}\times\frac{6\sqrt{5}}{5}\right)=-\frac{2415}{EI}\end{aligned}$$

$$\Delta_{2P}=\Sigma\frac{\overline{N}_2N_P}{EA}l+\Sigma\int\frac{\overline{M}_2M_P}{EI}\mathrm{d}s$$

$$=0-\frac{1}{EI}\left(\frac{2}{3}\times 6\times 90\times \frac{1}{2}\times \frac{6\sqrt{5}}{5}\right)=-\frac{484}{EI}$$

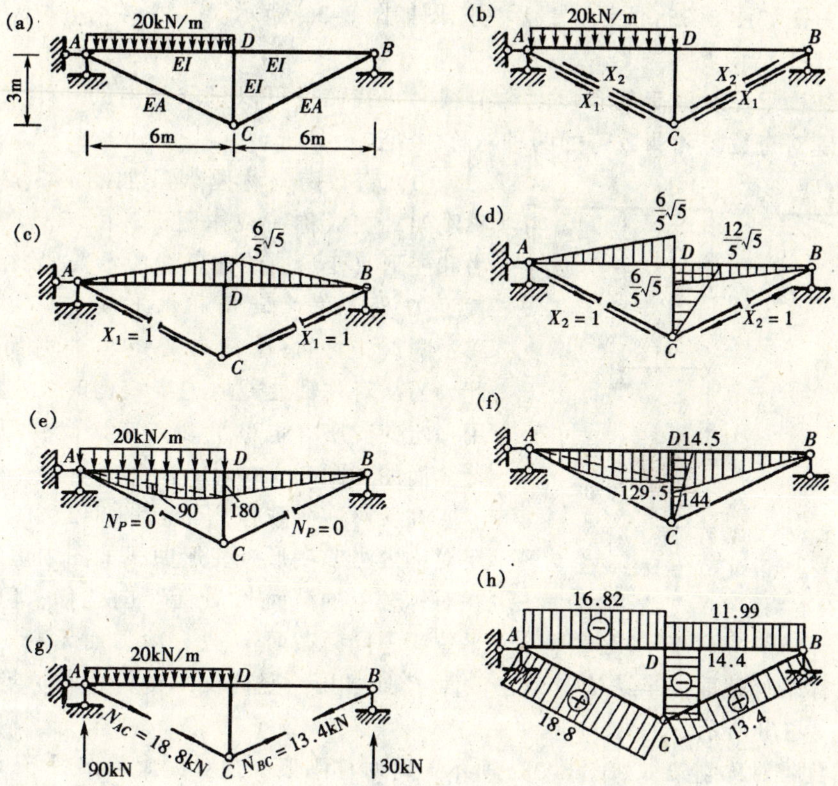

图 8-36　例 8-11 图

(a) 组合结构及荷载；(b) 基本结构；(c) $\overline{M}_1$图；(d) $\overline{M}_2$图；(e) M_P图；(f) 最后 M 图；(g) 部分隔离体；(h) 最后 N 图

将求得的系数和自由项代入力法典型方程，得

$$\frac{150}{EI}X_1-\frac{2415}{EI}=0$$

$$\frac{179}{EI}X_2-\frac{484}{EI}=0$$

解得

$$X_1=16.1\text{kN},\ X_2=2.7\text{kN}$$

(3) 绘最后内力图

杆件 AC 和 BC 的轴力分别为

$$N_{AC}=16.1+2.7=18.8\text{kN}\ (\text{拉力})$$

$$N_{BC}=16.1-2.7=13.4\text{kN}\ (\text{拉力})$$

受弯杆的轴力，可由图 8-36g 的平衡条件求得

$$N_{AD}=-18.8\times\frac{2}{\sqrt{5}}=-16.82\text{kN}=N_{DA}$$

$$N_{BD}=-13.4\times\frac{2}{\sqrt{5}}=-11.99\text{kN}=N_{DB}$$

$$N_{CD}=-\ (18.8+13.4)\ \times\frac{1}{\sqrt{5}}=-14.4\text{kN}=N_{DC}$$

最后轴力图如图 8-36h 所示，最后弯矩图如图 8-36f 所示。

4. 选取半个结构

当对称结构承受对称荷载和反对称荷载时，我们也可以只取结构的一半来进行分析计算。下面分别对奇数跨和偶数跨的两种对称刚架进行分析。

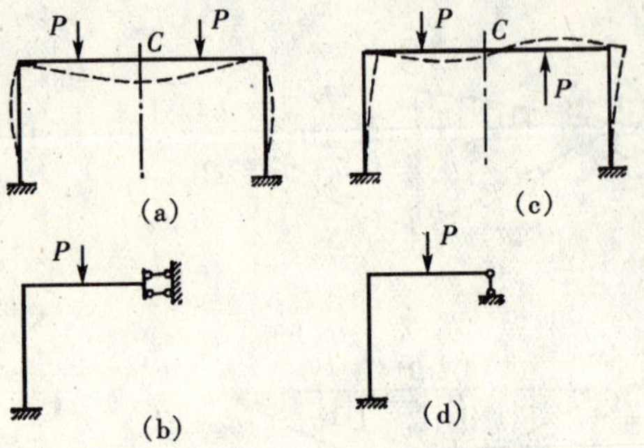

图 8-37　奇数跨对称刚架

(a) 对称荷载作用的单跨对称刚架；(b) 等效的半结构；(c) 反对称荷载作用的单跨对称刚架；(d) 等效的半结构

(1) 奇数跨对称刚架　如图 8-37a 所示单跨对称刚架，在对称荷载作用下，由于只产生对称的内力和变形（变形曲线如虚线所示），故在对称轴上的截面 C 处不发生转角和水平线位移，但有竖向位移；同时，截面 C 只有弯矩和轴力而无剪力。因此，当从对称轴处截取一半结构时，在截面 C 处可用一定向支座（也称滑动支座）代替原有约束，其计算简图如图 8-37b 所示。

在反对称荷载作用下（图 8-37c），由于只产生反对称内力和变形（变形曲线如图中虚线所示），故在对称轴上的截面 C 处无竖向位移，但有转角和水平位移；同时截面 C 只有剪力而无弯矩和轴力。因此，当从对称轴处截取一半结构时，在截面 C 处可用一竖向支承链杆代替原有约束，其计算简图如图 8-37d 所示。

(2) 偶数跨对称刚架　如图 8-38a 所示两跨对称刚架，在对称荷载作用下（变形曲线如图中虚线所示），对称轴上的结点 C 处无转角和水平位移，也没有竖向位移（因忽略杆件的轴向变形），但在该处横梁杆端产生弯矩、轴力和剪力。因此，当取一半结构时，可将 C 处用固定支座代替原有约束，其计算简图如图 8-38b 所示。

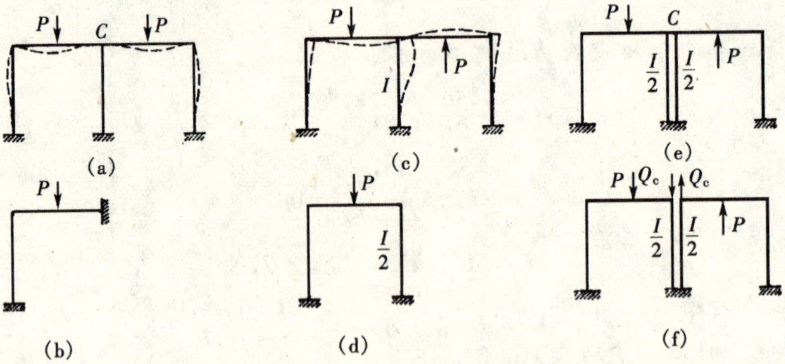

图 8-38　偶数跨对称刚架

(a) 对称荷载作用的单跨对称刚架；(b) 等效的半结构；(c) 反对称荷载作用的单跨对称刚架；(d) 等效的半结构；(e)、(f) 中柱一分为二

在反对称荷载作用下，如图 8-38c 所示，可设想刚架中间柱是由两根各具 $I/2$ 的竖柱组成，它们分别在对称轴的两侧与横梁刚结，如图 8-38e 所示，显然这与原结构是等效的。设将横梁中央截面切开，由于荷载是反对称的，故该截面上只有剪力 Q_C 存在，如图 8-38f 所示。这对剪力只对中间两根竖柱产生大小相等而性质相反的轴力而不影响其他杆件的弯矩。

由于原有中间柱的内力是这两根柱的内力之和，故叠加后 Q_C 对原结构的内力和变形均无影响。因此可以不考虑 Q_C 而取一半刚架计算，计算简图如图 8-38d 所示。

例 8-12 试作图 8-39a 所示刚架的弯矩图。设各杆件的 EI 为常数。

解 这是一个四次超静定的对称结构，受反对称荷载作用，除了对全结构选取对称的基本结构作分析外，还可选取如图 8-39b 所示半个结构进行分析，然而该半个结构的超静定次数降至一次，计算更为简化。选取如图 8-39c 所示的基本结构，力法方程为

$$\delta_{11}X_1 + \Delta_{1P} = 0$$

分别做出 $\overline{M}_1$ 和 M_P 图（图 8-39c、d），并求得

$$\delta_{11} = \frac{1}{EI} \times \frac{1}{3} \times 3^2 \times 2 + 3 \times 6 \times 3 = 72\text{m}^3$$

$$\Delta_{1P} = \frac{1}{EI} \times \frac{1}{3} \times 3 \times 3 \times 120 + 3 \times 6 \times \frac{180}{2} = 1980\text{kN} \cdot \text{m}^3$$

将系数和自由项代入力法方程，即得多余未知力为

$$X_1 = -\frac{\Delta_{1P}}{\delta_{11}} = -27.5\text{kN}$$

按叠加法做出最后弯矩图如图 8-39e 所示，全结构的弯矩图成反对称图形式。

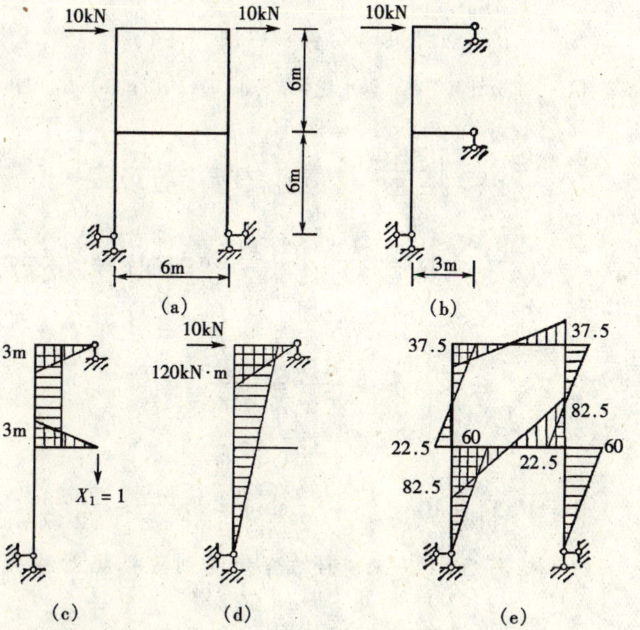

图 8-39 例 8-12 图

(a) 对称刚架及荷载；(b) 半刚架；(c) $\overline{M}_1$图；(d) M_P 图；(e) 最后 M 图

例 8-13 试计算图 8-40a 所示圆管的内力。设 EI 为常数。

解 这是一个三次超静定结构，但由于结构及荷载具有两个对称轴，故可只取其四分之一来分析，计算简图如图 8-40b 所示，显然仅为一次超静定问题。取基本结构如图 8-40c 所示，多余未知力为弯矩 X_1。

取极坐标系，则单位弯矩和荷载弯矩分别为：

$$\overline{M}_1 = 1，M_P = -\frac{Pr}{2}\sin\varphi$$

相应的 $\overline{M}_1$ 图、M_P 图分别如图 8-40d、e 所示。由于基本结构为曲梁，故计算位移时必须采用积分方法。若忽略曲率影响且只计弯矩一项，则将上式代入位移计算公式，可求得系数及自由项分别为：

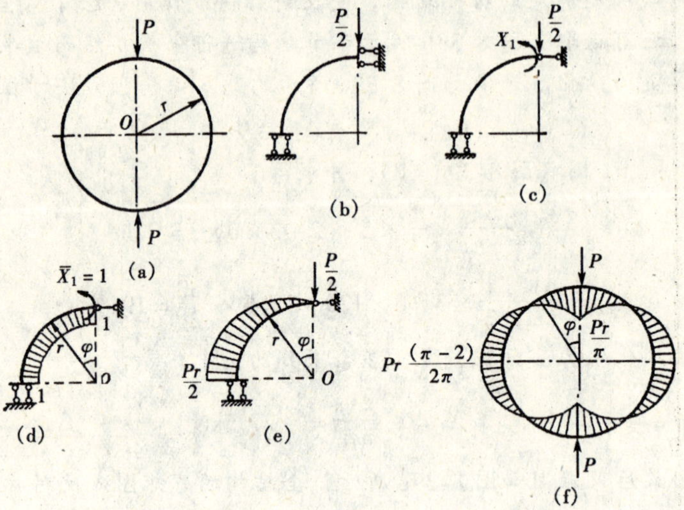

图 8-40　例 8-13 图

(a) 圆管及荷载；(b) $\frac{1}{4}$部分计算简图；(c) 基本结构；(d) $\overline{M}_1$图；(e) M_P 图；(f) 最后 M 图

$$\delta_{11} = \int \frac{\overline{M}_1^2 \mathrm{d}s}{EI} = \frac{1}{EI}\int_0^{\frac{\pi}{2}} r\mathrm{d}\varphi = \frac{\pi r}{2EI}$$

$$\Delta_{1P} = \int \frac{\overline{M}_1 M_P}{EI}\mathrm{d}s = \frac{1}{EI}\int_0^{\frac{\pi}{2}}\left(-\frac{Pr}{2}\sin\varphi\right) r\mathrm{d}\varphi = -\frac{Pr^2}{2EI}$$

于是可得

$$X_1 = -\frac{\Delta_{1P}}{\delta_{11}} = -\frac{Pr}{\pi}$$

最后弯矩为：

$$M = \overline{M}_1 X_1 + M_P = \frac{Pr}{\pi} - \frac{Pr}{2}\sin\varphi = Pr\left(\frac{1}{\pi} - \frac{\sin\varphi}{2}\right)$$

再绘出结构的四分之一的弯矩图后，整个结构的弯矩图则可根据对称关系得出，如图 8-40f 所示。

§8-5　交叉梁系的计算

交叉梁系是由轴线在同一平面内的梁互相交叉连接而组成的结构，如图 8-41 所示。在交叉点的地方两根梁通常是刚性连接的，它作为面板的支承体系，主要承受来自平面外的荷载。桥梁的桥面系中相互垂直的纵梁和横梁组成了交叉梁系（梁格），工业厂房中的工作平台、民用建筑中的钢筋混凝土井式楼盖等也常采用这一类型的结构。两个方向的梁可与面板的周边正交（图 8-41a）或斜交（图 8-41b），孔格形状可以是方形，也可以是菱形。梁端在周边的支承形式由具体情况而定。

图 8-41 交叉梁系的布置

(a) 与板边平行的方形网格；(b) 与板边斜交的方形网格

本节要解决的问题是，交叉梁系受到垂直于结构平面的荷载作用时，各梁所产生的内力分布，这个问题本属空间结构计算的范畴。在垂直荷载作用下，结构中任一根梁的任一截面不但有剪力和弯矩，而且还有扭矩；每一交叉结点将有三项相应的位移：竖向线位移和两个方向的转角位移，其中任一转角在一根梁上是挠曲变形的转角，而对于另一根梁来说则是扭转变形的转角。在实际的交叉梁系中，梁的抗扭刚度与抗弯刚度相比是比较小的，因此梁中产生的扭矩也就比较小。为了简化计算，通常忽略交叉结点处两个方向的梁的转角之间的相互影响，只考虑梁与梁之间相互的竖向支承作用，而按双向的受弯梁计算。由此简化假定，交叉梁系的计算简图在每一结点处仅有一刚性竖向链杆连接两根梁，即结点处仅传递竖向力，且具有共同的竖向线位移。

图 8-42a 是一个 2×2 网格的简单交叉梁系，梁端在周边为铰支座。在中央交叉点处受垂直结构平面的集中荷载 P 的作用（由面板的荷载转化而来），其计算简图如图 8-42b 所示，上、下两层梁在中点处互为弹性支承。这是一次超静定结构，用力法计算时，可将链杆切断，基本结构如图 8-42c 所示。根据两梁交叉结点竖向位移的连续条件，即两梁交叉点的相对线位移等于零。写出力法方程为

$$\delta_{11}X_1+\Delta_{1P}=0$$

设梁 AB、CD 的弯曲刚度分别为 EI_1 和 EI_2，今绘出两梁的 $\overline{M}_1$ 图和 M_P 图（图 8-42d、e），由图乘法即可计算系数和自由项：

$$\delta_{11}=\frac{l_1^3}{48EI_1}+\frac{l_2^3}{48EI_2}$$

$$\Delta_{1P}=\frac{Pl_2^3}{48EI_2}$$

将系数和自由项代入力法方程，于是解得多余未知力

$$X_1=\frac{I_1l_2^3}{I_1l_2^3+I_2l_1^3}P$$

求得未知力 X_1 后，按式 $M=\overline{M}_1X_1+M_P$ 计算，即可绘出梁 AB 和 CD 的最后弯矩图。

现在将两梁受力的大小作一比较。图 8-42b 表示相交叉的两梁共同承担结点荷载 P，梁 AB 承担的荷载 P_{AB} 为 X_1，则梁 CD 所承担的荷载 P_{CD} 为 $P-X_1$，即分别为

$$P_{AB}=X_1=\frac{I_1l_2^3}{I_1l_2^3+I_2l_1^3}P \tag{a}$$

$$P_{CD}=P-X_1=P-\frac{I_1l_2^3}{I_1l_2^3+I_2l_1^3}P=\frac{I_2l_1^3}{I_1l_2^3+I_2l_1^3}P \tag{b}$$

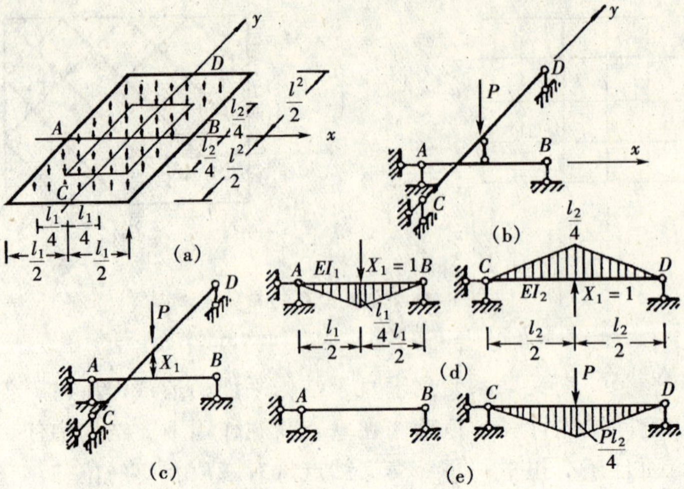

图 8-42　交叉梁系的计算

(a) 简单交叉梁系；(b) 计算简图；(c) 基本结构；(d) $\overline{M}_1$图；(e) M_P 图

于是有

$$\frac{P_{AB}}{P_{CD}}=\frac{I_1}{I_2}\left(\frac{l_2}{l_1}\right)^3 \tag{c}$$

当交叉于中点的两梁截面刚度相等、且跨度相等时，即 $I_1=I_2$、$l_1=l_2$ 时，由式（a）、式（b）可知

$$P_{AB}=\frac{P}{2},\ P_{CD}=\frac{P}{2}$$

说明结点荷载 P 由交叉的两梁平均分担。这个结论与按对称关系直观地判断相符，并可应用于多梁交叉的体系中。若 $I_1=I_2$，$l_2=2l_1$，由式（a）、式（b）可得

$$P_{AB}=\frac{8}{9}P,\ P_{CD}=\frac{1}{9}P$$

可见当 $l_2\geqslant 2l_1$ 时，长梁承担的荷载量很小，可以近似地认为短梁承担全部结点荷载。

对于图 8-41 所示较复杂的交叉梁系，用力法计算时，与此分析方法亦相同，即假设两组梁在每个结点处都有一竖向链杆联结，以各链杆的轴力作为多余未知力求解。这类结构通常是高次超静定的，但往往可利用结构的对称性以简化计算。

例 8-16　试求图 8-43a 所示交叉梁系的弯矩图。各梁 EI 相同，板的四边简支，承受垂直于板面的均布荷载 q（kN/m^2，计算时可简化为结点荷载处理）。

解　首先将均布荷载化为作用于各结点的集中荷载 $P=ql^2$。取计算简图如图 8-43b 所示。以各链杆的轴向压力为多余未知力。分析结构的组成和特点可以看出，该结构及荷载对 x 轴和 y 轴均对称，故可知结点 1、2、3、4 处链杆的内力均相等，都可以用一个未知力 X_1 表示；结点 5、6 处链杆的内力亦相等，同用未知力 X_2 表示。典型方程为

$$\delta_{11}X_1+\delta_{12}X_2+\Delta_{1P}=0$$
$$\delta_{21}X_1+\delta_{22}X_2+\Delta_{2P}=0$$

绘出各梁的 $\overline{M}_1$、$\overline{M}_2$ 和 M_P 图分别如图 8-43c、d、e 所示，其中 AB、CD 两梁弯矩图相同，GH、IJ 两梁弯矩图相同，故只分别绘出了 AB 梁及 GH 梁的弯矩图，但图乘时需要乘以 2。由图乘法可得：

$$EI\delta_{11} = 2\left[\left(\frac{l^2}{2} \times \frac{2l}{3}\right)2 + l^2 \times l\right] + 2\left[\left(\frac{l^2}{2} \times \frac{2l}{3}\right)2 + 2l^2 \times l\right] = \frac{26}{3}l^3$$

$$EI\delta_{22} = \left[\left(\frac{l^2}{2} \times \frac{2l}{3}\right)2 + l^2 \times l\right] + 2\left[\left(\frac{2l^2}{2} \times \frac{2l}{3}\right)2\right] = \frac{13}{3}l^3$$

$$EI\delta_{12} = 2\left[\left(\frac{l^2}{2} \times \frac{l}{3}\right)2 + \left(l^2 \times \frac{3l}{4}\right)2\right] = \frac{11}{3}l^3$$

$$EI\Delta_{1P} = -2\left[\left(\frac{l^2}{2} \times \frac{2Pl}{3}\right)2 + l^2 \times Pl\right] = -\frac{10}{3}Pl^3$$

$$EI\Delta_{2P} = -\left[\left(\frac{l^2}{2} \times \frac{2Pl}{3}\right)2 + l^2 \times Pl\right] = -\frac{5}{3}Pl^3$$

代入典型方程并消去$\frac{l^3}{3EI}$得

$$\left.\begin{aligned}26X_1 + 11X_2 - 10P = 0\\ 11X_1 + 13X_2 - 5P = 0\end{aligned}\right\}$$

解得

$$X_1 = \frac{75}{217}P,\quad X_2 = \frac{20}{217}P$$

X_1 和 X_2 即为长梁 GH、IJ 所分担的结点荷载，而短梁 AB（及 CD）和 EF 分担的结点荷载分别为

$$P - X_1 = \frac{142}{217}P \text{ 和 } P - X_2 = \frac{197}{217}P$$

可见，荷载大部分由短梁分担，这和前面的结论是一致的。

最后弯矩图可由 $M = \overline{M}_1X_1 + \overline{M}_2X_2 + M_P$ 绘出，如图 8-43 所示。

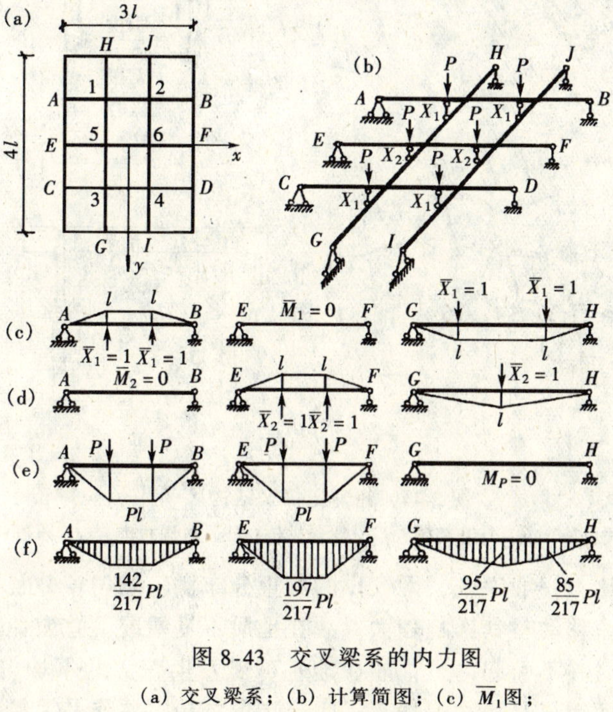

图 8-43　交叉梁系的内力图

(a) 交叉梁系；(b) 计算简图；(c) $\overline{M}_1$图；

(d) $\overline{M}_2$图；(e) M_P 图；(f) M 图

§8-6 力法计算超静定拱

超静定拱是工程中应用很广泛的一种结构，常用的有无铰拱和两铰拱两种结构型式。在建筑方面，除采用落地式拱顶结构外，通常采用带拉杆的拱式屋架，如图 8-44a 所示，屋架中的曲杆为钢筋混凝土构件，拉杆为角钢，吊杆是为了防止拉杆下垂而设的构件，计算简图如图 8-44b 所示。在桥梁方面，常采用钢筋混凝土拱桥和石拱桥，例如历史上有著名的赵州石拱桥。近年来有我国创造的双曲拱桥，其主拱圈由拱肋和拱波组成，沿桥的纵向和横向均呈拱形，如图 8-44c 所示。其主拱圈的横截面是波形的，比普通板拱的截面具有更大的惯性矩，因此双曲拱桥被广泛采用。地下隧洞工程的衬砌（图 8-44d），水利工程中的闸门、拱坝（图 8-44e）和拱式渡槽（图 8-44f）等等都经常采用拱式结构。

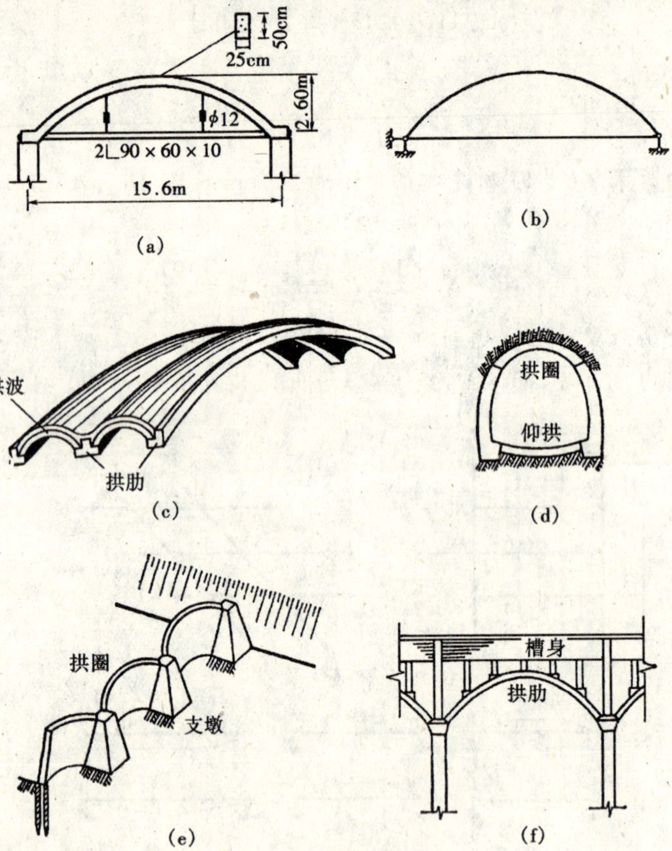

图 8-44　超静定拱式结构

(a) 带拉杆的拱式屋架；(b) 计算简图；(c) 双曲拱桥；(d) 隧洞衬砌；(e) 水坝；(f) 渡槽

无铰拱和两铰拱相比，一般说来，无铰拱的弯矩分布比较均匀，并且构造简单，故工程中应用较广泛；但因支座移动对其影响较大，故在地质不良情况下宜避免采用。两铰拱则由于在支座发生竖向移动时并不引起内力，故在地基可能发生较大的不均匀沉陷时宜于采用。无铰拱是三次超静定，两铰拱是一次超静定，闭合环形结构可看作是无铰拱的特殊情况。下面分别讨论两铰拱和无铰拱的计算。

一、两铰拱计算

1. 不带拉杆的两铰拱

(1) 两铰拱的基本体系，力法方程

两铰拱（图8-45a）是一次超静定结构，承受任意荷载作用，撤去支座 A 的水平支杆，选取简支曲梁作为基本体系，如图8-45b所示。以支座 A 的多余未知力 X_1 为基本未知量。根据基本体系在荷载与 X_1 共同作用下，在支座 A 处沿 X_1 方向的水平位移为零的变形条件，建立力法方程。

$$\delta_{11}X_1+\Delta_{1P}=0$$

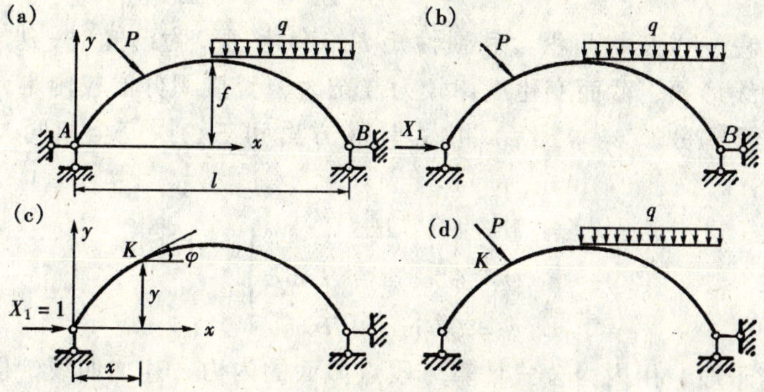

图8-45　两铰拱的计算

(a) 不带拉杆的两铰拱；(b) 基本结构；(c) $X_1=1$ 作用的基本结构；(d) 简支曲梁

(2) 计算系数和自由项

因拱是曲杆，计算位移 δ_{11} 和 Δ_{1P} 时不能采用图乘法，只能应用积分法计算。基本体系是一曲梁，曲率对位移的影响可忽略不计。计算 Δ_{1P} 时，一般只考虑弯曲变形；计算 δ_{11} 时，对于扁平拱情况要考虑弯矩和轴力两项对位移的影响；通常剪力对位移的影响甚微，一般都可忽略不计。因此，

$$\delta_{11}=\int\frac{\overline{M}_1^2\mathrm{d}s}{EI}+\int\frac{\overline{N}_1^2\mathrm{d}s}{EA}$$

$$\Delta_{1P}=\int\frac{\overline{M}_1M_P\mathrm{d}s}{EI}$$

设坐标原点在 A 点，任意截面 K 的横坐标为 x，纵坐标为 y，向上为正；φ 表示截面 K 处拱轴切线与 x 轴之间的锐角，左半拱的 φ 为正，右半拱的 φ 为负。弯矩 M 使拱的内缘受拉为正，轴力 N 以压力为正。

基本结构在 $X_1=1$ 作用下（图8-45c），竖向支座反力为零，任意截面 K 的弯矩和轴力可由平衡条件求出，即为

$$\left.\begin{aligned}\overline{M}_1&=-y\\\overline{N}_1&=\cos\varphi\end{aligned}\right\}\qquad\text{(a)}$$

在竖向荷载作用下，简支曲梁任意截面的弯矩与同跨度同荷载的简支水平梁相应截面的弯矩 M^0 彼此相等，即

$$M_P = M^0 \tag{b}$$

将式（a）和式（b）代入 δ_{11}和 Δ_{1P}，得

$$\left.\begin{aligned}\delta_{11} &= \int \frac{y^2 \mathrm{d}s}{EI} + \int \frac{\cos^2\varphi \mathrm{d}s}{EA} \\ \Delta_{1P} &= -\int \frac{M^0 y \mathrm{d}s}{EI}\end{aligned}\right\} \tag{8-17}$$

(3) 求解力法方程，求拱内任意截面内力

求出 δ_{11}和 Δ_{1P}后，代入力法典型方程，就可求出多余未知力 X_1，亦即水平推力 H 为

$$X_1 = H = -\frac{\Delta_{1P}}{\delta_{11}} = \frac{\int \frac{M^0 y \mathrm{d}s}{EI}}{\int \frac{y^2 \mathrm{d}s}{EI} + \int \frac{\cos^2\varphi \mathrm{d}s}{EA}} \tag{8-18}$$

当拱的轴线方程 y 以及截面积 A 和惯性矩 I 的变化规律为已知时，水平推力 H 应用积分求出。当拱的轴线形状、截面变化规律较为复杂时，直接积分比较困难，此时适宜采用数值积分法来代替直接积分。X_1 求出后，内力计算方法和三铰拱完全相同，在竖向荷载作用下计算公式为

$$\left.\begin{aligned}M &= M^0 - Hy \\ Q &= Q^0\cos\varphi - H\sin\varphi \\ N &= Q^0\sin\varphi + H\cos\varphi\end{aligned}\right\} \tag{8-19}$$

将拱轴等分若干段，用内力公式计算分段点截面的内力，连成曲线，即得内力图。

(4) 两铰拱的计算和受力特点

从力法计算来看，两铰拱和两铰刚架基本相同，两铰拱的位移 δ_{11}和 Δ_{1P}需按曲杆公式用积分方法计算，而不能采用图乘法。且在计算 δ_{11}时，除考虑弯矩的影响外，有时还需要考虑轴力的影响。

从受力特性来看，两铰拱与三铰拱基本相同，内力计算公式（8-19）在形式上与三铰拱完全相同，只是水平推力 H 有所不同。在三铰拱中推力 H 是由平衡条件求得，在两铰拱中，推力 H 则由变形条件来确定。

2. 带拉杆的两铰拱

在屋盖结构中采用的两铰拱，通常带拉杆，如图 8-46a 所示。设置拉杆的目的，一方面使砖墙（或柱）不受推力，而另一方面，和普通两铰拱相同，拱肋承受推力，从而减小了拱肋的弯矩。但为了能承受推力 H，设计的拉杆截面必须具有足够的刚度。

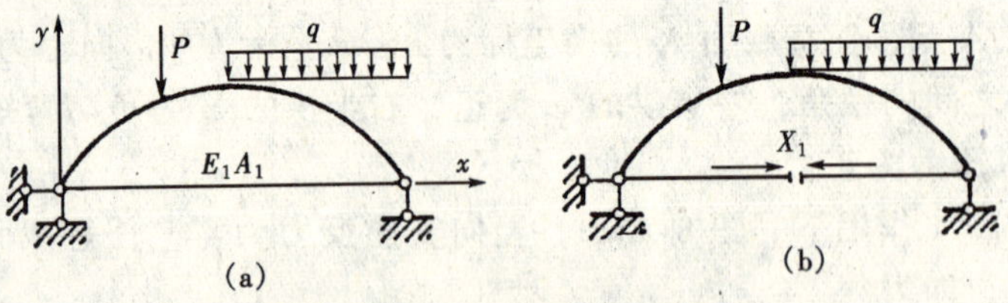

图 8-46　带拉杆的两铰拱

（a）带拉杆的两铰拱；（b）基本结构

(1) 基本体系和力法方程

计算带拉杆的两铰拱时，将拉杆切断，选取基本体系如图 8-46b 所示。在切口两侧截面

作用一对拉力 X_1，也就是拱肋所受的推力 H，即为基本未知量。力法方程在形式上与不带拉杆两铰拱的方程相同，即

$$\delta_{11}X_1+\Delta_{1P}=0$$

方程的物理意义表示拉杆切口两侧截面的相对位移等于零。

（2）计算系数和自由项

δ_{11}的计算应考虑拉杆本身的轴向变形

$$\delta_{11}=\int\frac{\overline{M}_1^2\mathrm{d}s}{EI}+\int\frac{\overline{N}_1^2\mathrm{d}s}{EA}+\int\frac{\overline{N}_1^2\mathrm{d}x}{E_1A_1}\tag{c}$$

式中前两项是对拱肋的积分，末一项是对拉杆积分。E_1 和 A_1 分别表示拉杆的弹性模量和截面面积。

基本结构在 $X_1=1$ 作用下，拉杆的轴力 $\overline{N}_1$ 即为 $X_1=1$，并设拉杆长度为 l，代入上式第三项

$$\int_0^l\frac{\overline{N}_1^2\mathrm{d}x}{E_1A_1}=\int_0^l\frac{1^2\mathrm{d}x}{E_1A_1}=\frac{l}{E_1A_1}\tag{d}$$

拱肋任意截面的弯矩和轴力表达式同式（a），将式（a）和式（d）代入式（c），得

$$\delta_{11}=\int\frac{y^2\mathrm{d}s}{EI}+\int\frac{\cos^2\varphi\mathrm{d}s}{EA}+\frac{l}{E_1A_1}$$

基本结构在荷载作用下，拉杆的拉力为零。因此，计算 Δ_{1P}时，只对拱肋积分

$$\Delta_{1P}=\int\frac{\overline{M}_1M_P\mathrm{d}s}{EI}=-\int\frac{M_Py\mathrm{d}s}{EI}$$

（3）解力法方程，求拱内任意截面内力

多余未知力，即拉杆的拉力为

$$X_1=-\frac{\Delta_{1P}}{\delta_{11}}=\frac{\int\frac{M_Py\mathrm{d}s}{EI}}{\int\frac{y^2\mathrm{d}s}{EI}+\int\frac{\cos^2\varphi\mathrm{d}s}{EA}+\frac{l}{E_1A_1}}\tag{8-20}$$

内力计算公式与式（8-19）完全相同，公式中的 H 即拉杆中的 X_1。

将拉杆拱的拉力 X_1（式 8-20）与无拉杆两铰拱推力 H 式（8-18）的表达式进行比较，式（8-20）的分母比式（8-18）的分母多了一项$\frac{l}{E_1A_1}$，因此，带拉杆的拱的推力要比相应两铰拱的推力小。现分析两种极端情况，如果拉杆刚度很大（$E_1A_1\to\infty$），则两种型式的推力基本相等，因而受力状态也基本相同，此时拉杆实质上起着刚性水平支杆的作用；如果拉杆刚度很小（$E_1A_1\to0$），则 $X_1\to0$。此时带拉杆的两铰拱实际上是一个简支曲梁，失去了拱的有利受力特点，拱肋的受力状态是很不利的。

因此，在设计带拉杆的拱时，应适当加大拉杆的横截面积，增强拉杆的轴向刚度，以减小拱本身的弯矩，改善拱的受力状态。

例 8-17　图 8-47a 所示为等截面两铰拱，拱轴方程为 $y=\frac{4f}{l^2}(l-x)x$，承受图示均布荷载作用，试求其水平推力 H。

解　计算时采用两个假设：(1) 忽略轴向变形、剪切变形，只考虑弯曲变形；(2) 当拱比较平坦时（例如$\frac{f}{l}<\frac{1}{5}$），可近似地取 $\mathrm{d}s=\mathrm{d}x$。

去除 B 支座的水平支杆得基本结构（图 8-47b），则力法方程为

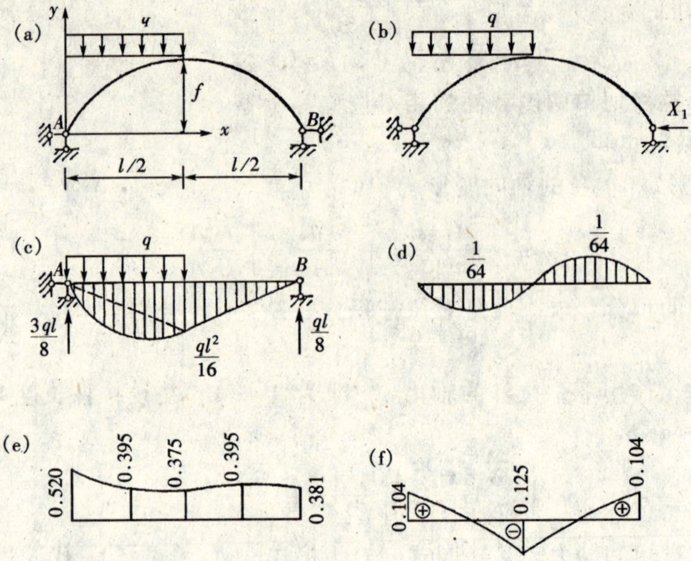

图 8-47　例 8-17 图

(a) 等截面两铰拱；(b) 基本结构；(c) 简支梁的 M^0；(d) M 图；(e) N 图；(f) Q 图

$$\delta_{11} X_1 + \Delta_{1P} = 0$$

由上面假设，由式（8-17）可得

$$\delta_{11} = \int \frac{\overline{M}_1^2 \mathrm{d}s}{EI} = \frac{1}{EI}\int_0^l y^2 \mathrm{d}x$$

$$\Delta_{1P} = \int \frac{\overline{M}_1 M_P \mathrm{d}s}{EI} = -\frac{1}{EI}\int_0^l y M^0 \mathrm{d}x$$

先计算 δ_{11}

$$\delta_{11} = \frac{1}{EI}\int_0^l \left[\frac{4f}{l^2}(l-x)x\right]^2 \mathrm{d}x = \frac{8f^2 l}{15EI}$$

计算 Δ_{1P}时，先要列出荷载作用下曲梁的弯矩方程，因为只作用竖向荷载，所以曲梁的 M_P 表达式等同于同跨同荷载水平简支梁的 M^0 表达式（图 8-47c），弯矩方程分两段表示：

左半跨　　$M_P = M^0 = \frac{3}{8}qlx - \frac{1}{2}qx^2$　　$\left(0 \leqslant x \leqslant \frac{l}{2}\right)$

右半跨　　$M_P = M^0 = \frac{ql}{8}(l-x)$　　$\left(\frac{l}{2} \leqslant x \leqslant l\right)$

由此得

$$\Delta_{1P} = -\frac{1}{EI}\int_0^{\frac{l}{2}} y\left(\frac{3}{8}qlx - \frac{1}{2}qx^2\right)\mathrm{d}x - \frac{1}{EI}\int_{\frac{l}{2}}^l y \times \frac{ql}{8}(l-x)\mathrm{d}x = -\frac{qfl^3}{30EI}$$

将 δ_{11}和 Δ_{1P}代入典型方程后得

$$H = X_1 = -\frac{\Delta_{1P}}{\delta_{11}} = \frac{ql^2}{16f}$$

这个结果与三铰拱在半跨均布荷载作用下的水平推力是相同的，H 求出后，利用叠加

公式

$$\left.\begin{aligned}M&=M^0-Hy\\Q&=Q^0\cos\varphi-H\sin\varphi\\N&=Q^0\sin\varphi+H\cos\varphi\end{aligned}\right\}$$

可做出 M、N 和 Q 图，如图 8-47d、e、f 所示。这个弯矩图与相应三铰拱的弯矩图相同。

二、无铰拱的力法计算

图 8-48a 所示对称无铰拱，为三次超静定结构，为了简化计算，力法的基本结构可选取为对称的两悬臂曲梁，为此，在拱顶切开，选取拱顶截面 C 的弯矩 X_1、水平轴力 X_2 和竖向剪力 X_3 为多余未知力（图 8-48b），其中 X_1、X_2 是正对称未知力，X_3 是反对称未知力，因此力法方程中副系数 $\delta_{13}=\delta_{31}=0$、$\delta_{23}=\delta_{32}=0$，方程分成两组

$$\left.\begin{aligned}\delta_{11}X_1+\delta_{12}X_2+\Delta_{1P}&=0\\\delta_{21}X_1+\delta_{22}X_2+\Delta_{2P}&=0\\\delta_{33}X_3+\Delta_{3P}&=0\end{aligned}\right\}\tag{a}$$

若能使上式中正对称未知力之间的副系数 $\delta_{12}=\delta_{21}=0$，从而使力法方程可进一步简化为三个独立的一元一次方程式，即

$$\left.\begin{aligned}\delta_{11}X_1+\Delta_{1P}&=0\\\delta_{22}X_2+\Delta_{2P}&=0\\\delta_{33}X_3+\Delta_{3P}&=0\end{aligned}\right\}\tag{8-21}$$

利用刚臂可以达到上述简化目的。

将图 8-48a 无铰拱在拱顶 C 处沿对称轴 y 切开后，在切口处安装上两根刚度为无穷大的杆件（称为刚臂），再在端部把两个刚臂重新刚性的连接起来，如图 8-49a 所示。在任意荷载作用下，由于刚臂本身不变形，左、右两刚臂间不会发生任何相对位移，则切口 C 处左、右截面间也无任何相对位移。由此看来，这个带刚臂的无铰拱与原来的无铰拱是等效的，可以互相代替。

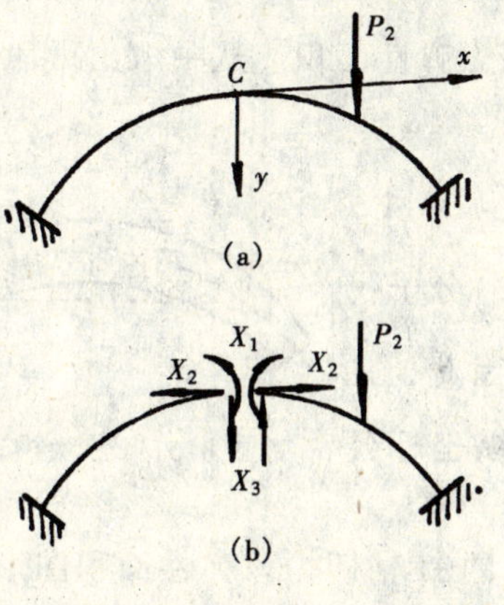

图 8-48　无铰拱的计算

（a）对称无铰拱；（b）基本结构

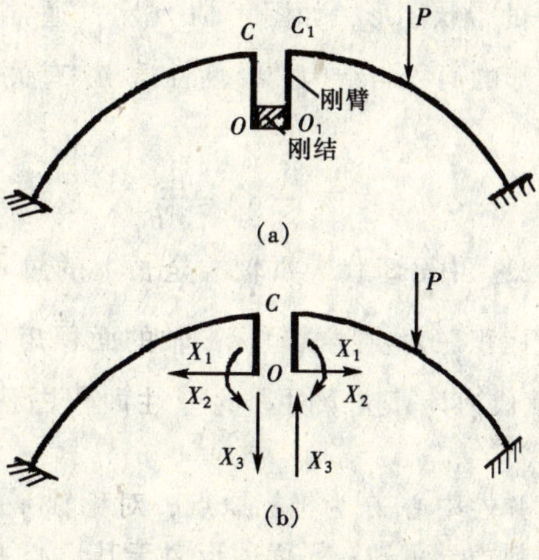

图 8-49　无铰拱的简化计算

（a）加刚臂的无铰拱；（b）基本结构

再将刚臂下端 O 处切开，得对称的两个带刚臂的悬臂曲梁为基本结构，如图 8-49b 所示，图中 X_1、X_2 和 X_3 表示无铰拱在刚臂端点 O 截面的三对多余未知力。截面 O 左、右的变形连续条件可代替拱顶截面 O 的变形连续条件，且 X_1、X_2 仍为对称未知力而 X_3 为反对称未知力，故力法方程式（a）仍然适用。

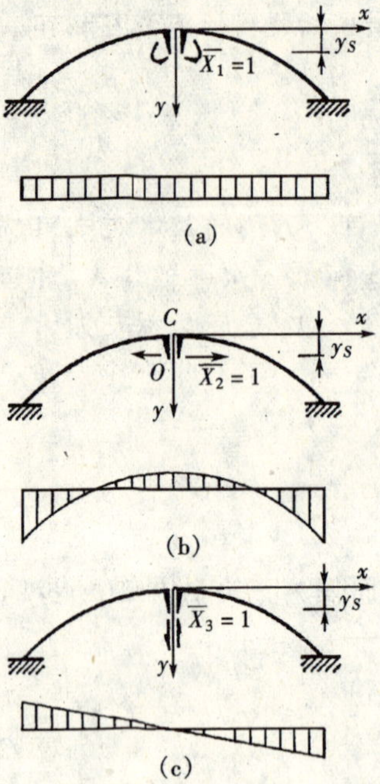

图 8-50　基本结构单位弯矩图

(a) $\overline{M}_1$图；(b) $\overline{M}_2$图；(c) $\overline{M}_3$图

调整刚臂的长度，亦即未知力的作用点位置，可使未知力 X_1、X_2 之间的副系数 $\delta_{12}=\delta_{21}=0$。设刚臂端点 O 至拱顶的距离为 y_s，以拱顶 C 为坐标原点，对称竖轴 y 向下为正建立坐标系，并规定各截面弯矩以使拱内侧受拉为正，轴力以受压为正，剪力以对隔离体顺时针转向为正。于是在 O 点处各单位未知力作用时，弯矩分布如图 8-50a、b、c 所示，各项内力方程为

$$\left.\begin{aligned}&\overline{M}_1=1,\ \overline{N}_1=0,\ \overline{Q}_1=0\\&\overline{M}_2=y-y_s,\ \overline{N}_2=\cos\varphi,\ \overline{Q}_2=\sin\varphi\\&\overline{M}_3=x,\ \overline{N}_3=-\sin\varphi,\ \overline{Q}_3=\cos\varphi\end{aligned}\right\}\tag{b}$$

其中 φ 为拱轴各点切线的倾角，在右半拱上为正号、左半拱上为负号。因此可写出两对称未知力之间的副系数

$$\delta_{12}=\int\frac{\overline{M}_1\overline{M}_2\mathrm{d}s}{EI}=\int 1\times(y-y_s)\frac{\mathrm{d}s}{EI}=\int y\frac{\mathrm{d}s}{EI}-y_s\int\frac{\mathrm{d}s}{EI}$$

可见 δ_{12}值确与刚臂长度 y_s 有关，若令 $\delta_{12}=0$，便可确定刚臂应有的长度 y_s 之值：

$$y_s=\frac{\int y\frac{\mathrm{d}s}{EI}}{\int\frac{\mathrm{d}s}{EI}}\tag{8-22}$$

当已知拱轴方程 $y(x)$ 和截面变化规律 $I(x)$ 时，刚臂端点 O 的位置就可由上式确定，作用在该端点切口左、右的三对未知力之间的副系数将全为零。该点 O 称为无铰拱的弹性中心，是结构本身的几何因素与物理因素所决定的一个特征点。可设想沿拱轴曲线作出宽度为$\frac{1}{EI}$的带状图形，如图 8-51 所示（通常变截面无铰拱中拱顶截面 h_C，I_C 为最小），这个平面图形的面积与结构的弹性性质 EI 有关，所以叫做弹性面积。从中取出微段 ds，其微面积为

$$\mathrm{d}A=\frac{\mathrm{d}s}{EI}$$

则式（8-22）中分母代表拱轴线全长上的总弹性面积，分子代表每个微面积$\frac{\mathrm{d}s}{EI}$对拱顶横坐标 x 轴的面积矩之总和。因此，式(8-22) 就成为计算这个对称的弹性面积图形形心的纵坐标公式。

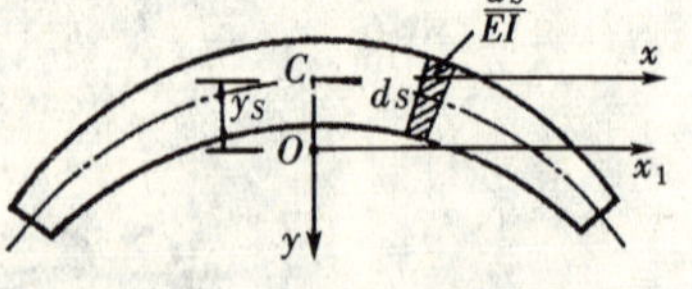

图 8-51　带状拱轴曲线

若以弹性中心 O 为坐标原点，对称轴 y 及其垂直的 x_1 轴即为该弹性面积图形的形心主轴；由材料力学可知，平面图形对于其形心主轴的惯性积等于零、静矩也等于零，即

$$\int y\cdot x_1\frac{\mathrm{d}s}{EI}=0;\int y\frac{\mathrm{d}s}{EI}=0;\int x_1\frac{\mathrm{d}s}{EI}=0\tag{c}$$

这三个几何性质的力学含义为：当三个单位未知力分别作用于弹性中心时，有

$$\overline{M}_1 = 1;\overline{M}_2 = y;\overline{M}_3 = x_1 \tag{c}$$

于是式（c）中的三个积分式分别为

$$\left.\begin{aligned}\int\overline{M}_1\overline{M}_2\frac{\mathrm{d}s}{EI} = \delta_{12} = 0\\ \int\overline{M}_1\overline{M}_3\frac{\mathrm{d}s}{EI} = \delta_{13} = 0\\ \int\overline{M}_2\overline{M}_3\frac{\mathrm{d}s}{EI} = \delta_{23} = 0\end{aligned}\right\} \tag{d}$$

即全部副系数等于零。这表示任一未知力单独作用于弹性中心时不会引起在其他未知力方向的位移。这样，式（a）就可转化为求解三个多余未知力的独立方程式（8-21）。

顺便指出，弹性中心法不仅适用于无铰拱，也适用于其他具有单个封闭形的三次超静定结构，例如图 8-52 所示的刚架和等截面圆管等，都可以采用。象等截面圆管这种具有双向对称轴的结构，其弹性中心必在两对称轴的交点上，如图示圆管的圆心。

经过实际分析表明，计算无铰拱力法方程中的主系数 δ_{ii} 和自由项 Δ_{1P} 时，弯曲变形项是主要的，必须考虑。对于轴向变形项，当拱轴线接近于合理拱轴时，或当高跨比较小$\left(\frac{f}{l}<\frac{1}{5}\right)$、拱截面较厚时$\left(h_C>\frac{l}{30}\right)$，因其影响比较显著，特别在计算水平未知力 X_2 方向的位移 δ_{22} 和 Δ_{2P} 时，就须考虑轴向变形项（在不少情况下为简化计算起见，只在 δ_{22} 中考虑），其他情况下可予忽略。

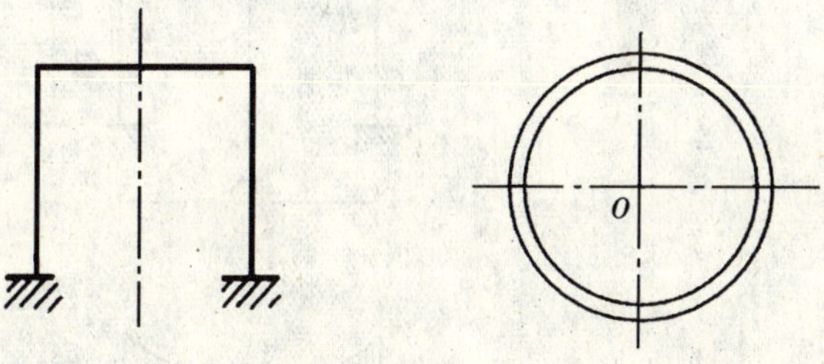

图 8-52　单个封闭形的三次超静定结构

剪切变形项的影响极小，一般均可忽略，仅在 $h_C>\frac{l}{10}$ 的厚拱中才予考虑。拱轴曲率的影响仅在曲率半径与截面高度平均值之比很小时$\left(\frac{R}{h}<5\right)$，才值得考虑，一般仍按直杆的位移公式计算。

例 8-18　用弹性中心法求作图 8-53a 所示刚架的弯矩图。

解　(1) 确定弹性中心 O 的位置

在图 8-53b 所示的坐标系中，由式（8-22）得

$$y_s = \frac{\int y\frac{\mathrm{d}s}{EI}}{\int\frac{\mathrm{d}s}{EI}} = \frac{\frac{1}{2EI}\times 0\times 8+\frac{1}{EI}\times\frac{1}{2}\times 4\times 4\times 2}{\frac{8}{2EI}+\frac{4\times 2}{EI}} = \frac{4}{3}\mathrm{m}$$

(2) 求系数和自由项

由于对称，$X_3=0$。基本结构如图 8-53b 所示。M_P、$\overline{M}_1$、$\overline{M}_2$ 图如图 8-53c、d、e 所示。由图乘法得

$$EI\delta_{11} = 2\left(\frac{4\times 1}{2}+4\times 1\right) = 12$$

$$EI\delta_{22}=2\left[\frac{4}{2}\times\left(\frac{4}{3}\right)^2+\frac{1}{3}\times\left(\frac{4}{3}\right)^3+\frac{1}{3}\times\left(\frac{8}{3}\right)^3\right]=\frac{64}{3}$$

$$EI\Delta_{1P}==2\left(-\frac{4}{2\times3}\times80\times1-4\times80\times1\right)=-\frac{2240}{3}$$

$$EI\Delta_{2P}=2\left[-\frac{4\times80}{2\times3}\times\frac{4}{3}+4\times80\times\frac{2}{3}\right]=\frac{2560}{9}$$

(3) 代入力法方程解得

$$X_1=-\frac{\Delta_{1P}}{\delta_{11}}=\frac{560}{9}\mathrm{kN\cdot m}$$

$$X_2=-\frac{\Delta_{2P}}{\delta_{22}}=-\frac{40}{3}\mathrm{kN}$$

(4) 作弯矩图

根据 $M=\overline{M}_1X_1+\overline{M}_2X_2+M_P$ 作 M 图如图 8-53f 所示。

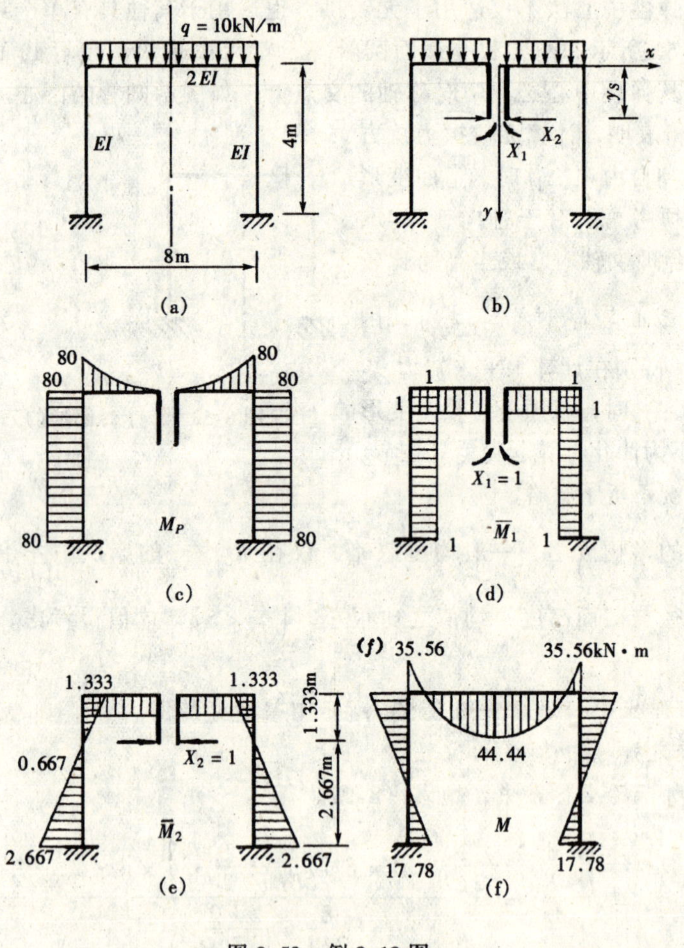

图 8-53 例 8-18 图

(a) 刚架及荷载；(b) 基本结构；(c) M_P 图；(d) $\overline{M}_1$图；(e) $\overline{M}_2$图；(f) M 图；

例 8-19 变截面无铰拱如图 8-54a 所示，已知拱轴为二次抛物线 $y=\frac{4f}{l^2}\chi^2$。跨度 $l=$ 50m，矢高 $f=10$m，截面为等宽度的矩形，拱顶厚 $h_C=1$m，$I_x=\frac{I_C}{\cos\varphi_x}$，并取 $A_x=\frac{A_C}{\cos\varphi_x}$。试

求在半跨均布荷载作用下拱顶 C、两个拱脚 A 和 B 及两个四等分点 K 和 K' 截面的内力，并绘出粗略的内力图形。

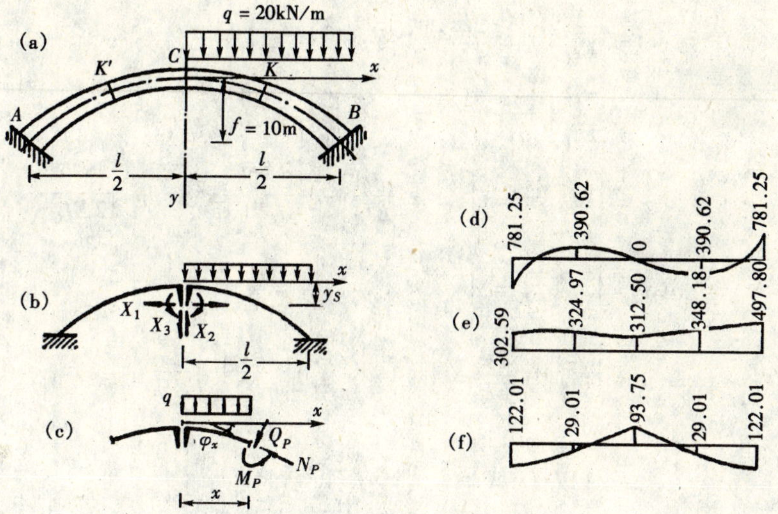

图 8-54 例 8-19 图

(a) 变截面无铰拱；(b) 基本结构；(c) 部分隔离体；(d) M 图 (kN·m)；(e) N 图 (kN)；(f) Q 图 (kN)

解 (1) 求弹性中心取图 8-54b 所示基本结构，并注意到 $\mathrm{d}s=\dfrac{\mathrm{d}x}{\cos\varphi_x}$ 可得

$$\frac{\mathrm{d}s}{EI}=\frac{\mathrm{d}s}{EI_x}=\frac{\mathrm{d}s\cos\varphi_x}{EI_C}=\frac{\mathrm{d}x}{EI_C},\quad \frac{\mathrm{d}s}{EA_X}=\frac{\mathrm{d}x}{EA_C}$$

这样，积分函数中的分母成为常数，故有

$$y_s=\frac{\int y\dfrac{\mathrm{d}s}{EI}}{\int\dfrac{\mathrm{d}s}{EI}}=\frac{2\int_0^{l/2}\dfrac{4f}{l^2}x^2\dfrac{\mathrm{d}x}{EI_C}}{2\int_0^{l/2}\dfrac{\mathrm{d}x}{EI_C}}=\frac{4f}{l^2}\,\frac{\dfrac{1}{3}\left(\dfrac{l}{2}\right)^3\times 2}{l}=\frac{f}{3}$$

(2) 求多余未知力　本题 $f/l=1/5$，但 $h_C/l=1/50$，今略去轴向变形项对 δ_{11} 和 Δ_{1P} 的影响。各单位未知力产生于悬臂曲梁的弯矩为

$$\overline{M}_1=y-y_s=\frac{4f}{l^2}x^2-\frac{f}{3},\ \overline{M}_2=x,\ \overline{M}_3=1$$

由图 8-54c 可列出荷载作用下右边悬臂曲梁的内力方程为

$$\left.\begin{aligned}M_P&=-\frac{qx^2}{2}\\N_P&=qx\sin\varphi\\Q_P&=-qx\cos\varphi\end{aligned}\right\}\left(0\leqslant x\leqslant\frac{l}{2}\right)$$

左半拱上无荷载，故左边内力 $M_P=N_P=Q_P=0$。(若有荷载，写左边内力方程时可将横坐标 x 转成向左为正，以便于左半拱上的积分计算)

$$\delta_{11}=\int\overline{M}_1^2\frac{ds}{EI}=\int_{-l/2}^{l/2}\left(\frac{4f}{l^2}x^2-\frac{f}{3}\right)^2\frac{dx}{EI_C}$$

$$=\frac{2}{EI_C}\int_0^{l/2}\left(\frac{16f^2}{l^4}x^4-\frac{8f^2}{3l^2}x^2+\frac{f^2}{9}\right)dx$$

$$=\frac{2f^2}{EI_C}\left[\frac{16x^5}{5l^4}-\frac{8x^3}{9l^2}+\frac{x}{9}\right]_0^{l/2}=\frac{4}{45}\frac{f^2l}{EI_C}$$

$$\delta_{22}=\int\overline{M}_2^2\frac{ds}{EI}=\int_{-l/2}^{l/2}x^2\frac{dx}{EI_C}=\frac{2}{EI_C}\int_0^{l/2}x^2dx=\frac{l^3}{12EI_C}$$

$$\delta_{33}=\int\overline{M}_3^2\frac{ds}{EI}=\int_{-l/2}^{l/2}1\times\frac{dx}{EI_C}=\frac{l}{EI_C}$$

$$\Delta_{1P}=\int\overline{M}_1M_P\frac{ds}{EI}=\int_0^{l/2}(y-y_s)\left(\frac{-qx^2}{2}\right)\frac{dx}{EI_C}$$

$$=\frac{-q}{2EI_C}\int_0^{l/2}\left(\frac{4f}{l^2}x^2-\frac{f}{3}\right)x^2dx$$

$$=\frac{-qf}{2EI_C}\left[\frac{4x^5}{5l^2}-\frac{x^3}{9}\right]_0^{l/2}=\frac{-qf}{2EI_C}\times\frac{l^3}{90}=-\frac{qfl^3}{180EI_C}$$

$$\Delta_{2P}=\int\overline{M}_2M_P\frac{ds}{EI}=\int_0^{l/2}x\left(-\frac{qx^2}{2}\right)\frac{dx}{EI_C}$$

$$=\frac{-q}{2EI_C}\left[\frac{x^4}{4}\right]_0^{l/2}=-\frac{ql^4}{128EI_C}$$

$$\Delta_{3P}=\int\overline{M}_3M_P\frac{ds}{EI}=\int_0^{l/2}1\times\left(\frac{-qx^2}{2}\right)\frac{dx}{EI_C}$$

$$=\frac{-q}{2EI_C}\left[\frac{x^3}{3}\right]_0^{l/2}=-\frac{ql^3}{48EI_C}$$

由力法方程可解得

$$X_1=\frac{-\Delta_{1P}}{\delta_{11}}=\frac{+qfl^3}{180EI_C}\times\frac{45EI_C}{4f^2l}=\frac{ql^2}{16f}=\frac{5ql}{16}=312.50\text{kN}$$

$$X_2=\frac{-\Delta_{2P}}{\delta_{22}}=\frac{+ql^4}{128EI_C}\times\frac{12EI_C}{l^3}=\frac{3}{32}ql=92.75\text{kN}$$

$$X_3=\frac{-\Delta_{3P}}{\delta_{33}}=\frac{+ql^3}{48EI_C}\times\frac{EI_C}{l}=\frac{ql^2}{48}=1041.67\text{kN}$$

(3) 计算有关截面的内力

在图 8-54c 中任意截面 x 的内力可由叠加原理求得，即

$$\left.\begin{aligned}M_x&=\overline{M}_1X_1+\overline{M}_2X_2+\overline{M}_3X_3+M_P=(y-y_s)X_1+xX_2+X_3+M_P\\N_x&=\overline{N}_1X_1+\overline{N}_2X_2+\overline{N}_3X_3+N_P=\cos\varphi_xX_1-\sin\varphi_xX_2+N_P\\Q_x&=\sin\varphi_xX_1+\cos\varphi_xX_2+Q_P\end{aligned}\right\}$$

将以上求得的 X_1、X_2、X_3 和 y_s 代入上式得

$$M_x = \left(y - \frac{f}{3}\right)\frac{5}{16}ql + \frac{3}{32}qlx + \frac{ql^2}{48} + M_P$$

$$N_x = \frac{5}{16}ql\cos\varphi_x - \frac{3}{32}ql\,\mathrm{ain}\,\varphi_x + N_p$$

$$Q_x = \frac{5}{16}ql\,\mathrm{ain}\,\varphi_x + \frac{3}{32}ql\cos\varphi_x + Q_P$$

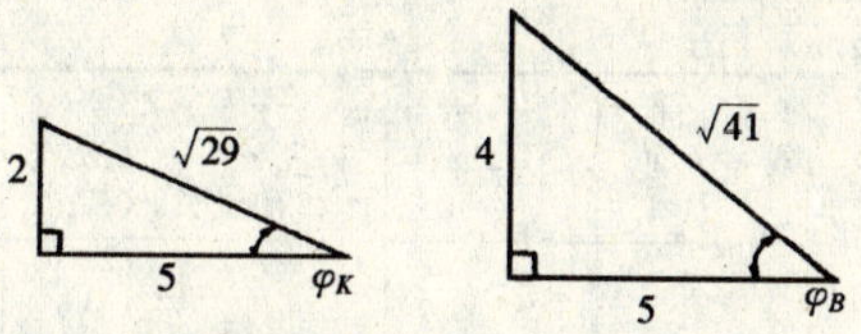

(a)　　(b)

图 8-55　拱轴线倾角

(a) K 处的拱轴线倾角；(b) B 处的拱轴线倾角

因 $f=\frac{l}{5}$，$\mathrm{tg}\varphi_x = y' = \frac{8f}{l^2}x = \frac{8x}{5l}$，由此可求得各截面倾角 φ_x。今将 y，$\mathrm{tg}\varphi$、$\sin\varphi$、$\cos\varphi$ 均按等分点的 x 坐标列成表 8-1a，再列表 8-1b、c、d 计算各内力值。为便于阅读各项相加的过程，中间保留分数运算，在结果中保留“ql”。四等分点 K 处和拱脚 B 处的拱轴线倾角如图 8-55 所示。

表 8-1a　几　何　数　据

截　面	x	$y=\frac{4f}{l^2}x^2$	$\mathrm{tg}\varphi=\frac{8}{5l}x$	$\sin\varphi$	$\cos\varphi$
A	$-\frac{l}{2}$	$f=\frac{l}{5}$	$-\frac{4}{5}$	$\frac{-4}{\sqrt{41}}=-0.6248$	$\frac{5}{\sqrt{41}}=0.7808$
K'	$-\frac{l}{4}$	$\frac{f}{4}=\frac{l}{20}$	$\frac{-2}{5}$	$\frac{-2}{\sqrt{29}}=-0.3714$	$\frac{5}{\sqrt{29}}=0.9285$
C	0	0	0	0	1.0000
K	$\frac{l}{4}$	$\frac{l}{20}$	$\frac{2}{5}$	0.3714	0.9285
B	$\frac{l}{2}$	$\frac{l}{5}$	$\frac{4}{5}$	0.6248	0.7808

表 8-1b　弯　矩　计　算

截面	x	$y-y_s=$ $y-l/15$	$X_1(y-y_s)=$ $(y-l/15)\times$ $5ql/16$	$X_2x=$ $3qlx/32$	X_3	$M_P=-qx^2/2$	M_x	
（单位）			(ql^2)	(ql^2)	(ql^2)	(ql^2)	(ql^2)	kN·m
A	$-\frac{l}{2}$	$\frac{2l}{15}$	$\frac{1}{24}$	$\frac{-3}{64}$	$\frac{1}{48}$	0	$\frac{+1}{64}$	+781.25
K'	$-\frac{l}{4}$	$\frac{-l}{60}$	$\frac{-1}{192}$	$\frac{-3}{128}$	$\frac{1}{48}$	0	$\frac{-1}{128}$	−390.62
C	0	$\frac{-l}{15}$	$\frac{-1}{48}$	0	$\frac{1}{48}$	0	0	0
K	$\frac{l}{4}$	$\frac{-l}{60}$	$\frac{-1}{192}$	$\frac{3}{128}$	$\frac{1}{48}$	$\frac{-1}{32}$	$\frac{+1}{128}$	+390.62
B	$\frac{l}{2}$	$\frac{2l}{15}$	$\frac{1}{24}$	$\frac{3}{64}$	$\frac{1}{48}$	$\frac{-1}{8}$	$\frac{-1}{64}$	−781.25

$ql^2 = 20\text{kN/m}\times(50\text{m})^2 = 5\times10^4\text{kN}\cdot\text{m}$

表 8-1c　轴　力　计　算

截　面	x	$X_1\cos\varphi=$ $\cos\varphi\times5ql/16$	$-X_2\sin\varphi=$ $-\sin\varphi\times3ql/32$	$N_P=qx\sin\varphi$	N_x	
（单位）		(ql)	(ql)	(ql)	(ql)	kN
A	$\frac{-l}{2}$	$\frac{25}{16\sqrt{41}}$	$\frac{+12}{32\sqrt{41}}$	0	$\frac{62}{32\sqrt{41}}$	302.59

续表

截面	x	$X_1\cos\varphi = \cos\varphi\times 5ql/16$	$-X_2\sin\varphi = -\sin\varphi\times 3ql/32$	$N_P = qx\sin\varphi$	N_x	
K'	$\frac{-l}{4}$	$\frac{25}{16\sqrt{29}}$	$\frac{+6}{32\sqrt{29}}$	0	$\frac{56}{32\sqrt{29}}$	324.97
C	0	$\frac{5}{16}$	0	0	$\frac{5}{16}$	312.50
K	$\frac{l}{4}$	$\frac{25}{16\sqrt{29}}$	$\frac{-6}{32\sqrt{29}}$	$\frac{2}{4\sqrt{29}}$	$\frac{60}{32\sqrt{29}}$	348.18
B	$\frac{l}{2}$	$\frac{25}{16\sqrt{41}}$	$\frac{-12}{32\sqrt{41}}$	$\frac{4}{2\sqrt{41}}$	$\frac{102}{32\sqrt{41}}$	497.80

$ql = 20\text{kN/m}\times 50\text{m} = 1000\text{kN}$

表 8-1d 剪力计算

截面	x	$X_1\sin\varphi = \sin\varphi\times 5ql/16$	$X_2\cos\varphi = \cos\varphi\times 3ql/32$	$Q_P = qx\cos\varphi$	Q_x	
(单位)		(ql)	(ql)	(ql)	(ql)	kN
A	$\frac{-l}{2}$	$\frac{-20}{16\sqrt{41}}$	$\frac{15}{32\sqrt{41}}$	0	$\frac{-25}{32\sqrt{41}}$	−122.01
K'	$\frac{-l}{4}$	$\frac{-10}{16\sqrt{29}}$	$\frac{15}{32\sqrt{29}}$	0	$\frac{-5}{32\sqrt{29}}$	−29.01
C	0	0	$\frac{3}{32}$	0	$\frac{3}{32}$	+93.75
K	$\frac{l}{4}$	$\frac{10}{16\sqrt{29}}$	$\frac{15}{32\sqrt{29}}$	$\frac{-5}{4\sqrt{29}}$	$\frac{-5}{32\sqrt{29}}$	−29.01
B	$\frac{l}{2}$	$\frac{20}{16\sqrt{41}}$	$\frac{15}{32\sqrt{41}}$	$\frac{-5}{2\sqrt{41}}$	$\frac{-25}{32\sqrt{41}}$	−122.01

根据以上五个截面的内力值，可粗略地绘出全拱的内力图形（图 8-54d、e、f）。由基本结构的平衡条件可得左、右拱脚的反力

水平反力（推力）为 $H = X_1 = \frac{5}{16}ql = 312.5\text{kN}$

$$V_A = X_2 = \frac{3}{32}ql = 93.75\text{kN}$$

竖向反力为 $V_B = \frac{ql}{2} - X_2 = 406.25\text{kN}$

（4）讨论　本题为对称的二次抛物线拱承受半跨均布荷载作用的情况，其内力分布的一些特点反映了无铰拱的一般受力特征，并可与两铰拱作一比较。

①在半跨均布荷载作用下的弯矩图呈反对称。两铰拱与此相似，但在相同荷载作用下的一个同样几何尺寸的两铰拱，四等分点截面的弯矩为无铰拱的 2 倍，这是因为无铰拱的固定支座能承受力矩，因而使跨内截面的弯矩减小并趋于均匀。

②全拱的轴力分布较均匀，数值较大；剪力图虽呈对称形式，实际表示在对称位置上的截面剪力数值相等而指向相反。

③假设全跨布满均布荷载，就等于将左半跨承受荷载和右半跨承受荷载的情况相叠加，而左半跨承受荷载时的内力图就等于将本题结果按对称轴左、右换位。于是，叠加结果为：各截面弯矩因两者正、负相抵消而得 $M_x = 0$；剪力因两者方向相反、数值相等而得 $Q_x = 0$；

轴力因两者均为压力而倍增。这表明，不计轴向变形时，无铰拱在满跨均布荷载下的合理拱轴是二次抛物线。这也与三铰拱、两铰拱的情况相同，此时拱的推力 $H = X = \dfrac{M_C^0}{f}$，三者相等。

例 8-20　图 8-56 所示等截面圆弧拱，是从拱坝上沿水深方向取出的单位高度的横向拱圈，承受径向均布水压力 p（其值与水深有关），拱轴圆弧半径 $R = 10\text{m}$，中心角 $2\varphi_0 = 120°$，跨度之半 $\dfrac{l}{2} = R \cdot \sin\varphi_0 = 8.66\text{m}$，矢高 $f = R(1 - \cos\varphi_0) = 5\text{m}$，拱厚 $h = 1\text{m}$，矩形截面宽度 $b = 1\text{m}$。试求拱轴六等分各截面内力。

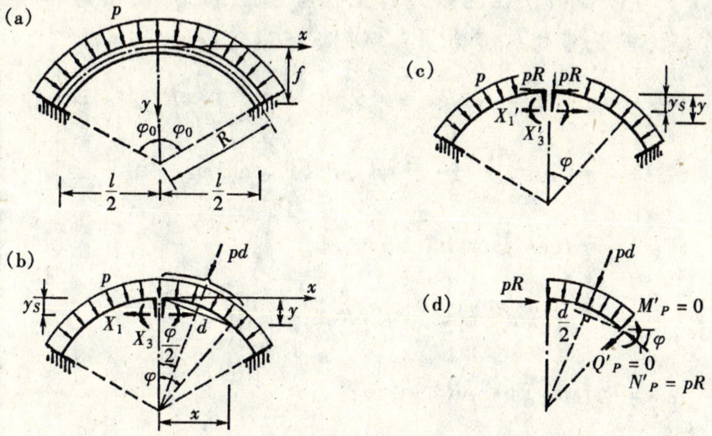

图 8-56　等截面圆弧拱的内力计算

(a) 圆弧拱及荷载；(b)、(c) 基本结构；(d) 部分隔离体

解　(1) 求弹性中心

式 (8-22) 中的被积函数对于圆弧拱情况宜用极坐标表示，φ 以右半拱为正号。因有如下关系

$$y = R(1 - \cos\varphi),\quad x = R\sin\varphi,\quad \mathrm{d}s = R\mathrm{d}\varphi$$

故

$$y_s = \frac{\int y \dfrac{\mathrm{d}s}{EI}}{\int \dfrac{\mathrm{d}s}{EI}} = \frac{2\int_0^{\varphi_0} R(1-\cos\varphi)R\mathrm{d}\varphi}{2\int_0^{\varphi_0} R\mathrm{d}\varphi} = \frac{R^2(\varphi_0 - \sin\varphi_0)}{R \times \varphi_0}$$

$$= R\left(1 - \frac{\sin\varphi_0}{\varphi_0}\right) = 1.73\text{m}$$

(2) 求多余未知力　对称结构受对称荷载作用，弹性中心处的反对称剪力 $X_2 = 0$。此拱的 $f/l = 1/3.46$（较陡），而 $h/l = 1/17.32$（较厚），故在 δ_{11}、Δ_{1P} 计算中考虑轴向变形的影响。注意到图 8-56b 中的一段圆弧上的均布径向荷载的合力是 pd，这里 d 是圆弧的弦长，若以该段圆弧所对应的中心角 φ 表示，有

$$\frac{d}{2} = R\sin\frac{\varphi}{2},\quad pd = 2pR\sin\frac{\varphi}{2}$$

据此可写出基本结构在 x 截面上的荷载内力 M_P、N_P 及 Q_P 的函数式。而单位未知力 $X_1 = 1$、$X_3 = 1$ 的悬臂曲杆上引起的 x 截面上内力为

$$\left.\begin{aligned}&\overline{M}_1=y-y_s=R\ (1-\cos\varphi)\ -R\left(1-\frac{\sin\varphi_0}{\varphi_0}\right)=R\left(\frac{\sin\varphi_0}{\varphi_0}-\cos\varphi\right)\\&\overline{N}_1=\cos\varphi\\&\overline{M}_3=1,\text{而}\ \overline{N}_3=0\end{aligned}\right\}\tag{a}$$

代入力法方程即可求得未知力 X_1、X_3。

为进一步简化计算，设在原结构拱顶上施加一对大小相等、方向相反的水平附加力 pR，这一对平衡力对原结构的变形及内力没有影响；然后在拱顶处切开，将附加刚臂引至弹性中心，基本结构为图 8-56c 所示，此时外荷载除原有均布径向荷载 p 外，在拱顶左、右尚分别作用水平附加力 pR。可以证明，在圆弧曲杆上仅考虑图 8-56c 所示两种外荷载 p 和 pR 作用时，各截面只存在轴力而无弯矩、剪力。参照图 8-56d 可得

$$\left.\begin{aligned}M'_P&=-pd\left(\frac{d}{2}\right)+pRy=-2pR^2\sin^2\frac{\varphi}{2}+pR^2(1-\cos\varphi)\\&=-p\left(2R^2\frac{1-\cos\varphi}{2}\right)+pR^2(1-\cos\varphi)=0\\Q'_P&=-pd\cos\frac{\varphi}{2}+pR\sin\varphi\\&=-2pR\sin\frac{\varphi}{2}\cos\frac{\varphi}{2}+pR\sin\varphi=0\\N'_P&=pd\sin\frac{\varphi}{2}+pR\cos\varphi\\&=2pR\sin^2\frac{\varphi}{2}+pR\left(1-2\sin^2\frac{\varphi}{2}\right)=pR\end{aligned}\right\}\tag{b}$$

这种情况如同圆弧（半径 R）三铰拱轴上承受均布径向荷载 p 时，拱顶截面和其他任意截面只存在轴向压力 pR，而不存在弯矩、剪力。

利用证得的结果，可简化力法方程中荷载项的计算。在增设拱顶附加水平力 pR 后，对弹性中心处的未知力有影响，设此时水平未知力为 X'_1，未知弯矩为 X'_3（图 8-59c)，相应的荷载项为 Δ'_{1P}和 Δ'_{3P}，主系数为 $\delta'_{11}=\delta_{11}$和 $\delta'_{33}=\delta_{33}$。将式（a)、式（b）代入力法典型方程，求出

$$\left.\begin{aligned}X_1&=\frac{-\Delta_{1P}}{\delta_{11}}=-\frac{\int\overline{M}_1M_P\dfrac{ds}{EI}+\int\overline{N}_1N_P\dfrac{ds}{EA}}{\int\overline{M}_1^2\dfrac{ds}{EI}+\int\overline{N}_1^2\dfrac{ds}{EA}}\\&\quad\frac{-\int(y-y_s)M_P\dfrac{ds}{EI}-\int\cos\varphi N_P\dfrac{ds}{EA}}{\int(y-y_s)^2\dfrac{ds}{EI}+\int\cos^2\varphi\dfrac{ds}{EA}}\\&=-\frac{0+\int N'_P\cos\varphi\dfrac{R\mathrm{d}\varphi}{EA}}{\int(y-y_s)^2\dfrac{R\mathrm{d}\varphi}{EI}+\int\cos^2\varphi\dfrac{R\mathrm{d}\varphi}{EA}}\\&=\frac{-\int_{-\varphi_0}^{\varphi_0}pR\cos\varphi\mathrm{d}\varphi}{\dfrac{A}{I}\int_{-\varphi_0}^{\varphi_0}R^2\left(\dfrac{\sin\varphi_0}{\varphi_0}-\cos\varphi\right)^2\mathrm{d}\varphi+\int_{-\varphi_0}^{\varphi_0}\cos^2\varphi\mathrm{d}\varphi}\end{aligned}\right\}\tag{c}$$

$$
\left.
\begin{aligned}
&= \frac{-pR[\sin\varphi]_{-\varphi_0}^{+\varphi_0}}{\frac{A}{I}R^2\left[\frac{\sin^2\varphi_0}{\varphi_0^2}\varphi - \frac{2\sin\varphi_0}{\varphi_0}\sin\varphi\right]_{-\varphi_0}^{\varphi_0} + \int_{-\varphi_0}^{\varphi_0}\cos^2\varphi\mathrm{d}\varphi + \int_{-\varphi_0}^{\varphi_0}\cos^2\varphi\mathrm{d}\varphi} \\
&= \frac{-2pR\sin\varphi_0}{\frac{A}{I}R^2\left[\frac{-2\sin^2\varphi_0}{\varphi_0} + \left(\varphi_0 + \frac{\sin2\varphi_0}{2}\right)\right] + \left(\varphi_0 + \frac{\sin2\varphi_0}{2}\right)} \\
X_3 &= \frac{-\Delta_{3P}}{\delta_{38}} = \frac{-\int\overline{M}_3 M_P\frac{\mathrm{d}s}{EI}}{\int\overline{M}_3^2\frac{\mathrm{d}s}{EI}} = \frac{-\int 1\times M_P\frac{\mathrm{d}s}{EI}}{\int 1\times\frac{\mathrm{d}s}{EI}} = \frac{0}{\int R\frac{\mathrm{d}\varphi}{EI}} = 0
\end{aligned}
\right\}\qquad\text{(c)}
$$

式（c）可用于任意 φ_0 值的圆弧拱。在水平未知力 X'_1 的分母中，第一部分常数代表弯曲变形在主系数中的影响，将它简写为 $\frac{A}{I}R^2K_1$；第二部分常数代表轴向变形的影响，简写为 K_2，即

$$K_2 = \varphi_0 + \frac{\sin2\varphi_0}{2}$$

$$K_1 = \varphi_0 + \frac{\sin2\varphi_0}{2} - \frac{2\sin^2\varphi_0}{\varphi_0}$$

按本例已知 $\varphi_0 = 60° = 0.0175\times60 = 1.05\text{rad}$，可算出

$$K_2 = 1.05 + \frac{0.866}{2} = 1.483,\quad K_1 = 1.483 - 2\times\frac{(0.866)^2}{1.05} = 0.055$$

并知 $R = 10\text{m}$，矩形截面 $\frac{A}{I} = \frac{12}{h^2} = 12\left(\frac{1}{\text{m}^2}\right)$，代入式（c）求得

$$X'_1 = \frac{-2pR\sin\varphi_0}{\frac{A}{I}R^2K_1 + K_2} = \frac{-2pR\times0.866}{12\times100\times0.055 + 1.483} = \frac{1.732}{67.483}pR = -0.0257pR$$

所得负值表示在拱顶增设了一对水平附加力 PR 以后，圆弧无铰拱在径向均布荷载作用下的弹性中心处水平未知力成为拉力。这样的 X'_1 值和 $X'_3 = 0$ 是满足原结构在弹性中心处的变形协调条件的，因此也满足了拱顶截面的变形协调条件；同时，在未知力 X'_1 和径向荷载 p 及附加力 pR 共同作用下，悬臂曲梁的内力代表了原来无铰拱的内力。

（3）求各截面内力

$$
\begin{aligned}
M_\varphi &= X'_1(y - y_s) + M'_P = X'_1\left(\frac{l}{2\varphi_0} - R\cos\varphi\right) \\
&= -0.0257pR\left(\frac{8.66}{1.05} - 10\times\cos\varphi\right) = (0.257\cos\varphi - 0.212)pR(\text{m}) \\
N_\varphi &= X'_1\cos\varphi + N'_P = X'_1\cos\varphi + pR = (1 - 0.0257\cos\varphi)pR \\
Q_\varphi &= X'_1\sin\varphi + Q'_P = X'_1\text{ain}\varphi = -0.0257\sin\varphi pR
\end{aligned}
$$

式中 φ 以右半拱为正，将拱轴线按圆心角等分为六段，计算各分点截面内力如表 8-2 相应的

M、N、Q 图如图 8-57a、b、c 所示。

表 8-2 右半拱内力

截 面	φ	$\sin\varphi$	$\cos\varphi$	M_φ (kN·m)	N_φ (kN)	Q_φ (kN)
0	0	0	1.000	0.045pR	0.974pR	0
1	20°	0.342	0.940	0.030pR	0.976pR	-0.009pR
2	40°	0.643	0.766	-0.015pR	0.980pR	-0.017pR
3	60°	0.866	0.500	-0.083pR	0.987pR	-0.022pR

左半拱的内力可由对称性求得。

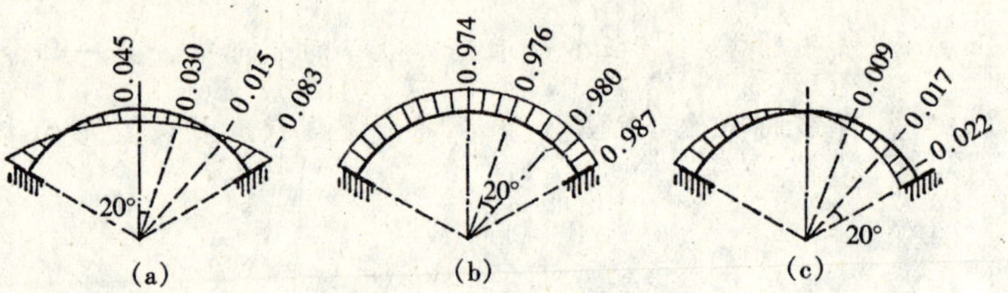

图 8-57 圆弧拱内力图

(a) M 图；(b) N 图；(c) Q 图

(4) 讨论 受径向均布荷载作用的圆弧无铰拱，各截面弯矩极小，轴压力占主要地位。本例在计算 δ'_{11}、Δ'_{1P} 时曾考虑了拱的轴向变形［参见式 (c)］，才得到弹性中心处水平未知力 $X'_1=-0.0257pR$。若在 Δ'_{1P} 中不计轴向变形，则 $X'_1=0$，即各截面将只存在相同的轴压力 $N'_P=pR$，而无弯矩。圆弧线即为这个条件下的合理拱轴。同时，由于轴压力是各截面内力的主要成分，所以此时无铰拱的轴向弹性压缩（即位移 δ'_{11}、Δ'_{1P} 计算中的轴向变形项）不可忽略。一般地说，无铰拱的轴向弹性压缩使弹性中心处的水平未知力产生一个负值增量（拉力），这样，各截面在荷载作用下的轴力要减小一些，并将使拱顶区段增加正弯矩，拱脚附近增加负弯矩。

§8-7 温度改变，支座移动和有制造误差时超静定结构的计算

静定结构在温度改变时，可以产生变形，但不引起内力。然而，对于超静定结构情况就不同了，由于超静定结构存在多余联系，在其他使结构产生变形的因素（如温度改变、支座移动、制造误差等）作用下，通常将使结构产生内力，这是超静定结构的特性之一。

用力法计算超静定结构，如上所述，要根据位移条件来建立求解多余力的力法典型方程。位移条件即指基本结构在外在因素和多余力的共同作用下，在所去掉联系处的位移应与原结构的实际位移相符合。显然，这对于荷载以外的其他因素，如温度改变、支座移动等也是适用的。以下分别介绍超静定结构由于温度改变、支座移动和制造误差所引起的结构内力的计算方法。

一、温度改变时超静定结构的内力计算

用力法分析温度改变时的超静定结构，基本结构的选择原则、建立力法典型方程的变形

条件则与荷载作用时一样，所不同的是力法典型方程中的自由项不再是由荷载因素产生，而是由温度改变引起。

图 8-58a 所示两次超静定刚架。设此刚架杆件的外侧纤维温度升高 t_1，内侧纤维温度升高 t_2，且 $t_1 > t_2$。

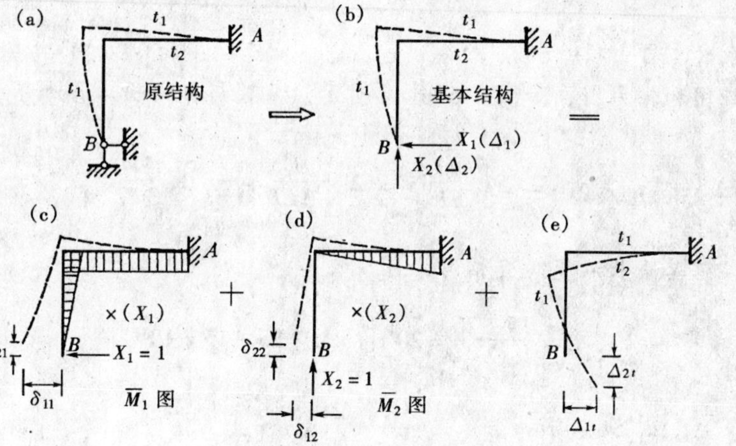

图 8-58　温度改变时的超静定结构计算

(a) 超静定刚架；(b) 基本结构；(c) $\overline{M}_1$图；(d) $\overline{M}_2$图；(e) 基本结构因温度的变形

假如我们把 B 支座两根链杆作为多余约束去除，而代以多余未知力 X_1 和 X_2 则得基本结构，如图 8-58b 所示。显然，基本结构在温度改变和多余未知力共同作用下，B 支座处的变形条件应与原结构一致；即基本结构中沿 X_1 方向的位移 Δ_1 和沿 X_2 方向的位移 Δ_2 应等于零。所以，温度改变时，由叠加原理得力法典型方程为

$$\left.\begin{array}{l}\Delta_1=0\\\Delta_2=0\end{array}\right\}\quad\text{即为}\quad\left.\begin{array}{l}\delta_{11}X_1+\delta_{12}X_2+\Delta_{1t}=0\\\delta_{21}X_1+\delta_{22}X_2+\Delta_{2t}=0\end{array}\right\}$$

式中所有系数仍按以前所述由图乘法计算，自由项 Δ_{1t}和 Δ_{2t}分别表示基本结构由于温度改变引起在 X_1 和 X_2 方向的位移（图 8-58e），其计算公式为

$$\Delta_{it}=\Sigma(\pm)\int\overline{N}_i\alpha t_0\mathrm{d}s+\Sigma(\pm)\int\frac{\overline{M}_i\alpha\Delta t}{h}\mathrm{d}s\quad(i=1,2)$$

若每一杆件沿其全长温度改变相同，且截面尺寸不变，则上式可改写为

$$\Delta_{it}=\Sigma(\pm)\alpha t_0\omega_{\overline{N}_i}+\Sigma(\pm)\alpha\frac{\Delta t}{h}\omega_{\overline{M}_i}$$

系数与自由项求出后，代入典型方程中即可解出多余未知力 X_1 和 X_2。

由图 8-58e 容易看出，因为基本结构是静定的，温度改变只产生变形，而不产生内力，所以原来结构最后的内力图只由多余未知力 X_1 和 X_2 所引起，任意截面的弯矩为

$$M=\overline{M}_1X_1+\overline{M}_2X_2$$

再根据平衡条件即可求出其剪力和轴力。

例 8-21　图 8-59a 所示一两铰刚架，内侧纤维温度升高 25℃，外侧纤维温度升高 15℃，材料的线膨胀系数为 α，各杆截面为矩形，截面高度 $h=0.1l$，试用力法计算此刚架，并绘

最后弯矩图。

解 (1) 选取基本结构，建立力法方程

去除 B 支座水平链杆，代以多余未知力 X_1，得基本结构如图 8-59b 所示。

根据原结构在 B 处水平位移为零的变形条件，建立力法方程为

$$\delta_{11}X_1+\Delta_{1t}=0$$

(2) 计算系数与自由项

绘单位弯矩图和轴力图，如图 8-59c、d 所示。系数与自由项计算如下

$$\delta_{11}=\Sigma\int\frac{\overline{M}_1^2}{EI}\mathrm{d}s=2\times\frac{l^3}{3EI}+\frac{l^3}{EI}=\frac{5l^3}{3EI}$$

由于各杆件沿其全长温度改变相同，且

$$t_0=\frac{15+25}{2}=20℃，\Delta t=25-15=10℃$$

所以
$$\Delta_{1t}=\Sigma(\pm)\alpha t_0\omega_{\overline{N}_1}+\Sigma(\pm)\alpha\frac{\Delta t}{h}\omega_{\overline{M}_1}$$

$$=-1\times\alpha\times20\times l-2\times\frac{\alpha\times10}{0.1l}\times\frac{l\times l}{2}-\frac{\alpha\times10}{0.1l}\times l\times l=-220\alpha l$$

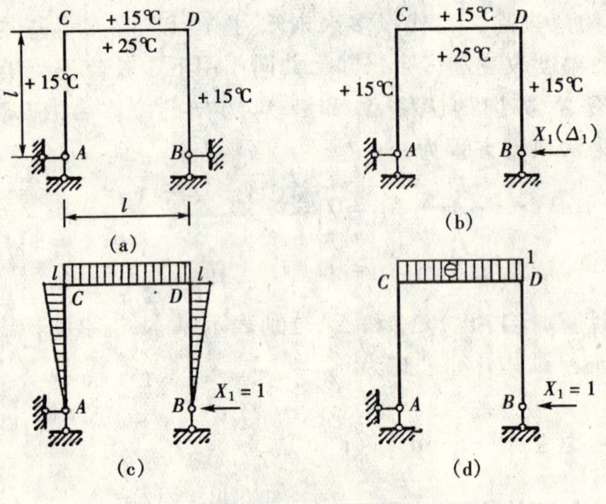

图 8-59 例 8-21 图

(a) 两铰刚架；(b) 基本结构；(c) $\overline{M}_1$图；(d) $\overline{N}_1$图

这里 CD 杆的轴线平均温度 t_0 为正，所对应的 $\overline{N}_1$ 图为负（受压），故上式第一项表达的轴力虚功应为负；AC、CD 和 BD 三杆的温度差 Δt 均使内侧纤维受拉，而所对应的 $\overline{M}_1$ 图全为外侧纤维受拉，故上式第二、第三项表述的弯矩虚功应为负。

(3) 解力法典型方程

将系数与自由项代入典型方程后得

$$\frac{5l^3}{3EI}X_1-220\alpha l=0$$

解上列方程得

$$X_1=\frac{132\alpha EI}{l^2}$$

(4) 绘结构最后弯矩图

由 $M=\overline{M}_1X_1$，即得最后弯矩图如图 8-60 所示。

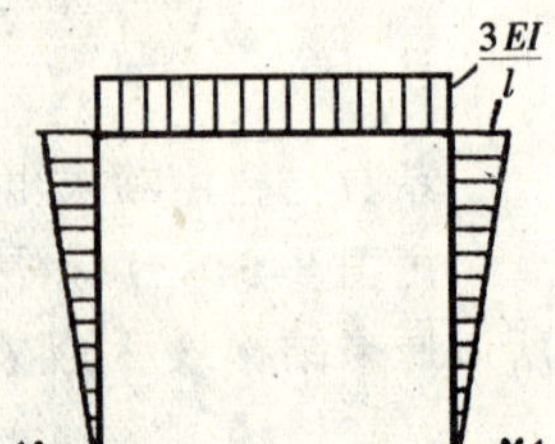

图 8-60 两铰刚架最后弯矩图

(5) 讨论 计算结果表明，在温度改变影响下，超静定结构的弯矩（其他内力也一样）与各杆的弯曲刚度 EI 的绝对值成正比。一般来说，弯曲刚度 EI 的绝对值越大，相应弯矩就越大。而荷载作用下的超静定结构的内力，仅与各杆 EI 的相对值有关，与 EI 的绝对值无关，这是超静定结构的特性。

此外，当结构的杆件有温度差 Δt 时，弯矩图的纵标出现在低温面一边，使高温面产生压应力，低温面产生拉应力。因此，在钢筋混凝土结构中，要特别注意因降温可能出现裂缝。

二、支座位移时超静定结构的计算

静定结构在支座位移时，可以产生刚体位移，但不会引起内力。如图8-61a所示简支梁，当支座B发生竖向位移Δ时，梁绕铰支座A可以发生刚体转动，如图中虚线所示。梁中并不产生任何反力和内力。然而，对于超静定结构，情况就不同了，如图8-61b所示超静定梁，当支座B发生竖向位移Δ时，由于A端是固定支座，可以阻止梁的转动，因而梁的轴线发生了弯曲变形，同时梁内产生了内力。

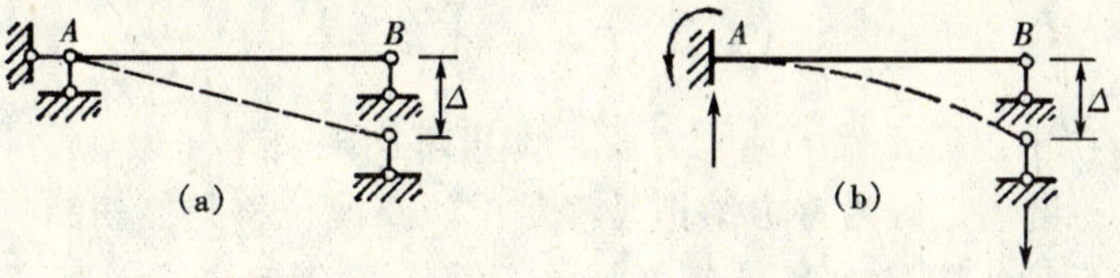

图8-61 超静定结构支座位移时的计算

(a) 简支梁支座发生位移；(b) 超静定梁支座发生位移

超静定结构在支座位移情况下的内力计算，其基本原理与荷载作用和温度改变时的情况相同，惟一的区别在于力法方程自由项的计算。图8-62a所示两次超静定刚架，支座A由于某种原因（如地基的土质情况不好）产生了水平位移a，竖向位移b及角位移φ。

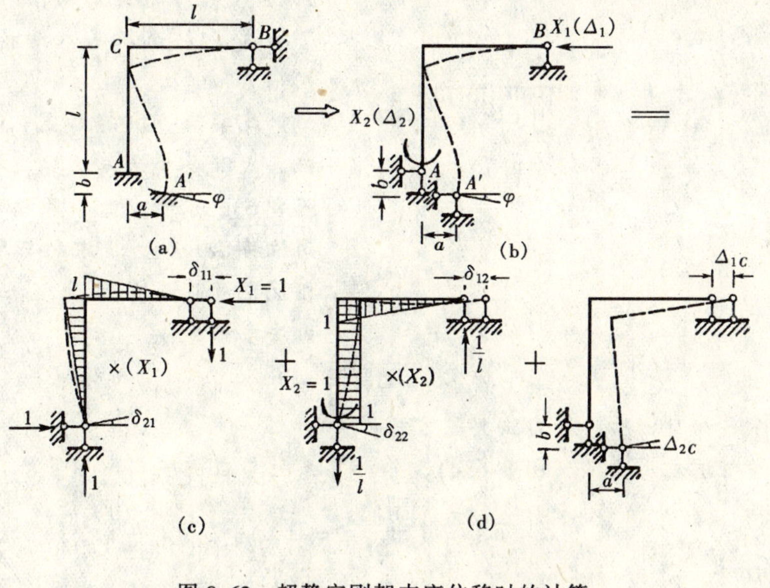

图8-62 超静定刚架支座位移时的计算

(a) 刚架及支座位移；(b) 基本结构；(c)、(d) $X=1$时的支座反力；(e) 刚体位移

计算此刚架时，把B支座水平链杆和A支座转动约束去除，而代以多余未知力X_1和X_2，则得基本结构如图8-62b所示。此时力法典型方程为

$$\left.\begin{aligned}\delta_{11}X_1+\delta_{12}X_2+\Delta_{1C}=0\\ \delta_{21}X_1+\delta_{22}X_2+\Delta_{2C}=\varphi\end{aligned}\right\}$$

上述方程等式右边的符号，应根据原结构中已知位移的方向与基本结构中所设未知力方

向来确定，两者方向相同时取正号，相反时取负号。

方程中系数的计算与前相同，自由项则代表基本结构由于支座 A 发生位移时沿 X_1 和 X_2 方向所产生的位移，计算公式为

$$\Delta_{iC} = -\Sigma\overline{R}_i c_i$$

式中 $\overline{R}_i$ 表示基本结构在单位未知力作用下，与支座位移 c_i 相应的支座反力。

分别令 $X_1=1$ 作用于基本结构，求出有关的支座反力均示于图 8-62c、d 中，利用上述公式求得

$$\Delta_{1C} = -(1\times a - 1\times b) = -a+b$$

$$\Delta_{2C} = -\left(\frac{1}{l}\times b\right) = -\frac{b}{l}$$

将系数和自由项求出后，代入典型方程，即可解出多余未知力 X_1 和 X_2。

由图 8-62e 容易看出，因为基本结构是静定的，支座位移只能使结构产生刚体位移而不产生内力，所以最后弯矩图只由多余未知力 X_1 和 X_2 所引起，这一特点与温度影响下的超静定结构是一样的，即

$$M = \overline{M}_1 X_1 + \overline{M}_2 X_2$$

例 8-22　图 8-63a 所示为一等截面梁 AB，左端 A 为固定端，右端 B 为活动铰支座，如果已知 A 支座转动角度为 φ，B 支座下沉距离为 a，求梁的弯矩图。

解（1）选取基本结构，建立力法方程

此梁为一次超静定，去除 B 支座链杆，代以多余未知力 X_1，得基本结构如图 8-63b 所示。由于原结构在 B 点的竖向位移已知为 a，方向与所设的 X_1 方向相反，故变形条件为 $\Delta_1=-a$，由此得力法方程

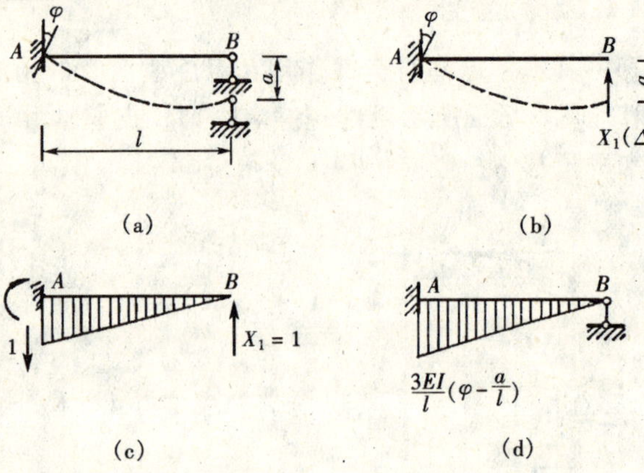

图 8-63　例 8-22 图

（a）等截面梁；（b）基本结构；（c）$\overline{M}_1$图；（d）M图

$$\delta_{11}X_1 + \Delta_{1C} = -a$$

（2）计算系数和自由项，解力法典型方程

绘出单位弯矩图求反力 $\overline{R}$（图 8-63c），并计算系数与自由项

$$\delta_{11} = \int\frac{\overline{M}_1^2 \mathrm{d}s}{EI} = \frac{l^3}{3EI}$$

$$\Delta_{1C} = -\Sigma\overline{R}c = -l\varphi$$

将系数与自由项代入典型方程后得

$$\frac{l^3}{3EI}X_1 - l\varphi = -a$$

$$X_1 = \frac{3EI}{l^2}\left(\varphi - \frac{a}{l}\right)$$

（3）绘制最后弯矩图

本题只有一个基本未知力，所以将 $\overline{M}_1$ 图的弯矩纵标扩大 X_1 倍后，即得梁的最后弯矩

图，如图 8-63d 所示。

如果选取简支梁为基本结构，以支座 A 的反力矩为多余未知力 X_1（图 8-64a），那么，在支座处的角位移应与原结构相符；由于原结构在 A 支座的角位移已知为 φ，方向与假设的 X_1 方向相同，故得力法方程为

$$\delta_{11}X_1+\Delta_{1C}=\varphi$$

系数 δ_{11} 可由图 8-64b 所示的 $\overline{M}_1$ 图自乘求得

$$\delta_{11}=\frac{l}{3EI}$$

自由项 Δ_{1C} 是简支梁由于支座 B 下沉 a 而使 A 端截面产生的角位移，由公式得

$$\Delta_{1C}=-\Sigma\overline{R}c=-\left(-\frac{1}{l}\times a\right)=\frac{a}{l}$$

因此力法方程为

$$\frac{l}{3EI}X_1+\frac{a}{l}=\varphi$$

解得 $X_1=\dfrac{3EI}{l}\left(\varphi-\dfrac{a}{l}\right)$

由此可求出最后弯矩图如图 8-63d 所示。

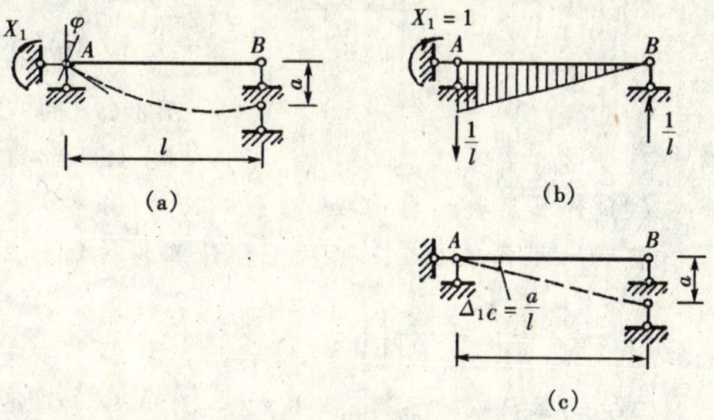

图 8-64　选不同的基本结构

(a) 基本结构为简支梁；(b) $\overline{M}_1$ 图；(c) 简支梁支座位移

以上可以看出，选取的基本结构不同，得出的两个力法方程形式也不同，每个力法方程中都出现两个已知支座位移。但在解法一中，φ 在方程等式的左边，a 在方程等式的右边；而在解法二中，φ 在方程等式的右边，a 在方程等式的左边。一般来说，凡是与多余未知力相应的已知支座位移都出现在力法方程等式右边项中，而其他的已知支座位移都出现在等式左边的自由项中。也就是说，凡在基本结构中已被解除的约束，沿其方向上的位移，都不能再看作是基本结构中已知的支座位移了，而必须把它们看成是由全部多余未知力及其他已知支座位移共同作用下所产生的位移。

此外，在支座位移影响下，超静定结构的内力与各杆弯曲刚度 EI 的绝对值成正比，一般来说弯曲刚度越大，弯矩也越大。这一特点是与温度改变的情况相同的。

三、有制造误差时超静定结构的内力计算

超静定结构由于制造误差也会引起内力。用力法计算时，方程的系数计算和前述完全相同，自由项则由制造误差所引起。例如超静定桁架的杆件，由于制作时某些杆件长度有误差，则装配以后桁架杆件将产生内力。此项内力计算时力法方程的自由项按下式计算

$$\Delta_{1r}=\Sigma\overline{N}\lambda$$

Δ_{1r} 与 X_1 的指向一致为正，反之为负。其余计算与第七章位移计算相同。

例 8-24　图 8-65a 所示桁架中，AB 杆在制作时较原设计长度缩短了 0.5cm，设将其强制拉伸装置于桁架中，试求由此而引起的各杆内力。已知各杆 $EA=6\times10^5$kN。

解　(1) 选取基本结构，列力法方程

切断 CD 杆，代以多余未知力 X_1 即得基本结构（图 8-65b）。根据原结构已知变形条件可得力法方程为

$$\delta_{11}X_1+\Delta_{1r}=0$$

该方程的物理意义为：在基本结构中，由于多余未知力 X_1 和 AB 杆制造误差的共同影响，切口两侧沿 X_1 方向的相对位移为零。

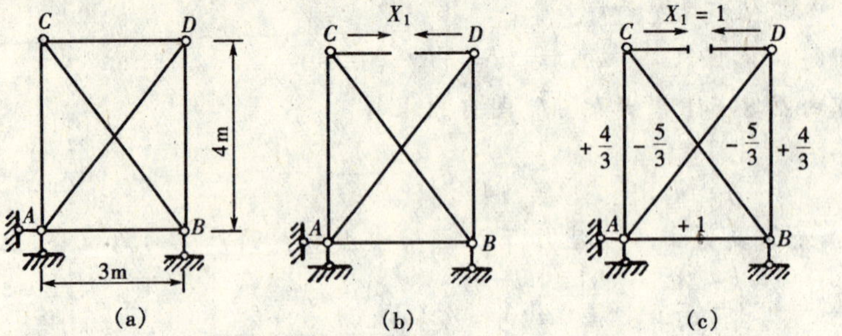

图 8-65 例 8-24 图

(a) 原结构；(b) 基本结构；(c) $\overline{N}_1$图

(2) 计算系数和自由项

将 $X_1=1$ 作用在基本结构上，计算各杆轴力，并将其结果标注在图 8-65c 上。由此可得

$$\delta_{11}=\Sigma\frac{\overline{N}_1^2 l}{EA}=\frac{2}{EA}\left[\left(\frac{4}{3}\right)^2\times4+\left(\frac{5}{3}\right)^2\times5+1^2\times3\right]=\frac{48}{6\times10^5}\frac{\mathrm{m}}{\mathrm{kN}}=8\times10^{-3}\mathrm{cm/kN}$$

$\Delta_{1r}=\Sigma\overline{N}\lambda=\overline{N}_{AB}\lambda_{AB}=1\times(-0.5)=-0.5\mathrm{cm}$（因仅 AB 杆有制造误差）

(3) 解力法方程

将系数与自由项代入方程后，得

$$8\times10^{-3}X_1-0.5=0$$

$$X_1=\frac{0.5}{8\times10^{-3}}=62.5\mathrm{kN}$$

(4) 应用公式 $N=\overline{N}_1X_1$ 计算各杆轴力

$$N_{AB}=N_{CD}=1\times X_1=62.5\mathrm{kN}$$

$$N_{AC}=N_{BD}=+\frac{4}{3}\times62.5=83.33\mathrm{kN}$$

$$N_{AD}=N_{CD}=-\frac{5}{3}\times62.5=-104.17\mathrm{kN}$$

§8-8 超静定结构的位移计算

在第七章中我们讨论了静定结构的位移计算，其一般公式为

$$\Delta_{KP}=\Sigma\int\frac{\overline{N}_K N_P\mathrm{d}s}{EA}+\Sigma\int\frac{\overline{M}_k M_P\mathrm{d}s}{EI}+\Sigma\int\frac{k\overline{Q}_K Q_P\mathrm{d}s}{GA}$$

$$+\Sigma\int\overline{N}_K\alpha t_0\mathrm{d}s+\Sigma\int\frac{\overline{M}_K\alpha\Delta t\mathrm{d}s}{h}-\Sigma\overline{R}c \qquad (7\text{-}25)$$

它不仅适用于静定结构的位移计算，也适用于超静定结构的位移计算。

对于超静定结构，只要求出多余未知力，将多余未知力也当作荷载与原荷载同时加在基本结构上，则静定基本结构在上述荷载、温度改变，支座移动等共同作用下所产生的内力，就是原来结构在上述因素共同作用下所产生的内力。显然，在上述荷载、温度改变，支座移动等共同作用下静定基本结构所产生的位移也就是原超静定结构的位移。这样，计算超静定结构的位移问题通过基本结构转化成了静定结构的位移计算，其优点在于避免求解单位力 $P=1$ 作用下的超静定结构内力，因而式（7-25）仍可应用。此时，式中的 N_P、M_P、Q_P 是基本结构由于外荷载和各多余未知力 X_i 共同作用下的内力（即原超静定结构的实际内力）；而 $\overline{N}_K$、$\overline{M}_K$、$\overline{Q}_K$ 和 $\overline{R}_K$ 为基本结构由于虚单位力 $P=1$ 的作用所引起的内力和支座反力。t_0、Δt、c 分别为基本结构所承受的温度改变和支座移动，它们即是原结构的温度改变和支座移动。

由于超静定结构的内力并不因所取的基本结构不同而有所改变，因此我们可以将其内力看作是按任一基本结构而求得的。这样，在计算超静定结构的位移时，也就可以将所设单位力 $P=1$ 施加于任一基本结构作为虚力状态。为了使计算简化，我们应当选取单位内力图比较简单的基本结构。

下面举例说明超静定结构的位移计算。

例 8-25　图 8-66 为两端固定的单跨超静定梁，EI 为常数，在均布荷载作用下，梁产生的变形如图中虚线所示。试求梁跨中截面的竖向位移 Δ_{CV}。

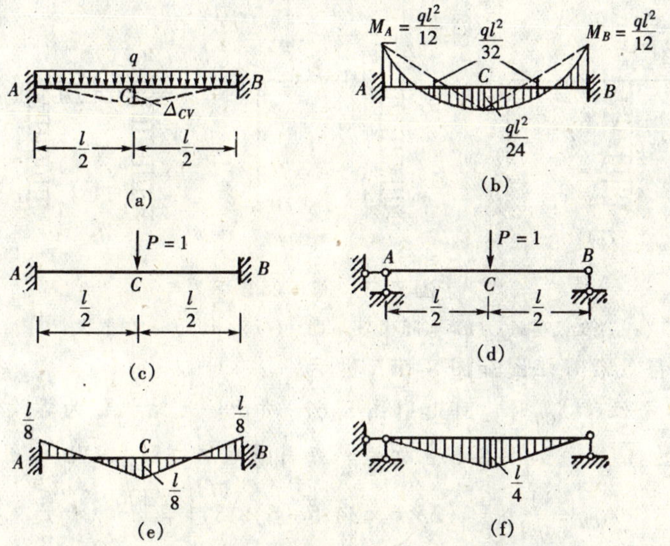

图 8-66　超静定结构的位移计算

(a) 超静定梁及荷载；(b) 实际状态弯矩图；(c)、(d) 虚拟状态及相应的 $\overline{M}$ 图

解　图 8-66a 所示荷载作用下的实际状态弯矩图已由力法求出，如图 8-66b 所示。

(1) 取图 8-66c 为虚拟状态，即沿待求位移的地点和方向上，虚设单位荷载 $P=1$ 后，并由力法求出其弯矩图 M，由图乘法可得

$$\Delta_{CV}=\Sigma\int\frac{\overline{M}M_P}{EI}ds=\frac{2}{EI}\Big[\frac{1}{6}\times\frac{l}{2}\Big(2\times\frac{ql^2}{12}\times\frac{l}{8}+2\times\frac{ql^2}{24}\times\frac{l}{8}-\frac{ql^2}{12}\times\frac{l}{8}-\frac{ql^2}{24}\times\frac{l}{8}\Big)+\Big(\frac{2}{3}\times\frac{l}{2}\times\frac{ql^2}{32}\times 0\Big)\Big]$$

$$=\frac{ql^4}{384EI}(\downarrow)$$

以上计算选取原结构作为虚拟状态，缺点在于必须求解在单位荷载作用下的超静定梁弯矩图，比较费时。

(2) 取图 8-66d 作为虚拟状态，即沿待求位移的地点和方向上，虚设单位荷载 $P=1$ 后，

并由静力平衡条件求出其弯矩图 $\overline{M}$，由图乘法可得

$$\Delta_{CV}=\sum\int\frac{\overline{M}M_P}{EI}\mathrm{d}s=\frac{2}{EI}\left[\frac{1}{6}\times\frac{l}{2}\left(2\times\frac{ql^2}{24}\times\frac{l}{4}-\frac{ql^2}{12}\times\frac{l}{4}\right)+\frac{2}{3}\times\frac{l}{2}\times\frac{ql^2}{32}\times\frac{l}{2}\times\frac{l}{4}\right]$$

$$=\frac{ql^4}{384EI}(\downarrow)$$

选取不同的基本结构所得结果是完全相同的。本例也可以选取悬臂梁作为虚拟状态，而比选用简支梁更为简单。

例 8-26 试求图 8-67a 所示刚架结点 C 的水平位移 Δ_{CH}，铰 D 的竖向位移 Δ_{DV}，和铰 D 左右截面的相对角位移 φ_{DD}，设各杆 EI 为常数。

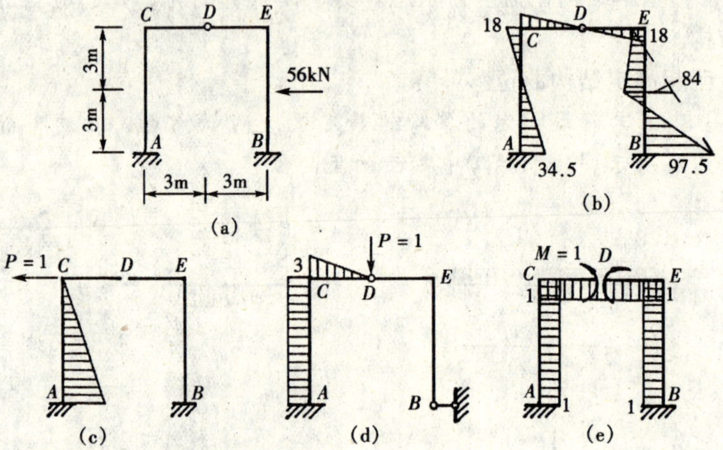

图 8-67 例 8-26 图

(a) 刚架及荷载；(b) 实际状态 M 图；(c)、(d)、(e) 虚拟状态 $\overline{M}$ 图

解 由力法求得最后弯矩图如图 8-67b 所示。

求结点 C 的水平位移 Δ_{CH} 时，可选取图 8-67c 所示静定结构作为虚设状态，在 C 点作用水平单位力 $P=1$ 的 $\overline{M}$ 图，如图 8-67c 所示。应用图乘法（图 8-67b 与图 8-67c 相乘）求得

$$\Delta_{CH}=\frac{1}{EI}\left[\frac{6}{6}\ (2\times6\times34.5-6\times18)\right]=\frac{306}{EI}\ (\leftarrow)$$

求铰 D 处的竖向位移 Δ_{DV} 时，可选取图 8-67d 所示静定结构作为虚设状态，在铰 D 处作用竖向单位力 $P=1$ 的 $\overline{M}$ 图，如图 8-67d 所示，应用图乘法（图 8-67b 与图 8-67d 相乘）求得

$$\Delta_{DV}=\frac{1}{EI}\left[\frac{3}{3}\times3\times18-3\times6\times\frac{1}{2}\ (34.5-18)\right]=-\frac{94.5}{EI}\ (\uparrow)$$

所得结果为负值，表明铰 D 的实际位移方向与所设单位力方向相反，即方向向上。

求铰 D 左右截面的相对角位移 φ_{DD} 时，可取图 8-64e 所示静定结构作为虚设状态，在铰 D 左右截面作用一对单位力偶 $M=1$ 所得 $\overline{M}$ 图，如图 8-67e 所示。应用图乘法（图 8-67b 与图 8-67e 相乘）求得

$$\varphi_{DD}=\frac{1}{EI}\left[1\times6\times\frac{1}{2}\ (34.5-18)\ -1\times6\times\frac{1}{2}\ (97.5-18)\ +\frac{1}{2}\times6\times84\times1\right]=\frac{63}{EI}\ (\text{正})$$

例 8-27 试求图 8-68a 的超静定刚架在温度改变时，横梁中点截面 E 的竖向线位移 Δ_{EV}。

解 用力法求出多余未知力为 $X_1=\dfrac{132\alpha EI}{l^2}$，可将此力当作已知荷载作用于基本结构。$E$ 点的竖向线位移，即由多余未知力 X_1 产生的位移与由温度改变产生的位移相叠加，依次

如图 8-68b、c、d 所示。

虚设状态及其相应的 $\overline{M}$ 图与 $\overline{N}$ 图如图 8-68e、f、g 所示。则 E 点的竖向位移为

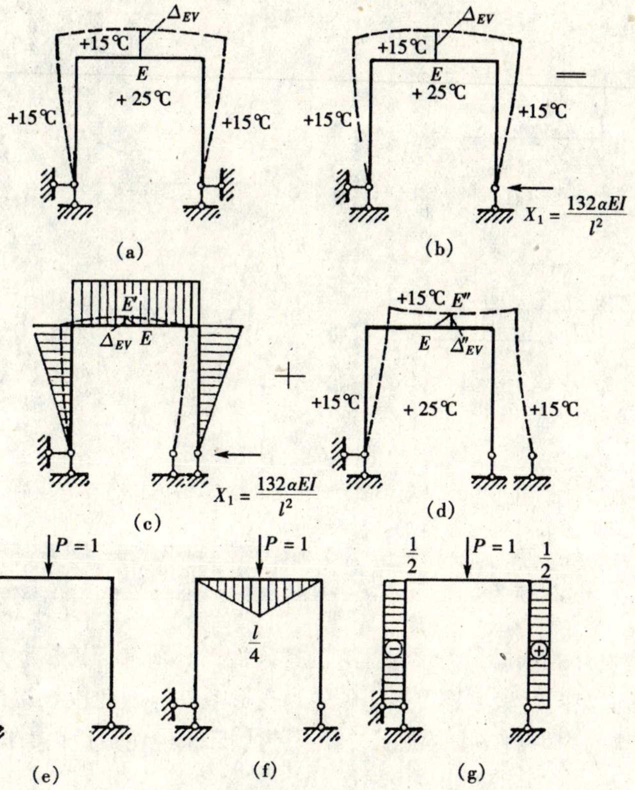

图 8-68　刚架在温度改变时的位移计算

(a) 实际状态；(b) 基本结构；(c) 多余未知力产生的位移；

(d) 温度改变产生的位移；(e) 虚设状态；(f) $\overline{M}$图；(g) $\overline{N}$图

$$\Delta_{EV}=\Sigma\frac{\omega y_0}{EI}+\Sigma(\pm)\alpha t_0\omega_{\overline{N}}+\Sigma(\pm)\frac{\alpha\Delta t}{h}\omega_{\overline{M}}$$

若杆件截面高度 $h=0.1l$，$t_0=20℃$，$\Delta t=10℃$，代入上式得

$$\begin{aligned}\Delta_{EV}&=\frac{1}{EI}\left(-\frac{1}{2}\times l\times\frac{l}{4}\times\frac{132\alpha EI}{l}\right)-2\times\frac{1}{2}\times\alpha\times 20\times l\\&+\frac{\alpha\ (10)}{0.1l}\left(\frac{1}{2}\times l\times\frac{l}{4}\right)\\&=-24\alpha l\ (\uparrow)\end{aligned}$$

例 8-28　试求图 8-69a 所示的超静定梁在支座位移时 B 端的角位移 θ_B。

解　以 B 支座链杆为多余约束，用力法求出其多余未知力为 $X_1=\frac{3EI}{l^2}\left(\varphi-\frac{a}{l}\right)$，此力当作已知荷载作用在基本结构上。

求 B 端的角位移 θ_B，即相当于求基本结构上由于多余未知力 X_1 产生的角位移与由支座位移产生的角位移的叠加，依次如图 8-69b、c、d 所示。

虚设状态及其相应的 $\overline{M}$ 图与 $\overline{R}$ 如图 8-69e 所示。则 B 端的角位移 θ_B 为

$$\theta_B=\Sigma\frac{\omega y_0}{EI}-\Sigma\overline{R}c=\frac{1}{EI}\left[\frac{1}{2}\times l\times\frac{3EI}{l}\left(\varphi-\frac{a}{l}\right)\times 1\right]-(1\times\varphi)$$

$$= \frac{1}{2}\left(\varphi - \frac{3a}{l}\right)$$

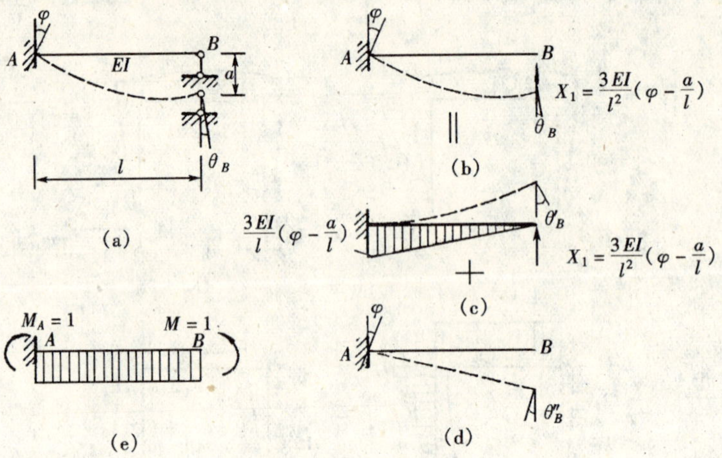

图 8-69　例 8-28 图

(a) 实际状态;(b) 基本结构;(c) 多余未知力产生的位移;(d) 支座位移产生的位移;(e) 虚设状态$\overline{M}$图

§8-9　超静定结构最后内力图的校核

内力图是结构设计的依据,为了保证它的正确性,必须进行校核。判断内力图正确性的依据是:正确的内力图应该同时满足静力平衡条件和变形条件。因此校核工作可分两步进行,下面以图 8-70a 所示的结构的内力图(图 8-70b、c、d)为例,来说明最后内力图的校核方法。

一、平衡条件校核

超静定结构在荷载作用、温度改变或支座位移的影响下,整个结构始终处于平衡状态。因此,若从结构中任意取出一部分作为隔离体,则这个隔离体上的所有外力和内力,都应该满足静力平衡条件。若截取结点 B,如图 8-70e 所示,则有

$$\Sigma X = 56.0 - 7.3 - 48.7 = 0$$

$$\Sigma Y = 40.5 + 6.5 - 47.0 = 0$$

$$\Sigma M = 19.5 + 19.5 - 39.0 = 0$$

说明结点 B 满足静力平衡条件。

若截取杆件 ABC 为隔离体(包括 A、B 两结点),如图 8-70f 所示,则有

$$\Sigma X = 56.0 - 3 - 48.7 = 0$$

$$\Sigma Y = 60 + 6.5 - 19.5 - 47.0 = 0$$

$$\Sigma M_A = 60 \times 4 - 47.0 \times 6 + 6.5 \times 9 + 19.5 - 35.9 = 0$$

说明杆件 ABC 也满足静力平衡条件。

在对内力图进行上述定量校核之前,也可借助于对结构性能的知识,及弯矩、剪力、荷载集度之间的微分关系等进行定性判断分析。如集中荷载作用处剪力图有突变,弯矩图有折角等,以帮助发现一些明显的错误。

仅仅满足静力平衡条件还不足以保证最后内力图一定是正确的,这是因为最后内力图是

在求得多余未知力之后，在基本结构上按静力平衡条件绘出的。而多余未知力计算结果是否有误，单靠静力平衡条件是检查不出来的，还要进行变形条件的校核。即使多余未知力计算正确，在以后内力计算和绘制内力图的过程中，也可能出现错误，有些单靠平衡条件校核也难以发现。因此，变形条件校核是必要的。例如，上述我们所进行的平衡条件校核虽然得到满足，但内力图中有些数值是错的（图中括号内的数值），平衡条件校核未能发现内力图中的错误。只有既满足平衡条件又满足变形条件的内力图才是惟一正确的解答。

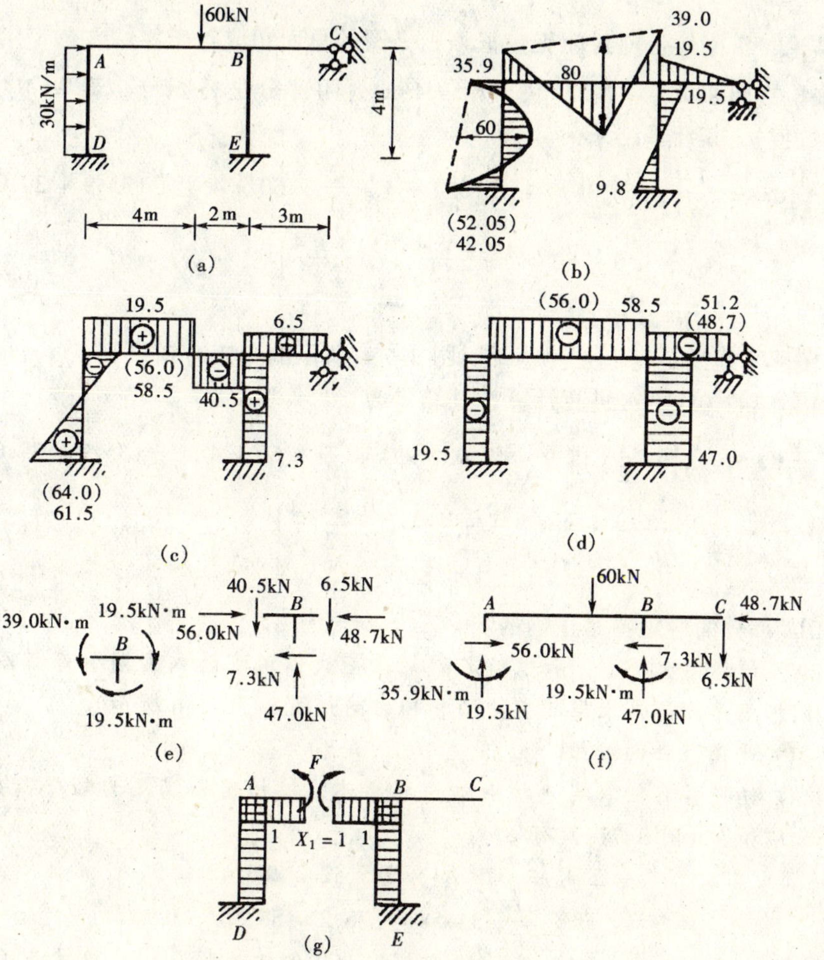

图 8-70　内力图的校核

（a）超静定刚架及荷载；（b）M 图；（c）Q 图；（d）N 图；（e）、（f）部分隔离体；（g）校核 M 图的基本结构

二、变形条件校核

在力法计算中，由于多余力是根据结构的位移条件计算而得，由正确的多余力做出的内力图应当能使结构满足已知的位移条件，所以超静定结构的最后内力图必须着重按位移条件进行校核。变形条件校核的通常作法为：任意选取基本结构及一个多余未知力 X_i，根据最后内力图，算出沿 X_i 方向的位移 Δ_i，看它是否等于原结构中的已知位移值，即

$$\Delta_i = 已知值。 \tag{8-23}$$

严格说来，n 次超静定结构有 n 个多余未知力，应进行 n 次这样独立的位移校核，但一般只作少数几个即可。

例如，为了校核图 8-70b 所示的 M 图，可选取图 8-70g 所示的基本结构，校核 AB 杆上任意截面 F 两侧截面相对转角是否等于零。为此在切口 F 处加一对单位力矩 $X_1=1$，在 $X_1=1$ 作用下，封闭框格 $DABE$ 部分均产生单位弯矩 $\overline{M}=1$，因此变形条件变为

$$\oint \frac{M}{EI}\mathrm{d}s = 0 \tag{8-24}$$

由此得出结论，沿刚架任何封闭无铰框格，$\frac{M}{EI}$图的总面积应等于零。

现在来检查图 8-70b 中的 M 图，沿 $DABE$ 封闭部分进行积分。若取 $M_{DA}=52.05\mathrm{kN\cdot m}$（括号中的数值），其计算结果为

$$\begin{aligned}\int \frac{M}{EI}\mathrm{d}s &= \frac{1}{EI}\Big[-\frac{1}{2}(35.9+52.05)\times 4+\frac{2}{3}\times 60\times 4-\frac{1}{2}(35.9+39.0)\times 6\\ &\quad +\frac{1}{2}\times 6\times 80-\frac{19.5\times 4}{2}+\frac{9.8\times 4}{2}\Big]\\ &= -20\neq 0\end{aligned}$$

可见这个 M 图不能满足变形条件，说明图 8-70b 所示的弯矩有错误。

若取 $M_{DA}=42.05\mathrm{kN\cdot m}$ 进行计算，其结果为

$$\begin{aligned}\int \frac{M}{EI}\mathrm{d}s &= \frac{1}{EI}\Big[-\frac{1}{2}(35.9+42.05)\times 4+\frac{2}{3}\times 60\times 4-\frac{1}{2}(35.9+39.0)\times 6\\ &\quad +\frac{1}{2}\times 6\times 80-\frac{19.5\times 4}{2}+\frac{9.8\times 4}{2}\Big]\\ &= 0\end{aligned}$$

说明沿 $DABE$ 部分的弯矩图是正确的。

例 8-29 校核图 8-71a 所示超静定刚架在荷载作用下的内力图（弯矩图如图 8-71b 所示，由 M 图根据平衡条件求得的剪力图和轴力图如图 8-71c、d 所示）。

解 (1) 平衡条件的校核

为了校核 M 图，可任取某一结点作为隔离体，校核是否满足力矩平衡条件 $\Sigma M=0$，例如取结点 E 和 F（图 8-71e）有

$$\Sigma M_E = 570.84-285.42-285.42=0$$

$$\Sigma M_F = 434.58-376.2-58.38=0$$

为了校核 Q 图、N 图，可取某一结点或某一杆件作为隔离体，校核是否满足力的投影平衡条件 $\Sigma X=0,\Sigma Y=0$。例如截取 FEG 杆（图 8-71f）为隔离体，有

$$\Sigma X = 120+120-72.43-72.43-95.14=0$$

$$\Sigma Y = 9.73-9.73-120+120=0$$

经以上校核，各内力图满足平衡条件。

(2) 变形条件的校核

当荷载作用下计算超静定刚架的内力时，所用的位移公式仅考虑了弯曲变形一项的影响；同理，在作变形条件的校核时，位移公式只涉及弯矩项，因此变形条件校核公式变为

$$\Delta_i = \Sigma\int \frac{\overline{M}_i M}{EI}\mathrm{d}s = \text{给定值}$$

式中 M 代表超静定结构的最后弯矩图，$\overline{M}_i$ 代表单位弯矩图。

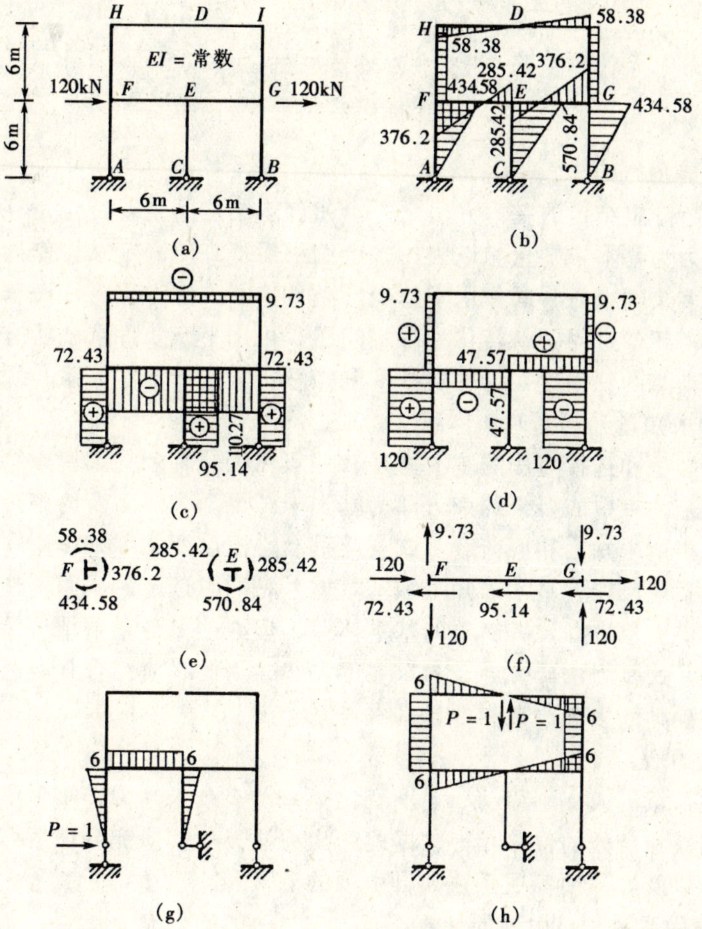

图 8-71 例 8-29 图

(a) 超静定刚架及荷载；(b) M 图；(c) Q 图；(d) N 图；(e)、(f) 部分隔离体；(g)、(h) 校核 M 图的基本结构

为了能较全面地反映最后弯矩图 M 的正确性，一般应该使 M 图中各杆的弯矩在变形校核中都有所反映，这样，校核只需进行一次即可。如校核图 8-71a 中 A 点的水平位移是否为零，可取图 8-71g 所示静定结构为虚设状态，则由图 8-71b、g 相乘，得 A 点的水平位移为

$$\Delta_{AH} = \Sigma \frac{\overline{M}_i M}{EI}\mathrm{d}s = \frac{1}{EI}\Big[-\frac{1}{2}\times 6\times 434.58\times\frac{2}{3}\times 6+\frac{1}{2}\times 6\times 570.84\times\frac{2}{3}\times 6-6\times 6\times\frac{1}{2}(376.2-285.42)\Big]=0$$

如校核图 8-71a 中 D 截面的竖向相对位移是否为零，可取图 8-71h 所示静定结构为虚设状态，则由图 8-71b、h 相乘，得 D 截面的竖向相对位移为

$$\Delta_{D-D} = \Sigma\int \frac{\overline{M}_i M}{EI}\mathrm{d}s = \frac{2}{EI}\Big[-\frac{1}{3}\times 6\times 6\times 58.38-58.38\times 6\times 6+\frac{6}{6}(2\times 376.2\times 6-285.42\times 6)\Big]=0$$

此外，由图 8-71b 可知弯矩图为反对称，故知闭合框弯矩图面积总和等于零，亦即 D 截面的相对转角为零，符合式 (8-24) 的变形校核条件。

由此可见，最后 M 图是正确的。

本章小结

1. 力法的计算原理

力法是计算超静定结构的基本方法之一。超静定结构的主要特点是存在多余约束，力法就是以多余约束力为基本未知量，以去掉多余约束后得到的静定结构作为基本结构，利用基本体系在荷载和多余约束力共同作用下的变形条件建立力法方程，从而求解多余未知力。求得多余约束力后，超静定问题就转化为静定问题，可用平衡条件求解所有未知力。

因此，力法计算的关键是：①确定基本未知量；②选择基本体系；③建立力法方程。

2. 确定基本未知量和选择基本体系

确定基本未知量和选择力法的基本体系，一般用去掉多余约束使原结构变为静定结构的方法。去掉的多余约束中的多余约束力即为基本未知量。去掉多余约束后得到的静定结构即为基本结构，将多余未知力和原荷载（或支座移动、温度变化等）作用在基本结构上，即得到力法的基本体系。所以，基本未知量和基本体系是同时选定的。同一超静定结构可以选择多种基本体系，应力求选择计算简单的基本体系，但必须保证基本结构是几何不变且无多余约束的静定结构。这是力法计算中至关重要的一步，为此，应结合复习第 2 章结构的几何组成规律，以便正确判断多余约束和选择基本体系。

3. 建立力法方程

基本体系在荷载（或支座移动、温度变化等）及多余未知力作用下沿多余未知力方向的位移应与原结构在相应处的位移相等，据此列出力法方程。应充分理解力法方程所代表的变形条件的意义，以及方程中各项系数和自由项的意义。

4. 力法方程中系数和自由项的计算

力法方程中的系数和自由项都是基本结构（静定结构）上的位移，可用单位荷载法计算。根据不同结构的受力特性，在不同的变形因素（弯曲、剪切、轴向）中，考虑主要变形影响因素。具体计算系数和自由项时，对梁和刚架来说，一般仅考虑弯曲变形的影响，忽略轴向变形和剪切变形的影响，但须注意，在温度改变影响下，计算自由项时，无论哪一种形式的结构或哪一类性质的杆件，其轴向变形的影响都要考虑，这是力法中计算工作量较大的一步。为此，应结合复习前几章中关于静定结构的内力和位移计算的内容，以便迅速获得正确的结果。

5. 超静定结构的内力计算与内力图的绘制

当多余未知力求出后，计算超静定结构的最后内力有两种方法：

(1) 把所求得的多余未知力和已知外荷载一起加在基本结构上，然后按平衡条件求得基本结构的内力图即为超静定结构内力图。

(2) 利用已经做出的单位内力图和荷载内力图，按内力叠加公式进行计算，对梁和刚架来说，一般先计算杆端弯矩、绘制弯矩图，然后计算杆端剪力、绘制剪力图，最后计算杆端轴力、绘制轴力图。

但须注意，因为基本结构是静定的，而静定结构在温度改变或支座位移影响下，虽然发生位移，但不会产生任何内力；所以超静定结构在温度改变或支座位移影响下，其最后内力仅由多余未知力所产生。

6. 对称性的利用和简化

应尽量利用结构的对称性以简化计算。对于对称的超静定结构，应选取对称的基本结构形式或利用成对未知力，这样可使力法典型方程分解为两组：一组是由对称未知力所组成；另一组是由反对称未知力所组成。对称结构上作用的任意荷载均可分解为对称荷载和反对称荷载，对称结构在对称荷载作用下，只产生对称未知力，反对称未知力等于零；在反对称荷载作用下，只产生反对称未知力，对称未知力等于零。也可用半边结构的计算简图进行简化。

7. 超静定结构的位移计算和变形条件的校核

由于超静定结构的内力是综合应用结构的平衡条件和变形条件求解的，所以超静定结构内力图的校核应包括两方面：(1) 平衡条件的校核；(2) 变形条件的校核。按变形条件校核超静定结构的最后弯矩图，实际上就是计算超静定结构的位移，不过不是求任意的未知位移，而是校核原结构中的已知位移。如果计算的结果与结构的实际位移相符，则表明求得的最后弯矩图是正确的。

8. 超静定结构在荷载作用下，由于各系数和自由项的分母中都含有各杆刚度的公因子可以消去，故超静定结构的内力与各杆刚度的绝对值无关，而仅与各杆刚度的相对值有关。然而，在温度改变和支座位移的影响下，由于只在各系数中含有各杆刚度的公因子，而自由项与刚度无关，力法方程中无法将它消去，故在温度改变和支座位移影响下的超静定结构内力就与各杆刚度的绝对值有关。

习　　题

8-1　用去除多余约束法确定下列结构的超静定次数。

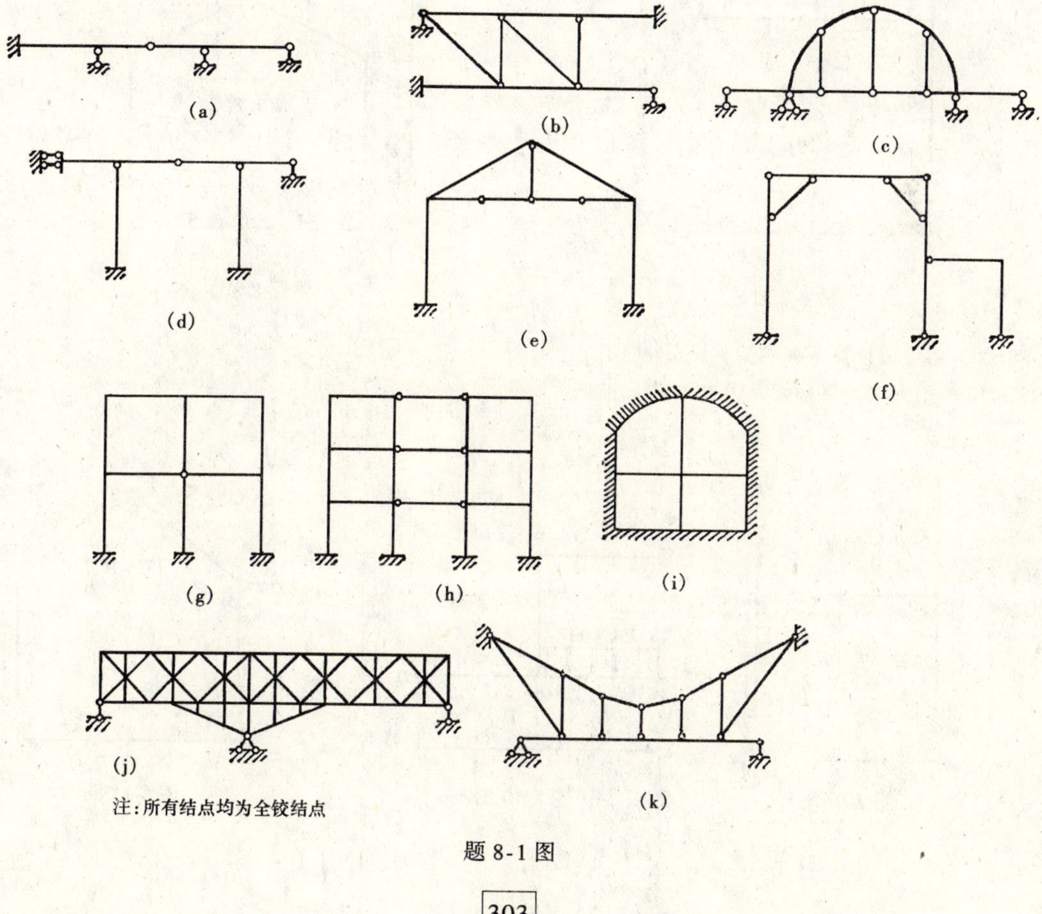

题 8-1 图

8-2～8-8 用力法计算下列超静定梁和刚架，做出弯矩图、轴力图

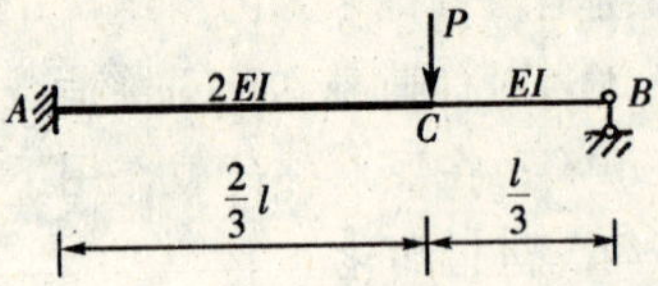

题 8-2 图

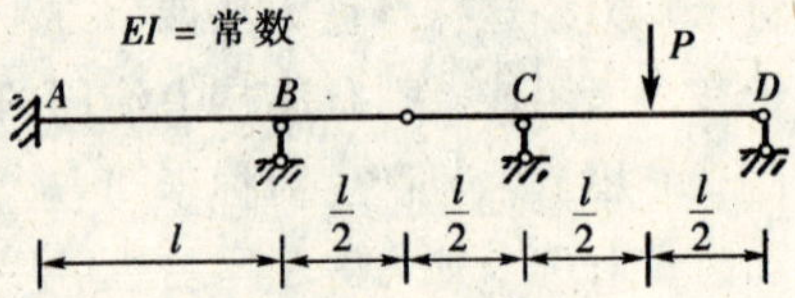

题 8-3 图

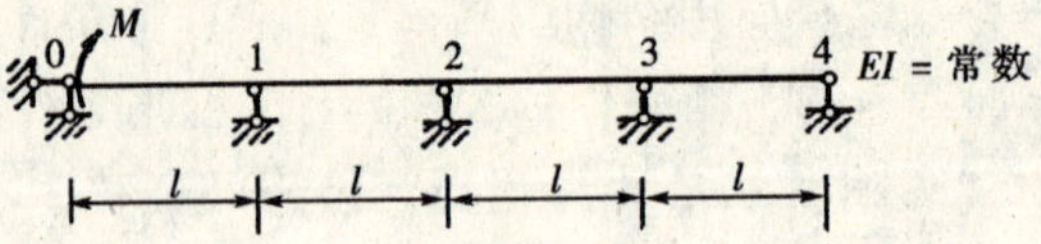

题 8-4 图

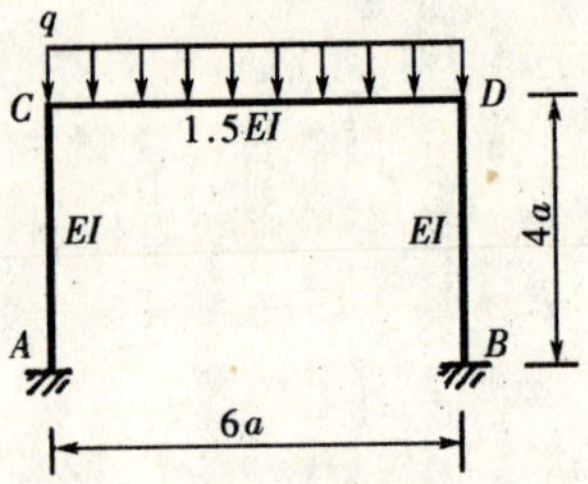

题 8-5 图

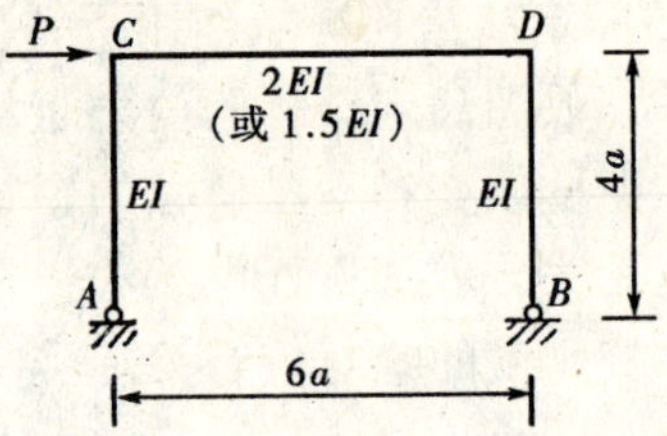

题 8-6 图

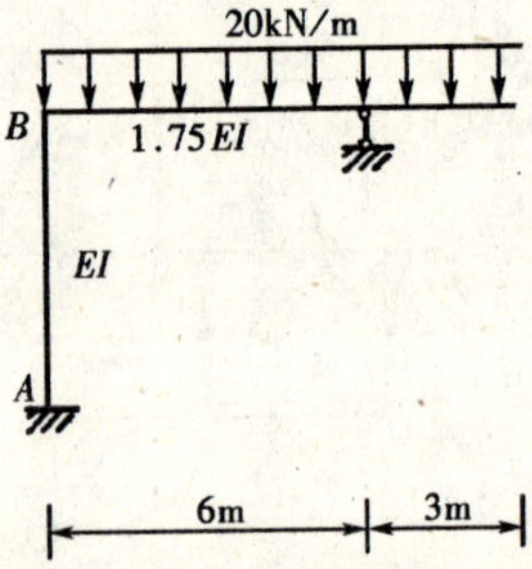

题 8-7 图

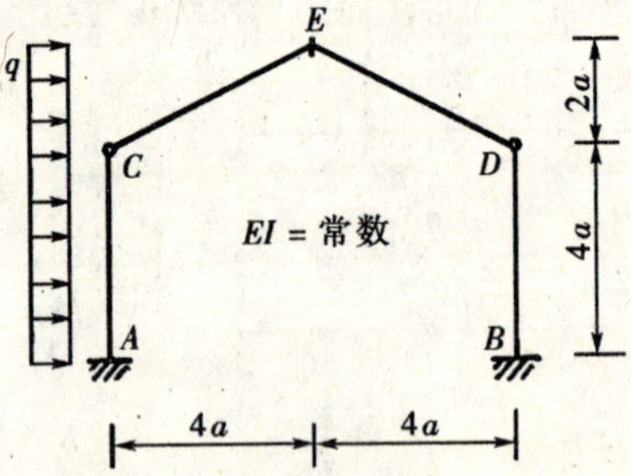

题 8-8 图

8-9～8-12 用力法计算下列刚架，做出 M 图。

8-13～8-14 用力法计算排架，做出 M 图

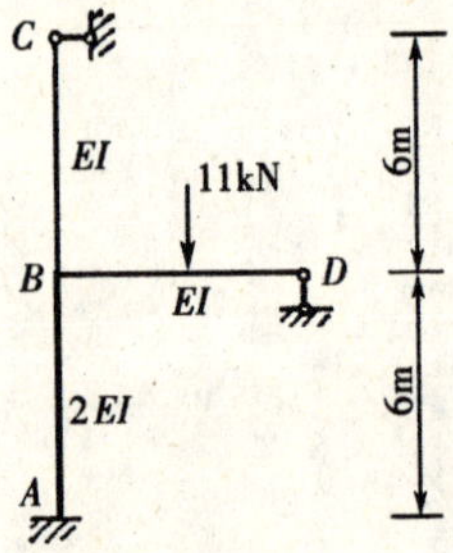

题 8-9 图

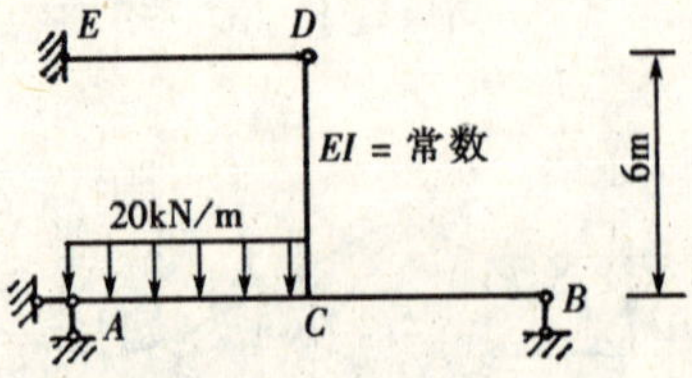

题 8-10 图

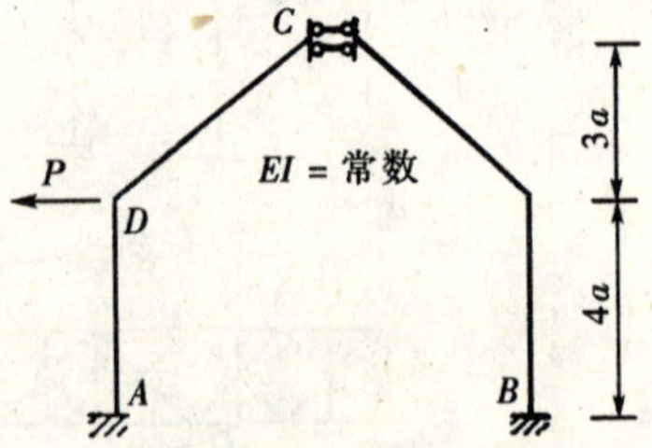

题 8-11 图

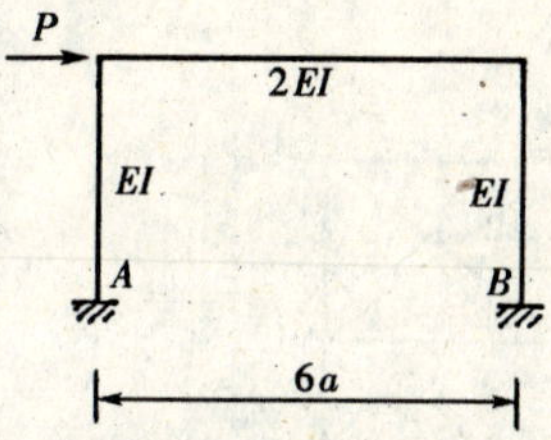

题 8-12 图

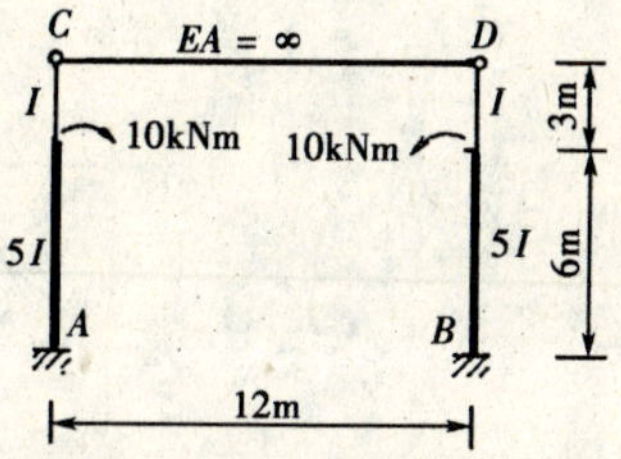

题 8-13 图

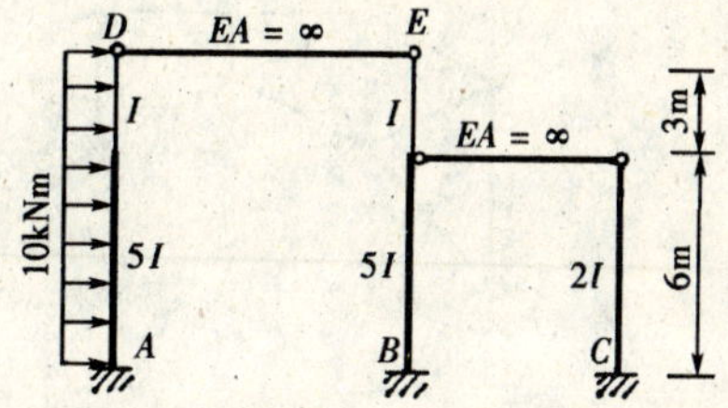

题 8-14 图

8-15　用力法求解刚架弯矩图。EI = 常数。

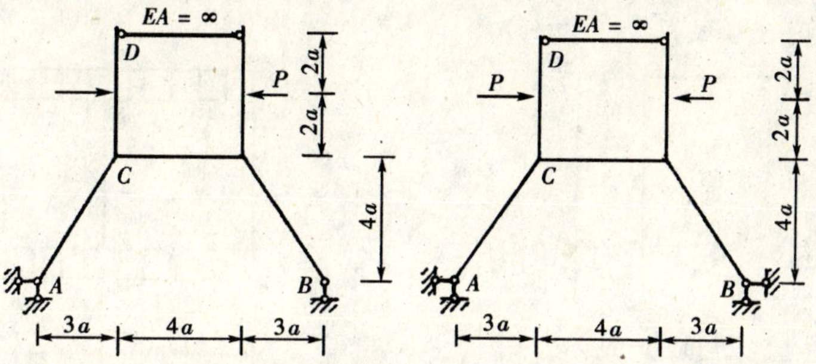

(a)　(b)

题 8-15 图

8-16 ~ 8-18　用力法求解具有弹性支承的结构。

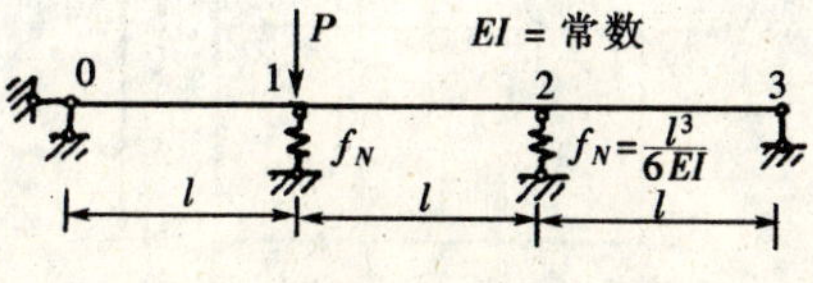

题 8-16 图

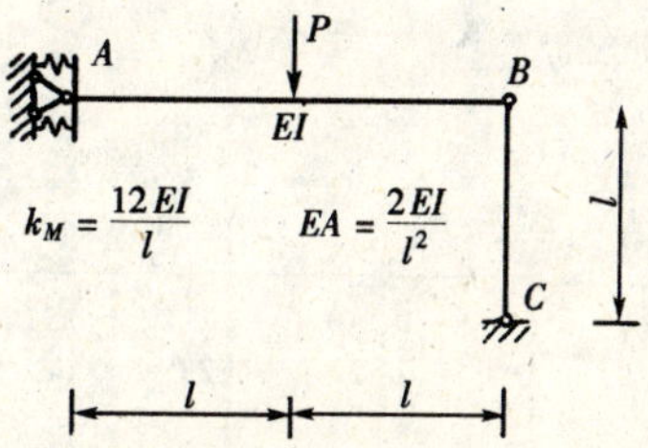

题 8-17 图

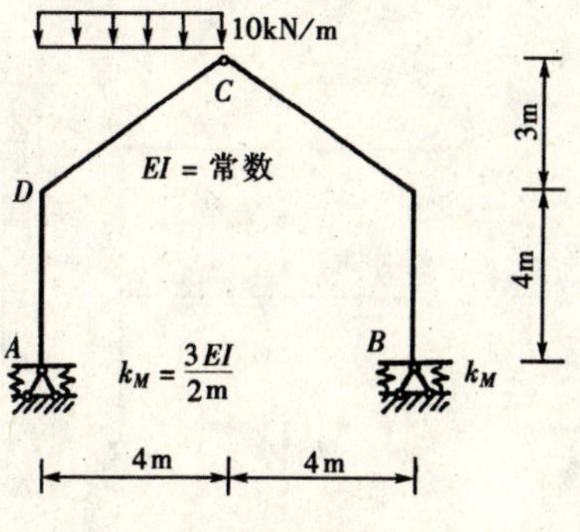

题 8-18 图

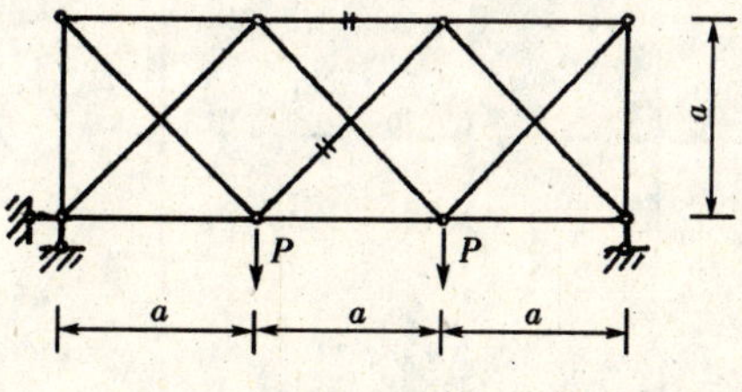

题 8-19 图

8-19 ~ 8-21　求超静定桁架中桁 1、2 的内力。各杆 EA = 常数。

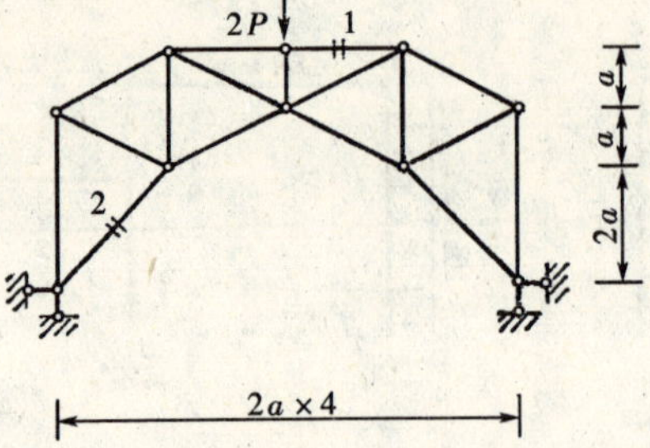

题 8-20 图

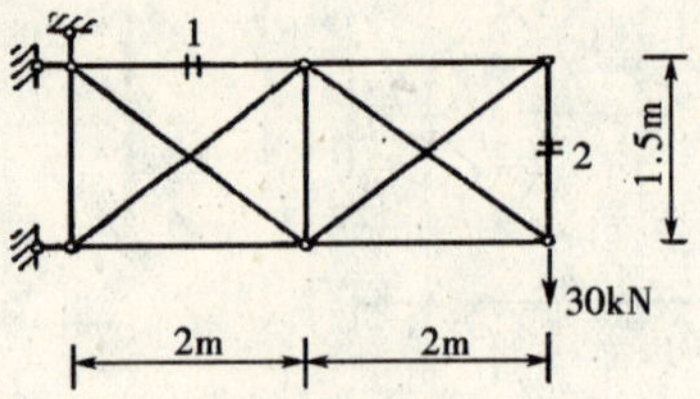

题 8-21 图

8-22 ~ 8-29 做出对称结构的弯矩图。

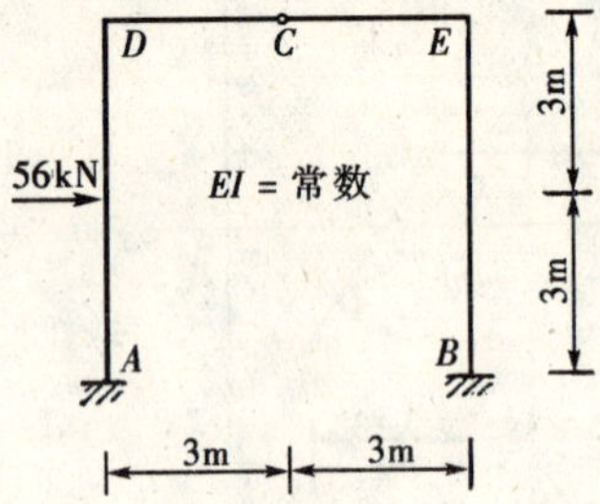

题 8-22 图

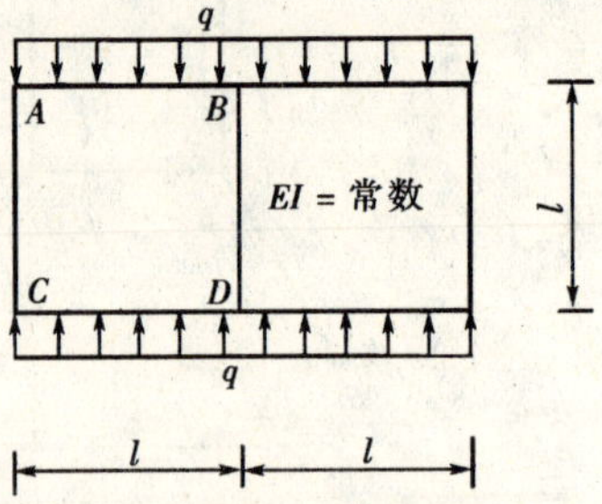

题 8-23 图

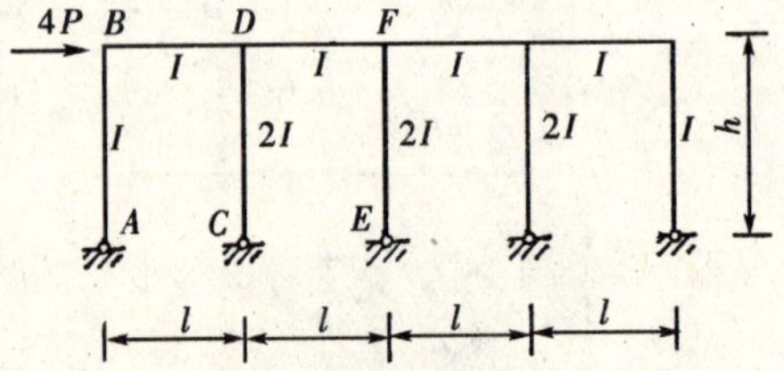

题 8-24 图

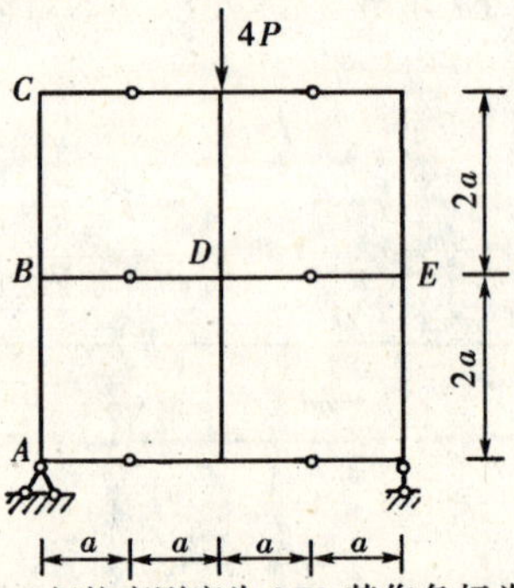

（BDE 杆抗弯刚度为 2EI，其作各杆为 EI）

题 8-25 图

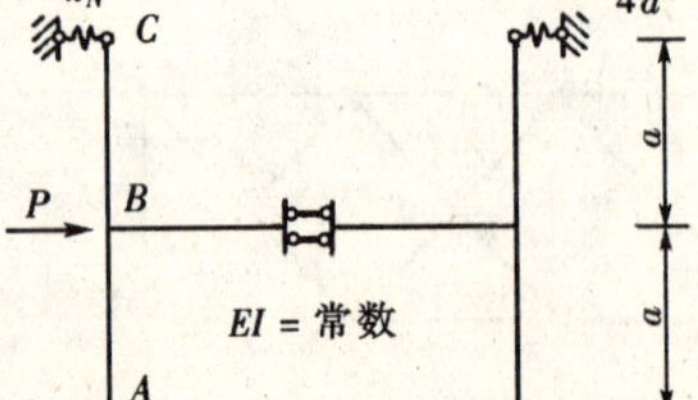

题 8-26 图

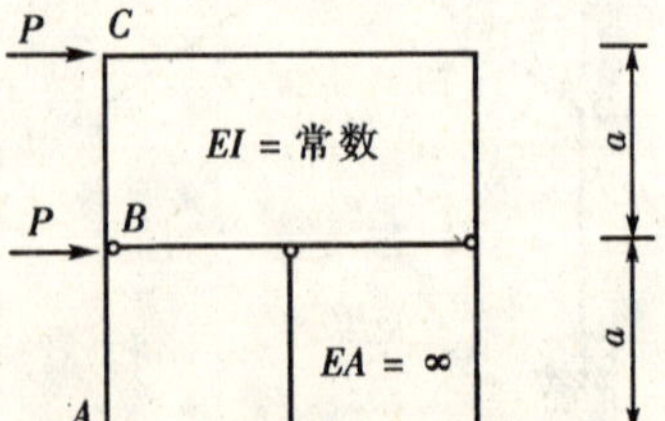

题 8-27 图

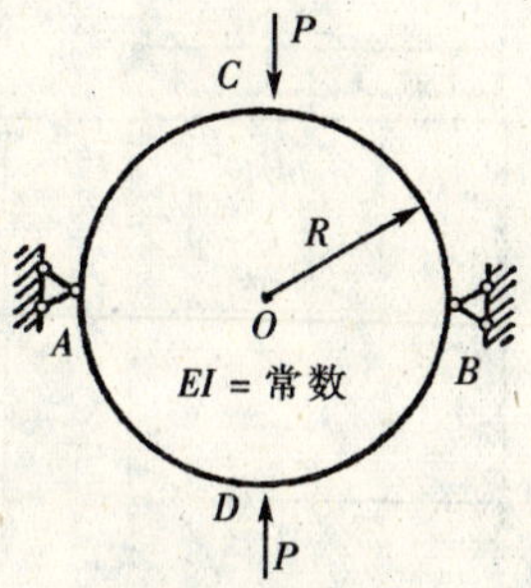

题 8-28 图

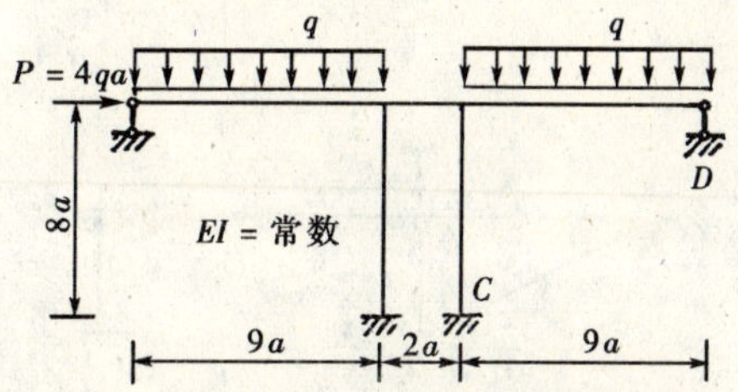

题 8-29 图

8-30　试分析各结构的受力特点，EI = 常数。

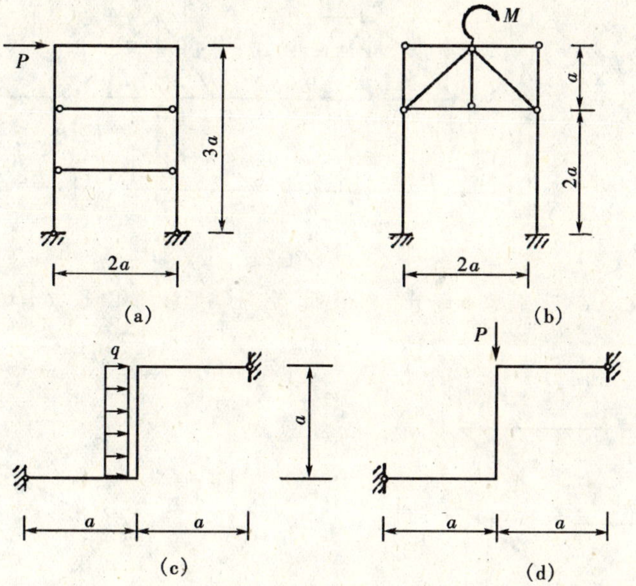

题 8-30 图

8-31 ~ 8-33　应用成对未知力求解结构内力，EI、EA 分别相等。

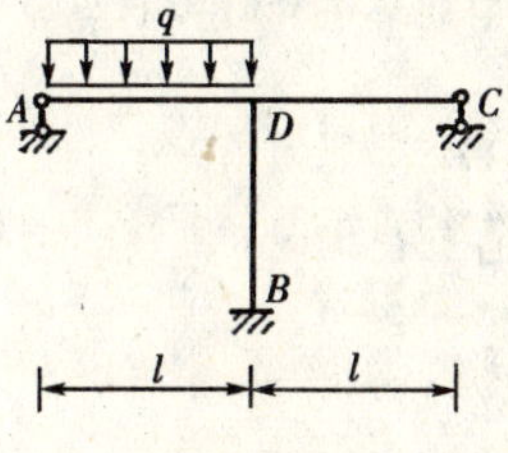

题 8-31 图

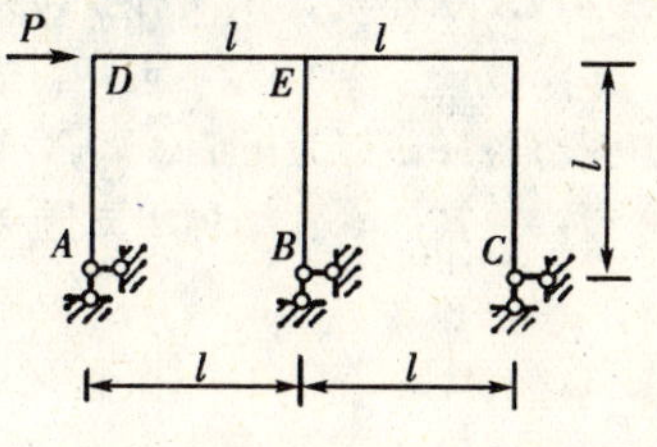

题 8-32 图

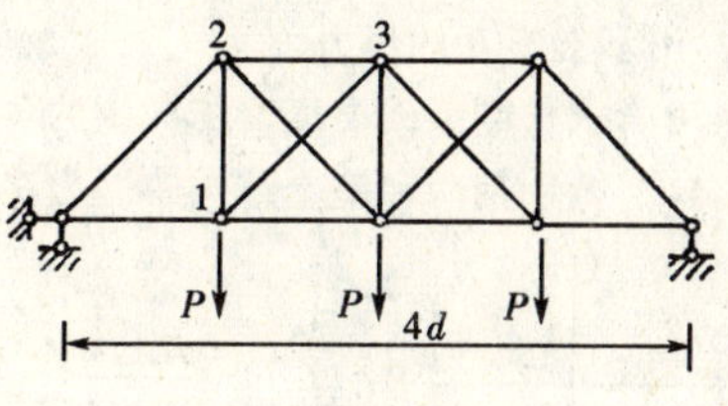

题 8-33 图

8-34　图示链杆加劲梁中，链杆 EA 相等且 $EA=\frac{EI}{l^2}$，计算竖杆 CD 内力，并讨论 EA 缩小 10 倍、EA 缩小 20 倍时的情况。

8-35 ~ 8-36　用力法计算组合结构各杆内力，EI 为常数。

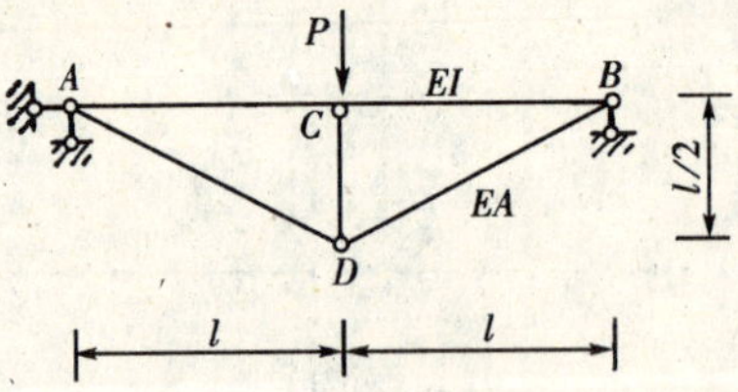

题 8-34 图

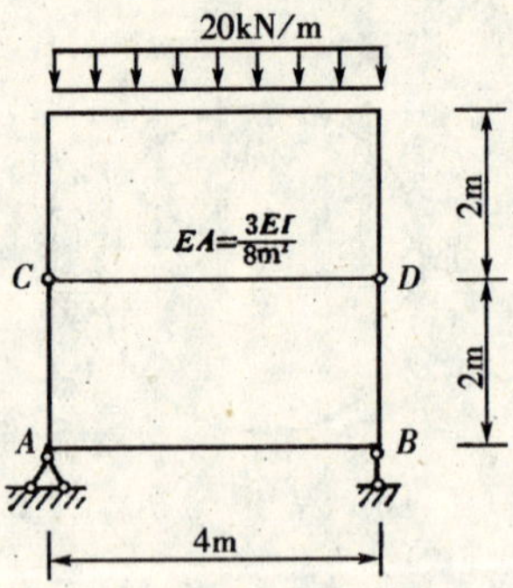

题 8-35 图

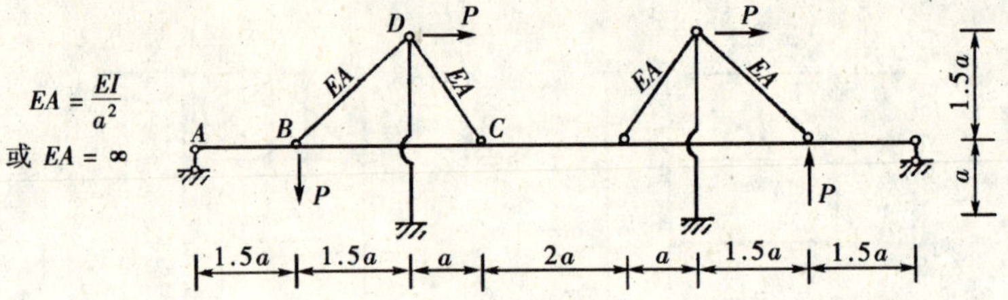

题 8-36 图

***8-37** 刚架各杆正交于结点，荷载垂直于结构平面，各杆圆形截面相同，$G=0.4E$，试作弯矩图和扭矩图。

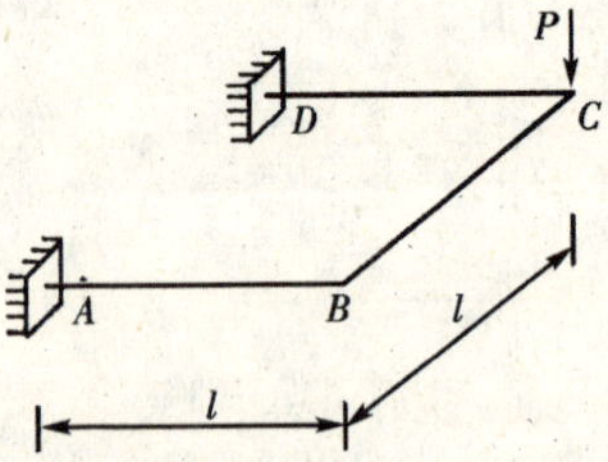

题 8-37 图

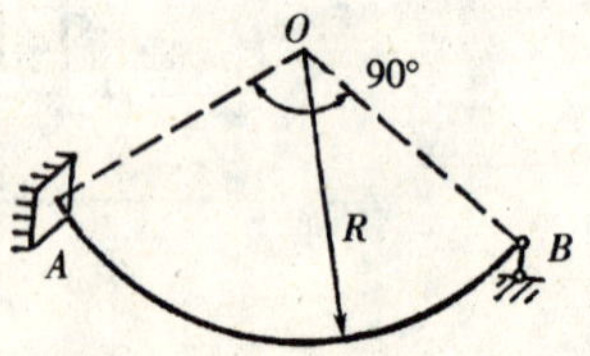

题 8-38 图

***8-38** 图示水平面内的等截面曲杆为圆的 1/4，A 端固定，B 端有竖向支承链杆，试求在杆的自重 q 作用下支座 B 的反力。

8-39～8-40 求作刚架因温度改变产生的弯矩图。各杆截面为矩形，$h=l/10$，材料线膨胀系数为 α。

8-41～8-44 分别用两种基本结构建立力法方程；选其一求作结构因支座移动产生的弯矩图，各杆 EI = 常数。

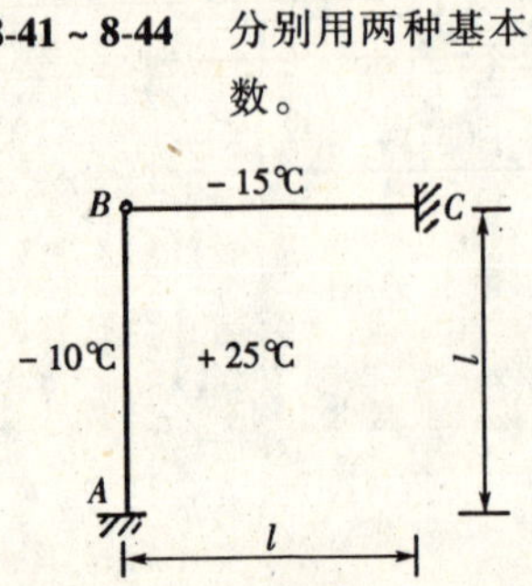

题 8-39 图

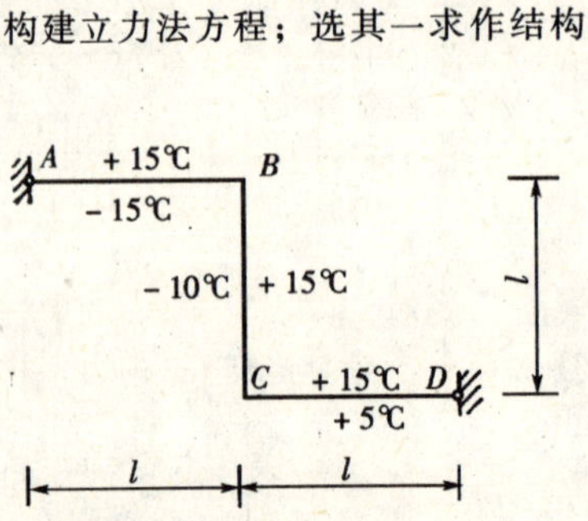

题 8-40 图

题 8-41 图

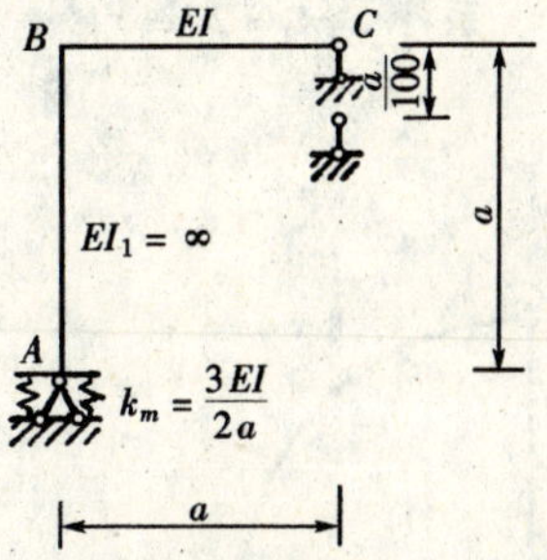

题 8-42 图

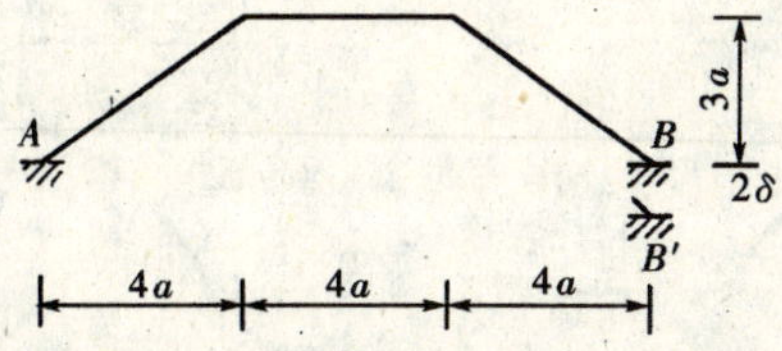

题 8-43 图

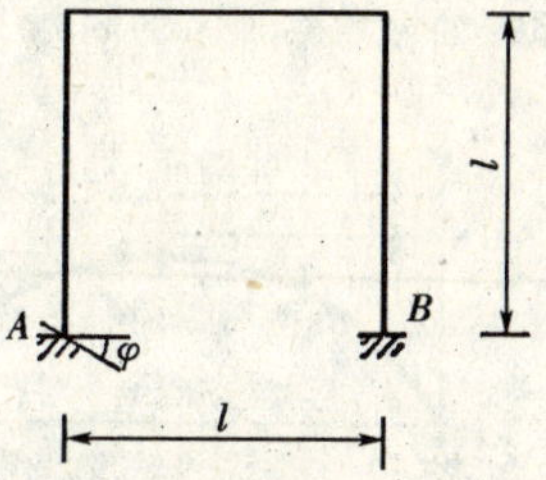

题 8-44 图

8-45　图示平面链杆系各杆 l 及 EA 均相同，杆 AB 的制作长度短了 δ，现将其拉伸（在线弹性范围内）拼装就位，试求该杆轴力的长度。

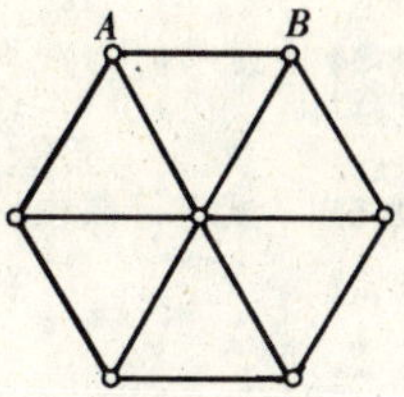

题 8-45 图

8-46　求题 8-18 中结点 C 的水平位移 Δ_{CH}、结点转角 θ_D 及 θ_A。

8-47　求题 8-39 中铰 B 两截面相对转角。

8-48　求题 8-41 中的 Δ_{CV}、θ_D。

8-49　试采用超静定的基本结构计算题 8-3、题 8-12。

8-50　试说明判断下列超静定结构弯矩图形是否正确的理由。

8-51～8-52　图示交叉梁系在周边简支，各杆 EI 相同，中间各结点有垂直于结构平面的荷载 P 作用，试用力法分析，确定基本未知力的最少数目，力法方程中的系数和自由项。

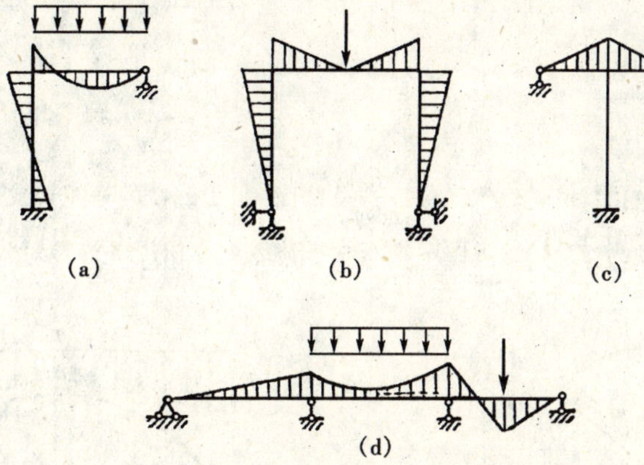

题 8-50 图

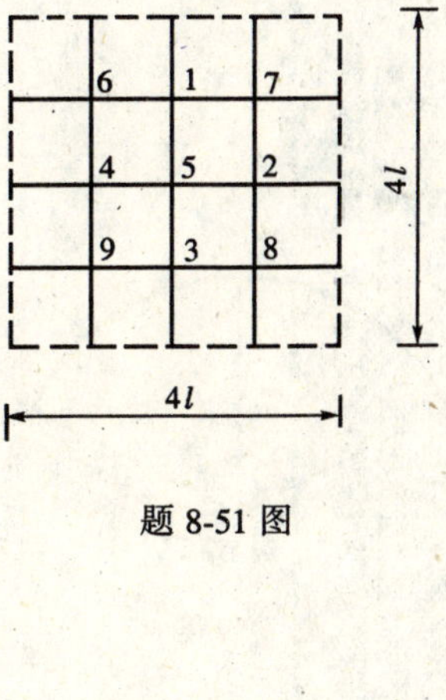

题 8-51 图

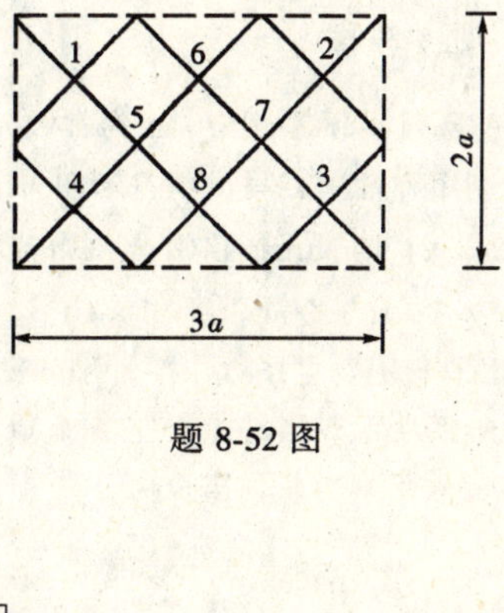

题 8-52 图

8-53 变截面抛物线两铰拱的轴线 $y=\frac{4f}{l^2x}(l-x)$，$I_x=\frac{I_c}{\cos\varphi}$，$EI_C=5000\text{kN}\cdot\text{m}^2$，系杆 $E_1A_1=2\times10^5\text{kN}$，试求系杆轴力和截面 K 的内力。不计拱中轴向及剪切变形影响。

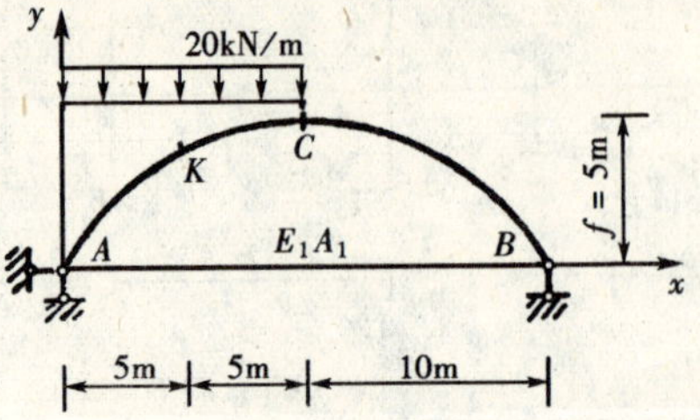

题 8-53 图

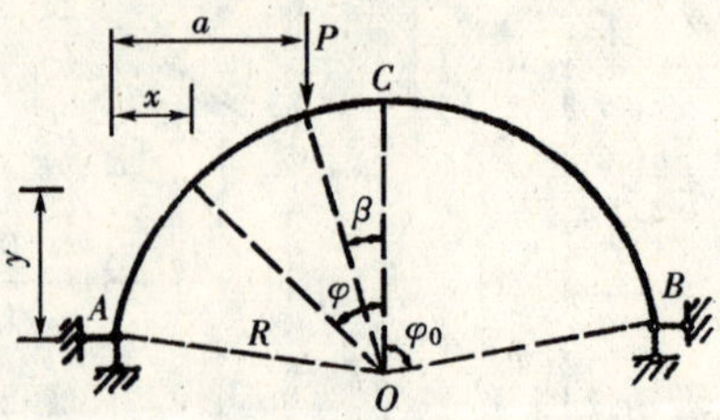

题 8-54 图

8-54 试写出等截面圆弧两铰拱水平推力 H 的计算式，并求 $\varphi_0=\pi/2$ 时的 H 值。不计轴向及剪切变形影响。

8-55 试求等截面圆弧无铰拱中截面 A、D、C 的弯矩及支座 B 的反力。不计轴向及剪切变形影响。

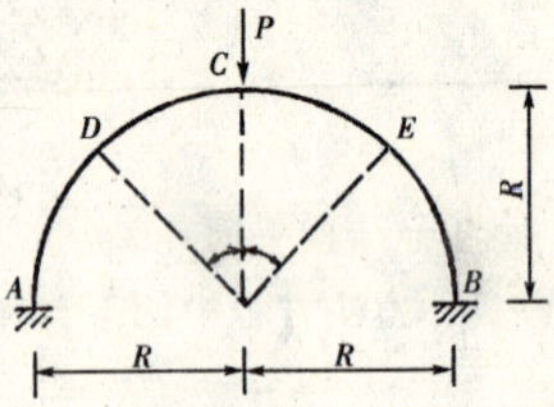

题 8-55 图

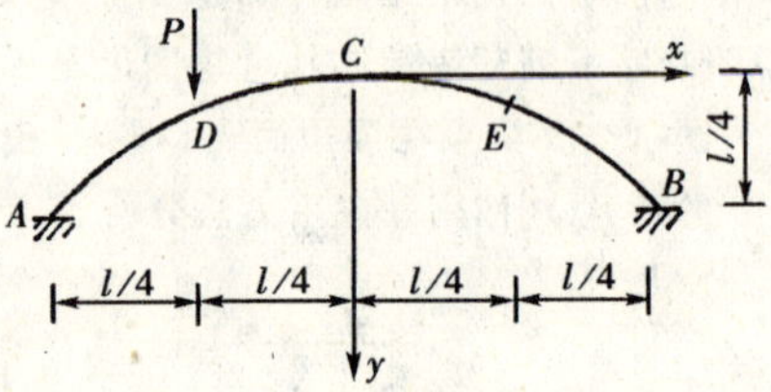

题 8-56 图

8-56 试求变截面抛物线无铰拱$\left(y=\frac{4f}{l^2}x^2,\ I_x=\frac{I_C}{\cos\varphi}\right)$截面 A、D、C 的弯矩及支座 B 的反力。

8-57 等截面圆环（抗弯刚度为 EI），试求图示均布水平荷载对称作用下的弯矩分布，不计轴向变形影响。

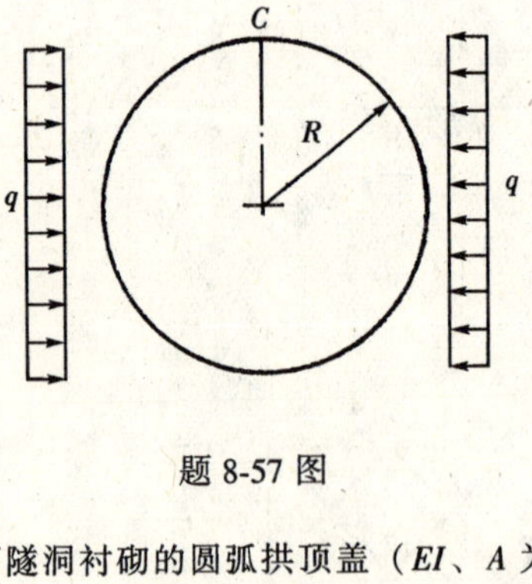

题 8-57 图

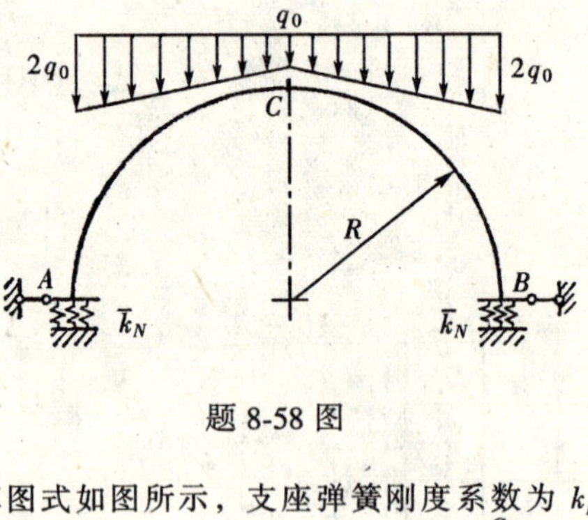

题 8-58 图

8-58 地下隧洞衬砌的圆弧拱顶盖（EI、A 为常数）计算图式如图所示，支座弹簧刚度系数为 $k_N=\overline{k}_N\cdot A$、$k_M=\overline{k}_N\cdot I$，试利用弹性中心写出基本未知力的表达式。

8-59 等截面（矩形 $b\times h$）圆弧无铰拱沿全长均匀降温 $t=-20℃$，$\varphi_0=60°$，$h=2\text{m}$，$E=3\times10^7\text{kN/m}^2$，$\alpha=1\times10^{-5}$，试求拱的水平推力及拱顶、拱脚截面的弯矩。主系数中不计轴向变形影响。

8-60 无铰拱如题 8-56 图所示，当其左支座 A 单独发生顺时针向转动 $\theta=0.01\text{rad}$ 时，求其水平推力及拱脚反力。

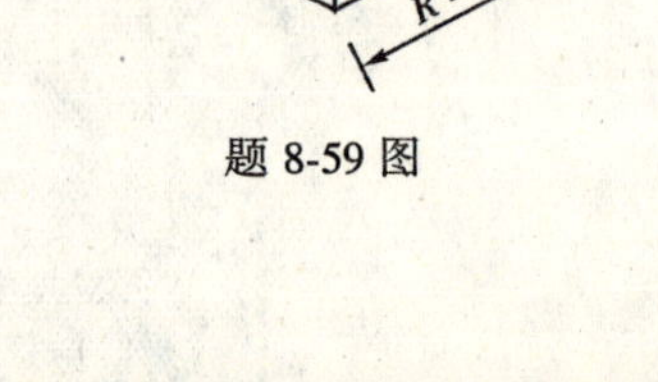

题 8-59 图

部分习题答案

8-2　$R_B = P/2$

8-3　$M_B = \dfrac{6}{88}Pl$

8-4　$M_2 = \dfrac{4}{56}M$

8-5　$M_C = 1.8qa^2$

8-7　$M_{AB} = 7.2\text{kN·m}$（左）

8-8　$Q_{DB} = 15.04\text{kN}$

8-9　$M_{AB} = 0$，$M_{BA} = 4.0\text{kN·m}$（左）

8-10　$M_{CD} = 30\text{kN·m}$（左）

8-11　$M_C = 0.4356\text{Pa}$（下）

8-12　$M_{CA} = \dfrac{8}{9}\text{Pa}$（右）

8-13　$N_{CD} = -1.29\text{kN}$

8-14　$N_{DE} = -17.39\text{kN}$

8-15　$M_{CD} = 0.3\text{Pa}$（左）

8-16　$M_{CD} = 0.446\text{Pa}$（左）

$M_{CA} = 0.243\text{Pa}$（左）

8-17　$M_A = \dfrac{3}{7}Pl$

8-18　$M_D = 20.35\text{kN·m}$（左）

$M_A = 9.37\text{kN·m}$（右）

8-19　$N_1 = -27.71P$，$N_2 = 10.91P$

8-20　$N_1 = -0.785P$，$N_2 = -1.516P$

8-21　$N_1 = 58.35\text{kN}$

8-22　$M_A = 97.5\text{kN·m}$

8-23　$M_{AC} = \dfrac{ql^2}{36}$

8-24　$M_{BA} = \dfrac{ph}{8}$

8-25　$M_{FD} = \dfrac{Px}{2}$（右）

8-26　$M_B = \dfrac{7}{24}\text{Pa}$（左）

8-27　$M_{FD} = \dfrac{5}{28}\text{Pa}$（右）

8-29　$V_D =$（$3.580 - 0.086$）ql

8-31　$M_{DA} = \dfrac{ql^2}{14}$（上）

8-32　$M_{DE} = \dfrac{7}{24}Pl$（下）

$M_{ED} = \dfrac{5}{24}Pl$（上）

8-33　$N_{13} = 0.1213P$，$N_{23} = -2.0857P$

8-35　$N_{CD} = 5\text{kN}$

$M_{AC} = 5\text{kN·m}$（右）

8-36　当 $EA = \infty$ 时，$N_{BD} = 0.65P$

$M_E = 2.5\text{Pa}$（左）

8-37　$M_{AB} = 0.270Pl$

$M_{tAB} = -0.084Pl$

8-38　$R_B = \dfrac{\dfrac{1}{2EI} + \dfrac{1}{2GI_t}\left(\dfrac{\pi}{2} - 1\right)^2}{\dfrac{\pi}{4EI} + \dfrac{1}{4GI_t}(3\pi - 8)}qR$

8-39　$M_{AB} = \dfrac{510EI\alpha}{l}$（左）

8-40　$M_{BA} = \dfrac{77.5EI\alpha}{l}$（下）

8-41　$M_C = \dfrac{2.5\delta}{l^2}EI$（下）

8-42　$M_{BD} = \dfrac{EI}{100a}$（上）

8-43　$M_B = \dfrac{9\delta}{134a^2}EI$

8-44　$M_A = \left(\dfrac{5}{3} + \dfrac{3}{7}\right)\dfrac{\varphi}{l}EI$

8-45　$l_{AB} = l - \dfrac{11}{12}\delta$

8-47　$\theta_{B-B} = 206.25\alpha$（↷↶）

8-48　$\theta_D = \dfrac{\delta}{3l}$（↷）

8-51　一个未知力。交叉点 1、2、3、4 处中梁承担$\dfrac{43}{64}P$，边梁承担$\dfrac{21}{64}P$

8-53　$N_{AB} = 99.8\text{kN}$

8-54　当 $\varphi_0 = \dfrac{\pi}{2}$ 时，$H = \dfrac{\cos^2\beta}{\pi}P$

8-55　$M_A = 0.0533Pl$

$H = 0.455P$

8-56　$M_A = -0.0526Pl$

$M_C = -0.0127Pl$

$V_B = -0.1563P$

8-57　$M_C = -qR^2/4$

8-59　$H = -96.9\text{kN}$

8-60　$H = \dfrac{30EI_C}{l^2}\theta$

$V_B = \dfrac{6EI_C}{l^2}\beta$（↑）

$M_A = \dfrac{9EI_C}{l}\theta$（下）

高等学校工程力学基础教材

结构力学

（下 册）

主 编 刘金春
副主编 陈秋波 康洪振
主 审 杜 青

中国建材工业出版社

图书在版编目（CIP）数据

结构力学/刘金春等编著．—北京：中国建材工业出版社，2003.8
高等工业院校基础教材
ISBN 7-80159-484-3

Ⅰ.结...　Ⅱ.刘...　Ⅲ.结构力学-高等学校-教材　Ⅳ.0342

中国版本图书馆 CIP 数据核字（2003）第 056050 号

内 容 摘 要

本教材是根据国家教委批准试行的《高等工业学校结构力学教学基本要求》和当前课程教学实践及结构工程学科关于教材系列的规划而编写的，可作为工业与民用建筑、土建结构、桥梁与隧道、水工结构、地下建筑、铁道及公路工程等专业的结构力学教材，也可供土建类其他各专业及有关工程技术人员参考使用。

本书分上、下两册出版，上册内容包括：绪论、平面体系的几何组成分析、静定结构的内力分析、静定结构的影响线、静定结构的位移计算、力法解超静定结构等。下册内容包括：位移法、渐近法、矩阵位移法、超静定结构的影响线、结构的极限荷载、结构的弹性稳定、结构动力学等。其中，冠以“*”号的内容可供选学。不同的专业可根据专业的需要各自取舍。每章后附有较丰富的习题及部分习题答案。

本书在编写时，力求取材适当，理论联系实际，说理透彻、既方便教师教，也方便学生自学。

结构力学（上、下册）
主编　刘金春　副主编　陈秋波　康洪振　主审　杜青

出版发行：中国建材工业出版社
地　　址：北京市西城区车公庄大街6号
邮　　编：100044
经　　销：全国各地新华书店
印　　刷：北京鑫正大印刷有限公司
开　　本：787mm×1092mm　1/16
印　　张：42.25
字　　数：1010千字
版　　次：2003年8月第1版
印　　次：2005年8月第2次
定　　价：63.80元（全二册）

网上书店：www.ecool100.com
本书如出现印装质量问题，由我社发行部负责调换。联系电话：（010）88386906

目　录

第 9 章

位　移　法

§9-1　位移法的基本概念

力法和位移法是分析超静定结构的两种基本方法。19 世纪末力法就用来分析各种超静定结构问题,随着结构的日益复杂,钢筋混凝土结构的广泛应用,出现了大量高次超静定刚架结构,若再用力法计算就显得十分繁琐。于是在 20 世纪初,人们在力法的基础上又建立了位移法。

力法是以结构中的多余未知力作为基本未知量,选取静定结构作为基本结构进行计算,按位移条件求出多余未知力后,再据此进一步算得其他的反力、内力和位移。然而,我们知道,在确定的外因作用下,结构的内力和位移具有一定的关系,因此,我们也可遵循另一途径,即把结构的某些位移作为基本未知量,先设法求出它们,再据以求出结构的内力和其他位移,这种方法就是本章将要讨论的位移法。从位移法的基本原理出发,可衍生多种变体的计算方法,例如力矩分配法和迭代法等等,这些变体的计算方法在生产实际中应用十分普遍。因此,学习本章的目的,除使初学者掌握位移法的基本原理外,还为以后学习其他各种变体方法打下良好的基础。此外,应用电子计算机计算结构所常用的直接刚度法也是根据位移法而来的,故本章的内容也是学习电算应用的一个基础。

总之,结构在一定的外因作用下,其内力与位移之间具有一定的函数关系,确定的内力与确定的位移相对应。因此,可以先求内力再求位移,亦可先求位移再求内力。

为了说明位移法的基本概念,我们来研究图 9-1a 所示的连续梁,在荷载 q 作用下,产生的变形如图中虚线所示。其中 AB 杆和 BC 杆在结点 B 处的杆端转角是相等的。杆件 AB 和 BC 在结点 B 是刚性联结,如同在刚架中杆件联结的情况一样,我们称结点 B 为刚结点。为了使问题简化,在受弯杆件中,略去杆件的轴向变形和剪切变形的影响,并认为弯曲变形是很小的,因而假定在变形过程中受弯杆件两端之间的距离保持不变。图 9-1a 所示连续梁的变形情况,相当于图 9-1b 所示。其中 BC 杆相当于左端固定,右端铰支的梁,上面承受荷载 q 的作用,且在左端发生转角 φ_B;AB 杆则相当于右端固定,左端铰支的梁,在其右端发生转角 φ_B。因此,如果把结点 B 的转角 φ_B 当作支座位移这一外因来看待,则上述连续梁即可转化为两个单跨超静定梁来计算。只要知道了转角 φ_B 的大小,则按上一章介绍的力法,即可求得这两个单跨超静定梁的全部反力和内力,因而图 9-1a 所示连续梁的计算问题便可解决。由上可知,问题的关键在于确定未知量 φ_B 的大小。下面就以此连续梁为例说明基本未知量 φ_B 的计算方法以及 φ_B 确定之后如何进一步计算梁的内力。

为了能将图 9-1a 转化为图 9-1b 来计算,我们设想在连续梁的结点 B 处装上一个阻止转动的装置“∀”,称它为附加刚臂约束,如图9-1c所示。它的作用是控制结点 B 不发生转动

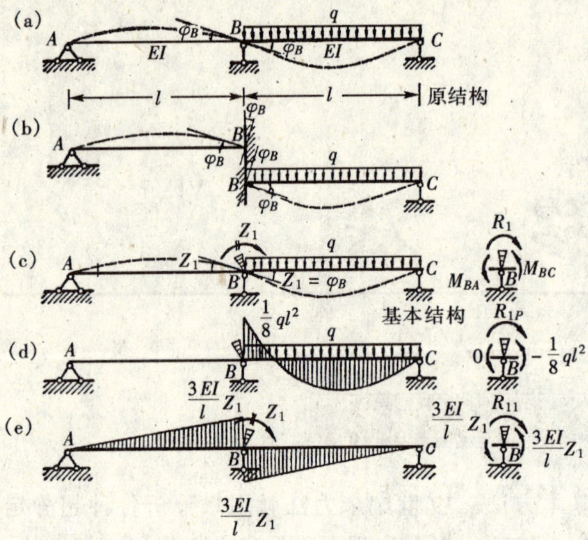

图 9-1 位移法计算连续梁

(a)两跨连续梁;(b)单跨超静定梁组合体;(c)位移法基本结构;
(d)荷载单独作用下的弯矩图;(e)结点位移单独作用下的弯矩图

(但不能阻止移动)。因为结点 B 无线位移，故在加入此附加刚臂后，B 就变成了固定端，原结构变成了由 AB 和 BC 这样两根一端固定另一端铰支的单跨超静定梁组成的组合体。这一组合体称为原结构按位移法计算时的基本结构。将外荷载作用于基本结构，并强使基本结构的附加刚臂发生与实际情况相同的转角 φ_B（在计算中以未知量 Z_1 表示），则基本结构的受力和变形情况（图 9-1c）就将与图 9-1a 所示原结构的情况完全相同。因此，我们可用基本结构的计算来代替原结构的计算。

根据上述概念，可按如下方法导出求解 Z_1 的方程。由叠加原理，可把图 9-1c 所示连续梁分解为图 9-1d、e 所示两种情况。在图 9-1d 中，只有荷载 q 的作用而无转角 Z_1 的影响，其中 AB 杆无荷载作用，不发生变形，故无内力，而荷载 q 作用下的 BC 杆其弯矩图可按 §8-3 确定。在图 9-1e 中，杆 AB 和 BC 均相当于一端固定另一端铰支的梁在其固端 B 处发生支座转动（大小为 Z_1）的情况，其弯矩图同样可用力法求得。设以 R_{1P} 表示基本结构，由于荷载单独作用时在附加刚臂上产生的反力偶（图 9-1d），R_{11} 表示基本结构，由于发生转角 Z_1 时在附加刚臂上产生的反力偶（图 9-1e）。则当荷载 q 与转角 Z_1 共同作用时，基本结构的附加刚臂上的反力偶 R_1 自然应等于上述两项之和，即 $R_1 = R_{11} + R_{1P}$。但由于此时基本结构的受力变形情况已与原结构相同，故知基本结构结点 B 处附加刚臂上的反力偶 R_1 应等于零。据此，可建立解算转角 Z_1 的方程如下：

$$R_{11} + R_{1P} = 0$$

如令 r_{11} 表示当 Z_1 为单位转角 $Z_1 = 1$ 时附加刚臂上的反力偶（图 9-2 所示），则有，$R_{11} = r_{11}Z_1$，故上述方程可写为

$$r_{11}Z_1 + R_{1P} = 0$$

这一方程称为位移法的典型方程。式中系数 r_{11} 和自由项 R_{1P} 的方向都规定与 Z_1 方向相同时为正，反之为负。故知 r_{11} 总是正值。

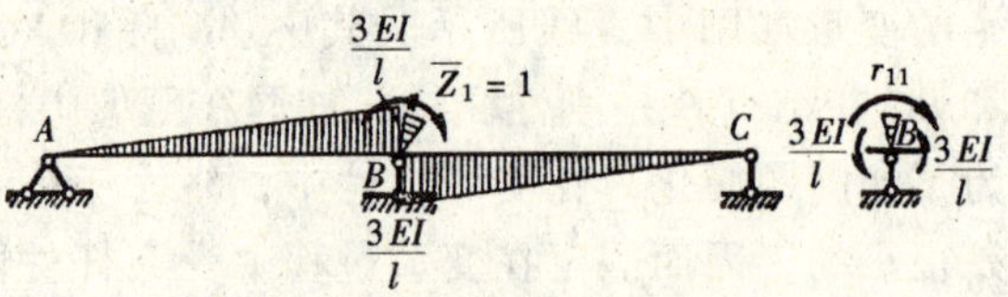

图 9-2 附加刚臂上反力偶的计算

为求解典型方程，须分别求其系数和自由项，为此，取图 9-2 的结点 B 为隔离体，由力矩平衡条件可得

$$r_{11} = \frac{3EI}{l} + \frac{3EI}{l} = \frac{6EI}{l}$$

再取图 9-1d 的结点 B 为隔离体，有力矩平衡条件可得

$$R_{1P}=\frac{ql^2}{8}$$

负号表示 R_{1P}的方向与 Z_1 的方向相反。

将系数和自由项代入位移法典型方程，得

$$\frac{6EI}{l}Z_1-\frac{ql^2}{8}=0$$

故

$$Z_1=\frac{ql^3}{48EI}$$

求出 Z_1 后，根据叠加原理 $M=M_1+M_P$ 即可求出原来结构的最后弯矩图，如图 9-3a 所示。由此弯矩图再依静力平衡条件可做出其剪力图，如图 9-3b 所示。

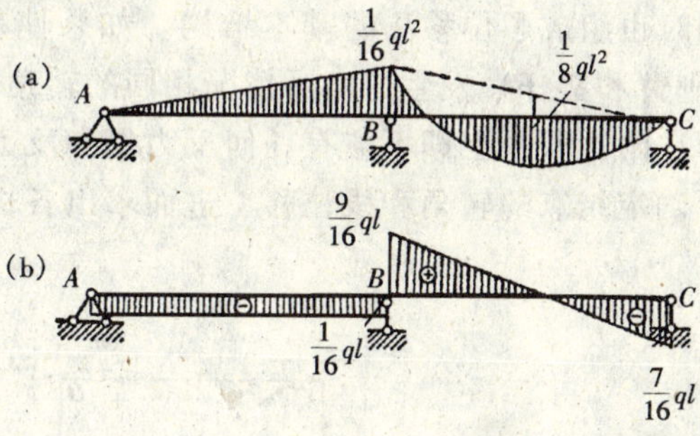

图 9-3　结构的内力图

(a) 结构的最后弯矩图；(b) 结构的最后剪力图

综上所述，位移法的基本思路是“先固定后放松”，“先固定”是指在原结构产生位移的结点上设置附加约束，使结点固定，从而得到由单跨超静定梁的组合体组成的基本结构，然后加上原有的外荷载；“后放松”是指人为地迫使原先被“固定”的结点恢复到结构原有的位移。通过上述两个步骤，使基本结构与原结构的受力和变形完全相同，从而可以通过基本结构来计算原结构的内力和变形。

由上例可知，用位移法计算超静定结构，是把结构的某些位移作为基本未知量，由位移法典型方程求出基本未知量，进而即可解算结构的内力和其他位移。由比较力法和位移法可以看出，两者所取途径虽然不同，但它们所遵循的原则却是一致的：都是利用基本结构的变形和受力情况与原结构相同的条件来解题。其中，力法通常是以静定结构作为其基本结构，利用已知的静定结构的计算方法来解决超静定结构的计算问题；而位移法则是以单跨超静定梁的组合体作为它的基本结构，利用已知的力法作为其计算基础。对于基本结构与原结构一致的条件，力法是通过去掉多余联系处的约束代之以多余力，并使该多余力的大小能保证基本结构的变形与原结构一致从而达到内力一致；而位移法则是使附加约束处发生与原结构相同的位移，使基本结构与原结构的变形一致从而达到内力一致。值得指出的是：位移法的典型方程虽然是按静力平衡条件建立的，但是这并不意味着解算超静定结构毋需利用位移条件，因为整个计算过程是在符合结构的约束条件的情况下进行的，而且计算位移法方程中的系数和自由项时又需借助力法，所以按位移法求解仍然离不开变形条件。

§9-2　基本未知量数目的确定

在§9-1 中我们介绍了位移法的基本概念，用位移法解算超静定结构是以结点位移为基本未知量，由位移法典型方程先将基本未知量求出，然后再计算各杆的内力。因此，在用位移法计算超静定梁和刚架时，必须首先确定基本未知量的数目，亦即确定结点位移的数目。§9-1 例中的两跨连续梁，只有一个结点角位移，这是最简单的情况。在一般情况下，结点位移分为结点角位移和结点线位移两类，前者系指刚结点的角位移，后者指刚结点或角结点的线位移。下面我们举几个例子加以说明。

图 9-4 所示的刚架，在荷载作用下，其变形情况如图中虚线所示，其上 A、B 为固定端，即没有结点角位移也没有结点线位移，而刚结点 C 和 D 则除发生转角外，还将发生线位移。“受弯直杆两端之间的距离在变形后保持不变”的假定，是我们确定独立结点线位移数目的依据。图 9-4a 所示的刚架中，根据上述假定，除具有两个结点角位移 φ_C 和 φ_D 外，还有一个结点线位移 $\Delta_C = \Delta_D = \Delta$。在结点 C、D 加入控制刚结点转动的附加刚臂，在结点 D（或 C）处加入一根附加链杆以控制结点的水平线位移，如图 9-4b 所示。这样，C、D 结点受附加约束的作用就不再发生移动和转动，AC、CD、DB 都转化为单跨超静定梁，与此同时也组成了位移法的基本结构。如果使基本结构承受与原结构相同的荷载并使附加联系（刚臂和链杆）发生与实际情况相同的转角和线位移，则其受力和变形情况便与原结构相同，而在附加联系上即不应有任何反力偶和反力。据此，便可列出位移法典型方程，求解方程即可确定结点的转角和线位移，进而求出各杆的内力。

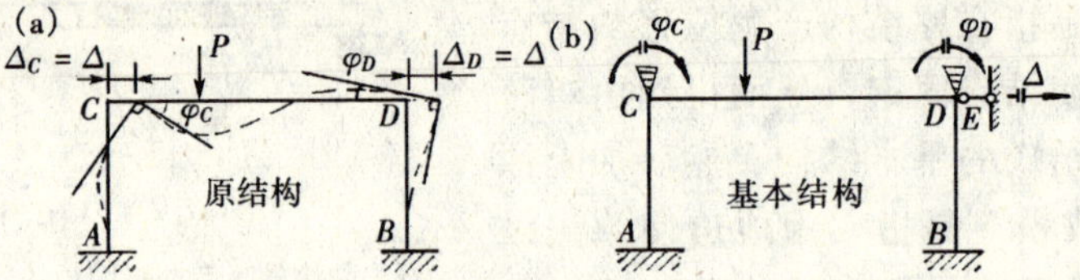

图 9-4　位移法分析刚架结构

(a) 刚架在荷载作用下的变形；(b) 位移法的基本结构

由上可看出，我们可以把确定基本未知量的数目与选定位移法的基本结构结合起来同时进行。因为将原来结构转化为基本结构时，为了使各杆都转化为两端固定或一端固定另一端铰支的单跨超静定梁应在每一刚结点上加入附加刚臂以控制其转动，有几个刚结点就应加入几个附加刚臂，显然，附加刚臂的数目恰好等于结构中刚结点的数目；此外，还需加入一定数量的附加链杆以阻止各结点发生线位移，有几个独立结点线位移就应加入几个附加链杆，显然，附加链杆的数目与原结构各结点的独立线位移数目相等。由此可见，位移法中基本未知量的数目就等于基本结构上所应具有的附加联系的数目。因此，在选定基本结构的同时，基本未知量的数目也就确定了。

确定基本结构所需附加刚臂的数目是很容易的，因为在原结构上，凡属各杆互相刚结的结点，都应加入一附加刚臂，故刚结点的数目就是所需附加刚臂的数目。即为结点角位移的数目。

需要指出，在结构中有些结点虽然也有结点角位移或结点线位移，由于分析内力时可以不需要先计算出该位移，因而不必将它列入基本未知量内，以减少计算工作量。如图 9-5a 所示结构中，对联结 CD 与 DE 杆而言，D 结点为刚结点，也有转角位移，但由于 CDE 部分可以转化为 D 端铰支并在端部作用有已知外力（可根据静定外伸段 DE 上的荷载，利用平衡条件求出）的超静定梁，这样，便不需以 D 结点的角位移为基本未知量，而该结构的基本未知量就只有 C 结点的角位移 φ_C 和水平线位移 Δ_C 了。又如图 9-5b 所示结构中，EF 附属部分为一静定简支梁，由其上荷载所致的作用于 BD 杆之 E 处的外力，先利用平衡条件求出后，可径直以 BD 视作基本结构中的一个杆件，所以分析此结构内力时，不需计算 E 结

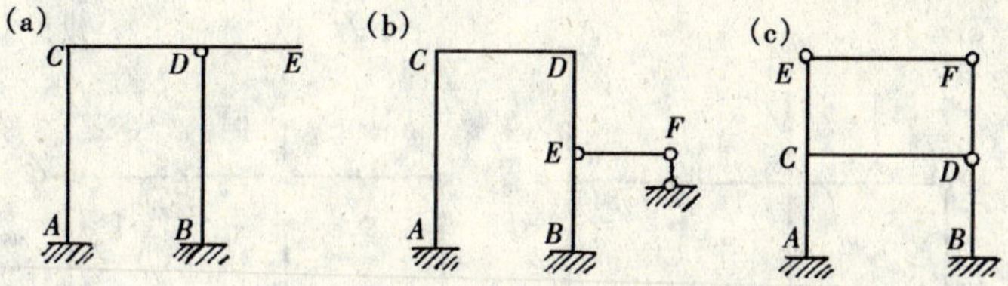

图 9-5　不作为基本未知量的结点位移

(a) D 结点的角位移；(b) E 结点的角位移及线位移；

(c) 只有 C 结点的位移作为基本未知量

点的角位移及线位移，因而 E 结点的角位移及线位移就不作为基本未知量。同理，图 9-5c 所示结构中只有 C 结点的角位移及水平线位移共两个基本未知量。

由于在确定结点线位移数目的过程中，不计及杆件的轴向变形和弯曲变形，因此在计算结点线位移的数目时，可以先把所有的刚性结点和固定支座全部改成铰结，使结构变成一个铰结体系。然后分析该铰结体系的几何组成，如果它是几何不变的，说明结构无结点线位移，相反，如果铰结体系是几何可变的，再看最少需要增设几根附加支杆才能确保体系成为几何不变。或者说使铰结体系上每个结点成为不动点，所增设附加支杆的数目即为结构独立的结点线位移的数目。如图 9-6a 所示的结构，把其所有的刚性结点和固定支座改成铰结后，则变为如图 9-6b 所示的铰结体系。由几何组成分析可知，该体系是几何可变的，至少需要在上层横梁联结的结点和下层横梁联结的结点处分别加一支杆（图中虚线所示），才能使体系由几何可变成为几何不变（实际上成为一个简单桁架），由此判定原结构有两个独立的结点线位移。结构基本未知量的总数等于结点的角位移数和线位移数之和。如图 9-6a 所示结构有四个结点角位移和两个结点线位移，总共有六个位移基本未知量。

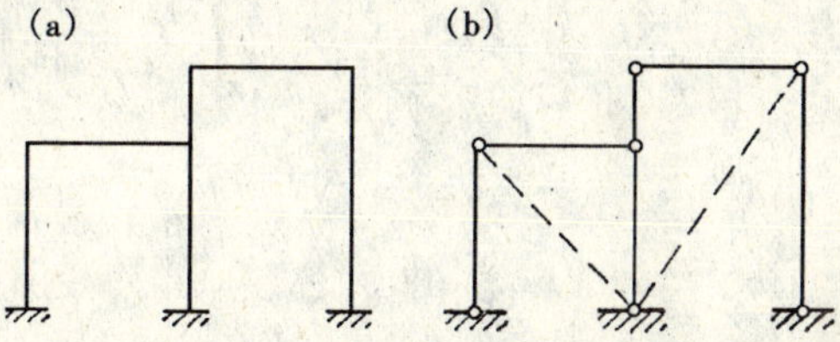

图 9-6　确定独立的结点位移数

(a) 原结构；(b) 虚线为结点线位移数

图 9-7a 所示的刚架有 B、C、D 和 G 四个刚性结点，即有四个角位移。图 9-7b 为原刚架相应的铰结体系，按几何组成分析，至少要在结点 B 和 G 处加上两根水平支杆后，方可使该体系成为几何不变。所以，原结构有两个独立的结点线位移，总共有六个位移基本未知量。

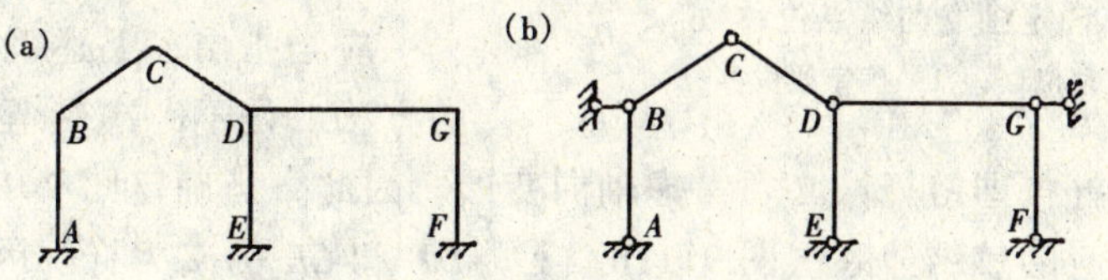

图 9-7　确定独立的结点位移数

(a) 原刚架有四个角位移；(b) 两个结点线位移

图 9-8a 所示刚架有两个结点角位移，其相应的铰结体系如图 9-8b 所示，需要在结点 F 和 H 处增设两根支杆后，体系才能由几何可变成为几何不变，所以原刚架有两个独立结点线位移。

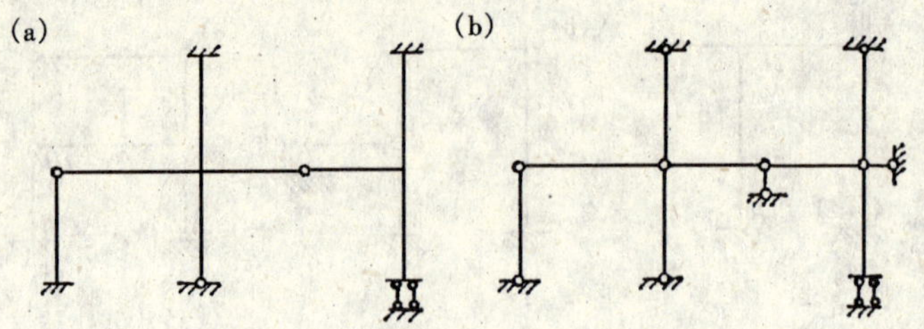

图 9-8　确定独立的结点位移数

(a) 两个结点角位移；(b) 两个结点线位移

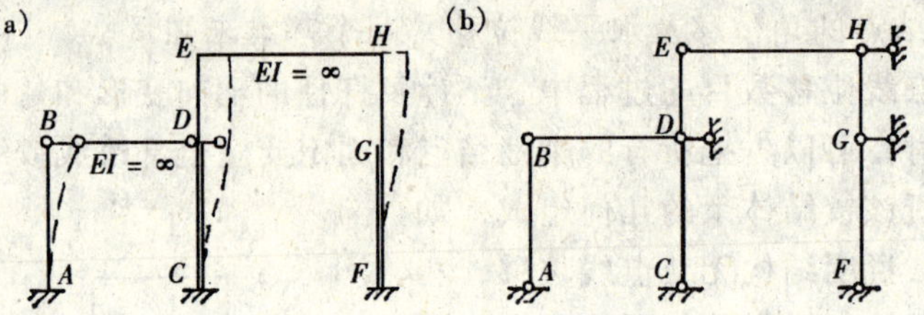

图 9-9　确定独立的结点位移数

(a) 确定角位移；(b) 确定线位移

图 9-9a 所示刚架，横梁 EH 具有无限刚性，在外力作用下只能平移而无转动，所以结点 E 和 H 只作水平移动而转角为零。这样，刚架只有结点 D 和结点 G（因柱 FH 的上段和下段的刚度不同，因而把 G 视为结点）两个未知角位移。刚架的铰结体系如图 9-9b 所示，需要在结点 G、H 和 D 处各加上一水平支杆，即可成为几何不变体系。所以原刚架有三个独立结点线位移。

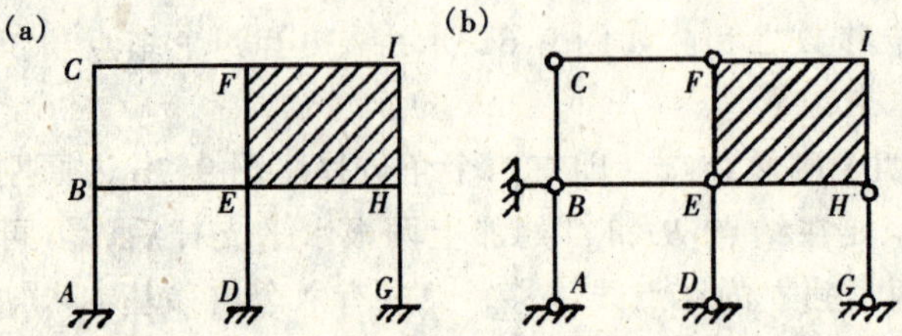

图 9-10　确定独立的结点位移数

(a) 确定角位移；(b) 确定线位移

图 9-10a 所示刚架具有阴影部分的刚度为无限刚性，它只能平动而不能转动，故结点 E、F 和 H 的角位移均为零，于是刚架只有 B、C 两个刚结点的角位移。图 9-10b 为刚架的铰结体系，只要在结点 B 处加上一支杆，体系即成为几何不变。所以原刚架只有一个线位移。

应当指出，上述确定结点线位移数目的方法，是不考虑受弯直杆的轴向变形为前提的。对于二力杆（即链杆）必须考虑轴向变形。因此，当确定图 9-11a 所示刚架的线位移数目时，在其相应的铰结体系（图 9-11b）上，DF 和 GH 为二力杆，因而要加上三根支杆后，才能使每个结点成为不动点（即几何不变），所以原刚架具有三个线位移。

在刚架中，如果具有弹簧支承，确定位移未知量数目时，需要计及弹簧支承的位移。如图 9-12a 所示刚架，支座 A 为铰弹簧，支座 D 为线弹簧，在外力作用下，铰弹簧要发生转动，是一个未知的角位移。因此，原刚架共有两个角位移。图 9-12b 为刚架的铰结体系，需要在 D 处加上一支杆，才能使每个结点成为不动点。所以刚架只有一个线位移。

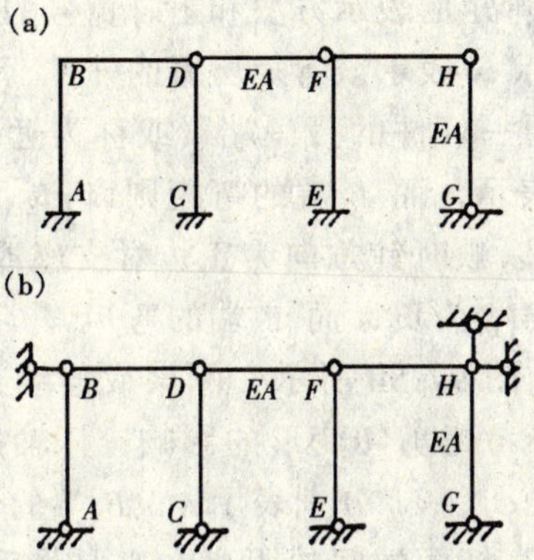

图 9-11　考虑链杆轴向变形的结点线位移

(a) 刚架结构；(b) 确定线位移

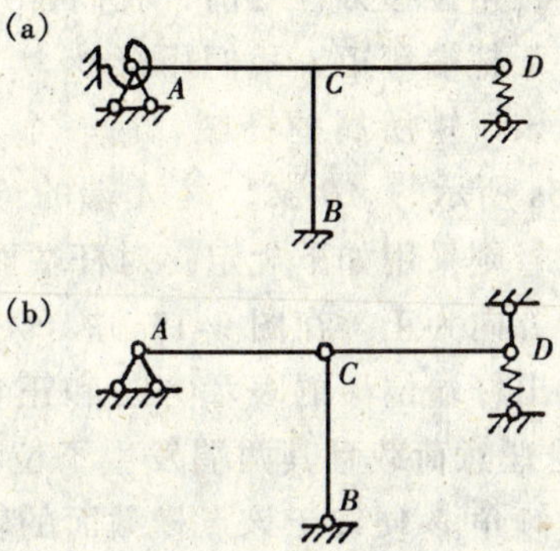

图 9-12　具有弹簧支承的结点位移数

(a) 确定角位移；(b) 确定线位移

对于桁架结构而言，每个结点具有两个线位移，每一支杆为一个约束，相当于减少一个位移。若以 j 表示桁架的结点数，以 S 表示支杆数，于是在考虑杆件轴向变形的情况下，桁架的结点位移总数为

$$n = 2j - S$$

如图 9-13 所示桁架，$j=5$，$S=4$，由此可得 $n=2\times5-4=6$。该桁架共有六个位移未知量。

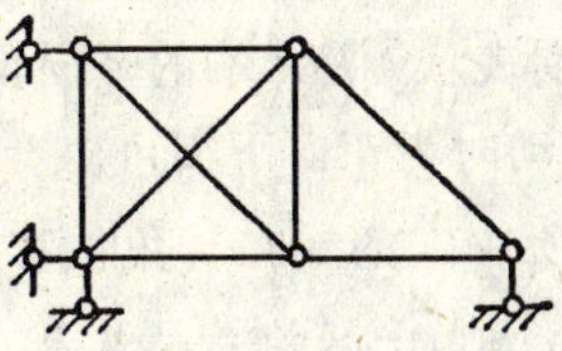

图 9-13　计算桁架结点位移数

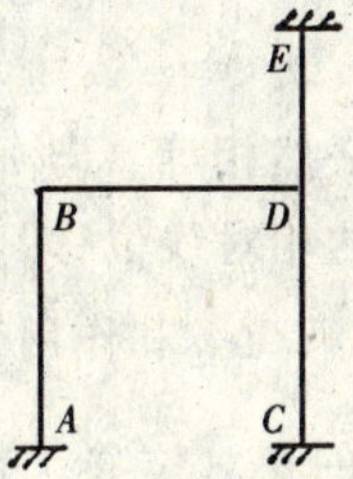

图 9-14　计算刚架结点位移数

如果考虑受弯直杆的轴向变形，在刚架中每个刚性结点将有三个独立的位移未知量（其中一个结点角位移，两个独立结点线位移），这样刚架的总位移数将大为增加。如图 9-14 所示刚架，当不计各杆的轴向变形时，总位移数是三个，当计及各杆的轴向变形时，刚性结点 B、D 各有三个独立位移，于是刚架的总位移数增至六个。

§9-3　等截面直杆的转角位移方程

以上讨论可知，位移法是以单跨超静定梁的组合体作为它的基本结构。在计算位移法典型方程中的系数和自由项时，需要用到单跨超静定梁在荷载、支座位移（包括结点角位移和独立的结点线位移）情况下的杆端弯矩和剪力。例如在图 9-2 中，当求系数 r_{11} 时需要知道单位结点位移影响下 AB 杆和 BC 杆的杆端弯矩；而在计算 R_{1P} 时（图 9-1d），又需知道单跨超静定梁 BC 在荷载作用下的杆端弯矩。而有了杆端弯矩后，则杆端剪力即可利用平衡条件求出。因此，我们先讨论单跨超静定梁的杆端弯矩与荷载和杆端位移（转角和线位移）之间的关系，说明这种关系的表达式即称为转角位移方程。以下我们来推导等截面直杆的转角位移方程。

在推导转角位移方程之前，我们首先说明杆端弯矩的表示方法和正、负号的规定。在位移法中，对于杆端弯矩，我们用符号 M_{ik}表示，下标 ik 表示该弯矩所属的杆件，并规定前一个下标表示该弯矩所属的杆端，后一个下标表示同一杆件的另一端（或称为远端）。例如，对于图 9-15a 所示的 AB 梁，其 A 端的弯矩以 M_{AB}表示，而 B 端的弯矩则以 M_{BA}表示。至于它们的正负号则采用如下规定：对杆端而言，弯矩以顺时针方向为正；对支座或结点而言，则以逆时针方向为正。在图 9-15a 中，A 端的弯矩 M_{AB}为负，而 B 端的弯矩 M_{BA}则为正。其次，我们给出杆端位移的表示方法和正负号规定。图 9-15b 所示一刚架或连续梁中的杆件 AB，它承受任意荷载且其两端发生了位移。因为不考虑剪切变形的影响，杆轴挠曲线上某点之切线的倾角 φ 便等于该点横截面的转角。设以 φ_A、φ_B 分别表示 A，B 端的转角，以顺时针转动为正。又因挠度、转角是微小的，可认为直杆两端间的距离在变形前后保持不变，

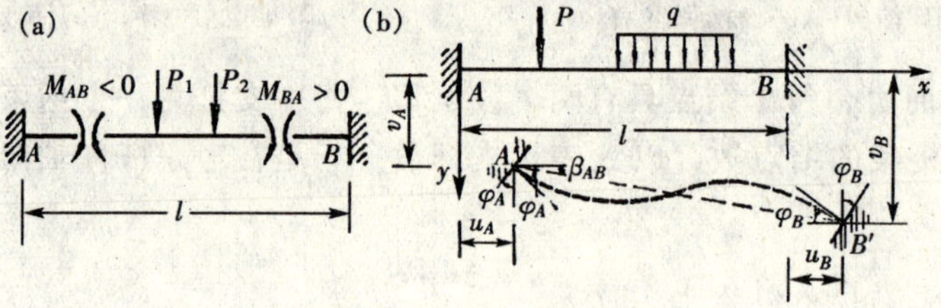

图 9-15 杆端内力及位移的表示

(a) 杆端弯矩；(b) 杆端位移

故杆件两端的水平位移必然相等，即 $u_A=u_B$。ν_A、ν_B 分别表示 A、B 端的竖向位移。$\Delta_{AB}=\nu_B-\nu_A$ 称为 A、B 两端的相对线位移，以使杆件顺时针转动时为正。下面可以看到，杆端弯矩 M_{AB}、M_{BA}是由 φ_A、φ_B、Δ_{AB}和作用于杆上的原有荷载所决定的。在转角位移方程中，也常用 $\beta_{AB}=\dfrac{\Delta_{AB}}{l}$表示杆端的相对位移（参见图 9-15b），$\beta$ 称为弦转角，以使杆顺时针转动时为正。

为了导出等截面直杆的转角位移方程，下面首先讨论各种因素单独作用的特殊情况，然后加以综合。

一、两端固定单跨超静定梁的杆端内力与杆端位移及荷载的关系

1. 梁的一端发生角位移

设以 φ_A、φ_B 分别表示梁的 A 端和 B 端的转角，以顺时针转动为正。图 9-16a 所示两端固定梁，已知 A 端发生角位移 φ_A，而 B 端固定不动，应用力法计算出其杆端弯矩为

$$\left.\begin{aligned} M_{AB}&=\frac{4EI}{l}\varphi_A \\ M_{BA}&=\frac{2EI}{l}\varphi_A \end{aligned}\right\} \tag{a}$$

由静平衡条件可求出杆端剪力（正负号规定与前同）

$$Q_{AB}=Q_{BA}=-\frac{6EI}{l^2}\varphi_A \tag{b}$$

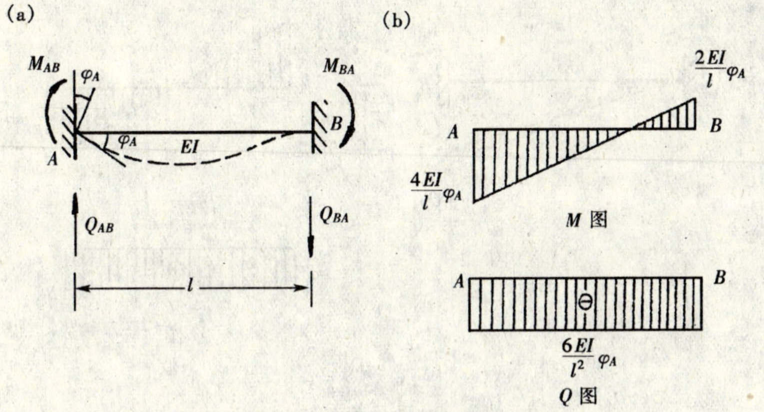

图 9-16　两端固定单跨超静定梁

(a) A 端发生角位移 φ_A；(b) 弯矩图和剪力图

绘出弯矩图和剪力图如图 9-16b 所示。

同理，当 A 端固定不动，仅 B 端发生角位移 φ_B 时，可求得该梁的杆端弯矩和杆端剪力分别为

$$\left.\begin{aligned} M_{AB} &= \frac{2EI}{l}\varphi_B \\ M_{BA} &= \frac{4EI}{l}\varphi_B \end{aligned}\right\} \tag{c}$$

$$Q_{AB} = Q_{BA} = -\frac{6EI}{l^2}\varphi_B \tag{d}$$

2. 梁的两端发生相对线位移

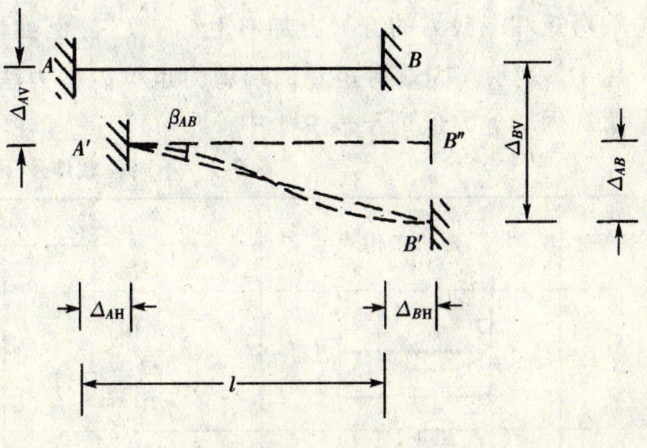

图 9-17　两端固定梁的两端发生相对线位移

图 9-17 所示两端固定梁，A、B 两端均发生水平和竖向位移。根据变形假定，A、B 两端距离保持不变，故 A、B 两端水平位移相等，即 $\Delta_{AH} = \Delta_{BH}$。B、A 两端的竖向位移之差称为 A、B 两端的相对线位移，用 Δ_{AB} 表示，即 $\Delta_{AB} = \Delta_{BV} - \Delta_{AV}$。变形后杆两端连线 $A'B'$ 与变形前轴线的夹角 β_{AB} 称为弦转角，$\beta_{AB} = \frac{\Delta_{AB}}{l}$，以使杆件顺时针转动为正。而相对线位移的正负号与弦转角相符合，即弦转角为正时，对应的相对线位移也为正。由于杆件平行移动（图 9-17 中杆 AB 移动到 $A'B''$ 位置）时，不引起杆端弯矩。因此，我们只需考虑两端在垂直杆轴方向发生相对线位移 Δ_{AB} 的情形，如图 9-18a 所示。

图 9-18a 所示两端固定梁，两端发生相对线位移 Δ_{AB}，用力法计算出杆端弯矩为

$$\left.\begin{aligned} M_{AB} &= -\frac{6EI}{l} \times \frac{\Delta_{AB}}{l} \\ M_{BA} &= -\frac{6EI}{l} \times \frac{\Delta_{AB}}{l} \end{aligned}\right\} \tag{e}$$

利用静平衡条件可以求得杆端剪力为

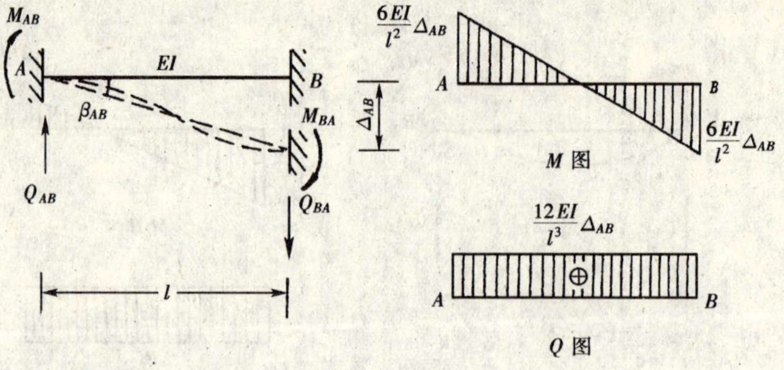

图 9-18 两端固定单跨超静定梁

(a) 两端发生相对线位移；(b) 弯矩图和剪力图

$$Q_{AB}=Q_{BA}=\frac{12EI}{l^2}\times\frac{\Delta_{AB}}{l} \tag{f}$$

绘出弯矩图和剪力图如图 9-18b 所示。

3. 梁上只有荷载作用

由荷载引起的杆端弯矩和杆端剪力分别称为固端弯矩和固端剪力。它们的字母表示是在端弯矩和端剪力的符号上加右上标“F”。例如杆 AB 的 A 端固端弯矩用 M_{AB}^F表示，固端剪力用 Q_{AB}^F表示。固端弯矩和固端剪力也可以按力法计算得出，现将不同荷载作用下的固端弯矩值和固端剪力值列于表 9-1 中。

表 9-1 不同荷载作用下固端弯距值和剪力值

编号	梁的简图	弯矩		剪力	
		M_{AB}	M_{BA}	Q_{AB}	Q_{BA}
1	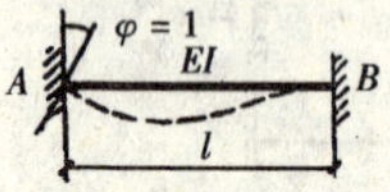	$4i$ $\left(i=\frac{EI}{l}，下同\right)$	$2i$	$-\frac{6i}{l}$	$-\frac{6i}{l}$
2	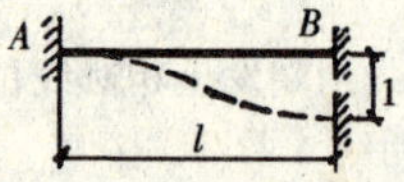	$-\frac{6i}{l}$	$-\frac{6i}{l}$	$\frac{12i}{l^2}$	$\frac{12i}{l^2}$
3	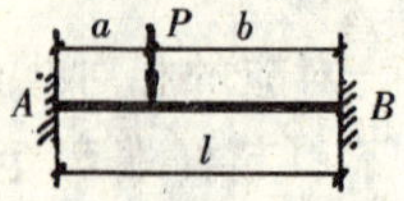	$-\frac{Pab^2}{l^2}$	$\frac{Pa^2b}{l^2}$	$\frac{Pb^2(l+2a)}{l^3}$	$-\frac{Pa^2(l+2b)}{l^3}$
		当 $a=b=l/2$ 时，$-\frac{Pl}{8}$	$\frac{Pl}{8}$	$\frac{P}{2}$	$-\frac{P}{2}$
4	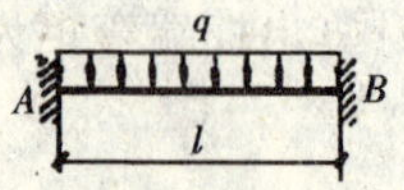	$-\frac{ql^2}{12}$	$\frac{ql^2}{12}$	$\frac{ql}{2}$	$-\frac{ql}{2}$
5	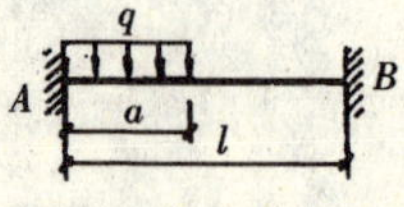	$-\frac{qa^2}{12l^2}(6l^2-8la+3a^2)$	$\frac{qa^3}{12l^2}(4l-3a)$	$\frac{qa}{2l^3}(2l^3-2la^2+a^3)$	$-\frac{qa^3}{2l^3}(2l-a)$

续表

编号	梁的简图	弯矩		剪力	
		M_{AB}	M_{BA}	Q_{AB}	Q_{BA}
6	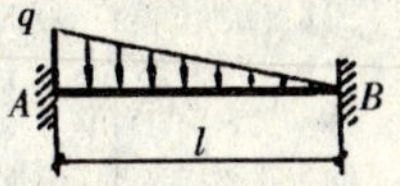	$-\frac{ql^2}{20}$	$\frac{ql^2}{30}$	$\frac{7ql}{20}$	$-\frac{3ql}{20}$
7	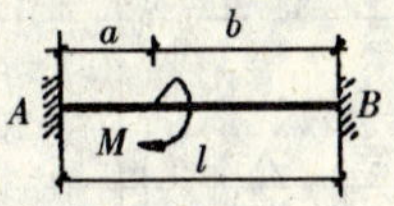	$M\frac{b(3a-l)}{l^2}$	$M\frac{a(3b-l)}{l^2}$	$-M\frac{6ab}{l^3}$	$-M\frac{6ab}{l^3}$
8	$\Delta t=t_2-t_1$ 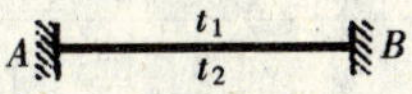	$-\frac{EI\alpha\Delta t}{h}$	$\frac{EI\alpha\Delta t}{h}$	0	0
9	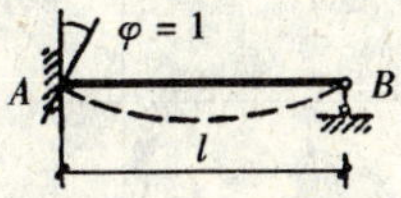	$3i$	0	$-\frac{3i}{l}$	$-\frac{3i}{l}$
10	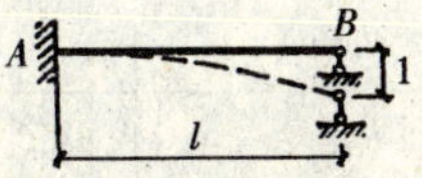	$-\frac{3i}{l}$	0	$\frac{3i}{l^2}$	$\frac{3i}{l^2}$
11	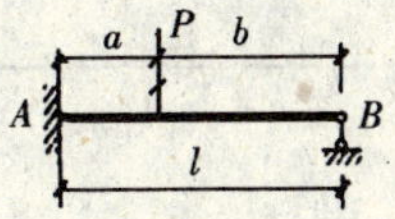	$-\frac{Pab(l+b)}{2l^2}$	0	$\frac{Pb(3l^2-b^2)}{2l^3}$	$-\frac{Pa^2(2l+b)}{2l^3}$
		当 $a=b=l/2$ 时，$-\frac{3Pl}{16}$	0	$\frac{11P}{16}$	$-\frac{5P}{16}$
12	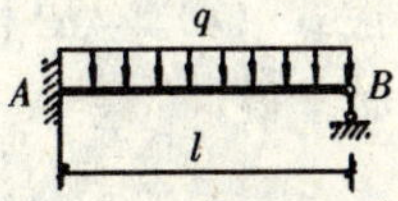	$-\frac{ql^2}{8}$	0	$\frac{5ql}{8}$	$-\frac{3ql}{8}$
13	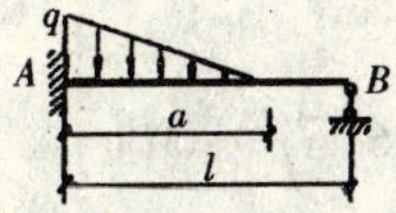	$-\frac{qa^2}{24}\left(4-\frac{3a}{l}+\frac{3a^2}{5l^2}\right)$	0	$\frac{qa}{8}\left(4-\frac{a^2}{l^2}+\frac{a^3}{5l^3}\right)$	$-\frac{qa^3}{8l^2}\left(1-\frac{a}{5l}\right)$
		当 $a=l$ 时，$-\frac{ql^2}{15}$	0	$\frac{4ql}{10}$	$-\frac{ql}{10}$
14	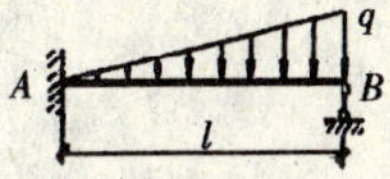	$-\frac{7ql^2}{120}$	0	$\frac{9ql}{40}$	$-\frac{11ql}{40}$
15	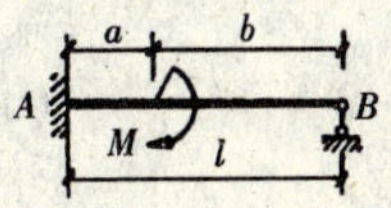	$M\frac{l^2-3b^2}{2l^2}$	0	$-M\frac{3(l^2-b^2)}{2l^3}$	$-M\frac{3(l^2-b^2)}{2l^3}$
		当 $a=l$ 时，$\frac{M}{2}$	$M_{B左A}=M$	$-M\frac{3}{2l}$	$-M\frac{3}{2l}$
16	$\Delta t=t_2-t_1$ 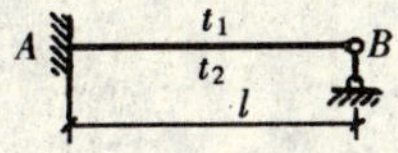	$-\frac{3EI\alpha\Delta t}{2h}$	0	$\frac{3EI\alpha\Delta t}{2hl}$	$\frac{3EI\alpha\Delta t}{2hl}$

续表

编号	梁的简图	弯矩		剪力	
		M_{AB}	M_{BA}	Q_{AB}	Q_{BA}
17	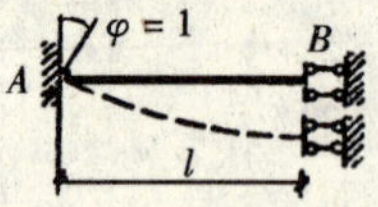	i	$-i$	0	0
18	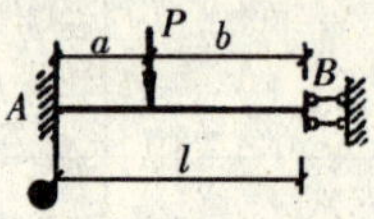	$-\frac{Pa}{2l}(2l-a)$	$-\frac{Pa^2}{2l}$	P	0
		当 $a=\frac{l}{2}$ 时，$-\frac{3Pl}{8}$	$-\frac{Pl}{8}$	P	0
19	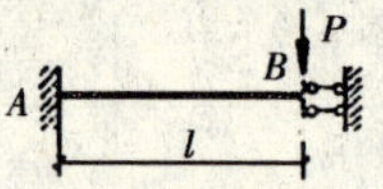	$-\frac{Pl}{2}$	$-\frac{Pl}{2}$	l	$Q_{B左A}=P$ $Q_{B右A}=0$
20	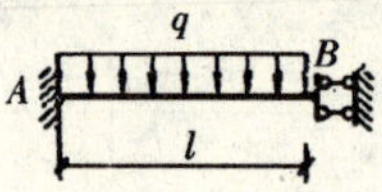	$-\frac{ql^2}{3}$	$-\frac{ql^2}{6}$	ql	0
21	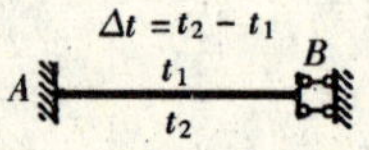	$-\frac{EI\alpha\Delta t}{h}$	$\frac{EI\alpha\Delta t}{h}$	0	0

4．荷载、支座位移共同作用

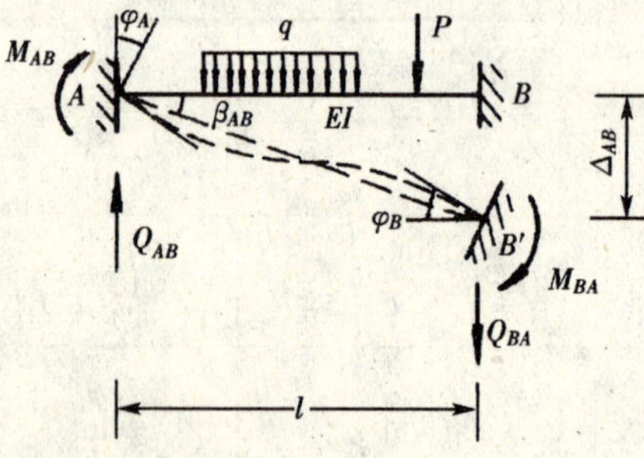

图 9-19　荷载、支座位移共同作用的两端固定梁

综上所述，当荷载、支座位移（φ_A、φ_B 及 Δ_{AB}）共同作用（图 9-19）时，将上述式（a）、（c）、（e）及由荷载引起的固端弯矩进行叠加，得

$$\left.\begin{aligned}M_{AB}&=4i\varphi_A+2i\varphi_B-6i\frac{\Delta_{AB}}{l}+M_{AB}^F\\M_{BA}&=4i\varphi_B+2i\varphi_A-6i\frac{\Delta_{AB}}{l}+M_{BA}^F\end{aligned}\right\}\quad(9\text{-}1)$$

将式（b）、（d）、（f）及由荷载引起的固端剪力进行叠加，得

$$\left.\begin{aligned}Q_{AB}&=-6\frac{i}{l}\varphi_A-6\frac{i}{l}\varphi_B+12\frac{i}{l}\times\frac{\Delta_{AB}}{l}+Q_{AB}^F\\Q_{BA}&=-6\frac{i}{l}\varphi_A-6\frac{i}{l}\varphi_B+12\frac{i}{l}\times\frac{\Delta_{AB}}{l}+Q_{BA}^F\end{aligned}\right\}(9\text{-}2)$$

其中 $i=\frac{EI}{l}$，称为杆件的线抗弯刚度，简称线刚度。各式中的$\frac{\Delta_{AB}}{l}$，也可以用弦转角 β_{AB} 代替。

式（9-1）、式（9-2）称为等截面直杆转角位移方程。

二、一端固定另一端铰支单跨超静定梁的杆端内力与杆端位移及荷载的关系

对于一端固定另一端铰支的单跨梁，当荷载、支座位移共同作用（图 9-20）时，可以按与前面相同的方法和步骤得出转角位移方程为

$$\left.\begin{aligned} M_{AB} &= 3i\varphi_A - 3i\frac{\Delta_{AB}}{l} + M_{AB}^F \\ M_{BA} &= 0 \end{aligned}\right\} \tag{9-3}$$

$$\left.\begin{aligned} Q_{AB} &= -3\frac{i}{l}\varphi_A + 3\frac{i}{l}\times\frac{\Delta_{AB}}{l} + Q_{AB}^F \\ Q_{BA} &= -3\frac{i}{l}\varphi_A + 3\frac{i}{l}\times\frac{\Delta_{AB}}{l} + Q_{BA}^F \end{aligned}\right\} \tag{9-4}$$

式中 M_{AB}^F、Q_{AB}^F、Q_{BA}^F 为一端固定另一端铰支单跨梁的固端弯矩和固端剪力，不同荷载作用下的固端弯矩和固端剪力值列入表 9-1 中。

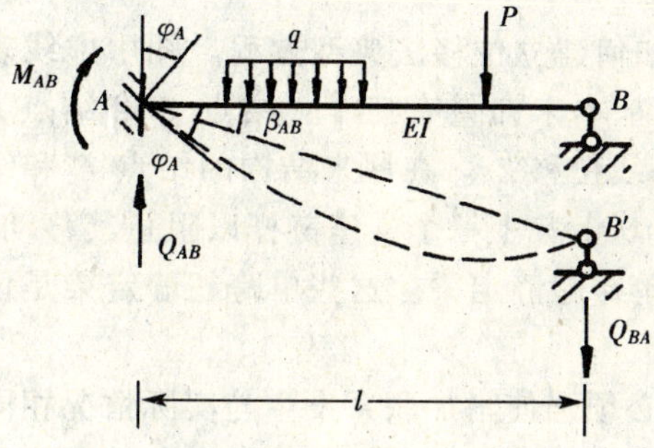

图 9-20　一端固定另一端铰支的单跨梁

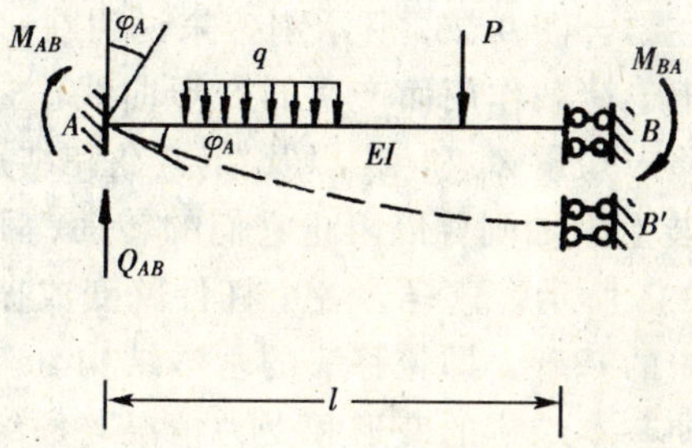

图 9-21　一端固定另一端为滑移的单跨梁

三、一端固定另一端为滑移支座（定向支座）的单跨超静定梁，杆端内力与杆端位移及荷载的关系

对于一端固定另一端为滑移的单跨梁，当荷载、支座位移共同作用（图 9-21）时，也可用与前面相同的方法和步骤得出以下转角位移方程

$$\left.\begin{aligned} M_{AB} &= i\varphi_A + M_{AB}^F \\ M_{BA} &= -i\varphi_A + M_{BA}^F \end{aligned}\right\} \tag{9-5}$$

$$\left.\begin{aligned} Q_{AB} &= Q_{AB}^F \\ Q_{BA} &= 0 \end{aligned}\right\} \tag{9-6}$$

式中 M_{AB}^F、M_{BA}^F、Q_{AB}^F 是一端固定另一端为滑移支座的单跨梁固端弯矩和剪力，不同荷载作用下的值也列入表 9-1 中。

由图9-21可见，在竖向荷载及固端角位移作用下，滑移端有竖向位移出现。但从式

(9-5)可以看出，该竖向位移的数值对杆端弯矩的计算并不是必需的，因此可不作为基本未知量。

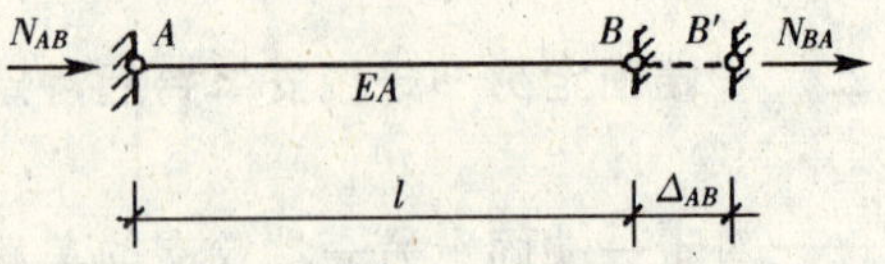

图 9-22 两端铰支的等截面直杆

四、两端铰支的等截面直杆的物理方程

图 9-22 为两端铰支的等截面直杆，在支座两端沿轴向产生相对位移 Δ_{AB}时，其杆端轴力为

$$\left.\begin{aligned} N_{AB} &= -\frac{EA}{l}\Delta_{AB} \\ N_{BA} &= \frac{EA}{l}\Delta_{AB} \end{aligned}\right\} \tag{9-7}$$

式中 A 为杆件的截面面积。

现将以上四种等截面直杆在外荷载、支座转动 $\theta_A = 1$ 和相对线位移 $\Delta_{AB} = 1$ 单独作用下的杆端内力列于表 9-1 中，以备查用。

§9-4 应用位移法典型方程计算超静定结构

现在结合图 9-23a 所示刚架来说明在一般情况下如何建立位移法典型方程。图中虚线表示刚架由于荷载作用而产生的变形曲线。这一刚架的基本未知量有三个：结点 C 和结点 D 的角位移未知量 Z_1 和 Z_2 以及结点 C 和结点 D 的水平线位移 Z_3。在原来结构的结点 C 和结点 D 上装上附加刚臂以阻止它们的转动，而且在结点 D 上装上一个支座链杆以阻止其移动，如图 9-23b 所示。这样，各个杆件就变成彼此独立的单跨超静定梁。这些单跨超静定梁是位移法分析的基础，即位移法的基本结构。

为使基本结构的变形和受力情况与原结构相同，必须强使附加联系发生与实际情况相同的位移。同时注意到，在原来结构上不存在附加约束，因此，基本结构在荷载和各结点位移共同作用下，附加刚臂上的反力偶和附加链杆上的反力都应等于零。即 $R_1 = R_2 = R_3 = 0$，据此即可建立三个方程来求得各基本未知量。

设 R_{iP}表示在基本结构的附加联系 i 上由于荷载单独作用（$Z_i = 0$）时所引起的反力偶或反力，如图 9-23c 所示的 R_{1P}、R_{2P}和 R_{3P}。设以 r_{ik}表示在基本结构的附加联系 i 上由于联系 k 发生单位位移 $Z_k = 1$ 所引起的反力偶或反力，则当联系 k 发生位移 Z_k 时，相应的反力偶或反力将等于 $r_{ik}Z_k$。如图 9-23d 所示，当结点 C 转动 Z_1 时，在各个附加约束中产生相应的反力 $r_{11}Z_1$、$r_{21}Z_1$、$r_{31}Z_1$，这些反力的方向假定与所在结点的位移方向一致。同理，当结点 D 转动 Z_2 时，在各个附加约束中产生相应的反力 $r_{12}Z_2$、$r_{22}Z_2$、$r_{32}Z_2$，如图 9-23e 所示；当刚架的结点 C 和结点 D 沿附加链杆方向发生水平线位移 Z_3 时，在各个附加约束中产生相应的反力 $r_{13}Z_3$、$r_{23}Z_3$、$r_{33}Z_3$，如图 9-23f 所示。

将图 9-23c、d、e、f 叠加，即可把基本结构的变形状态和受力状态恢复到与原来结构完全一致的状态。于是将上述图中的各相应附加约束的反力相加，即得到各附加约束的总反力。即

$$\begin{aligned} R_1 &= r_{11}Z_1 + r_{12}Z_2 + r_{13}Z_3 + R_{1P} = 0 \\ R_2 &= r_{21}Z_1 + r_{22}Z_2 + r_{23}Z_3 + R_{2P} = 0 \\ R_3 &= r_{31}Z_1 + r_{32}Z_2 + r_{33}Z_3 + R_{3P} = 0 \end{aligned}$$

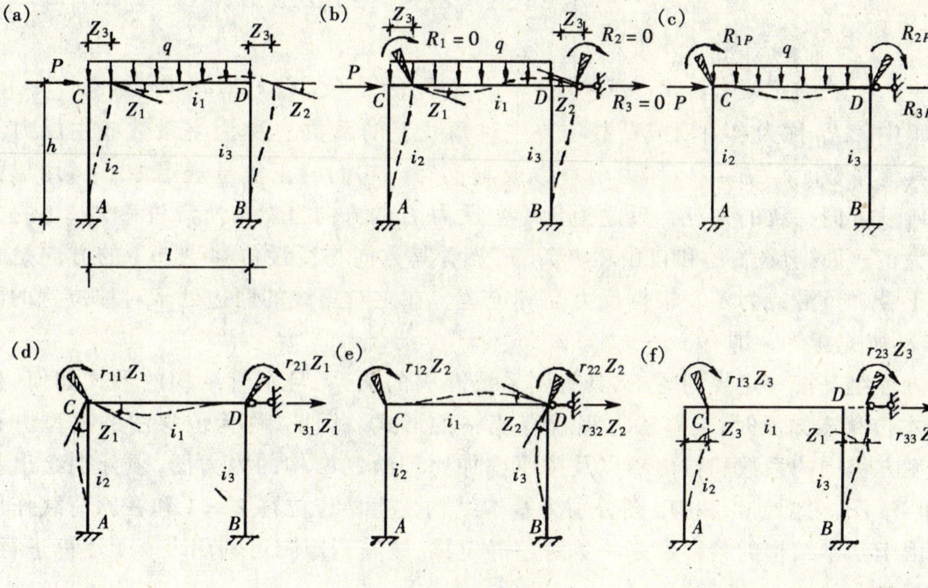

图 9-23　位移法计算刚架

(a) 刚架、荷载及变形；(b) 基本结构；(c) 荷载单独作用；(d) Z_1 单独作用；
(e) Z_2 单独作用；(f) Z_3 单独作用

上述方程组的前两式的物理意义，表示结点 C 和结点 D 的附加刚臂上的总反力偶等于零。这也可以看成是原来结构结点 C 和结点 D（图 9-24a、b 所示）的力矩平衡条件：$R_1 = M_{CA} + M_{CD} = 0$；$R_2 = M_{DC} + M_{DB} = 0$。因为附加刚臂上的总反力偶为零，则汇交于该结点的各杆端弯矩（在结点受有外力偶的情况下，还应包括该力偶在内）自然应互相平衡。第三式则表示附加链杆上的总反力为零，对它可理解为如下的平衡条件：在由截断各竖柱顶端所得的隔离体（图 9-24c 所示）上面，各竖柱的剪力应与隔离体上的全部荷载的水平投影维持平衡，即 $R_3 = Q_{CA} + Q_{DB} - P = 0$。由此可见，位移法方程实质上是静力平衡方程。

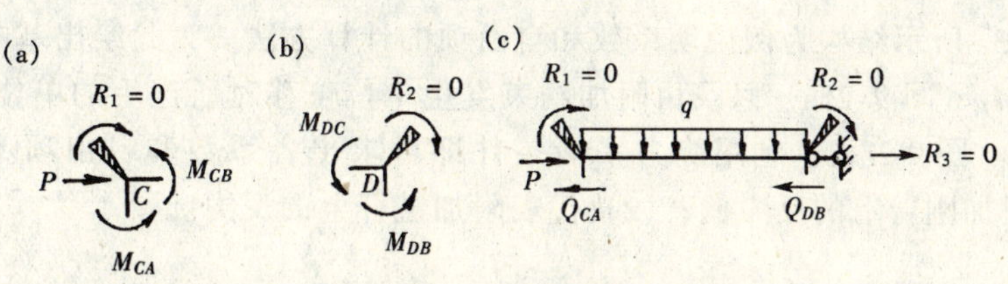

图 9-24　部分隔离体

(a) 结点 C 隔离体；(b) 结点 D 隔离体；(c) 横梁 CD 隔离体

对于具有 n 个基本未知量的结构，作同样的分析并根据每一附加约束上的总反力偶或总反力都应等于零的静力平衡条件，可列出如下的 n 个方程：

$$r_{11}Z_1 + r_{12}Z_2 + \cdots + r_{1i}Z_i + \cdots + r_{1n}Z_n + R_{1P} = 0$$

$$r_{21}Z_1 + r_{22}Z_2 + \cdots + r_{2i}Z_i + \cdots + r_{2n}Z_n + R_{2P} = 0$$

$$\vdots \qquad\qquad\qquad\qquad \vdots$$

$$r_{i1}Z_1 + r_{i2}Z_2 + \cdots + r_{ii}Z_i + \cdots + r_{in}Z_n + R_{iP} = 0$$
$$\vdots \qquad\qquad\qquad\qquad \vdots$$
$$r_{n1}Z_1 + r_{n2}Z_2 + \cdots + r_{ni}Z_i + \cdots + r_{nn}Z_n + R_{3P} = 0$$

在这些方程中，R_{iP}称为自由项或荷载项，主对角线上的系数 r_{ii} 称为主系数或主反力，主系数以外的其他系数 r_{ik}（$k \neq i$）称为副系数或副反力。它们的正负号规定如下：凡与所属联系的位移所设方向一致的为正，反之为负。主反力 r_{ii}的方向自然与所设位移 $Z_i = 1$ 的方向相同，故恒为正；而副反力 r_{ik}和自由项 R_{iP}，则要看其方向与所设位移 $Z_i = 1$ 的方向是否一致而分别取正号、负号或为零。根据反力互等定理，在主对角线的两边处于对称位置的两个副反力 r_{ik}和 r_{ki}彼此相等，即有 $r_{ik} = r_{ki}$。

以上方程组是按一定规则写出，具有副系数互等的关系，且不管结构的形式如何，只要具有 n 个基本位移未知量时，位移法方程就有统一的形式。因此，称为位移法的典型方程。为了计算典型方程中的系数和自由项以及按照叠加原理绘制结构的内力图，须分别绘出基本结构的 $\overline{M}_i$ 和 M_P 图。此处$\overline{M}_i$ 和 M_P 图分别为基本结构发生单位位移 $Z_i = 1$ 和在原荷载作用下的弯矩图。由于基本结构的各杆都是一单跨超静定梁，故其弯矩图可利用表 9-1 逐杆进行绘制。

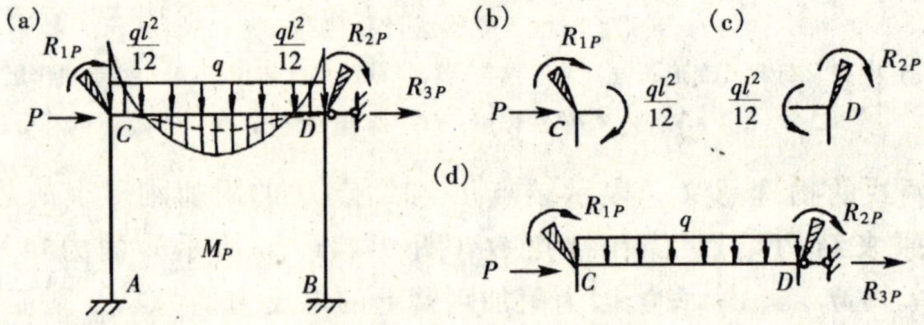

图 9-25　方程的自由项的计算

(a)基本结构在荷载作用下的弯矩图 M_P；(b)结点 C 隔离体、计算 R_{1P}；

(c)结点 D 隔离体、计算 R_{2P}；(d)横梁 CD 隔离体、计算 R_{3P}

仍以图 9-23a 所示结构为例说明系数和自由项的计算方法。为此绘出基本结构在荷载作用下的弯矩图 M_P（图 9-25a）以及由附加约束发生单位位移时所产生的单位弯矩图 $\overline{M}_i$（图 9-26a、图 9-27a、图 9-28a）。利用静力平衡条件即可求出各系数和自由项。它们可分为两类：(1) 代表附加刚臂上的反力偶；(2) 代表附加链杆上的反力。

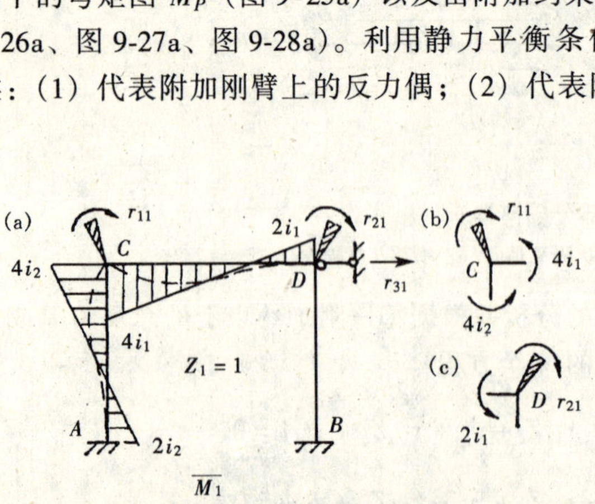

图 9-26　方程的系数的计算

(a) $Z_1 = 1$ 作用的$\overline{M}_1$ 图；(b) 计算 r_{11}；(c) 计算 r_{21}

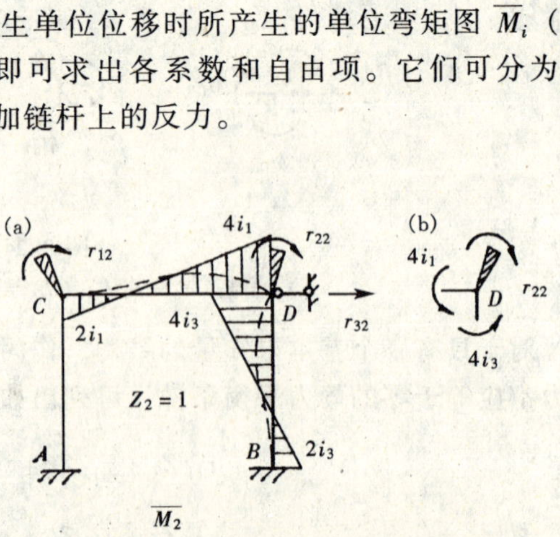

图 9-27　方程的系数的计算

(a) $Z_2 = 1$ 作用的$\overline{M}_2$ 图；(b) 计算 r_{22}

对于第一类系数和自由项，可取结点为隔离体，利用力矩平衡方程 $\Sigma M=0$ 求出。例如，求 R_{1P}、R_{2P}时，可由图 9-25b、c 所示的隔离体的力矩平衡条件求得

$$R_{1P}=-\frac{1}{12}ql^2,\quad R_{2P}=\frac{1}{12}ql^2$$

同理，由图 9-26b、c；图 9-27b；图 9-28b、c 所示隔离体的平衡条件和反力互等定理，可得附加转动约束中的系数：

$$r_{11}=4i_1+4i_2,\quad r_{21}=r_{12}=2i_1,\quad r_{22}=4i_1+4i_3,$$

$$r_{13}=r_{31}=-\frac{6i_2}{h},\quad r_{23}=r_{23}=-\frac{6i_3}{h}。$$

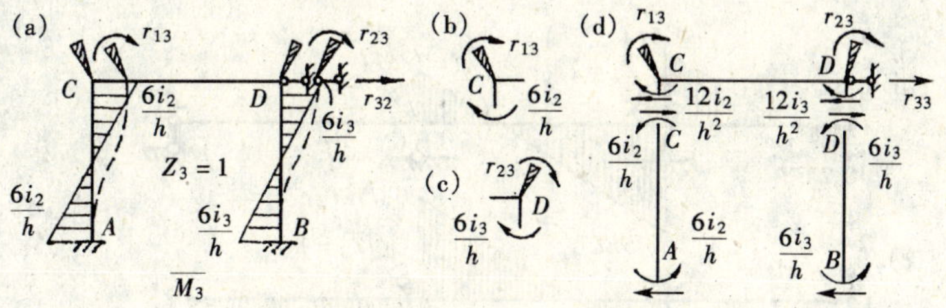

图 9-28　方程的系数的计算

(a) $Z_3=1$ 作用的$\overline{M}_3$ 图；(b) 计算 r_{13}；(c) 计算 r_{23}；(d) 计算 r_{33}

至于第二类系数和自由项，可作一截面取刚架的某一部分为隔离体，利用投影平衡方程进行计算。例如，为求图 9-25a 所示结构附加链杆上的反力 R_{3P}时，可取柱顶以上横梁部分作为隔离体，如图 9-25d 所示，由 $\Sigma X=0$，可得

$$R_{3P}=-P$$

同理，根据图 9-28d 所示隔离体，由各柱端剪力与附加链杆约束反力 r_{33}平衡，可得

$$r_{33}=\frac{12i_2}{h^2}+\frac{12i_3}{h^2}$$

系数和自由项确定之后，即可解算典型方程以求出各基本未知量，然后进一步计算各杆的内力。

根据以上所述，用位移法计算超静定结构的步骤可归纳如下：

1. 首先加入附加约束，固定结构各结点使之不发生转动和移动，而得到一个由单跨超静定梁组成的组合体作为基本结构。

2. 使基本结构承受原来的荷载，并令附加约束发生与原结构相同的位移，然后再根据附加约束上反力或反力偶等于零的条件建立位移法的典型方程。为此，需要：

(1) 绘出单位弯矩图$\overline{M}_i$ 和荷载弯矩图 M_P；

(2) 利用平衡条件求出各系数和自由项。

3. 解算典型方程，求出各基本未知量 Z_1、Z_2、…、Z_n。

4. 按照 $M=\overline{M}_1Z_1+\overline{M}_2Z_2+\cdots+\overline{M}_nZ_n+M_P$ 叠加得出最后弯矩图。

5. 在最后弯矩图的控制点处将结构切开成若干个杆件，取杆件为隔离体，由平衡条件求杆端剪力，并绘制剪力图。

6. 取结点为隔离体，由平衡条件求杆端轴力，并绘制轴力图。

7. 应对所求得的内力图进行校核，其校核方法与力法相同。

例 9-1 图 9-29 所示三跨连续梁，试用位移法计算并绘制其弯矩图。

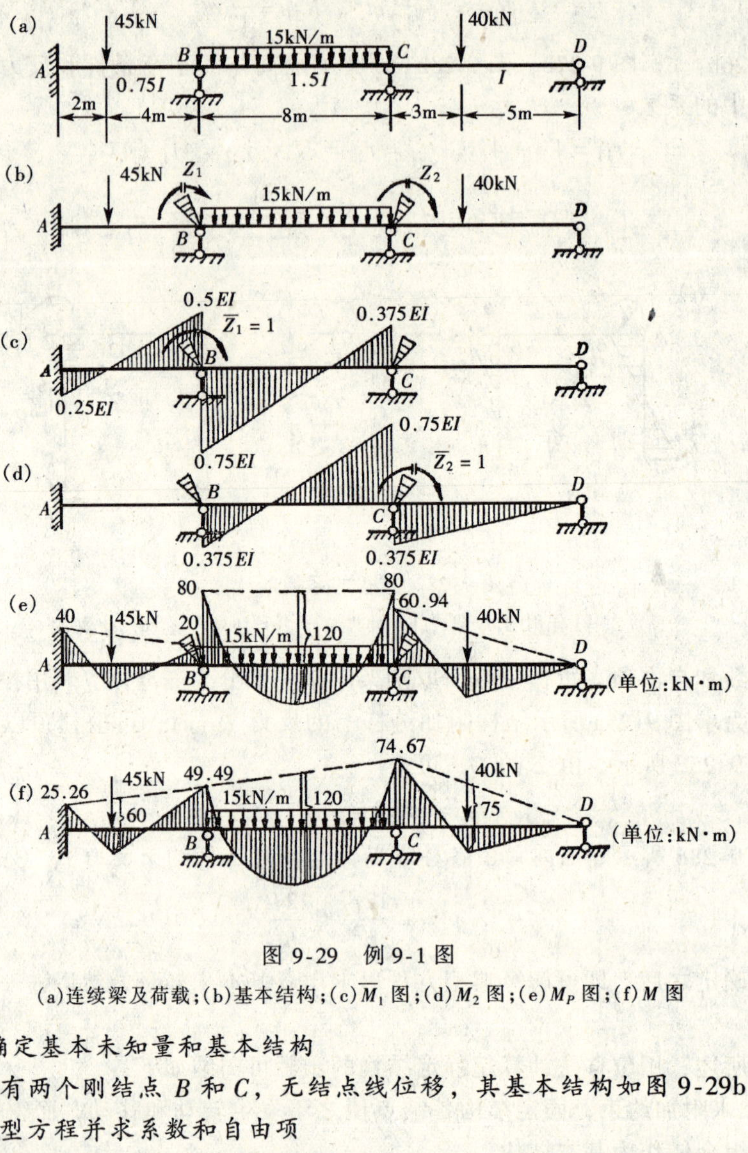

图 9-29 例 9-1 图

(a)连续梁及荷载；(b)基本结构；(c)$\overline{M}_1$ 图；(d)$\overline{M}_2$ 图；(e)M_P 图；(f)M 图

解 (1) 确定基本未知量和基本结构

此连续梁具有两个刚结点 B 和 C，无结点线位移，其基本结构如图 9-29b 所示。

(2) 建立典型方程并求系数和自由项

根据基本结构附加刚臂上的反力矩等于零这一条件，可建立位移法典型方程如下：

$$r_{11}Z_1 + r_{12}Z_2 + R_{1P} = 0$$

$$r_{21}Z_1 + r_{22}Z_2 + R_{2P} = 0$$

为计算典型方程中的系数和自由项，分别绘出 $\overline{M}_1$ 图、$\overline{M}_2$ 图和 M_P 图，如图 9-29c、d、e 所示。

这些系数和自由项均属前述的第一类系数，可取结点 B 或 C 为隔离体，利用力矩平衡条件 $\Sigma M=0$ 求出。现分别计算如下：

由 $\overline{M}_1$ 图得

$$r_{11} = 4i_{AB} + 4i_{BC} = 0.5EI + 0.75EI = 1.25EI$$

$$r_{21} = 2i_{BC} = 0.375EI$$

由$\overline{M}_2$图得

$$r_{22}=4i_{BC}+3i_{CD}=0.75EI+0.375EI=1.125EI$$

$$r_{12}=2i_{BC}=0.375EI$$

由 M_P 图得

$$R_{1P}=20-80=-60\text{kN}\cdot\text{m}$$

$$R_{2P}=80-60.94=19.06\text{kN}\cdot\text{m}$$

实际上，r_{12}和 r_{21}必然是互等的，我们只需计算其中之一即可。

(3) 解方程求基本未知量

将求得的各系数和自由项代入位移法方程，得

$$1.25EIZ_1+0.375EIZ_2-60=0$$

$$0.375EIZ_1+1.125EIZ_2+19.06=0$$

解以上联立方程，可求得

$$Z_1=\frac{58.98}{EI},\quad Z_2=-\frac{36.6}{EI}$$

其中 Z_2 为负值，表示结点 C 的转角方向与原假设的相反，即为逆时针方向转动。

最后按 $M=\overline{M}_1Z_1+\overline{M}_2Z_2+M_P$ 可做出该连续梁的最后 M 图，如图 9-29f 所示。根据该最后 M 图，利用每段梁的平衡条件，当不难做出其剪力图，在此毋需赘述，建议读者自行完成，以资练习。

例 9-2　试用位移法绘制图 9-30 所示刚架弯矩图。

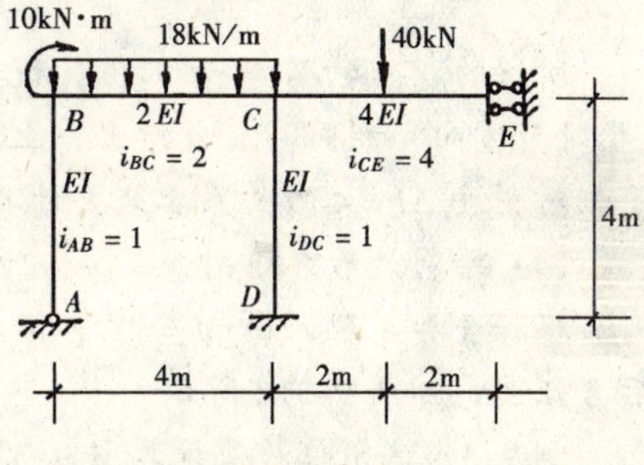

图 9-30　例 9-2 图

解　(1) 确定基本未知量，建立位移法典型方程

此刚架有两个角位移未知量 Z_1 和 Z_2，无结点线位移，位移法典型方程为

$$r_{11}Z_1+r_{12}Z_2+R_{1P}=0$$

$$r_{21}Z_1+r_{22}Z_2+R_{2P}=0$$

(2) 求典型方程中的系数和自由项

在力法计算中，已经知道超静定结构在荷载作用下的内力只和各杆的相对刚度有关。因此，为方便起见，可设 $EI=4$，算得各杆的线刚度 i 示于图 9-30 中。

在基本结构上利用表 9-1 分别绘出单位弯矩图$\overline{M}_1$图、$\overline{M}_2$图，以及荷载弯矩图 M_P 图，如图 9-31a、b、c 所示。在图 9-31a、b 中，由结点 B、C 隔离体的力矩平衡条件，可得出各附加约束上的反力矩为

$$r_{11}=3i_{AB}+4i_{BC}=3+8=11$$

$$r_{12}=r_{21}=2i_{BC}=4$$

$$r_{22}=4i_{BC}+4i_{CD}+i_{CE}=8+4+4=16$$

在图 9-31c 中，由结点 B、C 隔离体的力矩平衡条件，可得各附加约束上的反力矩为

$$R_{1P}=-24-10=-34\text{kN}\cdot\text{m}$$

$$R_{2P}=-60+24=-36\text{kN}\cdot\text{m}$$

(3) 解方程求出基本未知量

将算得的各系数和自由项代入上述典型方程中，并解得

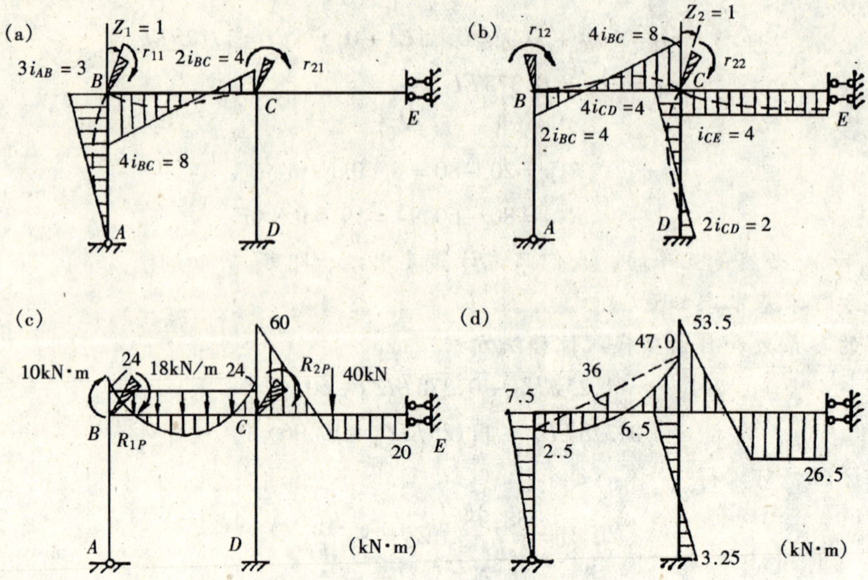

图 9-31　位移法绘制刚架弯矩图

(a) $\overline{M}_1$ 图；(b) $\overline{M}_2$ 图；(c) M_P 图；(d) 最后 M 图

$$Z_1=\frac{25}{10},\quad Z_2=\frac{65}{40}$$

所得的 Z_1 和 Z_2 均为正值，说明结点 B、C 的实际角位移方向与所假设的位移方向（顺时针方向）相同。应当指出，上述所得的角位移值并非真实值，这是由于在计算中采用了相对刚度 $EI=4$ 的关系。若要计算结点的真实位移，应采用各杆的绝对刚度。

(4) 绘制最后弯矩图

根据叠加原理，由 $M=\overline{M}_1Z_1+\overline{M}_2Z_2+M_P$ 可求出各杆的杆端弯矩，从而绘出刚架的最后弯矩图，如图 9-31d 所示。

例 9-3　试用位移法计算图 9-32a 所示刚架。

解　(1) 确定基本未知量和基本结构

此刚架具有一个独立转角 Z_1 和一个独立线位移 Z_2。若在结点 C 加入一个附加刚臂和附加链杆，便得到图 9-32b 所示的基本结构。

(2) 建立典型方程并求系数和自由项

根据附加刚臂和链杆上的反力矩和反力应等于零的条件，可建立位移法方程如下：

$$r_{11}Z_1+r_{12}Z_2+R_{1P}=0$$

$$r_{21}Z_1+r_{22}Z_2+R_{2P}=0$$

为了计算典型方程的系数和自由项，利用表 9-1 中数据，可分别绘出基本结构的单位弯矩图 $\overline{M}_1$、$\overline{M}_2$ 和荷载弯矩图 M_P（见图 9-32c、d、e）。如前所述，这些系数和自由项可分为两类。属于第一类的有 r_{11}、r_{12} 和 R_{1P}，对于它们，可取结点 C 为隔离体，利用力矩平衡条件 $\Sigma M_C=0$ 求出。例如，取图 9-32c 的结点 C 为隔离体，由 $\Sigma M_C=0$ 可求得

$$r_{11}=4i+3i=7i$$

同理取图 9-32d 的结点 C 为隔离体，可得

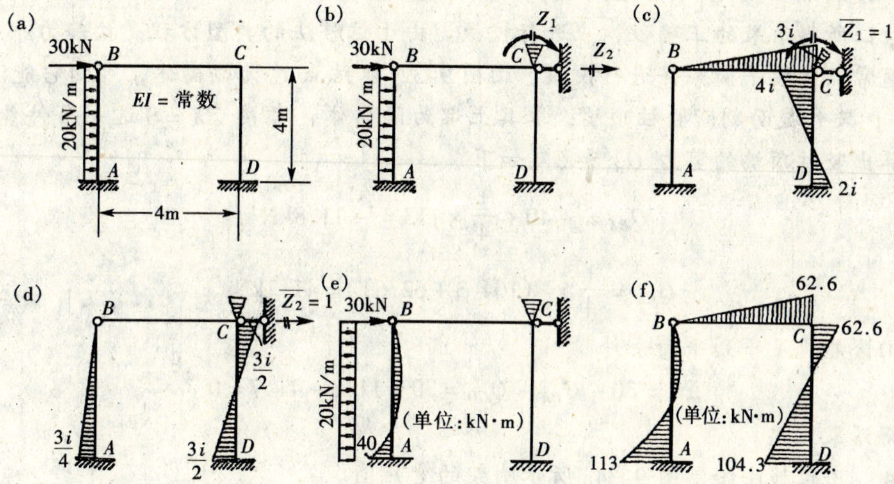

图 9-32　例 9-3 图

(a) 刚架及荷载；(b) 位移法基本结构；(c) $\overline{M}_1$ 图；

(d) $\overline{M}_2$ 图；(e) M_P 图；(f) 最后 M 图

$$r_{12} = -\frac{3i}{2}$$

负号表示 r_{12}的方向与所设 Z_1 的方向相反。至于 R_{1P}，则由 M_P图可知为零。

属于第二类的有 r_{21}、r_{22}和 R_{2P}，它们的计算与第一类稍有不同，即在运用静力平衡条件时，须截取刚架的某一部分为隔离体，利用投影方程求之。由$\overline{M}_2$ 图，取出如图 9-33 所示隔离体图，可求得

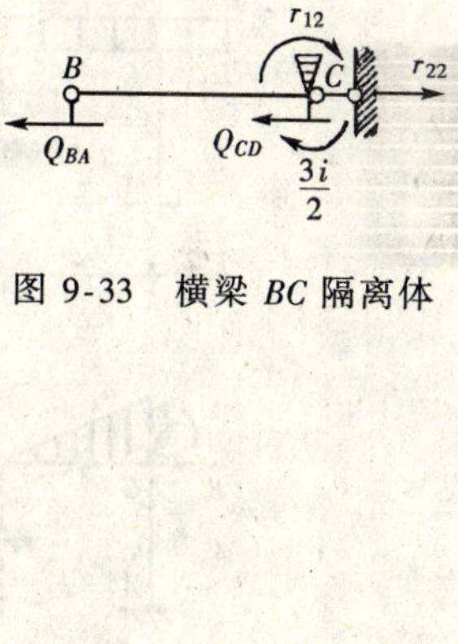

图 9-33　横梁 BC 隔离体

$$r_{21} = -\frac{3i}{2}$$

$$r_{22} = Q_{BA} + Q_{CD} = \frac{1}{4}\times\frac{3i}{4} + \frac{1}{4}\times\left(\frac{3i}{2}+\frac{3i}{2}\right) = \frac{15i}{16}$$

由 M_P 图求得

$$R_{2P} = -40 + \frac{40}{4} - 30 = -60\text{kN}$$

(3) 解方程求出基本未知量

把求得的各系数和自由项代入典型方程中得

$$7iZ_1 - \frac{3}{2}iZ_2 = 0$$

$$-\frac{3}{2}iZ_1 + \frac{15}{16}iZ_2 - 60 = 0$$

解得

$$Z_1 = \frac{480}{23i},\quad Z_2 = \frac{2240}{23i}$$

最后，按照 $M=\overline{M}_1Z_1+\overline{M}_2Z_2+M_P$，即可做出最后弯矩图如图 9-32f 所示。

为了验证所得结果的正确性，应进行校核。由于位移法的典型方程是按静力平衡条件建立的，故通常只需按平衡条件进行校核。由图 9-32f 取结点 C 为隔离体，可知它能满足 $\Sigma M_C=0$ 的条件；又作截面割断竖柱顶端，取其上部为隔离体，考察 $\Sigma X=0$ 这一条件能否满足。为此，先算出竖柱顶端的剪力 Q_{BA} 和 Q_{CD} 如下

$$Q_{BA}=-40+\frac{1}{4}\times 113=-11.8\text{kN}$$

$$Q_{CD}=\frac{1}{4}\times(104.3+62.6)=41.7\text{kN}$$

显然，他们恰能满足下列平衡条件

$$\Sigma X=30-Q_{BA}-Q_{CD}=30+11.8-41.7=0$$

故表明所得结果无误。

例 9-4 用位移法绘制图 9-34a 所示刚架的弯矩图。

解 (1) 确定基本未知量，建立位移法典型方程

此刚架 BC 部分为悬臂梁，其内力只用平衡条件就可确定，故在确定基本未知量的数目时可以不予考虑。于是，刚架在荷载作用下，结点 C 上有一个角位移 Z_1，无结点线位移，结点 D 上有一个竖向线位移 Z_2。故位移法典型方程为

$$r_{11}Z_1+r_{12}Z_2+R_{1P}=0$$
$$r_{21}Z_1+r_{22}Z_2+R_{2P}=0$$

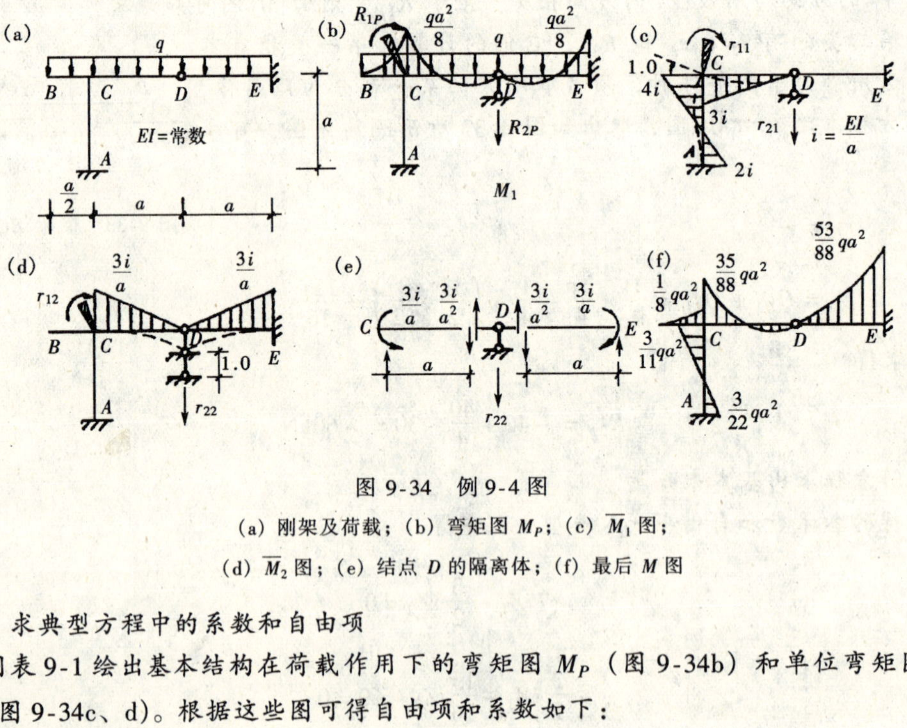

图 9-34 例 9-4 图

(a) 刚架及荷载；(b) 弯矩图 M_P；(c) $\overline{M}_1$ 图；

(d) $\overline{M}_2$ 图；(e) 结点 D 的隔离体；(f) 最后 M 图

(2) 求典型方程中的系数和自由项

利用表 9-1 绘出基本结构在荷载作用下的弯矩图 M_P（图 9-34b）和单位弯矩图 $\overline{M}_1$ 图、$\overline{M}_2$ 图（图 9-34c、d）。根据这些图可得自由项和系数如下：

由图 9-34b

$$R_{1P}=\frac{1}{8}qa^2-\frac{1}{8}qa^2=0$$

$$R_{2P} = -\frac{3}{8}qa - \frac{3}{8}qa = -\frac{3}{4}qa$$

由图 9-34c

$$r_{11} = 4i + 3i = 7i$$

由图 9-34d

$$r_{12} = r_{21} = -\frac{3i}{a}$$

根据图 9-34e 结点 D 所示的隔离体，由 $\Sigma Y = 0$，得

$$r_{22} = \frac{3i}{a^2} + \frac{3i}{a^2} = \frac{6i}{a^2}$$

(3) 解方程求出基本未知量

把求得的各系数和自由项代入典型方程中得

$$7iZ_1 - \frac{3i}{a}Z_2 = 0$$

$$-\frac{3i}{a}Z_1 + \frac{6i}{a^2}Z_2 - \frac{3}{4}qa = 0$$

解方程，得

$$Z_1 = \frac{3qa^2}{44i},\ Z_2 = \frac{7qa^3}{44i}$$

最后，按公式 $M = M_1Z_1 + M_2Z_2 + M_P$ 计算各杆端弯矩值，并绘得最后弯矩图 M，如图 9-34f 所示。

例 9-5 用位移法绘制图 9-35a 所示刚架的弯矩图。

解 此刚架在荷载作用下，结点 D 将发生角位移 Z_1 和线位移 Z_2，结点 C 除发生线位移 Z_2 外，也将发生角位移，但它不是独立的变量。这是由于 AC 柱具有无限刚性（$EI = \infty$），它不发生变形，只能绕铰 A 作刚体转动，显然，其转角为 $\frac{Z_2}{l}$。由于结点 C 是刚结的，它的角位移应与 AC 柱的转角相同，即应等于 $\frac{Z_2}{l}$。该题独立的位移未知量只有两个，即结点 D 的角位移 Z_1 和线位移 Z_2。

在结点 D 上加上刚臂和附加水平链杆即为位移法的基本结构，如图 9-35b 所示。荷载作用在基本结构上，横梁 CD 的杆端弯矩可直接从表 9-1 查得。柱子 AC 具有无限刚性，尽管不发生变形，但仍有杆端弯矩，它的值可由结点 C 的平衡条件 $\Sigma M = 0$ 直接得出，即 $M_{CA} = \frac{1}{12}ql^2$。绘出 M_P 图，如图 9-35b 所示。

根据 M_P 图不难求出

$$R_{1P} = \frac{ql^2}{12},\ R_{2P} = -\frac{ql}{12}$$

图 9-35c 为 $Z_1 = 1$ 时的单位弯矩图 $\overline{M}_1$，图中 AC 柱上端的弯矩是根据结点平衡条件得到的。由结点 D 的弯矩平衡条件可得

$$r_{11} = 8i$$

图 9-35d 为 $Z_2 = 1$ 时基本结构的变形图。当横梁 C 端发生转角 $\frac{1}{l}$ 时，得到 $M_{CD} = 4i\frac{1}{l}$，

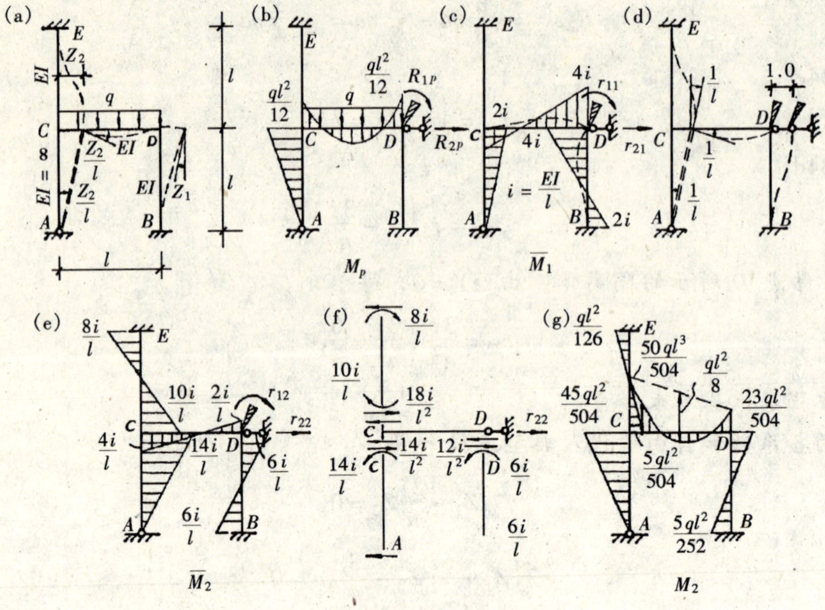

图 9-35　例 9-5 图

(a) 刚架、荷载及变形；(b) 弯矩图 M_P；(c) $\overline{M}_1$ 图；(d) $Z_2=1$ 时基本结构的变形图；
(e) $\overline{M}_2$ 图；(f) 计算 r_{22} 用隔离体；(g) 最后弯矩图

$M_{DC}=2i\dfrac{1}{l}$，柱子 CE 的 C 端既发生等于 1 的线位移又发生转角 $\dfrac{1}{l}$，于是根据式 (9-1) 得到 $M_{CE}=4i\dfrac{1}{l}-\dfrac{6i}{l}(-1)=\dfrac{10i}{l}$，$M_{EC}=2i\dfrac{1}{l}-\dfrac{6i}{l}(-1)=\dfrac{8i}{l}$。根据结点 C 的平衡条件，可得 $M_{CA}=\dfrac{14i}{l}$。绘出 $\overline{M}_2$ 图如 9-35e 所示。

根据 $\overline{M}_2$ 图，由结点 D 的平衡条件 $\Sigma M=0$，即得

$$r_{12}=r_{21}=-\frac{4i}{l}$$

根据图 9-35f 所示隔离体的平衡条件 $\Sigma X=0$，可得

$$r_{22}=\frac{18i}{l^2}+\frac{14i}{l^2}+\frac{12i}{l^2}=\frac{44i}{l^2}$$

列出典型方程如下

$$8iZ_1-\frac{4i}{l}Z_2+\frac{1}{12}ql^2=0$$

$$-\frac{4i}{l}Z_1+\frac{44i}{l^2}Z_2-\frac{1}{12}ql=0$$

解上述方程得

$$Z_1=-\frac{5ql^2}{504i},\ Z_2=\frac{ql^3}{1008i}$$

最后，根据叠加原理，按公式 $M=\overline{M}_1Z_1+\overline{M}_2Z_2+M_P$ 即可求出各杆的杆端弯矩，并绘出最后弯矩图，如图 9-35g 所示。

刚架结构中常有斜柱存在，对于有斜柱刚架无侧移情况的计算方法与无斜柱刚架的计算方法相同，现在以图 9-36a 所示的刚架为例讨论有侧移情况的计算方法。

1. 确定侧移时各杆的杆端相对位移和弦转角

图 9-36a 所示为一有侧移的斜杆刚架。取结点 B 的转角 θ_B 和横梁的水平位移 Δ 作基本未知量。现在根据横梁的水平位移 Δ，来确定各杆的杆端相对位移和弦转角。为此，在结点 A 和 B 处加铰，把刚架变成铰结体系，并令横梁产生水平位移 Δ，如图 9-36b 所示。这里结点 A 和 C 的位移向量为已知，结点 B 的位移向量可利用位移图来求得。

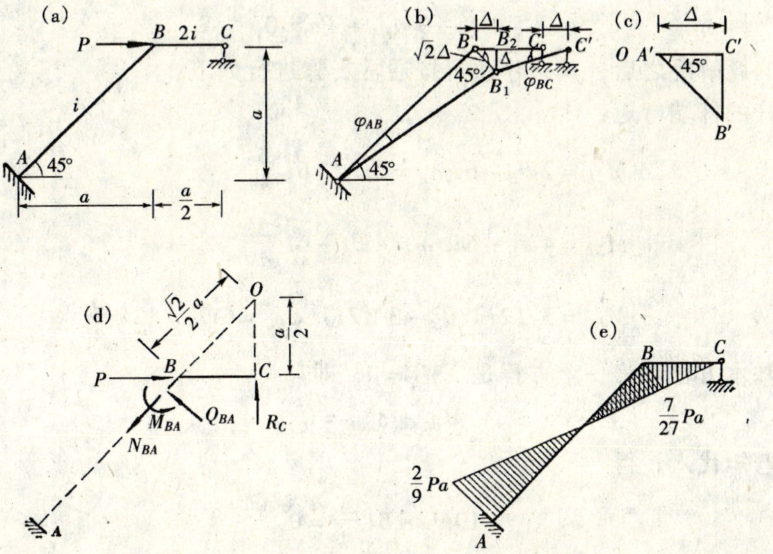

图 9-36　斜柱刚架的计算

(a) 刚架及荷载；(b) 刚架变成铰结体系；(c) 位移图；
(d) 横梁 BC 为隔离体；(e) 最后弯矩图

位移图如图 9-36c 所示。先任取一点 O 作极点。由于结点 A 的位移已知为零，故 A' 点与 O 点重合。由于结点 C 已知有水平位移 Δ，故在图中可定出 C' 点。再从 A' 点作杆 AB 的垂线，由 C' 点作杆 BC 的垂线，其交点即为 B' 点。由图得知：

结点 B 的总位移 $= OB' = \sqrt{2}\Delta$

杆 AB 的杆端相对位移 $= A'B' = \sqrt{2}\Delta$

杆 BC 的杆端相对位移 $= B'C' = \Delta$

由此可求出各杆的弦转角 φ 如下：

$$\left.\begin{aligned} \varphi_{AB} &= \frac{\sqrt{2}\Delta}{l_{AB}} = \frac{\Delta}{a} \\ \varphi_{BC} &= -\frac{\Delta}{l_{BC}} = -\frac{2\Delta}{a} \end{aligned}\right\} \tag{a}$$

由于 φ_{BC} 为逆时针转向，故取负值。

2. 建立与侧移 Δ 对应的基本方程

为了建立与横梁水平位移 Δ 对应的位移法基本方程，可取横梁 BC 为隔离体，列出平衡方程（图 9-36d）。

如果列水平投影平衡方程 $\Sigma X = 0$，则

$$Q_{BA}\cos45° + N_{BA}\cos45° - P = 0$$

这里的 Q_{BA} 和 N_{BA} 都要用基本未知量来表示，比较麻烦。

如果改用力矩平衡方程，并以图 9-36d 中的 O 点作为矩心，则

$$Q_{BA}\frac{\sqrt{2}}{2}a - P\frac{a}{2} - M_{BA} = 0$$

由于 $Q_{BA} = -\frac{1}{\sqrt{2}a}(M_{AB} + M_{BA})$，故得

$$M_{AB} + 3M_{BA} + Pa = 0 \tag{b}$$

上面两个问题解决之后，其余作法可按通常步骤进行如下：

先写出各杆的杆端弯矩：

$$M_{AB} = 2i\theta_B - 6i\varphi_{AB} = 2i\theta_B - 6i\frac{\Delta}{a}$$

$$M_{BA} = 4i\theta_B - 6i\varphi_{AB} = 4i\theta_B - 6i\frac{\Delta}{a}$$

$$M_{BC} = 3(2i)\theta_B - 3(2i)\varphi_{BC} = 6i\theta_B + 12i\frac{\Delta}{a}$$

然后建立基本方程。第一个方程是 $\Sigma M_B = 0$，即

$$M_{BA} + M_{BC} = 0$$

将各杆的杆端弯矩代入，得

$$10i\theta_B + 6i\frac{\Delta}{a} = 0 \tag{c}$$

第二个方程就是式（b)，将各杆的杆端弯矩代入，得

$$14i\theta_B - 24i\frac{\Delta}{a} + Pa = 0 \tag{d}$$

联立解方程（c）和（d)，得

$$\theta_B = -\frac{1}{54}\frac{Pa}{i}$$

$$\Delta = \frac{5}{162}\frac{Pa}{i}$$

由此可得各杆的杆端弯矩为

$$M_{AB} = -\frac{2}{9}Pa,\quad M_{BA} = -\frac{7}{27}Pa,\quad M_{BC} = \frac{7}{27}Pa$$

弯矩图如图 9-36e 所示。

例 9-6 用位移法绘制图 9-37a 所示刚架的弯矩图。

解 此刚架在荷载作用下，结点 B 上有一个角位移 Z_1 和结点 D 上有一个独立的竖向线位移 Z_2。

选取基本结构如图 9-37b 所示。在基本结构上，由于荷载作用下的弯矩图 M_P 为零。由此可得

$$R_{1P} = 0,\quad R_{2P} = -P$$

利用表 9-1 绘出 $\overline{M}_1$ 图，如图 9-37c 所示。由此可得

$$r_{11} = \frac{4EI}{a} + \frac{3EI}{a} = \frac{7EI}{a}$$

该刚架具有斜杆，结点 B 上的两根杆件是非正交的，结点发生线位移的情况要较前两

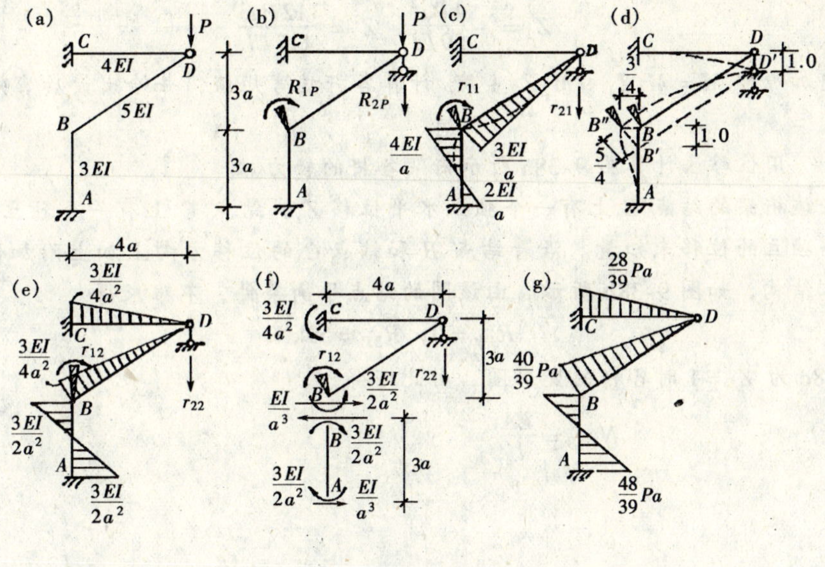

图 9-37 例 9-6 图

(a) 刚架及荷载；(b) 荷载作用下的弯矩图 M_P；(c) $\overline{M}_1$ 图；(d) 结点 D 竖向位移的结构变形；(e) $\overline{M}_2$ 图；(f) 求 r_{22} 所取隔离体；(g) 最后弯矩图

例的情况复杂得多，如图 9-37d 所示，结点 D 沿竖向移动到 D'，并令位移 $DD'=1$，这时 CD 杆的侧移等于 1，而其他杆件也会产生侧移，但它们不是独立的，称它们为牵连侧移。通常可以利用几何作图的方法来确定这些牵连侧移。作法如下：先作 $DD'=1$，并设想 BD 杆的 B 端无约束，这时 BD 杆作平行移动，B 点到新位移 B'，并得 $BB'=DD'=1$。实际上由于 AB 杆的存在，使 BD 杆 B 端受到约束，B 点不可能移到 B'，只能沿垂直于 AB 杆的水平方向移动，因此必须自 B' 作一垂直于 $B'D'$ 的直线，使它与垂直于 AB 杆的水平线相交，交点 B'' 即为 B 点的最终位置。由于三角形 $\Delta BB'B''$ 与三角形 ΔBCD 相似，不难求得 AB 杆的侧移 $BB''=\frac{3}{4}$，BD 杆的侧移 $B'B''=\frac{5}{4}$。

根据各杆的侧移值，参照表 9-1 可绘出 $\overline{M}_2$ 图如图 9-37e 所示。由此可得

$$r_{12}=r_{21}=\frac{3}{2}\times\frac{EI}{a^2}-\frac{3}{4}\times\frac{EI}{a^2}=\frac{3EI}{4a^2}$$

为了求 r_{22}，可取图 9-37f 所示上部隔离体，由 $\Sigma M_C=0$ 可得

$$4ar_{22}+r_{12}-\frac{3EI}{2a^2}-3a\frac{EI}{a^3}-\frac{3EI}{4a^2}=0$$

求得

$$r_{22}=\frac{9EI}{8a^3}$$

列出典型方程

$$\frac{7EI}{a}Z_1+\frac{3EI}{4a^2}Z_2=0$$

$$\frac{3EI}{4a^2}Z_1+\frac{9EI}{8a^3}Z_2-P=0$$

解得

$$Z_1=-\frac{4Pa^2}{39EI},\ Z_2=\frac{112Pa^3}{117EI}$$

根据叠加原理 $M=\overline{M}_1Z_1+\overline{M}_2Z_2+M_P$ 计算各杆端弯矩值，并绘出最后弯矩图，如图 9-37g 所示。

例 9-7 用位移法计算图 9-38a 所示桁架各杆的轴力。

解 在该桁架的结点 B 上有一个独立水平位移 Z_1，结点 C 上有一个独立竖向位移 Z_2，总共有两个独立的位移未知量。沿着结点 B 和结点 C 的位移方向上加上附加链杆，即为位移法的基本结构，如图 9-38b 所示。由该图的结点平衡条件，不难求得

$$R_{1P}=0,\ R_{2P}=59\text{kN}$$

图 9-38c 为 $Z_1=1$ 时各杆的变形图，由此可得

$$N_{1AB}=\frac{EA}{l}$$

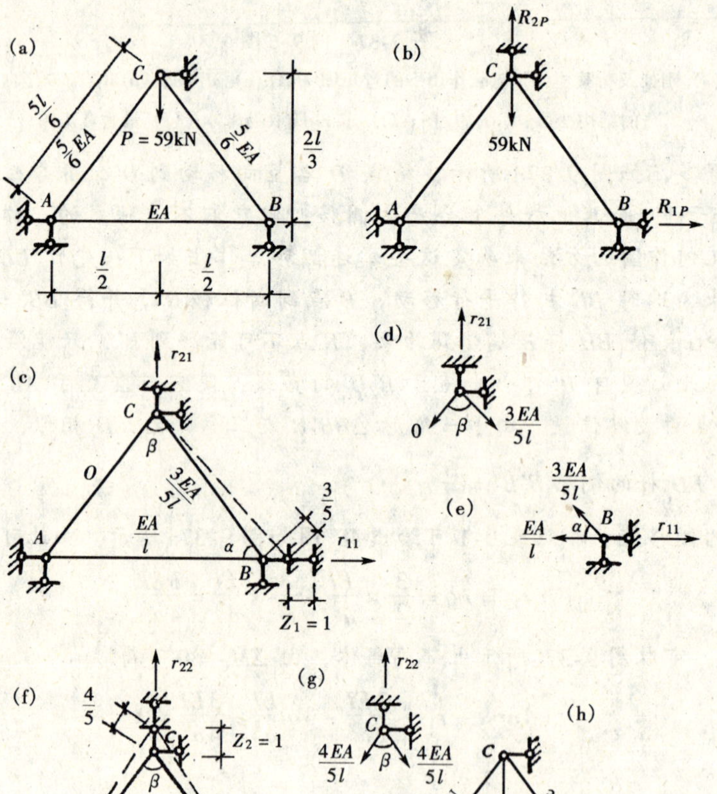

图 9-38 例 9-7 图

(a)桁架及荷载;(b)位移法的基本结构;(c) $Z_1=1$ 时的变形图;(d)计算 r_{21} 隔离体;(e)计算 r_{11} 隔离体;(f) $Z_2=1$ 时的变形图;(g)计算 r_{22} 隔离体;(h)最后各杆内力

$$N_{1BC}=\frac{\frac{5}{6}EA}{\frac{5}{6}l}\times\frac{3}{5}=\frac{3}{5}\times\frac{EA}{l}$$

$$N_{1AC}=0$$

根据图 9-38d 和图 9-38e 的结点平衡条件可分别求得

$$r_{21}=\frac{3}{5}\times\frac{EA}{l}\cos\frac{\beta}{2}=\frac{3}{5}\times\frac{EA}{l}\times\frac{4}{5}=\frac{12}{25}\times\frac{EA}{l}$$

$$r_{11}=\frac{3}{5}\times\frac{EA}{l}\cos\alpha+\frac{EA}{l}=\frac{9EA}{25l}+\frac{EA}{l}=\frac{34EA}{25l}$$

图 9-38f 为 $Z_2=1$ 时各杆的变形图，由此可得

$$N_{2AC}=N_{2BC}=\frac{\frac{5}{6}EA}{\frac{5}{6}l}\times\frac{4}{5}=\frac{4}{5}\times\frac{EA}{l}$$

$$N_{2AB}=0$$

根据图 9-38g 的结点平衡可得

$$r_{22}=\frac{4}{5}\times\frac{EA}{l}\times\cos\frac{B}{2}\times 2=\frac{4}{5}\times\frac{EA}{l}\times\frac{4}{5}\times 2=\frac{32}{25}\times\frac{EA}{l}$$

列出位移法典型方程

$$\frac{34}{25}\times\frac{EA}{l}\times Z_1+\frac{12}{25}\times\frac{EA}{l}\times Z_2=0$$

$$\frac{12}{25}\times\frac{EA}{l}\times Z_1+\frac{32}{25}\times\frac{EA}{l}\times Z_2+59=0$$

解上述方程得

$$Z_1=\frac{150l}{8EA},\quad Z_2=-\frac{425l}{8EA}$$

根据叠加原理，可按公式 $N=\overline{N}_1Z_1+\overline{N}_2Z_2+N_P$ 计算各杆的最后轴力。如

$$N_{AB}=\frac{EA}{l}\times\frac{150l}{8EA}=18.75\text{kN}$$

$$N_{AC}=\frac{4}{5}\times\frac{EA}{l}\times\left(-\frac{425l}{8EA}\right)=-42.5\text{kN}$$

$$N_{BC}=\frac{3}{5}\times\frac{EA}{l}\times\frac{150l}{8EA}+\frac{4}{5}\times\frac{EA}{l}\left(-\frac{425l}{8EA}\right)=-31.25\text{kN}$$

将以上各杆的最后轴力示于图 9-38h 中。

§9-5 应用结点和截面平衡条件计算超静定结构

按照上节所述方法，用位移法计算超静定刚架时，须加入附加刚臂和链杆以取得基本结构，并做出 $\overline{M}_i$ 图及 M_P 图以求出位移法典型方程中各系数和自由项，然后才能求解典型方

程。我们知道，基本结构在各种情况下的内力都是由转角位移方程确定的，而其典型方程实际上又是反映原结构的静力平衡条件。因此，我们也可以不通过基本结构，而根据转角位移方程直接利用原结构的静力平衡条件来建立位移法的典型方程。现以图 9-39a 所示的超静定刚架为例，来说明这种方法。

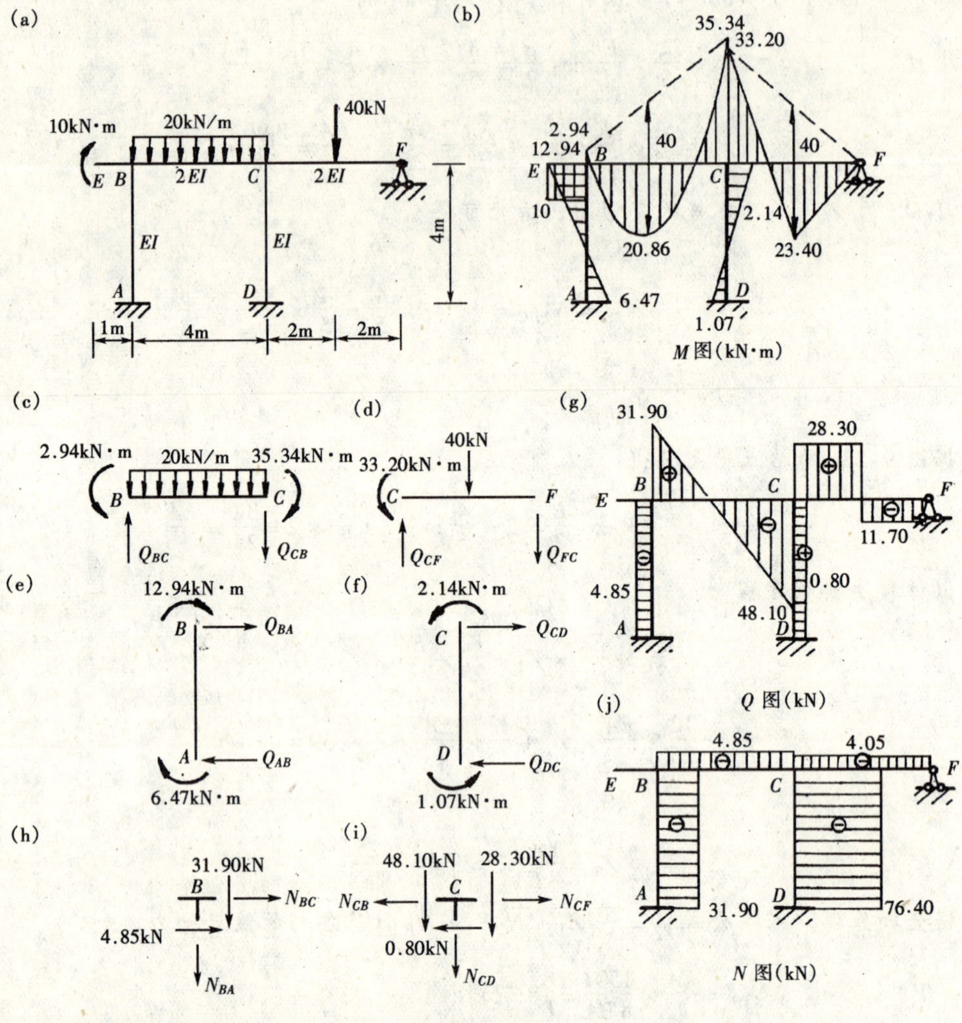

图 9-39 位移法计算刚架内力

(a) 刚架及荷载；(b) 最后弯矩图；(c) *BC* 杆隔离体；(d) *CF* 杆隔离体；(e) *AB* 杆隔离体；(f) *CD* 杆隔离体；(g) 剪力图；(h) 结点 *B* 隔离体；(i) 结点 *C* 隔离体；(j) 轴力图

1. 确定基本未知量

此刚架用位移法求解时有两个基本未知量，分别是刚结点 B 的转角 φ_B 和刚结点 C 的转角 φ_C。

2. 写出各杆端弯矩表达式

由已知条件，各杆的线刚度为

$$i_{AB}=\frac{EI}{4},\quad i_{BC}=\frac{2EI}{4}=\frac{EI}{2},\quad i_{CD}=\frac{EI}{4},\quad i_{CF}=\frac{2EI}{4}=\frac{EI}{2}$$

利用转角位移方程和表9-1，写出各杆的杆端弯矩

$$M_{BC}=4i_{BC}\varphi_B+2i_{BC}\varphi_C+\left(-\frac{1}{12}\times20\times4^2\right)=2EI\varphi_B+EI\varphi_C-26.67$$

$$M_{CB}=4i_{BC}\varphi_C+2i_{BC}\varphi_B+\frac{1}{12}\times20\times4^2=2EI\varphi_C+EI\varphi_B+26.67$$

$$M_{CF}=3i_{CF}\varphi_C+\left(-\frac{3}{16}\times40\times4\right)=\frac{3}{2}EI\varphi_C-30$$

$$M_{FC}=0$$

$$M_{AB}=2i_{AB}\varphi_B=\frac{EI}{2}\varphi_B,\quad M_{BA}=4i_{AB}\varphi_B=EI\varphi_B$$

$$M_{CD}=4i_{CD}\varphi_C=EI\varphi_C,\quad M_{DC}=2i_{CD}\varphi_C=\frac{EI}{2}\varphi_C$$

悬臂端

$$M_{EB}=10\text{kN}\cdot\text{m},\quad M_{BE}=-10\text{kN}\cdot\text{m}$$

3. 列出刚结点力矩平衡方程，求基本未知量

由结点 B、C 平衡条件

$$\Sigma M_B=M_{BE}+M_{BA}+M_{BC}=0$$

$$\Sigma M_C=M_{CB}+M_{CD}+M_{CF}=0$$

将杆端弯矩表达式代入，整理后得

$$3EI\varphi_B+EI\varphi_C-36.67=0$$

$$2EI\varphi_B+9EI\varphi_C-6.66=0$$

解上述联立方程，得

$$\varphi_B=\frac{12.935}{EI},\quad \varphi_C=-\frac{2.135}{EI}$$

4. 求杆端弯矩

将结点角位移代入杆端弯矩表达式，得

$$M_{AB}=\frac{EI}{2}\times\frac{12.935}{EI}=6.47\text{kN}\cdot\text{m}$$

$$M_{BA}=EI\times\frac{12.935}{EI}=12.94\text{kN}\cdot\text{m}$$

$$M_{BC}=2EI\times\frac{12.935}{EI}+EI\times\left(-\frac{2.135}{EI}\right)-26.67=-2.94\text{kN}\cdot\text{m}$$

$$M_{CB}=2EI\times\left(-\frac{2.135}{EI}\right)+EI\times\frac{12.935}{EI}+26.67=35.34\text{kN}\cdot\text{m}$$

$$M_{DC}=\frac{EI}{2}\times\left(-\frac{2.135}{EI}\right)=-1.07\text{kN}\cdot\text{m}$$

$$M_{CD}=EI\times\left(-\frac{2.135}{EI}\right)=-2.14\text{kN}\cdot\text{m}$$

$$M_{CF}=\frac{3EI}{2}\times\left(-\frac{2.135}{EI}\right)-30=-33.20\text{kN}\cdot\text{m}$$

5. 作弯矩图

根据杆端弯矩作弯矩图如图 9-39b 所示。

6. 作剪力图

利用每根杆件的平衡条件，可求出各杆的杆端剪力。

由 BC 杆的平衡（图 9-39c），得

$$\Sigma M_C=0,\quad Q_{BC}=-\frac{1}{4}(-2.94+35.34)+\frac{1}{2}\times20\times4=31.90\text{kN}$$

$$\Sigma M_B=0,\quad Q_{CB}=-\frac{1}{4}(-2.94+35.34)-\frac{1}{2}\times20\times4=-48.10\text{kN}$$

求出 Q_{BC}后，也可利用 $\Sigma Y=0$ 求出 Q_{CB}。

同理，分别由杆 CF、AB 及 CD 的平衡条件（图 9-39d、e、f）可求出杆端剪力

$$Q_{CF}=-\frac{1}{4}(-33.20)+\frac{1}{2}\times40=28.30\text{kN}$$

$$Q_{FC}=-\frac{1}{4}(-33.20)-\frac{1}{2}\times40=11.70\text{kN}$$

$$Q_{AB}=Q_{BA}=-\frac{1}{4}(6.47+12.94)=-4.84\text{kN}$$

$$Q_{CD}=Q_{DC}=-\frac{1}{4}(-2.14-1.07)=0.80\text{kN}$$

杆 BE 的杆端剪力为

$$Q_{BE}=Q_{EB}=0$$

根据杆端剪力作剪力图如图 9-39g 所示。

7. 作轴力图

利用刚结点的平衡条件，求杆端轴力。

由结点 B 的平衡（图 9-39h），得

$$\Sigma X=0,\quad N_{BC}=-4.85\text{kN}$$

$$\Sigma Y=0,\quad N_{BA}=-31.90\text{kN}$$

由于杆 BC、AB 上均无与其轴线平行的荷载，所以

$$N_{CB}=N_{BC}=-4.85\text{kN}$$

$$N_{AB}=N_{BA}=-31.90\text{kN}$$

由结点 C 的平衡（图 9-39i），得

$$\Sigma X=0,\quad N_{CF}=N_{CB}+0.80=4.05\text{kN}$$

$$\Sigma Y=0,\quad N_{CD}=-(48.10+28.30)=-76.40\text{kN}$$

由于杆 CF、CD 上也无与其轴线平行的荷载，所以

$$N_{FC}=N_{CF}=-4.05\text{kN}$$

$$N_{DL}=N_{CD}=-76.40\text{kN}$$

根据杆端轴力作轴力图如图 9-39j 所示。

8. 校核

在位移法中，通常只需进行平衡条件的校核。对图 9-39 中的内力图进行平衡条件的校核如下：首先分别截取结点 B、C 为隔离体（图 9-40a、b），校核力矩平衡条件

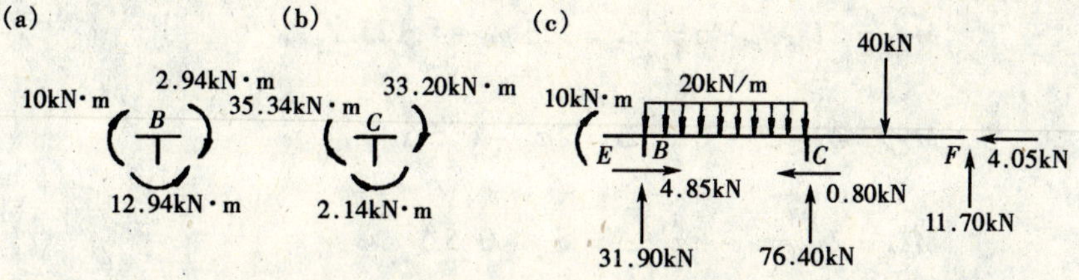

图 9-40　校核内力图

（a）结点 B 隔离体；（b）结点 C 隔离体；（c）横梁 $EBCF$ 隔离体

$$\Sigma M_B = 0,\ 12.94 - 2.94 - 10 = 0$$

$$\Sigma M_C = 0,\ 35.34 - 33.20 - 2.14 = 0$$

其次，截取横梁 $EBCF$，连同柱端为隔离体（图 9-40c），校核水平和竖向平衡条件

$$\Sigma X = 0,\ 4.85 - 0.80 - 4.05 = 0$$

$$\Sigma Y = 0,\ 31.90 + 76.40 + 11.70 - 20 \times 4 - 40 = 0$$

故计算无误。

在以上计算中所求得的各杆内力值都不包含 EI 和 i 值，说明由于荷载引起的刚架内力只与杆件的 EI 或 i 的相对值有关，而与其绝对值无关。因此，为了方便计算，常可以取 $EI=1$ 或其他便于计算的数值，而不会影响内力的计算结果。

例 9-8　求作图 9-41a 所示刚架的内力图。

解　（1）确定基本未知量

此刚架有三个基本未知量：结点角位移 φ_B、φ_C 及结点的水平线位移 Δ。

（2）写出杆端弯矩表达式

设 $EI=1$，各杆的线刚度为

$$i_{AB} = \frac{4EI}{4} = 1,\ i_{BC} = \frac{5EI}{5} = 1,\ i_{CD} = \frac{4EI}{4} = 1,$$

$$i_{BE} = \frac{3EI}{4} = 0.75,\ i_{CF} = \frac{3EI}{6} = 0.5$$

利用转角位移方程和表 9-1，写出各杆端弯矩表达式

$$M_{AB} = 0$$

$$M_{BA} = 3i_{AB}\varphi_B + M_{BA}^F = 3\varphi_B + 45$$

$$M_{BC} = 4i_{BC}\varphi_B + 2i_{BC}\varphi_C + M_{BC}^F = 4\varphi_B + 2\varphi_C - 50$$

$$M_{CB} = 2i_{BC}\varphi_B + 4i_{BC}\varphi_C + M_{BC}^F = 2\varphi_B + 4\varphi_C + 50$$

$$M_{CD} = 3i_{CD}\varphi_C = 3\varphi_C$$

$$M_{DC} = 0$$

$$M_{BE}=4i_{BE}\varphi_B-6\frac{i_{BE}}{l_{BE}}\Delta=3\varphi_B-1.125\Delta$$

$$M_{EB}=2i_{BE}\varphi_B-6\frac{i_{BE}}{l_{BE}}\Delta=1.5\varphi_B-1.125\Delta$$

$$M_{CF}=4i_{CF}\varphi_C-6\frac{i_{CF}}{l_{CF}}\Delta=2\varphi_C-0.5\Delta$$

$$M_{FC}=2i_{CF}\varphi_C-6\frac{i_{CF}}{l_{CF}}\Delta=\varphi_C-0.5\Delta$$

(3) 列平衡方程，求基本未知量

利用结点 B、C 的力矩平衡条件

$$\Sigma M_B=M_{BA}+M_{BE}+M_{BC}=0 \tag{a}$$

$$\Sigma M_C=M_{CB}+M_{CF}+M_{CD}=0 \tag{b}$$

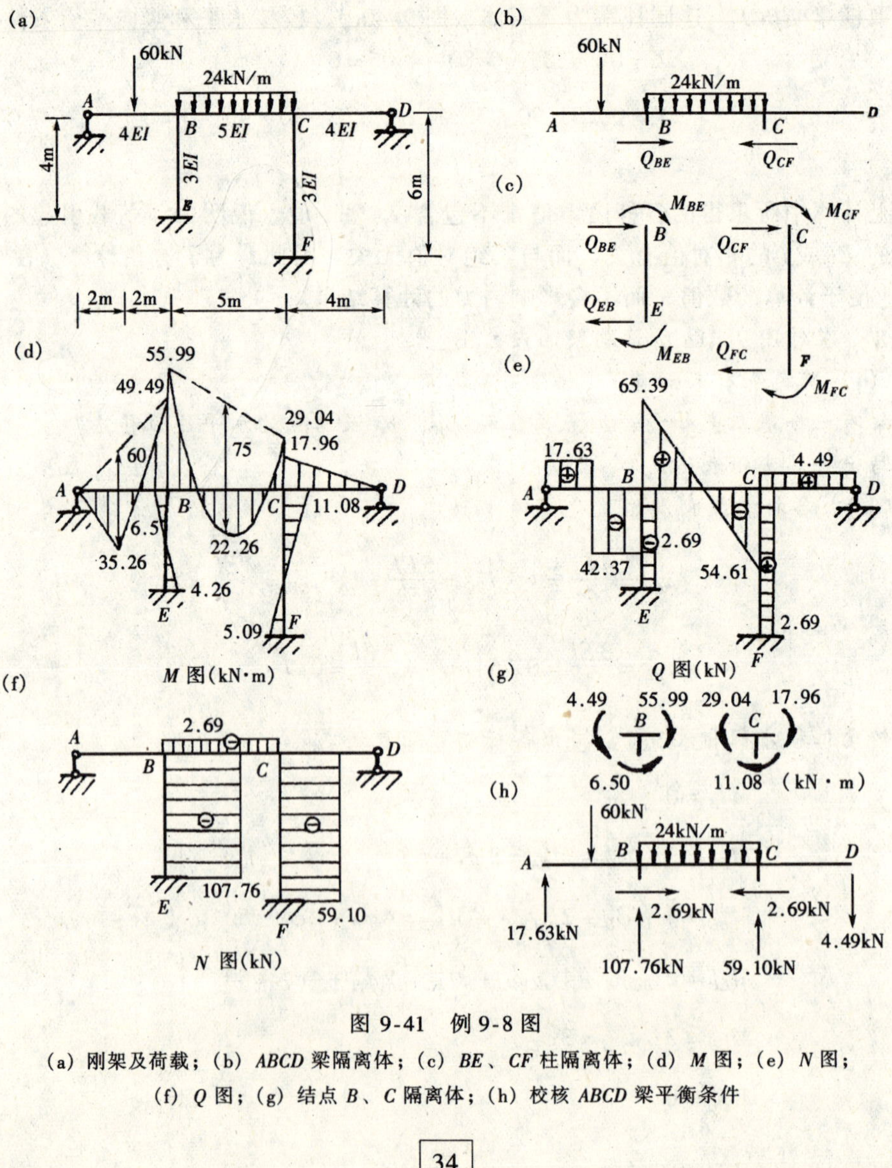

图 9-41 例 9-8 图

(a) 刚架及荷载；(b) *ABCD* 梁隔离体；(c) *BE*、*CF* 柱隔离体；(d) *M* 图；(e) *N* 图；(f) *Q* 图；(g) 结点 *B*、*C* 隔离体；(h) 校核 *ABCD* 梁平衡条件

将杆端弯矩表达式分别代入式（a）、(b)，整理后得

$$10\varphi_B + 2\varphi_C - 1.125\Delta - 5 = 0 \tag{1}$$

$$2\varphi_B + 9\varphi_C - 0.5\Delta + 50 = 2 \tag{2}$$

截取横梁 $ABCD$（连同柱端）为隔离体（图 9-41b），考虑杆端剪力平衡条件 $\Sigma X = 0$，得

$$Q_{BE} + Q_{CF} = 0 \tag{c}$$

再考虑柱 BE 和柱 CF 的平衡条件 $\Sigma M_E = 0$ 及 $\Sigma M_F = 0$（图 9-41c），得

$$Q_{BE} = -\frac{M_{BE} + M_{EB}}{4},\quad Q_{CF} = -\frac{M_{CF} + M_{FC}}{6}$$

将其代入式（c），得

$$\frac{M_{BE} + M_{EB}}{4} + \frac{M_{CF} + M_{FC}}{6} = 0$$

将杆端弯矩表达式代入上式，整理后得

$$13.5\varphi_B + 6\varphi_C - 8.75\Delta = 0 \tag{3}$$

方程（1）、(2)、(3) 联立，解得

$$\varphi_B = 1.495,\quad \varphi_C = -5.987,\quad \Delta = -1.975$$

(4) 求各杆杆端弯矩

将结点位移代入杆端弯矩表达式，得

$$M_{BA} = 3\times 1.495 + 45 = 49.49\text{kN}\cdot\text{m}$$

$$M_{CD} = 3\times(-5.987) = -17.96\text{kN}\cdot\text{m}$$

$$M_{BC} = 4\times 1.495 + 2\times(-5.987) - 50 = -55.99\text{kN}\cdot\text{m}$$

$$M_{CB} = 2\times 1.495 + 4\times(-5.987) + 50 = 29.04\text{kN}\cdot\text{m}$$

$$M_{BE} = 3\times 1.495 - 1.125\times(-1.795) = 6.50\text{kN}\cdot\text{m}$$

$$M_{EB} = 1.5\times 1.495 - 1.125\times(-1.795) = 4.26\text{kN}\cdot\text{m}$$

$$M_{CF} = 2\times(-5.987) - 0.5\times(-1.795) = -11.08\text{kN}\cdot\text{m}$$

$$M_{FC} = -5.987 - 0.5\times(-1.795) = -5.09\text{kN}\cdot\text{m}$$

(5) 作内力图

根据杆端弯矩即可做出弯矩图，如图 9-41d 所示。

利用各杆的平衡条件或转角位移方程求出杆端剪力，作剪力图，如图 9-41e 所示。

利用结点平衡条件，求出杆端轴力，作轴力图，如图 9-41f 所示。

(6) 校核

从图 9-41g 可看出，结点 B、C 满足力矩平衡条件。取横梁 $ABCD$ 为隔离体（图 9-41h），校核平衡条件

$$\Sigma X = 2.69 - 2.69 = 0$$

$$\Sigma Y = 17.63 + 107.76 + 59.10 - 60 - 24\times 5 - 4.49 = 0$$

满足，故计算无误。

§9-6　用位移法分析具有剪力静定杆的刚架

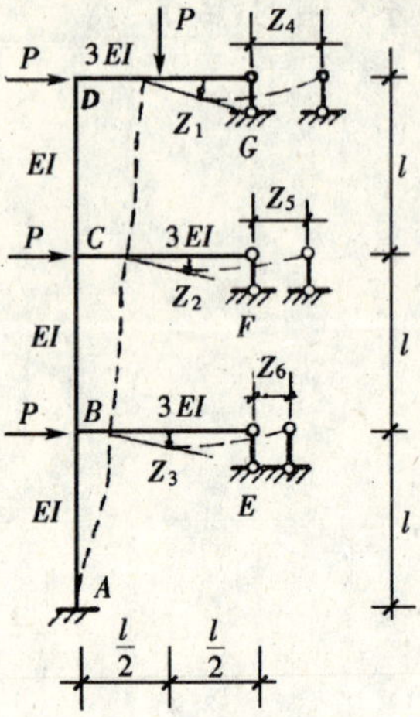

图 9-42　具有剪力静定杆的刚架

如图 9-42 所示的刚架，在荷载作用下，B、C、D 三个结点，有三个角位移和三个水平线位移，共有六个位移未知量，用前一节所述的位移法计算，显然是较繁的。但考虑到该刚架具有以下特点，可使独立位移未知量大为减少。

(1) 各柱两端的结点虽有侧向线位移，但各层柱子的剪力是静定的，称它为剪力静定杆。如上层柱的剪力可由静力平衡条件直接得到 $Q_{CD}=P$，同理可得中间层柱子的剪力 $Q_{BC}=2P$，底层柱的剪力 $Q_{AB}=3P$。

(2) 各层横梁的两端无垂直于杆轴的相对线位移，称它为无侧移杆。

考虑到上述特点，所以在确定位移法的独立位移未知量时，可以不把各柱端的侧移作为独立的位移未知量，从而使位移未知量减为三个角位移，使计算得以简化。在选取位移法的基本结构时，只需在刚性结点上加上阻止转动的刚臂约束即可，如图 9-43a 所示。在该基本结构中，由于各层柱端无侧向约束，柱子两端有相对线位移，而无角位移，所以各层柱子可视为上端可作水平滑动的定向支座，下端固定的杆件，从而满足剪力静定的要求。如中间的柱子 BC，其计算简图如图 9-43b 所示，柱顶承受的剪力等于柱顶以上各层所有水平荷载的代数和，因此 $Q_{BC}=2P$。利用表 9-1 可求出该柱的柱端弯矩 $M_{CB}=M_{BC}=-Pl$。同

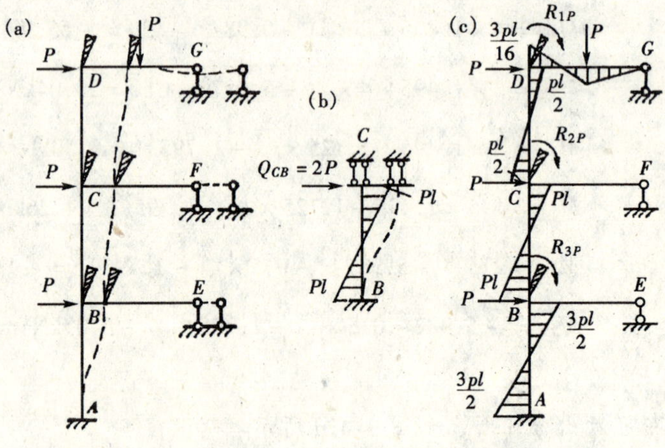

图 9-43　具有剪力静定杆的刚架的计算

(a)位移法基本结构；(b)柱子 BC 的计算简图；(c)荷载作用下的 M_P 图

理，可求出其他各柱的柱端弯矩。各横梁的梁端虽有水平位移，但它对梁的内力无影响，因此，在上述基本结构中，各横梁可视为一端固定一端铰支的杆件，利用表 9-1 求出其梁端的弯矩，如上层横梁 DG 的端弯矩 $M_{DG}=-\dfrac{3Pl}{16}$。将所得出的各梁端和各柱端的弯矩绘在基本结构上，如图 9-43c 所示（M_P 图）。由各结点的平衡条件，可得

$$R_{1P} = -\frac{3Pl}{16} - \frac{Pl}{2} = -\frac{11Pl}{16}$$

$$R_{2P} = -\frac{Pl}{2} - Pl = -\frac{3Pl}{2}$$

$$R_{3P} = -Pl - \frac{3Pl}{2} = -\frac{5Pl}{2}$$

图 9-44a 为 $Z_1 = 1$ 时，基本结构的变形和单位弯矩图 $\overline{M}_1$。CD 柱的计算简图如 9-44b 所示，当其定向端顺时针转动 $Z_1 = 1$ 时，该端会向右移动，而无剪力，即处于纯弯曲受力状态。这种情况与上端固定下端定向支承，当固定端转动 $Z_1 = 1$ 时的变形和受力状态（图 9-44c）是相同的，其柱端弯矩可从表 9-1 中查得。至于 AB 柱和 BC 柱，由于柱端无转角，故不产生弯矩。由 $\overline{M}_1$ 图各结点的平衡条件，可得

$$r_{11} = \frac{3EI}{l} + \frac{EI}{l} = \frac{4EI}{l}$$

$$r_{21} = -\frac{EI}{l}$$

$$r_{31} = 0$$

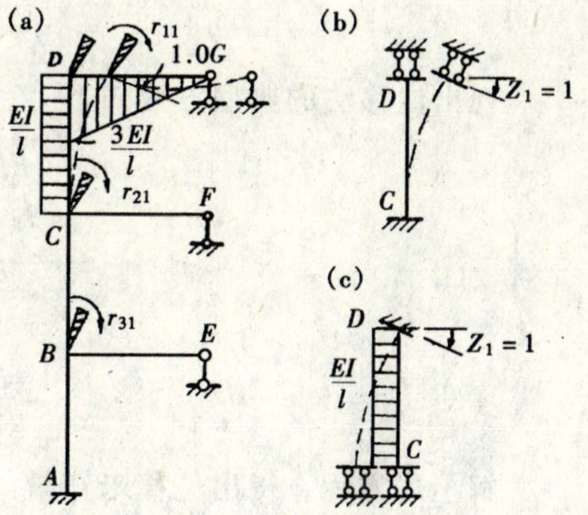

图 9-44　具有剪力静定杆的刚架的计算

(a)基本结构的变形和单位弯矩图 $\overline{M}_1$；(b) CD 柱的计算简图；(c) $Z_1 = 1$ 时 CD 柱的变形和受力

图 9-45a 为 $Z_2 = 1$ 时，基本结构的变形和单位弯矩图 $\overline{M}_2$。这时 CD、BC 柱的计算简图如图 9-45b、c 所示。由 M_2 图各结点的平衡条件，可得

$$r_{12} = -\frac{EI}{l}$$

$$r_{22} = \frac{EI}{l} + \frac{EI}{l} + \frac{3EI}{l} = \frac{5EI}{l}$$

$$r_{32} = -\frac{EI}{l}$$

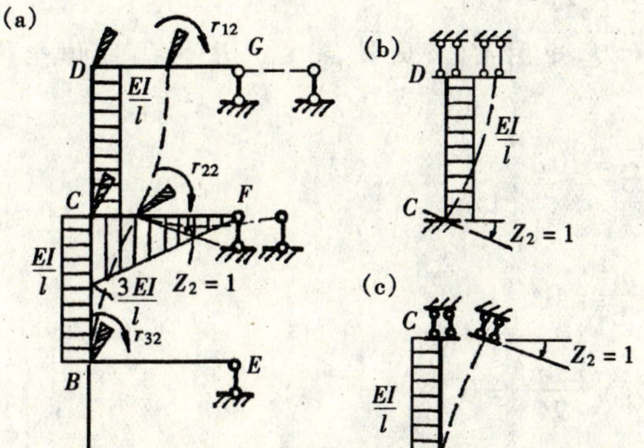

图 9-45　具有剪力静定杆的刚架的计算

(a) 基本结构的变形和单位弯矩图 $\overline{M}_2$；(b) CD 柱的计算简图；(c) BC 柱的计算简图

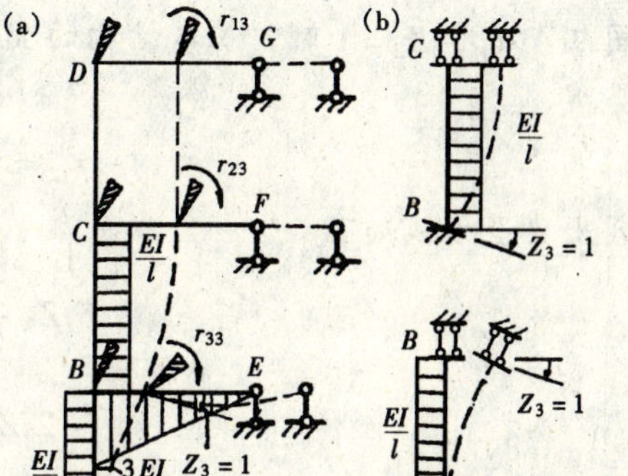

图 9-46　具有剪力静定杆的刚架的计算

(a)基本结构的变形和单位弯矩图 $\overline{M}_3$；(b) BC 柱的计算简图；(c) AB 柱的计算简图

图 9-46a 为 $Z_3=1$ 时，基本结构的变形和单位弯矩图$\overline{M}_3$。这时，BC 和 AB 柱的计算简图如图 9-46b 所示。由$\overline{M}_3$ 图各结点的平衡条件，可得

$$r_{13}=0$$

$$r_{23}=-\frac{EI}{l}$$

$$r_{33}=\frac{EI}{l}+\frac{EI}{l}+\frac{3EI}{l}=\frac{5EI}{l}$$

列出位移法的典型方程如下

$$\frac{4EI}{l}Z_1-\frac{EI}{l}Z_2-\frac{11Pl}{16}=0$$

$$-\frac{EI}{l}Z_1+\frac{5EI}{l}Z_2-\frac{EI}{l}Z_3-\frac{3Pl}{2}=0$$

$$-\frac{EI}{l}Z_2+\frac{5EI}{l}Z_3-\frac{5Pl}{2}=0$$

解上述方程，得出位移未知量。最后根据叠加原理，可绘出最后弯矩图。

例 9-9 用位移法求图 9-47a 所示刚架的弯矩图。

解 在此刚架中，AB 柱和 BC 柱为剪力静定杆，在结点 B 和结点 C 上各有一个独立的角位移未知量。因此，在结点 B、C 加上阻止转动的附加刚臂，得到位移法的基本结构，如图 9-47b 所示。绘出荷载作用在基本结构上的弯矩图 M_P（图 9-47b）。由结点 C 和结点 B 的隔离体的力矩平衡条件，可分别得到

$$R_{1P}=\frac{ql^2}{6}$$

$$R_{2P}=\frac{ql^2}{8}+\frac{ql^2}{2}+\frac{ql^2}{3}=\frac{23ql^2}{24}$$

图 9-47c 为 $Z_1=1$ 时，基本结构的变形和单位弯矩图$\overline{M}_1$，由结点 C、B 的隔离体平衡条件，得

$$r_{11}=5i,\quad r_{21}=-2i$$

图 9-47d 为 $Z_2=1$ 时，基本结构的变形和单位弯矩图$\overline{M}_2$，由结点 C、B 的隔离体平衡条件，得

$$r_{12}=-2i,\quad r_{22}=10i$$

列出典型方程如下

$$5iZ_1-2iZ_2+\frac{ql^2}{6}=0$$

$$-2iZ_1+10iZ_2+\frac{23qi^2}{24}=0$$

解得

$$Z_1=-\frac{43ql^2}{552i},\quad Z_2=-\frac{61.5ql^2}{552i}$$

根据叠加原理 $M=\overline{M}_1Z_1+\overline{M}_2Z_2+M_P$ 求出各杆端的弯矩值，由此绘出最后弯矩图，如图 9-47e 所示。

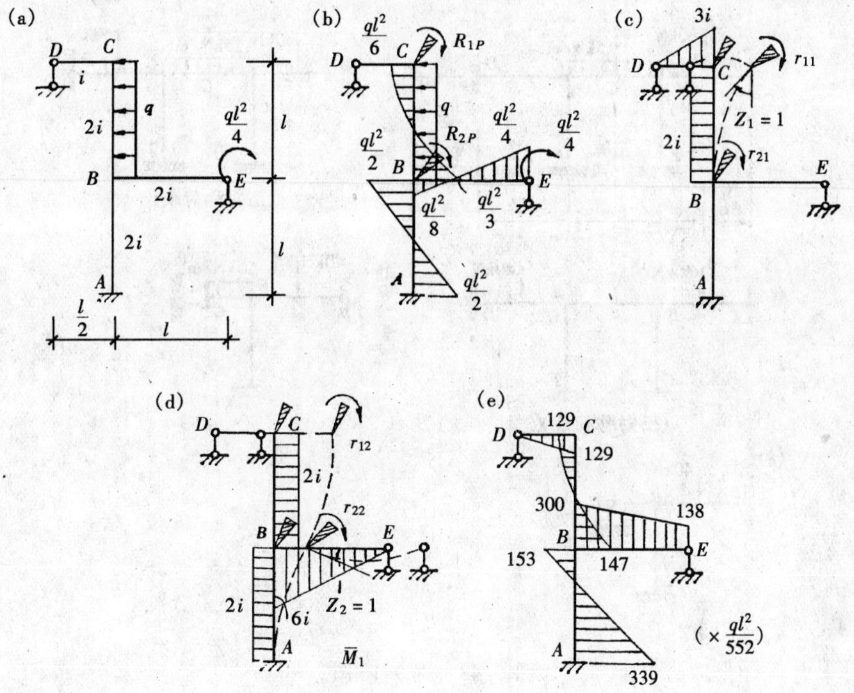

图 9-47 例 9-9 图

(a) 刚架及荷载；(b) M_P 图；(c) $\overline{M}_1$ 图；(d) $\overline{M}_2$ 图；(e) 最后弯矩图

§9-7 用位移法计算对称结构

在工程中对称的连续梁和刚架应用很多。在力法中曾经讨论过对称结构在任意荷载作用下的简化计算方法，将作用于对称结构上的任意荷载，分为对称荷载和反对称荷载两部分分别计算，然后叠加。对称结构在对称荷载作用下，其变形是对称的，弯矩图和轴力图是对称的，而剪力图是反对称的；对称结构在反对称荷载作用下，其变形是反对称的，弯矩图和轴力图是反对称的，而剪力图是对称的。利用这些特性，用位移法计算对称连续梁或对称刚架时，我们可以取这些结构的半结构进行计算。

例 9-10 试计算图 9-48a 所示刚架。设 $EI=$ 常数。

解 由于此刚架为一对称刚架，故可利用对称性以简化计算。将荷载分解成一组正对称的（图 9-48b）和一组反对称的（图 9-48c），然后分别各取相应的半刚架（图 9-48d，e）进行计算。

(1) 正对称荷载作用下的计算

取基本结构如图 9-49a 所示，基本未知量只有（结点 B 的角位移）Z_1。根据附加刚臂上的反力偶等于零的条件，建立位移法方程为

$$r_{11}Z_1 + R_{1P} = 0$$

为了计算系数和自由项，应先做出 $\overline{M}_1$ 和 M_P 图，它们分别示于图 9-49b、c。图中竖标均根据表 9-1 逐杆绘出，且在计算中采用了相对刚度，即令 $EI=6$，因而

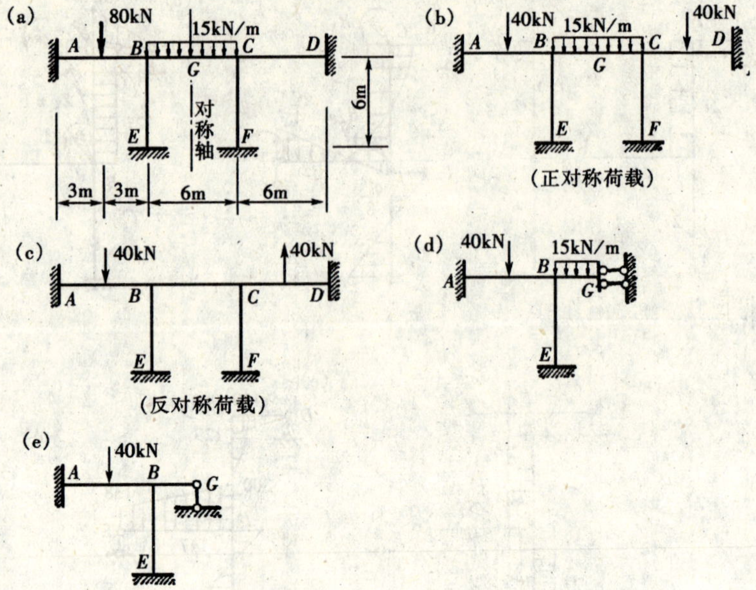

图 9-48　例 9-10 图

(a) 对称结构；(b) 对称荷载；(c) 反对称荷载；

(d) 对称荷载下的半刚架；(e) 反对称荷载下的半刚架

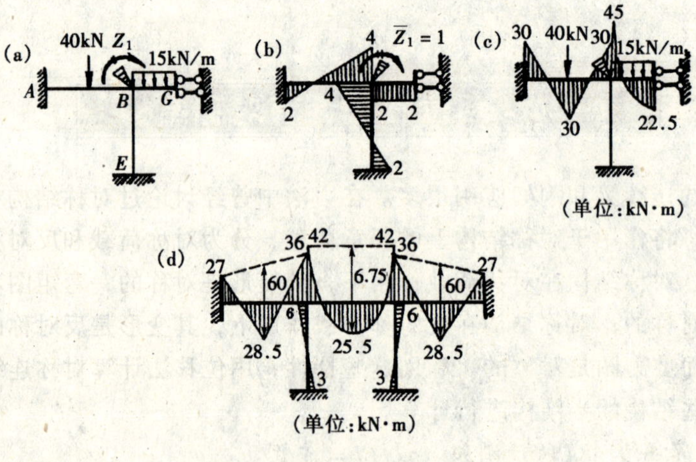

图 9-49　对称荷载下的半刚架的计算

(a) 基本结构；(b) $\overline{M}_1$ 图；(c) M_P 图；(d) M 图

$$i_{AB}=i_{BE}=\frac{EI}{l}=1,\quad i_{BG}=2$$

由 $\overline{M}_1$ 和 M_P 图可求得

$$r_{11}=4+4+2=10$$

$$R_{1P}=30-45=-15$$

代入位移法方程可解得

$$Z_1 = -\frac{R_{1P}}{r_{11}} = 1.5$$

根据叠加原理 $M = \overline{M}_1 Z_1 + M_P$，绘出刚架在正对称荷载作用下的弯矩图如图 9-49d 所示。

(2) 反对称荷载作用下的计算

基本结构如图 9-50a 所示，其基本未知量也只有一个。绘出 $\overline{M}_1$ 和 M_P 图分别如图 9-50b、c 所示。据此可求得

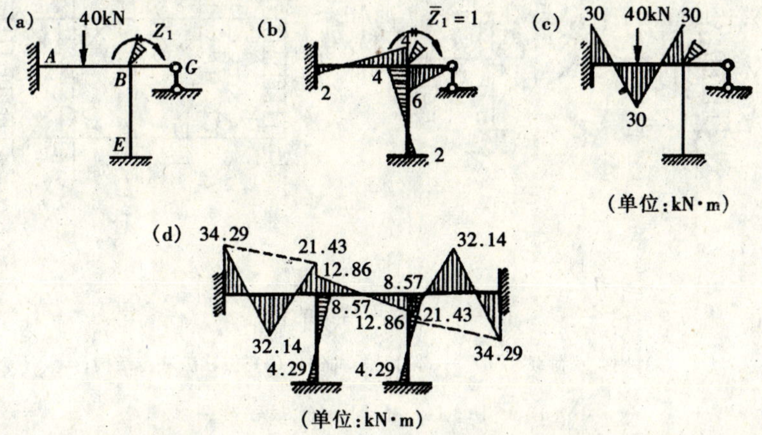

图 9-50　反对称荷载下的半刚架的计算

(a) 基本结构；(b) $\overline{M}_1$ 图；(c) M_P 图；(d) M 图

$$r_{11} = 4 + 4 + 6 = 14$$

$$R_{1P} = 30$$

故

$$Z_1 = -\frac{R_{1P}}{r_{11}} = -\frac{30}{14}$$

根据叠加原理 $M = \overline{M}_1 Z_1 + M_P$，绘出刚架在反对称荷载作用下的弯矩图，如图 9-50d 所示。

最后，把图 9-49d 与图 9-50d 进行叠加，即得原结构的最后弯矩图，如图 9-51 所示。

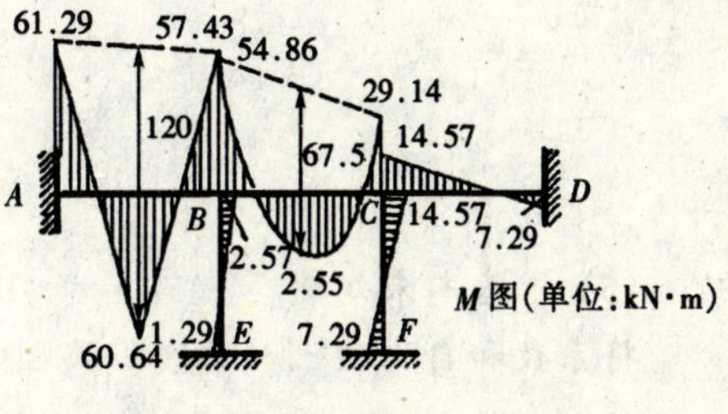

图 9-51　原结构的最后弯矩图

例 9-11　试计算图 9-52a 所示刚架，并做出弯矩图。设各杆的 EI 为常数。

解　图示刚架无支座支承，在承受相互平衡的一组荷载作用时，仍可计算它的内力。

(1) 基本未知量

由于刚架和荷载都具有两个对称轴，因此，可以取刚架的 $\frac{1}{4}$ 部分进行计算。相应的计算简图如图 9-52b 所示。取结点 A 的角位移 Z_1 作为基本未知量。

(2) 基本结构

在计算简图所示结构的结点 A 处加附加刚臂，构成基本结构如图 9-52c 所示。

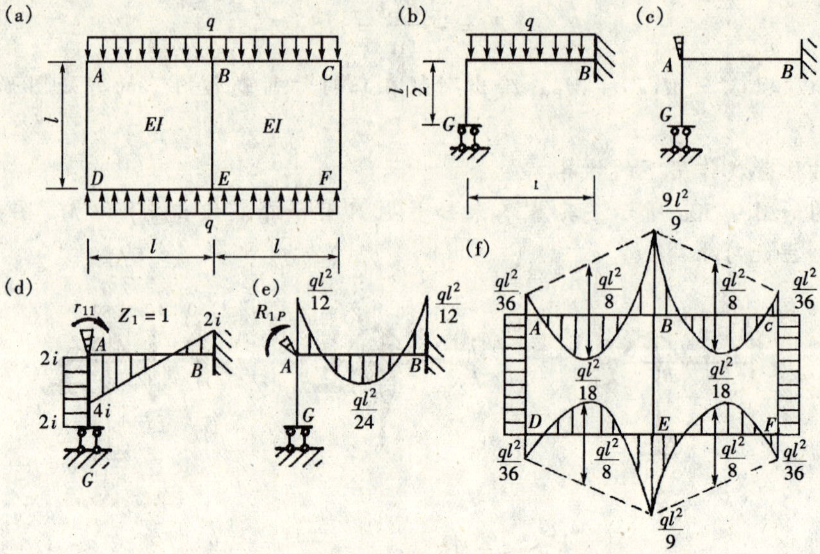

图 9-52 对称结构的计算

(a) 刚架及荷载；(b) $\frac{1}{4}$部分计算简图；(c) 位移法基本结构；

(d) $\overline{M}_1$ 图；(e) M_P 图；(f) 最后 M 图

(3) 位移法典型方程

$$r_{11}Z_1+R_{1P}=0$$

(4) 求系数和自由项

设 $i=\frac{EI}{l}$，各杆的线刚度为

$$i_{AB}=i,\ i_{AG}=2i$$

分别做出基本结构在 $Z_1=1$ 和荷载单独作用下的 $\overline{M}_1$ 和 M_P 图，如图 9-52d、e 所示。分别从 $\overline{M}_1$ 和 M_P 图上截取结点 B 为隔离体，利用平衡条件 $\Sigma M_B=0$，可得

$$r_{11}=4i+2i=6i$$

$$R_{1P}=-\frac{1}{12}ql^2$$

(5) 求基本未知量

将系数和自由项代入位移法典型方程，得

$$6iZ_1-\frac{1}{12}ql^2=0$$

解得

$$Z_1=\frac{1}{72i}ql^2$$

(6) 作弯矩图

利用公式 $M=\overline{M}_1Z_1+M_P$ 求出各杆杆端弯矩。根据杆端弯矩并利用对称性绘制弯矩图，如图 9-52f 所示。

例 9-12　求作图 9-53a 所示吊桥结构的内力图，吊杆的 EA 等于横梁 EI 的 $\frac{1}{20}/m$。

解　(1) 基本未知量

图 9-53a 是一个受对称荷载作用的对称结构，在对称轴上的截面 C 没有转角。计算时取半结构如图 9-53b 所示。取结点 B 的转角 Z_1 和竖向位移 Z_2 为基本未知量（图 9-53c）。

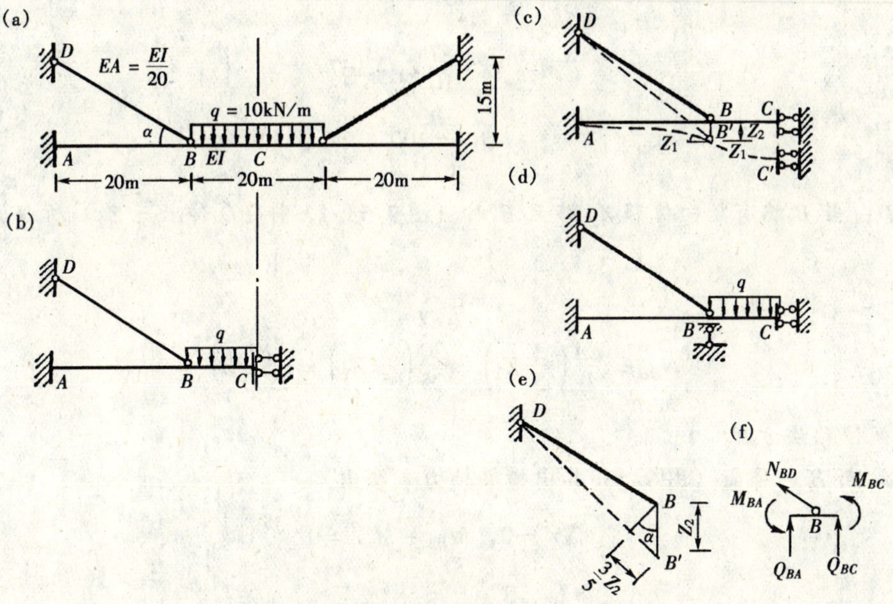

图 9-53　组合结构的计算

(a) 吊桥结构计算简图；(b) 对称半结构；(c) 基本未知量及变形；
(d) 基本结构；(e) B 端竖向位移图；(f) 结点 B 隔离体

(2) 求固端力

在结点 B 加附加约束，以控制其转动和移动（图 9-53d）。查表 9-1 求出固端弯矩和剪力如下

$$M_{BC}^F = -\frac{ql^2}{3} = -\frac{10 \times 10^2}{3} = -333\text{kN} \cdot \text{m}$$

$$M_{CB}^F = -\frac{ql^2}{6} = -\frac{10 \times 10^2}{6} = -167\text{kN} \cdot \text{m}$$

$$Q_{BC}^F = ql = 10 \times 10 = 100\text{kN}$$

$$Q_{CB}^F = 0$$

(3) 求杆端力

按等截面直杆的转角位移方程求杆端力，先求由转角位移 Z_1 和竖向位移 Z_2 和所产生的杆端力。对有荷载作用的杆，再叠加上固端力，即得杆端力

杆 AB：

$$M_{AB} = 2i_{AB}Z_1 - 6i_{AB}\frac{Z_2}{l} = 2\frac{EI}{20}Z_1 - \frac{6EI}{20^2}Z_2$$

$$M_{BA} = 4i_{AB}Z_1 - 6i_{AB}\frac{Z_2}{l} = 4\frac{EI}{20}Z_1 - \frac{6EI}{20^2}Z_2$$

$$Q_{BA} = -\frac{M_{AB} + M_{BA}}{l} = -\frac{6EI}{20^2}Z_1 + \frac{12EI}{20^3}Z_2$$

杆 BC：因为 C 端为滑动支承端，B 端有线位移时，不引起杆端弯矩，所以

$$M_{BC} = \frac{EI}{10}Z_1 - 333$$

$$M_{CB} = -\frac{EI}{10}Z_1 - 167$$

$$Q_{BC} = 100$$

杆 BD：当 B 端有竖向位移 Z_2 移至 B' 时（图 9-53e），杆 BD 伸长 $\frac{3}{5}Z_2$。所以，链杆 BD 的轴力为

$$N_{BD} = \frac{EA}{l}\left(\frac{3}{5}Z_2\right) = \frac{\frac{EI}{20}}{25}\left(\frac{3}{5}Z_2\right) = \frac{3EI}{2500}Z_2$$

（4）列位移法方程

考虑结点 B 的平衡（图 9-53f 其中横梁轴力未画出）

$$\Sigma M = 0,\ M_{BA} + M_{BC} = 0$$

$$\Sigma Y = 0,\ \frac{3}{5}N_{BD} + Q_{BA} - Q_{BC} = 0$$

将上式求出的杆端力代入，整理后得

$$\frac{EI}{10}Z_1 - \frac{EI}{200}Z_2 - 111 = 0$$

$$-\frac{EI}{200}Z_1 + \frac{111EI}{50000}Z_2 - 100 = 0$$

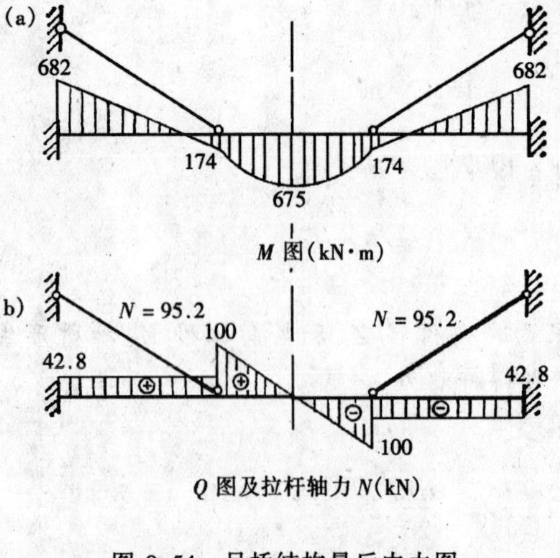

图 9-54　吊桥结构最后内力图

（a）弯矩图；（b）剪力图

（5）解方程得

$$Z_1 = \frac{5080}{EI},\ Z_2 = \frac{79400}{EI}$$

（6）求各杆端力，并绘制内力图

将求得的 Z_1 和 Z_2 代入等截面直杆转角位移方程，求得各杆端力为

$$M_{AB} = \frac{1}{10}\times(5080) - \frac{6}{20^2}\times(79400) = -682\text{kN·m}$$

$$M_{BA} = \frac{4}{20}\times(5080) - \frac{6}{20^2}\times(79400) = -174\text{kN·m}$$

$$Q_{AB} = -\frac{6}{20}\times(5080) + \frac{12}{20^3}\times(79400) = 42.8\text{kN}$$

$$M_{BC}=\frac{1}{10}\times(5080)-333=174\text{kN}\cdot\text{m}$$

$$M_{BC}=-\frac{1}{10}\times(5080)-167=-675\text{kN}\cdot\text{m}$$

$$Q_{BC}=100\text{kN}$$

$$N_{BD}=\frac{3}{2500}\times(79400)=95.2\text{kN}$$

根据求出的内力绘制弯矩图和剪力图以及拉杆的轴力，如图 9-54a、b 所示。

§9-8　支座位移和温度变化影响下超静定结构的计算

一、由于支座位移引起的内力计算

超静定结构当支座产生已知的位移（移动或转动）时，结构中一般会引起内力。用位移法计算时，基本未知量和基本方程以及作题步骤都与荷载作用时一样，不同的只有固端力一项，例如由荷载作用产生的固端弯矩改变成由已知位移作用产生的"固端弯矩"。具体计算通过下面的例题说明。

例 9-13　已知图 9-55a 所示刚架的支座 A 顺时针转动 0.01rad；支座 B 向下沉陷 $0.02l$。试用位移法绘制其弯矩图。

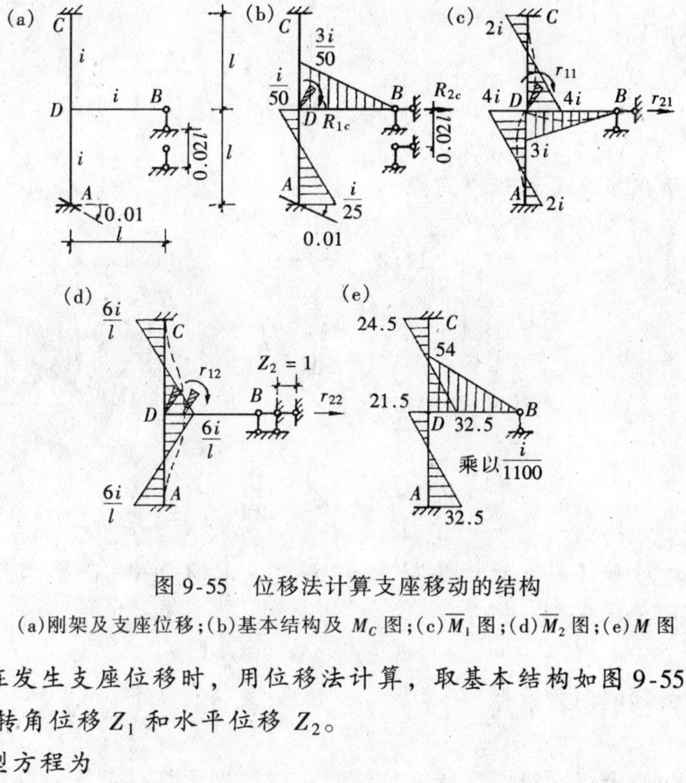

图 9-55　位移法计算支座移动的结构

(a)刚架及支座位移；(b)基本结构及 M_C 图；(c)$\overline{M}_1$ 图；(d)$\overline{M}_2$ 图；(e)M 图

解　此刚架在发生支座位移时，用位移法计算，取基本结构如图 9-55b 所示。基本未知量为结点 D 上的转角位移 Z_1 和水平位移 Z_2。

位移法的典型方程为

$$r_{11}Z_1+r_{12}Z_2+R_{1C}=0$$

$$r_{21}Z_1 + r_{22}Z_2 + R_{2C} = 0$$

式中 R_{1C}、R_{2C}分别表示基本结构在支座位移作用下在附加约束中产生的约束力。

在图 9-55b 所示的基本结构中，在支座位移作用下各杆端产生的固端弯矩，经查表 9-1 得出

$$M_{DB}^F = -\frac{3i}{l} \times 0.02l = -\frac{3i}{50}$$

$$M_{DA}^F = 2i \times 0.01 = \frac{i}{50}$$

$$M_{AD}^F = 4i \times 0.01 = \frac{i}{25}$$

将上述结果绘于基本结构上，称它为 M_C 图，如图 9-55b 所示。由此可得

$$R_{1C} = \frac{i}{50} - \frac{3i}{50} = -\frac{i}{25}$$

$$R_{2C} = -\frac{3i}{50l}$$

基本结构在 $Z_1 = 1$ 作用下的$\overline{M}_1$ 图，如图 9-55c 所示。由此可得

$$r_{11} = 11i$$

基本结构在 $Z_2 = 1$ 作用下的$\overline{M}_2$ 图，如图 9-55d 所示。由此可得

$$r_{12} = r_{21} = 0$$

$$r_{22} = \frac{24i}{l^2}$$

将以上系数和自由项代入典型方程中，得

$$11iZ_1 - \frac{i}{25} = 0$$

$$\frac{24i}{l^2}Z_2 - \frac{3i}{50l} = 0$$

解得

$$Z_1 = \frac{1}{275}，\ Z_2 = \frac{l}{400}$$

最后，根据叠加原理得到弯矩计算式 $M = \overline{M}_1 Z_1 + \overline{M}_2 Z_2 + M_C$，求出各杆端的最后弯矩值，并绘出弯矩图示于图 9-55e 中。

二、由于温度变化引起的内力计算

对于温度变化的假定仍同第 7 章计算位移时一样，即沿杆件截面的高度，温度按直线规律变化。这样，在位移法的基本结构中，温度对变形的影响可以分解成两部分：一部分是沿

截面高度均匀变化（即平均温度 t_0），单纯引起杆件长度的变化；另一部分是对中和轴反对称变化（即温度变化之差 Δt），此时各杆并不伸长（或缩短），单纯使杆件引起弯曲变形。

用位移法计算温度变化产生的内力，需要预先用力法推导出由于温度变化在单跨超静定梁中引起的杆端内力计算公式，如表 9-1 所示。

用位移法计算温度变化引起的内力时，仍旧采用和荷载作用时相同的基本结构，仍旧根据附加约束的总反力为零的条件建立典型方程。所不同的是自由项 R_{it} 的计算。R_{it} 表示由于温度变化在基本结构的第 i 个附加约束中所引起的反力。为计算方便起见，通常把 R_{it} 分解为 R'_{it} 和 R''_{it} 两部分。其中 R'_{it} 表示由于温度均匀变化在附加约束中产生的反力，R''_{it} 表示由于温度变化之差在附加约束中产生的反力。

例 9-14　已知图 9-56a 所示刚架结构各杆的截面为矩形，其高度为 $h=\dfrac{l}{10}$，线膨胀系数为 α，刚度 EI 均相同。刚架发生温度变化为 $t_1=40℃$，$t_2=20℃$，试用位移法求作其弯矩图。

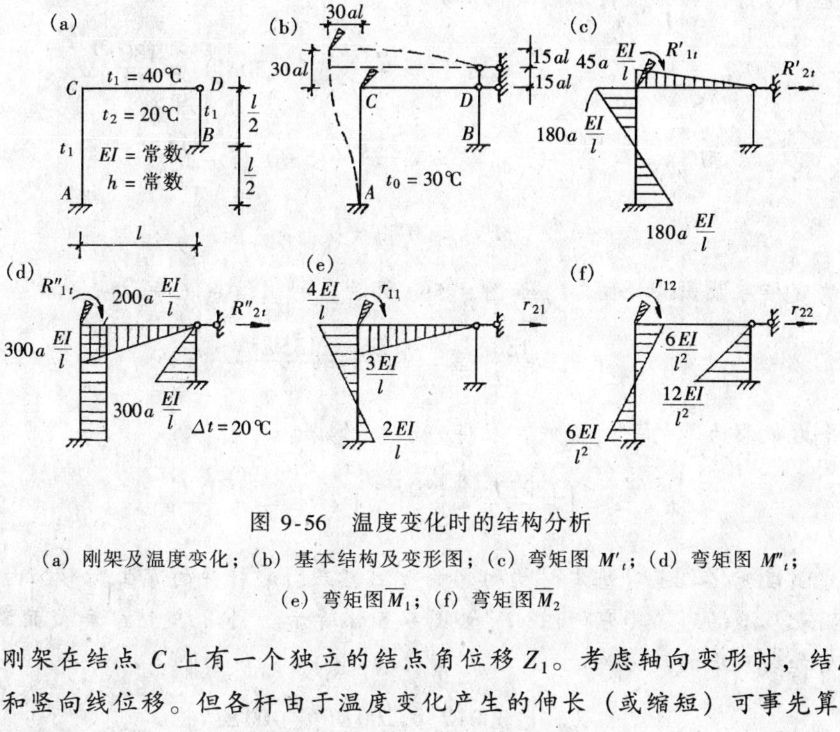

图 9-56　温度变化时的结构分析

（a）刚架及温度变化；（b）基本结构及变形图；（c）弯矩图 M'_t；（d）弯矩图 M''_t；（e）弯矩图 $\overline{M}_1$；（f）弯矩图 $\overline{M}_2$

解　此刚架在结点 C 上有一个独立的结点角位移 Z_1。考虑轴向变形时，结点 C、D 均分别有水平和竖向线位移。但各杆由于温度变化产生的伸长（或缩短）可事先算出，因此两结点的竖向位移即为已知；在求出了一个结点的水平位移之后，另一结点的水平位移也就随之确定。所以独立的结点线位移只有一个，今以结点 D 的水平位移 Z_2 作为基本未知量。于是此刚架只有两个基本未知量，位移法的典型方程为

$$r_{11}Z_1+r_{12}Z_2+R'_{1t}+R''_{2t}=0$$

$$r_{21}Z_1+r_{22}Z_2+R'_{2t}+R''_{2t}=0$$

为求自由项 R'_{it} 和 R''_{it}，应算出基本结构在温度变化时各杆的固端弯矩并绘出 M_t 图。为此，先考虑平均温度对基本结构的影响。

平均温度

$$t_0=\frac{t_1+t_2}{2}=\frac{40+20}{2}=30℃$$

温度变化之差

$$\Delta t=t_1-t_2=40-20=20℃$$

现忽略刚架的轴力对杆轴的温度伸缩的限制作用，算出各杆件的长度变化如下：

AC 杆　　$\Delta l_{AC}=\alpha t_0 l=30\alpha l$

CD 杆　　$\Delta l_{CD}=\alpha t_0 l=30\alpha l$

BD 杆　　$\Delta l_{BD}=\alpha t_0\frac{l}{2}=15\alpha l$

图 9-56b 虚线表示基本结构的变形图。由此得到各杆的侧向相对位移为

$$\Delta_{AC}=-30\alpha l，\Delta_{CD}=15\alpha l，\Delta_{BD}=0$$

根据等截面直杆转角位移方程得各杆端的弯矩为

$$M'_{AC}=M'_{CA}=-\frac{6EI}{l^2}(\Delta_{AC})=-\frac{6EI}{l^2}(-30\alpha l)=\frac{180EI}{l}\alpha$$

$$M'_{CD}=-\frac{3EI}{l^2}(\Delta_{CD})=-\frac{3EI}{l^2}(15\alpha l)=-\frac{45EI}{l}\alpha$$

$$M'_{BD}=M'_{DB}=0$$

根据上述杆端弯矩可做出弯矩图 M'_t 如图 9-56c 所示。利用结点 C 的力矩平衡条件，求出

$$R'_{1t}=\frac{180EI}{l}\alpha-\frac{45EI}{l}\alpha=\frac{135EI}{l}\alpha$$

利用截面水平力投影为零的平衡条件，求得

$$R'_{2t}=-\left(\frac{180EI}{l}\alpha+\frac{180EI}{l}\alpha\right)\div l=-\frac{360EI}{l^2}\alpha$$

其次考虑温度变化之差对基本结构的影响。温差只引起杆件的弯曲变形，由此引起的杆端弯矩可利用表 9-1 得到。其弯矩图 M''_t 如图 9-56d 所示。利用结点 C 和截面的平衡条件，可以求出各附加约束中的反力为

$$R''_{1t}=\frac{300EI}{l}\alpha-\frac{200EI}{l}\alpha=\frac{100EI}{l}\alpha$$

$$R''_{2t}=\frac{300EI}{l}\alpha\div\frac{l}{2}=\frac{600EI}{l^2}\alpha$$

基本结构在 $Z_1=1$ 和 $Z_2=1$ 作用下的弯矩图 $\overline{M}_1$ 和 $\overline{M}_2$，如图 9-56e、f 所示。由此可得

$$r_{11}=\frac{7EI}{l}，r_{22}=\frac{36EI}{l^3}$$

$$r_{12}=r_{21}=-\frac{6EI}{l^2}$$

将求得的全部系数和自由项代入典型方程中，得

$$\frac{7EI}{l}Z_1-\frac{6EI}{l^2}Z_2+\frac{235EI}{l}\alpha=0$$

$$-\frac{6EI}{l^2}Z_1+\frac{36EI}{l^3}Z_2+\frac{24EI}{l^2}\alpha=0$$

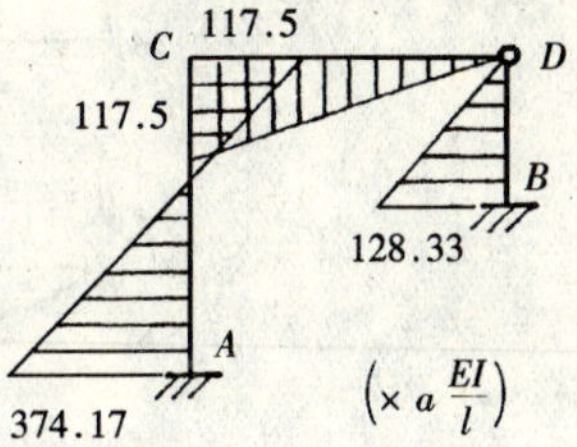

图 9-57 最后弯矩图

解方程得

$$Z_1=-\frac{275}{6}\alpha,\ Z_2=-\frac{515}{36}l\alpha$$

最后，根据叠加原理得到弯矩计算式 $M=\overline{M}_1Z_1+\overline{M}_2Z_2+M_C$，求出各杆端的最后弯矩值，并绘出弯矩图如图 9-57 所示。

§9-9 位移法计算变截面结构

在实际工程中，为了节约材料，往往采用变截面杆件，以适用内力的分布，从而达到合理使用材料的目的。例如图 9-58a 所示的加腋梁的刚架，具有直线加腋梁的箱形立体桥，如图 9-58b 所示，曲线加腋的连续梁桥（图 9-58c）等，都是变截面结构的例子。很多情况下，在弯矩和剪力较大的截面，采用变截面杆件不仅能改善杆件的受力情况，而且对钢筋混凝土结构来说也有利于其结点处的钢筋布置。用位移法计算变截面连续梁和刚架，在原理上与计算等截面杆件的同类结构并无不同之处，但变截面杆件的转角位移方程中的系数和固端弯矩的数值与等截面杆的有所不同，他们将随截面变化规律的不同而异，需另行推导。为此，先介绍几个有关名词，然后再推导其转角位移方程。

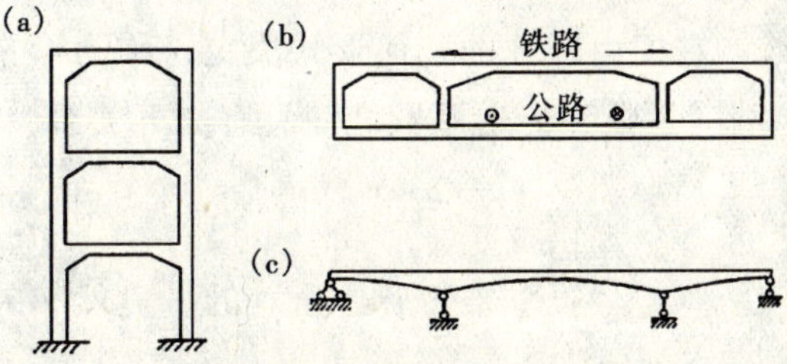

图 9-58 变截面结构

(a) 带加腋梁的刚架；(b) 加腋梁的箱形桥；(c) 带加腋的连续梁桥

1. 刚度系数 S

图 9-59a 所示一两端固定的变截面梁，若在 A 端施加某一力矩，使该端恰好转动单位角度，此力矩即称为 AB 杆在 A 端的刚度系数（又称为转动刚度或劲度系数），并以 S_{AB} 表示（图 9-56b）。同理，若在 B 端施加某一力矩而使该端转动单位角度，则此力矩称为 AB 杆在 B 端的刚度系数，以 S_{BA} 表示（图 9-59c）。当梁 AB 为等截面杆件时，则由等截面直杆转角位移方程可知：$S_{AB}=S_{BA}=4i$。

2. 传递系数 C

当两端固定梁的任一端发生转动时，其远端弯矩与转动端弯矩的比值，称为杆件由转动端向远端的传递系数，而相应的远端弯矩则称为传递弯矩。例如，当梁 AB 的 A 端发生单位转角时（图 9-59b），则由 A 端到 B 端的传递系数为

$$C_{AB}=\frac{M_{BA}}{M_{AB}}=\frac{M_{BA}}{S_{AB}}$$

其传递弯矩为 $M_{BA}=C_{AB}S_{AB}$。同理，当 B 端发生单位转角时（图 9-59c），则有

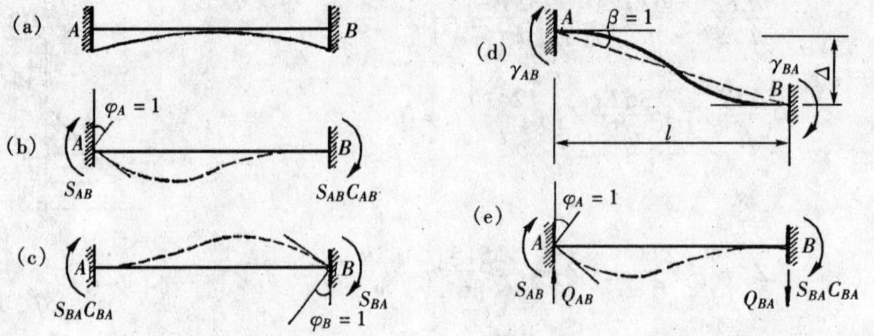

图 9-59　变截面梁的系数

(a) 两端固定的变截面梁；(b)、(c) 刚度系数分析；(d)、(e) 传递系数分析

$$C_{BA} = \frac{M_{AB}}{M_{BA}} = \frac{M_{AB}}{S_{BA}}$$

此时传递弯矩为 $M_{AB} = C_{BA}S_{BA}$。

S_{AB}、S_{BA}、C_{AB}、C_{BA}是变截面杆件的四个常数，它们由杆件的几何形式决定，称为形常数。根据反力互等定理可知（参看图 9-59b、c），刚度系数和传递系数之间具有如下关系：

$$S_{AB}C_{AB} = S_{BA}C_{BA}$$

由此可知，在一般情况下，四个常数 S_{AB}、S_{BA}、C_{AB}、C_{BA}中只有三个是独立的。显然，对于等截面杆件有 $C_{AB} = C_{BA} = \frac{2i}{4i} = \frac{1}{2}$。

3. 侧移系数 γ

如图 9-59d 所示两端固定的变截面梁，当其两端发生相对线位移 Δ 时，若弦转角 $\beta = \frac{\Delta}{l} = 1$，则由此产生的两端弯矩称为侧移系数，并分别以 γ_{AB}和γ_{BA}表示。显然，对于等截面杆件，其侧移系数为 $\gamma_{AB} = \gamma_{BA} = -6i$。

一般变截面杆件的侧移系数都可用其刚度系数和传递系数来表示。由图 9-59d、e，根据功的互等定理有：

$$\gamma_{AB} = Q_{BA} \times \Delta$$

其中 Q_{BA}为图 9-59e 所示杆件 B 端的剪力。由图可知：

$$Q_{BA} = -\frac{1}{l}\left(S_{AB} + S_{AB}C_{AB}\right)$$

又

$$\Delta = \beta l = l$$

故

$$\gamma_{AB} = -S_{AB}\left(1 + C_{AB}\right)$$

同理，

$$\gamma_{BA} = -S_{BA}\left(1 + C_{BA}\right)$$

有了上述关系式，我们即可写出变截面杆件的转角位移方程。设两端固定的变截面梁

AB，在其两端各发生转角 φ_A 和 φ_B，且两杆端发生相对线位移 Δ，从而引起弦转角 $\beta_{AB}=\frac{\Delta}{l}$，同时梁上还受到荷载的作用，则根据上述各系数的物理意义及相应公式，并利用叠加原理，可将此种梁的两杆端弯矩表示如下：

$$\begin{aligned}M_{AB}&=S_{AB}\left[\varphi_A+C_{AB}\varphi_B-(1+C_{AB})\beta_{AB}\right]+M_{AB}^F\\M_{BA}&=S_{BA}\left[\varphi_B+C_{BA}\varphi_A-(1+C_{BA})\beta_{AB}\right]+M_{BA}^F\end{aligned}\tag{9-8}$$

这就是两端固定的变截面杆件的转角位移方程。式中 M_{AB}^F 和 M_{BA}^F 分别为梁在荷载作用下在 A、B 两端产生的固端弯矩，其值由杆件的形式及荷载决定。如图 9-60a 所示的直线加腋梁，在集中荷载作用下的固端弯矩可表示为

$$\left.\begin{aligned}M_{AB}^F&=-F_APl\\M_{BA}^F&=+F_BPl\end{aligned}\right\}$$

在均布荷载作用下的固端弯矩可表示为

$$\left.\begin{aligned}M_{AB}^F&=-F_Aql^2\\M_{BA}^F&=+F_Bql^2\end{aligned}\right\}$$

系数 F_A、F_B 通常称为载常数。

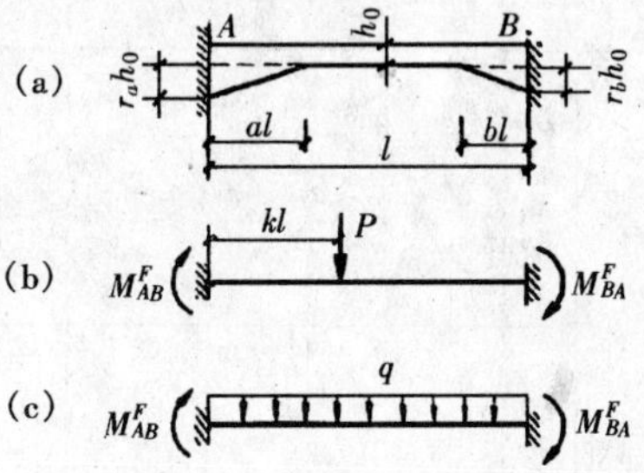

图 9-60　直线加腋梁在荷载作用下的固端弯矩

上述刚度系数、传递系数和固端弯矩都不难用力法分别求得。它们可分为两类：第一类是形常数，即刚度系数和传递系数，共有四个，其大小只与材料性质和截面尺寸形式有关。第二类是载常数，即固端弯矩，其大小不仅与材料性质和截面形式有关，而且还与荷载有关。为应用方便起见，对于各种形式的变截面杆的形常数和载常数，已编制有大量的表格，可参阅有关的专著或设计手册。特将常见的直线加腋梁的形常数和载常数列于表 9-2 和表 9-3 中，以备计算时查阅。

下面我们根据式（9-8）导出几种特殊情况下的变截面杆件转角位移方程。

1. 一端固定另一端铰支

当 B 端为铰支时，则由式（9-8）第二式有

$$M_{BA}=S_{BA}\left[\varphi_B+C_{BA}\varphi_A-(1+C_{BA})\beta_{AB}\right]+M_{BA}^F=0$$

于是得

$$\varphi_B=-C_{BA}\varphi_A+(1+C_{BA})\beta_{AB}-\frac{M_{BA}^F}{S_{BA}}$$

此时 φ_B 不是独立的，将它代入式（9-8）第一式，整理后得

$$M_{AB}=S_{AB}(1-C_{AB}C_{BA})(\varphi_A-\beta_{AB})+(M_{AB}^F-C_{BA}M_{BA}^F)$$

命 S'_{AB} 表示一端固定另一端铰支的变截面杆件在 A 端的修正刚度系数，$M_{AB}^{F'}$ 表示其固端弯矩，它们分别为

$$\left.\begin{aligned}S'_{AB}&=S_{AB}(1-C_{AB}C_{BA})\\M_{AB}^{F'}&=M_{AB}^F-C_{BA}M_{BA}^F\end{aligned}\right\}\tag{9-9}$$

表 9-2　矩形截面对称直线加腋梁的形常数及载常数表

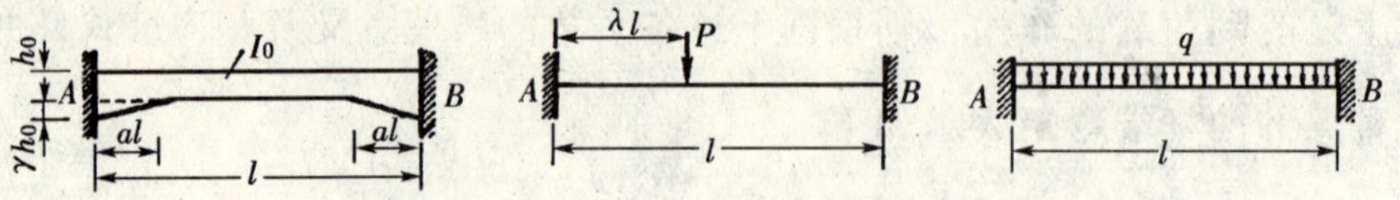

$M_{AB}^F = -F_a Pl$　　$M_{AB}^F = -F_a ql^2$

$M_{BA}^F = F_b Pl$　　$M_{BA}^F = -F_b ql^2$

				α ＼ γ	0.0	0.4	0.6	1.0	1.5	2.0
形常数	传递系数	$C_{AB}=C_{BA}$		0.1	0.500	0.552	0.567	0.588	0.603	0.613
				0.2	0.500	0.588	0.618	0.659	0.691	0.711
				0.3	0.500	0.608	0.647	0.705	0.753	0.785
				0.4	0.500	0.610	0.653	0.720	0.779	0.820
				0.5	0.500	0.595	0.633	0.692	0.748	0.789
	刚度系数	$\frac{S_{AB}}{i_0}=\frac{S_{BA}}{i_0}$		0.1	4.00	4.83	5.12	5.54	5.89	6.11
				0.2	4.00	5.75	6.51	7.81	9.08	10.05
				0.3	4.00	6.65	8.04	10.85	14.27	17.42
				0.4	4.00	7.44	9.50	14.26	21.31	29.36
				0.5	4.00	8.07	10.72	17.34	28.32	41.61
载常数	均布荷载	$F_a=F_b=F$		0.1	0.0833	0.0889	0.0905	0.0925	0.0941	0.0950
				0.2	0.0833	0.0926	0.0954	0.0993	0.1021	0.1039
				0.3	0.0833	0.0945	0.0982	0.1034	0.1074	0.1099
				0.4	0.0833	0.0947	0.0987	0.1046	0.1094	0.1126
				0.5	0.0833	0.0933	0.0969	0.1023	0.1070	0.1103
载常数（固端弯矩系数）	集中荷载	$\lambda=0.1$	F_A	0.1	0.0810	0.0884	0.0906	0.0936	0.0957	0.0969
				0.2	0.0810	0.0885	0.0908	0.0939	0.0962	0.0974
				0.3	0.0810	0.0875	0.0897	0.0924	0.0945	0.0962
				0.4	0.0810	0.0862	0.0880	0.0905	0.0925	0.0939
				0.5	0.0810	0.0852	0.0867	0.0887	0.0903	0.0914
			F_B	0.1	0.0090	0.0060	0.0050	0.0036	0.0025	0.0018
				0.2	0.0090	0.0065	0.0055	0.0039	0.0025	0.0018
				0.3	0.0090	0.0073	0.0066	0.0052	0.0039	0.0031
				0.4	0.0090	0.0081	0.0076	0.0067	0.0057	0.0049
				0.5	0.0090	0.0085	0.0081	0.0076	0.0071	0.0067
		$\lambda=0.3$	F_A	0.1	0.1470	0.1629	0.1679	0.1749	0.1802	0.1836
				0.2	0.1470	0.1732	0.1828	0.1973	0.2097	0.2184
				0.3	0.1470	0.1762	0.1876	0.2063	0.2241	0.2375
				0.4	0.1470	0.1729	0.1829	0.1991	0.2145	0.2264
				0.5	0.1470	0.1682	0.1761	0.1886	0.1999	0.2083
			F_B	0.1	0.0630	0.0617	0.0609	0.0594	0.0581	0.0572
				0.2	0.0630	0.0618	0.0600	0.0561	0.0515	0.0478
				0.3	0.0630	0.0640	0.0625	0.0577	0.0506	0.0438
				0.4	0.0630	0.0666	0.0667	0.0649	0.0608	0.0559
				0.5	0.0630	0.0672	0.0680	0.0686	0.0679	0.0667
		$\lambda=0.5$	$F_A=F_B$	0.1	0.1250	0.1340	0.1366	0.1400	0.1425	0.1441
				0.2	0.1250	0.1412	0.1463	0.1533	0.1587	0.1621
				0.3	0.1250	0.1461	0.1534	0.1640	0.1725	0.1781
				0.4	0.1250	0.1481	0.1567	0.1700	0.1816	0.1897
				0.5	0.1250	0.1458	0.1538	0.1667	0.1786	0.1875

注：$i_0=\frac{I_0}{l}$（I_0——梁最小截面的惯性矩）

表 9-3　一端直线加腋的矩形截面梁的形常数及载常数表

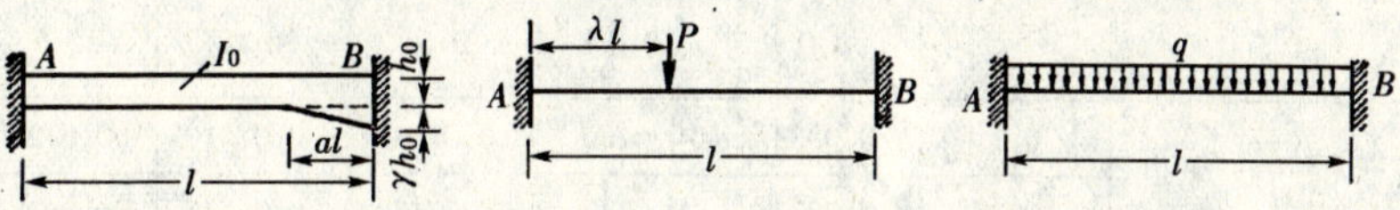

$$M_{AB} = -F_A q l^2 \qquad M_{AB} = -F_A P l$$
$$M_{BA} = F_B q l^2 \qquad M_{BA} = F_B P l$$

			α \ γ	0.0	0.4	0.6	1.0	1.5	2.0
形常数	传递系数	C_{AB}	0.1	0.500	0.556	0.573	0.596	0.613	0.624
			0.2	0.500	0.606	0.642	0.694	0.736	0.764
			0.3	0.500	0.648	0.704	0.791	0.866	0.918
			0.4	0.500	0.679	0.754	0.879	0.996	1.082
			0.5	0.500	0.697	0.788	0.948	1.114	1.245
			1.0	0.500	0.642	0.709	0.834	0.981	1.119
		C_{BA}	0.1	0.500	0.496	0.495	0.493	0.492	0.491
			0.2	0.500	0.486	0.481	0.475	0.470	0.467
			0.3	0.500	0.470	0.461	0.449	0.439	0.433
			0.4	0.500	0.453	0.438	0.418	0.403	0.392
			0.5	0.500	0.434	0.413	0.385	0.363	0.349
			1.0	0.500	0.388	0.350	0.294	0.247	0.214
	刚度系数	$\frac{S_{AB}}{i_0}$	0.1	4.00	4.14	4.19	4.25	4.30	4.33
			0.2	4.00	4.26	4.35	4.49	4.61	4.68
			0.3	4.00	4.34	4.48	4.71	4.91	5.06
			0.4	4.00	4.39	4.57	4.87	5.18	5.42
			0.5	4.00	4.43	4.62	4.99	5.39	5.73
			1.0	4.00	5.17	5.74	6.86	8.23	9.57
		$\frac{S_{AB}}{i_0}$	0.1	4.00	4.64	4.85	5.14	5.36	5.50
			0.2	4.00	5.31	5.81	6.57	7.22	7.66
			0.3	4.00	5.98	6.84	8.29	9.68	10.72
			0.4	4.00	6.59	7.86	10.24	12.82	14.94
			0.5	4.00	7.12	8.81	12.28	16.52	20.42
			1.0	4.00	8.57	11.63	19.46	32.69	50.13

续表

				α \ γ	0.0	0.4	0.6	1.0	1.5	2.0
载常数（固端弯矩系数）	均布荷载		F_A	0.1	0.0833	0.0780	0.0763	0.0741	0.0724	0.0714
				0.2	0.0833	0.0747	0.0717	0.0673	0.0638	0.0616
				0.3	0.0833	0.0730	0.0690	0.0630	0.0577	0.0542
				0.4	0.0833	0.0722	0.0678	0.0607	0.0541	0.0494
				0.5	0.0833	0.0718	0.0672	0.0597	0.0524	0.0468
				1.0	0.0833	0.0675	0.0618	0.0529	0.0450	0.0392
			F_B	0.1	0.0833	0.0946	0.0981	0.1029	0.1066	0.1088
				0.2	0.0833	0.1025	0.1093	0.1192	0.1274	0.1327
				0.3	0.0833	0.1069	0.1162	0.1311	0.1442	0.1534
				0.4	0.0833	0.1084	0.1192	0.1376	0.1554	0.1688
				0.5	0.0833	0.1079	0.1191	0.1390	0.1599	0.1770
				1.0	0.0833	0.1011	0.1086	0.1216	0.1352	0.1466
	集中荷载	$\lambda=0.1$	F_A	0.1	0.0810	0.0804	0.0802	0.0799	0.0797	0.0795
				0.2	0.0810	0.0798	0.0794	0.0788	0.0783	0.0780
				0.3	0.0810	0.0795	0.0789	0.0779	0.0770	0.0764
				0.4	0.0810	0.0793	0.0785	0.0772	0.0758	0.0748
				0.5	0.0810	0.0791	0.0783	0.0767	0.0749	0.0735
				1.0	0.0810	0.0766	0.0744	0.0706	0.0664	0.0627
			F_B	0.1	0.0090	0.0103	0.0108	0.0114	0.0118	0.0121
				0.2	0.0090	0.0116	0.0125	0.0140	0.0152	0.0164
				0.3	0.0090	0.0127	0.0141	0.0166	0.0190	0.0210
				0.4	0.0090	0.0133	0.0153	0.0190	0.0228	0.0258
				0.5	0.0090	0.0137	0.0161	0.0208	0.0263	0.0311
				1.0	0.0090	0.0139	0.0168	0.0224	0.0296	0.0370
		$\lambda=0.3$	F_A	0.1	0.1470	0.1426	0.1412	0.1393	0.1378	0.1369
				0.2	0.1470	0.1391	0.1363	0.1321	0.1287	0.1264
				0.3	0.1470	0.1368	0.1327	0.1262	0.1203	0.1161
				0.4	0.1470	0.1355	0.1305	0.1219	0.1134	0.1070
				0.5	0.1470	0.1346	0.1291	0.1192	0.1087	0.1001
				1.0	0.1470	0.1243	0.1154	0.1005	0.0860	0.0752
			F_B	0.1	0.0630	0.0724	0.0754	0.0795	0.0826	0.0846
				0.2	0.0630	0.0806	0.0871	0.0968	0.1049	0.1104
				0.3	0.0630	0.0870	0.0970	0.1134	0.1286	0.1397
				0.4	0.0630	0.0911	0.1041	0.1273	0.1513	0.1702
				0.5	0.0630	0.0930	0.1079	0.1364	0.1688	0.1969
				1.0	0.0630	0.0885	0.1001	0.1221	0.1475	0.1682

续表

				γ / α	0.0	0.4	0.6	1.0	1.5	2.0
载常数（固端弯矩系数）	集中荷载	$\lambda=0.5$	F_A	0.1	0.1250	0.1164	0.1137	0.1100	0.1072	0.1055
				0.2	0.1250	0.1102	0.1049	0.0971	0.0908	0.0866
				0.3	0.1250	0.1064	0.0990	0.0874	0.0771	0.0700
				0.4	0.1250	0.1044	0.0958	0.0815	0.0679	0.0578
				0.5	0.1250	0.1032	0.0941	0.0788	0.0636	0.0519
				1.0	0.1250	0.0953	0.0850	0.0691	0.0555	0.0460
			F_B	0.1	0.1250	0.1432	0.1490	0.1568	0.1629	0.1667
				0.2	0.1250	0.1581	0.1701	0.1881	0.2030	0.2129
				0.3	0.1250	0.1684	0.1862	0.2150	0.2412	0.2599
				0.4	0.1250	0.1734	0.1950	0.2327	0.2704	0.2993
				0.5	0.1250	0.1733	0.1958	0.2371	0.2812	0.3174
				1.0	0.1250	0.1583	0.1717	0.1951	0.2184	0.2371
		$\lambda=0.7$	F_A	0.1	0.0630	0.0534	0.0505	0.0464	0.0434	0.0415
				0.2	0.0630	0.0476	0.0423	0.0346	0.0285	0.0246
				0.3	0.0630	0.0453	0.0387	0.0289	0.0208	0.0155
				0.4	0.0630	0.0449	0.0383	0.0283	0.0199	0.0144
				0.5	0.0630	0.0448	0.0384	0.0288	0.0207	0.0153
				1.0	0.0630	0.0434	0.0375	0.0289	0.0221	0.0176
			F_B	0.1	0.1470	0.1672	0.1735	0.1822	0.1887	0.1928
				0.2	0.1470	0.1809	0.1929	0.2105	0.2247	0.2339
				0.3	0.1470	0.1865	0.2017	0.2252	0.2452	0.2585
				0.4	0.1470	0.1849	0.2001	0.2241	0.2453	0.2597
				0.5	0.1470	0.1812	0.1950	0.2175	0.2382	0.2529
				1.0	0.1470	0.1689	0.1766	0.1893	0.2010	0.2097
		$\lambda=0.9$	F_A	0.1	0.0090	0.0052	0.0042	0.0028	0.0018	0.0013
				0.2	0.0090	0.0050	0.0038	0.0023	0.0014	0.0009
				0.3	0.0090	0.0051	0.0039	0.0024	0.0015	0.0010
				0.4	0.0090	0.0053	0.0042	0.0028	0.0018	0.0012
				0.5	0.0090	0.0055	0.0044	0.0030	0.0020	0.0014
				1.0	0.0090	0.0055	0.0048	0.0035	0.0026	0.0020
			F_B	0.1	0.0810	0.0889	0.0911	0.0940	0.0960	0.0972
				0.2	0.0810	0.0893	0.0917	0.0948	0.0969	0.0980
				0.3	0.0810	0.0887	0.0911	0.0943	0.0965	0.0977
				0.4	0.0810	0.0877	0.0900	0.0931	0.0954	0.0968
				0.5	0.0810	0.0869	0.0890	0.0919	0.0943	0.0958
				1.0	0.0810	0.0850	0.0858	0.0877	0.0893	0.0905

于是一端固定另一端铰支的变截面杆件的转角位移方程可表示为

$$M_{AB} = S'_{AB}(\varphi_A - \beta_{AB}) + M_{AB}^{F'} \tag{9-10}$$

上述修正刚度系数 S'_{AB} 和 $M_{AB}^{F'}$ 都可通过相应两端固定梁的有关常数求得。当杆件为等截面时有 $S'_{AB} = 3i$。

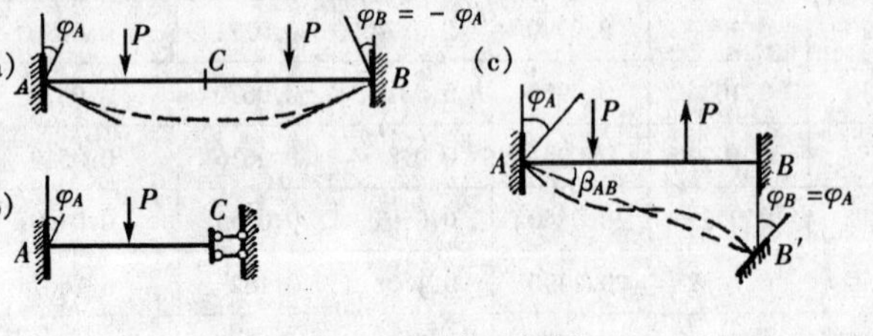

图 9-61 两端固定梁

(a) 正对称变形；(b) 半边梁的计算简图；(c) 反对称变形

2. 正对称变形

图 9-61a 所示为两端固定梁发生正对称变形的情况，其转角位移方程可由式（9-8）导出。令 $\varphi_B = -\varphi_A$，$\beta_{AB} = 0$，即得

$$M_{AB} = S_{AB}[(1 - C_{AB})\varphi_A] + M_{AB}^{F} \tag{9-11}$$

当 $\varphi_A = 1$、$M_{AB}^{F} = 0$ 时，即可得到正对称变形时 A 端的修正刚度系数

$$S'_{AB} = S_{AB}(1 - C_{AB}) \tag{9-12}$$

若取 AB 的一半，则可得如图 9-61b 所示的半边梁的计算简图。由图可知，一端固定另一端定向支承的梁，其固定端的转角位移方程即为式（9-11），而其修正刚度系数则可按式（9-12）计算。

3. 反对称变形

图 9-61c 示一两端固定梁发生反对称变形的情况。取 $\varphi_B = \varphi_A$，由式（9-8）可得

$$M_{AB} = S_{AB}[(1 + C_{AB})(\varphi_A - \beta_{AB})] + M_{AB}^{F} \tag{9-13}$$

当 $\varphi_A = 1$，$\beta_{AB} = 0$，$M_{AB}^{F} = 0$ 时，即得到反对称变形时 A 端的修正刚度系数

$$S'_{AB} = S_{AB}(1 + C_{AB}) \tag{9-14}$$

例 9-15 试用位移法计算图 9-62a 所示变截面三跨连续梁。

解 此连续梁由于是对称的，承受的又是正对称荷载，故可取半个结构进行计算，其计

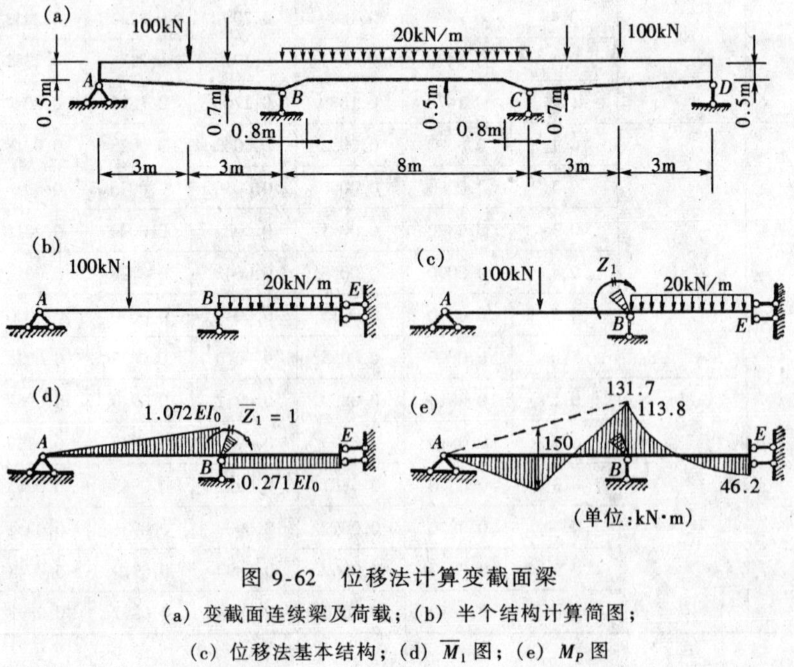

图 9-62 位移法计算变截面梁

(a) 变截面连续梁及荷载；(b) 半个结构计算简图；

(c) 位移法基本结构；(d) $\overline{M}_1$ 图；(e) M_P 图

算简图如图9-62b所示。应用位移法计算时，只有一个未知转角 Z_1，其基本结构如图9-62c所示。位移法方程为

$$r_{11}Z_1 + R_{1P} = 0$$

为了求出系数和自由项，必须绘出 $\overline{M}_1$ 和 M_P 图（见图9-62d、e）。但需注意，此时不能再利用表9-1，而应按式（9-10）和式（9-11）计算 $\overline{M}_1$ 和 M_P 图中各竖标值。现计算如下：

梁 AB 它是一端固定另一端铰支的情形，先按两端固定梁（图9-63）算出有关常数。由 $h_0 = 0.5\text{m}$，$\gamma h_0 = 0.2\text{m}$，因而 $\gamma = \dfrac{0.2\text{m}}{0.5\text{m}} = 0.4$，又 $\alpha = 1$。查表9-3，可得

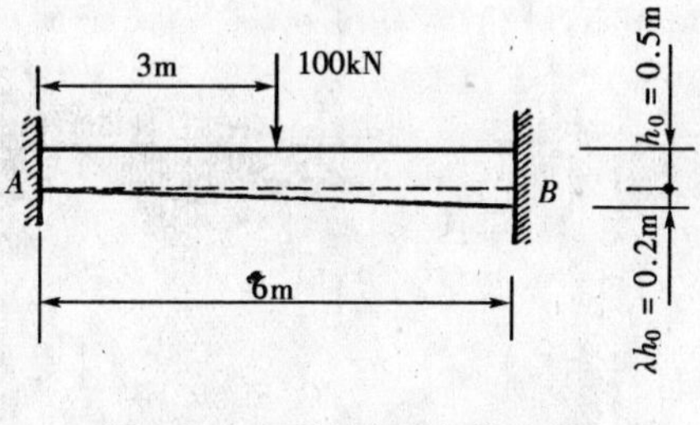

图9-63　两端固定变截面梁

$$C_{AB} = 0.642,\quad C_{BA} = 0.388$$

$$S_{AB} = 5.17i_0 = 5.17 \times \frac{EI_0}{6} = 0.862EI_0$$

$$S_{BA} = 8.57i_0 = 8.57 \times \frac{EI_0}{6} = 1.428EI_0$$

再由 $\lambda = 0.5$，查得

$$F_A = 0.0953,\quad F_B = 0.1583$$

故有

$$M_{AB}^F = -0.0953 \times 100 \times 6 = -57.18\text{kN·m}$$

$$M_{BA}^F = 0.1583 \times 100 \times 6 = 94.98\text{kN·m}$$

因 A 端为铰支，根据式（9-9）可求得 B 端固定 A 端铰支时的修正刚度系数和固端弯矩分别为

$$S'_{BA} = S_{BA}(1 - C_{BA}C_{AB}) = 1.428EI_0(1 - 0.642 \times 0.388) = 1.072EI_0$$

$$M_{BA}^{F'} = M_{BA}^F - C_{AB}M_{AB}^F = 94.98 - 0.642 \times (-57.18) = 131.7\text{kN·m}$$

梁 BE 是一端固定一端定向支承的杆件，仍先按两端固定梁 BC（图9-64）求出有关常数。

BC 梁为一对称式直线加腋梁，此时 $\alpha = \dfrac{0.8}{8.0} = 0.1$，$\gamma = \dfrac{0.2}{0.5} = 0.4$。由表9-2查得

$$C_{AB} = C_{BA} = 0.552$$

$$S_{BC} = S_{CB} = 4.83i_0 = 4.83 \times \frac{EI_0}{8} = 0.604EI_0$$

$$F_B = F_C = F = 0.0889$$

故

$$M_{BC}^F = -0.0889 \times 20 \times 8^2 = -113.8\text{kN·m}$$

$$M_{CB}^F = 0.0889 \times 20 \times 8^2 = 113.8\text{kN·m}$$

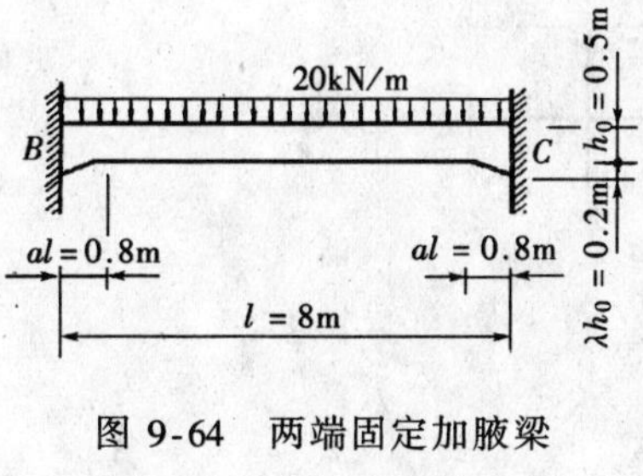

图9-64　两端固定加腋梁

因 E 端为定向支承，可由 BC 梁求得 BE 梁在 B 端的修正刚度系数

$$S'_{BC} = S_{BC}(1 - C_{BC}) = 0.604EI_0(1 - 0.552) = 0.271EI_0$$

求得各杆的修正刚度系数和固端弯矩之后，即可绘出 $\overline{M}_1$ 图和 M_P 图，分别如图9-62d、e所示。据此就可求出系数和自由项如下：

$$r_{11} = 1.072EI_0 + 0.271EI_0 = 1.343EI_0$$

$$R_{1P} = 131.7 - 113.8 = 17.9\text{kN}\cdot\text{m}$$

故求得

$$Z_1 = -\frac{R_{1P}}{r_{11}} = -\frac{17.9}{1.343EI_0} = -\frac{13.33}{EI_0}$$

按照 $M = \overline{M}_1 Z_1 + M_P$ 可叠加求出最后弯矩图如图 9-65 所示。

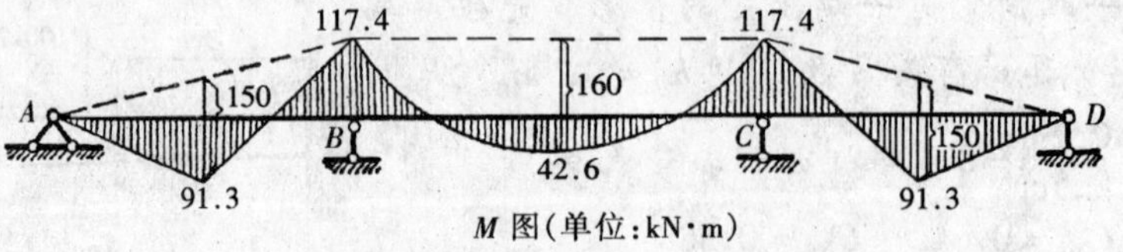

图 9-65 最后弯矩图

由本例可知，用位移法计算具有变截面杆件的结构，其计算原理和步骤与等截面杆件的计算并无不同，只是各杆的刚度系数（或修正刚度系数）和固端弯矩的计算不同而已。

最后，介绍在工程中常遇到的另一种变截面杆——带刚性边段的杆。

图 9-66a 为一杆件截面尺寸较大（相对于杆件的跨度或长度而言）的刚架。对于这种结构，图 9-66a 中斜阴影线部分为杆件结合区，比较合理的计算简图可采用图 9-66b。当杆件截面尺寸较小时，杆件结合区的尺寸较大，杆件在进入结合区后刚度增大的影响已不可忽视，这时，刚架的轴线仍按各杆轴线画出，但各杆端部进入结合区的一段看作刚性段，其 EI 值视为无限大，此段称为刚域。图 9-66c 为一刚架-剪力墙结构，计算简图如图 9-66d 所示。图中粗线部分为刚域，因而也属于带刚性边段的杆。

带刚性边段杆的形常数可以由其净跨杆段的形常数换算得来。图 9-67a 所示杆在 A 端有

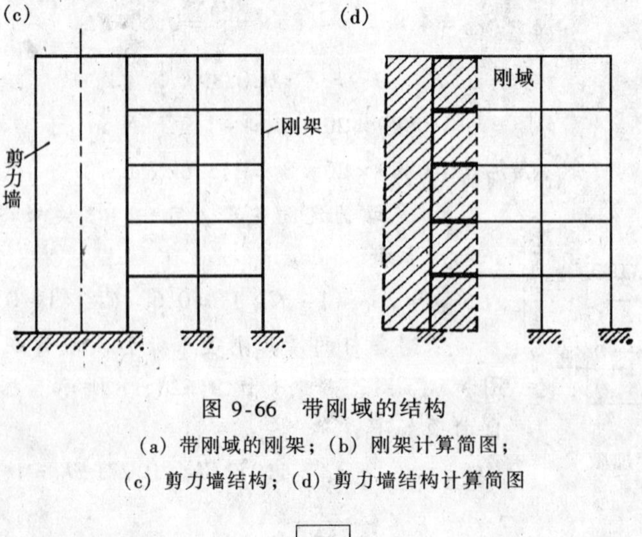

图 9-66 带刚域的结构

(a) 带刚域的刚架；(b) 刚架计算简图；

(c) 剪力墙结构；(d) 剪力墙结构计算简图

单位转角 $\varphi_A=1$ 时，则其净跨杆段的 $A'B'$ 的 A' 端除有转角 $\varphi_{A'}=1$ 外，还有线位移 $\Delta=-al_0$，因此，$A'B'$ 杆的杆端弯矩为

$$M_{A'B'}=4i_0+6i_0a$$

$$M_{B'A'}=2i_0+6i_0a$$

剪力为

$$Q_{A'B'}=Q_{B'A'}=-\frac{M_{A'B'}+M_{B'A'}}{l_0}=-\frac{6i_0}{l_0}(1+2a)$$

由刚性段的平衡条件（图 9-67b），可得

$$M_{AB}=M_{A'B'}-Q_{A'B'}al_0=4i_0(1+3a+3a^2)$$

$$M_{BA}=M_{B'A'}-Q_{B'A'}bl_0=2i_0[1+3(a+b)+6ab]$$

根据定义，M_{AB} 即杆 AB 的转动刚度 S_{AB}，而传递系数 $C_{AB}=\frac{M_{BA}}{M_{AB}}$。因而

$$S_{AB}=4i_0(1+3a+3a^2)$$

$$C_{AB}=\frac{1}{2}\left(\frac{1+3(a+b)+6ab}{1+3a+3a^2}\right) \tag{9-15}$$

对一端带刚性边段的杆（图 9-67c），上两式仍然适用，但其中应取 $b=0$。

类似地，可以写出 B 端的转动刚度和 B 端到 A 端的传递系数

$$S_{BA}=4i_0(1+3b+3b^2)$$

$$C_{BA}=\frac{1}{2}\left(\frac{1+3(a+b)+6ab}{1+3b+3b^2}\right) \tag{9-16}$$

有了带刚域的变截面杆件的形常数和载常数后，下面通过例题说明具有变截面杆件的刚架的计算步骤。

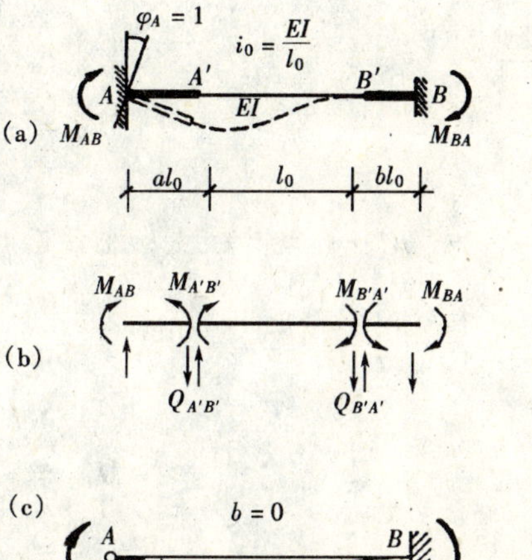

图 9-67　带刚性边段杆形常数计算

(a) 两端固定的带刚性边段杆；(b) 刚性段隔离体；(c) 一端带刚性边段的杆

例 9-16　用位移法计算图 9-68a 所示刚架，并绘出弯矩图。已知各杆材料相同，均为矩形截面，宽度相等。

解　用位移法计算时，此刚架在结点 A、B 上分别有转角未知量 Z_1、Z_2。基本结构如图 9-68b 所示，位移法典型方程为

$$r_{11}Z_1+r_{12}Z_2+R_{1P}=0$$

$$r_{21}Z_1+r_{22}Z_2+R_{2P}=0$$

为计算系数和自由项，须绘出基本结构的 $\overline{M}_1$、$\overline{M}_2$ 和 M_P 图，但此时已不能利用表 9-1，而须根据转角位移方程（9-8）及（9-10）来绘制。为此，应先求出各杆的形常数和载常数。其中，杆 AB 和 BC 可按直线加腋的变截面杆考虑，杆 AD 和 BE 则按上端带刚域的杆考虑。为了方便，先将各杆 i_0 的相对值算出并列于表 9-4 中。

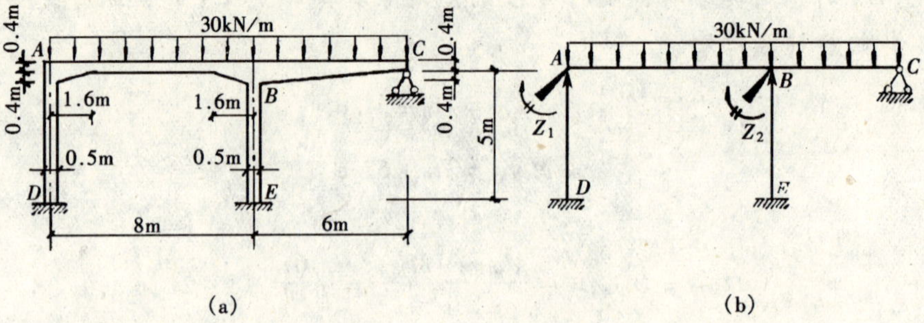

图 9-68　例 9-16 图

(a) 变截面刚架及荷载；(b) 位移法基本结构

表 9-4　各杆的相对 i_0 值

杆　　件	l（m）	h_0（m）	h_0^3/l（m）	相对 i_0
AB	8	0.4	8×10^{-3}（作为 i_0）	i_0
BC	6	0.4	10.67×10^{-3}	$1.333i_0$
AD BE	$l_0=4.6$	0.5	27.17×10^{-3}	$3.397i_0$

杆 AB：查表 9-2，由 $a=0.2$，$r=1.0$ 有

$$C_{AB}=C_{BA}=0.659$$

$$S_{AB}=S_{BA}=7.81i_0$$

$$M_{AB}^F=-0.0993\times30\times9^2=-190.7\text{kN·m}$$

$$M_{BA}^F=190.7\text{kN·m}$$

杆 BC：C 端为铰支，先按两端固定梁查表 9-3。由 $a=1.0$，$r=1.0$ 有

$$C_{BC}=0.294，C_{CB}=0.834$$

$$S_{BC}=19.46（1.333i_0）=25.94i_0$$

$$S_{CB}=6.86（1.333i_0）=9.14i_0$$

$$M_{BC}^F=-0.1216\times30\times6^2=-131.3\text{kN·m}$$

$$M_{CB}^F=0.0529\times30\times6^2=57.1\text{kN·m}$$

再由式（9-9）得

$$S'_{BC}=25.94i_0（1-0.294\times0.834）=19.58i_0$$

$$M_{BC}^{F'}=-131.3-0.834\times57.1=-178.9\text{kN·m}$$

杆 AD 和 BE：在式（9-15）中，将 $a=\dfrac{0.4}{4.6}=0.08696$，$b=0$ 代入可算得

$$S_{AD}=S_{BE}=4（3.397i_0）（1+3\times0.08696+3\times0.08696^2）=17.44i_0$$

$$C_{AD}=C_{BE}=\frac{1}{2}\ \frac{1+3\times0.08696}{1+3\times0.08696+3\times0.08696^2}=0.491$$

根据以上杆的形常数，即可按式（9-8）及（9-10）绘出 $\overline{M}_1$、$\overline{M}_2$ 图（9-69a、b），再由各杆固端弯矩即可绘出 M_P 图（9-69c）。然后按以前所述求系数和自由项的方法可求得

$$r_{11}=25.25i_0，r_{12}=r_{21}=5.15i_0，r_{22}=44.83i_0$$

$$R_{1P}=-190.7\text{kN·m}，R_{2P}=11.8\text{kN·m}$$

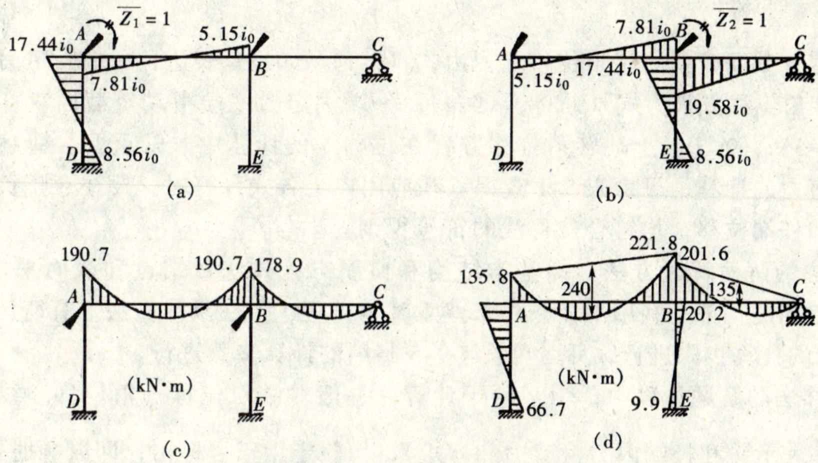

图 9-69 变截面刚架的计算

(a) $\overline{M}_1$ 图；(b) $\overline{M}_2$ 图；(c) M_P 图；(d) 最后弯矩图

代入典型方程，得

$$25.25 i_0 Z_1 + 5.15 i_0 Z_2 - 190.7 = 0$$

$$5.15 i_0 Z_1 + 44.83 i_0 Z_2 + 11.8 = 0$$

解得

$$Z_1 = \frac{7.789}{i_0},\ Z_2 = -\frac{1.158}{i_0}$$

根据叠加原理 $M = \overline{M}_1 Z_1 + \overline{M}_2 Z_2 + M_P$ 绘出最后弯矩图，如图 9-69d 所示。

本 章 小 结

位移法是计算超静定结构的基本方法之一，它是结构力学课程中的重要内容。在工程实践中应用较为广泛的剪力分配法、力矩分配法、迭代法和矩阵位移法等，都是以位移法的原理为基础的。另外，位移法不仅可用以计算超静定结构，也可用以计算静定结构；学习本章内容时，要着重将位移法的物理概念理解深透，并熟练掌握在荷载作用下超静定结构的计算方法和步骤。现将本章内容小结如下：

1. 位移法是以结构的结点位移作为基本未知数，利用平衡条件求出这些基本未知数后，就不难求得结构的内力。解题思路为通过杆件的转角位移方程，建立杆端力和杆端位移间的关系，并由结点的平衡条件和截面平衡条件可求出结点位移未知量，然后由结点位移可计算杆端内力。

2. 位移法的基本未知量是结点角位移和独立的结点线位移，结点角位移数目等于结构的刚结点数目；在忽略轴向变形的受弯结构中，独立的结点线位移数的确定，等于将原结构改成铰结体系后的自由度数，或是使该铰结体系成为几何不变时所需增添的最少链杆数。若超静定结构中局部存在有静定部分，在确定基本未知数时，则可将静定部分予以去除而不会引起任何影响。

3. 转角位移方程是建立单根杆件的杆端力和杆端位移及荷载之间的关系方程，一旦求出结构的结点位移后，由变形连续条件可知道杆端位移，由杆端位移就可求杆端力，最后做出内力图。

两端固定等截面直杆的转角位移方程由式（9-1）、(9-2）表达；一端固定另一端铰支等截面直杆的转角位移方程为式（9-3）、(9-4)；一端固定另一端滑动等截面直杆的转角位移方程为式（9-5)、(9-6)。上述转角位移方程在位移法的计算中非常重要。荷载作用下固端弯矩和固端剪力的计算，可由表 9-1 查得。在应用以上各式计算时，要注意正负号，公式中所列杆端力和杆端位移，均符合位移法的符号规则。

4. 位移法的两种解题方法，即基本结构和典型方程式法及结点和截面平衡方程式法，在原理上是相同的，都是利用平衡条件来建立基本方程，但在具体做法上有所区别。前者可按 § 9-4 归纳的计算步骤进行，后者可按 § 9-5 归纳的计算步骤进行。

5. 在位移法的解题过程中，为了便于计算，一般对结点位移（角位移和线位移，或以弦转角 $\beta=\dfrac{\Delta}{l}$ 表示）和杆端内力（剪力和弯矩)，均假定用正号标出，即以顺时针方向转动。附加刚臂中反力矩和附加链杆中反力也均假定沿着角位移和线位移方向用正号标出。以上这些量的最后结果若为正，则其实际符号也为正，反之即为负。

6. 对于一个对称结构，在对称外界因素（荷载、支座沉陷等）作用下，结构的变形是对称的；在反对称外界因素作用下，结构的变形是反对称的。利用此两种变形特点去解题，可达到减少未知数以利简化计算的目的。

7. 用位移法计算超静定结构由于温度变化、支座位移引起的内力时，其计算原理、基本结构及典型方程中各系数的求法均与荷载作用时相同，所不同处只是典型方程中的自由项。对于有 n 个结点位移未知数的结构，各杆最后杆端弯矩仍用叠加公式求得。

习　　题

9-1　确定下列各结构的位移法未知数数目，并绘出基本结构。

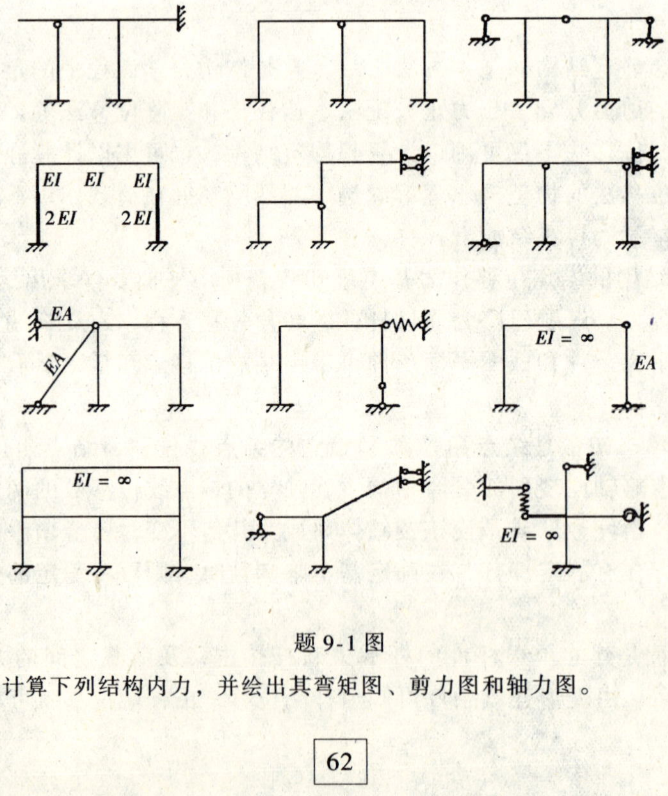

题 9-1 图

9-2～9-3　用位移法计算下列结构内力，并绘出其弯矩图、剪力图和轴力图。

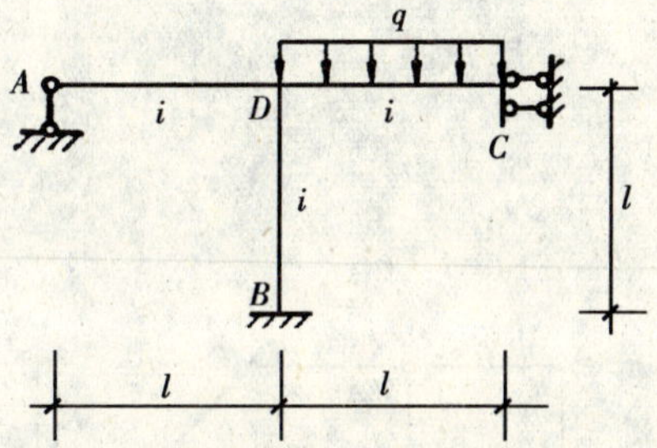

题 9-2 图

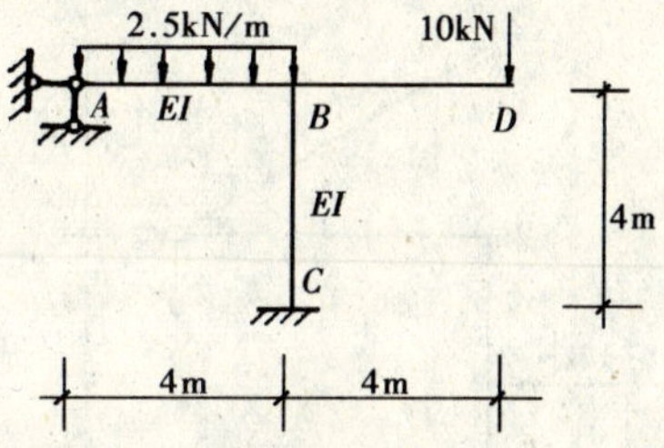

题 9-3 图

9-4～9-11　用位移法绘制下列结构弯矩图。

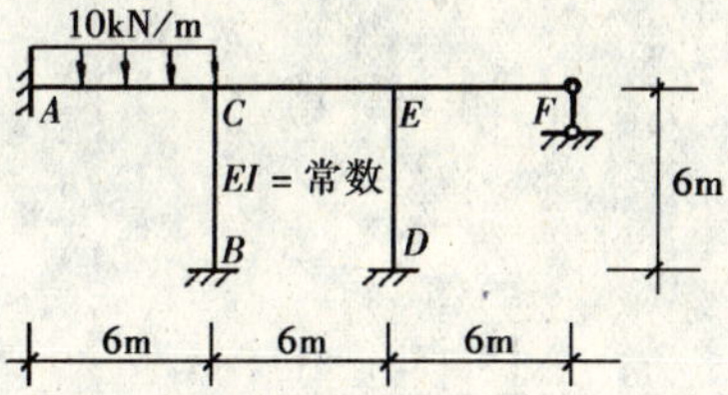

题 9-4 图

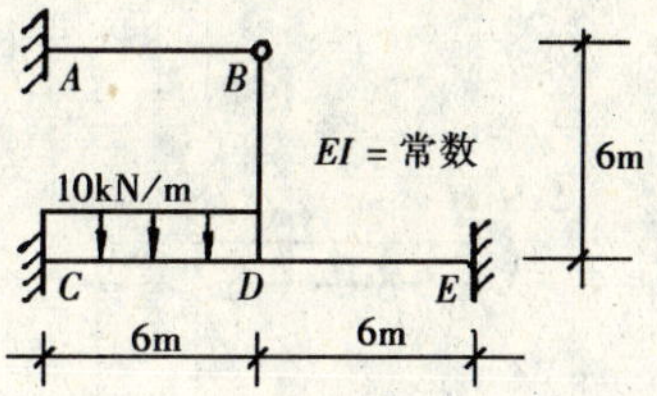

题 9-5 图

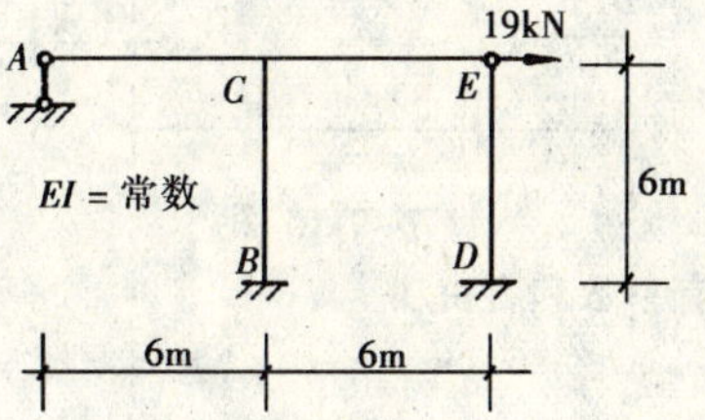

题 9-6 图

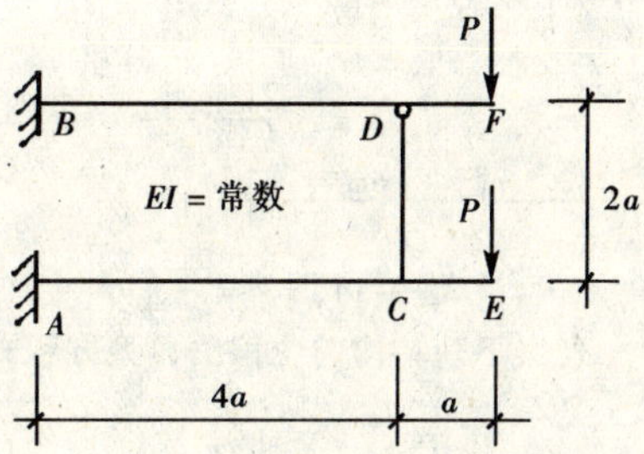

题 9-7 图

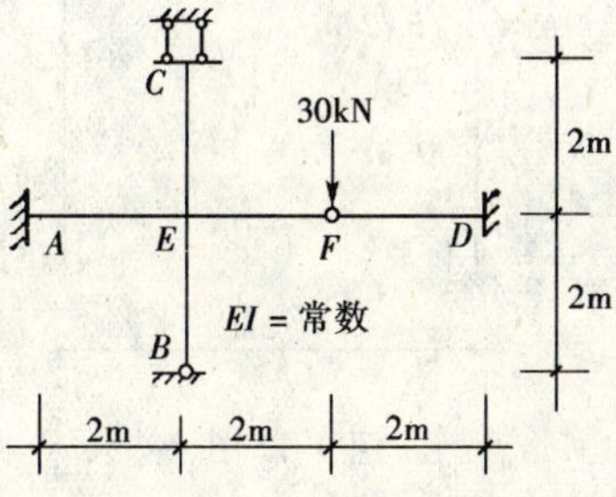

题 9-8 图

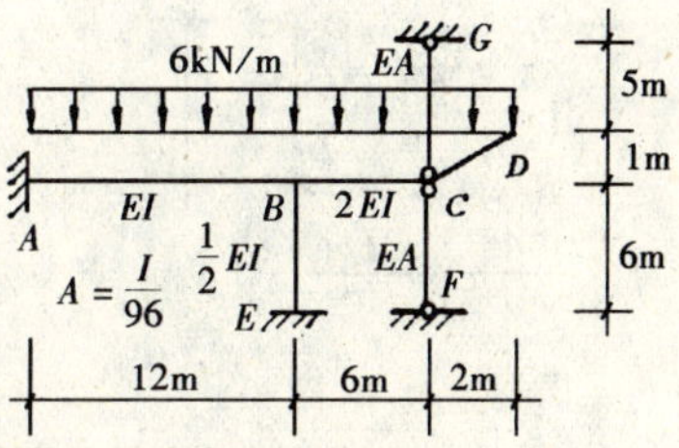

题 9-9 图

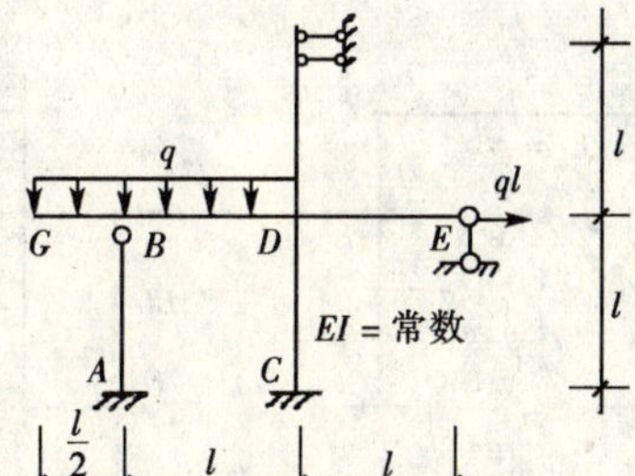

题 9-10 图

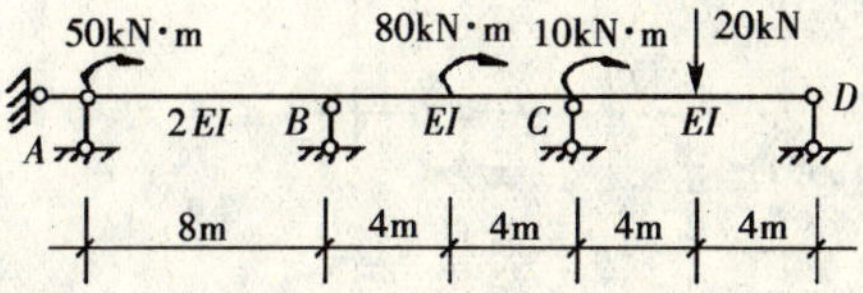

题 9-11 图

9-12～9-15 用位移法绘制下列具有斜杆的刚架的弯矩图。

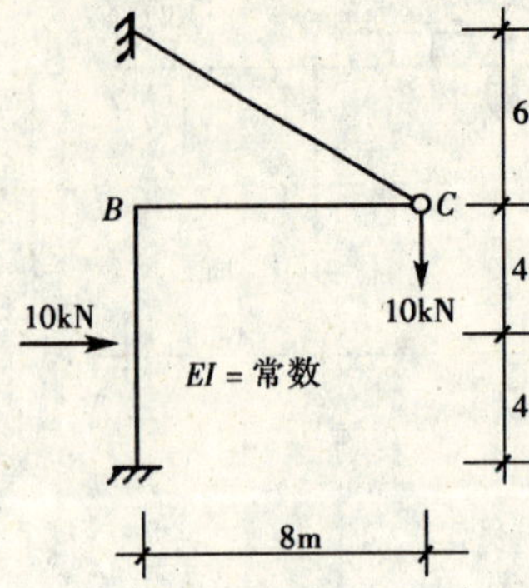

题 9-12 图

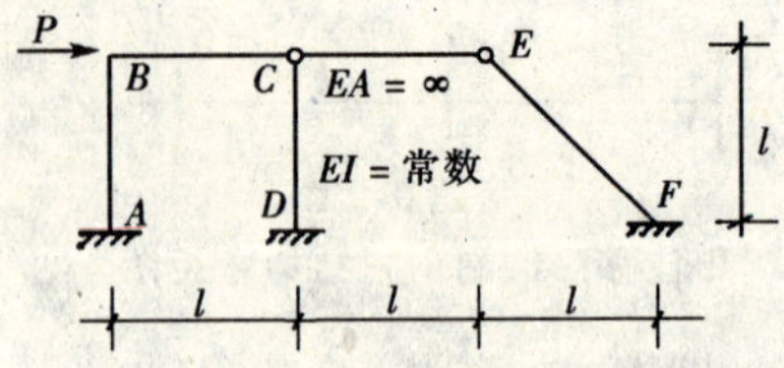

题 9-13 图

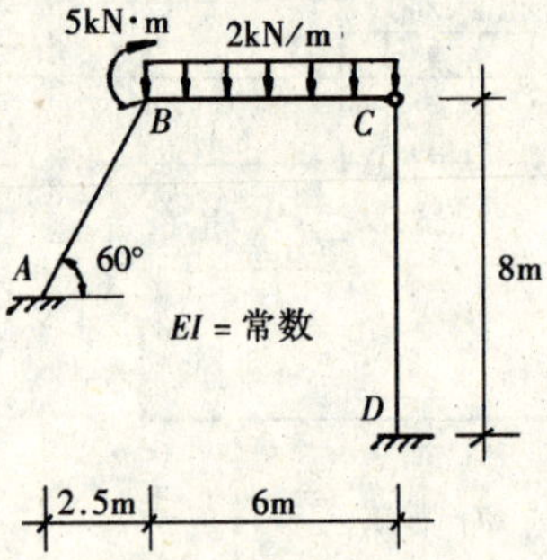

题 9-14 图

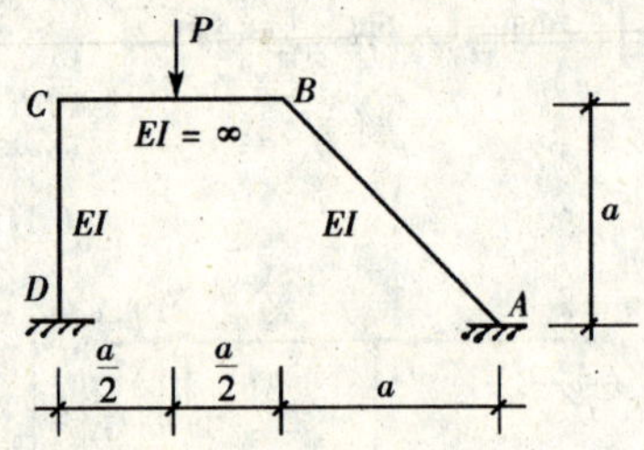

题 9-15 图

9-16～9-17 列出下列结构的位移法典型方程式，并求出所有系数和自由项。

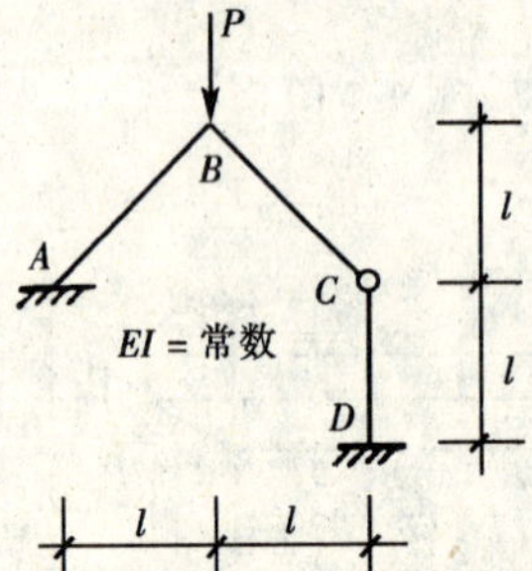

题 9-16 图

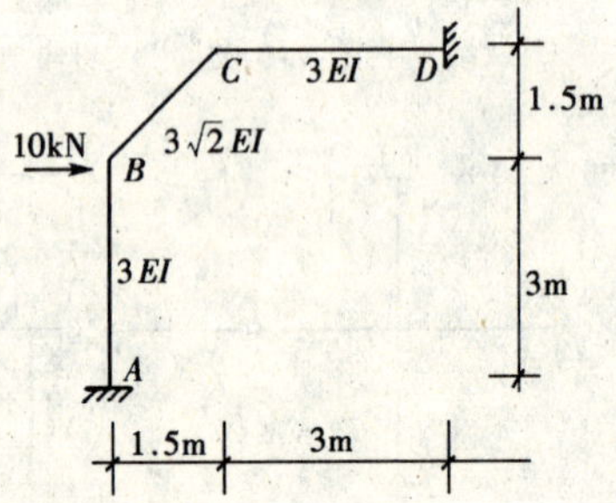

题 9-17 图

9-18～9-23 用位移法绘制下列具有无限刚性杆结构的弯矩图。

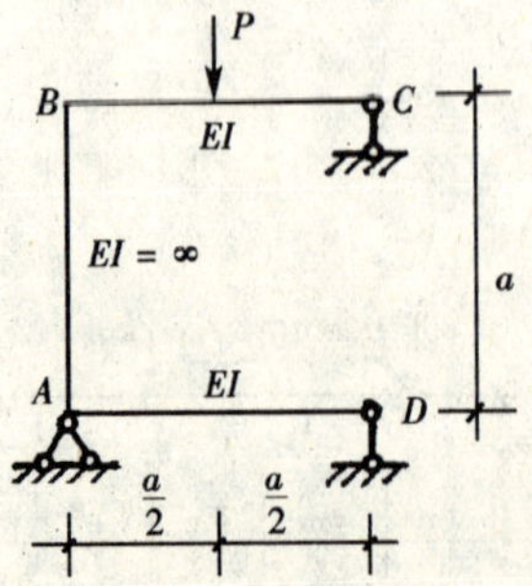

题 9-18 图

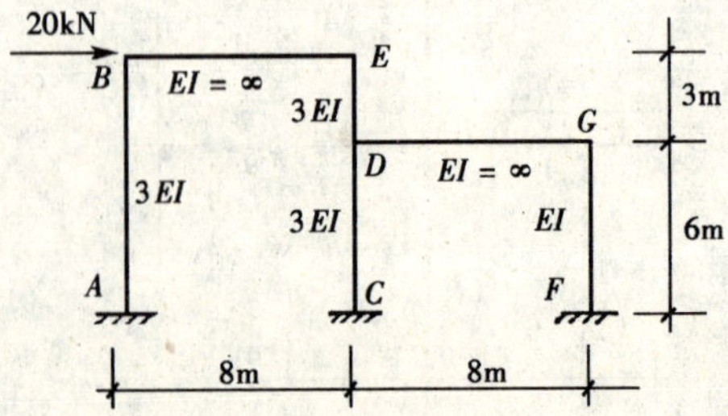

题 9-19 图

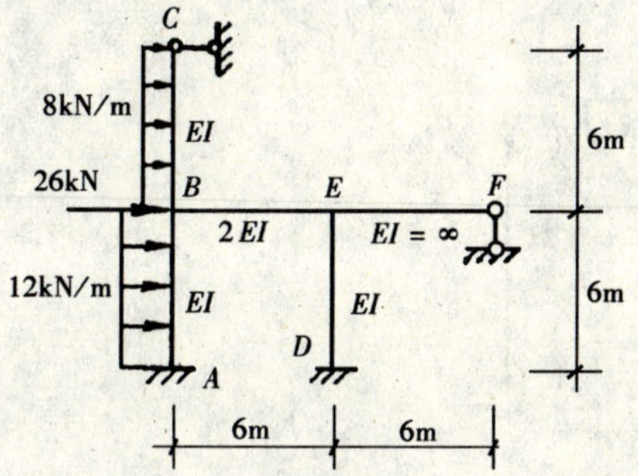

题 9-20 图

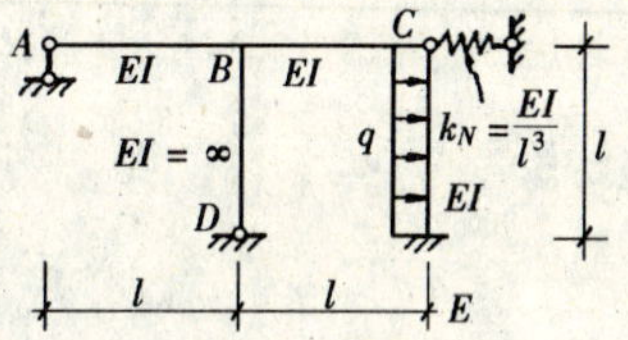

题 9-21 图

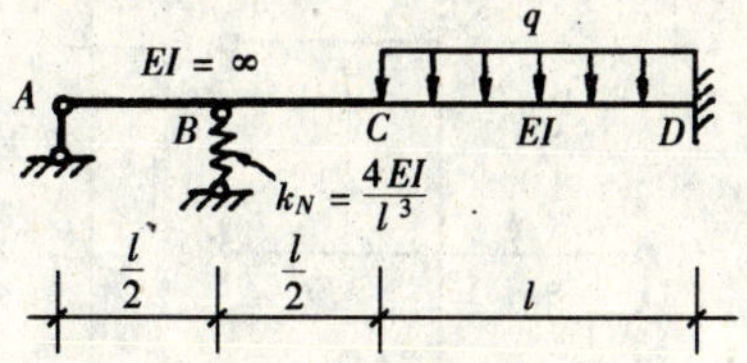

题 9-22 图

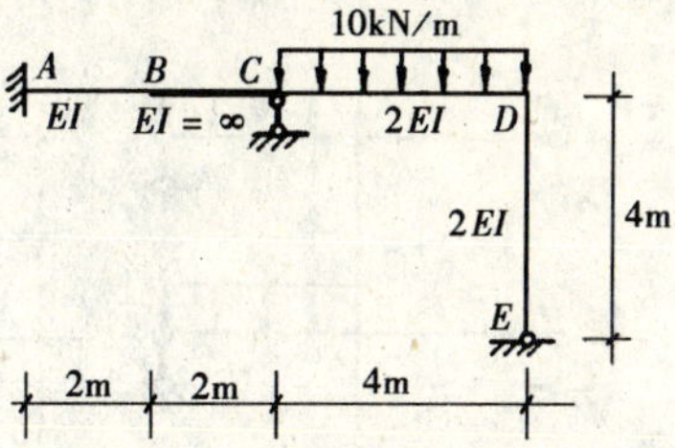

题 9-23 图

9-24～9-26　用位移法绘制下列刚架弯矩图。

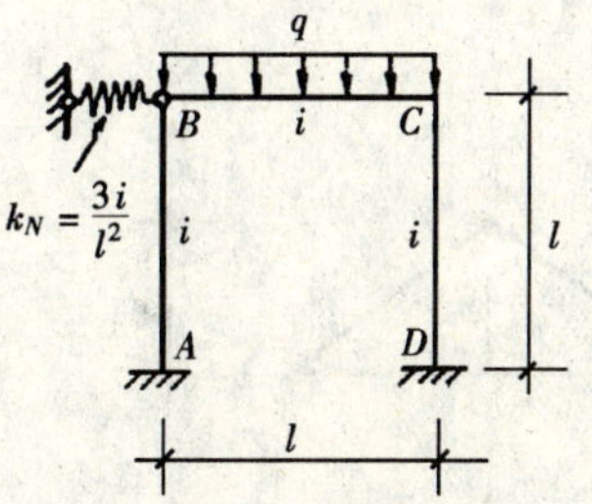

题 9-24 图

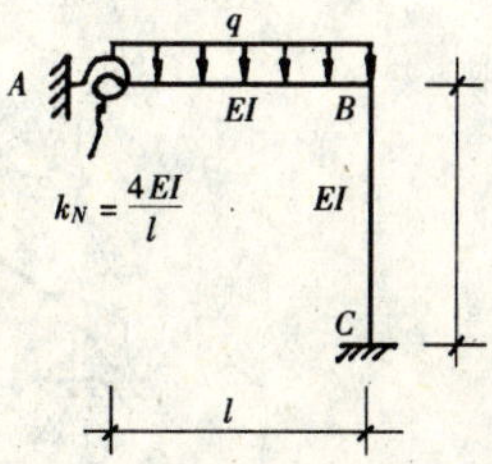

题 9-25 图

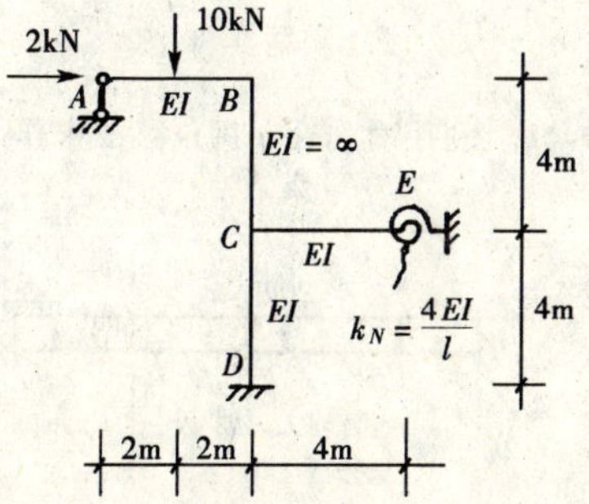

题 9-26 图

9-27　用位移法绘制图 9-27 所示结构弯矩图，并求桁架杆的轴向力 N_{DB}、N_{DA}。

9-28　用位移法求图 9-28 所示桁架各杆轴向力。

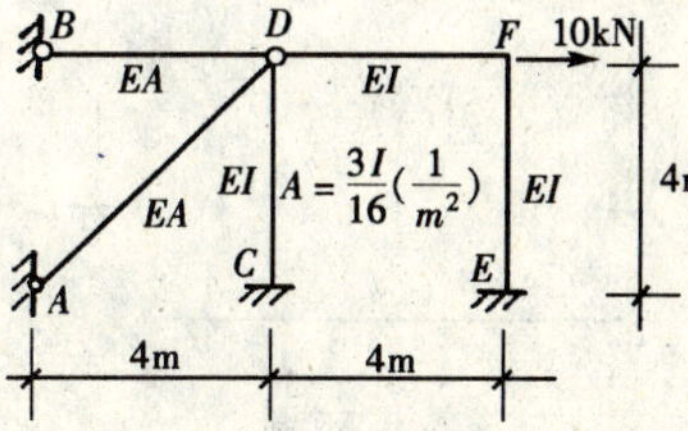

题 9-27 图

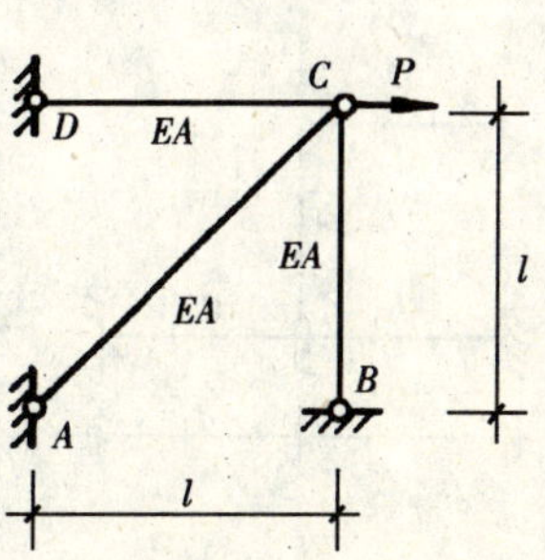

题 9-28 图

9-29 图 9-29 为一三角形刚架，考虑杆件的轴向变形，试写出位移法的典型方程，并求出所有系数和自由项。

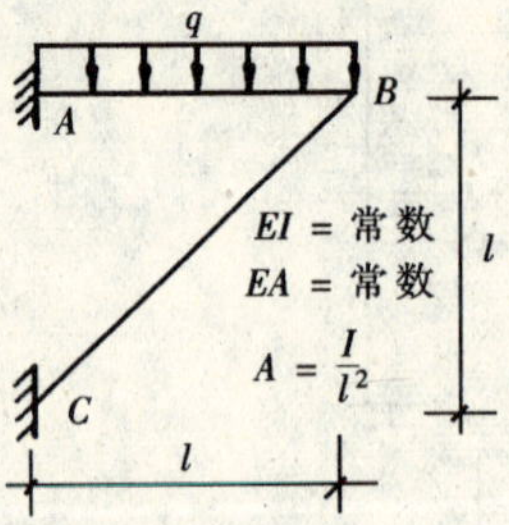

题 9-29 图

9-30 ~ 9-31 用位移法计算图示由剪力静定杆组成的刚架的弯矩图（题 9-30 各杆的 *EI* 为常数）。

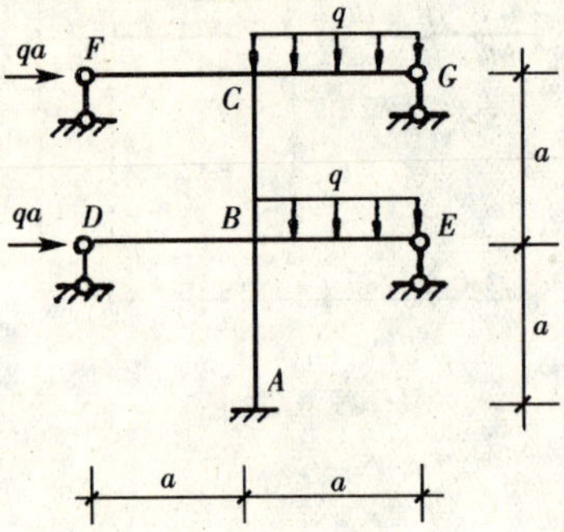

题 9-30 图

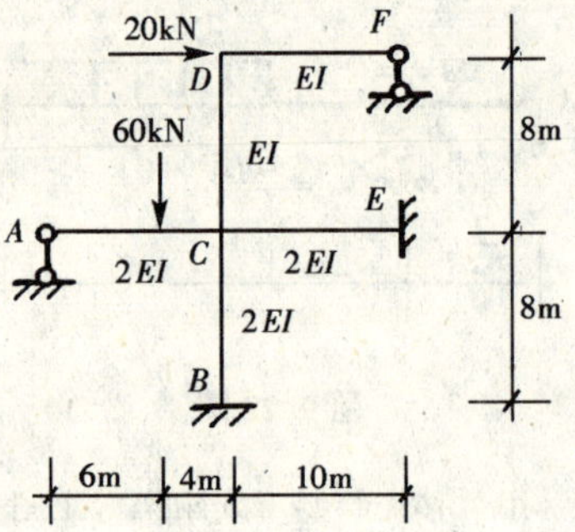

题 9-31 图

9-32-9-41 利用对称性，用位移法求作下列结构的弯矩图。

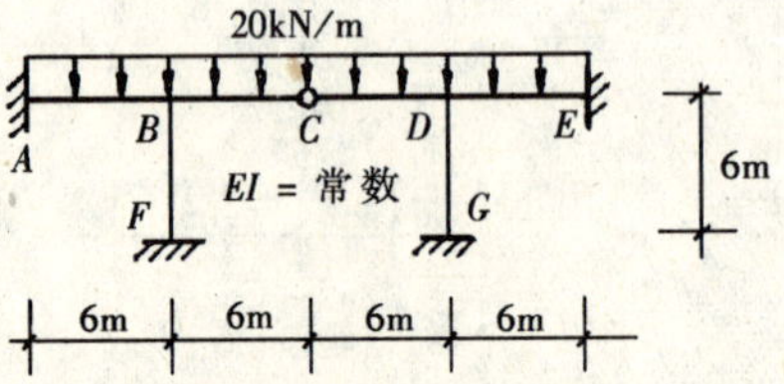

题 9-32 图

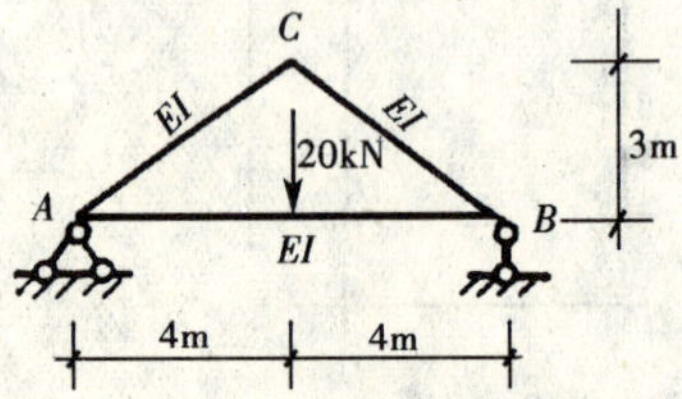

题 9-33 图

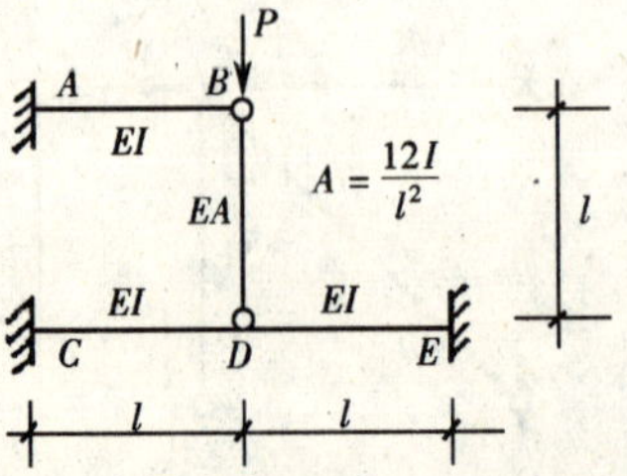

题 9-34 图

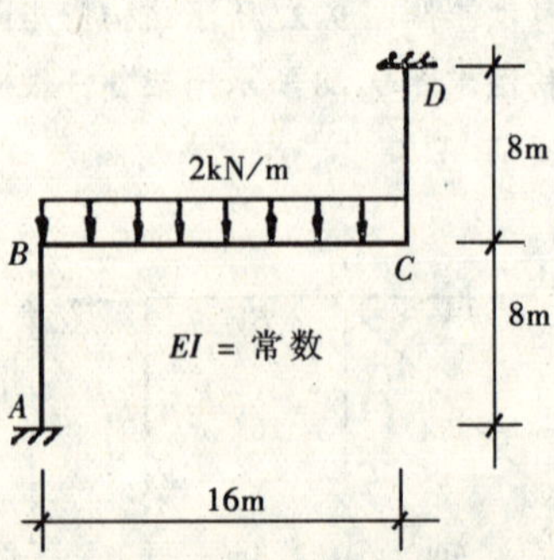

题 9-35 图

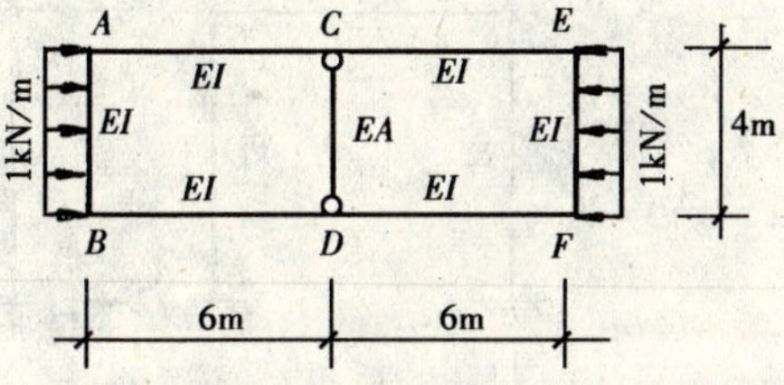

$EA=2EI/\mathrm{m}^2$，$EI=12\mathrm{kN\cdot m}$

题 9-36 图

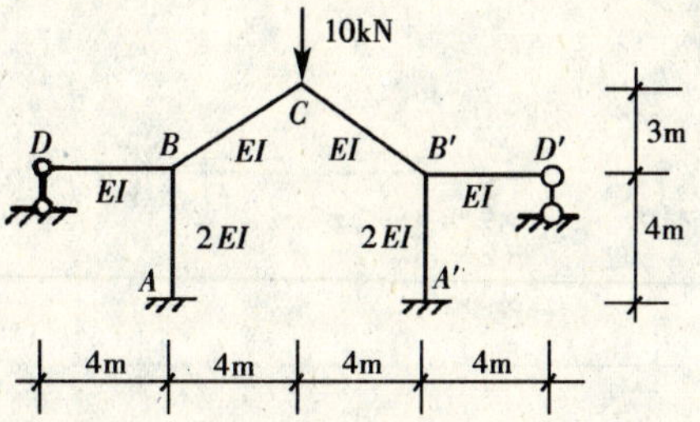

题 9-37 图

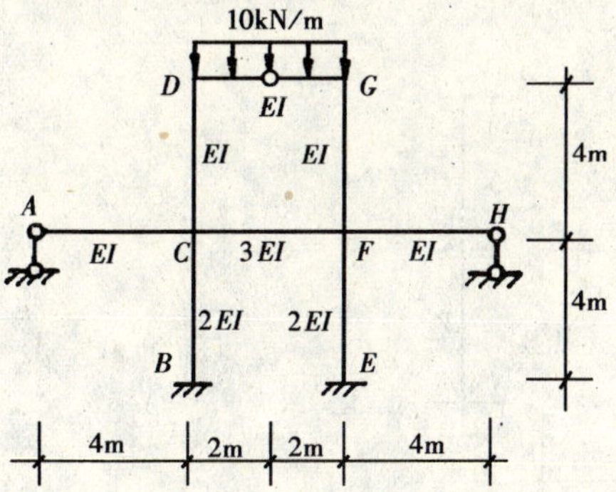

题 9-38 图

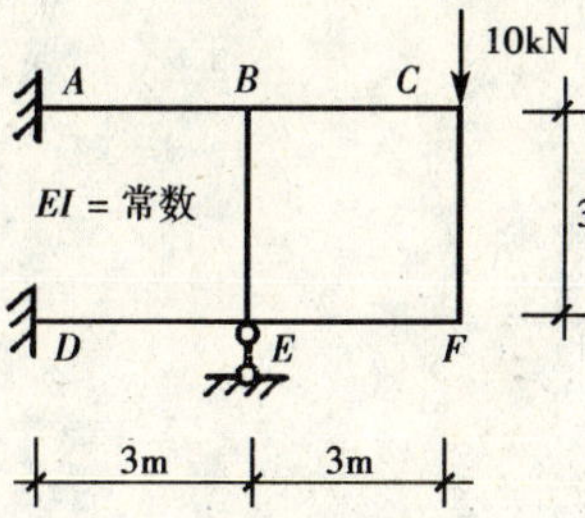

题 9-39 图

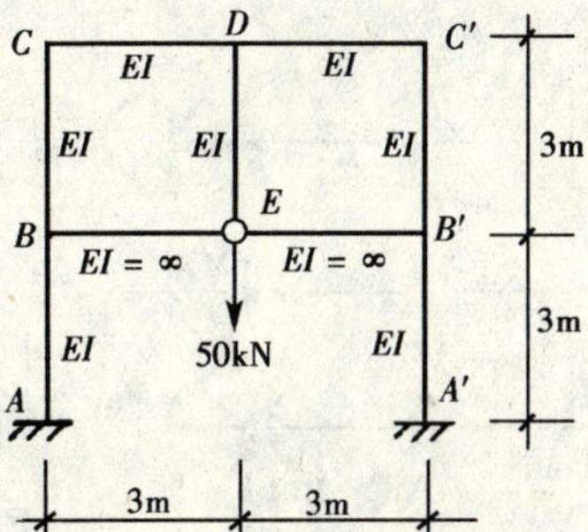

题 9-40 图

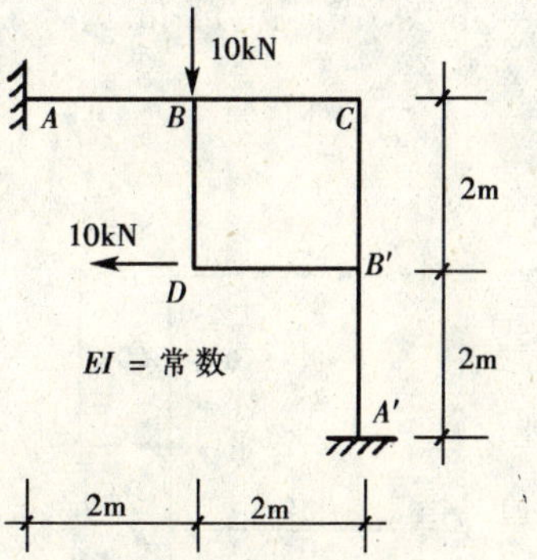

题 9-41 图

9-42 ~ 9-48　试用直接按平衡条件建立位移法方程的方法计算题 9-2、9-5、9-8、9-11、9-12、9-24、9-35 的弯矩，并绘出 M 图。

9-49 ~ 9-52　试用位移法求作下列结构由于支座位移产生的弯矩。

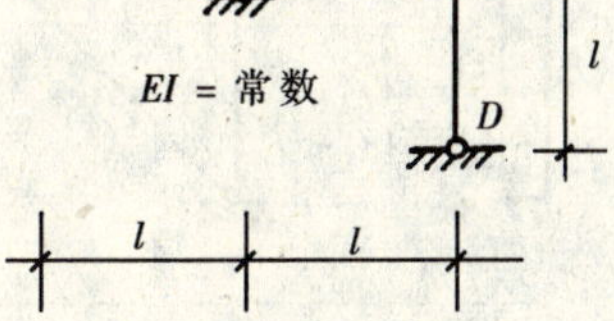

题 9-49 图

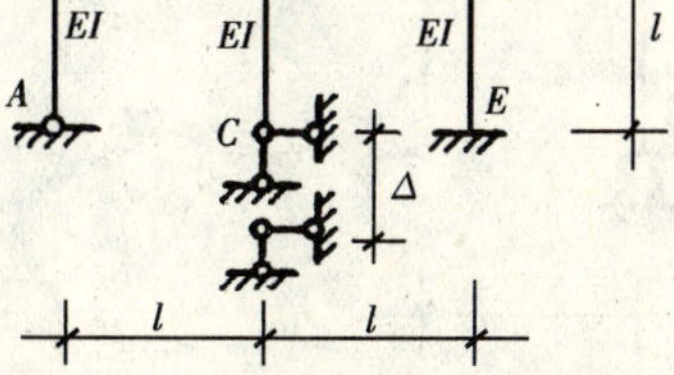

题 9-50 图

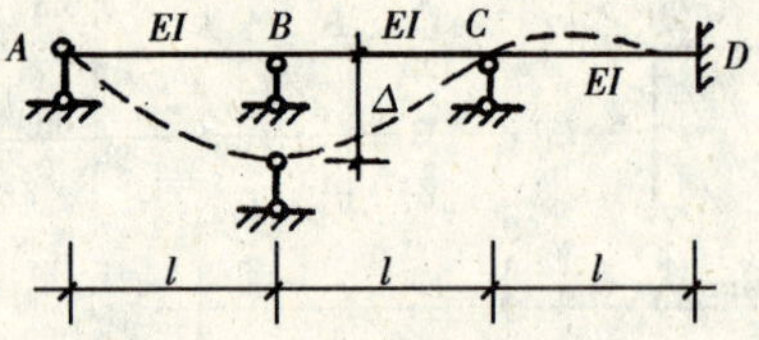

题 9-51 图

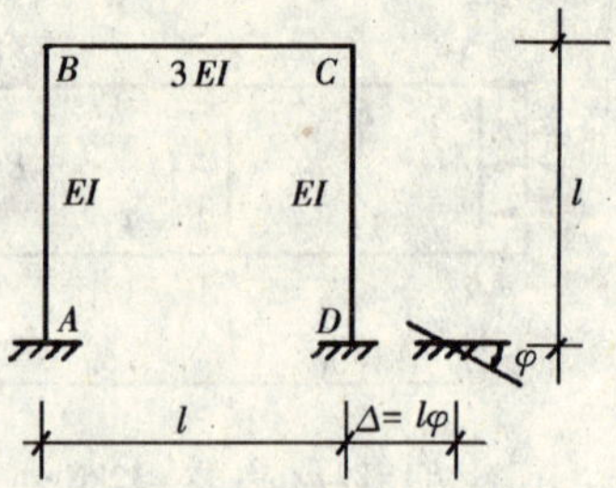

题 9-52 图

9-53 图示结构支座 A、E 处同时顺时针向转动了单位位移，试用位移法求作结构的弯矩图并求截面 C 处的转角。

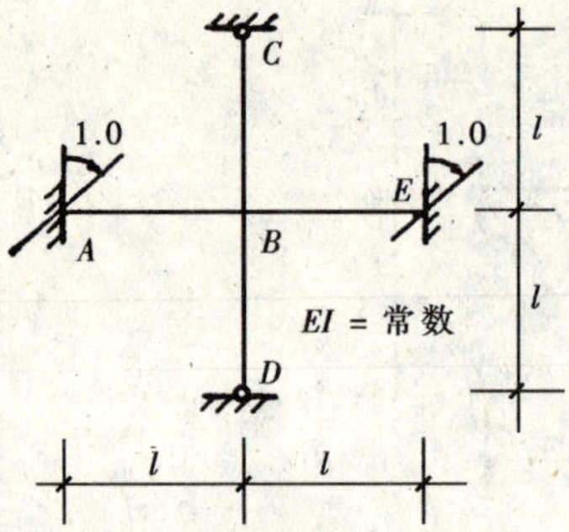

题 9-53 图

9-54～9-55 试用位移法求作下列结构由于温度变化产生的弯矩图。已知杆件截面高度 $h=0.4\text{m}$，$EI=2\times10^4\text{kN}\cdot\text{m}^2$，$\alpha=1\times10^{-5}$。

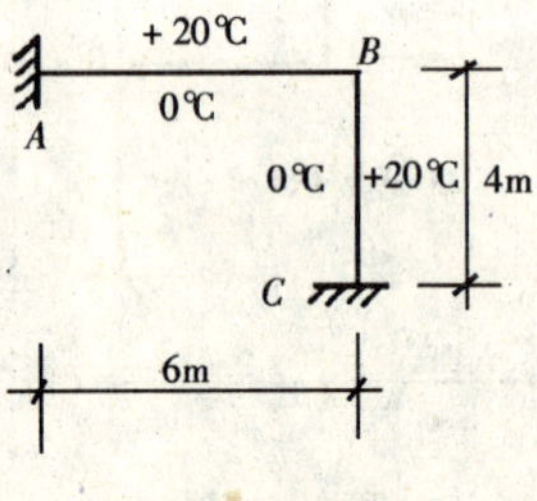

题 9-54 图

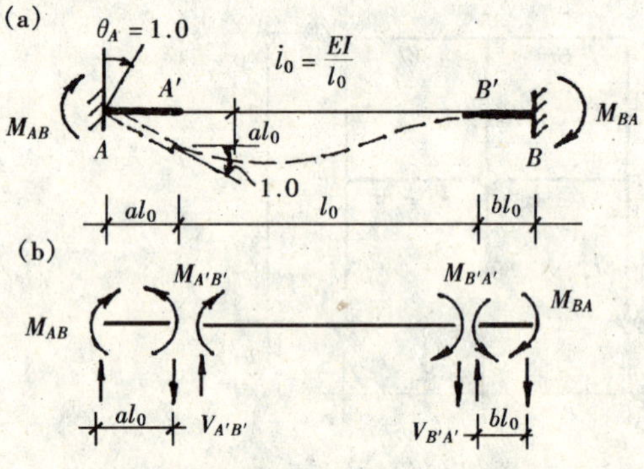

题 9-55 图

9-56～9-59 用混合法求作弯矩图。

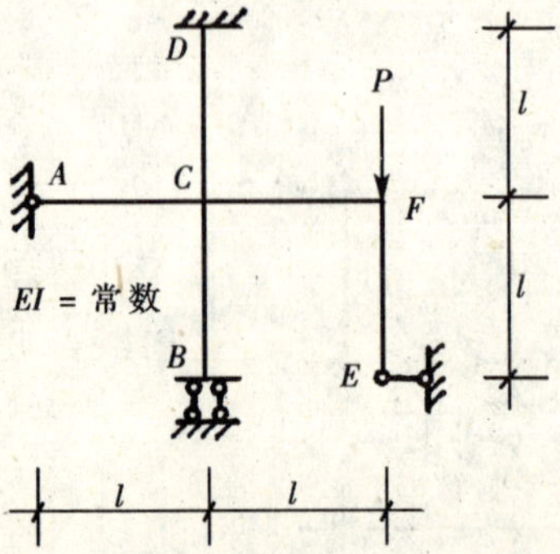

题 9-56 图

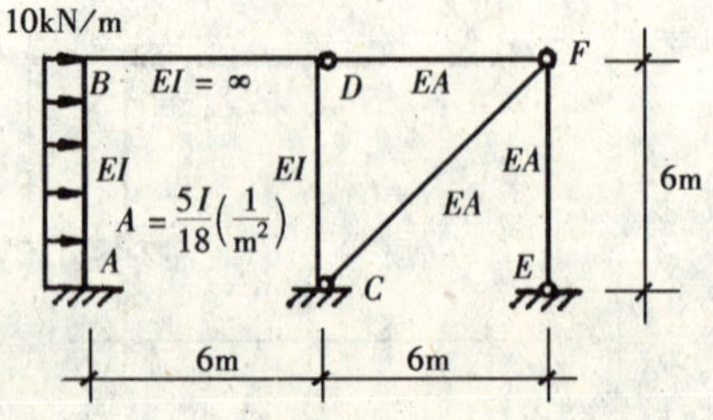

题 9-57 图

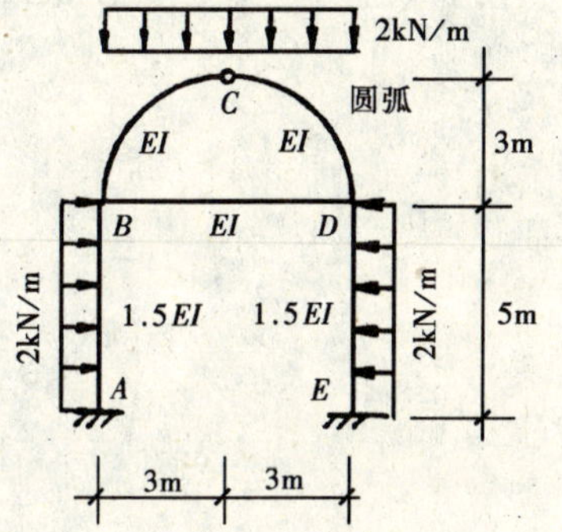

题 9-58 图

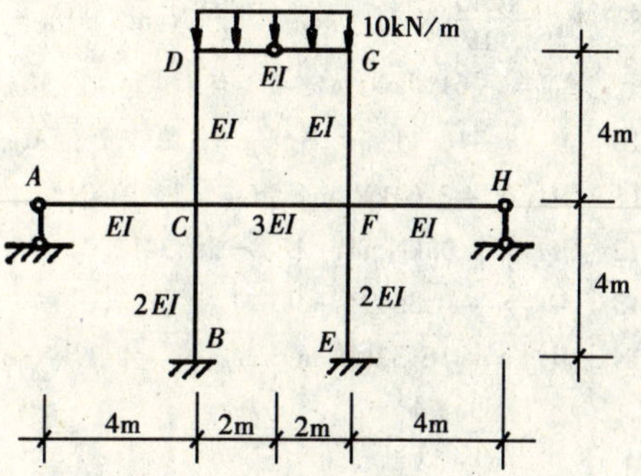

题 9-59 图

9-60　试作图示变截面连续梁的弯矩图，梁截面为矩形，宽度不变。

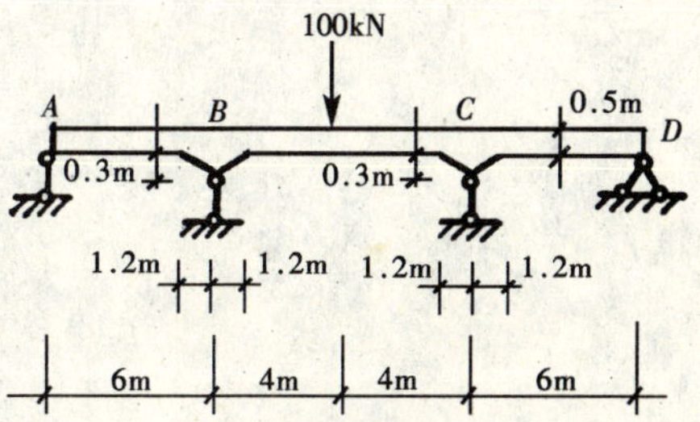

题 9-60 图

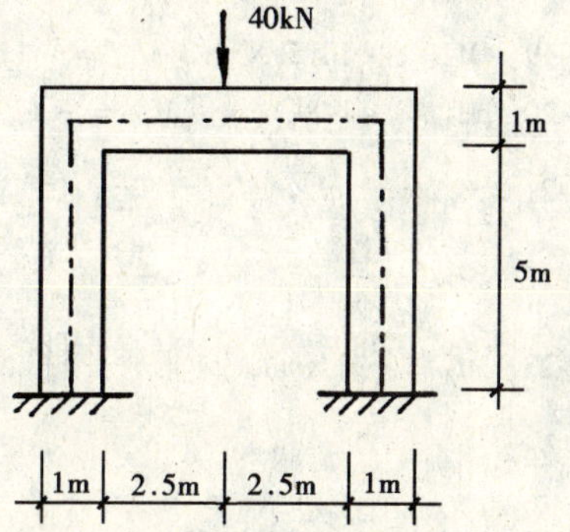

题 9-61 图

9-61　试用位移法作图 9-61 所示刚架的弯矩图，计算时考虑刚域的影响，并与不考虑刚域影响的结果比较。已知各杆截面均为矩形截面，宽度相同。

9-62　用位移法求作下列结构弯矩图。

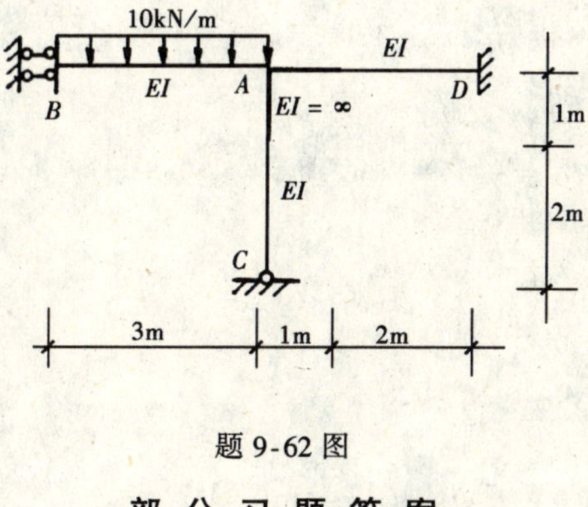

题 9-62 图

部分习题答案

9-2　$M_{DC} = -\dfrac{7}{24}ql^2$，$M_{DB} = \dfrac{1}{6}ql^2$，$V_{AD} = -\dfrac{1}{8}ql$

9-3　$M_{BA} = 20\text{kN}\cdot\text{m}$，$V_{BA} = -10\text{kN}$，$N_{BC} = -20\text{kN}$

9-4　$M_{AC} = -35.17\text{kN}\cdot\text{m}$，$M_{EC} = -3.29\text{kN}\cdot\text{m}$

9-5　$M_{AB} = -20\text{kN}\cdot\text{m}$，$M_{CD} = -75.45\text{kN}\cdot\text{m}$

9-6　$M_{BC} = -48\text{kN}\cdot\text{m}$，$M_{DE} = -30\text{kN}\cdot\text{m}$

9-7 $M_{BD}=-5.4\text{Pa}$，$M_{CA}=-3.6\text{Pa}$

9-8 $M_{EA}=\frac{240}{19}\text{kN·m}$，$M_{EC}=\frac{60}{19}\text{kN·m}$，$M_{DF}=\frac{660}{19}\text{kN·m}$

9-9 $M_{AB}=-61.5\text{kN·m}$，$M_{BA}=93\text{kN·m}$，$M_{BC}=-114\text{kN·m}$

9-10 $M_{AB}=-0.111ql^2$，$M_{CD}=0.231ql^2$，$M_{ED}=0.213ql^2$

9-11 $M_{BA}=-3.64\text{kN·m}$，$M_{CB}=15.91\text{kN·m}$，$M_{CD}=-25.91\text{kN·m}$

9-12 $M_{AB}=5.08\text{kN·m}$，$M_{BA}=20.34\text{kN·m}$，$M_{DC}=-10.58\text{kN·m}$

9-13 $M_{AB}=-0.354Pl$

9-14 $M_{AB}=-16.32\text{kN·m}$，$M_{BA}=-4.99\text{kN·m}$，$M_{DC}=-4.68\text{kN·m}$

9-15 $M_{AB}=-\frac{Pa}{14}$，$M_{CB}=\frac{5Pa}{56}$，$M_{DC}=-\frac{Pa}{14}$

9-16 $M_{AB}=-0.1676Pl$，$M_{BA}=-0.1397Pl$，$M_{DC}=-0.2765Pl$

9-17 $M_{AB}=-3.11\text{kN·m}$，$M_{BA}=-3.96\text{kN·m}$，$M_{CB}=3.96\text{kN·m}$

9-18 $M_{AD}=\frac{3Pa}{32}$，$M_{BA}=\frac{3Pa}{32}$

9-19 $M_{AB}=-18.5\text{kN·m}$，$M_{FG}=-11.9\text{kN·m}$，$M_{DE}=24\text{kN·m}$

9-20 $M_{AB}=-148\text{kN·m}$，$M_{DE}=-120\text{kN·m}$，$M_{BC}=36\text{kN·m}$

9-21 $M_{BA}=\frac{9}{80}ql^2$，$M_{EC}=-\frac{19}{80}ql^2$

9-22 $M_{CD}=\frac{41}{348}ql^2$，$M_{CD}=\frac{85}{348}ql^2$

9-23 $M_{AB}=\frac{48}{11}\text{kN·m}$，$M_{CD}=\frac{-168}{11}\text{kN·m}$，$M_{DC}=\frac{68}{11}\text{kN·m}$

9-24 $M_{AB}=\frac{1}{40}ql^2$

9-25 $M_{AB}=-\frac{1}{18}ql^2$，$M_{CB}=-\frac{1}{36}ql^2$，$M_{BC}=-\frac{1}{18}ql^2$

9-26 $M_{BA}=14.24\text{kN·m}$，$M_{CD}=8.98\text{kN·m}$，$M_{EC}=4.10\text{kN·m}$

9-27 $M_{FE}=-7.39\text{kN·m}$，$M_{CD}=-8.62\text{kN·m}$，$N_{BD}=2.16\text{kN}$，$N_{AD}=1.08\text{kN}$

9-28 $N_{DC}=\frac{1+2\sqrt{2}}{2(1+\sqrt{2})}P$，$N_{AC}=\frac{\sqrt{2}}{2(1+\sqrt{2})}P$，$N_{BC}=\frac{1}{2(1+\sqrt{2})}P$

9-29 $r_{11}=6.83\frac{EI}{l}$，$r_{22}=14.48\frac{EI}{l^3}$，$r_{33}=3.48\frac{EI}{l^3}$，$r_{12}=-8.12\frac{EI}{l^2}$，$r_{13}=-2.12\frac{EI}{l^2}$，$r_{23}=1.77\frac{EI}{l^2}$

9-30 $M_{CF}=\frac{159}{440}qa^2$，$M_{BD}=\frac{36}{55}qa^2$，$M_{AB}=-\frac{67}{55}qa^2$

9-31 $M_{CA}=112.34\text{kN·m}$，$M_{CB}=-4.69\text{kN·m}$，$M_{DF}=5.60\text{kN·m}$

9-32 $M_{AB}=15\text{kN·m}$，$M_{BA}=210\text{kN·m}$

9-33 $M_{AB}=-15.24\text{kN·m}$，$M_{CA}=7.62\text{kN·m}$

9-34 $M_{CD}=-\frac{1}{5}Pl$，$M_{AB}=-\frac{1}{5}Pl$

9-35 $M_{AB}=-21.34\text{kN·m}$，$M_{CB}=21.34\text{kN·m}$

9-36 $M_{AB}=0.75\text{kN·m}$

9-37 $M_{AB}=7.15\text{kN·m}$，$M_{BA}=6.07\text{kN·m}$，$M_{CB}=-4.83\text{kN·m}$

9-38 $M_{CA}=-1.5\text{kN·m}$，$M_{CD}=8.5\text{kN·m}$，$M_{DC}=20\text{kN·m}$

9-39 $M_{AB}=1.58\text{kN·m}$，$M_{BC}=-4.74\text{kN·m}$，$M_{CB}=-7.11\text{kN·m}$

9-40 $M_{AB}=\frac{25}{3}\text{kN·m}$，$M_{CD}=-\frac{50}{3}\text{kN·m}$，$M_{BE}=-\frac{75}{2}\text{kN·m}$

9-41 $M_{AB}=-\frac{100}{33}\text{kN·m}$

9-49 $M_{AB}=3.46\frac{EI}{l}\varphi$，$M_{BA}=0.92\frac{EI}{l}\varphi$，$M_{CB}=-0.23\frac{EI}{l}\varphi$

9-50　$M_{BD}=-3.43\dfrac{EI}{l^2}\Delta$，$M_{DF}=10.71\dfrac{EI}{l^2}\Delta$，$M_{FD}=\dfrac{4EI}{l^2}\Delta$

9-51　$M_{BA}=-3.69\dfrac{EI}{l^2}\Delta$，$M_{CD}=-5.54\dfrac{EI}{l^2}\Delta$

9-52　$M_{AB}=3.73\dfrac{EI}{l}\varphi$

9-53　$M_{AB}=\dfrac{24}{7}\dfrac{EI}{l}$，$M_{BA}=\dfrac{6EI}{7l}$，$\theta_C=\dfrac{1}{7}$

9-54　$M_{BA}=11.97\text{kN}\cdot\text{m}$，$M_{BA}=-7.40\text{kN}\cdot\text{m}$，$M_{CB}=-13.55\text{kN}\cdot\text{m}$

9-55　$M_{BA}=-1.2\dfrac{\alpha tEI}{hl}$

9-56　$M_{CA}=\dfrac{3}{14}Pl$，$M_{CB}=\dfrac{1}{14}Pl$，$M_{CF}=-\dfrac{4}{7}Pl$，$M_{FC}=\dfrac{-3}{7}Pl$

9-57　$N_{DF}=N_{EF}=-0.129\text{kN}$，$N_{FC}=0.182\text{kN}$，$M_{AB}=-74.81\text{kN}\cdot\text{m}$

9-58　$M_{AB}=-6.063\text{kN}\cdot\text{m}$

9-59　$M_{CA}=-1.5\text{kN}\cdot\text{m}$，$M_{DC}=20\text{kN}\cdot\text{m}$

9-60　$M_{BA}=7.84\text{kN}\cdot\text{m}$

9-61　横梁跨中弯矩为 34.56kN·m，不考虑刚域影响时为 39.4kN·m

9-62　$M_{BA}=15.99\text{kN}\cdot\text{m}$，$M_{AB}=29.01\text{kN}\cdot\text{m}$，$M_{AC}=9.90\text{kN}\cdot\text{m}$

第10章 渐近法

计算超静定刚架，不论采用力法还是位移法，都要组成和解算典型方程，当未知量较多时，解算联立方程的工作是非常繁重的。为了寻求计算超静定刚架的更简捷的途径，自20世纪30年代以来，人们又陆续提出了各种渐近法，本章介绍其中较为常用的力矩分配法、无剪力分配法、迭代法。这些方法就其本质来说，都属位移法的范畴。其计算原理及符号规则均与位移法相同，只是计算过程不同；其共同特点是避免了组成和解算典型方程，而以逐次渐近的方法来计算杆端弯矩；其结果的精度随计算轮次的增加而提高，最后收敛于精确解。这些方法的物理概念生动形象，每轮计算又是按同一步骤重复进行，因而易于掌握，适合手算，并可不经过计算结点位移而直接求得杆端弯矩，故在结构设计中被广泛采用。随着电子计算机的普及，这类手算方法的应用虽会有所减少，但在许多场合下仍不失为一种简便易行的方法。

§10-1 力矩分配法的基本原理

力矩分配法为美国克罗斯（H. Cross）于1930年提出，其后各国学者又作了不少改进和推广，这一方法对连续梁和无结点线位移刚架的计算特别方便。

一、名词解释

在力矩分配法中要用到劲度系数和传递系数的概念，它们的定义已在§9-9中给出，为了应用上的需要，现就等截面直杆作进一步讨论。

1. 转动刚度（S）

在图10-1a所示的单跨梁AB中，当杆件AB的A端转动单位转角$\varphi_A=1$时，A端的弯矩M_{AB}称为该杆端的劲度系数，用S_{AB}表示，它标志着该杆端抵抗转动能力的大小，故又称为转动刚度。根据两端固定单跨梁的转角位移方程得

$$S_{AB}=M_{AB}=\frac{4EI}{l}=4i$$

同样，在图10-1b所示$\varphi_B=1$的情况中，B端的转动刚度$S_{BA}=M_{BA}=\frac{4EI}{l}=4i$。一根杆件的转动端常称为近端，而另一端则称为远端。同一杆件的转动刚度与远端的支承情况有关，远端相同的等截面直杆的转动刚度相等，如

$$S_{AB}=S_{BA}=\frac{4EI}{l}=4i$$

图10-1c所示远端为铰支座的等截面梁，A端的转动刚度由转角位移方程可知

$$S_{AB} = \frac{3EI}{l} = 3i$$

图 10-1d 所示远端为定向支承的等截面梁，由转角位移方程可知，两端的转动刚度（图 10-1d 只示出 A 端的转动刚度）相同，即

$$S_{AB} = S_{BA} = \frac{EI}{l} = i$$

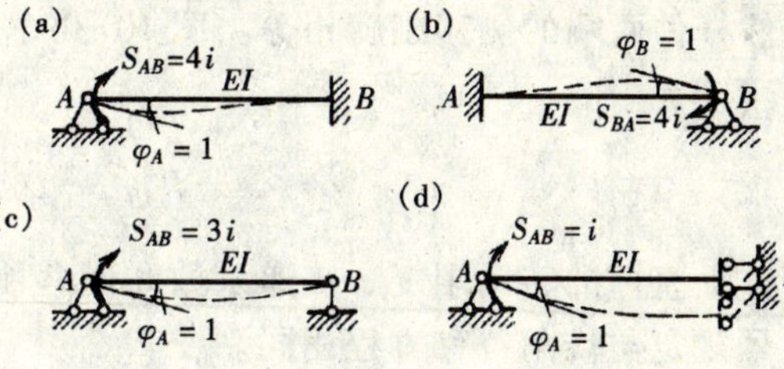

图 10-1　等截面单跨梁的劲度系数

(a)、(b) 远端固定；(c) 远端铰支；(d) 远端滑移

2. 传递系数（C）

杆件的近端弯矩可以用转动刚度表示。如图 10-2a 所示两端固定的直杆，当 A 端发生转角 φ_A 时，则 A 端的弯矩 $M_{AB} = S_{AB}\varphi_A$。这时远端 B 也产生一定的弯矩 M_{BA}。这好比是近端的弯矩按一定的比例传到了远端一样，故将 B 端弯矩 M_{BA} 与 A 端弯矩 M_{AB} 之比称为由 A 端向 B 端的弯矩传递系数，用 C_{AB} 表示，即

$$C_{AB} = \frac{M_{BA}}{M_{AB}}$$

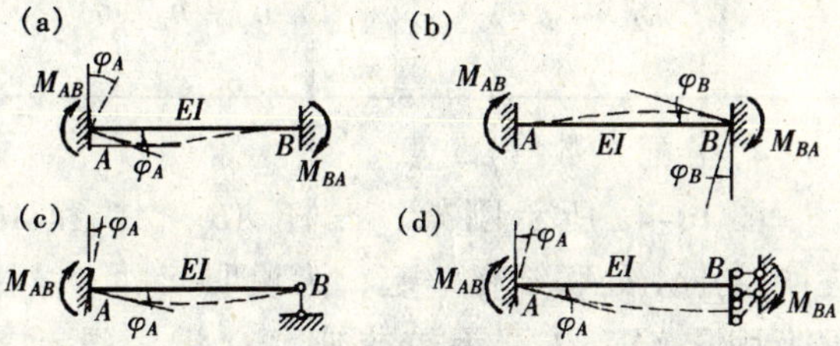

图 10-2　等截面单跨梁的传递系数

(a)、(b) 远端固定；(c) 远端铰支；(d) 远端滑移

同样，图 10-2b 所示的直杆发生转角 φ_B 时，由 B 端向 A 端的弯矩传递系数为

$$C_{BA} = \frac{M_{AB}}{M_{BA}}$$

由转角位移方程可知，对于远端为固定支承的等截面直杆其传递系数为

$$C_{AB} = C_{BA} = \frac{1}{2}$$

图 10-2c 所示远端 B 为铰支承的等截面的梁，则由 A 端向 B 端的传递系数为

$$C_{AB} = 0$$

图 10-2d 所示远端为定向支承的等截面直杆，两端向另一端的传递系数为

$$C_{AB} = C_{BA} = -1$$

由于传递系数是当近端发生转动时，远端弯矩与近端弯矩的比值，因此远端弯矩等于近端弯矩乘以传递系数。如图 10-2a 所示单跨梁中远端弯矩 $M_{BA} = \frac{1}{2}M_{AB} = 2i\varphi_A$。在图 10-2c 中，远端弯矩 $M_{BA} = 0$。图 10-2d 中远端弯矩 $M_{BA} = (-1)M_{AB} = -i\varphi_A$。

3. 侧移刚度（D）

当杆件两端仅在与杆轴垂直的方向发生单位相对线位移时，在杆端需要施加的剪力称为杆件的侧移刚度，用 D 表示。如图 10-3a 所示 A 端刚结，B 端铰结的等截面直杆（一端固定一端铰支梁），当 A、B 两端仅发生单位相对线位移时，根据转角位移方程可以求得剪力，该剪力即侧移刚度，故有

$$D_{AB} = D_{BA} = \frac{3EI}{l^3} = \frac{3i}{l^2}$$

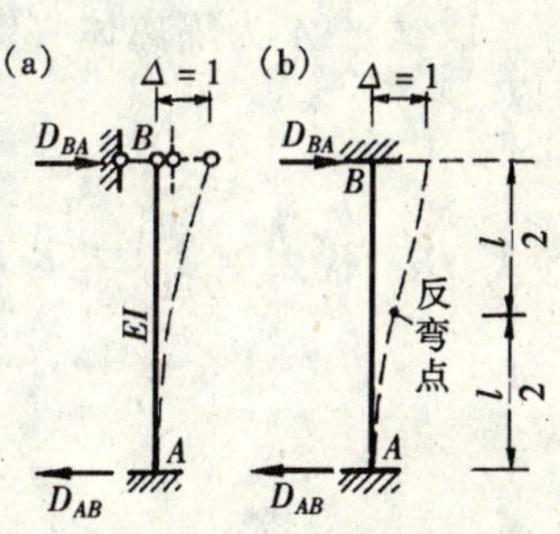

图 10-3　等截面直杆的侧移刚度

(a) 一端固定一端铰支；(b) 两端固定

显然杆件两端的侧移刚度相等。图 10-3b 表示两端固定的等截面直杆（两端固定梁），其侧移刚度为

$$D_{AB} = D_{BA} = \frac{12EI}{l^3} = \frac{12i}{l^2}$$

等截面直杆的转动刚度、传递系数和侧移刚度如表 10-1 所示。表中杆端位移和杆端力的正负号规定与转角位移方程相同。

表 10-1　等截面直杆的转动刚度、传递系数和侧移刚度

编号	简　图	转动刚度 S	传递系数 C	侧移刚度 D
1	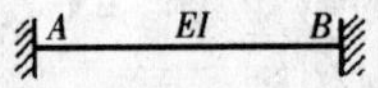	$S_{AB} = S_{BA} = \frac{4EI}{l}$	$C_{AB} = C_{BA} = \frac{1}{2}$	$D_{AB} = D_{BA} = \frac{12EI}{l^3}$
2	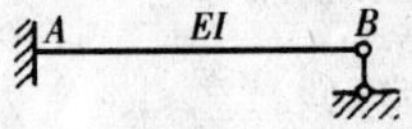	$S_{AB} = \frac{3EI}{l}$	$C_{AB} = 0$	$D_{AB} = D_{BA} = \frac{3EI}{l^3}$
3	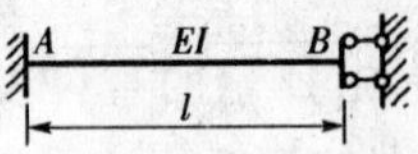	$S_{AB} = S_{BA} = \frac{EI}{l}$	$C_{AB} = C_{BA} = -1$	$D_{AB} = D_{BA} = 0$

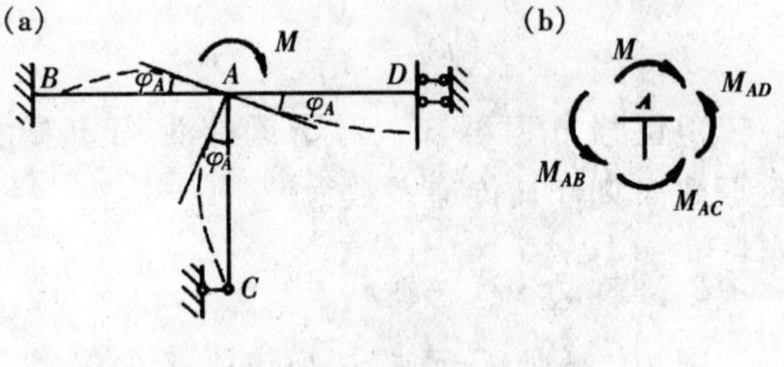

图 10-4　力矩分配法计算刚架

(a) 刚架、荷载及变形；(b) 结点 A 隔离体

4. 分配系数（μ）

图 10-4a 所示刚架，三杆 AB、AC 和 AD 在刚结点 A 处联结在一起，为说明问题，设 B 端为固定端，C 端为铰支座，D 端为滑动支座。设在刚结点 A 处作用顺时针方向的力矩 M。在不考虑轴向变形的情况下，外力矩 M 只能引起刚结点 A 的转动，使得汇交于结点 A 的各杆在 A 端发生相同的角位移 φ_A，同时使各杆 A 端有杆端弯矩产生。根据转动刚度的定义，这些杆端弯矩的值为

$$\left.\begin{aligned} M_{AB} &= S_{AB}\varphi_A \\ M_{AC} &= S_{AC}\varphi_A \\ M_{AD} &= S_{AD}\varphi_A \end{aligned}\right\} \tag{a}$$

取结点 A 为隔离体（图 10-4b）由结点 A 的力矩平衡条件 $\Sigma M_A = 0$，得

$$M_{AB} + M_{AC} + M_{AD} = M$$

将式（a）代入上式，得

$$(S_{AB} + S_{AC} + S_{AD})\varphi_A = M$$

解得

$$\varphi_A = \frac{M}{S_{AB} + S_{AC} + S_{AD}} = \frac{M}{\sum_A S}$$

其中 $\sum_A S$ 表示汇交于结点 A 的各杆 A 端转动刚度之和。

将 φ_A 代入式（a），得各杆近端弯矩为

$$\left.\begin{aligned} M_{AB} &= \frac{S_{AB}}{\sum_A S}M \\ M_{AC} &= \frac{S_{AC}}{\sum_A S}M \\ M_{AD} &= \frac{S_{AD}}{\sum_A S}M \end{aligned}\right\} \tag{b}$$

由式（b）可看出，各杆的近端即 A 端的弯矩与各杆在 A 端的转动刚度成正比，并且等于外力矩 M 乘上一个相应的系数，此系数用 μ_{Aj} 表示，则有

$$\mu_{Aj} = \frac{S_{Aj}}{\sum_A S}$$

式中 j 表示汇交于结点 A 各杆的远端，在图 10-4a 刚架中即为 B、C、D 各点。于是式（b）可写成

$$M_{Aj} = \mu_{Aj}M \tag{c}$$

由上述可知，式（c）中 μ_{Aj} 起到将作用在结点 A 处的力矩 M 按比例分配到各杆近端的作用，故称 μ_{Aj} 为各杆近端的分配系数。而各杆近端弯矩又称为分配弯矩。

分配系数的特点是：汇交于结点 A 的各杆，在 A 端的分配系数只决定于该端的转动刚度而与其他因素无关；各杆在 A 端的分配系数之和应等于 1，即

$$\Sigma\mu_{Aj} = 1 \tag{10-1}$$

这个条件通常用来校核分配系数的计算是否正确。

二、单结点的力矩分配

通过前面的分析，对于图 10-4a 所示只有一个刚结点，且只在刚结点处承受力矩 M 作用的刚架，其解算过程可分两步进行：先将作用于结点 A 的外力矩 M，按各杆的分配系数分配给各杆近端，即求出近端弯矩，称为分配过程；再将近端弯矩乘以传递系数，求出远端弯矩，称为传递过程。即经过分配、传递两过程就可以求出各杆的杆端弯矩。

上述计算过程，也可以用于基本未知量只有一个角位移，承受一般荷载的刚架和连续梁的计算。例如，图 10-5a 所示连续梁，承受图示荷载作用，其变形状态如图中虚线所示，此状态称为原来状态。为计算原结构各杆的杆端弯矩，可以把原来状态看成是“锁住状态”和“放松状态”的叠加。

1. 锁住状态

在承受荷载之前，先将原结构的刚结点 B 用刚臂锁住，使结点 B 不能转动，然后再施加荷载，如图 10-5b 所示，这种状态为锁住状态。该状态下的杆端

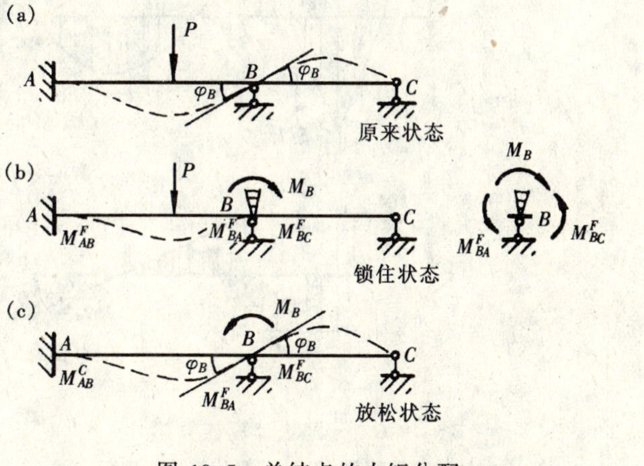

图 10-5　单结点的力矩分配

（a）连续梁及荷载；（b）锁住状态；（c）放松状态

弯矩为固端弯矩，它们的值可由表 9-1 得出。

在锁住状态下（图 10-5b），BC 杆上因无荷载作用，固端弯矩 $M_{BC}^F=0$。这时，在结点 B 处两杆固端弯矩不能相互平衡，故附加刚臂上必定产生约束力矩 M_B，由结点 B 的平衡条件 $\Sigma M_B=0$，可得

$$M_B = M_{BA}^F + M_{BC}^F = \Sigma M_{Bj}^F \tag{10-2}$$

约束力矩 M_B 称为结点 B 的不平衡力矩，它等于汇交于结点 B 的各杆端固端弯矩之和。可见，锁住状态与原来状态的不同，就在于不平衡力矩 M_B 的出现。

2. 放松状态

为消除 M_B 的影响，放松刚臂，使结点 B 自行转动 φ_B 角回到原来位置。这种使结点恢复转动的状态，称为放松状态。放松结点 B 使其转动 φ_B 角回到原来位置的过程，相当于在结点 B 施加一个与不平衡力矩大小相等、方向相反的外力矩 $m_B=-M_B$，迫使结点 B 转动 φ_B 角，如图 10-5c 所示。此种外力矩也以顺时针转向为正。此状态下的各杆端弯矩的计算，可按前述分配、传递两过程进行。为了与杆端最后弯矩有所区别，我们在分配弯矩上加右上标“μ”；在传递弯矩上加右上标“C”。根据分配弯矩和传递弯矩的定义，汇交于结点 B 的各杆分配弯矩（近端弯矩）和传递弯矩（远端弯矩）的计算式分别写为

$$M_{Bj}^{\mu} = -\mu_{Bj} M_B \quad M_{jB}^{C} = C_{Bj} M_{Bj}^{\mu} \tag{10-3}$$

其中 M_B 为锁住状态下结点 B 上的不平衡力矩。

3. 原来状态的杆端弯矩

将图 10-5 中的锁住状态图（b）与放松状态图（c）相叠加，即可消除刚臂的作用，得到原来状态图（a）。因此，原来状态的杆端弯矩就等于锁住、放松两种状态杆端弯矩的叠加，即

$$M_{AB} = M_{AB}^F + M_{AB}^C$$
$$M_{BA} = M_{BA}^F + M_{BA}^{\mu}$$
$$M_{BC} = M_{BC}^F + M_{BC}^{\mu}$$
$$M_{CB} = 0$$

上述计算过程，即为力矩分配法的基本运算。可见，具有一个刚结点的无结点线位移结构，用力矩分配法计算，不必求出结点角位移的数值，即可直接算得杆端弯矩的准确值。

例 10-1 试用力矩分配法计算图 10-6a 所示连续梁，并绘出弯矩图和剪力图。

解 （1）计算结点 B 处各杆的分配系数

各杆的转动刚度为

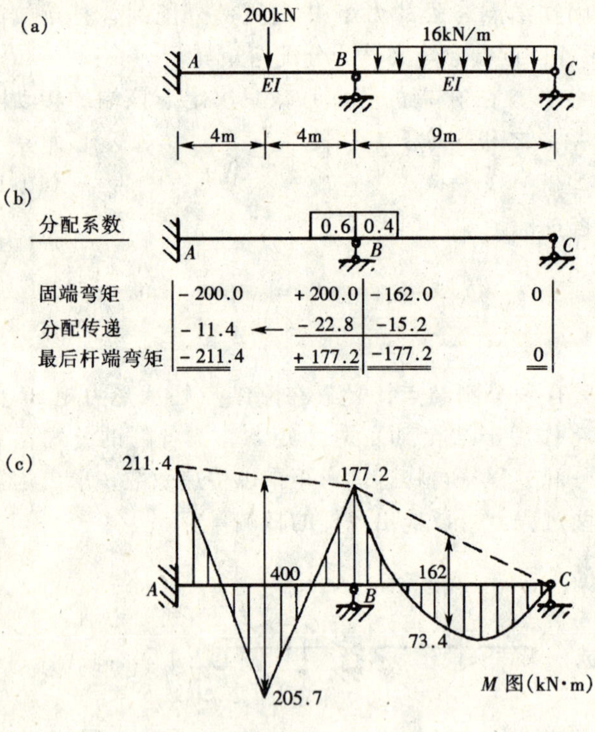

图 10-6 分配法计算连续梁

（a）连续梁及荷载；（b）分配传递计算过程；（c）弯矩图；（d）剪力图

$$S_{BA}=4\times\frac{EI}{8}=\frac{EI}{2}\qquad S_{BC}=3\times\frac{EI}{9}=\frac{EI}{3}$$

各杆端的分配系数为

$$\mu_{BA}=\frac{\frac{EI}{2}}{\frac{EI}{2}+\frac{EI}{3}}=0.6\qquad \mu_{BC}=\frac{\frac{EI}{3}}{\frac{EI}{2}+\frac{EI}{3}}=0.4$$

且 $\mu_{BA}+\mu_{BC}=0.6+0.4=1$，故计算无误。

(2) 锁住结点 B，按表 9-1 计算固端弯矩为

$$M_{AB}^{F}=-\frac{1}{8}\times200\times8=-200\text{kN}\cdot\text{m}$$

$$M_{BA}^{F}=\frac{1}{8}\times200\times8=200\text{kN}\cdot\text{m}$$

$$M_{BC}^{F}=-\frac{1}{8}\times16\times9^{2}=-162\text{kN}\cdot\text{m}$$

$$M_{CB}^{F}=0$$

由式 (10-2)，得不平衡力矩为

$$M_{B}=M_{BA}^{F}+M_{BC}^{F}=38\text{kN}\cdot\text{m}$$

(3) 放松结点 B，计算分配弯矩与传递弯矩，利用式 (10-3)，可求出

$$M_{BA}^{\mu}=-\mu_{BA}M_{B}=-0.6\times38=-22.8\text{kN}\cdot\text{m}$$

$$M_{BC}^{\mu}=-\mu_{BC}M_{B}=-0.4\times38=-15.2\text{kN}\cdot\text{m}$$

$$M_{AB}^{C}=C_{BA}M_{BA}^{\mu}=\frac{1}{2}\times(-22.8)=-11.4\text{kN}\cdot\text{m}$$

$$M_{CB}^{C}=C_{BC}M_{BC}^{\mu}=0\times(-15.2)=0$$

(4) 计算原来状态的杆端弯矩

将以上结果进行叠加，即得原来状态的杆端弯矩

$$M_{AB}=M_{AB}^{F}+M_{AB}^{C}=-200-11.4=-211.4\text{kN}\cdot\text{m}$$

$$M_{BA}=M_{BA}^{F}+M_{BA}^{\mu}=200-22.8=177.2\text{kN}\cdot\text{m}$$

$$M_{BC}=M_{BC}^{F}+M_{BC}^{\mu}=-162-15.2=-177.2\text{kN}\cdot\text{m}$$

$$M_{CB}=0$$

(5) 作内力图

根据各杆的最后杆端弯矩做出弯矩图，如图 10-6c 所示。

利用平衡条件或微分关系做出剪力图，如图 10-6d 所示。

以上计算过程，通常按图 10-6b 所示格式进行。其中，分配弯矩下画一横线，表示结点的不平衡力矩已经消失或者说结点已经平衡；水平方向的箭头表示弯矩传递方向；杆端弯矩下画双横线，表示最后杆端弯矩。

例 10-2　试用力矩分配法求出图 10-7a 所示刚架的各杆端弯矩。

解　(1) 计算结点 A 处各杆的分配系数

各杆的转动刚度为

$$S_{AB}=3\times2=6,S_{AC}=4\times2=8,S_{AD}=4\times1.5=6$$

因此，各杆端的分配系数为：

$$\mu_{AB}=\frac{3\times2}{3\times2+4\times1.5+4\times2}=\frac{6}{20}=0.3$$

$$\mu_{AD} = \frac{4 \times 1.5}{3 \times 2 + 4 \times 1.5 + 4 \times 2} = \frac{6}{20} = 0.3$$

$$\mu_{AC} = \frac{4 \times 2}{3 \times 2 + 4 \times 1.5 + 4 \times 2} = \frac{8}{20} = 0.4$$

可以利用上述公式 $\sum\mu_{Aj} = 1$ 进行校核。

(2) 求各杆端的固端弯矩

先设想在结点 A 加入一个附加刚臂使结点不能转动，即锁住结点 A。此时按表 9-1 计算各杆端的固端弯矩（图 10-7b）：

$$M_{AB}^F = \frac{1}{8} \times 30 \times 4^2 = 60\text{kN} \cdot \text{m}$$

$$M_{AD}^F = -\frac{100 \times 3 \times 2^2}{5^2} = -48\text{kN} \cdot \text{m}$$

$$M_{DA}^F = \frac{100 \times 3^2 \times 2}{5^2} = 72\text{kN} \cdot \text{m}$$

根据结点 A 的平衡条件求得附加刚臂上的不平衡力矩：

$$M_A = R_{1P} = M_{AB}^F + M_{AC}^F + M_{AD}^F = 60 + 0 - 48 = 12\text{kN} \cdot \text{m}$$

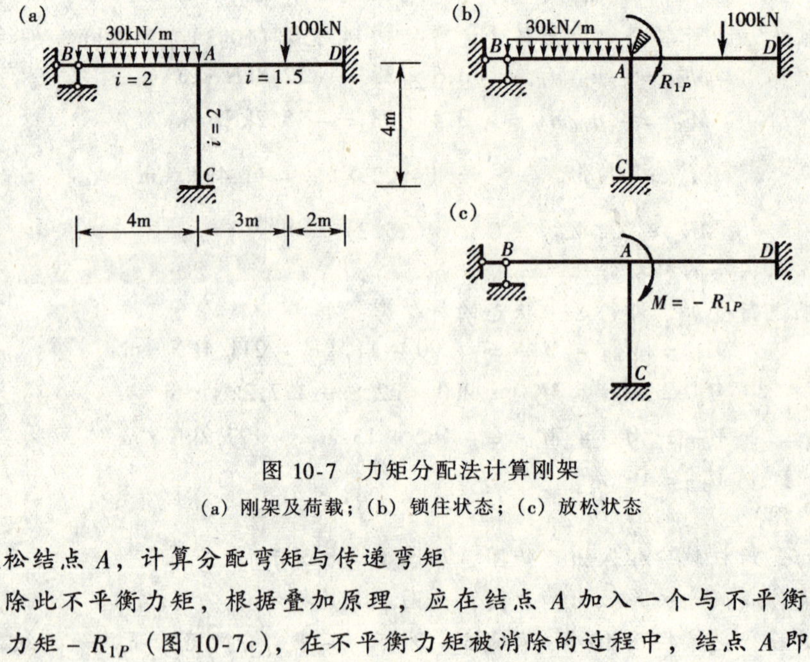

图 10-7 力矩分配法计算刚架

(a) 刚架及荷载；(b) 锁住状态；(c) 放松状态

(3) 放松结点 A，计算分配弯矩与传递弯矩

为了消除此不平衡力矩，根据叠加原理，应在结点 A 加入一个与不平衡力矩大小相等方向相反的力矩 $-R_{1P}$（图 10-7c），在不平衡力矩被消除的过程中，结点 A 即逐渐转动到无附加约束时的自然位置，即放松结点 A。对于图 10-7c，力矩分配系数求得后，即可根据式 (10-3) 计算各杆近端分配弯矩：

$$M_{AB}^{\mu} = 0.3 \times (-12) = -3.6\text{kN} \cdot \text{m}$$

$$M_{AD}^{\mu} = 0.3 \times (-12) = -3.6\text{kN} \cdot \text{m}$$

$$M_{AC}^{\mu} = 0.4 \times (-12) = -4.8\text{kN} \cdot \text{m}$$

然后再求传递弯矩：

$$M_{BA}^C = 0$$

$$M_{CA}^{C}=\frac{1}{2}\times(-4.8)=-2.4\mathrm{kN\cdot m}$$

$$M_{DA}^{C}=\frac{1}{2}\times(-3.6)=-1.8\mathrm{kN\cdot m}$$

最后将相应的固端弯矩（参见图 10-7b）与分配弯矩、传递弯矩（参见图 10-7c）相加，即可得出图 10-7a 所示各杆的最后杆端弯矩值。为了方便起见，计算可列表进行，详见表 10-2。表中各杆端弯矩的正、负号如同位移法一样，都以对杆端顺时针方向转动为正。列表时，可将同一结点的各杆端列在一起，以便于进行分配计算。

表 10-2　杆端弯矩的计算

结　点	*B*	*A*			*D*	*C*
杆　端	*BA*	*AB*	*AC*	*AD*	*DA*	*CA*
分配系数		0.3	0.4	0.3		
固端弯矩	0	+60.0	0	-48.0	+72.0	0
分配弯矩和传递弯矩	0	-3.6	-4.8	-3.6	-1.8	-2.4
最后弯矩	0	+56.4	-4.8	-51.6	+70.2	-2.4

注：表中弯矩的单位为 kN·m。

§10-2　力矩分配法计算连续梁和无结点线位移刚架

上节介绍了结构具有一个结点角位移时的力矩分配法。我们可将这一计算方法推广运用到具有两个以上结点角位移的结构。对于这类结构采用逐次对每个刚结点应用单结点力矩分配的基本运算的方法，求出最后杆端弯矩。下面结合一般连续梁和无侧移刚架结构的具体实例加以说明。

图 10-8a 所示三跨连续梁，具有两个刚结点 *B*、*C*。在荷载作用下，结点 *B*、*C* 将发生角位移，我们设想用附加刚臂锁住结点 *B*、*C*，使它们不能转动，此时，在荷载作用下的固端弯矩可由表 9-1 求得

$$M_{AB}^{F}=M_{BA}^{F}=0$$

$$M_{BC}^{F}=-\frac{1}{8}\times300\times6=-225\mathrm{kN\cdot m}$$

$$M_{CB}^{F}=\frac{1}{8}\times300\times6=225\mathrm{kN\cdot m}$$

$$M_{CD}^{F}=-\frac{1}{8}\times30\times6^{2}=-135\mathrm{kN\cdot m}$$

$$M_{DC}^{F}=0$$

而在 *B*、*C* 两结点处有不平衡力矩产生，它们分别为

$$M_{B}=M_{BA}^{F}+M_{BC}^{F}=-225\mathrm{kN\cdot m}$$

$$M_{C}=M_{CB}^{F}+M_{CD}^{F}=225-135=90\mathrm{kN\cdot m}$$

为消除不平衡力矩，须放松结点 *B* 和 *C*，使其分别转动到它们的实际位置，亦即使它们发生与实际结构相同的角位移。在位移法中，我们是同时放松这两个结点，使其一次恢复到原来的变形位置，这样需要建立并解算联立方程。为了避免这一工作，可采用逐个结点依次放松

(a)

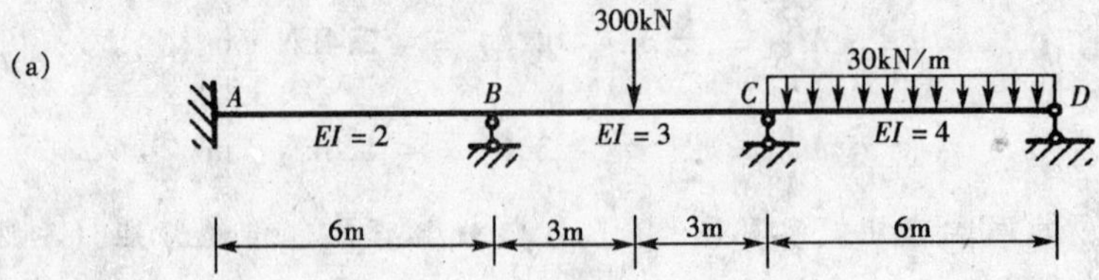

(b)

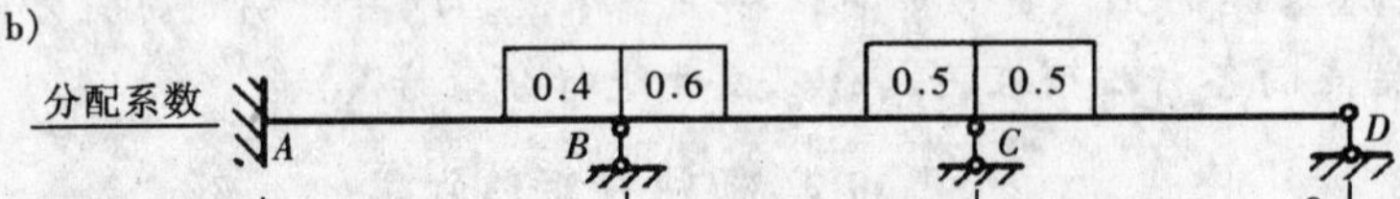

	A	B	B	C	C	D
分配系数		0.4	0.6	0.5	0.5	
固端弯矩	0	0	-225.00	+225.00	-135.00	0
B 一次分配传递	+45.00 ←	+90.00	+135.00 →	+67.50		
C 一次分配传递			-39.38 ←	-78.75	-78.75	
B 二次分配传递	+7.88 ←	+15.75	+23.63 →	+11.82		
C 二次分配传递			-2.95 ←	-5.91	-5.91	
B 三次分配传递	+0.59 ←	+1.18	+1.77 →	+0.88		
C 三次分配传递			-0.22 ←	-0.44	-0.44	
B 四次分配传递	+0.04 ←	+0.09	+0.13 →	+0.06		
C 四次分配传递				-0.03	-0.03	
最后杆端弯矩	+53.51	+107.02	-107.02	+220.13	-220.13	0
校核 ΔM_{kn}	+53.51	+107.02	+117.98	-4.87	-85.13	0
校核 $-\frac{1}{2}\Delta M_{nk}$		-26.75	+2.43	-58.99	0	
校核 $\Delta M_{kn}-\frac{1}{2}\Delta M_{nk}$		+80.27	+120.41	-63.86	-85.13	
校核 i		2	3	3	4	

图 10-8 力矩分配法计算连续梁

(a) 连续梁及荷载；(b) 力矩分配法计算过程

的办法，使各结点逐步恢复到原来的变形位置。首先放松结点 B，而让结点 C 仍处于锁住状态。这时可利用单结点转动的力矩分配方法，先求出汇交于结点 B 的各杆端分配系数。

$$\mu_{BA}=\frac{S_{BA}}{S_{BA}+S_{BC}}=\frac{4\times\frac{2}{6}}{4\times\frac{2}{6}+4\times\frac{3}{6}}=0.4$$

$$\mu_{BC}=\frac{S_{BC}}{S_{BA}+S_{BC}}=\frac{4\times\frac{3}{6}}{4\times\frac{2}{6}+4\times\frac{3}{6}}=0.6$$

在结点 B 处施加 $-M_B$，然后按上列分配系数分配（即将不平衡力矩 M_B 反号乘上分配系数），得分配弯矩为

$$M_{BA}^{\mu}=-0.4\times(-225)=90\text{kN}\cdot\text{m}$$

$$M_{BC}^{\mu}=-0.6\times(-225)=135\text{kN}\cdot\text{m}$$

将分配弯矩乘以相应的传递系数，向 A、C 两点传递，得到传递弯矩为

$$M_{AB}^{C} = C_{BA}M_{BA}^{\mu} = \frac{1}{2} \times 90 = 45\text{kN} \cdot \text{m}$$

$$M_{CB}^{C} = C_{BC}M_{BC}^{\mu} = \frac{1}{2} \times 135 = 67.5\text{kN} \cdot \text{m}$$

以上完成了结点 B 的一次分配、传递，结点 B 暂时平衡。这时结点 C 仍存在不平衡力矩 M'_C，它的值等于原来荷载作用下的不平衡力矩 M_C 加上由于放松结点 B 而传递过来的传递弯矩 M_{CB}^{C}，即

$$M'_C = M_C + M_{CB}^{C} = 90 + 67.5 = 157.5\text{kN} \cdot \text{m}$$

为消除结点 C 处的不平衡力矩 M'_C，重新锁住结点 B，而放松结点 C，即在结点 C 处施加 $-M'_C$，然后按下面分配系数

$$\mu_{CB} = \frac{S_{CB}}{S_{CB} + S_{CD}} = \frac{4 \times \frac{3}{6}}{4 \times \frac{3}{6} + 3 \times \frac{4}{6}} = 0.5$$

$$\mu_{CD} = \frac{S_{CD}}{S_{CB} + S_{CD}} = \frac{3 \times \frac{4}{6}}{4 \times \frac{3}{6} + 3 \times \frac{4}{6}} = 0.5$$

进行力矩分配（即将不平衡力矩 M'_C 反号乘上分配系数），得到分配弯矩为

$$M_{CB}^{\mu} = -0.5 \times 157.5 = -78.75\text{kN} \cdot \text{m}$$

$$M_{CD}^{\mu} = -0.5 \times 157.5 = -78.75\text{kN} \cdot \text{m}$$

将分配弯矩乘以相应的传递系数，得传递弯矩为

$$M_{BC}^{C} = \frac{1}{2} \times (-78.75) = -39.38\text{kN} \cdot \text{m}$$

$$M_{DC}^{C} = 0$$

以上完成了结点 C 的一次分配、传递，结点 C 暂时平衡，但结点 B 又出现了新的不平衡力矩 M'_B，其值等于 M_{BC}^{C}。

为消除 M'_B，再锁住 C，放松 B，在结点 B 对 $-M'_B$ 进行二次分配，并传递到 A、C 端。

按照完全相同的步骤，继续依次在结点 B 和 C 交替消除不平衡力矩，如此放松、锁住，再放松、再锁住，则使不平衡力矩将愈来愈小。经过若干轮以后，当不平衡力矩已小到可以忽略不计时，即可停止。即认为此时刚臂的作用已消除，结构也就非常接近真实的平衡状态。由于分配系数及传递系数都小于1，不平衡力矩消减很快，经几轮以后就会小到可以忽略。最后，把每一杆端的固端弯矩、各次的分配弯矩和传递弯矩相加，即得所求的最后杆端弯矩。

上述分析和计算过程，可采用图10-8b所示的格式进行，其中弯矩单位为kN·m。

用力矩分配法所求得的杆端弯矩是否正确，应该进行校核，凡正确的解答必须同时满足静力平衡条件和变形条件。对于平衡条件的校核，可以检验所得最后杆端弯矩在结点处是否满足结点力矩平衡条件 $\Sigma M = 0$。由于在力矩分配法中，每次分配时都已使各结点保持平衡，故这一条件总能满足。对于变形条件的校核，可以考察汇交于同一刚结点上各杆端角位移 φ 是否相等。下面根据转角位移方程推导校核公式。

对于连续梁和无侧移刚架中的任一杆件 kn，当两端固定 $\beta_{kn}=0$ 时，则转角位移方程为

$$M_{kn} = 4i_{kn}\varphi_k + 2i_{kn}\varphi_n + M_{kn}^F$$

$$M_{nk} = 2i_{kn}\varphi_k + 4i_{kn}\varphi_n + M_{nk}^F$$

联立解得

$$\varphi_k = \frac{M_{kn} - M_{kn}^F - \frac{1}{2}(M_{nk} - M_{nk}^F)}{3i_{kn}}$$

引用记号

$$\Delta M_{kn} = M_{kn} - M_{kn}^F$$

$$\Delta M_{nk} = M_{nk} - M_{nk}^F$$

即用 ΔM_{kn} 和 ΔM_{nk} 表示相应杆端的最后弯矩与固端弯矩之差，则有

$$\varphi_k = \frac{\Delta M_{kn}\ \frac{1}{2}\Delta M_{nk}}{3i_{kn}}$$

对于一端固定另一端铰支的情况，有

$$\varphi_k = \frac{M_{kn} - M_{kn}^F}{3i_{kn}} = \frac{\Delta M_{kn}}{3i_{kn}}$$

由于铰支端，$M_{nk} - M_{nk}^F = 0$，从而有 $\frac{1}{2}\Delta M_{nk} = 0$，因此，当一端固定另一端铰支时，固定端的角位移同样可以表示成

$$\varphi_k = \frac{\Delta M_{kn} - \frac{1}{2}\Delta M_{nk}}{3i_{kn}}$$

对于一端固定另一端滑移支座的情况，有

$$\varphi_k = \frac{M_{kn} - M_{kn}^F}{i_{kn}} = \frac{\Delta M_{kn}}{i_{kn}}$$

可表示成

$$\varphi_k = \frac{3\Delta M_{kn}}{3i_{kn}}$$

若所得结果满足变形条件，汇交于同一结点各杆端的角位移应相等。例如汇交于结点 B 的两杆 BA、BC 在 B 端的角位移应相等，即

$$\frac{\Delta M_{BA} - \frac{1}{2}\Delta M_{AB}}{3i_{AB}} = \frac{\Delta M_{BC} - \frac{1}{2}\Delta M_{CB}}{3i_{BC}}$$

或表示成

$$\left(\Delta M_{BA} - \frac{1}{2}\Delta M_{AB}\right) : \left(\Delta M_{BC} - \frac{1}{2}\Delta M_{CB}\right) = i_{BA} : i_{BC}$$

因此，对于变形方面的校核，只需最后杆端弯矩减去固端弯矩求出 ΔM_{kn}，然后将 ΔM_{kn} 减去远端 ΔM_{nk} 的一半（远端为滑移时，将 ΔM_{kn} 乘以 3），再在每个结点处校核上述各值与相应各杆的线刚度 i_{kn} 是否成比例，就可以检验变形条件是否满足。按此办法在图 10-8b 中将所得结果进行了校核，证实计算无误。此校核方法只适用于等截面直杆组成的连续梁和无结点线位移刚架。对于变截面杆件和有侧移的结构是不适用的。

综上所述，在力矩分配法中，对多结点结构的力矩分配，实际上就是重复进行单结点力矩分配的基本运算，依次放松各结点以消去其上的各不平衡力矩而修正各杆端的弯矩，使其逐渐接近于真实的弯矩值，所以它是一种渐近法。放松结点的次序，可以遵循任意顺序进行，并不影响最后结果，但为使计算收敛得快些，通常宜从不平衡力矩绝对值较大的结点开始着手分配。而且，上述力矩分配法的计算虽然是就一连续梁的例子来说明的，但所述方法同样可适用于一般无结点线位移刚架。兹将用力矩分配法计算一般连续梁和无侧移刚架的步骤归纳如下：

(1) 计算汇交于各结点的每一杆端的分配系数并确定传递系数。

(2) 求出各杆端的固端弯矩。

(3) 轮流放松各结点，每放松一个结点，按分配系数将该结点不平衡力矩反号分配给汇交于该结点的各杆端；求出分配弯矩。然后，再将分配弯矩乘以传递系数，求出远端的传递弯矩。按此步骤循环计算，直到不平衡力矩小到可以忽略不计时为止。

(4) 将各杆端的固端弯矩与历次的分配弯矩和传递弯矩相加，求出最后杆端弯矩。

(5) 对计算结果进行校核。

(6) 做出最后内力图。

例 10-3　试用力矩分配法计算图10-9a 所示的连续梁各杆的杆端弯矩，并作弯矩图和剪力图。

解　此梁的外伸部分 EF 的内力可直接求出，$M_{EF} = -40\text{kN}\cdot\text{m}$，$Q_{EF} = 20\text{kN}$。若将该外伸部分取为隔离体，则结点 E 可化为铰支座计算，如图 10-9b 所示。

(1) 计算各杆端分配系数

结点 B：

$$S_{BA} = 3i_{BA} = 3 \times 3 = 9$$

$$S_{BC} = 4i_{BC} = 4 \times 2 = 8$$

所以，

$$\mu_{BA} = \frac{3 \times 3}{3 \times 3 + 4 \times 2} = 0.529$$

$$\mu_{BC} = \frac{4 \times 2}{3 \times 3 + 4 \times 2} = 0.471$$

结点 C：

$$S_{CB} = 4i_{BC} = 4 \times 2 = 8$$

$$S_{CD} = 4i_{CD} = 4 \times 2 = 8$$

所以，

$$\mu_{CB} = \frac{4 \times 2}{4 \times 2 + 4 \times 2} = 0.5$$

$$\mu_{CD} = \frac{4 \times 2}{4 \times 2 + 4 \times 2} = 0.5$$

结点 D：

$$S_{DC} = 4i_{DC} = 4 \times 2 = 8$$

$$S_{DE} = 3i_{DE} = 3 \times 3 = 9$$

所以，

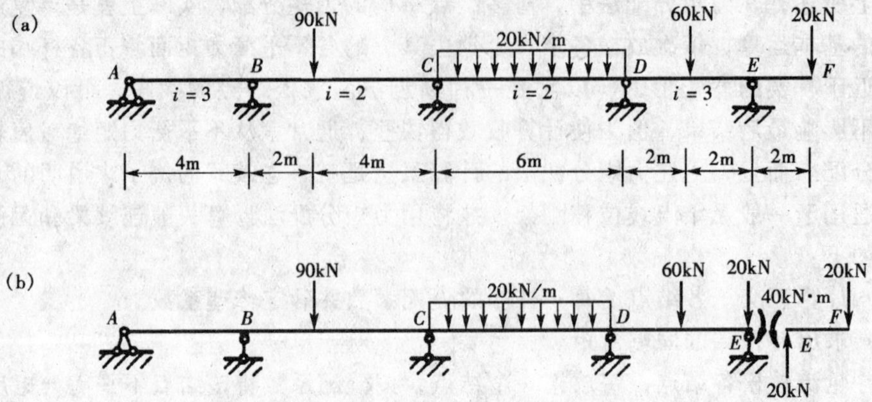

(c)

	A	B	B	C	C	D	D	E	E
分配系数		0.529	0.471	0.500	0.500	0.471	0.529		
固端弯矩	0	0	-80.00	+40.00	-60.00	+60.00	-25.00	+40.00	-40.00
B、D 一次分配传递		+42.32	+37.68	+18.84	-8.24	-16.48	-18.52		
C 一次分配传递			+2.35	+4.70	+4.70	+2.35			
B、D 二次分配传递		-1.24	-1.11	-0.55	-0.55	-1.11	-1.24		
C 二次分配传递			+0.27	+0.55	+0.55	+0.28			
B、D 三次分配传递		-0.14	-0.13	-0.07	-0.07	-0.13	-0.15		
C 三次分配传递				+0.07	+0.07				
最后杆端弯矩	0	+40.94	-40.94	+63.54	-63.54	+44.91	-44.91	+40.00	-40.00
校核 ΔM_{kn}	0	+40.94	+39.06	+23.54	-3.54	-15.09	-19.91	0	
校核 $-\frac{1}{2}\Delta M_{nk}$		0	-11.77	-19.53	+7.55	+1.77	0		
校核 $\Delta M_{kn}-\frac{1}{2}\Delta M_{nk}$		+40.94	+27.29	+4.01	+4.01	-13.32	-19.91		
校核 i		3	2	2	2	2	3		

(d)

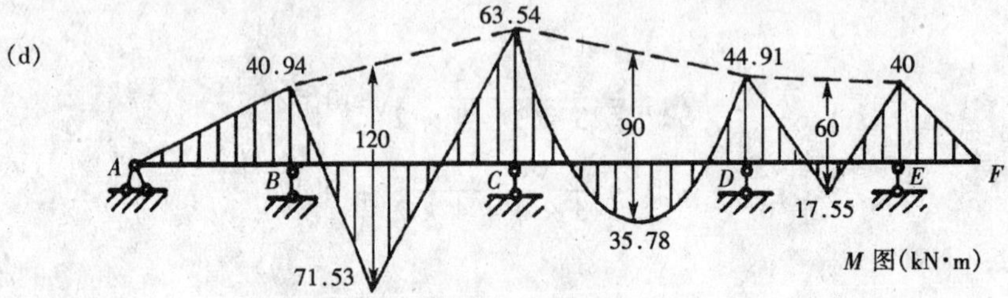

图 10-9　例 10-3 图

(a) 连续梁及荷载；(b) 结点 E 化为铰支座；(c) 分配传递计算过程；(d) 最后弯矩图

$$\mu_{DC} = \frac{4 \times 2}{4 \times 2 + 3 \times 3} = 0.471$$

$$\mu_{DE} = \frac{3 \times 3}{4 \times 2 + 3 \times 3} = 0.529$$

分配系数各写在图 10-9c 中结点上端的方格内。

(2) 锁住结点 B、C 和 D，计算各杆的固端弯矩

按表 9-1 计算各杆的固端弯矩

$$M_{BC}^F = \frac{90\times 2\times 4^2}{6^2} = -80\text{kN}\cdot\text{m}$$

$$M_{CB}^F = \frac{90\times 2^2\times 4}{6^2} = 40\text{kN}\cdot\text{m}$$

$$M_{CD}^F = \frac{20\times 6^2}{12} = -60\text{kN}\cdot\text{m}$$

$$M_{DC}^F = \frac{20\times 6^2}{12} = 60\text{kN}\cdot\text{m}$$

DE 杆的固端弯矩，是由跨中的集中力和 E 端的集中力矩共同产生的，而 E 端的集中力由铰支座直接支承，对梁的内力无影响，查表 9-1，并利用叠加原理可得

$$M_{DE}^F = -\frac{3\times 60\times 4}{16} + \frac{1}{2}\times 40 = -25\text{kN}\cdot\text{m}$$

将各杆固端弯矩标注于图 10-9c 中的第一行。

(3) 放松结点，进行分配和传递

求得分配系数和固端弯矩后，即可循环交替进行力矩的分配与传递，为缩短计算过程，第一次分配、传递可从相间隔的二结点 B、D 同时进行，其计算过程详见图 10-9c。

由计算过程可以看出，结点上不平衡力矩的衰减过程是很快的。进行三次循环后，结点不平衡力矩已经很小，结构已接近恢复到实际状态，故计算工作可以停止。

(4) 求最后杆端弯矩并做出弯矩图

将固端弯矩、历次的分配力矩和传递力矩相加，即得最后的杆端弯矩。容易看出，最后杆端弯矩能够满足结点的力矩平衡条件；变形条件的校核计算如图 10-9c 所示，也得到满足，可见计算无误。

根据最后杆端弯矩做出弯矩图，如图 10-9d 所示。

(5) 作剪力图

取每跨为隔离体，利用平衡方程求杆端剪力。

以 BC 跨为例，如图 10-10a 所示。

由　$\Sigma M_C = 0,\quad Q_{BC}\times 6 + 63.54 - 40.94 - 90\times 4 = 0$

得　$Q_{BC} = 56.23\text{kN}$

由　$\Sigma Y = 0,\quad 56.23 - 90 - Q_{CB} = 0$

得　$Q_{CB} = -33.77\text{kN}$

同理，求得：

$Q_{AB} = -10.24\text{kN}, Q_{BA} = -10.24\text{kN}$

$Q_{CD} = 63.11\text{kN}, Q_{DC} = -50.90\text{kN}$

$Q_{DE} = 31.23\text{kN}, Q_{ED} = -28.77\text{kN}$

$Q_{EF} = 20\text{kN}$

利用杆端剪力即可做出剪力图，如图 10-10b 所示。

此例的外伸部分也可以不作上述简化，而把 E 点作为一个结点直接按图 10-9a 计算，各杆在 E 端的转动刚度为

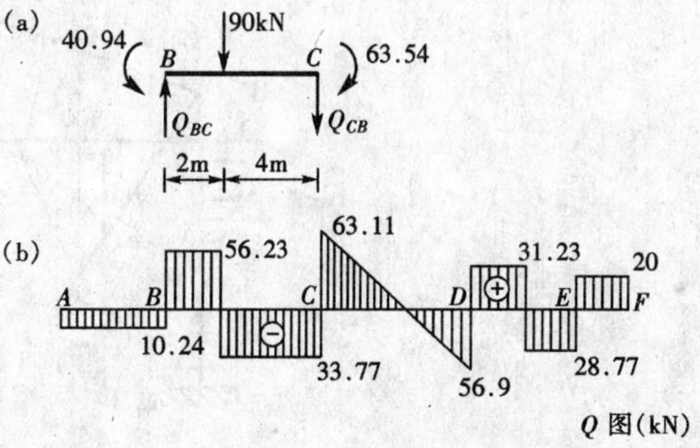

图 10-10　作剪力图

(a) BC 跨隔离体；(b) 最后剪力图

$$S_{ED} = 4i_{ED} = 12, S_{EF} = 0$$

而分配系数

$$\mu_{DE} = 1, \mu_{EF} = 0$$

此外，计算结点 D 处的分配系数、传递系数以及进行分配、传递工作时，均需按 E 点是结构中的一个结点来处理。由于这种作法多计算一个结点，所以计算过程较前一种方法要长一

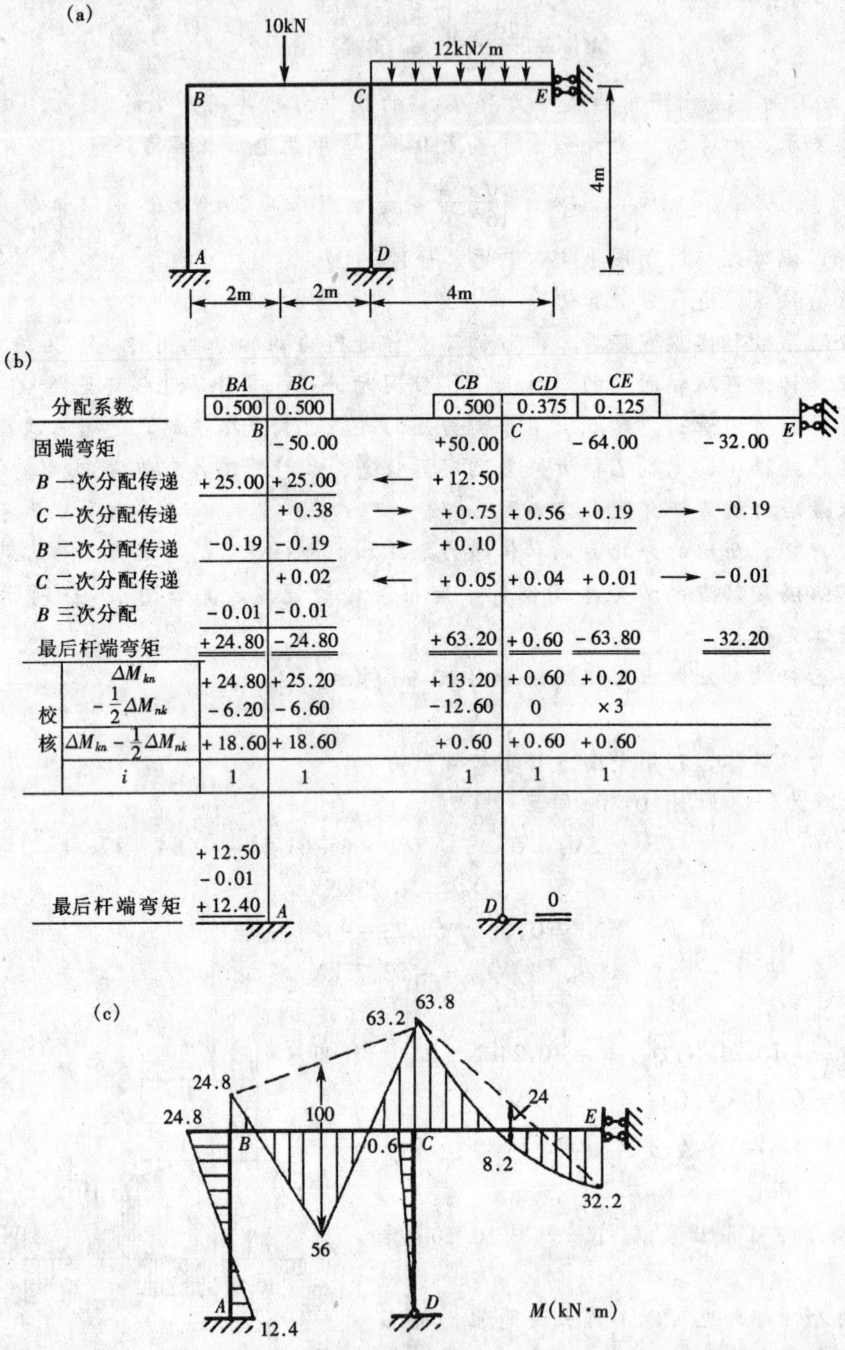

图 10-11 例 10-4 图

(a) 力矩分配法计算刚架；(b) 力矩分配法计算过程；(c) 最后弯矩图

些，但计算结果相同。

例 10-4　试用力矩分配法计算图 10-11a 所示刚架各杆的杆端弯矩，并做出弯矩图。$EI=$常数。

解　此刚架有两个结点角位移，无结点线位移。其计算步骤与计算连续梁完全相同。

各杆的线刚度 $i=\dfrac{EI}{4}$。计算分配系数如下

$$\mu_{BA}=\frac{4i}{4i+4i}=0.5,\qquad \mu_{BC}=\frac{4i}{4i+4i}=0.5$$

$$\mu_{CB}=\frac{4i}{4i+3i+i}=0.5,\quad \mu_{CD}=\frac{3i}{4i+3i+i}=0.375$$

$$\mu_{CE}=\frac{i}{4i+3i+i}=0.125$$

查表 9-1 计算各杆固端弯矩

$$M_{BC}^{F}=-\frac{1}{8}\times 100\times 4=-50\text{kN}\cdot\text{m},M_{CB}^{F}=\frac{1}{8}\times 100\times 4=50\text{kN}\cdot\text{m}$$

$$M_{CE}^{F}=-\frac{1}{3}\times 12\times 4^{2}=-64\text{kN}\cdot\text{m},M_{EC}^{F}=-\frac{1}{6}\times 12\times 4^{2}=-32\text{kN}\cdot\text{m}$$

放松结点，循环交替进行力矩的分配与传递，计算过程列于图 10-11b 中。根据最后杆端弯矩，做出弯矩图如图 10-11c 所示。

前面讨论了连续梁和刚架在荷载作用下的计算问题。这时，结构的结点只有转角，而没有线位移。用力矩分配法来解决这类问题极为简便。计算方法的要点是先锁住各刚结点，求固端弯矩；然后逐步放松各刚结点，进行分配和传递。

支座移动和温度改变常使连续梁和刚架的结点同时产生转角和线位移。在有些情况下，结点的线位移是已知的，这时，力矩分配法可以直接应用，计算方法的要点与前面是一样的。下面用例题说明支座移动和温度改变时力矩分配法的计算步骤。

例 10-5　图 10-12a 所示连续梁，支座 A 发生角位移 $\varphi_A=0.01$ 弧度，支座 C 铅直向下移动 $\Delta=2\text{cm}$。试用力矩分配法计算结构，并绘出弯矩图。已知 $E=2\times10^{4}\text{kN/cm}^{2}$，$I=4\times10^{3}\text{cm}^{4}$。

解　结构在支座移动时的内力计算与荷载作用下的内力计算，其步骤完全相同，只是支座移动时的固端弯矩是由支座位移产生的。

(1) 计算分配系数

结点 B：

$$\mu_{BA}=\frac{4\times\dfrac{EI}{4}}{4\times\dfrac{EI}{4}+4\times\dfrac{EI}{4}}=0.5$$

$$\mu_{BC}=\frac{4\times\dfrac{EI}{4}}{4\times\dfrac{EI}{4}+4\times\dfrac{EI}{4}}=0.5$$

结点 C：

$$\mu_{CB}=\frac{4\times\dfrac{EI}{4}}{4\times\dfrac{EI}{4}+3\times\dfrac{EI}{4.5}}=0.6$$

(a)

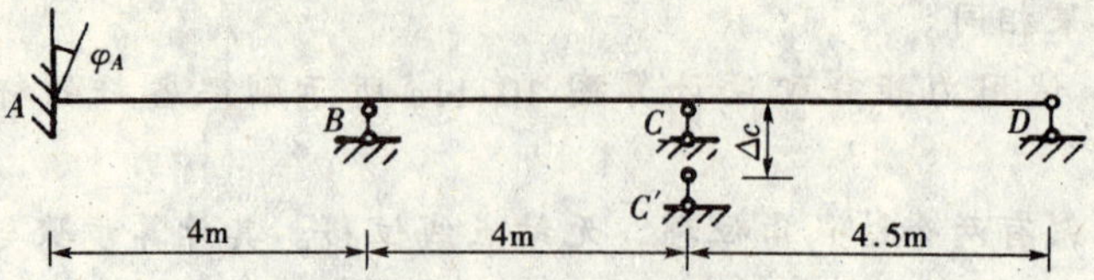

(b)

	A	B	B	C	C	D
分配系数		0.5	0.5	0.6	0.4	
固端弯矩	+80.00	+40.00	-60.00	-60.00	+23.70	0
C 一次分配传递			+10.89	+21.78	+14.52	
B 一次分配传递	+2.28	+4.56	+4.56	+2.28		
C 二次分配传递			-0.68	-1.37	-0.91	
B 二次分配传递	+0.17	+0.34	+0.34	+0.17		
C 三次分配传递			-0.05	-0.10	-0.07	
B 三次分配		+0.02	+0.02			
最后杆端弯矩	+82.45	+44.92	-44.92	-37.24	+37.24	0
校核 ΔM_{kn}	+2.45	+4.92	+15.08	+22.76	+13.54	
校核 $-\frac{1}{2}\Delta M_{nk}$		-1.22	-11.38	-7.54	0	
校核 $\Delta M_{kn}-\frac{1}{2}\Delta M_{nk}$		+2.70	+2.70	+15.22	+13.54	
校核 i		1	1	1	0.89	

(c)

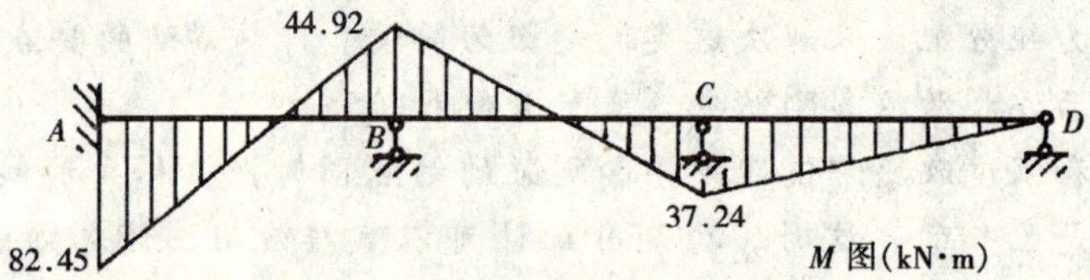

图 10-12　力矩分配法计算支座位移的结构

(a) 刚架及支座位移；(b) 力矩分配法计算过程；(c) 最后弯矩图

$$\mu_{CD}=\frac{3\times\frac{EI}{4.5}}{4\times\frac{EI}{4}+3\times\frac{EI}{4.5}}=0.4$$

(2) 计算固端弯矩

将结点 B 和 C 固定，并使支座 A 产生转角 $\varphi_A=0.01$ 弧度，支座 C 产生竖向位移 $\Delta=$ 2cm。查表 9-1 计算固端弯矩，得

$$M_{AB}^F=4\times\frac{EI}{l_{AB}}\varphi_A=4\times\frac{2\times10^4\times4\times10^3}{4\times100^2}\times0.01=80\text{kN}\cdot\text{m}$$

$$M_{BA}^F=2\times\frac{EI}{l_{AB}}\varphi_A=2\times\frac{2\times10^4\times4\times10^3}{4\times100^2}\times0.01=40\text{kN}\cdot\text{m}$$

$$M_{BC}^F=-6\times\frac{EI}{l_{BC}^2}\Delta_C=-6\times\frac{2\times10^4\times4\times10^3}{4\times100^2}\times0.02=-60\text{kN}\cdot\text{m}$$

$$M_{CB}^F=-6\times\frac{EI}{l_{BC}^2}\Delta_C=-6\times\frac{2\times10^4\times4\times10^3}{4^2\times100^2}\times0.02=-60\text{kN}\cdot\text{m}$$

$$M_{CD}^F = 3 \times \frac{EI}{l_{CD}^2}\Delta_C = 3 \times \frac{2 \times 10^4 \times 4 \times 10^3}{4.5^2 \times 100^2} \times 0.02 = 23.7\text{kN} \cdot \text{m}$$

(3) 力矩分配计算如图 10-12b 所示。

(4) 作弯矩图如图 10-12c 所示。

若结构同时受荷载、支座移动的作用，则可分别求出荷载、支座移动下的固端弯矩，叠加后得出总的固端弯矩，然后按前述步骤作分配、传递，并求最后杆端弯矩。

例 10-6　图10-13a 所示刚架，内皮温度无变化，外皮温度下降 50℃。求刚架的内力。设各杆 EI = 常数，截面为矩形，尺寸为 $b \times h = 40\text{cm} \times 60\text{cm}$。温度线膨胀系数为 α。

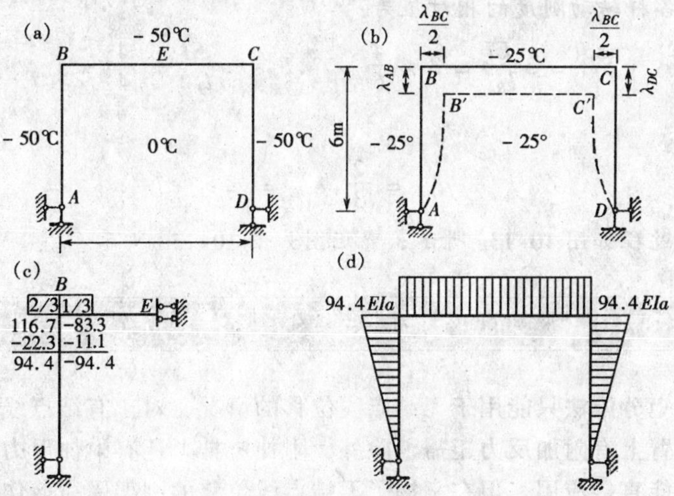

图 10-13　力矩分配法计算温度变化的结构

(a) 刚架及温度变化；(b) 刚架结点的线位移；(c) 力矩分配计算过程；(d) 最后弯矩图

解　由于结构对称，取左边半刚架计算。

(1) 求固端弯矩

将温度分解为两部：杆件两侧温差 $t' = 50℃$，轴线平均温度 $t_0 = -25℃$。

在温差 t' 作用下，左边半刚架的固端弯矩为：

$$M_{BC}^{F'} = -\frac{EI\alpha t'}{h} = -EI\alpha\frac{50}{0.6} = -83.3EI\alpha$$

$$M_{BA}^{F'} = +\frac{1.5EI\alpha t'}{h} = EI\alpha\frac{1.5 \times 50}{0.6} = 125EI\alpha$$

为了求均匀温度 t_0 引起的固端弯矩，可先在结点 B、C 加约束，阻止结点转动，然后使刚架在均匀温度 t_0 作用下自由膨胀收缩。这时，各杆的伸长值 λ 为：

$$\lambda_{AB} = \lambda_{CD} = \alpha t_0 l = \alpha(-25) \times 6 = -150\alpha$$

$$\lambda_{BC} = \alpha(-25) \times 8 = -200\alpha$$

刚架结点的线位移如图 10-13b 所示。由于对称，横梁 BC 的弦转角 $\varphi_{BC} = 0$，而立柱 AB 的弦转角为

$$\varphi_{AB} = \frac{\left|\frac{\lambda_{BC}}{2}\right|}{l_{AB}} = \frac{100\alpha}{6} = 16.7\alpha$$

左边半刚架的固端弯矩为

$$M_{BC}^{F''} = 0$$

$$M_{BA}^{F''} = -3i_{BA}\varphi_{BA} = -\frac{3EI}{6} \times 16.7\alpha = -8.3EI\alpha$$

将两部分叠加，得出固端弯矩如下：

$$M_{BC}^{F} = M_{BC}^{F'} + M_{BC}^{F''} = -83.3EI\alpha$$

$$M_{BA}^{F} = M_{BA}^{F'} + M_{BA}^{F''} = 116.7EI\alpha$$

固端弯矩求出后，其余计算步骤与荷载作用下的情况完全相同。

(2) 求分配系数

设 $EI=4$，则各杆转动刚度的相对值为：

$$S_{BA} = 3\frac{EI}{l_{BA}} = 3 \times \frac{4}{6} = 2, S_{BE} = \frac{EI}{l_{BE}} = \frac{4}{4} = 1$$

分配系数为：

$$\mu_{BA} = \frac{2}{3}, \mu_{BE} = \frac{1}{3}$$

(3) 力矩分配过程如图 10-13c 所示；弯矩图如图 10-13d 所示。

§10-3 力矩分配法与位移法的联合应用

上面介绍的力矩分配法只能用于无结点线位移的情况，对于有结点线位移（有侧移）的刚架则除了附加刚臂上有附加反力矩需消除外，附加链杆上还有附加反力需要消除，因此上述力矩分配法就不能直接应用，但在掌握了无结点线位移的刚架受荷载作用和发生支座移动这两种情况用力矩分配法计算的原理之后，我们便可以把无结点线位移刚架的计算作为基础，联合运用力矩分配法和位移法来计算具有线位移的刚架。在这方面还提出了许多方法，如力矩分配法与无剪力分配法的联合应用，力矩分配法与剪力分配法的联合应用，迭代法等等。

本节讨论力矩分配法与位移法的联合应用。这一方法的基本原理与位移法相同，区别在于仅以结点线位移为基本未知数，而在计算典型方程中的自由项和系数时，所需的基本结构在荷载和单位线位移作用下的弯矩，则用力矩分配法来求得。下面结合具体例子加以说明。

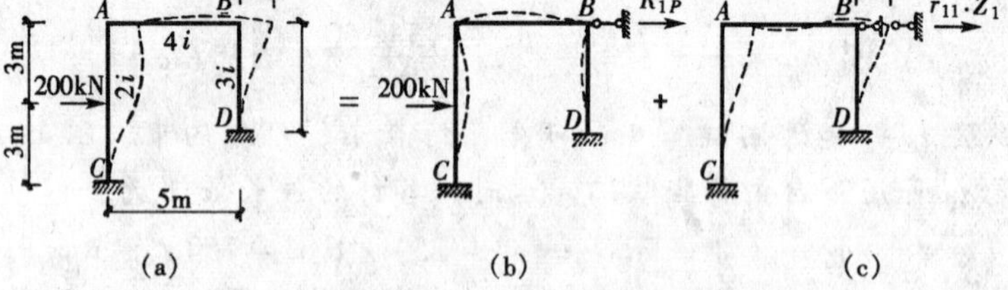

图 10-14 联合应用位移法和力矩分配法

(a) 刚架、荷载及变形；(b) 位移法的基本结构及变形；

(c) 发生结点线位移 Z_1 时的变形

图 10-14a 所示刚架，在荷载作用下，除结点 A、B 将发生转动外，还将发生水平线位移（$\Delta_A = \Delta_B = \Delta$）。但在计算时我们只以结点线位移为基本未知量，设想先用一个附加链杆来控制刚架的线位移，使其成为无结点线位移的刚架，以此作为位移法的基本结构。当基本

结构承受荷载并使其发生与实际结构相同的线位移，其变形和内力情况将与原结构完全相同。而图 10-14a 所示结构的内力，可由图 10-14b、c 两种情况下的内力叠加求得。

在基本结构中只加链杆控制结点的线位移而不加刚臂控制结点的转角，也就是各结点可任其转动。设此基本结构在荷载作用下附加链杆上的反力为 R_{1P}（图 10-14b）；而发生与原结构相同的结点线位移 Z_1 时附加链杆上的反力为 $r_{11}Z_1$（图 10-14c），这里 r_{11}是 $Z_1=1$ 时链杆的反力。于是按照叠加原理，根据附加链杆上的总反力应等于零的条件，可建立位移法典型方程如下：

$$r_{11}Z_1 + R_{1P} = 0$$

为了确定自由项 R_{1P}和系数r_{11}，需分别求出基本结构在荷载和单位线位移 $Z_1=1$ 作用下的弯矩 M_P 和$\overline{M}_1$。求 M_P 时各结点无线位移，故可用力矩分配法求得。求$\overline{M}_1$ 时，结点线位移 $Z_1=1$，这相当于无侧移刚架发生已知支座位移的情况，故其弯矩同样可用力矩分配法求得。求得 M_P 和$\overline{M}_1$ 后，便可通过平衡条件算出 R_{1P}和 r_{11}。

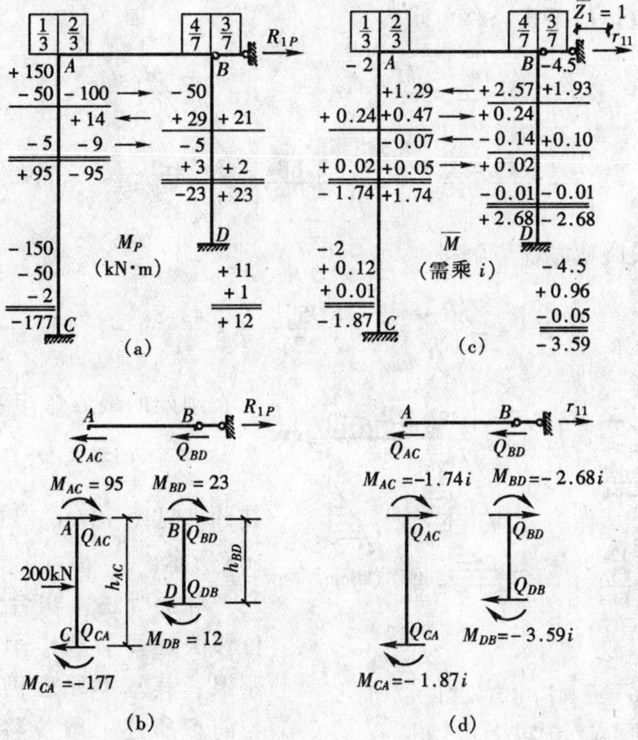

图 10-15　力矩分配法计算基本结构在荷载作用下的弯矩 M_P

(a) 力矩分配法计算 M_P；(b) AB、AC、BD 隔离体；

(c) 力矩分配法计算$\overline{M}_1$；(d) AB、AC、BD 隔离体

基本结构在荷载作用下的弯矩 M_P 可采用力矩分配法进行计算，其计算过程详见图 10-15a 所示，然后取图 10-15b 所示隔离体，由 AC、BD 两柱的平衡条件有

$$Q_{AC} = Q_{AC}^0 - \frac{M_{AC} + M_{CA}}{h_{AC}}$$

$$Q_{BD} = -\frac{M_{BD} + M_{DB}}{h_{BD}}$$

式中 Q^0_{AC}是将 AC 杆视为简支梁时在荷载作用下 A 端的剪力。再由横梁 AB 的平衡条件$\Sigma X=0$可求得

$$R_{1P}=Q_{AC}+Q_{BD}=Q^0_{AC}-\frac{M_{AC}+M_{CA}}{h_{AC}}-\frac{M_{BD}+M_{DB}}{h_{BD}}$$

$$=-100-\frac{95-177}{6}-\frac{23+12}{4}=-95.1(\leftarrow)$$

基本结构在 $Z_1=1$ 作用下的弯矩$\overline{M}_1$也采用力矩分配法进行计算，其计算过程详见图10-15c。当 $Z_1=1$ 时，其中固端弯矩的计算如下

$$M^F_{AC}=M^F_{CA}=-\frac{6i_{AC}}{h_{AC}}=-\frac{6\times 2i}{6}=-2i$$

$$M^F_{BD}=M^F_{DB}=-\frac{6i_{BD}}{h_{BD}}=-\frac{6\times 3i}{4}=-4.5i$$

为了方便，在力矩分配法的计算中 i 可暂不计入，而在所得结果中再乘以 i。$\overline{M}_1$求得之后，由图 10-15d 所示隔离体的平衡条件可求得

$$r_{11}=Q_{AC}+Q_{BD}=-\frac{M_{AC}+M_{CA}}{h_{AC}}-\frac{M_{BD}+M_{DB}}{h_{BD}}$$

$$=-\frac{-1.74i-1.87i}{6}-\frac{-2.68i-3.59i}{4}=+2.17i(\rightarrow)$$

将 r_{11}及 R_{1P}代入典型方程可解得

$$Z_1=-\frac{R_{1P}}{r_{11}}=-\frac{-95.1}{2.17i}=+\frac{43.8}{i}(\rightarrow)$$

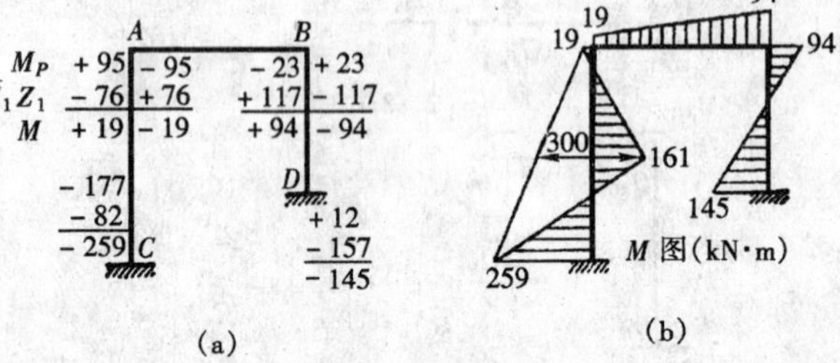

(a)　　(b)

图 10-16　叠加法求弯矩图

(a) 叠加法计算过程；(b) 最后弯矩图

刚架的最后弯矩可由叠加法求得

$$M=M_P+\overline{M}_1Z_1$$

其计算见图 10-16a。最后弯矩图如图 10-16b 所示。

综上所述，联合运用力矩分配法与位移法计算荷载作用下有结点线位移的刚架，其基本原理仍与位移法相同。它与前章所述一般位移法不同之处，只在于是以无线位移的刚架作为基本结构而不控制它的角位移，故基本未知量只限于线位移；而单位线位移和荷载作用下的弯矩则通过力矩分配法求出。

上面我们只是就一个线位移的最简单情况讨论的，但对于具有多个结点线位移的情况（如多层刚架）在处理上并无原则区别。同样可用加入附加链杆的办法以得到无线位移的基本结构，然后根据附加链杆上的反力等于零的条件建立位移法方程，以求得各未知线位移。不过，此时只是需组成和解算联立方程。这种方法对于任何形式的刚架和任何荷载的作用都是适用的。但是，当结点线位移的数目较多时，计算仍然是很麻烦的。

例 10-7　试求图10-17a所示刚架的弯矩图。图中杆件旁边的小圆圈内的数值表示各杆的线刚度相对值。

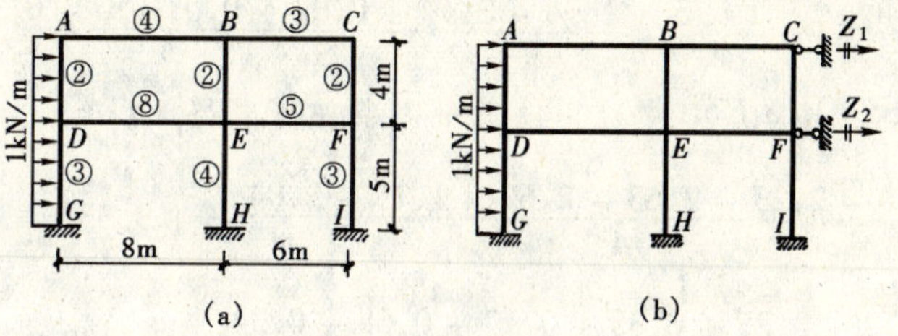

图 10-17　例 10-7 图

(a) 刚架、荷载及线刚度；(b) 位移法基本结构

解　此刚架有两个结点线位移。取基本结构如图 10-17b 所示，典型方程为

$$r_{11}Z_1 + r_{12}Z_2 + R_{1P} = 0$$

$$r_{21}Z_1 + r_{22}Z_2 + R_{2P} = 0$$

基本结构在荷载、$Z_1=1$ 和 $Z_2=1$ 作用下的弯矩 M_P、$\overline{M}_1$ 和 $\overline{M}_2$ 均用力矩分配法求得，计算过程详见图 10-18～图 10-20。根据 M_P 的数据，并取图 10-18b 中截面Ⅰ-Ⅰ以上部分为隔离体（图 10-18c），由 $\Sigma X=0$ 有

$$R_{1P} = Q_{AD} + Q_{BE} + Q_{CF} = Q_{AD}^0 - \frac{M_{AD}+M_{DA}}{4} - \frac{M_{BE}+M_{EB}}{4} - \frac{M_{CF}+M_{FC}}{4}$$

$$= -\frac{1\times 4}{2} - \frac{0.83-1.64+0.11+0.06-0.03-0.01}{4} = -1.83\text{kN}(\leftarrow)$$

再取截面Ⅱ-Ⅱ以上部分为隔离体（图 10-18d），由 $\Sigma X=0$ 有

$$R_{2P} = -(1\times 4 + R_{1P}) + Q_{DG} + Q_{EH} + Q_{FI}$$

$$= -(4 + R_{1P}) + Q_{DG}^0 - \frac{M_{DG}+M_{GD}}{5} - \frac{M_{EH}+M_{HE}}{5} - \frac{M_{FI}+M_{IF}}{5}$$

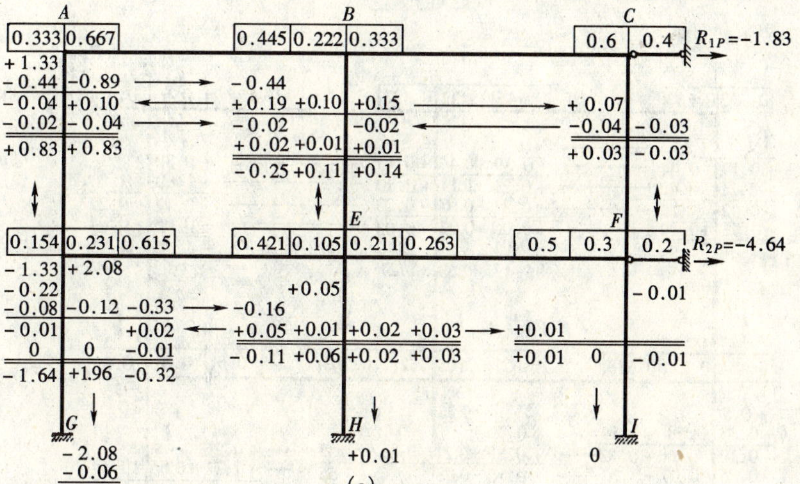

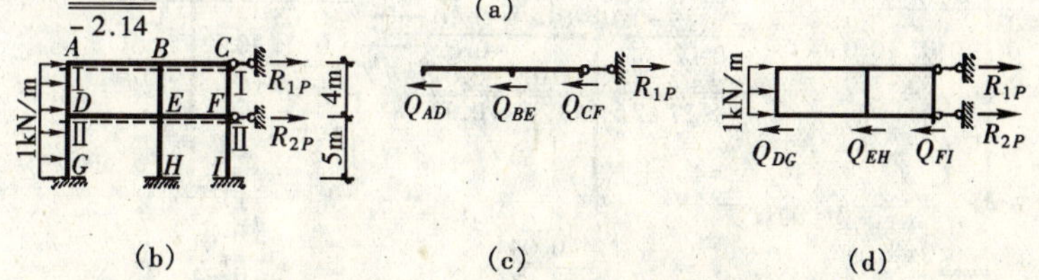

图 10-18　刚架内力的计算过程

(a) 弯矩 M_P 计算过程；(b) 截面示意；(c) 部分隔离体；(d) 部分隔离体

$$= -(4-1.83) - \frac{1\times 5}{2} - \frac{1.96-2.14+0.02+0.01+0+0}{5} = -4.64\text{kN}$$

同理，分别在图 10-19、图 10-20 中应用以上平衡条件可求得

$$r_{11} = -\frac{-1.98-2.23-2.63-2.69-1.75-2.04}{4} = +3.33$$

$$r_{21} = -r_{11}\frac{0.52+0.25+0.33+0.17+0.68+0.34}{5} = -3.33-0.46 = -3.79$$

$$r_{12} = \frac{2.13+2.66+2.79+3.01+1.93+2.62}{4} = -3.79$$

$$r_{22} = -r_{12} - \frac{-3.44-3.52-4.50-4.64-3.31-3.45}{5}$$

$$= -(-3.79)+4.57 = +8.36$$

将系数和自由项代入典型方程有

$$3.33Z_1 - 3.79Z_2 - 1.83 = 0$$

$$-3.79Z_1 + 8.36Z_2 - 4.64 = 0$$

解得

$$Z_1 = 2.44, Z_2 = 1.66$$

根据叠加原理，最后弯矩由 $M = M_P + \overline{M}_1 Z_1 + \overline{M}_2 Z_2$ 计算，如图 10-21a 所示。最后弯矩图如图 10-21b 所示。

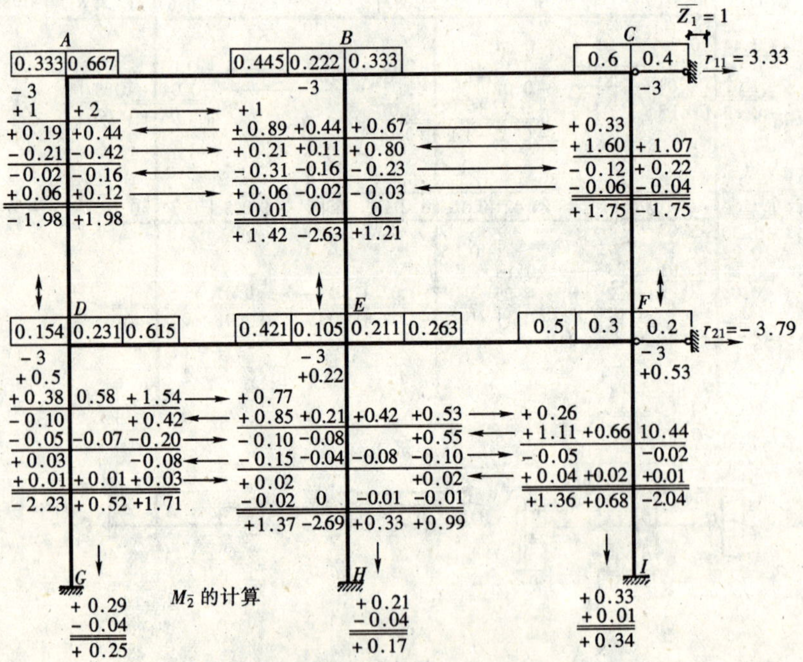

图 10-19 刚架 $\overline{M}_1$ 的计算过程

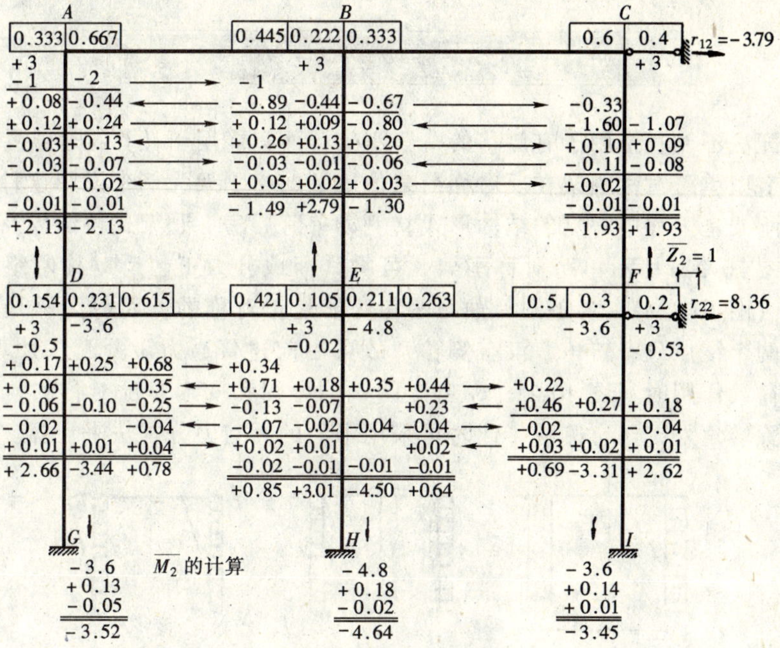

图 10-20　刚架 $\overline{M}_2$ 的计算过程

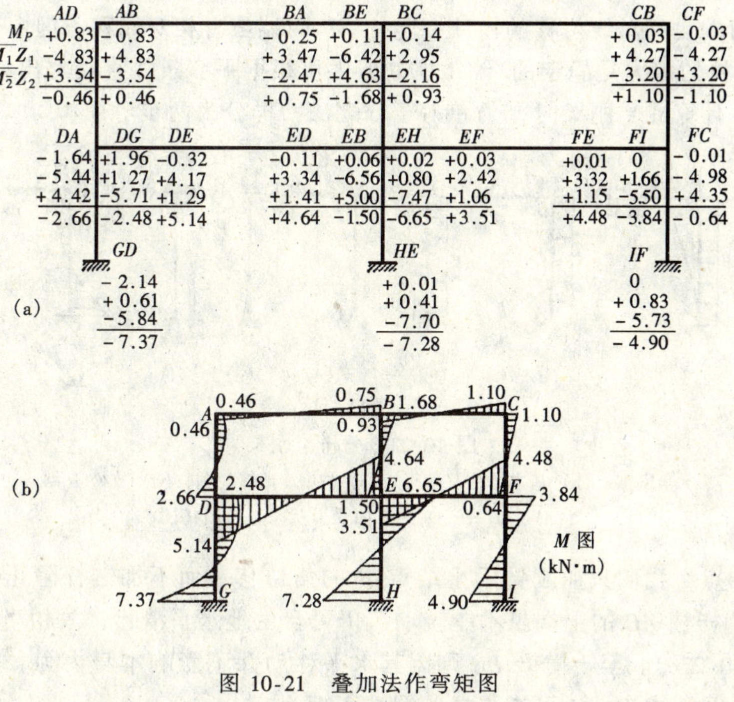

图 10-21　叠加法作弯矩图

(a) 叠加过程；(b) 最后弯矩图

§10-4 无剪力分配法

无剪力分配法不能直接用于有侧移的一般刚架，而只能用于计算符合某些特定条件的有侧移刚架。本节以单跨对称刚架在反对称荷载作用下的半刚架为例来说明这种方法。

单跨对称刚架是工程中常见的结构形式，例如单跨厂房、刚架式桥墩以及渡槽或管道的支架等。对于图 10-22a 所示单跨对称刚架，可将其荷载分为正、反对称两组。刚架在正对称荷载作用时（图 10-22b），弯矩图、轴力图和变形是正对称的，而剪力图是反对称的，横梁两端联结的两个结点只有转角，没有侧移，故可用前述普通力矩分配法计算，不再重复。刚架在反对称荷载作用时（图 10-22c），弯矩图、轴力图和变形是反对称的，而剪力图是对称的，两结点除转角外，还有侧移，此时可采用下面的无剪力分配法来计算。

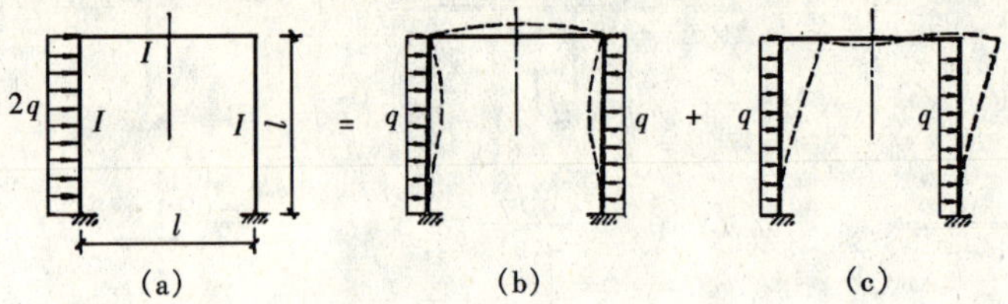

图 10-22　单跨对称刚架

(a) 对称刚架；(b) 对称荷载作用及变形；(c) 反对称荷载作用及变形

取反对称荷载作用时的半刚架如图 10-23a 所示，C 处为一竖向链杆支座。此半刚架的变形和受力有如下特点：横梁的两端结点没有相对线位移（即没有垂直杆轴的相对位移），这种杆件称为两端无相对线位移的杆件；竖柱 AB 两端虽有相对侧移，但由于支座 C 处无水平反力，故 AB 柱的剪力是静定的（AB 柱的剪力可根据平衡条件直接求出），这种杆件称为剪力静定杆件。计算此半刚架时，仍和力矩分配法一样分为两步考虑：

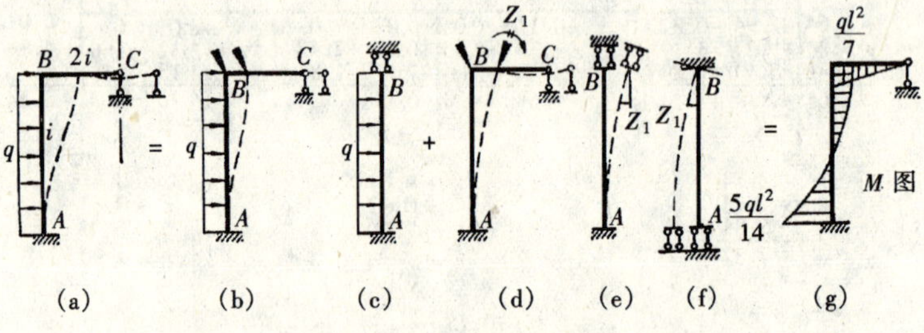

图 10-23　分析半刚架

(a) 半刚架；(b) 基本结构及变形；(c) 柱 AB 计算简图；(d) 放松 B 结点；(e)、(f) 柱 AB 纯弯曲受力状态；(g) M 图

(1) 锁住结点　我们只加刚臂阻止结点 B 的角位移，而不加链杆阻止其线位移，如图 10-23b 所示。这样柱 AB 的上端虽不能转动但仍可自由地水平滑行，故相当于下端固定上端滑动的梁（图 10-23c）。至于横梁 BC 则因其水平移动并不影响本身内力，仍相当于一端固定另一端铰支的梁。由表 9-1 可查得柱的固端弯矩为

$$M_{AB}^{F}=-\frac{ql^2}{3},\quad M_{BA}^{F}=-\frac{ql^2}{6}$$

结点 B 的不平衡力矩暂时由刚臂承受。注意此时柱 AB 的剪力仍然是静定的，其两端剪力

$$Q_{BA} = 0, \quad Q_{AB} = ql$$

即全部水平荷载由柱的下端剪力所平衡。

（2）放松结点　为了消除刚臂上的不平衡力矩，现在来放松结点，进行力矩的分配和传递。此时结点 B 不仅转动 Z_1 角，同时也发生水平位移，如图 10-23d 所示。对于横梁来说，结点水平线位移对它没有影响，所以仍按一端固定另一端铰支的梁来处理，其计算与一般力矩分配法相同。对于 AB 柱的计算，由于柱 AB 为下端固定上端滑动，当上端转动时，柱的剪力为零，因而处于纯弯曲受力状态（图 10-23e），这实际上与上端固定下端滑动而上端转动同样角度时的受力和变形状态（图 10-23f）完全相同，故当 B 端转动 Z_1 时，杆端力偶为

$$M_{BA} = i_{AB}Z_1 = iZ_1, M_{AB} = -M_{BA}$$

由此可知柱 AB 的转动刚度为

$$S_{BA} = i_{AB} = i$$

柱 AB 的传递系数为

$$C_{BA} = -1$$

所以，结点 B 的分配系数为

$$\mu_{BA} = \frac{i}{i + 3 \times 2i} = \frac{1}{7}, \mu_{BC} = \frac{3 \times 2i}{i + 3 \times 2i} = \frac{6}{7}$$

其余计算见图 10-24，毋须详述。M 图见图 10-23g。

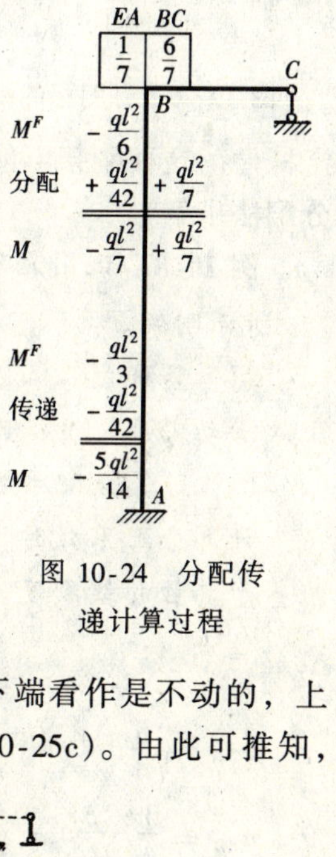

图 10-24　分配传递计算过程

由上可见，在固定结点时，柱 AB 的剪力是静定的；在放松结点时，柱 B 端得到的分配弯矩将乘以 -1 的传递系数传到 A 端，因此弯矩沿 AB 杆全长均为常数而剪力为零。这样，在力矩的分配和传递过程中，柱中原有剪力将保持不变而不增加新的剪力，故这种方法称为无剪力力矩分配法，简称无剪力分配法。

如图 10-25a 所示的多层刚架，各横梁均为两端无相对线位移的杆件，各竖柱则均为剪力静定杆件，其分析方法与单层刚架的分析方法相同。锁住结点时我们仍只加刚臂阻止各结点的角位移，而并不阻止其线位移，如图 10-25b 所示。此时各层柱子两端均无转角，但有侧移。考察其中任一层柱子例如 BC 两端的相对侧移时，可将其下端看作是不动的，上端是滑动的，但由平衡条件可知，其上端的剪力值为 $Q_{CB} = 2ql$（图 10-25c）。由此可推知，

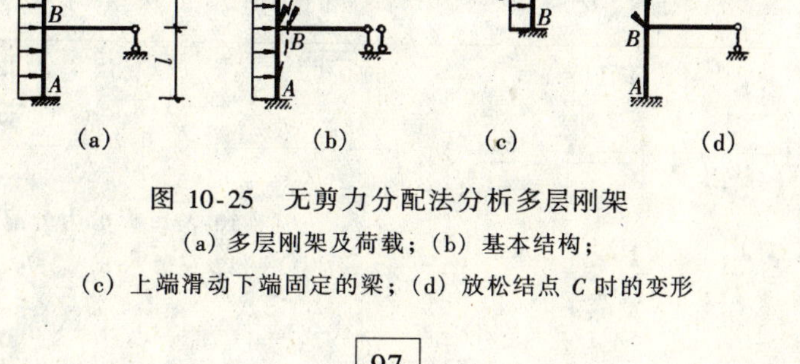

图 10-25　无剪力分配法分析多层刚架

（a）多层刚架及荷载；（b）基本结构；

（c）上端滑动下端固定的梁；（d）放松结点 C 时的变形

不论刚架有多少层，每一层的柱子均可视为上端滑动下端固定的梁，而除了柱身承受本层荷载外，柱顶处还承受剪力，其值等于柱顶以上各层所有水平荷载的代数和。这样，便可根据表 9-1 算出各层竖柱的固端弯矩。然后将各结点轮流地放松，进行力矩的分配、传递。图 10-25d 所示为放松某一结点 C 时的情形，这相当于将该结点上的不平衡力矩反号作为力偶荷载施加于该结点上。此时结点 C 不仅转动某一角度 θ_C，同时 BC、CD 两柱还将产生相对侧移，但由平衡条件知两柱剪力均为零，处于纯弯曲受力状态（与图 10-23f 相同），因而计算时各柱的转动刚度应取各自的线刚度 i 而传递系数为 -1（指等截面杆）。值得指出，此时只有汇交于结点 C 的各杆才产生变形而受力；B 以下各层无任何位移故不受力；D 以上各层则随着 D 点一起发生水平位移，但其各杆两端并无相对侧移，故仍不受力。因此，放松结点 C 时，力矩的分配、传递将只在 CB、CF、CD 三杆范围内进行。放松其他结点时情况亦相似。至于力矩分配、传递的具体计算步骤则与一般力矩分配法相同，毋需赘述。

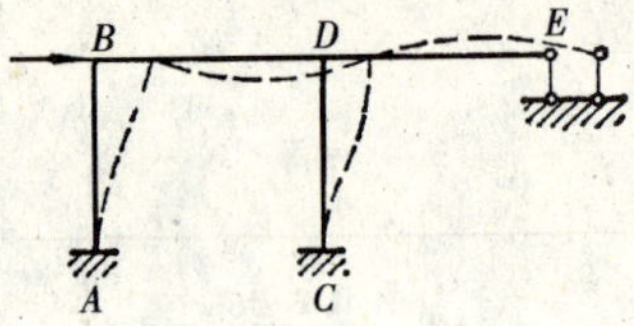

图 10-26　有侧移的刚架

用无剪力分配法计算有侧移刚架，由于采取了只控制结点转动而任其侧移的特殊措施，使得其计算过程和普通力矩分配法一样简便。但须注意，无剪力分配法只适用于一些特殊的有侧移刚架，也就是：刚架中除两端无相对线位移的杆件外，其余杆件都是剪力静定杆件。在图 10-26 所示有侧移的刚架中，竖柱 AB 和 CD 既不是两端无相对线位移的杆件，也不是剪力静定杆件。这种刚架不能直接用无剪力分配法求解（这种刚架可联合应用无剪力分配法与力矩分配法求解）。

例 10-8　试用无剪力分配法计算图 10-27a 所示刚架。

解　竖杆 AC、CE、EG 均按下端固定、上端滑动考虑。

(1) 计算分配系数

计算分配系数时注意各柱端的转动刚度应等于其柱的线刚度。

结点 A：

$$\sum_A S = S_{AB} + S_{AC} = 3 \times 3i + i = 10i$$

$$\mu_{AB} = \frac{3 \times 3i}{10i} = \frac{9}{10}, \mu_{AC} = \frac{i}{10i} = \frac{1}{10}$$

结点 C：

$$\sum_C S = S_{CA} + S_{CD} + S_{CE}$$
$$= i + 3 \times 3i + i = 11i$$

$$\mu_{CA} = \frac{i}{11i} = \frac{1}{11}, \mu_{CD} = \frac{3 \times 3i}{11i} = \frac{9}{11},$$

$$\mu_{CE} = \frac{i}{11i} = \frac{1}{11}$$

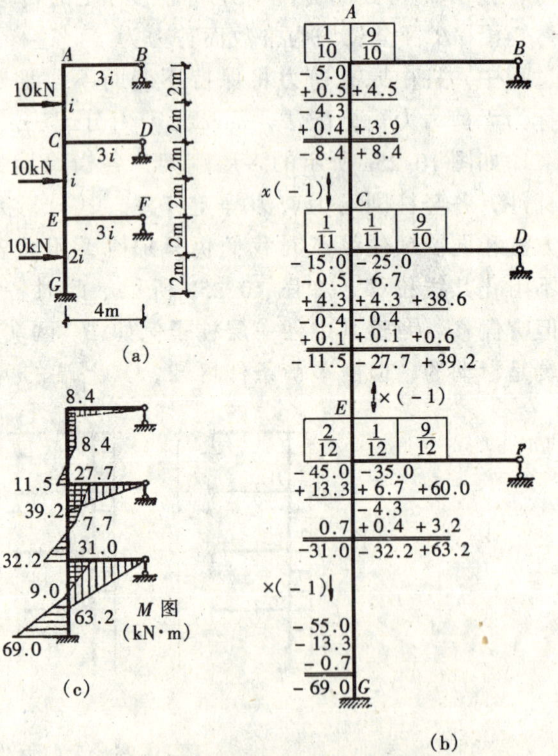

图 10-27　无剪力分配法计算刚架

(a) 刚架及荷载；(b) 无剪力分配法计算过程；(c) 最后弯矩图

结点 E：

$$\sum_{E} S = S_{EC} + S_{EF} + S_{EG} = i + 3 \times 3i + 2i = 12i$$

$$\mu_{EC} = \frac{i}{12i} = \frac{1}{12},$$

$$\mu_{EF} = \frac{3 \times 3i}{12i} = \frac{9}{12}, \mu_{EG} = \frac{2i}{12i} = \frac{2}{12}$$

(2) 计算固端弯矩

按表 9-1 计算固端弯矩时，对于柱 AC，有

$$M_{AC}^{F} = -\frac{10 \times 4}{8} = -5\text{kN} \cdot \text{m}$$

$$M_{CA}^{F} = -\frac{3 \times 10 \times 4}{8} = -15\text{kN} \cdot \text{m}$$

对于 CE 柱，除受本层荷载外还受有柱顶剪力 10kN，故有

$$M_{CE}^{F} = -\frac{10 \times 4}{8} - \frac{10 \times 4}{2} = -25\text{kN} \cdot \text{m}$$

$$M_{EC}^{F} = -\frac{3 \times 10 \times 4}{8} - \frac{10 \times 4}{2} = -35\text{kN} \cdot \text{m}$$

对于 EG 柱，除受本层荷载外还受有柱顶剪力 20kN，于是有

$$M_{EG}^{F} = -\frac{10 \times 4}{8} - \frac{20 \times 4}{2} = -45\text{kN} \cdot \text{m}$$

$$M_{CE}^{F} = -\frac{3 \times 10 \times 4}{8} - \frac{20 \times 4}{2} = -55\text{kN} \cdot \text{m}$$

(3) 弯矩分配和传递

先固定结点 C 而同时放松结点 A、E，然后固定结点 A、E 而放松结点 C，分别进行弯矩分配和传递，计算过程示于图 10-27b。其中各柱端弯矩传递系数为 $C = -1$。经过两轮的计算结果已足够精确。

(4) 根据计算结果，做出最后弯矩图如图 10-27c 所示。

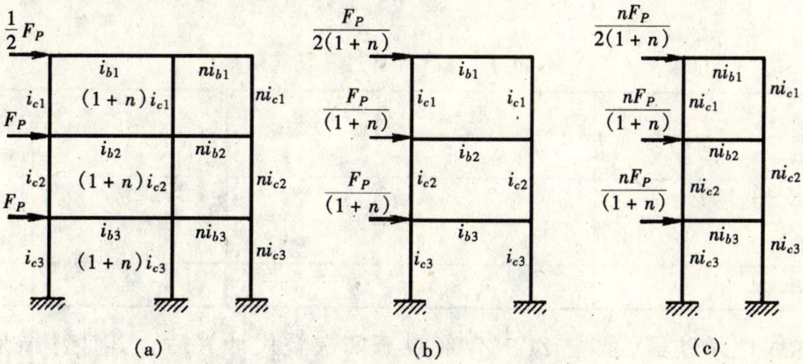

图 10-28　符合倍数关系的刚架分析

(a) 多跨多层刚架；(b) 单跨多层对称刚架；(c) 单跨多层对称刚架

图 10-28 所示的三个刚架，其中图 10-28c 所示单跨对称刚架各杆的线刚度是图 10-28b 所示单跨对称刚架中对应杆件线刚度的 n 倍。图 10-28c 所示刚架所承受的荷载也是图 10-28b 所示刚架所承受荷载的 n 倍。各单跨多层对称刚架的上述关系，称为倍数关系。凡符合倍数关系的各单跨多层对称刚架，它们同层各结点的线位移和角位移相等，这时各单跨对称刚架可以合成为一个多跨多层刚架，如图 10-28a 所示。反过来看，如果要把多跨多层刚架（图 10-28a）分解为若干个单跨多层对称刚架，则各单跨多层对称刚架之间的杆件线刚度和所受荷载，均应符合倍数关系。以上规律由捷克学者柯劳塞克所发现，称为倍数原理。这样，在计算符合倍数原理的多跨多层刚架在水平结点荷载作用下的内力和位移时，便可将其转换为单跨多层对称刚架来计算。由此，又可以用半刚架法，将其归结为用无剪力分配法计算。

§10-5 迭代法

迭代法既可用于计算无侧移刚架，也适用于计算有侧移刚架。对于结点有线位移的多跨多层刚架，迭代法（常称卡尼法）是一个实用的计算方法。迭代法也是在位移法的基础上形成的直接计算多跨多层刚架内力的逐次渐近法，它的数学实质是求解线性代数方程组的赛德尔迭代法。例如欲求下列二元一次线性代数方程组

$$10Z_1 + 2Z_2 - 160 = 0$$

$$2Z_1 + 8Z_2 + 62.5 = 0$$

用迭代法求解上述联立方程时，先根据方程组写出 Z_1、Z_2 的迭代公式

$$\left.\begin{aligned} Z_1 &= -0.2Z_2 + 16 \\ Z_2 &= -0.25Z_1 - 7.81 \end{aligned}\right\}$$

第一次迭代时，可取近似值为 $Z_2 = 0$（或其他任意值），代入上式中的第一式，得未知量 Z_1 的第一次近似值为 $Z_1^{(1)} = 16$。再以 $Z_1^{(1)} = 16$ 代入上式中的第二式，得 Z_2 的第一次近似值为 $Z_2^{(1)} = -0.25 \times 16 - 7.81 = -11.81$，然后进行第二次迭代，可求得

$$Z_1^{(2)} = -0.2 \times (-11.81) + 16 = 18.36$$

$$Z_2^{(2)} = -0.25 \times (18.36) - 7.81 = -12.40$$

重复以上计算过程，直到相邻两次迭代结果接近时为止。其整个迭代计算过程及计算结果见表 10-3。

表 10-3 迭代计算过程及其结果

迭代次数	$Z_1 = -0.2Z_2 + 16$	$Z_2 = -0.25Z_1 - 7.81$
第一次	16	-11.81
第二次	18.36	-12.40
第三次	18.48	-12.43
第四次	18.49	-12.43

由上述迭代计算过程可知，Z_1、Z_2 经过三四次叠代计算后，其计算结果已趋于稳定，任一未知量最后的相邻两次近似值已非常接近或相等，迭代计算即可结束，其最后的迭代结果即为所求的解。可以证明，用赛德尔迭代法求解结构的位移法基本方程总是收敛的。

迭代法的主要优点是只需对已知的方程作简单重复的迭代运算，即可得到所需精度要求的解，并且这种方法有自动消误的特点，迭代计算过程中偶然的差错，除影响迭代次数外，不会影响最后结果的正确性。

一、迭代法的基本原理

将上述迭代法应用于刚架结构的计算时，需先导出有关的迭代公式。

1. 杆端弯矩和杆端剪力计算公式

在本节中，杆端弯矩、杆端剪力、杆端转角及杆端线位移的正、负号规定，均与位移法相同。两端固定的等截面直杆 ik，当两端发生转角 φ_i、φ_k，两端产生相对线位移 Δ_{ik}，以及在荷载作用下共同产生的杆端弯矩及杆端剪力的计算公式分别为

$$
\begin{aligned}
M_{ik} &= 4i_{ik}\varphi_i + 2i_{ik}\varphi_k - 6i_{ik}\frac{\Delta_{ik}}{H_{ik}} + M_{ik}^F \\
M_{ki} &= 2i_{ik}\varphi_i + 4i_{ik}\varphi_k - 6i_{ik}\frac{\Delta_{ik}}{H_{ik}} + M_{ki}^F \\
Q_{ik} &= -\frac{6i_{ik}}{H_{ik}}\varphi_i - \frac{6i_{ik}}{H_{ik}}\varphi_k + \frac{12i_{ik}}{H_{ik}^2}\Delta_{ik} + Q_{ik}^F
\end{aligned}
\tag{a}
$$

上式中的 i_{ik}、H_{ik}、M_{ik}^F、M_{ki}^F和 Q_{ik}^F分别为杆件 ik 的线刚度、长度、固端弯矩和固端剪力。引入记号

$$
\left.
\begin{aligned}
M'_{ik} &= 2i_{ik}\varphi_i \\
M'_{ki} &= 2i_{ik}\varphi_k \\
M''_{ik} &= M''_{ki} = -6i_{ik}\frac{\Delta_{ik}}{H_{ik}}
\end{aligned}
\right\}
\tag{b}
$$

式中：M'_{ik}分别表示当结点 i 转动角度 φ_i 时，在杆件 ik 的 i 端所产生弯矩的一半，M'_{ki}则表示当结点 k 转动角度 φ_k 时在 i 端所产生的弯矩。就 i 端来说，M'_{ik}称为近端转角弯矩，而 M'_{ki}称为远端转角弯矩，两者统称为转角弯矩（对 k 端来说，则 M'_{ki}称为近端转角弯矩，M'_{ik}为其远端转角弯矩）。M''_{ik}和 M''_{ki}分别为 i 端和 k 端由于 Δ_{ik}所引起的弯矩，称为侧移弯矩。将式（b）代入式（a）得

$$
\left.
\begin{aligned}
M_{ik} &= 2M'_{ik} + M'_{ki} + M''_{ik} + M_{ik}^F \\
M_{ki} &= M'_{ik} + 2M'_{ki} + M''_{ik} + M_{ki}^F \\
Q_{ik} &= -\frac{1}{H_{ik}}(3M'_{ik} + 3M'_{ki} + 2M''_{ik}) + Q_{ik}^F
\end{aligned}
\right\}
\tag{10-4}
$$

根据叠加原理，上式可以理解为任一杆端弯矩等于三项影响之和：第一项是所求杆端的近端转角弯矩的二倍，第二项是远端转角弯矩，第三项是杆端的侧移弯矩，第四项则是固端弯矩。这四项影响中，固端弯矩由表 9-1 即可求得。故欲求杆端弯矩 M'_{ik}，关键在于求得转角弯矩和侧移弯矩。因此，就整个刚架来说，转角弯矩和侧移弯矩的终值一经确定后，即可由式（10-4）求得最后的杆端弯矩 M_{ik}和 M_{ki}。

2. 转角弯矩 M'_{ik}的计算公式

设在刚架（图 10-29a）上的任一结点 i 有一组杆件相交。由该结点的隔离体可知：因结点必须维持平衡，故汇交于该结点的各杆端弯矩的代数和应等于零，即

$$\sum_{(i)} M_{ik} = 0$$

将式（10-4）中的第一式代入上式，得

$$\sum_{(i)} M_{ik}^{F} + \sum_{(i)} 4 i_{ik} \varphi_i + \sum_{(i)} M'_{ki} + \sum_{(i)} M''_{ik} = 0 \tag{c}$$

式中总和号 $\sum_{(i)}$ 表示环绕结点 i 计算总和。其中 $\sum_{(i)} M_{ik}^{F}$ 为与结点 i 相连各杆固端弯矩的代数和，亦即等于结点 i 由于荷载等因素作用而引起的约束力矩（或称不平衡力矩）M_i^F，即

$$M_i^F = \sum_{i} M_{ik}^F$$

结构中刚结点 i 相连各杆的杆端转角 φ_i 相同，因此，由式（c）可得

$$\varphi_i = \frac{1}{4\sum_{(i)} i_{ik}} \left[M_i^F + \sum_{(i)} (M'_{ki} + M''_{ik}) \right]$$

将上式代入式（b）中的第一式，可得 i 端的近端转角弯矩计算式

$$M'_{ik} = -\frac{i_{ik}}{2\sum_{(i)} i_{ik}} \left[M_i^F + \sum_{(i)} (M'_{ki} + M''_{ik}) \right]$$

或

$$M'_{ik} = \mu_{ik} \left[M_i^F + \sum_{(i)} (M'_{ki} + M''_{ik}) \right] \tag{10-5}$$

上式中

$$\mu_{ik} = -\frac{i_{ik}}{2\sum_{(i)} i_{ik}} \tag{10-6}$$

上式中的 μ_{ik} 称为杆件 ik 在结点 i 上的转角弯矩分配系数，此系数为弯矩分配系数的 $-\frac{1}{2}$ 倍。这样做的优点在于计算过程中，被分配的不平衡弯矩按式（10-5）等号右边括号内的各项组成后，乘以负值分配系数进行分配，表达明显，不易发生符号差错，也不必将分配弯矩乘以 $\frac{1}{2}$ 计算传递弯矩，从而使计算更趋简捷。对于每一个结点来说，各杆端转角分配系数之和应为

$$\sum_{(i)} \mu_{ik} = -\frac{1}{2}$$

此式可作为每一结点转角弯矩分配系数的校核。

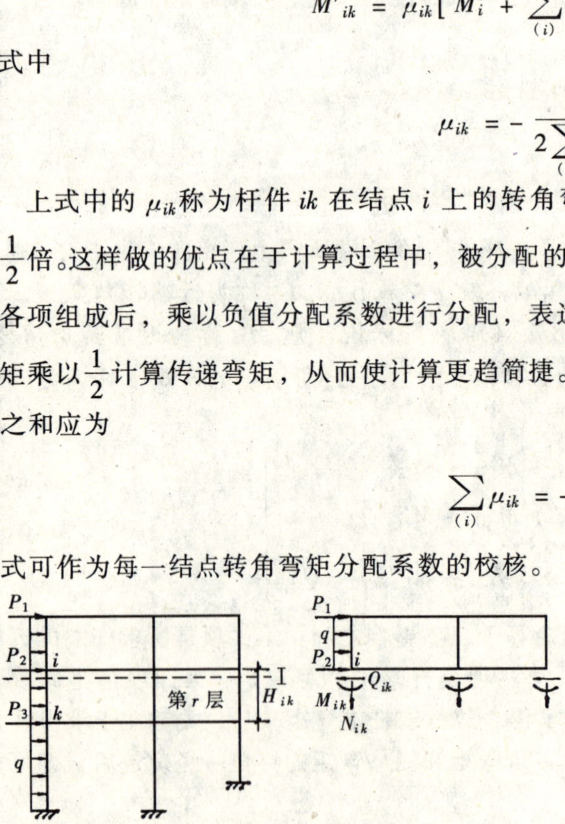

（a）　　　　（b）

图 10-29　迭代法分析刚架结构

（a）多层多跨刚架；（b）部分隔离体

式（10-5）即为有侧移刚架的转角弯矩的迭代公式，它是图 10-29a 所示刚架的 i 结点的弯矩平衡条件 $\sum_{(i)} M_{ik} = 0$ 的通式，适用于刚架的任一结点。

3. 侧移弯矩 M''_{ik} 的计算公式

由任一楼层（如图 10-29a 所示的第 r 层）竖柱顶端作一截面 Ⅰ-Ⅰ，取截面以上部分为隔离体（图 10-29b），由隔离体

的水平投影平衡条件 $\sum_{(r)} X = 0$，可得

$$\Sigma P + \Sigma qH - \sum_{(r)} Q_{ik} = 0 \tag{d}$$

上式中的 ΣP 和 ΣqH 分别为第 r 楼层柱顶以上所有水平集中荷载和水平分布荷载之和，以向右为正，向左为负，$\sum_{(r)} Q_{ik}$ 为第 r 楼层内的各柱顶截面的剪力之和。

将式（10-4）中的第三式杆端剪力代入式（d），可得

$$\Sigma P + \Sigma qH - \sum_{(r)} Q_{ik}^{F} + \sum_{(r)} \frac{1}{H_{ik}}(3M'_{ik} + 3M'_{ki} + 2M''_{ik}) = 0$$

将 $M''_{ik} = -\dfrac{6i_{ik}}{H_{ik}}\Delta_{ik}$ 代入上式，得

$$\Sigma P + \Sigma qH - \sum_{(r)} Q_{ik}^{F} + \sum_{(r)} \frac{3}{H_{ik}}(M'_{ik} + M'_{ki}) - \sum_{(r)} \frac{12i_{ik}\Delta_{ik}}{H_{ik}^2} = 0 \tag{e}$$

此式中的 $\sum_{(r)} Q_{ik}^{F}$ 表示第 r 层内各柱柱顶截面由于各柱上的水平荷载所产生的固端剪力之和。

令

$$P_r = \Sigma P + \Sigma qH - \sum_{(r)} Q_{ik}^{F} \tag{10-7}$$

P_r 称为第 r 楼层内的楼层剪力。

由于同层内各柱两端的相对线位移 Δ_{ik} 相同，故由式（e）可得

$$\Delta_{ik} = \frac{1}{4\sum_{(r)} \dfrac{i_{ik}}{H_{ik}^2}}\left[\frac{P_r}{3} + \sum_{(r)} \frac{1}{H_{ik}}(M'_{ik} + M'_{ki})\right]$$

于是可得侧移弯矩计算式为

$$M''_{ik} = -\frac{6i_{ik}\Delta_{ik}}{H_{ik}} = -\frac{3}{2}\,\frac{\dfrac{i_{ik}}{H_{ik}}}{\sum_{(r)} \dfrac{i_{ik}}{H_{ik}^2}}\left[\frac{P_r}{3} + \sum_{(r)} \frac{1}{H_{ik}}(M'_{ik} + M'_{ki})\right]$$

如果同一楼层内各柱的高度 H_{ik} 不相等（如图 10-29a 所示的底层），则在上式中不能将柱高 H_{ik} 从总和号内移出，按上式计算侧移弯矩 M''_{ik} 就比较繁琐，为简化计算，可在上式的分子、分母中各乘以 H_r^2（H_r 称为标准柱高，一般可取该楼层内较多柱子的相同高度作为 H_r），这样，上式便成为侧移弯矩计算的迭代公式

$$\begin{aligned} M''_{ik} &= -\frac{3}{2}\,\frac{\left(\dfrac{H_r}{H_{ik}}\right) i_{ik}}{\sum_{(r)} \left(\dfrac{H_r}{H_{ik}}\right)^2 i_{ik}}\left[\frac{P_r H_r}{3} + \sum_{(r)} \frac{H_r}{H_{ik}}(M'_{ik} + M'_{ki})\right] \\ &= -\frac{3}{2}\,\frac{\alpha_{ik} i_{ik}}{\sum_{(r)} \alpha_{ik}^2 i_{ik}}\left[M_r + \sum_{(r)} \alpha_{ik}(M'_{ik} + M'_{ki})\right] \end{aligned}$$

或

$$M''_{ik} = \nu_{ik}\left[M_r + \sum_{(r)} \alpha_{ik}(M'_{ik} + M'_{ki})\right] \tag{10-8}$$

其中

$$\nu_{ik} = -\frac{3}{2}\,\frac{\alpha_{ik} i_{ik}}{\sum_{(r)} \alpha_{ik}^2 i_{ik}} \tag{10-9}$$

$$M_r = \frac{P_r H_r}{3} \tag{10-10}$$

$$\alpha_{ik} = \frac{H_r}{H_{ik}} \tag{10-11}$$

ν_{ik}称为侧移弯矩分配系数；M_r 称为第 r 层的楼层力矩；α_{ik}称为柱高简化系数。

同一层楼内各柱侧移弯矩分配系数的校核条件为

$$\sum_{(r)} \alpha_{ik}\nu_{ik} = -\frac{3}{2} \tag{10-12}$$

对于同一楼层内各柱高度完全相同的情况，则有 $H_r = H_{ik}$，于是各柱的 $\alpha_{ik} = 1$，式（10-8）、式（10-9）、式（10-12）分别简化为

$$M''_{ik} = \nu_{ik}\left[M_r + \sum_{(r)} (M'_{ik} + M'_{ki}) \right] \tag{10-8a}$$

$$\nu_{ik} = -\frac{3}{2} \frac{i_{ik}}{\sum\limits_{(r)} i_{ik}} \tag{10-9a}$$

$$\sum_{(r)} \nu_{ik} = -\frac{3}{2} \tag{10-12a}$$

计算各层柱子侧移弯矩的式（10-8）和式（10-8a）是图 10-29a 所示刚架中任一楼层各柱顶截面以上隔离体的平衡条件 $\sum\limits_{(r)} X = 0$ 的通式，分别适用于同层柱不等高和等高的各个楼层。

对于结点无线位移的刚架，侧移弯矩 $M''_{ik} = M''_{ki} = 0$，于是式（10-5）简化为

$$M'_{ik} = \mu_{ik}\left(M_i^F + \sum_{(i)} M'_{ki} \right) \tag{10-5a}$$

二、计算步骤

（1）绘出结构的计算简图，在每一结点上绘两个方框（圆框）。

（2）计算每一结点各杆的转角分配系数 μ_{ik}，分别写在各结点外框中对应于各杆的位置上。计算每层各柱的侧移分配系数 ν_{ik}，分别记在各竖柱的左侧。其中系数 μ_{ik} 按式（10-6）计算，即

$$\mu_{ik} = -\frac{i_{ik}}{2\sum\limits_{(i)} i_{ik}}$$

而系数 ν_{ik}按式（10-9）计算，即

$$\nu_{ik} = -\frac{3}{2} \frac{\alpha_{ik} i_{ik}}{\sum\limits_{(r)} \alpha_{ik}^2 i_{ik}}$$

分配系数算出后，可按 $\sum\limits_{(i)} \mu_{ik} = -\frac{1}{2}$ 和 $\sum\limits_{(r)} \alpha_{ik}\nu_{ik} = -\frac{3}{2}$ 进行校核。

（3）计算在荷载作用下各杆的固端弯矩 M_{ik}^F，写在相应的杆端上，并求出每一结点的不平衡力矩 $M_i^F = \sum\limits_{(i)} M_{ik}^F$，记在该结点的内框中。同时按式（10-10）求出各层的楼层力矩 $M_r = \frac{P_r H_r}{3}$（若无水平荷载作用，这一步骤可省略），记入该层左侧的方框内。

（4）按迭代公式（10-5）和式（10-8）逐轮进行迭代，即按

$$M'_{ik} = \mu_{ik}\left[M_i^F + \sum_{(i)}(M'_{ki} + M''_{ik})\right]$$

和

$$M''_{ik} = \nu_{ik}\left[M_r + \sum_{(r)}\alpha_{ik}(M'_{ik} + M''_{ki})\right]$$

计算各杆端的转角弯矩 M'_{ik} 和侧移弯矩 M''_{ik}。进行迭代计算时，通常先假定转角弯矩为零，按式（10-8）逐层求得各竖柱的侧移弯矩的第一次近似值，然后再根据这些数值按式（10-5）依照一定的结点顺序求出各杆端转角弯矩的第一次近似值。完成第一轮计算之后，再根据已得的近似值再按同样的顺序继续进行第二轮迭代计算。如此下去，直到前后两轮迭代结果之差达到要求的精度时，则停止计算。

必须指出，若刚架的局部结点或支座为铰结时，前面推倒的各杆端的转角弯矩 M'_{ik} 和侧移弯矩 M''_{ik} 及相应的分配系数 μ_{ik}、ν_{ik} 的计算公式均需修改。

（5）按式（10-4）计算每一杆端的最后弯矩，即

$$M_{ik} = 2M'_{ik} + M'_{ki} + M''_{ik} + M_{ik}^F$$

或

$$M_{ik} = (M'_{ik} + M'_{ki} + M''_{ik}) + M'_{ik} + M_{ik}^F \tag{10-13}$$

应用上述公式时，需注意，仅竖柱才有 M''_{ik}，而对横梁来说，因 $\Delta_{ik}=0$，故其 $M''_{ik}=0$。此外，还需注意，计算最后弯矩时，以应用式（10-13）较为方便，因对每一杆件来说，圆括号内的数值对于两个杆端都是相同的。

（6）绘制结构弯矩图。

对于结点无侧移的刚架，只需按式（10-5a）依次在各结点进行转角弯矩的叠代计算即可。

例 10-9 用迭代法求作图10-30a 所示刚架的弯矩图。

解 （1）计算各杆的固端弯矩和各结点的不平衡力矩

$$M_{13}^F = M_{36}^F = -M_{31}^F = -M_{63}^F = \frac{1\times 6^2}{12} = 3\text{kN}\cdot\text{m}$$

将这些固端弯矩写在图 10-31 中，并在其下边画一虚线，以便与以后写入的转角弯矩相区别。求出各结点的约束力矩 M_i^F，将其写在图 10-31 各结点的内圈中。

（2）计算楼层力矩

各承载柱柱顶的固端剪力为

$$Q_{13}^F = Q_{36}^F = -\frac{1\times 6}{2} = -3\text{kN}$$

设下层和上层的楼层剪力分别以 P_{I} 和 P_{II} 表示，则按式（10-7）可得 $P_{\text{I}} = 1\times 6 + 3 = 9\text{kN}$，$P_{\text{II}} = 3\text{kN}$。于是根据式（10-10）可得下层和上层的楼层力矩分别为

$$M_{\text{I}} = \frac{P_{\text{I}}H_{\text{I}}}{3} = \frac{1}{3}\times 9\times 6 = 18\text{kN}\cdot\text{m}$$

$$M_{\text{II}} = \frac{P_{\text{II}}H_{\text{II}}}{3} = \frac{1}{3}\times 3\times 6 = 6\text{kN}\cdot\text{m}$$

在计算 M_{I} 时，由于下层各柱柱高不等，故取该层内较多柱的相同高度 $H=6\text{m}$ 作为标准柱高。将上述楼层力矩写在承载柱左边的小方格内（图 10-31）。

（3）计算转角弯矩分配系数和侧移弯矩分配系数

转角弯矩分配系数按式（10-6）计算。以结点4为例，有

$$\mu_{42} = \frac{0.1}{2\times(0.1+1.5+1.5+0.2)} = -0.015$$

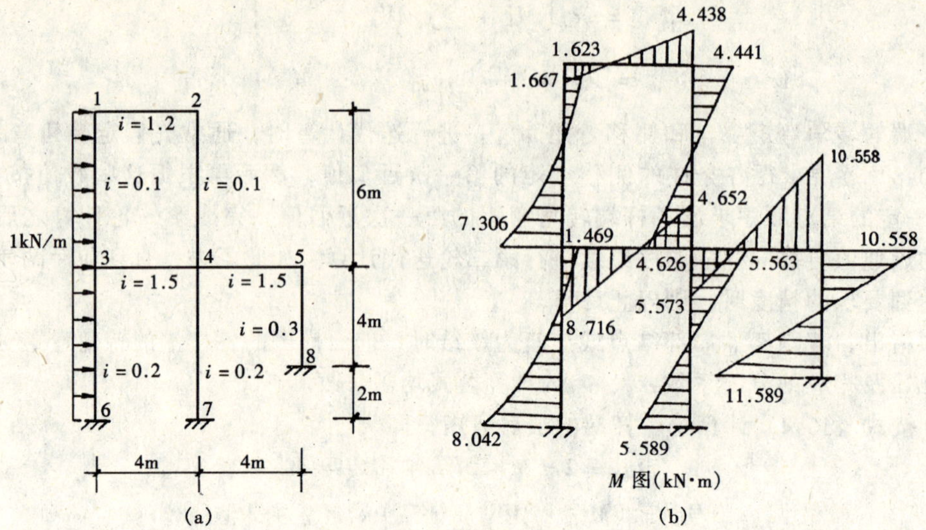

图 10-30 迭代法计算刚架

(a) 刚架、线刚度及荷载；(b) 最后弯矩图

$$\mu_{43}=\mu_{45}=\frac{1.5}{2\times(0.1+1.5+1.5+0.2)}=-0.2275$$

$$\mu_{47}=\frac{0.2}{2\times(0.1+1.5+1.5+0.2)}=-0.030$$

校核，$\sum\limits_{(4)}\mu=-(0.015+0.2275+0.030)=-0.5$，表示计算无误。其余各结点的计算从略。将各转角弯矩分配系数写在图 10-31 中各结点处外圈内的相应位置。

上层各柱的侧移弯矩分配系数按式（10-9a）计算，即

$$\nu_{13}=\nu_{24}=-\frac{3}{2}\times\frac{0.1}{0.1+0.1}=-0.75$$

校核，$\sum\limits_{(\mathrm{II})}\nu=-(0.75+0.75)=-1.5$，故计算无误。下层各柱的高度不相等，其侧移弯矩分配系数应按式（10-9）计算。由于在计算楼层力矩时已取标准柱高 $H=6\text{m}$，故得下层各柱的柱高简化系数为

$$\alpha_{36}=\alpha_{47}=\frac{6}{6}=1.0$$

$$\alpha_{58}=\frac{6}{4}=1.5$$

于是可得下层各柱的侧移弯矩分配系数为

$$\nu_{36}=\nu_{47}=-\frac{3}{2}\times\frac{1.0\times0.2}{2\times(1.0^2\times0.2)+(1.5^2\times0.3)}=-0.279$$

$$\nu_{58}=-\frac{3}{2}\times\frac{1.5\times0.3}{2\times(1.0^2\times0.2)+(1.5^2\times0.3)}=-0.627$$

按式（10-12）校核：$\sum\limits_{(\mathrm{I})}\alpha\nu=-(2\times1.0\times0.279+1.50\times0.627)=-1.50$，故计算无误。

将各柱的侧移弯矩分配系数及下层各柱的柱高简化系数 α 写在图 10-31 中相应各柱的左侧。

（4）进行迭代计算

因本例中的楼层力矩大于结点的约束力矩，故可先计算侧移弯矩，再计算转角弯矩，以加快收敛。计算前须认清相应的计算公式，例如

式(10-8a)　　$$M''_{ik}=\nu_{ik}\left[M_r+\sum_{(r)}(M'_{ik}+M'_{ki})\right]$$

式(10-5)　　$$M'_{ik}=\mu_{ik}\left[M_i^F+\sum_{(i)}(M'_{ki}+M''_{ik})\right]$$

并宜在每次分配计算时先将方括号内的被分配总值记下。本题迭代计算的顺序定为上层→下层，结点 1→2→3→4→5，写明在图 10-31 的上方

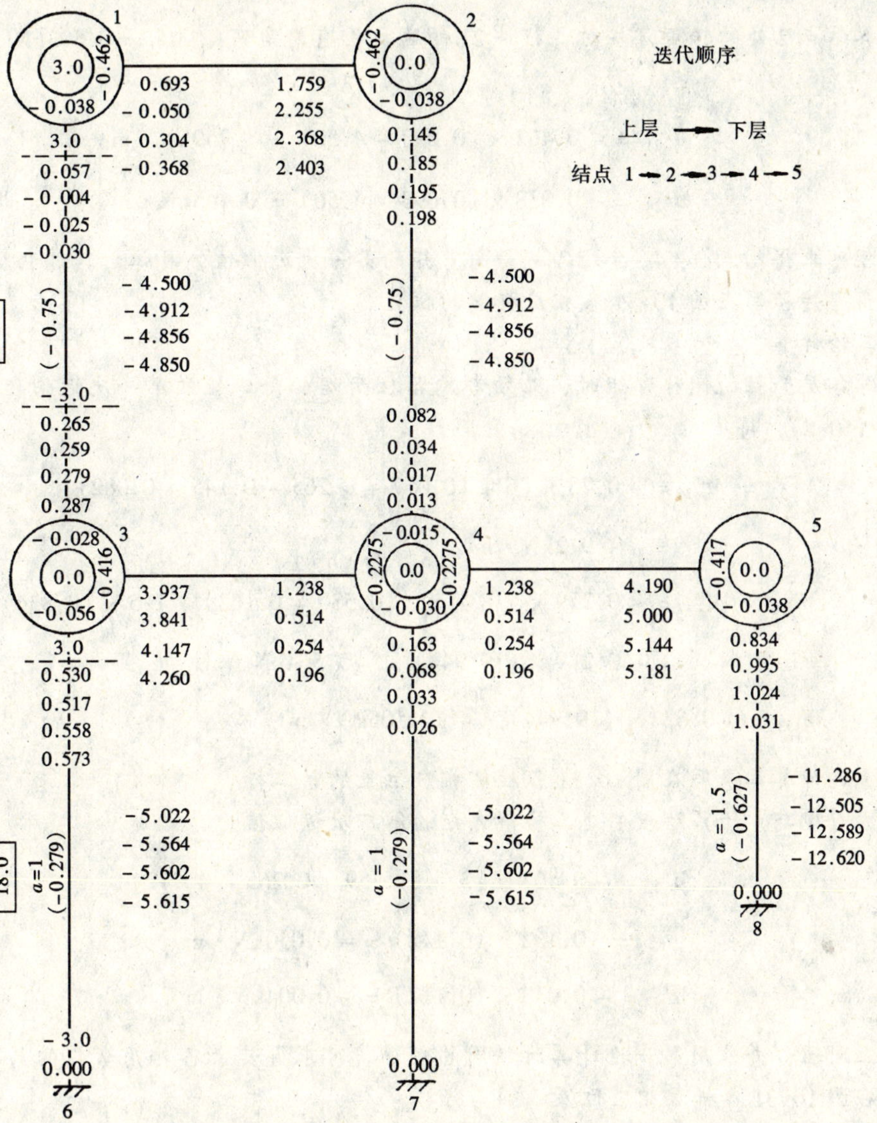

图 10-31　刚架的迭代计算过程

第一轮计算

设各转角弯矩为零，则按式（10-8a）或式（10-8）计算，得

$$M''_{31}=M''_{42}=-0.75\times6=-4.50\text{kN}\cdot\text{m}$$

$$M''_{36}=M''_{47}=-0.279\times18=-5.022\text{kN}\cdot\text{m}$$

$$M''_{58}=-0.627\times18=-11.286\text{kN}\cdot\text{m}$$

将求得的各侧移弯矩写在图 10-31 相应各柱的右侧。

按式（10-5）计算结点 1 处的转角弯矩

$$M'_{12}=-0.462\times(3.0-4.50)=0.693\text{kN}\cdot\text{m}$$

$$M'_{13}=-0.038\times(3.0-4.50)=0.057\text{kN}\cdot\text{m}$$

计算结点 2 处的转角弯矩时，杆件 21 的远端已有转角弯矩 $M'_{12}=0.693\text{kN}\cdot\text{m}$，于是按式（10-5）可得

$$M'_{21}=-0.462\times(0.693-4.50)=1.759\text{kN}\cdot\text{m}$$

$$M'_{24}=-0.038\times(0.693-4.50)=0.145\text{kN}\cdot\text{m}$$

同理可求得结点 3、4、5 处各杆转角弯矩的第一次近似值，具体计算过程从略。将求得的各转角弯矩值写在图 10-31 各相应杆端的位置。

第二轮计算

计算各层竖柱的侧移弯矩时，必须考虑各柱两端转角弯矩的第一次近似值。由式（10-8a）或（10-8），得

$$M''_{13}=M''_{24}=-0.75\times[6+(0.057+0.265+0.145+0.082)]$$
$$=-4.912\text{kN}\cdot\text{m}$$

$$M''_{36}=M''_{47}=-0.279\times[18+1\times(0.530+0.163)+1.5\times(0.834)]$$
$$=-0.279\times(19.944)=-5.564\text{kN}\cdot\text{m}$$

$$M''_{58}=-0.627\times(19.944)=-12.505\text{kN}\cdot\text{m}$$

将上述计算结果写在图 10-31 各柱侧相应位置的第二行。

按式（10-5）计算结点 1 处各转角弯矩的第二次近似值为

$$M'_{12}=-0.462\times[3+(1.759+0.265-4.912)]$$
$$=-0.462\times(0.112)=-0.050\text{kN}\cdot\text{m}$$

$$M'_{13}=-0.038\times(0.112)=-0.004\text{kN}\cdot\text{m}$$

与上同理，并采用第一轮计算时相同的顺序，可求得其余各转角弯矩的第二次近似值，将其写在图 10-31 各杆端相应位置的第二行。

按上述相同的计算方法计算到第四轮时，M'_{ik}和 M''_{ki} 的各值与其上一轮之值已相当接近，则其终值已经获得，迭代计算即可结束。

（5）计算各杆端弯矩及作弯矩图

各杆端弯矩可按式（10-4）中的第一式计算，即

$$M_{ik}=2M'_{ik}+M'_{ki}+M''_{ik}+M^F_{ik}$$

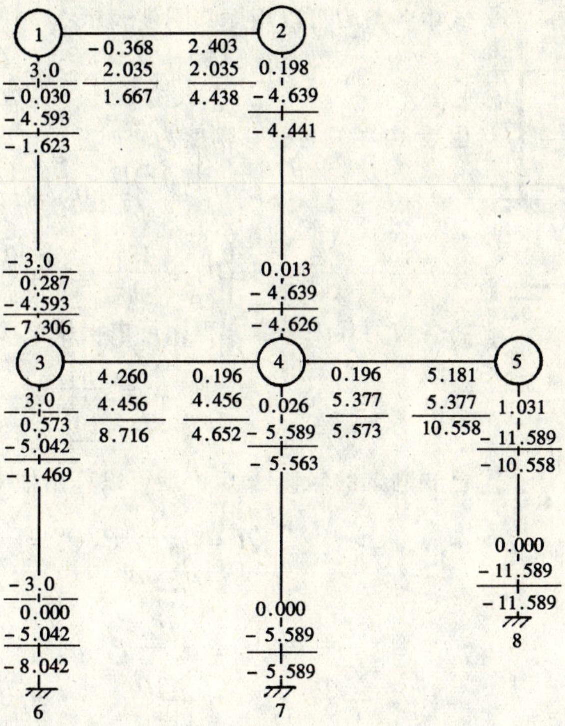

图 10-32　各杆端最终弯矩的计算

或按式（10-13）计算，即

$$M_{ik}=(M'_{ik}+M'_{ki}+M''_{ik})+M'_{ik}+M^F_{ik}$$

上式中的 M'_{ik}、M'_{ki}和 M''_{ik}为最后一轮计算所得的近端、远端转角弯矩和侧移弯矩终值，显然，对于同一杆件的两端，$(M'_{ik}+M'_{ki}+M''_{ik})$ 值是相等的。按上式计算各杆端最终弯矩的过程及结果如图 10-32 所示。若图面宽余，这一步计算也可直接在图 10-31 中进行。

根据求得的各杆端弯矩做出的弯矩图如图 10-30b 所示。结点上 M 值的不平衡反映了迭代计算的近似性。

§10-6　剪力分配法

一、剪力分配法的基本概念

图 10-33a 所示横梁刚度无限大的多跨单层刚架，柱顶作用集中力 P。用位移法计算时，只有一个水平线位移未知量。这种结构可用下面介绍的剪力分配法求得精确解。

设柱的高度和线刚度分别为 h_1、i_1、h_2、i_2、h_3、i_3、h_4、i_4。在荷载作用下，横梁发生水平线位移 Δ。用位移法求解线位移 Δ 时，可从各柱柱顶处截断每根柱子，取横梁为隔离体（图 10-33b），其上没有示出弯矩和轴力。考虑隔离体的平衡，由 $\Sigma X=0$，有

$$Q_1+Q_2+Q_3+Q_4-P=0$$

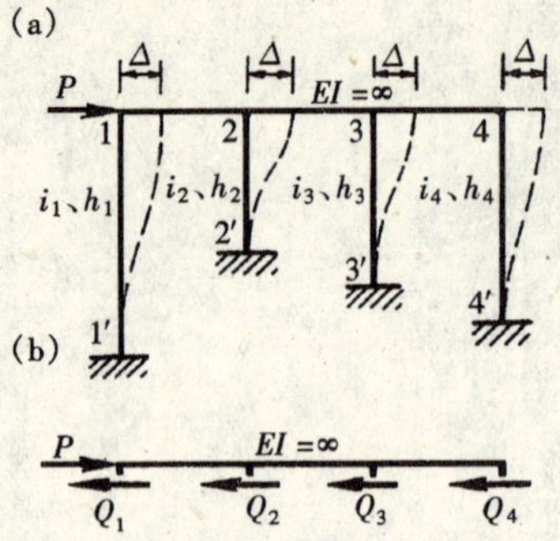

图 10-33 横梁刚度无限大的多跨单层刚架

(a) 多跨单层刚架及变形；(b) 横梁隔离体

式中各剪力可以用侧移刚度表示：

$$Q_1 = D_1\Delta, Q_2 = D_2\Delta$$
$$Q_3 = D_3\Delta, Q_4 = D_4\Delta$$

由表 10-1 知各侧移刚度为

$$D_1 = \frac{12i_1}{h_1^2}, D_2 = \frac{12i_2}{h_2^2},$$
$$D_3 = \frac{12i_3}{h_3^2}, D_4 = \frac{12i_4}{h_4^2}$$

将各剪力代入平衡方程，可求得线位移

$$\Delta = \frac{1}{\sum_{i=1}^{4} D_i}P$$

已知刚架的侧移 Δ 后，就可以算出柱中剪力。

$$Q_1 = \frac{D_1}{\sum_{i=1}^{4} D_i}P, Q_2 = \frac{D_2}{\sum_{i=1}^{4} D_i}P$$

$$Q_3 = \frac{D_3}{\sum_{i=1}^{4} D_i}P, Q_4 = \frac{D_4}{\sum_{i=1}^{4} D_i}P$$

写成一般式

$$Q_j^{\mu} = \frac{D_j}{\sum_{(r)} D_i}P = \nu'_j P \tag{10-14}$$

其中

$$\nu'_j = \frac{D_j}{\sum_{(r)} D_i} \tag{10-15}$$

式中 ν'_j 称为第 j 根柱的剪力分配系数；$\sum_{(r)} D_i$ 为各柱的侧移刚度之和；Q_j^{μ} 称为分配剪力。

由此可知，在只有一个水平线位移的刚架（图 10-33a）中，柱中的剪力可以按下述步骤计算。首先由式（10-15）求出各柱的剪力分配系数，然后将水平结点荷载 P（规定该荷载向右时为正）按剪力分配系数由式（10-14）求出各柱中的分配剪力。这一方法与力矩分配法十分相似，称为剪力分配法。

由于柱与横梁刚结，下端固定，横梁刚度为无限大，所以各柱中弯矩为零的截面在柱子的中点处。又因柱上无荷载作用，所以各柱的剪力为常量。因此，将求得的剪力乘以柱高的 $\frac{1}{2}$，就可以算出柱子上、下两端的弯矩。当剪力为正时，柱端弯矩为负。

对于图 10-34a 所示刚架，所受荷载作用于柱子上，这时，按位移法原理，原刚架的内力和位移是下述两种情况相叠加：用附加链杆固定横梁（图 10-34b），得到位移法基本结构。基本结构仅承受荷载 q 的作用；放松链杆使横梁发生与原结构相同的侧移（图 10-34c）。因原刚架无附加链杆的作用，所以上述两种情况中附加链杆反力之和应等于零。固定横梁（图 10-34b）时，柱中内力可根据表 9-1 算出，因而能求出这种情况下附加链杆反力 R_P。放松链杆（图 10-34c）时，附加链杆中的反力为 $-R_P$。由此可知，图 10-34c 表示的情况，等价于在横梁上作用一水平荷载 $-R_P$。这时，柱中内力可用前述剪力分配法计算。原

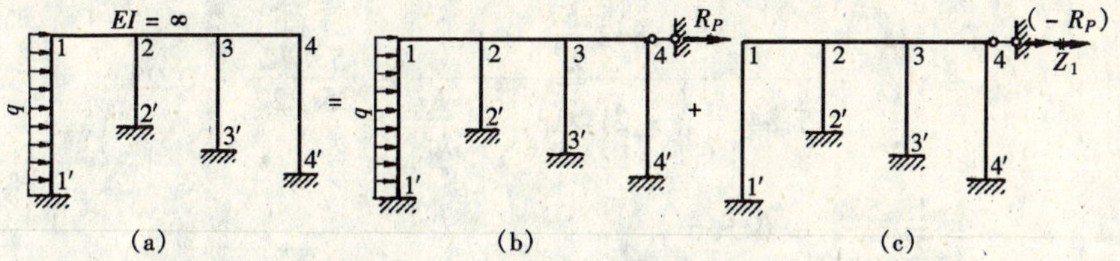

图 10-34　只有一个水平线位移的刚架

(a) 多跨单层刚架及荷载；(b) 位移法基本结构（固定横梁）；(c) 放松链杆

刚架的内力和位移等于上述两种情况相叠加。

二、用剪力分配法计算等高铰结排架

单层工业厂房中的排架，如果各柱柱顶位于同一水平线上，这种排架称为等高铰结排架。

等高铰结排架（图 10-35a）用位移法计算时，基本未知量也只有一个水平线位移，因此，可以采用上述剪力分配法计算。此时，排架柱的侧移刚度及在荷载作用下柱顶的固端剪力，均可直接查排架计算手册求出。现将常用的列于表 10-4 中。

例 10-10 试利用剪力分配法计算图 10-35a 所示铰结排架，并绘制其弯矩图。

解　(1) 求各柱的侧移刚度

柱 AB 和柱 EF：　　$\lambda=0.3$，$n=2$，$H_2=h$

由表 10-4 式 (1) 有

$$D_{AB}=D_{EF}=\frac{3E\times 2I}{h^3[1+(2-1)\times 0.3^3]}=5.842\,\frac{EI}{h^3}$$

柱 CD：　　$\lambda=0.3$，$n=5$，$H_2=h$

$$D_{CD}=\frac{3E\times 5I}{h^3[1+(5-1)\times 0.3^3]}=13.538\,\frac{EI}{h^3}$$

(2) 求各柱的剪力分配系数

由式 (10-15) 得

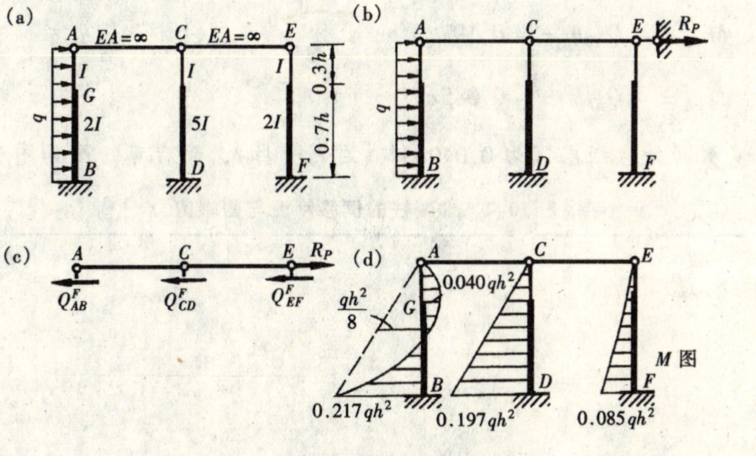

图 10-35　剪力分配法计算排架结构

(a) 排架及荷载；(b) 基本结构；(c) 柱顶以上部分；(d) 最后弯矩图

$$\nu'_{AB}=\nu'_{EF}=\frac{5.842\dfrac{EI}{h^3}}{5.842\dfrac{EI}{h^3}\times 2+13.538\dfrac{EI}{h^3}}=\frac{5.842}{25.222}=0.23$$

$$\nu'_{CD}=\frac{13.538}{25.222}=0.536$$

(3) 求 R_P

先计算各柱的固端剪力，由表 10-4 中式（4）得

$$Q_{AB}^F=-\frac{3h[(2-1)\times 0.3^4+1]}{8\times[(2-1)\times 0.3^3+1]}q=0.368qh$$

$$Q_{CD}^F=Q_{EF}^F=0$$

再由图 10-35c 所示隔离体的平衡条件，可求得

$$R_P=Q_{AB}^F+Q_{CD}^F+Q_{EF}^F=-0.368qh$$

(4) 按式（10-14）计算各柱的分配剪力，注意此时 $P=-R_P=0.368qh$。

$$Q_{AB}^{\mu}=Q_{EF}^{\mu}=0.232\times 0.368qh=0.085qh$$

$$Q_{CD}^{\mu}=0.536\times 0.368qh=0.197qh$$

(5) 计算各柱柱顶的最后剪力

$$Q_{AB}=Q_{AB}^F+Q_{AB}^{\mu}=-0.368qh+0.085qh=-0.283qh$$

$$Q_{CD}=Q_{CD}^F+Q_{CD}^{\mu}=0+0.197qh=0.197qh$$

$$Q_{EF}=Q_{EF}^F+Q_{EF}^{\mu}=0+0.085qh=0.085qh$$

(6) 计算各柱底端的最后弯矩

$$M_{BA}=-\frac{qh^2}{2}-Q_{AB}h=-0.5qh^2-(-0.283qh)h=-0.217qh^2$$

$$M_{DC}=-Q_{CD}h=-0.197qh^2$$

$$M_{EF}=-Q_{EF}h=-0.085qh^2$$

柱 AB 在变截面处弯矩求得为 $0.040qh^2$（右侧受拉），最后弯矩图如图 10-35d 所示。

表 10-4　排架柱的侧移刚度与固端剪力

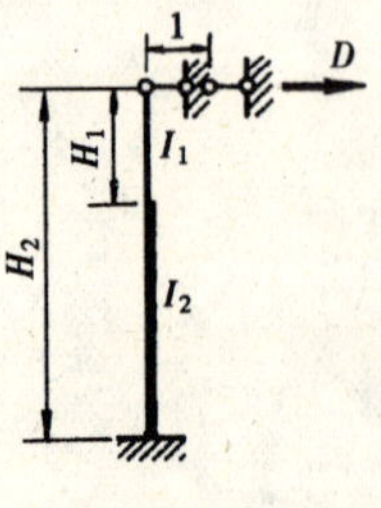	$\lambda=\dfrac{H_1}{H_2}$ $n=\dfrac{I_2}{I_1}$	$D=\dfrac{3EI_2}{H_2^3[1+(n-1)\lambda^3]}$　(1)

续表

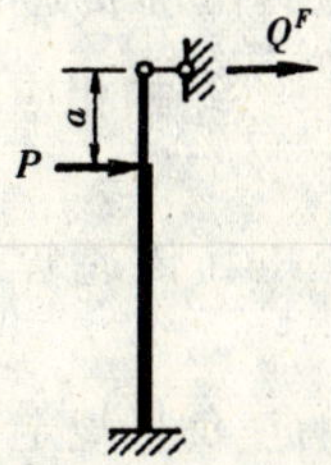	$$Q^F = -\left\{1 + \frac{na^3 - 3aH_2^2(n-1)\lambda^2 + 1]}{2H_2^3[(n-1)\lambda^3 + 1]}\right\}P \quad (2)$$
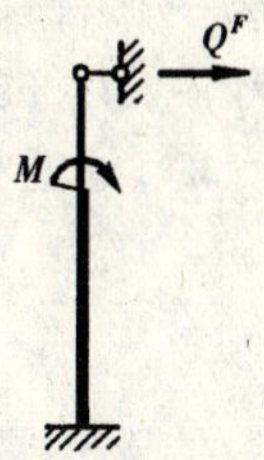	$$Q^F = -\frac{3(1-\lambda^2)}{2H_2[(n-1)\lambda^3 + 1]}M \quad (3)$$
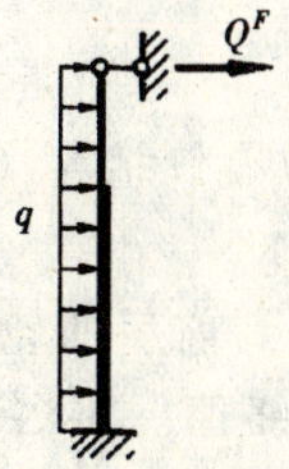	$$Q^F = -\frac{3H_2[(n-1)\lambda^4 + 1]}{8[(n-1)\lambda^3 + 1]}q \quad (4)$$

本 章 小 结

本章主要介绍了结构设计中广为应用的力矩分配法和迭代法，它们是学习本章的中心内容。现将本章主要内容小结如下：

1. 力矩分配法是由位移法原理演绎而来，它是结构设计中常用的一种手算方法。力矩分配法特别适宜于连续梁和无侧移刚架的内力分析。力矩分配法的物理概念较为清晰，运算时可按简易的步骤循环进行，不需求解联立方程，能直接算出杆端弯矩，有收敛速度较快、精度可随人们需求而定等优点。

2. 力矩分配法的计算过程中，总是重复一个基本运算——单结点的力矩分配。

3. 力矩分配法的计算步骤及其注意事项如下：

（1）确定结点角位移的数目和位置，并设置相应的附加刚臂。这一步与位移法相同。

（2）查表计算各承受荷载杆件的固端弯矩，结点上各杆固端弯矩的代数和即为该结点的初始不平衡力矩。

（3）计算分配系数，计算分配系数时应注意杆端的约束情况。当远端为固定时，抗转刚度系数 $S=4i$；远端为铰支时 $S=3i$；远端为定向支承时 $S=i$。

（4）计算分配弯矩，并将分配弯矩传递至杆件的远端。当结构的结点角位移数 ≥2 时，弯矩分配和传递的过程应在各刚结点处逐个逐次地进行。分配时应注意将结点的不平衡力矩反号。弯矩传递时，远端为固定的等截面直杆，传递系数是$\frac{1}{2}$。在弯矩分配和传递的过程中，当所有结点上的不平衡力矩趋近于零时，分配和传递的过程即可结束。结构相应于此刻的变形状态即为原结构的最终变形状态。

(5) 计算各杆端的最后弯矩。将各杆端的固端弯矩、每次的分配弯矩和传递弯矩相叠加，就得到各杆的最后杆端弯矩。

(6) 根据各杆端的最后弯矩可做出弯矩图。力矩分配法中杆端弯矩的正负号规定，以及根据最后杆端弯矩作弯矩图的方法均与位移法相同。

4. 计算刚架内力的迭代法，是根据位移法原理演引而来的逐次渐近法，它直接以刚架的杆端弯矩作为迭代时的未知数。应用刚结点的力矩平衡条件得到转角弯矩 M'_{ik}的迭代公式，它适用于刚架的每一刚结点；应用楼层的截面平衡条件得到侧移弯矩 M''_{ik}的迭代公式，它适用于刚架的每一楼层。

这些公式可归纳为

$$M'_{ik} = \mu_{ik}\left[M_i^F + \sum_{(i)}(M'_{ki} + M''_{ik})\right]$$

$$M''_{ik} = \nu_{ik}\left[M^r + \sum_{(r)}\alpha_{ik}(M'_{ki} + M''_{ik})\right]$$

应注意：上述迭代公式只适用于各层横梁全部贯通各相应的楼层，并且没有铰结点（包括铰支座）的多跨多层刚架。

5. 应用上述公式作迭代运算时，应逐个结点逐个楼层反复进行，直到前后两轮数值趋于稳定时为止。其最后一轮的数值，就是每一杆端的 M'_{ik}和 M''_{ik}的最终值。将各杆端的 M'_{ik}、M'_{ki}、M''_{ik}和 M_{ik}^F等代入式（10-13），就可求得最后的杆端弯矩。

6. 本章介绍的迭代法，其数学实质即为求解线性代数方程组中的赛德尔迭代法。它除了不用求解联立方程的优点外，还具有自动消误的特点。另外，由于把转角弯矩 M'_{ik}和侧移弯矩 M''_{ik}作为计算对象，因此也就间接求出了与 M'_{ik}和 M''_{ik}有关的结点角位移和线位移。

习　题

10-1 试用力矩分配法计算图示连续梁，并绘出弯矩图和剪力图。

10-2 试用力矩分配法计算图示刚架，并绘出弯矩图。E = 常数。

10-3 试用力矩分配法，并利用对称性计算图示各刚架，做出弯矩图。E = 常数。

10-4 图示连续梁支座 B 下沉 2cm。试用力矩分配法计算该结构，绘出弯矩图。已知 $E = 2\times10^4\text{kN/cm}^2$，$I = 4\times10^4\text{cm}^4$。

10-5 图示刚架支座 A 转动 $\varphi_A = 0.03$ 弧度。试用力矩分配法计算该刚架，并绘出弯矩图。设各杆 EI = 常数。

10-6 用力矩分配法作图示刚架的 M、Q 图；并求 E 支杆的水平反力（EI 为常数）。

10-7 用迭代法求解图示刚架的 M 图（EI 为常数）。

10-8、**10-9** 用迭代法求解图示刚架的 M 图（EI 为常数）。

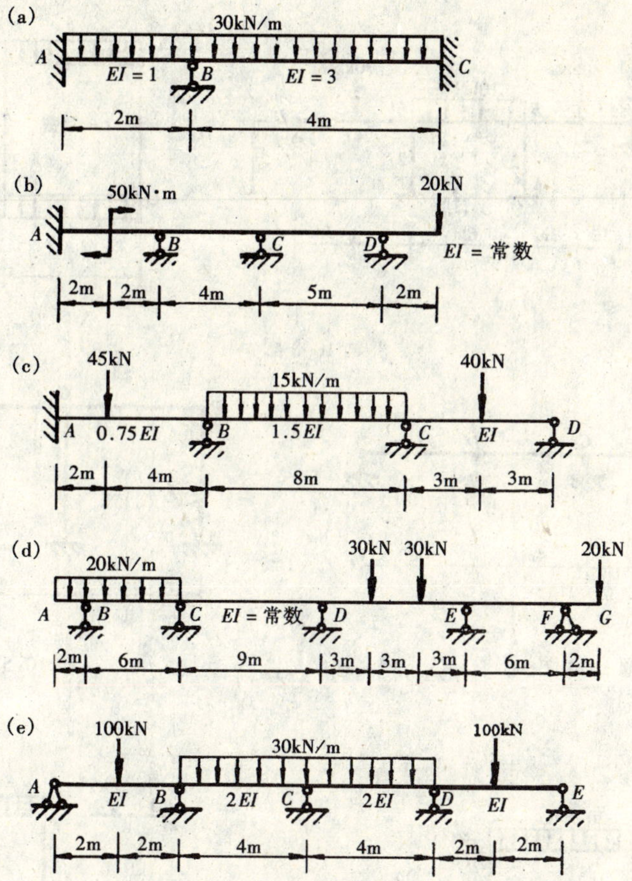
(a)
30kN/m
A
B
C
EI = 1
EI = 3
2m
4m
(b)
50kN·m
20kN
A
B
C
D
EI = 常数
2m
2m
4m
5m
2m
(c)
45kN
15kN/m
40kN
A
0.75EI
B
1.5EI
C
EI
D
2m
4m
8m
3m
3m
(d)
20kN/m
30kN
30kN
20kN
A
B
C
EI = 常数
D
E
F
G
2m
6m
9m
3m
3m
3m
6m
2m
(e)
100kN
30kN/m
100kN
A
EI
B
2EI
C
2EI
D
EI
E
2m
2m
4m
4m
2m
2m

题 10-1 图

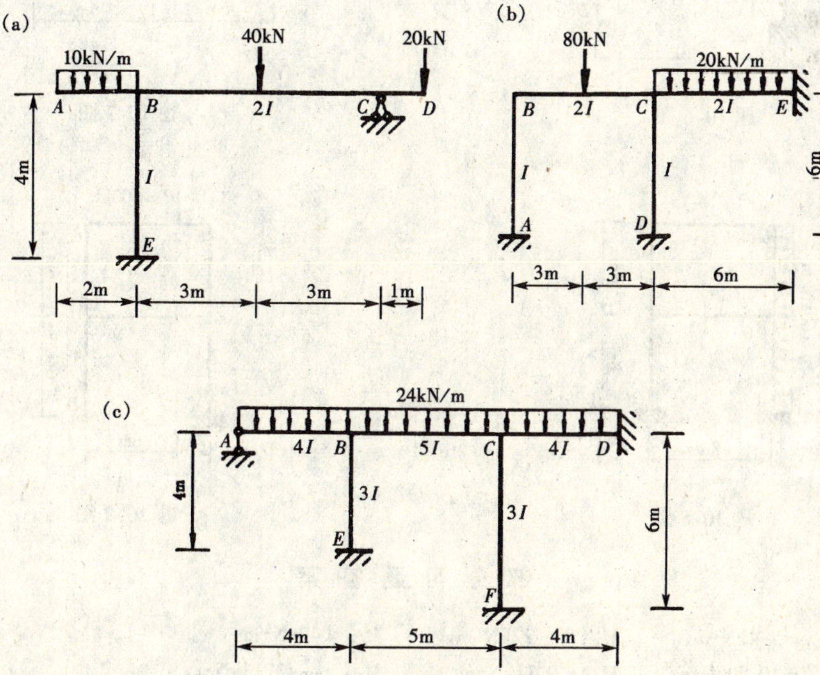
(a)
10kN/m
40kN
20kN
A
B
2I
C
D
I
E
4m
2m
3m
3m
1m
(b)
80kN
20kN/m
B
2I
C
2I
E
I
I
A
D
6m
3m
3m
6m
(c)
24kN/m
A
4I
B
5I
C
4I
D
3I
3I
E
F
4m
6m
4m
5m
4m

题 10-2 图

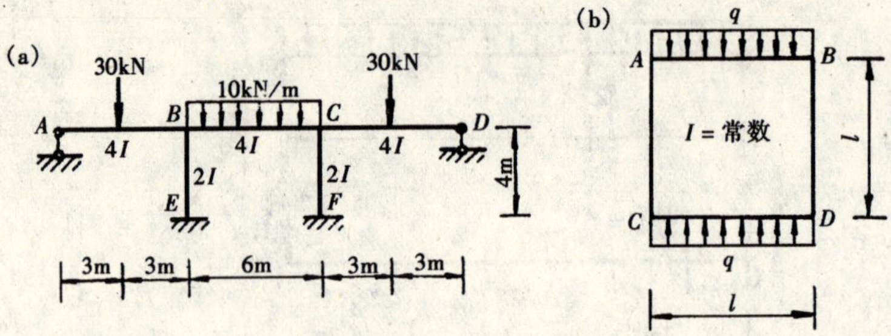

题 10-3 图

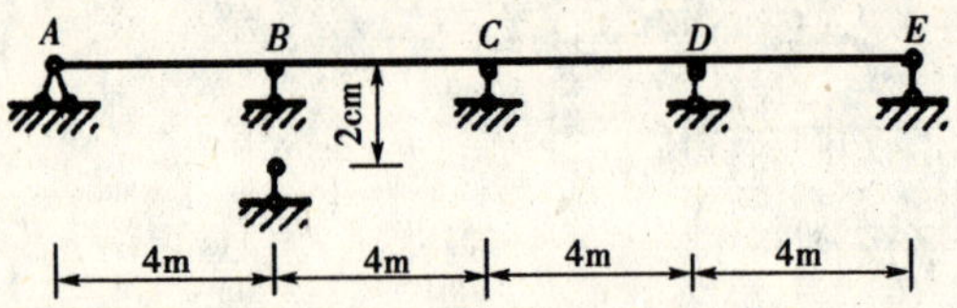

题 10-4 图

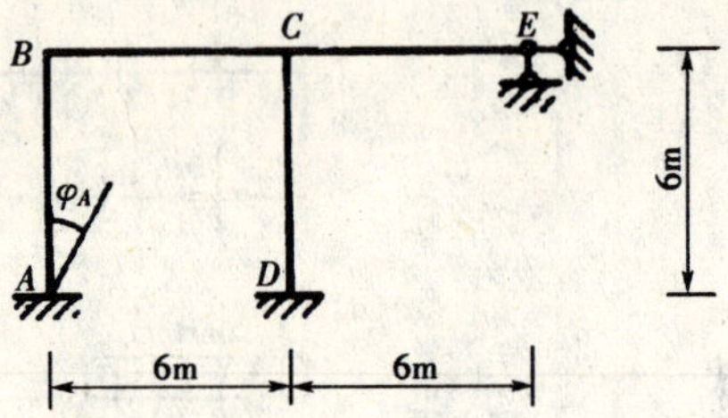

题 10-5 图

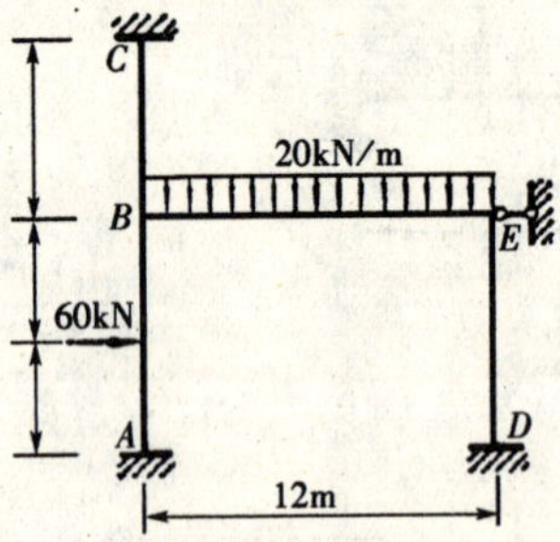

题 10-6 图

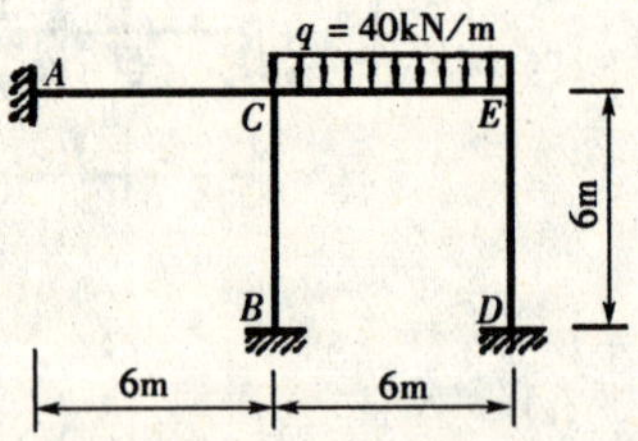

题 10-7 图

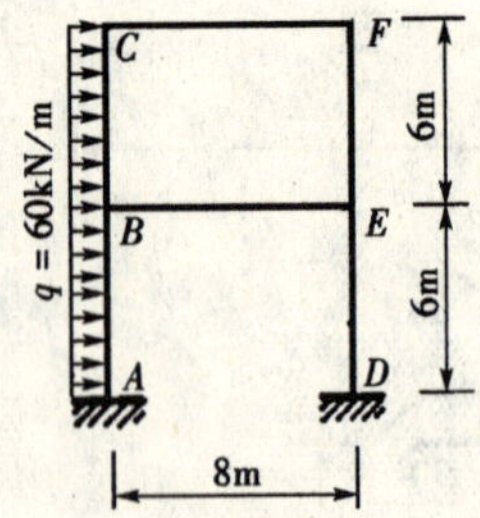

题 10-8 图

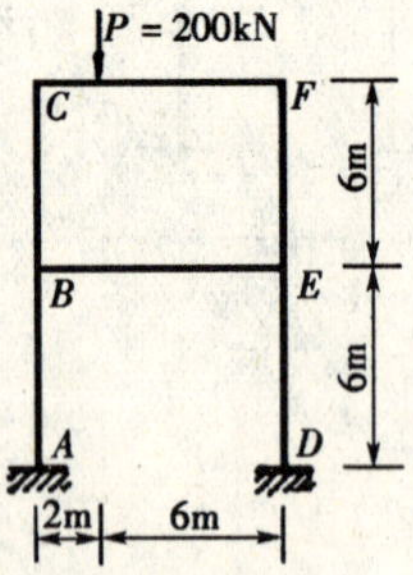

题 10-9 图

部 分 习 题 答 案

10-1 （a）$M_{AB} = -4\text{kN·m}$，　$M_{BC} = -22\text{kN·m}$，　$M_{CB} = 49\text{kN·m}$

（b）$M_{AB} = 10.80\text{kN·m}$，　$M_{BA} = 9.11\text{kN·m}$，　$M_{CB} = -13.13\text{kN·m}$

（c）$M_{AB} = -24.5\text{kN·m}$，　$M_{CD} = -68.3\text{kN·m}$

（d）$M_{CB} = 18.8\text{kN·m}$，　$M_{DC} = 31.1\text{kN·m}$，　$M_{EF} = -36.5\text{kN·m}$

（e）$M_{BA} = 65.44\text{kN·m}$，　$M_{CB} = 27.28\text{kN·m}$

10-2　（b）$M_{BE} = 7.5\text{kN·m}$，　$M_{BC} = -27.5\text{kN·m}$，　$M_{CB} = 20\text{kN·m}$

（b）$M_{BA} = 21.42\text{kN·m}$，　$M_{CB} = 72.8\text{kN·m}$，　$M_{CE} = -68.53\text{kN·m}$

（c）$M_{BC} = -51.48\text{kN·m}$，　$M_{CB} = 43.52\text{kN·m}$，　$M_{DC} = 28.18\text{kN·m}$

10-3　（a）$M_{BA} = 32.4\text{kN·m}$

（b）$M_{AB} = \dfrac{1}{24}ql^2$

10-4　$M_{BA} = -364.5\text{kN·m}$，　$M_{CB} = 257.2\text{kN·m}$，　$M_{DC} = -64.5\text{kN·m}$

10-5　$M_{AB} = 0.017EI$，　$M_{BA} = 0.005EI$，　$M_{CB} = -0.002EI$

10-6　$M_{BC} = 103.5\text{kN·m}$，　$M_{ED} = -159.5\text{kN·m}$

10-7　$M_{CA} = 52.1\text{kN·m}$，　$M_{ED} = -73\text{kN·m}$

10-8　$M_{BC} = -363\text{kN·m}$，　$M_{ED} = -658\text{kN·m}$

10-9　$M_{CF} = -119\text{kN·m}$，　$M_{FE} = -92\text{kN·m}$

第 11 章

矩阵位移法

结构矩阵分析方法是电子计算机进入结构力学领域而产生的一种方法。它是以传统结构力学作为理论基础、以矩阵作为数学表述形式、以电子计算机作为计算手段、三位一体的方法。

结构矩阵分析与传统的结构力学分析在原理上并无区别，仅在结构分析中应用了矩阵格式。矩阵运算早在 1850 年已问世，到 20 世纪 60 年代，随着电子计算机的使用，才得到广泛应用。用矩阵运算，使公式推导过程书写简明，各种情况可统一处理，所得公式非常紧凑，在形式上具有规格化的优点，而且用矩阵形式表示的计算步骤容易标准化，适宜于编制通用程序，便于使计算过程程序化。因此，学习本章时，既要了解它与传统方法的共同点，更要着重了解它的一些新手法和新的着眼点。

与传统的力法、位移法相对应，在结构矩阵分析中也有矩阵力法和矩阵位移法，或称柔度法与刚度法。由于矩阵力法的基本结构可以有多种方案，因而给通用程序的编制带来麻烦，而矩阵位移法的基本结构一般是惟一的，计算比较规则，具有通用性。矩阵位移法由于具有易于实现计算过程程序化的优点而广泛应用，本章只对矩阵位移法进行讨论。

矩阵位移法是有限元法的雏形，因此结构矩阵分析有时也称为杆件结构的有限元法。

有限元法的基本思路是先将结构离散，即先把整体拆开，分解成若干个单元（在杆件结构中，一般把每个杆件取作一个单元），这个过程称作离散化。其次进行单元分析，建立单元杆端力与杆端位移间转换关系的单元刚度方程。然后再将这些单元按一定的条件集合成整体。进行结构整体分析，建立结构的各结点力与结点位移间的转换关系式，即结构的总刚度方程，最后求解结构总刚度方程，求出结点位移未知量，从而可求出各杆端内力。在一分一合、先拆后搭的过程中，把复杂结构的计算问题转化为简单单元的分析和集合问题。

本章主要讨论平面杆件结构的单元刚度方程和单元刚度矩阵及它们在单元坐标系与结构坐标系间的变换、结构总刚度矩阵的组成方法、荷载及边界条件处理等内容。

§11-1 概　　述

一、结构离散化

将结构假想地分解成有限个单元，由这些单元的集合体代替真实的结构。对杆系结构来说，每一根直杆通常可看作一个单元，有时可看作几个单元。

单元与单元相连接的点称为结点，杆件的转折点、汇交点、支承点以及截面突变点均是结点，这些结点是按照结构的构造特征确定的，称为构造结点。在矩阵位移法中，荷载必须作用于结点上，作用于结点上的荷载称结点荷载。当荷载作用于单元中间时，可用后面介绍的荷载处理方法换算到结点上去。当集中荷载作用于单元中间时，也可将荷载作用点当作结点，这种结点称非构造结点。确定了结构的全部结点，也就确定了结构单元的划分。

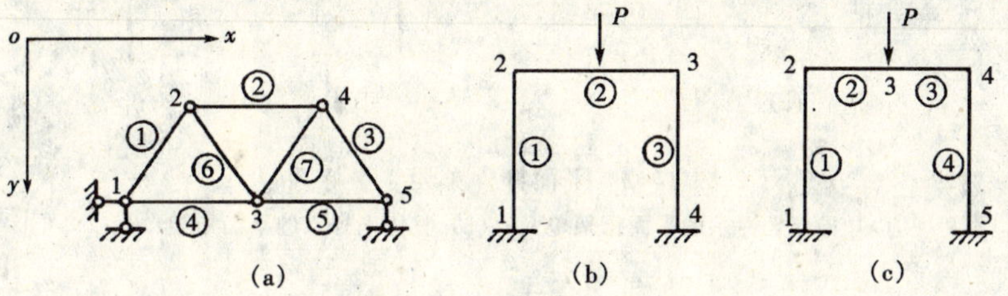

图 11-1　结构离散化

(a) 平面桁架离散化；(b)、(c) 平面刚架离散化

对一个结构进行离散化，具体做法就是对结构进行单元编号和结点编号，图 11-1a 所示平面桁架可划分为 7 个单元、5 个结点，每个单元、结点均应注明序号。图 11-1b 为一平面刚架，荷载 P 作用于单元②的中间，离散后共有 4 个结点、3 个单元，用矩阵位移法计算时要把荷载 P 换算成等效结点荷载。另一离散法是将荷载 P 的作用点也作为一个结点，共有 5 个结点、4 个单元（图 11-1c）。因此，同一结构可采用不同的离散方法，虽然前一种方法的单元数及结点数均比后一种少，要求解的结点位移未知数也少，但也有不利之处，就是中间荷载需换算为等效结点荷载。

结构中的有些杆件横截面是连续变化的，对其离散化时，可以将该杆件分成为若干段，以每段中间的截面作为各分段的截面，将此变截面杆件近似地用几个等截面杆件来代替。对于等截面的曲杆，可以用每段折线形杆件来代替，所有这些措施，都可以使计算得到较好的近似结果。

必须注意的是一个桁架杆件不能离散为两个单元，否则桁架将成为瞬变结构。

二、单元坐标系中的杆端力和杆端位移

在杆件结构中，各杆的方向不尽相同。为了分析的方便，在单元分析时采用单元坐标系。而在结构整体分析时，则必须采用统一的整体坐标系。

平面杆件结构的整体坐标系用 $x-y$ 表示，单元坐标系用 $\overline{x}-\overline{y}$ 表示。通常，单元坐标系的原点放置在单元的始端，取单元的轴线作为 $\overline{x}$ 轴，从单元始端到末端的方向作为 $\overline{x}$ 轴的正方向，从 $\overline{x}$ 轴的正方向顺时针旋转 90°就得到 $\overline{y}$ 轴，如图 11-2a 所示。

1. 平面桁架单元

图 11-2 所示是平面桁架的典型单元 e，单元始端和末端结点的编号为 i 和 j。

在单元坐标系中，平面桁架单元的每个端点都只作用有一个轴向力 $\overline{X}^e$，而每个端点的位移分量有两个，即沿 $\overline{x}$ 方向的位移 $\overline{u}^e$ 和沿 $\overline{y}$ 方向的位移 $\overline{v}^e$，由于在单元坐标系中计算轴向力与位移分量的关系时 $\overline{v}^e$ 不起作用，因此，每个单元实际共有两个杆端力分量和两个杆端位移分量，见图 11-2a。设单元坐标系中的单元杆端力向量和杆端位移向量分别用 $\overline{F}^e$ 和 $\overline{\Delta}^e$ 表示，则

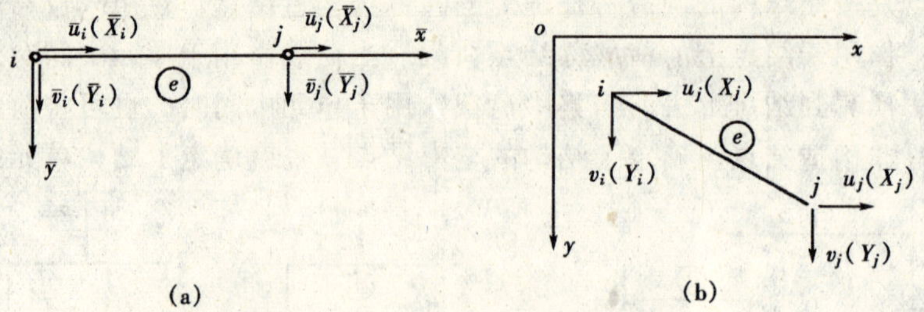

图 11-2　平面杆件单元、坐标系

(a) 局部坐标系的平面桁架单元；(b) 整体坐标系的平面桁架单元

$$\overline{F}^e=\begin{Bmatrix}\overline{X}_i^e\\ \overline{X}_j^e\end{Bmatrix},\ \overline{\Delta}^e=\begin{Bmatrix}\overline{u}_i^e\\ \overline{u}_j^e\end{Bmatrix}\tag{11-1}$$

在整体坐标系中，单元的每个端点有两个杆端力分量和两个杆端位移分量，即在 x、y 方向的杆端力 X^e、Y^e 和相应的杆端位移 u^e 和 v^e，见图 11-2b。设用 F^e 和 Δ^e 表示整体坐标系中的单元杆端力向量和杆端位移向量，则

$$F^e=\begin{Bmatrix}F_i^e\\ F_j^e\end{Bmatrix}=\begin{Bmatrix}X_i^e\\ Y_i^e\\ X_j^e\\ Y_j^e\end{Bmatrix},\ \Delta^e=\begin{Bmatrix}\Delta_i^e\\ \Delta_j^e\end{Bmatrix}=\begin{Bmatrix}u_i^e\\ v_i^e\\ u_j^e\\ v_j^e\end{Bmatrix}\tag{11-2}$$

式中 F_i^e、F_j^e 分别称为始端 i 和末端 j 的杆端力子向量；Δ_i^e、Δ_j^e 分别称为始端 i 和末端 j 的杆端位移子向量。

$$F_i^e=\begin{Bmatrix}X_i^e\\ Y_i^e\end{Bmatrix},\ F_j^e=\begin{Bmatrix}X_j^e\\ Y_j^e\end{Bmatrix}$$

$$\Delta_i^e=\begin{Bmatrix}u_i^e\\ v_i^e\end{Bmatrix},\ \Delta_j^e=\begin{Bmatrix}u_j^e\\ v_j^e\end{Bmatrix}$$

无论在单元坐标系中还是在整体坐标系中都规定单元杆端力和杆端位移的方向与坐标轴正方向一致者为正，相反者为负。图 11-2 中所示方向都是规定的正方向。

2. 平面刚架单元

图 11-3 所示为平面刚架的典型单元 e，单元始端和末端的结点编号仍用 i 和 j。

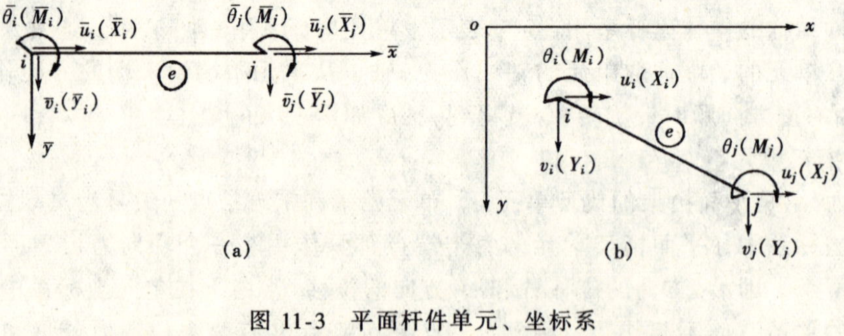

图 11-3　平面杆件单元、坐标系

(a) 局部坐标系的平面刚架单元；(b) 整体坐标系的平面刚架单元

在单元坐标系中，平面刚架单元的每个端点有三个杆端力分量，即沿 $\bar{x}$、$\bar{y}$ 方向的杆端

力$\overline{X}^e$、$\overline{Y}^e$ 和杆端弯矩$\overline{M}^e$。与此相应，单元的每个端点有三个杆端位移分量，即沿$\overline{x}$、$\overline{y}$方向的杆端位移$\overline{u}^e$、$\overline{v}^e$ 和角位移$\overline{\theta}^e$，见图 11-3a。因此，单元杆端力向量$\overline{F}^e$ 和杆端位移向量$\overline{\Delta}^e$ 可表示如下：

$$\overline{F}^e=\begin{Bmatrix}\overline{F}_i^e\\ \overline{F}_j^e\end{Bmatrix}=\begin{Bmatrix}\overline{X}_i^e\\ \overline{Y}_i^e\\ \overline{M}_i^e\\ \overline{X}_j^e\\ \overline{Y}_j^e\\ \overline{M}_j^e\end{Bmatrix},\quad \overline{\Delta}^e=\begin{Bmatrix}\overline{\Delta}_i^e\\ \overline{\Delta}_j^e\end{Bmatrix}=\begin{Bmatrix}\overline{u}_i^e\\ \overline{v}_i^e\\ \overline{\theta}_i^e\\ \overline{u}_j^e\\ \overline{v}_j^e\\ \overline{\theta}_j^e\end{Bmatrix} \tag{11-3}$$

式中单元坐标系中的单元杆端力子向量和杆端位移子向量为

$$\overline{F}_i^e=\begin{Bmatrix}\overline{X}_i^e\\ \overline{Y}_i^e\\ \overline{M}_i^e\end{Bmatrix},\quad \overline{F}_j^e=\begin{Bmatrix}\overline{X}_j^e\\ \overline{Y}_j^e\\ \overline{M}_j^e\end{Bmatrix}$$

$$\overline{\Delta}_i^e=\begin{Bmatrix}\overline{u}_i^e\\ \overline{v}_i^e\\ \overline{\theta}_i^e\end{Bmatrix},\quad \overline{\Delta}_j^e=\begin{Bmatrix}\overline{u}_j^e\\ \overline{v}_j^e\\ \overline{\theta}_j^e\end{Bmatrix}$$

在整体坐标系中，单元的每个端点在 x、y 方向杆端力分别为 X^e、Y^e，杆端弯矩为 M^e，相应的杆端位移为 u^e、v^e 和杆端角位移 θ^e，见图 11-3b。单元杆端力向量 F^e 和杆端位移向量 Δ^e 可表示如下：

$$F^e=\begin{Bmatrix}F_i^e\\ F_j^e\end{Bmatrix}=\begin{Bmatrix}X_i^e\\ Y_i^e\\ M_i^e\\ X_j^e\\ Y_j^e\\ M_j^e\end{Bmatrix},\quad \Delta^e=\begin{Bmatrix}\Delta_i^e\\ \Delta_j^e\end{Bmatrix}=\begin{Bmatrix}u_i^e\\ v_i^e\\ \theta_i^e\\ u_j^e\\ v_j^e\\ \theta_j^e\end{Bmatrix} \tag{11-4}$$

式中整体坐标系中的单元杆端力子向量和杆端位移子向量为

$$F_i^e=\begin{Bmatrix}X_i^e\\ Y_i^e\\ M_i^e\end{Bmatrix},\quad F_j^e=\begin{Bmatrix}X_j^e\\ Y_j^e\\ M_j^e\end{Bmatrix}$$

$$\Delta_i^e=\begin{Bmatrix}u_i^e\\ v_i^e\\ \theta_i^e\end{Bmatrix},\quad \Delta_j^e=\begin{Bmatrix}u_j^e\\ v_j^e\\ \theta_j^e\end{Bmatrix}$$

无论是单元坐标系还是整体坐标系中，平面刚架单元杆端力和杆端位移的正负号规定如下：

沿坐标轴正方向作用的杆端力和杆端位移为正，反之为负；

顺时针方向的杆端弯矩和杆端角位移为正，反之为负。

图 11-3 所示的方向都是规定的正方向。

§11-2 局部坐标系的单元刚度矩阵

在位移法中，我们以结点位移为基本未知量，以平衡条件为基本方程。在建立基本方程时，需要用刚度方程把平衡方程中的杆端力转换为杆端位移。由基本方程解出基本未知量后，又必须用刚度方程根据杆端位移计算杆端力。因此，形成单元刚度矩阵是结构矩阵分析中的重要一环，单元分析是结构分析的基础。

本节对平面结构的杆件单元进行单元分析，得出单元刚度方程和单元刚度矩阵。

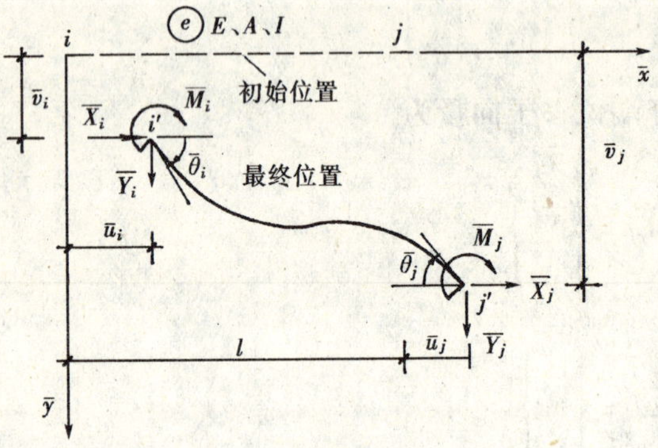

图 11-4　自由式平面刚架杆件单元

一、自由式平面刚架杆件单元

图 11-4 所示为平面刚架中一个等截面直杆单元 e，单元不受任何约束，这样的单元称为自由式单元。设杆件除弯曲变形外，还有轴向变形。左右两端各有三个位移分量（两个移动、一个转动），杆件共有六个杆端位移分量，这是平面结构杆件单元的一般情况。设杆长为 l，截面面积为 A，截面惯性矩为 I，弹性模量为 E。设单元的两端产生图中所示的杆端位移后，由初始位置位移至最终位置，下面来分析该单元在单元坐标系中的刚度方程——即单元的杆端位移与杆端力之间的关系。单元刚度方程是指由单元杆端位移求单元杆端力时所建立的方程——记为“$\overline{\Delta}\rightarrow\overline{F}$”方程。即根据单元两端发生任意指定的位移$\overline{\Delta}^e$来推算相应的杆端力$\overline{F}^e$。

当忽略轴向受力状态和弯曲受力状态间的相互影响时，可分别推导轴向变形和弯曲变形的刚度方程。

首先，由杆端轴向位移$\overline{u}_i$、$\overline{u}_j$，根据材料力学知识，可推算出相应的杆端轴向力$\overline{X}_i$、$\overline{X}_j$为

$$\left.\begin{aligned}\overline{X}_i^e &= \frac{EA}{l}\overline{u}_i^e - \frac{EA}{l}\overline{u}_j^e\\ \overline{X}_j^e &= -\frac{EA}{l}\overline{u}_i^e + \frac{EA}{l}\overline{u}_j^e\end{aligned}\right\}\tag{11-5}$$

其次，由杆端横向位移$\overline{v}_i^e$、$\overline{v}_j^e$和转角$\overline{\theta}_i^e$、$\overline{\theta}_j^e$可推算出相应的杆端剪力$\overline{Y}_i$、$\overline{Y}_j$和杆端力矩$\overline{M}_i$、$\overline{M}_j$。根据转角位移方程（9-2）和（9-1），并改用本章的记号和正负号，即得

$$\left.\begin{aligned}\overline{Y}_i^e &= \frac{12EI}{l^3}\overline{v}_i^e + \frac{6EI}{l^2}\overline{\theta}_i^e - \frac{12EI}{l^3}\overline{v}_j^e + \frac{6EI}{l^2}\overline{\theta}_j^e\\ \overline{M}_i^e &= \frac{6EI}{l^2}\overline{v}_i^e + \frac{4EI}{l}\overline{\theta}_i^e - \frac{6EI}{l^2}\overline{v}_j^e + \frac{2EI}{l}\overline{\theta}_j^e\\ \overline{Y}_j^e &= -\frac{12EI}{l^3}\overline{v}_i^e - \frac{6EI}{l^2}\overline{\theta}_i^e + \frac{12EI}{l^3}\overline{v}_j^e - \frac{6EI}{l^2}\overline{\theta}_j^e\\ \overline{M}_j^e &= \frac{6EI}{l^2}\overline{v}_i^e + \frac{2EI}{l}\overline{\theta}_i^e - \frac{6EI}{l^2}\overline{v}_j^e + \frac{4EI}{l}\overline{\theta}_j^e\end{aligned}\right\}\tag{11-6}$$

将上面六个刚度方程（11-5）和（11-6）合在一起，写成矩阵形式如下：

$$\begin{Bmatrix} \overline{X}_i \\ \overline{Y}_i \\ \overline{M}_i \\ \overline{X}_j \\ \overline{Y}_j \\ \overline{M}_j \end{Bmatrix}^{(e)} = \begin{bmatrix} \frac{EA}{l} & 0 & 0 & -\frac{EA}{l} & 0 & 0 \\ 0 & \frac{12EI}{l^3} & \frac{6EI}{l^2} & 0 & -\frac{12EI}{l^2} & \frac{2EI}{l} \\ 0 & \frac{6EI}{l^2} & \frac{4EI}{l} & 0 & -\frac{6EI}{l^2} & \frac{2EI}{l} \\ -\frac{EI}{l} & 0 & 0 & \frac{EI}{l} & 0 & 0 \\ 0 & -\frac{12EI}{l^3} & -\frac{6EI}{l^2} & 0 & \frac{12EI}{l^3} & -\frac{6EI}{l^2} \\ 0 & \frac{6EI}{l^2} & \frac{2EI}{l} & 0 & -\frac{6EI}{l^2} & \frac{4EI}{l} \end{bmatrix}^{(e)} \begin{Bmatrix} \overline{u}_i \\ \overline{v}_i \\ \overline{\theta}_i \\ \overline{u}_j \\ \overline{v}_j \\ \overline{\theta}_j \end{Bmatrix}^{(e)} \tag{11-7}$$

上式可简写为

$$\overline{F}^e = \overline{k}^e \, \overline{\Delta}^e \tag{11-8}$$

上式即为所求的“$\overline{\Delta} \rightarrow \overline{F}$”方程，称为平面刚架杆件单元在局部坐标系中的单元刚度方程。其中的$\overline{k}^e$为

$$\overline{k}^e = \begin{matrix} (1) & (2) & (3) & (4) & (5) & (6) \\ (\overline{u}_i = 1) & (\overline{v}_i = 1) & (\overline{\theta}_i = 1) & (\overline{u}_j = 1) & (\overline{v}_j = 1) & (\overline{\theta}_j = 1) \\ \downarrow & \downarrow & \downarrow & \downarrow & \downarrow & \downarrow \end{matrix}$$

$$\overline{k}^e = \begin{bmatrix} \frac{EA}{l} & 0 & 0 & -\frac{EA}{l} & 0 & 0 \\ 0 & \frac{12EI}{l^3} & \frac{6EI}{l^2} & 0 & -\frac{12EI}{l^2} & \frac{6EI}{l} \\ 0 & \frac{6EI}{l^2} & \frac{4EI}{l} & 0 & -\frac{6EI}{l^2} & \frac{2EI}{l} \\ -\frac{EA}{l} & 0 & 0 & \frac{EA}{l} & 0 & 0 \\ 0 & -\frac{12EI}{l^3} & -\frac{6EI}{l^2} & 0 & \frac{12EI}{l^3} & -\frac{6EI}{l^2} \\ 0 & \frac{6EI}{l^2} & \frac{2EI}{l} & 0 & -\frac{6EI}{l^2} & \frac{4EI}{l} \end{bmatrix}^{(e)} \tag{11-9}$$

$\overline{k}^e$称为局部坐标系中平面刚架杆件单元的单元刚度矩阵，简称为单刚。它的行数是杆端力分量数，列数为杆端位移分量数，它是 6×6 方阵。

二、单元刚度矩阵的性质

1. 单元刚度系数的意义

$\overline{k}^e$中的每个元素称为单元刚度系数，代表由于单位杆端位移所引起的杆端力。例如，第（6）行第（3）列元素$\overline{k}^e_{63}$$\left(即元素\frac{2EI}{l}\right)$代表当第（3）个杆端位移分量$\overline{\theta}_i = 1$时引起的第（6）个杆端力分量$\overline{M}_j$。一般来说，第（$i$）行第（$j$）列元素$\overline{k}^e_{ij}$代表当第（$j$）个杆端位移分

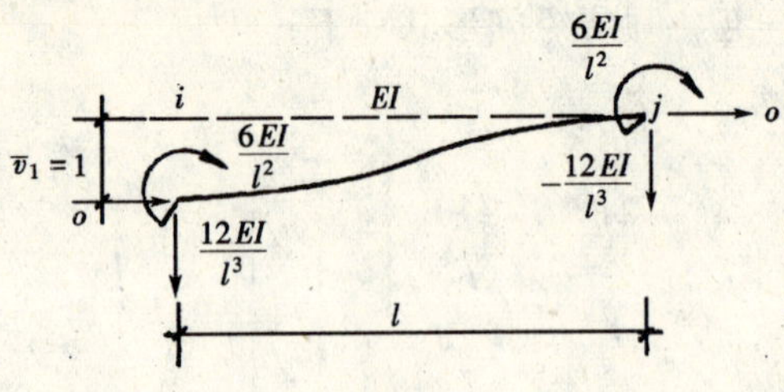

图 11-5 平面刚架杆件单元

量$\overline{\Delta}_{(j)}$等于 1（其他位移分量为零）时所引起的第（i）个杆端力分量$\overline{F}_{(i)}$的值。

$\overline{k}^e$ 中某一列的六个元素分别表示当某个杆端位移分量等于 1 时所引起的六个杆端力分量。例如，第 1 列对应于单位位移$\overline{u}_i=1$所引起的杆端力。再如，图 11-5 所示杆件单元的 i 端发生位移$\overline{v}_i=1$，而其他杆端位移均为零时所引起的各杆端力，将它们按顺序排列就得到$\overline{k}^e$ 的第二列元素。同理，矩阵$\overline{k}^e$ 中第 i 行的各元素，表示当各项杆端位移分别为 1 时所引起的第 i 项杆端力，例如第 2 行中的各元素表示各项杆端位移分别为 1 时所引起的单元 i 端的剪力$\overline{Y}_i$ 值，即

$$\overline{Y}_i=\frac{12EI}{l^3}+\frac{6EI}{l^3}-\frac{12EI}{l^3}+\frac{6EI}{l^3}=\frac{12EI}{l^3}$$

为了帮助理解，在式（11-9）中，在$\overline{k}^e$ 每一列的上方都标明了对应的单位位移分量。

2. $\overline{k}^e$ 是对称矩阵

单元刚度矩阵$\overline{k}^e$ 是一个对称矩阵，即位于主对角线两侧对称位置的两个元素是相等的，也就是

$$\overline{k}_{ij}^e=\overline{k}_{ji}^e \tag{11-10}$$

这一性质可根据反力互等定理加以证明。例如在式（11-9）中，第三行第五列的元素$\left(-\dfrac{6EI}{l^2}\right)\overline{k}_{35}^e$可看成是杆端位移$\overline{v}_j^e=1$所引起的在杆端位移$\overline{\theta}_i^e$ 方向的反力值，而第五行第三列的元素$\left(-\dfrac{6EI}{l^2}\right)\overline{k}_{53}^e$可看成是杆端位移$\overline{\theta}_i^e=1$所引起的在杆端位移$\overline{v}_j^e$ 方向的反力值。根据反力互等定理，必有$\overline{k}_{35}^e=\overline{k}_{53}^e$。$\overline{k}^e$ 中独立元素的数目，将由 6×6 个减少到 $6\times\dfrac{6+1}{2}=21$ 个。

因此，在确定单元刚度矩阵$\overline{k}^e$ 时，只需要先求出刚度矩阵上三角部分的元素，其下三角部分的元素可根据关系式（11-10）来确定。

3. $\overline{k}^e$ 的分块性质

单元刚度方程（11-7）可以写成分块矩阵形式如下：

$$\begin{Bmatrix}\overline{F}_i\\ \cdots\\ \overline{F}_j\end{Bmatrix}^{(e)}=\begin{bmatrix}\overline{k}_{ii} & \overline{k}_{ij}\\ \overline{k}_{ji} & \overline{k}_{jj}\end{bmatrix}^{(e)}\begin{Bmatrix}\overline{\Delta}_i\\ \cdots\\ \overline{\Delta}_j\end{Bmatrix}^{(e)} \tag{11-11}$$

式中：

$$\overline{F}_i=\begin{Bmatrix}\overline{X}_i\\ \overline{Y}_i\\ \overline{M}_i\end{Bmatrix},\ \overline{F}_j=\begin{Bmatrix}\overline{X}_j\\ \overline{Y}_j\\ \overline{M}_j\end{Bmatrix},\ \overline{\Delta}_i=\begin{Bmatrix}\overline{u}_i\\ \overline{v}_i\\ \overline{\theta}_i\end{Bmatrix},\ \overline{\Delta}_j=\begin{Bmatrix}\overline{u}_j\\ \overline{v}_j\\ \overline{\theta}_j\end{Bmatrix}$$

分别为单元 e 在“i”端和“j”端的杆端力向量和杆端位移向量。$\overline{k}_{ij}$是单元刚度矩阵$\overline{k}^e$ 中的子块，它是 3×3 阶方阵，表示杆端位移向量$\overline{\Delta}_j$ 与杆端力向量$\overline{F}_i$ 间的刚度关系。

用方块矩阵的形式表示单元刚度方程和单元刚度矩阵，可以使运算更为方便，使向量的层次关系更加分明。

4. 一般单元的$\overline{k}^e$ 是奇异矩阵

单元刚度矩阵$\overline{k}^e$ 是一个奇异矩阵。若将其第 1 行（或列）元素与第 4 行（列）元素相加，则所得的一行（列）元素全等于零；或将第 2 行（列）元素与第 5 行（列）元素相加也

得零。这表明矩阵$\overline{k}^e$ 相应的行列式等于零，即

$$|\overline{k}^e| = 0 \tag{11-12}$$

直接计算式（11-9）的矩阵行列式，也可验证上述结论。

由此可知，$\overline{k}^e$ 不存在逆矩阵。也就是说，如果给定位移$\overline{\Delta}^e$，根据单元刚度方程（11-7）可以由杆端位移$\overline{\Delta}^e$ 求得杆端力$\overline{F}^e$，且$\overline{F}^e$ 的解是惟一解；但当杆端力$\overline{F}^e$ 为已知时，由式（11-7）却不能求得杆端位移$\overline{\Delta}^e$ 的惟一解。$\overline{\Delta}^e$ 可能无解，如有解，则为非惟一解。这是由于在给定杆端力$\overline{F}^e$ 的情况下，图 11-4 中所示的就是一个自由单元，单元两端没有任何支承，因而除去杆件本身的弯曲和轴向变形外，还可以有任意刚体位移。所以，当杆端力已知时，对这个任意的刚体位移仍然无法加以确定。

三、特殊单元

式（11-7）是一般单元的刚度方程，其中六个杆端位移可指定为任意值。在结构中还有一些特殊单元，单元的某个或某些杆端位移的值已知为零，而不能任意指定。各种特殊单元的刚度方程无需另行推导，只需对一般单元的刚度方程（11-7）作一些特殊处理便可自动得到。

1. 连续梁杆件单元

计算连续梁时，我们通常忽略轴向变形。如取每跨梁作为单元（图 11-6），则只有两个杆端位移分量$\overline{\theta}_1$、$\overline{\theta}_2$ 可指定为任意值，而其余四个分量均已知为零：

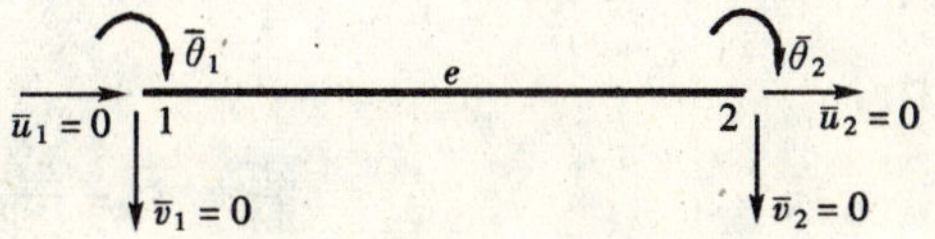

图 11-6　连续梁杆件单元

$$\overline{u}_1 = \overline{v}_1 = \overline{u}_2 = \overline{v}_2 = 0 \tag{a}$$

将式（a）代入式（11-7），即可得出连续梁单元的刚度方程如下：

$$\begin{Bmatrix} \overline{M}_1 \\ \overline{M}_2 \end{Bmatrix}^{(e)} = \begin{bmatrix} \dfrac{4EI}{l} & \dfrac{2EI}{l} \\ \dfrac{2EI}{l} & \dfrac{4EI}{l} \end{bmatrix}^{(e)} = \begin{Bmatrix} \overline{\theta}_1 \\ \overline{\theta}_2 \end{Bmatrix}^{(e)} \tag{11-13}$$

此时单元刚度矩阵为

$$\overline{k}^e = \begin{bmatrix} \dfrac{4EI}{l} & \dfrac{2EI}{l} \\ \dfrac{2EI}{l} & \dfrac{4EI}{l} \end{bmatrix}^{(e)} \tag{11-14}$$

实际上这个特殊单元刚度矩阵（11-14）可由式（11-9）的一般单元刚度矩阵删去第（1）、（2）、（4）、（5）行和列后自动得出。

2. 自由式平面桁架杆单元

如图 11-7 所示的桁架杆单元，在局部坐标系中的刚度方程为式（11-5），其矩阵形式可表示为

$$\begin{Bmatrix} \overline{X}_i \\ \overline{X}_j \end{Bmatrix}^{(e)} = \begin{bmatrix} \dfrac{EA}{l} & -\dfrac{EA}{l} \\ -\dfrac{EA}{l} & \dfrac{EA}{l} \end{bmatrix}^{(e)} \begin{Bmatrix} \overline{u}_i \\ \overline{u}_j \end{Bmatrix}^{(e)} \tag{11-15}$$

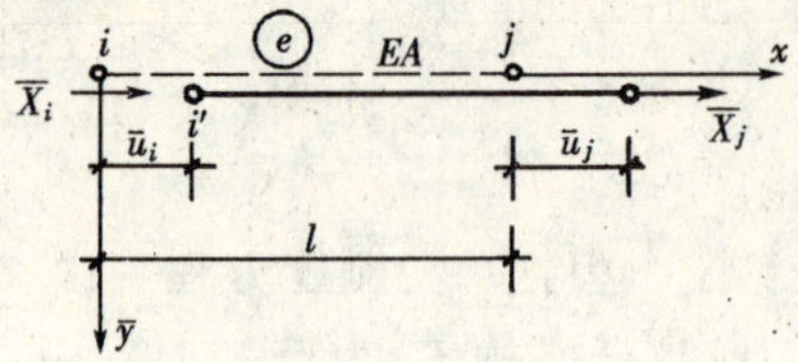

图 11-7　自由式平面桁架杆单元

上式也是平面刚架杆单元的刚度方程（11-7）的一个特殊情况，相当于杆件单元没有抗弯能力，即在惯矩 $I=0$ 的情况下，将式（11-7）中的第 2、3、5、6 行和列删去后得出的。

对于斜杆单元，其轴力和轴向位移在结构（整体）坐标系中，将有沿 x 轴和 y 轴的两个分量（图 11-2b），为了便于将单元坐标系的单元刚度方程转换为结构坐标系的单元刚度方程，使其具有通用性和规格化，可将式（11-15）扩大为四阶的形式：

$$\begin{Bmatrix} \overline{X}_i \\ \overline{Y}_i \\ \overline{X}_j \\ \overline{Y}_j \end{Bmatrix}^{(e)} = \begin{bmatrix} \frac{EA}{l} & 0 & -\frac{EA}{l} & 0 \\ 0 & 0 & 0 & 0 \\ -\frac{EA}{l} & 0 & \frac{EA}{l} & 0 \\ 0 & 0 & 0 & 0 \end{bmatrix}^{(e)} \begin{Bmatrix} \overline{u}_i \\ \overline{v}_i \\ \overline{u}_j \\ \overline{v}_j \end{Bmatrix}^{(e)} \tag{11-16}$$

或

$$\overline{F}^e = \overline{k}^e \, \overline{\Delta}^e \tag{11-17}$$

其中

$$\overline{k}^e = \frac{EA}{l}\begin{bmatrix} 1 & 0 & -1 & 0 \\ 0 & 0 & 0 & 0 \\ -1 & 0 & 1 & 0 \\ 0 & 0 & 0 & 0 \end{bmatrix}^{(e)} \tag{11-18}$$

上式为平面桁架杆件单元在局部坐标系中的刚度矩阵，它是 4×4 的四阶对称方阵。

在结构矩阵分析中，我们着眼于计算过程的程序化、标准化和自动化。因此，我们不去把各种非标准化的特殊单元刚度矩阵都罗列出来，以免头绪太多；而只采用一种标准化形式——一般单元的刚度矩阵（11-9），关于单元刚度矩阵的各种特殊形式将由计算机程序去自动形成。

顺便指出，某些特殊单元的刚度矩阵是可逆的。例如式（11-14）中的 $\overline{k}^e$，其逆矩阵存在。而平面桁架杆件单元的刚度矩阵式（11-18）是不可逆的，它也是奇异矩阵。

§ 11-3　整体坐标系的单元刚度矩阵

坐标系是一个数学工具，可根据需要而灵活选用。

在结构矩阵分析中单元分析采用的是单元坐标系，结构整体分析采用的是整体坐标系。结构中的各个单元方向各不相同，故单元坐标系的方向也各异。这样，为了要利用单元坐标系中的单元杆端力和杆端位移来建立整体坐标系中的整体刚度方程，就有必要建立单元杆端力和杆端位移在两种坐标系中的转换关系。

在上一节，我们选用局部坐标系，以杆件轴线作为 $\overline{x}$ 轴。在本节中，我们从整体分析的角度来考虑。因此，为了便于进行整体分析，我们选用一个统一的公共坐标系，称为整体（结构）坐标系。为了区别，用 $\overline{x}$、$\overline{y}$ 表示局部坐标，用 x、y 表示整体坐标。

我们采用坐标变换的方法，来推导整体（结构）坐标系中的单元刚度方程及单元刚度矩阵，首先讨论两种坐标系中单元杆端力（杆端位移）的转换关系，得出单元坐标转换矩阵；然后再讨论两种坐标系中的单元刚度方程及单元刚度矩阵的转换式。

一、单元杆端力及杆端位移的坐标转换

首先分析单元杆端力在不同坐标系中的关系。图 11-8a 所示为一杆件单元 e，其局部坐标系为 $O\bar{x}\bar{y}$，整体坐标系为 Oxy，由 x 轴到 $\bar{x}$ 轴的夹角 α 以顺时针转向为正。局部坐标系中的杆端力分量用 $\overline{F}^e$ 表示，整体坐标系中的杆端力分量用 F^e 表示（图 11-8b），即

$$\overline{F}^e=\begin{Bmatrix}\overline{F}_i^e\\ \cdots\\ \overline{F}_j^e\end{Bmatrix}=\begin{Bmatrix}\overline{X}_i^e\\ \overline{Y}_i^e\\ \overline{M}_i^e\\ \cdots\\ \overline{X}_j^e\\ \overline{Y}_j^e\\ \overline{M}_j^e\end{Bmatrix},\quad F^e=\begin{Bmatrix}F_i^e\\ \cdots\\ F_j^e\end{Bmatrix}=\begin{Bmatrix}X_i^e\\ Y_i^e\\ M_i^e\\ \cdots\\ X_j^e\\ Y_j^e\\ M_j^e\end{Bmatrix}$$

$\overline{F}^e$ 又称为局部坐标系中的单元杆端力列阵；F^e 又称为整体坐标系中的单元杆端力列阵。

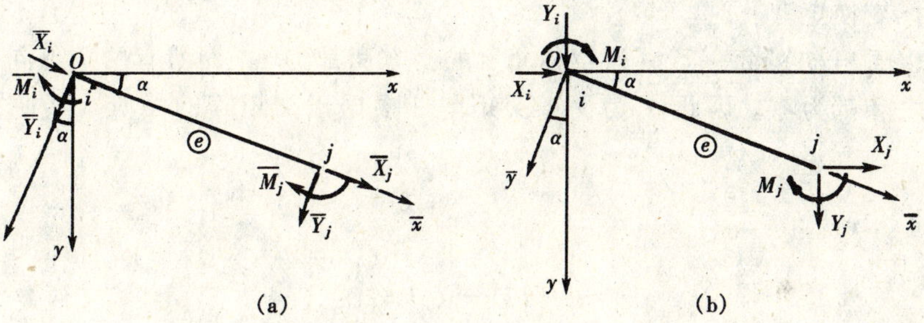

图 11-8　单元杆端力

(a) 局部坐标系中的单元杆端力；(b) 整体坐标系中的单元杆端力

为了导出整体坐标系中的杆端力分量 X_i^e、Y_i^e、M_i^e 和局部坐标系中的杆端力分量 $\overline{X}_i^e$、$\overline{Y}_i^e$、$\overline{M}_i^e$ 之间的关系，将 X_i^e、Y_i^e 分别向 $\bar{x}$、$\bar{y}$ 轴上投影，可得

$$\left.\begin{aligned}\overline{X}_i^e&=X_i^e\cos\alpha+Y_i^e\sin\alpha\\ \overline{Y}_i^e&=-X_i^e\sin\alpha+Y_i^e\cos\alpha\end{aligned}\right\}\tag{a}$$

在两个坐标系中，弯矩都作用在同一平面上，是垂直于坐标平面的矢量，故不受平面内坐标变换的影响，即

$$\overline{M}_i^e=M_i^e\tag{b}$$

同理，对于 e 单元 j 端的杆端力可得

$$\left.\begin{aligned}\overline{X}_j^e&=X_j^e\cos\alpha+Y_j^e\sin\alpha\\ \overline{Y}_j^e&=-X_j^e\sin\alpha+Y_j^e\cos\alpha\\ \overline{M}_j^e&=M_j^e\end{aligned}\right\}\tag{c}$$

将式 (a)、(b)、(c) 合起来，并用矩阵形式表示，可得

$$\begin{Bmatrix} \overline{X}_i \\ \overline{Y}_i \\ \overline{M}_i \\ \overline{X}_j \\ \overline{Y}_j \\ \overline{M}_j \end{Bmatrix}^{(e)} = \begin{bmatrix} \cos\alpha & \sin\alpha & 0 & 0 & 0 & 0 \\ -\sin\alpha & \cos\alpha & 0 & 0 & 0 & 0 \\ 0 & 0 & 1 & 0 & 0 & 0 \\ 0 & 0 & 0 & \cos\alpha & \sin\alpha & 0 \\ 0 & 0 & 0 & -\sin\alpha & \cos\alpha & 0 \\ 0 & 0 & 0 & 0 & 0 & 1 \end{bmatrix} \begin{Bmatrix} X_i \\ Y_i \\ M_i \\ X_j \\ Y_j \\ M_j \end{Bmatrix}^{(e)} \tag{11-19}$$

此式即为两种坐标系中单元杆端力的变换式，也可简写为

$$\overline{F}^e = TF^e \tag{11-20}$$

其中

$$T = \begin{bmatrix} \cos\alpha & \sin\alpha & 0 & 0 & 0 & 0 \\ -\sin\alpha & \cos\alpha & 0 & 0 & 0 & 0 \\ 0 & 0 & 1 & 0 & 0 & 0 \\ 0 & 0 & 0 & \cos\alpha & \sin\alpha & 0 \\ 0 & 0 & 0 & -\sin\alpha & \cos\alpha & 0 \\ 0 & 0 & 0 & 0 & 0 & 1 \end{bmatrix} \tag{11-21}$$

称为单元坐标变换矩阵。

我们可以看出 T 的每一行（列）各元素的平方和都为 1，而所有两个不同行（列）的对应元素乘积之和都为零。因此 T 为一正交矩阵，根据正交矩阵的性质，其逆矩阵等于其转换矩阵，即

$$T^{-1} = T^T \tag{11-22}$$

或

$$TT^T = T^TT = I$$

式中 I 为与 T 同阶的单位矩阵。

式（11-20）的逆转换式为

$$F^e = T^T\overline{F}^e \tag{11-23}$$

很显然，两种坐标系下的杆端位移之间也有同样的变换关系。因此有

$$\overline{\Delta}^e = T\Delta^e \tag{11-24}$$

$$\Delta^e = T^T\overline{\Delta}^e \tag{11-25}$$

二、整体坐标系中的单元刚度方程和单元刚度矩阵

将式（11-20）及（11-24）代入式（11-8）得

$$TF^e = \overline{k}^eT\Delta^e$$

将上式两边前乘 T^{-1}，并运用式（11-22）所示关系可得

$$F^e = T^T\overline{k}^eT\Delta^e$$

或

$$F^e = k^e\Delta^e \tag{11-26}$$

式（11-26）即整体坐标系下的单元刚度方程，其中整体坐标系下的单元刚度矩阵为

$$k^e = T^T\overline{k}^eT \tag{11-27}$$

式（11-27）就是两种坐标系下单元刚度矩阵之间的转换关系。只要求出单元坐标转换矩阵 T，就可以由 $\overline{k}^e$ 计算 k^e。把式（11-21）及式（11-9）代入式（11-27），可得出一般单元在整体坐标系下的单元刚度矩阵为

$$k^e = \left[\begin{array}{c:c} k_{ii} & k_{ij} \\ \hdashline k_{ji} & k_{jj} \end{array}\right]^{(e)} = \left[\begin{array}{ccc:ccc} +S_1 & +S_2 & -S_3 & -S_1 & -S_2 & -S_3 \\ & +S_4 & +S_5 & -S_2 & -S_4 & +S_5 \\ & & 2S_6 & +S_3 & -S_5 & +S_6 \\ \hdashline & & & +S_1 & +S_2 & +S_3 \\ & \text{对称} & & & +S_4 & -S_5 \\ & & & & & 2S_6 \end{array}\right]^{(e)} \tag{11-28}$$

式中

$$\left.\begin{aligned} S_1 &= \frac{EA}{l}\cos^2\alpha + \frac{12EI}{l^3}\sin^2\alpha \\ S_2 &= \left(\frac{EA}{l} - \frac{12EI}{l^3}\right)\cos\alpha\sin\alpha \\ S_3 &= \frac{6EI}{l^2}\sin\alpha \\ S_4 &= \frac{EA}{l}\sin^2\alpha + \frac{12EI}{l^3}\cos^2\alpha \\ S_5 &= \frac{6EI}{l^2}\cos\alpha \\ S_6 &= \frac{2EI}{l} \end{aligned}\right\} \tag{11-29}$$

对于平面桁架杆件，两端只承受轴力，如图 11-9 所示。在两种坐标系中杆端力之间和相应的杆端位移之间的关系仍分别如式（11-20）和式（11-24）所示，即

$$\left.\begin{aligned} \overline{F}^e &= TF^e \\ \overline{\Delta}^e &= T\Delta^e \end{aligned}\right\}$$

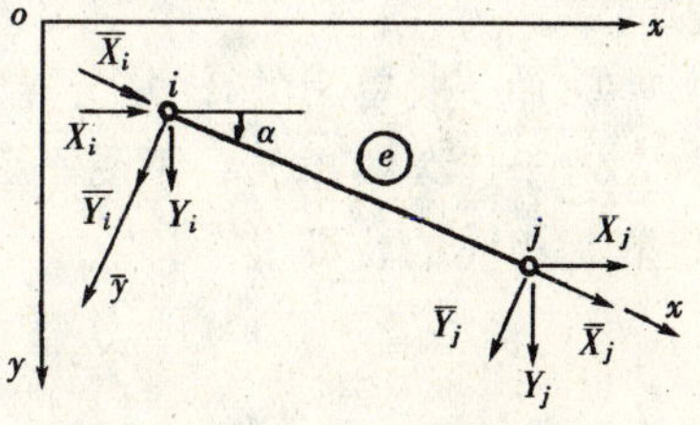

图 11-9　平面桁架杆件单元两种坐标系中的杆端力

而其中

$$\overline{F}^e = \left\{\begin{array}{c} \overline{X}_i \\ \overline{Y}_i \\ \hdashline \overline{X}_j \\ \overline{Y}_j \end{array}\right\}^{(e)},\quad F^e = \left\{\begin{array}{c} X_i \\ Y_i \\ \hdashline X_j \\ Y_j \end{array}\right\}^{(e)},\quad \overline{\Delta}^e = \left\{\begin{array}{c} \overline{u}_i \\ \overline{v}_i \\ \hdashline \overline{u}_j \\ \overline{v}_j \end{array}\right\}^{(e)},\quad \Delta^e = \left\{\begin{array}{c} u_i \\ v_i \\ \hdashline u_j \\ v_j \end{array}\right\}^{(e)}$$

显然，$\overline{Y}_i = \overline{Y}_j = 0$。则由式（11-21）删去第 3、6 行和列得坐标变换矩阵

$$T = \left[\begin{array}{cc:cc} \cos\alpha & \sin\alpha & \multicolumn{2}{c}{0} \\ -\sin\alpha & \cos\alpha & & \\ \hdashline \multicolumn{2}{c:}{0} & \cos\alpha & \sin\alpha \\ & & -\sin\alpha & \cos\alpha \end{array}\right] \tag{11-30}$$

此种情况下整体坐标系的单元刚度方程和单元刚度矩阵也仍分别如式（11-26）和式（11-27）所示，即

$$F^e = k^e\Delta^e$$

$$k^e = T^T \bar{k}^e T \tag{11-31}$$

将式（11-30）和式（11-18）代入式（11-31），经过矩阵运算后并整理得

$$k^e = \begin{bmatrix} k_{ii} & k_{ij} \\ k_{ji} & k_{jj} \end{bmatrix}^{(e)} = \begin{bmatrix} U_1 & U_2 & -U_1 & -U_2 \\ & U_3 & -U_2 & -U_3 \\ & & U_1 & U_2 \\ \text{对称} & & & U_3 \end{bmatrix}^{(e)} \tag{11-32}$$

式中

$$\left.\begin{aligned} U_1 &= \frac{EA}{l}\cos^2\alpha \\ U_2 &= \frac{EA}{l}\cos\alpha\sin\alpha \\ U_3 &= \frac{EA}{l}\sin^2\alpha \end{aligned}\right\} \tag{11-33}$$

整体坐标系中的单元刚度矩阵 k^e 与局部坐标系中的单元刚度矩阵$\bar{k}^e$ 是同阶的，具有类似的性质：

（1）在整体坐标系中第（i）行第（j）列元素 k_{ij}^e代表当第（j）个杆端位移分量 Δ_j^e 等于1（其他位移分量为零）时所引起的第（i）个杆端力分量 F_i^e 的值。

（2）k^e 是对称矩阵

k^e 中处于对称位置上的元素有如下关系：

$$k_{ij}^e = k_{ji}^e$$

（3）k^e 的分块性质

在整体坐标系中，用方块矩阵的形式表示单元刚度方程和单元刚度矩阵，可以使运算更为简捷。

（4）一般单元的 k^e 是奇异矩阵。

对于连续梁单元，不受平面内坐标变换的影响，其局部坐标系和整体坐标系的单元刚度矩阵是相同的，即

$$\bar{k}^e = k^e = \begin{bmatrix} \frac{4EI}{l} & \frac{2EI}{l} \\ \frac{2EI}{l} & \frac{4EI}{l} \end{bmatrix}^{(e)}$$

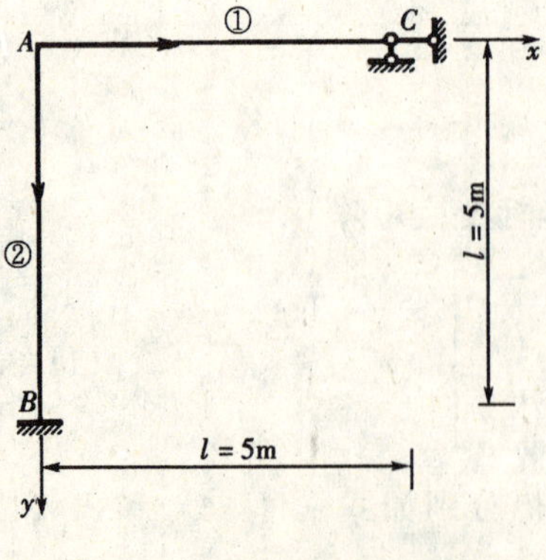

图 11-10 计算单元的刚度矩阵

例 11-1 试求图 11-10 所示刚架中各单元在局部坐标系中的刚度矩阵$\bar{k}^e$ 和在整体坐标系中的刚度矩阵 k^e。设各杆的杆长和截面尺寸相同。

$l = 5\text{m}$，$bh = 0.5\text{m} \times 1\text{m}$（截面尺寸）

$A = 0.5\text{m}$，$I = \frac{1}{24}\text{m}^4$

$E = 3 \times 10^4\text{MPa}$

$\frac{EA}{l} = 300 \times 10^4\text{kN/m}$，$\frac{EI}{l} = 25 \times 10^4\text{kN}\cdot\text{m}$

解 （1）局部坐标系中的单元刚度矩阵$\bar{k}^e$

图中用箭头标明各杆局部坐标系的正方向。由于单元

①、②的尺寸相同，故$\overline{k}^{(1)}$与$\overline{k}^{(2)}$相等。由式（11-9）得

$$\overline{k}^{(1)}=\overline{k}^{(2)}=\begin{bmatrix} 300\text{kN/m} & 0 & 0 & -300\text{kN/m} & 0 & 0 \\ & 12\text{kN/m} & 30\text{kN} & 0 & -12\text{kN/m} & 30\text{kN} \\ & & 100\text{kN}\cdot\text{m} & 0 & -30\text{kN} & 50\text{kN}\cdot\text{m} \\ & & & 300\text{kN/m} & 0 & 0 \\ & \text{对称} & & & 12\text{kN/m} & -30\text{kN} \\ & & & & & 100\text{kN}\cdot\text{m} \end{bmatrix}\times 10^4$$

（2）整体坐标系中的单元刚度矩阵 k^e

单元①：$\alpha=0°$，所以有 $T=I$，故得

$$k^{(1)}=\overline{k}^{(1)}$$

单元②：$\alpha=90°$，由式（11-29）得

$$S_1=\frac{EA}{l}\cos^2\alpha+\frac{12EI}{l^3}\sin^2\alpha=12\times 10^4\text{kN/m}$$

$$S_2=\left(\frac{EA}{l}-\frac{12EI}{l^3}\right)\cos\alpha\sin\alpha=0$$

$$S_3=\frac{6EI}{l^2}\sin\alpha=30\times 10^4\text{kN}$$

$$S_4=\frac{EA}{l}\sin^2\alpha+\frac{12EI}{l^3}\cos^2\alpha=300\times 10^4\text{kN/m}$$

$$S_5=\frac{6EI}{l^2}\cos\alpha=0$$

$$S_6=\frac{2EI}{l}=50\times 10^4\text{kN}\cdot\text{m}$$

将以上各值代入到式（11-28），即得单元②在整体坐标系中的单元刚度矩阵为

$$k^{(2)}=\begin{bmatrix} 12\text{kN/m} & 0 & -30\text{kN} & -12\text{kN/m} & 0 & -30\text{kN} \\ & 300\text{kN/m} & 0 & 0 & -300\text{kN/m} & 0 \\ & & 100\text{kN}\cdot\text{m} & 30\text{kN} & 0 & 50\text{kN}\cdot\text{m} \\ & & & 12\text{kN/m} & 0 & 30\text{kN} \\ & \text{对称} & & & 300\text{kN/m} & 0 \\ & & & & & 100\text{kN}\cdot\text{m} \end{bmatrix}\times 10^4$$

§11-4　连续梁的整体刚度矩阵

前两节进行了单元分析，建立了单元刚度方程，推导了单元刚度矩阵。从本节起转到对结构进行整体分析，以连续梁为例，说明整体刚度方程的建立，导出整体刚度矩阵。

整体刚度方程是按位移法建立的。具体作法有两种：一种是传统位移法，另一种是本章介绍的单元集成法（也称为刚度集成法或直接刚度法）。单元集成法的优点是便于实现计算过程的程序化。

一、传统位移法形成整体刚度方程

为了将两种作法加以比较，我们先回顾一下传统作法。

在传统位移法中，为了建立位移法基本方程，我们分别考虑位移法基本体系的两种状态：

(1) 设结点位移 Δ 单独作用（荷载设为零）——此时在基本结构中各结点的附加约束上所产生的约束力为 $F=K\Delta$。

(2) 设荷载单独作用（结点位移 Δ 设为零）——此时在基本结构中各结点的附加约束上所产生的约束力，记为 F_p。

将以上两种情况叠加，根据附加约束中的力为零，可建立位移法基本方程为

$$F+F_p=0$$

$$K\Delta+F_p=0 \tag{11-34}$$

传统位移法的一般步骤是：(1) 将结构离散为单元与结点；(2) 进行单元分析，根据等截面直杆的转角位移方程，建立各单元杆端力与杆端位移的关系，即单元刚度方程；(3) 进行整体分析，根据单元两端的杆端位移与结点处的结点位移的连续条件和结点处力的平衡条件建立位移法典型方程；(4) 求解位移法典型方程，得结点位移。

根据以上步骤，首先讨论第一钟情况。

对于图 11-11a 所示的连续梁，位移法的基本未知量为结点转角 Δ_1、Δ_2、Δ_3，各结点的附加约束（未画出）上所产生的约束力为 P_1、P_2、P_3，基本体系如图 11-11b 所示。

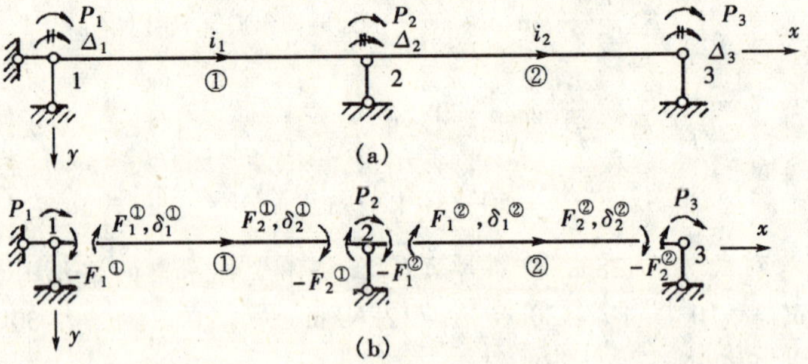

图 11-11 连续梁

(a) 连续梁及结点位移；(b) 位移法基本结构

为分析方便，所有杆端力、杆端位移等符号均采用本章记号。并对杆件的始、末端分别称为单元的 1、2 端。需要注意，本章的一切物理量都是在某一坐标系下讨论的，在同一坐标系下，作用力和反作用力差一负号。按右手坐标系规定，在图 11-11b 中，杆件给予结点的反作用力偶，我们用杆端弯矩冠以负号表示。

应用等截面直杆的转角位移方程于杆件单元①、②，可写出以下杆端力与杆端位移的关系式：

$$\left.\begin{aligned} F_1^{(1)} &= 4i_1\delta_1^{(1)}+2i_1\delta_2^{(1)} \\ F_2^{(1)} &= 2i_1\delta_1^{(1)}+4i_1\delta_2^{(1)} \end{aligned}\right\} \tag{a}$$

$$\left.\begin{aligned} F_1^{(2)} &= 4i_2\delta_1^{(2)}+2i_2\delta_2^{(2)} \\ F_2^{(2)} &= 2i_2\delta_1^{(2)}+4i_2\delta_2^{(2)} \end{aligned}\right\} \tag{b}$$

式中 F 及 δ 分别表示单元两端的杆端力和杆端位移。F 或 δ 的上角标圆圈中的数字表示力或位移所属的单元号，它们的下角标数字则表示属于单元的哪一端。

由结点 1、2、3 处位移连续条件，分别得以下三式：

$$\left.\begin{aligned}\delta_1^{(1)} &= \Delta_1 \\ \delta_2^{(1)} &= \delta_1^{(2)} = \Delta_2 \\ \delta_2^{(2)} &= \Delta_3\end{aligned}\right\} \tag{c}$$

把式（c）代入式（a）、（b）分别得

$$\left.\begin{aligned}F_1^{(1)} &= 4i_1\Delta_1 + 2i_1\Delta_2 \\ F_2^{(1)} &= 2i_1\Delta_1 + 4i_1\Delta_2\end{aligned}\right\} \tag{d}$$

$$\left.\begin{aligned}F_1^{(2)} &= 4i_2\Delta_2 + 2i_2\Delta_3 \\ F_2^{(2)} &= 2i_2\Delta_2 + 4i_2\Delta_3\end{aligned}\right\} \tag{e}$$

再由结点 1、2、3 处的平衡条件，有

$$\left.\begin{aligned}\Sigma M_1 &= P_1 - F_1^{(1)} = 0 \\ \Sigma M_2 &= P_2 - F_2^{(1)} - F_1^{(2)} = 0 \\ \Sigma M_3 &= P_3 - F_2^{(2)} = 0\end{aligned}\right\} \tag{f}$$

将式（d）、（e）代入式（f），化简可得

$$\left.\begin{aligned}&4i_1\Delta_1 + 2i_1\Delta_2 = P_1 \\ &2i_1\Delta_1 + (4i_1 + 4i_2)\Delta_2 + 2i_2\Delta_3 = P_2 \\ &2i_2\Delta_2 + 4i_2\Delta_3 = P_3\end{aligned}\right\} \tag{g}$$

这就是传统作法的结构刚度方程。图 11-12a、b、c 所示为每个结点单独发生角位移 Δ_1、Δ_2、Δ_3 时引起的各结点附加约束上的力偶。式（g）中第一式等号的左边，实际为图 11-12a、b 两种情况中，结点 1 附加约束上的力偶的叠加；式（g）中第二式等号的左边，实际为图 11-12a、b、c 三种情况中，结点 2 附加约束上的力偶的叠加；式（g）中第三式等号的左边，实际为图 11-12b、c 两种情况中，结点 3 附加约束上的力偶的叠加。

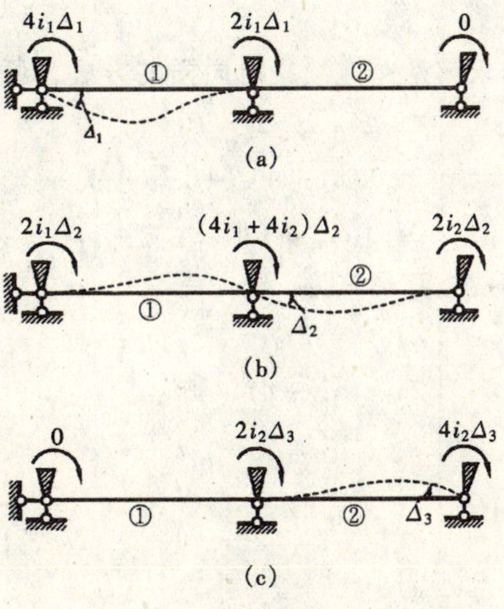

图 11-12　连续梁结点发生位移

（a）发生位移 Δ_1；（b）发生位移 Δ_2；（c）发生位移 Δ_3

我们现在引用矩阵形式，设以 e 表示单元序号，取 $e=1, 2$，则上面的式（a），（b）可统一写为下列单元刚度方程

$$F^e = k^e\delta^e$$

其中

$$k^e = \begin{bmatrix} 4i_e & 2i_e \\ 2i_e & 4i_e \end{bmatrix}$$

即为连续梁单元刚度矩阵。

方程（g）写成矩阵形式为

$$K\Delta = P \tag{11-35}$$

其中

$$K=\begin{bmatrix}4i_1 & 2i_1 & \\ 2i_1 & 4i_1+4i_2 & 2i_2 \\ & 2i_2 & 4i_2\end{bmatrix}$$

式（11-35）称为整体刚度方程，K 称为整体刚度矩阵。而

$$\Delta=\begin{Bmatrix}\Delta_1\\ \Delta_2\\ \Delta_3\end{Bmatrix},\quad P=\begin{Bmatrix}P_1\\ P_2\\ P_3\end{Bmatrix} \tag{11-36}$$

分别称为结点位移向量和结点力向量。

图 11-13 所示一具有 n 个支座的多跨连续梁，以支点为结点，结点及单元编号自 1 开始，从左到右递增，共有 n 个结点，$n-1$ 个单元。各单元的线刚度分别为 i_1、i_2、… i_{n-1}。结点发生角位移 Δ_1、Δ_2、…、Δ_n 时引起的各结点附加约束上的力偶为 P_1、P_2、…、P_n。

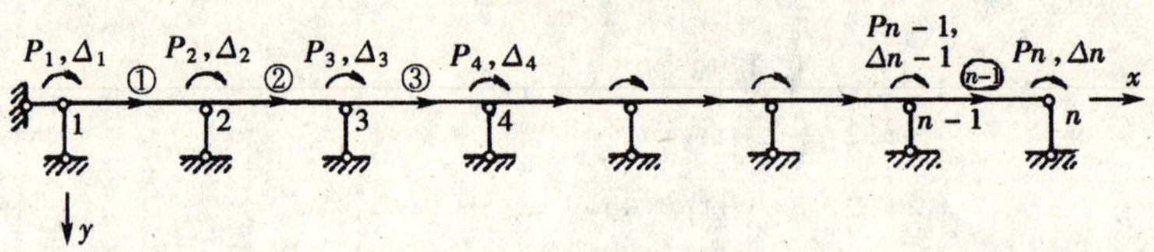

图 11-13 多跨连续梁

与求解两跨连续梁时同样的方法，可得出结构刚度方程，即

$$\left.\begin{aligned}&4i_1\Delta_1+2i_1\Delta_2=P_1\\ &2i_{e-1}\Delta_{e-1}+(4i_{e-1}+4i_e)\Delta_e+3i_e\Delta_{e+1}=P_e\\ &2i_{n-1}\Delta_{n-1}+4i_{n-1}\Delta_n=p_n\end{aligned}\right\}(e=2,3,\cdots,n-1) \tag{11-37}$$

写成矩阵形式为

$$\begin{bmatrix}4i_1 & 2i_1 & & & \\ 2i_1 & 4i_1+4i_2 & 2i_2 & & \\ & \ddots & \ddots & \ddots & \\ & & 2i_{n-2} & 4i_{n-2}+4i_{n-1} & 2i_{n-1}\\ & & & 2i_{n-1} & 4i_{n-1}\end{bmatrix}\begin{Bmatrix}\Delta_1\\ \Delta_2\\ \vdots\\ \Delta_{n-1}\\ \Delta_n\end{Bmatrix}=\begin{Bmatrix}P_1\\ P_2\\ \vdots\\ P_{n-1}\\ P_n\end{Bmatrix} \tag{11-38}$$

上式可简写为

$$K\Delta=P$$

K 为三对角矩阵，元素为

$$\left.\begin{aligned}&K_{11}=4i_1;\ K_{nn}=4i_{n-1}\\ &K_{jj}=4(i_{j-1}+i_j) \qquad (j=2,3,\cdots,n-1)\\ &K_{j,j-1}=K_{j-1,j}=2i_{j-1} \qquad (j=2,3,\cdots,n)\\ &\text{其余元素为零}\end{aligned}\right\} \tag{11-39}$$

二、单元集成法形成整体刚度方程

对于图 11-14a 所示的连续梁，位移法基本体系如图 11-14b 所示。在基本体系中，当结点发生转角 Δ_1、Δ_2、Δ_3，在附加约束中产生与 Δ_1、Δ_2、Δ_3 对应的力偶 F_1、F_2、F_3。

按传统位移法求结构的结点力偶 F 时，我们分别考虑每个结点位移对 F 的单独贡献（采用图 11-12 中的力学模型），然后进行叠加。

按单元集成法求 F 时，我们分别考虑每个单元对 F 的单独贡献，然后进行叠加——其特点就是“由单元直接集成”。

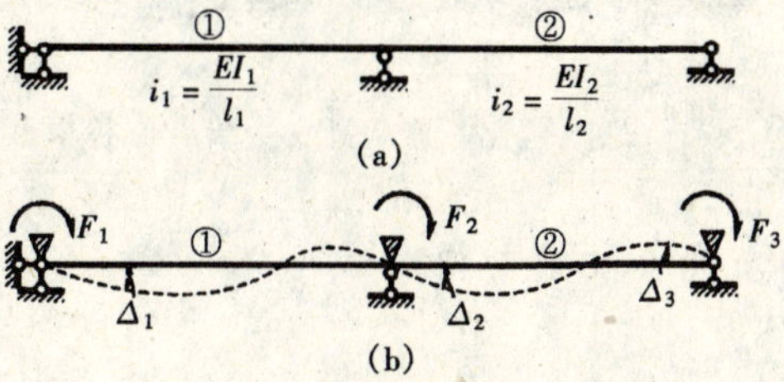

图 11-14　连续梁

(a) 两跨连续梁；(b) 位移法基本体系

首先，考虑单元①的贡献。

既然只考虑单元①的单独贡献，因此必须设法略去其他单元的贡献。为此采用图 11-15 所示的力学模型，其中令单元②的刚度为零（即令 $i_2=0$）。此时，单元②虽有变形，但不产生结点力，因此，整个结构的结点力是由单元①单独产生的，记为

$$F^{(1)}=(F_1^{(1)}\quad F_2^{(1)}\quad F_3^{(1)})^T$$

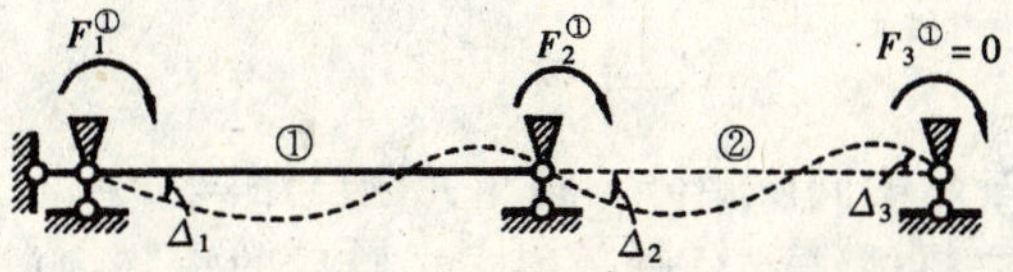

图 11-15　连续梁发生结点位移模型

下面来求图 11-15 所示结构的结点力 $F^{(1)}$。单元①中，由

$$k^{(1)}=\begin{bmatrix}4i_1 & 2i_1\\2i_1 & 4i_1\end{bmatrix}$$

故得单元①杆端力为

$$\begin{Bmatrix}F_1^{(1)}\\F_2^{(1)}\end{Bmatrix}\begin{bmatrix}4i_1 & 2i_1\\2i_1 & 4i_1\end{bmatrix}\begin{Bmatrix}\Delta_1\\\Delta_2\end{Bmatrix}\tag{h}$$

在单元②中，由于 $i_2=0$，因此

$$F_3^{(1)}=0\tag{i}$$

式（h）和（i）可合并写成

$$\begin{Bmatrix}F_1^{(1)}\\F_2^{(1)}\\F_3^{(1)}\end{Bmatrix}=\begin{bmatrix}4i_1 & 2i_1 & 0\\2i_1 & 4i_1 & 0\\0 & 0 & 0\end{bmatrix}\begin{Bmatrix}\Delta_1\\\Delta_2\\\Delta_3\end{Bmatrix}$$

可简写为

$$F^{(1)}=K^{(1)}\Delta\tag{j}$$

其中

$$K^{(1)}=\begin{bmatrix}4i_1 & 2i_1 & 0\\2i_1 & 4i_1 & 0\\0 & 0 & 0\end{bmatrix}\tag{11-40}$$

$K^{(1)}$表示单元①对整体刚度矩阵提供的贡献，称为单元①的贡献矩阵。

其次，考虑单元②的贡献。

此时，令 $i_1=0$，力学模型如图 11-16 所示。其中结点力 $K_1^{(2)}=0$，而 $F_2^{(2)}$ 和 $F_3^{(2)}$ 则由单元②的单元刚度矩阵 $k^{(2)}$ 算出。

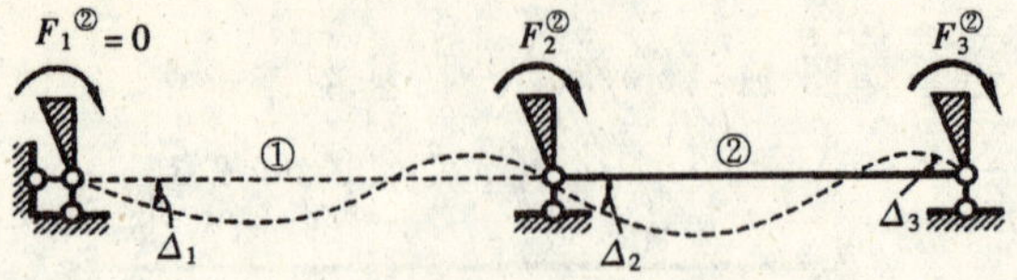

图 11-16　连续梁发生结点位移模型

在单元②中，单元刚度矩阵为

$$k^{(2)}=\begin{bmatrix}4i_2 & 2i_2\\ 2i_2 & 4i_2\end{bmatrix}$$

故得单元②杆端力为

$$\begin{Bmatrix}F_2^{(2)}\\ F_3^{(2)}\end{Bmatrix}=\begin{bmatrix}4i_2 & 2i_2\\ 2i_2 & 4i_2\end{bmatrix}\begin{Bmatrix}\Delta_2\\ \Delta_3\end{Bmatrix}$$

与 $F_1^{(2)}=0$ 合并得

$$\begin{Bmatrix}F_1^{(2)}\\ F_2^{(2)}\\ F_3^{(2)}\end{Bmatrix}=\begin{bmatrix}0 & 0 & 0\\ 0 & 4i_2 & 2i_2\\ 0 & 2i_2 & 4i_2\end{bmatrix}\begin{Bmatrix}\Delta_1\\ \Delta_2\\ \Delta_3\end{Bmatrix}$$

简写为

$$F^{(2)}=K^{(2)}\Delta \tag{k}$$

$$K^{(2)}=\begin{bmatrix}0 & 0 & 0\\ 0 & 4i_2 & 2i_2\\ 0 & 2i_2 & 4i_2\end{bmatrix} \tag{11-41}$$

$K^{(2)}$称为单元②的贡献矩阵。

可以看出，单元的贡献矩阵 K^e 是整体刚度矩阵 K 的同阶矩阵。将单元刚度矩阵 k^e 扩大为与整体刚度矩阵 K 同阶的矩阵，再将 k^e 的元素按整体结点号码顺序在扩阶后的矩阵内放置，空白处补零，就得到单元的贡献矩阵。

最后，将式（j）和式（k）叠加，即得出结构的结点力 F：

$$F=F^{(1)}+F^{(2)}=(K^{(1)}+K^{(2)})\ \Delta$$

由此得出整体刚度矩阵 K 为

$$K=K^{(1)}+K^{(2)}=\sum_{(e)}K^{(e)} \tag{11-42}$$

上式表明，整体刚度矩阵为各单元贡献矩阵之和。

在传统位移法中，从结点平衡方程出发来推倒结构刚度矩阵，显然是相当麻烦的。事实上，结构刚度矩阵的元素是由单元刚度矩阵的元素组成的，只要确定了单元刚度矩阵各元素在单元贡献矩阵中的位置，就可以由单元贡献矩阵按式（11-42）直接集成结构刚度矩阵。将式（11-40）中的 $K^{(1)}$和式（11-41）中的 $K^{(2)}$代入式（11-42）后，所得到的 K 与式（11-35）中的 K 相同。因此，单元集成法与传统位移法更简捷。

从以上讨论中看出，单元集成法求整体刚度矩阵的步骤可表示为

$$k^e \xrightarrow{\text{I}} K^{(e)} \xrightarrow{\text{II}} K \tag{11-43}$$

这里，由单元刚度矩阵 k^e 形成整体刚度矩阵 K 的单元集成法分解为两步：

第Ⅰ步——由单元刚度矩阵 k^e 扩阶形成与整体刚度矩阵 K 同阶的单元贡献矩阵 $K^{(e)}$。

第Ⅱ步——由单元贡献矩阵 $K^{(e)}$集成整体刚度矩阵 K。

第Ⅱ步按式（11-43）进行，比较简单。因此，我们将对第Ⅰ步作进一步的讨论。

三、按单元定位向量由单元刚度矩阵 k^e 形成单元贡献矩阵 $K^{(e)}$

在结构分析中，结点位移（或结点力）有两种编码：总码和局部码。

在整体分析中，结点位移在结构中统一进行编码，称为总码。在图 11-17a 中，连续梁的结点位移统一编码为 1、2、3。

在单元分析中，每个单元的两端的结点位移各自编码为（1）和（2），称为局部码（图 11-17b）。为区别于总码，局部码加括号。

图 11-17 所示的连续梁单元①和②，其两端结点位移分量的两种编码之间有如下的对应关系。

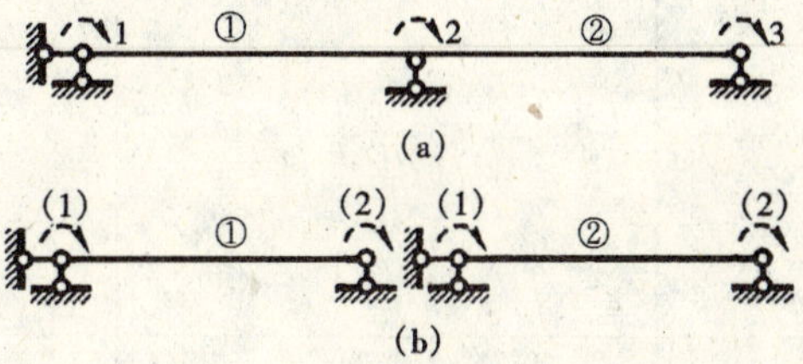

图 11-17　总码和局部码

(a)结点位移总码；(b)单元的两端结点位移局部码

单　元	对应关系 局部码—总码	单元定位向量 $\lambda^{(e)}$
①	(1) —1 (2) —2	$\lambda^{(1)}=\begin{Bmatrix}1\\2\end{Bmatrix}$
②	(1) —2 (2) —3	$\lambda^{(2)}=\begin{Bmatrix}2\\3\end{Bmatrix}$

由单元两端连接结点的位移分量的总码组成的向量称为“单元定位向量”，记为 $\lambda^{(e)}$。单元①和②的定位向量也在上表中给出。单元两端结点位移分量的两种编码的对应关系即由单元定位向量来表示。因此，单元定位向量又称为“单元换码向量”。

从后面几节的讨论中将会看到，利用单元定位向量，可以确定单元刚度矩阵各元素在整体刚度矩阵中的位置，可以确定单元杆端位移分量在结构的结点位移向量中的位置，还可以确定单元的等效结点荷载分量在结构的结点荷载向量中的位置。

根据单元定位向量 $\lambda^{(e)}$，由单元刚度矩阵 k^e 扩阶形成与整体刚度矩阵 K 同阶的单元贡献矩阵 $K^{(e)}$，要注意单元刚度矩阵 k^e 和单元贡献矩阵 $K^{(e)}$ 中元素的排列方式：

（1）在 k^e 中——元素按局部码排列，或者说，元素按局部码“对号入座”。

（2）在 $K^{(e)}$ 中——元素按总码排列，或者说，元素按总码“对号入座”。

由单元刚度矩阵 k^e 形成单元贡献矩阵 $K^{(e)}$，可概括为“换码重排座”，具体作法如下：

	在单元刚度矩阵 k^e 中	在单元贡献矩阵 $K^{(e)}$ 中	
换　码	元素的原行码 (i) 原列码 (j)	换成新行码 λ_i 新列码 λ_j	$(i)\rightarrow\lambda_i$ $(j)\rightarrow\lambda_j$
重排座	原排在 (i) 行 (j) 列的元素	改排在 λ_i 行 λ_j 列	$k^e_{(i)(j)}\rightarrow K^{(e)}_{\lambda_i\lambda_j}$

例如，由单元①的刚度矩阵 $k^{(1)}$ 和单元②的刚度矩阵 $k^{(2)}$，按上表换码重排座后得出的 $K^{(1)}$ 和 $K^{(2)}$ 就是式（11-40）、式（11-41）的结果。

总之，由单元刚度矩阵 k^e 求单元贡献矩阵 $K^{(e)}$ 的问题实质上就是 k^e 中的元素在 $K^{(e)}$ 中如何定位的问题。定位规则是

$$k^e_{(i)(j)} \rightarrow K^{(e)}_{\lambda_i \lambda_j} \tag{11-44}$$

即根据单元定位向量 $\lambda^{(e)}$ 将元素 $k^e_{(i)(j)}$ 定位在 $K^{(e)}$ 中 λ_i 行 λ_j 列的位置上。

单　元	单元刚度矩阵 k^e	单元定位向量 $\lambda^{(e)}$	单元贡献矩阵 $K^{(e)}$
①	$\begin{array}{c c} & \begin{array}{cc}(1) & (2)\end{array} \\ \begin{array}{c}(1)\\(2)\end{array} & \begin{bmatrix} 4i_1 & 2i_1 \\ 2i_1 & 4i_1 \end{bmatrix} \end{array}$	$\begin{Bmatrix} 1 \\ 2 \end{Bmatrix}$	$\begin{array}{c c c} & & \begin{array}{ccc}(1) & (2) & \\ \downarrow & \downarrow & \\ 1 & 2 & 3\end{array} \\ \begin{array}{c}(1)\rightarrow\\(2)\rightarrow\\ \end{array} & \begin{array}{c}1\\2\\3\end{array} & \begin{bmatrix} 4i_1 & 2i_1 & 0 \\ 2i_1 & 4i_1 & 0 \\ 0 & 0 & 0 \end{bmatrix} \end{array}$
②	$\begin{array}{c c} & \begin{array}{cc}(1) & (2)\end{array} \\ \begin{array}{c}(1)\\(2)\end{array} & \begin{bmatrix} 4i_2 & 2i_2 \\ 2i_2 & 4i_2 \end{bmatrix} \end{array}$	$\begin{Bmatrix} 2 \\ 3 \end{Bmatrix}$	$\begin{array}{c c c} & & \begin{array}{ccc} & (1) & (2) \\ & \downarrow & \downarrow \\ 1 & 2 & 3\end{array} \\ \begin{array}{c}\\(1)\rightarrow\\(2)\rightarrow\end{array} & \begin{array}{c}1\\2\\3\end{array} & \begin{bmatrix} 0 & 0 & 0 \\ 0 & 4i_2 & 2i_2 \\ 0 & 2i_2 & 4i_2 \end{bmatrix} \end{array}$

四、单元集成法的实施方案

在式（11-43）中，我们将单元集成法分解为两步：第Ⅰ步是将单元刚度矩阵 k^e 中的元素按照单元定位向量 $\lambda^{(e)}$ 在单元贡献矩阵 $K^{(e)}$ 中定位，第Ⅱ步是将各 $K^{(e)}$ 中的非零元素累加。这样做的目的是为了便于理解。

在单元集成法的实施方案中，我们将两步合成一步，采用“边定位”、“边累加”的办法，由 k^e 直接形成 K。这样做的目的是为了使计算程序更为简捷。

详细地说，按照单元集成法形成 K 的过程就是依次将每个 k^e 的非零元素在 K 中按 $\lambda^{(e)}$ 定位并进行累加的过程。过程的每一步骤可列出如下：

（1）先将总刚 K 置零，这时 $K=0$；

（2）将 $k^{(1)}$ 的非零元素在 K 中按 $\lambda^{(1)}$ 定位并进行累加，这时 $K=K^{(1)}$；

（3）将 $k^{(2)}$ 的非零元素在 K 中按 $\lambda^{(2)}$ 定位并进行累加，这时 $K = K^{(1)} + K^{(2)}$；按此作法对所有单元循环一遍，最后即得到 $K = \sum\limits_{(e)} K^{(e)}$。

五、整体刚度矩阵的性质

（1）整体刚度系数的意义

K 中的元素 K_{ij} 称为整体刚度系数。它表示当第 j 个结点位移分量 $\Delta_j = 1$（其他结点位移分量为零）时所产生的第 i 个结点力 F_i。

（2）K 是对称矩阵。

（3）在本节中建立连续梁单元刚度矩阵时，除认为杆件无轴向变形外，已考虑了各单元两端的支承条件，所以，杆端只发生角位移，K 是可逆矩阵。

（4）K 是稀疏矩阵和带状矩阵

由式（11-38）可看出，整体刚度矩阵 K 有许多零元素，故为稀疏矩阵。又非零元素都分布在以主对角线为中线的倾斜带状区域内，故 K 为带状矩阵。

例 11-2　试求图 11-18a 所示连续梁的整体刚度矩阵 K。

解　(1) 结点位移分量的总码

此连续梁有三个结点位移分量，即转角 Δ_1、Δ_2、Δ_3（图 11-18b），其总码分别编为 1、2、3。

在固定端处的结点位移分量为零。我们规定：凡是给定为零值的结点位移分量，其总码均编为零。

(2) 各单元的定位向量 $\lambda^{(e)}$

单元①、②、③的定位向量可由图 11-17b 得出如下：

$$\lambda^{(1)}=\begin{Bmatrix}1\\2\end{Bmatrix},\ \lambda^{(2)}=\begin{Bmatrix}2\\3\end{Bmatrix},\ \lambda^{(3)}=\begin{Bmatrix}3\\0\end{Bmatrix}$$

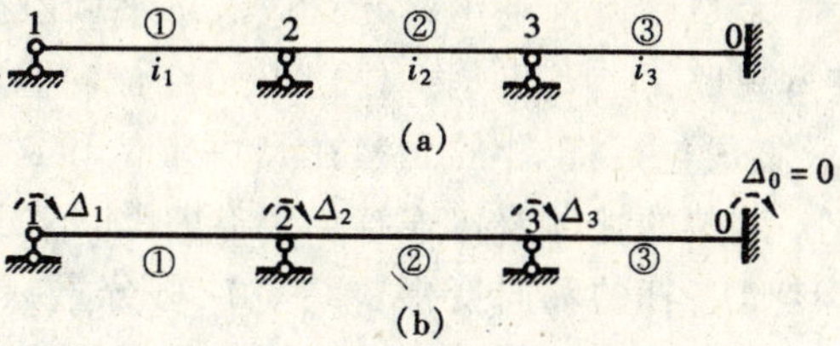

图 11-18　连续梁的整体刚度矩阵

(a) 连续梁结点、单元编码；(b) 结点转角编码

(3) 单元集成过程

在下表中给出按照单元①、②、③的次序进行集成的过程以及相应的阶段结果和最终结果。

单　元	单元刚度矩阵 k^e	按单元定位向量换码	集成过程中的阶段结果
①	$\begin{array}{c c} & \begin{array}{cc}(1) & (2)\end{array}\\ \begin{array}{c}(1)\\(2)\end{array} & \begin{bmatrix}4i_1 & 2i_1\\ 2i_1 & 4i_1\end{bmatrix}\end{array}$	(1) →1 (2) →2	$\begin{array}{c c} & \begin{array}{ccc}(1)\downarrow & (2)\downarrow & \\ 1 & 2 & 3\end{array}\\ \begin{array}{c}(1)\to 1\\(2)\to 2\\3\end{array} & \begin{bmatrix}4i_1 & 2i_1 & 0\\ 2i_1 & 4i_1 & 0\\ 0 & 0 & 0\end{bmatrix}\end{array}$
②	$\begin{array}{c c} & \begin{array}{cc}(1) & (2)\end{array}\\ \begin{array}{c}(1)\\(2)\end{array} & \begin{bmatrix}4i_2 & 2i_2\\ 2i_2 & 4i_2\end{bmatrix}\end{array}$	(1) →2 (2) →3	$\begin{array}{c c} & \begin{array}{ccc} & (1)\downarrow & (2)\downarrow\\ 1 & 2 & 3\end{array}\\ \begin{array}{c}1\\(1)\to 2\\(2)\to 3\end{array} & \begin{bmatrix}4i_1 & 2i_1 & \\ 2i_1 & 4i_1+(4i_2) & (2i_2)\\ & (2i_2) & (4i_2)\end{bmatrix}\end{array}$
③	$\begin{array}{c c} & \begin{array}{cc}(1) & (2)\end{array}\\ \begin{array}{c}(1)\\(2)\end{array} & \begin{bmatrix}4i_3 & 2i_3\\ 2i_3 & 4i_3\end{bmatrix}\end{array}$	(1) →3 (2) →0	(2) →0 $\begin{array}{c c} & \begin{array}{ccc} & & (1)\downarrow\\ 1 & 2 & 3\end{array}\\ \begin{array}{c}1\\2\\(1)\to 3\end{array} & \begin{bmatrix}4i_1 & 2i_1 & \\ 2i_1 & 4i_1+4i_2 & 2i_2\\ & 2i_2 & 4i_2+(4i_3)\end{bmatrix}=K\end{array}$

注意，在上表中，当对单元③进行集成时，出现如下的换码情况：

$$(2)\to 0$$

这里，局部码（2）对应的总码为0。这表明在 $k^{(3)}$ 中的（2）行或（2）列元素在 K 中应定位在0行或0列上，即它们在 K 中没有座位，在集成过程中应当舍弃，不予考虑。这种作法的力学解释是：单元③在固定端处的结点位移分量本来是零，其相应的单元刚度系数对整体刚度系数本来就没有影响，故在集成过程中应将它们摒除在外。

§11-5 刚架的整体刚度矩阵

本节将讨论利用单元集成法求平面刚架的整体刚度矩阵 K。采用与前节的连续梁相同的基本思路，其要点是：根据单元定位向量 $\lambda^{(e)}$，由单元刚度矩阵 k^e 直接集成整体刚度矩阵 K，集成包括将 k^e 的元素在 K 中定位和累加两个环节。

刚架的情况要比连续梁复杂一些。在连续梁中局部坐标系和整体坐标系是相同的，并且不考虑各杆的轴向变形，结点位移分量只有结点的角位移，整体分析简单易懂。而在刚架中，各杆方向不尽相同，需要将局部坐标系中的单元刚度矩阵 $\overline{k}^e$，转换成整体坐标系表示的单元刚度矩阵 k^e，在整体坐标系中将各单元组装起来。一般情况下要考虑刚架中各杆的轴向变形，这样，刚架中每个结点的位移分量要增加到三个：角位移和两个方向的线位移。刚架中除刚结点外，还要考虑铰结点等其他情况。

在刚架中，我们仍采用如下规定：对于已知为零的结点位移分量，其总码均编为零。对应总码为零的结点位移分量，其相应的单元刚度系数在整体刚度矩阵 K 中应定位在0行或0列上，即它们在 K 中没有座位，故在刚度集成过程中应将它们摒除在外，不予考虑，结构的结点位移分量只引入独立的未知位移分量。

下面以图 11-19a 所示的只包含有两个单元的刚架为例来说明单元刚度集成法。

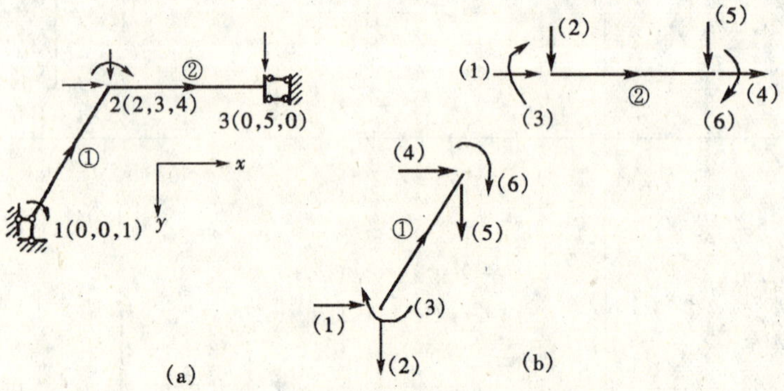

图 11-19 刚度集成法

(a) 刚架单元及结点位移编码；(b) 单元两端的位移分量的局部码

一、结点位移分量的统一编码——总码

考虑图 11-19 中所示的平面刚架。结点 1 为铰支端，有 1 个位移分量：角位移 θ_1，它们的总码编为（0，0，1）。结点 2 是刚结点，有三个位移分量：沿 x 和 y 方向的线位移 u_2 和 v_2，角位移 θ_2，它们的总码编为（2，3，4）。结点 3 为滑移端，有 1 个位移分量：线位移 v_3，两个位移分量 u_3 和 θ_3 已知为零，它们的总码编为（0，5，0）。

此刚架共有五个未知结点位移分量，它们组成整体结构的结点位移向量 Δ：

$$\Delta=\begin{Bmatrix}\Delta_1\\ \Delta_2\\ \Delta_3\\ \Delta_4\\ \Delta_5\end{Bmatrix}=\begin{Bmatrix}\theta_1\\ u_2\\ v_2\\ \theta_2\\ v_3\end{Bmatrix},\quad F=\begin{Bmatrix}F_1\\ F_2\\ F_3\\ F_4\\ F_5\end{Bmatrix}$$

F 为相应的结点力向量。

二、单元定位向量

此刚架有两个杆件单元①、②。图中各杆轴上的箭头表示各杆局部坐标系中 $\bar{x}$ 轴的正方向。单元在始末两端的六个位移分量的局部码（1），（2），…，（6）在图 11-19b 中已标明。

在下表中对每个单元给出了单元结点位移分量局部码与总码之间的对应关系，还给出了各单元的定位向量 $\lambda^{(e)}$。单元定位向量 $\lambda^{(e)}$ 就是由单元结点位移总码组成的向量，以后进行单元换码时即以它作为依据。

单元①		单元②	
局部码→总码	单元定位向量	局部码→总码	单元定位向量
（1）→0 （2）→0 （3）→1 （4）→2 （5）→3 （6）→4	$\lambda^{(1)}=\begin{Bmatrix}0\\0\\1\\2\\3\\4\end{Bmatrix}$	（1）→2 （2）→3 （3）→4 （4）→0 （5）→5 （6）→0	$\lambda^{(2)}=\begin{Bmatrix}2\\3\\4\\0\\5\\0\end{Bmatrix}$

三、单元集成过程

下面按单元①、②的次序进行集成。

首先，考虑单元①：

在整体坐标系中，单元①的刚度矩阵 $k^{(1)}$，在矩阵的上边增加一行，在其右边增加一列，并将 $\lambda^{(1)}$ 中的各元素填入以上所增行、列的相应位置，即为

$$\begin{array}{cccccc}(1)&(2)&(3)&(4)&(5)&(6)\end{array}$$

$$k^{(1)}=\begin{bmatrix}k_{11}&k_{12}&k_{13}&k_{14}&k_{15}&k_{16}\\k_{21}&k_{22}&k_{23}&k_{24}&k_{25}&k_{26}\\k_{31}&k_{32}&k_{33}&k_{34}&k_{35}&k_{36}\\k_{41}&k_{42}&k_{43}&k_{44}&k_{45}&k_{46}\\k_{51}&k_{52}&k_{53}&k_{54}&k_{55}&k_{56}\\k_{61}&k_{62}&k_{63}&k_{64}&k_{65}&k_{66}\end{bmatrix}^{(1)}\begin{matrix}(1)\\(2)\\(3)\\(4)\\(5)\\(6)\end{matrix}$$

根据上表中的单元定位向量 $\lambda^{(1)}$ 及其换码关系，将 $k^{(1)}$ 中的（i）行（j）列元素在 K 中定位于 λ_i 行 λ_j 列，即得 K 的阶段结果如下（注意，由于局部码（1）和（2）对应的总码都是零，因此 $k^{(1)}$ 中的第（1）、(2）行和第（1）、(2）列各元素在 K 中没有座位）：

$$
\begin{array}{c}
\begin{array}{ccccc} (3) & (4) & (5) & (6) & \\ \downarrow & \downarrow & \downarrow & \downarrow & \\ 1 & 2 & 3 & 4 & 5 \end{array} \\
K\text{的阶段结果}=\begin{array}{r} (3)\rightarrow 1 \\ (4)\rightarrow 2 \\ (5)\rightarrow 3 \\ (6)\rightarrow 4 \\ 5 \end{array}\begin{bmatrix} k_{33}^{1} & k_{34}^{1} & k_{35}^{1} & k_{36}^{1} & 0 \\ k_{43}^{1} & k_{44}^{1} & k_{45}^{1} & k_{46}^{1} & 0 \\ k_{53}^{1} & k_{54}^{1} & k_{55}^{1} & k_{56}^{1} & 0 \\ k_{63}^{1} & k_{64}^{1} & k_{65}^{1} & k_{66}^{1} & 0 \\ 0 & 0 & 0 & 0 & 0 \end{bmatrix}
\end{array}
$$

其次，考虑单元②：

在整体坐标系中，单元②的刚度矩阵 $k^{(2)}$ 为

$$
k^{(2)}=\begin{array}{c} \begin{array}{cccccc} (1) & (2) & (3) & (4) & (5) & (6) \end{array} \\ \begin{bmatrix} k_{11} & k_{12} & k_{13} & k_{14} & k_{15} & k_{16} \\ k_{21} & k_{22} & k_{23} & k_{24} & k_{25} & k_{26} \\ k_{31} & k_{32} & k_{33} & k_{34} & k_{35} & k_{36} \\ k_{41} & k_{42} & k_{43} & k_{44} & k_{45} & k_{46} \\ k_{51} & k_{52} & k_{53} & k_{54} & k_{55} & k_{56} \\ k_{61} & k_{62} & k_{63} & k_{64} & k_{65} & k_{66} \end{bmatrix}^{(1)} \end{array} \begin{array}{c} (1) \\ (2) \\ (3) \\ (4) \\ (5) \\ (6) \end{array}
$$

按照单元定位向量 $\lambda^{(2)}$ 将 $k^{(2)}$ 中的元素在 K 中定位并与前阶段结果累加，即得 K 的最后结果如下（$k^{(2)}$ 中的（4）、(6）各行各列元素在 K 中均无座位）：

$$
\begin{array}{c}
\begin{array}{ccccc} & (1) & (2) & (3) & (5) \\ & \downarrow & \downarrow & \downarrow & \downarrow \\ 1 & 2 & 3 & 4 & 5 \end{array} \\
K\text{的最后结果}=\begin{array}{r} 1 \\ (1)\rightarrow 2 \\ (2)\rightarrow 3 \\ (3)\rightarrow 4 \\ (5)\rightarrow 5 \end{array}\begin{bmatrix} k_{33}^{1} & k_{34}^{1} & k_{35}^{1} & k_{36}^{1} & 0 \\ k_{43}^{1} & k_{44}^{1}+k_{11}^{2} & k_{45}^{1}+k_{12}^{2} & k_{46}^{1}+k_{13}^{2} & k_{15}^{2} \\ k_{53}^{1} & k_{54}^{1}+k_{21}^{2} & k_{55}^{1}+k_{22}^{2} & k_{56}^{1}+k_{23}^{2} & k_{25}^{2} \\ k_{63}^{1} & k_{64}^{1}+k_{31}^{2} & k_{65}^{1}+k_{32}^{2} & k_{66}^{1}+k_{33}^{2} & k_{35}^{2} \\ 0 & k_{51}^{2} & k_{52}^{2} & k_{53}^{2} & k_{55}^{2} \end{bmatrix}
\end{array}
$$

四、结构刚度矩阵的性质

结构刚度矩阵 K 有如下特性：

1. K 是对称矩阵。K 中处于主对角线两侧对称位置的任何两个元素都相等，即 $K_{ij}=K_{ji}$。如以子块形式表示的矩阵 K，则与主对角线处于对称位置的两个子块，存在 $[K_{ij}]=[K_{ji}]^T$ 的关系。

2. K 是非奇异矩阵。这是因为整体刚度矩阵 K 已经考虑了结构在支座结点处的位移边界条件。只要结构不是几何可变体系，在各种荷载作用下，结构只有惟一的变形，只能有惟一的解。

3. K 是带形矩阵，愈是大型结构，结构刚度矩阵的带形分布规律就愈明显。

此外，结构刚度矩阵通常是主对角元素占优势的矩阵，即非零元素一般都集中于主对角线附近的斜带形区内，主对角线元素的值恒为正，且通常比非对角元素的绝对值大。因此，线性方程组的解具有较好的稳定性，且对节省计算机的存放量，节约计算时间是很重要的。

五、铰结点的处理

图 11-20 所示为具有铰结点的刚架。采用和前面解题相同的基本思路，来讨论这种具有铰结点结构的分析方法。

首先，考虑结点位移分量的统一编码：

按照前述作法，在固定端 B 或 D 处，三个位移分量的总码编为（0，0，0）。在刚结点 A 处，编码为（1，2，3）。

但应注意，铰结点处的两杆杆端结点应看作半独立的两个结点（C_1 和 C_2）：它们的线位移相同（不独立），而角位移不相同（独立）。因此，它们的线位移应采用相同的编码，而角位移则采用不同的编码。例如，结点 C_1 的总码可编为（4，5，6），而 C_2 则为（4，5，7）。

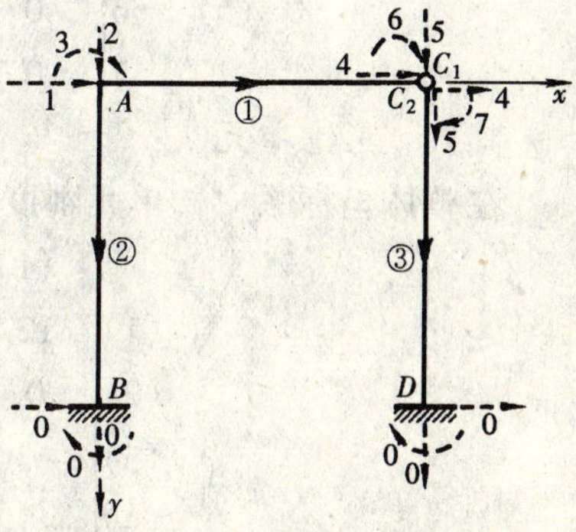

图 11-20　具有铰结点刚架的刚度集成法

其次，考虑单元定位向量：

在图 11-20 中，单元①、②、③的 $\bar{x}$ 轴正方向用箭头标明。各杆的单元定位向量可由图直接写出如下：

$$\lambda^{(1)}=\begin{Bmatrix}(1)\to1\\(2)\to2\\(3)\to3\\(4)\to4\\(5)\to5\\(6)\to6\end{Bmatrix},\quad \lambda^{(2)}=\begin{Bmatrix}(1)\to1\\(2)\to2\\(3)\to3\\(4)\to0\\(5)\to0\\(6)\to0\end{Bmatrix},\quad \lambda^{(3)}=\begin{Bmatrix}(1)\to4\\(2)\to5\\(3)\to7\\(4)\to0\\(5)\to0\\(6)\to0\end{Bmatrix}$$

最后，按①、②、③的次序进行单元集成。

设刚架中各杆的尺寸相同（即例 11-1 中各杆的尺寸）。

首先，考虑单元①：

在整体坐标系中，单元刚度矩阵 $k^{(1)}$（各单元刚度系数是有单位的，由于矩阵运算的特点，我们只着重介绍的是单元集成的过程，故各单元刚度系数未注明单位。下同）为

$$k^{(1)}=\begin{array}{c}\\(1)\\(2)\\(3)\\(4)\\(5)\\(6)\end{array}\begin{array}{c}\begin{matrix}(1)&(2)&(3)&(4)&(5)&(6)\end{matrix}\\\begin{bmatrix}300&0&0&-300&0&0\\0&12&30&0&-12&30\\0&30&100&0&-30&50\\-300&0&0&300&0&0\\0&-12&-30&0&12&-30\\0&30&50&0&-30&100\end{bmatrix}\end{array}\times10^4$$

根据单元①的定位向量 $\lambda^{(1)}$ 进行定位，即 K 的第一阶段结果为

$$K=\begin{array}{c}\\(1)\to1\\(2)\to2\\(3)\to3\\(4)\to4\\(5)\to5\\(6)\to6\\7\end{array}\begin{array}{c}\begin{matrix}(1)&(2)&(3)&(4)&(5)&(6)&\\\downarrow&\downarrow&\downarrow&\downarrow&\downarrow&\downarrow&\\1&2&3&4&5&6&7\end{matrix}\\\begin{bmatrix}300&0&0&-300&0&0&0\\0&12&30&0&-12&30&0\\0&30&100&0&-30&50&0\\-300&0&0&300&0&0&0\\0&-12&-30&0&12&-30&0\\0&30&50&0&-30&100&0\\0&0&0&0&0&0&0\end{bmatrix}\end{array}\times10^4$$

其次，考虑单元②：

在整体坐标系中，单元刚度矩阵 $k^{(2)}$ 为

$$k^{(2)}=\begin{array}{c}\\(1)\\(2)\\(3)\\(4)\\(5)\\(6)\end{array}\begin{array}{c}\begin{matrix}(1)&(2)&(3)&(4)&(5)&(6)\end{matrix}\\\begin{bmatrix}12&0&-30&-12&0&-30\\0&300&0&0&-300&0\\-30&0&100&30&0&50\\-12&0&30&12&0&30\\0&-300&0&0&300&0\\-30&0&50&30&0&100\end{bmatrix}\end{array}\times10^4$$

根据单元②的定位向量 $\lambda^{(2)}$，将 $k^{(2)}$ 中的元素在 K 中进行定位并与第一阶段结果累加，即得 K 的第二阶段结果为

$$K=\begin{array}{c}\\(1)\to1\\(2)\to2\\(3)\to3\\4\\5\\6\\7\end{array}\begin{array}{c}\begin{matrix}(1)&(2)&(3)&&&&\\\downarrow&\downarrow&\downarrow&&&&\\1&2&3&4&5&6&7\end{matrix}\\\begin{bmatrix}300+(12)&0+(0)&0+(-30)&-300&0&0&0\\0+(0)&12+(300)&30+(0)&0&-12&30&0\\0+(-30)&30+(0)&100+(100)&0&-30&50&0\\-300&0&0&300&0&0&0\\0&-12&-30&0&12&-30&0\\0&30&50&0&-30&100&0\\0&0&0&0&0&0&0\end{bmatrix}\end{array}\times10^4$$

最后，考虑单元③：

在整体坐标系中，单元刚度矩阵 $k^{(3)}$ 与 $k^{(2)}$ 相同，根据单元③的定位向量 $\lambda^{(3)}$，将 $k^{(3)}$ 中的元素在 K 中进行定位并与第二阶段结果累加，即得 K 的最后结果为

$$
\begin{array}{r}
\\ \\ \\ \\
\\ \\
K=
\end{array}
\begin{array}{rl}
 & \begin{array}{ccccccc} & & & (1) & (2) & & (3) \\ & & & \downarrow & \downarrow & & \downarrow \\ 1 & 2 & 3 & 4 & 5 & 6 & 7 \end{array} \\
\begin{array}{r} 1 \\ 2 \\ 3 \\ (1)\rightarrow 4 \\ (2)\rightarrow 5 \\ 6 \\ (3)\rightarrow 7 \end{array} &
\left[\begin{array}{ccccccc}
312 & 0 & -30 & -300 & 0 & 0 & 0 \\
0 & 312 & 30 & 0 & -12 & 30 & 0 \\
-30 & 30 & 200 & 0 & -30 & 50 & 0 \\
-300 & 0 & 0 & 300+(12) & 0+(0) & 0 & 0+(-30) \\
0 & -12 & -30 & 0+(0) & 12+(300) & -30 & 0+(0) \\
0 & 30 & 50 & 0 & -30 & 100 & 0 \\
0 & 0 & 0 & 0+(-30) & 0+(0) & 0 & 0+(100)
\end{array}\right]\times 10^{4}
\end{array}
$$

§11-6　非结点荷载的处理

在以上各节的讨论中，我们只考虑了由结点位移 Δ 推算结点力（即在基本体系的附加约束中引起的约束力）的关系式，即整体刚度方程

$$K\Delta = F$$

它只反映结构的刚度性质，而不涉及到原结构上作用的实际荷载。它并不是用以分析原结构的位移法基本方程。本节讨论位移法基本体系的第二种状态：荷载的单独作用下在基本结构中各结点的附加约束上所产生的约束力 F_p。

作用在结构上的荷载可以是非结点荷载，或是结点荷载，或是结点荷载与非结点荷载的组合。现在将原来的荷载换成与之等效的结点荷载。等效的原则是要求这两种荷载在基本结构中产生相同的结点约束力。也就是说，如果原来荷载在基本结构中各结点的附加约束上引起的结点约束力记为 F_p，则等效结点荷载 P 在基本结构中各结点的附加约束上引起的结点约束力也应为 F_p。由此即可得出如下结论：

$$P = -F_p$$

将上式代入位移法基本方程式（11-34），可写为

$$K\Delta = P$$

即为位移法基本方程。

现以图 11-21a 所示刚架为例来说明等效结点荷载 P 的计算方法。

对结构的结点，单元及结点位移分量编号，并建立坐标系如图 11-21a 所示。

首先按照第 9 章的作法，在施加荷载之前，设想在结构的每一结点处各添加一附加固定支座，对支座所在的结点，则加在距支座无限接近处。经这样处理后，全部结点便都没有线位移和角位移，原支座没有任何支座反力，各单元均成为独立的固端梁，施加原给定荷载如图 11-21b 后（因此时原支座没有任何支座反力，为了使图面清晰，没有将原支座画入），由于荷载的作用，各单元杆端将产生固端力 $\overline{F}_F^e$，此力亦即各单元杆端的附加固定支座所产生的附加约束反力。则按局部坐标系表示的单元（e）的固端力为

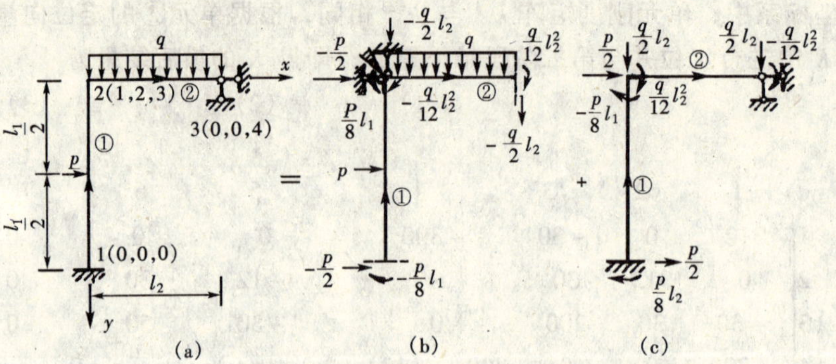

图 11-21　等效结点荷载的计算

(a)刚架及荷载；(b)固定结点线位移和角位移；(c)放松附加约束计算等效结点荷载

$$\overline{F}_F^e=\begin{Bmatrix}\overline{F}_i^F\\ \cdots\\ \overline{F}_j^F\end{Bmatrix}^{(e)}=\begin{Bmatrix}\overline{F}_1^F\\ \overline{F}_2^F\\ \overline{F}_3^F\\ \cdots\\ \overline{F}_4^F\\ \overline{F}_5^F\\ \overline{F}_6^F\end{Bmatrix}^{(e)}$$

式中：$\overline{F}_1^F$、$\overline{F}_4^F$ 为 i、j 端的固端轴力；$\overline{F}_2^F$、$\overline{F}_5^F$ 为 i、j 端的固端剪力，$\overline{F}_3^F$、$\overline{F}_6^F$，为 i、j 端的固端弯矩。固端力的值可查表 9-1 或由力法计算。对于表 9-1 承受横向荷载的固端梁，因我们不考虑弯曲变形和轴向变形的相互影响，故固端轴力均为零（应用表 9-1 时需注意改按本章正负号规定，i 端的固端剪力应加一负号）。对于图 11-21a 所示的刚架，按局部坐标系表示的各单元的固端力为

$$\overline{F}_F^1=\begin{Bmatrix}0\\ -\dfrac{P}{2}\\ -\dfrac{P}{8}l_1\\ \cdots\\ 0\\ -\dfrac{P}{2}\\ \dfrac{P}{8}l_1\end{Bmatrix},\quad \overline{F}_F^2=\begin{Bmatrix}0\\ -\dfrac{q}{2}l_2\\ -\dfrac{q}{12}l_2^2\\ \cdots\\ 0\\ -\dfrac{q}{2}l_2\\ \dfrac{q}{12}l_2^2\end{Bmatrix}$$

根据图 11-21b 中约束（包括原来的支座和附加约束）所在结点的平衡条件，由各单元的固端力可得出图中所示的约束反力。

然后我们放松附加固定支座，取消其约束作用，这相当于在图 11-21b 中受力情况的基础上，对各单元而言，在附加约束反力所作用的杆端，分别施加与各个附加约束反力数值相等，方向相反的外荷载，如图 11-21c 所示。因杆端与结点紧相联结，这些由单元本身原给荷载情况所决定的荷载，实际上即作用于结点处，可称之为单元等效结点荷载，并以 $\overline{F}_E^e$ 表示。这样便有

$$\overline{F}_E^e = -\overline{F}_F^e \tag{11-45}$$

显然，在图 11-21 中，将图（b）和图（c）两种情况进行叠加，图（b）中的附加约束反力$\overline{F}_F^e$和图（c）中所施加的结点荷载$\overline{F}_E^e$相互抵消，附加固定支座的约束反力就为零，即等于没有附加固定约束，恢复为图（a）所示原来荷载作用的情况，即图（a）= 图（b）+ 图（c）。因在图（b）中全部结点位移均为零，故图（a）和图（c）两种情况的结点位移相同，因此我们称图（c）中结点荷载$\overline{F}_E^e$为图（a）中作用在单元（e）上的非结点荷载的等效结点荷载。所谓等效是指图（a）和图（c）两种情况的结点位移相同，图 11-21c 中的结构仅承受结点荷载，此种情况下结构之结点位移的计算，前面已叙述过了。

因查表 9-1 仅能得出局部坐标系下的固端力，故需利用坐标变换，方能求出整体坐标系下的单元等效结点荷载，即

$$F_E^e = T^{eT}\overline{F}_E^e = -T^{eT}\overline{F}_F^e \tag{11-46}$$

对于图 11-21 所示的例题为

$$F_E^1 = -T^{1T}\overline{F}_F^1 = -\begin{bmatrix} 0 & 1 & 0 & & & \\ -1 & 0 & 0 & & 0 & \\ 0 & 0 & 1 & & & \\ & & & 0 & 1 & 0 \\ & 0 & & -1 & 0 & 0 \\ & & & 0 & 0 & 1 \end{bmatrix}\begin{Bmatrix} 0 \\ -\dfrac{P}{2} \\ -\dfrac{Pl_1}{8} \\ 0 \\ -\dfrac{P}{2} \\ \dfrac{Pl_1}{8} \end{Bmatrix} = \begin{Bmatrix} \dfrac{P}{2} \\ 0 \\ \dfrac{Pl_1}{8} \\ \dfrac{P}{2} \\ 0 \\ -\dfrac{Pl_1}{8} \end{Bmatrix}$$

$$F_E^2 = -T^{2T}\overline{F}_F^2 = -I\,\overline{F}_F^2 = -\overline{F}_F^2 = \begin{Bmatrix} 0 \\ \dfrac{ql_2}{2} \\ \dfrac{ql_2^2}{12} \\ 0 \\ \dfrac{ql^2}{2} \\ -\dfrac{ql_2^2}{12} \end{Bmatrix}$$

式中 I 为单位矩阵。

单元等效结点荷载 F_E^e 是作用在单元（e）两端结点的外荷载，根据单元定位向量 $\lambda^{(e)}$，我们可以判断出 F_E^e 的某一分量是否作用在支座上（看 $\lambda^{(e)}$ 中相应的元素是否为零）及该分量系沿哪一个未知位移分量方向作用。施加于支座结点的分量不影响总刚度方程的建立（因先处理法不需考虑支座约束方向的平衡条件），应予以删去；作用在某未知位移分量方向上的分量，应按单元定位向量进行定位并累加，待所有单元的影响都计入后即形成结构等效结点荷载列阵 P_E。P_E 与结点位移列阵 Δ 同阶，P_E 的第 i 个分量即是沿 Δ 中第 i 个结点位移分量方向作用的荷载分量。

P_E 是所有作用在结构上的非结点荷载的等效结点荷载。是由各个单元的等效结点荷载

集成而得到的。根据各单元的单元定位向量按集成整体刚度矩阵的做法，把各单元的等效结点荷载分量元素进行定位并累加到 P_E 中去。最后即得出整个结构的等效结点荷载向量。

图 11-21 所示的结构。单元①和单元②的单元定位向量 $\lambda^{(e)}$分别为

$$\lambda^{(1)}=\begin{Bmatrix}0\\0\\0\\1\\2\\3\end{Bmatrix},\quad \lambda^{(2)}=\begin{Bmatrix}1\\2\\3\\0\\0\\4\end{Bmatrix}$$

第一个非结点荷载为集中荷载，作用在单元①上，根据单元定位向量 $\lambda^{(1)}$可知，F_E^1 的第 4、5、6 个分量分别为 P_E 的第 1，2，3 个分量，而 F_E^1 的第 1，2，3 个分量在 P_E 中无座位

$$P_E\text{ 阶段结果}=\begin{matrix}(4)\to 1\\(5)\to 2\\(6)\to 3\\4\end{matrix}\begin{Bmatrix}\dfrac{P}{2}\\0\\-\dfrac{Pl_1}{8}\\0\end{Bmatrix}$$

第二个非结点荷载为均布荷载，作用在单元②上，根据单元定位向量 $\lambda^{(2)}$可知，F_E^2 的第 1、2、3、6 个分量分别为 P_E 的第 1，2，3，4 个分量，而 F_E^2 的第 4，5 个分量在 P_E 中无座位，最后得结构的等效结点荷载为

$$P_E\text{ 最后结果}=\begin{matrix}(1)\to 1\\(2)\to 2\\(3)\to 3\\(6)\to 4\end{matrix}\begin{bmatrix}\dfrac{P}{2}+(0)\\0+\left(\dfrac{ql_2}{2}\right)\\-\dfrac{Pl_1}{8}+\left(\dfrac{ql_2^2}{12}\right)\\0+\left(-\dfrac{ql_2^2}{12}\right)\end{bmatrix}$$

如果除了非结点荷载外，还有直接作用在结点上的结点荷载 P_D，则可将两者叠加，得综合结点荷载向量 P 为

$$P=P_E+P_D \tag{11-47}$$

当有非结点荷载作用时，结构中的单元杆端力可以由两部分叠加而得：一部分是结点受有约束，各杆件为固端梁情形下的杆端力；另一部分为其等效结点荷载作用下的杆端力，如果还有直接结点荷载作用，后一部分则应为综合结点荷载作用下的杆端力，即

$$\overline{F}^e=\overline{F}_F^e+\overline{k}^e\,\overline{\Delta}^e \tag{11-48}$$

利用坐标变换公式，上式可改写为

$$\overline{F}^e=\overline{F}_F^e+T^e k^e \Delta^e \tag{11-49}$$

按照上面的式子求出各单元杆端力后，也可根据支座所在处的结点（如图 11-21 中的结点 1，3）的平衡条件，来计算结构的支座反力。

为了计算方便，在表 11-1 中给出了几种典型荷载所引起的固端约束力，以备查用。

表 11-1　单元固端约束力 $\overline{F}_F^e$（局部坐标系）

荷载简图			始　端　1	末　端　2
1	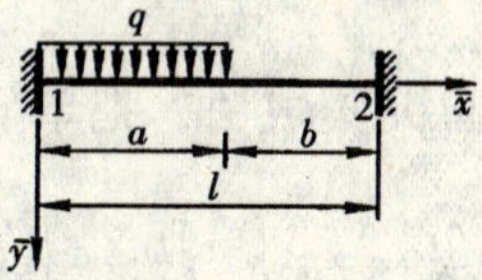	$\overline{F}_x$	0	0
		$\overline{F}_y$	$-qa\left(1-\frac{a^2}{l^2}+\frac{a^3}{2l^3}\right)$	$-q\frac{a^3}{l^2}\left(1-\frac{a}{2l}\right)$
		$\overline{M}$	$-\frac{qa^2}{12}\left(6-8\frac{a}{l}+3\frac{a^2}{l^2}\right)$	$\frac{qa^3}{12l}\left(4-3\frac{a}{l}\right)$
2	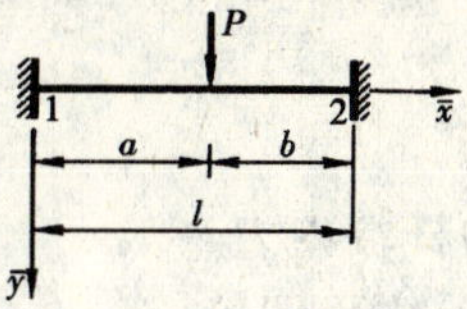	$\overline{F}_x$	0	0
		$\overline{F}_y$	$P\frac{b^2}{l^2}\left(1+2\frac{a}{l}\right)$	$P\frac{a^2}{l^2}\left(1+2\frac{b}{l}\right)$
		$\overline{M}$	$-F_p\frac{ab^2}{l}$	$F_p\frac{a^2b}{l^2}$
3	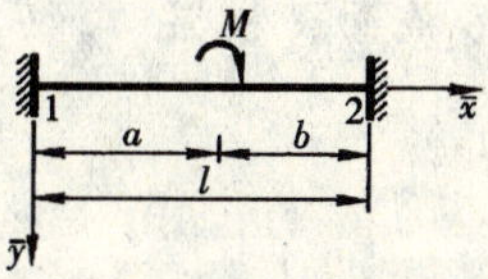	$\overline{F}_x$	0	0
		$\overline{F}_y$	$\frac{6Mab}{l^3}$	$-\frac{6Mab}{l^3}$
		$\overline{M}$	$M\frac{b}{l}\left(2-3\frac{b}{l}\right)$	$M\frac{b}{l}\left(2-3\frac{a}{l}\right)$
4	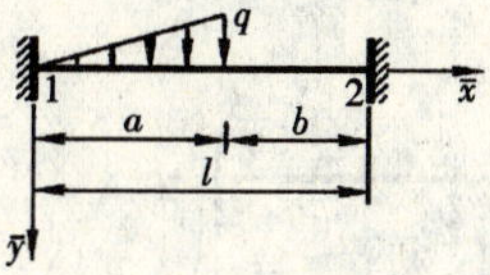	$\overline{F}_x$	0	0
		$\overline{F}_y$	$-q\frac{a}{4}\left(2-3\frac{a^2}{l^2}+1.6\frac{a^3}{l^3}\right)$	$-\frac{q}{4}\frac{a^3}{l^2}\left(3-1.6\frac{a}{l}\right)$
		$\overline{M}$	$-q\frac{a^2}{6}\left(2-3\frac{a}{l}+1.2\frac{a^2}{l^2}\right)$	$\frac{qa^3}{4l}\left(1-0.8\frac{a}{l}\right)$
5	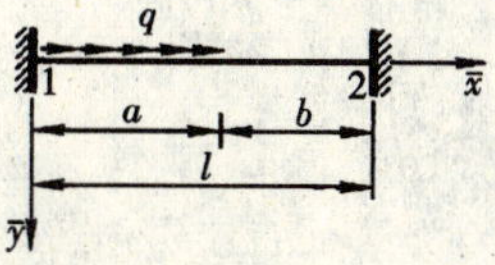	$\overline{F}_x$	$-qa\left(1-0.5\frac{a}{l}\right)$	$-0.5q\frac{a^2}{l}$
		$\overline{F}_y$	0	0
		$\overline{M}$	0	0
6	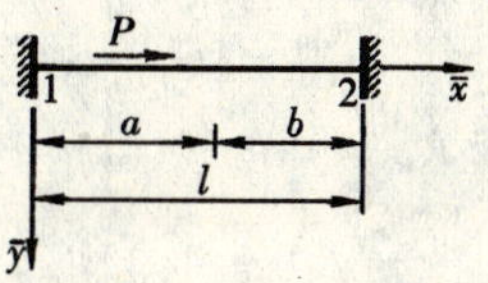	$\overline{F}_x$	$-P\frac{b}{l}$	$-P\frac{a}{l}$
		$\overline{F}_y$	0	0
		$\overline{M}$	0	0
7	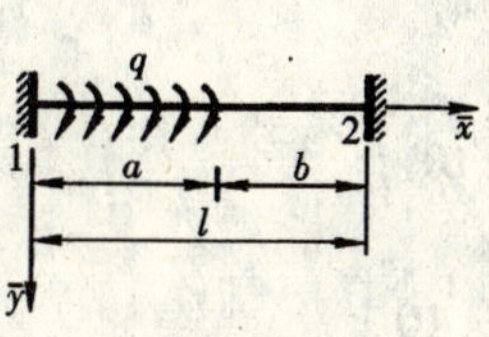	$\overline{F}_x$	0	0
		$\overline{F}_y$	$q\frac{a^2}{l^2}\left(\frac{a}{l}+3\frac{b}{l}\right)$	$-q\frac{a^2}{l^2}\left(\frac{a}{l}+3\frac{b}{l}\right)$
		$\overline{M}$	$-q\frac{b^2}{l^2}a$	$q\frac{a^2}{l^2}b$

§11-7 刚度集成法的计算步骤和算例

根据前面讲述的内容，现将刚度集成法分析平面杆结构的计算步骤归纳如下：

(1) 整理原始数据，选择结构的整体坐标系及每个单元的局部坐标系；对单元和结点编号，并考虑结点的约束条件，对结点的未知位移分量编号。

(2) 形成局部坐标系中的单元刚度矩阵$\overline{k}^e$。

(3) 形成整体坐标系中的单元刚度矩阵 k^e。

(4) 由单元两端的结点位移号形成单元定位向量 $\lambda^{(e)}$，用单元集成法，把单元刚度矩阵 k^e 的各元素“对号入座”，形成整体刚度矩阵 K。

(5) 求局部坐标系的单元等效结点荷载$\overline{F}_E^e$，转换成整体坐标系的单元等效结点荷载F_E^e，根据单元定位向量 $\lambda^{(e)}$，用单元集成法形成整体结构的等效结点荷载 P_E，再加上直接结点荷载 P_D，形成综合结点荷载 P。

(6) 求解结构刚度方程 $K\Delta = P$，求出结点位移 Δ。

(7) 取出单元杆端位移Δ^e，按式$\overline{F}^e = \overline{F}_F^e + \overline{k}^e\ \overline{\Delta}^e$，求各杆的杆端内力$\overline{F}^e$。

(8) 根据问题要求，由支座结点力平衡条件求支座反力及绘内力图等。

例 11-3 试求图 11-22a 所示刚架的内力。设各杆为矩形截面，横梁 $b_2 \cdot h_2 = 0.5\text{m} \times 1.26\text{m}$，立柱 $b_1 \cdot h_1 = 0.5\text{m} \times 1\text{m}$。

解 (1) 原始数据及编号

原始数据计算如下（为了计算上的方便，设 $E = 1$）：

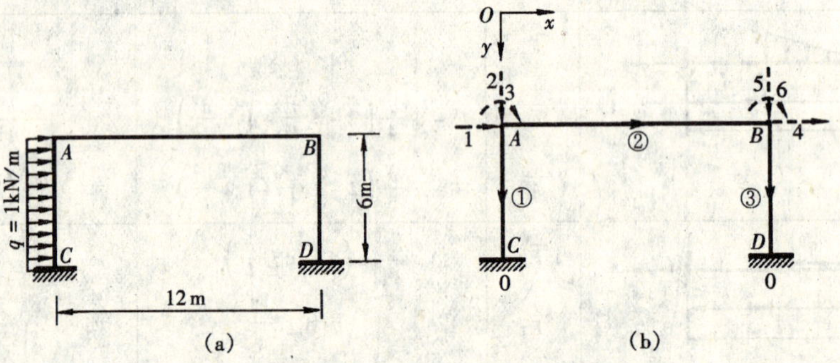

图 11-22 矩阵位移法计算刚架的内力

(a) 刚架及荷载；(b) 单元及结点位移编码

柱：

$$A_1 = 0.5\text{m}^2,\ I_1 = \frac{1}{24}\text{m}^2,\ l_1 = 6\text{m}$$

$$\frac{EI_1}{l_1} = 6.94 \times 10^{-3},\ \frac{EA_1}{l_1} = 83.3 \times 10^{-3}$$

$$\frac{2EI_1}{l_1} = 13.9 \times 10^{-3},\ \frac{4EI_1}{l_1} = 27.8 \times 10^{-3}$$

$$\frac{6EI_1}{l_1^2} = 6.94 \times 10^{-3},\ \frac{12EI_1}{l_1^3} = 2.31 \times 10^{-3}$$

梁：

$$A_2=0.63\text{m}^2,\ I_2=\frac{1}{12}\text{m}^4,\ l_2=12\text{m}$$

$$\frac{EI_2}{l_2}=6.94\times10^{-3},\ \frac{EA_2}{l_2}=52.5\times10^{-3}$$

$$\frac{2EI_2}{l_2}=13.9\times10^{-3},\ \frac{4EI_2}{l_2}=27.8\times10^{-3}$$

$$\frac{6EI_2}{l_2^2}=3.47\times10^{-3},\ \frac{12EI_2}{l_2^3}=0.58\times10^{-3}$$

单元编码示于图 11-22b，局部坐标用箭头的方向表示；整体坐标和结点位移分量的统一编码亦示于图 11-22b。

结点 C 和 D 为固定端，三个位移分量都为零，用 0 编码。结点 A 的编码为（1　2　3），结点 B 的编码为（4　5　6）。

(2) 形成局部坐标系中的单元刚度矩阵 $\overline{k}^e$

单元①和③：

$$\overline{k}^{(1)}=\overline{k}^{(3)}=\left[\begin{array}{ccc|ccc}83.3&0&0&-83.3&0&0\\0&2.31&6.94&0&-2.31&6.94\\0&6.94&27.8&0&-6.94&13.9\\\hline-83.3&0&0&83.3&0&0\\0&-2.31&-6.94&0&2.31&-6.94\\0&6.94&13.9&0&-6.94&27.8\end{array}\right]\times10^{-3}$$

单元②：

$$\overline{k}^{(2)}=\left[\begin{array}{ccc|ccc}52.5&0&0&-52.5&0&0\\0&0.58&3.47&0&-0.58&3.47\\0&3.47&27.8&0&-3.47&13.9\\\hline-52.5&0&0&52.5&0&0\\0&-0.58&-3.47&0&0.58&-3.47\\0&3.47&13.9&0&-3.47&27.8\end{array}\right]\times10^{-3}$$

(3) 计算整体坐标系中的单元刚度矩阵 k^e

在单元①和单元③中，$\alpha=90°$，故坐标转换矩阵为

$$T=\left[\begin{array}{ccc|ccc}0&1&0&&&\\-1&0&0&&0&\\0&0&1&&&\\\hline&&&0&1&0\\&0&&-1&0&0\\&&&0&0&1\end{array}\right]$$

$$k^{(1)} = k^{(3)} = T^T \overline{k}^{(1)} T = \left[\begin{array}{ccc|ccc} 2.31 & 0 & -6.94 & -2.31 & 0 & -6.94 \\ 0 & 83.3 & 0 & 0 & -83.3 & 0 \\ -6.94 & 0 & 27.8 & 6.94 & 0 & 13.9 \\ \hline -2.31 & 0 & 6.94 & 2.31 & 0 & 6.94 \\ 0 & -83.3 & 0 & 0 & 83.3 & 0 \\ -6.94 & 0 & 13.9 & 6.94 & 0 & 27.8 \end{array}\right] \times 10^{-3}$$

在单元②中：$\alpha = 0°$，所以，$T = I$

$$k^{(2)} = \overline{k}^{(2)}$$

(4) 用单元集成法形成整体刚度矩阵 K

由图 11-22b 中单元局部编码与结点位移统一编码的关系，各杆的单元定位向量可写出如下：

$$\lambda^{(1)} = \begin{Bmatrix} 1 \\ 2 \\ 3 \\ 0 \\ 0 \\ 0 \end{Bmatrix},\ \lambda^{(2)} = \begin{Bmatrix} 1 \\ 2 \\ 3 \\ 4 \\ 5 \\ 6 \end{Bmatrix},\ \lambda^{(3)} = \begin{Bmatrix} 4 \\ 5 \\ 6 \\ 0 \\ 0 \\ 0 \end{Bmatrix}$$

按照单元定位向量 $\lambda^{(e)}$，依次将各单元 k^e 中的元素在 K 中定位并累加，最后得到 K 如下：

$$K = \begin{array}{c} \\ 1 \\ 2 \\ 3 \\ 4 \\ 5 \\ 6 \end{array}\left[\begin{array}{cccccc} 1 & 2 & 3 & 4 & 5 & 6 \\ 54.81 & 00 & -6.94 & -52.5 & 0 & 0 \\ 0 & 83.88 & 3.47 & 0 & -0.58 & 3.47 \\ -6.94 & 3.47 & 55.6 & 0 & -3.47 & 13.9 \\ -52.5 & 0 & 0 & 54.81 & 0 & -6.94 \\ 0 & -0.58 & -3.47 & 0 & 83.88 & -3.47 \\ 0 & 3.47 & 13.9 & -6.94 & -3.47 & 55.6 \end{array}\right] \times 10^{-3}$$

(5) 求等效结点荷载 P_E

首先，求单元固端约束力 $\overline{F}_F^e$：

只有单元①有 $\overline{F}_F^e$，

$$\overline{F}_F^{(1)} = \begin{Bmatrix} 0 \\ 3 \\ 3 \\ \hdashline 0 \\ 3 \\ -3 \end{Bmatrix}$$

其次，求单元在整体坐标系中的等效结点荷载 F_E^e：

在单元①中，$\alpha = 90°$，故得

$$F_E^e = -T^{(1)T}\overline{F}_F^{(1)} = -\left[\begin{array}{ccc:ccc} 0 & -1 & 0 & & & \\ 1 & 0 & 0 & & 0 & \\ 0 & 0 & 1 & & & \\ \hdashline & & & 0 & -1 & 0 \\ & 0 & & 1 & 0 & 0 \\ & & & 0 & 0 & 1 \end{array}\right]\left\{\begin{array}{c} 0 \\ 3 \\ 3 \\ \hdashline 0 \\ 3 \\ -3 \end{array}\right\} = \left\{\begin{array}{c} 3 \\ 0 \\ -3 \\ \hdashline 3 \\ 0 \\ 3 \end{array}\right\}$$

按单元①定位向量 $\lambda^{(1)}$，将 F_E^e 中的元素在结构的等效结点荷载 P_E 中定位，得

$$P_E = \left\{\begin{array}{c} 3 \\ 0 \\ -3 \\ \hdashline 0 \\ 0 \\ 0 \end{array}\right\}$$

(6) 解基本方程

$$10^{-3} \times \left[\begin{array}{ccc:ccc} 54.81 & & -6.94 & -52.5 & & \\ & 83.88 & 3.47 & & -0.58 & 3.47 \\ -6.94 & 3.47 & 55.6 & & -3.47 & 13.9 \\ \hdashline -52.5 & & & 54.81 & & -6.94 \\ & -0.58 & -3.47 & & 83.88 & -3.47 \\ & 3.47 & 13.9 & -6.94 & -3.47 & 55.6 \end{array}\right]\left\{\begin{array}{c} u_A \\ v_A \\ \theta_A \\ \hdashline u_B \\ v_B \\ \theta_B \end{array}\right\} = \left\{\begin{array}{c} 3 \\ 0 \\ -3 \\ \hdashline 0 \\ 0 \\ 0 \end{array}\right\}$$

求得

$$\left\{\begin{array}{c} u_A \\ v_A \\ \theta_A \\ \hdashline u_B \\ v_B \\ \theta_B \end{array}\right\} = \left\{\begin{array}{c} 847 \\ -5.13 \\ 28.4 \\ \hdashline 824 \\ 5.13 \\ 96.5 \end{array}\right\}$$

(7) 求各杆杆端力 $\overline{F}^e$

在单元①中：先求 $F^{(1)}$，然后求 $\overline{F}^{(1)}$，

$$F^{(1)} = k^{(1)}\Delta^{(1)} + F_F^e = 10^{-3} \times \left[\begin{array}{ccc:ccc} 2.31 & 0 & -6.94 & -2.31 & 0 & -6.94 \\ 0 & 83.3 & 0 & 0 & -83.3 & 0 \\ -6.94 & 0 & 27.8 & 6.94 & 0 & 13.9 \\ \hdashline -2.31 & 0 & 6.94 & 2.31 & 0 & 6.94 \\ 0 & -83.3 & 0 & 0 & 83.3 & 0 \\ -6.94 & 0 & 13.9 & 6.94 & 0 & 27.8 \end{array}\right]$$

$$
+\begin{Bmatrix} -3 \\ 0 \\ 3 \\ \hdashline -3 \\ 0 \\ -3 \end{Bmatrix} = \begin{Bmatrix} -1.24 \\ -0.43 \\ -2.09 \\ \hdashline -4.76 \\ 0.43 \\ -8.49 \end{Bmatrix}
$$

由此可求得

$$
\overline{F}^{(1)} = TF^{(1)} = \begin{Bmatrix} -0.43 \\ 1.24 \\ -2.09 \\ \hdashline 0.43 \\ 4.76 \\ -8.49 \end{Bmatrix}
$$

在单元②中：

$$
F^{(2)} = F^{(2)} k^{(2)} \Delta^{(2)} = 10^{-3} \times \left[\begin{array}{ccc:ccc} 52.5 & 0 & 0 & -52.5 & 0 & 0 \\ 0 & 0.58 & 3.47 & 0 & -0.58 & 3.47 \\ 0 & 3.47 & 27.8 & 0 & -3.47 & 13.9 \\ \hdashline -52.5 & 0 & 0 & 52.5 & 0 & 0 \\ 0 & -0.58 & -3.47 & 0 & 0.58 & -3.47 \\ 0 & 3.47 & 13.9 & 0 & -3.47 & 27.8 \end{array}\right]
$$

$$
\times \begin{Bmatrix} 8.47 \\ -5.13 \\ 28.4 \\ \hdashline 824 \\ 5.13 \\ 96.5 \end{Bmatrix} = \begin{Bmatrix} 1.24 \\ 0.43 \\ 2.09 \\ \hdashline -1.24 \\ -0.43 \\ 3.04 \end{Bmatrix}
$$

在单元③中：

$$
F^{(3)} = k^{(3)} \Delta^{(3)} = 10^{-3} \times \left[\begin{array}{ccc:ccc} 2.31 & 0 & -6.94 & -2.31 & 0 & -6.94 \\ 0 & 83.3 & 0 & 0 & -83.3 & 0 \\ -6.94 & 0 & 27.8 & 6.94 & 0 & 13.9 \\ \hdashline -2.31 & 0 & 6.94 & 2.31 & 0 & 6.94 \\ 0 & -83.3 & 0 & 0 & 83.3 & 0 \\ -6.94 & 0 & 13.9 & 6.94 & 0 & 27.8 \end{array}\right]
$$

$$
\times \begin{Bmatrix} 824 \\ 5.13 \\ 96.5 \\ \hdashline 0 \\ 0 \\ 0 \end{Bmatrix} = \begin{Bmatrix} 1.24 \\ 0.43 \\ -3.04 \\ \hdashline -1.24 \\ -0.43 \\ 4.38 \end{Bmatrix}
$$

$$\overline{F}^{(3)} = TF^{(3)} = \begin{Bmatrix} 0.43 \\ -1.24 \\ -3.04 \\ \hdashline -0.43 \\ 1.24 \\ -4.38 \end{Bmatrix}$$

(8) 根据杆端力绘制内力图，如图 11-23a、b、c 所示。

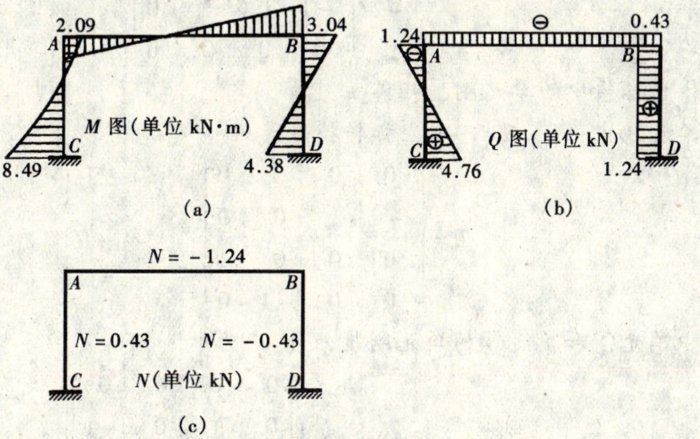

图 11-23　刚架最后内力图

(a) 弯矩图；(b) 剪力图；(c) 轴力图

例 11-4　试求图 11-24a 所示桁架的内力。各杆 EA 相同。

解　(1) 单元和结点位移分量的统一编码如图 11-24b 所示。

结点 A 和 B 为铰支承，两个位移分量都为零，用 0 编码。结点 C 的编码为 (1　2)，结点 D 的编码为 (3　4)。

单元的局部坐标用箭头方向表示，示于图 11-24b 中，整体坐标示于图 11-24b 中。

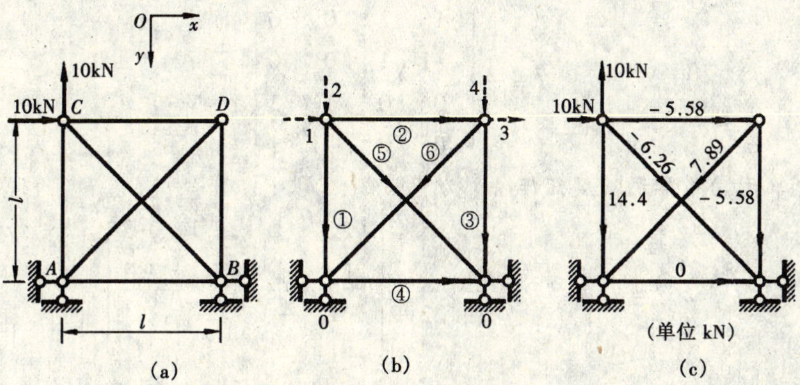

图 11-24　矩阵位移法计算平面桁架

(a) 桁架及荷载；(b) 单元及结点位移编码；(c) 各杆内力

(2) 在局部坐标系中的各单元刚度矩阵 $\overline{k}^e$

在局部坐标系中①、②、③、④的单元刚度矩阵$\overline{k}^e$相同

$$\overline{k}^{(1)}=\overline{k}^{(2)}=\overline{k}^{(3)}=\overline{k}^{(4)}=\frac{EA}{l}\begin{bmatrix}1&0&-1&0\\0&0&0&0\\-1&0&1&0\\0&0&0&0\end{bmatrix}$$

$$\overline{k}^{(5)}=\overline{k}^{(6)}=\frac{EA}{\sqrt{2}l}\begin{bmatrix}1&0&-1&0\\0&0&0&0\\-1&0&1&0\\0&0&0&0\end{bmatrix}$$

(3) 形成整体坐标系中的单元刚度矩阵 k^e

在单元①和单元③中：$\alpha=90°$，则坐标转换矩阵为

$$T=\begin{bmatrix}0&0&0&0\\-1&1&0&0\\0&0&0&1\\0&0&-1&0\end{bmatrix}$$

整体坐标系中单元①和单元③的单元刚度矩阵 k^e 为

$$\overline{k}^{(1)}=\overline{k}^{(3)}=T^T\overline{k}^{(1)}T=\frac{EA}{l}\begin{bmatrix}0&0&0&0\\0&1&0&-1\\0&0&0&0\\0&-1&0&1\end{bmatrix}$$

在单元②和单元④中：$\alpha=0°$，则整体坐标系中单元②和单元④的单元刚度矩阵 k^e 为

$$k^{(2)}=k^{(4)}=\overline{k}^{(2)}=\frac{EA}{l}\begin{bmatrix}1&0&-1&0\\0&0&0&0\\-1&0&1&0\\0&0&0&0\end{bmatrix}$$

在单元⑤中：$\alpha=45°$，则坐标转换矩阵为

$$T=\frac{1}{\sqrt{2}}\begin{bmatrix}1&1&0&0\\-1&1&0&0\\0&0&1&1\\0&0&-1&1\end{bmatrix}$$

整体坐标系中单元⑤的单元刚度矩阵 $k^{(5)}$为

$$k^{(5)}=T^T\overline{k}^{(5)}T=\frac{EA}{l}\times\frac{1}{2\sqrt{2}}\begin{bmatrix}1&1&-1&-1\\1&1&-1&-1\\-1&-1&1&1\\-1&-1&1&1\end{bmatrix}$$

在单元⑥中：$\alpha=135°$，则坐标转换矩阵为

$$T=\frac{1}{\sqrt{2}}\begin{bmatrix}-1&-1&0&0\\1&1&0&0\\0&0&-1&1\\0&0&-1&-1\end{bmatrix}$$

整体坐标系中单元⑥的单元刚度矩阵 $k^{(6)}$ 为

$$k^{(6)}=T^T\bar{k}^{(6)}T=\frac{EA}{l}\times\frac{1}{2\sqrt{2}}\left[\begin{array}{cc:cc}1&-1&-1&1\\-1&1&1&-1\\ \hdashline -1&1&1&-1\\1&-1&-1&1\end{array}\right]$$

(4) 用刚度集成法形成整体刚度矩阵 K

由图 11-24b 可得各单元定位向量 $\lambda^{(e)}$ 为

$$\lambda^{(1)}=\begin{Bmatrix}1\\2\\0\\0\end{Bmatrix},\ \lambda^{(2)}=\begin{Bmatrix}1\\2\\3\\4\end{Bmatrix},\ \lambda^{(3)}=\begin{Bmatrix}3\\4\\0\\0\end{Bmatrix},$$

$$\lambda^{(4)}=\begin{Bmatrix}0\\0\\0\\0\end{Bmatrix},\ \lambda^{(5)}=\begin{Bmatrix}1\\2\\0\\0\end{Bmatrix},\ \lambda^{(6)}=\begin{Bmatrix}3\\4\\0\\0\end{Bmatrix}$$

根据各单元定位向量 $\lambda^{(e)}$，将各单元刚度矩阵 k^e 中的元素在整体刚度矩阵 K 中进行定位，并与前阶段结果累加，最后得整体刚度矩阵 K 为

$$K=\begin{array}{c}\\1\\2\\3\\4\end{array}\begin{array}{c}\begin{array}{cccc}1&2&3&4\end{array}\\\left[\begin{array}{cccc}1.35&0.35&-1&0\\0.35&1.35&0&0\\-1&0&1.35&-0.35\\0&0&-0.35&1.35\end{array}\right]\end{array}\frac{EA}{l}$$

(5) 在桁架中，综合结点荷载即为结点荷载 P，由图 11-24a、b 可得结点荷载 P 为

$$P=\begin{Bmatrix}10\\-10\\ \hdashline 0\\0\end{Bmatrix}$$

(6) 解基本方程

$$\frac{EA}{l}\left[\begin{array}{cc:cc}1.35&0.35&-1&0\\0.35&1.35&0&0\\ \hdashline -1&0&1.35&-0.35\\0&0&-0.35&1.35\end{array}\right]\begin{Bmatrix}u_C\\v_C\\ \hdashline u_D\\v_D\end{Bmatrix}=\begin{Bmatrix}10\\-10\\ \hdashline 0\\0\end{Bmatrix}$$

可得

$$\begin{Bmatrix}u_C\\v_C\\ \hdashline u_D\\v_D\end{Bmatrix}=\begin{Bmatrix}26.94\\-14.42\\ \hdashline 21.36\\5.58\end{Bmatrix}\frac{1}{EA}$$

(7) 求各杆杆端力 $\overline{F}^e$

单元①：

$$\overline{F}^{(1)}=TF^{(1)}=Tk^{(1)}\Delta^{(1)}=\begin{bmatrix}0&1&0&0\\-1&0&0&0\\0&0&0&1\\0&0&-1&0\end{bmatrix}\times\begin{bmatrix}0&0&0&0\\0&1&0&-1\\0&0&0&0\\0&-1&0&1\end{bmatrix}\begin{Bmatrix}26.94\\-14.42\\0\\0\end{Bmatrix}$$

$$=\begin{Bmatrix}-14.4\\0\\14.4\\0\end{Bmatrix}$$

单元②：

$$\overline{F}^{(2)}=F^{(2)}=k^{(2)}\Delta^{(2)}=\begin{bmatrix}1&0&-1&0\\0&0&0&0\\-1&0&1&0\\0&0&0&0\end{bmatrix}\begin{Bmatrix}26.94\\-14.42\\21.36\\5.58\end{Bmatrix}=\begin{Bmatrix}5.58\\0\\-5.58\\0\end{Bmatrix}$$

单元③：

$$\overline{F}^{(3)}=TF^{(3)}=Tk^{(3)}\Delta^{(3)}=\begin{bmatrix}0&1&0&0\\-1&0&0&0\\0&0&0&1\\0&0&-1&0\end{bmatrix}\begin{bmatrix}0&0&0&0\\0&1&0&-1\\0&0&0&0\\0&-1&0&1\end{bmatrix}\times\begin{Bmatrix}21.36\\5.58\\0\\0\end{Bmatrix}$$

$$=\begin{Bmatrix}58.8\\0\\-5.58\\0\end{Bmatrix}$$

单元④：

$$\overline{F}^{(4)}=F^{(4)}=k^{(4)}\Delta^{(4)}=0$$

单元⑤：

$$\overline{F}^{(5)}=TF^{(5)}=Tk^{(5)}\Delta^{(5)}=\frac{1}{\sqrt{2}}\begin{bmatrix}1&1&0&0\\-1&0&0&0\\0&0&1&1\\0&0&-1&1\end{bmatrix}\times\frac{1}{2\sqrt{2}}\begin{bmatrix}1&1&-1&-1\\1&1&-1&-1\\-1&-1&1&1\\-1&-1&1&1\end{bmatrix}$$

$$\times\begin{Bmatrix}26.94\\-14.42\\0\\0\end{Bmatrix}=\begin{Bmatrix}6.26\\0\\-6.26\\0\end{Bmatrix}$$

单元⑥：

$$\overline{F}^{(6)}=TF^{(6)}=Tk^{(6)}\Delta^{(6)}=\frac{1}{\sqrt{2}}\begin{bmatrix}-1&1&0&0\\-1&-1&0&0\\0&0&-1&1\\0&0&-1&-1\end{bmatrix}\times\frac{1}{2\sqrt{2}}\begin{bmatrix}1&-1&-1&1\\-1&1&1&-1\\-1&1&1&-1\\1&-1&-1&1\end{bmatrix}$$

$$\times\begin{Bmatrix}21.36\\5.58\\\hdashline 0\\0\end{Bmatrix}=\begin{Bmatrix}-7.89\\0\\\hdashline 7.89\\0\end{Bmatrix}$$

各杆内力值标在图 11-24c 中桁架的各杆旁边。

例 11-5　试求图 11-25 所示组合结构的内力。设横梁截面抗拉刚度和抗弯刚度分别 EA 为和 EI，且 $EA=2EI/\mathrm{m}^2$。已知吊杆截面抗拉刚度 $E_1A_1=\dfrac{EI}{20}/\mathrm{m}^2$。

解　(1) 单元和结点位移分量的统一编码如图 11-25 中所示。

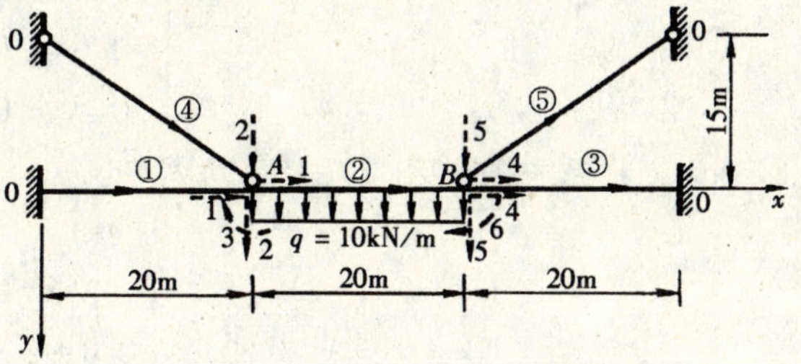

图 11-25　矩阵位移法求组合结构的内力

横梁固定端的三个位移分量都为零，用 0 编码。拉杆④和⑤在支座处的两个线位移分量均为零，也用 0 编码。单元①和②间刚结点 A，编码为 (1　2　3)。单元②和③间刚结点 B，编码为 (4　5　6)。单元④、⑤和横梁的铰结点处，线位移不独立，因此，应采用相同编码，分别为 (1　2) 和 (4　5)。所选取的局部坐标系和整体坐标系如图 11-25 中所示。

(2) 求局部坐标系中的单元刚度矩阵 $\overline{k}^e$。

单元①、②、③为梁式杆，按一般平面刚架杆件单元的形式形成单元刚度矩阵 $\overline{k}^e$。

$$\overline{k}^{(1)}=\overline{k}^{(2)}=\overline{k}^{(3)}=\left[\begin{array}{ccc:ccc}2&0&0&-2&0&0\\0&0.03&0.3&0&-0.03&0.3\\0&0.3&4&0&-0.3&2\\\hdashline -2&0&0&2&0&0\\0&-0.03&-0.3&0&0.03&-0.3\\0&0.3&2&0&-0.3&4\end{array}\right]\times\frac{EI}{20}$$

单元④、⑤为桁架杆件，按桁架杆件单元的形式形成单元刚度矩阵 $\overline{k}^e$。

$$\overline{k}^{(4)}=\overline{k}^{(5)}=\left[\begin{array}{cc:cc}0.04&0&-0.04&0\\0&0&0&0\\\hdashline -0.04&0&0.04&0\\0&0&0&0\end{array}\right]\times E_1A_1$$

(3) 形成整体坐标系中的单元刚度矩阵 k^e。

单元①、②、③：$\alpha=0°$，所以

$$k^{(1)}=k^{(2)}=k^{(3)}=\overline{k}^{(1)}=\overline{k}^{(2)}=\overline{k}^{(3)}$$

单元④：$\cos\alpha=0.8$，$\sin\alpha=0.6$。单元④的坐标转换矩阵为

$$T^{(4)}=\left[\begin{array}{cc:cc}0.8&0.6&0&0\\-0.6&0.8&0&0\\\hdashline 0&0&0.8&0.6\\0&0&-0.6&0.8\end{array}\right]$$

则整体坐标系中的单元刚度矩阵 $k^{(4)}$ 为

$$k^{(4)}=T^{(4)}{}^{T}\bar{k}^{(4)}T^{(4)}=\begin{matrix} & (1) & (2) & (3) & (4) \\ (1) & 0.0256 & 0.0192 & -0.0256 & -0.0192 \\ (2) & 0.0192 & 0.0144 & -0.0192 & -0.0144 \\ (3) & -0.0256 & -0.0192 & 0.0256 & 0.0192 \\ (4) & -0.0192 & -0.0144 & 0.0192 & 0.014 \end{matrix}\,E_1A_1$$

单元⑤：$\cos\alpha=0.8$，$\sin\alpha=-0.6$。单元⑤的坐标转换矩阵为

$$T^{(5)}=\begin{bmatrix} 0.8 & -0.6 & 0 & 0 \\ 0.6 & 0.8 & 0 & 0 \\ 0 & 0 & 0.8 & -0.6 \\ 0 & 0 & 0.6 & 0.8 \end{bmatrix}$$

则整体坐标系中的单元刚度矩阵 $k^{(5)}$ 为

$$k^{(5)}=T^{(5)}{}^{T}\bar{k}^{(5)}T^{(5)}=\begin{matrix} & (1) & (2) & (3) & (4) \\ (1) & 0.0256 & -0.0192 & -0.0256 & 0.0192 \\ (2) & -0.0192 & 0.0144 & 0.0192 & -0.0144 \\ (3) & -0.0256 & 0.0192 & 0.0256 & -0.0192 \\ (4) & 0.0192 & -0.0144 & -0.0192 & 0.014 \end{matrix}\,E_1A_1$$

(4) 用单元集成法形成整体刚度矩阵 K。

图 11-25 中，各单元的$\bar{x}$轴正方向用箭头标明。各杆的单元定位向量可由图直接写出如下：

$$\lambda^{(1)}=\begin{Bmatrix}0\\0\\0\\1\\2\\3\end{Bmatrix},\ \lambda^{(2)}=\begin{Bmatrix}1\\2\\3\\4\\5\\6\end{Bmatrix},\ \lambda^{(3)}=\begin{Bmatrix}4\\5\\6\\0\\0\\0\end{Bmatrix}$$

$$\lambda^{(4)}=\begin{Bmatrix}0\\0\\1\\2\end{Bmatrix},\ \lambda^{(5)}=\begin{Bmatrix}4\\5\\0\\0\end{Bmatrix}$$

按照单元定位向量 $\lambda^{(e)}$，将整体坐标系中各单元刚度矩阵 k^e 中的元素在 K 中定位并与前阶段结果累加，最后得到整体刚度矩阵 K（集成时用 $E_1A_1=\dfrac{EI}{20}$的关系），即

$$K=\begin{matrix} & 1 & 2 & 3 & 4 & 5 & 6 \\ 1 & 4.0256 & 0.0192 & 0 & -2 & 0 & 0 \\ 2 & 4.0192 & 0.0744 & 0 & 0 & -0.03 & 0.3 \\ 3 & 0 & 0 & 8 & 0 & -0.3 & 2 \\ 4 & -2 & 0 & 0 & 4.0256 & -0.0192 & \\ 5 & 0 & -0.03 & -0.3 & -0.0192 & 0.0744 & \\ 6 & 0 & 0.3 & 2 & 0 & 0 & 8 \end{matrix}$$

(5) 求等效结点荷载 P_E。

首先，求单元固端约束力$\overline{F}_F^e$。

只有单元②有$\overline{F}_F^{(2)}$。因为无需转换坐标，所以

$$\overline{F}_E^{(2)} = -\overline{F}_F^{(2)} = -\overline{F}_F^{(2)} = -\begin{Bmatrix} 0 \\ -\frac{200}{2} \\ -\frac{10}{12}\times 400 \\ \hdashline 0 \\ -\frac{200}{2} \\ \frac{10}{12}\times 400 \end{Bmatrix} = \begin{matrix}(1)\\(2)\\(3)\\(4)\\(5)\\(6)\end{matrix}\begin{Bmatrix} 0 \\ 100 \\ 333 \\ \hdashline 0 \\ 100 \\ -333 \end{Bmatrix}$$

根据单元定位向量$\lambda^{(2)}$将$\overline{F}_E^{(2)}$中的元素在P_E中进行定位，得

$$P = P_E = \begin{matrix}1\\2\\3\\4\\5\\6\end{matrix}\begin{Bmatrix} 0 \\ 100 \\ 333 \\ \hdashline 0 \\ 100 \\ -333 \end{Bmatrix}$$

(6) 解基本方程

$$\frac{EI}{20}\times\left[\begin{array}{ccc:ccc} 4.0256 & 0.0192 & 0 & -2 & 0 & 0 \\ 0.0192 & 0.0744 & 0 & 0 & -0.03 & 0.3 \\ 0 & 0 & 8 & 0 & -0.3 & 2 \\ \hdashline -2 & 0 & 0 & 4.0256 & -0.0192 & 0 \\ 0 & -0.03 & -0.3 & -0.0192 & 0.0744 & 0 \\ & 0.3 & 2 & 0 & 0 & 8 \end{array}\right]\begin{Bmatrix} u_A \\ v_A \\ \theta_A \\ \hdashline u_B \\ v_B \\ \theta_B \end{Bmatrix} = \begin{Bmatrix} 0 \\ 100 \\ 333 \\ \hdashline 0 \\ 100 \\ -333 \end{Bmatrix}$$

可得

$$\begin{Bmatrix} u_A \\ v_A \\ \theta_A \\ \hdashline u_B \\ v_B \\ \theta_B \end{Bmatrix} = \frac{20}{EI}\times\begin{Bmatrix} -12.67 \\ 3976 \\ 254.3 \\ \hdashline 12.67 \\ 3976 \\ -254.3 \end{Bmatrix}$$

(7) 求各杆杆端力$\overline{F}^e$

单元①：

$$\overline{F}^{(1)} = \frac{EI}{20}\times\left[\begin{array}{ccc:ccc} 2 & 0 & 0 & -2 & 0 & 0 \\ 0 & 0.03 & 0.3 & 0 & -0.03 & 0.3 \\ 0 & 0.3 & 4 & 0 & -0.3 & 2 \\ \hdashline -2 & 0 & 0 & 2 & 0 & 0 \\ 0 & -0.03 & -0.3 & 0 & 0.03 & -0.3 \\ 0 & 0.3 & 2 & 0 & -0.3 & 4 \end{array}\right]\times\frac{20}{EI}\times\begin{Bmatrix} 0 \\ 0 \\ 0 \\ \hdashline -12.67 \\ 3976 \\ 254.3 \end{Bmatrix}$$

$$=\begin{Bmatrix}25.34\\-42.99\\-684.2\\ \hdashline -25.34\\42.99\\-175.6\end{Bmatrix}$$

单元②：

$$\overline{F}^{(2)}=\frac{EI}{20}\times\left[\begin{array}{ccc:ccc}2&0&0&-2&0&0\\0&0.03&0.3&0&-0.03&0.3\\0&0.3&4&0&-0.3&2\\ \hdashline -2&0&0&2&0&0\\0&-0.03&-0.3&0&0.03&-0.3\\0&0.3&2&0&-0.3&4\end{array}\right]\times\frac{20}{EI}\times\begin{Bmatrix}-12.67\\3976\\254.3\\ \hdashline 12.67\\3976\\-254.3\end{Bmatrix}$$

$$+\begin{Bmatrix}0\\-100\\-333\\ \hdashline 0\\-100\\333\end{Bmatrix}=\begin{Bmatrix}-50.68\\-100\\175.6\\ \hdashline 50.68\\-100\\-175.6\end{Bmatrix}$$

单元③的杆端力与单元①的杆端力对称，从略。

单元④：

$$\overline{F}^{(4)}=\overline{k}^{(4)}T^{(4)}\Delta^{(4)}=\frac{EI}{20}\times\left[\begin{array}{cc:cc}0.04&0&-0.04&0\\0&0&0&0\\ \hdashline -0.04&0&0.04&0\\0&0&0&0\end{array}\right]\times\left[\begin{array}{cc:cc}0.8&0.6&&\\-0.6&0.8&\multicolumn{2}{c}{0}\\ \hdashline &&0.8&0.6\\\multicolumn{2}{c:}{0}&-0.6&0.8\end{array}\right]$$

$$\times\begin{Bmatrix}0\\0\\ \hdashline -12.67\\3976\end{Bmatrix}\times\frac{20}{EI}=\begin{Bmatrix}-95.02\\0\\ \hdashline 95.02\\0\end{Bmatrix}$$

同理可得

$$\overline{F}^{(5)}=\begin{Bmatrix}-95.02\\0\\ \hdashline 95.02\\0\end{Bmatrix}$$

(8) 作内力图

根据所求得的各单元在局部坐标系中的杆端力$\overline{F}^{e}$做出内力图如图 11-26 所示。

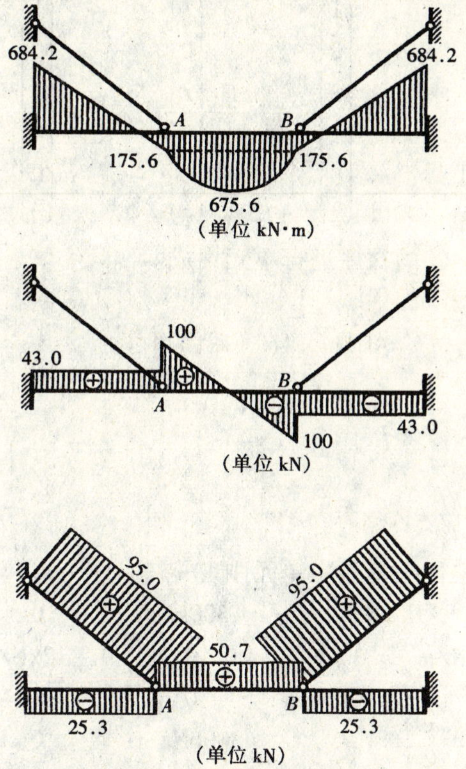

图 11-26　组合结构的 M、Q、N 图

§11-8　忽略轴向变形时平面刚架的整体分析

工程中常遇到由横梁竖柱组成的矩形刚架，通常轴向变形的影响很小，可以忽略不计。本节讨论这种刚架整体分析的一些方法。

以图 11-27 所示矩形刚架为例进行说明。

首先，考虑结点位移分量的统一编码：

在固定端 B 和 D 处，三个位移分量都为零，总码编为（0　0　0）。因为忽略轴向变形的影响，在刚结点 A 处，在铰结点 C_1 和 C_2 处，竖向位移分量都为零，故其编码也应为零码。此外，因为忽略轴向变形影响，结点 A、C_1 和 C_1 的水平位移分量都相等，因此它们的线位移应采用相同的编码。所以，结点 A 的总码编为（1　0　2），结点 C_1 的总码编为（1　0　3），结点 C_2 的总码编为（1　0　4）。

其次，考虑单元定位向量：

在图 11-27 中，单元①、②、③的 $\bar{x}$ 轴正方向用箭头标明。各杆的单元定位向量可由图直接写出如下：

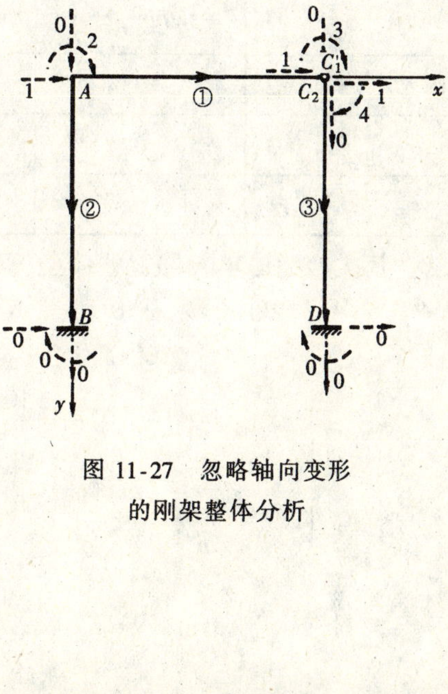

图 11-27　忽略轴向变形的刚架整体分析

$$\lambda^{(1)}=\begin{Bmatrix}1\\0\\2\\1\\0\\3\end{Bmatrix},\ \lambda^{(2)}=\begin{Bmatrix}1\\0\\2\\0\\0\\0\end{Bmatrix},\ \lambda^{(3)}=\begin{Bmatrix}1\\0\\4\\0\\0\\0\end{Bmatrix}$$

最后，按单元①、②、③的次序进行单元集成。

设刚架中各杆尺寸相同，即

$l_{AB}=l_{AC}=l_{CD}=l=5\text{m}$，$bh=0.5\text{m}\times1\text{m}$（截面尺寸）

$A=0.5\text{m}$，$I=\dfrac{1}{24}\text{m}^4$

$E=3\times10^4\text{MPa}$

$\dfrac{EA}{l}=300\times10^4\text{kN/m}$，$\dfrac{EI}{l}=25\times10^4\text{kN}\cdot\text{m}$

首先，考虑单元①：整体坐标系中单元刚度矩阵 $k^{(1)}$ 为

$$k^{(1)}=\begin{bmatrix}300\text{kN/m} & 0 & 0 & -300\text{kN/m} & 0 & 0\\ & 12\text{kN/m} & 30\text{kN} & 0 & -12\text{kN/m} & 30\text{kN}\\ & & 100\text{kN}\cdot\text{m} & 0 & -30\text{kN} & 50\text{kN}\cdot\text{m}\\ & & & 300\text{kN/m} & 0 & 0\\ & \text{对称} & & & 12\text{kN/m} & -30\text{kN}\\ & & & & & 100\text{kN}\cdot\text{m}\end{bmatrix}\times10^4$$

根据单元定位向量 $\lambda^{(1)}$将 $k^{(1)}$中的元素在 K 中进行定位，即得 K 的第一阶段结果如下：

	(1)、(4) ↓ 1	(3) ↓ 2	(6) ↓ 3	4
(1)、(4) →2	300 − 300 − 300 + 300	0 + 0	0 + 0	0
(3) →2	0	100	50	0
(6) →3	0	50	100	0
4	0	0	0	0

$\times10^4$

其次，考虑单元②：整体坐标系中单元刚度矩阵 $k^{(2)}$ 为

$$k^{(2)}=\begin{bmatrix}12\text{kN/m} & 0 & -30\text{kN} & -12\text{kN/m} & 0 & -30\text{kN}\\ & 300\text{kN/m} & 0 & 0 & -300\text{kN/m} & 0\\ & & 100\text{kN}\cdot\text{m} & 30\text{kN} & 0 & 50\text{kN}\cdot\text{m}\\ & & & 12\text{kN/m} & 0 & 30\text{kN}\\ & \text{对称} & & & 300\text{kN/m} & 0\\ & & & & & 100\text{kN}\cdot\text{m}\end{bmatrix}\times10^4$$

根据单元定位向量 $\lambda^{(2)}$ 将 $k^{(2)}$ 中的元素在 K 中进行定位并与前一阶段结果累加，即得 K 的第二阶段结果如下：

	(1) ↓ 1	(3) ↓ 2	3	4	
(1) →1	0 + (12)	(−30)	0	0	
(3) →2	(−30)	100 + (100)	50	0	$\times 10^4$
→3	0	50	100	0	
4	0	0	0	0	

最后，考虑单元③：$k^{(3)}=k^{(2)}$，根据单元定位向量 $\lambda^{(3)}$ 将 $k^{(3)}$ 中的元素在 K 中进行定位并与前一阶段结果累加，即得 K 的最后结果如下：

	(1) ↓ 1	2	3	(3) ↓ 4	
(1) →1	12 + (12)	−30	0	(−30)	
2	−30	200	50	0	$\times 10^4 = K$
3	0	50	100	0	
(3) →4	(−30)	0	0	(100)	

例 11-6　试求图 11-28 所示刚架的内力，截面尺寸同例 11-3。计算时忽略轴向变形的影响。

解　(1) 原始数据及编码

原始数据同例 11-3。

单元编码及结点位移分量的统一编码如图 11-28 所示。除结点 C 和 D 为固定端，用 0 编码外，结点 A 和 B 的竖向位移均为零，用 0 编码。结点 A 和 B 的水平位移相同，编码同为 1。

(2) 形成局部坐标系中的单元刚度矩阵 $\overline{k}^e$，其结果同例 11-3。

(3) 计算整体坐标系中的单元刚度矩阵是 k^e，其结果同例 11-3。

(4) 用单元集成法形成整体刚度矩阵 K

由图 11-28 中单元局部编码与结点位移统一编码的对应关系，各杆的单元定位向量可写出如下：

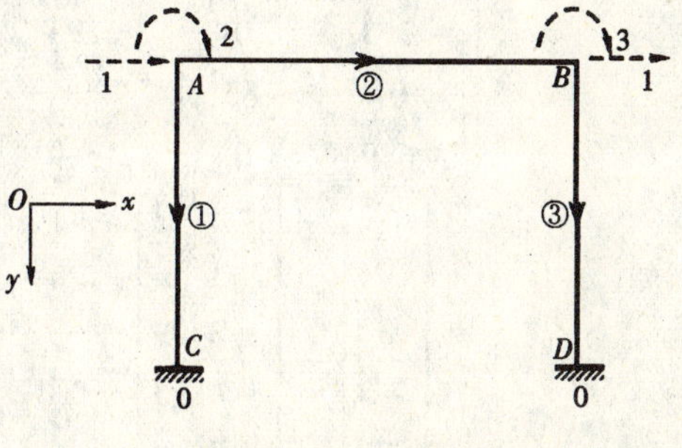

图 11-28　忽略轴向变形的刚架内力计算

$$\lambda^{(1)}=\begin{Bmatrix}1\\0\\2\\0\\0\\0\end{Bmatrix},\ \lambda^{(2)}=\begin{Bmatrix}1\\0\\2\\1\\0\\3\end{Bmatrix},\ \lambda^{(3)}=\begin{Bmatrix}1\\0\\3\\0\\0\\0\end{Bmatrix}$$

根据各单元定位向量 $\lambda^{(e)}$，依次将各单元刚度矩阵 k^e 中的元素在整体刚度矩阵 K 中进行定位并累加，最后得到 K 如下：

$$K=\begin{bmatrix}4.62 & -6.94 & -6.94\\-6.94 & 55.6 & 13.9\\-6.94 & 13.9 & 55.6\end{bmatrix}\times10^{-3}$$

(5) 求等效结点荷载 P_E

单元在整体坐标系中的等效结点荷载 $F_E^{(1)}$，其结果同例 11-3。

按照单元定位向量 $\lambda^{(1)}$，将 $F_E^{(1)}$ 中的元素在 P_E 中定位，得

$$P=P_E=\begin{Bmatrix}3\\-3\\0\end{Bmatrix}$$

(6) 解基本方程

$$10^{-3}\times\begin{bmatrix}4.62 & -6.94 & -6.94\\-6.94 & 55.6 & 13.9\\-6.94 & 13.9 & 55.6\end{bmatrix}\begin{Bmatrix}u_A\\\theta_A\\\theta_B\end{Bmatrix}=\begin{Bmatrix}3\\-3\\0\end{Bmatrix}$$

求得

$$\begin{Bmatrix}u_A\\\theta_A\\\theta_B\end{Bmatrix}=\begin{Bmatrix}0.838\\0.0261\\0.0979\end{Bmatrix}\times10^{3}$$

(7) 求各杆杆端力 $\overline{F}^e$

单元①：

$$F^{(1)}=\left[\begin{array}{ccc|ccc}2.31 & 0 & -6.94 & -2.31 & 0 & -6.94\\0 & 83.3 & 0 & 0 & -83.3 & 0\\-6.94 & 0 & 27.8 & 6.94 & 0 & 13.9\\\hline -2.31 & 0 & 6.94 & 2.31 & 0 & 6.94\\0 & -83.3 & 0 & 0 & 83.3 & 0\\-6.94 & 0 & 13.9 & 6.94 & 0 & 27.8\end{array}\right]\begin{Bmatrix}0.838\\0\\0.0261\\\hline 0\\0\\0\end{Bmatrix}$$

$$+\begin{Bmatrix}-3\\0\\3\\\hline -3\\0\\-3\end{Bmatrix}=\begin{Bmatrix}-1.25\\0\\-2.09\\\hline -4.75\\0\\-8.41\end{Bmatrix}$$

$$\overline{F}^{(1)} = TF^{(1)} = \begin{Bmatrix} 0 \\ 1.25 \\ -2.09 \\ \hdashline 0 \\ 4.75 \\ -8.41 \end{Bmatrix}$$

单元②：

$$\overline{F}^{(2)} = F^{(2)} = \left[\begin{array}{ccc:ccc} 52.5 & 0 & 0 & -52.5 & 0 & 0 \\ 0 & 0.58 & 3.47 & 0 & -0.58 & 3.47 \\ 0 & 3.47 & 27.8 & 0 & -3.47 & 13.9 \\ \hdashline -52.5 & 0 & 0 & 52.5 & 0 & 0 \\ 0 & -0.58 & -3.47 & 0 & 0.58 & -3.47 \\ 0 & 3.47 & 13.9 & 0 & -3.47 & 27.8 \end{array}\right] \begin{Bmatrix} 0.838 \\ 0 \\ 0.0261 \\ \hdashline 0.838 \\ 0 \\ 0.0979 \end{Bmatrix}$$

$$= \begin{Bmatrix} 0 \\ 0.43 \\ 2.09 \\ \hdashline 0 \\ -0.43 \\ 3.09 \end{Bmatrix}$$

单元③：

$$F^{(3)} = \left[\begin{array}{ccc:ccc} 2.31 & 0 & -6.94 & -2.31 & 0 & -6.94 \\ 0 & 83.3 & 0 & 0 & -83.3 & 0 \\ -6.94 & 0 & 27.8 & 6.94 & 0 & 13.0 \\ \hdashline -2.31 & 0 & 6.94 & 2.31 & 0 & 6.94 \\ 0 & -83.3 & 0 & 0 & 83.3 & 0 \\ -6.94 & 0 & 13.9 & 6.94 & 0 & 27.8 \end{array}\right] \begin{Bmatrix} 0.838 \\ 0 \\ 0.0979 \\ \hdashline 0 \\ 0 \\ 0 \end{Bmatrix} = \begin{Bmatrix} 1.25 \\ 0 \\ -3.09 \\ \hdashline -1.25 \\ 0 \\ -4.47 \end{Bmatrix}$$

$$\overline{F}^{(3)} = TF^{(3)} = \begin{Bmatrix} 0 \\ -1.25 \\ -3.09 \\ \hdashline 0 \\ 1.25 \\ -4.47 \end{Bmatrix}$$

(8) 根据杆端弯矩和杆端剪力绘制弯矩图和剪力图

弯矩图和剪力图如图 11-29a、b 所示。

由于假设杆件的轴向变形为零，因此根据刚度方程求出的杆端轴力为零，而图 11-29c 所示的轴力图是根据平衡条件由剪力图得出的。

与例 11－3 所得结果相比，杆件的轴向变形考虑与否，对内力影响很小。但当刚架柱顶

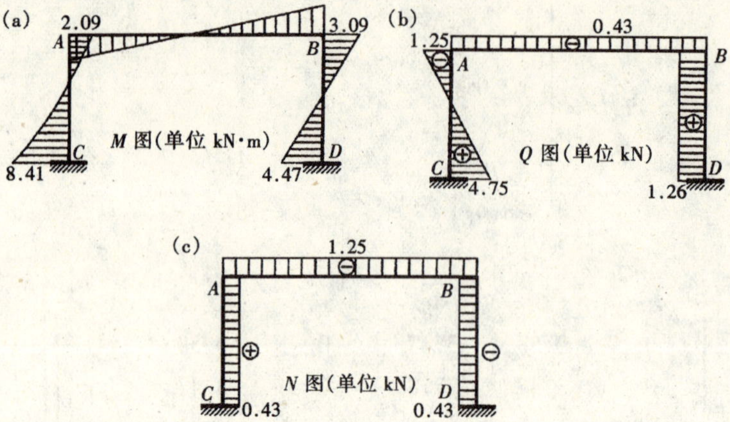

图 11-29 刚架的内力图

(a) 弯矩图；(b) 剪力图；(c) 轴力图

承受较大的竖向荷载时，杆件轴向变形考虑与否，其内力就有显著差别。这是因为当刚架柱中轴力相当大时，由于柱的长度改变，引起刚架几何形状的变化，影响结点位移，从而影响刚架的内力。当横梁刚度增大，其影响更大，因此在高层刚架或承受较大轴向力的刚架中，轴向变形影响不应忽略。

§11-9 后 处 理 法

在应用矩阵位移法计算结构内力和位移时，结构的边界条件可在形成结构刚度方程之前或之后处理，因而矩阵位移法又分为先处理法与后处理法两种。

先处理法在计算结构内力和位移时，结构中采用自由式单元的刚度矩阵，而在形成结构刚度方程时，由单元刚度矩阵直接形成已考虑边界条件的结构总刚度矩阵，结构的结点位移分量只需引入独立的未知位移分量，结点力向量不包括支座反力，即对支承条件进行先处理。显然，先处理法对于有铰结点以及支承结点较多且分散的结构最为方便，当忽略轴向变形时，可减少计算机存放量，计算速度等会得到改善。

后处理法是先将结构中的所有单元均采用自由式单元刚度矩阵，先形成结构的原始刚度矩阵，然后根据已知位移边界条件，对原始刚度矩阵进行边界条件处理，再形成结构总刚度矩阵或结构总刚度方程。用该法分析结构时，每个结点的位移分量数是相同的，各单元刚度矩阵的阶数也是相同的。但由于原始刚度方程中包括了已知支座位移分量，所以后处理法的主要缺点是需要占用较多的计算机存放量，当结构中某些杆件的轴向变形可忽略时则更甚。后处理法对于结点多、支座约束少，必须考虑轴向变形的结构，得到广泛的使用。

与先处理法相比，后处理法的基本思路与之相同，其不同点为：

1. 结构中各杆件均作为自由式单元来建立单元刚度矩阵。

2. 由各杆单元刚度矩阵首先集成原始刚度矩阵，然后经边界条件处理，得到结构刚度矩阵。

3. 结构中的结点位移分量，不仅包括不受支座约束的自由结点位移分量，也包括受约束的可能的结点位移分量。前者位移为需求的未知值，而相应的结点力则往往是已知的，后者的位移值往往是已知值（当为刚性支承时，位移值为零），而其结点力往往是未知反力。

4. 结构中每个结点位移分量数是相同的，原始刚度矩阵的阶数由结点总数乘以一个结点的位移分量数即可确定。

集成原始刚度矩阵的具体步骤为：

求出单元刚度矩阵 k^e，并按结点进行分块。

将单元两端的结点号，按始端与末端的顺序分别标注在单刚矩阵的上方和左侧，左侧编号标明了 k^e 中的子块在 K 中的行号，上方编号标明了 k^e 中的子块在 K 中的列号。

根据编号，将 k^e 中的 4 个子块分别置于或一一累加到 K 中的对应位置上。

下面着重介绍边界条件的处理，而有关后处理法的具体分析步骤将通过例题介绍。

在后处理法中，由于结构各单元均采用自由式单元，其集合而成的结构，解除了与外界的一切约束，成为一个自由体，即结构具有刚体位移，由于各单刚集成的是原始刚度矩阵，因此结构总刚度方程不可能有确定的解。然而实际结构都是以一定的约束形式与外界固定在一起的，或者给予结构边界一个确定的已知位移。为使结构总刚度方程有确定的解，必须将已知位移边界条件引入到结构总刚度方程中，这就是边界条件的处理。边界条件的处理方法为：

（1）当支座位移等于零时，采用“主1副零”法。设结点位移向量 Δ 中第 r 个位移等于零，即 $\delta_r=0$，应对整体刚度方程中的第 r 个平衡方程进行修改：

在整体刚度矩阵 K 中的第 r 行第 r 列中，主对角线元素 k_{rr}，改为 1，其余元素改为零。同时将结点荷载向量 P 中的第 r 个分量也改为零。即

$$\left.\begin{array}{l} k_{rr}=1 \\ k_{rs}=k_{sr}=0,\ (s\neq r) \\ p_r=0 \end{array}\right\} \tag{11-50}$$

经过上述修改后，原第 r 个方程就改为 $\delta_r=0$，这就引入了 $\delta_r=0$ 的支承条件。

手算时，为了引入 $\delta_r=0$ 的支承条件，通常采用在原始刚度矩阵中划去第 r 行和第 r 列的所有元素，这种边界条件的处理方法常称为划行划列法。

（2）当支座位移等于给定值时，采用乘大数法。

设 Δ 中第 r 个位移分量为给定值 D。即 $\delta_r=D$，应对第 r 个方程进行修改：

在矩阵 K 与向量 P 中，

$$\left.\begin{array}{l} \text{将主对角线元素 } k_{rr} \text{改为 } G\cdot k_{rr} \\ \text{将 } p_r \text{ 改为 } D\cdot G\cdot k_{rr} \end{array}\right\} \tag{11-51}$$

其中，G 为一大数，通常取为 $10^{10}\sim10^{12}$。经过上述修改后，第 r 个方程就变为

$$k_{r1}\delta_1+k_{r2}\delta_2+\cdots+G\cdot k_{rr}\cdot\delta_r+\cdots+k_{rn}\cdot\delta_n=D\cdot G\cdot k_{rr}$$

在上式左边项中，由于 G 是很大的数，其余系数相对很小，可忽略不计，故只剩下

$$G\cdot k_{rr}\cdot\delta_r=D\cdot G\cdot k_{rr}$$

即

$$\delta_r=D$$

这就引入了已知位移 $\delta_r=D$ 的支承条件。

经过上述修改后，整体刚度方程就完全满足了结构在支座结点处的位移边界条件。此时

可将修改后的整体刚度方程称为结构刚度方程，实际上就是位移法的基本方程。修改后的整体刚度矩阵称为结构刚度矩阵（同先处理法）。显然，它是非奇异的对称矩阵。通过求解结构刚度方程，可得到未知的结点位移向量 Δ，进而确定各杆端内力。

例 11-7 试用后处理法计算图11-30a 所示的桁架各杆内力，设各杆 EA 为常数。

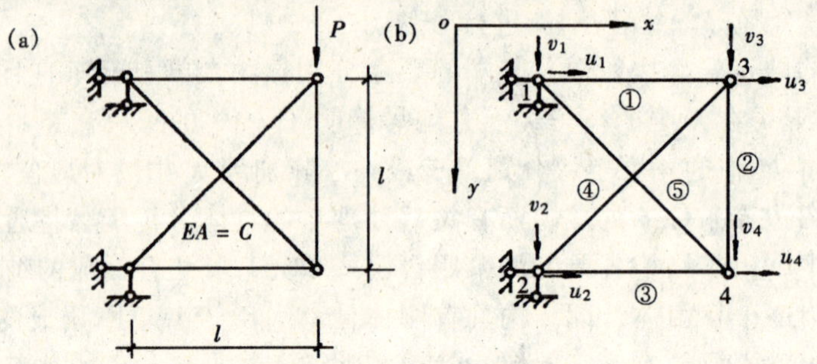

图 11-30 计算桁架各杆内力

(a) 桁架及荷载；(b) 坐标系中结点和单元编号

解 (1) 对各结点和各单元编号，建立结构坐标系如图 11-30b 所示，各单元坐标系和各单元的基本数据如下表所示。

单　　元	单元坐标系 $i \to j$	杆　长	$\cos\alpha$	$\sin\alpha$
①	1→3	l	1	0
②	3→4	l	0	1
③	2→4	l	1	0
④	2→3	$\sqrt{2}l$	0.707	−0.707
⑤	1→4	$\sqrt{2}l$	0.707	0.707

(2) 形成结构坐标系中的单元刚度矩阵 k^e（括号内为单元③的数）。

$$
\begin{array}{c} \quad\quad\quad 1\,(2)\quad\quad 3\,(4) \end{array}
\qquad\qquad
\begin{array}{c} 3 \quad\quad 4 \end{array}
$$

$$
k^{(1)} = k^{(3)} = \frac{EA}{l}\left[\begin{array}{cc:cc} 1 & 0 & -1 & 0 \\ 0 & 0 & 0 & 0 \\ \hdashline -1 & 0 & 1 & 0 \\ 0 & 0 & 0 & 0 \end{array}\right]\begin{array}{l} 1\,(2) \\ \\ 3\,(4) \\ \end{array},\quad
k^{(2)} = \frac{EA}{l} = \left[\begin{array}{cc:cc} 0 & 0 & 0 & 0 \\ 0 & 1 & 0 & -1 \\ \hdashline 0 & 0 & 0 & 0 \\ 0 & -1 & 0 & 1 \end{array}\right]\begin{array}{l} 3 \\ \\ 4 \\ \end{array}
$$

$$
\begin{array}{c} 2 \quad\quad 3 \end{array}
\qquad\qquad
\begin{array}{c} 1 \quad\quad 4 \end{array}
$$

$$
k^{(4)} = \frac{0.354EA}{l}\left[\begin{array}{cc:cc} 1 & -1 & -1 & 1 \\ -1 & 1 & 1 & 1 \\ \hdashline -1 & 1 & 1 & -1 \\ 1 & -1 & -1 & 1 \end{array}\right]\begin{array}{l} 2 \\ 3 \end{array},\quad
k^{(5)} = \frac{0.354EA}{l} = \left[\begin{array}{cc:cc} 1 & 1 & -1 & -1 \\ 1 & 1 & -1 & -1 \\ \hdashline -1 & -1 & 1 & 1 \\ -1 & -1 & 1 & 1 \end{array}\right]\begin{array}{l} 1 \\ 4 \end{array}
$$

(3) 将各单刚子块“对号入座”，形成原始刚度方程

$$
\frac{EA}{l}\begin{bmatrix}
1.354 & 0.354 & 0 & 0 & -1 & 0 & -0.354 & -0.354 \\
 & 0.354 & 0 & 0 & 0 & 0 & -0.354 & -0.354 \\
 & & 1.354 & -0.354 & -0.354 & 0.354 & -1 & 0 \\
 & & & 0.354 & 0.354 & -0.354 & 0 & 0 \\
 & \text{对} & & & 1.354 & -0.354 & 0 & 0 \\
 & & & & & 1.354 & 0 & -1 \\
 & & \text{称} & & & & 1.354 & 0.354 \\
 & & & & & & & 1.354
\end{bmatrix}
$$

$$
\times\begin{Bmatrix} u_1 \\ v_1 \\ \cdots \\ u_2 \\ v_2 \\ \cdots \\ u_3 \\ v_3 \\ \cdots \\ u_4 \\ v_4 \end{Bmatrix} = \begin{Bmatrix} X_1 \\ Y_1 \\ \cdots\cdots \\ X_2 \\ Y_2 \\ \cdots\cdots \\ 0 \\ P \\ \cdots\cdots \\ 0 \\ 0 \end{Bmatrix}
$$

（4）已知支座位移边界条件为

$$
\begin{Bmatrix} u_1 \\ v_1 \\ \cdots \\ u \\ v_2 \end{Bmatrix} = \begin{Bmatrix} 0 \\ 0 \\ \cdots \\ 0 \\ 0 \end{Bmatrix}
$$

（5）对应上述已知位移边界条件，将原始刚度方程中第 1～4 行和第 1～4 列划去，即得结构刚度方程为

$$
\frac{EA}{l}\begin{bmatrix}
1.354 & -0.354 & 0 & 0 \\
-0.354 & 1.354 & 0 & -1 \\
0 & 0 & 1.354 & 0.354 \\
0 & -1 & 0.354 & 1.354
\end{bmatrix}\begin{Bmatrix} u_3 \\ v_3 \\ \cdots \\ u_4 \\ v_4 \end{Bmatrix} = \begin{Bmatrix} 0 \\ P \\ \cdots \\ 0 \\ 0 \end{Bmatrix}
$$

（6）计算结点位移

解结构刚度方程，可得

$$
\begin{Bmatrix} u_3 \\ v_3 \\ \cdots \\ u_4 \\ v_4 \end{Bmatrix} = \frac{Pl}{EA}\begin{Bmatrix} 0.5578 \\ 2.1353 \\ \cdots\cdots\cdots \\ -0.4422 \\ 1.6931 \end{Bmatrix}
$$

(7) 计算杆端力

以单元④为例，结构坐标系中的杆端力为

$$F^{(4)}=\begin{Bmatrix}X_2\\Y_2\\\cdots\\X_3\\Y_3\end{Bmatrix}^{(4)}=\frac{0.354EA}{l}\begin{bmatrix}1&-1&-1&1\\-1&1&1&-1\\-1&1&1&-1\\1&-1&-1&1\end{bmatrix}\times\frac{Pl}{EA}\begin{Bmatrix}0\\0\\\cdots\\0.5578\\2.1353\end{Bmatrix}=\begin{Bmatrix}0.5578\\-0.5578\\\cdots\\-0.5578\\0.5578\end{Bmatrix}P$$

由$\overline{F}^e=TF^e$，得单元坐标系的杆端力为

$$\overline{F}^{(4)}=\begin{Bmatrix}\overline{X}_2\\\overline{Y}_2\\\cdots\cdots\\\overline{X}_3\\\overline{Y}_3\end{Bmatrix}^{(4)}=0.7071\begin{bmatrix}1&-1&&\\1&1&&\\&&1&-1\\&&1&1\end{bmatrix}\times\begin{Bmatrix}0.5578\\-0.5578\\\cdots\cdots\\-0.5578\\0.5578\end{Bmatrix}P=\begin{Bmatrix}0.7888\\0\\\cdots\cdots\\-0.7788\\0\end{Bmatrix}P$$

由于单元①、③，单元坐标系与结构坐标系一致，因此由结构坐标系的杆端力求单元坐标系的杆端力时，不必再乘坐标转换矩阵。

(8) 计算支座反力

取原始刚度方程中的第1～4行，因 $u_1=v_1=u_2=v_2=0$，故可得

$$\{R\}=\begin{Bmatrix}X_1\\Y_1\\\cdots\\X_2\\Y_2\end{Bmatrix}=\frac{EA}{l}\begin{bmatrix}-1&0&-0.354&-0.354\\0&0&-0.354&-0.354\\-0.354&0.354&-1&0\\0.354&-0.354&0&0\end{bmatrix}\begin{Bmatrix}0.5578\\2.1353\\\cdots\cdots\\-0.4422\\1.6931\end{Bmatrix}\frac{Pl}{EA}$$

$$=\begin{Bmatrix}-1\\-0.4422\\\cdots\cdots\\1\\-0.5578\end{Bmatrix}P$$

(9) 校核

考虑桁架的整体平衡条件

$\Sigma X=0:-P+P=0$

$\Sigma Y=0:P-0.4422P-0.5578P=0$ 计算无误。

例11-8 试用后处理法计算图11-31所示的刚架各杆内力，并作内力图。设各杆截面尺寸相同。

$$A=0.5\text{m}^2,I=\frac{1}{24}\text{m}^4,E=3\times10^7\text{kN/m}^2$$

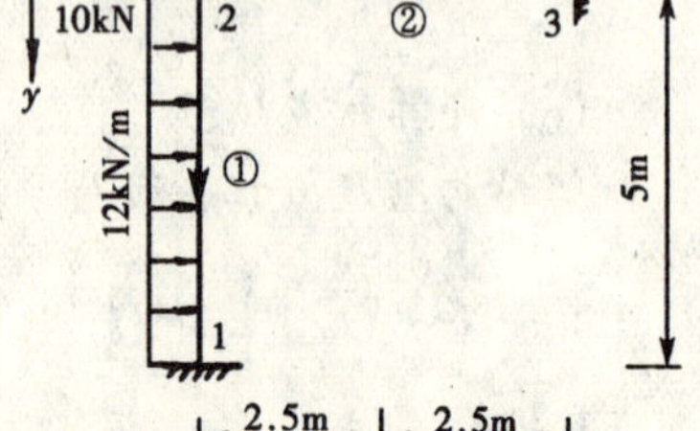

图11-31 后处理法计算刚架各杆内力

解 (1) 整理原始数据并进行编码

$$\frac{EA}{l}=300\times10^4 \qquad \frac{4EI}{l}=100\times10^4$$

$$\frac{6EI}{l^2}=30\times10^4 \qquad \frac{12EI}{l^3}=12\times10^4$$

(2) 求局部坐标系的单元刚度矩阵

由于单元①、②的尺寸完全相同，故有

$$\bar{k}^{(1)}=\bar{k}^{(2)}=\left[\begin{array}{ccc:ccc} 300 & 0 & 0 & -300 & 0 & 0 \\ 0 & 12 & 30 & 0 & -12 & 30 \\ 0 & 30 & 100 & 0 & -30 & 50 \\ \hdashline -300 & 0 & 0 & 0 & 0 & 0 \\ 0 & -12 & -30 & 0 & 12 & -30 \\ 0 & 30 & 50 & 0 & -30 & 100 \end{array}\right]\times10^4$$

(3) 求整体坐标系的单元刚度矩阵

单元①：$\alpha=90^\circ$，因此整体坐标系的单元刚度矩阵为

$$k^{(1)}=T^T\bar{k}^{(1)}T=\left[\begin{array}{ccc:ccc} 12 & 0 & -30 & -12 & 0 & -30 \\ 0 & 300 & 0 & 0 & -300 & 0 \\ -30 & 0 & 100 & 30 & 0 & 50 \\ \hdashline -12 & 0 & 30 & 12 & 0 & 30 \\ 0 & -300 & 0 & 0 & 300 & 0 \\ -30 & 0 & 50 & 30 & 0 & 100 \end{array}\right]\times10^4$$

单元②：$\alpha=0^\circ$，故整体坐标系和局部坐标系的单元刚度矩阵相同，即

$$k^{(2)}=\bar{k}^{(2)}$$

(4) 形成整体刚度矩阵

按照各单元局部编码与整体码的关系，依次将 $k^{(1)}$、$k^{(2)}$ 中的各单刚子块在整体刚度矩阵中进行定位并累加，即可得出原始刚度矩阵为

$$K=\left[\begin{array}{ccc:ccc:ccc} 12 & 0 & 30 & -12 & 0 & 30 & & & \\ 0 & 300 & 0 & 0 & -300 & 0 & & 0 & \\ 30 & 0 & 100 & -30 & 0 & 50 & & & \\ \hdashline -12 & 0 & -30 & 312 & 0 & -30 & -300 & 0 & 0 \\ 0 & -300 & 0 & 0 & 312 & 30 & 0 & -12 & 30 \\ 30 & 0 & 50 & -30 & 30 & 200 & 0 & -30 & 50 \\ \hdashline & & & -300 & 0 & 0 & 300 & 0 & 0 \\ & 0 & & 0 & -12 & -30 & 0 & 12 & -30 \\ & & & 0 & 30 & 50 & 0 & -30 & 100 \end{array}\right]\times10^4$$

(5) 求总结点荷载向量

求各单元固端力：

$$\overline{F}_F^{(1)}=\begin{Bmatrix}0\\30\\25\\\cdots\\0\\30\\-25\end{Bmatrix},\quad \overline{F}_F^{(2)}=\begin{Bmatrix}0\\-4\\-5\\\cdots\\0\\-4\\5\end{Bmatrix}$$

求整体坐标系下各单元的等效结点荷载：

$$F_E^{(1)}=-T^{(1)T}\overline{F}_F^{(1)}=-\left[\begin{array}{ccc:ccc}0&-1&0&&&\\1&0&0&&0&\\0&0&1&&&\\\hdashline&&&0&-1&0\\&0&&1&0&0\\&&&0&0&1\end{array}\right]\begin{Bmatrix}0\\30\\25\\\cdots\\0\\30\\-25\end{Bmatrix}=\begin{Bmatrix}30\\0\\-25\\\cdots\\30\\0\\25\end{Bmatrix}$$

$$F_E^{(2)}-T^{(2)T}\overline{F}_F^{(2)}=-\overline{F}_F^{(2)}=\begin{Bmatrix}0\\4\\5\\\cdots\\0\\4\\-5\end{Bmatrix}$$

求刚架的等效结点荷载：

根据两单元各结点的局部码与整体码的对应关系，依次将 $F_E^{(1)}$ 和 $F_E^{(2)}$ 中的各子块在 P_E 中进行定位并累加，即可得出刚架的等效结点荷载为

$$P_E=\begin{Bmatrix}30\\0\\25\\\cdots\\30\\4\\-20\\\cdots\\0\\4\\-5\end{Bmatrix}$$

求综合结点荷载：

$$P = P_E + P_D = \begin{Bmatrix} 30 \\ 0 \\ 25 \\ \cdots \\ 30 \\ 4 \\ -20 \\ \cdots \\ 0 \\ 4 \\ -5 \end{Bmatrix} + \begin{Bmatrix} 0 \\ 0 \\ 0 \\ \cdots \\ -10 \\ 6 \\ 10 \\ \cdots \\ 0 \\ 0 \\ 0 \end{Bmatrix} = \begin{Bmatrix} 30 \\ 0 \\ 25 \\ \cdots \\ 20 \\ 10 \\ -10 \\ \cdots \\ 0 \\ 4 \\ -5 \end{Bmatrix}$$

(6) 引入支承条件

结点 1、3 处为固定支座，因而 $\Delta_1 = 0$ （$u_1 = v_1 = \theta_1 = 0$），$\Delta_3 = 0$ （$u_3 = v_3 = \theta_3 = 0$）。应修改整体刚度矩阵中的第 1、2、3 行和列，第 7、8、9 行和列，并修改荷载列阵中的 1、2、3 行及 7、8、9 行。修改后的基本方程为

$$10^4 \times \begin{bmatrix} [I] & [0] & [0] \\ [0] & \begin{matrix} 312 & 0 & -30 \\ 0 & 312 & 30 \\ -30 & 30 & 200 \end{matrix} & [0] \\ [0] & [0] & [I] \end{bmatrix} \begin{Bmatrix} \Delta_1 \\ \cdots \\ u_2 \\ v_2 \\ \theta_2 \\ \cdots \\ \Delta_3 \end{Bmatrix} = \begin{Bmatrix} \{0\} \\ \cdots \\ 20 \\ 10 \\ -10 \\ \cdots \\ \{0\} \end{Bmatrix}$$

(7) 解基本方程，求出结点位移

$$\Delta = \begin{Bmatrix} u_1 \\ v_1 \\ \theta_1 \\ \cdots \\ u_2 \\ v_2 \\ \theta_2 \\ \cdots \\ u_3 \\ v_3 \\ \theta_3 \end{Bmatrix} = \begin{Bmatrix} 0 \\ 0 \\ 0 \\ \cdots\cdots\cdots \\ 5.9628 \\ 3.6526 \\ -4.6535 \\ \cdots\cdots\cdots \\ 0 \\ 0 \\ 0 \end{Bmatrix} \times 10^{-6}$$

(8) 计算各杆的杆端内力

单元①：

$$\overline{F}^{(1)} = \overline{k}^{(1)} T^{(1)} \Delta^{(1)} + \overline{F}_F^{(1)}$$

$$
= 10^4 \times \left[\begin{array}{ccc:ccc} 300 & 0 & 0 & -300 & 0 & 0 \\ 0 & 12 & 30 & 0 & -12 & 30 \\ 0 & 30 & 100 & 0 & -30 & 50 \\ \hdashline -300 & 0 & 0 & 0 & 0 & 0 \\ 0 & -12 & -30 & 0 & 12 & -30 \\ 0 & 30 & 50 & 0 & -30 & 100 \end{array}\right] \left[\begin{array}{ccc:ccc} 0 & 1 & 0 & & & \\ -1 & 0 & 0 & & 0 & \\ 0 & 0 & 1 & & & \\ \hdashline & & & 0 & 1 & 0 \\ & 0 & & -1 & 0 & 0 \\ & & & 0 & 0 & 0 \end{array}\right]
$$

$$
\times \begin{Bmatrix} 5.9628 \\ 3.6526 \\ -4.6535 \\ \cdots\cdots\cdots \\ 0 \\ 0 \\ 0 \end{Bmatrix} \times 10^{-6} + \begin{Bmatrix} 0 \\ 30 \\ 25 \\ \cdots \\ 0 \\ 30 \\ -25 \end{Bmatrix} = \begin{Bmatrix} 10.96 \\ 27.89 \\ 18.56 \\ \cdots\cdots \\ -10.96 \\ 32.11 \\ -29.12 \end{Bmatrix}
$$

单元②：

$$
\overline{F}^{(2)} = \bar{k}^{(2)} \Delta^{(2)} + \overline{F}_F^{(2)}
$$

$$
= 10^4 \times \left[\begin{array}{ccc:ccc} 300 & 0 & 0 & -300 & 0 & 0 \\ 0 & 12 & 30 & 0 & -12 & 30 \\ 0 & 30 & 100 & 0 & -30 & 50 \\ \hdashline -300 & 0 & 0 & 0 & 0 & 0 \\ 0 & -12 & -30 & 0 & 12 & -30 \\ 0 & 30 & 50 & 0 & -30 & 100 \end{array}\right] \begin{Bmatrix} 5.9628 \\ 3.6526 \\ -4.6535 \\ \cdots \\ 0 \\ 0 \\ 0 \end{Bmatrix} \times 10^{-6}
$$

$$
+ \begin{Bmatrix} 0 \\ -4 \\ -5 \\ \cdots \\ 0 \\ -4 \\ 5 \end{Bmatrix} = \begin{Bmatrix} 17.89 \\ -4.96 \\ -8.56 \\ \cdots\cdots \\ -17.89 \\ -3.04 \\ 3.77 \end{Bmatrix}
$$

根据杆端内力的计算结果绘出弯矩图、剪力图和轴力图，如图 11-32a、b、c 所示。

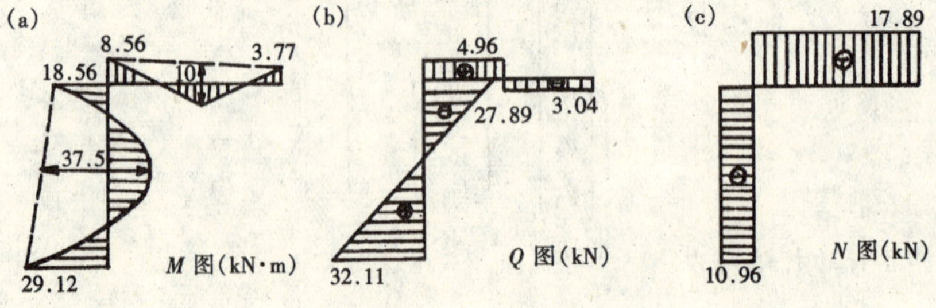

图 11-32　刚架内力图

(a) 弯矩图；(b) 剪力图；(c) 轴力图

本 章 小 结

矩阵位移法是在位移法的基础上为适用于电子计算机而发展起来的结构分析方法。从表面看来，矩阵位移法似乎比一般位移法繁复，但实际上是将计算过程组织得很有规则，便于将结构分析的运算过程编制成计算程序。它的基本原理和方法不仅适用于杆系结构，而且对弹塑性力学、板壳力学等也都是适用的，是现代结构分析中极为重要的内容。

矩阵位移法的基本思路是：将整体结构视为由有限个离散单元组成的集合体，各离散单元的力学性质可用有关的参数来描述，而整个结构的力学特性就是有限个离散单元的力学特性的总和。由此建立反映结构实际情况的力的平衡关系和变形协调关系，从而求解结构的位移和内力。即矩阵位移法可归结为结构的离散化、单元分析和整体分析三部分。现将本章内容小结如下：

1. 结构的离散化主要是将结构划分为有限个单元，如框架一般可离散为梁、柱等单元，桁架可离散为轴力杆单元等。在非结点荷载作用下，应按结点位移等效的原则，将非结点荷载转换成作用于有限个单元结点上的等效结点荷载，再按等效结点荷载的情况来划分单元。

2. 单元分析是建立各种单元的单元刚度方程，即建立单元端点的力与位移之间的矩阵关系式。在单元刚度方程中主要是建立单元刚度矩阵，单元端点的力与位移的关系是由单元刚度矩阵来联系的。单元刚度矩阵是矩阵位移法中的关键内容，本章以不考虑杆端约束条件的平面单元为主，介绍了三种单元——桁梁单元、不计轴向变形的刚架单元和考虑轴向变形的刚架单元的刚度矩阵。单元刚度矩阵是结构整体分析的基础，应注意理解单元刚度矩阵中各元素的物理意义以及单元刚度矩阵的有关力学性质。

3. 坐标变换是本章中的重要内容之一。通过坐标变换，将按单元坐标系的单元刚度方程和单元刚度矩阵变换为按结构坐标系的单元刚度方程和单元刚度矩阵，从而在结构坐标系中统一衡量各单元端点的力和位移，便于研究结构的平衡条件和变形连续条件，可使编制计算程序的工作更为规则化。

4. 结构的整体分析是建立结构的总刚度方程，即建立结构的结点位移与结点荷载之间的矩阵关系式，结构的结点位移与结点荷载之间的关系是由结构总刚度矩阵来联系的。本章介绍了两种结构整体分析的方法，即先处理法和后处理法。这两种方法的原理是相同的，只是在处理问题的具体方法上有区别。前者是先考虑结构的实际位移边界条件，由单元刚度矩阵按单元定位向量集合成结构刚度矩阵；后者是先由不考虑杆端约束条件的单元刚度矩阵集合成结构原始刚度矩阵，再引入结构的实际位移边界条件，得结构刚度矩阵。

5. 在结构整体分析中，关键是建立结构总刚度矩阵。为了便于编制计算程序，结构总刚度矩阵是用刚度集成法建立的。所谓刚度集成法，就是根据结构的结点位移和单元的编号，直接按照各单元刚度矩阵中各元素的下标"对号入座"进行叠加而组成结构刚度矩阵的方法。刚度集成法是矩阵位移法中的主要内容，学习时应着重理解它的力学概念以及熟练掌握它的运算过程和方法。

6. 先处理法和后处理法是针对结点荷载的情况，对于非结点荷载的情况，必须按结点位移等效的原则，先将非结点荷载变换成等效结点荷载，再将等效结点荷载作用下的结构用先处理法或后处理法计算。

习　题

11-1、11-2　试计算如图所示连续梁的结点转角和杆端弯矩。

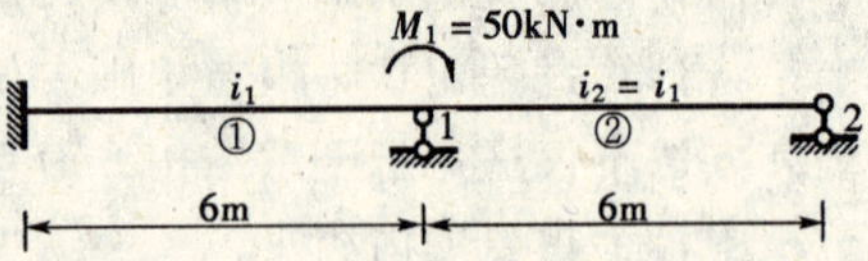

题 11-1 图

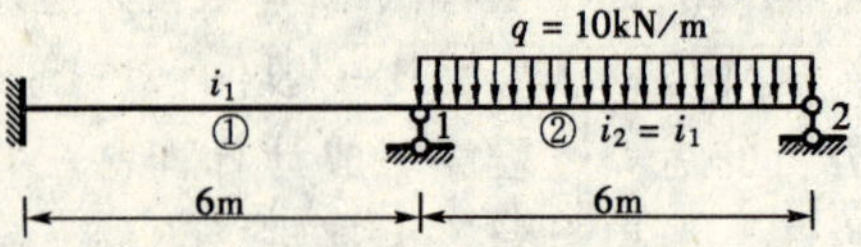

题 11-2 图

11-3　试用矩阵位移法计算图示连续梁，并画出弯矩图。

11-4　图中所示为一等截面连续梁，设支座 C 有沉降 $\Delta = 0.005l$。试用矩阵位移法计算内力，并画出内力图。设 $E = 3\times10^4\text{MPa}$，$I = \dfrac{1}{24}\text{m}^4$。

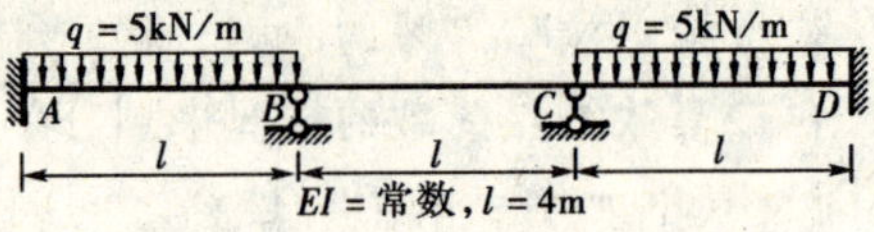

题 11-3 图

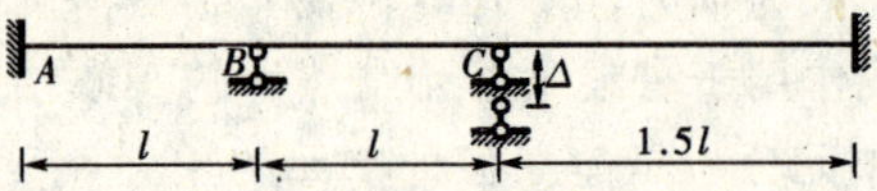

题 11-4 图

11-5　对图中所示结构，试用单元集成法求出其整体刚度矩阵 K，并列出基本方程（忽略轴向变形影响）。

11-6　试求图示连续梁的刚度矩阵 K（忽略轴向变形影响）。

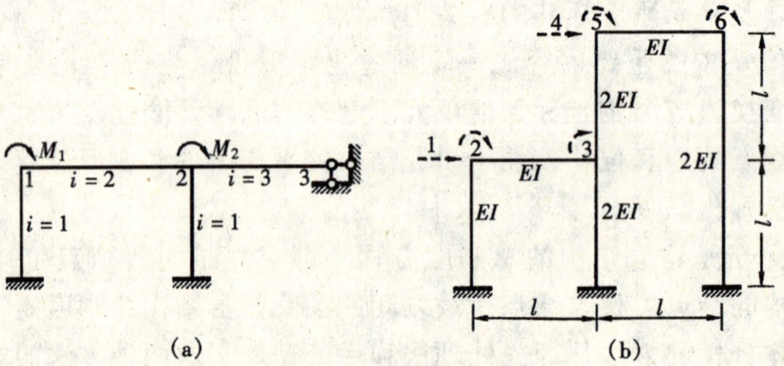

题 11-5 图

11-7　试求图示刚架的整体刚度矩阵 K（考虑轴向变形影响）。设各杆几何尺寸相同，$l = 5\text{m}$，$A = 0.5\text{m}^2$，$I = \dfrac{1}{24}\text{m}^4$，$E = 3\times10^4\text{MPa}$。

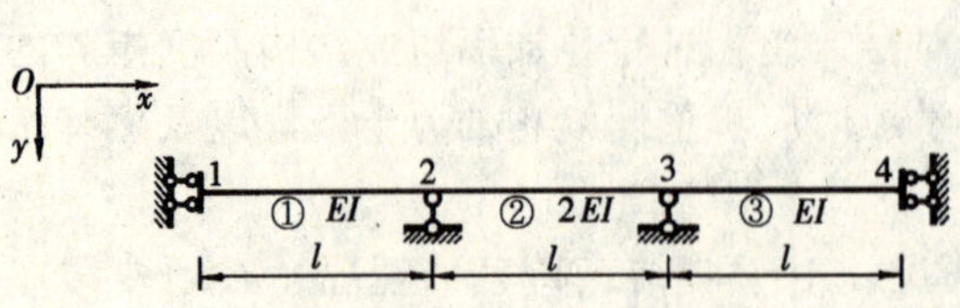

题 11-6 图

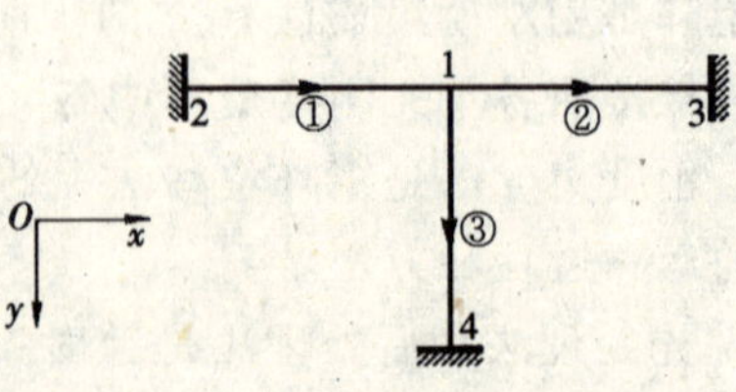

题 11-7 图

11-8　在上题的刚架中，设在单元①上作用向下的均布荷载 $q = 4.8\text{kN/m}$。试求刚架内力，并画出内力图。

11-9　试写出图示刚架在荷载作用下的位移法基本方程（考虑轴向变形影响）。设各杆的 E、A、I 为常数。

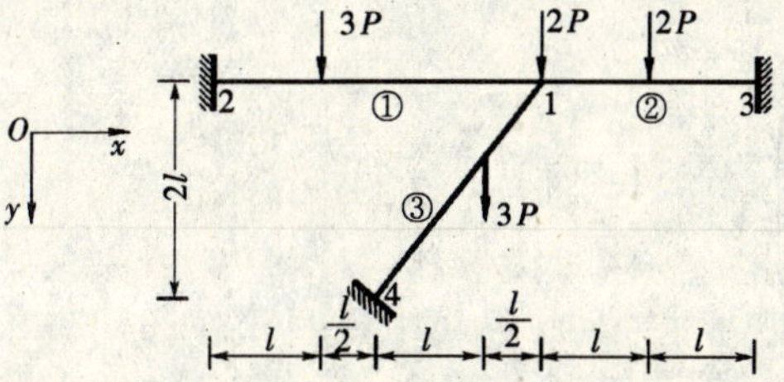

题 11-9 图

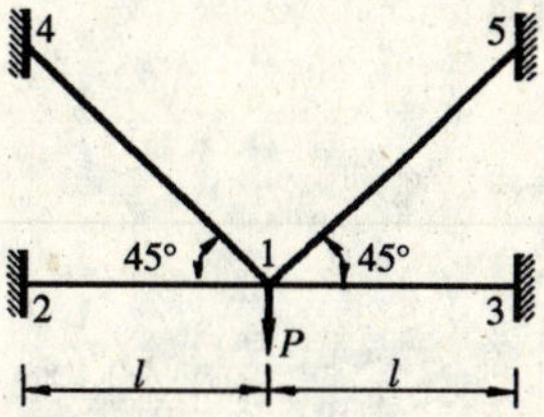

题 11-10 图

11-10　设图示刚架各杆的 E、I、A 相同，且 $A=12\sqrt{2}\dfrac{I}{l^2}$。试求各杆内力。

11-11　试求图示刚架的整体刚度矩阵、结点位移和各杆内力（忽略轴向变形）。

11-12　试求图示桁架各杆轴力，设各杆 $\dfrac{EA}{l}$ 相同。

11-13　设图示桁架各杆 E、A 相同，试求各杆轴力。如撤去任一水平支杆，求解时会出现什么情况？

11-14　试求特殊单元的单元刚度矩阵 $\overline{k}$（忽略轴向变形）。

11-15　试求整体刚度矩阵 K（忽略轴向变形）。弹性支座刚度为 k。

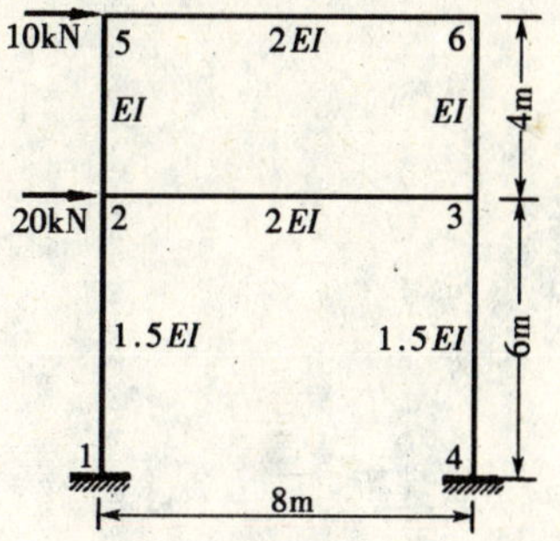

题 11-11 图

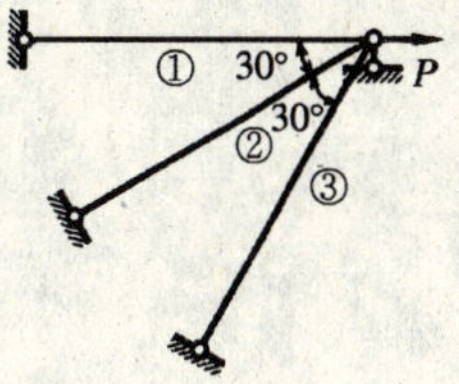

(a)

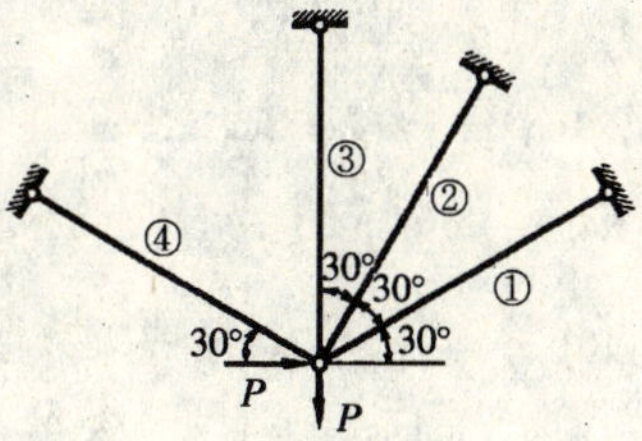

(b)

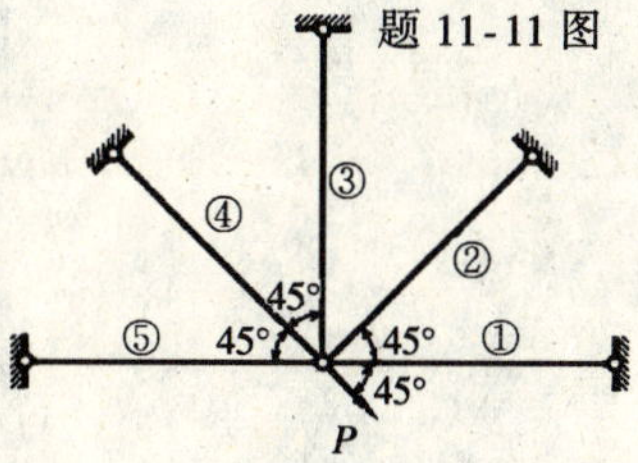

(c)

题 11-12 图

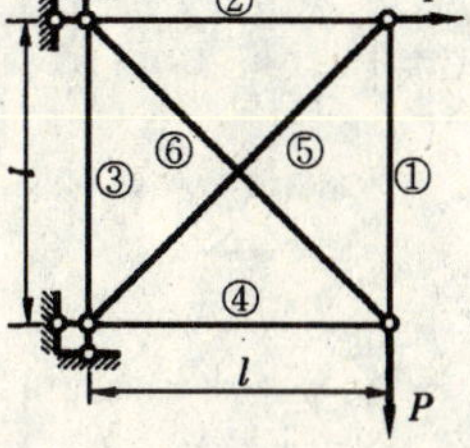

题 11-13 图

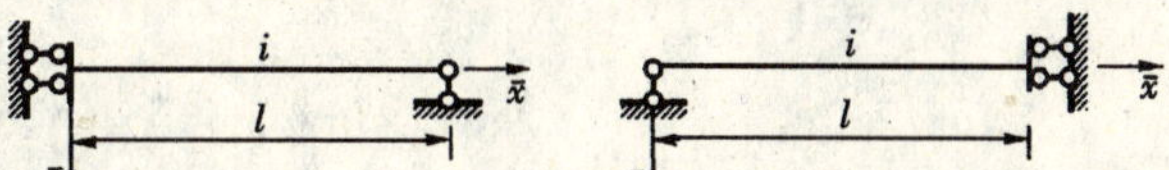

(a)　　(b)

题 11-14 图

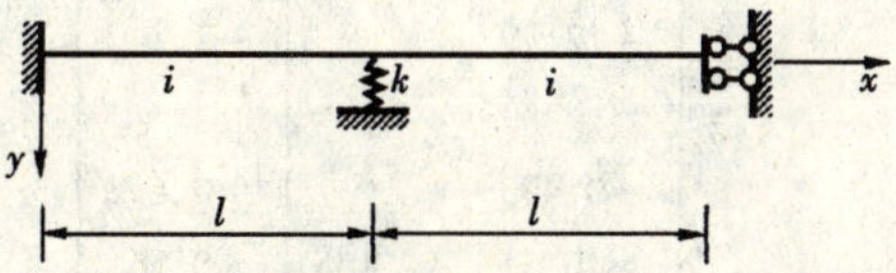

题 11-15 图

部分习题答案

11-1

结点转角：

$$\begin{pmatrix}\theta_1\\ \theta_2\end{pmatrix}=\begin{pmatrix}\dfrac{50}{7i_1}\\ -\dfrac{25}{7i_1}\end{pmatrix}$$

杆端弯矩：

$$\begin{pmatrix}\overline{M}_1\\ \overline{M}_2\end{pmatrix}^{①}=\begin{pmatrix}14.29\\ 28.57\end{pmatrix}\text{kN}\cdot\text{m}$$

$$\begin{pmatrix}\overline{M}_1\\ \overline{M}_2\end{pmatrix}^{②}=\begin{pmatrix}21.43\\ 0\end{pmatrix}\text{kN}\cdot\text{m}$$

11-2

结点转角：

$$\begin{pmatrix}\theta_1\\ \theta_2\end{pmatrix}=\begin{pmatrix}\dfrac{45}{7i_1}\\ -\dfrac{75}{7i_1}\end{pmatrix}$$

杆端弯矩：

$$\begin{pmatrix}\overline{M}_1\\ \overline{M}_2\end{pmatrix}^{①}=\begin{pmatrix}12.86\\ 25.71\end{pmatrix}\text{kN}\cdot\text{m}$$

$$\begin{pmatrix}\overline{M}_1\\ \overline{M}_2\end{pmatrix}^{②}=\begin{pmatrix}-25.71\\ 0\end{pmatrix}\text{kN}\cdot\text{m}$$

11-3 $M_{AB}=-8.89\text{kN}\cdot\text{m}\quad M_{BA}=2.22\text{kN}\cdot\text{m}$

11-4 $M_{AB}=0.845\dfrac{1}{l}\quad M_{BA}=1.690\dfrac{1}{l}$

$M_{CD}=2.161\dfrac{1}{l}\quad M_{DC}=1.914\dfrac{1}{l}$

11-6

$$K=\frac{EI}{l}\begin{pmatrix}\dfrac{6}{l^2} & \dfrac{3}{l} & 0 & 0\\ & 6 & 2 & 0\\ \text{对} & & 6 & -\dfrac{3}{l}\\ & & \text{称} & \dfrac{6}{l^2}\end{pmatrix}$$

11-7

$$K=10^4\begin{pmatrix}612 & 0 & -30\\ \text{对} & 324 & 0\\ & \text{称} & 300\end{pmatrix}$$

11-8

$$F^{①}=\begin{pmatrix}0.493\\ -13.45\\ -12.79\\ \cdots\cdots\\ -0.493\\ -10.55\\ 5.54\end{pmatrix}\qquad \overline{F}^{②}=\begin{pmatrix}-0.492\\ -0.561\\ -2.240\\ \cdots\cdots\\ 0.492\\ 0.561\\ -0.564\end{pmatrix}$$

11-9

$$\begin{pmatrix} 0.977\dfrac{EA}{l}+0.492\dfrac{EI}{l^3} & -0.096\dfrac{EA}{l}+0.369\dfrac{EI}{l^3} & -0.768\dfrac{EI}{l^2} \\ \text{对} & 0.256\dfrac{EA}{l}+2.221\dfrac{EI}{l^2} & -0.257\dfrac{EI}{l^2} \\ & \text{称} & 4.933\dfrac{EI}{l} \end{pmatrix}\begin{pmatrix} u_1 \\ v_1 \\ \theta_1 \end{pmatrix}=\begin{pmatrix} 0 \\ 6P \\ \dfrac{-5Pl}{6} \end{pmatrix}$$

11-10 $M_{21}=-0.1491Pl \quad Q_{21}=0.2982P_P$

$M_{41}=-0.0527Pl \quad Q_{41}=0.0746P_P$

11-11 $M_{12}=-52.36\text{kN}\cdot\text{m} \quad Q_{12}=15\text{kN}$

$M_{21}=-37.70\text{kN}\cdot\text{m} \quad Q_{21}=15\text{kN}$

11-12 按单元顺序

（a）$N^T=(0.5P \quad 0.433P \quad 0.25P)$

（b）$N^T=(-0.33P \quad 0.15P \quad 0.58P \quad 0.91P)$

（c）$N^T=(-0.2357P \quad 0.0833P \quad 0.3535P \quad 0.4167P \quad 0.2357P)$

11-13 按单元顺序

$N^T=(0.326P \quad 1.327P \quad 0 \quad -0.673P \quad -0.462P \quad 0.952P)$

撤去任一水平支杆，刚度矩阵变为奇异矩阵，无法求解

11-14

（a）$\begin{pmatrix} \dfrac{12i}{l^2} & \dfrac{6i}{l} \\ \dfrac{6i}{l} & 4i \end{pmatrix}$

（b）$\begin{pmatrix} 4i & -\dfrac{6i}{l} \\ -\dfrac{6i}{l} & \dfrac{12i}{l^2} \end{pmatrix}$

11-15

$$\begin{pmatrix} \dfrac{24i}{l^2}+k & 0 & -\dfrac{12i}{l^2} \\ 0 & 8i & -\dfrac{6i}{l} \\ -\dfrac{12i}{l^2} & -\dfrac{6i}{l} & -\dfrac{12i}{l^2} \end{pmatrix}$$

第 12 章 超静定结构的影响线

可移动的活荷载作用于超静定结构不同位置时，对结构所产生的效应常利用影响线求算，即先就一个移动着的单位集中荷载的作用求出某一约束力的变化规律，再计算实际移动荷载组作用下该约束力的最大值或最小值。有了超静定结构各处内力、反力的影响线，可便于进行结构的构造布局及施工程序的设计等工作。本章讨论超静定的连续梁、刚架、拱及桁架等结构的内力、反力影响线的绘制方法——从原理上区分为静力法和挠度法（机动法）。超静定结构的影响线呈曲线形式，因此需要计算承载杆上较多位置的影响纵标。无论用静力法或挠度法确定影响线纵标，均需运用超静定问题的各种分析方法——力法、位移法及渐近法等。

此外，若欲绘制超静定结构中的位移影响线，另可参照第 7 章所述位移互等定理求作。

§12-1 连续梁的影响线

众所周知，荷载作用下连续梁的诸支座截面弯矩一经求得，则其他各处的弯矩、剪力及支座反力等就极易由平衡条件求出。所以连续梁的支座截面弯矩影响线是基本未知力影响线。

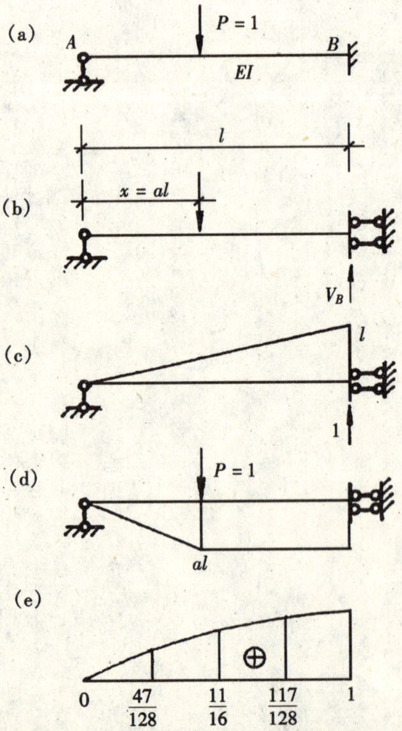

图 12-1 单跨超静定梁反力影响线
(a) 单跨超静定梁；(b) 基本结构；
(c) $\overline{M}_1$ 图；(d) $\overline{M}_P$ 图；(e) R_B 的影响线

一、静力法作影响线

静力法作影响线是对结构通过静力计算，求出基本未知量与荷载位置 x 的函数关系，并以此绘制影响线图形。

1. 影响线方程

先由单跨超静定梁 AB（图 12-1a）来说明用静力法求出未知约束力 R_B 的影响线方程。今选用力法求 R_B，解除支座 B 处竖向约束得基本结构如图 12-1b 所示，设单位移动荷载 $P = 1$ 位于距左端为 $x = \alpha l$ 处。力法方程为

$$\delta_{11} \cdot R_B + \delta_{1P} = 0$$

其中

$$\delta_{11} = \int \overline{M}_1^2 \frac{\mathrm{d}s}{EI} = \frac{l^3}{3EI}$$

为常数，而

$$\delta_{1P} = \int \overline{M}_1 \overline{M}_P(x) \frac{\mathrm{d}s}{EI} = -\frac{l^3}{6EI}(3\alpha - \alpha^3)$$

是荷载作用位置的函数。于是可写出$R_B(x)$影响线方程为

$$R_B(x)=\frac{1}{2}(3\alpha-\alpha^3)$$

据此，给出沿跨度若干等分处的 α 值即可求得各纵标值，如图 12-1e 所示即为由四分点纵标而绘成的 R_B 影响线，正号表示 R_B 始终向上。

2. 用静力法求作连续梁支点弯矩影响线

如图 12-2a 所示等截面三跨连续梁，为求单位竖向荷载 $P=1$ 移至某一位置时支座 1 截面的弯矩 M_1 值，可设想用力法或弯矩分配法计算。但具体计算时，须将荷载分别置于第一跨（设坐标为 x_1）、第二跨（设坐标为 x_2）、第三跨（设坐标为 x_3），分别求得 M_1 影响线在

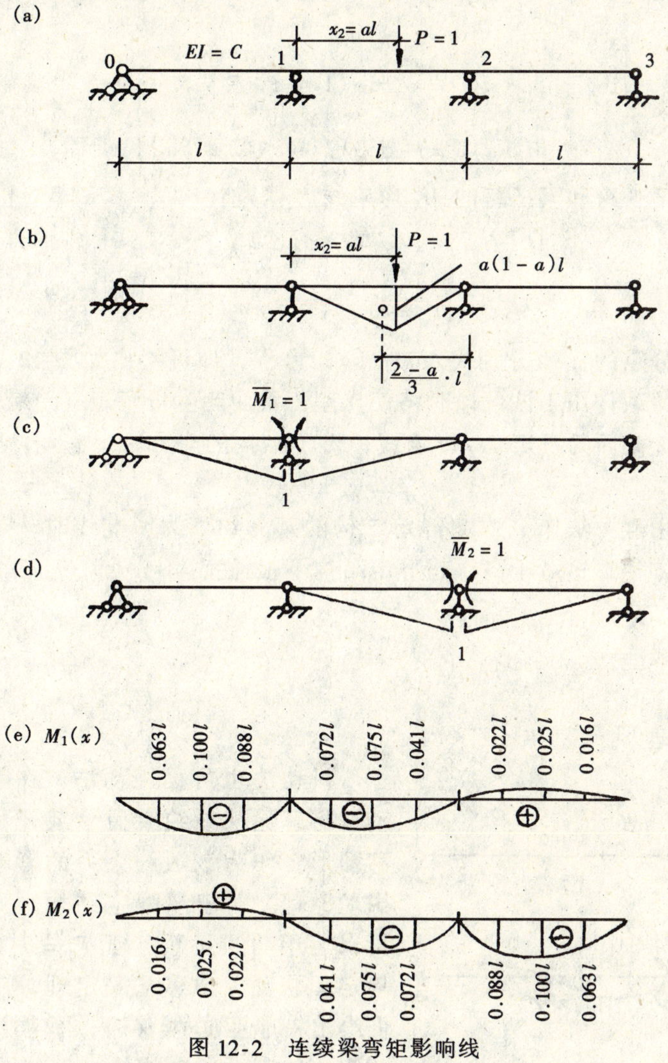

图 12-2　连续梁弯矩影响线

(a) 等截面三跨连续梁；(b) $\overline{M}_P$ 图；(c) $\overline{M}_1$ 图；(d) $\overline{M}_2$ 图；
(e) 支座 1 截面弯矩 M_1 影响线；(f) 支座 2 截面的弯矩 M_2 影响线

每一跨内的曲线方程式 M_1（x_1）、M_1（x_2）、M_1（x_3）。例如，当采用力法计算时，若所取基本结构为分跨的简支梁，多余约束未知力有 M_1（x）和 M_2（x）；设荷载 $P=1$ 作用于基本结构第二跨时，$\overline{M}_P$ 图及基本结构的单位弯矩$\overline{M}_1$ 图、$\overline{M}_2$ 图分别如图 12-2b、c、d 所示，由

此可求得

$$\delta_{1P}=\int_{l_2}\overline{M}_1\overline{M}_P\frac{\mathrm{d}s}{EI}=\frac{1}{EI}\times\frac{l}{2}\times\alpha\times(1-\alpha)l\times\frac{2-\alpha}{3}$$

$$\delta_{2P}=\int_{l_2}\overline{M}_2\overline{M}_P\frac{\mathrm{d}s}{EI}=\frac{1}{EI}\times\frac{l}{2}\times\alpha\times(1-\alpha)l\times\frac{1+\alpha}{3}$$

相应的力法方程为

$$\left.\begin{aligned}\frac{2l}{3EI}M_1(x_2)+\frac{1}{6EI}M_2(x_2)+\frac{l^2}{6EI}\alpha(1-\alpha)(2-\alpha)=0\\\frac{l}{6EI}M_1(x_2)+\frac{2l}{3EI}M_2(x_2)+\frac{l^2}{6EI}\alpha(1-\alpha)(1+\alpha)=0\end{aligned}\right\}$$

由此可解得

$$\left.\begin{aligned}M_1(x_2)=-\frac{l}{15}\alpha(1-\alpha)(7-5\alpha)\\M_2(x_2)=-\frac{l}{15}\alpha(1-\alpha)(2+5\alpha)\end{aligned}\right\}\qquad(12\text{-}1)$$

同理，可求出第一跨和第三跨的 M_1 影响线方程为

$$M_1(x_1)=-\frac{4l}{15}\alpha(1-\alpha)(1+\alpha)$$

$$M_1(x_3)=\frac{l}{15}\alpha(1-\alpha)(2-\alpha)$$

若将每跨四等分点的 α 值分别代入 $M_1(x)$ 方程，即可绘出如图 12-2e 所示的 M_1 影响线。其中负号表示荷载作用于该区段时将使支座 1 截面产生负弯矩（上缘受拉）。

同理可作支座 2 截面的弯矩 M_2 影响线，由于结构的对称性，它与 M_1 影响线呈对称形式，如图 12-2f 所示。

由上述可见，用静力法作 n 次超静定结构的某一约束力影响线时，须同时求解 n 个未知约束力的影响线方程，这对于高次超静定结构不很适宜。

二、机动法作影响线

1. 机动法的原理

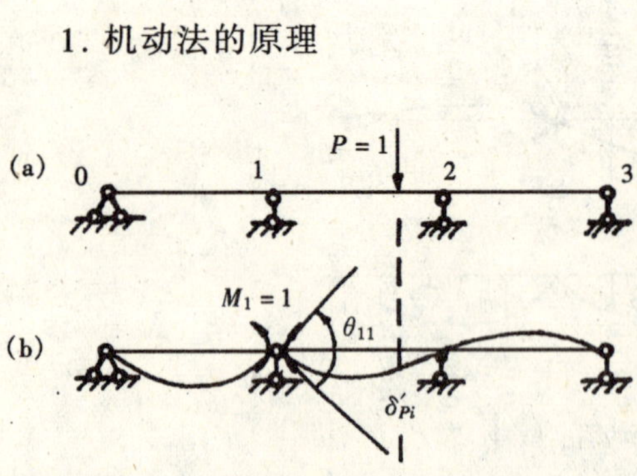

图 12-3　机动法作连续梁影响线

(a) 连续梁；(b) 截面改成铰结；(c) M_1 影响线

机动法也可称挠动法。在静定梁中，曾用机动法将解除某项约束后承载杆可能发生的刚体位移图形，作为该项约束力的影响线，所依据的是虚功原理。对于超静定结构，除虚功原理外，更可以运用功的互等定理 $T_{ij}=T_{ji}$ 的推理——位移互等定理、反力位移互等定理，使在所求约束力方向给出一个强迫位移时，承载杆所发生的挠曲线成为该约束力的影响线。例如图 12-1 单跨超静定梁中，R_B 影响线的形状就是强迫右支座 B 发生一竖向位移时所形成的挠曲线。强迫位移的形成可有两种方式。

如果用解除与所求约束力相应的约束的方式，就令该项约束力作用于超静定次数已由 n 降为

$n-1$的结构上而形成一定的强迫位移。如图 12-3a 所示连续梁。为求支座 1 截面弯矩 M_1 影响线，可解除截面 1 左、右的抗转动约束（成为铰结），并施加一对单位弯矩，如图 12-3b 所示，使左、右截面产生相对转角 θ_{11}，同时全梁必发生挠曲变形，此挠曲线称它为 $\delta'_{P1}(x)$。根据位移互等定理，$\delta'_{1P}(x)=\delta'_{P1}(x)$，而按图 12-3b 体系建立力法方程后可得

$$M_1(x)=-\frac{\delta'_{1P}(x)}{\delta_{11}}=-\frac{\delta'_{P1}(x)}{\theta_{11}} \tag{12-2}$$

这表示，在 $n-1$ 次超静定体系上，沿未知约束力 M_1 方向发生强迫位移 θ_{11}时所产生的挠曲线 δ_{P1}（x），其反号即可作为约束力 M_1 的影响线，θ_{11}是将挠度值 δ'_{P1}化作影响线纵标时的比例系数。显然，式（12-2）中的分子、分母两种位移均应由单位约束力 $M_1=1$ 在 $n-1$ 次超静定梁上产生的弯矩分布图而计算确定。图 12-3c 就是按式（12-2），求得的 M_1 影响线。

如果强迫位移在原结构的杆轴上直接给定，这将是很有利的，这时根据反力位移互等定理，由单位荷载 $P=1$ 作用于结构任一位置时产生的某约束力 r_{iP}，等于在该约束方向给出一个单位强迫位移 $\delta=1$ 时所引起的单位荷载处（承载杆）的挠度 δ_{Pi}，仅符号相反，即

$$r_{iP}=-\delta_{Pi}$$

若在图 12-4a 所示连续梁的支座截面 1 处给出一个相对转角 $\theta=1$，如同杆轴在该处有一制造误差的折角，并产生符合全梁支承条件的挠曲线如图 12-4b 所示，它就是 M_1 影响线

$$M_1(x)=-\delta_{P1}(x) \tag{12-3}$$

式中的负号，和式（12-2）一样，表示沿正号约束力方向的强迫位移所产生的挠度，在作为约束力影响线的纵标时应将其反号，即在基线下方者为负号、在基线上方者为正号。

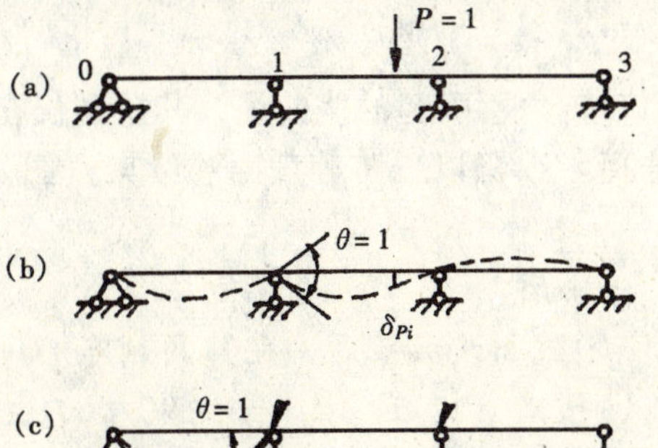

图 12-4　连续梁支座截面弯矩影响线

（a）连续梁；（b）支座截面发生单位位移；

（c）、（d）位移法基本结构

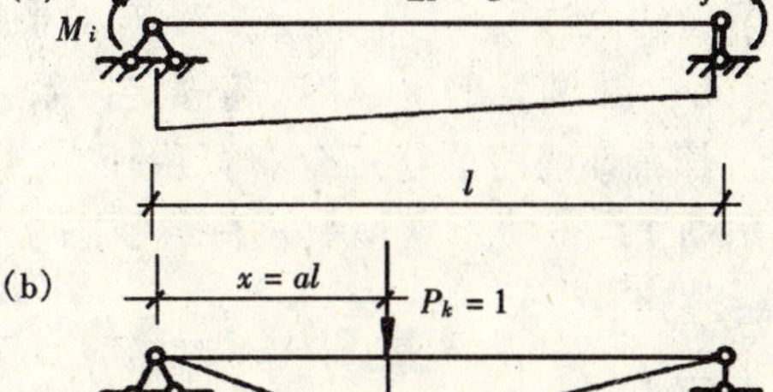

图 12-5　等截面梁的挠度计算

（a）某跨等截面梁；（b）$P_k=1$ 作用下的弯矩图

在确定上式中挠曲线 δ_{P1}（x）各处纵标时，可采用如图 12-4c、d 所示的位移法基本结构。在杆件 10 或杆件 12 的端点 1 处施加单位转角 $\theta=1$，用位移法或弯矩分配法求解全梁的弯矩分布图（由图 12-4c、d 所得结果是相同的），然后据以计算各段梁的挠度。

下面介绍在等截面的梁跨上，已知两端的弯矩 M_i、M_j 后计算各点挠度 δ_{P1}的具体办法。

如图 12-5 所示，运用虚拟单位荷载法，$P_k = 1$ 作用于距左端 i 为 $x = \alpha l$ 处，可得梁的挠度计算公式为

$$\begin{aligned}\delta_{P1}(x) &= \frac{l^2}{6EI}[\alpha(1-\alpha)(2-\alpha)M_i + \alpha(1-\alpha^2)M_j] \\ &= \frac{l^2}{6EI}[f_i(\alpha)M_i + f_j(\alpha)M_j]\end{aligned} \tag{12-4}$$

式中

$$f_i(\alpha) = \alpha(1-\alpha)(2-\alpha)$$

$$f_j(\alpha) = \alpha(1-\alpha^2)$$

M_i、M_j 均以使梁的下缘受拉时为正，反之为负。若利用表 12-1，则可迅速按式（12-4）计算出若干等分点处的挠度纵标值。当遇一端（j 端）为定向滑动支承的梁时，由 i 端转动而产生的挠曲变形，可按梁长 $l' = 2l_{ij}$ 考虑，且以 $M_j = M_i$，代入式（12-4），计算 $0 \leqslant \alpha \leqslant 0.5$ 范围内的若干纵标。

表 12-1　荷载移动位置 α 的函数值

α	$f_i(\alpha) = \alpha(1-\alpha)(2-\alpha)$	$f_j(\alpha) = \alpha(1-\alpha^2)$	α	$f_i(\alpha) = \alpha(1-\alpha)(2-\alpha)$	$f_j(\alpha) = \alpha(1-\alpha^2)$
0.00	0.0000	0.0000	0.60	0.3360	0.3840
0.10	0.1710	0.0990	0.70	0.2730	0.3570
0.20	0.2880	0.1920	0.75	0.2344	0.3281
0.25	0.3281	0.2344	0.80	0.1920	0.2880
0.30	0.3570	0.2730	0.90	0.0990	0.1710
0.40	0.3840	0.3360	1.00	0.0000	0.0000
0.50	0.3750	0.3750			

2. 机动法绘制连续梁支点弯矩影响线

按上述两种方式求作连续梁，由于支座截面的相对转角所引起的挠曲线，其差别仅在于相应的弯矩图产生的原因不同，求解方法有不同的选择。今仍以三跨等截面连续梁（图 12-6a）支座 1 截面的弯矩影响线为例说明如下。

（1）解除约束法

图 12-6b 为连续梁的 $n-1$ 次超静定体系，将支座 1 截面改成铰后，在其两侧施加一对单位力矩，其右部两跨的弯矩分布可用任一方法求得。按式（12-2）求未知约束力 M_1（x）方程时利用图 12-6c 所示虚拟单位荷载状态，可得图 12-6b 中截面 1 左、右的相对转角 θ_{11}：

$$EI\theta_{11} = \frac{l}{3} + \frac{l}{3} - \frac{l}{6} \times 0.25 = \frac{15}{24}l$$

利用式（12-4）由图 12-6b 求出各跨的挠度 δ_{P1}（x），于是可得未知约束力 M_1 的影响线如图 12-6g 所示。

（2）施加单位位移法

图 12-6d 所示为先用刚臂将各刚结点锁住，再给支座 1 处右截面（相对于左截面）施加一个单位转角 $\theta = 1$，此时杆件 12 的左、右两固端弯矩分别为（+）$\frac{4EI}{l}$、（+）$\frac{2EI}{l}$。然后可用逐个结点放松的弯矩分配法计算由此 $\theta = 1$ 引起的各杆端弯矩（图 12-6e），全梁的弯矩分布 M_θ 图如图 12-6f 所示。若将图 12-6b 所示的 M_X 图的各纵标乘以 $\frac{1}{\theta_{11}} = \frac{24EI}{15l} = 1.60\frac{EI}{l}$

后，其结果与 M_θ 图相符。

于是，利用挠度计算公式（12-4）及表 12-1 即可求得相应于 M_θ 的各跨挠曲线，例如其中第二跨（杆件 12）的挠度计算如下：

$$\delta_{P1}(x) = \frac{l}{6}\left[\frac{1.60}{l}\alpha(1-\alpha)(2-\alpha) - \frac{0.40}{l}(1-\alpha^2)\right]$$

$$= \frac{4}{60}l\alpha(1-\alpha)[4(2-\alpha)-(1+\alpha)]$$

$$= \frac{l}{15}\alpha(1-\alpha)(7-5\alpha)$$

按机动法公式（12-3），$M_1(x) = -\delta_{P1}(x)$，显然此方程与前面用静力法所得的式(12-1)相同。今取各跨四分点处纵标值如图 12-6g 所示，即 M_1 影响线。

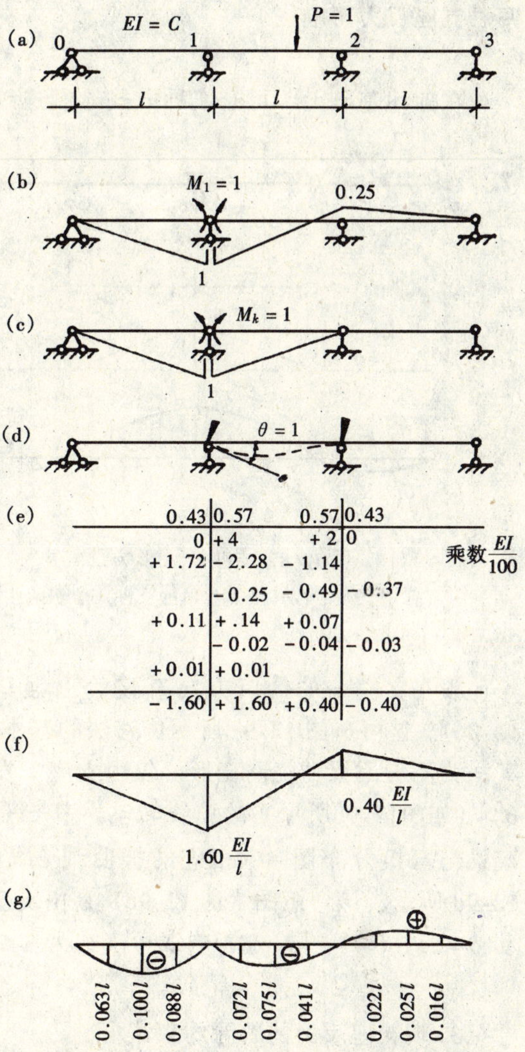

图 12-6　机动法求支点弯矩影响线

(a) 三跨等截面连续梁；(b) $n-1$ 次超静定体系；(c) 单位荷载 M 图；(d) 单位转角 $\theta=1$；(e) 分配法计算弯矩；(f) 弯矩分布 M_θ 图；(g) M_1 的影响线

三、任意截面的弯矩、剪力影响线

求连续梁任意截面的内力影响线纵标，较方便的办法是利用已求得的支点弯矩影响线，按照截面所在跨内的静力平衡关系而得出。设梁跨 ij 两端的弯矩 M_i、M_j 为已知函数，则按静力叠加原理，图 12-7a 所示情况等于图 12-7b、c 两者之代数和，故可写出截面 n 的内力为

$$\left.\begin{aligned} M_n &= M_n^0 + \frac{l-a}{l}M_i + \frac{a}{l}M_j \\ Q_n &= Q_n^0 + \frac{1}{l}(M_j - M_i) \end{aligned}\right\} \qquad (12\text{-}5)$$

上式对于单位移动荷载的任一作用位置都是成立的，因此式中各项含义均为影响线的纵标。其中 M_n^0 和 Q_n^0 是 ij 跨作为简支梁考虑，有荷载 $P=1$ 移动时截面 n 的弯矩影响线和剪力影响线的纵标，显然仅在该跨内分布，左右两支点弯矩 M_i、M_j 的影响线纵标在各跨均有分布。按式（12-5）叠加后的影响线图形呈曲线，在该截面 n 处的曲线斜率或纵标值有突变。算例见后述。

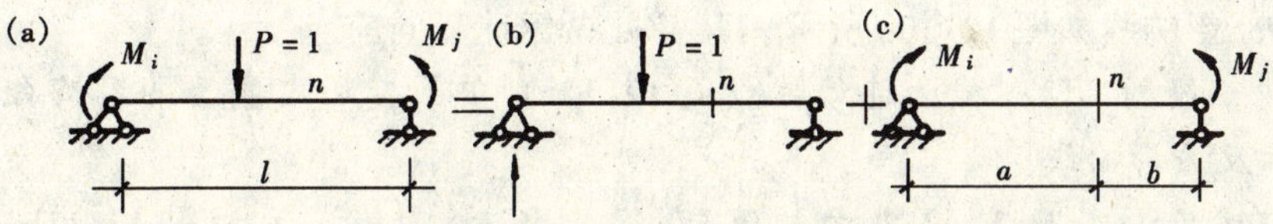

图 12-7　叠加法求影响线

(a) 求内力影响线；(b) $P=1$ 移动时的影响线；(c) M_i、M_j 引起的影响线

四、支座反力影响线

在前述基础上，可有三种方式绘制连续梁的支座反力影响线。

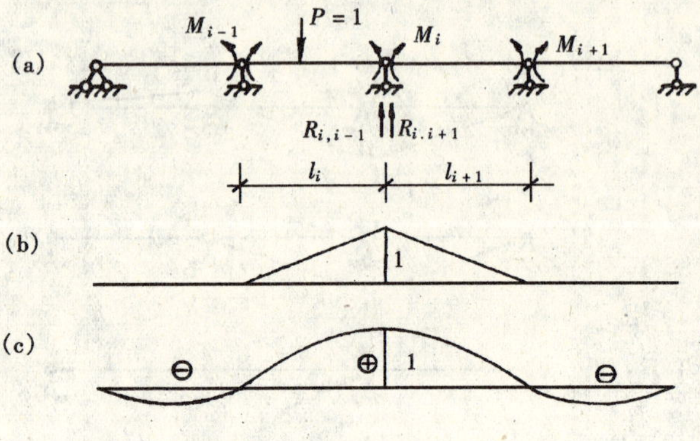

图 12-8　支座反力影响线

(a) 连续梁；(b) R_i^0 的影响线；(c) R_i 影响线

1. 利用支点弯矩影响线

连续梁的支座反力与支座两侧的梁端截面剪力有关。参照图 12-8a，在支座 i 的左（i）跨内和右（$i+1$）跨内有

$$R_{i,i-1} = -Q_{i,i-1}, R_{i,i+1} = Q_{i,i+1}$$

引用剪力表达式（12-5），可写出

$$R_i = R_i^0 + \frac{1}{l_i}(M_{i-1} - M_i) + \frac{1}{I_{i+1}}(M_{i+1} - M_i) \tag{12-6}$$

表明 R_i 影响线与四条影响线有关，其中 R_i^0 是基本结构简支梁的支座 i 反力的影响线，如图 12-8b 所示。

2. 直接用机动法

设在支座 i 的约束方向直接给出强迫单位位移。并求相应的全梁的挠曲线 δ_{P1}（图 12-8c）。这可从图 12-9a 所示位移法的基本结构情况出发，因此挠曲线 δ_{Pi}可分解为两部分，其一为不考虑梁的挠曲变形，仅由支座 i 发生移动 $\delta=1$ 使左、右两跨梁产生的刚体位移图 δ_{Pi}^0（如图12-9b所示）的弦线转动，其二是超静定梁与弯矩分布图 M_δ 相应的挠曲线 δ_{Pi}^M，如图 12-9d 所示，该弯矩图（图 12-9c）是由支座 i 移动 $\delta=1$ 引起的。故 R_i 影响线可表达为

$$R_i = -\delta_{Pi} = -(\delta_{Pi}^0 + \delta_{Pi}^M) \tag{12-7}$$

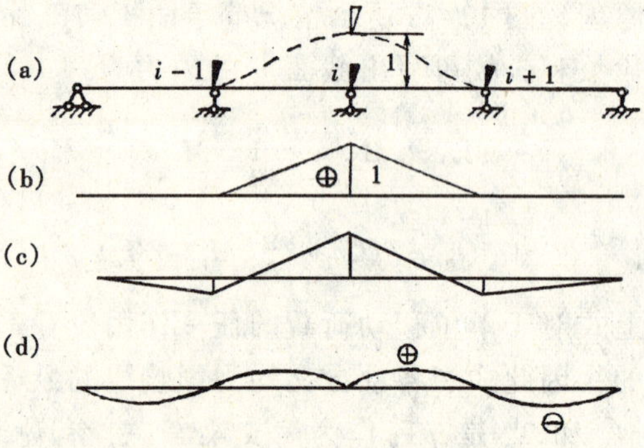

图 12-9　支座反力影响线

(a) 位移法的基本结构；(b) 支座 i 发生移动 $\delta=1$；(c) 弯矩分布图 M_δ；(d) 与 M_δ 相应的挠曲线 δ_{Pi}^M

3. 端支座反力的解除约束法

对于两端的支座反力，这个做法也是较方便的，例如图 12-10a 中的 R_A，求其影响线时可解除该支座约束，将它作为基本未知力，在 $n-1$ 次超静定梁上用力法方程求得

$$R_A = -\frac{\delta_{1P}}{\delta_{11}} = -\frac{\delta_{P1}}{\delta_{11}}$$

其中挠曲线 δ_{P1}由 $\overline{R}_A$ 所产生，它对应于图 12-10b 所示弯矩分布 M_X 图；δ_{11}是 A 处的竖向位移值。于是 R_A 影响线如图 12-10c 所示，其各处纵标计算同前。

例 12-1　试绘制三跨等截面连续梁（图 12-11a）中第二跨内截面 n 的弯矩、剪力影响线及支座 1 的反力影响线。

解　由前述已知支座 1、2 截面的弯矩 M_1、M_2 影响线，示于图 12-11b、c。按公式（12-5）和公式（12-6）有

$$M_n = M_n^0 + 0.6M_1 + 0.4M_2$$

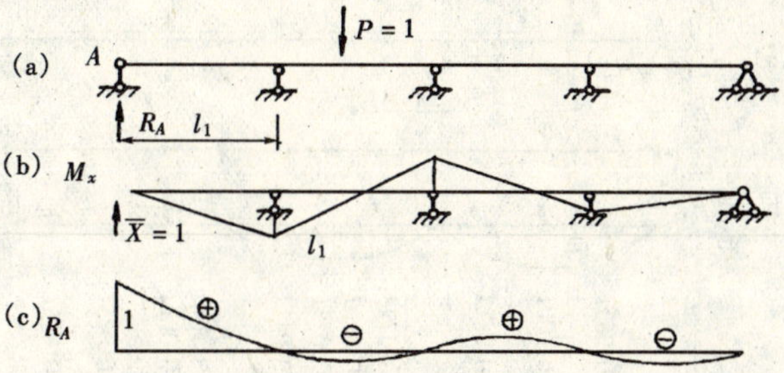

图 12-10　支座反力影响线

(a) 连续梁；(b) $\bar{X}=1$ 的弯矩分布 M_X 图；(c) R_A 影响线

$$Q_n = Q_n^0 + \frac{1}{l}(M_2 - M_1)$$

$$R_1 = R_1^0 + \frac{1}{l_1}(0 - M_1) + \frac{1}{l_2}(M_2 - M_1)$$

$$= R_1^0 + \frac{1}{l}(M_2 - 2M_1)$$

其中 M_n^0、Q_n^0、R_1^0 影响线分别如图 12-11d、e、h 所示。如果不是将各项已知量的方程式代入上式整理，而是利用各项已知影响线在各跨的若干等分点处的已知纵标，则可逐项列入表 12-2 ~ 表 12-4，进行叠加计算（注意到正、负号），可得 M_n、Q_n、R_1 的各分点影响线纵标值，相应的三条影响线分别如图 12-11f、g、i 所示。

表 12-2　M_n 影响线纵标计算

$P=1$ 位置 α		$M_n^0\left(\frac{1}{l}\right)$	$0.6M_1\left(\frac{1}{l}\right)$	$0.4M_2\left(\frac{1}{l}\right)$	M_n
第一跨	0.00	0.000	0.000	0.000	0.000
	0.25		−0.038	0.006	−0.032l
	0.50		−0.060	0.010	−0.050l
	0.75		−0.053	0.009	−0.044l
	1.00		0.000	0.000	0.000
第二跨	0.25	0.150	−0.043	−0.016	0.091l
	0.40	0.240	−0.048	−0.026	0.166l
	0.50	0.200	−0.045	−0.030	0.125l
	0.75	0.100	−0.024	−0.029	0.047l
	1.00	0.000	0.000	0.000	0.000
第三跨	0.25	0.000	0.013	−0.035	−0.022l
	0.50		0.015	−0.040	−0.025l
	0.75		0.010	−0.025	−0.015l
	1.00		0.000	0.000	0.000

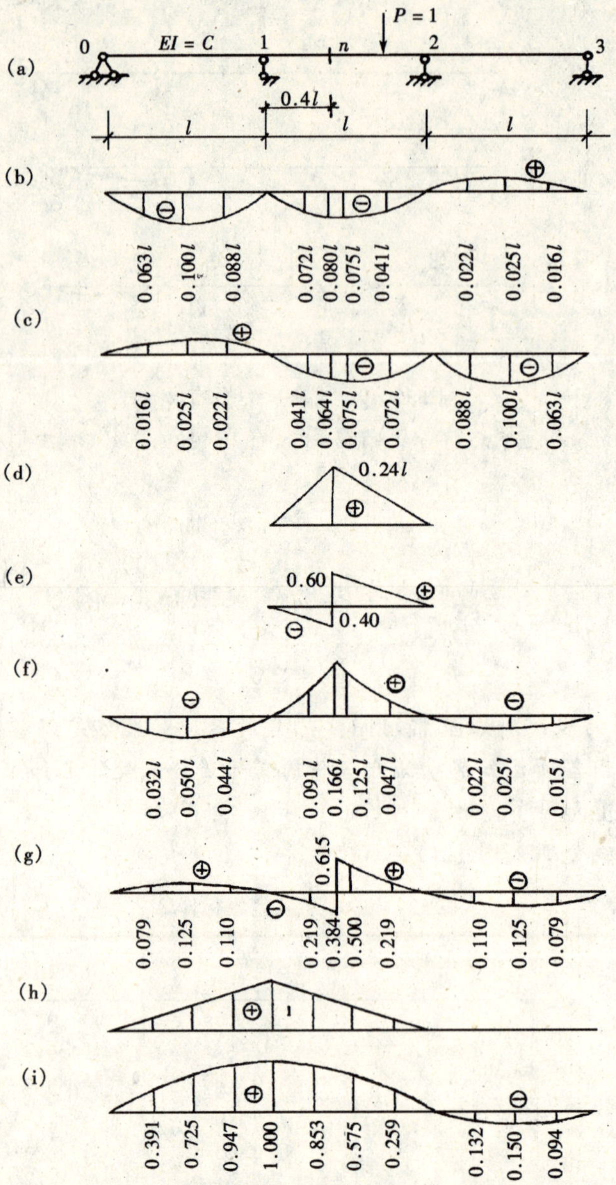

图 12-11 连续梁跨内截面内力、反力影响线

(a) 三跨等截面连续梁；(b) M_1 影响线；(c) M_2 影响线；(d) M_n^0 影响线；(e) Q_n^0 影响线；(f) M_n 影响线；(g) Q_n 影响线；(h) R_1^0 影响线；(i) R_1 影响线

表 12-3 Q_n 影响线纵标计算

$P=1$ 位置 α		Q_n^0	$-\left(\frac{1}{l}\right)M_1$	$+\left(\frac{1}{l}\right)M_2$	Q_n
第一跨	0.00 0.25 0.50 0.75 1.00	0.000	0.000 0.063 0.100 0.088 0.000	0.000 0.016 0.025 0.022 0.000	0.000 0.079 0.125 0.110 0.000
第二跨	0.25 0.40 0.50 0.75 1.00	−0.250 −0.40/+0.600 0.500 0.250 0.000	0.072 0.080 0.075 0.041 0.000	−0.041 −0.064 −0.075 0.072 0.000	−0.219 −0.384/+0.616 0.500 0.219 0.000

续表

P = 1 位置 α		Q_n^0	$-\left(\frac{1}{l}\right)M_1$	$+\left(\frac{1}{l}\right)M_2$	Q_n
第三跨	0.25 0.50 0.75 1.00	0.000	-0.022 -0.025 -0.016 0.000	-0.088 -0.100 -0.063 0.000	-0.110 -0.125 -0.079 0.000

用机动法（挠度法）按反力位移互等定理，可以迅速地绘出连续梁以至其他结构的内力、反力影响线形状，不论结构的跨数多少及是否等截面，此法在结构的初步或定性分析时极为实用。对于上例中截面 n 的弯矩、剪力影响线，也可以直接在截面 n 处施加相应的强迫位移而获得，并因此可知，M_n 影响线在 n 处的左、右切线夹角应为 $\theta=1$，Q_n 影响线在 n 处的左、右纵标突变值应为 $\delta=1$。

表 12-4　R_1 影响线纵标计算

P = 1 位置 α		R_1^0	$-\frac{2}{l}M_1$	$+\left(\frac{1}{l}\right)M_2$	R_1
第一跨	0.00 0.25 0.50 0.75 1.00	0.000 0.250 0.500 0.750 1.000	0.000 0.125 0.200 0.175 0.000	0.000 0.016 0.025 0.022 0.000	0.000 0.391 0.725 0.947 1.000
第二跨	0.25 0.50 0.75 1.00	0.750 0.500 0.250 0.000	0.144 0.150 0.031 0.000	-0.041 -0.075 -0.072 0.000	0.853 0.575 0.259 0.000
第三跨	0.25 0.50 0.75 1.00	0.000	-0.044 -0.050 -0.031 0.000	-0.088 -0.100 -0.063 0.000	-0.132 -0.150 -0.094 0.000

§12-2　连续梁的内力包络图

连续梁的结构设计必须以该梁在恒载及指定的活荷载作用下每一横截面上可能出现的弯矩，剪力的最大值和最小值（可能为负号）为依据，其中活荷载内力可利用相应的内力影响线进行最不利的加载计算，而各项内力影响线已用挠度法（机动法）绘制，例如图 12-12 中所示。但考虑到，连续梁上仅少数靠近支座的截面弯矩影响线将会在该截面所属的跨内出现正、负变号情况，其他截面弯矩影响线均呈每跨一个符号、邻跨正负交替的形式，按这后一特点，最不利的活荷载布局是在同符号影响线的数跨内布载，从而求得同号的活载内力最大值。以均匀分布的活载 p 为例，图 12-12 中表示了对应于各影响量最小值及最大值的活载布局情况。

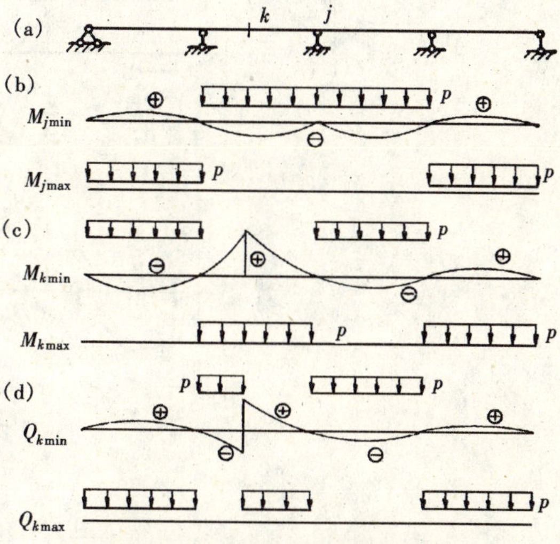

图 12-12　最不利的活荷载布置

（a）连续梁；（b）M_j 影响线及荷载布置；（c）M_k 影响线及荷载布置；（d）Q_k 影响线及荷载布置

由此可见，为求各截面最小、最大的活荷载弯矩值，可不必利用每个截面的弯矩影响线作加载计算，而只需逐跨单独布置活荷载，分别做出全梁的 M 图，即可对每一截面的 M 纵标做出组合。例如当活荷载为均布荷载 $p=18\text{kN/m}$ 时，图 12-13a 所示三跨连续梁在单跨布载情况下的弯矩分布图，分别如图 12-13b、c、d 所示。该梁的恒载为 $q=12\text{kN/m}$，恒载弯矩图如图 12-13e 所示。于是，可选出同一截面上出现的各正号活荷载弯矩（或各负号弯矩）与恒载下该截面的弯矩相加，即得该截面的弯矩最大值（或最小值）纵标。例如第二跨的中点截面 K，有

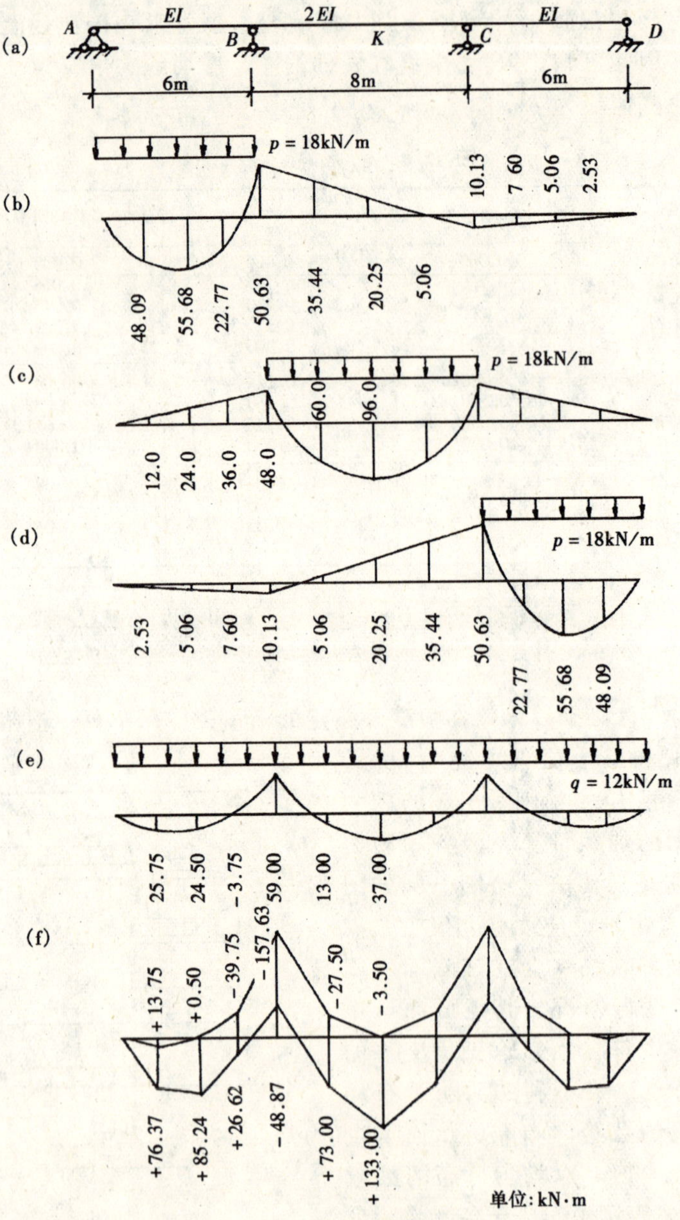

图 12-13　弯矩包络图

(a) 三跨连续梁；(b)、(c)、(d) 单跨布载情况下的弯矩分布图；

(e) 恒载弯矩图；(f) 弯矩包络图

$$M_{K\max} = 96 + 37 = 133\text{kN}\cdot\text{m}$$

$$M_{K\min} = -20.25 - 20.25 + 37.0 = -3.5\text{kN}\cdot\text{m}$$

由若干等分点截面的弯矩最大值纵标、最小值纵标分别连成两条包络曲线，如图 12-13f 所示。这样所得的弯矩包络图在支座附近截面上的误差并不大。

连续梁截面的剪力影响线在截面所属的跨内是正、负变号的，如图 12-12d 所示，求活荷载剪力最大值时，本应在该跨半跨布载，但为简便起见，也和其他跨一样，分别按全跨布载。例如在图 12-13 中连续梁承受均布活荷载 $p = 18\text{kN/m}$ 及恒载 $q = 12\text{kN/m}$ 时，各情况的

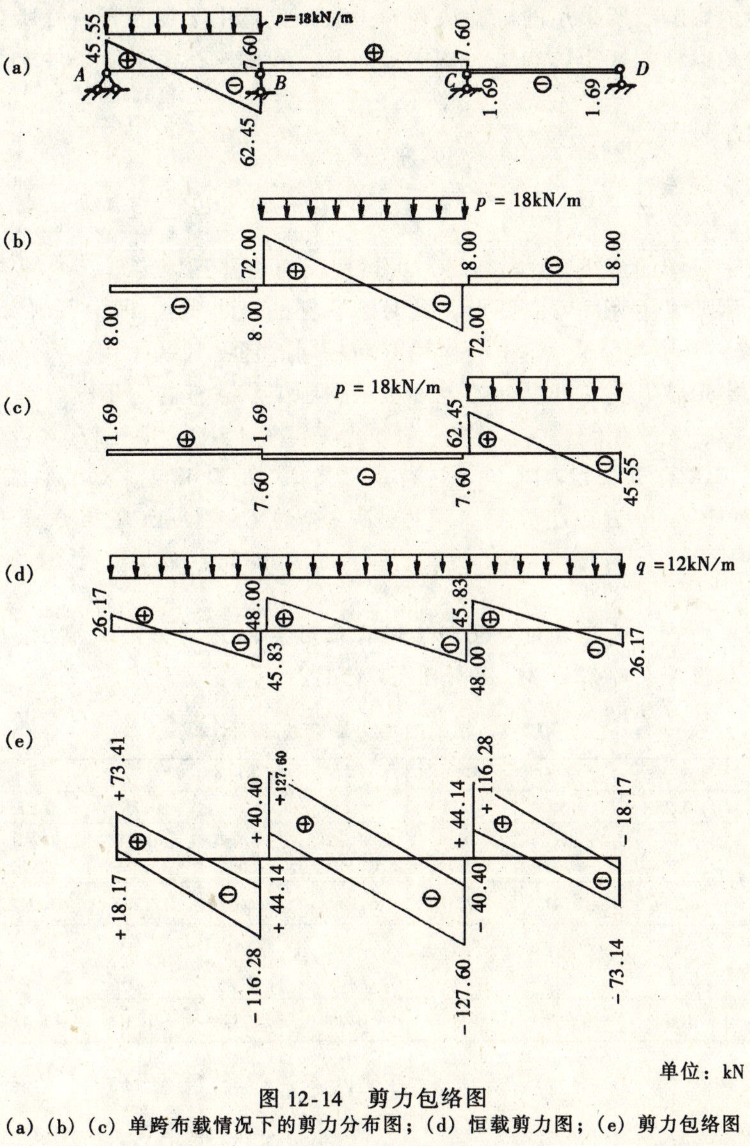

图 12-14　剪力包络图

(a)(b)(c) 单跨布载情况下的剪力分布图；(d) 恒载剪力图；(e) 剪力包络图

剪力图如图 12-14a、b、c、d 所示，由此组合出每跨两端的最小和最大的剪力值纵标，例如第三个支座 c 的左侧截面有

$$Q_{c左\max} = 7.6 - 48 = -40.4\text{kN}$$

$$Q_{c左\min} = -72 - 7.6 - 48 = -127.6\text{kN}$$

在每一跨内分别以一条直线连接两端的最大值纵标、最小值纵标，作为每跨的两条剪力包络线，如图 12-14e 所示。这样的剪力包络图在跨中附近截面的剪力纵标大于应有的最不利数值，是偏于安全的。

对于汽车、火车等移动的车列荷载，使连续梁各截面可能产生的最大内力值，可参照有关规程利用影响线布置活荷载而计算。

§12-3　平面刚架和交叉梁系的影响线

绘制连续梁的影响线所采用的机动法和静力法，也能用于由受弯直杆所组成的刚架和交叉梁等结构。且均以杆端弯矩影响线为基本未知量，利用它在由平衡条件求得其他截面的任一内力的影响线。

一、平面刚架的影响线

欲求刚架某一杆端的弯矩 M_1 影响线，可运用反力位移互等定理，令杆端形成一强迫单位转角，而使全刚架发生弹性弯曲变形，此时承载杆的挠曲线 δ_{P1}即为所求弯矩 M_1（即约束力 r_{iP}）的影响线，其中与荷载 $P=1$ 的作用方向相同的挠度（纵标）应为负号。这样，极易绘出影响线的轮廓形状，其各处纵标值也不难根据刚架承载杆的弯矩图逐跨计算相应的挠度而确定。

例 12-2　平面刚架如图12-15a 所示，荷载沿横梁 $ABCD$ 移动，试绘制 M_{CB}影响线。

解　(1) 先设结点 B、C 锁住，并令 BC 杆的 C 端单独发生强迫位移 $\theta=1$（图 12-15b)，此时有固端弯矩 $M_{CB}^F=\dfrac{4\times 4EI}{16}$，$M_{BC}^F=\dfrac{2\times 4EI}{16}$。

(2) 逐个放松结点，进行弯矩分配和传递（采用乘数 $EI/100$)，计算过程如图 12-15c 所示，得各杆端弯矩值及全刚架的 M_θ 图（图 12-15d)。

表 12-5　刚架的 M_{CB}影响线纵标计算

	梁段 AB			梁段 BC			梁段 CD	
α	0.25	0.50	0.75	0.25	0.50	0.75	0.25	0.50
$f_i(\alpha)\ M_i$	0	0	0	-4.364	-4.988	-3.118	7.710	8.813
$f_j(\alpha)\ M_j$	-1.547	-2.475	-2.165	10.993	17.588	15.388	5.508	8.813
$\Sigma=$	-1.547	-2.475	-2.165	6.629	12.6	12.270	13.218	17.626
乘$\left(\dfrac{EI}{100}\right)\dfrac{l_i^2}{6EI_i}$	0.120			0.107			0.107	
$\gamma=-\delta_{P1}(m)$	0.168	0.297	0.260	-0.709	-1.348	-1.313	-1.414	-1.886

(3) 按各段横梁的 M_θ 图计算若干点挠度，本题取各段梁的四等分点计算，利用式(12-4)

$$\delta_{P1}=\frac{l^2}{6EI}[f_i(\alpha)\cdot M_i+f_j(\alpha)\cdot M_j]$$

并利用表 12-1 所列 $f(\alpha)$ 值。对于 CD 跨，按 $l'=2l=2\times 8m$ 和 $M_j=+23.5\times\left(\dfrac{EI}{100}\right)$计算至$\alpha\leqslant 0.5$。全部计算已列入表 12-5，$M_{CB}$影响线纵标 γ 的符号与各点挠度 δ_{P1}的计算值符号

(a)

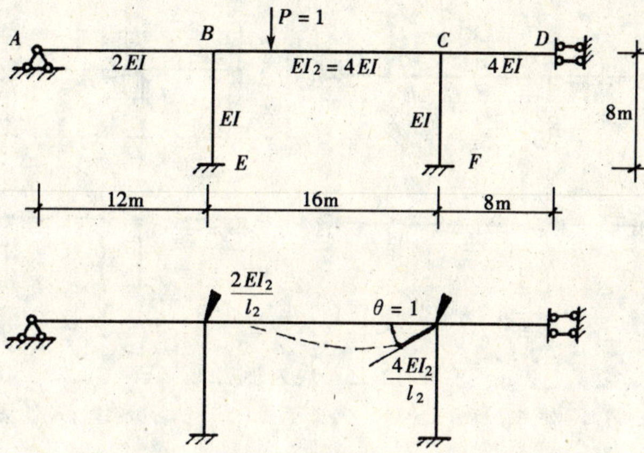

(c)

	BA	BE	BC	CB	CF	CD	DC	
μ	0.25	0.25	0.50	0.50	0.25	0.25		乘数 $\frac{EI}{100}$
M^F	0	0	50	−100				
			+25	+50	+25	+25	−25	
	+6.2	+6.3	+1.25	+6.2				
			−1.6	−3.1	−1.6	−1.5	+1.5	
	+0.4	+0.4	+0.8					
M	+6.6	+6.7	−13.3	−46.9	+23.4	+23.5	−23.5	

(d)

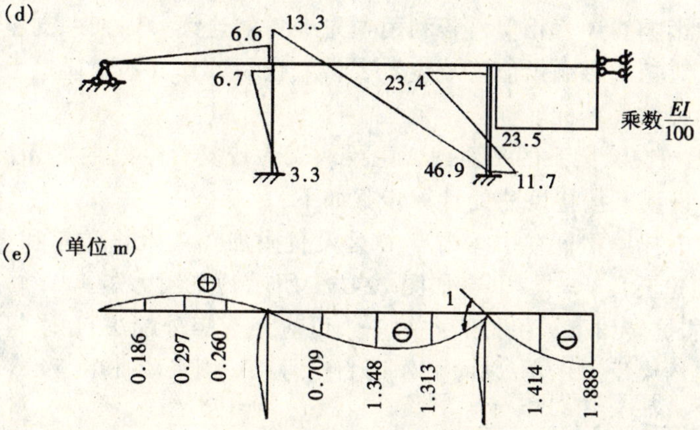

图 12-15　例 12-2 图

（a）平面刚架；（b）BC 杆的 C 端发生位移 $\theta=1$；

（c）杆端弯矩计算过程；（d）弯矩 M_θ 图；（e）M_{CB}影响线

相反。图 12-15e 为 M_{CB}影响线，图中竖柱的变形曲线只当水平单位荷载沿竖柱移动时，才代表 M_{CB}的变化规律。

若要绘制本例中 BC 跨中央截面 K 的 M_K 影响线，则可写出

$$M_K=\frac{1}{2}M_{BC}+\frac{1}{2}M_{CB}+M_K^0$$

其中 M_K^0 为简支梁 BC 的跨中截面弯矩影响线。M_K 影响线的形状如图 12-16a 所示。运用挠度法做出的其他几处截面内力影响线形状如图 12-16b、c、d 所示。

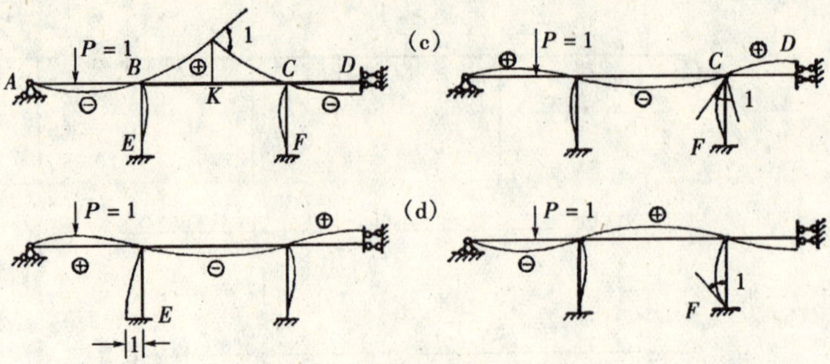

图 12-16　内力影响线

(a) 跨中截面弯矩 M_K 影响线；(b) Q_E 影响线；(c) M_{CF}影响线；(d) M_F 影响线

二、交叉梁系的影响线

交叉梁系的主梁和横梁由于受垂直于梁系平面的竖向荷载的作用，各杆将受弯并受扭，每个交叉结点具有 3 个位移未知量。若应用挠度法求作某一杆端弯矩影响线，因涉及未知量太多，计算各处挠度宜用矩阵位移法籍电算解决。当按简化的计算图式分析时，略去杆件在结点处的抗扭刚度，结点的主、横梁间仅有竖向链杆连接，仅传递竖向力。这样，交叉的各梁都成为具有弹性支承的连续梁，当按挠度法令某一杆端作强迫挠曲转角 $\theta=1$ 时，问题就与前节所述连续梁的影响线计算相似，若利用预先准备的连续梁因某一支座竖向移动而产生的各支座反力、支点弯矩的影响量值（效应）表，就较易计算（甚至通过手算）确定所有结点的挠度和各梁段的挠曲线纵标。

图 12-17a 为一无扭交叉梁系的平面图，主梁两端为铰支。今以主梁 AC 中间结点B 处弯矩 M_{BA}影响线为例，说明其按挠度法的计算步骤如下：

1. 将主梁 AC 作为连续梁，在中间结点 B 处设置附加约束阻止转角和竖向移动，在 BA 杆的 B 端引入单位强迫转角$\theta=1$，即有如图 12-17b 所示约束反力矩。

2. 放松结点 B 的抗转约束，保持竖向约束（可应用弯矩分配法），求得主梁无结点移动时的弯矩分布及竖向约束反力 R_B（以向上作用为正号），如图 12-17c 所示。

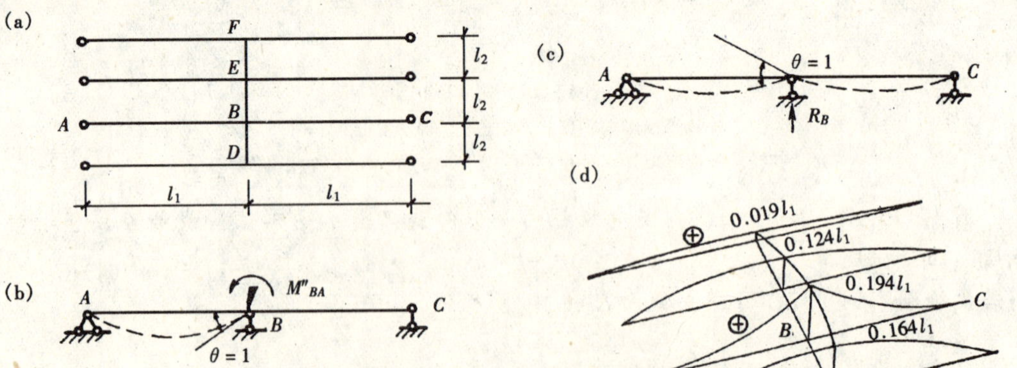

图 12-17　交叉梁系影响线

(a) 无扭交叉梁系；(b) $\theta=1$ 的反力矩；(c) 放松结点 B 的抗转约束；(d) M_{BA}影响线

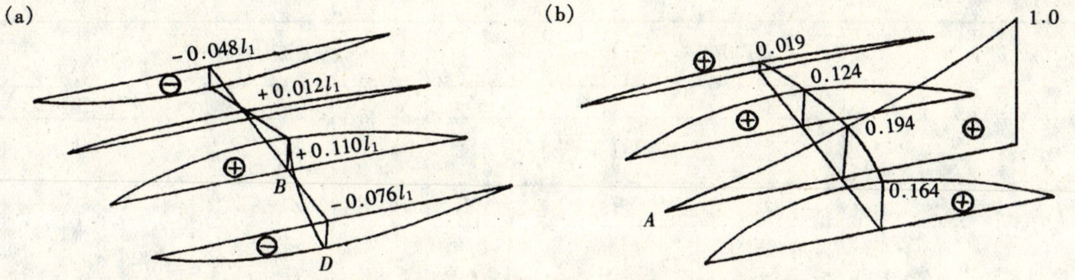

图 12-18　交叉梁系影响线

(a) 弯矩 M_{BD}影响线；(b) 反力 R_C 影响线

3. 在交叉梁系的其他所有交叉结点处设置竖向约束，而放松上述 AC 梁的结点 B 处的竖向约束，即将竖向约束反力 R_B 反向作用为结点荷载（以向下作用为正号），建立以所有结点的竖向位移 Δ 为未知量的位移法方程组

$$[K]\{\Delta\} = \{R\} \tag{12-8}$$

其中荷载项 R 中除已知结点 B 处有反向作用的 R_B 外，其余结点因竖向本无外力故均为零，系数矩阵 $[K]$ 中的各元素可利用已备的连续梁支座移动效应表（摘录如表 12-6）而写出，例如，其每一列元素代表一个结点处的约束单独发生竖向单位移动、带动主横两梁而引起的各约束反力值。由方程式（12-8）求解的梁格结点竖向位移 Δ 乘以（-1），即为 M_{BA}影响线在各结点处的纵标。

4. 各主梁、横梁的弯矩 M_θ 图可由各结点挠度值推求而得（亦利用连续梁支座移动效应表），主梁 AC 的弯矩图应由前后两次叠加而成。

5. 利用式（12-4）及表 12-1 即可求出各梁段与其弯矩分布相应的挠曲线纵标，乘以（-1）即为 M_{BA}影响线的纵标，此时 AC 梁的结点 B 处保持相对转角 $\theta = 1$。M_{BA}影响线在全梁格上呈空间状态，可称为影响面，如图 12-17d 所示。图中纵标值是根据交叉梁系结构（图 12-17a）数据——主梁全长 $l = 2l_1$，横梁节间长 $l_2 = \frac{l}{6}$，主、横梁截面惯矩之比$\frac{I_1}{I_2} = \frac{4}{1}$而求得的。

另外，图 12-18 表示了图 12-17a 交叉梁系中的横梁上 B 处弯矩 M_{BD}影响线和主梁支座 C 处反力 R_C 影响线。任一梁段内截面的弯矩、剪力影响线则可由杆端弯矩按平衡关系求得。

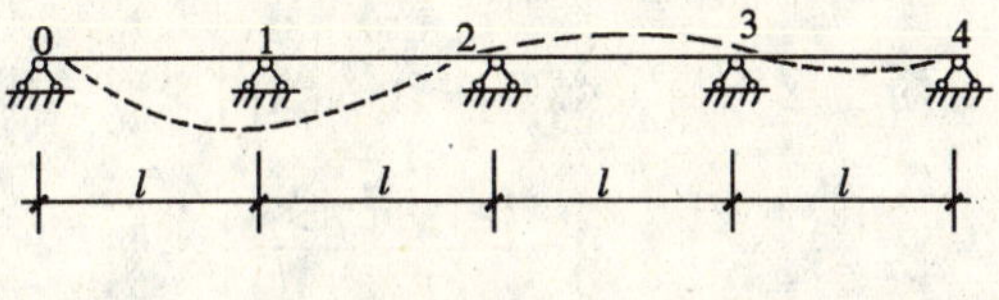

表 12-6 图　等截面连续梁支座向下单位移动的效应

表 12-6　等截面连续梁支座向下单位移动的效应

		支点弯矩$\left(\times\frac{EI}{l^2}\right)$		支座反力$\left(\times\frac{EI}{l^3}\right)$			
		M_1	M_2	R_0	R_1	R_2	R_3
三等跨	$\delta_0 = 1$	−1.6000	0.4000	−1.6000	3.6000	−2.4000	0.4000
	$\delta_1 = 1$	3.6000	−2.4000	3.6000	−9.6000	8.4000	−2.4000
	$\delta_2 = 1$	−2.4000	3.6000	−2.4000	8.4000	−9.6000	3.6000
	$\delta_3 = 1$	0.4000	−1.6000	0.4000	−2.4000	3.6000	−1.6000

续表

		支点弯矩$\left(\times\frac{EI}{l^2}\right)$		支座反力$\left(\times\frac{EI}{l^3}\right)$			
		M_1	M_2	R_0	R_1	R_2	R_3
四等跨		支点弯矩$\left(\times\frac{EI}{l^2}\right)$					
		M_1	M_2	M_3			
	$\delta_0=1$	-1.6071	0.4286	-0.1071			
	$\delta_1=1$	3.6429	-2.5714	0.6429			
	$\delta_2=1$	-2.5714	4.2857	-2.5714			
	$\delta_3=1$	0.6429	-2.5714	3.6429			
	$\delta_4=1$	-0.1071	0.4286	-1.6071			
		支座反力$\left(\times\frac{EI}{l^3}\right)$					
		R_0	R_1	R_2	R_3	R_4	
	$\delta_0=1$	-1.6071	3.6429	-2.5714	0.6429	-0.1071	
	$\delta_1=1$	3.6429	-9.8571	9.4286	-3.8571	0.6429	
	$\delta_2=1$	-2.5714	9.4286	-13.7143	9.4286	-2.5714	
	$\delta_3=1$	0.6429	-3.8571	9.4286	-9.8571	3.6429	
	$\delta_4=1$	-0.1071	0.6429	-2.5714	3.6429	-1.6071	

§12-4 超静定拱的影响线

两铰拱和单跨无铰拱的静力分析常用力法，因此先由力法方程求解拱的基本未知力的影响线，再求任意截面内力（反力）的影响线。拱轴曲线 $y(x)$ 及截面变化规律 $A(x)$、$I(X)$ 的情况将决定力法方程中的位移项是否便于积分运算。本节介绍便于积分，可写出影响线方程的情况。对于不便积分的情况，可采用分段总和方法手算或电算，取各段中点的数据为该段平均值以计算力法方程中的各项系数，而影响线纵标则应计算出各分段点之值。

一、两铰拱的影响线

两铰拱（如图 12-19a）以水平反力（推力）为基本未知力，由力法方程得

$$H = X_1 = -\frac{\delta_{1P}}{\delta_{11}} \tag{12-9}$$

其中主系数δ_{11}反映结构本身的变形特征（必要时计入轴向变形的影响），分子

$$\delta_{1P} = \int \frac{\overline{M}_1 \cdot \overline{M}_P \mathrm{d}s}{EI_x}$$

是荷载位置 αl 的函数。因 $\delta_{1P}=\delta_{P1}$，故由式（12-9）可认为 H 影响线是由 $H=1$ 作用下简支曲梁的挠曲线 $\delta_{P1}(\alpha)$ 乘以常数 $-\frac{1}{\delta_{11}}$。

拱轴上任意截面 D 的内力影响线，可在基本结构上利用基本未知力 H、按平衡条件求得，计算公式为

$$\left.\begin{aligned} M_D &= M_D^0 - H\cdot y_D \\ Q_D &= Q_D^0\cos\varphi_D - H\sin\varphi_D \\ N_D &= Q_D^0\sin\varphi_D + H\cos\varphi_D \text{（轴力以压力为正）} \end{aligned}\right\} \tag{12-10}$$

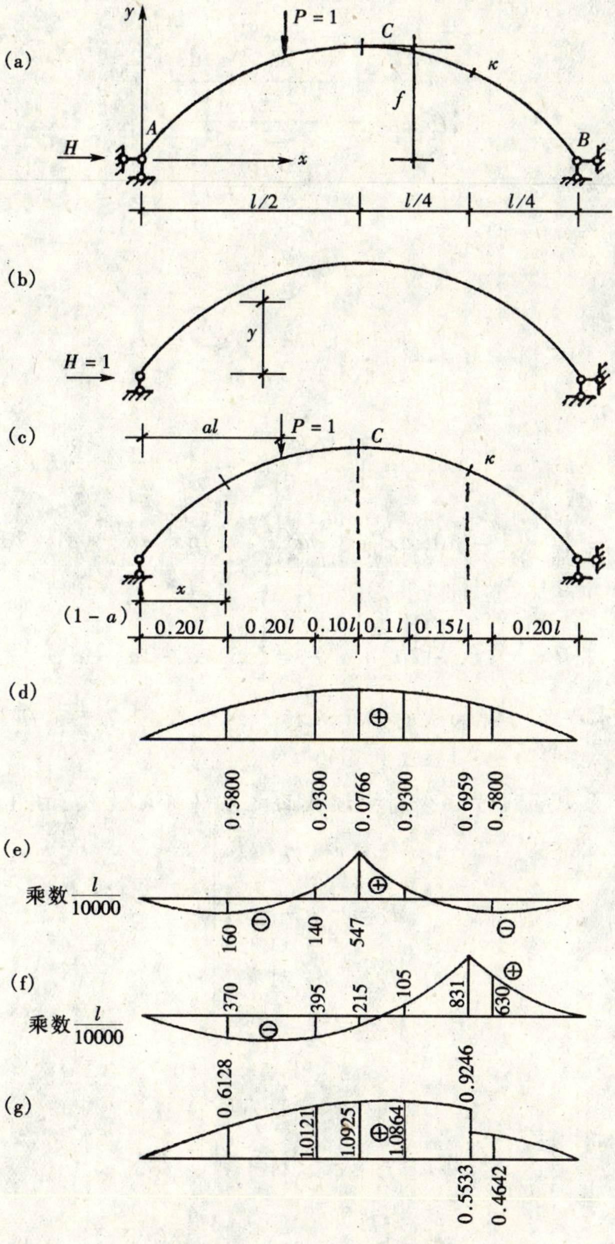

图 12-19　两铰拱的影响线

(a) 对称两铰拱；(b) $H=1$ 作用下简支曲梁；(c) $P=1$ 作用下简支曲梁；(d) H 影响线；(e) M_c 影响线；(f) M_K 影响线；(g) N_K 影响线

上式表示拱轴任意截面内力的影响线分别由两条影响线叠加而成，其中 M_D^0、Q_D^0 代表等跨简支直梁上截面 D 的弯矩、剪力影响线，是 αl 的线性函数，φ_D 是截面 D 处拱轴切线的倾角，其正负号按图 12-19a 的坐标系确定。

例 12-3　图12-19a 为对称两铰拱，轴线方程 $y=\dfrac{4f}{l^2}x\ (l-x)$，矢高 $f=\dfrac{l}{5}$，等截面，试绘制拱顶截面 C 的弯矩 M_C 及沿跨度四等分点截面 k 的 M_k、N_k 影响线。

解　今略去轴向变形的影响，并按本例矢跨比情况近似地取 $ds=dx$，以便于积分计算

水平推力

$$H=-\frac{\int\frac{\overline{M}_1\overline{M}_P(\alpha)\mathrm{d}s}{EI}}{\int\frac{\overline{M}_1^2\mathrm{d}s}{EI}}$$

按图 12-19b、c 可得

$$\overline{M}_1=-y$$

$$\overline{M}_P=\begin{cases}(1-\alpha)\ x, & 0\leqslant x\leqslant\alpha l\\ \alpha\ (l-x), & \alpha l\leqslant x\leqslant l\end{cases}$$

于是

$$EI\delta_{11}=\int_0^l y^2\mathrm{d}x=\int_0^l\frac{16f^2}{l^4}(lx-x^2)^2\mathrm{d}x=\frac{8}{15}f^2l$$

$$-EI\delta_{1P}=\int_0^{\alpha l}y(1-\alpha)x\mathrm{d}x+\int_{\alpha l}^{l}y\alpha(l-x)\mathrm{d}x=\frac{fl^2}{3}(\alpha-2\alpha^3+\alpha^4)$$

故有

$$H=\frac{5l}{8f}\ (\alpha-2\alpha^3+\alpha^4)\ =\frac{100}{32}\ (\alpha-2\alpha^3+\alpha^4) \tag{a}$$

给出若干 α 值即可得水平推力影响线的若干纵标，列于表 12-7 中，H 影响线如图 12-19d 所示。

截面 C 和 K 的内力影响线方程分别按该截面之左（标记 Z)、右（标记 Y）两段写出：

$$\left.\begin{aligned}&M_C=M_C^0-Hf\\&M_C^Z=\frac{l}{2}\alpha-\frac{l}{5}H\\&M_C^Y\text{ 与 }M_C^Z\text{ 对称}\\&M_K=M_K^0-Hy_K\end{aligned}\right\} \tag{b}$$

其中 $y_K=\frac{3}{4}f$，于是

$$\left.\begin{aligned}&M_K^Z=\frac{l}{4}\alpha-\frac{3l}{20}H\\&M_K^Y=\frac{3l}{4}\ (1-\alpha)\ -\frac{3l}{20}H\\&N_K=Q_K^0\sin\varphi_K+H\cos\varphi_K\end{aligned}\right\} \tag{c}$$

其中 $\sin\varphi_K=-\frac{2}{\sqrt{29}}$，$\cos\varphi_K=\frac{5}{\sqrt{29}}$，于是

$$\left.\begin{aligned}&N_K^Z=+\frac{2}{\sqrt{29}}\alpha+\frac{5}{\sqrt{29}}H\\&N_K^Y=-\frac{2}{\sqrt{29}}\ (1-\alpha)\ +\frac{5}{\sqrt{29}}H\end{aligned}\right\} \tag{d}$$

上列三个内力影响线纵标的计算列于表 12-7，M_C、M_K、N_K 影响线分别如图 12-19e、f、g 所示。

表 12-7　两铰拱影响线纵标计算

$P=1$ 位置 α	0	0.20	0.40	0.50	0.60	0.75	0.80	1.00
$-2\alpha^3$	0	-0.0160	-0.1280	-0.2500	-0.4320	-0.8437	-1.0240	-2.0
α^4	0	0.0016	0.0256	0.0625	0.1293	0.3164	0.4096	1.0
H	0	0.5800	0.9300	0.9766	0.9300	0.6959	0.5800	0
$-H/5$	0	-0.1160	-0.1860	-0.1953	（对		称）	
$\alpha/2$	0	0.1000	0.2000	0.2500				
M_C/l	0	-0.0160	0.0140	0.0547	（对		称）	
$-\frac{3}{20}H$	0	-0.0870	-0.1395	-0.1465	-0.1395	-0.1044	-0.0870	
$\frac{\alpha}{4}$	0	0.0500	0.1000	0.1250	0.1500	0.1875		
$\frac{3}{4}(1-\alpha)$	0					0.1875	0.1500	0
M_K/l	0	0.0370	-0.0395	-0.0215	0.0105	0.0831	0.0630	
$\frac{5}{\sqrt{29}}H$	0	0.5385	0.8635	0.9068	0.8635	0.6461	0.5385	
$\frac{2}{\sqrt{29}}\alpha$	0	0.0743	0.1486	0.1857	0.2229	0.2785		
$-\frac{2}{\sqrt{29}}(1-\alpha)$	0					0.0928	-0.0743	
N_K	0	0.6128	1.0121	1.0925	1.0864	0.9246 0.5533	0.4642	0

二、无铰拱的影响线

单跨无铰拱（图 12-20a）用力法分析时，若取两段悬臂曲梁为基本结构，利用弹性中心来简化力法方程，即可由独立方程求得弹性中心处的三个基本未知力——水平推力 X_1、竖向剪力 X_2、弯矩 X_3 的影响线方程，表达为

$$X_i = -\frac{\delta_{iP}(\alpha)}{\delta_{ii}},\ i=1,\ 2,\ 3 \qquad (12\text{-}11)$$

αl 表示荷载 $P=1$ 的移动位置，分子、分母的计算可根据结构情况采用积分方法或分段总和方法。

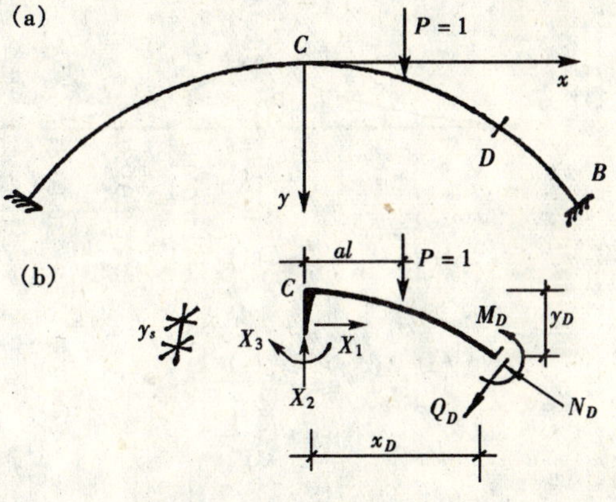

图 12-20　无铰拱

(a) 单跨无铰拱；(b) 悬臂曲梁 CD 段隔离体

无铰拱上任意截面 D 的内力影响线，根据悬臂曲梁 CD 段隔离体（图 12-20b）的平衡条件写出，分别为几条影响线的叠加：

$$\left.\begin{aligned} M_D &= M_D^0 + X_1(y_D - y_s) + X_2 x_D + X_3 \\ Q_D &= Q_D^0 + X_1\sin\varphi_D + X_2\cos\varphi_D \\ N_D &= N_D^0 + X_1\cos\varphi_D - X_2\sin\varphi_D \end{aligned}\right\} \qquad (12\text{-}12)$$

其中 M_D^0、Q_D^0、N_D^0 是悬臂曲梁上截面 D 的弯矩、剪力、轴力影响线，均为荷载 $P=1$ 位置 αl 的线性函数；φ_D 是右半拱上截面 D 处拱轴切线之倾角。

下面仅就可积分的情况举例说明无铰拱影响线的特点。

例 12-4　对称无铰拱如图12-21a 所示，已知拱轴方程 $y=\frac{4f}{l^2}x^2$（坐标原点在拱顶），矢

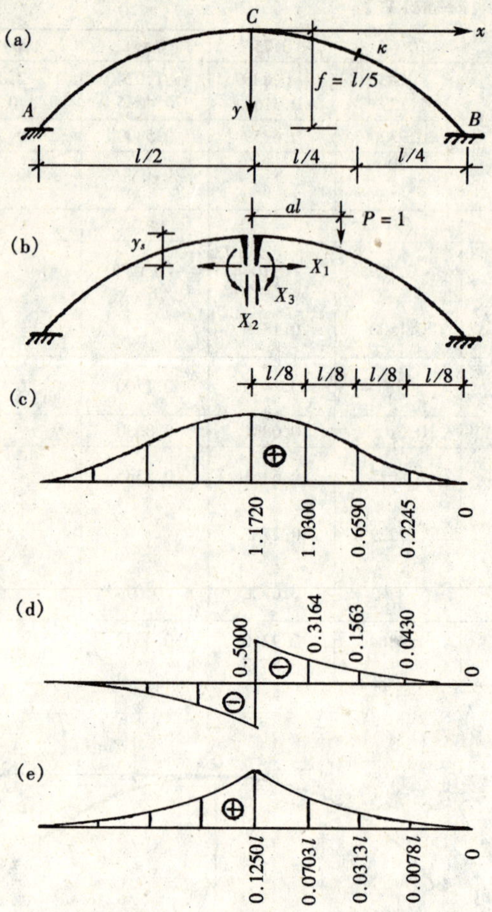

图 12-21　对称无铰拱影响线

(a) 对称无铰拱；(b) 基本结构；(c) X_1 影响线；(d) X_2 影响线；(e) X_3 影响线

高 $f=\dfrac{l}{5}$，拱顶截面 C 的惯矩为 I_C，截面变化规律按 $\dfrac{I_x}{I_C}=\dfrac{1}{\cos\varphi_x}$ 考虑。试求拱顶 C 截面、沿拱跨四分点截面 K 的内力影响线及左支座的反力影响线。

解　由于拱轴曲线的 $\mathrm{d}s=\dfrac{\mathrm{d}x}{\cos\varphi_x}$，故有 $\dfrac{\mathrm{d}s}{EI_x}=\dfrac{\mathrm{d}x}{EI_C}$，便于积分计算 δ_{iP} 及 δ_{ii}，并按本例矢跨比情况可略去轴向变形的影响。弹性中心至拱顶的距离为

$$y_S=\frac{2\int^{\frac{l}{2}}\frac{4f}{l^2}x^2\frac{\mathrm{d}x}{EI_C}}{2\int^{\frac{l}{2}}\frac{\mathrm{d}x}{EI_C}}=\frac{f}{3}$$

(1) 基本未知力的影响线

单位移动荷载 $P=1$ 在右半拱上任意位置 αl 时（图 12-21b），截面 x 的弯矩为

$$\overline{M}_P=\begin{cases}0 & (-l/2\leqslant x\leqslant \alpha l)\\ -(x-\alpha l) & (\alpha l\leqslant x\leqslant l/2)\end{cases}$$

按图 12-21b 所设各未知力的方向，各单位未知力单独作用时的弯矩分别为

$$\overline{M}_1=y-y_S=\frac{4f}{l^2}x^2-\frac{f}{3}$$

$$\overline{M}_2=x$$

$$\overline{M}_3=1$$

于是

$$EI_C\delta_{11}=2\int_0^{\frac{l}{2}}\left(\frac{4f}{l^2}x^2-\frac{f}{3}\right)^2\mathrm{d}x=\frac{4}{45}f^2l$$

$$EI_C\delta_{22}=2\int_0^{\frac{l}{2}}x^2\mathrm{d}x=\frac{l^3}{12}$$

$$EI_C\delta_{33}=2\int_0^{\frac{l}{2}}\mathrm{d}x=l$$

注意到 $\overline{M}_P$ 的适用区间，可得

$$EI_C\delta_{1P}=\int(y-y_S)\overline{M}_P\mathrm{d}x=-\int_{\alpha l}^{\frac{l}{2}}\left(\frac{4f}{l^2}x^2-\frac{f}{3}\right)(x-\alpha l)\mathrm{d}x$$

$$=-\frac{1}{3}fl^2\left(\frac{1}{16}-\frac{\alpha^2}{2}+\alpha^4\right)$$

$$EI_C\delta_{2P}=\int x\overline{M}_P\mathrm{d}x=-\int_{\alpha}^{\frac{1}{2}}lx(x-\alpha l)\mathrm{d}x=-\frac{1}{12}l^3\left(\frac{1}{2}-\frac{3}{2}\alpha+2\alpha^3\right)$$

$$EI_C\delta_{3P}=\int\overline{M}_P\mathrm{d}x=-\int_{\alpha l}^{\frac{1}{2}}(x-\alpha l)\mathrm{d}x=-l^2\left(\frac{1}{8}-\frac{\alpha}{2}+\frac{\alpha^2}{2}\right)$$

由此求得基本未知力的影响线方程为

$$X_1=-\frac{\delta_{1P}}{\delta_{11}}=\frac{15l}{4f}\left(\frac{1}{16}-\frac{1}{2}\alpha^2+\alpha^4\right)\tag{e}$$

$$X_2=-\frac{\delta_{2P}}{\delta_{22}}=\frac{1}{2}-\frac{3}{2}\alpha+2\alpha^3\tag{f}$$

$$X_3=-\frac{\delta_{3P}}{\delta_{33}}=\frac{l}{2}\left(\frac{1}{4}-\alpha+\alpha^2\right)\tag{g}$$

上列三式适用于右半跨（$0\leqslant\alpha\leqslant0.5$），今将沿拱跨八等分各点的影响线纵标列于表 12-8，其中各纵标单位是与各未知力量纲相符的。本例 $\frac{l}{f}=5$。X_1、X_2、X_3 影响线分别示于图 12-21c、d、e。

表 12-8　弹性中心处基本未知力影响线（右半拱）

α	$0(C)$	$\frac{1}{8}$	$\frac{1}{4}$	$\frac{3}{8}$	$\frac{1}{2}(B)$
$X_1(H)$	$0.2344\frac{l}{f}$	$0.2060\frac{l}{f}$	$0.1318\frac{l}{f}$	$0.0449\frac{l}{f}$	0
$X_2(Q_C)$	0.5000	0.3164	0.1563	0.0430	0
X_3	$0.1250l$	$0.0703l$	$0.0313l$	$0.0078l$	0

当荷载 $P=1$ 在左半跨上移动时，可将坐标 x 轴反向设置，$\overline{M}_P$ 及 $\overline{M}_1$、$\overline{M}_2$ 的表达式与上述右半拱的情况相同，由于结构对称，所得 X_1、X_3 影响线方程与右半跨的相同，表明对称无铰拱弹性中心处的水平推力和弯矩的影响线是左右对称的。但对于竖向剪力来说，正号的 X_2 在左半跨曲梁上产生负弯矩，故得左半跨的 X_2 影响线方程恰与右半跨的相反，这表明拱顶剪力的影响线是左右反对称的。

(2) 拱顶截面 C 的弯矩 M_C 影响线

截面 C 是基本结构悬臂曲梁的自由端，其轴力、剪力就是 X_1、X_2，且 M_C^0，故按式 (12-12) 有

$$M_C=X_1\left(0-\frac{f}{3}\right)+X_2\cdot0+X_3=-\frac{l}{15}X_1+X_3$$

将已求得的 X_1 和 X_3 两影响线（对应纵标）按上式作线性叠加，可得如图 12-22b 所示的

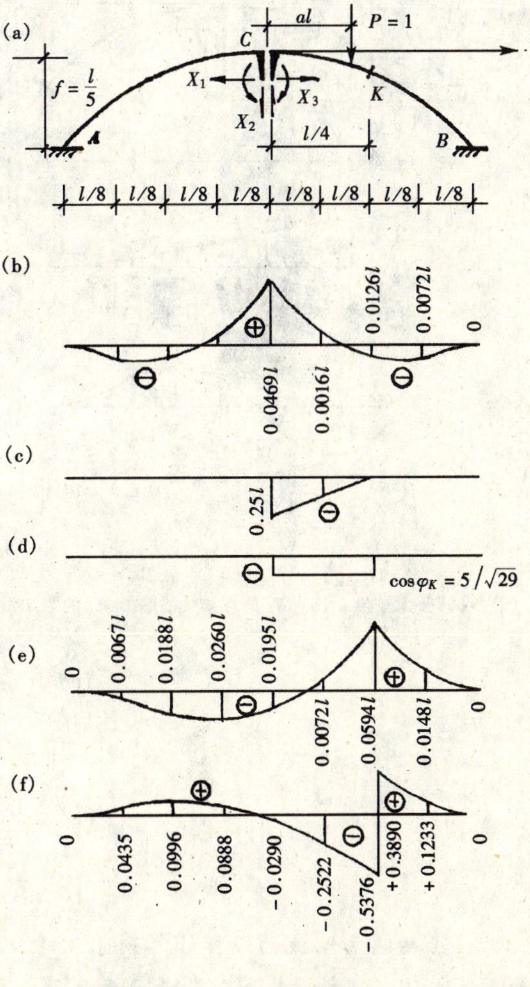

图 12-22　对称无铰拱影响线

(a) 八等分无铰拱；(b) M_C 影响线；(c) M_K^0 影响线；(d) Q_K^0 影响线；(e) M_K 的影响线；(f) Q_K 的影响线

M_C 影响线，呈左右对称形状。它表明处于跨中附近的荷载将使拱顶截面产生正弯矩且影响较大，荷载作用于两翼时将使拱顶产生负弯矩。

(3) 右半跨上四分点截面 K 的弯矩、剪力影响线

在悬臂曲梁上 M_K^0、Q_K^0 影响线如图 12-22c、d 所示，已知 $\sin\varphi_K=\frac{2}{\sqrt{29}}$，$\cos\varphi_K=\frac{5}{\sqrt{29}}$，$\frac{l}{f}=5$，按式 (12-12) 有

$$M_K=\left(\frac{f}{4}-\frac{f}{3}\right)X_1+\frac{l}{4}X_2+X_3+\begin{cases}-\left(\frac{l}{4}-\alpha\right)l,\left(0\leqslant\alpha\leqslant\frac{1}{4}\right)\\0,(\text{其他区段})\end{cases}$$

$$Q_K=X_1\left(\frac{2}{\sqrt{29}}\right)+X_2\left(\frac{5}{\sqrt{29}}\right)+\begin{cases}-\frac{5}{\sqrt{29}},\left(0\leqslant\alpha\leqslant\frac{1}{4}\right)\\0,(\text{其他区段})\end{cases}$$

在各等分点上按上式将各项纵标值叠加，即得 M_K、Q_K 的影响线各点纵标，如图 12-22e、f 所示。

(4) 左支座竖反力 R_A、反力矩 M_A 的影响线

水平反力 $H_A=X_1$。由左半跨的悬臂曲梁平衡条件可写出竖向反力（以向上为正）为

$$V_A=X_2+R_A^0=X_2+\begin{cases}1,\left(-\frac{1}{2}\leqslant\alpha\leqslant0\right)\\0,\left(0\leqslant\alpha\leqslant\frac{1}{2}\right)\end{cases}$$

其中 R_A^0 表示悬臂梁的固端 A 竖向反力影响线。

反力矩 M_A（即左拱趾截面弯矩，以下侧受拉为正）影响线方程为

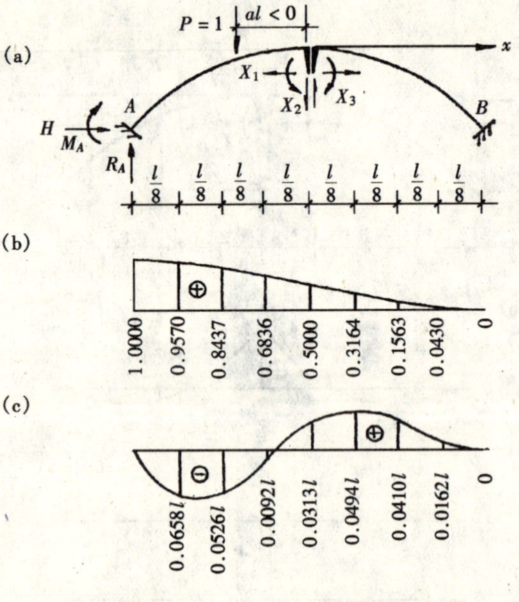

图 12-23 无铰拱影响线

(a) 八等分无铰拱；(b) R_A 的影响线；(c) M_A 的影响线

$$M_A=X_1\left(f-\frac{f}{3}\right)-X_2\cdot\frac{l}{2}+X_3+M_A^0$$

$$=\frac{2f}{3}X_1-\frac{l}{2}X_2+X_3$$

$$+\begin{cases}-\left(\frac{1}{2}+\alpha\right)l,\left(-\frac{1}{2}\leqslant\alpha\leqslant0\right)\\0,\left(0\leqslant\alpha\leqslant\frac{1}{2}\right)\end{cases}$$

以上两项影响线的纵标计算列于表 12-9，左支座竖反力 R_A、反力矩 M_A 的影响线分别如图 12-23b、c 所示。图中符号表示当荷载作用于支座 A 附近时将使支座 A 产生负弯矩，而在右半部的荷载将使它产生正弯矩。显然，右支座竖向反力 $R_B=1-R_A$，即 R_B 与 R_A 影响线相互对称。

表 12-9　左支座反力 R_A、M_A 的影响线纵标计算

α	$-\frac{1}{2}$	$-\frac{3}{8}$	$-\frac{1}{4}$	$-\frac{1}{8}$	0	$+\frac{1}{8}$	$+\frac{1}{4}$	$+\frac{3}{8}$	$+\frac{1}{2}$
X_2	0	-0.0430	-0.1563	-0.3164	-0.500/+0.500	0.3164	0.1563	0.0430	0
R_A^0	1.00	1.00	1.00	1.00	1.00	0	0		0
R_A	1.00	0.9570	0.8437	0.6836	0.50000	0.3164	0.1563	0.0430	0
$\frac{2f}{3}X_1$	0	$0.0299l$	$0.0879l$	$0.1373l$	$0.1563l$	$0.1373l$	$0.0879l$	$0.0299l$	0
$\frac{-l}{2}X_2$	0	$0.0215l$	$0.0782l$	$0.1582l$	$0.250l/-0.0250l$	$-0.1582l$	$-0.0782l$	$-0.0215l$	0
X_3	0	$0.0078l$	$0.0313l$	$0.0703l$	$0.1250l$	$0.0703l$	$0.0313l$	$0.0078l$	0
M_A^0	0	$-0.1250l$	$-0.2500l$	$-0.3750l$	$-0.5000l/0$	0	0	0	0
M_C	0	$-0.0658l$	$-0.0526l$	$-0.0092l$	$+0.0313l$	$+0.0494l$	$+0.0410l$	$+0.0162l$	0

对于无铰拱影响线的特点可作如下讨论：

(1) 上例所述绘制基本未知力及其他截面内力影响线的方法，不仅对抛物线拱轴适用，而且也可用于等截面的或变截面的悬链线、圆弧线拱轴。表 12-8 所列三未知力影响线对于符合 $\frac{\mathrm{d}s}{EI_x}=\frac{\mathrm{d}x}{EI_C}$ 及略去轴向变形的情况的二次抛物线无铰拱都是可用的。

(2) 无铰拱弹性中心处三未知力的影响线及其他大多数约束力影响线，在两端支点处的切线都是与水平基线重合的，这可由影响线方程的导数 $\left.\frac{\mathrm{d}S(\alpha)}{\mathrm{d}\alpha}\right|_{A,B}=0$ 证明，也可由机动法 ($S(\alpha)=-y_{Pi}$) 所得悬臂曲梁挠曲线特点而说明。同理，支座反力矩影响线在该支点的倾角应为 1。

(3) 由于二次抛物线拱轴是全跨均布荷载作用下、不计轴向变形时的合理拱轴（无论三铰拱、两铰拱及无铰拱，也无论截面有无变化，均可得证），故当设满跨 $q=1$ 时，由影响线计算其影响量值为 $S=q\Sigma\omega=\Sigma\omega$，于是可知上例抛物线无铰拱的 M_C、M_B、M_K 影响线各自的总面积均应为零，R_A 影响线的面积应等于 $\frac{l}{2}$，推力 $H=X_1$ 影响线的面积应等于 $\frac{l^2}{8f}$。

§12-5　超静定桁架的影响线

超静定桁架作为理想桁架时，各杆只承受轴力，其内力常用力法分析。在连续梁式桁架及多重腹杆梁式桁架中，选取基本结构应尽量减少未知力之间的耦联，并利用对称性，例如图 12-24a、b、c 中所示形式。取静定桁架为基本结构，由力法方程组求解出多余约束的基本未知力影响线 $X_i(x)$ 后，其他任意杆件的内力（反力）S_m 影响线方程即可写为

$$S_m(x)=\Sigma\bar{S}_{mi}X_i(x)+S_m^0(x) \tag{12-13}$$

其中 $\bar{S}_{mi}$ 为各基本未知力 X_i 等于单位力且单独作用时产生于杆件 m 的轴力，$S_m^0(x)$ 为静定基本结构中该杆的内力影响线。

所以关键在于绘制基本未知力的影响线。显然，多跨式超静定桁架的内力影响线须随荷载 $P=1$ 的移动而分跨求作，而且在每一节间内是直线形式（因承受结点荷载），因此只需先求出各结点处的影响线纵标值。

今以某一个基本未知力 X_i 为对象，运用反力位移互等定理，有

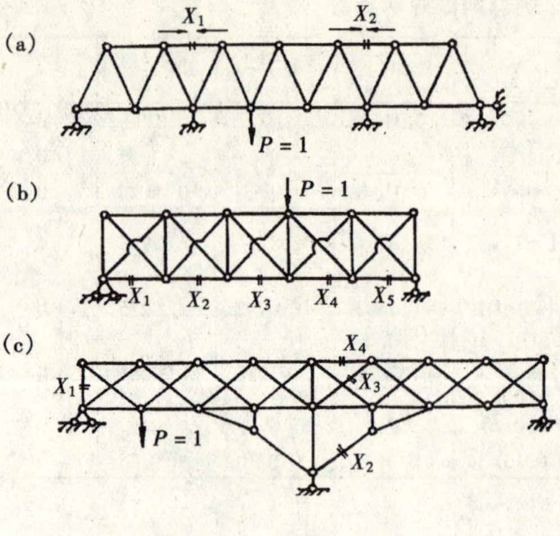

图 12-24　超静定桁架

(a) 连续梁式超静定桁架；(b) 多重腹杆梁式超静定桁架；(c) 多重腹杆连续梁式超静定桁架

$$X_i(x) = r_{iP} = -\delta_{Pi}(x) \tag{12-14}$$

即强迫该杆杆轴缩短单位长度 $\delta_i = 1$（使其两端结点趋近，即沿该杆拉力正方向）。产生于移动荷载 $P=1$ 处的挠度图就是 X_i 影响线，符号相反。机动法具体计算步骤如下：

1. 选定基本未知力为 X_1，X_2，…，X_n，以便依次按式（12-14）求作。

2. 令某一未知力 X_i 的杆轴缩短 $\delta_i = 1$，用力法求解由其产生的各未知力 X_j（$j=1$，2，…，n），并得桁架所有各杆轴力 N_{mi}。

3. 求相应于内力分布 N_{mi} 的承载弦各结点挠度作为 X_i（x）影响线纵标，为此需分跨在静定基本结构的承载弦结点上逐一施加单位荷载 $P_K=1$，计算各杆轴力 $\bar{N}_{mk}$，然后即可求该点竖向位移

$$\delta_{Pi} = \Sigma \bar{N}_{mk} \frac{l_m}{EA} N_{mi} \tag{12-15}$$

对于若干点的挠度计算可用矩阵方式表示

$$\{\delta_{Pi}\} = [\bar{N}_K]^T [f_N] \{N_i\} \tag{12-16}$$

式中

$[\bar{N}_K]$ 的每列元素为在每个结点加载时相应各杆的内力 $\bar{N}_{mk}$；

$[f_N]$ 为由各杆轴向柔度 $\frac{l_m}{EA}$ 组成的对角矩阵；

$\{N_i\}$ 应为由 $\delta_i = 1$ 所引起的各杆内力 N_{mi}。

为实施计算，各矩阵中均应按杆件编号顺序排列。

例 12-5　绘制图12-25a 所示连续梁式桁架的上弦杆 a、竖杆 b 的内力及支座 c 的反力影响线，设各杆轴向柔度均为 $\frac{d}{EA}$，下弦承载。

解　结构超静定二次，选中间跨两支座旁的下弦杆为多余约束。先令未知力为 X_1 的杆件缩短 $\delta_1 = 1$，则力法方程为

$$\left.\begin{aligned} \delta_{11}X_1 + \delta_{12}X_2 + (-1) &= 0 \\ \delta_{21}X_1 + \delta_{22}X_2 + 0 &= 0 \end{aligned}\right\}$$

为求方程中的各项系数，设 $X_1 = 1$ 作用于静定基本结构，各杆内力值示于图 12-25b（注意乘数为 $\frac{1}{4}$），$X_2 = 1$ 作用时的情况与其左右对称。按公式 $\delta_{ij} = \Sigma \bar{N}_i \frac{d}{EA} \bar{N}_j$ 计算：

$$\frac{EA}{d}\delta_{11} = \frac{2}{4^2}\left[(\sqrt{2})^2 \times 4 + 1 \times 5 + 2^2 \times 2 + 3^2 \times 2 + 4^2 \times 1\right] + \left(\frac{2}{4}\right)^2 = \frac{57}{8}$$

$$\frac{EA}{d}\delta_{22} = \frac{EA}{d}\delta_{11}$$

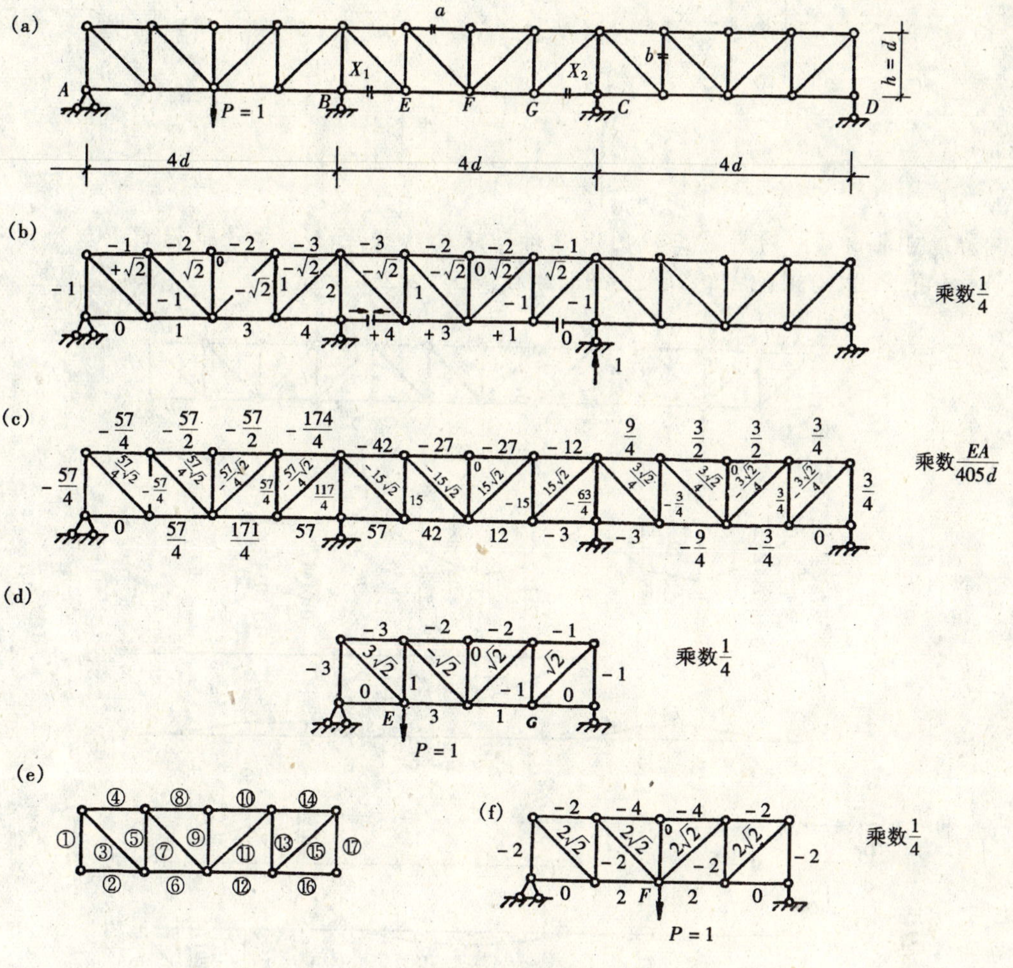

图 12-25　超静定桁架影响线

(a) 连续梁式超静定桁架；(b) 基本结构各杆内力；(c) 桁架各杆内力；
(d)、(f) 单位荷载状态的内力；(e) 杆件编号

$$\frac{EA}{d}\delta_{12}=\frac{1}{4^2}[-\sqrt{2}\times\sqrt{2}\times4-1\times1\times2-1\times2\times2-1\times3\times4+2\times2\times2]=\frac{3}{8}$$

于是得 $\delta_1=1$ 缩短时的基本未知力

$$\begin{Bmatrix}X_1\\X_2\end{Bmatrix}=\begin{bmatrix}\frac{57}{8}&\frac{3}{8}\\\frac{3}{8}&\frac{57}{8}\end{bmatrix}^{-1}\frac{EA}{d}\begin{Bmatrix}+1\\0\end{Bmatrix}=\begin{Bmatrix}+57\\-3\end{Bmatrix}\times\frac{EA}{405d}$$

同时，桁架各杆内力按 $N_{m1}=\bar{N}_1X_1+\bar{N}_2X_2$ 求出，其结果如图 12-25c 所示（乘数为$\frac{EA}{405d}$）。

据此可求桁架下弦结点的挠度 δ_{P1}，例如求第二跨的下弦诸结点 E、F、G 的挠度时，单位荷载状态的内力分别如图 12-25d、f 所示，$P=1$ 作用结点 G 时的情况与作用于结点 E（图 12-25d）时的对称。于是，按图 12-25e 所示杆件编号顺序列入式（12-16）进行计算，得

$$\begin{Bmatrix}\delta_{E1}\\ \delta_{F1}\\ \delta_{G1}\end{Bmatrix}=[\{\bar{N}_{mE}\}\{\bar{N}_{mF}\}\{\bar{N}_{mG}\}]^T\times\frac{d}{EA}\times\{N_{m1}\}$$

$$=\begin{Bmatrix}342.0\\ 405.0\\ 252.0\end{Bmatrix}\times\frac{1}{405\times 4}=\begin{Bmatrix}+0.2111\\ +0.2500\\ +0.1556\end{Bmatrix}$$

同样地可求出第一跨、第三跨的下弦诸结点处的挠度值。于是根据 $X_1(x)=-\delta_{P1}(x)$，可绘出 X_1 影响线在三跨各结点处的纵标如图 12-26b 所示。

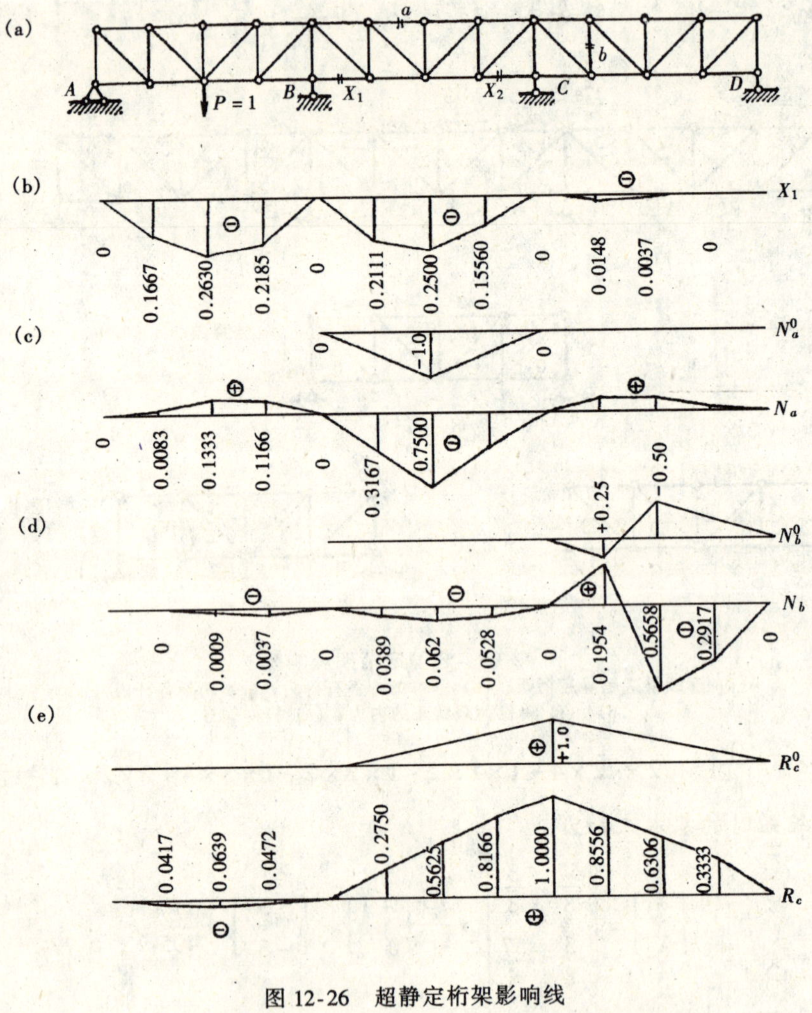

图 12-26　超静定桁架影响线

(a) 超静定桁架；(b) X_1 影响线；(c) N_a^0、N_a 的影响线；

(d) N_b^0、N_b 的影响线；(e) R_c^0、R_c 的影响线

虽然，X_2 影响线在各结点处的纵标与图 12-26b 中的顺序相反，即与 X_1 影响线呈对称形式。

第二跨的上弦杆 a 的轴力影响线为

$$N_a=N_a^0+X_1(x)\left(-\frac{2}{4}\right)+X_2(x)\left(-\frac{2}{4}\right)$$

第三跨的竖杆 b 的轴力影响线为

$$N_b = N_b^0 + 0 + X_2(x)\left(\frac{1}{4}\right)$$

第三支座 c 的反力影响线为

$$R_c = R_c^0 + X_1(x)\left(\frac{1}{4}\right) + X_2(x)\left(-\frac{2}{4}\right)$$

其中在静定基本结构上的 N_a^0、N_b^0、R_c^0 的影响线及按式叠加所得上列 N_a、N_b、R_c 三影响线的所有纵标值分别示于图 12-26c、d、e 中。

习　题

12-1　试用静力法绘制 M_A、M_B 影响线

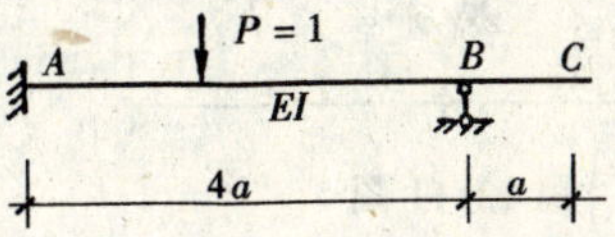

题 12-1 图

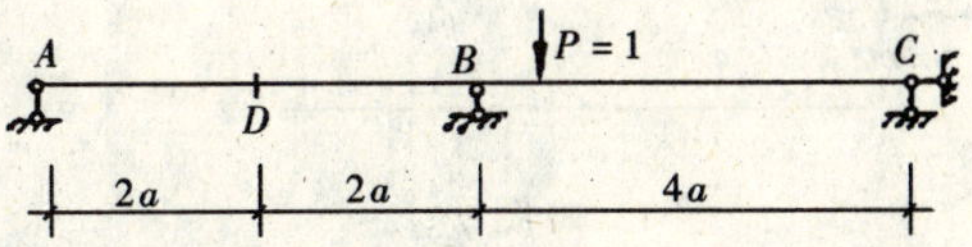

题 12-2 图

12-2　以支点弯矩为基本未知力，求作 M_B、Q_D 影响线，标注每跨四等分点处纵标。EI = 常数。

12-3　以支座反力 R_A 为基本未知力，求解题 12-2。

12-4　试画出超静定梁影响线的形状并注以正、负号。

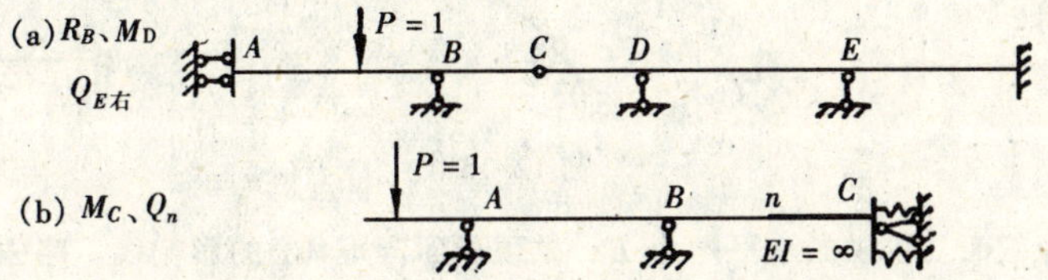

题 12-4 图

12-5　用机动法绘制等截面连续梁的 M_B、R_A 影响线，标注各跨四等分点纵标。

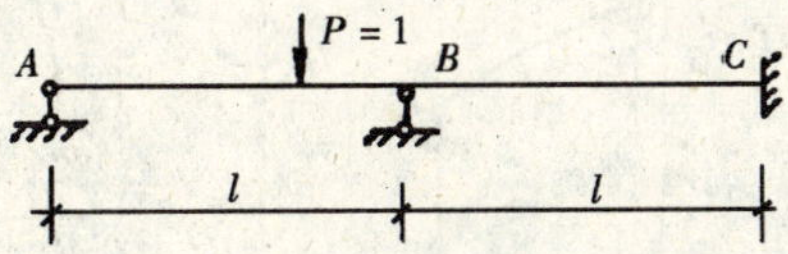

题 12-5 图

12-6～12-7　用机动法绘制超静定梁的 M_B 影响线，标注全长五分点处纵标。

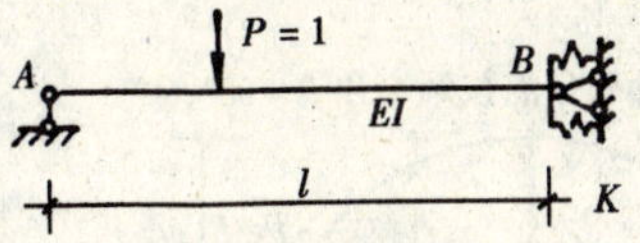

题 12-6 图

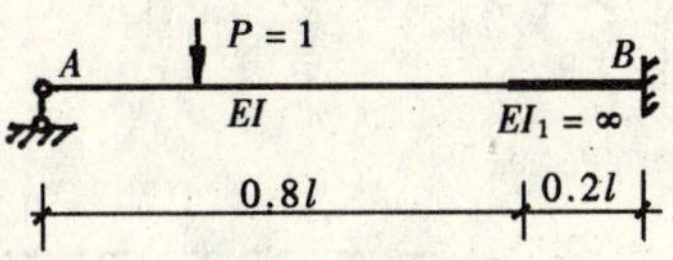

题 12-7 图

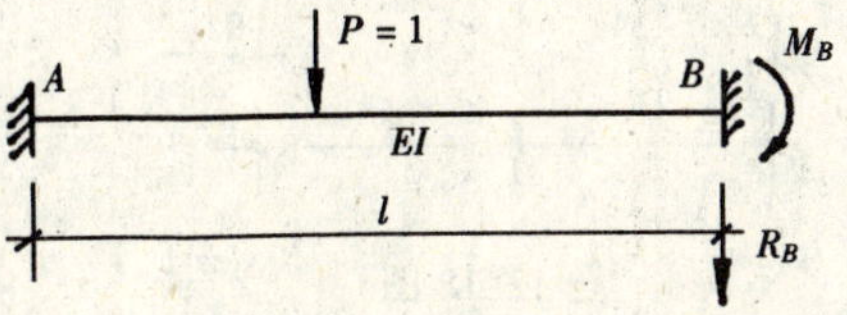

题 12-8 图

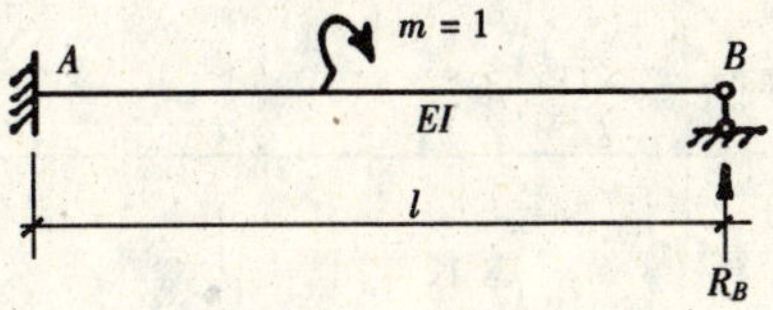

题 12-9 图

12-8 用机动法求 M_B、R_B 影响线方程。

12-9 用机动法求单位移动力矩 $m=1$ 作用下的右支座反力 R_B 影响线方程。

12-10～12-12 试作刚架中的 M_C 或另一个指定约束力的影响线，荷载沿横梁移动。

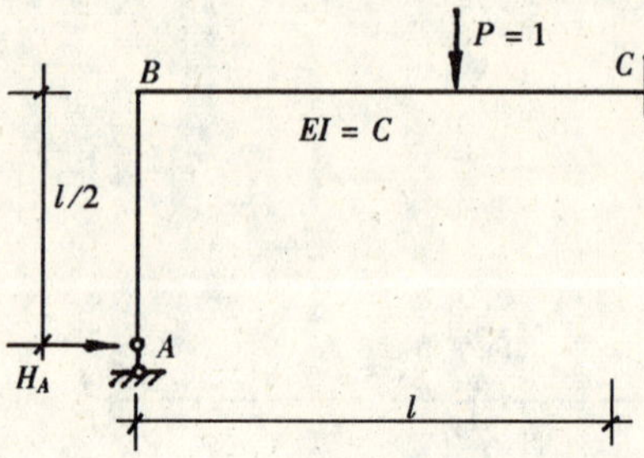

题 12-10 图

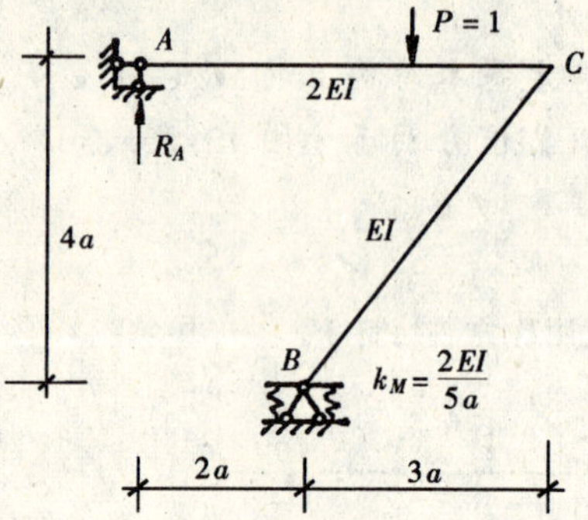

题 12-11 图

12-13～12-14 试求交叉梁系中的 M_B 影响线，各段梁长度相等。

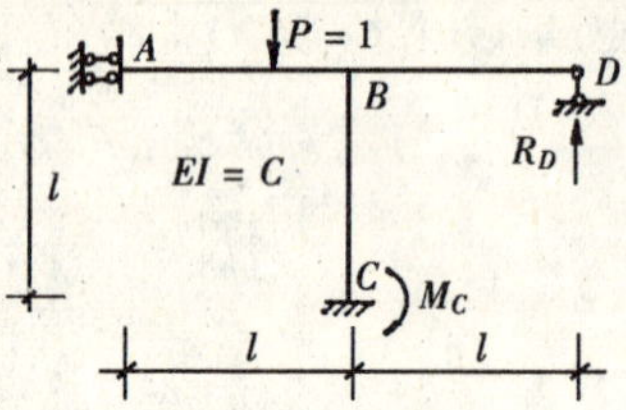

题 12-12 图

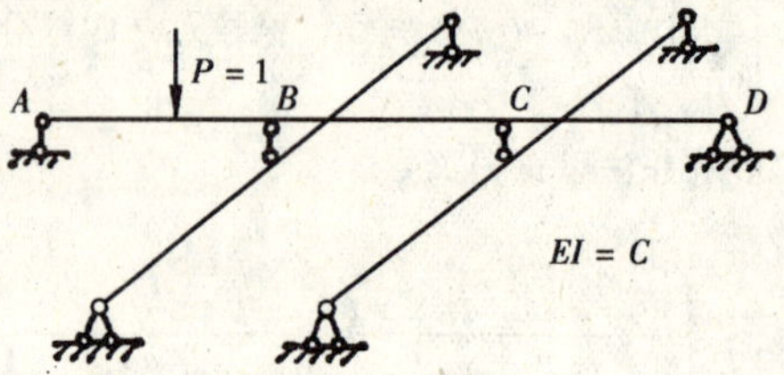

题 12-13 图

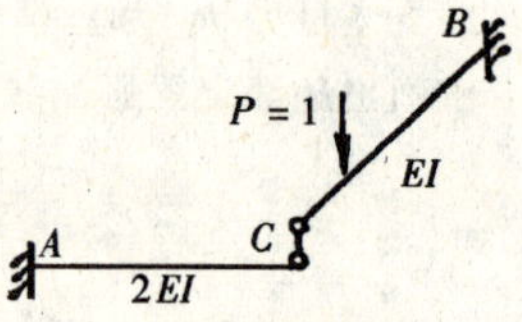

题 12-14 图

12-15～12-16 试求等截面二铰拱的水平推力 H、拱顶截面弯矩 M_C 的影响线。略去轴向变形影响。

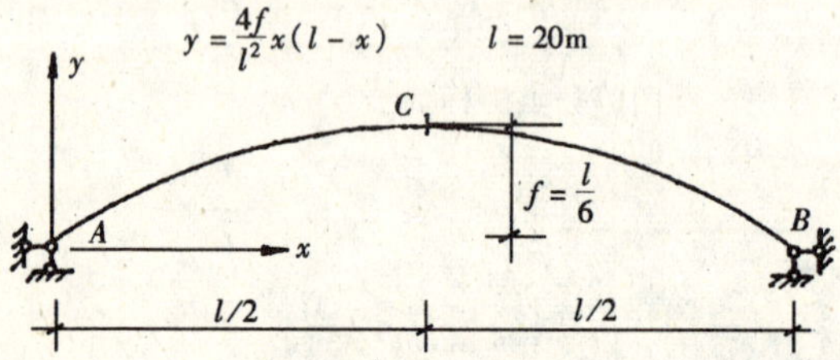

题 12-15 图

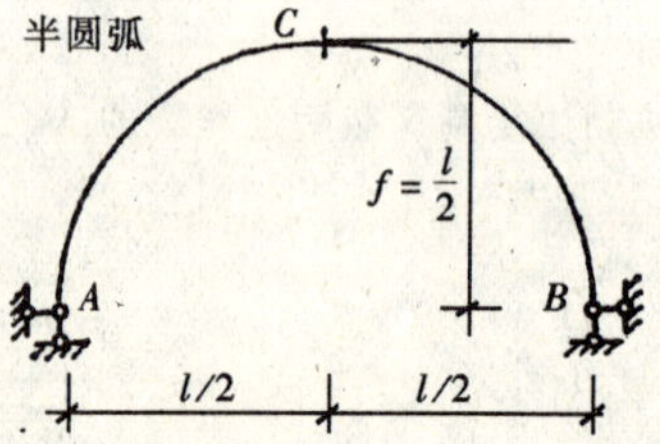

题 12-16 图

12-17～12-18 试求无铰拱弹性中心处未知水平力 X_1、竖向力 X_2、弯矩 X_3 及 M_C、M_B 的影响线。不计轴向变形影响。

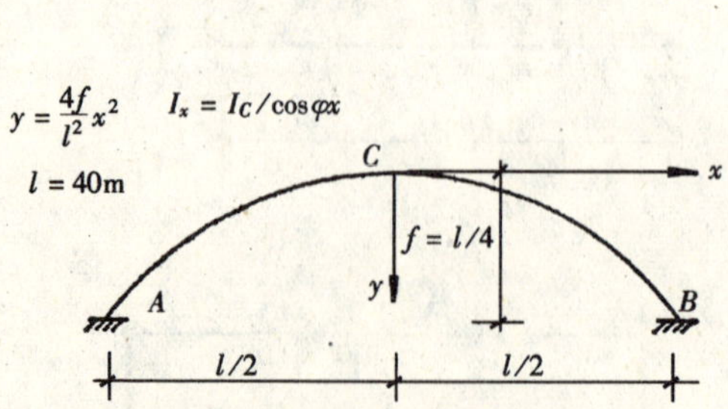

题 12-17 图

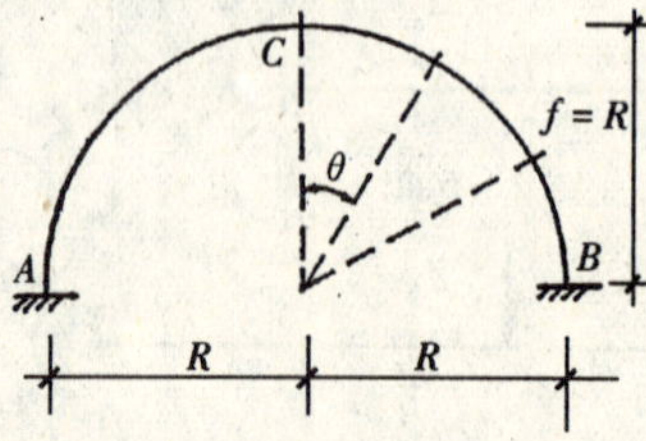

题 12-18 图

12-19～12-21 试绘制等截面杆超静定桁架中 N_1、R_B 的影响线，下弦承载。

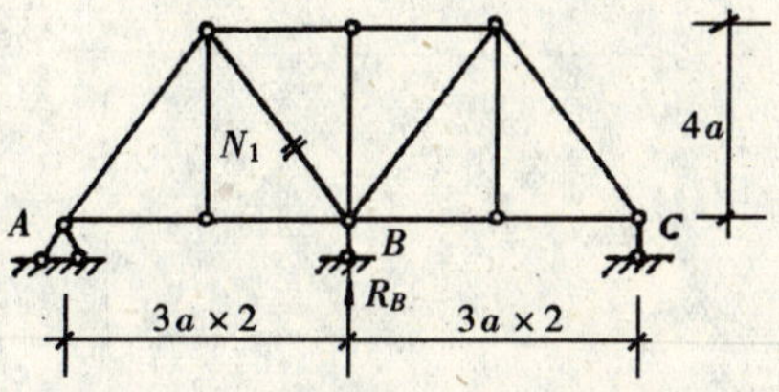

题 12-19 图

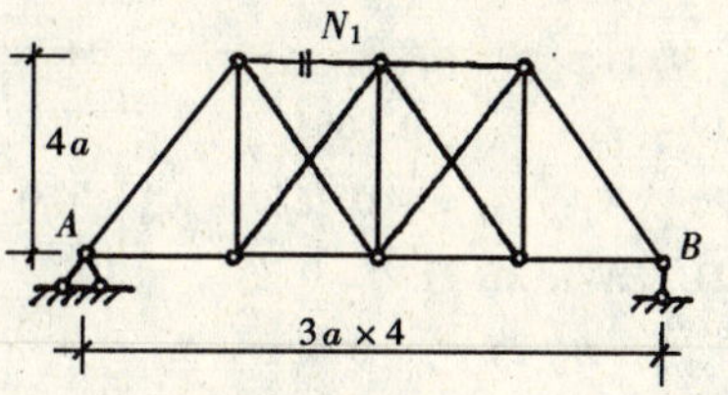

题 12-20 图

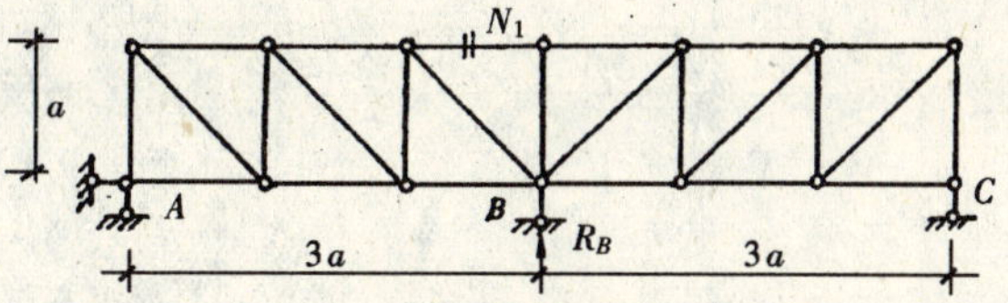

题 12-21 图

部分习题答案

12-1　M_A：$y_{0.5} = -0.752a$

R_B：$y_{0.5} = 0.3125$

12-2　M_B：$y_{0.5} = -0.376a$

Q_D：AB 跨 $y_{0.5} = -0.594/+0.406$

12-3　R_A：AB 跨 $y_{0.5} = 0.312$

12-5　M_B：AB 跨 $y_{0.5} = -0.143l$，BC 跨 $y_{0.5} = -0.054l$

12-6　$y_{0.4} = -0.0672l$，$y_{0.6} = -0.0768l$

12-7　$y_{0.4} = -0.2875l$

12-8　杆单元右端位移形函数

12-9　$R_{Bm} = -\theta_{mB} = -y'_{mB}$

12-10　M_C：$y_{0.5} = -\frac{7}{32}l$

H_A：$y_{0.5} = \frac{9}{32}$

12-11　M_C：$y_{0.4} = 0.3024a$，$y_{0.6} = 0.3456a$

12-12　M_C：AB 跨 $y_{0.5} = -\frac{3}{32}l$

R_D：BC 跨 $y_{0.5} = \frac{49}{128}$

12-13　$y_B = 0.2083l$，$y_0 = -0.0417l$

12-14　AC 跨 $y_{0.5} = -\frac{4}{48}l$，CB 跨 $y_{0.5} = -\frac{7}{24}l$

12-15　H：$y_{0.5} = \frac{75}{64}$

12-16　H：$y_{0.5} = 0.318$

M_C：$y_{0.5} = 0.0898l$

12-17　X_1：$y_{0.5} = 0.9376$

M_C：$y_{0.5} = 1.876m$

M_B：$y_{0.75} = -2.108m$

12-18　X_1：$y_C = 0.456$

X_2：$y_{30°} = 0.195$

X_3：$y_{30°} = 0.109R$

M_C：$y_C = 0.152R$

M_B：$y_C = 0.108R$，$y_{60°} = -0.048R$

12-19 R_B：$y_{3a} = 0.5655$

12-20 N_1：$y_{3a} = -0.3889$，$y_{6a} = -0.5141$

12-21 N_1：AB 跨 $y_a = 0.131$，

R_B：BC 跨 $y_{2a} = 0.421$

第 13 章

结构的极限荷载

§13-1 概　述

在前面几章中，我们主要讨论了结构的弹性计算。在计算中假定材料符合虎克定律，即应力和应变成正比，在使结构产生变形的荷载全部卸掉以后，结构仍将恢复原来的形状，没有残余变形。利用弹性计算的结果，我们就可以进行设计，以确定结构杆件截面的尺寸，或是已知杆件截面的尺寸而验算最大的应力。

但是，弹性计算不能充分利用结构的承载能力。在实践中，发现局部应力达到屈服极限时，结构并不破坏，还能承受更大的荷载。按弹性计算只考虑了结构中某一点应力达到屈服极限时的承载能力，因此，按弹性计算的结果而设计的结构是不够经济的。于是要对结构进行塑性分析，求出结构开始破坏时所能承担的荷载（即极限荷载），将极限荷载除以荷载系数得到容许荷载，按容许荷载进行设计。

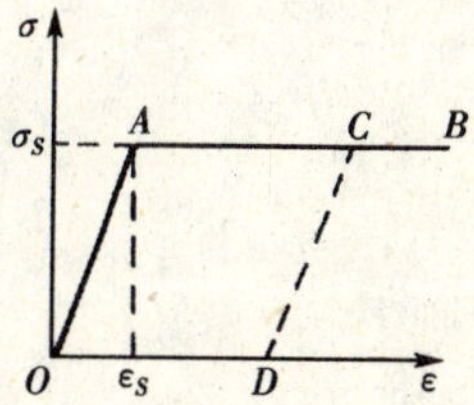

图 13-1　应力-应变关系图

在塑性分析中，一般不考虑剪力和轴力的影响，仍应用小变形时的平截面假定，并假定材料为理想弹塑性材料，采用简化的应力-应变关系如图 13-1 所示。在应力 σ 到达屈服极限 σ_S 以前，应力-应变为线性关系，即 $\sigma = E\varepsilon$，属于弹性阶段，如图 13-1 中 OA 段所示。当应力到达屈服极限 σ_S 时，材料进入塑性流动状态，应力保持常数 σ_S，而应变可继续增大，如图 13-1 中 AB 段所示。如果塑性流动到达 C 点后发生卸载，则 ε 的减小值 $\Delta\varepsilon$ 与 σ 的减小值 $\Delta\sigma$ 成正比，其比值仍为 E，即

$$\Delta\sigma = E\Delta\varepsilon$$

如图 13-1 中 CD 段所示，这里 $CD \parallel OA$。由此看到，材料在加载与卸载时情形不同：加载时是弹塑性的，卸载时是弹性的。还可看到，在经历塑性变形之后，应力与应变之间不再存在单值对应关系。同一个应力值可对应于不同的应变值，同一个应变值可对应于不同的应力值。由于以上原因，结构的弹塑性计算比弹性计算要复杂一些。

在本章中我们对结构弹塑性变形的发展过程不作全面的分析，而只是集中讨论简单结构的极限荷载，因而可用较简便的方法解决问题。

§13-2　极限弯矩，塑性铰和破坏机构

我们以理想弹塑性材料的矩形截面梁（图 13-2 所示）在荷载 P 作用下的情况为例，说明一些基本概念。

随着荷载 P 的增大，梁会经历一个由弹性阶段到弹塑性阶段最后达到塑性阶段的过程。实验表明，无论在哪一个阶段，梁弯曲变形时的平截面假定都是成立的。各阶段梁的截面 C 的应力变化过程如图 13-2b、c、d 所示。在加载的初期，整个截面应力均未超过屈服极限 σ_S。当荷载增大到屈服荷载 P_S 时，截面 C 的最大应力即最外侧纤维的应力达到屈服极限 σ_S，如图 13-2b 所示，截面 C 的弯矩称为弹性极限弯矩，或称为屈服弯矩，用 M_S 表示。由图 13-2b 得

$$M_S = 2 \times \frac{bh}{4}\sigma_S \times \frac{2}{3} \times \frac{h}{2} = \frac{bh^2}{6}\sigma_S$$

此后截面 C 不再处于弹性阶段。

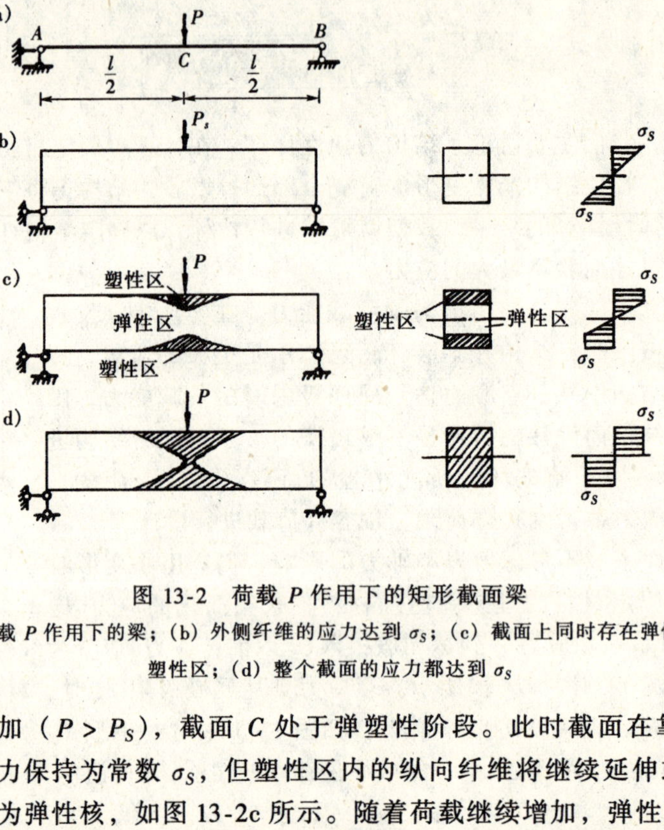

图 13-2　荷载 P 作用下的矩形截面梁

(a) 荷载 P 作用下的梁；(b) 外侧纤维的应力达到 σ_S；(c) 截面上同时存在弹性区和塑性区；(d) 整个截面的应力都达到 σ_S

随着荷载的增加（$P > P_S$），截面 C 处于弹塑性阶段。此时截面在靠外部分形成塑性区，塑性区内的应力保持为常数 σ_S，但塑性区内的纵向纤维将继续延伸或缩短，在截面内部仍为弹性区，称为弹性核，如图 13-2c 所示。随着荷载继续增加，弹性区逐渐缩小，同时靠近截面 C 的截面其外侧纤维也开始屈服，形成图 13-2c 左图中阴影线所示的塑性区。当整个截面 C 的应力都达到屈服值 σ_S 时，如图 13-2d 所示，截面达到塑性流动阶段，而应变迅速增加。此时，截面 C 的相应弯矩为

$$M_J = 2 \times \frac{bh}{2}\sigma_S \times \frac{1}{2} \times \frac{h}{2} = \frac{bh^2}{4}\sigma_S$$

这个弯矩是该截面所能承受的最大弯矩，叫做极限弯矩。

在极限弯矩值保持不变的情况下，截面的纵向纤维将可以自由地伸长或缩短，在这个截面所在的一小段内，梁将产生转动，这种情况与带铰的截面相似。因此，当截面弯矩达到极限弯矩时，这种截面叫做塑性铰。对于图 13-2a 所示的静定梁来说，截面 C 形成塑性铰时结构已变为几何可变体系，称为破坏机构，简称机构，可以发生很大的位移，承载力已无法再增加。这种状态称为极限状态，此时的荷载称为极限荷载，用 P_J 表示。

如果加载至弹塑性阶段或塑性流动阶段后再行减载，由于减载时应力增量与应变增量仍保持直线关系，截面仍恢复其弹性性质。由此可得塑性铰与普通铰的区别在于：普通铰不能承受弯矩，而塑性铰则能承受弯矩（极限弯矩）；在荷载减小后，由于弯矩也随之减小，塑性铰即消失，截面即不再有塑性铰的性质，就是说普通铰为双向铰，它的两侧可以沿两个方向发生相对转动，而塑性铰则为单向铰，它的两侧只能发生与极限弯矩指向一致的单向相对转动。

极限弯矩与屈服弯矩之比称为截面形状系数，用 α 表示。

$$\alpha = \frac{M_J}{M_S}$$

对于矩形截面

$$\alpha = \frac{M_J}{M_S} = \frac{\frac{bh^2}{4}\sigma_S}{\frac{bh^2}{6}\sigma_S} = \frac{3}{2}$$

由此可知，α 是由截面形状决定的，与外力无关。矩形截面 $\alpha = 1.5$，圆形截面 $\alpha = \frac{16}{3\pi} \approx 1.7$，工字形截面 $\alpha = 1.15$。

图 13-3a 所示为只有一个对称轴的截面，图 13-3b 表示极限状态的应力分布图。利用 $\Sigma Y = 0$，得

$$A_1\sigma_S = A_2\sigma_S$$

于是知

$$A_1 = A_2$$

因为

$$A_1 + A_2 = A$$

所以

$$A_1 = A_2 = \frac{1}{2}A$$

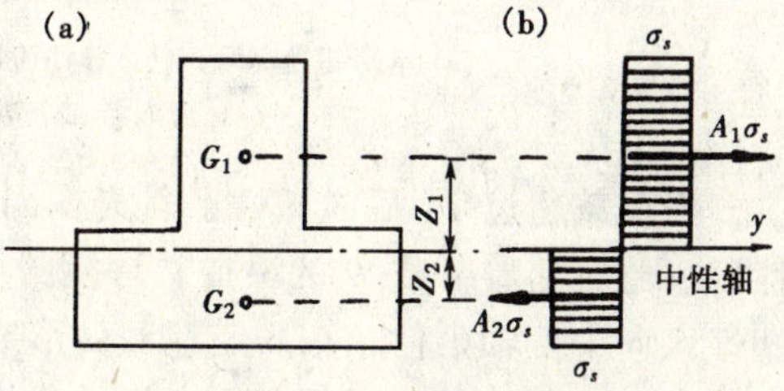

图 13-3　计算极限弯矩

（a）对称的截面；（b）极限状态的应力分布

式中 A 是截面的全面积，和 A_1 和 A_2 分别为中性轴以上和以下部分的截面面积。这说明在极限状态下，中性轴将截面分成两个面积相等的部分。此时极限弯矩为

$$M_J = A_1\sigma_S z_1 + A_2\sigma_S z_2 = \sigma_S(S_1 + S_2) = \sigma_S W_J$$

式中 $S_1 = A_1 z_1$ 和 $S_2 = A_2 z_2$ 分别为 A_1 和 A_2 对中性轴的静矩。$W_J = S_1 + S_2$ 叫做塑性截面模量。因此，极限弯矩决定于截面的形状和尺寸以及材料的屈服应力，而与荷载无关，是截面形成塑性铰时的极限弯矩，也是截面抗弯的最大弯矩。梁的极限荷载可根据塑性铰截面的弯矩等于极限值的条件，利用平衡方程求出。

§13-3　单跨超静定梁的极限荷载

从上面的讨论可知，在静定梁中，由于没有多余联系，因此只要有一个截面出现塑性铰，梁就成为机构，从而丧失承载能力以致破坏。

在超静定梁中，由于具有多余联系，所以必须有足够数目的塑性铰出现，才能使其变为

机构，从而丧失承载能力以致破坏，这是与静定梁不同的。

下面以图 13-4a 所示的等截面梁为例，说明单跨超静定梁由弹性阶段到弹塑性阶段，直至极限状态的过程。

弹性阶段（$P \leqslant P_S$）的弯矩图如图 13-4b 所示，在固定端处弯矩最大。

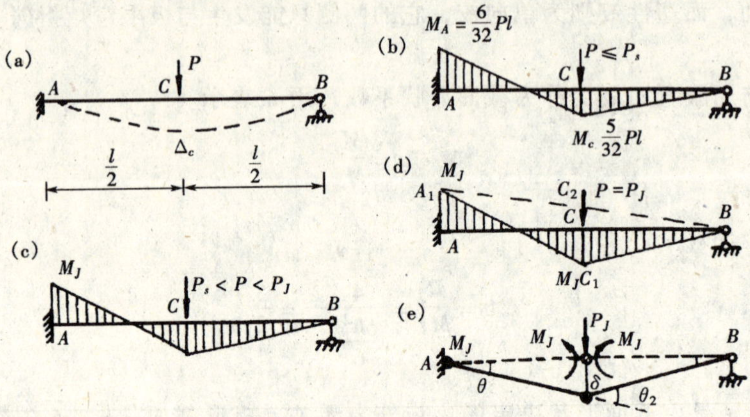

图 13-4 单跨超静定梁的极限荷载

(a) 单跨超静定梁；(b) 弹性阶段的弯矩图；(c) 形成第一个塑性铰的弯矩图；(d) 形成第二个塑性铰的弯矩图；(e) 梁变为机构

当荷载超过 P_S 后，塑性区首先在固定端附近形成并扩大，然后在跨中截面也将形成塑性区。此时随着荷载 P 的增加，弯矩图不断地变化，不再与弹性阶段的 M 图成比例。随着塑性区向中性轴延伸，在固定端截面形成第一个塑性铰。弯矩图如图 13-4c 所示。此时在加载条件下，梁已转化为静定梁，但承载能力尚未达到极限值。

当荷载再增加时，固定端的弯矩保持常数 M_J。当荷载增加到使跨中截面弯矩达到 M_J 时，在该截面形成第二个塑性铰（见图 13-4e)，于是梁即变为机构，而梁的承载能力即达到极限值，此时的荷载就是极限荷载 P_J，相应的弯矩图如图 13-4d 所示。

极限荷载 P_J 可根据极限状态的弯矩图，由平衡条件求出。在图 13-4d 中，我们连接 A_1B 线，三角形 A_1C_1B 应是简支梁在荷载 P_J 作用下的弯矩图，故跨中纵距为

$$C_2C_1 = \frac{P_J l}{4}$$

另一方面

$$C_2C_1 = CC_1 + \frac{1}{2}AA_1 = 1.5M_J$$

因此有

$$\frac{P_J l}{4} = 1.5M_J$$

由此求得极限荷载

$$P_J = \frac{6M_J}{l}$$

另外，极限荷载 P_J 也可根据虚功原理求出。图 13-4e 所示为破坏机构的一种可能位移，设跨中位移为 δ，则 $\theta_1 = \frac{2\delta}{l}$，$\theta_2 = \frac{4\delta}{l}$，外力所作的功为

$$W_{外} = P_J\delta$$

内力所作的功为

$$W_{内} = -(M_J\theta_1 + M_J\theta_2) = -M_J\frac{6\delta}{l}$$

由虚功方程

$$P_J\delta - \frac{6\delta}{l}M_J = 0$$

得

$$P_J = \frac{6M_J}{l}$$

其结果相同。

由此看出，超静定梁的极限荷载只需根据最后的破坏机构应用平衡条件即可求出。据此可概括出超静定结构极限荷载计算的一些特点如下：

(1) 超静定结构极限荷载的计算无需考虑结构弹塑性变形的发展过程，只需考虑最后的破坏机构。

(2) 超静定结构极限荷载的计算只需考虑静力平衡条件，而无需考虑变形协调条件，因而比弹性计算简单。

(3) 超静定结构的极限荷载，不受温度变化、支座移动等因素的影响。这些因素只影响结构变形的发展过程，而不影响极限荷载的数值。

例 13-1　图 13-5a 所示的变截面梁，AB 段的极限弯矩为 $2M_J$，BC 段的极限弯矩为 M_J，试求极限荷载。

解　首先根据极限状态弯矩图，由平衡条件求极限荷载（也称静力法）。

该梁为一次超静定结构，所以只要出现两个塑性铰就形成破坏机构。

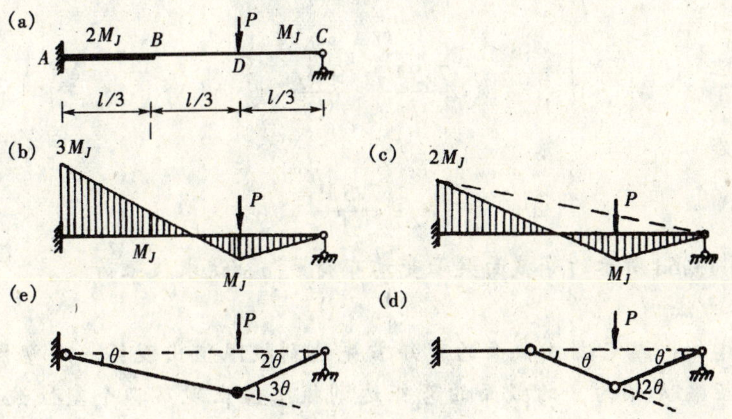

图 13-5　例 13-1 图

(a) 单跨变截面梁；(b)、(c) 极限状态的弯矩图；

(d)、(e) 破坏机构的一种可能形式

若截面 B 和 D 出现塑性铰，极限状态的弯矩图如图 13-5b 所示，则截面 A 的弯矩为 $3M_J$，这个弯矩值已经超过了截面 A 所能承受的极限弯矩 $2M_J$。显然，这个弯矩图不可能实现，因而截面 B 和 D 同时出现塑性铰是不可能的。

若截面 A 和 D 出现塑性铰，极限状态的弯矩图如图 13-5c 所示，则截面 B 的弯矩为

$$M_B = \frac{1}{2}(2M_J - M_J) = 0.5M_J < M_J$$

所以截面 A 和 D 出现塑性铰是可能的。在图 13-5c 所示的弯矩图中，虚线与折线之间的部分，相当于简支梁 AC 在集中荷载 P 作用于 D 点时的弯矩图，这部分的最大纵矩即 D 点的弯矩值为 $\frac{2}{9}Pl$。因此按图 13-5c 可写出平衡方程为

$$\frac{2}{9}Pl - \frac{1}{3}\times 2M_J = M_J$$

由此得极限荷载

$$P_J = 7.5\frac{M_J}{l}$$

其次，根据虚功原理求极限荷载（也称机动法）。图 13-5d 所示为破坏机构的一种可能形式的可能位移，由虚功方程

$$P\times\frac{l}{3}\theta - M_J\theta - M_J\times 2\theta = 0$$

得

$$P = \frac{9M_J}{l}$$

图 13-5e 所示为破坏机构的另一种可能形式的可能位移，由虚功方程

$$P\times\frac{2}{3}l\theta - (2M_J\times\theta + M_J\times 3\theta) = 0$$

得

$$P = \frac{7.5M_J}{l}$$

因为

$$\frac{7.5M_J}{l} < \frac{9M_J}{l}$$

所以，极限荷载为

$$P_J = \frac{7.5M_J}{l}$$

例 13-2　图 13-6a 所示的等截面梁承受均布荷载 q，试求极限荷载。

解　(1) 静力法

随着荷载的增加，固定端 A 截面的弯矩首先达到极限值出现第一个塑性铰。当梁处于极限状态时，设距梁 A 端为 x 的截面的弯矩达到极限值出现第二个塑性铰，梁变为机构，如图 13-6b 所示，在均布荷载作用下，该处截面弯矩既然达到极限值，则必有 $\frac{dM}{dx}=0$，所以此截面的剪力必为零。据此，由 AC 段隔离体（图 13-6c）的平衡条件 $\Sigma M_A = 0$ 得

$$\frac{1}{2}q_Jx^2 - 2M_J = 0$$

所以

$$x = 2\sqrt{\frac{M_J}{q_J}} \tag{a}$$

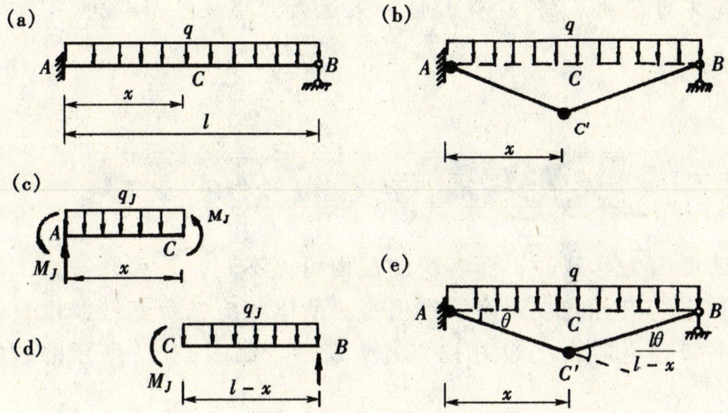

图 13-6　例 13-2 图

(a) 均布荷载下的等截面梁；(b) 破坏机构形式；(c) AC 段隔离体；

(d) CB 段隔离体；(e) 破坏机构形式

由 CB 段隔离体（图 13-6d）的平衡条件 $\Sigma M_B=0$ 得

$$\frac{1}{2}q_J(l-x)^2-M_J=0$$

所以

$$q_J=\frac{2M_J}{(l-x)^2} \tag{b}$$

将式（b）代入式（a）得

$$x=\sqrt{2}(l-x)$$

解得

$$x=(2-\sqrt{2})l$$

将 x 代入式（b），得极限荷载

$$q_J=11.65\frac{M_J}{l^2}$$

（2）机动法

当梁处于极限状态时，在固定端截面 A 形成一个塑性铰，设距梁 A 端为 x 的截面形成另一个塑性铰因而梁变为机构。图 13-6e 所示为破坏机构的可能位移。由虚功原理得

$$q\times\frac{1}{2}\times l\times x\times\theta-M_J\theta-M_J\times\frac{l\theta}{l-x}=0$$

所以

$$q=\frac{2(2l-x)}{lx(l-x)}M_J$$

为了求荷载 q 的极小值，利用

$$\frac{\mathrm{d}q}{\mathrm{d}x}=0，得\quad x^2-4lx+2l^2=0$$

由此解得

$$x_1=(2+\sqrt{2})l,\quad x_2=(2-\sqrt{2})l$$

其中 $x_1>l$ 是不可能的。将 x_2 代入 q 的表达式，得极限荷载为

$$q_J=11.65\frac{M_J}{l^2}$$

§13-4 连续梁的极限荷载

设梁在每一跨度内为等截面，而各跨的截面可以不同。若荷载按比例增加，并均向下作用在梁上，最大负弯矩只可能在跨度两端出现，所以相应的负塑性铰也只能在两端出现，破坏机构则只能在各跨独立形成，如图 13-7b、c 所示。而图 13-7d 所示的破坏形式是不可能形成的。

例 13-3 图 13-7a 所示为等截面梁，比例加载为 $\frac{P_1}{P_2}=\frac{1.1P}{P}=\frac{1.1}{1}$，试求极限荷载 P_J。

解 (1) 机动法

本题有两种可能的破坏机构分别如图 13-7b、c 所示。在图 13-7b 中，根据虚功原理得

$$P\times\theta a-M_J\times\theta-M_J\times2\theta=0$$

所以

$$P=\frac{3M_J}{a}$$

在图 13-7c 中，根据虚功原理得

$$1.1P\times2a\times\theta-M_J\times3\theta-M_J\times2\theta=0$$

所以

$$P=\frac{2.27M_J}{a}$$

则最小值即为极限荷载

$$P_J=2.27\frac{M_J}{a}$$

(2) 静力法

本题有两种满足屈服条件的弯矩分布图如图 13-7e、f 所示。在图 13-7e 中，根据平衡条件得

$$\frac{1.1P\times2a\times a}{3a}-\frac{2}{3}M_J=M_J$$

所以

$$P=2.27\frac{M_J}{a}$$

在图 13-7f 中，根据平衡条件得

$$\frac{P\times2a}{4}-\frac{M_J}{2}=M_J$$

所以

$$P=3\frac{M_J}{a}$$

则最小值即为极限荷载

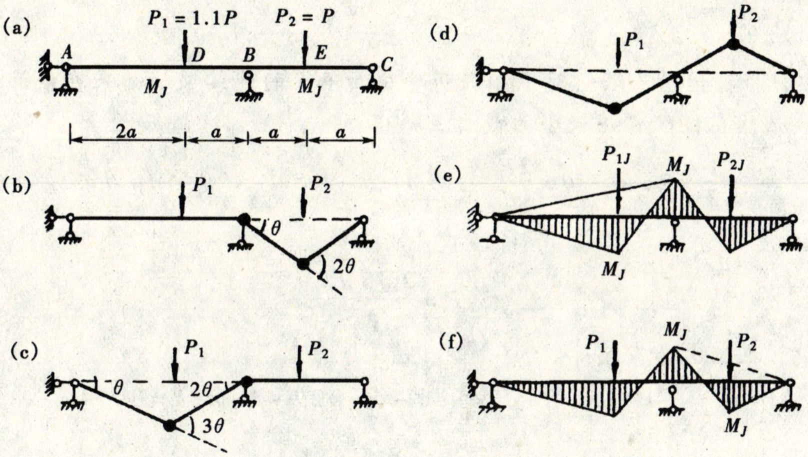

图 13-7　例 13-3 图

(a) 等截面梁及荷载；(b)、(c) 可能的破坏机构；

(d) 不可能的破坏形式；(e)、(f) 弯矩分布图

$$P_J = 2.27\frac{M_J}{a}$$

例 13-4　图 13-8a 所示三跨连续梁。*AB* 和 *BC* 跨的极限弯矩为 $1.5M_J$，*CD* 跨的极限弯矩为 M_J，试用机动法求极限荷载 P_J。

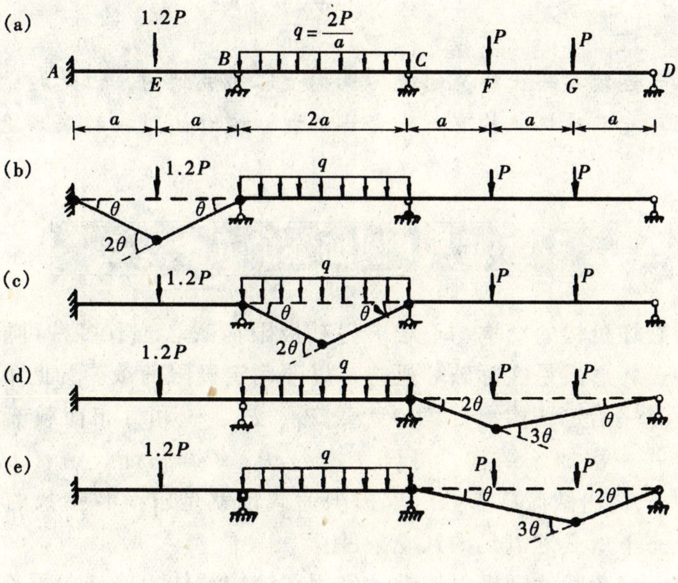

图 13-8　例 13-4 图

(a) 三跨连续梁及荷载；(b)、(c)、(d)、(e) 可能的破坏机构

解　本题共有四种可能的破坏机构分别如图 13-8b、c、d、e 所示。在图 13-8b 中，根据虚功原理得

$$1.2P \times a\ \ \theta - 1.5M_J\ \ \theta - 1.5M_J \times 2\theta - 1.5M_J\theta = 0$$

所以

$$P=\frac{5M_J}{a}$$

在图 13-8c 中，根据虚功原理（对于相邻两跨截面不等的连续梁，如果在截面改变处形成塑性铰，这个铰必然在极限弯矩较小的截面上）得

$$\frac{1}{2}\times 2a\times a\ \ \theta\times\frac{2P}{a}-1.5M_J\ \ \theta-1.5M_J\times 2\theta-M_J\ \ \theta=0$$

所以

$$P=\frac{2.75M_J}{a}$$

在图 13-8d 中，根据虚功原理得

$$P\times 2a\ \ \theta+P\times a\ \ \theta-M_J\times 2\theta-M_J\times 3\theta=0$$

所以

$$P=\frac{5M_J}{3a}$$

在图 13-8e 中，根据虚功原理得

$$P\times a\ \ \theta+P\times 2a\ \ \theta-M_J\ \ \theta-M_J\times 3\theta=0$$

所以

$$P=\frac{4M_J}{3a}$$

比较以上结果，取最小值即为极限荷载

$$P_J=\frac{4M_J}{3a}$$

需要指出，对于连续梁给出所有的破坏机构是容易做到的，但是对于其他比较复杂的结构，要想给出所有可能的破坏机构有时不容易做到，这时按照机动法只能求得极限荷载的上限值。

§13-5 比例加载的几个定理

对于只有一种破坏机构的结构，不难求得其极限荷载。若有多种可能破坏形式的结构，就需要判断哪一种破坏形式是实际破坏机构，以便确定极限荷载。为此下面给出确定极限荷载的三个定理。设有一给定结构承受集中荷载 P_1、P_2、…和分布荷载 q_1、q_2、…。由于荷载成比例地增加，并一次加于结构，可设 $P_1=\alpha_1 P$，$P_2=\alpha_2 P$，…；$q_1=\beta_1 P$，$q_2=\beta_2 P$，…。其中的共同因子 P 叫做荷载参数，求极限荷载也就是求荷载参数的极限值。我们首先指出结构在极限状态下所必须满足的几个条件：

（1）平衡条件：当荷载达到极限值时，作用在结构整体上或任一局部上所有的力都必须保持平衡

（2）屈服条件：当荷载达到极限值时，结构上各个截面的弯矩都不能超过其极限值，即 $-M_J\leqslant M\leqslant M_J$。

（3）机构条件：当荷载达到极限值时，结构上必须有足够数目的截面其弯矩达到极限弯矩值，即结构中已形成足够数目的塑性铰，而使结构变为一破坏机构。

下面给出确定极限荷载的三个定理。

1. 上限定理（亦称机动定理或极小定理）

取结构的各种破坏形式，用平衡条件求相应的荷载（称为可破坏荷载），其最小值就是极限荷载。

这个定理表明：同时满足机构条件和平衡条件的可破坏荷载，将大于或等于极限荷载。

2. 下限定理（亦称静力定理或极大定理）

取结构的各种弯矩分布，所有截面弯矩要满足屈服条件，用平衡条件求相应的荷载（称为可接受荷载），其最大值就是极限荷载。

这个定理表明：同时满足平衡条件和屈服条件的可接受荷载，将小于或等于极限荷载。

3. 单值定理（惟一性定理）

如果荷载既是可破坏荷载，又是可接受荷载，则该荷载就是极限荷载。

这个定理也可以表达为：对于一比例加载作用下的给定结构，同时满足平衡条件、机构条件和屈服条件的荷载就是极限荷载。

例 13-5　试求图 13-9a 所示变截面梁的极限荷载 P_J。

解　(1) 静力法

满足屈服条件的弯矩分布图有两种可能，如图 13-9b、c 所示。利用平衡条件，在图 13-9b 中得

$$\frac{4a\times 6a}{10a}P = 1.6M_J + 0.5M_J = 2.1M_J$$

所以

$$P = 0.875\frac{M_J}{a}$$

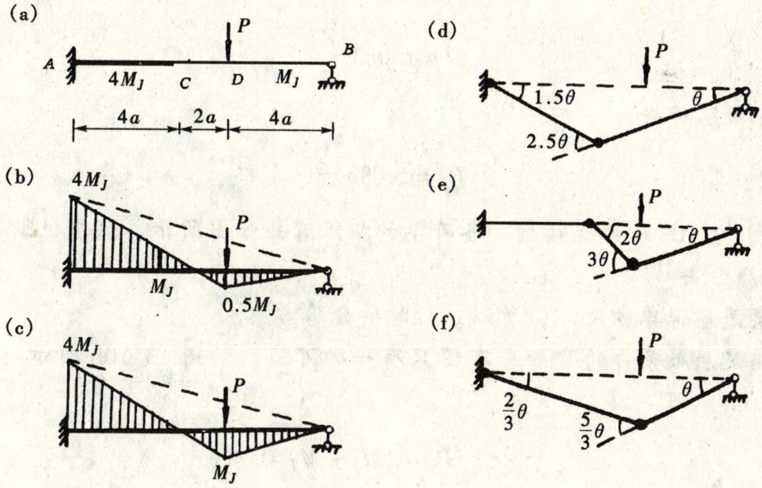

图 13-9　例 13-5 图

(a) 单跨变截面梁；(b)、(c) 可能的弯矩分布图；

(d)、(e)、(f) 可能的破坏机构

在图 13-9c 中得

$$\frac{4a\times 6a}{10a}P = 1.6M_J + M_J = 2.6M_J$$

所以

$$P = 1.083 \frac{M_J}{a}$$

根据下限定理，极限荷载为

$$P_J = 1.083 \frac{M_J}{a}$$

(2) 机动法

本题共有三种可能的破坏机构分别如图 13-9d、e、f 所示。在图 13-9d 中，根据虚功原理得

$$P \times 4a\theta - 4M_J \times 1.5\theta - M_J \times 2.5\theta = 0$$

所以

$$P = 2.125 \frac{M_J}{a}$$

在图 13-9e 中，根据虚功原理得

$$P \times 4a\theta - M_J \times 2\theta - M_J \times 3\theta = 0$$

所以

$$P = 1.25 \frac{M_J}{a}$$

在图 13-9f 中，根据虚功原理得

$$P \times 4a\theta - 4M_J \times \frac{2}{3}\theta - M_J \times \frac{5}{3}\theta = 0$$

所以

$$P = 1.083 \frac{M_J}{a}$$

根据上限定理，极限荷载为

$$P_J = 1.083 \frac{M_J}{a}$$

例 13-6 图 13-10a 所示连续梁，各跨梁的极限弯矩如图所示，试求极限荷载 P_J。

解 (1) 静力法

因为连续梁是各跨单独破坏，所以分析时要分跨考虑。

第一跨 满足屈服条件的弯矩分布图只有一种可能，如图 13-10b 所示。利用平衡条件得

$$\frac{1}{4} \times \frac{1}{1.1} Pl = 2M_J + M_J = 3M_J$$

所以

$$P = 13.2 \frac{M_J}{l}$$

第二跨 满足屈服条件的弯矩分布图有两种可能，如图 13-10c、d 所示。利用平衡条件得

Ⅰ：
$$\frac{1}{4} \times Pl = 2M_J$$

所以

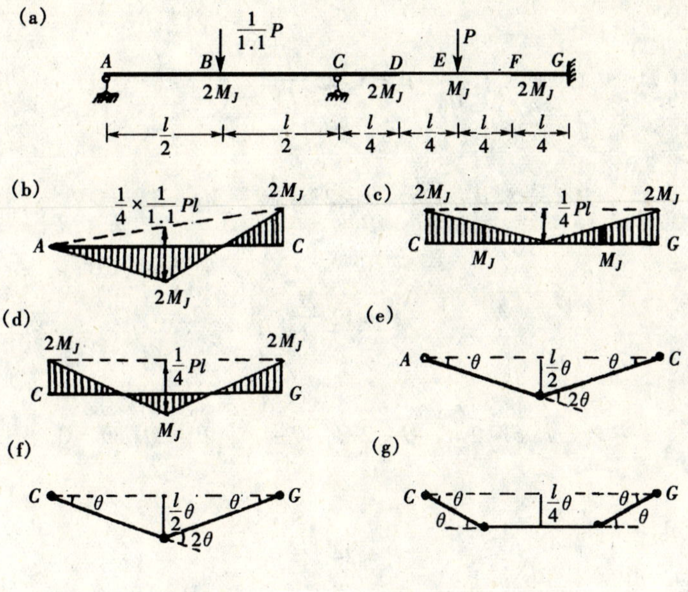

图 13-10　例 13-6 图

(a) 变截面连续梁；(b)、(c)、(d) 可能的弯矩分布图；

(e)、(f)、(g) 可能的破坏机构形式

$$P = 8\frac{M_J}{l}$$

Ⅱ：

$$\frac{1}{4}\times P\quad l = 2M_J + M_J = 3M_J$$

所以

$$P = 12\frac{M_J}{l}$$

根据下限定理，取最大值

$$P = 12\frac{M_J}{l}$$

就整个结构来说，第一跨的破坏荷载为

$$P = 13.2\frac{M_J}{l}$$

第二跨的破坏荷载为。

$$P = 12\frac{M_J}{l}$$

所以整个结构的极限荷载为

$$P_J = 12\frac{M_J}{l}$$

(2) 机动法

连续梁可能的破坏形式有三种，如图 13-10e、f、g 所示。根据虚功原理，由图 13-10e 得

$$\frac{1}{1.1}P\times\frac{1}{2}l\quad\theta - 2M_J\quad\theta - 2M_J\times 2\theta = 0$$

所以

$$P=13.2\frac{M_J}{l}$$

由图 13-10f 得

$$P\times\frac{1}{2}l\ \ \theta-2M_J\ \ \theta-2M_J\ \ \theta-M_J\times2\theta=0$$

所以

$$P=12\frac{M_J}{l}$$

由图 13-10g 得

$$P\times\frac{1}{4}l\ \ \theta-2M_J\ \ \theta-2M_J\ \ \theta-M_J\ \ \theta-M_J\ \ \theta=0$$

所以

$$P=24\frac{M_J}{l}$$

根据上限定理，取最小值即为极限荷载

$$P_J=12\frac{M_J}{l}$$

§13-6 简单刚架的极限荷载

现在应用确定极限荷载的定理讨论简单刚架极限荷载的计算问题，在讨论中不考虑轴力和剪力对极限荷载的影响。

刚架是由若干根杆件联结而成的，只要在刚架上形成足够数目的塑性铰，就导致其整体或局部成为机构，从而丧失承载能力而导致破坏。

图 13-11a 所示刚架，在集中荷载作用下，其弯矩图由直线段组成，塑性铰只可能在各直线段的端点出现，即 A、B、C 三点出现。因此可能的破坏形式如图 10-11b、c、d 所示。根据虚功原理，在图 13-11b 中得

$$2P\times a\theta-2M_J\times2\theta-M_J\ \ \theta=0$$

所以

$$P=2.5\frac{M_J}{a}$$

由图 13-11c 得

$$P\times a\ \ \theta-M_J\ \ \theta-M_J\ \ \theta=0$$

所以

$$P=2\frac{M_J}{a}$$

由图 13-11d 得

$$P\times a\ \ \theta+2P\times a\ \ \theta-M_J\ \ \theta-2M_J\times2\theta=0$$

所以

$$P=\frac{5M_J}{3a}$$

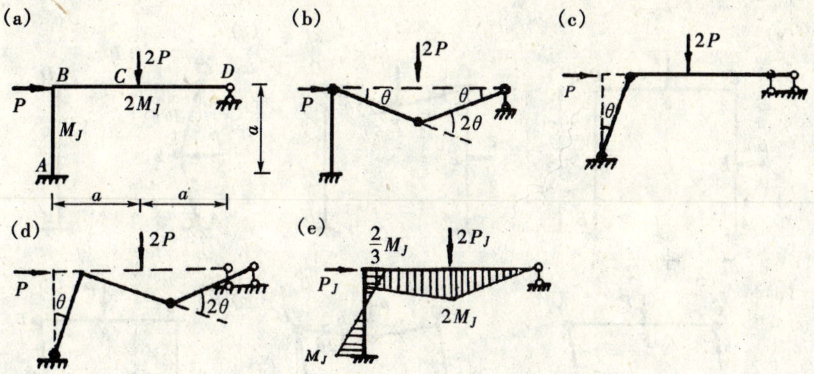

图 13-11　简单刚架的极限荷载

(a) 简单刚架；(b)、(c)、(d) 可能的破坏机构形式；(e) 弯矩分布图

根据上限定理，极限荷载为

$$P_J = \frac{5M_J}{3a}$$

对于简单刚架用机动法求极限荷载是方便的。对于比较复杂的刚架，由于可能的破坏形式有很多种，容易漏掉一些破坏形式，因而得到的最小值只是极限荷载的上限值，不一定就是极限荷载。如果根据平衡条件检查出它引起的弯矩分布图满足屈服条件，则根据单值定理该荷载即为极限荷载。

现验算 $P_J = \frac{5M_J}{3a}$是否是可接受荷载。

图 13-11e 所示为 $P = \frac{5M_J}{3a}$引起的弯矩分布图，A、B、C 三点的弯矩分别为 M_J、$\frac{2}{3}M_J$ 和 $2M_J$，满足屈服条件，所以

$$P_J = \frac{5M_J}{3a}$$

就是图 13-11a 所示刚架的极限荷载。

从前面的讨论可知，与计算可接受荷载相比，求结构的可破坏荷载较为简便。因此，对于一比例加载作用下的给定结构，可用试算法求其极限荷载。试算法的实质是：不必考虑全部的可破坏形式，而是只考虑一种（或数种）破坏情况，求出一个（或数个）可破坏荷载。然后检查它（或它们中的最小的）是否是可接受荷载，如是，则可确定该荷载就是极限荷载。

例 13-7　求图 13-12a 所示刚架的极限荷载，各杆截面极限弯矩均为 M_J。

解　此刚架的破坏形式可能有图 13-12b、c、d、e、f 所示的几种。究竟哪一种是真正的破坏形式？与真正的破坏形式对应的极限荷载值是多少？现在用试算法进行分析。

首先用机动法求图 13-12b 所示破坏形式相应的可破坏荷载。根据虚功原理，由图 13-12b 得

$$P\frac{l}{2}\theta - M_J\ \theta - M_J \times 2\theta - M_J\ \theta = 0$$

求出

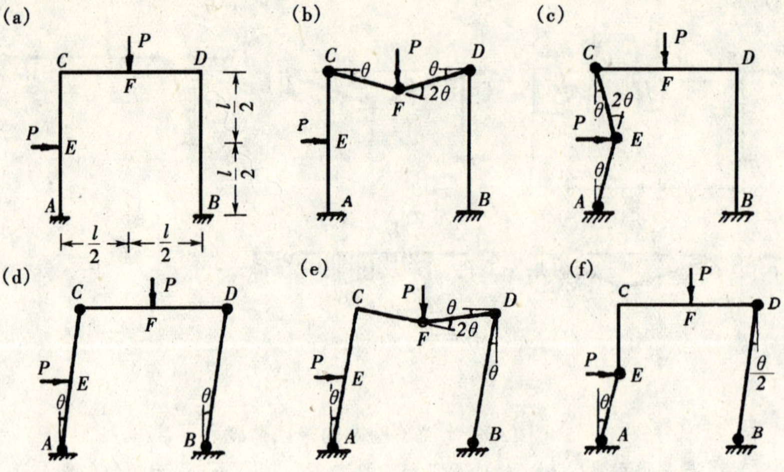

图 13-12　例 13-7 图

(a) 简单刚架；(b)、(c)、(d)、(e)、(f) 可能的破坏机构形式

$$P = 8\frac{M_J}{l}$$

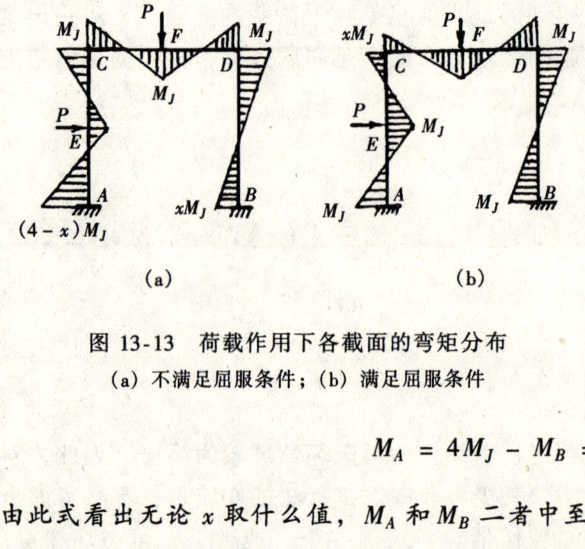

图 13-13　荷载作用下各截面的弯矩分布

(a) 不满足屈服条件；(b) 满足屈服条件

然后检查此荷载是否是可接受荷载，即在此荷载作用下，结构各截面的弯矩是否满足屈服条件。由于 C、F、D 三处截面弯矩均为 M_J，故可画出横梁的弯矩图，由横梁的平衡条件可确定两个立柱的轴力为 $-\frac{P}{2}$，但立柱的弯矩仍是超静定的，可令 $M_B = xM_J$（见图 13-13a），则 M_A 可由平衡条件$\left(\text{考虑柱底竖向反力为向上的}\frac{P}{2}\right)$求得

$$M_A = 4M_J - M_B = (4-x)M_J$$

由此式看出无论 x 取什么值，M_A 和 M_B 二者中至少有一个超过 M_J，说明 $P = 8\frac{M_J}{l}$ 不是可接受荷载。根据单值定理，它当然也不是极限荷载。

现在用机动法求图 13-12f 所示破坏形式相应的可破坏荷载。写出虚功方程为

$$P\frac{l}{2}\theta - M_J\theta - M_J\theta - M_J\frac{\theta}{2} - M_J\frac{\theta}{2} = 0$$

求出

$$P = 6\frac{M_J}{l}$$

检查此荷载是否是可接受荷载。A、B、D、E 四点处截面弯矩均为 M_J，横梁及 CE 段立柱的弯矩仍是超静定的。可设 C 点处的截面弯矩为 xM_J，绘出弯矩图如图 13-13b 所示。

根据平衡条件可求出 M_J 为

$$M_F = \frac{1}{4}Pl - \frac{1}{2}(xM_J + M_J)$$

$$= 1.5M_J - 0.5xM_J - 0.5M_J = M_J - 0.5xM_J$$

可见当 $x<1$ 时，M_C 及 M_F 均小于 M_J，说明屈服条件得到满足，即 $P=6\frac{M_J}{l}$ 是可接受荷载。根据单值定理它就是极限荷载，即

$$P_J = 6\frac{M_J}{l}$$

至此本题已经解算完毕。至于其他各种可能的破坏形式即可不再考虑。

应当指出，同一结构在同一荷载作用下，其极限内力状态可能不止一种，但与各极限内力状态相应的极限荷载值是相同的。也就是说极限荷载值是惟一的。而极限内力状态则不一定是惟一的。读者可结合本例探讨这一论述的正确性。

§13-7　确定梁和刚架极限荷载的增量变刚度法

本节介绍应用矩阵位移法确定梁和刚架在逐步加载过程中塑性铰的出现顺序、结点位移的变化情况及极限荷载。这一方法适合于用计算机求解。

这个方法的主要特点是：将加载的全过程分成若干个阶段，施加第一个荷载增量时，结构处于弹性阶段，用矩阵位移法求解结构的结点位移及内力，根据最大内力处的截面出现塑性铰的条件，确定第一个荷载增量的大小。结构过渡到第二阶段，施加第二个荷载增量，根据前一阶段塑性铰所在的截面（该截面已成铰结点），按线弹性理论修改结构总刚度矩阵，用矩阵位移法求解第二阶段的结构由第二个荷载增量所引起的结点位移和内力，并根据最大内力处的截面出现塑性铰的条件，确定第二个荷载增量的大小，结构过渡到第三阶段。再按上述过程继续计算，直至结构达到极限状态为止。将每一阶段的结构位移增量及内力增量累加，便得到结构的总位移和总内力，各个阶段的荷载增量之和即为结构的极限荷载。

一、基本假定

在增量变刚度法中，我们采用以下的基本假定：

1. 结构的材料为理想弹塑性材料，一根等截面杆件的极限弯矩 M_J 为常数，但结构中各杆的极限弯矩可不相同。当出现塑性铰时，认为塑性铰处的塑性区退化为一个截面，而其余部分仍为弹性区；

2. 施加于结构的荷载按比例增加，且为结点荷载，于是塑性铰只出现在结点处；

3. 忽略轴力和剪力对极限弯矩的影响。

二、单元刚度矩阵

当荷载逐渐增加时，单元的一端或两端将出现塑性铰，结构中出现新的铰结点，相应的单元刚度矩阵需要进行修改。在梁和刚架的极限荷载分析中，除两端均为刚接的单元外，还

有三种在单元端点出现铰结的情况，现将这些单元在单元坐标系中的刚度矩阵分别表述如下。

下述与各单元刚度矩阵有关的杆端力及杆端位移的方向及正、负号规定，均与第 11 章矩阵位移法中的规定相同。

1. 两端均为刚接的单元

在第 11 章线弹性平面刚架的矩阵位移法中，已求得两端为刚接的等截面单元 ij 在单元坐标系中的单元刚度矩阵为

$$\bar{k}^e = \begin{bmatrix} \frac{EA}{l} & 0 & 0 & -\frac{EA}{l} & 0 & 0 \\ 0 & \frac{12EI}{l^3} & \frac{6EI}{l^2} & 0 & -\frac{12EI}{l^3} & \frac{6EI}{l^2} \\ 0 & \frac{6EI}{l^2} & \frac{4EI}{l} & 0 & -\frac{6EI}{l^2} & \frac{2EI}{l} \\ -\frac{EA}{l} & 0 & 0 & \frac{EA}{l} & 0 & 0 \\ 0 & -\frac{12EI}{l^3} & -\frac{6EI}{l^2} & 0 & \frac{12EI}{l^3} & -\frac{6EI}{l^2} \\ 0 & \frac{6EI}{l^2} & \frac{2EI}{l} & 0 & -\frac{6EI}{l^2} & \frac{4EI}{l} \end{bmatrix} \tag{13-1}$$

2. 在单元的 i（左）端出现塑性铰

这时单元的 i 端为铰结，j 端为刚接，单元刚度矩阵为

$$\bar{k}_i^e = \begin{bmatrix} \frac{EA}{l} & 0 & 0 & -\frac{EA}{l} & 0 & 0 \\ 0 & \frac{3EI}{l^3} & 0 & 0 & -\frac{3EI}{l^3} & \frac{3EI}{l^2} \\ 0 & 0 & 0 & 0 & 0 & 0 \\ -\frac{EA}{l} & 0 & 0 & \frac{EA}{l} & 0 & 0 \\ 0 & -\frac{3EI}{l^3} & 0 & 0 & \frac{3EI}{l^3} & -\frac{3EI}{l^2} \\ 0 & \frac{3EI}{l^2} & 0 & 0 & -\frac{3EI}{l^2} & \frac{3EI}{l} \end{bmatrix}$$

这里下标“i”表示在“i”端为铰结。

3. 在单元的 j（右）端出现塑性铰

这时单元的 i 端为刚结，j 端为铰结，单元刚度矩阵为

$$\bar{k}_j^e=\begin{bmatrix}\frac{EA}{l} & 0 & 0 & -\frac{EA}{l} & 0 & 0\\ 0 & \frac{3EI}{l^3} & \frac{3EI}{l^2} & 0 & -\frac{3EI}{l^3} & 0\\ 0 & \frac{3EI}{l^2} & \frac{3EI}{l} & 0 & -\frac{3EI}{l^2} & 0\\ -\frac{EA}{l} & 0 & 0 & \frac{EA}{l} & 0 & 0\\ 0 & -\frac{3EI}{l^3} & -\frac{3EI}{l^2} & 0 & \frac{3EI}{l^3} & 0\\ 0 & 0 & 0 & 0 & 0 & 0\end{bmatrix} \tag{13-2}$$

4. 在单元的两端出现塑性铰

这时单元的两端均为铰结，单元刚度矩阵为

$$\bar{k}_{ij}^e=\begin{bmatrix}\frac{EA}{l} & 0 & 0 & -\frac{EA}{l} & 0 & 0\\ 0 & 0 & 0 & 0 & 0 & 0\\ 0 & 0 & 0 & 0 & 0 & 0\\ -\frac{EA}{l} & 0 & 0 & \frac{EA}{l} & 0 & 0\\ 0 & 0 & 0 & 0 & 0 & 0\\ 0 & 0 & 0 & 0 & 0 & 0\end{bmatrix} \tag{13-3}$$

三、计算步骤

如果在加载过程中已经形成的塑性铰不再受到反向变形而恢复其弹性作用，则增量变刚度法的具体计算步骤如下：

1. 按比例加载的情况，将单位荷载 $P=1$ 作用于结构，用矩阵位移法求出结构的结点位移及各单元的杆端内力，得结构的单位弯矩图（$\overline{M}_1$ 图），并将各控制截面的弯矩组成单位弯矩向量 $\{\overline{M}_1\}$。

2. 从向量 $\{\overline{M}_1\}$ 中选取最大值 $\overline{M}_{1\max}$，然后应用比例外插公式

$$P_1=\frac{M_J}{\overline{M}_{1\max}}=\left(\frac{M_J}{\overline{M}_1}\right)_{\min}$$

确定使 $\overline{M}_{1\max}$ 达到极限弯矩 M_J 的荷载值 P_1。上式中的 $\left(\frac{M_J}{\overline{M}_1}\right)_{\min}$ 表示由各控制截面的极限弯矩 M_J 与单位弯矩 $\overline{M}_1$ 的比值所组成的向量 $\left\{\frac{M_J}{\overline{M}_1}\right\}$ 中的最小元素。

结构在 P_1 作用下，各控制截面的弯矩向量为

$$\{M_1\}=P_1\{\overline{M}_1\}$$

这时上述 $\overline{M}_{1\max}$ 所在的截面或 $\left(\frac{M_J}{\overline{M}_1}\right)_{\min}$ 所在的截面出现塑性铰。据此可确定第一个塑性铰所在单元的编号和杆端的编号。

出现第一个塑性铰后，结构就由第一阶段进入第二阶段。

3. 根据塑性铰所在的单元编号和该单元的杆端编号，根据式（13-1）或（13-2）或（13-3）修改塑性铰所在单元的刚度矩阵，然后将修改后的及未修改的单元刚度矩阵组集并考虑结构的边界条件，得修改后的结构刚度矩阵 K_2。

4. 验算 K_2 是否为奇异矩阵，若 K_2 不是奇异矩阵，则结构尚未达到极限状态，还可承受更大的荷载。

按比例加载的情况，将单位荷载 $P=1$ 作用于修改后的结构，用结构刚度矩阵 K_2 按矩阵位移法求出修改后的结构的结点位移及各单元的杆端内力，得结构的单位弯矩图（$\overline{M}_2$ 图），并将各控制截面的弯矩组成单位弯矩向量 $\{\overline{M}_2\}$。

5. 将各控制截面的弯矩差值（M_J-M_1）与相应截面的单位弯矩 $\overline{M}_2$ 相比，得出向量 $\left\{\dfrac{M_J-M_1}{\overline{M}_2}\right\}$，取其中的最小元素作为第二阶段的荷载增量 ΔP_2：

$$\Delta P_2=\left(\frac{M_J-M_1}{\overline{M}_2}\right)_{\min}$$

在荷载增量 ΔP_2 作用下各控制截面的弯矩增量为

$$\{\Delta M_2\}=\Delta P_2\ \{\overline{M}_2\}$$

荷载及弯矩的累加值分别为

$$P_2=P_1+\Delta P_2$$

$$\{M_2\}=\{M_1\}+\{\overline{\Delta M_2}\}=P_1\ \{\overline{M}_1\}+\Delta P_2\ \{\overline{M}_2\}$$

这时第二个塑性铰出现在 $\left(\dfrac{M_J-M_1}{\overline{M}_2}\right)_{\min}$ 所在的截面，据此可确定第二个塑性铰所在单元的编号及该单元的杆端编号。

出现第二个塑性铰后，结构就由第二阶段进入第三阶段。

6. 仿照前面第（3）、（4）、（5）计算步骤，进行第三、第四……阶段计算，直至 K_n 为奇异矩阵为止。当 K_n 为奇异矩阵时，结构已成为几何可变体系，到达极限状态，结构的极限荷载 P_J 为

$$P_J=P_1+\Delta P_2+\Delta P_3+\cdots+\Delta P_{n-1}$$

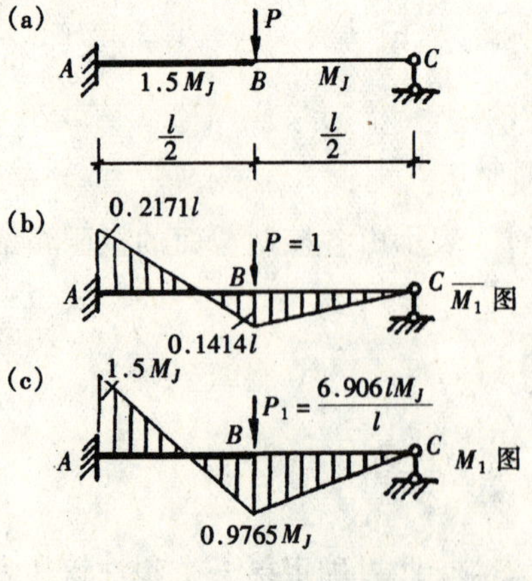

图 13-14 例 13-8 图

（a）单跨变截面梁；（b）第一阶段的单位弯矩图；（c）P_1 作用下梁的 M_1 图

例 13-8 试用增量变刚度法求图 13-14a 所示单跨变截面梁的极限荷载。已知杆件 AB 及 BC 的材料相同，屈服应力为 σ_S，横截面形式均为矩形，截面尺寸分别为 $b\times h_{(AB)}$ 及 $b\times h_{(BC)}$，极限弯矩分别为 $M_{J(AB)}=1.5M_J$ 及 $M_{J(BC)}=M_J$。

解 （1）第一阶段计算

根据已知条件，有

$$\frac{I_{(AB)}}{I_{(BC)}}=\frac{h_{(AB)}^3}{h_{(BC)}^3};\quad \frac{M_{J(AB)}}{M_{J(BC)}}=1.5$$

因为

$$\frac{M_{J(AB)}}{M_{J(BC)}}=\frac{\dfrac{bh_{(AB)}^2}{4}\sigma_S}{\dfrac{bh_{(BC)}^2}{4}\sigma_S}=\frac{h_{(AB)}^2}{h_{(BC)}^2}$$

所以得

$$\frac{I_{(AB)}}{I_{(BC)}}=\frac{h_{(AB)}^3}{h_{(BC)}^3}=\frac{h_{(AB)}^2}{h_{(BC)}^2}\times\frac{h_{AB}}{h_{(BC)}}=1.5\sqrt{1.5}=1.837$$

根据杆件 AB 与 BC 的弯曲刚度之比 $\frac{EI_{(AB)}}{EI_{(BC)}}=1.837$，在单位荷载 $P=1$ 作用下按线弹性分析原理，用矩阵位移法求出结点位移，再根据结点位移求出梁在第一阶段的单位弯矩图（$\overline{M}_1$ 图）如图 13-14b 所示。

各控制截面 A、B 的比值 $\left(\frac{M_J}{\overline{M}_1}\right)$，如表 13-1 所示。

表 13-1

控制截面	A	B
M_J	$1.5M_J$	M_J
$\overline{M}_1$	$0.2172l$	$0.1414l$
$\left(\frac{M_J}{\overline{M}_1}\right)$	$6.9031\frac{M_J}{l}$	$7.0721\frac{M_J}{l}$

在表 13-1 中，控制截面 A 的比值 $\left(\frac{M_J}{\overline{M}_1}\right)=6.9031\frac{M_J}{l}$，小于控制截面 B 的比值 $\left(\frac{M_J}{\overline{M}_1}\right)=7.0721\frac{M_J}{l}$。于是得第一阶段终结时的荷载 P_1 为

$$P_1=\left(\frac{M_J}{\overline{M}_1}\right)_{\min}=6.9031\frac{M_J}{l}$$

在 P_1 作用下，梁的弯矩为

$$\{M_1\}=P_1\{\overline{M}_1\}$$

M_1 图如图 13-14c 所示。在截面 A 处出现第一个塑性铰，梁过渡到第二阶段。

(2) 第二阶段计算

将截面 A 改为铰结点，据此修改单元刚度矩阵及结构刚度矩阵。在单位荷载 $P=1$ 作用下，按线弹性理论，用矩阵位移法求出结点位移，再根据结点位移求出梁在第二阶段的单位弯矩图（$\overline{M}_2$ 图），如图 13-15a 所示。

这时控制截面 B 的比值 $\left(\frac{M_J-M_1}{\overline{M}_2}\right)$ 就是第二阶段的荷载增量 ΔP_2，即

$$\Delta P_2=\frac{M_J-M_1}{\overline{M}_2}=\frac{M_J-0.9765M_J}{0.25l}=0.094\frac{M_J}{l}$$

第二阶段的梁在荷载增量 ΔP_2 作用下的弯矩增量为

$$\{\Delta M_2\}=\Delta P_2\{\overline{M}_2\}$$

ΔM_2 图如图 13-15b 所示。

这时荷载及弯矩的累加值分别为

$$P_2=P_1+\Delta P_2=(6.9061+0.094)\frac{M_J}{l}=\frac{7M_J}{l}$$

$$M_2=M_1+\Delta M_2$$

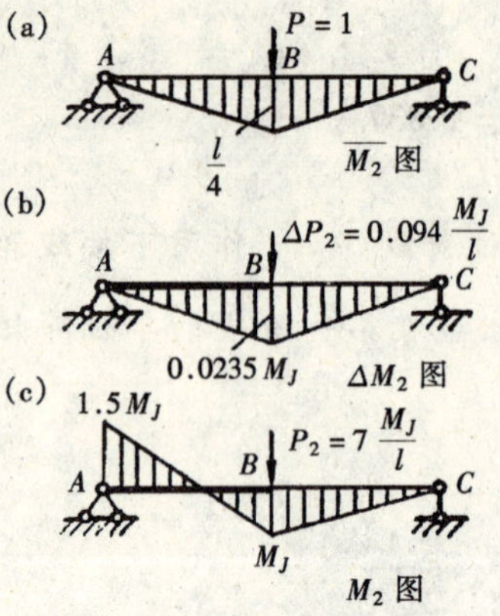

图 13-15 计算单跨变截面梁的极限荷载

(a) 第二阶段的单位弯矩图；
(b) 荷载增量 ΔP_2 作用下的 ΔM_2 图；
(c) 极限状态弯矩图

结果如图 13-15c 所示。在截面 B 处出现第二个塑性铰，这时梁的第二阶段结束。

(3) 极限状态

将截面 B 改为铰结点（这时截面 A、B、C 已均为铰结点），据此修改得到的结构刚度矩阵已为奇异矩阵，梁已成为几何可变体系，处于极限状态，因此 P_2 就是极限荷载，即

$$P_J = \frac{7M_J}{l}$$

例 13-9 试用增量变刚度法求图 13-16a 所示刚架的极限荷载。已知梁、柱所用材料相同，其屈服应力为 σ_S，截面形式均为矩形，梁和柱的截面尺寸分别为 $b\times h_{(BD)}$ 和 $b\times h_{(AB)}$，梁和柱的极限弯矩分别为 $2M_J$ 和 M_J。

解 (1) 第一阶段计算

根据已知条件，有

$$\frac{I_{(BD)}}{I_{(AB)}} = \frac{h_{(BD)}^3}{h_{(AB)}^3};\quad \frac{M_{J(BD)}}{M_{J(AB)}} = 2$$

因为

$$\frac{M_{J(BD)}}{M_{J(AB)}} = \frac{\frac{bh_{(BD)}^2}{4}\sigma_S}{\frac{bh_{(AB)}^2}{4}\sigma_S} = \frac{h_{(BD)}^2}{h_{(AB)}^2}$$

所以得

$$\frac{I_{(BD)}}{I_{(AB)}} = \frac{h_{(BD)}^3}{h_{(AB)}^3} = \frac{h_{(BD)}^2}{h_{(AB)}^2}\times\frac{h_{(BD)}}{h_{(AB)}} = 2\sqrt{2} = 2.828$$

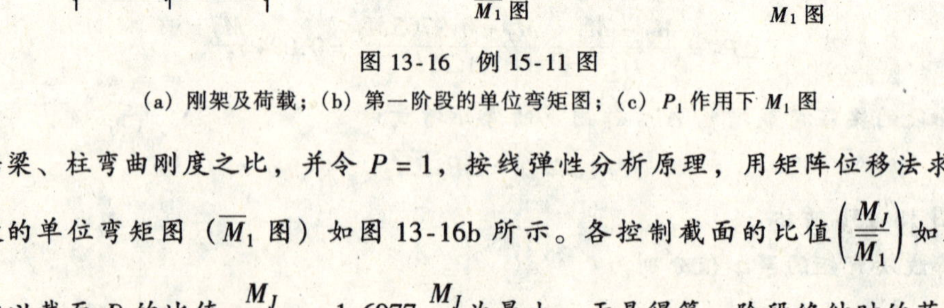

图 13-16 例 15-11 图

(a) 刚架及荷载；(b) 第一阶段的单位弯矩图；(c) P_1 作用下 M_1 图

根据梁、柱弯曲刚度之比，并令 $P=1$，按线弹性分析原理，用矩阵位移法求出刚架在第一阶段的单位弯矩图（$\overline{M}_1$ 图）如图 13-16b 所示。各控制截面的比值 $\left(\frac{M_J}{\overline{M}_1}\right)$ 如表 13-2 所示，其中以截面 D 的比值 $\frac{M_J}{0.589l} = 1.6977\frac{M_J}{l}$ 为最小，于是得第一阶段终结时的荷载 P_1 为

$$P_1 = \left(\frac{M_J}{\overline{M}_1}\right)_{\min} = 1.6977\frac{M_J}{l}$$

表 13-2

控制截面	A	B	C	D	E
M_J	M_J	M_J	$2M_J$	M_J	M_J
$\overline{M}_1$	$0.281l$	$0.109l$	$0.76l$	$0.589l$	$0.521l$
$\frac{M_J}{\overline{M}_1}$	$3.5587\frac{M_J}{l}$	$9.1743\frac{M_J}{l}$	$2.6316\frac{M_J}{l}$	$1.6977\frac{M_J}{l}$	$1.9194\frac{M_J}{l}$

在 P_1 作用下，刚架的弯矩为

$$\{M_1\} = P_1\{\overline{M}_1\}$$

M_1 图如图 13-16c 所示。在截面 D 处出现第一个塑性铰，刚架过渡到第二阶段。

(2) 第二阶段计算

将截面 D 改为铰结点，据此修改单元刚度矩阵及结构刚度矩阵。在单位荷载 $P=1$ 作用下，按线弹性理论，用矩阵位移法求出刚架在第二阶段的单位弯矩图（$\overline{M}_2$ 图）如图 13-17a 所示。各控制截面的比值$\left(\frac{M_J-M_1}{\overline{M}_2}\right)$如表 13-3 所示。其中以截面 E 的比值

$$\frac{M_J-M_1}{\overline{M}_2}=0.2296\frac{M_J}{l}$$

为最小，这个最小比值就是第二阶段的荷载增量 ΔP_2，即

$$\Delta P_2=0.2296\frac{M_J}{l}$$

表 13-3

控制截面	A	B	C	D
M_J	M_J	M_J	$2M_J$	M_J
M_1	$0.4771M_J$	$0.1851M_J$	$1.2903M_J$	$0.8845M_J$
$\overline{M}_2$	$0.666l$	$0.328l$	$1.164l$	$0.503l$
$\frac{M_J-M_1}{\overline{M}_2}$	$0.7851\frac{M_J}{l}$	$2.4845\frac{M_J}{l}$	$0.6097\frac{M_J}{l}$	$0.2296\frac{M_J}{l}$

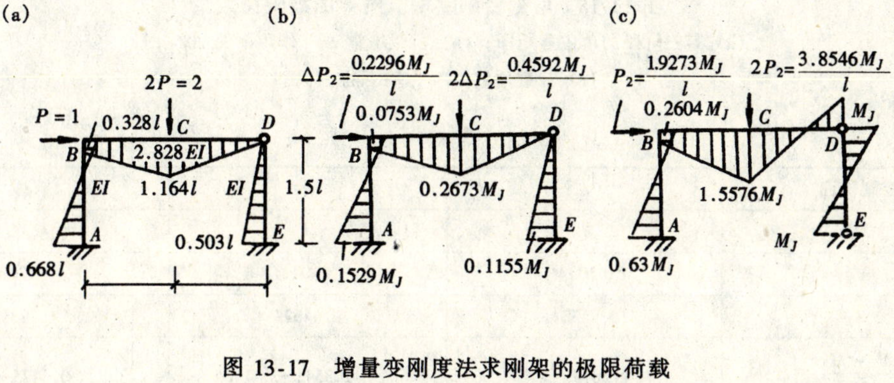

图 13-17 增量变刚度法求刚架的极限荷载

(a) 第二阶段的单位弯矩图；(b) 荷载增量 ΔP_2 作用下的 ΔM_2 图；

(c) 荷载增量 ΔP_2 作用下的 M_2 图

第二阶段的刚架在荷载增量 ΔP_2 作用下的弯矩增量为

$$\{\Delta M_2\} = \Delta P_2\{\overline{M}_2\}$$

ΔM_2 图如图 13-17b 所示。这时荷载及弯矩的累加值分别为

$$P_2 = P_1 + \Delta P_2 = (1.6977 + 0.2296)\frac{M_l}{l} = 1.9273\frac{M_l}{l}$$

$$M_2 = M_1 + \Delta M_2$$

结果如图 13-17c 所示，在截面 E 处出现第二个塑性铰，刚架过渡到第三阶段。

(3) 第三阶段计算

将截面 E 改为铰结点（截面 D 已在第二阶段改为铰结点），据此修改单元刚度矩阵及结构刚度矩阵。在单位荷载 $P=1$ 作用下，按线弹性理论，用矩阵位移法求出刚架在第三阶段的单位弯矩图（$\overline{M}_3$ 图）如图 13-18a 所示。各控制截面的比值$\left(\dfrac{M_J - M_2}{\overline{M}_3}\right)$如表 13-4 所示。其中以截面 C 的比值$\dfrac{M_J - M_2}{\overline{M}_3} = 0.3475\dfrac{M_J}{l}$为最小，这个最小比值就是第三阶段的荷载增量 ΔP_3，即

$$\Delta P_3 = 0.3475\frac{M_J}{l}$$

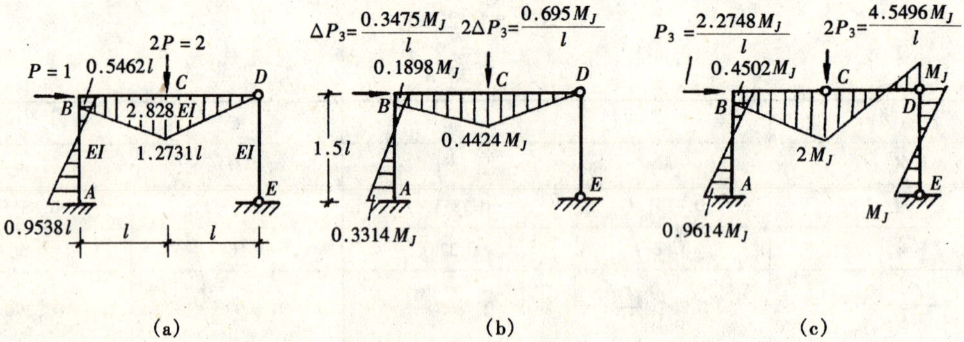

图 13-18 增量变刚度法求刚架的极限荷载

(a) 第三阶段的单位弯矩图；(b) 荷载增量 ΔP_3 作用下的 ΔM_3 图；

(c) 荷载增量 ΔP_3 作用下的 M_3 图

表 13-4

控制截面	A	B	C
M_J	M_J	M_J	$2M_J$
M_2	$0.6300M_J$	$0.2604M_J$	$1.5576M_J$
$\overline{M}_3$	$0.9538l$	$0.5462l$	$1.2731l$
$\dfrac{M_J - M_2}{\overline{M}_2}$	$0.3879\dfrac{M_J}{l}$	$1.3541\dfrac{M_J}{l}$	$0.3475\dfrac{M_J}{l}$

第三阶段的刚架在荷载增量 ΔP_3 作用下的弯矩增量为

$$\{\Delta M_3\} = \Delta P_3\{\overline{M}_3\}$$

ΔM_3 图如图 13-18b 所示。这时荷载及弯矩的累加值分别为

$$P_3 = P_2 + \Delta P_3 = (1.9273 + 0.3475)\frac{M_l}{l} = 2.2748\frac{M_l}{l}$$

$$M_3 = M_2 + \Delta M_3$$

结果如图 13-18c 所示，在截面 C 处出现第三个塑性铰，刚架过渡到第四阶段。

(4) 第四阶段计算

将截面 C 改为铰结点（截面 D、E 已分别在第二、第三阶段改为铰结点），据此修改单元刚度矩阵及结构刚度矩阵。在单位荷载 $P=1$ 作用下，按线弹性理论，用矩阵位移法求出刚架在第四阶段的单位弯矩图（$\overline{M}_4$ 图）如图 13-19a 所示。各控制截面的比值$\left(\frac{M_J - M_3}{\overline{M}_4}\right)$如表 13-5 所示。其中以截面 A 的比值$\frac{M_J - M_3}{\overline{M}_4} = 0.0110\frac{M_J}{l}$为最小，这个最小比值就是第四阶段的荷载增量 ΔP_4，即

$$\Delta P_4 = 0.0110\frac{M_J}{l}$$

表 13-5

控制截面	A	B
M_J	M_J	M_J
M_3	$0.9614M_J$	$-0.4502M_J$
$\overline{M}_4$	$3.5l$	$2l$
$\frac{M_J - M_3}{\overline{M}_4}$	$0.0110\frac{M_J}{l}$	$0.7251\frac{M_J}{l}$

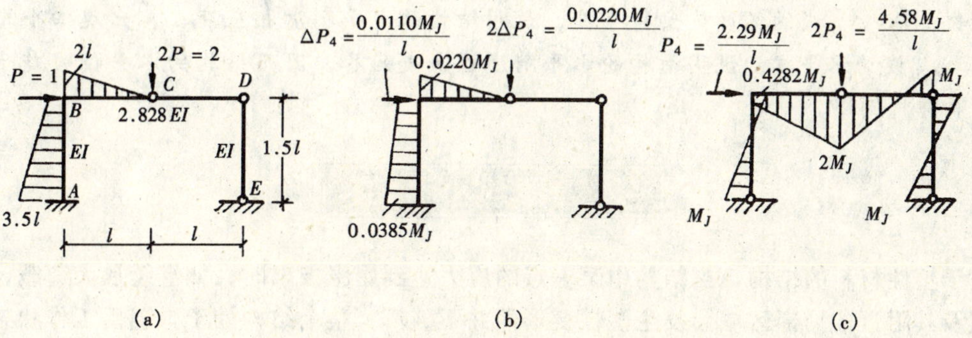

图 13-19　增量变刚度法求刚架的极限荷载

(a) 第三阶段的单位弯矩图；(b) 荷载增量 ΔP_4 作用下的 ΔM_4 图；
(c) 荷载增量 ΔP_4 作用下的 M_4 图

第四阶段的刚架在荷载增量 ΔP_4 作用下的弯矩增量为

$$\{\Delta M_4\} = \Delta P_4\{\overline{M}_4\}$$

ΔM_4 图如图 13-19b 所示。这时荷载及弯矩的累加值分别为

$$P_4 = P_3 + \Delta P_4 = (2.2748 + 0.0110)\frac{M_J}{l} = 2.2858\frac{M_J}{l}$$

$$M_4 = M_3 + \Delta M_4$$

结果如图 13-19c 所示，在截面 A 处出现第四个塑性铰，这时刚架的第四阶段结束。

(5) 极限状态

将截面 A 改为铰结点（截面 D、E、C 已分别在第二，三、四阶段改为铰结点），据此修改单元刚度矩阵及结构刚度矩阵。此时结构刚度矩阵已为奇异矩阵，刚架已成为可变体系，处于极限状态，因此 P_4 就是极限荷载，即

$$P_J = P_4 = 2.2858\frac{M_J}{l} \approx 2.29\frac{M_J}{l}$$

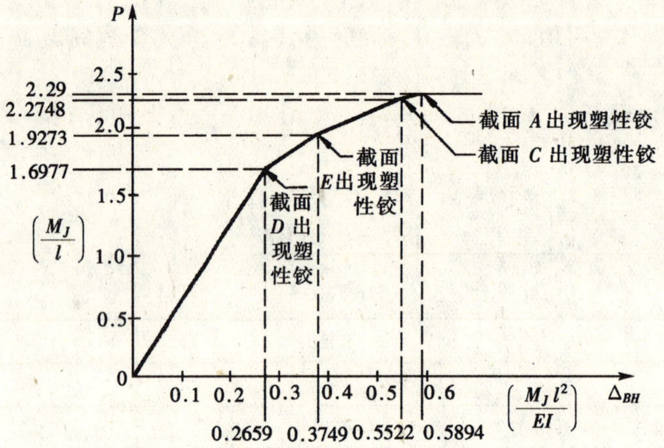

图 13-20　P - Δ_{BH}关系图

上述加载过程中的荷载 P 与结点 B 的水平位移 Δ_{BH} 间的关系如图 13-20 所示，P-Δ_{BH} 关系呈材料非线性特性。其中当先后出现四个塑性铰时，P - Δ_{BH} 图出现四个转折，每出现一个塑性铰，P - Δ_{BH} 线的倾度就变得平些，说明结构的水平刚度相应变小，出现四个塑性铰后，P - Δ_{BH} 线为水平线，说明结构的水平刚度已丧失殆尽，因而结构的水平位移趋于无限大，结构即将倒塌。

本 章 小 结

对于塑性材料的结构，当结构中某一点的应力达到屈服极限时，如继续加大荷载，最大应力点及其附近的局部区域会发生塑性变形而并不破坏，整个结构处于弹塑性工作状态。

对结构进行全面的弹塑性分析比较复杂，在结构的弹性工作区，材料服从虎克定律；而在塑性工作区尚需确定是处于加载还是卸载状态而用不同的应力-应变关系式。此外，弹塑性区域的分界线随着加载的过程不断地变化，结构的变形不仅与当前的应力状态有关，还与加载的历史有关。现将主要内容归纳如下：

为了简化计算，在作塑性分析时采用以下假设：

(1) 材料是理想的弹塑性材料，加载时材料是弹塑性的，减载时材料为线弹性。材料的受拉和受压性能相同。

(2) 比例加载。作用在结构上的各个荷载都按同一比例逐渐增加，且不出现卸载。

(3) 变形很小，且略去弹性变形。

(4) 忽略剪力和轴力对极限弯矩的影响。

一、基本概念

1. 截面的极限弯矩 M_J

当截面上各点的应力都达到材料的屈服极限 σ_S 时的截面弯矩，是该截面所能承受的最大弯矩，称为极限弯矩。

对于矩形截面（宽 × 高 = $b \times h$）：

$$M_J = \frac{bh^2}{4}\sigma_S$$

2. 塑性铰

当截面弯矩达到其极限弯矩 M_J 时，截面两侧可以沿 M_J 的方向发生有限的相对转动，这种截面称为塑性铰。它不同于普通铰，是单向转动铰，承受并传递极限弯矩。

3. 破坏机构和极限荷载

当结构在荷载作用下形成足够数目的塑性铰时，结构（整体或局部）就变成了几何可变体系。称这一可变体系为破坏机构，简称机构。这时结构所能承受的荷载称为极限荷载，它是结构能承受的最大荷载。

二、确定极限荷载的一般定理

结构的极限荷载应同时满足平衡条件、屈服条件和机构条件。仅根据屈服条件和平衡条件确定的荷载称为可接受荷载。仅根据机构条件和平衡条件确定的荷载称为可破坏荷载。

(1) 极大定理：结构的所有可接受荷载中的最大者即为该结构的极限荷载。

(2) 极小定理：结构的所有可破坏荷载中的最小者即为该结构的极限荷载。

(3) 惟一性定理：如果作用于结构上的荷载既是可破坏荷载，又是可接受荷载，则即为极限荷载。或者说，同时满足屈服条件、机构条件和平衡条件的荷载，必定是极限荷载。

三、确定极限荷载的方法

1. 静力法

静力法求极限荷载是根据极大定理。首先假定结构的各种满足屈服条件的弯矩分布，然后用平衡条件分别求出相应的可接受荷载，在所有可接受荷载中最大的一个就是极限荷载。因满足屈服条件的内力状态较多，不易列举齐全，所以常结合惟一性定理，判断所求得的最大可接受荷载是否又是可破坏荷载。若是，则该荷载即为极限荷载。

2. 机构法（机动法）

机构法求极限荷载是根据极小定理。首先假定结构的各种可能的破坏机构及虚位移，然后利用刚体的虚位移原理分别求出相应的可破坏荷载。即将破坏机构看作刚体系，塑性铰截面的弯矩看作外力，虚功方程为 $\Sigma P\Delta - \Sigma M_J\theta = 0$。在所有可破坏荷载中最小的一个就是极限荷载。对复杂结构可能的破坏机构形式不易列举齐全，可结合惟一性定理，判断所求得的最小可破坏荷载是否又是可接受荷载。若是，则该荷载即为极限荷载。

3. 试算法

试算法求极限荷载是根据惟一性定理。根据结构在已知荷载作用下弯矩图的形状，估计较大弯矩的截面位置，设定足够数量的塑性铰，形成一个破坏机构，求出相应的可破坏荷载，并绘出刚架的弯矩图。然后检查它的弯矩分布是否满足屈服条件，如满足，则此可破坏荷载也是可接受荷载，即为极限荷载。如不满足，则重新假定破坏机构再试算。

4. 增量变刚度法

将加载的全过程分成若干个阶段，施加第一个荷载增量时，结构处于弹性阶段，用矩阵位移法求解结构的结点位移及内力，根据最大内力处的截面出现塑性铰的条件，确定第一个荷载增量的大小。结构过渡到第二阶段，施加第二个荷载增量，根据前一阶段塑性铰所在的截面（该截面已成铰结点），按线弹性理论修改结构总刚度矩阵，用矩阵位移法求解第二阶段的结构由第二个荷载增量所引起的结点位移和内力，并根据最大内力处的截面出现塑性铰的条件，确定第二个荷载增量的大小，结构过渡到第三阶段。再按上述过程继续计算，直至结构达到极限状态为止。将每一阶段的结构位移增量及内力增量累加，便得到结构的总位移和总内力，各个阶段的荷载增量之和即为结构的极限荷载。

习　题

13-1　试求图示结构的极限荷载 P_J。已知各链杆的面积为 $A=10\text{cm}^2$，材料的屈服极限为 $\sigma_s=235\text{MPa}$。

13-2　设材料的屈服极限为 $\sigma_s=235\text{MPa}$，试求下列截面的塑性极限弯矩 M_J：(a) 矩形截面 $b\cdot h=10\text{cm}\times20\text{cm}$；(b) 环形截面（见图）；(c) T形截面（见图）。

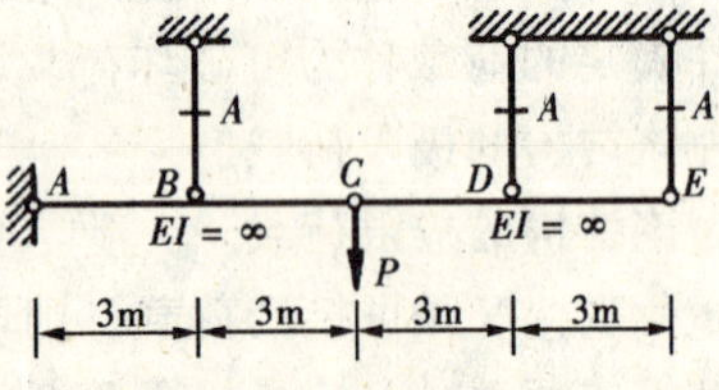

题 13-1 图

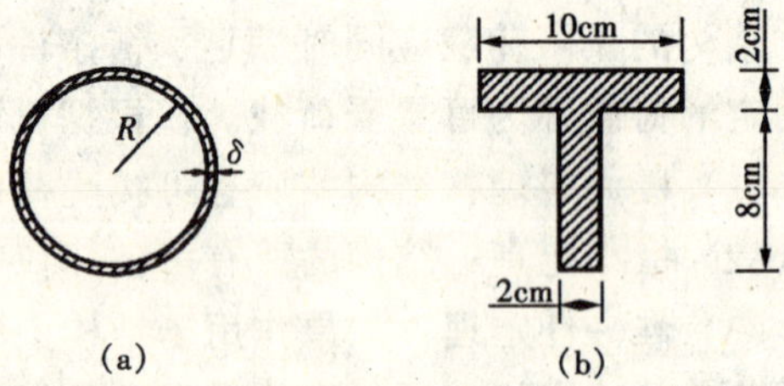

题 13-2 图

13-3～13-5　试求图示静定梁的极限荷载。已知 $\sigma_s=235\text{MPa}$，各跨截面均相同。其中题 13-3、13-4 均为 $b\cdot h=4\text{cm}\times8\text{cm}$。

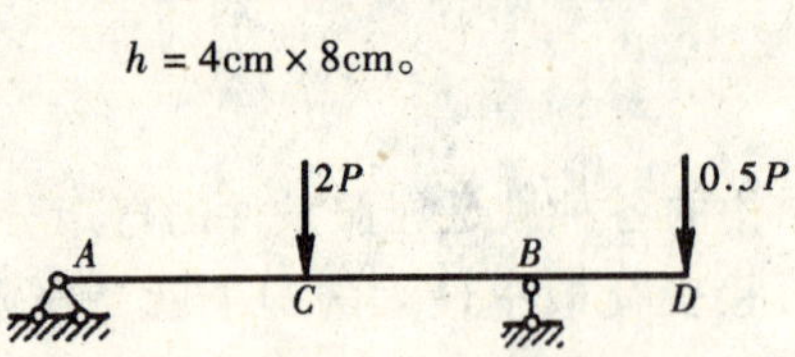

题 13-3 图

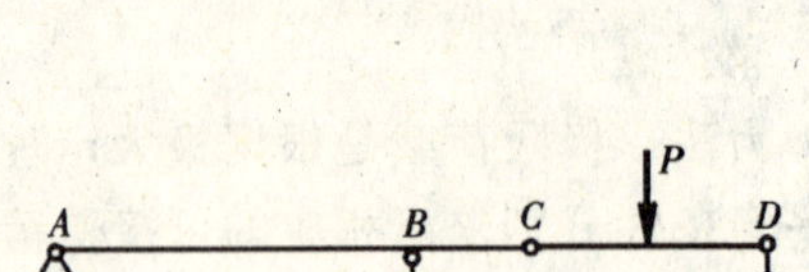

题 13-4 图

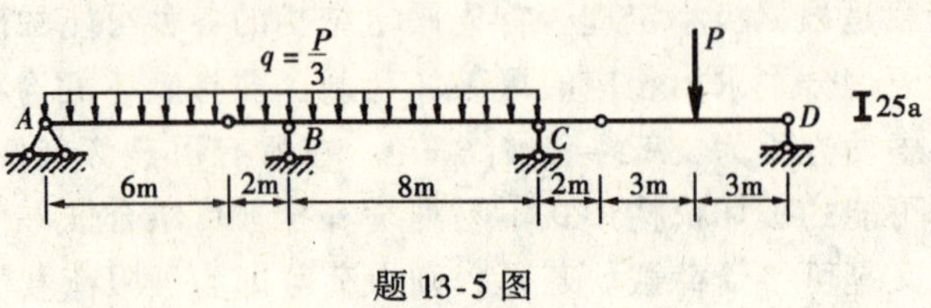

题 13-5 图

13-6～13-9　试求图示单跨超静定梁的极限荷载。

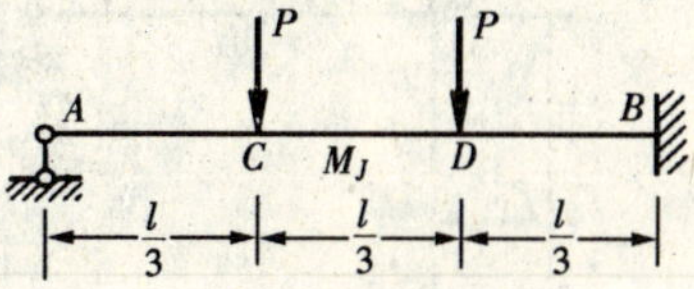

题 13-6 图

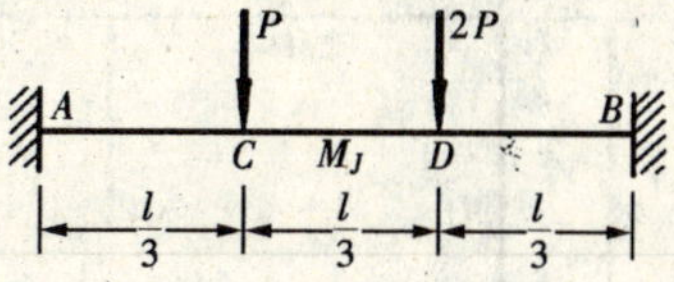

题 13-7 图

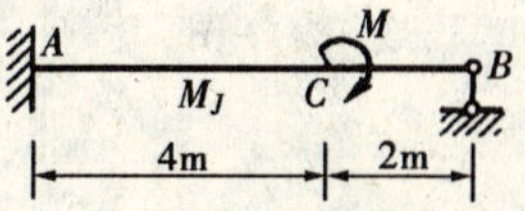

题 13-8 图

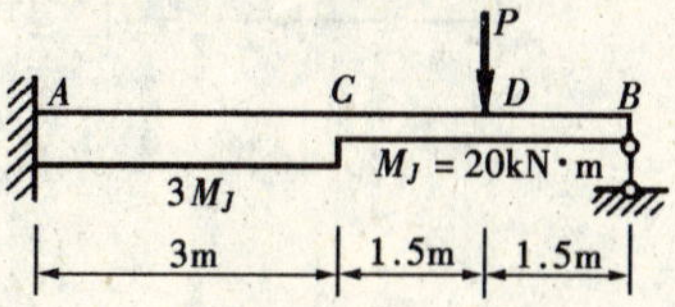

题 13-9 图

13-10～13-11　试按塑性分析法对图示单跨超静定梁选择适宜的工字型钢截面。已知许用应力 $[\sigma]$ = 157MPa

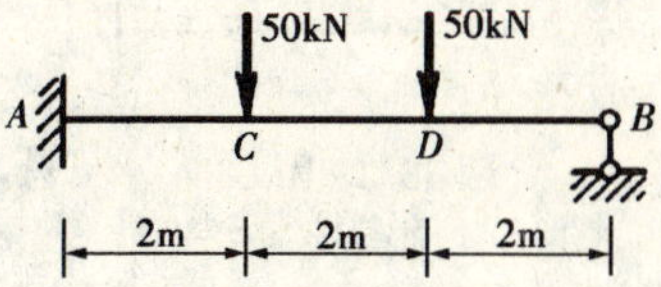

题 13-10 图

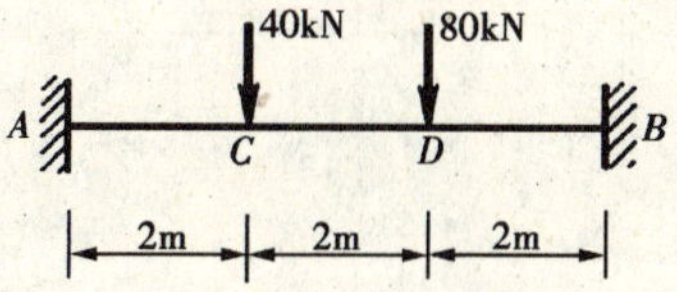

题 13-11 图

13-12～13-13　试求图示等截面连续梁的极限荷载。梁的截面均为矩形 $b \cdot h = 5\text{cm} \times 20\text{cm}$，$\sigma_s = 235\text{MPa}$。

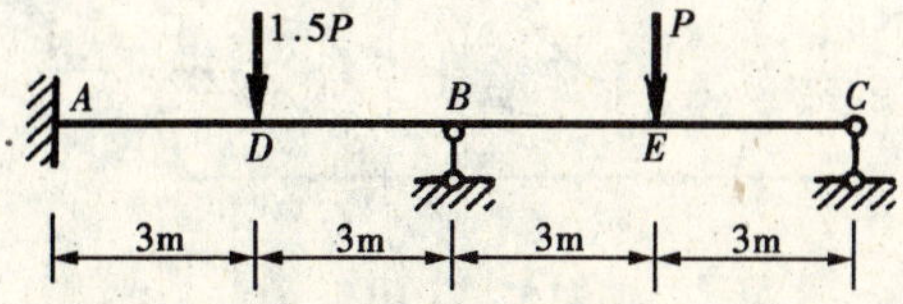

题 13-12 图

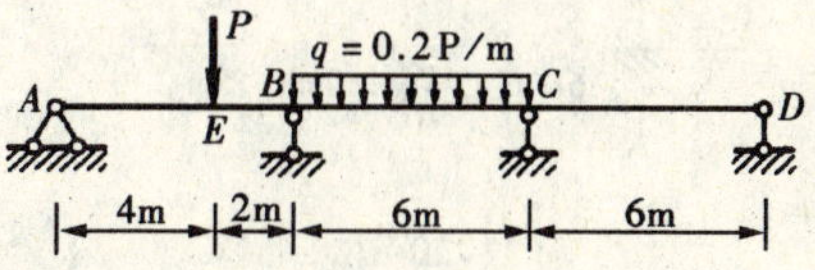

题 13-13 图

13-14～13-15　试求图示各跨截面不等的连续梁的极限荷载。

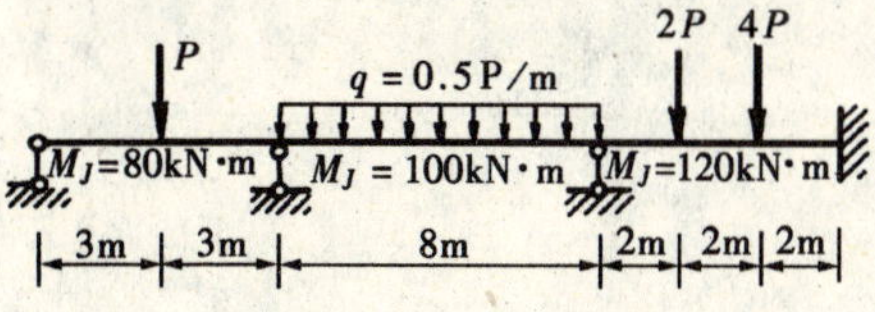

题 13-14 图

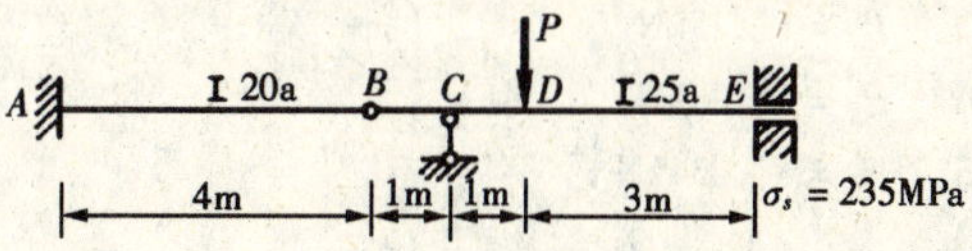

题 13-15 图

13-16～13-21　试求图示刚架的极限荷载，各杆截面的塑性极限弯矩如图中所示。

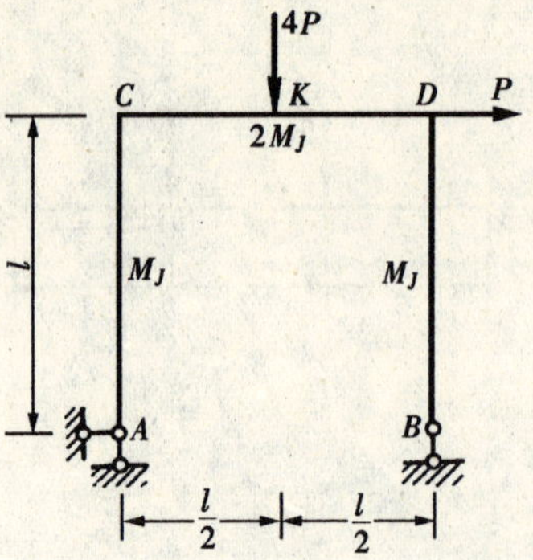

题 13-16 图

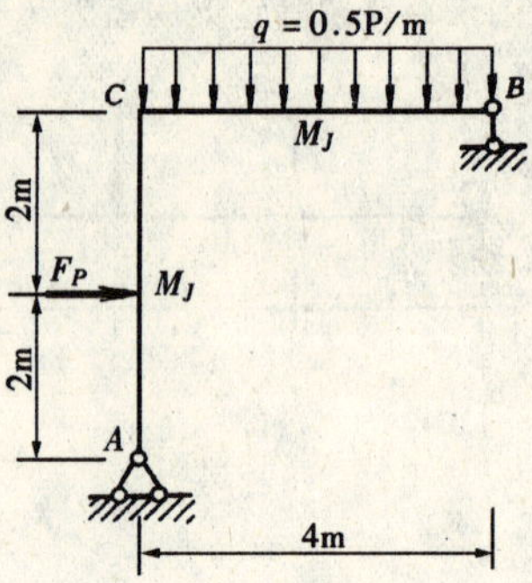

题 13-17 图

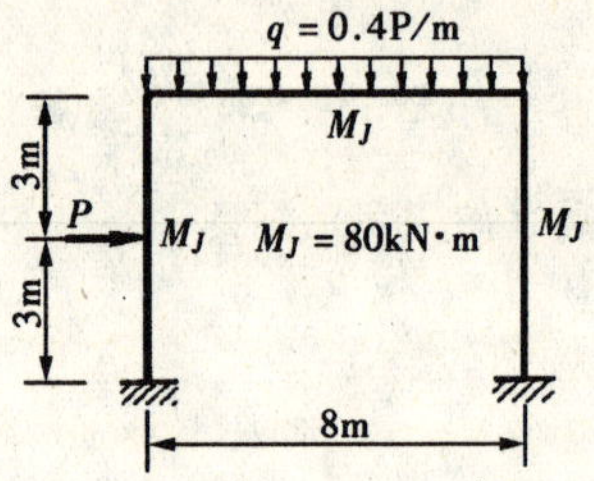

题 13-18 图

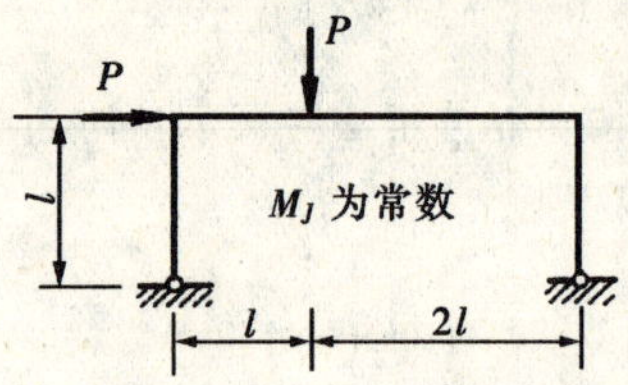

题 13-19 图

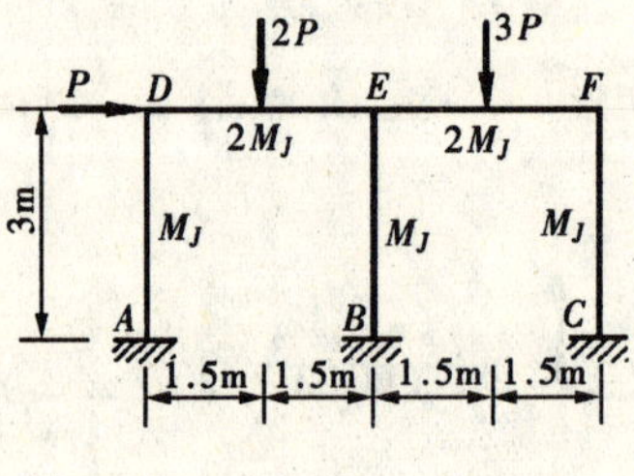

题 13-20 图

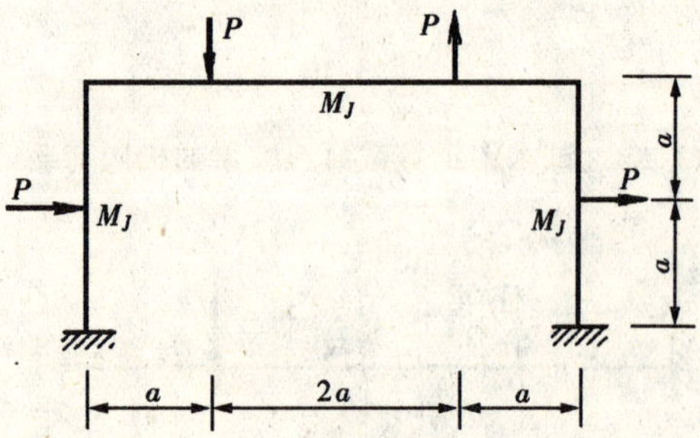

题 13-21 图

部分习题答案

13-1 $P_J = 235\text{kN}$

13-2 (a) $M_J = 235\text{kN·m}$ (b) $M_J = \frac{4\sigma_S\delta}{3}(3R^2 - 3R\delta + \delta^2)$ (c) $M_J 19.646\text{kN·m}$

13-3 $P_J = 11.75\text{kN}$

13-4 $P_J = 15.04\text{kN}$

13-5 $P_J = 41.034\text{kN}$

13-6 $P_J = \frac{4M_J}{l}$

13-7 $P_J = \frac{3.6M_J}{l}$

13-8 $M = 2M_J$

13-9 $P_J = 31.11\text{kN}$

13-10　$P_J = 104.444\text{kN}$

13-11　$P_J = 146.875\text{kN}$

13-12　$P_J = 35\text{kN}$

13-13　$P_J = 198.54\text{kN}$

13-14　$P_J = \dfrac{M_J}{l}$

13-15　$P_J = 0.444 M_J$

13-16　$P_J = 50\text{kN}$

13-17　$P_J = \dfrac{1.5 M_J}{l}$

13-18　$P_J = 1.56 M_J$

13-19　$P_J = \dfrac{3 M_J}{2a}$

第14章

结构的稳定计算

§14-1 稳定计算的概念

一、稳定计算的目的

在以前各章中，曾讨论了结构因各种外因作用而产生的内力与位移的计算问题，或者说涉及结构的强度与刚度的计算问题。但是，要确保结构设计符合既经济又安全的原则，仅有上述两方面的计算是不够全面的，还必须考虑到所谓结构的稳定计算。

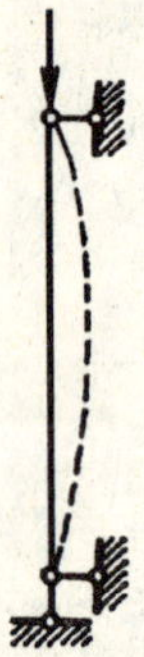

图14-1 细长压杆

关于稳定计算的概念，是迥然不同于强度、刚度的计算。例如，若施力压一根粗短的杆件就不易被压弯，在继续施力后，当其横截面上的工作应力超过材料的极限强度时，该粗短杆即因强度不足失去其继续承载的能力而遭破坏。然而，当我们去压一根细长杆时，杆就很容易被压弯（图14-1）。若令其横截面面积与上述的粗短杆一样，则细长杆被压弯时所需施加的轴向压力，也大大小于粗短杆因强度破坏时所需施加的轴向压力。此刻，细长杆的工作应力可能还远未抵达材料的极限强度，甚至还低于材料的比例极限时，就会因突然屈曲而丧失其承载能力，这种现象就是通常所说的失稳。因此，粗短杆受压时的承载能力是由强度条件所决定；而细长杆受压时的承载能力是由稳定性条件所决定。

细长压杆存在着失稳问题，其他类型的结构也同样存在有失稳问题，亟待研究。在工程实践中，因忽视稳定问题而造成工程事故的例子屡见不鲜。例如，1922年美国华盛顿镍克尔卜克尔剧院，在一场特大的雪中倒塌，究其原因是屋顶结构中的一根梁由于负荷过大而引起失稳；再如1925年苏联莫兹尔桥，在试车时由于桥梁桁架个别压杆失稳而造成事故，等等。随着科学技术的进步，很多建筑结构有逐步向高层、大跨、薄壁方向发展的趋势，这对结构稳定问题的深入探讨显得更为迫切，因此它具有象研究结构强度、刚度问题同样的重要性。

二、稳定平衡、不稳定平衡、随遇平衡（或临界平衡）

人们常用图14-2所示刚性小球在不同位置上的平衡来说明稳定性的概念。虽然小球在图示的三种情况下都是平衡的，但是它们之间存在着差别。如果对图14-2(a)的小球作微小的干扰，则小球就离开凹形曲面最低点的初始平衡位置，进行若干次来回摆动，最后仍回复到它初始的平衡位置，我们称这个小球的初始平衡位置是处于稳定平衡状态。若对图14-2(b)

在凸形曲面最高点处的小球作微小的干扰，小球就离开其初始平衡位置，当干扰力解除后，小球不仅不能回到初始平衡位置，而且还将继续远离该位置。因此小球处于凸形曲面最高点处的初始平衡位置，是处于不稳定平衡状态。图 14-2c 为在平面上的小球，对其作微小干扰后，小球就离开静止时的初始平衡位置，滚动一小段距离后在新位置上停留并处于新的平衡位置，它既不能回到初始平衡位置，也不继续离开新的平衡位置，具有这种特性的平衡称为随遇平衡状态或临界平衡状态。随遇平衡是由稳定平衡过渡到不稳定平衡的一种临界平衡状态，我们研究结构的稳定性，正是利用了这种平衡状态的特性。实质上，随遇平衡可归入不稳定平衡状态的范畴，因为图 14-2c 的小球受微小干扰后就不再回到原有的初始平衡位置上。

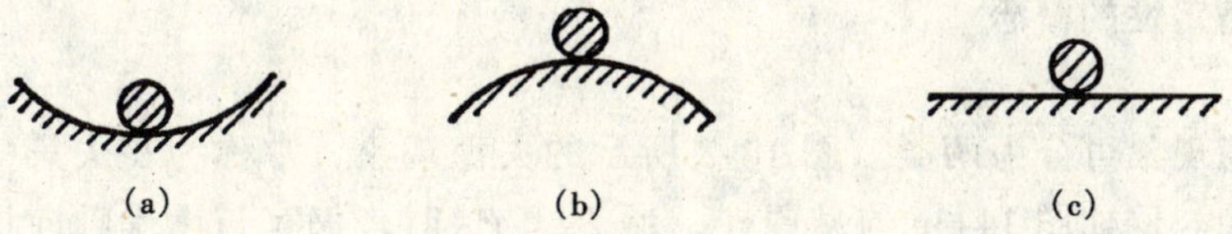

图 14-2　刚性小球

(a) 稳定平衡状态；(b) 不稳定平衡状态；(c) 随遇平衡状态

上述刚性小球的三种平衡形式，在研究弹性体的稳定性时也同样存在。

图 14-3a 所示的悬臂细长杆，杆端所施加的轴向压力 P_1 若小于某个特定的荷载值 P_C 时，由于水平干扰的外因作用使悬臂杆弯曲，但该干扰解除后，悬臂杆摇动若干次后仍将回复到它原来的直线位置上保持平衡，而不能占有其他位置，这种直线平衡形式是处于稳定平衡状态，它类似图 14-2a 的情况。

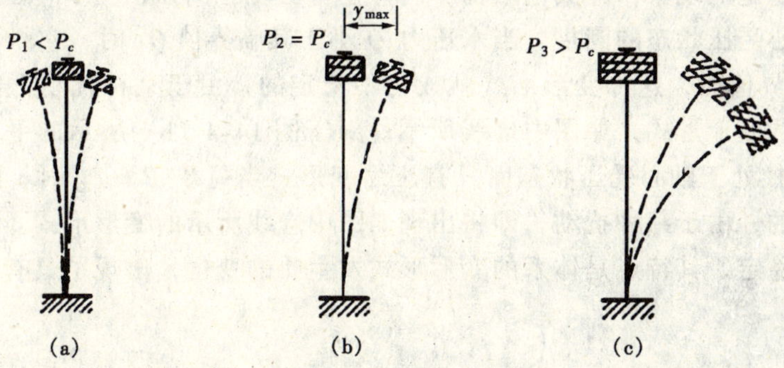

图 14-3　悬臂杆

(a) 稳定平衡状态；(b) 随遇平衡状态；(c) 不稳定平衡状态

若在杆端继续加载至 P_2 数值，且 $P_2 = P_C$（图 14-3b），悬臂杆虽然暂时保持着直线平衡形式，但只要给以微小的干扰，它将立即向一边发生微小弯曲，在新位置上处于平衡，当干扰解除后，它既不回到原有的直线平衡位置，也不进一步扩大变形，而是停留在微弯的位置上。这一情况类似于图 14-2c 所示的随遇平衡或临界平衡状态。随遇平衡状态具有平衡的二重性质，或者说出现了平衡形式的分支；就如图 14-3b 所示的情况来说，悬臂杆既可在不受干扰时暂时保持只受轴向压力的直线形式平衡，也可保持同时受压和受弯的微弯形式平衡。但在实际工程中，由于材料的不均匀性，非理想的直杆、施加荷载时难免的偏心等等缺陷，这些将无形起着侧向干扰的作用，因此当 $P_2 = P_C$ 时，原有的直线平衡形式实际上将开始成为不稳定的平衡状态。我们定义这个特定荷载值 P_C 为临界荷载。因此，临界荷载是使结构原有平衡形式保持稳定的最大荷载，也是使结构产生新的平衡形式时的最小荷载。采用这个准则用以计算临界荷载的方法通常称为随遇平衡法。

研究继续加载后的情况，即当 $P_3 > P_C$（图 14-3c），变形将迅速扩大，致使悬臂杆完全丧失承载能力而破坏，这一情况类似于图 14-2b。

综上所述，当 $P < P_C$ 时，悬臂杆处于稳定平衡状态；当 $P > P_C$ 时，悬臂杆处于不稳定平衡状态；当 $P = P_C$ 时，悬臂杆处于随遇平衡或临界平衡状态。由此可知，随着轴向压力 P 的量变，将引起平衡状态稳定性的质变。

三、丧失两类稳定性的概念

结构的失稳现象可分为两类。图 14-3 所示的失稳现象，常称为丧失第一类稳定性，或称为分支点失稳。例如图 14-3a 的悬臂杆，当 $P_1 < P_C$ 时，仅有与承受轴向压力相应的轴向变形产生；但当 $P_2 = P_C$ 时（图 14-3b），除产生与受压相应的轴向变形外，还将产生与受弯相应的弯曲变形。因此，在内力和变形的性质上都起了质变。

第一类稳定性也可以这样来进行描述：当 $P < P_C$ 时，悬臂杆一直保持只受轴力的直线平衡形式（图 14-3a）；当 $P = P_C$ 时，出现了平衡分支现象，即悬臂杆既可以保持原来只受轴力的直线平衡形式，也可以有一个新的不定幅值的同时受压和受弯的弯曲平衡形式（图 14-3b），其中 y_{max} 为悬臂杆的顶点水平位移。这一特性标志着当 $P = P_C$ 时出现了临界平衡状态，它是处在由稳定平衡向不稳定平衡过渡的临界点上。

丧失第一类稳定的现象，在其他结构中同样也可出现。例如，图 14-4a 所示一在静水压力作用下处于轴心受压状态的圆拱。当水压力 Q 小于其临界值 Q_C 时，它维持圆形的平衡形式。当 Q 达到临界值时，这种变形形式就成为不稳定的，由于某种扰动，即可能出现一种新的类似波浪形的变形形式，如图中虚线所示。对于图 14-4（b）所示的平面刚架，当荷载 $P < P_C$ 时，刚架柱处于轴心受压状态而只有压缩变形；当荷载 $P = P_C$ 时，刚架原来的平衡状态变成不稳定的，由于某种扰动，即将出现如图中虚线所示的变形形式。由上可知，对于丧失轴心受压的稳定，其特点是体系的变形形式发生质的变化，出现了具有压缩和弯曲两种变形的形式。

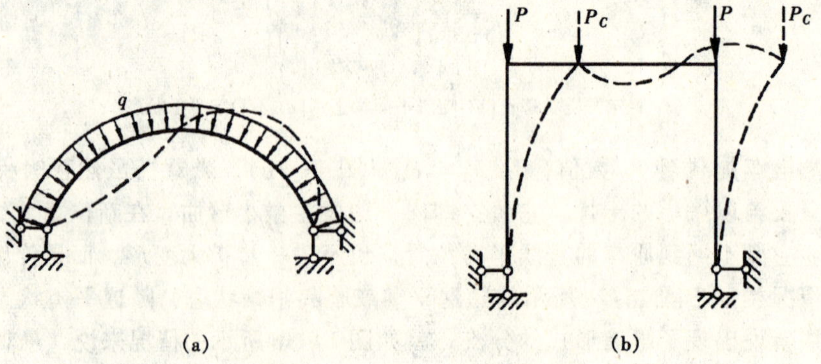

图 14-4 结构丧失第一类稳定性
（a）两铰圆拱；（b）平面刚架

图 14-5a 所示的薄壁工字梁，当荷载 $P < P_C$ 时，梁在荷载作用的竖向平面内发生弯曲变形，即保持平面弯曲的平衡形式。当荷载 $P = P_C$ 时，平面弯曲形式的平衡成为不稳定，此时梁可能出现一种新的平衡形式：梁将偏离原来荷载作用的平面而发生斜弯曲和扭转（如图 14-5 中实线所示），即丧失了平面弯曲形式的稳定。再如承受静水压力作用的圆环（图 14-5b），当荷载 q 未抵达临界值 q_C 前，结构中仅承受轴向压力，将保持原有结构形状上的稳定平衡，当荷载 q 抵达临界值 q_C 时，原有结构的平衡形式将成为不稳定的，将出现如图中虚线所示的平衡形式。

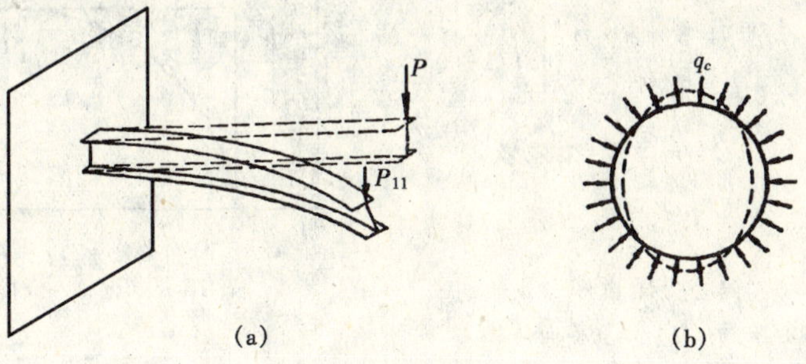

图 14-5　结构丧失第一类稳定性

(a) 薄壁工字梁；(b) 圆环

综上所述可知，丧失第一类稳定的特征是：结构的变形产生了性质上的突变。即原来的平衡形式成为不稳定，而可能出现新的与原来平衡形式有质的区别的平衡形式，同时这种现象是带有突然性的。

除上述丧失第一类稳定性外，尚有丧失第二类稳定性，这是两种性质不一样的稳定性概念。这类丧失稳定的特征是结构原来的变形将大大发展，而不会出现新的变形形式。即结构的平衡形式并不发生质变，但由于变形的增大，结构将不能正常工作。例如，图 14-6a 所示为两端铰支承受偏心压力 P 的直杆，当杆件开始受力时即同时处于受压和受弯状态，并伴生了挠度。荷载与挠度之间的关系如图 14-7 所示。当 P 值小于 P_C 时，若不继续增大荷载，则杆件的挠度也不增加。但当 P 值抵达 P_C 后，即使不再继续增加荷载甚至减小荷载，挠度仍将继续增大，我们称这种现象为丧失第二类稳定性。加载至极值点 A 时的荷载值 P_C 即为丧失第二类稳定性的临界荷载。因此，又把丧失第二类稳定性称为极值点失稳，显然，它与丧失第一类稳定性相比是具有不同的概念。图 14-6b 所示为承受横向荷载 Q（假定 Q 保持常量）同时承受压力 P 作用的压弯杆件，失稳时也有类似于偏心压杆的特征。综上所述，丧失第二类稳定性的特点为：平衡形式并不发生质的变化，随着荷载 P 的逐渐增加，变形仅以量变的形式迅速增长，最后使结构丧失承载能力。

丧失第二类稳定性时的临界值实际上要低于丧失第一类稳定性时的临界值，这是因为杆件在偏心受压或压弯的情况下，随着荷载 P 的不断增加，截面的边缘纤维应力将首先抵达屈服极限，引起局部的塑性变形，使截面进入弹塑性阶段的工作状态，而塑性变形扩展的结果，就导致杆件承载能力的降低。

作用于结构上的荷载，一般并非都使杆件产生轴向受压，例如受压弯作用的刚架柱、压力曲线不与拱轴相重合的各类拱结构、非理想桁架中的某些杆件等。因此，工程中的稳定问题实际上均属于第二类稳定性问题。研究第二类稳定性要涉及多种因素的影响，首先荷载-

位移关系是几何非线性的，其次有时还要考虑到材料的非线性性质。因此，它比第一类稳定

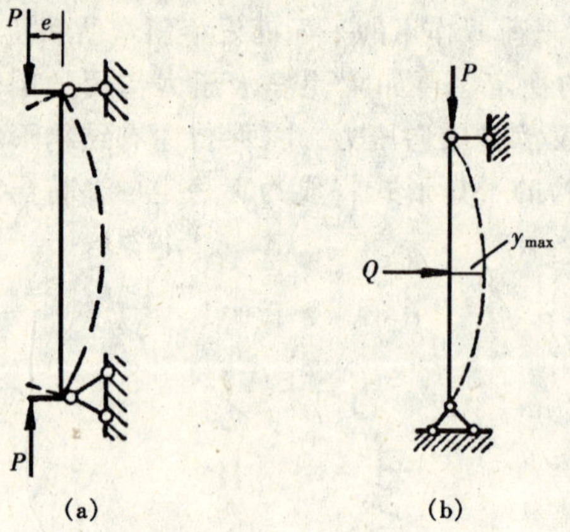

图 14-6　偏心受压直杆

(a) 只承受偏心压力；(b) 承受横向荷载同时承受压力

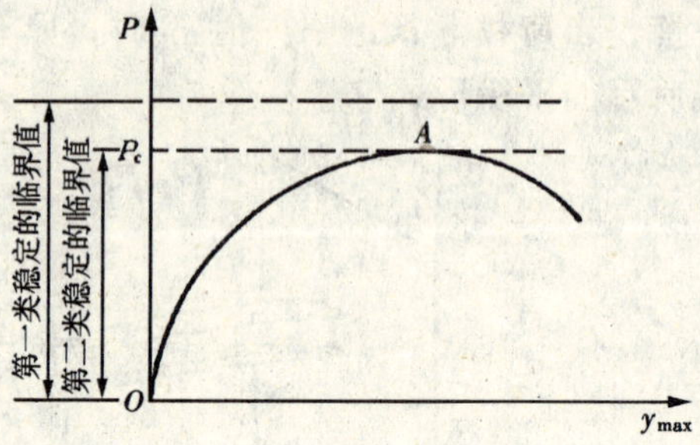

图 14-7　荷载-挠度关系图

要复杂得多。为了使计算简便起见，可对结构的荷载作用方式作某些简化假定，将第二类稳定化为第一类稳定来处理，并通过某些系数反映两类稳定问题之间的差别。

本章只讨论在弹性范围内丧失第一类稳定性的问题。对于工程结构来说，丧失上述两类稳定性都是不能允许的。

四、稳定计算的中心内容及其自由度

不论是研究第一类或第二类的稳定性，稳定计算的中心内容是要确定结构的临界荷载，据此对结构进行必要的稳定性验算以确保其安全。

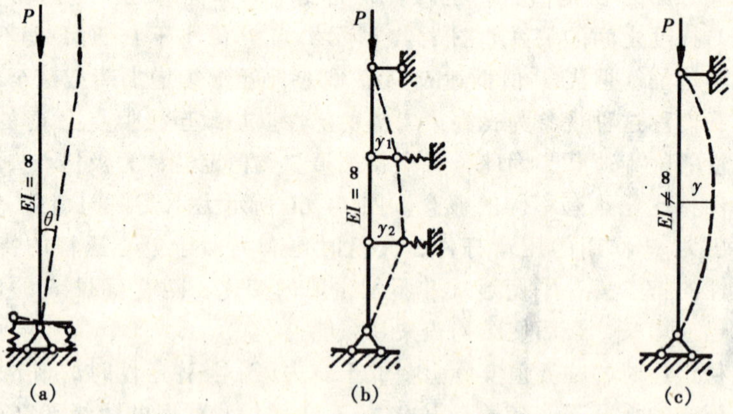

图 14-8　结构的稳定自由度计算

(a) 抗转弹簧支座的刚性压杆；(b) 抗移弹簧的刚性压杆；(c) 两端铰支且 $EI=\infty$ 的弹性压杆

稳定计算中还需涉及结构稳定自由度的概念。结构的稳定自由度，是指当结构失稳时为

了确定其变形形状所需的独立坐标数数目。例如图 14-8a 装有抗转弹簧支座的刚性压杆，失稳后的变形状态如图中虚线所示，它仅需一个独立坐标 θ 就可确定其失稳模态，因此它是一个自由度；图 14-8b 由两根抗移弹簧在中间相联三根刚性压杆，确定其失稳模态的独立坐标为 y_1、y_2，故知其是两个自由度；图 14-8c 为两端铰支且 $EI=\infty$ 的弹性压杆，需要无限多个独立坐标 y 才可确定其失稳模态，故它为无限自由度。

§14-2　用静力法确定临界荷载

关于结构的稳定计算，方法很多，静力法和能量法是两种最基本和最重要的方法。在以下的讨论中，我们假定体系在丧失稳定之前，在弹性阶段内工作，并只考虑小变形情况，即线性失稳问题。

用静力法确定临界荷载，是根据结构在临界状态时具有平衡的二重性这一特点，采用静力平衡条件，寻求使结构在新的形式下能保持平衡的荷载，其最小值即为所求的临界荷载。

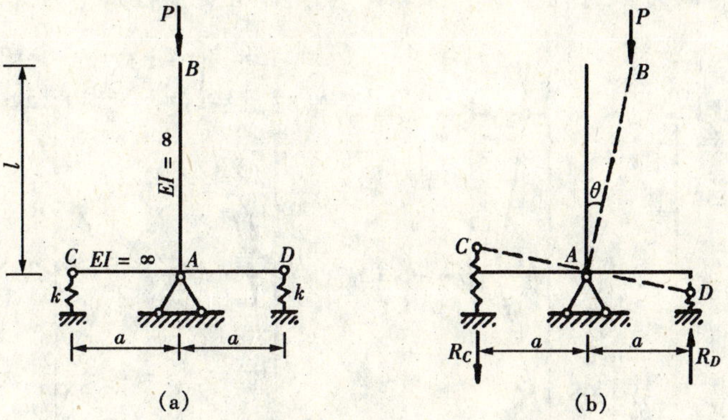

图 14-9　单自由度结构稳定计算

(a) 稳定的平衡形式；(b) 临界状态的平衡形式

图 14-9a 所示结构，由两根相互垂直的刚性杆在 A 处刚结而成，C、D 处抗移弹簧的刚度系数均为 K（发生单位位移时所需的力），该体系为单自由度结构。设临界状态时新的平衡形式如图 14-9b 的虚线所示，则由静力平衡条件 $\Sigma M_A=0$ 得

$$Pl\sin\theta - R_C a - R_D a = 0 \tag{a}$$

当 θ 为微小转角时，可近似取 $\sin\theta\approx\theta$，故有 $R_C = ka\sin\theta\approx ka\theta$，$R_D = ka\sin\theta\approx ka\theta$。式（a）可写成

$$(Pl-2ka^2)\theta = 0 \tag{b}$$

这个平衡方程式是以 θ 为未知数的齐次方程。观察式（b）可得如下结论：

若 $Pl-2ka^2\neq0$，则 $\theta=0$；且 $\theta=0$ 是式（b）的惟一解。表明结构仍维持原来的平衡形式，尚未发生失稳现象。

若 $Pl-2ka^2=0$，则除零解 $\theta=0$ 能满足式（b）外，尚有非零解 $\theta\neq0$ 也能满足式（b）；前者表明结构在原来形式下的平衡状态，后者则表明结构在新的形式下的平衡状态。因此

$$Pl-2ka^2=0 \tag{c}$$

表明了失稳时的平衡形式具有二重性，这是结构处于临界状态的静力特征。式（c）是满足了结构在原来形式和新的形式下都能维持平衡的条件，称为稳定方程或特征方程，据此可求

解出临界荷载为

$$P_C=\frac{2ka^2}{l} \tag{d}$$

用静力法确定多自由度体系的临界荷载，步骤及原理与单自由度体系相同。例如对于具有 n 个自由度的体系，在新的平衡形式下就可列出与自由度数目相等的 n 个平衡方程，它们是以 n 个独立坐标或位移为未知数的齐次代数方程。根据临界状态的静力特征，齐次方程除零解外（对应于原有平衡形式），还应有非零解存在（对应于新的平衡形式），要满足上述的平衡条件，则必须使位移未知数前的系数所组成的行列式 D 等于零，这便是所需建立的稳定方程：

$$D=0 \tag{14-1}$$

展开行列式 D 可求解 n 个根，其中与最小根相应的特征荷载即为临界荷载，现以下例予以分析说明。

例 14-1 试求图 14-10a 所示结构的临界荷载及其相应的失稳模态。已知：C 点作用荷载为 P，B 点作用荷载为 $2P$，C、B 两处抗移弹簧的刚度系数分别为 K 和 $2K$。

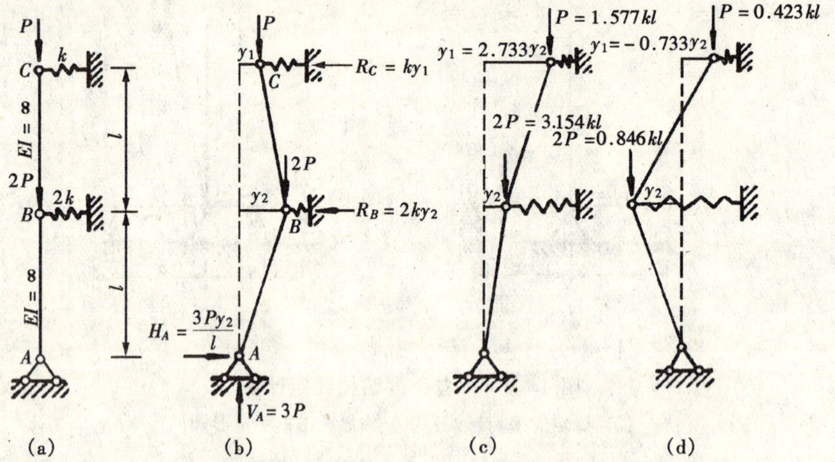

图 14-10 多自由度结构稳定计算

(a) 稳定平衡状态；(b) 不稳定平衡的变形状态；(c) 失稳状态；(d) 失稳状态

解 体系具有两个自由度，假定新的变形状态如图 14-10b 所示，C 点和 B 点的水平位移分别为 y_1 和 y_2，各抗移弹簧支座处的反力为

$$R_C=ky_1,\ R_B=2ky_2$$

由整体平衡条件及 AB 杆的局部平衡条件，支座 A 处的反力为

$$V_A=3P,\ H_A=\frac{3Py_2}{l}$$

同时设位移 y_1 和 y_2 是微小的，即属小变形情况，故在列静力平衡方程时，可把 AB 杆和 BC 杆在竖直方向的投影长度近似看作为 l，由 $\Sigma M_B=0$ 和 $\Sigma X=0$ 分别得

$$\left.\begin{aligned}P(y_2-y_1)+ky_1l=0\\ \frac{3Py_2}{l}-2ky_2-ky_1=0\end{aligned}\right\}$$

整理后为

$$\left.\begin{array}{l}(kl-P)\ y_1+py_2=0\\ -kly_1+\ (3P-2kl)\ y_2=0\end{array}\right\}\tag{e}$$

这是关于 y_1 和 y_2 的齐次方程，欲使 y_1、y_2 不全为零的非零解存在，则其系数行列式应等于零，从而组成稳定方程为

$$D=\begin{vmatrix}(kl-P) & P\\ -kl & (3P-2kl)\end{vmatrix}=0\tag{f}$$

展开整理后得

$$3P^2-6klP+2(kl)^2=0$$

解得两个特征荷载

$$P=\frac{3\pm\sqrt{3}}{3}kl=\begin{cases}1.577kl\\0.423kl\end{cases}$$

取其中最小的特征荷载即为所求临界荷载，即

$$P_C=\frac{3-\sqrt{3}}{3}kl=0.423kl$$

现在求相应的失稳模态。在关于 y_1 和 y_2 的线性齐次方程（e）中，不能求解 y_1 和 y_2 的确实数值，但可由两式中的任一式决定 y_1 和 y_2 的相对比值。例如用式（e）中的第一式，即有比例关系

$$\frac{y_1}{y_2}=\frac{-P}{kl-P}\tag{g}$$

若将 $P=1.577kl$ 代回式（g），则

$$\frac{y_1}{y_2}=\frac{-1.577kl}{(1-1.577)kl}=2.733$$

与此对应的变形模态如图 14-10c 所示。

若将 $P=0.423kl$ 代回式（g），则

$$\frac{y_1}{y_2}=\frac{-0.423kl}{(1-0.423)kl}=-0.733$$

与此对应的变形模态如图 14-10d 所示。

对应于临界荷载的变形模态即为失稳模态，如图 14-10d 所示。

上面已讨论了多自由度体系的临界荷载确定方法。对于无限自由度体系，应用静力法确定临界荷载的思路，基本上与多自由度体系相仿。首先对体系新的平衡形式由静力条件列出平衡方程（这里需注意：在多自由度体系中所列的平衡方程是代数方程，但在无限自由度体系中，因有无限多的独立变形，需由微分方程进行描述，故其平衡方程是微分方程）。其次求解微分方程并结合边界条件确定未知常数，则可得一组关于未知常数的齐次方程。最后根据平衡形式的二重性质，使未知常数不全为零的非零解存在，从而求出最小的特征荷载值，即为临界荷载。

今以一端固定另一端铰支的等截面直杆（图 14-11）为例，说明无限自由度体系，应用静力法确定临界荷载的基本原理和计算步骤。

当荷载 P 小于临界荷载 P_C 时，杆件处于直线形式的平衡状态（图 14-11a）。当 P 达到 P_C 时，杆件可能有两种平衡形式，即直线形式和曲线形式，而直线平衡形式则是不稳定的。

受某种干扰后，杆件即将过渡到曲线形式的稳定平衡状态（图 14-11b）。此时，取图示坐标系，则任一截面的弯矩为

$$M = Py + R(l - x) \tag{a}$$

式中 $y = y(x)$ 为曲线平衡状态下杆的挠曲线方程，R 为上端支座链杆的反力。

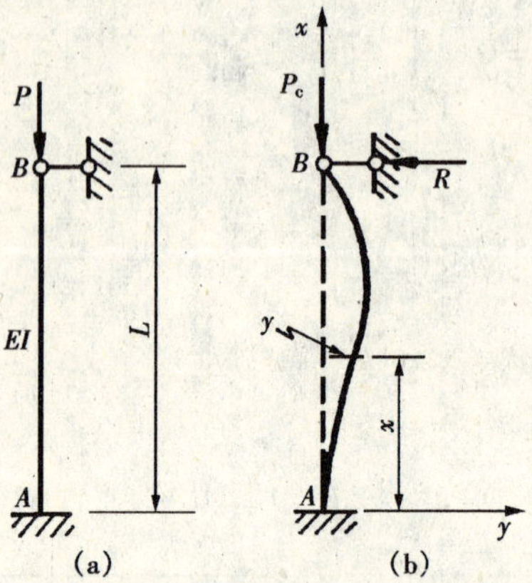

图 14-11　等截面直杆

(a) 稳定平衡状态；

(b) 不稳定平衡状态

由于研究的是小变形情况，即杆件刚刚开始发生纵向弯曲的情况，故可利用挠曲线的近似微分方程

$$EIy'' = -M \tag{14-2}$$

式中 EI 为杆件的弯曲刚度，如为等截面，EI 等于常数。

将式（a）代入上式即得

$$EIy'' + Py = -R(l - x)$$

将此式除以 EI，并令

$$\alpha = \sqrt{\frac{P}{EI}} \tag{14-3}$$

则以上微分方程可改写为

$$y'' + \alpha^2 y = -\frac{R}{EI}(l - x) \tag{b}$$

这是一个常系数二阶微分方程，其通解为

$$y = A\cos\alpha x + B\sin\alpha x - \frac{R}{P}(l - x) \tag{c}$$

式中 A、B 为待定的积分常数，$\frac{R}{P}$ 也是未知量。

对于图 14-11 所示的杆件，其边界条件为：

(1) 在 $x=0$ 处，$y=0$、$y'=0$

(2) 在 $x=l$ 处，$y=0$

据此，可得如下关于未知常数 A、B 和 $\frac{R}{P}$ 的线性齐次代数方程组：

$$\left.\begin{aligned} &A - l\frac{R}{P} = 0 \\ &\alpha B + \frac{R}{P} = 0 \\ &A\cos\alpha l + B\sin\alpha l = 0 \end{aligned}\right\} \tag{d}$$

显然，当 $A = B = \frac{R}{P} = 0$ 时，上列方程组可以得到满足。但由式（c）可知，此时杆件各点的位移 y 都等于零，这相当杆件为直线形式的平衡状态，而这并非我们所要研究的问题。如要 $y \neq 0$，即 A、B 和 $\frac{R}{P}$ 不能全为零，这相当杆件为曲线形式的平衡状态，则式（d）中的系数行列式必须等于零，即

$$D = \begin{vmatrix} 1 & 0 & -l \\ 0 & \alpha & 1 \\ \cos\alpha l & \sin\alpha l & 0 \end{vmatrix} = 0$$

这就是计算临界荷载的特征方程，故计算临界荷载的问题就变成解算特征方程的问题。

将上述行列式展开，可得

$$\mathrm{tg}\alpha l = \alpha l \tag{e}$$

由此式解得 αl 值后（由式（14-3）可知，应取 $\alpha l > 0$ 的值），即可根据式（14-3）求出临界荷载 P_C。

方程（e）是关于 αl 的超越方程，一般可用逐次渐近法求解。在这里应用试算法并配合图解法计算较为方便，以 αl 作为自变量，分别绘出与 $z = \alpha l$、$z = \mathrm{tg}\alpha l$ 相对应的图形，如图 14-12 所示，则这两个图形的交点的横坐标就是上述特征方程的根。因交点有无穷多个，故方程有无穷多个根。由图中可以看出，最小的正根 αl 在 $\frac{3\pi}{2} \approx 4.7$ 的左侧附近，其准确数值可由试算法（见下表）求得为

$$\alpha l = 4.493$$

试算法求 αl 的最小正根

αl	$\mathrm{tg}\alpha l$	D	αl	$\mathrm{tg}\alpha l$	D
4.5	4.637	−0.137	4.492	4.462	+0.028
4.4	3.096	+1.304	4.493	4.485	+0.008
4.49	4.422	+0.068	4.494	4.506	−0.012
4.491	4.443	+0.048			

将该值代入式（14-3）可求得最小临界荷载值为

$$P_C = \alpha^2 EI = 20.19\frac{EI}{l^2} = \frac{\pi^2 EI}{(0.7l)^2}$$

这与材料力学中所得出的结果相同。其中 $l_0 = \mu l = 0.7l$ 称为计算长度，$\mu = 0.7$ 称为计算长度系数，20.19 为该压杆的稳定系数。

上述例子可以看出，用静力法计算临界荷载是从丧失稳定时，体系的平衡（变形）形式将发生质变这一特征出发，首先假定体系已处于微弯的平衡形式，据此列出它的平衡微分方程，该方程的解将包含若干未知常数。利用相应的边界条件，可得一组与未知常数数目相同的线性代数方程。这组方程有两组解：（1）全零解，即各未知常数都等于零，这表示杆件不发生弯曲变形，这种情况并非我们所要研究的。（2）非零解，即各未知常数不全等于零，而这只有在方程组中的系数行列式 D 等于零的情况下才有可能，即

$$D = 0$$

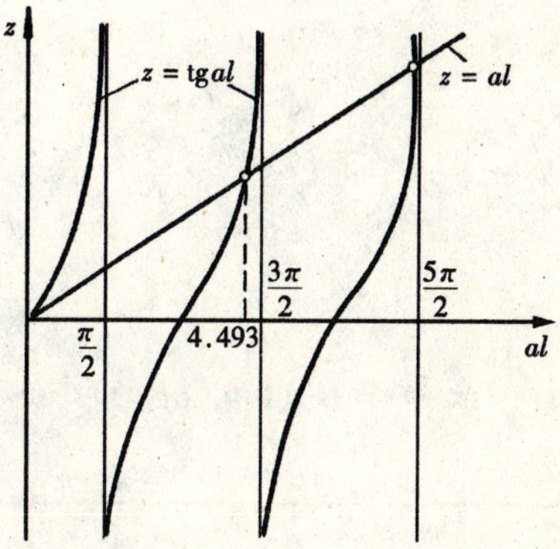

图 14-12　超越方程图解法

这就是稳定性的特征方程，求解此方程可得出临界参数值，然后再根据这个临界参数就可以确定临界荷载 P_C。

例 14-2　图 14-13a 所示两端铰支的压杆，下半段为刚性杆，上半段为弹性杆。试求其临界荷载。

解　设压杆已处于新的平衡状态，刚性杆的转角为 θ，坐标系的正方向如图所示。今取弹性杆的隔离体如图 14-13b 所示，由隔离体的平衡条件 $\Sigma M_B = 0$，可得弹性杆的挠曲线微分方程为

$$-EIy'' - Py = 0$$

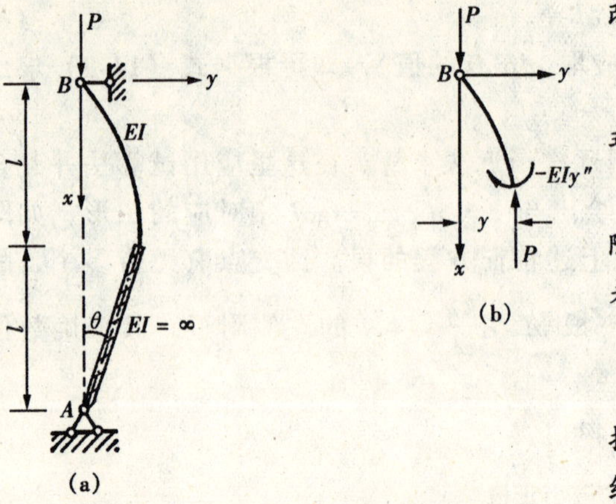

图 14-13 两端铰支带刚域的压杆

(a) 压杆不稳定平衡状态；(b) 弹性段的隔离体

改写成

$$y'' + \alpha^2 y = 0$$

式中：$\alpha = \sqrt{\dfrac{P}{EI}}$。上述微分方程的通解为

$$y = A\sin\alpha x + B\cos\alpha x$$

除两个积分常数 A、B 外，刚性杆转角 θ 也为未知，因此边界条件为

当 $x = 0$，$y = 0$

当 $x = l$，$y = l\theta$、$y' = -\theta$

据此可建立关于未知常数 A、B 和 θ 的齐次方程组：

$$\left.\begin{aligned} & B = 0 \\ & A\sin\alpha l + B\cos\alpha l - l\theta = 0 \\ & A\alpha\cos\alpha l - B\alpha\sin\alpha l + \theta = 0 \end{aligned}\right\}$$

使 A，B 和 θ 不全等于零，其系数行列式应等于零，因此稳定方程为

$$D = \begin{vmatrix} 0 & 1 & 0 \\ \sin\alpha l & \cos\alpha l & -l \\ \alpha\cos\alpha l & -\alpha\sin\alpha l & 1 \end{vmatrix} = 0$$

展开后得

$$\mathrm{tg}\alpha l = -\alpha l$$

对上述超越方程，首先确定 αl 的取值范围，然后再用试算法求出其值。

当 $\alpha l = 0$，则 $D = 0$

当 $0 < \alpha l < \dfrac{\pi}{2}$，则 $D < 0$

当 αl 稍大于 $\dfrac{\pi}{2}$，$\mathrm{tg}\alpha l$ 趋于 $-\infty$，则 $D < 0$

当 $\alpha l = \pi$，$\mathrm{tg}\alpha l = 0$，则 $D > 0$

故知当 $D = 0$ 时 αl 的取值范围，应在 $\dfrac{\pi}{2} \sim \pi$ 之间。列表进行试算。

试算法求临界荷载

αl	$\mathrm{tg}\alpha l$	D	αl	$\mathrm{tg}\alpha l$	D
2.1	-1.710	0.390	2.03	-2.022	0.008
2.0	-2.185	-0.185	2.025	-2.048	-0.023
2.02	-2.074	-0.054			

试算结果取

$$\alpha l = 2.03$$

将此值代回后可得临界荷载为

$$P_C = \alpha^2 EI = \left(\frac{2.03}{l}\right)^2 EI = \frac{4.12EI}{l^2}$$

对于较复杂的情形，用静力法确定体系的临界荷载往往比较困难。例如，按式（14-2）建立的关于弹性曲线的微分方程是变系数而难以积分成有限形式；或体系的边界条件比较复

杂，以致根据它们导出的特征方程不易求解等情况。此时采用能量法进行近似计算则较为方便。

§14-3　用能量法确定临界荷载

用能量法计算临界荷载是以体系在临界状态的能量特征为依据的。

我们仍以刚性小球为例来说明不同平衡形式的能量特征。图 14-14 所示为处于三种不同平衡状态的小球，在图 14-14a 所示稳定平衡情况下，若由于某一附加外因，使小球偏离原来的平衡位置，则其势能（或称位能）将增加，故知相应于稳定平衡位置的势能为最小。在图 14-14b 所示的不稳定平衡情况下，当小球偏离平衡位置时，其势能将会减少，故知对应于不稳定平衡位置的势能为最大。在图 14-14c 所示的随遇平衡情况下，使小球偏离原来的平衡位置将不引起势能的改变。

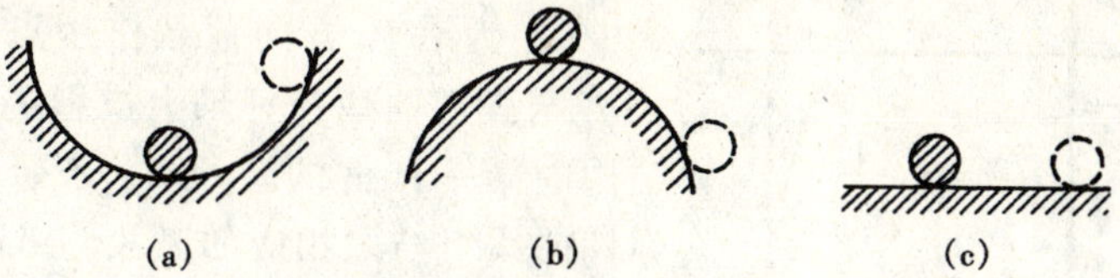

图 14-14　刚性小球

(a) 稳定平衡状态；(b) 不稳定平衡状态；(c) 随遇平衡状态

上述刚体的能量特征，同样适用于弹性体系。不过，在弹性体系上应考虑应变能和荷载势能的改变。如图 14-15a 所示轴向压杆，若由于某种外因使压杆发生横向弯曲，则杆件的应变能将会增加（即在原来的轴向压缩应变能上增加了弯曲应变能）。与此同时，由于弯曲变形将使荷载 P 的作用点位置下降，从而使荷载势能减少，其减少值即等于 P 在相应位移 Δ 上所作的功。因此，任何弹性体系势能的改变应当包含两部分能量的变化：体系应变能的改变和荷载势能的改变。

设以 ΔU 表示应变能的增量，以荷载所作功的负值 $-\Delta T$ 表示荷载势能的增量，则整个体系的势能的增量为 $\Delta U-\Delta T$。根据前述能量特征可知，如果

$$\Delta U-\Delta T>0$$

则弹性体系的平衡形式是稳定的；如果

$$\Delta U-\Delta T<0$$

则其平衡形式是不稳定的。如果

$$\Delta U-\Delta T=0$$

或写成

$$\Delta U=\Delta T \tag{14-4}$$

则表示平衡形式由稳定平衡状态改变为不稳定平衡状态，据此可求得临界荷载 P_C。方程（14-4）称为体系的临界状态方程。下面就直杆稳定问题来导出其临界荷载的计算公式。

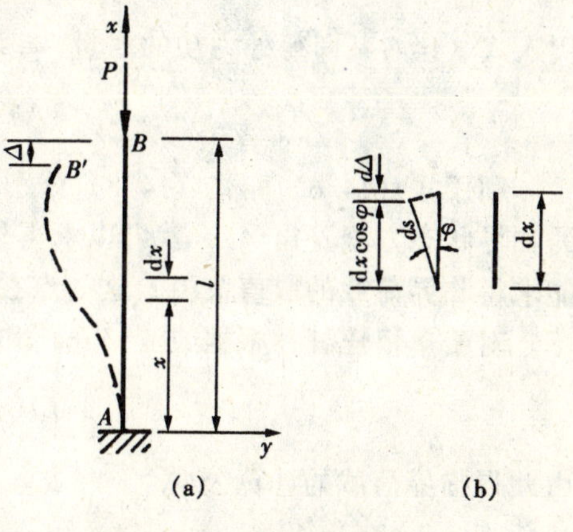

图 14-15　弹性轴向压杆

(a) 压杆的两种形式的平衡状态；

(b) dx 微段位移图

对于弹性体系，由 §7-2 中可知，其变形能的增量为

$$\Delta U = \Sigma\int\frac{N^2\mathrm{d}s}{2EA} + \Sigma\int\frac{M^2\mathrm{d}s}{2EI} + \Sigma\int\frac{kQ^2\mathrm{d}s}{2GA} \tag{a}$$

式中 M、Q 和 N 分别为体系偏离原来平衡位置时构件中所产生的附加弯矩、剪力和轴力。

对于直杆，通常剪切和轴向变形影响较小而可忽略不计，即只考虑弯曲变形的影响，故式（a）可简化为

$$\Delta U = \frac{1}{2}\Sigma\int\frac{M^2}{EI}\mathrm{d}s \tag{14-5}$$

考虑到公式（14-2），并且由于变形很小，可近似地认为 $\mathrm{d}s = \mathrm{d}x$，则上式可改写成

$$\Delta U = \frac{1}{2}\Sigma\int EI(y'')^2\mathrm{d}x \tag{14-6}$$

对于作用在结点并沿杆轴方向的荷载，当杆件由直线形式的平衡状态变为曲线形式的平衡状态时，外力所作功的增量为

$$\Delta T = \Sigma P_i\Delta_i \tag{14-7}$$

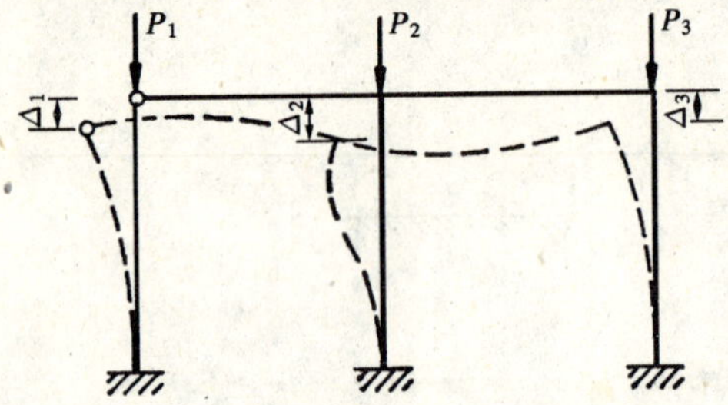

图 14-16　弹性结构的直线和曲线平衡形式

式中 Δ_i 为沿 P_i 方向荷载作用点的位移，它等于杆长 l_i 与弹性曲线在杆轴上投影之差（图 14-16）。取结构中某一杆件的微段 $\mathrm{d}x$ 来研究（图 14-15），在弹性曲线上与之相应的微段为 $\mathrm{d}s$（可看成直线段）。设两者的夹角为 φ（图 14-15b）；则 $\mathrm{d}s$ 在铅直方向的投影为 $\mathrm{d}x\cos\varphi$。故 $\mathrm{d}x$ 微段长度的改变为

$$\begin{aligned}\mathrm{d}\Delta &= \mathrm{d}x - \mathrm{d}x\cos\varphi\\ &= (1-\cos\varphi)\mathrm{d}x\end{aligned}$$

因 $\cos\varphi = 1 - \frac{\varphi^2}{2!} + \frac{\varphi^4}{4!} - \cdots$，并考虑到 φ 角很小，故可取 $\varphi = \mathrm{tg}\varphi = y'$，当略去高阶微量时，则上式可改写成

$$\mathrm{d}\Delta = \frac{1}{2}\varphi^2\mathrm{d}x = \frac{1}{2}(y')\mathrm{d}x$$

把上式沿杆长积分，则得单根杆件的位移表达式

$$\Delta = \int\mathrm{d}\Delta = \frac{1}{2}\int(y')^2\mathrm{d}x$$

代入式（14-7）即得外力功的增量

$$\Delta T = \frac{1}{2}\Sigma P\int(y')^2\mathrm{d}x \tag{14-8}$$

利用式（14-6）和式（14-8）分别求出体系的变形能和外力功的增量，再根据弹性体系的临界状态方程（14-4），就可以求得体系的临界荷载值。不过在某些较复杂的情况下，只能求得临界荷载的取值范围，这一点在工程实际中往往是有用的。

对于单根压杆，根据式（14-6）和式（14-8），丧失稳定的条件（14-5）可写成

$$\int_0^l EI(y'')^2\mathrm{d}x = P_C\int(y')^2\mathrm{d}x \tag{14-9}$$

由此得临界荷载的计算公式

$$P_C = \frac{\int_0^l EI(y'')^2\mathrm{d}x}{\int_0^l(y')^2\mathrm{d}x} \tag{14-10}$$

对于沿杆轴作用竖向均布荷载 q（例如杆的自重作用）的情形，按能量法计算时，式(14-8)中的荷载 P 不再是常量，它随截面位置的不同而变化。当微段 dx 的倾角为 $\varphi = y'(x)$ 时（参看图 14-15），微段 dx 以上部分的荷载为 $N_x = q(l - x)$，它由于位移 $d\Delta = \frac{1}{2}(y')^2 dx$ 所作的微功为

$$d(\Delta T) = N_x d\Delta = \frac{1}{2} q(l - x)(y')^2 dx$$

沿全杆长进行积分，即可求得所有外力所作的功为

$$\Delta T = \int_0^l d(\Delta T) = \frac{1}{2} q \int_0^l (l - x)(y')^2 dx$$

根据上式以及变形能增量的表达式（14-6），丧失稳定的条件（14-4）可改写成

$$q_C \int_0^l (l - x)(y')^2 dx = \int_0^l EI(y'')^2 dx \tag{14-11}$$

得

$$q_C = \frac{\int_0^l EI(y'')^2 dx}{\int_0^l (l - x)(y')^2 dx} \tag{14-12}$$

显然，要按上述各公式确定临界荷载，首先必须知道弹性曲线的方程 $y = y(x)$（即体系丧失稳定瞬时的变形形式）。但是，杆件在失稳时，其临界状态的变形曲线事先并不知道。因此，通常只能假设一条近似的弹性曲线，然后将它代入上述公式以确定临界荷载值，按此所求得的解答当然也是近似的。

选取体系的变形形式必须使其满足边界条件和各杆件之间的联结条件。当它愈接近于真实变形情况时，则按能量法求得的临界荷载值愈准确。当所假设的弹性曲线与真实情况相一致，所得的解即为临界荷载的精确值。一般情况下，用能量法计算总是得出偏大的临界荷载值。因我们所假设的弹性曲线，一般不会与真实的变形曲线相一致，相当于加上一些约束，因而增大了抵抗失稳的能力。所以按近似曲线计算所求得的临界荷载值常稍大于实际的临界荷载值。

通常可取杆件在某一横向荷载作用下的弹性变形曲线作为近似曲线。显然，它满足所有边界条件。除此之外，也可以选取适合边界条件的一组函数 $\varphi_i(x)(i = 1,2,\cdots)$，变形曲线取为级数形式

$$y = a_1\varphi_1 + a_2\varphi_2 + \cdots = \Sigma a_i\varphi_i \tag{14-13}$$

式中的 a_i 为未知的常数参数。将上式代入式（14-10），则得

$$P_C = \frac{\int_0^l EI(\Sigma a_i\varphi''_i)^2 dx}{\int_0^l (\Sigma a_i\varphi'_i)^2 dx} \tag{c}$$

为了书写方便，将式（c）写成 $P_C = \frac{A}{B}$，其中 A、B 分别为式（c）的分子和分母，都是参数 a_i 的二次式。为寻求 P_C 的极小值，可由以下极值条件来确定，即

$$\frac{\partial P_C}{\partial a_i} = 0 \tag{d}$$

将 $P_C=\dfrac{A}{B}$ 代入式（d），得

$$\frac{B\dfrac{\partial A}{\partial a_i}-A\dfrac{\partial B}{\partial a_i}}{B^2}=0$$

注意到 $B\neq 0$ 及 $P_C=\dfrac{A}{B}$，则上式可改写为

$$\frac{\partial A}{\partial a_i}-P_C\frac{\partial B}{\partial a_i}=0 \qquad (i=1,\ 2,\ \cdots)$$

其展开形式为

$$\left.\begin{aligned}&\frac{\partial A}{\partial a_1}-P_C\frac{\partial B}{\partial a_1}=0\\&\frac{\partial A}{\partial a_2}-P_C\frac{\partial B}{\partial a_2}=0\\&\cdots\cdots\cdots\cdots\cdots\cdots\\&\frac{\partial A}{\partial a_n}-P_C\frac{\partial B}{\partial a_n}=0\end{aligned}\right\} \tag{14-14}$$

因为式 A 和式 B 中含的待定常数 a_i 是二次的，故式（14-14）为关于 a_i 的线性齐次方程组。a_i 不全为零的条件是方程组系数行列式等于零，由此可得稳定方程 $D=0$，满足 $D=0$ 的最小值即为临界荷载 P_C。为了便于计算，表 14-1 中列出了关于直杆的几种常用的函数 φ_i 的表达式。

表 14-1　满足位移边界条件的常用函数 φ_i 表达式

压杆形状	φ_i 表达式（$i=1,\ 2,\ 3,\ \cdots$）	压杆形状	φ_i 表达式（$i=1,\ 2,\ 3,\ \cdots$）
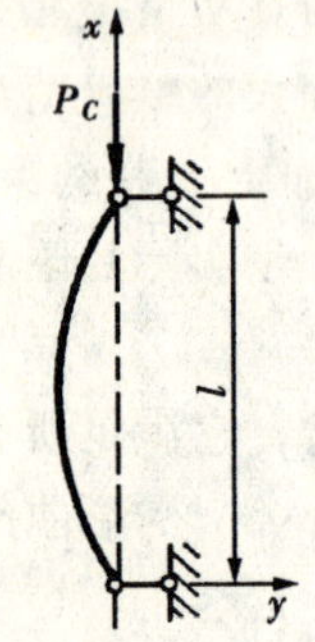	a) $\varphi_i=\sin\dfrac{i\pi x}{l}$ b) $\varphi_i=\begin{cases}x(l-x)^{\frac{i+1}{2}} & (i=1,3,5,\cdots)\\ x^2(l-x)^{\frac{i}{2}} & (i=2,4,6,\cdots)\end{cases}$	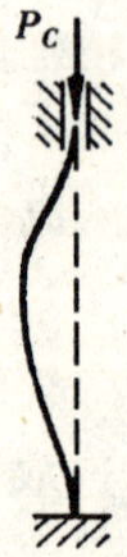	a) $\varphi_i=1-\cos\dfrac{2(2i-1)\pi x}{l}$ b) $\varphi_i=x^{i+1}(l-x)^{i+1}$
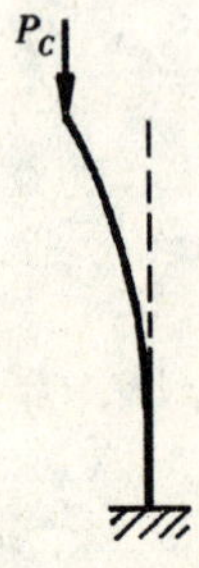	$\varphi_i=1-\cos\dfrac{(2i-1)\pi x}{2l}$		$\varphi_i=x^{i+1}(l-x)$

例 14-3　试用能量法求图 14-17a 所示简支压杆的临界荷载。

解　取图 14-17b、c 两种横向荷载作用下杆件的变形曲线作为近似的位移函数曲线进行计算，显然这两种曲线均能满足变形谐调条件。

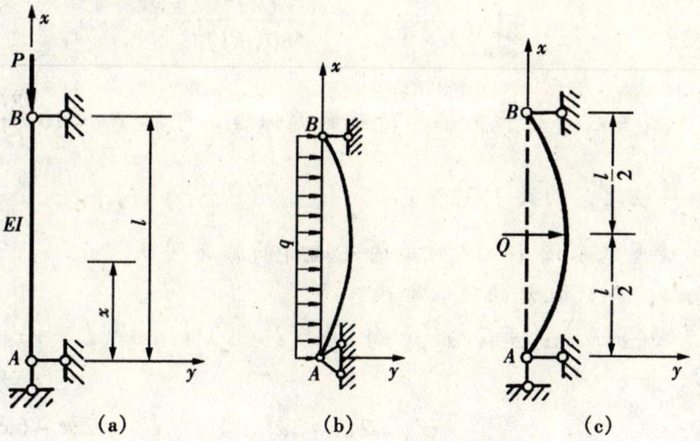

图 14-17　简支压杆的临界荷载计算

(a) 简支压杆；(b) 均布荷载作用下的变形曲线；

(c) 集中荷载作用下的变形曲线

(1) 取图 14-17b 所示情况的弹性曲线时，有

$$y(x)=\frac{q}{EI}\left(-\frac{x^4}{24}-\frac{lx^3}{12}+\frac{l^3x}{24}\right)$$

由此得

$$y'(x)=\frac{q}{24EI}(-4x^3-6lx^2+l^3)$$

$$y''(x)=\frac{q}{2EI}(-x^2-lx)$$

代入式 (14-10)，算得

$$P_C=\frac{\int_0^l EI(y'')^2\mathrm{d}x}{\int_0^l (y')^2\mathrm{d}x}=\frac{\dfrac{31q^2l^5}{120EI}}{\dfrac{437q^2l^7}{20160(EI)^2}}=11.9176\frac{EI}{l^2}$$

(2) 取图 14-17c 所示情况的弹性曲线时，有

$$y(x)=-\frac{Q}{EI}\left(\frac{x^3}{12}-\frac{l^2x}{16}\right)\qquad\left(0\leqslant x\leqslant\frac{l}{2}\right)$$

由此得

$$y'(x)=-\frac{Q}{EI}\left(\frac{x^2}{4}-\frac{l^2}{16}\right)$$

$$y''(x)=-\frac{Q}{2EI}$$

代入式（14-10），算得

$$P_C = \frac{2\int_0^{\frac{l}{2}} EI(y'')^2 \mathrm{d}x}{2\int_0^{\frac{l}{2}} (y')^2 \mathrm{d}x} = \frac{\dfrac{Q^2 l^3}{48EI}}{\dfrac{Q^2 l^5}{480(EI)^2}} = 10\frac{EI}{l^2}$$

比较两者结果，应取其中较小者作为临界荷载的近似值，即取 $P_C = 10\frac{EI}{l^2}$，与精确解（欧拉临界荷载）$P_e = \frac{\pi^2 EI}{l^2}$相比，约大 1.32%。

例 14-4 试用能量法求图 14-18 所示简支压杆的临界荷载。

解 根据表 14-1，并只取前两项，即设

$$y(x) = a_1\varphi_1 + a_2\varphi_2 = a_1 x^2(l-x) + a_2 x^3(l-x)$$

作为近似弹性曲线。将

$$\varphi'_1 = 2lx - 3x^2 \qquad \varphi''_1 = 2lx - 6x$$

$$\varphi'_2 = 3lx^2 - 4x^3 \qquad \varphi''_2 = 6lx - 12x^2$$

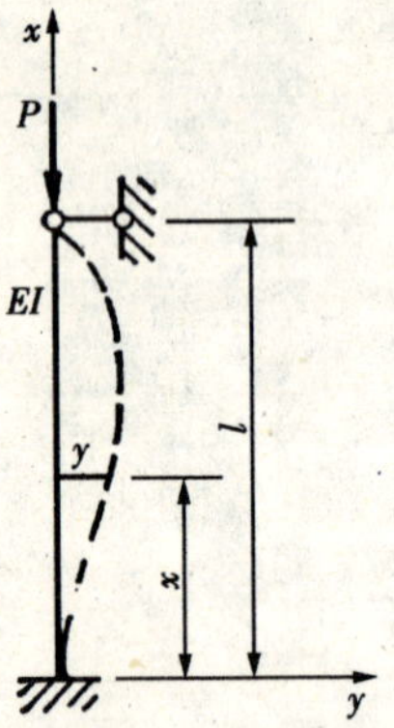

图 14-18 计算压杆的临界荷载

代入下式并进行积分运算

$$A = EI\int_0^l (a_1\varphi''_1 + a_2\varphi''_2)^2 \mathrm{d}x$$

$$= EI(4l^3 a_1^2 + 8l^4 a_1 a_2 + 4.8l^5 a_2^2)$$

$$B = EI\int_0^l (a_1\varphi'_1 + a_2\varphi'_2)^2 \mathrm{d}x$$

$$= 0.1333l^5 a_1^2 + 0.2l^6 a_1 a_2 + 0.0857l^7 a_2^2$$

代入式（14-14）并整理，得

$$(8EI - 0.2666l^2 P_C)a_1 + (8EIl - 0.2l^3 P_C)a_2 = 0$$

$$(8EI - 0.2l^2 P_C)a_1 + (9.6EIl - 0.1714l^3 P_C)a_2 = 0$$

因为 a_1、a_2 不全为零，因此有

$$\begin{vmatrix} (8EI - 0.2666l^2 P_C) & (8EIl - 0.2l^3 P_C) \\ (8EIl - 0.2l^3 P_C) & (9.6EIl - 0.1714l^3 P_C) \end{vmatrix} = 0$$

将行列式展开并整理，可得

$$P_C^2 - 128\left(\frac{EI}{l^2}\right)P_C + 2240\left(\frac{EI}{l^2}\right)^2 = 0$$

由此式解出最小临界荷载为

$$P_C = 20.93\frac{EI}{l^2}$$

同上节中用静力法求出的精确值相比较，偏大 3.6%。

为了提高计算精度，可以继续增加参数 a_i 的数目，但参数多了会使计算工作量大幅增

加，在一般情况下，仅取级数的前几项（2~3 项），即能达到工程精度要求。

例 14-5　试求图 14-19 所示结构的临界荷载。

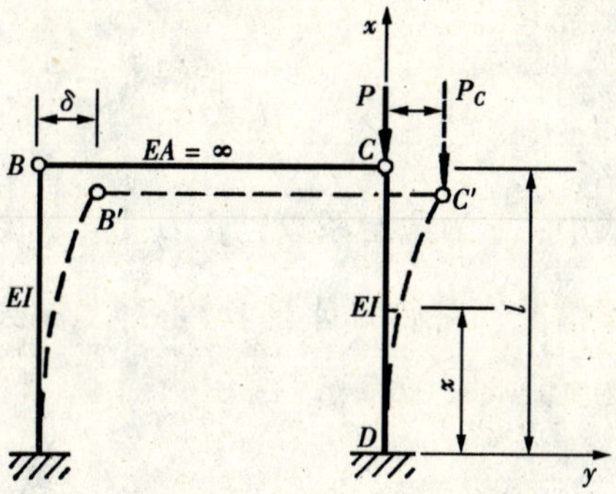

图 14-19　计算结构临界荷载

解　假定两柱的近似弹性曲线为

$$y=\delta\left(1-\cos\frac{\pi x}{2l}\right)$$

式中 δ 为柱上端的水平位移。

由式（14-6）得

$$\Delta U=2\times\frac{1}{2}\int_0^l EI(y'')^2\mathrm{d}x=\frac{\delta^2\pi^4}{32l^3}EI$$

由式（14-8）并注意到 AB 柱上无荷载作用，得

$$\Delta T=\frac{1}{2}P\int_0^l(y')^2\mathrm{d}x=\frac{\delta^2\pi^2}{16l}P$$

将以上两积分值代入式（14-4），求得临界荷载为

$$P_C=\frac{\dfrac{\delta^2\pi^4}{32l^3}EI}{\dfrac{\delta^2\pi^2}{16l}}\approx 4.93\frac{EI}{l^2}$$

§14-4　等截面直杆的稳定

一、刚性支承情况的直杆稳定

图 14-20 所示为工程结构中等截面直杆的几种刚性支承情况。其中图 14-20e 相当于下端固定、上端与屋盖或楼盖中刚度很大的构件（如桁架或梁）相联结的柱，当柱发生纵向弯曲时，上端不能转动但可作水平移动。

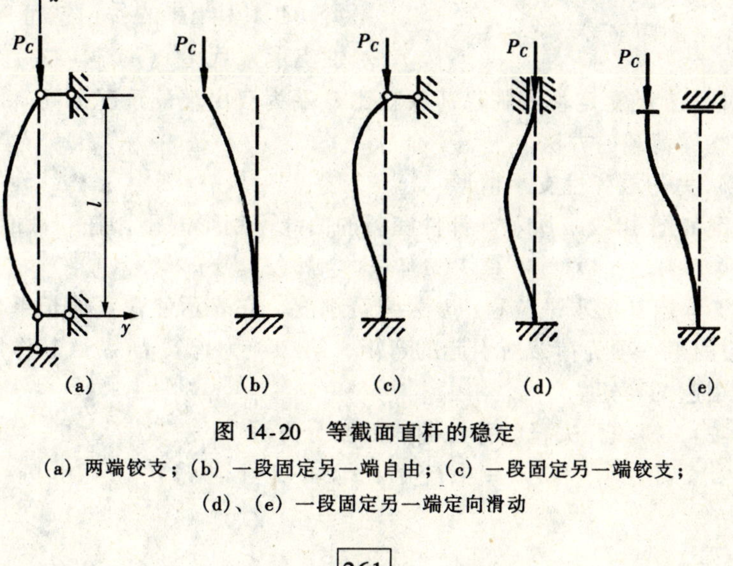

图 14-20　等截面直杆的稳定

(a) 两端铰支；(b) 一段固定另一端自由；(c) 一段固定另一端铰支；

(d)、(e) 一段固定另一端定向滑动

在材料力学课程中，我们已讨论过上述直杆的稳定问题，其最小临界荷载的表达式可统一写成

$$P_C = \frac{kEI}{l^2} = \frac{\pi^2 EI}{(\mu l)^2} \tag{14-15}$$

式中：k 为稳定系数，μ 为计算长度系数，$\mu l = l_0$ 为计算长度。对于图 14-20 所示的五种支承情况，它们的计算长度系数依次为 1、2、0.7、0.5 和 1；其稳定系数依次为 π^2、$\frac{\pi^2}{4}$、20.19、$4\pi^2$ 和 π^2。

二、弹性支承情况的直杆稳定

在工程结构中，常会遇到具有弹性支承的压杆（图 14-21）。例如，在计算排架、刚架等结构的稳定问题时，为研究其中某一杆件的稳定性，常将与其相连各杆的作用简化成弹性支承。

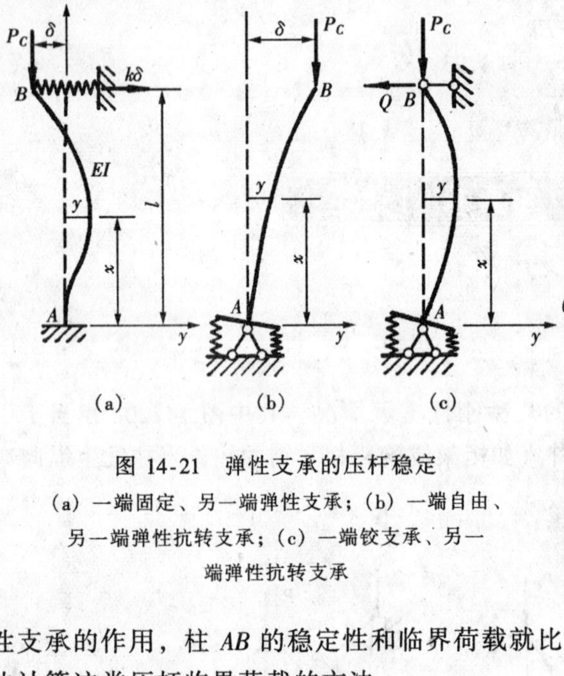

图 14-21　弹性支承的压杆稳定

(a) 一端固定、另一端弹性支承；(b) 一端自由、另一端弹性抗转支承；(c) 一端铰支承、另一端弹性抗转支承

图 14-21b、c 所示杆 A 端的弹性支承，当杆件丧失稳定时，该端转动一个角度 θ，因而使支座处一侧的弹簧伸长而另一侧的弹簧缩短。这两个等值而反向的弹簧力形成一个与转动方向相反的力偶矩 $m = R\theta$，从而对杆的转动起着抵抗作用。因此，这种支承常称为弹性抗转支承。R 代表发生单位转角 $\theta = 1$ 时所需的力矩，称为弹性支承的转动刚度。这种支承的作用介于铰支承和固定支承之间。图 14-21a 所示杆 B 端的弹性支承，它的作用则介于自由端与链杆铰支承之间。对于图 14-22a、b 所示的结构，其稳定问题可简化为柱 AB 的稳定问题，而柱 CD、横梁 BC 对柱 AB 的作用就可用柱顶 B 处的弹性支承来代替（图 14-22c）。显然，由于弹性支承的作用，柱 AB 的稳定性和临界荷载就比 B 端为自由端的情况为高。下面讨论用静力法计算这类压杆临界荷载的方法。

1. 一端固定、另一端弹性支承情形

这种支承情况如图 14-21a 所示。杆件在新的曲线平衡形式下，任一截面的弯矩为

$$M = P(\delta + y) - k\delta(l - x) \tag{a}$$

式中：δ 为弹性支承端 B 的水平位移；k 为弹簧刚度，它表示使弹簧伸长单位长度时所需的力。式（a）右边的第一项为荷载所引起的弯矩，第二项为弹簧力 $k\delta$（其作用方向总是与位移方向相反）所引起的弯矩。

根据式（14-2），得该杆失稳时弹性曲线的微分方程

$$EIy'' = -P(\delta + y) + k\delta(l - x)$$

或

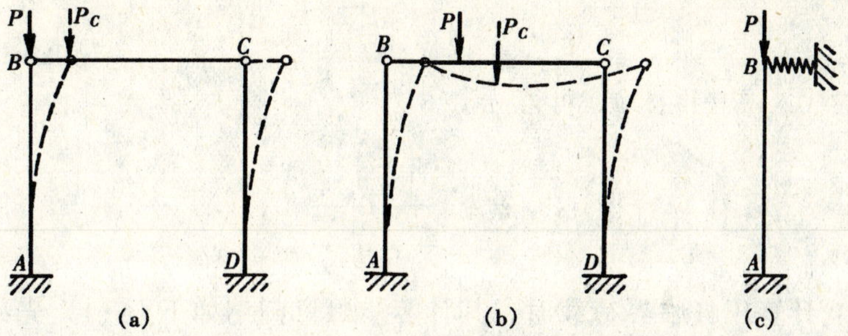

图 14-22　结构稳定简化

(a)、(b) 弹性压杆 AB；(c) 柱顶弹性支承

$$EIy'' + Py = k\delta(1 - x) - P\delta \tag{b}$$

此方程的通解为

$$y = A\sin\alpha x + B\cos\alpha x + \delta\left[\frac{k}{P}(l - x) - 1\right] \tag{c}$$

式中

$$\alpha = \sqrt{\frac{P}{EI}} \tag{d}$$

由边界条件：(1) 在 $x = 0$ 处，$y = y' = 0$；(2) 在 $x = l$ 处，$y = -\delta$，可得关于未知常数 A、B 和 δ 的线性代数方程组如下：

$$\left.\begin{aligned} B + \delta\left(\frac{kl}{P} - 1\right) &= 0 \\ A\alpha - \delta\frac{k}{P} &= 0 \\ A\sin\alpha l + B\cos\alpha l &= 0 \end{aligned}\right\} \tag{e}$$

由于 A、B 和 δ 不能全为零，故方程组 (e) 中的系数行列式应等于零：

$$\begin{vmatrix} 0 & 1 & \dfrac{kl}{\alpha^2 EI} - 1 \\ \alpha & 0 & -\dfrac{k}{\alpha^2 EI} \\ \sin\alpha l & \cos\alpha l & 0 \end{vmatrix} = 0 \tag{f}$$

展开以上行列式并整理后，可得稳定方程

$$\mathrm{tg}\alpha l = \alpha l - \frac{(\alpha l)^3 EI}{kl^3} \tag{14-16}$$

由上式解得 αl 值后，根据式 (d) 即不难求出临界荷载 P_C 值。

这类压杆的临界荷载也可以按式 (14-15) 进行计算。为此，我们把式 (14-16) 改写成

$$\frac{kl^3}{EI}\left[\frac{\mathrm{tg}\alpha l - \alpha l}{(\alpha l)^3}\right] + 1 = 0 \tag{14-17}$$

由式 (14-15) 和式 (d) 得

$$\alpha l = \sqrt{\frac{P_C}{EI}}l = \sqrt{\frac{\pi^2}{(\mu l)^2}} \cdot l = \frac{\pi}{\mu} \tag{g}$$

再令

$$\eta = \frac{kl^3}{EI} \tag{14-18}$$

将以上两式代入式（14-17），可得

$$\eta = \frac{\left(\frac{\pi}{\mu}\right)^3}{\frac{\pi}{\mu} - \text{tg}\frac{\pi}{\mu}} \tag{14-19}$$

当按式（14-15）计算压杆临界荷载时，其计算步骤可归纳如下：（1）先确定弹簧刚度 k，然后按式（14-18）求出参数 η；（2）按式（14-19）算出相应的计算长度系数 μ。为方便起见，将式（14-19）所示 $\eta-\mu$ 的数值关系列成表 14-2；（3）将 μ 值代入式（14-15），就可求得临界荷载值。

表 14-2 计算长度系数 μ 值

η	0	1	2	3	4	5	6	8	10	12	14	17	20	23	∞
μ	2	1.74	1.56	1.43	1.32	1.24	1.18	1.07	0.99	0.94	0.89	0.84	0.80	0.78	0.7

由表 14-2 可以看出，当 $\eta=0$ 时（即 $k=0$），$\mu=2$，这相当于杆的上端为自由端的情形；当 $\eta=\infty$ 时（即 $k=\infty$），$\mu=0.7$，这相当于杆的上端为刚性支承的情形。通常 k 值均在 0 到∞之间，相应的 μ 值则在 2 到 0.7 之间。

2. 一端自由、另一端弹性抗转支承情形

对于图 14-23 所示结构中的压杆 AB，可将其简化为如图 14-21b 所示的弹性支承压杆。在图示新的曲线平衡形式下，任一截面的弯矩为 $M=-P(\delta-y)$。相应的边界条件为：（1）在 $x=0$ 处，$y=0$、$y'=\theta=\frac{P\delta}{R}$；（2）在 $x=l$ 处，$y=\delta$。

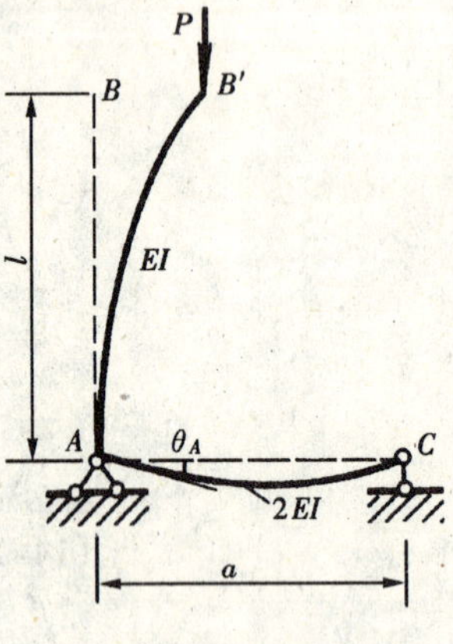

图 14-23 弹性支承的压杆

与前述计算相似，将弯矩表达式代入式（14-2），解此微分方程，并根据以上边界条件，最后得稳定方程

$$\alpha l \text{tg}\alpha l = \frac{Rl}{EI} \tag{14-20}$$

3. 一端铰支承、另一端弹性抗转支承情形

这种支承情况如图 14-21c 所示。任一截面的弯矩为 $M=Py+Q(l-x)$。边界条件：（1）在 $x=0$ 处，$y=0$、$y'=-\frac{Ql}{R}$；（2）在 $x=l$ 处，$y=0$。最后得稳定方程为

$$\text{tg}\alpha l = \alpha l \frac{1}{1+(\alpha l)^2 \frac{EI}{Rl}} \tag{14-21}$$

对于式（14-20）、式（14-21）所示的稳定方程，可以采用做图法或试算法求得 αl 的最小值，然后用式（14-3）即可计算相应的临界荷载。

例 14-6 试求图 14-24a 所示结构的稳定方程。设各杆的 EI 为常数。

解 将 CD 杆对 AB 杆的作用代以弹性支承，这样 AB 杆即可视为一端铰支、另一端弹性抗转支承的压杆（图 14-24b）。转动刚度 R 可直接按定义由图 14-24c 求得：

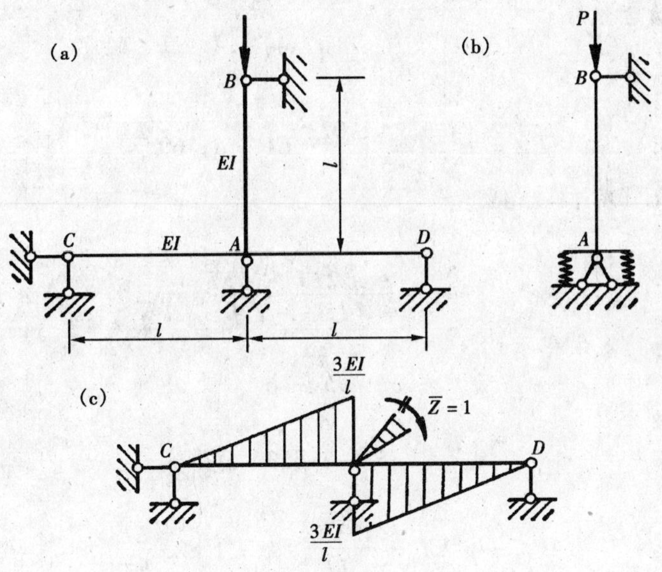

图 14-24 确定结构的稳定方程

(a) 杆件结构；(b) 计算简图；(c) $\overline{Z}=1$ 的 M 图

$$R = \frac{3EI}{l} + \frac{3EI}{l} = \frac{6EI}{l}$$

代入式 (14-21)，即得该结构的稳定方程

$$\mathrm{tg}\alpha l = \alpha l \frac{1}{1 + \frac{(\alpha l)^2}{6}}$$

例 14-7 试将图 14-25a 所示刚架化为弹性支承直杆，并求其临界荷载。

解 此刚架可视为对称结构，在对称荷载作用下，失稳有两种可能形式：对称形式（实线所示）与反对称形式（虚线所示），将其简化为上端自由、下端具有弹性抗转支承的压杆来计算，如图 14-25b 所示。

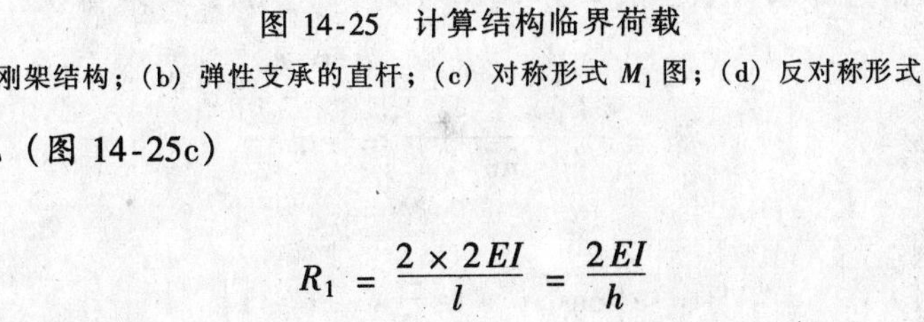

图 14-25 计算结构临界荷载

(a) 刚架结构；(b) 弹性支承的直杆；(c) 对称形式 M_1 图；(d) 反对称形式 M_2 图

(1) 对称情况（图 14-25c）

转动刚度为

$$R_1 = \frac{2 \times 2EI}{l} = \frac{2EI}{h}$$

代入式 (14-20)，得稳定方程

$$\alpha h \mathrm{tg}\alpha h = 2$$

用试算法求解该方程

$$\alpha h \approx 1.077$$

由此可得临界荷载

$$P_C = \alpha^2 EI = \frac{1.077^2}{h^2} EI = 1.160 \frac{EI}{h^2}$$

(2) 反对称情况（图 14-25d）

转动刚度

$$R_2 = \frac{6 \times 2EI}{l} = \frac{6EI}{h}$$

代入式（14-20），得稳定方程

$$\alpha h \mathrm{tg} \alpha h = 6$$

用试算法求解该方程

$$\alpha h \approx 1.350$$

由此得临界荷载

$$P_C = \alpha^2 EI = \frac{1.350^2}{h^2} EI = 1.823 \frac{EI}{h^2}$$

对比以上两种情况，丧失对称形式稳定的临界荷载较小，取为控制结构失稳的临界荷载。

三、偏心受压直杆的稳定

现在来分析偏心压杆极值点失稳计算的特点。

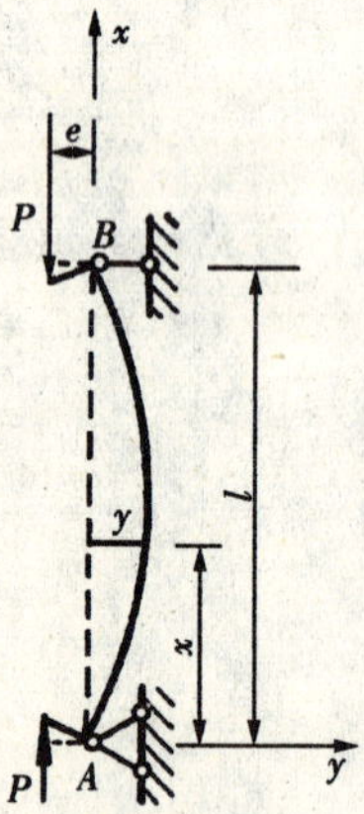

图 14-26 偏心受压直杆

考虑两端铰支等截面直杆受有偏心压力作用的情况（图 14-26）。按照图示坐标系，在曲线平衡状态时，杆中任一截面的弯矩为

$$M = P(e + y)$$

式中 e 为偏心距。因此，弹性曲线的微分方程具有如下形式

$$EIy'' = -M = -P(e + y)$$

或改写成

$$y'' + \alpha^2 y = -\alpha^2 e$$

式中

$$\alpha = \sqrt{\frac{P}{EI}}$$

上述微分方程的一般解为

$$y = A\cos\alpha x + B\sin\alpha x - e$$

根据边界条件（当 $x = 0$ 和 $x = 1$ 时，$y = 0$），可求得积分常数 A 和 B 为

$$A = e$$

$$B = \frac{e(1 - \cos\alpha l)}{\sin\alpha l} = e\mathrm{tg}\frac{\alpha l}{2}$$

于是得

$$y = e\left(\cos\alpha x + \mathrm{tg}\frac{\alpha l}{2}\sin\alpha x - 1\right) \tag{14-22}$$

由式（14-22）可知，当$\frac{\alpha l}{2}=\frac{\pi}{2}$，即 $\alpha l=\pi$ 时，$y=\infty$（$x=0$，l 除外）。而与此情况相对应的荷载值为

$$P=\frac{\pi^2 EI}{l^2}$$

即等于中心受压直杆的欧拉临界荷载 P_e。

如已知偏心距 e 和荷载 P，则可按式（14-22）计算杆的挠度。杆的最大挠度出现在 $x=\frac{l}{2}$处，其值为

$$y_{\frac{l}{2}}=e\left(\sec\frac{\alpha l}{2}-1\right) \tag{14-23}$$

对于某一确定的 e 值，可按式（14-23）绘出荷载-挠度关系曲线，如图 14-27 所示。由此图可知，挠度 $y_{\frac{l}{2}}$和荷载 P 之间的关系是非线性的。在 P 不大的情况下，随着 P 的增长，$y_{\frac{l}{2}}$的增长并不大。但是，当 P 接近于中心受压杆的临界荷载 P_e 时，$y_{\frac{l}{2}}$即以很快的速度增加，且当 $P\to P_e$ 时，$y_{\frac{l}{2}}$趋于无穷大。也就是说，$P-y_{\frac{l}{2}}$曲线是以 $P=P_e$ 作为其渐近线的。另外，由此图可看出，偏心距愈大，曲线对渐近线的偏离也愈大，即对于相同的 P 值，e 愈大，则相应的 $y_{\frac{l}{2}}$值就愈大。

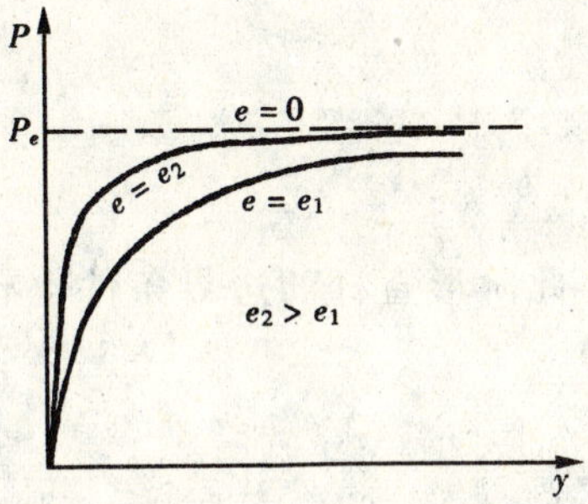

图 14-27　理论荷载-挠度关系曲线

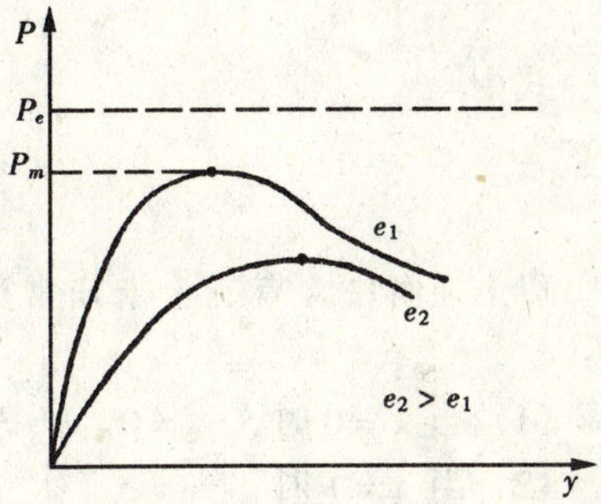

图 14-28　实际荷载-挠度关系曲线

必须指出：以上的结论只有理论上的意义，因为上述讨论的前提条件是假定杆件的变形在弹性范围内且是微小的。但实际上，如 § 14-1 中已经指出的那样，荷载在未达到欧拉临界荷载 P_e 之前，杆件往往已丧失承载能力。对于一般用弹塑性材料（例如钢）制成的杆件，当其承受偏心荷载时，实际的 $P-y_{\frac{l}{2}}$曲线将如图 14-28 所示。可见它并不以 $P=P_e$ 作为其渐近线，而当 $P=P_m$（$P_m<P_e$）时，杆件已丧失稳定。此时，即使 P 不增加，甚至减少，挠度仍将继续增大。因此，偏心受压杆件丧失稳定（第二类稳定）的临界荷载值将小于 P_e。

§ 14-5　变截面杆件的稳定计算

实际工程中经常应用变截面杆件，以便充分发挥材料的作用，减少工程造价。下面我们讨论阶形压杆的稳定计算问题。

图 14-29a 所示为一阶形直杆，上部长为 l_1，弯曲刚度为 EI_1，下部长为 l_2，弯曲刚度为 EI_2。直杆顶端受轴向力 P 作用。设 y_1 和 y_2 分别为两杆段在新的平衡形式下的挠度（图 14-29b），则这两段的挠曲线微分方程为

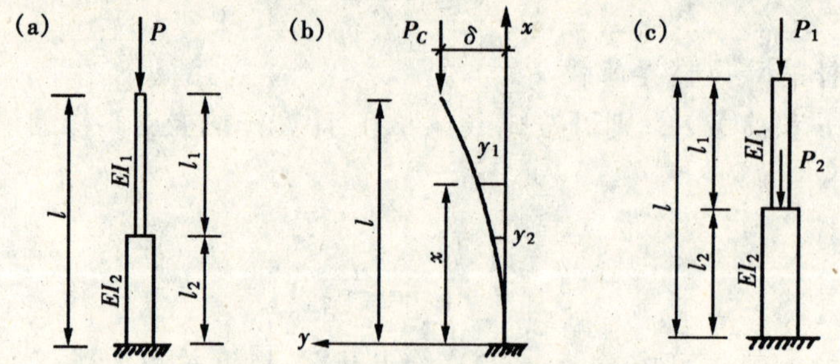

图 14-29　变截面杆件的稳定

(a) 变截面压杆；(b) 曲线平衡形式；(c) 阶形变截面柱

$$EI_1 y''_1 = Py_1 = P\delta \tag{a}$$

$$EI_2 y''_2 = Py_2 = P\delta \tag{b}$$

它们的通解分别为

$$y_1 = A_1\cos\alpha_1 x + B_1\sin\alpha_1 x + \delta \tag{c}$$

$$y_2 = A_2\cos\alpha_2 x + B_2\sin\alpha_2 x + \delta \tag{d}$$

式中

$$\alpha_1 = \sqrt{\frac{P}{EI_1}}, \alpha_2 = \sqrt{\frac{P}{EI_2}} \tag{e}$$

以上通解中含有五个未知常数 A_1、A_2、B_1、B_2 和 δ。此阶形直杆的边界条件也有五个：

(1) 当 $x=0$ 时，$y_2=0$，$y'=0$

(2) 当 $x=l$ 时，$y_1=\delta$

(3) 当 $x=l_2$ 时，$y_1=y_2$，$y'_1=y'_2$

由 (1) 中的两个边界条件，可得

$$A_2 = -\delta$$

$$B_2 = 0$$

于是式 (d) 改写为

$$y_2 = \delta\ (1-\cos\alpha_2 x) \tag{f}$$

由式 (c) 和 (f) 并利用边界条件 (2) 和 (3)，可得以下齐次方程组：

$$\left.\begin{array}{l} A_1\cos\alpha_1 l + B_1\sin\alpha_1 l = 0 \\ A_1\cos\alpha_1 l_2 + B_1\sin\alpha_1 l_2 + \delta\cos\alpha_2 l_2 = 0 \\ -A_1\alpha_1\sin\alpha_1 l_2 + B_1\alpha_1\cos\alpha_1 l_2 + \delta\alpha_2\sin\alpha_2 l_2 = 0 \end{array}\right\}$$

由此式得稳定方程为

$$\begin{vmatrix} \cos\alpha_1 l & \sin\alpha_1 l & 0 \\ \cos\alpha_1 l_2 & \sin\alpha_1 l_2 & \cos\alpha_2 l_2 \\ -\alpha_1\sin\alpha_1 l_2 & \alpha_1\cos\alpha_1 l_2 & -\alpha_2\sin\alpha_2 l_2 \end{vmatrix} = 0$$

展开并整理后，得另一形式的稳定方程为

$$\operatorname{tg}\alpha_1 l_1 \operatorname{tg}\alpha_2 l_2 = \frac{\alpha_1}{\alpha_2} \tag{14-24}$$

对于图 14-29c 所示阶形柱，其顶端和截面突变处分别有集中荷载 P_1 和 P_2 沿轴线作用，其稳定方程为

$$\operatorname{tg}\alpha_1 l_1 \operatorname{tg}\alpha_2 l_2 = \frac{\alpha_1}{\alpha_2}\frac{P_1+P_2}{P_1} \tag{14-25}$$

其中

$$\alpha_1 = \sqrt{\frac{P_1}{EI_1}},\ \alpha_2 = \sqrt{\frac{P_1+P_2}{EI_2}} \tag{14-26}$$

例 14-8　试计算图 14-30 所示单阶柱的临界荷载。

已知：$l_1 = l_2$，$I_1 = I$，$I_2 = 2I$，$P_1 = P$，$P_2 = 3P$。

解　由式（14-26）可得

$$\alpha_1 = \sqrt{\frac{P_1}{EI_1}} = \sqrt{\frac{P}{EI}} = \alpha$$

$$\alpha_2 = \sqrt{\frac{P_1+P_2}{EI_2}} = \sqrt{\frac{4P}{2EI}} = \sqrt{2}\alpha$$

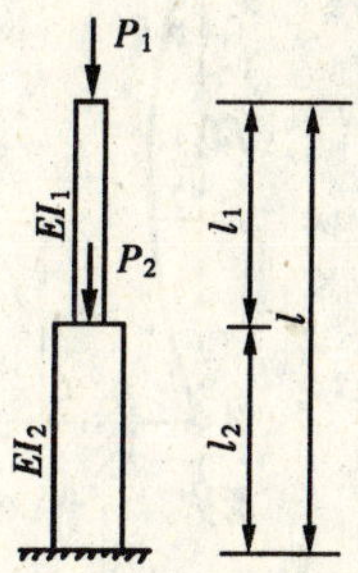

图 14-30　计算单阶柱的临界荷载

设：

$$\alpha_1 l_1 = \frac{\alpha l}{2} u$$

$$\alpha_2 l_2 = \frac{\sqrt{2}}{2}\alpha l = \sqrt{2}u$$

代入稳定方程（14-25）并整理，有

$$\operatorname{tg}u \operatorname{tg}\sqrt{2}u = 2.8284$$

用试算法求解，得

$$u \approx 0.8434$$

即

$$\frac{l}{2}\sqrt{\frac{P}{EI}} = 0.8434$$

由此求出临界荷载为

$$P_C = 2.8453\frac{EI}{l^2}$$

§ 14-6　剪力对临界荷载的影响

在以上各节中，确定临界荷载时只考虑了弯矩的影响。为了计算剪力对临界荷载的影响，在建立弹性曲线的微分方程时，应该同时考虑弯矩和剪力对变形的影响。为简单起见，下面我们只讨论等截面杆的情形。

设以 y_M 表示由于弯矩影响所产生的挠度，y_Q 表示由于剪力影响所产生的附加挠度。根据叠加原理，在弯矩和剪力共同影响下所产生的挠度为

$$y = y_M + y_Q$$

由上式求两次导数，可得表示曲率的近似公式为

$$\frac{d^2y}{dx^2}=\frac{d^2y_M}{dx^2}+\frac{d^2y_Q}{dx^2} \tag{14-27}$$

对于图 14-31a 所示沿杆轴承受荷载 P 作用的压杆，考虑小变形情况，此时杆件由于弯矩影响所引起的曲率为

$$\frac{d^2y_M}{dx^2}=-\frac{M}{EI} \tag{14-28}$$

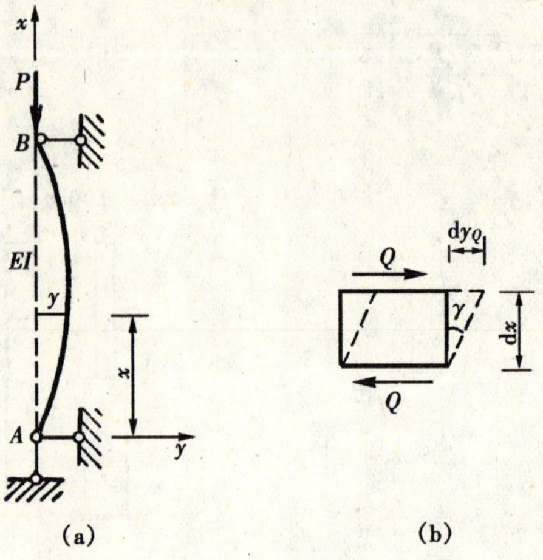

图 14-31　考虑剪力影响的稳定计算
(a) 等截面铰支压杆；(b) 微段 dx 隔离体

由于剪力影响所引起的附加曲率，可以根据能量原理求出。对于杆上微段 dx（图 14-31b），设剪力 Q 的作用使它的两个截面发生相对位移 dy_Q。对于图 14-31a 所示的坐标系，当剪力为正时，微段 dx 两个截面的相对位移 dy_Q 为正值，反之为负值，即 y_Q 与 Q 的符号相同。故外力（即剪力 Q）所作的功为

$$dT_Q=\frac{1}{2}Q\,dy_Q \tag{a}$$

而由于剪切变形，该微段上的变形位能为

$$dU_Q=k\frac{Q^2dx}{2GA} \tag{b}$$

式中 k 为截面形状系数，G 为剪切模量，A 为杆的横截面面积。根据能量原理：上述剪力所作的功在数值上等于由于剪切变形所贮存的变形能，即 $dT_Q=dU_Q$。因此，由式 (a)、(b) 得

$$\frac{kQ^2}{2GA}dx=\frac{Q}{2}dy_Q \tag{c}$$

或

$$\frac{dy_Q}{dx}=\frac{kQ}{GA}=\frac{k}{GA}\frac{dM}{dx} \tag{d}$$

将上式对 x 微分一次，即得由于剪力作用所引起的曲率：

$$\frac{d^2y_Q}{dx^2}=\frac{k}{GA}\frac{dQ}{dx}=\frac{k}{GA}\frac{d^2M}{dx^2} \tag{14-29}$$

将式 (14-28) 和式 (14-29) 代入式 (14-27)，则得弯矩和剪力共同影响下弹性曲线的微分方程

$$\frac{d^2y}{dx^2}=-\frac{M}{EI}+\frac{k}{GA}\frac{dQ}{dx} \tag{14-30}$$

或

$$\frac{d^2y}{dx^2}=-\frac{M}{EI}+\frac{k}{GA}\frac{d^2M}{dx^2} \tag{14-31}$$

对于图 14-31a 所示两端铰支的情形，在图示坐标系下，任一截面的弯矩 $M=Py$，相应

地有$\frac{d^2M}{dx^2}=P\frac{d^2y}{dx^2}$，把它们代入式（14-31），得

$$EI\left(1-\frac{kP}{GA}\right)y''+Py=0 \tag{14-32}$$

这个方程与不考虑剪力影响时的区别仅在于二阶导数项的系数多了一个因子$\left(1-\frac{kP}{GA}\right)$。它的一般解为

$$y=A\cos\alpha x+B\sin\alpha x$$

其中

$$\alpha=\sqrt{\frac{P}{EI\left(1-\frac{kP}{GA}\right)}}$$

利用边界条件（当 $x=0$ 和 $x=l$ 时，$y=0$），可得出稳定方程为

$$\sin\alpha l=0$$

故

$\alpha l=\pi$、2π、3π、…

最小的临界荷载可从下式求得

$$l\times\sqrt{\frac{P_C}{EI\left(1-\frac{kP_C}{GA}\right)}}=\pi$$

由此可得

$$P_C=\frac{1}{1+\frac{k}{GA}\times\frac{\pi^2EI}{l^2}}\times\frac{\pi^2EI}{l^2} \tag{14-33}$$

若以 P_e 表示不考虑剪力影响时的临界荷载，即欧拉临界荷载，在上述铰支情况下 $P_e=\frac{\pi^2EI}{l^2}$，则考虑剪力影响时的临界荷载 P_C 与 P_e 的关系为

$$P_C=\frac{P_e}{1+\frac{kP_e}{GA}}=kP_e \tag{14-34}$$

式中 k 为修正系数，

$$k=\frac{1}{1+\frac{kP_e}{GA}} \tag{14-35}$$

分母中的$\frac{kP_e}{GA}$表示剪力的影响。显然，修正系数 $k<1$，故考虑剪力影响的临界荷载较欧拉临界荷载为小。

在式（14-35）中，剪力影响为

$$\frac{kP_e}{GA}=k\frac{\sigma_e}{G}$$

这里 σ_e 为欧拉临界应力。例如，对于工字型截面的钢杆，近似有 $k=1$，若取剪切弹性模量

$G=80\times10^3\text{MPa}$，临界应力 $\sigma_e=200\text{MPa}$，则剪力的影响为$\frac{1}{400}$。因此，对于实体杆件，在计算其稳定性时，剪力的影响很小，通常可略去不计。

需要指出的是，在上述推导过程中，我们只考虑等截面和杆端承受轴向压力作用的最简单情形。对于复杂荷载和变截面杆，修正系数 k 的表达式就需另行推导。

§14-7　组合压杆的稳定

由压杆临界荷载的通式 $P_C=\frac{\pi^2 EI}{(\mu l)^2}$可知，若已确定了材料的性质 E，则 P_C 与截面惯性矩 I 成正比，而与计算长度 μl 的平方成反比（μl 与压杆边界条件有关）。为了提高压杆的稳定性，在不增加截面面积的条件下，可设法增大截面惯性矩 I，例如可将截面中的材料离散于形心轴来布置，组合压杆即由这种构想发展而来。

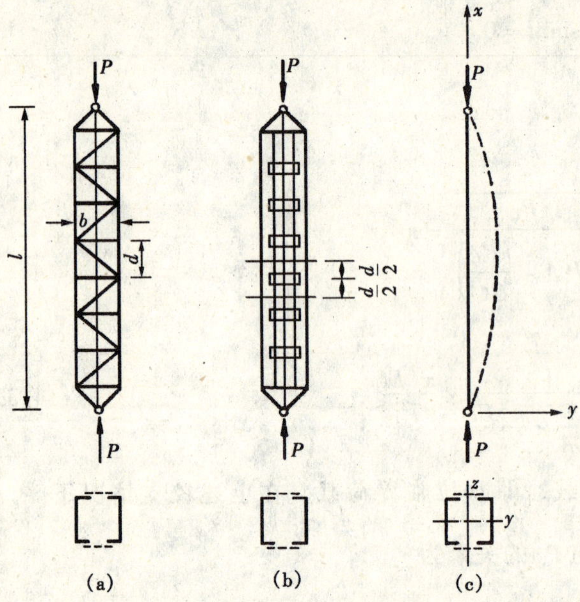

图 14-32　组合压杆的稳定
（a）缀条式组合压杆；（b）缀板式组合压杆；
（c）组合压杆计算简图

组合压杆通常由两个型钢或钢筋混凝土构件间用若干联结件相联组成。型钢或钢筋混凝土构件是组合压杆中的主要受力杆件，称为肢杆，联结件是保证两个肢杆之间能整体地共同工作而不可缺少的。联结件的形式有缀条式（图 14-32a）和缀板式（图 14-32b）两种。图 14-32c 所示组合压杆，若绕 y 轴失稳，显然临界荷载的计算与截面面积和惯性矩相同的实体压杆一样；若绕 z 轴失稳，由于联结件沿杆轴方向并不是密布的，因此抵抗变形的能力将会削弱，故组合压杆中由剪力产生的剪切变形将不能忽略，这是与实体压杆有区别的地方。组合压杆的临界荷载，在很大程度上与联结件的排列尺寸和截面面积等因素有关。当组合压杆的节间个数较多时（例如节间个数不少于六个），实体肢杆是组合压杆的主要受力杆件，组合压杆的临界荷载可用考虑剪力影响的实体压杆公式（14-33）作近似计算。但在应用此式时应注意两点：

第一，式（14-33）中的惯性矩 I 应视作主要受力杆件的两肢杆截面对组合截面的 z 轴的惯性矩，即

$$I\approx 2I_d+\frac{1}{2}A_d b^2$$

I_d 为一根肢杆的截面对其本身形心轴的惯性矩，其本身形心轴到 z 轴的距离近似认为$\frac{b}{2}$，A_d 为一根肢杆的截面积。

第二，式（14-33）中的$\frac{k}{GA}$项，由上节可知是微段 $\mathrm{d}x$ 上在单位剪力 $Q=1$ 作用下的剪切

角 $\overline{\gamma}_0$，但对于组合压杆，$\overline{\gamma}_0$ 并不等于$\frac{k}{GA}$，需要针对缀条式和缀板式组合压杆的具体情况另行推导。当求出这个关键的 $\overline{\gamma}_0$，用以替代式（14-33）中的$\frac{k}{GA}$项后，就可求得组合压杆的临界荷载实用公式，现在就缀条式和缀板式组合压杆的两种情况分别讨论 $\overline{\gamma}_0$ 的计算。并给出相应的临界荷载以及工程实际中常用的一些有关公式。

一、缀条式组合压杆的稳定

由图 14-32a 取出缀条式组合压杆的一个节间，如图 14-33 所示，缀条通常选用单根角钢，其截面积与肢杆相比要小得多，因此它们与主要杆件的联结处可视为铰结。在单位剪力 $Q=1$ 作用下，缀条发生了变形，此时节间的剪切角为

$$\overline{\gamma}_0 \approx \mathrm{tg}\overline{\gamma}_0 = \frac{\delta_{11}}{d}$$

因各结点假设为铰结，故 δ_{11}可按下式计算

$$\delta_{11} = \Sigma\frac{\overline{N}_1^2 l}{EA}$$

这里的剪切位移 δ_{11}主要由缀条的变形所产生，故式中的 $\overline{N}_1$ 仅指缀条 34 的轴力。由图 14-32a 所示，缀条布置在前后两个平面内，由平衡条件可知两横缀条的轴力之和为 $\overline{N}_1=-1$，杆长 $b=\frac{d}{\mathrm{tg}\theta}$，

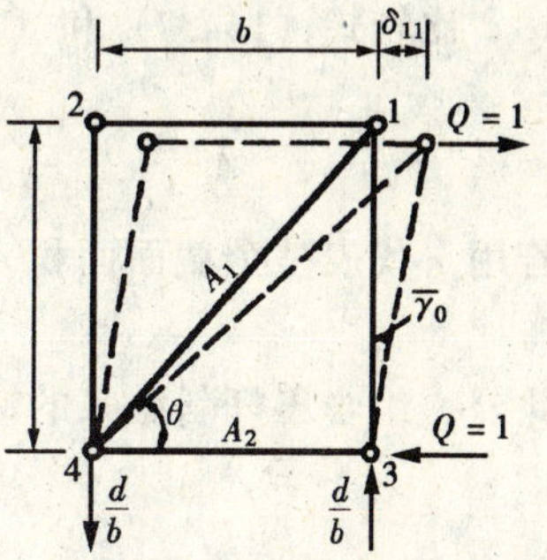

图 14-33　组合压杆的一个节间

设此两横缀条截面积之和为 A_2；两斜缀条 14 的轴力之和为 $\overline{N}_1=\frac{1}{\cos\theta}$，杆长为$\frac{d}{\sin\theta}$，设此两斜缀条截面积之和为 A_1；横缀条 12 的轴力 $\overline{N}_1=0$，对 δ_{11}无影响。将这些数据代入后得

$$\delta_{11} = \frac{d}{E}\left(\frac{1}{A_1\sin\theta\cos^2\theta} + \frac{1}{A_2\mathrm{tg}\theta}\right)$$

因而有

$$\overline{\gamma}_0 = \frac{\delta_{11}}{d} = \frac{1}{E}\left(\frac{1}{A_1\sin\theta\cos^2\theta} + \frac{1}{A_2\mathrm{tg}\theta}\right)$$

将上式的 $\overline{\gamma}_0$ 替代式（14-33）中的$\frac{k}{GA}$项，则得

$$P_C = \frac{P_e}{1+\frac{P_e}{E}\left(\frac{1}{A_1\sin\theta\cos^2\theta} + \frac{1}{A_2\mathrm{tg}\theta}\right)} = k_1P_e \tag{14-36}$$

由式（14-36）可知，就对临界荷载的影响来说，显然斜缀条要比横缀条的作用为大。例如当两者的 EA 相同和 $\theta=45°$时，代入上式得修正系数 k_1 为

$$k_1 = \frac{1}{1+\frac{P_e}{EA}\ (2.83+1)}$$

式中分母括号中的第一项代表斜缀条的影响，第二项代表横缀条的影响，若作进一步近似，忽略此横缀条的作用，则式（14-36）可改写为

$$P_C = \frac{P_e}{1 + \frac{P_e}{E} \frac{1}{A_1 \sin\theta \cos^2\theta}} \tag{14-37}$$

上式即为两端铰支缀条式组合压杆对 z 轴失稳时的临界荷载实用公式，注意式中 A_1 为代表两根斜缀条截面积的和。

在作稳定性验算时，常不直接引用式（14-37），而是应用临界应力公式 $\sigma_C = \frac{P_C}{A}$。为此先引入临界荷载通式

$$P_C = \frac{\pi^2 EI}{(\mu l)^2} = \frac{P_e}{\mu^2} \tag{14-38}$$

比较式（14-37）和（14-38），应有

$$\mu = \sqrt{1 + \frac{\pi^2 I}{l^2} \frac{1}{A_1 \sin\theta \cos^2\theta}} \tag{14-39}$$

若用 r 代表整个截面面积 A 对其形心轴 z 的回转半径，则由材料力学知

$$I = Ar^2$$

此外，组合压杆斜缀条的倾角 θ 一般为 30°～60°。若取其平均值即 θ 为 45°左右，则有

$$\frac{\pi^2}{\sin\theta \cos^2\theta} \approx 27$$

将 $I = Ar^2$ 一并代入式（14-39），并引入对 z 轴的长细比 $\lambda = \frac{l}{r}$，式（14-39）可简化为

$$\mu = \sqrt{1 + \frac{27}{\lambda^2} \frac{A}{A_1}} \tag{14-40}$$

对上式等号两边乘以 λ，可得缀条式组合压杆的换算长细比 λ_h 为

$$\lambda_k = \mu\lambda = \sqrt{\lambda^2 + 27 \frac{A}{A_1}} \tag{14-41}$$

上式即为钢结构规范中所推荐的换算长细比公式。临界应力 σ_C 的式子可用换算长细比 λ_k 来表达，写成如下等式：

$$\sigma_C = \frac{P_C}{A} = \frac{\pi^2 EI}{(\mu l)^2 A} = \frac{\pi^2 E}{(\mu\lambda)^2} = \frac{\pi^2 E}{\lambda_k^2} \tag{14-42}$$

这样，缀条式组合压杆的稳定性计算，只需先求得对 z 轴的长细比 λ，按式（14-41）得换算长细比 λ_k，最后由 $\sigma_C = \frac{\pi^2 E}{\lambda_k^2}$ 可进行稳定性验算，在有关专业课程中也将介绍。

二、缀板式组合压杆的稳定

缀板与肢杆的联结通常可视为刚结，这样组合杆件就相当一个单跨多层刚架。在弯曲平面内，缀板的线刚度一般要比肢杆的线刚度大得多，因此肢杆的反弯点可近似假定在每一节间的中点，由图 14-32b 取出反弯点之间的一节作为隔离体，如图 14-34a 所示。

仍采用缀条式组合压杆的相同分析步骤，先求出在单位剪力 $Q = 1$ 作用下的剪切角 $\overline{\gamma}_0$，再替代实体压杆公式中的 $\frac{k}{GA}$ 项，即可求出缀板式组合压杆的临界荷载公式。由于上下层分

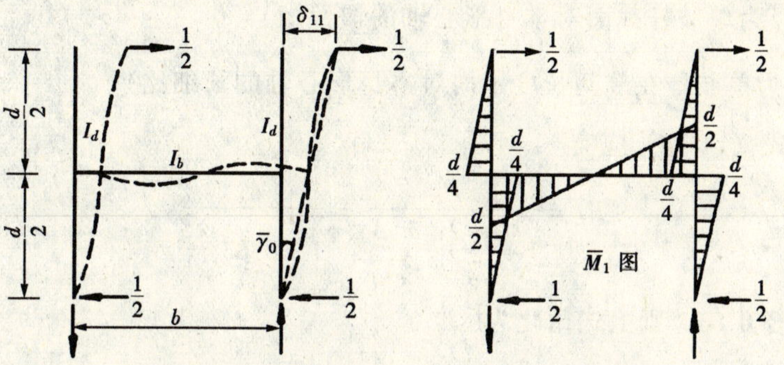

图 14-34　缀板式组合压杆的稳定计算

(a) 缀板式组合压杆的一节；(b) 单位剪力 $Q=1$ 作用下的 $\overline{M}_1$ 图

割截面上的弯矩等于零，两肢杆又具有相同的抗剪刚度，故各肢分配的剪力为$\frac{1}{2}$（图 14-34a），图 14-34b 为其相应的弯矩图，由图乘法可得

$$\delta_{11}=\Sigma\int\frac{\overline{M}_1^2\,ds}{EI}=\frac{4\left(\frac{1}{2}\cdot\frac{d}{4}\cdot\frac{d}{2}\times\frac{2}{3}\cdot\frac{d}{4}\right)}{EI_d}+\frac{2\left(\frac{1}{2}\cdot\frac{d}{2}\cdot\frac{b}{2}\times\frac{2}{3}\cdot\frac{d}{2}\right)}{EI_b}$$

$$=\frac{d^3}{24EI_d}+\frac{bd^2}{12EI_b}$$

由此求得剪切角为

$$\overline{\gamma}_0=\frac{\delta_{11}}{d}=\frac{d^2}{24EI_d}+\frac{bd}{12EI_b}$$

将上式的 $\overline{\gamma}_0$ 替代式（14-33）中的$\frac{k}{GA}$项即得

$$P_C=\frac{P_e}{1+\left(\frac{d^2}{24EI_d}+\frac{bd}{12EI_b}\right)P_e}=\kappa_2P_e \tag{14-43}$$

其中

$$\kappa_2=\frac{1}{1+\left(\frac{d^2}{24EI_d}+\frac{bd}{12EI_b}\right)P_e}$$

为缀板式组合压杆的修正系数。由上式可知，κ_2 将随缀板间距 d 的增大而减小，这就说明缀板布置得愈稀疏，压杆稳定性的削弱程度也愈显著。

以上已说明，缀板的刚度一般比肢杆的刚度大得多，若作进一步的近似简化，可令，$EI_b=\infty$，则式（14-43）可写成

$$P_C=\frac{P_e}{1+\frac{d^2}{24EI_d}P_e}=\frac{P_e}{1+\frac{\pi^2d^2}{24l^2}\frac{I}{I_d}} \tag{14-44}$$

若上式用长细比的概念来阐明，先引入如下关系式：

$I=Ar^2=2A_dr^2$（I 为组合截面对 z 轴的惯性矩，A_d 为单肢杆的截面积）

$\lambda=\frac{l}{r}$（λ 为整个组合杆件对 z 轴的长细比）

$I_d = A_d r_d^2$（I_d 为单肢杆截面对本身形心轴的惯性矩）

$\lambda_d = \dfrac{d}{r_d}$（$\lambda_d$ 为单肢杆在节间长度 d 内对本身形心轴的长细比）

将如上关系代入式（14-44）应有

$$P_C = \frac{P_e}{1 + \dfrac{\pi^2 2 d^2 r^2 A_d}{24 l^2 r_d^2 A_d}} = \frac{P_e}{1 + 0.83\dfrac{\lambda_d^2}{\lambda^2}}$$

若近似地以 1 代替 0.83，则上式简化为

$$P_C = \frac{\lambda^2}{\lambda^2 + \lambda_d^2} P_e \tag{14-45}$$

将式（14-45）与式（14-38）比较后，可得缀板式组合压杆的长度系数 μ 的公式为

$$\mu = \sqrt{\frac{\lambda^2 + \lambda_d^2}{\lambda^2}}$$

等式两边乘以 λ 后，得缀板式组合压杆的换算长细比 λ_k 为

$$\lambda_k = \mu\lambda = \sqrt{\lambda^2 + \lambda_d^2} \tag{14-46}$$

这个公式在钢结构设计规范中曾列出。

有了换算长细比 λ_k 后，参照式（14-42）可求得临界应力

$$\sigma_C = \frac{\pi^2 E}{\lambda_k^2}$$

§ 14-8 刚架的稳定计算

刚架在竖向荷载作用下，当荷载达到临界值时，通常将丧失第二类稳定性。如第一节中所述，丧失第二类稳定性的问题比较复杂。实际上常将横梁上的竖向荷载分解为作用在横梁两端结点上的集中荷载，而使各柱只承受轴向压力。这样，就把丧失第二类稳定性的问题转化为丧失第一类稳定性的问题。

计算刚架的稳定时，通常采用如下假定：

（1）刚架失稳时，其变形是微小的，仍可采用近似的曲率公式代替精确的曲率公式，故仍用 $EIy'' = -M$。

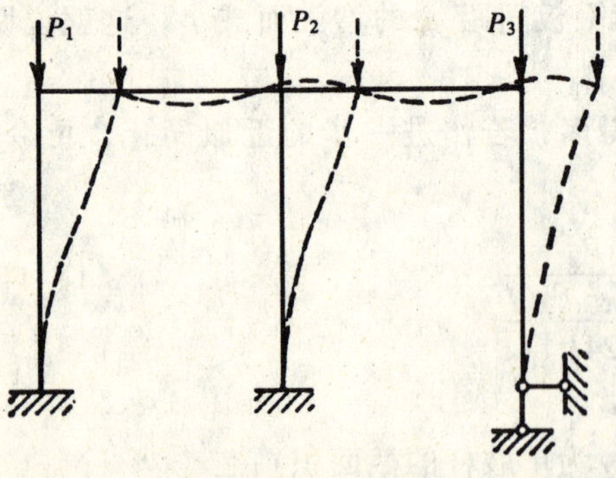

图 14-35　刚架的直线和曲线平衡形式

（2）体系中的实心杆件不考虑剪切变形和轴向变形的影响，且认为杆件弯曲后的弦长与变形前的杆长相等。

（3）刚架失稳时，各杆轴力的变化忽略不计。

（4）荷载都为结点荷载，且在同一结构中所有结点荷载都按同一比例增长（比例加载）。

本节主要介绍用位移法计算刚架稳定的方法。

图 14-35 示一承受结点荷载的两跨刚架，当荷载较小时，各柱处于稳定的直线平衡形式。当荷载逐渐增大而达到临界值时，刚架的平衡就变成不稳定，由于某一扰动，刚架将发生弯曲变形，而在新

的变形状态下维持平衡，如图中虚线所示。

用位移法计算刚架临界荷载的步骤与第 9 章所述计算其内力的步骤相同，即先选择基本结构，根据丧失稳定时附加联系（附加刚臂或附加链杆）上的约束反力为零的条件建立典型方程，然后求解。但是，用位移法计算刚架临界荷载时，荷载是作用在刚架的结点上；而在刚架的内力计算中，荷载并非一定是结点荷载。此外，进行内力计算时，位移法典型方程中的系数由转角位移方程式（9-1）确定，它们与荷载无关；而在稳定计算中，典型方程的系数则与结点荷载有关。为此，以下将另行推导由于单位位移所引起的杆端反力的计算公式。

一、稳定计算中的转角位移方程

为导出单位位移作用下压杆的杆端反力（反力矩）计算公式，我们考虑图 14-35a 所示的压杆：其两端转角各为 φ_A、φ_B，相对线位移为 Δ，杆端弯矩为 M_{AB}、M_{BA}，剪力为 $Q_{AB}=Q_{BA}=Q$。力和位移正负方向的规定与第 9 章中的规定相同，即图 14-36b 所示均为正值。

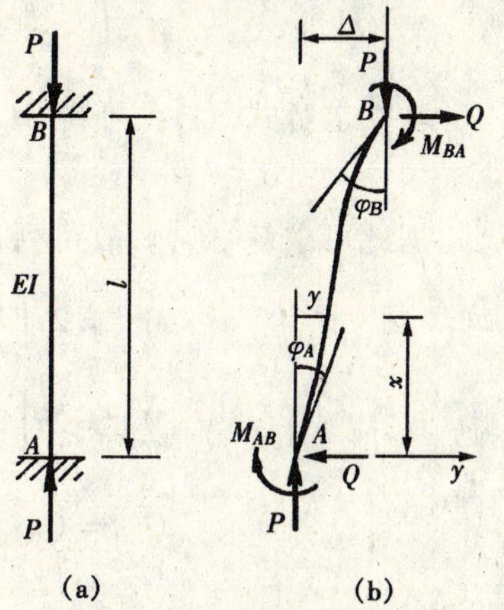

图 14-36　等截面压杆
（a）两端固定的压杆；（b）发生支座位移的压杆

按照图示坐标系，可得如下形式的平衡方程

$$EIy''=-(M_{AB}+Qx+Py) \tag{a}$$

令

$$u=\alpha l=l\sqrt{\frac{P}{EI}}=\sqrt{\frac{Pl}{i}} \tag{14-47}$$

式中 i 为杆的线刚度，则方程（a）可简化为

$$y''+\left(\frac{u}{l}\right)^2 y=-\frac{M_{AB}+Qx}{EI}$$

它的通解为

$$y=A\cos\frac{ux}{l}+B\sin\frac{ux}{l}-\frac{M_{AB}+Qx}{P}$$

式中四个未知常数 A、B、M_{AB}、Q 可由如下四个边界条件确定：

（1）当 $x=0$ 时，$y=0$

$$A-\frac{M_{AB}}{P}=0 \tag{a}$$

（2）当 $x=0$ 时，$y'=\varphi_A$

$$\varphi_A=B\frac{u}{l}-\frac{Q}{P} \tag{b}$$

（3）当 $x=l$ 时，$y=\Delta$

$$\Delta=A\cos u+B\sin u-\frac{M_{AB}+Ql}{P} \tag{c}$$

(4) 当 $x=l$ 时，$y'=\varphi_B$

$$\varphi_B=-A\frac{u}{l}\sin u+B\frac{u}{l}\cos u-\frac{Q}{P} \tag{d}$$

由式 (a)、(b) 解出

$$\left.\begin{aligned}A&=\frac{M_{AB}}{P}\\ B&=\varphi_A\frac{l}{u}+\frac{Q}{P}\frac{l}{u}\end{aligned}\right\} \tag{e}$$

将式 (e) 分别代入式 (c)、(d)，整理后得

$$\left.\begin{aligned}&M_{AB}(\cos u-1)+Q\left(\frac{l}{u}\sin u-l\right)=P\left(\Delta-\frac{\varphi_A l}{u}\sin u\right)\\ &M_{AB}\left(-\frac{u}{l}\sin u\right)+Q(\cos u-1)=P(\varphi_B-\varphi_A\cos u)\end{aligned}\right\} \tag{f}$$

联立求解式 (f)，可得 M_{AB} 和 Q，在由图 14-36b 的平衡条件 $\Sigma M_B=0$，得

$$M_{AB}+M_{BA}+P\Delta+Ql=0 \tag{g}$$

据此可求解 M_{BA}。故可列出图 14-36b 所示压杆的转角位移方程为

$$\left.\begin{aligned}M_{AB}&=2i\left[2\varphi_A\xi_1(u)+\varphi_B\xi_2(u)-\frac{3\Delta}{l}\eta_1(u)\right]\\ M_{BA}&=2i\left[2\varphi_B\xi_1(u)+\varphi_A\xi_2(u)-\frac{3\Delta}{l}\eta_1(u)\right]\\ Q_{AB}=Q_{BA}&=-\frac{6i}{l}\left[(\varphi_A+\varphi_B)\eta_1(u)-\frac{2\Delta}{l}\eta_2(u)\right]\end{aligned}\right\} \tag{14-48}$$

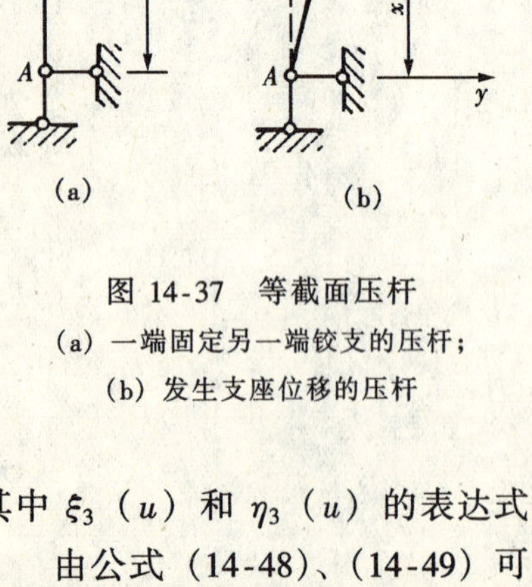

图 14-37 等截面压杆

(a) 一端固定另一端铰支的压杆；

(b) 发生支座位移的压杆

这就是稳定计算的转角位移方程。式 (14-48) 中函数 $\xi_1(u)$、$\xi_2(u)$、$\eta_1(u)$、$\eta_2(u)$ 为考虑压力作用后的修正系数，当压力 $P=0$ 时，即 $u=0$，则有 $\xi_1(0)=\xi_2(0)=\eta_1(0)=\eta_2(0)=1$，式 (14-48) 即转化为第 9 章中不考虑轴向压力时的转角位移方程。上式表达修正系数的函数列于表 14-3 中。

如果 AB 压杆的 A 端为铰结或铰支（图 14-37)，则当 B 端转动角度 φ_B，A、B 两端有相对线位移 Δ（图 14-37b）时，根据 A 端弯矩 $M_{AB}=0$ 的条件，利用式 (14-48) 中的第二式关系，可与第一、三式消去 φ_A，据此可得图 14-37b 所示压杆的转角位移方程为

$$\left.\begin{aligned}M_{BA}&=3i\left(\varphi_B-\frac{\Delta}{l}\right)\xi_3(u)\\ Q_{BA}&=-\frac{3i}{l}\left[\varphi_B\xi_3(u)-\frac{\Delta}{l}\eta_3(u)\right]\end{aligned}\right\} \tag{14-49}$$

其中 $\xi_3(u)$ 和 $\eta_3(u)$ 的表达式列于表 14-3 中。

由公式 (14-48)、(14-49) 可以看出，在稳定问题中，杆件内力虽然不是轴向荷载 P 的线性函数，但仍是杆端位移的线性函数。因此，在考虑杆端位移的影响时，我们仍可应用叠加原理。不过，在分别考虑任一位移时，必须也把轴向荷载的作用一同加上。

根据式（14-48）、式（14-49）可以得出由于单位位移所引起的杆端弯矩和剪力，它们也表示于表 14-3 中。由于在压杆稳定的情况中，包含了纵向力对弯矩和剪力的影响，因此弯矩图是曲线而非直线形式。

表 14-3　由单位位移引起的杆端弯矩和剪力

位移及 M 图	修正系数
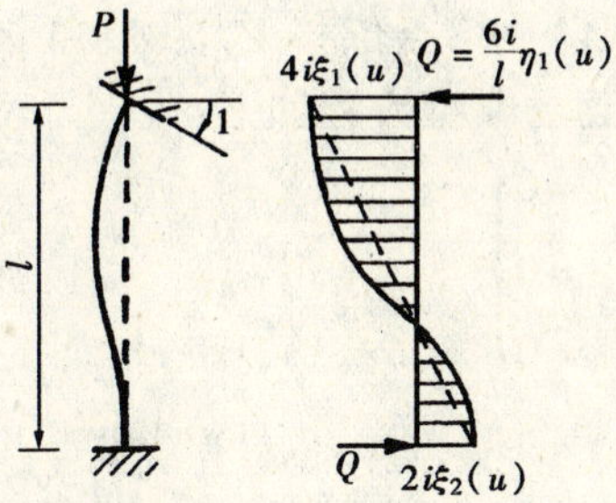	$\xi_1(u)=\dfrac{1-\dfrac{u}{\text{tg}u}}{4\left(\dfrac{\text{tg}\dfrac{u}{2}}{\dfrac{u}{2}}-1\right)}$ $\xi_2(u)=\dfrac{\dfrac{u}{\sin u}-1}{2\left(\dfrac{\text{tg}\dfrac{u}{2}}{\dfrac{u}{2}}-1\right)}$ $\eta_1(u)=\dfrac{1}{3}\left[2\xi_1(u)+\xi_2(u)\right]=\xi_3\left(\dfrac{u}{2}\right)$
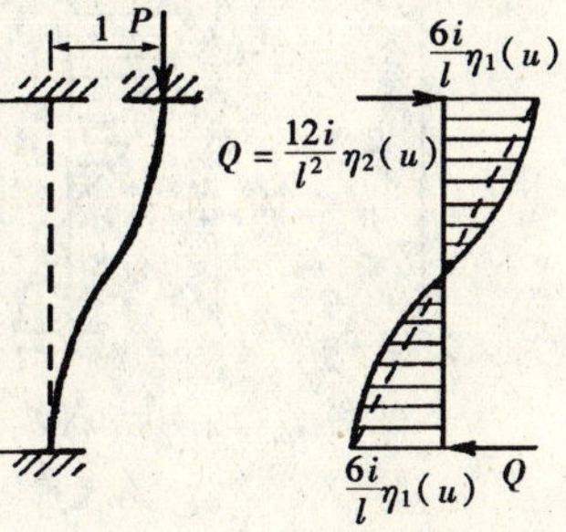	$\eta_2(u)=\eta_1(u)-\dfrac{u^2}{12}=\dfrac{\left(\dfrac{u}{2}\right)^2}{3\left(\dfrac{\text{tg}\dfrac{u}{2}}{\dfrac{u}{2}}-1\right)}$
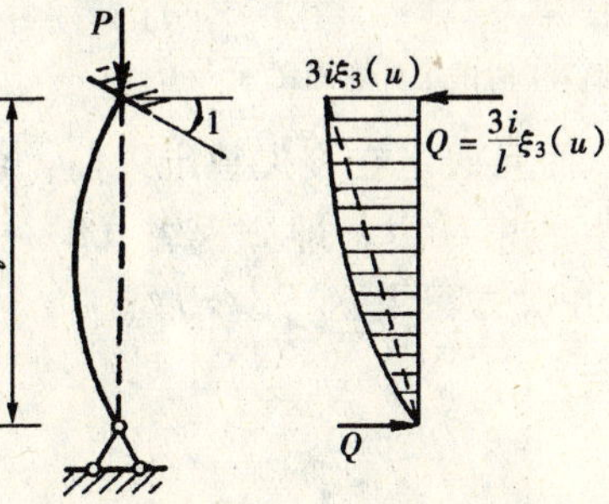	$\xi_3(u)=\dfrac{u^2}{3\left(1-\dfrac{u}{\text{tg}u}\right)}$
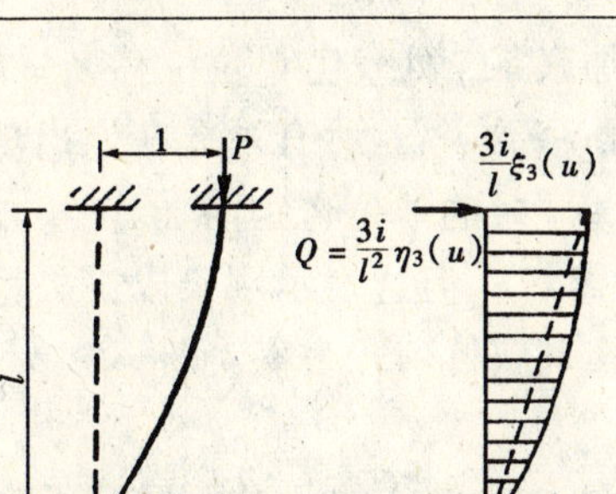	$\eta_3(u)=\xi_3(u)-\dfrac{u^2}{3}=\dfrac{u^2}{3\left(\dfrac{\text{tg}u}{u}-1\right)}$

为了便于计算，本书第 14 章后附录中列有各修正系数的数值。

二、稳定问题中的位移法典型方程

现以图 14-38a 所示的刚架为例，说明用位移法计算刚架的临界荷载。刚架上有竖向结点荷载 P_1、P_2 作用，刚架新的变形状态如图中虚线所示。与采用位移法分析内力时相同，取基本结构如图 14-38b 所示。根据基本结构在结点荷载以及结点位移 Z_1、Z_2 和 Z_3 的共同作用下，附加联系上的约束反力应该等于零的条件，可建立典型方程如下：

$$\left.\begin{aligned} r_{11}Z_1 + r_{12}Z_2 + r_{13}Z_3 + R_{1P} = 0 \\ r_{21}Z_1 + r_{22}Z_2 + r_{23}Z_3 + R_{2P} = 0 \\ r_{31}Z_1 + r_{32}Z_2 + r_{33}Z_3 + R_{3P} = 0 \end{aligned}\right\} \tag{h}$$

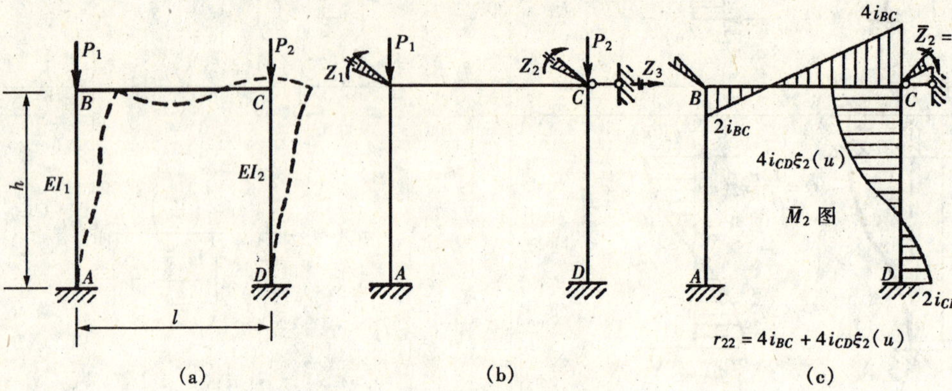

图 14-38　刚架的稳定计算

(a) 刚架的平衡形式；(b) 基本结构图；(c) $Z_2=1$ 时的单位弯矩图 $\overline{M}_2$

由于在刚架稳定计算问题中，作用的是结点荷载，而且假定在丧失稳定以前，各杆都不发生弯曲变形，故荷载不会使基本结构的附加联系产生约束反力，即方程组（h）中各自由项 R_{iP}（$i=1, 2, 3$）都应等于零。因此，典型方程为齐次方程组：

$$\left.\begin{aligned} r_{11}Z_1 + r_{12}Z_2 + r_{13}Z_3 = 0 \\ r_{21}Z_1 + r_{22}Z_2 + r_{23}Z_3 = 0 \\ r_{31}Z_1 + r_{32}Z_2 + r_{33}Z_3 = 0 \end{aligned}\right\} \tag{i}$$

方程中的系数 r_{ij}（$i, j=1, 2, 3$）代表基本结构在附加联系 j 处发生单位位移 $\overline{Z}_j=1$ 时附加联系 i 上所引起的反力。方程中的副系数满足互等定理：$r_{ij}=r_{ji}$。所有系数在做出单位弯矩图后根据静力平衡条件即可求得。图 14-38c 所示为 $\overline{Z}_2=1$ 时的单位弯矩图 $\overline{M}_2$。

显然，对于方程组（i），$Z_1=Z_2=Z_3=0$ 是它的一组解，但这表示刚架未丧失稳定的情形。当丧失稳定时，方程（i）应有非零解，因此要求其系数行列式为零。即

$$D = |r_{ij}| = 0 \tag{14-50}$$

这就是刚架的稳定方程。其中 r_{ij} 是临界荷载或临界参变量 u 的函数，展开行列式即可解算临界荷载或临界参变量。

例 14-9　试用位移法计算图 14-39a 所示结构的临界荷载 P_C。

解　用位移法求解本题时，只有一个结点水平线位移 Z_1，基本结构如图 14-39b 所示。

相应的稳定方程为

$$r_{11}=0$$

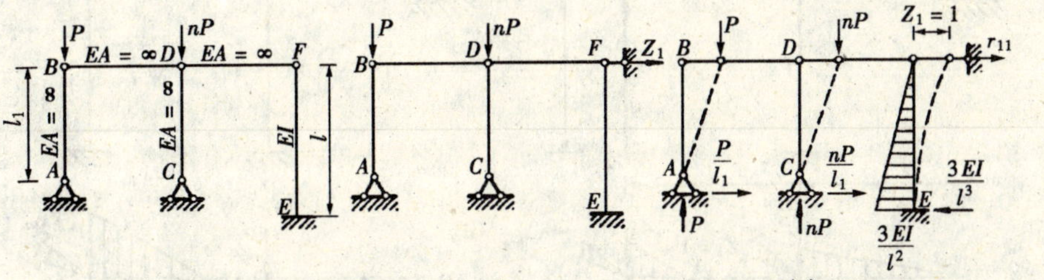

图 14-39　计算刚架的临界荷载

(a) 刚架；(b) 基本结构；(c) $\overline{Z}_1=1$ 时的 $\overline{M}_1$ 图

由图 14-39c 可求出附加链杆的反力 r_{11}。这里两端铰支压力杆 AB、CD 在水平位移 $\overline{Z}_1=1$ 时并不产生弯矩图，其支座反力可由压杆本身的平衡条件求出。非压力杆 EF 的水平支座反力，先由一般转角位移方程绘出它的弯矩图，然后根据平衡条件求出。最后由整体的平衡条件（或取竖杆顶部以上为隔离体）$\Sigma X=0$，得

$$r_{11}=\frac{3EI}{l^3}-\frac{P}{l_1}(1+n)=0$$

据此稳定方程可求得临界荷载为

$$P_C=\frac{3EIl_1}{(1+n)l^3}$$

例 14-10　试用位移法求图 14-40a 所示刚架的临界荷载。

解　取基本结构如图 14-40b 所示。各杆的线刚度标于图中相应各杆处。此刚架共有两个基本未知量 Z_1 和 Z_2，故稳定方程为

$$D=\begin{vmatrix} r_{11} & r_{12} \\ r_{21} & r_{22} \end{vmatrix}=0$$

由于两竖柱的长度、刚度及承受的荷载都相同，故两柱的临界参数相等：

$$u_1=u_2=u=l\sqrt{\frac{P}{EI}}$$

做出单位弯矩图 $\overline{M}_1$、$\overline{M}_2$ 图如图 14-40c、d 所示。据此可求得

$$r_{11}=11i+4i\xi_1(u)$$

$$r_{12}=r_{21}=4i$$

$$r_{22}=8i+4i\xi_1(u)$$

将以上各值代入稳定方程并将行列式展开化简后得

$$\xi_1^2(u)+4.75\xi_1(u)+4.5=0$$

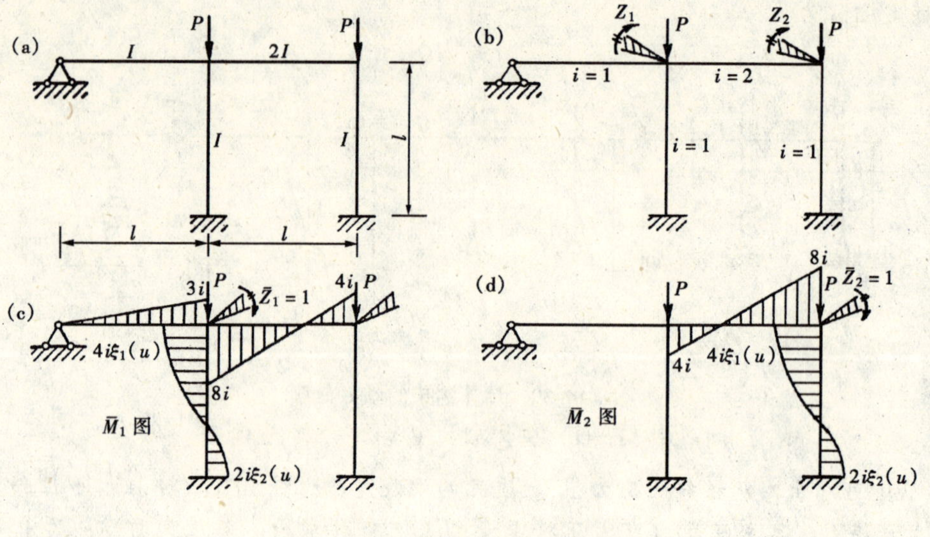

图 14-40 计算刚架的临界荷载

(a) 刚架承受结点荷载；(b) 基本结构；(c) $Z_1 = 1$ 作用的 $\overline{M}_1$；(d) $Z_2 = 1$ 作用的 $\overline{M}_2$

此方程的两个根为

$$\xi_{1,1}(u) = -1.307, \quad \xi_{1,2}(u) = -3.443$$

由附录可查得相应的 u 值，其中最小的一个为

$$u_C = 5.46$$

因此，最小临界荷载

$$P_C = \frac{u_C^2 EI}{l^2} = 29.81\frac{EI}{l^2}$$

本章小结

学习本章的目的，是为了解决工程实践中常遇到的稳定计算问题打下基础，它与结构的强度、刚度计算同样重要。本章介绍的内容，是结构稳定分析中最基本、最重要的一些内容。要着重理解稳定分析的概念和原理，掌握稳定分析的方法和步骤，这对我们进一步学习更复杂的稳定问题是会有帮助的。本章的重点是用静力法和能量法确定结构的临界荷载。现将本章主要内容小结如下。

1. 结构稳定计算的中心内容是确定结构的临界荷载。因为一旦确定出临界荷载后，即可化成临界应力的形式对结构进行稳定性验算，以确保结构的安全。本章主要对在弹性范围内的丧失第一类稳定性或称欧拉稳定性进行了讨论，同时也阐明了丧失第二类稳定性的概念。应注意两类稳定性具有不同的概念和特点。丧失第一类稳定性的特点是：在失稳前后的变形状态和平衡形式（指结构的变形和内力）将会发生质的变化；丧失第二类稳定性的特点是：在失稳前后的变形状态和平衡形式并无质的变化只有量的变化，两者应加以区别。工程结构上对丧失两类稳定性都是不允许的。

2. 用静力法确定临界荷载的依据，是利用了临界平衡状态（或随遇平衡状态）时具有平衡的二重性质这一特点。所谓平衡的二重性是指：当结构处于临界平衡状态时，可以在原有形式下维持平衡，也可以在新的形式下维持平衡；从数学角度看，除零解能满足平衡方程外，非零解也能满足平衡方程。临界荷载即为使结构在原有形式和新的形式下都能维持平衡的荷载。临界状态时的平衡二重性，标志着结构在该状态的静力特征。用静力法确定临界荷载的步骤是：首先，假定在新的变形状态下，由静力平衡条件建立平衡方程。对于有限自由度体系，平衡方程为齐次代数方程；对无限自由度体系，平衡方程为微分方程。其次，对所建立的平衡方程应用平衡的二重性，即可组成稳定方程，从而求出临界荷载。

在建立无限自由度体系的稳定方程时，不像有限自由度体系那样直接求解，必须先求得微分方程的通解，然后再结合边界条件建立通解中关于未知常数的齐次方程组，由未知常数的非零解条件（零解条件同时也得到满足，即应用了平衡的二重性），则其系数行列式 $D=0$，即得稳定方程。

关于 n 自由度体系的稳定方程为 n 次代数方程，可解出 n 个根。临界荷载对应于最小根，相应于临界荷载的变形模态即为失稳模态，它只能定出独立坐标间的相对比值。

关于无限自由度体系的稳定方程为超越方程，对此不能直接求解，在确定取值范围后可由图解法结合试算法求出临界荷载。

3. 用能量法确定临界荷载的依据仍然是临界平衡的二重性，不过这里是以能量形式来表达平衡条件。对于无限自由度体系，采用近似法求解往往是十分有效的。其实质是将无限自由度体系化成有限自由度体系来处理。假设一条满足位移边界条件的挠曲线函数，然后代入到公式中运算。用能量法分析无限自由度体系所得的临界荷载，一般只能得到近似解，且均大于精确解，这在前面已作解释。

4. 关于弹性支座压杆稳定的这部分内容，从结构分析的角度来看是十分重要的概念。因为每一结构均可离散成许多具有不同弹性约束的单独杆件，这一概念对扩展结构静力分析的思路也是有好处的。对于简单的刚架或结构，若化作弹性支座压杆的稳定来处理往往是很方便的。要区别抗移弹簧和抗转弹簧间的功能，要学会如何将实际结构的局部化作上述弹性支座，并能求出其相应的弹簧刚度系数。

5. 不论缀条式或缀板式的组合压杆，必须考虑剪力对临界荷载的影响。缀条式组合压杆的临界荷载公式或缀板式组合压杆的临界荷载公式都是考虑剪力的影响后得出的结果。同时，对这些公式都作了某些近似的假定，以便实用。剪力对实体压杆的临界荷载影响不大，往往忽略不计。

6. 用位移法分析刚架的稳定属于经典方法，得到的解也是精确解。学习本节时要注意与第 9 章用位移法分析刚架的内力进行对照，它们之间既有联系又有区别。例如，在位移法的未知数、基本结构和利用平衡条件建立位移法方程等方面，两者是一致的。但是也存在两点明显的区别：首先，两者的转角位移方程不同。其次，两者的典型方程形式不同。稳定分析时的典型方程没有自由项，这是因为假定刚架只受竖向的结点荷载作用。因此，上述结点荷载作用于基本结构时将不产生弯矩，相应于自由项的附加刚臂中的反力矩或附加链杆中的反力也应等于零。内力分析时的典型方程即有自由项。用位移法分析刚架稳定的步骤是：首先，确定位移法未知数，建立相应的基本结构，分别绘出单位位移作用下的弯矩图。对受轴向压力 P 作用的压力杆，其单位位移作用下的弯矩图可由表 14-3 查得；对非压力杆，采用内力分析时的一般求法。其次，根据结点平衡和截面平衡条件，可求得各反力系数，从而组成稳定方程，由于与压力杆有关的反力系数与 P 有关，因此展开稳定方程就可求解临界荷载。

习　　题

14-1　试用静力法求图示压杆的稳定方程，并求其临界荷载。

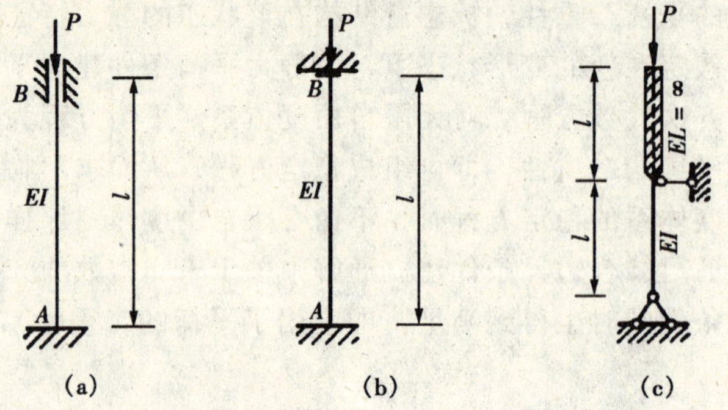

题 14-1　图

14-2　图示结构在丧失稳定时变形曲线如虚线所示，试按静力法和能量法计算其临界荷载。

14-3　试用静力法求图示结构的临界荷载。

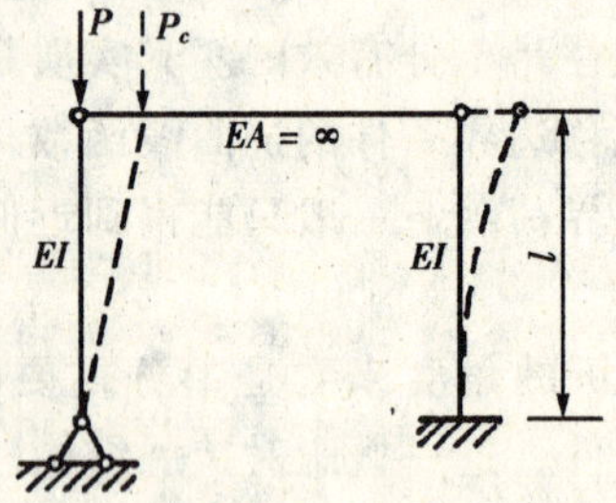

题 14-2　图

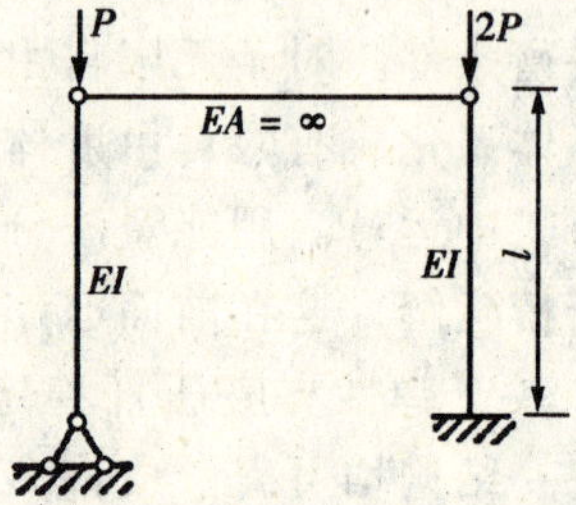

题 14-3　图

14-4　将图示刚架的竖杆作为弹性支承上的压杆，试用静力法求其稳定方程，并求临界荷载。设 EI 为常数。

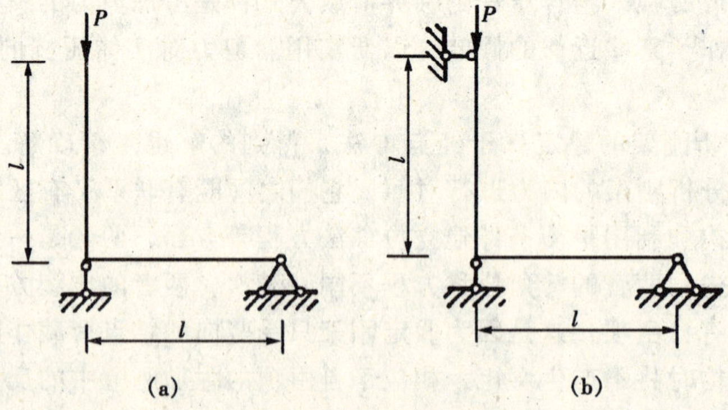

题 14-4　图

14-5　试将下列结构先化作弹性支座压杆后，再求出其临界荷载。

14-6　试用能量法求图示阶形压杆的临界荷载。设取相应等截面压杆丧失稳定形式作为近似变形曲线。

14-7　试用位移法求图示刚架的临界荷载。设 EI 为常数。

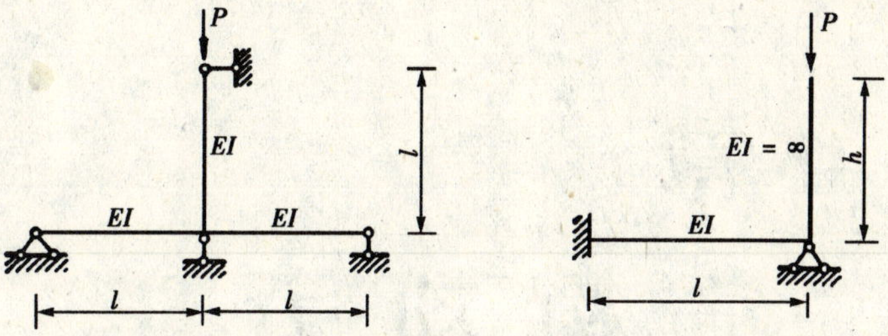

题 14-5　图

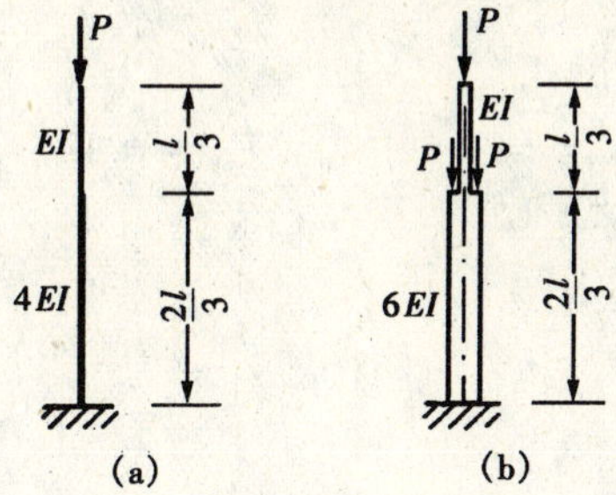

题 14-6　图

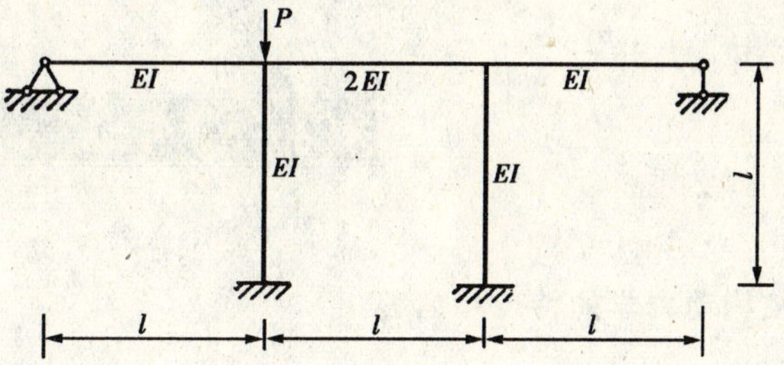

题 14-7　图

14-8　试用位移法求图示刚架的临界荷载。

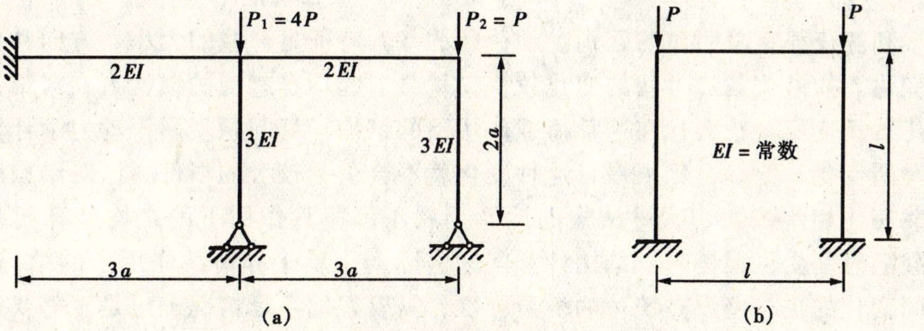

题 14-8　图

部分习题答案

14-1　(c)$\cos\alpha l = 0, P_C = \dfrac{\pi^2 EI}{4l^2}$

14-2　$P_C = \dfrac{3EI}{l^2}$

14-3　$P_C = 1.876\dfrac{EI}{l^2}$

14-4　(a)$\alpha l \operatorname{tg}\alpha l = 3$，(b)$P_C = 13.9\dfrac{EI}{l^2}$

14-5　(a)$\operatorname{tg}\alpha l = \dfrac{\alpha l}{1 + \dfrac{(\alpha l)^2}{6}}$，(b)$P_C = \dfrac{4EI}{hl}$

14-6　(a)$P_C = 0.821\dfrac{EI}{l^2}$，(b)$P_C = 7.9\dfrac{EI}{l^2}$

14-7　$P_C = 32.2\dfrac{EI}{l^2}$

14-8　(a)$P_C = 2.68\dfrac{EI}{l^2}$，(b)$P_C = 7.40\dfrac{EI}{l^2}$

第15章 结构动力学

§15-1 概 述

一、结构动力学的特点和内容

以前各章节讨论了结构在静荷载作用下的结构计算问题，即在进行结构计算时认为荷载是静止施加的，不随时间变化。本章将讨论在动荷载作用下的结构计算问题，也就是结构动力学问题。

动荷载和静荷载有着明显的区别。动荷载的基本特征是荷载的大小、方向和作用位置随着时间而变化。如果荷载随时间的变化较快，就会引起不容忽视的惯性力，对结构所产生的影响与静荷载相比相差较大，在这种荷载作用下的结构计算问题就属于动力学计算问题；虽然荷载随时间变化，但是变化很慢，这种变化就不会引起较大的惯性力，对结构所产生的影响与静荷载相比相差甚微，这时结构的计算仍属于静荷载作用下的结构计算问题。也就是说，在荷载随时间变化很慢时，结构计算问题实际上是属于静荷载作用下的结构计算问题。荷载随时间变化的快与慢没有统一的衡量标准，需要根据实际情况确定是否需要进行结构动力学分析。

由于荷载随时间变化，导致结构计算上动荷载和静荷载有很大区别。在动荷载作用下结构会产生速度、加速度，以及振动；而且在静荷载作用不显现的结构参数也会显现出来，如自振频率、振型和阻尼等结构本身的动力特性指标，另外还有共振等现象出现。

根据达朗伯原理，动力学问题的计算可以引入惯性力的概念，在形式上把动力学问题转化为静力学问题，进而引入静力学的平衡概念，这种包含惯性力的形式上的平衡称为动平衡。也就是说，动力学的计算问题在所考虑的力系中包括惯性力，这样就可以用静力学的方法来计算结构的动内力和动位移，以及其他的动力学参数。

二、动荷载的分类

工程实际中经常会遇到的主要动荷载有以下几类：

1. 周期性荷载

这类荷载的特点就是其变化具有周期性。其中最简单的一种是简谐荷载（见图 15-1a）。简谐荷载随时间 t 的变化规律可以用正弦或余弦函数来表示。如安装在结构上的匀速旋转的

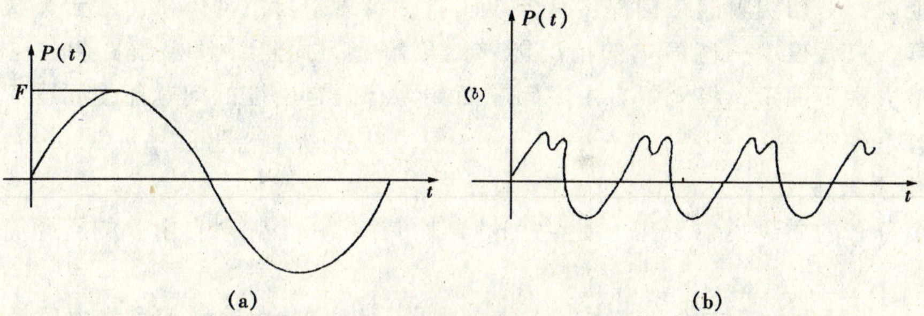

图 15-1　周期性荷载

(a) 简谐荷载；(b) 非简谐周期性荷载

机器或是电动机，由于偏心引起的离心力就属于简谐荷载。其他的周期荷载称为非简谐周期性荷载（见图 15-1b）。

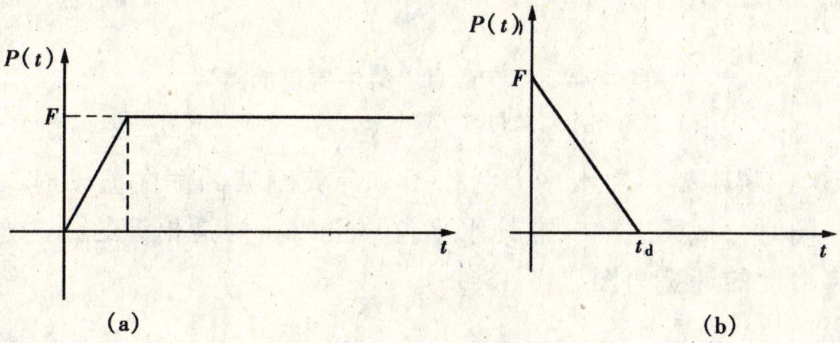

图 15-2　冲击荷载

(a) 荷载急剧增大；(b) 荷载急剧减小

2. 冲击荷载

冲击荷载是指短时间内作用在结构物上，荷载值也在短时间内急剧增大（图 15-2a）或减小（图 15-2b）。如爆炸荷载，荷载值在很短的时间内急剧减小，即属此类荷载。

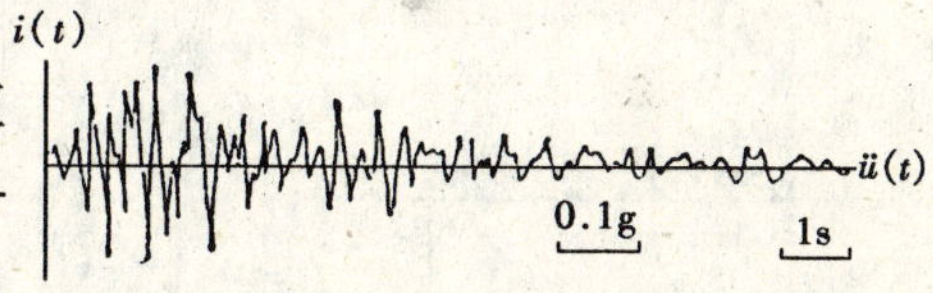

图 15-3　地震时记录的地面加速度 $\ddot{u}(t)$

3. 随机荷载

前面两类荷载都属于确定性荷载，可以用精确的函数表达。随机荷载是指荷载值随时间的变化不规则，任何一时刻的数值都无法事先确定。例如，地震荷载和风荷载即属典型的随机荷载。如图 15-3 所示，为地震时记录的地面加速度 $\ddot{u}(t)$ 的例子。

三、动力计算中体系的自由度

结构的动力计算和静力计算一样，需要事先选取一个合理的结构计算简图。因为在动力计算中需要考虑质量的惯性力，必须明确结构的质量分布情况，并分析质量可能产生的位移。因而需要研究结构体系在运动过程中的自由度问题。

在结构系统运动中的任一时刻，能够确定全部质量位置所需要的独立几何参数的数目，称为体系的自由度。

严格地说，一切实际的结构都具有分布质量，属无限自由度体系。对于无限自由度系统的动力计算，只有很少一些简单的情况能够给出解答，而且计算相当复杂。在一定的条件下，可以略去次要因素，将无限自由度问题简化为有限自由度的问题而使问题简化。常用的简化方法有下列三种。

1. 集中质量法

把连续分布的质量集中为几个质点，这样就可以把一个无限自由度的问题简化为有限自由度的问题。

图 15-4a 所示为一简支梁，跨中有一集中质量。当梁自身重量远小集中质量时，可取图（15-4b）所示的计算简图，这时具有无限自由度的体系简化为具有一个自由度的体系。

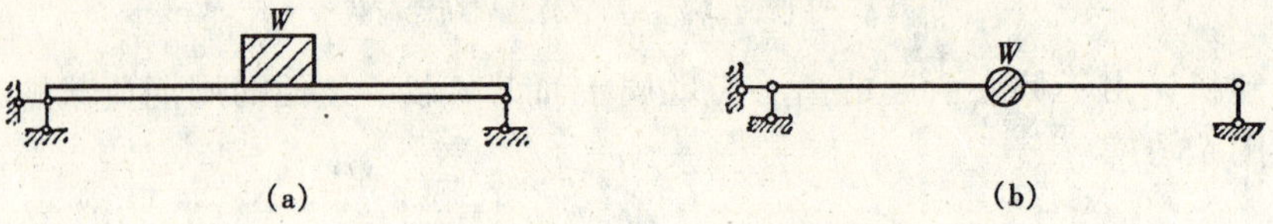

图 15-4 简支梁有一集中质量的模型

（a）具有集中质量的简支梁；（b）简支梁的计算简图

图 15-5a 所示为三层刚架。在水平力的作用下计算刚架的侧向振动时，可以将柱子的质量集中在横梁上，同时，横梁上的各点的水平位移可以认为是相等的。这样三层刚架就可以简化为具有三个自由度的计算简图（图 15-5b）。

2. 广义位移法

对于具有连续分布质量，且具有简单结构形式的结构可采用广义位移法。如图 15-6 所示简支梁，设在 t 时刻任一点 x 的位移为 $y(x, t)$，则简支梁任一时刻的位移函数可以用一族三角函数表示。

$$y(x,t) = \sum_{i=1}^{\infty} a_i(t)\sin\frac{i\pi x}{l} \tag{15-1}$$

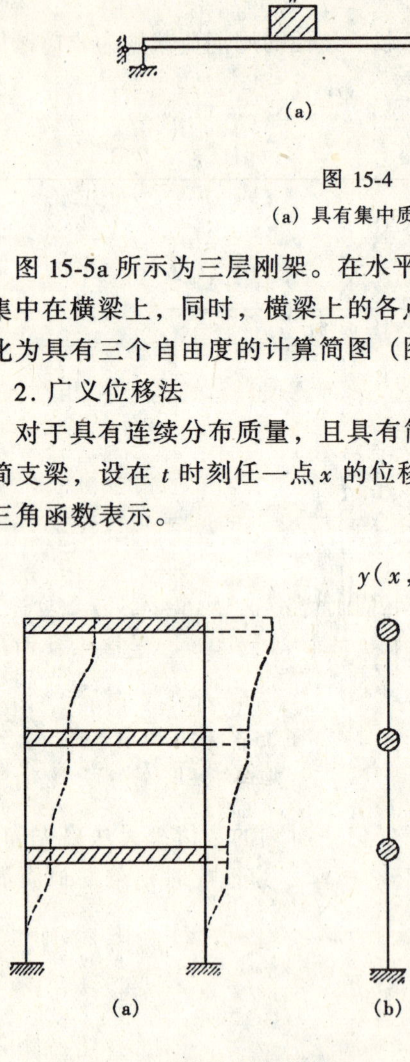

图 15-5 三层框架的计算模型

（a）三层刚架；（b）三个自由度计算简图

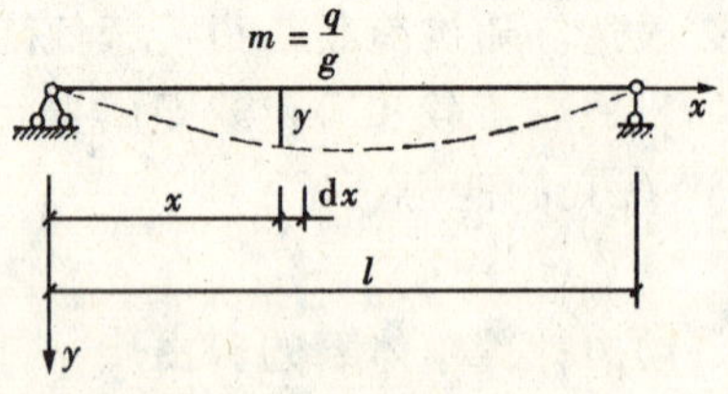

图 15-6 简支梁的计算模型

式中 $\sin\frac{i\pi x}{l}$ 为满足位移边界条件的位移函数，$a_i(t)$ 为待定函数，亦称为广义坐标。若给定各个广义坐标 $a_i(t)$，则 $y(x, t)$ 即可确定。如对式（15-1）仅取前几项作为该简支梁的位移，这时即结构无限个自由度用有限个广义坐标 $a_i(t)$ 来表示。如选 n 个广义坐标，则梁的位移函数 $y(x,t)$ 即由 $a_1(t)$，$a_2(t)$，$\cdots a_n(t)$ 确定。这时简支梁即为 n 个自由度体系。在一般情况下，只需要采用有限项叠加就有足够的精度。如取前三项叠加，即

$$y(x,t)=\sum_{i=1}^{3}a_i(t)\sin\frac{i\pi x}{l} \tag{15-2}$$

这样简支梁就变成了三个自由度体系。

3. 有限元法

有限元法是将实际结构离散成有限个单元，在单元的结点处联接，对每个单元给定其插值函数，然后叠加各个单元对结点处的贡献来建立体系的求解方程。

有限元法按照基本未知量的选取不同，可分为位移有限元、应力有限元和应力、位移混和有限元法。其中常用的是位移有限元法。按不同的方法，根据精度要求及实际情况把结构离散为若干单元，也就是把分布质量无限自由度体系变化成有限自由度的体系。

应该说明的是，(1) 体系中集中质量的数目不一定等于体系中自由度的数目；(2) 体系中自由度的数目与体系的超静定次数无关。(3) 体系中自由度数目与计算精度有关。

§15-2　单自由度体系的自由振动

实际结构简化成一个自由度时称为单自由度体系。单自由度体系的动力分析较为简单，但是非常重要。一是很多的动力问题以简化为单自由度体系进行计算，或是进行初步分析计算；二是单自由度体系的动力分析是多自由度动力分析计算的基础，在动力分析计算中占有重要地位。

一、运动微分方程的建立

如图 15-7a 所示的悬臂立柱，在顶端有一集中质量 m，柱本身的质量与集中质量相比小到可以不计。因此体系就只有一个自由度。

如果集中质量 m 在外界的干扰下，离开了原来静止的位置，干扰消失后，由于立柱弹性的作用，沿水平方向或静止平衡位置附近作往返运动。这种往返运动称为振动。如果在振动过程中不受动力荷载的影响，这种振动就称为自由振动。在任一时刻 t，质点的水平位移为 $y(t)$，以水平向右为正。如果不计体系阻尼的影响，单自由度体系可用图 15-7b 所示的弹簧-质量体系的模型来表示，立柱对质点 m 的弹性力可用弹簧来表示，k 为刚度系数。

现在我们建立运动微分方程。为此把质点 m 取为隔离体，在任意时刻 t，作用于质点上的力有弹性力 $f_S=-ky$，与位移 y 的方向相反；惯性力 $f_I=-m\ddot{y}(t)$，始终与加速度方向相反。根据达朗伯原理，列出隔离体的动力平衡方程为

$$-m\ddot{y}-ky=0 \tag{15-3}$$

改写为

$$m\ddot{y}+ky=0 \tag{15-4}$$

这就是从力系平衡角度建立的单自由度体系的自由振动微分方程。这种方法称为刚度法。

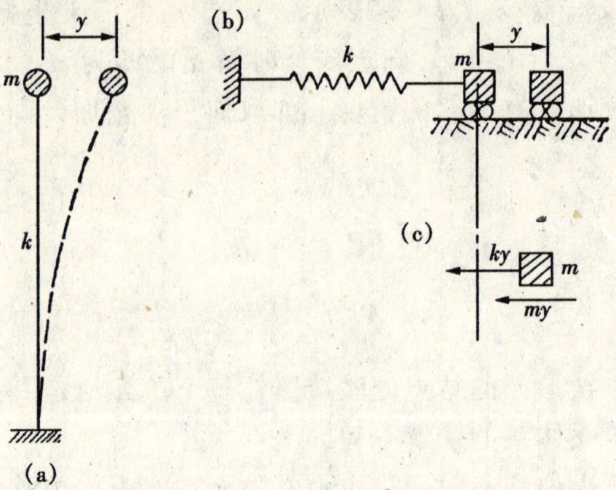

图 15-7　悬臂立柱的计算模型

(a) 悬臂立柱；(b) 弹簧-质量体系

另一方面，自由振动微分方程可以从位移的角度来推导。如用 δ 表示立柱的柔度系数，即单位水平力作用下，柱顶质点 m 水平位移。由质点的位移为

$$y = f_1\delta = (-m\ddot{y})\delta$$

即

$$(-m\ddot{y})\delta - y = 0 \tag{15-5}$$

式（15-5）表明：质点在运动过程中任一时刻的位移，等于此时惯性力作用下的静位移。其中柔度系数 δ 与刚度系数互为倒数关系

$$\delta = \frac{1}{k} \tag{15-6}$$

将式 δ 代入式（15-5）即可得式（15-4）。

这种从变形条件列出动位移方程的方法称为柔度法。

二、自由振动微分方程的解

单自由度体系自由振动微分方程式（15-4）可以改为

$$\ddot{y} + \omega^2 y = 0 \tag{15-7}$$

式中 $\omega = \sqrt{\dfrac{k}{m}}$

式（15-7）是二阶常系数齐次微分方程，其通解为

$$y(t) = C_1\cos\omega t + C_2\sin\omega t \tag{15-8}$$

式中 C_1，C_2 为常数，可由运动初始条件确定。设在初始时刻 $t=0$ 质点的初始位移 y_0 和初速度 v_0，即

$$y(0) = y_0,\ \dot{y}(0) = v_0 \tag{15-9}$$

由此可得

$$C_1 = y_0,\ C_2 = \frac{v_0}{\omega} \tag{15-10}$$

于是代入（15-8）可得

$$y(y) = y_0\cos\omega t + \frac{v_0}{\omega}\sin\omega t \tag{15-11}$$

上式也可以改写为单项形式

$$y(y) = A\sin(\omega t + \alpha) \tag{15-12}$$

式中

$$\left.\begin{aligned} A &= \sqrt{y_0^2 + \left(\frac{v_0}{\omega}\right)^2} \\ \alpha &= \mathrm{tg}^{-1}\frac{y_0\omega}{v_0} \end{aligned}\right\} \tag{15-13}$$

上式表明，在无阻尼的情况下，体系的自由振动是以静平衡位置为中心的简谐振动（图15-8），A 表示体系振动的时质点 m 的最大位移，称为振幅，α 称为初始相位。

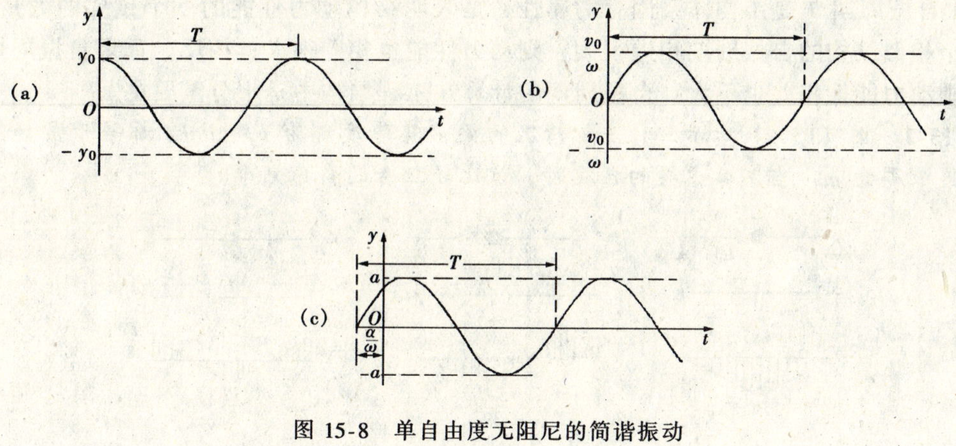

图 15-8　单自由度无阻尼的简谐振动

（a）$\alpha=\frac{\pi}{2}$时的简谐振动；（b）$\alpha=0$时的简谐振动；（c）$\alpha=\mathrm{tg}^{-1}\frac{y_0 w}{v_0}$时的简谐振动

三、体系的自振周期和自振频率

式（15-12）中表明的简谐振动是周期运动，其周期为

$$T=\frac{2\pi}{\omega}\text{或}\ T=2\pi\sqrt{\frac{m}{k}} \tag{15-14}$$

不难验证，式（15-12）中的位移 y 是一个周期函数，满足周期运动的下列条件

$$y(t+T)=y(t) \tag{15-15}$$

这就说明，在自由振动过程中，体系的质点每隔一个周期 T 就会回到原来的位置，因此 T 称为结构的振动周期。它所表明的是结构一个循环周期所用的时间。

自振周期的倒数叫做频率，亦称为工程频率

$$f=\frac{1}{T}$$

频率表示单位时间内的振动次数，单位是 1/秒（1/s），或称为赫兹（Hz）。

由前面式中可以得出

$$\omega=2\pi f=\frac{2\pi}{T} \tag{15-16}$$

$$\omega=\sqrt{\frac{k}{m}}=\sqrt{\frac{1}{m\delta}}=\sqrt{\frac{g}{mg\delta}}=\sqrt{\frac{g}{y_{st}}} \tag{15-17}$$

式中 g 表示重力加速度，y_{st}表示由于重量 mg 所产生的静力位移。

ω 表示体系在 2π 秒内自由振动的次数，称为体系自由振动的圆频率，或简称为自振频率或频率。

由以上的分析可以看出结构振动的一些重要性质：

(1) 自振频率仅决定于结构体系自身的质量和刚度，而与干扰力的大小无关，干扰力的大小只能影响振幅和初始相位。

(2) 自振频率与质量的平方根成反比，质量越大，周期越长，频率越小。自振频率与刚度的平方根成正比，刚度越大，周期越短，频率越大；也就是说，要改变结构的自振周期或频率，只能从改变结构的质量或刚度着手。

(3) 自振周期 T 是结构体系固有的属性，是表明结构动力性能的一个重要的数量指标。如果两个相似结构的自振周期相差很大，则动力性能也相差很大；相反，如果自振周期相差不大，则动力能性相差也不大。自振周期的计算在工程结构中是十分重要的。

例 15-1 图（15-9）所示三种支承情况的梁，其跨度都为 l，且 EI 都等于常数，在中点有一集中质量 m。当不考虑梁的自重时，试比较三者的自振频率。

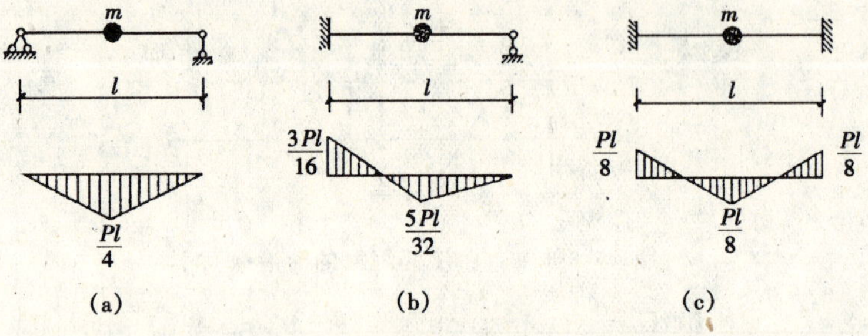

图 15-9 三种支承情况的梁

(a) 简支梁；(b) 一端固定，一端铰支的梁；(c) 两端固定的梁

解 由式（15-17）可知，在计算单自由度结构的自振频率时，我们需先求出该结构在重量 $P=mg$ 作用下的静力位移。根据以前学过的位移计算的方法，我们可求出这三种情况相应的静力位移分别为：

$$y_1=\frac{Pl^3}{48EI},\quad y_2=\frac{7Pl^3}{768EI},\quad y_3=\frac{Pl^3}{192EI}$$

代入式（15-17）即可求得三种情况的自振频率分别为：

$$\omega_1=\sqrt{\frac{48EI}{ml^3}},\quad \omega_2=\sqrt{\frac{768EI}{7ml^3}},\quad \omega_3=\sqrt{\frac{192EI}{ml^3}}$$

据此可得

$$\omega_1:\omega_2:\omega_3=1:1.51:2$$

此例说明随着结构刚度的加大，其自振频率也相应地增大。

例 15-2 图（15-10）所示为一等截面竖直悬臂杆，长度为 l，截面面积为 A，惯性矩为 I，弹性模量为 E。杆顶有重物，其重量为 W。设杆件本身质量可忽略不计，试分别求水平振动和竖向振动时的自振周期。

解

(1) 水平振动

当杆顶作用水平力 W 时，杆顶的水平位移为

$$\Delta_{st}=\frac{Wl^3}{3EI}$$

所以

$$T=2\pi\sqrt{\frac{Wl^3}{3EIg}}$$

(2) 竖向振动

当杆顶作用竖向力 W 时，杆顶的竖向位移为

$$\Delta_{st}=\frac{Wl}{EA}$$

所以 $$T = 2\pi\sqrt{\frac{Wl}{EAg}}$$

图 15-10 悬臂立杆

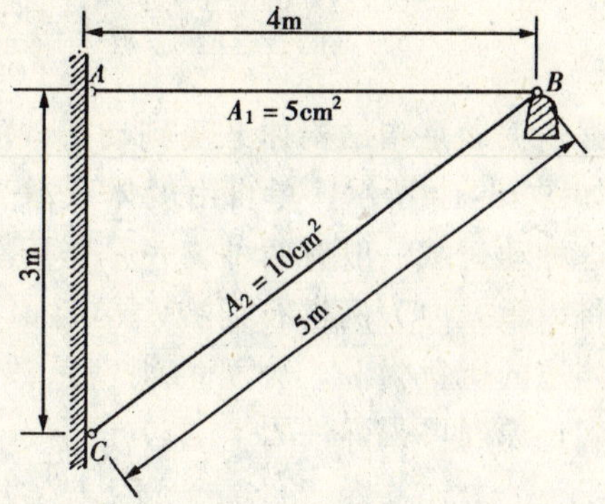

图 15-11 桁架

例 15-3 图（15-11）所示为一桁架，在结点 B 作用集中重量 $Q = 10\text{kN}$。设桁架各杆自重可略去不计，弹性模量 $E = 2.1\times10^4\text{kN/cm}^2$。

(1) 试求重物 Q 竖向振动时的周期、频率和周期率。

(2) 设重物 Q 初始位移为 1cm（向下）时，试讨论自由振动的过程，并求当 $t = 0.05\text{s}$ 时 B 点的位移 y。

解：

(1) 重物 Q 竖向振动时的频率和周期

竖向单位力沿 B 点作用时，杆件的轴力为

$$\overline{N}_{\lambda B} = 1.33, \ \overline{N}_{BC} = -1.67$$

所以 $$\delta = \Sigma\frac{\overline{N}^2 l}{EA} = \left(1.33^2\times\frac{400}{5} + 1.67^2\times\frac{500}{10}\right)\frac{1}{2.1\times10^4} = 0.0135 \text{ cm/kN}$$

重物 Q 作用下静力位移 $\Delta_{st} = Q\cdot\delta = 10\times0.0135 = 0.135\text{cm}$

圆频率 $\omega = \sqrt{\frac{g}{\Delta_{st}}} = \sqrt{\frac{980}{0.135}} = 85.5 \ 1/\text{s}$

频率 $f = \frac{85.5}{2\pi} = 13.6 \text{ Hz}$

每分钟振动次数 $n = 13.6\times60 = 816$ 次/分

(2) B 点有向 F 1cm 的初位移时的振动情况；

因为此时只有初始位移而没有初始速度，故动力位移表达式为

$$y(t) = y_0\cos\omega t = \cos\omega t = \cos(85.5t)$$

当 $t = 0.05\text{s}$ 时

$$y = \cos(85.5\times0.05) = -0.4236\text{cm}$$

即此时 B 点是在平衡位置以上 0.4236cm 处。

最后指出，图 15-11 所示体系具有两个自由度。上面求得的频率是当重物 Q 限制在竖

直方向振动时的频率，并不是体系的最低频率。

§15-3 单自由度体系的强迫振动

强迫振动是指结构体系受到动荷载的作用所产生的振动。

如图 15-12 所示，单自由度体系承受动荷载 $p(t)$ 的作用时所产生的振动即为强迫振动。这种动荷载一般有两种，一是作用在系统上的激振力；另一是作用在基础上的动位移。我们将以激振力为例进行研究。单自由度振动体系可用图 15-12b 所示的弹簧-质量体系模型。体系的质量为 m，弹簧的刚度系数为 k。取质量 m 为隔离体，在不计阻尼的情况下，由达朗伯原理可得弹性力 $f_s(t) = -ky$、惯性力 $f_t = -m\ddot{y}$ 和动荷载 $p(t)$ 之间的平衡方程

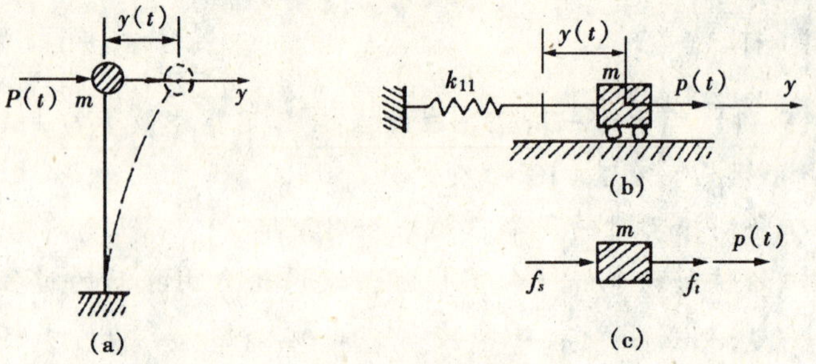

图 15-12 单自由度体系强迫振动模型

(a) 悬臂立柱；(b) 弹簧-质量体系模型；(c) 隔离体

$$f_t(t) + f_s(t) + p(y) = 0 \tag{15-18}$$

即
$$m\ddot{y} + ky = p(t) \tag{15-19}$$

或写成
$$\ddot{y} + \omega^2 y = \frac{p(t)}{m} \tag{15-20}$$

式 (15-20) 即为单自由度体系强迫振动的微分方程。以下分别介绍不同动荷载下单自由度体系微分方程的解和动力反应。

一、$p(t)$ 为简谐荷载

当单自由度体系承受简谐荷载时

$$p(t) = F\sin\theta_t \tag{15-21}$$

式中 F 为简谐荷载的峰值，称为幅值；θ 为简谐荷载的圆频率。将式 (15-21) 代入式 (15-20)，即得运动方程如下

$$\ddot{y} + \omega^2 y = \frac{F}{m}\sin\theta t \tag{15-22}$$

方程为二阶常系数非齐次微分方程，它的解由两部分组成：一部分是对应非齐次项的特解；一部分是对齐次项的通解，即前节中的结果式 (15-8)。设特解为

$$y = A\sin\theta t \tag{15-23}$$

将式（15-23）代入式（15-22）中，可得

$$A = \frac{F}{m}\frac{1}{\omega^2 - \theta^2} \tag{15-24}$$

代入（15-23）可得特解为

$$y = \frac{F}{m}\frac{1}{\omega^2 - \theta^2}\sin\theta t \tag{15-25}$$

如令

$$y_{st} = \frac{F}{m\omega^2} = F\delta$$

$$\beta = \frac{1}{1 - \frac{\theta^2}{\omega^2}} \tag{15-26}$$

y_{st}相当于把荷载最大值 F 当做静荷载作用时结构所产生的位移，称为最大静位移。β 称为动力放大系数。即动力荷载作用下强迫振动的振幅相当于最大静位移放大 β 倍。式（15-25）可以写成

$$y = y_{st}\beta\sin\theta t \tag{15-27}$$

微分方程的齐次解在上节中求出，因此微分方程的通解为

$$y = C_1\sin\omega t + C_2\cos\omega t + y_{st}\frac{1}{\omega^2 - \theta^2}\sin\theta t \tag{15-28}$$

其中 C_1 和 C_2 需由初始条件来求。设在 $t = 0$ 时的初始速度和加速度为零，则可得：

$$C_1 = -y_{st}\frac{\frac{\theta}{\omega}}{1 - \frac{\theta^2}{\omega^2}} \quad C_2 = 0 \tag{15-29}$$

代入式（15-28）式得

$$y = y_{st}\beta\left(\sin\theta t - \frac{\theta}{\omega}\sin\omega t\right) \tag{15-30}$$

此式即为单自由度体系强迫振动下微分方程的解。

从（15-26）式中可以看出动力系数 β 是频率比值$\frac{\theta}{\omega}$的函数。该比值的变化对 β 有非常大的影响，而 β 的变化又直接影响着体系振动的幅值，可知，动力系数 β 是描述强迫振动的一个重要指标。β 的函数图形如图（15-13）所示，其中横坐标为$\frac{\theta}{\omega}$，纵坐标为 β 的绝对值。(当$\frac{\theta}{\omega} > 1$ 时，β 为负值)。

由图中可以看出：

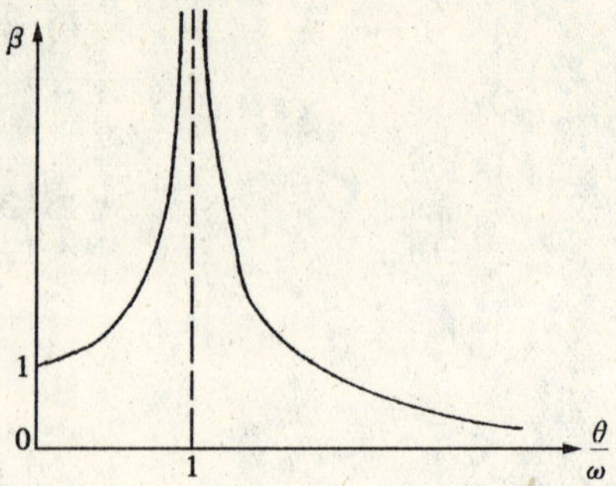

图 15-13 动力系数的函数图形

（1）$\frac{\theta}{\omega}\approx 0$ 时，$\beta\approx 1$，说明这时简谐振动的频率与体系自振频率相比非常小，此时的荷载可以当做静荷载来处理。

（2）$\frac{\theta}{\omega}\to 1$ 时，$\beta\to\infty$，此时简谐振动频率与体系自振频率非常接近，振幅将会非常大，这种现象称为共振。实际上，由于阻尼的影响，共振时结构也不会出现振幅无限大的情况，但是振幅比非共振情况大几倍是可能的，而且共振对结构产生的破坏作用非常大，在工程中应设法避免这种现象的发生。

（3）$0<\frac{\theta}{\omega}<1$ 时，$\beta>1$，β 随$\frac{\theta}{\omega}$的增加而增大。

（4）$\infty>\frac{\theta}{\omega}>1$ 时，β 为负值，$|\beta|$ 随$\frac{\theta}{\omega}$的增加而减小。

也可以对结构内力进行类似的分析。以下通过例题说明单自由度体系在简谐荷载作用下内力和位移的计算。

例 15-4 设有一简支钢梁，跨度 $l=4\text{m}$，采用型号为 I28b 的工字钢，惯性矩 $I=7480\text{cm}^4$，截面系数 $W=534\text{cm}^3$，弹性模量 $E=2.1\times10^4\text{kN/cm}^2$。在跨度中点有电动机，重量 $Q=35\text{kN}$，转速 $n=500\text{r/min}$。由于具有偏心，转动时产生离心力 $P=10\text{kN}$，离心力的竖向分力为 $P\sin\theta t$。忽略梁本身的质量，试求钢梁在上述竖向简谐荷载作用下强迫振动的动力系数和最大正应力。

解：

（1）简支钢梁的自振频率

$$\omega=\sqrt{\frac{g}{\Delta_{st}}}=\sqrt{\frac{48EIg}{Ql^3}}=\sqrt{\frac{48\times2.1\times10^4\times7480\times980}{35\times400^3}}=57.4\ \frac{1}{s}$$

（2）荷载的频率

$$\theta=\frac{2\pi n}{60}=\frac{2\times3.1416\times500}{60}=52.3\ \frac{1}{s}$$

（3）求动力系数 β

由（15-26）式

$$\beta=\frac{1}{1-\left(\frac{\theta^2}{\omega^2}\right)}=\frac{1}{1-\left(\frac{52.3}{57.4}\right)}=5.88$$

即动力位移和动力应力的最大值为静力值的 5.88 倍。

（4）求跨中最大正应力

$$\sigma_{\max}=\frac{Ql}{4W}+\beta\frac{Pl}{4W}=\frac{(Q+\beta P)\ l}{4W}=\frac{(35+5.88\times10)\ 400}{4\times534}=17.56\text{kN/cm}^2$$

式中第一项是电动机重量 Q 产生的正应力，第二项是动荷载 $P\sin\theta t$ 产生的最大正应力。

例 15-5　图 15-14a 所示简支梁跨中有一集中质量，梁右端作用有一个简谐变化的力矩 $M(t)=M\sin\theta t$。梁的截面抗弯刚度 EI 为常量。试作梁的弯矩幅值图。

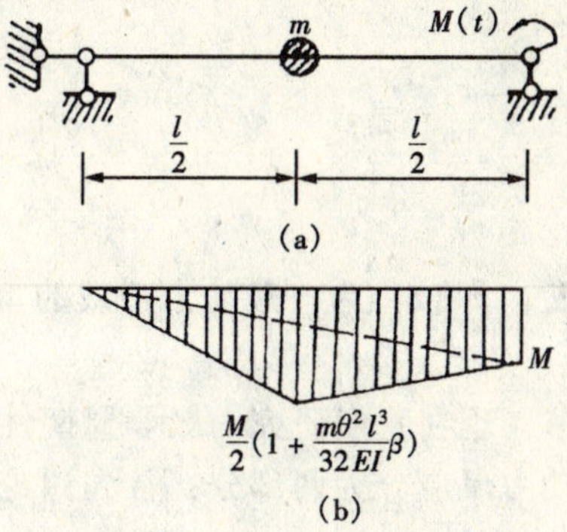

图 15-14　一个集中质量的简支梁

(a) 有一集中质量的简支梁；

(b) 弯矩幅值图

解　求柔度系数

$$\delta_{11}=\frac{l^3}{48EI}$$

$$\delta_{12}=\frac{l^2}{16EI}$$

体系的自振频率

$$\omega^2=\frac{1}{m\delta_{11}}=\frac{48EI}{ml^3}$$

放大系数

$$\beta=\frac{1}{1-\theta^2/\omega^2}=\frac{1}{1-\dfrac{m\theta^2l^3}{48EI}}$$

振幅

$$B=M\delta_{12}\beta=\frac{Ml^2}{16EI}\cdot\frac{1}{1-\dfrac{m\theta^2l^3}{48EI}}$$

惯性力幅值

$$I=m\theta^2B=m\theta^2\frac{Ml^2}{16EI}\cdot\frac{1}{1-\dfrac{m\theta^2l^3}{48EI}}=\frac{Ml^2}{16EI}m\theta^2\beta$$

应用叠加法求得跨中动弯矩幅值为

$$\mathrm{M}_{d\max}=\frac{M}{2}+\frac{Il}{4}=\frac{M}{2}\left(1+\frac{m\theta^2l^3}{32EI}\beta\right)$$

绘出动弯矩幅值图如图 15-14b 所示。

二、$p(t)$ 为一般周期性荷载的情况

前面所讨论的问题是单自由体系上作用有简谐动力荷载的强迫振动情况。然而在实际中所遇到的问题大多数是非简谐的周期性激振力或是基础运动所引起的强迫振动。这里我们将介绍在一般周期性荷载作用下单自由度体系的强迫振动解。

一般情况下，非简谐周期性函数都可以展开为富里叶级数，因此一个周期性荷载就可用一系列不同频率的简谐荷载来表示。设周期性荷载为 $F(t)$

$$F(t)=F(t+jT)\qquad(j=1,2,3,\cdots,n)\tag{15-31}$$

用富里叶级数可表达为

$$F(t)=\frac{a_0}{2}+a_1\cos\theta t+a_2\cos2\theta t+\cdots b_1\sin\theta t+b_2\sin2\theta t+\cdots\tag{15-32}$$

或是

$$F(t) = \frac{a_0}{2} + \sum_{j=1}^{n}(a_j\cos j\theta t + b_j\sin j\theta t) \tag{15-33}$$

三、p（t）为一般动力荷载的情况

现在我们研究一般非周期性动力荷载 $p(t)$ 作用下体系的动力反应。一般动力荷载的动力反应分为两部分：首先讨论瞬时冲量的动力反应；然后在此基础上讨论一般动力荷载的动力反应。

首先讨论瞬时冲量的情况。

设体系原来处于静止状态。从 $t=0$ 时刻开始受到如图 15-15 的瞬时冲量 $\mathrm{d}s=p\mathrm{d}t$ 的作用。由于冲量 $\mathrm{d}s$ 的作用而引起的体系振动可视为一个由初始条件产生的自由振动。体系的初位移为零，初速度为 $V_0=\frac{p\mathrm{d}t}{m}$。

利用（15-11）式，可得

$$y(t) = \frac{p\mathrm{d}t}{m\omega}\sin\omega t = \frac{\mathrm{d}s}{m\omega}\sin\omega t \tag{15-34}$$

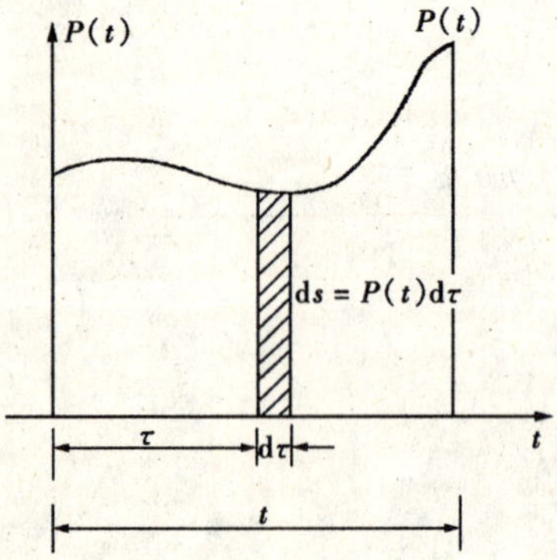

图 15-15 一般动力荷载

如果在 $t=\tau$ 时作用一瞬时冲量 $\mathrm{d}s$，则在任意时刻 t 以后（$t>\tau$）的位移为

$$y(t) = \frac{p\mathrm{d}t}{m\omega}\sin\omega t = \frac{\mathrm{d}s}{m\omega}\sin\omega t(t-\tau) \tag{15-35}$$

现在我们讨论图 15-15 所示的一般动力荷载作用下体系的动力反应。

如图 15-15 所示，若将时间划分为很多微小的区段，每段内 $p(t)$ 的值当作常量，则整个加载过程可以看作是由一系列的瞬时冲量的总和组成。例如，考察某一时刻 t 的位移 $y(t)$，就应考虑 t 以前各个瞬时冲量 $\mathrm{d}s=p(\tau)\mathrm{d}\tau$ 的影响。根据前面式（15-35）各个单个瞬时冲量所产生的位移为

$$\mathrm{d}y(t) = \frac{p(\tau)}{m\omega}\sin\omega(t-\tau)\mathrm{d}\tau \tag{15-36}$$

然后对加载过程中所产生的位移叠加

$$y(t) = \frac{1}{m\omega}\int_0^t p(\tau)\sin\omega(t-\tau)\mathrm{d}\tau \tag{15-37}$$

式（15-37）称为杜哈梅（Duhamel）积分。这是处于静止状态的单自由度体系在一般动力荷载作用的位移计算公式。如果体系的初始位移 y_0 和初始速度 v_0 不为零，其总位移为

$$y(t) = y_0\cos\omega t + \frac{v_0}{\omega}\sin\omega t + \frac{1}{m\omega}\int_0^t p(\tau)\sin\omega(t-\tau)\mathrm{d}\tau \tag{15-38}$$

例 15-6 设有重物 $Q=2\mathrm{kN}$ 从 $h=20\mathrm{cm}$ 的高处落到梁上中点 C 处（图 15-16），求此冲

击的等效静荷载 P_E。已知梁的跨度 $l=6\text{m}$，梁的自重 $Q_1=20\text{kN}$，截面惯性矩 $I=36\times 10^4\text{cm}^4$，弹性模量 $E=34\times10^2\text{kN/cm}^2$。

解：

（1）求梁的自振圆频率 ω

将梁的质量的一半集中在梁的中点，其余分别集中在两端。因此在梁中点的集中重量（包括重物 Q）为

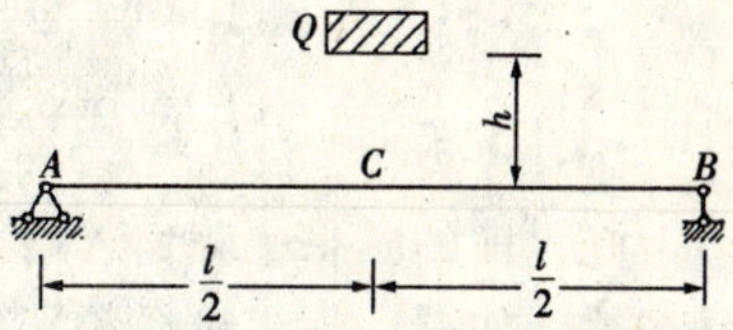

图 15-16　简支梁受冲击的情况

$$W=Q+\frac{Q_1}{2}$$

由式（15-17），自振圆频率为

$$\omega=\sqrt{\frac{g}{W\delta}}=\sqrt{\frac{g}{\left(Q+\dfrac{Q_1}{2}\right)\delta}}$$

其中

$$\delta=\frac{l^3}{48EI}$$

（2）求瞬时冲量 S

下落物体与梁接触时的速度为 $v=\sqrt{2gh}$，因此，冲量为

$$S=\frac{Q}{g}v=\frac{Q}{g}\sqrt{2gh}$$

（3）求等效静荷载 P_g

$$P_g=S\omega=Q\sqrt{\frac{2h}{\left(Q+\dfrac{Q_1}{2}\right)\delta}}=2\sqrt{\frac{2\times20}{(2+10)\dfrac{600^3}{48\times34\times10^2\times36\times10^4}}}=60.3\text{kN}$$

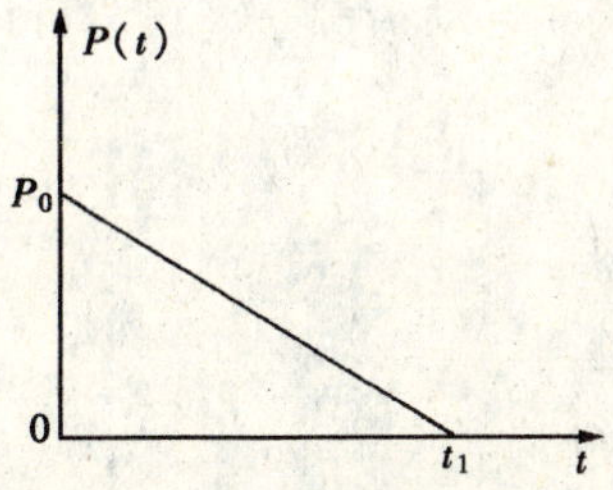

图 15-17　爆炸荷载

例 15-7　设一单自由度体系自振频率为 ω，承受如图 15-17 所示爆炸荷载作用，试求体系的动位移。

解　由图 12-17 可写出该爆炸荷载的表达式

$$p(t)=\begin{cases}P_0\left(1-\dfrac{t}{t_1}\right) & 当\ t\leqslant t_1\\ 0 & 当\ t>t_1\end{cases}$$

在初始位移和初始速度为零的条件下，爆炸荷载引起的动力反应可由杜哈梅积分公式（15-37）来求得。

当 $t\leqslant t_1$ 时　$$y(t)=\frac{1}{m\omega}\int_0^t P_0\left(1-\frac{\tau}{t_1}\right)\sin\omega(t-\tau)\mathrm{d}\tau=\frac{P_0}{m\omega^2}\left(1-\cos\omega t-\frac{t}{t_1}+\frac{\sin\omega t}{\omega t_1}\right)$$

或　$$y(t)=y_s\left(1-\cos\omega t-\frac{t}{t_1}+\frac{\sin\omega t}{\omega t_1}\right)$$

式中　$$y_s=\frac{P_s}{m\omega^2}$$

是数值为 P_0 的静荷载使体系产生的静位移。

当 $t>t_1$ 时　$$y(t)=\frac{1}{m\omega}\int_0^t P_0\left(1-\frac{\tau}{t_1}\right)\sin\omega(t-\tau)\mathrm{d}\tau$$

$$= y_s\left\{-\cos\omega t + \frac{1}{\omega t_1}\left[\sin\omega t - \sin\omega(t - t_1)\right]\right\}$$

§15-4 阻尼对振动的影响

在以前的结果中我们忽略了阻尼的影响，所得的结果只能大体上反映实际结构体系的振动规律，如周期性、自振频率等结构固有的一些特性。实际上任何结构的运动都存在有阻力，在阻力的作用下体系的运动将逐渐衰减而不能无限延伸。阻力大致可分为两种：一种是外部介质的阻力，如空气和液体的阻力、摩擦力等；另一种是源于物体内部的阻力，如分子间的摩擦力和粘着力等。这些力统称为阻尼力，简称阻尼。

由于内外阻尼产生的规律不同，而且与振动物体的结构形式、构成材料等因素有关。由于阻尼的精确计算是一个复杂的问题，因此阻尼的计算常采用较为简单的形式。从阻尼的性质上看，阻尼对质点运动起阻碍作用。而且阻尼作用的方向总与运动方向相反，所以阻尼的计算通常引用福格弟（Voigt）假设，即认为振动物体所受阻尼力与振动速度成正比。即

$$R = -c\dot{y} \tag{15-39}$$

式中 c 称为阻尼系数。负号表示方向始终与速度方向相反。

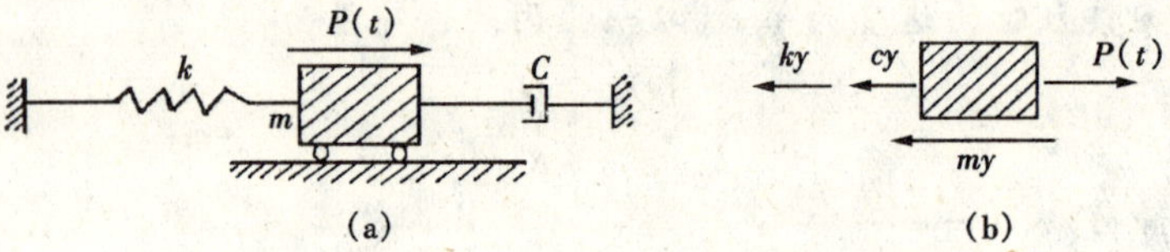

图 15-18 单自由度体有阻尼的计算模型

(a) 有阻尼单自由度振动模型；(b) 隔离体

图 15-18 中单自由度体系质量为 m，弹簧系为 k，阻尼系数为 c，动荷载 $p(t)$。可以建立隔离体 m 的平衡方程为

$$m\ddot{y} + c\dot{y} + ky = p(t) \tag{15-40}$$

以下分别讨论自由振动和强迫振动。

1. 有阻尼的自由振动

在式（15-40）中，如令 $p(t)=0$ 即成为自由振动方程，写成

$$m\ddot{y} + c\dot{y} + ky = 0 \tag{15-41}$$

或

$$\ddot{y} + 2\xi\omega\dot{y} + \omega^2 y = 0 \tag{15-42}$$

其中 $\omega=\sqrt{\dfrac{k}{m}}$，$\xi=\dfrac{c}{2m\omega}$。在实际工程中，$\xi$ 被称为阻尼比，是表达阻尼系数的基本参数。

由微分方程理论可知，式（15-42）有如下形式的解

$$y(t) = Ce^{\lambda t} \tag{15-43}$$

代入方程（15-42）可得

$$\lambda = \omega\left(-\xi \pm \sqrt{\xi^2 - 1}\right) \tag{15-44}$$

由式（15-44）可知，当 $\xi<1$、$\xi=1$、$\xi>1$ 时，体系有三种不同形式的运动。

当 $\xi<1$ 时（小阻尼情况），λ 可以写成如下复数形式

$$\lambda = \omega\left(-\xi \pm i\sqrt{1-\xi^2}\right) \tag{15-45}$$

此时方程（15-42）的解为

$$y(t) = e^{-\xi\omega t}\left(C_1\cos\omega\sqrt{1-\xi^2}\,t + C_2\sin\omega\sqrt{1-\xi^2}\,t\right) \tag{15-46}$$

或

$$y(t) = e^{-\xi\omega t}\left(C_1\cos\omega_r t + C_2\cos\omega_r t\right) \tag{15-47}$$

其中 $\omega_r = \omega\sqrt{1-\xi^2}$

引入初始条件，可得

$$y(t) = e^{-\xi\omega t}\left(y_0\cos\omega_r t + \frac{v_0 + \xi\omega y_0}{\omega_r}\sin\omega_r t\right) \tag{15-48}$$

或

$$y(t) = a e^{-\xi\omega t}\sin(\omega_r t + \alpha) \tag{15-49}$$

其中 $a = \sqrt{y_0^2 + \dfrac{(v_0 + \xi\omega y_0)^2}{\omega_r^2}}$，$\mathrm{tg}\alpha = \dfrac{y_0\omega_r}{v_0 + \xi\omega y_0}$

由式（15-49）决定的小阻尼自由振动体系的 $y-t$ 曲线图如图（15-19）所示，可见曲线是随时间衰减的。如用 y_n 表示在某一时刻 t 的振幅，y_{n+1} 表示经过一个周期 T 以后的振幅，则有

$$\frac{y_n}{y_{n+1}} = \frac{a e^{-\xi\omega t_n}}{a e^{-\xi\omega(t_n + T)}} = e^{\xi\omega T} \tag{15-50}$$

对上式两边取对数，得

$$\ln\frac{y_n}{y_{n+1}} = \xi\omega T = \gamma \tag{15-51}$$

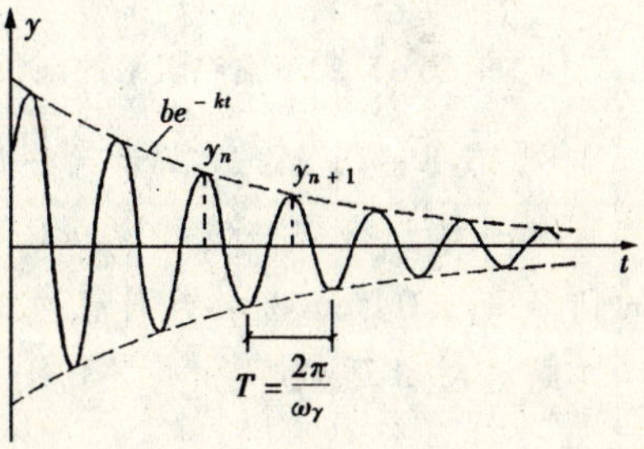

图 15-19　$y-t$ 曲线

式中 γ 称为振幅的对数衰减率。

由 ω_r 表达式可知当阻尼比较小时，ω_r 与 ω 很接近。通常 ξ 是一个很小的数，一般在 0.01～0.1 之间变化。对自振频率的影响很小。有

$$\omega_r \approx \omega \tag{15-52}$$

及

$$\ln\frac{y_n}{y_{n+1}} = \xi\omega\frac{2\pi}{\omega_r} \approx 2\pi\xi = \gamma \tag{15-53}$$

据此可得

$$\xi = \frac{\gamma}{2\pi} = \frac{1}{2\pi}\ln\frac{y_n}{y_{n+1}} \tag{15-54}$$

利用上式可以根据相邻振幅的比值来计算体系的阻尼比。实测中为了提高精度，通常取相距 k 个周期的两个振幅 y_n 和 y_{n+k} 来计算阻尼比

$$\xi = \frac{\gamma_n}{2\pi k} = \frac{1}{2\pi k}\ln\frac{y_n}{y_{n+k}} \tag{15-55}$$

当 $\xi = 1$ 时，由式（15-44）得

$$\lambda = -\omega \tag{15-56}$$

因此，微分方程（15-41）的解

$$y(t)=(C_1+C_2t)e^{-\omega t} \tag{15-57}$$

引入初始条件，得

$$y(t)=[y_0(1+\omega t)+v_0t]e^{-\omega t} \tag{15-58}$$

此时曲线仍为衰减曲线，但不具有波动性质。这时的阻尼系数称为临界阻尼系数，用 c_r 表示，由前式可知

$$c_r=2m\omega \tag{15-59}$$

当 $\xi>1$ 时，体系的自由振动反应仍没有波动性质，而实际中出现 $\xi>1$ 的情况很少，故不作进一步讨论。

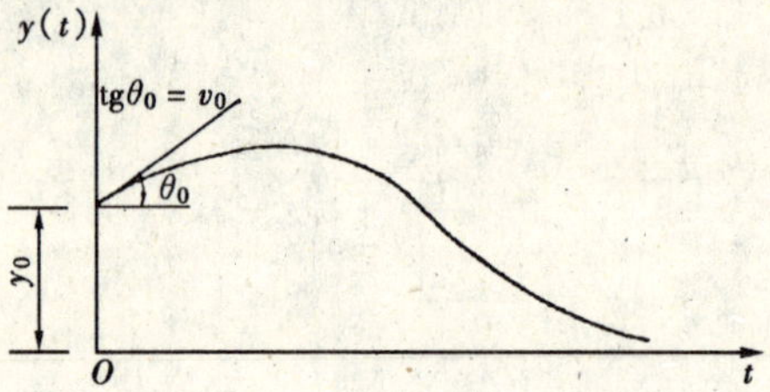

图 15-20　临界阻尼的函数曲线

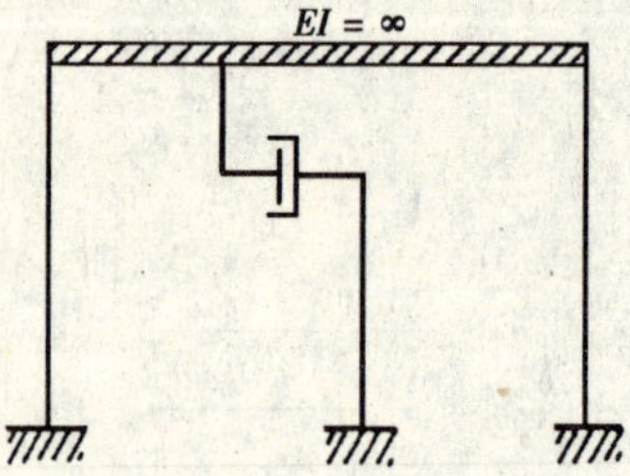

图 15-21　刚架

例 15-8　图 15-21 所示为一刚架，横梁 $EI=\infty$，质量集中于横梁，$m=1500t$。令刚架作自由振动，横梁初位移 $y_0=0.6\text{cm}$，初速度为零，测得周期 $T_r=1.5\text{s}$，及振动一周后横梁的侧移 $y_1=0.5\text{cm}$。试求刚架的阻尼系数及振动 10 周后的振幅。

解： 对数递减率为

$$\lambda=\ln\frac{y_0}{y_1}=\ln\frac{0.6}{0.5}=0.182$$

阻尼比

$$\xi=\frac{\lambda}{2\pi}=\frac{0.182}{6.283}=0.029$$

因阻尼对周期影响很小，可近似地取 $T=T_r=1.5\text{s}$，而 $\omega=\frac{2\pi}{T_r}$，于是阻尼系数为

$$c=2m\omega\xi=2\times1.5\times10^6\times\frac{2\pi}{1.5}\times0.029=0.365\text{Mkg/s}$$

计算振动 10 周后的振幅 y_{10}，由于

$$\frac{y_{10}}{y_0}=e^{\xi\omega\cdot10T_r},\quad \frac{y_1}{y_0}=e^{-\xi\omega T_r}$$

所以

$$y_{10}=\left(\frac{y_{10}}{y_0}\right)\times y_0=\left(\frac{y_1}{y_0}\right)^{10}\times y_0=\left(\frac{0.5}{0.6}\right)^{10}\times0.6=0.099\text{cm}$$

例 15-9　从实测中已知某结构的自振周期 $T=0.25\text{s}$，阻尼比 $\eta=0.08$。若结构因有初始位移 $y_0=1\text{mm}$ 而振动时，求自振振幅衰减到 y_0 的 5% 以下所需的时间。

解： 设振动 x 个周期后，振幅 y_x 衰减到 y_0 的 5% 即 0.05mm 以下，则由

$$\ln\frac{y_0}{y_x}=k(xT)=\eta\omega\frac{2\pi x}{\omega'}\approx2\pi\eta x$$

故
$$x=\frac{1}{2\pi\eta}\ln\frac{y_0}{y_x}\geqslant\frac{1}{2\pi\times 0.08}\ln\frac{1}{0.5}=\frac{2.996}{2\pi\times 0.08}=5.96$$

即在 6 个周期后，振幅即衰减到初始位移的 5% 以下，所需时间为

$$t=6T=6\times 0.25=1.5\mathrm{s}$$

2. 有阻尼的强迫振动

在一般动荷载 p（t）作用下，有阻尼的（$\xi<1$）单自由度强迫振动可用杜哈梅积分求出，与无阻尼的情况相似。由动力平衡条件有

$$\ddot{y}+2\xi\omega\dot{y}+\omega^2 y=\frac{1}{m}p\ (t) \tag{15-60}$$

在具有初始条件 $t=0$ 时，y（0）$=y_0$，v（0）$=v_0$ 的情况下，

$$y(t)=e^{-\xi\omega t}\left(y_0\cos\omega_r t+\frac{v_0+\xi\omega y_0}{\omega_r}\sin\omega_r t\right)+\int_0^t\frac{p(\tau)}{m\omega_r}e^{-\xi\omega(t-\tau)}\sin\omega_r(t-\tau)\mathrm{d}\tau \tag{15-61}$$

这就是任意一般动力荷载 p（t）作用下的一般解的形式。

现以受简谐周期荷载作用的单自由度体系为例，说明单自由度体系的强迫振动的特点。在具有转动部件的电动机匀速转动结构中，由于偏心质量造成的离心力的垂直分量就是简谐周期荷载的典型例子。一般表示为

$$p\ (t)\ =p\sin\theta t \tag{15-62}$$

其中 θ 为简谐荷载的频率，p 为最大值。此时振动方程为

$$\ddot{y}+2\xi\omega\dot{y}+\omega^2 y=\frac{1}{m}p\sin\theta t \tag{15-63}$$

求周期荷载 p（t）特解可以代入式（15-61）中直接积分，也可以用以下方法求出

设式（15-63）的特解形式为

$$\bar{y}\ (t)\ =D_1\sin\theta t+D_2\cos\theta t \tag{15-64}$$

代入方程，则有

$$-D_1\theta^2\sin\theta t-D_2\theta^2\cos\theta t+2D_1\xi\omega\theta\cos\theta t-2D_2\xi\omega\theta\sin\theta t$$
$$+D_1\omega^2\sin\theta t+D_2\omega^2\cos\theta t=\frac{p}{m}\sin\theta t \tag{15-65}$$

可以解出

$$D_1=\frac{p}{m}\frac{(\omega^2-\theta^2)}{(\omega^2-\theta^2)^2+4\xi^2\omega^2\theta^2}$$
$$D_2=\frac{p}{m}\frac{-2\xi\omega\theta}{(\omega^2-\theta^2)^2+4\xi^2\omega^2\theta^2} \tag{15-66}$$

合并各式可得单自由度有阻尼的强迫振动通解

$$y\ (t)\ =e^{-\xi\omega t}\ \left(y_0\cos\omega_r t+\frac{v_0+\xi\omega y_0}{\omega_r}\sin\omega_r t\right)\ +D_1\sin\theta t+D_2\cos\theta t \tag{15-67}$$

由此式可知，强迫振动的通解包含两部分，如图 15-22 所示，其中第一部分是以体系的固有频率 ω_r 运动，这一部分中包含有因子 $e^{-\xi\omega t}$，因此会随时间衰减而最后消失，一般称为瞬态振动；第二部分是以简谐频率 θ 振动，不包含衰减因子，因而不会衰减。在包含瞬态振动部分的过渡阶段以后，只剩下按

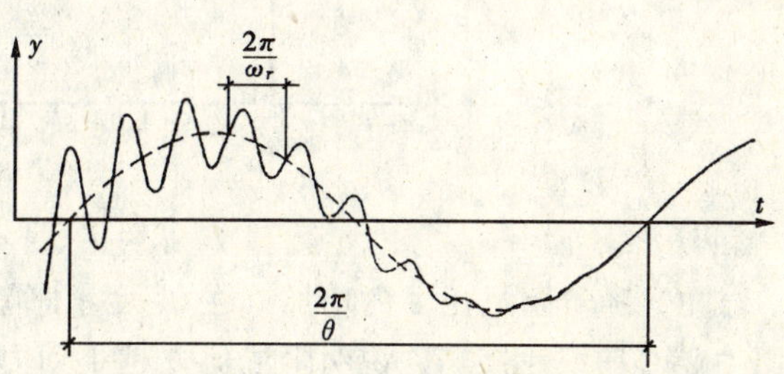

图 15-22　单自由度有阻尼的强迫振动曲线

θ 振动的平稳振动阶段。这一部分一般称为稳态振动。

下面我们讨论稳态振动的一些特点。

稳态振动的部分可以写成如下形式：

$$y(t) = y_p \sin(\theta t - \alpha) \tag{15-68}$$

其中

$$y_p = \frac{y_{st}}{\sqrt{\left(1 - \frac{\theta^2}{\omega^2}\right)^2 + 4\xi^2 \frac{\theta^2}{\omega^2}}}$$

$$\alpha = \mathrm{tg}^{-1} \frac{2\xi \frac{\theta}{\omega}}{1 - \frac{\theta^2}{\omega^2}} \tag{15-69}$$

y_{st}表示荷载最大值时 P 作用下的静位移。由此可得动力系数如下：

$$\beta = \frac{y_p}{y_{st}} = \frac{1}{\sqrt{\left(1 - \frac{\theta^2}{\omega^2}\right)^2 + 4\xi^2 \frac{\theta^2}{\omega^2}}} \tag{15-70}$$

此式表明：动力系数不仅与频率比值有关，而且与阻尼比有关。对于不同的阻尼比 ξ 可以绘出针对相应频率比的关系曲线，也称为幅频曲线。

由图 15-23 可以得出如下结论：

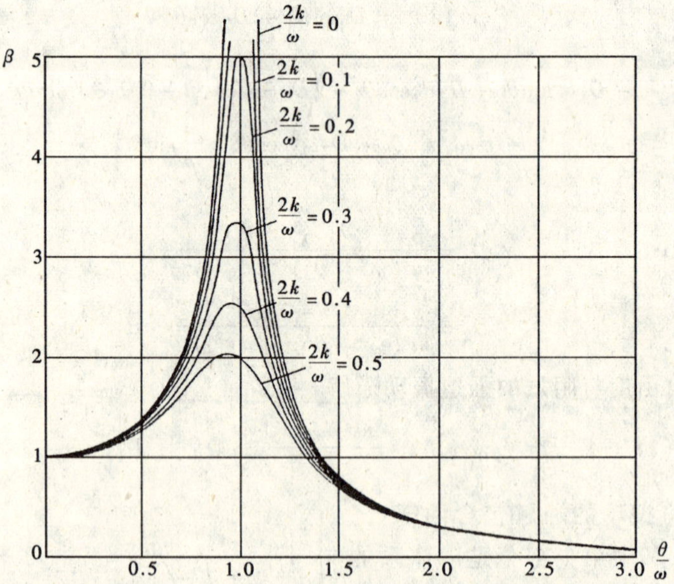

图 15-23　幅频曲线

(1) 随着阻尼比 ξ 的增加（在 $0 \leqslant \xi \leqslant 1$ 范围内），动力系数 β 的曲线也渐趋平缓，阻尼比 ξ 越小曲线越陡峭，说明阻尼比 ξ 越小动力系数 β 越大，对振动幅值的放大作用越大，所以 β 有时也称为放大系数；

(2) 当荷载频率 $\theta \ll \omega$ 时，$\frac{\theta}{\omega}$很小，这时荷载频率很小，$p\sin\theta t$ 接近静荷载。由于振动很慢，因此惯性力和阻尼力都较小，动力荷载主要由结构的恢复力承担。式（15-68）中的相位差 α 说明体系的反应位移 $y(t)$ 与荷载 $p(t)$ 之间在振动的相位上存在差别，也就是说反应位移 $y(t)$ 要比荷载 $p(t)$ 落后一个角度 α，α 称为相位差。在无阻尼振动中，反应位移 $y(t)$ 与荷载 $p(t)$ 是同步的，两者之间不存在相位差别。有阻尼时，如$\frac{\theta}{\omega} \ll 1$，由 α 表达式可以看出，相位差 α 也很小。$y(t)$ 与 $p(t)$ 几乎保持同步。

(3) 当$\frac{\theta}{\omega}$接近于 1 时，动力系数 β 增加很快。此时 $\alpha \approx 90°$，说明位移落后荷载 90°，即当位移最大时，荷载最小，恢复力、惯性力很大，阻尼力很小；而当位移最小时，荷载最大，恢复力和惯性力很小，阻尼力大，这样正好加剧了体系的振动，使得振动幅值增大。当 $\xi = 0$ 时，达到最大。此时即为共振动情况。如果没有阻尼，理论上振动幅可达到无穷大。但实际上任何体系都有阻尼存在，特别在共振产生时，阻尼力将起重要作用。由图 15-23 可见，在 $0.75 < \frac{\theta}{\omega} < 1.25$ 的范围内，阻尼的影响将大大地减小振动的动力系数。

$$\beta = \frac{1}{2\xi}$$

然而，即使由于 ξ 的影响 β 不会增加到无穷大，但其值还是很大，特别是阻尼比较小时，共振现象的产生是很危险的，有可能导致引起结构本身的破坏。因此，在实际工程，特别是大型重要结构的设计中，应注意通过调整质量和刚度的分布来控制结构的自振频率，或增加阻尼，减少振动幅值或是采取措施减少振源对结构体系的影响。

(4) 当$\frac{\theta}{\omega} \gg 1$ 时，β 值很小，表明质量近似不动或是振动幅值很小的振动。主要是由于荷载动很快，而惯性力很大，结构的恢复力和阻尼力相对很小，乃至可以忽略。动荷载主要与惯性力平衡。而惯性力与位移同相位，荷载与位移的相位差为 180°，方向彼此相反而成平衡之势，所以质量基本不动。

*§15-5　隔振概念

当结构体系发生剧烈振动或是共振动现象时，不仅会引起结构本身的破坏，减损使用寿命，还有可能威胁到人民的生命财产安全，对人类的生命安全及健康有不利影响。例如，城市产生的噪声，也是一种振动现象，过大的噪声就会对人体身心健康有害。因此有效地隔离振动源（简称振源）是现在工业民用建筑中的重要问题。

根据振源的不同，一般分为两种性质不同的隔振。一种称为主动隔振；一种称为被动隔振。

1. 主动隔振

如果结构体系本身包含振源，则使它与地基隔离开以减少对周围环境的影响，称为主动隔振。例如，振动较大的机械设备安装在较大的基础上，或是在地基与基础之间设置减震器就是常用的主动隔振措施。

主动隔振的隔振效果用主动隔振系数 η_a 表示。

$$\eta_a = \frac{\text{隔振后传递到地基上的力}}{\text{没有隔振时传递到地基上的力}} \tag{15-71}$$

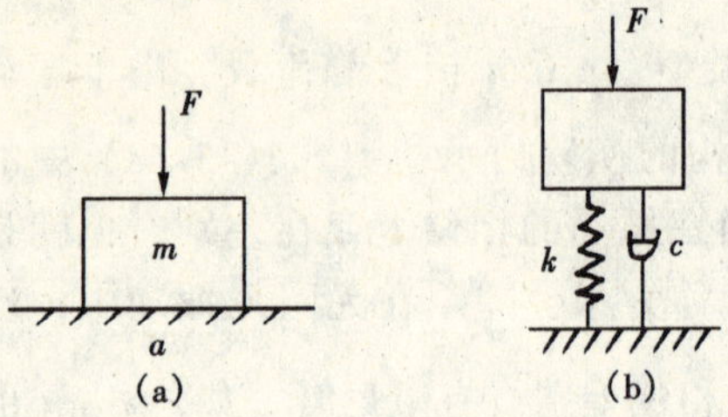

图 15-24　主动隔振

(a) 未采取隔振措施；(b) 采取隔振措施

图 15-24a 为未采取隔振措施时的情况，图 15-24b 为采取隔振措施的情况。当结构与地基未采取隔振措施时，原来的振源荷载被完全地传递到地基上，如以简谐周期荷载为例，即 $p(t)=p\sin\theta t$。采取隔振措施以后，传递到地基上的力分成两部分：一部分通过弹簧传递到地基上（只考虑稳态振部分）

$$p_k=ky=ky_p\sin(\theta t-\alpha) \tag{15-72}$$

另一部分则是通过阻尼器传递到地基上，大小为

$$p_c=c\dot{y}=cy_p\theta\cos(\theta t-\alpha) \tag{15-73}$$

两部分力的频率相同，同为 θ，而相位差为 90°，其合力可用矢量法求出，合力最大值为

$$p_T=\sqrt{p_{k\max}^2+p_{c\max}^2}=ky_p\sqrt{1+(2\xi\lambda)^2} \tag{15-74}$$

由上节可知，在简谐荷载 $p(t)=p\sin\theta t$ 作用下，体系的振幅为

$$y_p=\frac{p}{\sqrt{(1-\lambda^2)^2+4\xi^2\lambda^2}} \tag{15-75}$$

所以

$$\eta_a=\frac{p_T}{p}=\sqrt{\frac{1+4\xi^2\lambda^2}{(1-\lambda^2)^2+4\xi^2\lambda^2}} \tag{15-76}$$

从式（15-76）可以看出，此式和上节中的放大系数 β 表达式一样，所以将放大系数的曲线图中 β 改为 η_a 即为主动隔振系数随频率变化的特性曲线，所采取的主动隔振措施中，隔振物体的物理参数选取主要依据特性曲线。

2. 被动隔振

如果结构本身不包含振源，振源是来自地基基础或是支承运动引起的，为了减少外来振源引起的结构振动而采取隔振措施，称为被动隔振。

被动隔振的效果用被动隔振系数 η_p 表示

$$\eta_p=\frac{\text{隔振后结构的振幅}}{\text{地基运动的振幅}} \tag{15-77}$$

被动隔振系数 η_p 也可以用振动速度或是加速度表示。当地基为简谐振动时，以上三种表示 η_p 的方法是相同的。如果是其他形式的荷载，用不同的物理量所表示的隔振系数 η_p 是不同的。

设地基运动为简谐运动，$y_s(t)=a\sin\theta t$，则结构在隔振后的振幅比为

$$\eta_a=\frac{y_p}{a}=\sqrt{\frac{1+4\xi^2\lambda^2}{(1-\lambda^2)^2+4\xi^2\lambda^2}} \tag{15-78}$$

比较式（15-76）和式（15-78）两式，可见无论是主动隔振还是被动隔振，意义虽有不同，但其所遵循的规律是相同的，都可以用放大系数 β 的特性曲线来表示。并有下列一些共同特性。

(1) 不论阻尼大小，只有当频率比 $\lambda>\sqrt{2}$ 时隔振才有效果；

(2) $\lambda>\sqrt{2}$ 后，随频率比的增加，隔振系数 η 值逐渐趋于零。而在 $\lambda>5$ 以后，η 曲线几乎水平，即便使用性能再好的隔振装置，效果也不会有很大提高。因此实际上选取 λ 值

在 2.5～5.0 之间效果是比较理想的。

(3) 当 $\lambda > \sqrt{2}$时，隔振系数 η 随阻尼比的增加而增大，就是说在此情况下增大阻尼并不利于提高隔振效果，因此不宜盲目增大阻尼。

为了更直接地说明隔振效果，可用隔振效率 ε 来评价其效果

$$\varepsilon = (1-\eta) \times 100\% \tag{15-79}$$

它表示隔振装置所隔离掉的振动的百分率。

§15-6　多自由度体系的自由振动

在实际的工程中，有很多结构可以简化为单自由度体系，但也有很多问题需要按二自由度或是多自由度体系来处理，一是因为实际的结构具有多自由度的特征；二是有些结构必须按多自由度体系处理才能获得比较符合实际的解答。例如，多层房屋（图 15-25a）及不等高厂房（图 15-25b）的横向振动。块体基础的平面振动，以及柔性较大的高耸结构等问题都需要简化为更符合实际情况的多自由度体系。

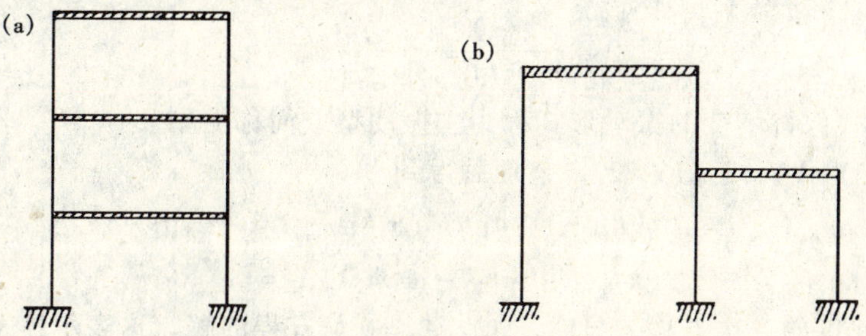

图 15-25　多层房屋

(a) 多层房屋；(b) 不等高房屋

所谓多自由度体系是指二个自由度以上的体系，我们将以二自由度体系来进行研究，然后可以类推到 n 个自由度体系。

一、两个自由度体系的自由振动

图 15-26 所示为一个具有两个集中质量的体系，具有两个自由度。其无阻尼自由振动方程可用刚度法来推导。

集中质量 m_1 和 m_2 为隔离体，如图 15-26b，隔离体 m_1、m_2 则分别受到惯性力 $m_1\ddot{y}_1$，$m_2\ddot{y}_2$ 和恢复力 f_{s1}，f_{s2}的作用而处于动平衡。其中两个惯性力分别与加速度 $\ddot{y}_1$，$\ddot{y}_2$ 的方向相反。弹性力分别与位移 y_1 和 y_2 方向相反。

由达朗伯原理可列出动平衡方程

$$\left.\begin{aligned} m_1\ddot{y}_1 + f_{s1} = 0 \\ m_2\ddot{y}_2 + f_{s2} = 0 \end{aligned}\right\} \tag{15-80}$$

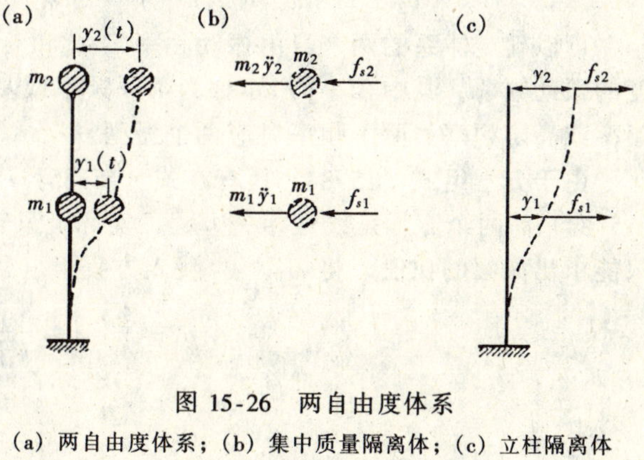

图 15-26　两自由度体系

(a) 两自由度体系；(b) 集中质量隔离体；(c) 立柱隔离体

弹性力 f_{s1}，f_{s2}是集中质量与结构之间的互相作用力，与位移 y_1、y_2 之间应满足如下刚度方程

$$\left.\begin{aligned} f_{s1} &= k_{11}y_1 + k_{12}y_2 \\ f_{s2} &= k_{21}y_1 + k_{22}y_2 \end{aligned}\right\} \tag{15-81}$$

其中 k_{11}为结构的刚度系数。例 k_{12}为质量 m_2 产生单位位移时，在 1 点所需施加的力。

将式（15-81）代入式（15-80），得

$$\left.\begin{aligned} m_1\ddot{y}_1 + k_{11}y_1 + k_{12}y_2 = 0 \\ m_2\ddot{y}_2 + k_{21}y_1 + k_{22}y_2 = 0 \end{aligned}\right\} \tag{15-82}$$

这就是按刚度法建立的两自由度无阻尼体系的自由振动微分方程。

设方程组（15-82）解的形式为

$$\left.\begin{aligned} y_1(t) = A_1\sin(\omega t + \alpha) \\ y_2(t) = A_2\sin(\omega t + \alpha) \end{aligned}\right\} \tag{15-83}$$

这个解的形式说明：在振动过程中，两集中质量具有相同的频率和相同的初相位。A_1、A_2 分别为两质点的振幅；另外，虽然时间变化，但两质点的振幅比值始终保持不变。即

$$\frac{y_1(t)}{y_2(t)} = \frac{A_1}{A_2} = 常数$$

这种结构变形形式保持不变的振动形式称为主振动型或简称振型。

将式（15-83）代入式（15-82），整理后得到

$$\left.\begin{aligned} (k_{11} - \omega^2 m_1)A_1 + k_{12}A_2 = 0 \\ k_{21}A_1 + (k_{22} - \omega^2 m_2)A_2 = 0 \end{aligned}\right\} \tag{15-84}$$

上式为 A_1、A_2 的齐次方程，显然，$A_1 = A_2 = 0$ 是方程的解，这表示体系处于静止状态。只有当 A_1、A_2 不为零时，体系才能发生振动。为此需使系数行列式为零，即

$$D(\omega^2) = \begin{vmatrix} k_{11} - \omega^2 m_1 & k_{12} \\ k_{21} & k_{22} - \omega^2 m_2 \end{vmatrix} = 0 \tag{15-85}$$

上式展开后可得到一个关于 ω^2 的二次方程

$$(\omega^2)^2 - \left(\frac{k_{11}}{m_1} + \frac{k_{22}}{m_2}\right)\omega^2 + \frac{k_{11}k_{22} - k_{12}k_{21}}{m_1 m_2} = 0 \tag{15-86}$$

由此方程可以确定频率 ω 的值，得到 ω^2 的两个根：

$$\begin{matrix}\omega_1^2 \\ \omega_2^2\end{matrix} = \frac{1}{2}\left(\frac{k_{11}}{m_1} + \frac{k_{22}}{m_2}\right) \mp \sqrt{\frac{1}{4}\left(\frac{k_{11}}{m_1} + \frac{k_{22}}{m_2}\right)^2 - \frac{k_{11}k_{22} - k_{12}k_{21}}{m_1 m_2}}\ (h) \tag{15-87}$$

可以确定体系的两个自由振动频率，ω_1 和 ω_2，且 $\omega_1 < \omega_2$。两自由度体系具有两个自由度的振动频率，其中较小的 ω_1 称为第一频率或基本频率（简称基频），另一个 ω_2 称为第二频率或高阶频率。两个频率对应两个振型。

由于方程组式（15-84）只有在式（15-85）中 $D(\omega^2) = 0$ 时才有非零解，显然方程组（15-84）的两个方程是线性相关方程，实际上只有一个独立的方程。也就是说用式（15-84）只能求出振幅的比值。将 ω_1，ω_2 代入方程组（15-84）的第一式中，可得：

$$\left.\begin{aligned} \rho_1 = \frac{A_{11}}{A_{21}} = -\frac{k_{12}}{k_{11} - \omega_1^2 m_1} \\ \rho_2 = \frac{A_{12}}{A_{22}} - \frac{k_{12}}{k_{11} - \omega_2^2 m_1} \end{aligned}\right\} \tag{15-88}$$

式中 A_{ij}的下标，i 表示质点编号，j 表示频率序号。ρ_1、ρ_2 即确定体系针对两个频率的振型，分别称为第一振型、第二振型。

上面求出的两个振型分别如图 15-27。

多自由度体系的振动，如果开始时按某个振型自由振动时，它的振动形式保持不变，这时多自由度体系实际上像个单自由度体系那样振动。多自由度体系能够以某个振型振动的条件是：初始位移和初始速度与此主振型相对应。

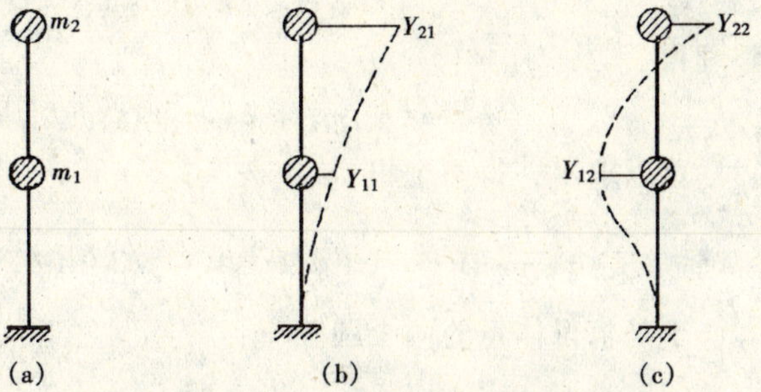

图 15-27　两自由度体系的振型

(a) 两自由度体系；；(b) 第一主振型，基本频率 ω_1；(c) 第二主振型，第二频率 ω_2

一般情况下，两个自由度体系的自由振动可以看作是两种频率及其相应振型的组合振动。即：

$$y_1(t) = A_{11}\sin(\omega_1 t + \alpha_1) + A_{12}\sin(\omega_2 t + \alpha_2)$$

$$y_2(t) = A_{21}\sin(\omega_1 t + \alpha_1) + A_{22}\sin(\omega_2 t + \alpha_2) \tag{15-89}$$

即微分方程组（15-82）式的全解。其中 A_{11}、A_{21}（$=A_{11}/\rho_1$）、A_{12}、A_{22}（$=A_{12}/\rho_2$）为 4 个待定常数。一般情况下原式所显现的质点运动都不是两个简谐运动。

多自由度振动微分方程及相关问题的讨论，还可以用柔度法来进行。按柔度法建立自由振动微分方程的思路，自由振动过程中的任意时刻质量 m_1、m_2 的位移 $y_1(t)$、$y_2(t)$ 应当等于体系在当时惯性 $-m_1 y_1 - m_2 y_2$ 作用下产生静力位移，即：

$$y_1(t) = -m_1 y_1(t)\delta_{11} - m_2 y_2(t)\delta_{12} \tag{15-90a}$$

$$y_2(t) = -m_1 y_1(t)\delta_{21} - m_2 y_2(t)\delta_{22} \tag{15-90b}$$

δ_{ij}是体系的柔度系数，整理得

$$\delta_{11} m_1 \ddot{y}_1(t) + \delta_{12} m_2 \ddot{y}_2 + y_1 = 0$$

$$\delta_{21} m_1 \ddot{y}_1(t) + \delta_{22} m_2 \ddot{y}_2 + y_2 = 0 \tag{15-91}$$

此式就是按柔度法建立的两自由度体系的运动微分方程。其解的形式与刚度法所得方程相同，将（15-83）代入得：

$$\left(\delta_{11} m_1 - \frac{1}{\omega^2}\right) A_1 + \delta_{12} m_2 A_2 = 0$$

$$\left(\delta_{22} m_2 - \frac{1}{\omega^2}\right) A_2 + \delta_{21} m_1 A_1 = 0 \tag{15-92}$$

为得到 A_1、A_2 全为零的解，应使得系数行列式等于零。

$$D = \begin{vmatrix} \delta_{11} m_1 - \dfrac{1}{\omega^2} & \delta_{12} m_2 \\ \delta_{21} m_2 & \delta_{22} m_2 - \dfrac{1}{\omega^2} \end{vmatrix} = 0 \tag{15-93}$$

这就是用柔度系数表示的频率方程或特征方程，由此可以求出频率。

令 $\lambda = \dfrac{1}{\omega^2}$，并展开上式，得：

$$(\delta_{11}m_1 - \lambda^2)(\delta_{22}m_2 - \lambda^2) - \delta_{12}m_2\delta_{21}m_1 = 0 \qquad (15\text{-}94)$$

整理得：

$$\lambda^2 - (\delta_{11}m_1 + \delta_{22}m_2)\lambda + (\delta_{11}m_2\delta_{22}m_1 - \delta_{21}m_2\delta_{12}m_1) = 0 \qquad (15\text{-}95)$$

可以求出，得两个根：

$$\frac{\lambda_1}{\lambda_2} = \frac{1}{2}(\delta_{11}m_1 + \delta_{22}m_2) \pm \frac{1}{2}\sqrt{(\delta_{11}m_1 + \delta_{22}m_2)^2 - 4(\delta_{11}\delta_{22} - \delta_{21}\delta_{12})m_1m_2} \qquad (15\text{-}96)$$

于是求得体系的两个圆频率：

$$\omega_1 = \frac{1}{\sqrt{\lambda_1}}, \omega_2 = \frac{1}{\sqrt{\lambda_2}} \qquad (15\text{-}97)$$

代入方程（15-84）式可得两个主振型。

$$\rho_1 = \frac{A_{11}}{A_{21}} = -\frac{\delta_{12}m_2}{\delta_{11}m_1 - \lambda_1}$$

$$\rho_2 = \frac{A_{12}}{A_{22}} = -\frac{\delta_{12}m_2}{\delta_{11}m_1 - \lambda_2} \qquad (15\text{-}98)$$

例 15-10 图 15-28 所示为两层刚架。设横梁为刚性，质量集中于横梁，且 $m_1 = m_2 = 1000t$，层间侧移刚度 $\frac{E\Sigma I_i}{h^3} = 100\text{kN/m}$。试求该刚架水平振动时的自振频率和振型。

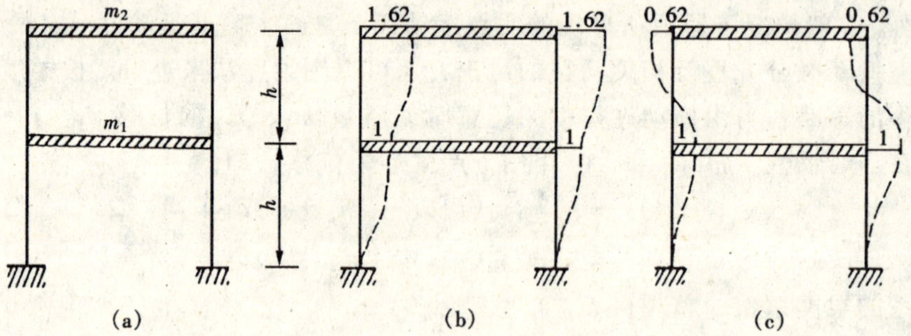

图 15-28 二层刚架及振型

(a) 二层刚架；(b) 第一振型；(c) 第二振型

解：(1) 计算刚架的刚度影响系数

$$k_{11} = 24\frac{E\Sigma I_i}{h_3} = 2400\text{kN/m}$$

$$k_{22} = 12\frac{E\Sigma I_i}{h_3} = 1200\text{kN/m}$$

$$k_{12} = k_{21} = -12\frac{E\cdot\sum I_i}{h_3} = -1200\text{kN/m}$$

(2) 求固有频率

$$\frac{\omega_1^2}{\omega_2^2} = \frac{1}{2}\left(\frac{2400}{1000} + \frac{1200}{1000}\right) \mp \sqrt{\frac{1}{4}\left(\frac{2400}{1000} + \frac{1200}{1000}\right)^2 - \frac{2400 \times 1200 - 1200^2}{1000 \times 1000}}$$

$$= 1.8 \mp 1.34$$

得

$$\omega_1^2 = 0.46 \qquad \omega_2^2 = 3.14$$

$$\omega_1 = 0.679s^{-1} \qquad \omega_2 = 1.772s^{-1}$$

(3) 求主振型

第一振型（参见图 15-28b）

$$\rho_1=\frac{A_{11}}{A_{21}}=-\frac{-1200}{2400-0.46\times1000}=\frac{1}{1.62}$$

第二振型（参见图 15-28c）

$$\rho_2=\frac{A_{12}}{A_{22}}=-\frac{-1200}{2400-3.14\times1000}=\frac{1}{-0.62}$$

例 15-11　图15-29所示无重简支梁上有两个集中质量 m，试求该梁的自振频率和振型。设 $EI=$ 常数。

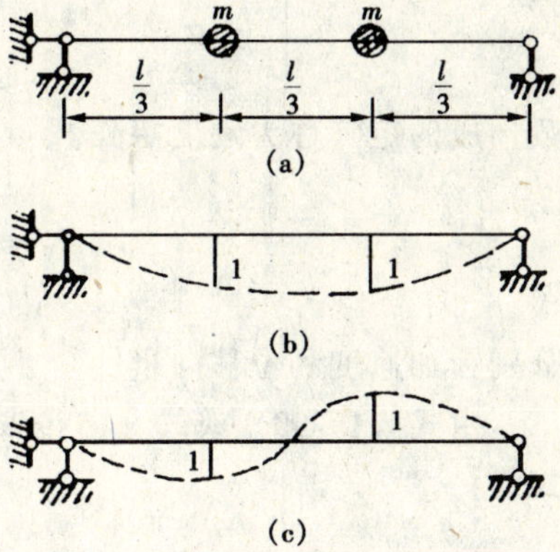

图 15-29

(a) 两个集中质量简支梁；(b) 第一振型；(c) 第二振型

解：(1) 求柔度影响系数，应用图乘法可得

$$\delta_{11}=\delta_{22}=\frac{4l^3}{243EI}$$

$$\delta_{12}=\delta_{21}=\frac{7l^3}{486EI}$$

(2) 求频率　将 δ_{ij} 及 m 值代入式（12-96）得

$$\frac{1}{\omega_1^2}=\frac{5ml^3}{162EI},\frac{1}{\omega_2^2}=\frac{ml^3}{486EI}$$

因此

$$\omega_1=5.692\sqrt{\frac{EI}{ml^3}}，\omega_2=22.045\sqrt{\frac{EI}{ml^3}}\text{二者之比为}\frac{1}{\sqrt{15}}。$$

(3) 求主振型

第一振型（参见图 15-29b）

$$\rho_1=\frac{A_{11}}{A_{21}}=-\frac{\frac{7l^3}{486EI}m}{\frac{4l^3}{243EI}m-\frac{5ml^3}{162EI}}=\frac{1}{1}$$

第二振型（参见图 15-29c）

$$\rho_2=\frac{A_{12}}{A_{22}}=-\frac{\frac{4l^3}{243EI}m-\frac{ml^3}{486EI}}{\frac{7l^3}{486EI}m}=\frac{1}{-1}$$

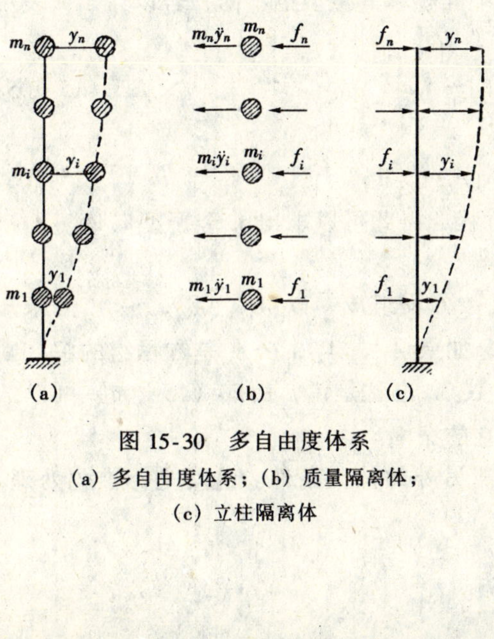

图 15-30　多自由度体系

(a) 多自由度体系；(b) 质量隔离体；(c) 立柱隔离体

二、n 个自由度体系的自由振动

图 15－30 所示为一具有 n 个自由度的体系。按照上述方法很容易把两个自由度体系的计算方法和所得结果类推到 n 个自由度体系。

按刚度法建立的自由振动微分方程组为：

$$m_1\ddot{y}_1+k_{11}y_1+k_{12}y_2+\cdots+k_{1n}y_n=0$$

$$m_2\ddot{y}_2+k_{21}y_1+k_{22}y_2+\cdots+k_{2n}y_n=0$$

$$\cdots$$

$$m_n \ddot{y}_n + k_{n1} y_1 + k_{n2} y_2 + \cdots + k_{nn} y_n = 0 \tag{15-99}$$

上式可用矩阵形成表达

$$[m]\{\ddot{y}\} + \{k\}\{y\} = 0 \tag{15-99a}$$

其中 $[m] = \begin{bmatrix} m_1 & & & 0 \\ & m_2 & & \\ & 0 & \ddots & \\ & & & m_n \end{bmatrix}$ 称为质量矩阵，$[k] = \begin{bmatrix} k_1 & k_{12} & \cdots & k_{1n} \\ k_{21} & k_{22} & \cdots & k_{2n} \\ \vdots & & & \\ k_{n1} & k_{n2} & \cdots & k_{nn} \end{bmatrix}$ 是由刚度系数构成的矩阵称为刚度矩阵。

$$\left.\begin{aligned} \{\ddot{y}\} &= \{\ddot{y}_1, \ddot{y}_2 \cdots \ddot{y}_n\}^T \\ \{\ddot{y}\} &= \{y_1, y_2 \cdots y_n\} \end{aligned}\right\} \tag{15-100}$$

分别为加速度和位移向量。

由式（15-99）或式（15-99a）构成的为二阶线性常系数齐次微分方程组，设其解的形式为：

$$\{y\} = \{A\} \sin(\omega t + \alpha) \tag{15-101}$$

这里 $\{A\} = \{A_1, A_2, \cdots A_n\}^T$ 为体系的位移幅值向量。将式（15-100）代入式（15-99）中，可得到位移幅值方程。

$$([K] - \omega^2 [m])\{A\} = \{0\} \tag{15-102}$$

上式是位移幅值 $\{A\}$ 的齐次方程。为了得到 $\{A\}$ 的非零解，应使系数行列式为零。即：

$$D\{\omega^2\} = [[K] - \omega^2 [m]] = 0 \tag{15-103}$$

为位移幅值非零解的条件，亦为频率方程。将行列式展开，可得到一个关于频率参数 ω^2 的 n 次代数方程。从中可以解出 ω^2 的 n 个根 ω_1^2，ω_2^2，…，ω_n^2。即可得到体系由小到大依次排列的 n 个振动频率 ω_1，ω_2，…，ω_n。把全部的频率由小到大排列而成的向量称作频率向量 $\{\omega\}$

$$\{\omega\} = \{\omega_1, \omega_2, \cdots, \omega_n\} \tag{15-104}$$

其中最小的频率叫做基本频率或第一频率。对应于不同频率其振型也不同，若以 $\{A_j\}$ 表示与第 j 个频率 ω_j 对应的振型，则

$$\{A_j\} = [A_{1j}, A_{2j}, \cdots A_{nj}]^T \tag{15-105}$$

将 ω_j 和 $\{A_j\}$ 代入式（15-102），得：

$$([k] - \omega_j^2 [m])\{A_j\} = 0 \tag{15-106}$$

若令 $j=1, 2, \cdots, n$，即可得到 n 个这样的向量方程，由此可以求出 n 个振型向量 $\{A_1\}$，$\{A_2\}$，…，$\{A_n\}$。

每一个向量方程（15-106）都是 n 个联立的代数方程组成，以 A_{1j}，A_{2j}，$\cdots A_{nj}$ 为未知数，当 $D(\omega^2) = 0$ 时，该方程组有非零解。但是，如果 A_{1j}，A_{2j}，$\cdots A_{nj}$ 是方程组的解，则 CA_{1j}，CA_{2j}，CA_{nj} 也是方程的解（这里 C 为任一常数）。也就是说，由式（15-106）可以惟一地确定主振型 $\{A_j\}$ 的形状，而不能惟一地确定它的振幅。

为了使主振型 $\{A_j\}$ 的振型幅值具有确定值，需另外的补充条件。这就是标准化处理，这样处理后，所得到的主振型称作标准化主振型。

常见的标准方法有两种：

(1) 就某个特定振型的标准化，作法是规定主振型 $\{A_j\}$ 中的某个元素为某个给定值。例如规定 $A_{1j}=1$，从而有

$$\left.\begin{aligned}([K]-\omega_j^2[m])\{A_j\}&=0\\ A_{1j}&=1\end{aligned}\right\}\tag{15-107}$$

(2) 另一做法就是规定主振型 $\{A_j\}$ 满足下式

$$\{A_j\}^T[m]\{A_j\}=1\tag{15-108}$$

由此还可引出以下关系式，即

$$\{A_j\}^T[k]\{A_j\}=\omega_j^2\tag{15-109}$$

就是说满足以上关系式以主振型同样为标准化主振型。

例 15-12　试求图15-31所示刚架的自振频率和主振型。设横梁的变形略去不计，第一、二、三层的层间刚度系数分别为 k、$\frac{k}{3}$、$\frac{k}{5}$。刚架的质量都集中在楼板上，第一、二、三层楼板处的质量分别为 $2m$、m、m。

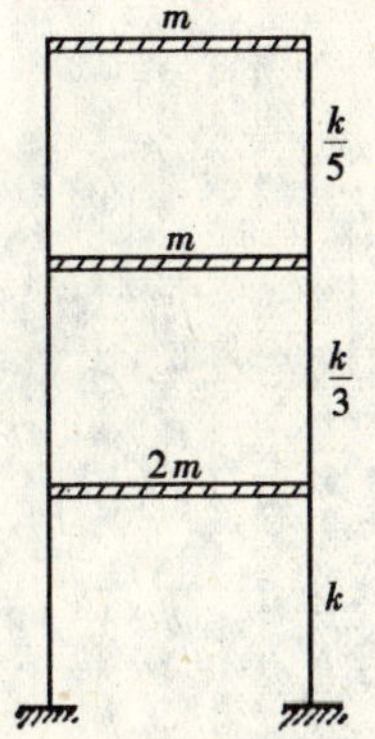

图 15-31　三层刚架

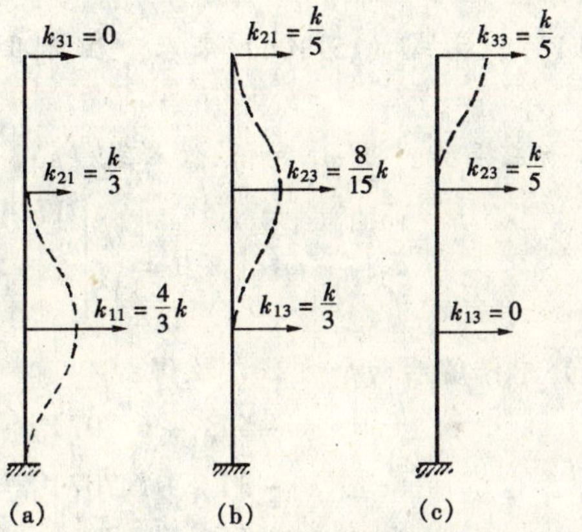

图 15-32　刚度系数

(a) $y_1=1$ 时刚度系数；(b) $y_2=1$ 时刚度系数；(c) $y_3=1$ 时刚度系数

解：

(1) 求自振频率

刚架的刚度系数如图 15-32 所示，刚度矩阵和质量矩阵分别为：

$$[K]=\frac{k}{5}\begin{bmatrix}20&-5&0\\-5&8&-3\\0&-3&3\end{bmatrix},\ [M]=m\begin{bmatrix}2&0&0\\0&1&0\\0&0&1\end{bmatrix}$$

因此，

$$[K]-\omega^2[M]=\frac{k}{15}\begin{bmatrix}20-2\eta&-5&0\\-5&8-\eta&-3\\0&-3&3-\eta\end{bmatrix}\tag{a}$$

其中

$$\eta=\frac{15m}{k}\omega^2\tag{b}$$

频率方程为

$$|[K]-\omega^2[M]|=0$$

其展开式为

$$2\eta^3-42\eta^2+225\eta-225=0 \tag{c}$$

用试算法求得方程的三个根为：

$$\eta_1=1.293,\ \eta_2=6.680,\ \eta_3=13.027$$

由式（b），求得：

$$\omega_1^2=0.0862\frac{k}{m},\ \omega_2^2=0.4453\frac{k}{m},\ \omega_3^2=0.8685\frac{k}{m}$$

因此三个自振频率为：

$$\omega_1=0.2936\sqrt{\frac{k}{m}},\ \omega_2=0.6673\sqrt{\frac{k}{m}},\ \omega_3=0.9319\sqrt{\frac{k}{m}}$$

（2）求主振型

主振型 $\{Y^{(i)}\}$ 由式（15-106）来求。在标准化主振型中，我们规定第三个元素 $Y_{3i}=1$。

首先求第一主振型。将 ω_1 和 η_1 代入式（a），得

$$[K]-\omega_1^2[M]=\frac{k}{15}\begin{bmatrix}17.414 & -5 & 0\\ -5 & 6.707 & -3\\ 0 & -3 & 1.707\end{bmatrix}$$

在式（15-106）中保留后两个方程，故得：

$$\left.\begin{aligned}-5Y_{11}+6.707Y_{21}-3Y_{31}=0\\ -3Y_{21}+1.707Y_{31}=0\end{aligned}\right\} \tag{d}$$

由于规定 $Y_{31}=1$，故式（d）的解为

$$\{Y^{(1)}\}=\begin{Bmatrix}Y_{11}\\ Y_{21}\\ Y_{31}\end{Bmatrix}=\begin{Bmatrix}0.163\\ 0.569\\ 1\end{Bmatrix}$$

其次求第二主振型。将 ω_2 和 η_2 代入式（a），得

$$[K]-\omega_2^2[M]=\frac{k}{15}\begin{bmatrix}6.640 & -5 & 0\\ -5 & 1.320 & -3\\ 0 & -3 & -3.680\end{bmatrix}$$

后两个方程为：

$$\left.\begin{aligned}-5Y_{12}+1.320Y_{22}-3Y_{22}=0\\ -3Y_{22}-3.680Y_{32}=0\end{aligned}\right\} \tag{e}$$

式（e）的解为

$$\{Y^{(2)}\}=\begin{Bmatrix}Y_{12}\\ Y_{22}\\ Y_{32}\end{Bmatrix}=\begin{Bmatrix}-0.924\\ -1.227\\ 1\end{Bmatrix}$$

最后求第三主振型。将 ω_3 和 η_3 代入式（a），得

$$[K]-\omega_3^2[M]=\frac{k}{15}\begin{bmatrix}-6.054 & -5 & 0\\ -5 & -5.027 & -3\\ 0 & -3 & -10.027\end{bmatrix}$$

后两个方程为：

$$\left.\begin{aligned}5Y_{13}+5.027Y_{23}+3Y_{33}=0\\ 3Y_{23}+10.027Y_{33}=0\end{aligned}\right\}\tag{f}$$

式（f）的解为

$$\{Y^{(3)}\}=\begin{Bmatrix}Y_{13}\\ Y_{23}\\ Y_{33}\end{Bmatrix}=\begin{Bmatrix}2.760\\ -3.342\\ 1\end{Bmatrix}$$

三个主振型的大致形状如图 15-33 所示。

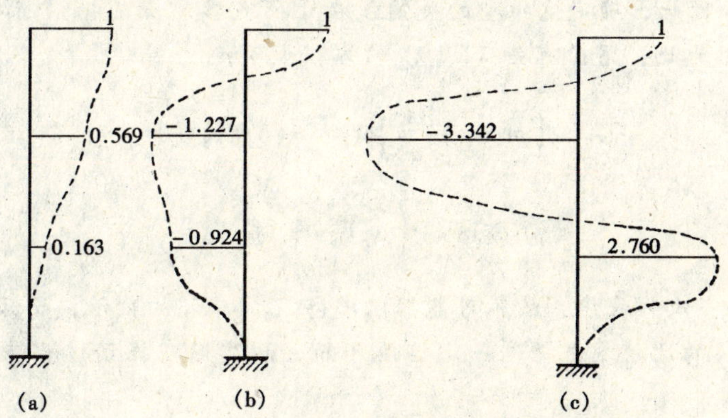

图 15-33　振型图

（a）第一主振型；（b）第二主振型；（c）第三主振型

例 15-13　试求图15-34a所示简支梁的自振频率并确定其主振型。

解：结构有两个自由度，可得其频率方程为

$$\begin{vmatrix}m_1\delta_{11}-\frac{1}{\omega^2} & m_2\delta_{12}\\ m_1\delta_{21} & m_2\delta_{22}-\frac{1}{\omega^2}\end{vmatrix}=0$$

令 $\lambda=\frac{1}{\omega^2}$，并展开上式，得

$$\lambda^2-(m_1\delta_{11}+m_2\delta_{22})\lambda+m_1m_2(\delta_{11}\delta_{22}-\delta_{12}^2)=0$$

利用图乘法（图 15-34b，c）可求得：

$$\delta_{11}=\delta_{22}=\frac{4l^3}{243EI}$$

$$\delta_{12}=\delta_{21}=\frac{7l^3}{486EI}$$

将它们代入上式并注意有 $m_1 = m_2 = m$，则得

$$\lambda^2 - \frac{8ml^3}{243EI}\lambda + \frac{15}{486^2}\left(\frac{ml^3}{EI}\right)^2 = 0$$

由此解得两个根为：

$$\lambda_1 = \frac{15ml^3}{486EI}，\lambda_2 = \frac{ml^3}{486EI}$$

故
$$\omega_1 = \sqrt{\frac{1}{\lambda_1}} = \sqrt{\frac{486EI}{15ml^3}} = 5.69\sqrt{\frac{EI}{ml^3}}$$

$$\omega_2 = \sqrt{\frac{1}{\lambda_2}} = \sqrt{\frac{486EI}{ml^3}} = 22.05\sqrt{\frac{EI}{ml^3}}$$

下面进一步来确定此梁的主振型。我们知道，对应于每一主振型，各质点都是按同一频率作简谐振动的。因此，确定主振型的关键便在于研究各质点的振幅 A_i 或者是与振幅成正比的位置函数 X_i。为此，写出有关 X_1、X_2 的方程如下：

$$\left(m_1\delta_{11} - \frac{1}{\omega^2}\right)X_1 + m_2\delta_{12}X_2 = 0$$

$$m_1\delta_{21}X_1 + \left(m_2\delta_{22} - \frac{1}{\omega^2}\right)X_2 = 2$$

它们是 X_1、X_2 的齐次方程组，故不可能据以求得 X_1 和 X_2 的数值，而只能由其中任何一个方程确定 X_1 和 X_2 的比值。根据这一比值便可知道两质点在振动过程中的相对位置，从而定出梁的振动形式。

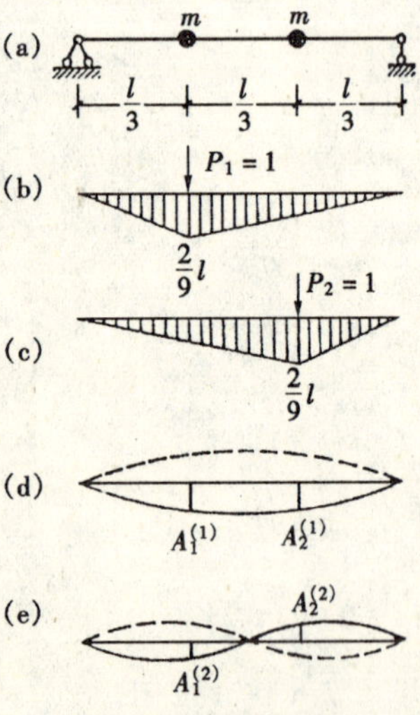

图 15-34　简支梁及弯矩振型图

(a) 两自由简支梁；(b) $P_1=1$ 时弯矩图；(c) $P_2=1$ 时弯矩图；(d) 第一振型；(e) 第二振型

为了确定与第一频率相应的主振型，将 δ_{11}、δ_{12} 和 $\omega_1 = \sqrt{\frac{486EI}{15ml^3}}$ 代入上述第一个方程，则得

$$\left(\frac{4ml^3}{243EI} - \frac{15ml^3}{486EI}\right)X_1^{(1)} + \frac{7ml^3}{486EI}X_2^{(1)} = 0$$

故有
$$\frac{A_1^{(1)}}{A_2^{(1)}} = \frac{X_1^{(1)}}{X_2^{(1)}} = 1$$

这表明在对应于第一频率的简谐振动过程中，两质点始终保持为同向且相等的位移，其主振型如图 15-34d 所示，为正对称的振动形式。

同理，以 $\omega_2 = \sqrt{\frac{486EI}{ml^3}}$ 和 δ 的有关数值代入上述任何一个方程中，便可解得

$$\frac{A_1^{(2)}}{A_1^{(2)}} = \frac{X_1^{(2)}}{X_2^{(2)}} = -1$$

可见在对应于第二频率的简谐振动中，两质点的位移始终是反向而等值的，其主振型如图 15-34e 所示，为反对称的振动形式。

由本例可以看出，如果结构本身的刚度和质量分布都是对称

的，则其主振型不是正对称的便是反对称的，因此，求自振频率时，我们可分别就正、反对称的情况取一半结构来进行计算以简化计算工作。

§ 15-7　多自由度体系主振型的正交性

上节中我们分析了多自由度无阻尼体系的自由振动，指出 n 个自由度体具有 n 个固有频率 ω_j 及相应的 n 个主振型 $\{A_j\}$（$j=1, 2, \cdots, n$）。现在进一步研究主振型之间的关系。即多自由度体系主振型的正交性。

首先需要说明是：振型的正交性是多自由度体系的一个重要性质，这些特点在动力学分析中是非常有用的，它可以使结构动力响应的计算大为简化。下面以图 15-34 所示的两个主振型为例进行说明。

图 15-35a、b 所示为多自由度体系的两个主振型 $\{A_j\}$，$\{A_j\}$，分别对应自振频率 ω_i 和 ω_j。对应于 i 阶频率的振型位移幅值为 $\{A_j\}$，惯性力幅值为 ω_i^2 $[m]$ $\{A_i\}$，对应于 j 阶频率中的振型位移幅值为 $\{A_j\}$，惯性力幅值为 ω_i^2 $[m]$ $\{A_j\}$。

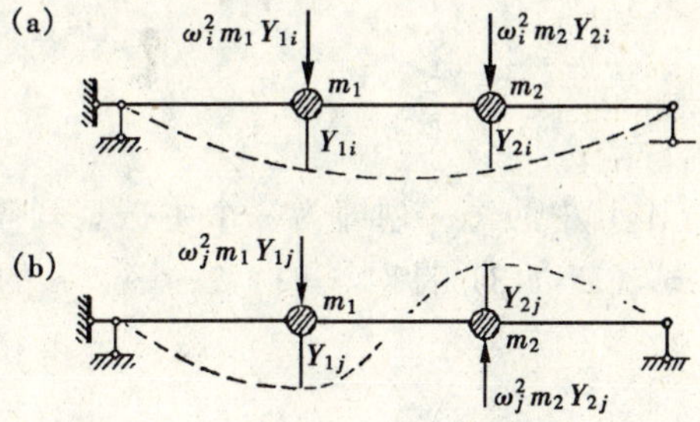

题 15-35　多自由度体系的主振型 A_i，A_j

(a) A_i 振型；(b) A_j 振型

则对应两个频率的静力平衡状态满足如下表达式

$$\left.\begin{aligned}[k]\{A_i\} &= \omega_i^2 [m]\{A_i\}\\ [k]\{A_j\} &= \omega_j^2 [m]\{A_j\}\end{aligned}\right\}\tag{15-110}$$

将式（15-110）中两边分别前乘 $\{A_i\}$，$\{A_j\}$ 的转置矩阵，即行阵 $\{A_j\}^{(T)}$，$\{A_i\}^{(T)}$得

$$\left.\begin{aligned}\{A_j\}^T [k]\{A_i\} &= \omega_i^2 \{A_j\}^T [m]\{A_i\}\\ \{A_i\}^T [k]\{A_j\} &= \omega_j^2 \{A_i\}^T [m]\{A_j\}\end{aligned}\right\}\tag{15-111}$$

由于 $[k]$，$[m]$ 为对称矩阵，由矩阵乘积性质可知

$$\left.\begin{aligned}\{A_j\}^T [k]\{A_i\} &= \{A_i\}^T [k]\{Aj\}\\ \{A_j\}^T [m]\{A_i\} &= \{A_i\}^T [m]\{A_j\}\end{aligned}\right\}\tag{15-112}$$

因此将式（15-111）中的两式相减得

$$(\omega_i^2-\omega_j^2)\{A_i\}^T[m]\{A_j\}=0\tag{15-113}$$

在 $\omega_i^2 \neq \omega_j^2$ 的条件下，必然有：

$$\{A_i\}^T [m]\{A_j\}=0\tag{15-114}$$

代入（15-111）式中可得：

$$\{A_i\}^T [k]\{A_j\}=0\tag{15-115}$$

式（15-114）、式（15-115）表明：不相等固有频率的两个主振型之间，即存在着对质量矩阵 $[m]$ 的正交性，又存在着对刚度矩阵 $[k]$ 的正交性，统称为主振型的正交性。

对式（15-110）中第二式两边前乘列阵 $\{A_j\}^T$，得

$$\{A_j\}^T [k]\{A_j\} = \omega_j^2 \{A_j\}^T [m]\{A_j\}\tag{15-116}$$

因质量矩阵 $[m]$ 是正定阵，令：

$$\{A_j\}^T [m]\{A_j\} = M_j \quad (j=1, 2, \cdots, n)\tag{15-117}$$

M_j 总是一个正实数，称为第 j 阶主质量。对正定系统来说，刚度矩阵［k］是正定的。令：

$$\{A_j\}^T [k] \{A_j\} = K_j \tag{15-118}$$

K_j 也是一个正实数，称为第 j 阶主刚度。

为了方便，可以把相互存在正交性的各阶主频振型，依序排成多列。构成 $n\times n$ 阶的振型矩 阵［A_p］，即

$$[A_p] = \begin{bmatrix} A_{11} & A_{12} & \cdots & A_{1n} \\ A_{21} & A_{22} & \cdots & A_{2n} \\ \vdots & & & \\ A_{n1} & A_{n2} & \cdots & A_{nn} \end{bmatrix} \tag{15-119}$$

［A_p］中的每一列即为一个主振型列阵 $\{A_j\}$，（$j=1$，2，…，n）。这样可以用式(15-117)、式（15-118）针对 $j=1$，2，…，n 的 n 个式变成二个矩阵表达式，即：

$$\left.\begin{aligned} [A_p]^T [m] [A_p] &= [M_p] \\ [A_p]^T [k] [A_p] &= [K_p] \end{aligned}\right\} \tag{15-120}$$

其中：［M_p］为一个对角矩阵，称为主质量矩阵，

$$[M_p] = \begin{bmatrix} m_1 & 0 & \cdots & 0 \\ 0 & m_2 & & \\ \vdots & & \ddots & \\ 0 & & & m_n \end{bmatrix} \tag{15-121}$$

［K_p］也是对角矩阵，称主刚度矩阵

$$[K_p] = \begin{bmatrix} k_1 & 0 & \cdots & 0 \\ 0 & k_2 & \cdots & 0 \\ \vdots & & \ddots & \\ 0 & 0 & \cdots & k_n \end{bmatrix}_0 \tag{15-122}$$

同理，式（15-110）中合并成矩阵形式

$$[k][A_p] = [m][A_p][\Omega^2] \tag{15-123}$$

其中［Ω^2］为由 n 个固有频率组成的对角矩阵

$$[\Omega^2] = \begin{bmatrix} \omega_1^2 & 0 & \cdots & 0 \\ 0 & \omega_2^2 & \cdots & 0 \\ \vdots & & \ddots & \\ 0 & 0 & \cdots & \omega_n^2 \end{bmatrix}_0 \tag{15-124}$$

用［A_p］^{T} 同时乘前式（15-123）得

$$[A_p]^T [k] [A_p] = [A_p]^T [m] [A_p] [\Omega^2] \tag{15-125}$$

由式（15-120），得：

$$[K_p] = [M_p][\Omega^2] \tag{15-126}$$

式（15-126）中［K_p］称为广义刚度矩阵，［M_p］称为广义质量矩阵。三个矩阵同为对角矩阵。它们的对角线元素可以表示成为 n 个互相独立的关系。即

$$\left.\begin{aligned}\omega_1^2&=\frac{K_1}{M_1}\\ \omega_2^2&=\frac{K_2}{M_2}\\ \omega_j^2&=\frac{K_j}{M_j}\end{aligned}\right\}\tag{15-127}$$

即第 j 阶固有频率的平方值 ω_j^2 等于第 j 阶主刚度 K_j 与第 j 阶主质量 M_j 的比值。

例 15-14　验算例15-12中所求得的主振型是否满足正交关系，求出每个主振型相应的广义质量和广义刚度，并用式（15-127）求频率。

解：

由例 15-12 得知刚度矩阵和质量矩阵分别为：

$$[K]=\frac{k}{15}\begin{bmatrix}20&-5&0\\-5&8&-3\\0&-3&3\end{bmatrix},\ [M]=m\begin{bmatrix}2&0&0\\0&1&0\\0&0&1\end{bmatrix}$$

又三个主振型分别为：

$$\{Y^{(1)}\}=\begin{Bmatrix}0.163\\0.569\\1\end{Bmatrix},\ \{Y^{(2)}\}=\begin{Bmatrix}-0.924\\-1.227\\1\end{Bmatrix},\ \{Y^{(3)}\}=\begin{Bmatrix}2.760\\-3.342\\1\end{Bmatrix}$$

（1）验算正交关系式 15-114

$$\{Y^{(1)}\}^T[M]\{Y^{(2)}\}=[0.163\quad 0.569\ 1]\begin{bmatrix}2&0&0\\0&1&0\\0&0&1\end{bmatrix}\begin{Bmatrix}-0.924\\-1.227\\1\end{Bmatrix}m$$

$$=m\,[0.163\times2\times(-0.924)+0.569\times1\times(-1.227)+1\times1\times1]$$

$$=m\,(1-0.9994)=0.0006m\approx0$$

$$\{Y^{(1)}\}^T[M]\{Y^{(3)}\}=-0.002m\approx0$$

$$\{Y^{(2)}\}^T[M]\{Y^{(3)}\}=0.002m\approx0$$

（2）验算正交关系式（15-115）

$$\{Y^{(1)}\}^T[K]\{Y^{(2)}\}=[0.163\ 0.569\ 1]\frac{k}{15}\begin{bmatrix}20&-5&0\\-5&8&-3\\0&-3&3\end{bmatrix}\begin{Bmatrix}-0.924\\-1.227\\1\end{Bmatrix}$$

$$=\frac{k}{15}[0.163\ 0.569\ 1]\begin{Bmatrix}-12.345\\-8.196\\6.681\end{Bmatrix}=\frac{k}{15}\times(6.681-6.676)=\frac{k}{15}\times0.005\approx0$$

$$\{Y^{(1)}\}^T[K]\{Y^{(3)}\}=\frac{k}{15}(24.75-24.77)=\frac{k}{15}(-0.02)\approx0$$

$$\{Y^{(2)}\}^T[K]\{Y^{(3)}\}=\frac{k}{15}(34.0720-34.0722)=\frac{k}{15}(-0.0002)\approx0$$

（3）求广义质量

$$M_1=\{Y^{(1)}\}^T[M]\{Y^{(1)}\}=[0.163\ 0.569\ 1]\,m\begin{bmatrix}2&0&0\\0&1&0\\0&0&1\end{bmatrix}\begin{Bmatrix}0.163\\0.569\\1\end{Bmatrix}=1.377m$$

$$M_2 = \{Y^{(2)}\}^T [M] \{Y^{(2)}\} = 4.213\text{m}$$

$$M_3 = \{Y^{(3)}\}^T [M] \{Y^{(3)}\} = 27.404\text{m}$$

(4) 求广义刚度

$$K_1 = \{Y^{(1)}\}^T [K] \{Y^{(1)}\} = [0.163\ 0.569\ 1] \frac{k}{15}\begin{bmatrix} 20 & -5 & 0 \\ -5 & 8 & -3 \\ 0 & -3 & 3 \end{bmatrix}\begin{Bmatrix} 0.163 \\ 0.569 \\ 1 \end{Bmatrix}$$

$$= \frac{k}{15} \times 1.780$$

$$K_2 = \{Y^{(2)}\}^T [K] \{Y^{(2)}\} = \frac{k}{15} \times 28.144$$

$$K_3 = \{Y^{(3)}\}^T [K] \{Y^{(3)}\} = \frac{k}{15} \times 356.995$$

(5) 求频率

$$\omega_1 = \sqrt{\frac{K_1}{M_1}} = 0.2936\sqrt{\frac{k}{m}}$$

$$\omega_2 = \sqrt{\frac{K_2}{M_2}} = 0.6673\sqrt{\frac{k}{m}}$$

$$\omega_3 = \sqrt{\frac{K_3}{M_3}} = 0.9319\sqrt{\frac{k}{m}}$$

这里求得的频率与例 15-12 求得的相同。

§15-8 多自由度系统的强迫振动

本节仍然首先研究两个自由度体系的强迫振动，再推及多自由度体系的强迫振动。

一、在简谐作用下的强迫振动

图 15-36 所示为两自由度体系。质点 m_1，m_2 分别受到简谐荷振 $P_1(t)$、$P_2(t)$ 的作用，$P_1(t) = P_1\sin\theta t$，$P_2(t) = \sin\theta t_0$ 研究质点 m_1，m_2 由达朗伯原理可得：

$$\left.\begin{aligned} m_1 \ddot{y}_1 + k_{11} + y_1 k_{12} y_2 = P_1\sin\theta t \\ m_2 \ddot{y}_2 + k_{21} y_1 k_{22} y_2 = P_2\sin\theta t \end{aligned}\right\} \qquad (15\text{-}128)$$

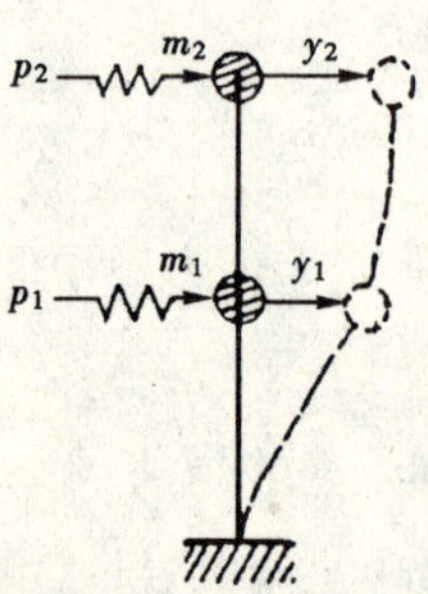

图 15-36 两自由度强迫振动模型

式 (15-128) 是按前面所讲刚度法建立的两自由度体系的运动微分方程。它的解由两部分组成：一部分是该式齐次方程的解，对应着体系的自由振动，由单自由度体系可知，这部分实际受到结构阻尼的作用，将很快衰减掉；另一部分特解对应着方程的非齐次项，属稳态振动。其第一部分的解答如前所述。本节只讲述体系的稳态运动后的特解。在简谐荷载作用下，体系达稳态之后，其解的形式为

$$\left.\begin{aligned} y_1(t) = B_1\sin\theta t \\ y_2(t) = B_2\sin\theta t \end{aligned}\right\} \qquad (15\text{-}129)$$

将式（15-129）代入式（15-128）得：

$$\left.\begin{aligned}(k_{11}-\theta^2 m_1)\ B_1+k_{11}B_2=p_1\\(k_{22}-\theta^2 m_2)\ B_2+k_{21}B_1=p_2\end{aligned}\right\}\tag{15-130}$$

此式称为位移的幅值方程。可由其解出质点 m_1，m_2 的振幅

$$B_1=\frac{D_1}{D_0},\ \ B_2=\frac{D_2}{D_0}\tag{15-131}$$

其中：

$$\left.\begin{aligned}D_0&=(k_{11}-\theta^2 m_1)(k_{22}-\theta^2 m_2)-k_{12}k_{21}\\D_1&=(k_{22}-\theta^2 m_2)\ P_1-k_{12}P_2\\D_2&=(k_{11}-\theta^2 m_1)\ P_2-k_{21}P_1\end{aligned}\right\}\tag{15-132}$$

将式（15-131）代入式（15-129）即可得任意时刻体系的稳态解答。

由式（15-131）可知若 $D_0=0$，就会出现幅值无穷大的现象，由前面的内容可知，$D_0=0$ 实际是频率特征方程，对应着体系的两个固有频率，此时，简谐荷载的频率与体系的自振频率 ω_1，ω_2 的其中之一重合，所以会出现 $D_0=0$ 的情况。这时 D_1，D_2 不全为零，位移幅值为无穷大，这时即出现共振现象。

对于 n 个自由度体系在简谐荷载作用下强迫振动，振动方程为

$$\left.\begin{aligned}&m_1\ddot{y}_1+k_{11}y_1+k_{12}y_2+\cdots+k_{1n}y_n=P_1(t)\\&m_2\ddot{y}_2+k_{21}y_1+k_{22}y_2+\cdots+k_{2n}y_n=P_2(t)\\&\vdots\\&m_n\ddot{y}_n+k_{n1}y_1+k_{n2}y_2+\cdots+k_{nn}y_n=P_n(t)\end{aligned}\right\}\tag{15-133}$$

写成矩阵形式为：

$$[m]\{\ddot{y}\}+[k]\{y\}=\{P(t)\}\tag{15-134}$$

如所受荷载为简谐荷载，设 $\{P(t)\}$ 为：

$$\{P(x)\}=\begin{Bmatrix}P_1\\P_2\\\vdots\\P_n\end{Bmatrix}\sin\theta t=\{P\}\sin\theta t\tag{15-135}$$

则在平稳阶段各质点的振动：

$$\{y(t)\}=\begin{Bmatrix}B_1\\B_2\\\vdots\\B_n\end{Bmatrix}\sin\theta t=\{B\}\sin\theta t\tag{15-136}$$

代入式（15-134）得：

$$([k]-\theta^2[m])\{B\}=\{P\}\tag{15-137}$$

上式的系数矩阵行列式

$$D_0=|[k]-\theta^2[m]|\tag{15-138}$$

如果 $D_0\neq0$，则由式（15-137）可解出振幅列阵 $\{B\}$，代入式（15-136）中，即可得任意时刻 t 时多质点的位移。

如 $D_0=0$，则由频率方程可知，$D_0=0$ 的频率解答有 n 个，即 n 个固有频率，ω_1，ω_2，$\cdots\omega_n$，即意味着简谐荷载频率 θ 与 ω_1，ω_2，$\cdots\omega_n$ 中的某一个固有频率重合。这时幅值趋向无穷大，即共振现象。因此，对于具有 n 个自由度的体系来说，有 n 种情况（$\theta=\omega_j$，$j=1,2,\cdots,n$）发生共振现象。

例 15-15 如图15-37所示一三层刚架，设各楼层质量（包括柱子质量）分别为 $m_1=315t$，$m_2=270t$，$m_3=180t$；各层的层间相对位移刚度分别为 $K_1=245\text{MN/m}$，$K_2=196\text{MN/m}$，$K_3=98\text{MN/m}$；在第二层横梁承受水平干扰力 $P(t)=100\sin\theta t\,\text{kN}$ 作用，每分钟振动 200 次（图 15-37a）。试求各层横梁振幅和立柱的剪力幅值。

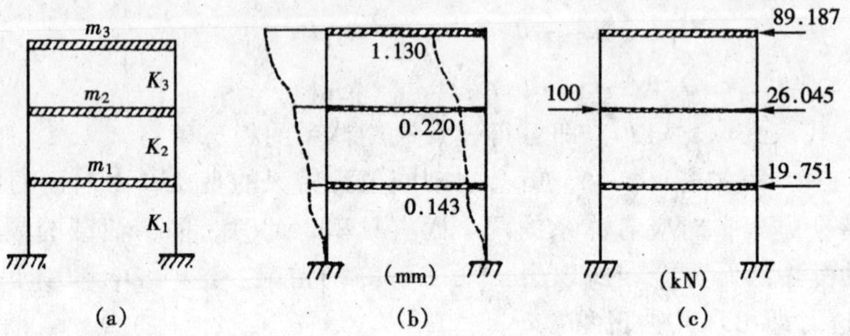

图 15-37 三层刚架

(a) 三层刚架；(b) 多横梁振幅；(c) 立柱的剪力幅值

解：(1) 求矩阵 $[k]$，$[m]$ 及干扰力频率

刚度矩阵和质量矩阵分别为

$$[k]=\begin{bmatrix}4.5 & -2 & 0\\ -2 & 3 & -1\\ 0 & -1 & 1\end{bmatrix}\cdot 98\text{MN/m}$$

$$[m]=\begin{bmatrix}1.75 & 0 & 0\\ 0 & 1.50 & 0\\ 0 & 0 & 1\end{bmatrix}180t$$

干扰力频率为

$$\theta^2=\left(\frac{2\pi}{60}\times 200\right)^2=438.48\quad 1/s^2$$

(2) 求各层横梁振幅

$$-\theta^2[m]=-438.48\quad 1/s^2\times\begin{bmatrix}1.75 & 0 & 0\\ 0 & 1.5 & 0\\ 0 & 0 & 1\end{bmatrix}\cdot 180t$$

$$=-\begin{bmatrix}1.409 & 0 & 0\\ 0 & 1.208 & 0\\ 0 & 0 & 0.805\end{bmatrix}\cdot 98\text{MN/m}$$

$$[k]-\theta^2[m]=\begin{bmatrix}3.091 & -2 & 0\\ -2 & 1.792 & -1\\ 0 & -1 & 0.195\end{bmatrix}\cdot 98\text{MN/m}$$

$$([k]-\theta^2[m])^{-1}=\begin{bmatrix}0.233 & -0.140 & -0.717\\ -0.140 & -0.216 & -1.107\\ -0.717 & -1.107 & -0.551\end{bmatrix}\frac{1}{98}\mathrm{m/MN}$$

荷载幅值向量为

$$\{P\} = [0\quad 100\quad 0]^T\mathrm{kN}$$

由式 (15-136) 可得

$$\{B\} = ([k]-\theta^2[m])^{-1}\{P\}$$

经计算各层横梁振幅 $\{B\}$（图 15-37b）为

$$\{B\}=\begin{Bmatrix}B_1\\ B_2\\ B_3\end{Bmatrix}=\begin{Bmatrix}-0.143\\ -0.220\\ -1.130\end{Bmatrix}\mathrm{mm}$$

(3) 各层立柱剪力幅值

各层横梁惯性力幅值为

$$I_1=m_1\theta^2B_1=315\times438.48\times(-0.143\times10^{-3})=-19.751\mathrm{kN}$$

$$I_2=m_2\theta^2B_2=270\times438.48\times(-0.220\times10^{-3})=-26.045\mathrm{kN}$$

$$I_3=m_3\theta^2B_3=180\times438.48\times(-1.130\times10^{-3})=-89.187\mathrm{kN}$$

负号表示干扰力向右达到幅值时，惯性力向左达到幅值。

将干扰力幅值和惯性力幅值一起加到结构上（图 15-37c），按静力学的方法计算可得各层总剪力幅值为

$$Q_3=-89.187\mathrm{kN}$$

$$Q_2=-15.232\mathrm{kN}$$

$$Q_1=-34.983\mathrm{kN}$$

以上各层总剪力的一半即为该层单根立柱的剪力幅值。

二、一般荷载作用的强迫振动——主振型叠加法

在一般荷载作用下，n 个自由度体系的振动微分方程即如式（15-133）或式（15-134）。

$$[m]\{\ddot{y}\}+[k]\{y\}=\{p(x)\} \tag{15-139}$$

因荷载不再是单一频率的简谐荷载，而且在通常情况下，$[m]$ 和 $[k]$ 并不都是对角矩阵，也就是说，方程组是耦合的，它的解不能再如前面所讲的方法。现在我们采用主振动型叠加法求解 n 个自由度一般荷载作用的解。

为了使耦合方程组变非耦合方程组，我们引入正则坐标。对于由 n 个互相耦合的运动微分方程组，如果选用合适的 n 个广义坐标，将质点的位移写成这 n 个广义坐标的线性函数，就可以使相互耦合的 n 个方程转化为 n 个相互独立的，并以相应广义坐标表示的 n 个运动微分方程。这样的广义坐标称为正则坐标。

由前面可知，具有 n 个自由度的体系有着与 n 个固有频率相对应的 n 个振型，而且各振型之间存在着正交关系。也就是 n 个主振型是相互独立的，不存在耦合关系。我们可以用 n 个振型为基底构建新的坐标系，而多质点的位移可由以主振型基底的新坐标叠加而成。从而得到新坐标 $\{\eta\}$，有

$$\{y\} = \{A_P\}\{\eta\} \tag{15-140}$$

$\{\eta\}$ 即为正则坐标。上式即为正则坐标与原几何坐标之间转变关系。两种坐标之间的转换矩阵就是主振型矩阵。

此式说明：正则坐标的实际意义就是把实际位移 $\{y\}$ 按主振型进行分解，而 η_j 是分解时相应项的系数。

将式（15-140）代入式（15-139）。并前乘 $[A_P]^T$，即得：

$$[A_P]^T[m][A_P]\{\ddot{\eta}\} + [A_P]^T[k][A_P]\{\eta\} = [A_P]^T\{P(t)\} \tag{15-141}$$

利用前面的广义质量、广义刚度，再把 $[A_P]^T\{P(t)\}$ 视为广义荷载，其乘积亦为广义荷载列向量，记为

$$\{F(t)\} = [A_P]^T\{P(t)\} \tag{15-142}$$

其中 $F_j(t) = \{A_j\}^T\{P(t)\}$ 称为第 j 阶广义荷载，与第 j 阶主振型相对应。于是可以写成

$$[M_P]\{\ddot{\eta}\} + [k_P]\{\eta\} = \{F(t)\} \tag{15-143}$$

$[M_P]$，$[k_P]$ 分别广义质量矩阵，广义刚度矩阵。此时，方程组（15-143）中不再具有耦合项，已成为解耦形式。其中共包含 n 个独立的方程

$$M_j\ddot{\eta}_j + k_j\eta_j = F_j(t) \quad j=1,\ 2,\ \cdots n \tag{15-144}$$

两边除以 M_j，考虑 $\omega_j^2 = \dfrac{K_j}{M_j}$，得：

$$\ddot{\eta}_j + \omega_j^2\eta_j = \frac{1}{M_j}F_j(t) \quad j=1,\ 2,\ \cdots,\ n \tag{15-145}$$

这时 n 个自由度体系已相当于 n 个独立的体系。每个独立体系的解亦如单自由度体系一样，其解的形式分特解和通解

$$\eta_j = C_{1j}\cos\omega_j t + C_{2j}\sin\omega_j t + \frac{1}{M_j\omega_j}\int_0^t F_j\sin\omega_j(t-\tau)\mathrm{d}\tau \quad j = 1,2,\cdots,n \tag{15-146}$$

式中 C_{1j}，C_{2j} 为特定常数，由初始条件确定。设 $t=0$ 时，广义坐标 η_{j0}，广义速度 $\dot{\eta}_{j0}$，则 $C_{1j}=\eta_{j0}$，$C_{2j}=\dot{\eta}_{j0}/\omega_{j0}$,。广义速度 $\dot{\eta}_{j0}$，广义位移 η_{j0} 可由式 15-140 以结构体系的初始位移 y_{j0} 和初始速度 $\dot{y}_{j0}$ 组合而成。实际上，可以推知。

$$\eta_j(t) = \frac{\{A_j\}^T[M]\{y(t)\}}{M_j}$$

$$\dot{\eta}_j(t) = \frac{\{A_j\}^T[M]\{\dot{y}(t)\}}{M_j} \tag{15-147}$$

$t=0$ 时，得：

$$\eta_j(0) = \frac{\{A_j\}^T[M]\{y_0\}}{M_j}$$

$$\dot{\eta}_j(0) = \frac{\{A_j\}^T[M]\{\dot{y}\}}{M_j} \tag{15-148}$$

可得解为：

$$\eta_j(t) = \eta_j(0)\cos\omega_j t + \frac{\dot{\eta}_j(0)}{\omega_j}\sin\omega_j t + \frac{1}{M_j\omega_j}\int_0^t F_j(\tau)\sin\omega_j(t-\tau)\mathrm{d}\tau \quad j = 1,2,\cdots,n$$

(15-149)

正则坐标形式解 $\eta_j(t)$ 求出后，可代入式（15-140），即可得到几何坐标 $y(t)$ 形式的解，从而得到系统的质点位移解答。

例 15-16　试求图15-38所示结构在突加荷载 $P_1(t)$ 作用下的位移和弯矩，这里，$P_1(t) = \begin{cases} P_1, & \text{当 } t>0, \\ 0, & \text{当 } t<0。\end{cases}$

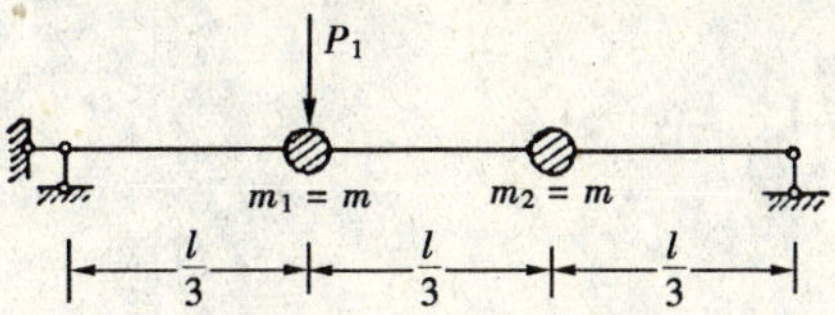

图 15-38　简支梁

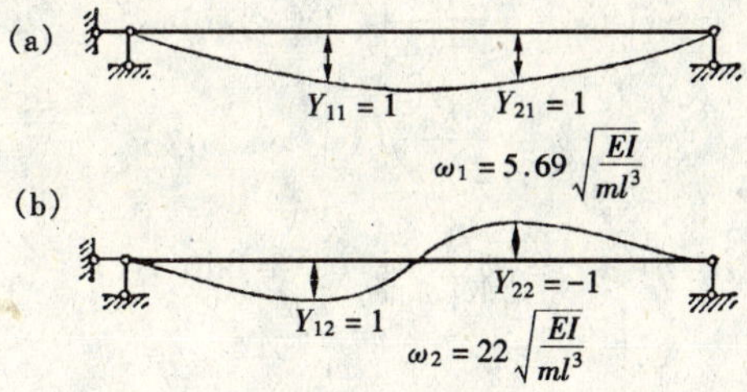

图 15-39　振型图

(a) 第一振型；(b) 第二振型

解：

(1) 确定自振频率和主振型

可以求出结构的两个自振频率为：

$$\omega_1 = 5.69\sqrt{\frac{EI}{ml^3}}$$

$$\omega_2 = 22\sqrt{\frac{EI}{ml^3}}$$

两个主振型如图 15-39a、b 所示。即：

$$\{Y^{(1)}\} = \begin{Bmatrix} 1 \\ 1 \end{Bmatrix}, \quad \{Y^{(2)}\} = \begin{Bmatrix} 1 \\ -1 \end{Bmatrix}$$

(2) 建立坐标变换关系

主振型矩阵为

$$[Y] = \begin{bmatrix} 1 & 1 \\ 1 & -1 \end{bmatrix}$$

正则坐标变换式（15-140）为

$$\begin{Bmatrix} y_1 \\ y_2 \end{Bmatrix} = \begin{bmatrix} 1 & 1 \\ 1 & - \end{bmatrix} \begin{Bmatrix} \eta_1 \\ \eta_2 \end{Bmatrix}$$

(3) 求广义质量

由式（15-118），得：

$$M_1 = \{Y^{(1)}\}^T [M] \{Y^{(1)}\} = [1 \quad 1] \begin{bmatrix} 1 & 0 \\ 0 & 1 \end{bmatrix} \begin{Bmatrix} 1 \\ 1 \end{Bmatrix} m = 2m$$

$$M_2 = \{Y^{(2)}\}^T [M] \{Y^{(2)}\} = [1 \quad -1] \begin{bmatrix} 1 & 0 \\ 0 & 1 \end{bmatrix} \begin{Bmatrix} 1 \\ -1 \end{Bmatrix} m = 2m$$

(4) 求广义荷载

由式 (15-142)，得：

$$F_1(t) = \{Y^{(1)}\}^T\{P(t)\} = [1 \quad 1]\begin{Bmatrix} P_1(t) \\ 0 \end{Bmatrix} = P_1(t)$$

$$F_2(t) = \{Y^{(2)}\}^T\{P(t)\} = [1 \quad -1]\begin{Bmatrix} P_1(t) \\ 0 \end{Bmatrix} = P_1(t)$$

(5) 求正则坐标

由式 (15-145)，得：

$$\eta_1(t) = \frac{1}{M_1\omega_1}\int_0^t P_1(\tau)\sin\omega_1(t-\tau)\mathrm{d}\tau = \frac{1}{2m\omega_1}\int_0^t P_1\sin\omega_1(t-\tau)\mathrm{d}\tau$$

$$= \frac{P_1}{2m\omega_1^2}(1-\cos\omega_1 t)$$

$$\eta_2(t) = \frac{1}{M_1\omega_2}\int_0^t P_1(\tau)\sin\omega_2(t-\tau)\mathrm{d}\tau = \frac{P_1}{2m\omega_2^2}(1-\cos\omega_2 t)$$

(6) 求质点位移

根据坐标变换式，得：

$$y_1(t) = \eta_1(t) + \eta_2(t) = \frac{P_1}{2m\omega_1^2}\left[(1-\cos\omega_1 t) + \left(\frac{\omega_1}{\omega_2}\right)^2(1-\cos\omega_2 t)\right]$$

$$= \frac{P_1}{2m\omega_1^2}\left[(1-\cos\omega_1 t) + 0.067(1-\cos\omega_2 t)\right]$$

$$y_2(t) = \eta_1(t) - \eta_2(t) = \frac{P_1}{2m\omega_1^2}\left[(1-\cos\omega_1 t) - 0.067(1-\cos\omega_2 t)\right]$$

(7) 求弯矩

用 $Q_i(t)$ 表示质点 i 在任意时刻 t 所受的荷载和惯性力的和，则：

$$Q_1(t) = P_1(t) - m\ddot{y}_1(t) = P_1 - \frac{P_1}{2}(\cos\omega_1 t + \cos\omega_2 t)$$

$$Q_2(t) = P_2(t) - m\ddot{y}_2(t) = 0 - \frac{P_1}{2}(\cos\omega_1 t - \cos\omega_2 t)$$

由图 15-40 可求得截面 1 和 2 的弯矩如下：

$$M_1(t) = \frac{2Q_1(t) + Q_2(t)}{3}\cdot\frac{l}{3} = \frac{P_1 l}{6}\left[(1-\cos\omega_1 t) + \frac{1}{3}(1-\cos\omega_2 t)\right]$$

$$M_2(t) = \frac{Q_1(t) + 2Q_2(t)}{3}\cdot\frac{l}{3} = \frac{P_1 l}{6}\left[(1-\cos\omega_1 t) - \frac{1}{3}(1-\cos\omega_2 t)\right]$$

(8) 讨论

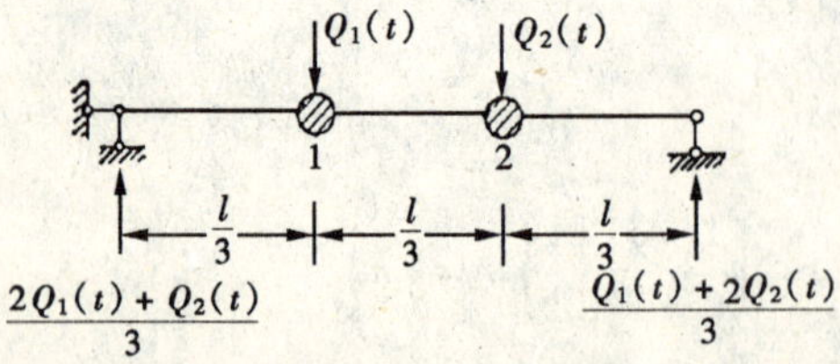

图 15-40　简支梁

从正则坐标计算式可以看出，由于第一频率比第二频率小得多 $\left(\frac{\omega_1}{\omega_2} = \frac{1}{3.8730}\text{，即}\frac{1}{\sqrt{15}}\right)$，因而第一频率对于结构体系动力反应的影响要比第二频率大得多。即在振型叠加中，第一振型分量要比第二振型分量的影响大得多。事实上，从位移和弯矩计算式中可以看出，第一振型分量对位移的影响系数的最大值为 2，而第二振型分量为 0.1333$\left(即\dfrac{2}{15}\right)$；第一振型分量对弯矩的影响系数的最大值为 2，而第二振型分量为 0.6667。由此可知，位移幅值和弯矩幅值都应发生在第一振型分量对位移和弯矩的影响系数达到最大值的附近。

当 $\omega_1 t=\pi$ 时，即 $t=\pi/\omega_1$ 时

$$y_1=\frac{P_1}{2m\omega_1^2}\ (2+0.00524)\ =\frac{2.00524P_1}{2m\omega_1^2}$$

当 $\omega_1 t=0.7746\pi$ 时，即 $t=\dfrac{0.7746\pi}{\omega_1}$时，最大弯矩值

$$M_1=\frac{P_1 l}{6}\ (1.7596+0.6667)\ =\frac{2.4263P_1 l}{6}。$$

§15-9　无限自由度体系的振动

实际结构的质量都是连续分布的弹性体，属于无限自由度体系。为了解决实际问题，可以采用不同的简化方法，将其简化为单自由度或无限自由度体系进行计算，这种简化总是带有某种近似性。而且有限自由度体系对弹性体系在动力荷载作用下的运动描述是不完整的。较为精确的计算方法就是按无限自由度体系进行分析计算，以此可以了解弹性体的振动特性、近似算法的应用范围和精确程度。对某些特殊形状的弹性结构按无限自由度体系进行计算也有其方便之处。

本节结合具有均布质量的单跨梁的情况，说明在无限自由度体系的动力分析中一些常用的方法。

一、梁的弯曲振动基本方程

如图 15-41 所示为一具有均布质量的单跨梁，受一般分布荷载 q（x，t）价的作用，梁的质量分布为$\bar{m}$，弯曲刚度为 EI。

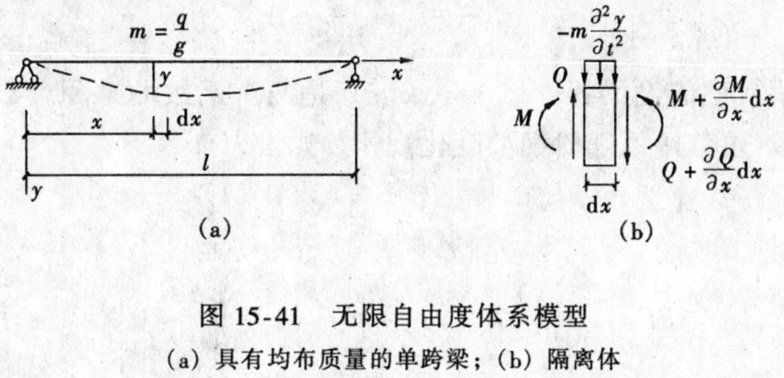

图 15-41　无限自由度体系模型

(a) 具有均布质量的单跨梁；(b) 隔离体

梁的横向位移以 y（x，t）表示。取微段 dx，在微段上作用有剪力 Q（x，t），弯矩 M（x，t），作用力 q（x，t）和惯性力 $-m\dfrac{\partial^2 y}{\partial t^2}dx$。如图（15-41b）。图中所有力均按正方向表示。由达朗伯原理：

$$Q-\left(Q+\frac{\partial Q}{\partial x}\mathrm{d}x\right)+q(x,t)\,\mathrm{d}x-m\frac{\partial^2 y}{\partial t^2}\mathrm{d}x=0 \tag{15-150}$$

简化后得：

$$m\frac{\partial^2 y}{\partial t^2}+\frac{\partial Q}{\partial x}=q(x,t) \tag{15-151}$$

由于忽略截面转动的影响，微段 $\mathrm{d}x$ 的转动方程为

$$M+\frac{\partial m}{\partial x}\mathrm{d}x-m-Q\mathrm{d}x=0 \tag{15-152}$$

简化后得：

$$Q=\frac{\partial m}{\partial x} \tag{15-153}$$

根据材料力学的平面假设，可知弯矩与挠度的关系式

$$M=EI\frac{\partial^2 y}{\partial x^2} \tag{15-154}$$

代入式（15-153）得：

$$Q=EI\frac{\partial^3 y}{\partial x^3} \tag{15-155}$$

把式（15-155）代入式（15-151 得：

$$EI\frac{\partial^4 y}{\partial x^4}+m\frac{\partial^2 y}{\partial x^2}=q(x,t) \tag{15-156}$$

方程（15-156）即为梁弯曲振动的基本方程。由方程可见在弹性体的无限自由度体系中除时间作为独立变量 t 以外，还有位置坐标 x 作独立变量，因而所得的运动方程是偏微分方程。

二、梁的自由振动

当梁没有受到荷载作用时，即 $q(x,t)=0$ 时，将产生自由振动，其方程为：

$$EI\frac{\partial^4 y}{\partial x^4}+m\frac{\partial^2 y}{\partial x^2}=0 \tag{15-157}$$

采用分离变量法，即假设梁的位移 $y(x,t)$ 是两个函数的乘积，以 $Y(x)$ 表示曲线形状，以 $T(t)$ 表示位移幅值随时间的变化规律，则有

$$y(x,t)=Y(x)\,T(t) \tag{15-158}$$

代入式（15-157）中

$$\left.\begin{aligned}&EI\frac{\mathrm{d}^4Y(x)}{\mathrm{d}x^4}T(x)+mY(x)\frac{\mathrm{d}^2T}{\mathrm{d}t^2}=0\\ \text{或}\quad &\frac{EI\dfrac{\mathrm{d}^4Y(x)}{\mathrm{d}x^2}}{Y(x)}=-m\frac{\dfrac{\mathrm{d}^2T}{\mathrm{d}t^2}}{T(t)}\end{aligned}\right\} \tag{15-159}$$

因 t 与 x 是相互独立的变量，为保持等号恒等两边必须等于同一常数。以 ω^2 表示此常数，则可得到两个常微分方程。

$$\frac{d^2T}{dt} + \omega^2 T = 0$$

$$EI\frac{d^4Y}{dx^4} - \omega^2 Y = 0 \tag{15-160}$$

上式的第二式可写为：

$$\frac{d^4Y}{dx^4} - R^4 Y = 0 \tag{15-161}$$

由式（15-160）式可得 $T(t)$ 的通解为：

$$T(t) = d_1\cos\omega t + d_2\sin\omega t = a\sin(\omega t + \alpha) \tag{15-162}$$

把 $T(t)$ 代入式（15-158），并把待定常数 a 与 $Y(x)$ 合并，则式（15-158）可写成

$$y(x, t) = Y(x)\sin(\omega t + \alpha) \tag{15-163}$$

对于式（15-161），该式为四阶常微分方程，设其解的形式 $Y(x) = e^{sx}$ 代入得：

$$s^4 - k^4 = 0 \tag{15-164}$$

它的四个根为　$s_{1,2} = \pm k$，$s_{3,4} = \pm ik$

由欧拉公式可得 $Y(x)$ 的通解

$$Y(x) = A\mathrm{ch}kx + B\mathrm{sh}kx + C\cos kx + D\sin kx \tag{15-165}$$

将式（15-165）代入式（15-163）中得

$$Y(x, t) = (A\mathrm{ch}kx + B\mathrm{sh}kx + C\cos kx + D\sin kx)\sin(\omega t + \alpha) \tag{15-166}$$

式中，A，B，C，D，ω，α 为特定常数，需由边界条件、初始条件确定。

例 15-17　试求等截面简支梁的自振频率和主振型（图 15-42）。

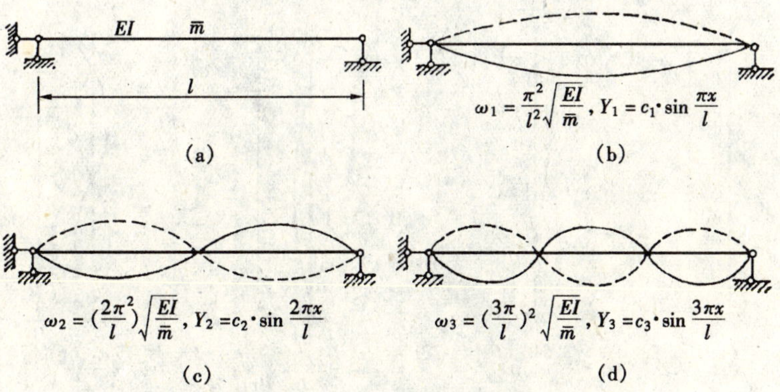

图 15-42　简支梁及振型

(a) 等截简支梁；(b) 第一振型；(c) 第二振型；(d) 第三振型

解：由左端的边界条件：

$$\begin{cases} Y(0) = 0, & A + C = 0 \\ Y''(0) = 0, & A - C = 0 \end{cases}$$

可解得 $A = C = 0$。振幅曲线即为

$$Y(x) = B\mathrm{sh}kx + D\sin kx \tag{a}$$

右端的边界条件为：

$$\begin{cases} Y(l)=0, & C_2\text{sh}kl+C_4\sin kl=0 \\ Y''(l)=0, & C_2\text{sh}kl-C_4\sin kl=0 \end{cases} \tag{b}$$

令此齐次方程组的系数行列式为零，得

$$\begin{vmatrix} \text{sh}kl & \sin kl \\ \text{sh}kl & -\sin\lambda l \end{vmatrix}=0$$

即

$$\text{sh}kl\cdot\sin kl=0$$

其中 $\text{sh}\lambda l=0$ 的解，仍是零解，因为由此将导至 $k=0$ 和 $Y(x)=0$ 的结果。于是特征方程为

$$\sin kl=0 \tag{c}$$

它有无限多个根：

$$k_m=\frac{n\pi}{l}\ (n=1、2、\cdots)$$

由此得

$$\omega_n=\frac{n^2\pi^2}{l^2}\sqrt{\frac{EI}{\bar{m}}}\ (n=1、2、\cdots)$$

每一个自振频率 ω_n 有自己的主振型 $Y_n(x)$，将式（c）代入式（b）的任一式，得

$$B=0$$

代回式（a），得

$$Y_n(x)=D\sin\frac{n\pi x}{l}\ (n=1、2、3、\cdots)$$

前三个主振型如图 15-42b、c、d 所示。

例 15-18 试求等截面悬臂梁的自振频率和主振型（图 15-43）。

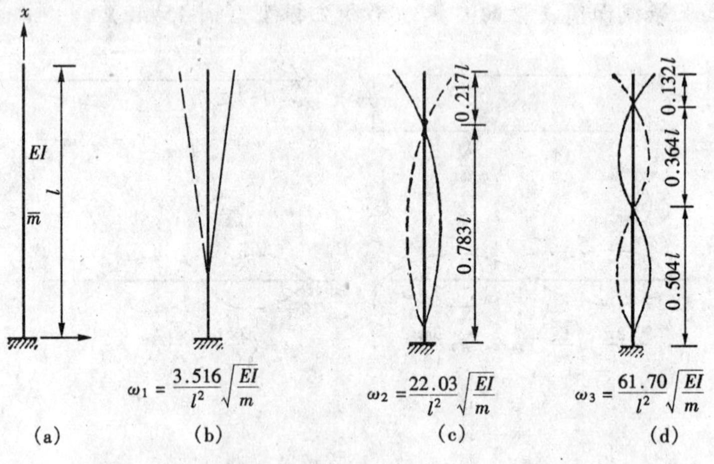

图 15-43 悬臂立柱及振型

(a) 等截面悬臂梁；(b) 第一振型；(c) 第二振型；(d) 第三振型

解：

固定端处的边界条件为：

$$\begin{cases} Y(0)=0, & A+C=0 \\ Y'(0)=0, & B+D=0 \end{cases}$$

自由端处的边界条件为：

$$\begin{cases} Y''(l)=0, & A\mathrm{ch}\lambda l+B\mathrm{sh}\lambda l-C\cos\lambda l-D\sin\lambda l=0 \\ Y'''(l)=0, & A\mathrm{sh}\lambda l+B\mathrm{ch}\lambda l+C\sin\lambda l-D\cos\lambda l=0 \end{cases}$$

由以上四个方程消去 C、D 后即得：

$$\left.\begin{aligned} A(\mathrm{ch}kl+\cos kl)+B(\mathrm{sh}kl+\sin kl)=0 \\ A(\mathrm{sh}kl-\sin kl)+B(\mathrm{ch}kl+\cos kl)=0 \end{aligned}\right\} \quad (a)$$

令此齐次方程组的系数行列式为零，得

$$(\mathrm{ch}kl+\cos kl)^2-(\mathrm{sh}kl+\sin kl)(\mathrm{sh}\lambda l-\sin kl)=0$$

即

$$\cos kl\cdot\mathrm{ch}kl+1=0$$

这是一个超越方程，用试算法可求得：

$$k_1l=1.875,\ k_2l=4.694,\ k_3l=7.855,\ k_nl=\left(n-\frac{1}{2}\right)\pi，当\ n\geqslant 4\ 时$$

前三个频率为：

$$\omega_1=\frac{3.516}{l^2}\sqrt{\frac{EI}{\bar{m}}},\ \omega_2=\frac{22.03}{l^2}\sqrt{\frac{EI}{\bar{m}}},\ \omega_3=\frac{61.70}{l^2}\sqrt{\frac{EI}{\bar{m}}}$$

为了求相应的主振型，可将 k_nl 值代入式（a）中的任一式，即可求得 A 与 B 的比值，例如代入第一式，得

$$A(\mathrm{ch}\lambda_nl+\cos\lambda_nl)=-B(\mathrm{sh}\lambda_nl+\sin\lambda_nl)$$

第 n 个主振型（包括一个任意常数）可写为：

$$Y_n(x)=C[\mathrm{ch}k_nx-\cos k_nx-\eta_n(\mathrm{sh}k_nx-\sin k_nx)]$$

式中

$$\eta_n=\frac{\cos k_nl+\mathrm{ch}k_nl}{\sin k_nl+\sin k_nl}\quad n=1、2、3\cdots$$

前三个主振型如图 15-43b、c、d 所示。

§15-10　频率的近似计算法

当体系为弹性体或是自由度数目很多时，采用精确方法计算体系自振频率的工作量很大，而且很多的高阶自振频率的实际意义并不大，因此常采用一些简单的近似方法计算自振频率，这些方法计算的自振频率在精度上能够满足要求，对于计算基频和低频并满足工程上的需要是有效的。

一、静力等效集中质量法

这种方法的基本思路是将分布质量集中在若干点上，并根据静力等效原则，使集中质量的重力互为静力等效。也就是使它们各自的合力彼此相等。例如，每段分布质量可按杠杆原理换成位于两端的集中质量。经过这样的等效，原无限自由度体系转化为有限自由度体系。等效的集中质量数目越多计算精度也越高，计算工作量也越大。这种方法简便灵活，可用于求梁，拱、桁架、刚架等类结构的最低频率或较高的低阶频率。

例 15-19　试用静力等效的集中质量法求等截面简支梁的自振频率。

解：在图 15-44a、b、c 中，分别将梁分为二等段、三等段、四等段，每段质量集中于

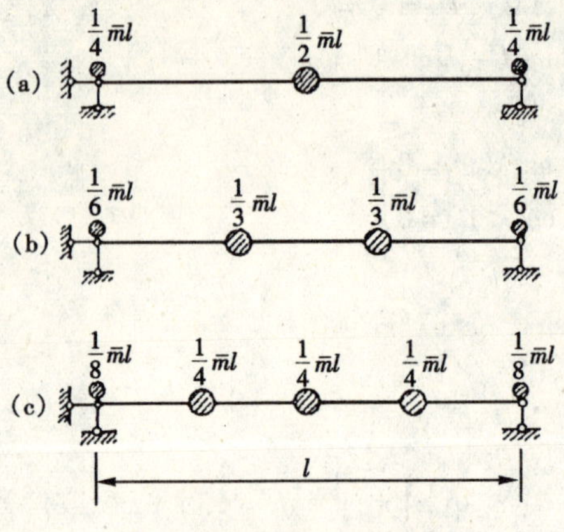

图 15-44 简支梁及集中质量
(a) 单自由度集中质量；(b) 两自由度集中质量；(c) 三自由度集中质量

该段的两端，这时体系分别简化为具有一、二、三个自由度的体系。根据这三个计算简图，可分别求出第一频率、前两个频率、前三个频率如下（与精确解相比，各近似解的误差为括号内的数字所示）：

图 15-44a：$\omega_1=\dfrac{9.80}{l^2}\sqrt{\dfrac{EI}{\bar{m}}}$（$-0.7\%$）。

图 15-44b：$\omega_1=\dfrac{9.86}{l^2}\sqrt{\dfrac{EI}{\bar{m}}}$（$-0.1\%$），$\omega_2=\dfrac{38.2}{l^2}\sqrt{\dfrac{EI}{\bar{m}}}$（$-3.2\%$）

图 15-44c：$\omega_1=\dfrac{9.865}{l^2}\sqrt{\dfrac{EI}{\bar{m}}}$（$-0.05\%$），$\omega_2=\dfrac{39.2}{l^2}\sqrt{\dfrac{EI}{\bar{m}}}$（$-0.7\%$），$\omega_3=\dfrac{84.6}{l^2}\sqrt{\dfrac{EI}{\bar{m}}}$（$-4.8\%$）

精确解：$\omega_1=\dfrac{9.87}{l^2}\sqrt{\dfrac{EI}{\bar{m}}}$，$\omega_2=\dfrac{39.48}{l^2}\sqrt{\dfrac{EI}{\bar{m}}}$，$\omega_3=\dfrac{88.83}{l^2}\sqrt{\dfrac{EI}{\bar{m}}}$

二、能量法求第一频率——端雷法

能量法主要用于求多自由度或无限自由度体系的自振频率。瑞雷法用于求第一频率，其出发点是基于能量守恒原理，即：一个无阻尼的体系发生自由振动时，它在任一时刻的总能量，即动能和势能之和应保持不变。若以 $V(t)$、$U(t)$ 分别表示动能和势能则有：

$$V_{\max}=U_{\max} \tag{15-167}$$

以弹性体的自由振动为例，说明瑞雷法的计算过程。

设弹性体的振动方程为

$$y(x,t)=y(x)\sin(\omega t+\alpha) \tag{15-168}$$

其速度方程

$$\dot{y}(x,t)=y(x)\,\omega\cos(\omega t+\alpha) \tag{15-169}$$

弹性体振动的动能为：

$$\begin{aligned} V &= \frac{1}{2}\int_0^l m(x)[\dot{y}(x,t)]^2\mathrm{d}x \\ &= \frac{1}{2}\omega^2\cos^2(\omega t+\alpha)\int_0^l m(x)y^2(x)\mathrm{d}x \end{aligned} \tag{15-170}$$

当动能最大时，有：$\cos(\omega t+\alpha)=1$。因此

$$V_{\max}=\frac{1}{2}\omega^2\int_0^l m(x)y^2(x,t)\mathrm{d}x \tag{15-171}$$

弹性体振动时的变形能：

$$\begin{aligned} U &= \frac{1}{2}\int_0^l \frac{M^2}{EI}\mathrm{d}x = \frac{1}{2}\int_0^l EI[y''(x,t)]^2\mathrm{d}x \\ &= \frac{1}{2}\sin^2(\omega t+\alpha)\int_0^l EI[y''(x)]^2\mathrm{d}x \end{aligned} \tag{15-172}$$

当变形达到最大量，sin（$\omega t+\alpha$）=1 因此

$$U_{\max}=\frac{1}{2}\int_0^l EI[y''(x)]^2\mathrm{d}x \tag{15-173}$$

于是：

$$\omega^2=\frac{\int_0^l EI[y''(x)]^2\mathrm{d}x}{\int_0^l m(x)y^2(x)\mathrm{d}x} \tag{15-174}$$

如果体系上同时有 n 个集中质量 m_i（$i=1，2，\cdots n$），上式为

$$\omega^2=\frac{\int_0^l EI[y''(x)]^2\mathrm{d}x}{\int_0^l m(x)y^2(x)\mathrm{d}x+\sum_{i=1}^{n}m_iy_i^2} \tag{15-175}$$

其中 y_i 是集中质量处的位移幅值。

式（15-174）、式（15-175）就是用瑞雷法求自振频率的公式。用瑞雷法求自振频率必须知道振型曲线 y（x）。而 y（x）事先往往是未知函数。因此只能假设一条振型曲线来进行计算。若假设的曲线正好与第一主振型相似，则可求出第一阶频率。如果正好与第二主振型相似，则可求出第二阶频率，依次类推。但实际上假设振型曲线是困难的，特别是高阶振型曲线的假设更困难，如果假设的曲线与实际振型吻合程度不好，将会产生较大误差。因此这种方法比较适合计算第一阶频率。

通常可取结构在某个静力荷载 q（x）（例如结构自重）作用下的弹性变形曲线 y（x）作为近似振型函数，此时的应变能可以用相应荷载 q（x）所做的功来计算，即

$$U=\frac{1}{2}\int_0^l q(x)y(x)\mathrm{d}x \tag{15-176}$$

于是有：

$$\omega^2=\frac{\int_0^l q(x)y(x)}{\int_0^l m(x)y^2(x)\mathrm{d}x+\sum_{i=1}^{n}m_iy_i^2} \tag{15-177}$$

在假设振型时，应使其尽量满足结构的边界条件，包括力边界和位移边界。若不能满足全部的边界条件，至少应满足位移边界条件，弯矩边界条件，以减少计算误差。

例 15-20　试求等截面简支梁的第一频率。

解：（1）假设位移形状函数 Y（x）为抛物线

$$Y(x)=\frac{4a}{l^2}x(l-x)$$

$$Y''(x)=-\frac{8a}{l^2}$$

$$U_{\max} = \frac{EI}{2}\int_0^l \frac{64a^2}{l^4}\mathrm{d}x = \frac{32EIa^2}{l^3}$$

$$T_{\max} = \frac{\bar{m}\ \omega^2}{2}\int_0^l \frac{16a^2}{l^4}x^2(l-x)^2\mathrm{d}x = \frac{4}{15}\bar{m}\ \omega^2 a^2 l$$

因此

$$\omega^2 = \frac{120EI}{\bar{m}l^4},\ \omega = \frac{10.95}{l^2}\sqrt{\frac{EI}{\bar{m}}}$$

(2) 取均布荷载 q 作用下的挠度曲线作为 $Y(x)$，则

$$Y(x) = \frac{q}{24EI}(l^3x - 2lx^3 + x^4)$$

代入式 (15-174)，得

$$\omega^2 = \frac{\int_0^l qY(x)\mathrm{d}x}{\int_0^l \bar{m}\ Y^2(x)\mathrm{d}x} = \frac{\dfrac{q^2l^5}{120EI}}{\bar{m}\left(\dfrac{q}{24EI}\right)^2\dfrac{31}{630}l^9}$$

$$\omega = \frac{9.87}{l^2}\sqrt{\frac{EI}{\bar{m}}}$$

(3) 设形状函数为正弦曲线

$$Y(x) = a\sin\frac{\pi x}{l}$$

代入式 (15-174)，得：

$$\omega^2 = \frac{EIa^2\dfrac{\pi^4}{l^4}\int_0^l\left(\sin\dfrac{\pi x}{l}\right)^2\mathrm{d}x}{\bar{m}\ a^2\int_0^l\left(\sin\dfrac{\pi x}{l}\right)^2\mathrm{d}x} = \frac{\dfrac{\pi^4EIa^2}{2l^3}}{\dfrac{\bar{m}\ a^2 l}{2}} = \frac{\pi^4EI}{\bar{m}\ l^4}$$

$$\omega = \frac{\pi^2}{l^2}\sqrt{\frac{EI}{\bar{m}}} = \frac{9.8696}{l^2}\sqrt{\frac{EI}{\bar{m}}}$$

(4) 讨论

正弦曲线是第一主振型的精确解，因此由它求得的 ω 是第一频率的精确解。

根据均布荷载作用下的挠曲线求得的 ω 具有很高的精度。

例 15-21 计算具有均布质量 $\bar{m}$ 的悬臂立柱的基本频率。设 EI 及 l 为已知常数。

解： 选用两种不同的振型曲线进行计算，并加以比较。

1. 设振型函数为

$y(x) = a\left(1-\cos\dfrac{\pi x}{2l}\right)$ 坐标如图 15-45a 所示。

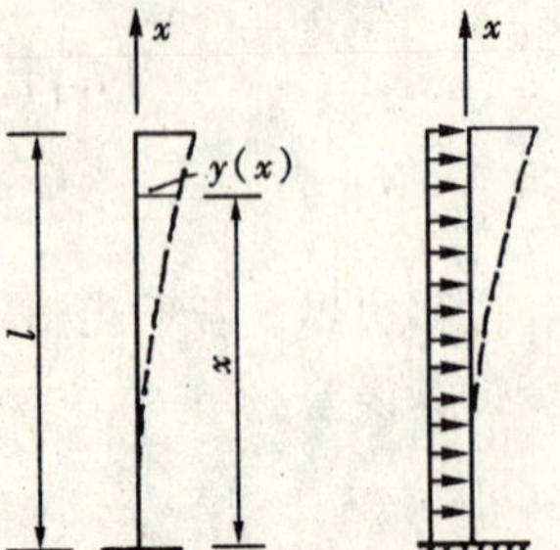

图 15-45 悬臂立柱

(a) 悬臂立柱；(b) 受均布荷载的悬臂立柱

检验下端位移边界条件：

当 $x=0$，$y(0)=0$，$y'(x)|_{x=0} = \dfrac{a\pi}{2l}\sin\dfrac{\pi x}{2l}|_{x=0} = 0$ 满足

检验上端力的边界条件：

当 $x=l$，弯矩：$EIy''(x)\mid_{x=l}=EIa\left(\frac{\pi}{2l}\right)^2\cos\frac{\pi x}{2l}\mid_{x=l}=0$ 满足

$$\text{剪力：}EIy'''(x)\Big|_{x=l}=-EIa\left(\frac{\pi}{2l}\right)^3\sin\frac{\pi x}{2l}\Big|_{x=l}$$

$$=-EIa\left(\frac{\pi}{2l}\right)^3\neq 0\quad\text{不满足}$$

利用式（15-177）

$$\omega^2=\frac{\int_0^l EI[y''(x)]^2\mathrm{d}x}{\int_0^l m(x)y^2(x)\mathrm{d}x}=\frac{EIa^2\left(\frac{\pi}{2l}\right)^4\int_0^l\left(\cos\frac{\pi x}{2l}\right)^2\mathrm{d}x}{a^2\bar{m}\int_0^l\left[1-\cos\frac{\pi x}{2l}\right]^2\mathrm{d}x}$$

$$=\frac{EI\frac{\pi^4}{16l^4}\cdot\frac{l}{2}}{\bar{m}\left(l-\frac{4l}{\pi}+\frac{l}{2}\right)}=13.424\frac{EI}{\bar{m}l^4}$$

$$\omega=\frac{3.644}{l^2}\sqrt{\frac{EI}{\bar{m}}}$$

与精确值 $\omega=\frac{3.515}{l^2}\sqrt{\frac{EI}{\bar{m}}}$ 相比较，误差为 4.24%。

2. 选用悬臂杆受横向均布荷载（以自重的值作为均布荷载值）作用的位移曲线作振型函数（图 15-45b）。

$$y(x)=\frac{\bar{m}g}{2EI}\left(\frac{l^2}{2}x^2-\frac{l}{3}x^3+\frac{1}{12}x^4\right)$$

这个函数满足全部边界条件，因为它是根据边界条件求出的。计算频率如下

$$\omega^2=\frac{\int_0^l q(x)y(x)\mathrm{d}x}{\int_0^l m(x)y^2(x)\mathrm{d}x}=\frac{\frac{(\bar{m}g)^2}{2EI}\int_0^l\left(\frac{l^2}{2}x^2-\frac{l}{3}x^3+\frac{1}{12}x^4\right)\mathrm{d}x}{\bar{m}\left(\frac{\bar{m}g}{2EI}\right)^2\int_0^l\left(\frac{l^2}{2}x^2-\frac{l}{3}x^3+\frac{1}{12}x^4\right)^2\mathrm{d}x}=12.46\frac{EI}{\bar{m}l^4}$$

$$\omega=\frac{3.53}{l^2}\sqrt{\frac{EI}{\bar{m}}}$$

与精确值相比较，误差为 0.4%。以上两个近似值均大于精确值。

本 章 小 结

结构动力计算的内容极为丰富，本章只叙述了结构动力学最基本的内容。本章内容可分为两大部分：（1）单自由度体系的自由振动和受迫振动；（2）多自由度体系的自由振动和受迫振动。其中第一部分的内容是结构动力学基础，应在理论力学的基础上结合结构问题来学习；第二部分中的自由振动分析和振型叠加法是本章的主要内容，应注意将它们的物理概念理解深透，并掌握其计算方法。现将本章内容小结如下：

1. 单自由度体系无阻尼自由振动

体系在振动过程中不受阻尼和外部动荷载作用的振动称为无阻尼自由振动。

(1) 运动方程为

$$y'' + \omega^2 y = 0$$

式中 y 为从质量的静力平衡位置量起的随时间变化的动力位移坐标。

(2) 自振频率

运动方程中的 ω 就是体系的自振圆频率，可由下式计算

$$\omega = \sqrt{\frac{k}{m}} = \sqrt{\frac{1}{m\delta}} = \sqrt{\frac{g}{W\delta}} = \sqrt{\frac{g}{y_S}}$$

ω 与体系的自振周期 T 及振动频率 f 有如下关系

$$\omega = \frac{2\pi}{T} = 2\pi f$$

自振周期和振动频率与运动的初始条件无关，是很重要的动力特性，应熟练掌握其计算方法。

(3) 运动方程的通解为

$$y(t) = y_0\cos\omega t + \frac{v_0}{\omega}\sin\omega t$$

或

$$y(t) = A\sin(\omega t + \varphi)$$

式中 y_0 和 v_0 为质量振动的初始位移和初始速度；振幅 A 及初相角 φ 可由下式确定

$$A = \sqrt{y_0^2 + \left(\frac{v_0}{\omega}\right)^2}, \quad \varphi = \mathrm{tg}^{-1}\left(\frac{y_0\omega}{v_0}\right)$$

2. 单自由度体系有阻尼自由振动

体系在振动过程中受阻尼的影响，但不受外部动载作用时称为有阻尼自由振动

(1) 阻尼力 R 为

$$R = -cy'$$

式中 c 为阻尼系数，由实测确定。

(2) 运动方程为

$$y'' + 2\zeta\omega y' + \omega^2 y = 0$$

式中 $\zeta = \frac{c}{2m\omega}$ 为阻尼比，由实测确定。

(3) 运动方程的通解

(a) 对小阻尼 ($\xi < 1$)，运动方程的通解为

$$y(t) = Be^{-\zeta\omega t}\sin(\omega_r t + \alpha)$$

式中

$$\omega_r = \omega\sqrt{1 - \xi^2}$$

$$B = \sqrt{y_0^2 + \left(\frac{v_0 + \xi\omega y_0}{\omega_r}\right)^2}, \quad \alpha = \mathrm{tg}^{-1}\left(\frac{y_0\omega_r}{v_0 + \xi\omega y_0}\right)$$

对大多数在空气中振动的结构来说，一般都属于小阻尼的范围。

(b) 对大阻尼 ($\xi > 1$) 和临界阻尼 ($\xi = 1$)，运动方程的通解分别为

$$y(t) = C_1 e^{(-\xi\omega + \omega\sqrt{\xi^2 - 1})t} + C_2 e^{(-\xi\omega - \omega\sqrt{\xi^2 - 1})t}$$

和
$$y(t)=(C_1+C_2t)e^{-\xi\omega t}$$
这时运动已无振动性，只是一种衰减运动。

(4) 在小阻尼的自由振动中，阻尼对体系的自振频率的影响较小，可以忽略，但对振幅的影响甚为明显，不可忽略。

3. 单自由度体系无阻尼受迫振动

体系在振动过程中不受阻尼的影响，但受外部动荷载作用时称为无阻尼受迫振动。

(1) 运动方程为

$$y''+\omega^2y=\frac{P(t)}{m}$$

式中 $P(t)$ 为作用于质量的任意形式的动力荷载。

(2) 运动方程的通解为

$$y(t)=y_0\cos\omega t+\frac{v_0}{\omega}\sin\omega t+\frac{1}{m\omega}\int_0^t P(\tau)\sin\omega(t-\tau)\mathrm{d}\tau$$

若初始条件 y_0 和 v_0 均为零，则

$$y(t)=\frac{1}{m\omega}\int_0^t P(\tau)\sin\omega(t-\tau)\mathrm{d}\tau$$

式中的积分称为杜哈梅积分。这是一个很重要的计算公式，应注意熟练掌握。

(3) 动力系数与等效静载法

结构最大的动力位移与将动荷载的力幅 P 作为静力荷载时得到的结构的静力位移之比称为动力系数，动力系数用 β 表示。

对单自由度体系的弹性振动来说，位移和内力的动力系数是一致的。当动力荷载 $P(t)$ 的作用位置和方向与相应惯性力的作用位置和方向相同时，可将动力荷载的力幅 P 乘以动力系数得等效静荷载，然后用等效静荷载按结构静力学方法，就可求得内力和位移的最大动力值，这种方法称为等效静载法。

当结构承受简谐荷载时，结构的强迫振动响应也是简谐振动，它的频率与振动荷载的频率相同，这时无阻尼纯强迫振动的动力系数为

$$\beta=\frac{1}{1-\dfrac{\theta^2}{\omega^2}}$$

当 $\theta=\omega$ 时，将出现共振；当 $\beta>0$ 时，表示强迫振动的位移与振动荷载同相；当 $\beta<0$ 时，表示强迫振动的位移与振动荷载反相。

4. 单自由度体系有阻尼受迫振动

体系在振动过程中受阻尼和外部动力荷载的作用时，称为有阻尼受迫振动。

(1) 运动方程为

$$y''+2\xi\omega y'+\omega^2y=\frac{P(t)}{m}$$

(2) 运动方程的通解为

$$y(t)=e^{-\xi\omega t}\left(y_0\cos\omega_r t+\frac{v_0+\xi\omega y_0}{\omega_r}\sin\omega_r t\right)+\frac{1}{m\omega_r}\int_0^t P(\tau)e^{-\xi\omega(t-\tau)}\sin\omega_r(t-\tau)\mathrm{d}\tau$$

若初始条件 y_0 和 v_0 均为零，则

$$y(t)=\frac{1}{m\omega_r}\int_0^t P(\tau)e^{-\xi\omega(t-\tau)}\sin\omega_r(t-\tau)\mathrm{d}\tau$$

上式等号右边的积分亦称为杜哈梅积分，此式甚为重要，由此式即可求得体系在任意动荷载作用下的有阻尼受迫振动的特解。

(3) 当结构承受简谐荷载时，有阻尼纯强迫振动的动力系数 β 可按式计算

$$\beta=\frac{1}{\sqrt{\left(1-\frac{\theta^2}{\omega^2}\right)^2+\frac{4\xi^2\theta^2}{\omega^2}}}$$

当远离共振区$\left(0.75<\frac{\theta}{\omega}<1.25\right)$时，阻尼对 β 的影响较小，可忽略；但在共振区附近，阻尼对 β 的影响就较大，不可忽略。当 $\theta=\omega$ 时，由于阻尼的存在，β 不会达到无穷大。但当 θ 与 ω 相同或接近时，振幅将出现高峰值，在工程上一般应该避免，否则就应使振幅值限制在容许范围之内。

5. 多自由度体系的自由振动

这部分的主要内容是计算多自由度体系无阻尼的自振频率、主振型及各主振型之间的正交性等。分析的方法有柔度法和刚度法两种，根据结构的具体情况，当采用柔度法方便时，可采用柔度法，否则就采用刚度法。

(1) 用柔度和刚度表示的体系的运动方程分别为

$$\{y\}=-[\delta][M]\{y''\}$$

和

$$[M]\{y''\}+[K]\{y\}=\{0\}$$

(2) n 个自由度体系有 n 个自振频率 ω_i ($i=1, 2, \cdots, n$)，可按频率方程求解，即

$$[\delta][M]-\lambda[I]=0$$

或

$$[K]-\omega^2\{M\}=0$$

计算时应注意柔度矩阵 $[\delta]$ 和刚度矩阵 $[K]$ 中各元素的物理概念。

(3) 每个自振频率，对应着一个振动型式——主振型，n 个自由度体系共有 n 个主振型。对应于每一个自振频率的主振型向量 $\{A\}$，可按下式

$$\left([\delta][M]-\frac{[I]}{\omega^2}\right)\{A\}=\{0\}$$

或

$$([K]-\omega^2[M])\{A\}=\{0\}$$

求得。

(4) 任意两个主振型之间必须满足正交性条件。第一、第二正交性条件分别为

$$\{A_j\}^T[M]\{A_k\}=0\ (\omega_k\neq\omega_j)$$

式中 j 和 k 分别表示某个自振频率的序号。

(5) 运动方程的解，即各质量的动力位移可根据各质量位移线性方程组计算，其中 $2n$ 个未知数可按质量的 $2n$ 个初始条件确定。

6. 多自由度体系的受迫振动

(1) 多自由度体系在任意动力荷载作用下的动力反应可用振型叠加法求解。按振型叠加法求解 n 个自由度体系有阻尼受迫振动的基本原理，是利用主振型的第一、第二正交性条件，以及主振型对于阻尼矩阵的正交性条件，将动力荷载按主振型分解成 n 个单自由度体系的受迫振动，然后将 n 个单自由度体系受迫振动的动力反应叠加，就得到 n 个自由度体

系的受迫振动的动力反应。

（2）用振型叠加法计算体系的动力反应，可按有关具体的步骤进行计算。

（3）如果多自由度体系承受的动力荷载的时间因素不同，则应先将动力荷载按相同的时间因素分成若干组，用振型叠加法计算各组的动力反应，然后叠加得最后的动力反应。

习　　题

15-1　试求图示梁的自振周期和圆频率。设梁端有重物 $W=1.23\text{kN}$，梁重不计，$E=21\times10^6\text{N/cm}^2$，$I=78\text{cm}^4$。

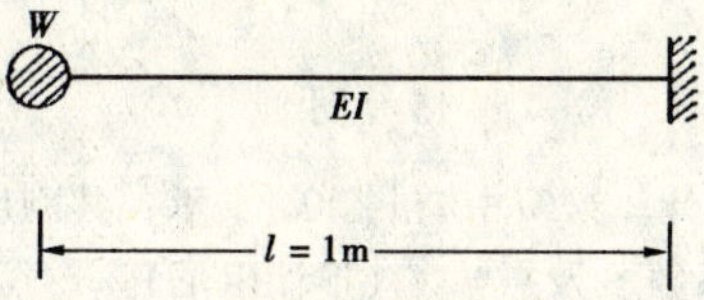

题 15-1 图

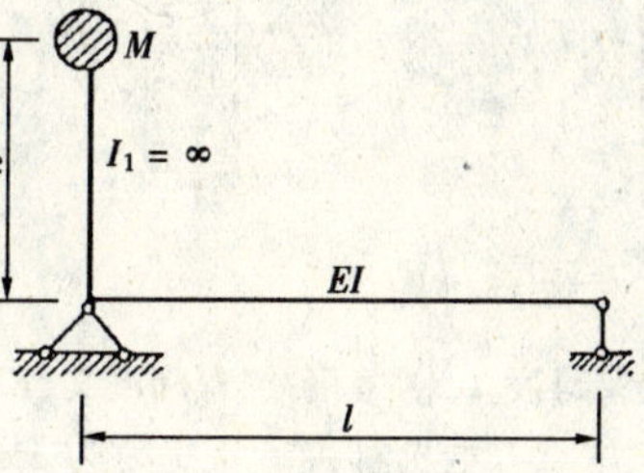

题 15-2 图

15-2　试求图示结构的自振频率。

15-3　试求图示梁的自振频率。设梁端重物的重量为 W，梁和弹簧的重量不计。

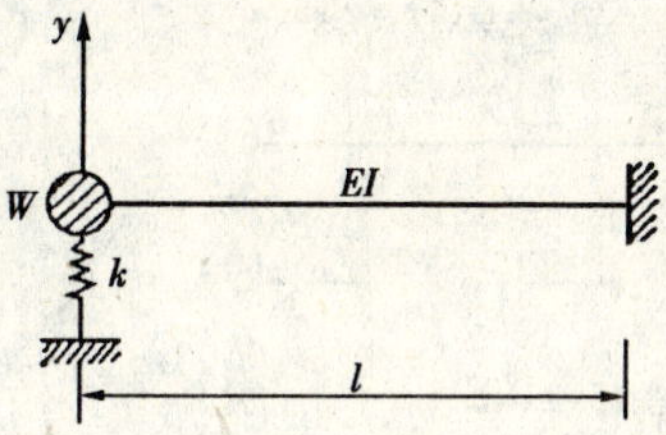

题 15-3 图

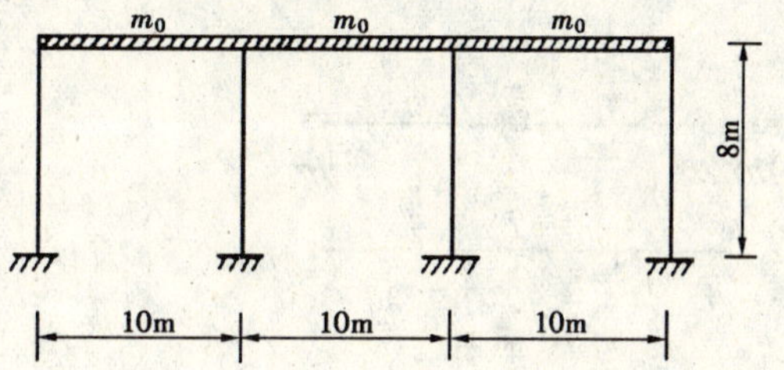

题 15-4 图

15-4　试求图示刚架的自振频率，设立柱 $EI=$ 常数，横梁 $EI=\infty$，立柱的质量已集中于横梁处，各横梁质量均为 m。

15-5　试求图示排架结构水平自由振动的固有频率和周期，设横梁总重为 W，立柱质量略去不计。

15-6　设图示竖柱顶端在振动开始时的初位移为 0.1cm（被拉到位置 B' 后放松引起振动），试求顶端的位移振幅，最大速度和加速度。

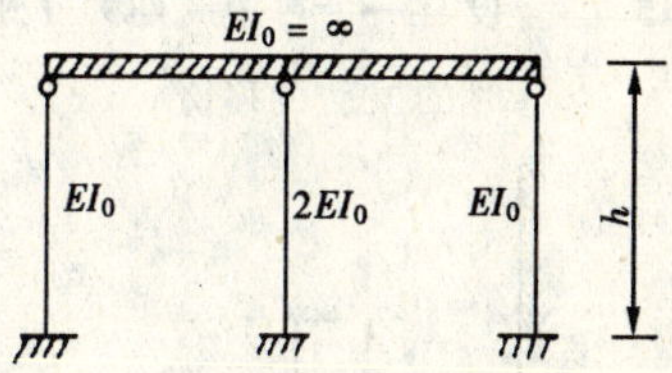

题 15-5 图

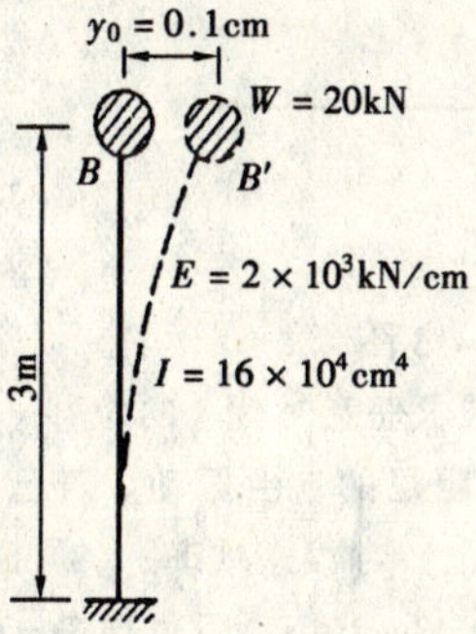

题 15-6 图

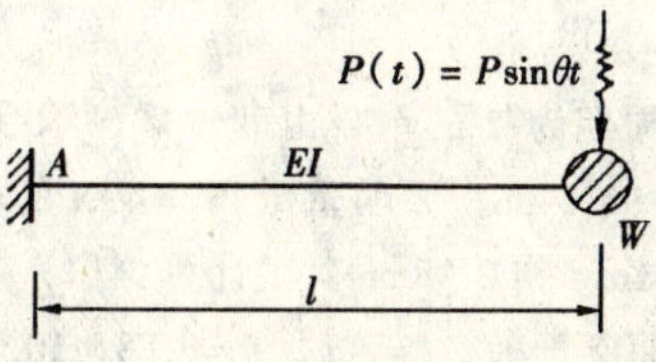

题 15-7 图

15-7 试求图示梁的最大竖向位移和梁端弯矩幅值。已知数据：$W=10\text{kN}$，$P=2.5\text{kN}$，$E=2\times10^7\text{N/cm}^2$，$I=1130\text{cm}^4$，$\theta=57.61/\text{s}$，$l=150\text{cm}$。

15-8 图示结构在柱顶有马达，试求马达转动时的最大水平位移和柱端弯矩的幅值。已知数据：马达和结构的重量集中于柱顶，$W=20\text{kN}$，马达水平离心力的幅值 $P=250\text{N}$，马达转速 $n=550\text{r/min}$，柱的线刚度 $i=\dfrac{EI_1}{h}=5.88\times10^8\text{N}\cdot\text{cm}$。

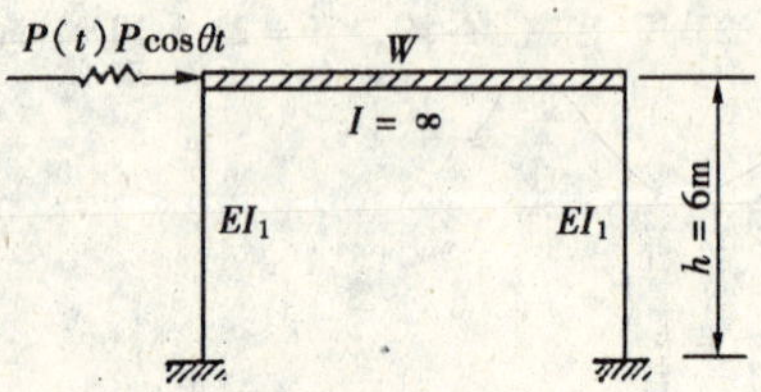

题 15-8 图

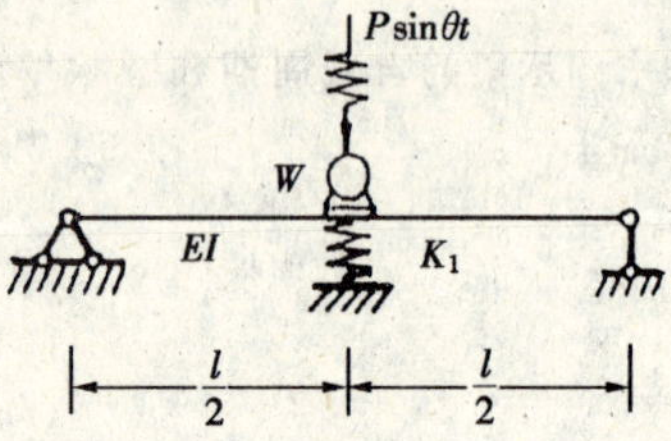

题 15-9 图

15-9 图示简支梁跨度 l，梁截面抗弯刚度为 EI，梁的自重忽略不计。梁跨中有一弹簧支承，其刚度系数为 K_1，梁中点有电机重 W，干扰力为 $P\sin\theta t$。求动力放大系数 β 及振幅 A（不计阻尼）。

15-10 图示简支梁跨中有一集中质量 m，动力荷载 $p(t)=P\sin\theta t$ 作用在距梁左端 $l/4$ 处，若不考虑梁的自重，求当 $\theta_1=0.8\sqrt{\dfrac{48EI}{ml^3}}$，$\theta_2=1.2\sqrt{\dfrac{48EI}{ml^3}}$时，质量 m 的最大动位移（不计阻尼）。

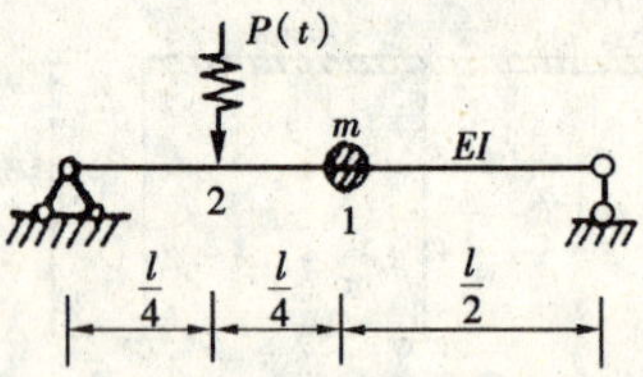

题 15-10 图

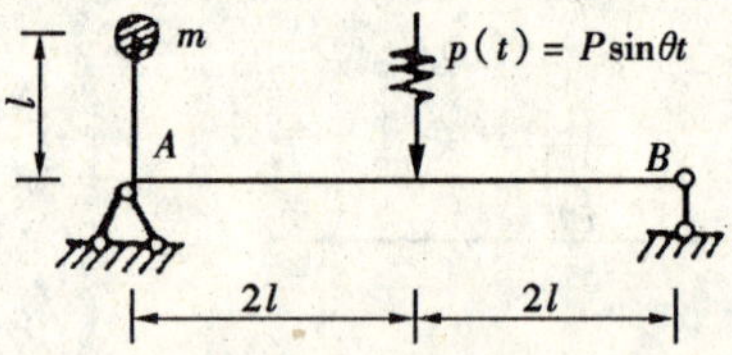

题 15-11 图

15-11 试求图示体系的运动方程，并绘出结构的弯矩幅值图。$EI=$常数。

15-12 设有一个自振周期为 T 的单自由度体系，承受图示直线渐增荷载 $P(t)=P\dfrac{t}{\tau}$作用，试求 $t=\tau$ 时的振动位移值 $y(\tau)$。

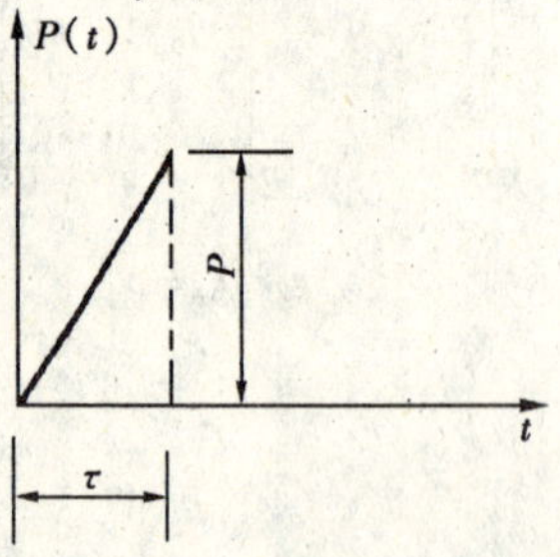

题 15-12 图

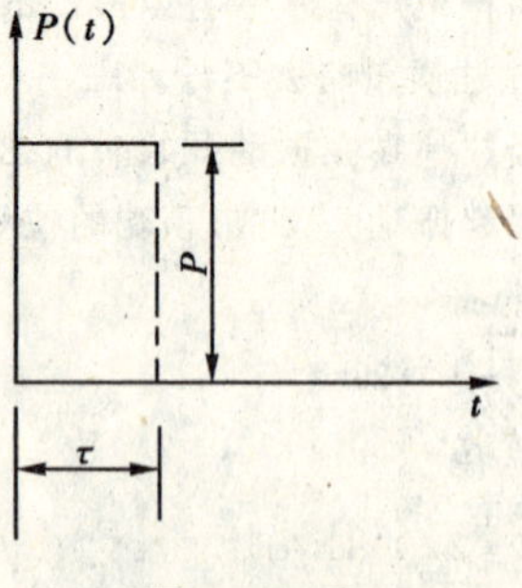

题 15-13 图

15-13 设有一个自振周期为 T 的单自由度体系，承受图示突加荷载作用，试求任意时刻 t 的位移 $y(t)$。

15-14 刚度系数 $k_{11}=98\text{N/cm}$，振动重量 $W=49\text{N}$ 的单自由度弹性体系作有阻尼的自由振动。若已知相邻两个振幅值为 1mm 和 0.98mm。试计算：(1) 有阻尼的自振圆频率；(2) 对数递减率；(3) 阻尼比。

15-15 图示矩形截面简支钢梁，$l=4\text{m}$，$I=8.88\times10^{-5}\text{m}^4$，跨中电机重 $W=3.43\times10^4\text{N}$，阻尼比 $D=0.0128$，材料的弹性模量 $E=20.58\times10^{10}\text{N/m}^2$，电机转数 $n=550\text{r/min}$。试求电机转动时的动力放大系数 β。

15-16 某结构自由振动经过 10 个周期后振幅降为原来的 10%，试求结构阻尼比 ζ 和在简谐荷载作用下共振时的动力系数。

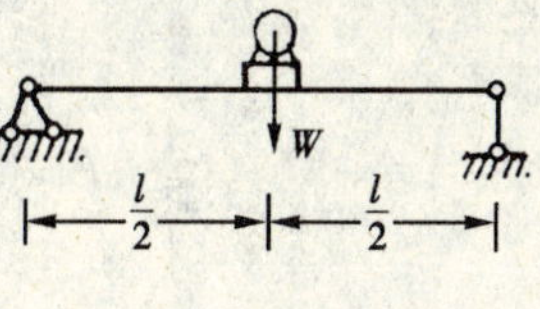

题 15-15 图

15-17　通过图示结构做自由振动实验。用油压千斤顶使横梁产生侧向位移，当梁侧移 0.49cm 时，需加侧向力 90.698kN。在此初位移状态下放松横梁，经过一个周期（$T = 1.40s$）后，横梁最大位移仅为 0.392cm。试求：

(a) 结构的重量 W（假设重量集中于横梁上）；

(b) 阻尼比；

(c) 振动 6 周后的位移振幅。

15-18　试求梁的自振频率和主振型，EI = 常数。

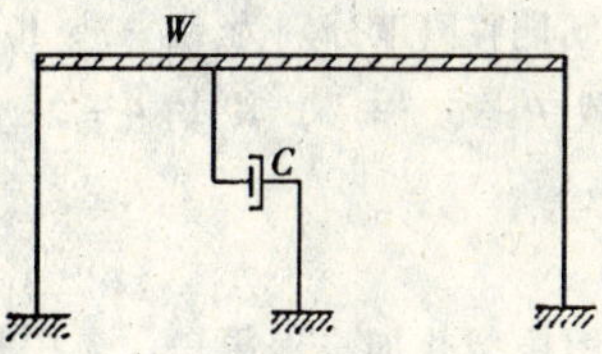

题 15-17 图

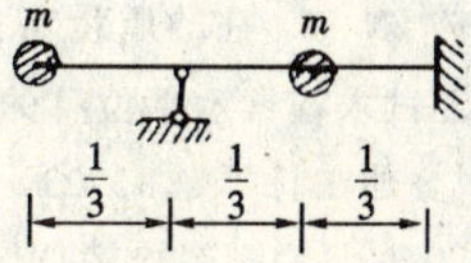

题 15-18 图

15-19　试求双跨梁的自振频率。已知：$l = 100cm$，$mg = 980N$，$I = 63.82cm^4$，$E = 1.96 \times 10^7 N/cm^2$。

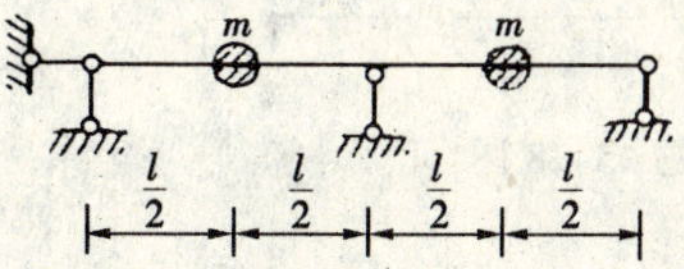

题 15-19 图

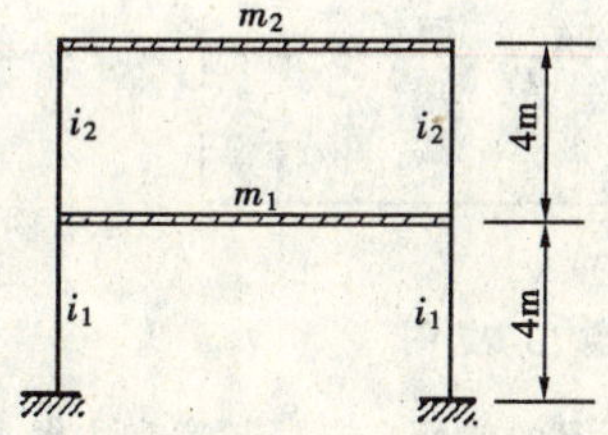

题 15-20 图

15-20　试求图示两层刚架的自振频率和主振型。设楼面质量分别为 $m_1 = 120t$ 和 $m_2 = 100t$，柱的质量已集中于楼面；柱的线刚度分别为 $i_1 = 20MN·m$ 和 $i_2 = 14MN·m$；横梁刚度为无限大。

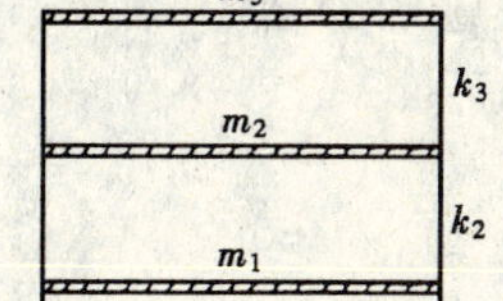

题 15-21 图

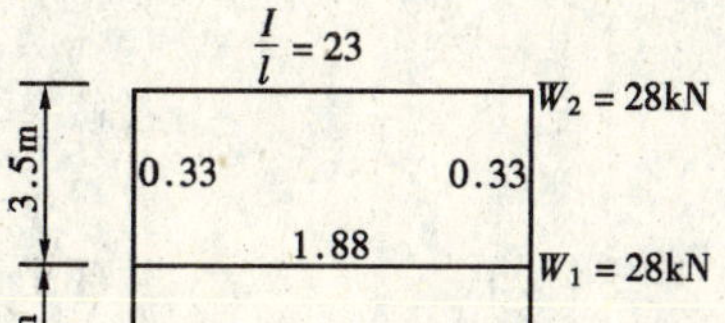

题 15-22 图

15-21　试求图示三层刚架的自振频率和主振型。设楼面质量分别为 $m_1 = 270t$，$m_2 = 270t$，$m_3 = 180t$；各层的侧移刚度分别为 $k_1 = 245MN/m$，$k_2 = 196MN/m$，$k_3 = 98MN/m$；横梁刚度为无限大。

15-22　试求图示两层刚架的自振周期和主振型。刚架几何尺寸和重量如图所示，柱的重量已集中于楼面，$\frac{I}{l}$的单位为 10^3cm^3，$E = 210kN/cm^2$。

15-23　图示悬臂梁装有两台发动机，其质量均为 $m = 3t$，振动力的幅值为 $P = 5kN$，设发动机 2 不开动而发动机 1 每分钟转数为 300 转，试求梁的动弯矩图。已知 $E = 206GPa$，$I = 2.4 \times 10^{-4} m^4$，梁的自重可略去不计，并不计阻尼影响。

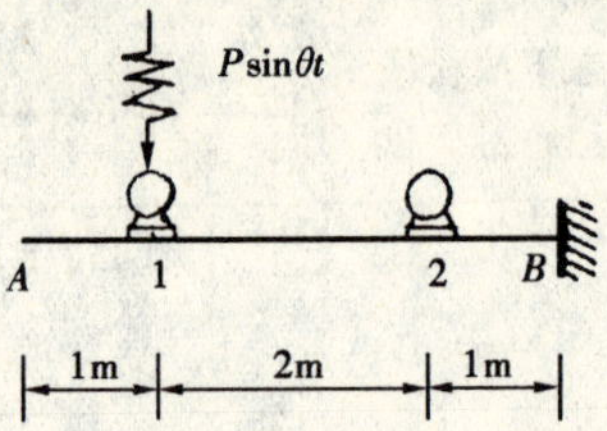

题 15-23 图

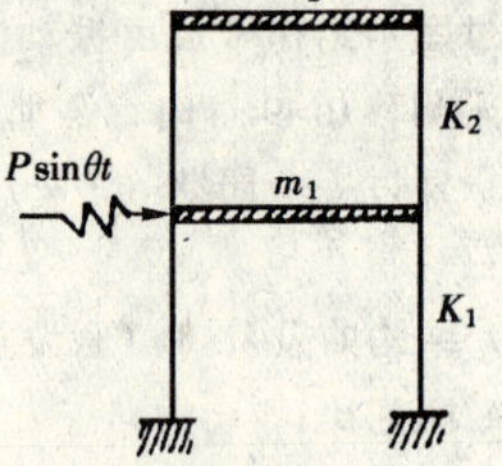

题 15-24 图

15-24 图示两层刚架结构，横梁的 $EI=\infty$，质量为 $m_1=m_2=100\text{t}$，层间侧移刚度分别为 $K_1=3\times10^4\text{kN/m}$，$K_2=2\times10^4\text{kN/m}$，柱的质量略去不计。若第一层横梁有水平荷载 $P\sin\theta t$ 作用，其中 $P=2\text{kN}$，$\theta=300\text{r/min}$，试求横梁水平位移的幅值。

15-25 试用振型叠加法计算题 15-23。

15-26 设题 15-20 的两层刚架顶端在振动开始时的初位移为 0.1cm，试用振型叠加法求第一、二层楼面处的振幅值和柱端弯矩的幅值。

15-27 试求两端固定单跨梁前三个自振频和主振型。

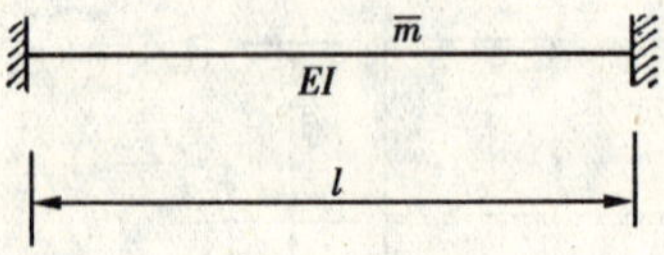

题 15-27 图

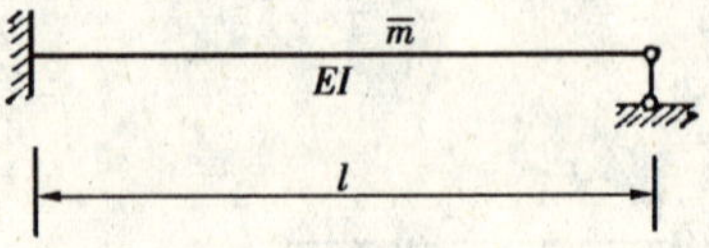

题 15-28 图

15-28 试求图示梁的前两个自振频率和主振型。

15-29 试用静力等效集中质量法求图示简支梁的第一频率。

15-30 试用能量法计算两端固定梁的第一频率。梁单位长度的质量为 $\overline{M}$，设取自重作用下的变形曲线为振型函数，即

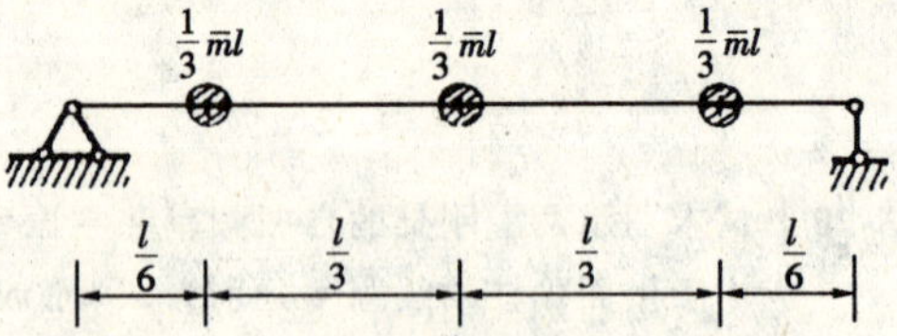

题 15-29 图

$$y(x)=\frac{ql^4}{24EI}\left(\frac{x^2}{l^2}-2\frac{x^3}{l^3}+\frac{x^4}{l^4}\right)$$

部分习题答案

15-1 $T=0.1004\text{s}\quad\omega=62.58\ \ 1/\text{s}$

15-2 $\omega=\sqrt{\dfrac{3EI}{Mh^2l}}$

15-3 $\omega=\sqrt{\dfrac{g\ (3EI+kl^3)}{Wl^3}}$

15-4 $\omega=0.177\sqrt{\dfrac{EI}{m_0}}$

15-5 $\omega=2\sqrt{\dfrac{3EIg}{Wh^3}}$，$T=\pi\sqrt{\dfrac{Wh^3}{3EIg}}$

15-6 $y_{\max}=0.1\text{cm}$，$v_{\max}=4.175\text{cm/s}\quad a_{\max}=174.3\text{cm/s}^2$

15-7 $y_{\max}=0.697\text{cm}$，$M_A=20.6\text{kN}\cdot\text{m}$

15-8 $y_{\max}=-0.0884\text{cm}$（与 P 方向相反）　$M_{\max}=0.5\text{kN}\cdot\text{m}$

15-9　$\beta=\dfrac{(48EI+K_1l^3)\ g}{(48EI+K_1l^3)\ g-wl^3\theta^2}$，$A=\dfrac{pl^3g}{(48EI+K_1l^3)\ g-Wl^3\theta^2}$

15-10　当取 θ_1 时，$A=0.0398\dfrac{pl^3}{EI}$

当取 θ_2 时，$A=-0.0326\dfrac{pl^3}{EI}$（与 $p\ (t)$ 方向相反）

15-11　$M_{max}=\dfrac{pl^4}{EI}m\theta^2\beta$，$\beta=\dfrac{3EI}{3EI-5l^3m\theta^2}$

15-12　$y\ (\tau)\ =y_{st}\left(1-\dfrac{T\sin\dfrac{2\pi}{T}\tau}{2\pi\tau}\right)$

15-13　$t\leqslant\tau$ 时，$y\ (t)\ =y_{st}\ (1-\cos\omega t)$

$t>\tau$ 时，$y\ (t)\ =2y_{st}\sin\dfrac{\omega\tau}{2}\sin\omega\left(t-\dfrac{\tau}{2}\right)$

15-14　$\omega_r=44.2\quad 1/s\quad \lambda=0.0198$，$\xi=0.00315$

15-15　$\beta=6.6$

15-16　$\xi=0.0367$，$\beta=14$

15-17　(a) $\omega=9006$kN，(b) $\xi=0.0355$，(c) $y=0.1285$cm

15-18　$\omega_1=3.04\sqrt{\dfrac{EI}{ml^3}}$，$W_2=12.3\sqrt{\dfrac{EI}{ml^3}}$

$\dfrac{A_{11}}{A_{21}}=\dfrac{1}{-6.24}$，$\dfrac{A_{12}}{A_{22}}:\dfrac{1}{0.163}$

15-19　$W_1=0.83\sqrt{\dfrac{EI}{m_1h^3}}\quad W_2=3.65\sqrt{\dfrac{EI}{ml^3}}$

$A_{11}:A_{21}=1.311:1$

$A_{12}:A_{22}=\ (-1.144)\ :1$

15-20　$\omega_1=9.88\quad 1/s$，$\omega_2=23.18\quad 1/s$

15-21　$\omega_1=13.51\quad 1/s\quad Y_{11}:Y_{21}:Y_{31}=0.333:0.667:1.000$

$\omega_2=30.1\quad 1/s\quad Y_{12}:Y_{22}:Y_{32}=-0.664:-0.663:1.000$

$\omega_3=46.61\quad 1/s\quad Y_{13}:Y_{23}:Y_{33}=4.032:-3.022:1.000$

15-22　$T_1=0.442s$，$Y_{11}:Y_{21}=1:1.91$

$T_2=0.175s$，$Y_{12}:Y_{22}=-1:\ (-0.52)$

15-23　$M_B=-33.9$kN·m（上侧受拉）

15-24　$B_1=-0.0459$mm，$B_2=-0.0117$mm

15-27　$\omega_1=\dfrac{22.4}{l^2}\sqrt{\dfrac{EI}{M}}$，$\omega_2=\dfrac{61.6}{l^2}\sqrt{\dfrac{EI}{M}}$，$\omega_3=\dfrac{121}{l^2}\sqrt{\dfrac{EI}{M}}$

15-28　$\omega_1=\dfrac{15.42}{l^2}\sqrt{\dfrac{EI}{\bar{m}}}$，$\omega_2=\dfrac{49.97}{l^2}\sqrt{\dfrac{EI}{\bar{m}}}$

15-29　$\omega_1=\dfrac{9.874}{l^2}\sqrt{\dfrac{EI}{M}}$

15-30　$\omega_1=\dfrac{22.45}{l^2}\sqrt{\dfrac{EI}{M}}$

附录

函数 $\xi_1(u)$、$\xi_2(u)$、$\xi_3(u)$、$\eta_1(u)$、$\eta_2(u)$、$\eta_3(u)$ 的数值

$u=l\sqrt{\frac{F_P}{EI}}$	$\xi_1(u)$	$\xi_2(u)$	$\xi_3(u)$	$\eta_1(u)$	$\eta_2(u)$	$\eta_3(u)$
0.00	1.0000	1.0000	1.0000	1.0000	1.0000	1.0000
0.20	0.9986	1.0009	0.9973	0.9992	0.9959	0.9840
0.40	0.9945	1.0026	0.9895	0.9973	0.9840	0.9362
0.60	0.9881	1.0061	0.9756	0.9941	0.9641	0.8556
0.80	0.9787	1.0111	0.9567	0.9895	0.9362	0.7434
1.00	0.9662	1.0172	0.9313	0.9832	0.8999	0.5980
1.10	0.9590	1.0209	0.9164	0.9798	0.8790	0.5131
1.20	0.9511	1.0251	0.8998	0.9756	0.8556	0.4198
1.30	0.9424	1.0296	0.8814	0.9714	0.8306	0.3181
1.40	0.9329	1.0348	0.8613	0.9669	0.8025	0.2080
1.50	0.9226	1.0403	0.8393	0.9620	0.7745	0.0893
$\pi/2$	0.9149	1.0445	0.8225	0.9581	0.7525	0
1.60	0.9116	1.0463	0.8153	0.9567	0.7434	-0.0380
1.70	0.8998	1.0529	0.7891	0.9510	0.7102	-0.1742
1.80	0.8871	1.0600	0.7609	0.9449	0.6749	-0.3191
1.90	0.8735	1.0676	0.7297	0.9383	0.6375	-0.4736
2.00	0.8590	1.0760	0.6961	0.9313	0.5980	-0.6372
2.02	0.8560	1.0777	0.6891	0.9299	0.5899	-0.6710
2.04	0.8530	1.0795	0.6819	0.9285	0.5817	-0.7053
2.06	0.8499	1.0813	0.6747	0.9277	0.5734	-0.7398
2.08	0.8468	1.0831	0.6672	0.9255	0.5650	-0.7749
2.10	0.8437	1.0850	0.6597	0.9240	0.5565	-0.8103
2.12	0.8405	1.0868	0.6521	0.9225	0.5480	-0.8465
2.14	0.8372	1.0887	0.6443	0.9210	0.5394	-0.8822
2.16	0.8339	1.0907	0.6364	0.9195	0.5307	-0.9188
2.18	0.8306	1.0926	0.6284	0.9180	0.5220	-0.9557
2.20	0.8273	1.0946	0.6202	0.9164	0.5131	-0.9931
2.22	0.8239	1.0966	0.6119	0.9148	0.5041	-1.0309
2.24	0.8204	1.0988	0.6034	0.9132	0.4951	-1.0691
2.26	0.8170	1.1009	0.5948	0.9116	0.4860	-1.1077
2.28	0.8134	1.1029	0.5861	0.9100	0.4768	-1.1457
2.30	0.8099	1.1050	0.5772	0.9083	0.4675	-1.1861
2.32	0.8063	1.1072	0.5681	0.9066	0.4581	-1.2260
2.34	0.8026	1.1095	0.5589	0.9049	0.4486	-1.2663
2.36	0.7989	1.1117	0.5496	0.9032	0.4391	-1.3069

续表

$u=l\sqrt{\frac{F_P}{EI}}$	$\xi_1(u)$	$\xi_2(u)$	$\xi_3(u)$	$\eta_1(u)$	$\eta_2(u)$	$\eta_3(u)$
2.38	0.7952	1.1140	0.5401	0.9015	0.4295	-1.3480
2.40	0.7915	1.1164	0.5304	0.8998	0.4198	-1.3896
2.42	0.7877	1.1188	0.5205	0.8991	0.4101	-1.4316
2.44	0.7838	1.1212	0.5105	0.8963	0.4002	-1.4743
2.46	0.7799	1.1236	0.5003	0.8945	0.3902	-1.5169
2.48	0.7760	1.1261	0.4899	0.8927	0.3802	-1.5602
2.50	0.7720	1.1286	0.4793	0.8909	0.3701	-1.6040
2.52	0.7679	1.1311	0.4685	0.8890	0.3598	-1.6383
2.54	0.7638	1.1337	0.4576	0.8871	0.3495	-1.6929
2.56	0.7696	1.1363	0.4461	0.8852	0.3391	-1.7381
2.58	0.7555	1.1390	0.4350	0.8833	0.3286	-1.7838
2.60	0.7513	1.1417	0.4234	0.8814	0.3181	-1.8299
2.62	0.7470	1.1445	0.4116	0.8795	0.3075	-1.8765
2.64	0.7427	1.1473	0.3996	0.8776	0.2968	-1.9236
2.66	0.7383	1.1501	0.3873	0.8756	0.2860	-1.9712
2.68	0.7339	1.1530	0.3748	0.8736	0.2751	-2.0193
2.70	0.7294	1.1559	0.3621	0.8716	0.2641	-2.0679
2.72	0.7249	1.1589	0.3491	0.8696	0.2531	-2.1170
2.74	0.7204	1.1619	0.3358	0.8676	0.2420	-2.1667
2.76	0.7158	1.1650	0.3223	0.8655	0.2307	-2.2169
2.78	0.7111	1.1681	0.3085	0.8634	0.2192	-2.2676
2.80	0.7064	1.1712	0.2944	0.8613	0.2080	-2.3189
2.82	0.7016	1.1744	0.2801	0.8592	0.1968	-2.3707
2.84	0.6967	1.1777	0.2654	0.8571	0.1850	-2.4231
2.86	0.6918	1.1810	0.2505	0.8550	0.1734	-2.4760
2.88	0.6869	1.1844	0.2352	0.8528	0.1616	-2.5296
2.90	0.6819	1.1878	0.2195	0.8506	0.1498	-2.5838
2.92	0.6768	1.1913	0.2036	0.8484	0.1379	-2.6385
2.94	0.6717	1.1948	0.1878	0.8462	0.1261	-2.6939
2.96	0.6665	1.1984	0.1706	0.8439	0.1138	-2.7499
2.98	0.6613	1.2020	0.1535	0.8416	0.1016	-2.8066
3.00	0.6560	1.2057	0.1361	0.8393	0.0893	-2.8639
3.02	0.6506	1.2095	0.1182	0.8370	0.0770	-2.9219
3.04	0.6452	1.2133	0.1000	0.8347	0.0646	-2.9805
3.06	0.6398	1.2172	0.0812	0.8323	0.0520	-3.0400
3.08	0.6343	1.2212	0.0621	0.8299	0.0394	-3.0991
3.10	0.6287	1.2252	0.0424	0.8275	0.0267	-3.1609
3.12	0.6230	1.2292	0.0223	0.8251	0.0139	-3.2225
3.14	0.6173	1.2334	0.0017	0.8227	0.0011	-3.2848
π	0.6168	1.2336	0	0.8224	0	-3.2898
3.16	0.6115	1.2376	-0.0195	0.8203	-0.0118	-3.3480
3.18	0.6057	1.2419	-0.0412	0.8178	-0.0249	-3.4120
3.20	0.5997	1.2463	-0.0635	0.8153	-0.0380	-3.4768
3.22	0.5937	1.2507	-0.0864	0.8128	-0.0512	-3.5425
3.24	0.5876	1.2552	-0.1100	0.8102	-0.0646	-3.6092

续表

$u=l\sqrt{\frac{F_P}{EI}}$	$\xi_1(u)$	$\xi_2(u)$	$\xi_3(u)$	$\eta_1(u)$	$\eta_2(u)$	$\eta_3(u)$
3.26	0.5815	1.2597	-0.1342	0.8076	-0.0780	-3.6767
3.28	0.5753	1.2644	-0.1591	0.8050	-0.0915	-3.7453
3.30	0.5691	1.2691	-0.1847	0.8024	-0.1051	-3.8147
3.32	0.5628	1.2739	-0.2111	0.7998	-0.1187	-3.8852
3.34	0.5564	1.2788	-0.2383	0.7972	-0.1324	-3.9568
3.36	0.5499	1.2838	-0.2663	0.7945	-0.1463	-4.0295
3.38	0.5433	1.2889	-0.2951	0.7918	-0.1602	-4.1032
3.40	0.5366	1.2940	-0.3248	0.7891	-0.1742	-4.1781
3.42	0.5299	1.2992	-0.3555	0.7863	-0.1884	-4.2540
3.44	0.5231	1.3045	-0.3873	0.7835	-0.2026	-4.3318
3.46	0.5162	1.3099	-0.4202	0.7807	-0.2169	-4.4107
3.48	0.5092	1.3155	-0.4542	0.7779	-0.2313	-4.4910
3.50	0.5021	1.3212	-0.4894	0.7751	-0.2457	-4.5727
3.52	0.4950	1.3270	-0.5259	0.7723	-0.2602	-4.6560
3.54	0.4878	1.3328	-0.5638	0.7695	-0.2478	-4.7410
3.56	0.4805	1.3387	-0.6031	0.7667	-0.2894	-4.8276
3.58	0.4731	1.3447	-0.6439	0.7638	-0.3042	-4.9160
3.60	0.4656	1.3508	-0.6862	0.7609	-0.3191	-5.0062
3.62	0.4580	1.3571	-0.7303	0.7580	-0.3340	-5.0984
3.64	0.4503	1.3635	-0.7763	0.7550	-0.3491	-5.1928
3.66	0.4425	1.3700	-0.8243	0.7520	-0.3643	-5.2895
3.68	0.4345	1.3766	-0.8745	0.7483	-0.3797	-5.3886
3.70	0.4265	1.3834	-0.9270	0.7457	-0.3951	-5.4903
3.72	0.4184	1.3903	-0.9819	0.7425	-0.4107	-5.5947
3.74	0.4102	1.3973	-1.0395	0.7393	-0.4263	-5.7020
3.76	0.4019	1.4044	-1.0999	0.7361	-0.4420	-5.8124
3.78	0.3935	1.4217	-1.1034	0.7329	-0.4578	-5.9262
3.80	0.3850	1.4191	-1.2303	0.7297	-0.4736	-6.0436
3.82	0.3764	1.4267	-1.3099	0.7265	-0.4895	-6.1650
3.84	0.3677	1.4344	-1.3754	0.7232	-0.5056	-6.2906
3.86	0.3588	1.4423	-1.4543	0.7199	-0.5217	-6.4208
3.88	0.3498	1.4503	-1.5380	0.7166	-0.5379	-6.5561
3.90	0.3407	1.4584	-1.6468	0.7133	-0.5542	-6.6968
3.92	0.3315	1.4667	-1.7214	0.7099	-0.5706	-6.8435
3.94	0.3221	1.4752	-1.8227	0.7065	-0.5871	-6.9972
3.96	0.3126	1.4838	-1.9310	0.7031	-0.6037	-7.1582
3.98	0.3030	1.4928	-2.0473	0.6996	-0.6204	-7.3274
4.00	0.2933	1.5018	-2.1725	0.6961	-0.6372	-7.5058
4.02	0.2834	1.5110	-2.3074	0.6926	-0.6541	-7.6942
4.04	0.2734	1.5204	-2.4547	0.6891	-0.6710	-7.8952
4.06	0.2632	1.5301	-2.6142	0.6855	-0.6881	-8.1087
4.08	0.2529	1.5400	-2.7888	0.6819	-0.7053	-8.3376
4.10	0.2424	1.5501	-2.9806	0.6783	-0.7225	-8.5839

续表

$u=l\sqrt{\frac{F_P}{EI}}$	$\xi_1(u)$	$\xi_2(u)$	$\xi_3(u)$	$\eta_1(u)$	$\eta_2(u)$	$\eta_3(u)$
4.12	0.2318	1.5604	-3.1915	0.6747	-0.7398	-8.8496
4.14	0.2210	1.5709	-3.4262	0.6710	-0.7573	-9.1394
4.16	0.2101	1.5816	-3.6877	0.6673	-0.7749	-9.4562
4.18	0.1990	1.5925	-3.9824	0.6635	-0.7925	-9.8065
4.20	0.1877	1.6036	-4.3155	0.6597	-0.8103	-10.196
4.22	0.1762	1.6150	-4.6970	0.6559	-0.8281	-10.633
4.24	0.1646	1.6267	-5.1369	0.6521	-0.8460	-11.129
4.26	0.1528	1.6387	-5.6516	0.6482	-0.8541	-11.701
4.28	0.1409	1.6510	-6.2607	0.6443	-0.8822	-12.367
4.30	0.1288	1.6637	-6.9949	0.6404	-0.9004	-13.158
4.32	0.1165	1.6767	-7.8956	0.6364	-0.9188	-14.116
4.34	0.1040	1.6899	-9.0306	0.6324	-0.9372	-15.309
4.36	0.0972	1.7033	-10.503	0.6284	-0.9557	-16.840
4.38	0.0781	1.7170	-12.523	0.6243	-0.9744	-18.918
4.40	0.0648	1.7310	-15.330	0.6202	-0.9931	-21.783
4.42	0.0513	1.7452	-19.703	0.6161	-1.0119	-26.215
4.44	0.0376	1.7602	-27.349	0.6119	-1.0309	-33.920
4.46	0.0237	1.7754	-44.148	0.6077	-1.0499	-50.779
4.48	0.0096	1.7910	-111.57	0.6034	-1.0691	-118.26
4.50	-0.0048	1.8070	-227.80	0.5991	-1.0884	-221.05
4.52	-0.0194	1.8234		0.5948	-1.1077	
4.54	-0.0343	1.8402		0.5905	-1.1271	
4.56	-0.0495	1.8575		0.5861	-1.1457	
4.58	-0.0650	1.8752		0.5817	-1.1662	
4.60	-0.0807	1.8933		0.5772	-1.1861	
4.62	-0.0969	1.9119		0.5727	-1.2060	
4.64	-0.1133	1.9310		0.5681	-1.2250	
4.66	-0.1301	1.9507		0.5635	-1.2461	
4.68	-0.1472	1.9710		0.5589	-1.2663	
4.70	-0.1646	1.9919		0.5543	-1.2865	
$3\pi/2$	-0.1755	2.0052		0.5514	-1.2992	
4.72	-0.1824	2.0134		0.5496	-1.3069	
4.74	-0.2005	2.0355		0.5449	-1.3274	
4.76	-0.2190	2.0582		0.5402	-1.3480	
4.78	-0.2379	2.0816		0.5354	-1.3586	
4.80	-0.2572	2.1056		0.5305	-1.3896	
4.82	-0.2770	2.1304		0.5255	-1.4105	
4.84	-0.2973	2.1506		0.5205	-1.4316	
4.86	-0.3181	2.1824		0.5155	-1.4528	
4.88	-0.3394	2.2096		0.5105	-1.4743	
4.90	-0.3612	2.2377		0.5054	-1.4954	
4.92	-0.3834	2.2667		0.5003	-1.5169	

续表

$u=l\sqrt{\frac{F_P}{EI}}$	$\xi_1(u)$	$\xi_2(u)$	$\xi_3(u)$	$\eta_1(u)$	$\eta_2(u)$	$\eta_3(u)$
4.94	-0.4061	2.2966		0.4951	-1.5385	
4.96	-0.4293	2.3275		0.4899	-1.5602	
4.98	-0.4530	2.3594		0.4846	-1.5821	
5.00	-0.4772	2.3924		0.4793	-1.6040	
5.02	-0.5022	2.4266		0.4739	-1.6261	
5.02	-0.5280	2.4620		0.4685	-1.6483	
5.06	-0.5545	2.4986		0.4630	-1.6706	
5.08	-0.5818	2.5365		0.4576	-1.6929	
5.10	-0.6099	2.5757		0.4520	-1.7155	
5.12	-0.6388	2.6164		0.4464	-1.7381	
5.14	-0.6685	2.6587		0.4407	-1.7609	
5.16	-0.6999	2.7027		0.4350	-1.7838	
5.18	-0.7306	2.7485		0.4292	-1.8078	
5.20	-0.7630	2.7961		0.4234	-1.8299	
5.22	-0.7964	2.8454		0.4175	-1.8532	
5.24	-0.8310	2.8968		0.4116	-1.8765	
5.26	-0.8668	2.9504		0.4065	-1.9000	
5.28	-0.9039	3.0064		0.3996	-1.9236	
5.30	-0.9423	3.0648		0.3931	-1.9477	
5.32	-0.9821	3.1257		0.3873	-1.9712	
5.34	-1.0233	3.1893		0.3811	-1.9952	
5.36	-1.0660	3.2559		0.3748	-2.0193	
5.38	-1.1103	3.3267		0.3685	-2.0435	
5.40	-1.1563	3.3989		0.3621	-2.0679	
5.42	-1.2043	3.4757		0.3556	-2.0924	
5.44	-1.2544	3.5563		0.3491	-2.1170	
5.46	-1.3067	3.6409		0.3425	-2.1418	
5.48	-1.3612	3.7298		0.3358	-2.1667	
5.50	-1.4181	3.8234		0.3291	-2.1917	
5.52	-1.4777	3.9222		0.3223	-2.2169	
5.54	-1.5402	4.0267		0.3154	-2.2422	
5.56	-1.6059	4.1374		0.3085	-2.2676	
5.58	-1.6751	4.2549		0.3015	-2.2932	
5.60	-1.7481	4.3794		0.2944	-2.3189	
5.62	-1.8252	4.5118		0.2873	-2.3447	
5.64	-1.9065	4.6526		0.2801	-2.3707	
5.66	-1.9920	4.8026		0.2727	-2.3969	
5.68	-2.0833	4.9629		0.2654	-2.4231	
5.70	-2.1804	5.1346		0.2580	-2.4495	
5.72	-2.2833	5.3190		0.2505	-2.4760	
5.74	-2.3944	5.5173		0.2429	-2.5027	
5.76	-2.5130	5.7314		0.2352	-2.5296	
5.78	-2.6406	5.9628		0.2374	-2.5466	
5.80	-2.7777	6.2140		0.2195	-2.5838	

续表

$u=l\sqrt{\frac{F_P}{EI}}$	$\xi_1(u)$	$\xi_2(u)$	$\xi_3(u)$	$\eta_1(u)$	$\eta_2(u)$	$\eta_3(u)$
5.82	-2.9262	6.4873		0.2116	-2.6111	
5.84	-3.0876	6.7859		0.2036	-2.6385	
5.86	-3.2634	7.1132		0.1955	-2.6661	
5.88	-3.4562	7.4738		0.1873	-2.6939	
5.90	-3.6678	7.8726		0.1790	-2.7218	
5.92	-3.9018	8.3163		0.1706	-2.7499	
5.94	-4.1603	8.8122		0.1621	-2.7782	
5.96	-4.4547	9.3706		0.1535	-2.8066	
5.98	-4.7816	10.004		0.1448	-2.8352	
6.00	-5.1589	10.727		0.1361	-2.8639	
6.02	-5.5845	11.561		0.1271	-2.8928	
6.04	-6.0653	12.534		0.1182	-2.9219	
6.06	-6.6753	13.683		0.1091	-2.9512	
6.08	-7.3699	15.060		0.0999	-2.9805	
6.10	-8.2355	16.739		0.0906	-3.0102	
6.12	-9.2939	18.832		0.0812	-3.0400	
6.14	-10.646	21.511		0.0717	-3.0699	
6.16	-12.440	25.065		0.0621	-3.0991	
6.18	-14.921	29.999		0.0523	-3.1304	
6.20	-18.594	37.308		0.0424	-3.1609	
6.22	-24.575	49.255		0.0324	-3.1916	
6.24	-36.100	72.272		0.0223	-3.2225	
6.26	-67.436	135.03		0.0121	-3.2535	
6.28	-492.67	984.32		0.0017	-3.2848	
2π	$-\infty$	∞		0	-3.2898	